The New Cambridge Modern History
VOL.12: The Shifting Balance of World Forces, 1898-1945

新编剑桥世界近代史

世界力量对比的变化 1898—1945年

[英] C. L. 莫瓦特 (C. L. Mowat)　编
中国社会科学院世界历史研究所组译

CAMBRIDGE

中国社会科学出版社

图字：01-2018-7942号

图书在版编目（CIP）数据

新编剑桥世界近代史. 第12卷, 世界力量对比的变化：1898—1945年 /（英）C. L. 莫瓦特（C. L. Mowat）编；中国社会科学院世界历史研究所组译. —北京：中国社会科学出版社，2018.12（2023.2重印）

书名原文：The New Cambridge Modern History, Vol. 12: The Shifting Balance of World Forces, 1898—1945

ISBN 978-7-5203-2598-1

Ⅰ.①新…　Ⅱ.①C…②中…　Ⅲ.①世界史—近代史—1898—1945　Ⅳ.①K14

中国版本图书馆CIP数据核字（2018）第242345号

出 版 人	赵剑英
责任编辑	郭沂纹
特约编辑	安　芳
责任校对	韩天炜
责任印制	李寡寡

出　　版	中国社会科学出版社
社　　址	北京鼓楼西大街甲158号
邮　　编	100720
网　　址	http://www.csspw.cn
发 行 部	010-84083685
门 市 部	010-84029450
经　　销	新华书店及其他书店

印刷装订	北京市十月印刷有限公司
版　　次	2018年12月第1版
印　　次	2023年2月第3次印刷

开　　本	650×960　1/16
印　　张	60.5
字　　数	960千字
定　　价	196.00元

凡购买中国社会科学出版社图书，如有质量问题请与本社营销中心联系调换
电话：010-84083683
版权所有　侵权必究

This is a Simplified-Chinese translation edition of the following title published by Cambridge University Press:

The New Cambridge Modern History, Vol. 12: The Shifting Balance of World Forces, 1898 – 1945

ISBN 978 – 0521045513

© Cambridge University Press 1980

This Simplified-Chinese translation edition for the People's Republic of China (excluding Hong Kong, Macau and Taiwan) is published by arrangement with the Press Syndicate of the University of Cambridge, Cambridge, United Kingdom.

© Cambridge University Press and China Social Sciences Press 2018

This Simplified-Chinese translation edition is authorized for sale in the People's Republic of China (excluding Hong Kong, Macau and Taiwan) only. Unauthorised export of this Simplified-Chinese translation edition is a violation of the Copyright Act. No part of this publication may be reproduced or distributed by any means, or stored in a database or retrieval system, without the prior written permission of Cambridge University Press and China Social Sciences Press.

出 版 前 言

英国剑桥大学出版的世界通史分为古代史、中世纪史、近代史三部。近代史由阿克顿勋爵主编，共14卷。20世纪初出版。经过几十年后，到50年代，剑桥大学出版社又出版了由克拉克爵士主编的《新编剑桥世界近代史》。新编本仍为14卷，论述自文艺复兴到第二次世界大战结束，即自1493—1945年间共400多年的世界历史。国别史、地区史、专题史交错论述，由英语国家著名学者分别执笔。新编本反映了他们最新的研究成果，有许多新的材料，内容也更为充实，代表了西方的较高学术水平，有较大的影响。

为了供我国世界史研究工作者和广大读者参考，我们将这部书分卷陆续翻译、出版（地图集一卷暂不出）。需要指出的是，书中有些观点我们并不同意，希望读者阅读时注意鉴别。

目 录

第 一 章
导言：论近代史的界限
班戈北威尔士大学学院历史学教授
C.L. 莫瓦特（已故） 著

历史观的变化 ………………………………………………………（1）
本卷的范围 …………………………………………………………（2）
20世纪的某些特征 …………………………………………………（3）
"近代"或"现代" ……………………………………………………（5）
新的世界 ……………………………………………………………（6）
科学与技术的进展 …………………………………………………（7）
两次世界大战的后果 ………………………………………………（8）
"大同世界" …………………………………………………………（11）

第 二 章
社会生活的变化
联邦德国尼·苏塞克斯学院前院长及剑桥大学历史学主讲人
戴维·汤姆森（已故） 著

不同地区的生活水平和社会变化 …………………………………（13）
人口的增长和迁移 …………………………………………………（14）
都市化 ………………………………………………………………（15）
廉价运输的影响 ……………………………………………………（16）
工业中的新形势 ……………………………………………………（17）
社会结构的改变 ……………………………………………………（19）
各国阶级冲突的日益尖锐 …………………………………………（19）
民族主义 ……………………………………………………………（21）

生活水平的提高 …………………………………………………… (22)
欧洲的人口统计 …………………………………………………… (22)
健康状况的改善 …………………………………………………… (24)
财产更无保障 ……………………………………………………… (24)
大规模失业 ………………………………………………………… (25)
对社会正义的要求 ………………………………………………… (26)
普选权;妇女的地位 ……………………………………………… (26)
对待家庭的态度 …………………………………………………… (28)
免费的国民教育 …………………………………………………… (31)
群众情绪 …………………………………………………………… (32)
欧洲的社会公益服务 ……………………………………………… (33)
财政政策 …………………………………………………………… (34)
充分就业 …………………………………………………………… (35)
娱乐和奢侈品消费的增长 ………………………………………… (36)
大众化的报刊;对体育运动的狂热崇拜 ………………………… (37)

第 三 章
世界经济:相互依存和计划化
牛津大学伍斯特学院院长
阿萨·布里格斯 著

第一次世界大战是分界线 ………………………………………… (41)
1914 年以前的体制的暂时性 …………………………………… (41)
1900—1913 年工业生产的增长 ………………………………… (44)
欧洲是经济权力的中心 …………………………………………… (44)
联合王国的工业与世界贸易相适应 ……………………………… (44)
美国的影响日益增加 ……………………………………………… (45)
联合王国是"乐队指挥" …………………………………………… (46)
不满和不安的根源 ………………………………………………… (47)
20 世纪干涉主义的起源 ………………………………………… (48)
社会保险;关税;卡特尔和托拉斯 ……………………………… (49)
大规模企业的社会化 ……………………………………………… (50)
帝国主义 …………………………………………………………… (51)
日本 ………………………………………………………………… (52)
战时管制的效果 …………………………………………………… (52)
德国的战时经济动员 ……………………………………………… (53)

联合王国的管制逐渐扩大	(54)
俄国经济的解体	(55)
国际经济合作	(55)
1918年以后计划经济的崩溃	(56)
德国和法国的试验	(56)
战后世界的不稳定	(57)
人力和资源的浪费	(58)
国内的通货膨胀;赔款和战债	(59)
欧洲对美国的依赖	(60)
恢复到金本位	(61)
富裕中的贫困	(62)
美国经济的崩溃;大萧条	(63)
欧洲的金融崩溃	(64)
联合王国放弃自由贸易和金本位	(65)
美国放弃金本位;新政	(66)
是管理,不是计划化	(68)
苏联的计划化	(70)
国家社会主义下的德国计划化	(74)
世界的人口、生产和贸易	(79)
需要有世界范围的货币制度	(82)
欧洲在国际经济体制中的地位	(84)
社会政策	(86)
来自美国的援助	(87)
国民生产增长率	(88)
需要给经济上的"相互依存"重新下定义	(88)
全面计划化	(90)

第 四 章
科学与技术

伦敦大学科学历史与原理荣誉教授

道格拉斯·麦凯(已故) 著

19世纪末的变化	(92)
放射能与电子	(93)
20世纪科学的迅速发展	(93)
天文学;宇宙的广大	(95)

汤姆生和卢瑟福的研究成果 …………………………………… (96)
嬗变现象 ……………………………………………………… (97)
原子量和原子序数 …………………………………………… (98)
各门科学的范围在不断变化 ………………………………… (100)
维生素和激素 ………………………………………………… (100)
有机化学;新药物 …………………………………………… (101)
结晶学;生理学 ……………………………………………… (102)
地质学;气象学 ……………………………………………… (102)
物理学;量子论;相对论 …………………………………… (104)
生物学;遗传学 ……………………………………………… (105)
现代人的谱系 ………………………………………………… (105)
医学;热病;免疫学 ………………………………………… (106)
内燃机;飞机;火箭 ………………………………………… (106)
电;无线电 …………………………………………………… (107)
原子裂变 ……………………………………………………… (108)
战争强使科学家保守机密 …………………………………… (108)
冶金学 ………………………………………………………… (110)
塑料;人造纤维;大气中的氮;染料 ……………………… (110)
食品生产和储存方面的进步 ………………………………… (111)
其他技术的进步 ……………………………………………… (111)
科学与技术的结合 …………………………………………… (112)
科学教育 ……………………………………………………… (113)
研究工作的进展 ……………………………………………… (114)
知识交流 ……………………………………………………… (115)

第 五 章
1900—1912年的外交史
剑桥大学基督圣体节学院研究员
J.P.T.伯里 著

三国同盟,法俄同盟 ………………………………………… (117)
远东:中国与日本 …………………………………………… (118)
义和团起义(1900年) ……………………………………… (120)
近东:土耳其和德国 ………………………………………… (120)
英国和法国在埃及的冲突 …………………………………… (122)
南非:布尔战争(1899—1902年) ………………………… (123)

美国的扩张 …………………………………………………………（125）
军备的增长 …………………………………………………………（125）
法国、俄国和意大利…………………………………………………（126）
英国和德国恢复友好关系的失败……………………………………（127）
英日同盟（1902 年）…………………………………………………（130）
俄国和日本在远东 …………………………………………………（131）
英法协约（1904 年）…………………………………………………（133）
第一次摩洛哥危机：丹吉尔（1905 年）……………………………（134）
德国、法国和俄国……………………………………………………（135）
阿尔赫西拉斯会议（1906 年）………………………………………（137）
英俄协定（1907 年）…………………………………………………（137）
导致巴尔干危机的事件 ……………………………………………（138）
兼并波斯尼亚和黑塞哥维那的后果 ………………………………（140）
德国的海军计划和宣传 ……………………………………………（143）
第二次摩洛哥危机：阿加迪尔（1909 年）…………………………（143）
英法协约的加强 ……………………………………………………（146）
意大利和的黎波里（1911 年）………………………………………（146）

第 六 章
1914 年战争日益临近
剑桥大学三一学院研究员
J.M.K.维维安 著

"第一次世界大战"不是世界性的 …………………………………（148）
战争的远因和近因 …………………………………………………（148）
德国对摩洛哥协议的反应 …………………………………………（149）
英德海军谈判流产 …………………………………………………（150）
英、法舰队的重新部署 ……………………………………………（151）
法国、俄国与巴尔干各国……………………………………………（152）
巴尔干危机中的奥德关系 …………………………………………（153）
巴尔干战争（1912 年）………………………………………………（154）
奥地利和塞尔维亚之间的紧张状态：阿尔巴尼亚…………………（154）
伦敦和会（1912 年）…………………………………………………（156）
斯库台事件（1913 年）………………………………………………（156）
布加勒斯特条维（1913 年）…………………………………………（157）
奥地利、巴尔干各国和德国…………………………………………（158）

在德国派军事使团去土耳其问题上的妥协 …………………………（159）
俄国重整军备 ……………………………………………………（160）
法国的兵役法 ……………………………………………………（161）
英德就欧洲以外问题的谈判 ……………………………………（161）
近东和非洲的形势稳定 …………………………………………（162）
哈布斯堡帝国解体时机已告成熟 ………………………………（162）
德国的军事优势 …………………………………………………（162）
萨拉热窝（1914年6月28日）…………………………………（163）
奥地利的政策经德皇批准 ………………………………………（164）
"是由于轻率，而不是由于有一个宏大的计划" ………………（165）
奥地利草拟致塞尔维亚的照会 …………………………………（166）
德国有目无睹 ……………………………………………………（167）
法俄政策；英国；德国 …………………………………………（168）
奥地利致塞尔维亚的最后通牒（7月23日）…………………（171）
俄国部分动员（7月25日）……………………………………（172）
德国拒绝英国提出的召开会议的建议 …………………………（173）
英国的警告 ………………………………………………………（174）
柏林方面缺乏步调一致 …………………………………………（175）
俄国实行总动员是一个决定性的祸源（7月30日）…………（176）
英国政界没有觉察可能产生的结果；德国侵犯比利时的中立（8月4日）
　　是关键因素 …………………………………………………（178）
英国对法国北部海岸提出保证 …………………………………（180）
意大利、罗马尼亚、保加利亚和土耳其的中立 ………………（181）
"一张废纸" ………………………………………………………（181）

第 七 章

第一次世界大战

伦敦大学国王学院战争问题主讲人

布赖恩·邦德 著

对警告置之不理 …………………………………………………（183）
各国总参谋部掌握实权；德国充分组织起来 …………………（184）
奥匈帝国的陆军素质低劣 ………………………………………（184）
法国人员装备不佳，使用不当 …………………………………（185）
英国远征军充当配角 ……………………………………………（185）
同盟国袖手旁观 …………………………………………………（185）

德国需要在西线速战速决 …………………………………………（185）
法国计划被打乱 ……………………………………………………（186）
列日和蒙斯 …………………………………………………………（187）
史里芬计划的失败 …………………………………………………（187）
马恩河战役(1914年9月) …………………………………………（188）
堑壕战形成僵持局面 ………………………………………………（188）
俄国先胜后败 ………………………………………………………（189）
海军战略 ……………………………………………………………（190）
潜艇战 ………………………………………………………………（190）
德国的殖民地 ………………………………………………………（191）
空战 …………………………………………………………………（192）
德国在西线取守势 …………………………………………………（192）
堑壕战小胜；毒气 …………………………………………………（193）
协约国伤亡惨重 ……………………………………………………（194）
西线、东线之争 ……………………………………………………（194）
达达尼尔战役(1915年3月) ………………………………………（195）
过于顺从将军们的意见 ……………………………………………（196）
总体战的要求 ………………………………………………………（197）
炮弹匮乏和兵力的问题 ……………………………………………（198）
意大利讨价还价 ……………………………………………………（199）
塞尔维亚战败(1915年) ……………………………………………（200）
美索不达米亚战役(1916年) ………………………………………（200）
德国在西线进攻；凡尔登战役(1916年春) ………………………（201）
德国的失败 …………………………………………………………（202）
索姆河战役(1916年2月至11月) …………………………………（202）
首次使用坦克 ………………………………………………………（203）
领导问题 ……………………………………………………………（204）
日德兰海战(1916年5月31日) ……………………………………（205）
罗马尼亚战败 ………………………………………………………（206）
劳合·乔治 …………………………………………………………（207）
协约国准备在1917年发动攻势 ……………………………………（207）
和平试探者 …………………………………………………………（207）
尼韦尔的失败(1917年) ……………………………………………（208）
法国陆军中的哗变 …………………………………………………（209）
帕琛达尔战役(1917年7月至11月) ………………………………（210）

伤亡统计数字 …………………………………………………… (211)
俄国革命的后果 ………………………………………………… (214)
生死攸关的潜艇威胁;护航制 ………………………………… (214)
意大利危机;卡波雷托战役(1917年10月) ………………… (214)
1918年春季德国重新发动攻势 ……………………………… (215)
最高统帅福煦(1918年3月) ………………………………… (217)
美国军队到达(1918年6月) ………………………………… (217)
德国陆军中的失败情绪 ………………………………………… (218)
协约国在1918年8月的进展 ………………………………… (218)
德国请求停战(1918年10月3日) …………………………… (218)
德国战败的原因 ………………………………………………… (219)
消耗战 …………………………………………………………… (220)
新的机动手段 …………………………………………………… (220)
民族主义的蔓延 ………………………………………………… (221)
宣传 ……………………………………………………………… (221)

第 八 章
凡尔赛的和平解决方案(1918—1933年)
牛津大学万灵学院研究员
罗汉·巴特勒 著

1918年11月11日的停战协定 ………………………………… (224)
威尔逊总统的"十四点"方案 ………………………………… (224)
官方评论中的保留意见 ………………………………………… (225)
美国的孤立主义和理想主义 …………………………………… (227)
和会屈从当前事件的压力 ……………………………………… (227)
粮食短缺;对德国的封锁 ……………………………………… (228)
新的民族问题 …………………………………………………… (229)
法国对莱茵兰的要求 …………………………………………… (230)
未征询德国人的意见即向其提出和约草案 …………………… (231)
英国人所做的修改 ……………………………………………… (232)
赔偿和战争赔款 ………………………………………………… (233)
德国签字(1919年6月28日) ………………………………… (235)
和约的主要条款 ………………………………………………… (235)
德国人的不满 …………………………………………………… (237)
对奥和约、对保和约和对匈和约 ……………………………… (238)

欧洲地图的新面貌 …………………………………… (238)
中欧的巴尔干化 ……………………………………… (239)
自决原则 ……………………………………………… (240)
不稳定的西方联盟 …………………………………… (240)
意大利的不满 ………………………………………… (242)
美国拒绝在和约上签字 ……………………………… (243)
法国的安全受到危害 ………………………………… (243)
希腊向士麦拿派出远征军(1919年5月) ………… (245)
近东；英国和法国不和 ……………………………… (245)
土耳其；穆斯塔法·凯末尔 ………………………… (246)
英法之间的争执 ……………………………………… (247)
协约国的债务 ………………………………………… (248)
对鲁尔的占领(1922年) …………………………… (249)
赔偿；道威斯计划(1923年) ……………………… (250)
洛迦诺公约(1925年)；德国加入国际联盟 ……… (251)
凯洛格公约(1928年) ……………………………… (252)
德国规避对军备的限制 ……………………………… (253)
施特雷泽曼的政策 …………………………………… (254)
裁军：一项道义上的义务 …………………………… (257)
海军协定(1921—1922年) ………………………… (257)
裁军筹备委员会 ……………………………………… (258)
经济危机 ……………………………………………… (258)
和平解决方案被破坏 ………………………………… (260)

第 九 章
国 际 联 盟

牛津大学前国际法教授
J. L. 布赖尔利(已故) 著
兰开斯特大学政治学教授
P. A. 雷诺兹(已故)修订并改写

和约的国联盟约部分 ………………………………… (262)
建制：大会与行政院；全体一致的规定 …………… (263)
国际性的秘书处的成立 ……………………………… (264)
常设国际法庭；可选择的条款 ……………………… (264)
国联的宗旨；国际和平与安全 ……………………… (265)
美国不参预国联造成的严重后果 …………………… (266)

裁军：临时混合委员会 ………………………………………………………（267）
日内瓦议定书(1924年) ………………………………………………（268）
洛迦诺公约(1925年) …………………………………………………（270）
德国加入国联(1926年) ………………………………………………（271）
凯洛格公约(1928年) …………………………………………………（272）
裁军会议定于1932年2月召开 ………………………………………（273）
德国退出裁军会议 ………………………………………………………（273）
苏联被批准为会员国(1934年) ………………………………………（273）
争端：阿兰群岛、维尔那、科孚岛 ………………………………………（274）
日本侵略满洲(1931年) ………………………………………………（275）
中国向国联的呼吁 ………………………………………………………（276）
李顿调查团指责日本；日本宣布退出国联 ……………………………（276）
其他争端：玻利维亚与巴拉圭，哥伦比亚与秘鲁 ……………………（277）
意大利进攻阿比西尼亚(埃塞俄比亚) …………………………………（277）
国联的拖延做法没有收效 ………………………………………………（278）
意大利宣布退出国联(1937年) ………………………………………（279）
苏联进攻芬兰被开除出国联(1939年) ………………………………（279）
面对德国侵略奥地利、捷克斯洛伐克和波兰而束手无策 ……………（280）
国际劳工组织 ……………………………………………………………（280）
通信和运输 ………………………………………………………………（281）
奥地利财政复兴计划 ……………………………………………………（281）
世界经济会议(1927年,1933年) ……………………………………（282）
卫生组织；难民；贩卖鸦片问题常设中央局 …………………………（282）
智力合作 …………………………………………………………………（284）
国联财政来源不足 ………………………………………………………（284）
一些特殊问题的研究 ……………………………………………………（284）
委任统治委员会；少数民族 ……………………………………………（285）
但泽；萨尔盆地 …………………………………………………………（285）
国联为联合国所取代(1946年) ………………………………………（287）

第 十 章
1900—1945年的中东
伦敦大学伦敦经济学院政治学教授
E. 卡杜里 著

传统的穆斯林社会与欧洲社会 …………………………………………（288）

欧洲的技术加强了奥斯曼帝国的专制制度 …………………………（288）
新奥斯曼党人迫使苏丹颁布宪法（1876年）………………………（289）
中央集权制为军事政变创造了有利条件 ……………………………（289）
青年土耳其党人的革命（1908年）……………………………………（290）
"救国军官团"及恩维尔的崛起 ………………………………………（290）
伊朗，一个旧式的东方君主专制国家 …………………………………（292）
英国与俄国的角逐 ………………………………………………………（292）
烟草抗议（1891—1892年）……………………………………………（292）
纳赛尔丁遇刺（1896年）………………………………………………（295）
许诺的改革并未实现 ……………………………………………………（295）
基本法（1906年，1907年）……………………………………………（297）
穆罕默德·阿里国王废除宪法 …………………………………………（298）
俄国不断施加压力 ………………………………………………………（299）
礼萨·汗自立为伊朗国王（1925年）…………………………………（300）
在英国控制下的埃及 ……………………………………………………（300）
英国承认埃及独立（1922年2月）；华夫脱党 ………………………（301）
英埃条约（1936年）……………………………………………………（302）
伊拉克推行宪政失败 ……………………………………………………（303）
英国委任统治地；费萨尔国王 …………………………………………（303）
法国征服阿尔及利亚 ……………………………………………………（304）
乌希条约（1912年）；的黎波里割给意大利 …………………………（304）
非斯条约（1912年）；摩洛哥成为法国保护国 ………………………（305）
第二次世界大战后的民族主义思潮 ……………………………………（306）
英国、法国、俄国及奥斯曼帝国 ………………………………………（306）
赛克斯—皮科协定（1916年）；伦敦条约（1915年）；圣让德
　莫里昂协定（1917年）………………………………………………（307）
由此以及其他谅解所引起的复杂情况 …………………………………（308）
贝尔福宣言（1917年），一项措辞含糊不清的文件 …………………（308）
法国与英国之间的长期谈判 ……………………………………………（310）
希腊人在士麦那（1919年）……………………………………………（310）
穆斯塔法·凯末尔的崛起；洛桑条约（1922年）……………………（311）
废除苏丹制和哈里发制（1924年）……………………………………（311）
叙利亚与黎巴嫩成为法国委任统治地 …………………………………（312）
美索不达米亚、巴勒斯坦成为英国委任统治地 ………………………（313）
伊拉克加入国际联盟（1932年）………………………………………（314）

巴勒斯坦委任统治问题 …………………………………………（314）
来自纳粹德国的犹太移民 ………………………………………（315）
英国、法国在叙利亚 ……………………………………………（315）
阿拉伯国家联盟 …………………………………………………（317）

第十一章
印度和东南亚

一 印度
剑桥大学赛尔温学院研究员、前历史学主讲人
珀西瓦尔·斯皮尔 著

既是政治和经济问题，也是文化问题 …………………………（318）
寇松任总督；孟加拉国的分割 …………………………………（319）
莫利—明托改革与紧张局势的缓和 ……………………………（319）
工业和文化的振兴 ………………………………………………（320）
第一次世界大战、俄国革命和"十四点"的影响 ………………（320）
印度政府组织法（1921年） ……………………………………（321）
印度成为国际联盟成员 …………………………………………（322）
阿姆利则事件后莫·卡·甘地的影响 …………………………（322）
非暴力；甘地的"民族化的民族主义" …………………………（323）
国大党的年轻领袖们 ……………………………………………（324）
西蒙委员会（1927年） …………………………………………（325）
圆桌会议（1930—1931年） ……………………………………（325）
国大党东山再起；穆斯林教徒与民族主义者之间的分歧 ……（326）
印度政府组织法（1935年）；王公们的态度 …………………（327）
甘地与国大党 ……………………………………………………（328）
穆斯林联盟成为群众运动 ………………………………………（328）
教育和文化的发展 ………………………………………………（329）
东方观念与西方观念 ……………………………………………（330）
对第二次世界大战的漠不关心态度 ……………………………（330）
战争对印度的生活和经济的影响 ………………………………（331）
国大党与穆斯林联盟之间的僵局 ………………………………（332）
日本的威胁的影响 ………………………………………………（334）
韦维尔勋爵任总督 ………………………………………………（334）
蒙巴顿勋爵与独立（1946年8月14日） ……………………（335）

二 东南亚

伦敦大学东方与非洲研究学院东南亚史荣誉教授

D.G.E.霍尔 著

- 荷兰、英国和法国的殖民帝国 (335)
- 暹罗：民族主义与传统主义 (336)
- 美国统治下的菲律宾 (340)
- 日本入侵中国引起惊慌 (341)
- 荷兰早期对印度尼西亚当地的制度毫不关心 (341)
- 印度尼西亚的民族主义；1926年的叛乱遭到镇压 (341)
- 中国人和印度人移民 (342)
- 马来亚爱国主义 (343)
- 马亚联邦和海峡殖民地 (343)
- 缅甸长期平静无事；实行两头政治 (344)
- 反印运动；要求自治 (344)
- 法属印度支那；越南民族主义运动 (345)
- 日本未能赢得合作 (347)
- 越南和印度尼西亚宣布成立共和国 (347)
- 缅甸联邦的独立（1948年） (348)
- 马来亚作为英联邦成员获得独立（1957年） (349)
- 新加坡获得自治（1959年） (349)
- 菲律宾获准独立（1946年） (349)
- 荷兰与印度尼西亚达成协议 (349)
- 越南的反法斗争 (350)
- 越南被分割（1955年） (350)

第 十 二 章
1900—1931年的中国、日本和太平洋

前澳大利亚国立大学太平洋史教授

J.W.戴维森（已故）

和澳大利亚国立大学经济史主讲人

科林·福斯特合 著

- 远东与西方帝国主义 (351)
- 日本的崛起 (351)
- 国家的彻底改革 (352)

工业化；对外贸易 …………………………………………………（353）
废除治外法权（1899 年）……………………………………………（354）
中国：政府颠顶，王朝没落 …………………………………………（354）
英国攫取特许权 ………………………………………………………（355）
中日战争（1894 年）…………………………………………………（355）
西方列强之间的角逐 …………………………………………………（356）
义和团叛乱（1900 年）………………………………………………（357）
俄国与满洲 ……………………………………………………………（358）
日本与朝鲜 ……………………………………………………………（358）
英日同盟（1902 年）…………………………………………………（359）
日俄之间试图恢复友好关系 …………………………………………（360）
日俄战争（1904—1905 年）…………………………………………（360）
日本兼并朝鲜并觊觎满洲 ……………………………………………（361）
中国的软弱；各省政府实行自治 ……………………………………（362）
孙中山；中华民国；袁世凯 …………………………………………（362）
第一次世界大战的后果 ………………………………………………（364）
德属港口和岛屿 ………………………………………………………（364）
日本的"二十一条"要求（1915 年）…………………………………（366）
中国的屈服 ……………………………………………………………（367）
袁世凯之死（1916 年）及其后的政治混乱 …………………………（368）
大战期间的美国、协约国和中国 ……………………………………（368）
中国对德国宣战 ………………………………………………………（369）
美国承认日本在中国享有"最高的利益" ……………………………（369）
俄国革命的影响 ………………………………………………………（370）
协约国支持俄国的反革命军队 ………………………………………（370）
英法在太平洋的势力衰落 ……………………………………………（371）
巴黎和会（1919 年）；委任统治地 …………………………………（371）
中国向巴黎和会提出陈述 ……………………………………………（373）
日本的要求除种族平等一项以外均得到满足 ………………………（374）
华盛顿海军会谈；英日同盟不再延续 ………………………………（375）
中国与日本 ……………………………………………………………（378）
日本经济的大扩张 ……………………………………………………（379）
日本帝国；中国台湾和朝鲜 …………………………………………（382）
大萧条的后果 …………………………………………………………（382）
中国成为外国投资的场所；"门户开放" ……………………………（383）

北京关税会议(1925年)由于中国的局势恶化而告失败 …………… (386)
苏联与中国解决分歧 ……………………………………………… (387)
共产主义思想的传播 ……………………………………………… (387)
蒋介石的南京国民政府 …………………………………………… (388)
反英情绪日益增长；美国势力的增长 …………………………… (389)
国民党人进入北京 ………………………………………………… (390)
满洲问题 …………………………………………………………… (391)
日本承认中国的新政权 …………………………………………… (392)
中国内战重又开始 ………………………………………………… (392)
日本占领沈阳(1931年) ………………………………………… (393)
日本的军人统治 …………………………………………………… (393)
日本侵略中国(1937年)是第二次世界大战的重要起因 ………… (394)

第 十 三 章
英　联　邦

新西兰惠灵顿维多利亚大学前英联邦史荣誉教授
J.C.比格尔霍尔(已故) 著

20世纪初英帝国不得人心 ………………………………………… (395)
维多利亚时代的帝国观念的变化 ………………………………… (396)
地位和权力上的差别 ……………………………………………… (397)
对"帝国"一词的反感 ……………………………………………… (399)
半英国性质的社会 ………………………………………………… (399)
加拿大和南非的种族问题 ………………………………………… (400)
经济和工业的扩展 ………………………………………………… (401)
帝国联邦设想的破产 ……………………………………………… (401)
要求协商 …………………………………………………………… (402)
第一次世界大战的影响；各自治领的总理与和平会议 ………… (403)
爱尔兰问题 ………………………………………………………… (404)
各自治领自行其是 ………………………………………………… (406)
加拿大的宪法危机(1925年) …………………………………… (407)
"自治社会" ………………………………………………………… (408)
回避明确的定义；矛盾的解释；威斯敏斯特法(1931年) ……… (409)
各个自治领建立自己的外交模式 ………………………………… (411)
渥太华会议(1932年) …………………………………………… (412)
自治领与国际联盟 ………………………………………………… (413)

第二次世界大战中各自宣战 …………………………………… (413)
爱尔兰的中立 …………………………………………………… (414)
澳大利亚和新西兰的堪培拉协定 ……………………………… (415)
第一次世界大战后复杂的殖民地史 …………………………… (416)
殖民地人民的贫困 ……………………………………………… (417)
"双重"委任统治和"间接统治" ………………………………… (417)
接受现状的倾向 ………………………………………………… (420)
土著人民景况的对比 …………………………………………… (421)
委任统治地 ……………………………………………………… (422)
两次大战之间 …………………………………………………… (423)
英国为殖民地的计划项目提供援款 …………………………… (424)
1945年以后的宪政发展 ………………………………………… (425)
印度、巴基斯坦、锡兰 ………………………………………… (425)
西印度群岛建立联邦的失败 …………………………………… (426)
民族自治 ………………………………………………………… (426)

第十四章
俄国革命
艾萨克·多伊彻(已故) 著

一个漫长历史过程的顶峰 ……………………………………… (427)
与法国和英国革命的比较 ……………………………………… (427)
沙俄缺乏真正的议会机构 ……………………………………… (428)
第一次世界大战带来的动乱加剧了农民的贫困和不满 ……… (429)
工业落后状况 …………………………………………………… (429)
革新派对沙皇左右的主降派的势力感到惊恐 ………………… (430)
拉斯普廷被刺(1916年12月) ………………………………… (431)
全国日益混乱 …………………………………………………… (431)
革命翻天覆地的力量无人识别 ………………………………… (432)
1917年2、3月间发生的一连串事件 ………………………… (432)
临时政府与彼得格勒苏维埃 …………………………………… (433)
政府决心继续进行战争 ………………………………………… (435)
苏维埃与人民的情绪保持密切的接触 ………………………… (435)
士兵的代表获准参加彼得格勒苏维埃 ………………………… (436)
沙皇退位至布尔什维克夺取权力之间发生的事件
　　可分四个阶段 ……………………………………………… (436)

孟什维克与布什维克之间的分裂 …………………………………（438）
社会主义革命党人 ………………………………………………（440）
彼得格勒苏维埃的领袖们 ………………………………………（440）
各党派对战争的态度 ……………………………………………（441）
农村大声疾呼要求实行改革 ……………………………………（442）
国民议会推迟召开 ………………………………………………（443）
列宁回国（1917年4月）和实行无产阶级专政的要求 ………（444）
布尔什维克的机敏性和灵活性 …………………………………（446）
俄国在西南前线攻势的溃败 ……………………………………（447）
布尔什维克暂时处于劣势；列宁逃亡（1917年7月）…………（447）
克伦斯基领导下的联合政府及其与科尔尼洛夫的冲突 ………（448）
德国占领里加：暂时地向左转 …………………………………（449）
布尔什维克在彼得格勒苏维埃中取得多数 ……………………（449）
克伦斯基召开一次"民主会议" …………………………………（450）
列宁回国（1917年10月）………………………………………（450）
托洛茨基领导起义 ………………………………………………（451）
革命军事委员会 …………………………………………………（452）
十月革命；布尔什维克实行统治 ………………………………（453）
列宁领导下的人民委员会 ………………………………………（454）
布列斯特和约（1918年3月）……………………………………（456）
内战 ………………………………………………………………（457）
一党制的建立 ……………………………………………………（457）

第 十 五 章
1917—1939年的苏联
普林斯顿高级研究院教授
乔治·凯南 著

突出的问题 ………………………………………………………（459）
支持布尔什维克的力量薄弱；选举对他们的威胁 ……………（459）
社会革命党的分裂 ………………………………………………（460）
选举产生的立宪会议被解散 ……………………………………（460）
战争问题 …………………………………………………………（461）
惩罚性的布列斯托-里托夫斯克和约（1918年3月）…………（461）
农民；反共力量；分裂主义倾向 ………………………………（462）
协约国的军事干涉；过高的期望 ………………………………（464）

沙皇及其家属遭到杀害(1918年7月) ……………………………………(468)
共产党军队的胜利 ……………………………………………………(468)
苏波战争(1920年) ……………………………………………………(469)
俄罗斯苏维埃联邦社会主义共和国 …………………………………(470)
恐怖制度 ………………………………………………………………(471)
和其他国家的关系 ……………………………………………………(471)
高度的中央集权 ………………………………………………………(473)
生活水平的急剧下降;劳工骚动 ……………………………………(473)
喀琅施塔得兵变(1921年2月) ………………………………………(474)
新经济政策 ……………………………………………………………(474)
大饥荒(1921—1922年) ………………………………………………(476)
迅速恢复;富农;"耐普曼" ……………………………………………(476)
列宁去世(1924年1月21日) …………………………………………(478)
斯大林作为党的总书记 ………………………………………………(478)
列宁的政治遗嘱被禁止宣布 …………………………………………(479)
反对托洛茨基的三人执政 ……………………………………………(480)
斯大林消灭了对手 ……………………………………………………(480)
对外关系;拉巴洛条约(1922年) ……………………………………(480)
新宪法;苏维埃社会主义共和国联盟(苏联) ………………………(481)
托洛茨基被放逐(1927年) ……………………………………………(482)
经济复兴 ………………………………………………………………(482)
和德国、英国、中国的关系 …………………………………………(483)
宣传性宣判(1928—1933年) …………………………………………(484)
工业和军事自给的目标 ………………………………………………(485)
集体化:一次土地革命 ………………………………………………(485)
第一个五年计划(1929年) ……………………………………………(486)
消灭富农 ………………………………………………………………(486)
加快工业建设的计划 …………………………………………………(487)
1932年面临的惊人困境;饥馑 ………………………………………(488)
斯大林的妻子之死(1932年11月) …………………………………(489)
两个新因素:纳粹在德国;日本在满洲 ……………………………(489)
外交政策的转变;李维诺夫担任外交部长 …………………………(490)
斯大林的恐怖统治 ……………………………………………………(491)
西班牙内战 ……………………………………………………………(494)
和英法两国谈判的破裂 ………………………………………………(494)

德苏条约（1939年8月）……………………………………………（495）
对革命以来俄国社会与经济的剖析 ………………………………（496）

第 十 六 章
德国、意大利和东欧
伊利莎白·维斯克曼（已故） 著

德意志帝国的活力 ……………………………………………………（499）
帝国国会可以进行批评但无实权 ……………………………………（499）
威廉二世居心叵测 ……………………………………………………（500）
总参谋部的影响 ………………………………………………………（500）
迅速工业化的结果 ……………………………………………………（500）
阶级之间的鸿沟 ………………………………………………………（501）
300万波兰人离心离德…………………………………………………（502）

一 1900—1914年的奥匈帝国

奥地利人口多为斯拉夫人 ……………………………………………（503）
弗兰茨·约瑟夫皇帝统治下的政体 …………………………………（504）
马扎儿人在匈牙利的主宰地位 ………………………………………（504）
奥匈帝国是欧洲的反常现象 …………………………………………（505）
巨大的庄园 ……………………………………………………………（506）
兼并波斯尼亚的后果 …………………………………………………（507）

二 巴尔干半岛

没有满足的民族愿意 …………………………………………………（507）
土耳其统治的后果 ……………………………………………………（508）
塞尔维亚成为斯拉夫人的中心 ………………………………………（508）
民族之间强烈的感情冲突 ……………………………………………（508）
巴尔干战争（1912年）…………………………………………………（509）

三 1900—1914年的意大利

新的社会问题 …………………………………………………………（509）
意大利北部的工业化 …………………………………………………（510）
温和的社会改革 ………………………………………………………（510）
国家与梵蒂冈 …………………………………………………………（511）
南部的极度贫困 ………………………………………………………（511）

要求推行进取的外交政策 ……………………………………（511）
意大利向奥匈帝国宣战（1915年5月）………………………（512）

四　第一次世界大战的后果

建立大德意志世界强国的梦想 …………………………………（512）
意大利的收获 ……………………………………………………（513）
墨索里尼的掌权与取消一切自由权利 …………………………（513）
"向德国军队背后戳一刀" ………………………………………（515）
脱离奥地利而独立的国家中的德意志少数民族 ………………（515）
德国的斯巴达克团和共产党 ……………………………………（515）
洛迦诺公约（1925年）……………………………………………（516）
工业和贫困集中于维也纳 ………………………………………（516）
马萨里克领导下的捷克斯洛伐克 ………………………………（517）
塞尔维亚人、克罗地亚人和斯洛文尼亚人的南斯拉夫
　　三元王国 ……………………………………………………（517）
大土地所有者重新掌握匈牙利 …………………………………（518）
新的波兰及其问题 ………………………………………………（518）
波罗的海诸省 ……………………………………………………（519）
凯末尔领导下的土耳其复兴 ……………………………………（519）
波兰和南斯拉夫代议制政府的解体 ……………………………（519）

五　大萧条时期：希特勒成为德国总理

德国繁荣时期的结束和阿道夫·希特勒的崛起 ………………（520）
奥地利财政的崩溃 ………………………………………………（521）
德国的国家社会主义 ……………………………………………（521）
希特勒成为总理（1933年1月）并夺取全部权力 ………………（522）
极权主义思想在奥地利和匈牙利的蔓延 ………………………（523）

六　德国和奥地利的"清洗"

德国取消自由权利 ………………………………………………（524）
希特勒的目标 ……………………………………………………（525）
无情的警察国家 …………………………………………………（525）
教会与纳粹主义 …………………………………………………（527）
和1914年以前的统治阶级的最后决裂 …………………………（527）

七 1929—1938 年的捷克斯洛伐克

一部令人满意的宪法 …………………………………………（527）
苏台德区的德意志人 …………………………………………（528）
向苏联靠近 ……………………………………………………（529）
德国占领奥地利（1938 年 3 月）……………………………（530）
捷克斯洛伐克的灭亡（1939 年 3 月）………………………（530）
德国主宰中欧 …………………………………………………（531）

八 对波兰的进攻发展为第二次世界大战

德、意的"钢铁条约" …………………………………………（531）
德国的反犹太暴行 ……………………………………………（532）
波兰试图对德国实行绥靖政策 ………………………………（532）
"生存空间" ……………………………………………………（533）
法国的崩溃 ……………………………………………………（533）
巴尔干半岛被征服 ……………………………………………（534）
德国进攻苏联（1941 年 6 月）………………………………（534）
恐怖统治的加剧；犹太人遭到消灭 …………………………（535）
巴尔干的游击战争 ……………………………………………（536）
北非战役和斯大林格勒战役 …………………………………（536）
意大利的工潮；墨索里尼被捕（1943 年 7 月 25 日）……（536）
俄军的进展 ……………………………………………………（537）
暗杀希特勒的企图（1944 年 7 月 20 日）…………………（538）
盟军入侵法国 …………………………………………………（539）
罗马尼亚和保加利亚背离德国 ………………………………（539）
波兰人和匈牙利人的起义 ……………………………………（540）
东欧贵族阶级的最后一曲 ……………………………………（541）

第 十 七 章
英国、法国、低地国家和斯堪的纳维亚
巴黎公共教育总监
莫里斯·克鲁泽 著
班戈北威尔士大学学院前法语主讲人
K.劳埃德-琼斯 译

社会的变化 ……………………………………………………（542）

一 20世纪初期的政治制度和社会组织

普选权,但代表权掌握在统治阶级手中 （543）
工会和社会主义者 （544）

二 自由资产阶级的政府(1900—1914年)

起主导作用的是政治问题而不是社会问题 （544）
德雷福斯案件(1899年) （544）
法国的政党和派别 （545）
社会保守主义和革命的工联主义 （546）
民族主义重新觉醒 （547）
兵役法 （547）
斯堪的纳维亚各国的社会民主党 （548）
荷兰和比利时 （548）
英国自由党政府的问题(1906年) （549）

三 第一次世界大战及其直接后果(1914—1921年)

第一次世界大战爆发时政党之间的休战 （551）
意见分歧导致事实上的战时独裁 （552）
国家管制和劳工问题；工人阶级运动 （553）
胜利后的骚乱 （554）
保守党在英国的独霸地位 （555）
社会和文化的进步 （555）
法国的"全国共和集团" （556）
比利时的三党联合 （556）
中立国家 （557）

四 两次大战之间的年代(1921—1939年)

战后的问题 （557）
法国对英国和俄国的态度 （558）
法国解决经济和社会问题的延误 （558）
社会各阶级的变化 （559）
新兴的工业资产阶级 （559）
在法国实行独裁政权的要求 （560）
英、法两国政治状况的比较 （561）

欧洲各国货币的疲软	(561)
英国的工党政府(1924年)	(562)
总罢工(1926年)	(562)
法国银行界的影响	(563)
大萧条；英国的政策	(564)
英国的法西斯同盟	(566)
重整军备	(566)
经济萧条对斯堪的纳维亚各国和荷兰的影响	(567)
法国议会制的危机	(569)
形形色色的运动；极权主义思想的传播；1934年2月6日	(570)
"人民阵线"	(572)
工人阶级中升起的希望	(573)
向右转；统治阶级企图报复	(573)
舆论混乱	(574)
比利时和法国同样动荡不安	(575)

五 第二次世界大战(1939—1945年)

英国严格管制经济	(577)
贝弗里奇报告	(577)
1945年工党执政	(577)
维希法国；一个专横的政权	(578)
通敌与抵抗	(579)
瑞典的中立	(581)
挪威、丹麦、荷兰被占领(1940年4—5月)	(581)
对比利时的占领压迫较轻	(582)
法国的抵抗运动	(583)
社会党成为改良主义者	(585)

第十八章
美利坚合众国

剑桥大学前政治学荣誉教授

丹尼斯·布罗根爵士(已故) 著

西奥多·罗斯福总统(1901—1909年,共和党)	(586)
巴拿马	(588)
威廉·霍华德·塔夫脱总统(1909—1913年,共和党)	(590)

伍德罗·威尔逊总统(1913—1921年,民主党) ……………………… (592)
"新自由" ……………………………………………………………… (592)
墨西哥 ………………………………………………………………… (593)
第一次世界大战 ……………………………………………………… (593)
共和党人拒绝凡尔赛和约 …………………………………………… (595)
沃伦·甘梅利尔·哈定总统(1921—1923年,共和党) …………… (595)
三K党;禁酒运动;贪污 ……………………………………………… (597)
卡尔文·柯立芝总统(1923—1929年,共和党) …………………… (599)
"美国的事业就是企业" ……………………………………………… (602)
赫伯特·胡佛总统(1929—1933年,共和党) ……………………… (603)
大萧条 ………………………………………………………………… (603)
富兰克林·德拉诺·罗斯福总统(1933—1945年,民主党) ……… (605)
新政 …………………………………………………………………… (606)
拉丁美洲 ……………………………………………………………… (608)
失业保险 ……………………………………………………………… (609)
最高法院 ……………………………………………………………… (610)
产业工人的动乱 ……………………………………………………… (611)
对外关系;"现购自运";租借法案 …………………………………… (612)
珍珠港事件(1941年12月7日) …………………………………… (613)
联合国 ………………………………………………………………… (615)
美国的地位发生变化 ………………………………………………… (615)

第 十 九 章
拉 丁 美 洲
哈佛大学大洋洲历史和事务加德纳讲座教授
J.H.帕里 著

仅仅取得政治独立;欧洲干涉的结束 ………………………………… (617)
泛美主义 ……………………………………………………………… (618)
巴西;阿根廷 ………………………………………………………… (618)
智利;墨西哥 ………………………………………………………… (619)
依赖出口 ……………………………………………………………… (621)
拉丁美洲的天主教 …………………………………………………… (622)
活跃的文化生活 ……………………………………………………… (623)
阿根廷的进展 ………………………………………………………… (624)
墨西哥革命(1901—1911年) ……………………………………… (624)

美国的干涉 ································ (624)

西奥多·罗斯福的政策 ························ (626)

金元外交 ···································· (627)

拉丁美洲在世界事务中日益增长的重要性 ······ (627)

第一次世界大战；国际联盟 ···················· (627)

战争对经济的影响 ···························· (629)

外国的投资 ·································· (629)

智利的经济困境 ······························ (630)

阿根廷和乌拉圭的牛肉工业 ···················· (630)

和平繁荣时期 ································ (631)

石油 ·· (631)

关怀工人福利 ································ (631)

宪政激进主义 ································ (632)

大萧条 ······································ (634)

革命时期：阿根廷、巴西、智利、墨西哥 ········ (635)

争取经济独立的愿望 ·························· (639)

泛美思想；"睦邻"政策 ······················ (640)

第二次世界大战 ······························ (641)

庇隆在阿根廷 ································ (643)

宪政的加强 ·································· (644)

在世界贸易中的衰退 ·························· (645)

第 二 十 章
1895—1939 年的文学
东英吉利大学英国研究主讲人
A.E. 戴森 著

哈代《无名的裘德》的重大意义 ················ (646)

亨利·詹姆斯晚期的长篇小说 ·················· (647)

爱·摩·福斯特；拉迪亚德·吉卜林；约瑟夫·康拉德 ···· (648)

需要坚毅精神；变革与暴力 ···················· (654)

作为诗人的托马斯·哈代 ······················ (655)

战争诗歌：鲁珀特·布鲁克与威尔弗雷德·欧文 ·· (657)

乔治时期的作家；意象派 ······················ (659)

何谓"现代派"？ ···························· (662)

乔埃斯的《尤利西斯》；艾略特的《荒原》 ······ (663)

斯科特·菲茨杰拉德;弗兰茨·卡夫卡;戴·赫·劳伦斯 …………… （668）
冷嘲派 ………………………………………………………………… （671）
20世纪30年代的诗人 ………………………………………………… （672）
格雷厄姆·格林;乔治·奥威尔 ……………………………………… （673）
戏剧：易卜生、斯特林堡、契诃夫、肖 ……………………………… （675）
爱尔兰戏剧家 ………………………………………………………… （678）
美国戏剧家 …………………………………………………………… （680）
诗剧 …………………………………………………………………… （681）
《蓝宝石》 ……………………………………………………………… （682）

第二十一章
哲学与宗教思想

一　哲学
圣约翰学院研究员兼院长、剑桥大学道德学主讲人
伦福德·巴姆布鲁　著

20世纪初哲学概观 …………………………………………………… （688）
说英语的唯心主义者 ………………………………………………… （689）
《数学原理》 …………………………………………………………… （690）
路德维希·维特根施坦 ……………………………………………… （691）
维也纳学派 …………………………………………………………… （693）
艾尔的现象主义 ……………………………………………………… （693）
"语言"哲学 …………………………………………………………… （697）
在哲学中忽视历史研究 ……………………………………………… （698）
英国哲学和大陆哲学 ………………………………………………… （700）
存在主义 ……………………………………………………………… （701）

二　宗教思想
维多利亚女皇勋爵、前圣保罗大教堂教长
W.R.马修斯牧师　著

自然主义 ……………………………………………………………… （701）
克尔恺郭尔、尼采、弗洛伊德 ………………………………………… （702）
历史中的意义 ………………………………………………………… （702）
宗教的性质 …………………………………………………………… （703）
时代不适于讨论宗教思想 …………………………………………… （703）
自由新教 ……………………………………………………………… （704）

现代主义运动 …………………………………………（705）
社会福音 ……………………………………………（705）
"历史上的耶稣" ………………………………………（706）
重新解释正统教义 ……………………………………（707）
神秘主义 ………………………………………………（707）
巴特的危机神学 ………………………………………（707）
俄国及东正教作家 ……………………………………（708）
普世教会运动 …………………………………………（709）

第二十二章
绘画、雕塑和建筑
班戈北威尔士大学学院历史和艺术史高级讲师
M.E.库克 著

一 绘画

革命的艺术 ……………………………………………（710）
点彩派和象征派 ………………………………………（710）
野兽派；立体派；"拼贴画" …………………………（711）
未来派；表现派；抽象派 ……………………………（713）
达达派；超现实派 ……………………………………（716）
德国的"包浩斯" ………………………………………（718）
"一体画会" ……………………………………………（719）
美国："垃圾箱画派"；"行动画派" …………………（719）

二 雕塑

罗丹领导下的复兴 ……………………………………（720）
未来派和超现实派的雕塑 ……………………………（721）

三 建筑

威廉·莫里斯的影响 …………………………………（723）
新艺术运动 ……………………………………………（723）
弗兰克·劳埃德·赖特 ………………………………（724）
在奥地利和德国的发展 ………………………………（725）
格罗皮厄斯 ……………………………………………（726）
1919—1923年：各种思想的全盛时期 ………………（728）
勒科尔比西埃 …………………………………………（729）

英国和美国 …………………………………………………………（731）
斯堪的纳维亚；意大利 ……………………………………………（732）
再论勒科尔比西埃 …………………………………………………（733）

第二十三章
1930—1939年间的外交史
伦敦大学伦敦经济学院国际关系史教授
D.C.瓦特 著

经济危机对政治争端的影响 ………………………………………（734）
德国向奥地利接近 …………………………………………………（735）
远东国际秩序的瓦解 ………………………………………………（736）
法国寻求同盟者 ……………………………………………………（737）
世界裁军会议（1932年）……………………………………………（738）
德国向法国接近 ……………………………………………………（739）
美国的孤立主义 ……………………………………………………（739）
世界经济会议的垮台（1933年）……………………………………（740）
希特勒的计划 ………………………………………………………（740）
奥地利危机 …………………………………………………………（741）
德国和日本脱离国际联盟 …………………………………………（742）
英国的军备方案 ……………………………………………………（742）
日本与中国 …………………………………………………………（742）
德波瓦不侵犯条约 …………………………………………………（744）
奥地利纳粹党暴动失败 ……………………………………………（744）
赖伐尔与墨索里尼 …………………………………………………（745）
斯特雷扎会议（1935年）……………………………………………（746）
法苏条约（1935年）…………………………………………………（747）
阿比西尼亚（埃塞俄比亚）；对意大利的制裁 ……………………（747）
霍尔—赖伐尔谅解 …………………………………………………（749）
小国受到干扰 ………………………………………………………（750）
土耳其参加蒙特勒会议（1936年）…………………………………（751）
比利时奉行"纯粹比利时政策" ……………………………………（751）
美国：中立法案（1937年）…………………………………………（752）
英国和意大利之间的"君子协定" …………………………………（752）
20世纪20年代建立的秩序瓦解……………………………………（752）
日本与中国 …………………………………………………………（753）

反共产国际条约(1936年) …………………………………… (755)
西班牙内战;各大国的反应 …………………………………… (756)
希特勒对英国的态度 …………………………………………… (758)
内维尔·张伯伦的政策 ………………………………………… (759)
1937年10月底欧洲的局势 …………………………………… (760)
中国的统一战线 ………………………………………………… (761)
罗斯福总统的"隔离"演说 …………………………………… (762)
美国、英国与中国 ……………………………………………… (762)
英国希望找到一个和解方案 ………………………………… (764)
另一次奥地利危机 ……………………………………………… (766)
武力并吞奥地利(1938年3月) ……………………………… (766)
苏台德区德意志人问题 ………………………………………… (767)
苏联的建议 ……………………………………………………… (768)
对捷克斯洛伐克的威胁 ………………………………………… (770)
苏台德区问题的和解方案不可能实现 ……………………… (771)
俄国重新做出努力 ……………………………………………… (771)
张伯伦和希特勒在贝希特斯加登和戈德斯贝格会晤
　　(1938年9月15日和22日) ……………………………… (772)
慕尼黑会议(1938年9月29日)及其后果 ………………… (774)
波兰和匈牙利的反应 …………………………………………… (775)
西班牙内战告终(1939年1月) ……………………………… (776)
中日谈判破裂 …………………………………………………… (777)
德国占领波希米亚和摩拉维亚(1939年3月) ……………… (778)
但泽和走廊 ……………………………………………………… (778)
希特勒因为英国对慕尼黑的反应而感到不安 ……………… (780)
对战争的神经紧张状态 ………………………………………… (781)
采取集体行动的措施宣告失败 ……………………………… (782)
意大利侵犯阿尔巴尼亚(1939年4月) ……………………… (782)
苏联政策的改变 ………………………………………………… (783)
"钢铁条约"(1939年5月) …………………………………… (784)
英苏谈判的夭折 ………………………………………………… (784)
纳粹—苏联条约(1939年8月23日) ………………………… (786)
战争 ……………………………………………………………… (787)

第二十四章
第二次世界大战
巴兹尔·利德尔·哈特爵士(已故) 著

在两次世界大战之间未能重视机械化力量的作用	(788)
德国和苏联接受坦克加飞机的理论	(790)
骑兵军官的过时态度	(790)
英国不愿机械化	(791)
德国建成一支素质和机动性好的小规模军队	(792)
在莱茵兰未能阻止希特勒	(794)
奥地利和捷克斯洛伐克	(795)
德国对波兰发动闪电战	(796)
假战争	(799)
德国向挪威和丹麦进军	(799)
德国进攻法国	(803)
敦刻尔克大撤退(1940年5月26日—6月4日)	(806)
法国被迫请求停战(1940年6月21日)	(809)
英国的危险处境	(810)
希特勒为何按兵不动？	(812)
战争扩大到地中海地区	(812)
韦维尔在北非获胜	(813)
在希腊的牵制行动遭到惨败	(815)
隆美尔的胜利	(818)
远东的防务被忽略	(819)
德国入侵苏联(1941年6月22日)	(820)
德军在莫斯科受挫	(821)
德军在苏联失败的原因	(823)
斯大林格勒会战(1943年2月)	(824)
日本的胜利	(825)
英军在北非撤退；托布鲁克战役(1942年6月)	(832)
第一次阿拉曼战役成为转折点	(833)
英军前进，英、美军在北非登陆(1942年11月)	(835)
德、意军队在非洲战败	(837)
西西里和意大利战役	(839)
盟军在诺曼底登陆(1944年6月6日)	(840)

苏联继续进攻	(843)
欧洲战事结束(1945年5月8日)	(845)
远东战事结束(1945年9月2日)	(845)
原子弹：是否应该使用？	(847)
优越的工业实力和资源加上海上力量带来了胜利	(848)
对战略的评论	(849)

第二十五章
第二次世界大战外交史

前牛津大学近代史教授和普林斯顿高级研究院教授

卢埃林·伍德沃德爵士(已故) 著

希特勒夸大了以往政权的错误	(853)
他与意大利、日本、苏联和法国维希政权的关系	(853)
"新秩序"	(854)
苏联对其盟国的怀疑	(855)
1942年以前美国不卷入战争的政策	(857)
"租借法案"	(858)
实行一致的外交政策的困难	(858)
经济战	(859)
美国、英国与法国维希政权	(860)
英美的远东政策	(863)
苏联与波兰的前途	(864)
大西洋宪章和联合国宣言	(866)
无条件投降	(867)
德黑兰、雅尔塔和波茨坦三次会议	(868)
联合国	(870)
波兰问题是苏联与西方大国之间关系的考验	(871)
是不团结吗？	(872)

索 引 (873)

第 一 章

导言：论近代史的界限

1896年，阿克顿勋爵计划编写《剑桥近代史》的时候，曾就这个大胆的尝试做了以下的论述：

> 现在我们可以利用十分难得的机会，把19世纪将要遗留给我们的全部知识记载下来，以便最大多数的人从中获得最大的裨益……
>
> 在这个世代，我们不能写出终结性的历史；但是，既然我们已经掌握了全部资料，而且每个问题都可以解决，我们也就能够写下传统的历史，并表明在世代交替的历程中我们已经到达的里程碑。

阿克顿计划将《剑桥近代史》写成一部世界通史，以"区别于综合性的国别史"。

> 本书将写成一部连续性的丛书，各国历史在这部著作中处于从属地位。我们叙述这些国家的历史，不是由于它们本身的价值，而是在参照并从属于更高系列的情况下，以它们对人类共同命运所做的贡献时间早晚和程度大小作为依据来进行叙述。①

今天几乎没有历史学家仍然抱着阿克顿的信念，认为我们还能写

---

① 《剑桥近代史：它的由来、作者与出版》（剑桥，1907年），第10—14页，E. H. 卡尔在其所著的《历史究竟为何物》（剑桥，1961年）一书中第1页和第145页曾经引用。

出世界通史或终结性的世界史。事实上，乔治·克拉克爵士在他撰写的《新编剑桥世界近代史》的"总导言"中，已经否定了他那一代的历史学家认为他们可能写出一部"权威性世界史"的信念。"按照其编写宗旨，《剑桥近代史》的新版，既不是作为将来编写权威性世界史的垫脚石，也不是作为我们关于这一时期的全部知识总和的摘要或具体而微的缩本，相反，它却是许多符合事实而又前后一致的评价的汇编。"① 它的范围和原先那套《剑桥近代史》相同："它论述这样一种'文明'的历史，这种文明自15世纪起，从它的欧洲发源地向外扩展，并在扩展的过程中，同化新异的成分，一直到它在不同程度上巩固地扎根在世界各个角落。"②

《新编剑桥世界近代史》的最后一卷从一开始，不但必须估量它所论述的那个历史时期，而且也必须审度它在这一历史丛书中的地位，或者更确切地说，它在"近代史"中的地位。对于《剑桥近代史》的最后一卷的编写者们来说，这一点并不那么重要。该书出版于1910年，它所涉及的时期是1870年至1910年。将这一时期称作"最近的时期"，并假定它不标志一个时代的结束或真正的终点，那也就够了。它的编写人不会想到：近代史上和20世纪中的第一次世界大战再过4年就要爆发，而且那12卷著作所论述的"近代史"的连续性在将来也不能再视为当然了。然而，他们的那部著作远不是以欧洲作为中心；该书各章包括关于埃及、苏丹、远东、英国的印度帝国、日本、拉丁美洲、欧洲殖民地的论述，并有一章专论科学时代。

本书实际上是以1910年那部著作的终点作为开端的，尽管其中有几章回溯到20世纪初。本书以1945年作为结束点，因此与前一部书相比，它所论述的时期与写作时间相隔要长久得多，而前书就其所叙述的后一阶段来说，事实上是现代史。本书有几章不得不涉及1945年后发生的事件。在所有各章里，不论其表面上的界限在何年，但对于1945年以后的世界历史的认识，不可避免地产生了影响。我们如何把1900—1945年这一时期作为一个整体或者就其若干部分来进行观察，关于这一点，我们对过去20年的历史所做的解释势必要

---

① 《新编剑桥世界近代史》第一卷，1957年，第34页和第24页。
② 同上书，第35页。

第一章 导言：论近代史的界限

产生影响。

那么，从1966年的优越地位出发，本卷的主题应当是什么呢？原先的版本于1960年问世。它在编纂计划及主要内容方面反映了20世纪50年代的精神，如果说它不是反映紧接1945年的战后岁月的精神的话，将它的题名称作"暴力时代"也是很自然的。况且，谁也不会否认暴力已成为它所记载的大部分历史的特征——至少如果我们从暴力和残酷行为的程度和受难者的数目来衡量，这个时期的暴力比历史上任何更早的时期也许更加严重。

然而，当历史学家对1945年以来的20年或更长的时期进行观察，他可能感到暴力并不是这个世纪的主要特征。他看到对核动力的使用已取得了进展，不仅将它当作破坏力量，也把它用于和平目的。他看到美国和俄国1957年在双方打击力量方面已取得了对等，而且中国在1965年①也实现了第一次原子弹爆炸。核武器扩散的危险变得更加明显，但正是这个事实表明了有关科学技术的知识和发现已经有普遍性，而且我们确有必要承认这个情况：我们都是互相依赖的成员。对于空间的探索一直在进行中，看来这种探索是竞争性的而不是协作性的，不过每个队伍，即使在某一个行动方面，显然也可以从它的对手的工作中学到很多东西。因此，俄国人1957年发射第一个人造卫星后，接着在1961年，美国和俄国制造的人造卫星也有好几次载着宇航员在太空中航行。

与这些发展同时并进的，还有其他方面的进展，使我们对20世纪世界的看法发生了变化。其中一个发展就是人们突然认识到世界正处在一次"人口爆炸"中，到1986年可能使人口达到50亿，到2110年增长到500亿（或者说，整个地球表面的人口密度为每平方英尺1人）。从1850年以来，世界原有的10亿人口到了1930年增长了1倍，到1947年将增至23.26亿，到1962年将增至30亿，预计到1977年仅仅15年以后，将达到40亿。粮食供应问题以及世界各国人口中多数人的贫穷生活与少数人丰衣足食的优裕生活的对比变得日益尖锐。同时，新的化肥农药，人工孵鸡箱以及工厂饲养食用牲畜的方法都预示食物供应将会增加，但另一方面，对于这些供应所依赖

---

① 原文如此。中国第一次原子弹爆炸应是1964年。——译者

的自然生态平衡也会造成威胁。然而，生物学与遗传学方面的发现以及避孕方法则为人们开辟了这样一条道路，即限制人口的增长，塑造未来世代人口的生理特征以及采用繁衍后代的人工方法。

科学技术方面的新进展预示着其他的发展，这些发展具有同样的革命意义。计算机的发展和自动化操作预示在工商业中将有许多日常工作会被取消。普通的人们享受的空闲时间看来大概不是太少，而是太多。同样地，商业性航空事业，只是在1945年才在各大洲之间，横越各大海洋的主要航线上繁荣起来。外交往来、商业活动和旅游事业都发生了巨大的变化，因为这种新的旅行速度是以若干小时而不是若干天或若干星期来计算，而且距离也明显地缩短了。

在1945—1965年间，世界政治和国际间与洲际间的关系也同科学技术所造成的变化相配合，尽管速度很慢。强权政治围绕着两个超级大国——美国和俄国发生两极分化，而美俄两国在"冷战"中进行抗衡已经很久了。从50年代中期以来，中华共和国[①]由于力量和影响的增长以及科学上的优势，对上述这种过分简单的"力量均势"开始进行干扰。西欧，特别是法国、德国以及共同市场其他成员国的复兴（1957年），在世界事务中形成了另一个即便是比较次要的力量。对旧秩序的挑战的，还有新近获得独立的亚洲、非洲和中东的国家，它们从殖民地上升到现在的地位，最初是在1947年获得独立的印度、巴基斯坦、缅甸和锡兰；1957年获得独立的加纳，随后又有英国在非洲的其他殖民地，以及法国、意大利、比利时和荷兰的海外领地和殖民地。新兴国家从一开始便坚持要求享有与旧有的国家完全平等的地位——1956年埃及将苏伊士运河收归国有，并对英法两国的企图入侵进行抵抗，因而坚决维护这种要求。新兴国家在联合国中开始形成多数。白种人与非白种人的抗衡，不论在一国之内（如60年代在美国的"民权"运动）或国与国之间都出现了新的局面。

正是由于这些情况，历史学家才不得不考查20世纪的变化的整个性质，并探讨是否一个新阶段或一个新时代已经到来，因而需要一种新的历史和一个新的名称。本卷第一版的编写者认为，在20世纪内确立一个"更加完整和更加确切的世界史概念"不但是可能的，也是

[①] 原文如此，系指中国。——译者

第一章 导言：论近代史的界限

合乎需要的，因为有史以来第一次"世界六大洲相互间的关系变得真正重要了"。互相依赖和互相影响成为"以往50年世界史的中心主题"。① 另一位历史学家谈到"各个大陆之间、各个国家之间和各个阶级之间力量对比的变化，而我们的生活正经历着这种变化"。

> 在20世纪中期那段岁月，我们发现世界正处于变化的过程，这种变化与世界自从15世纪和16世纪中古世界崩溃衰亡而近代世界奠定基础以来所经历的任何变化相比，也许都更加深刻、更加广泛。……这种转向我所称为现代世界的过渡……迄今尚未完成：这正是20世纪世界正在经历着的革命性变化的一部分。……只是在今天，人们才第一次有可能敢于想象一个完整的世界，这个世界是由名副其实地充分进入历史范畴的各国人民组成的。……②

同样的想法促使另一位历史学家相信，"近代史"已告结束，而最近的或现代的历史不能被简单看作近代史（以文艺复兴与宗教改革作为开端的那段时期的欧洲史）的最后阶段。"现代史在质量与内容方面与我们所了解的'近代'史是不同的。"

> 有关现代史的特殊事实之一就是它是世界史，而且对于促使它形成的各种力量，除非我们准备采取世界性的观点，否则不能理解；这就意味着不仅要增加几章关于欧洲以外事务的论述，以补充我们对于刚刚过去的事实所持的传统见解，而且还要重新考察和修正作为我们见解的基础的种种设想和偏见的全部结构。

20世纪的前半叶具有"一个标志着革命性变化和危机的时期"的一切特点，它可以同"11、12世纪前后的社会与思想方面的巨大动荡"以及文艺复兴与宗教改革时期相比。而后一时期则是历史上的这样一种时刻："即人类背离了它的老路，进入一个新的阶段，它

---

① 戴维·汤姆森：《1914—1950年的世界史》（国内大学丛书；牛津，1954年），第4—6页。
② E. H. 卡尔：《历史究竟为何物》，第112、128、135、144页。

离开了已经标明的道路，转到一个新方向。"①

关于这里所引起的专门术语问题——如何称呼这个新的历史时代——我们不必关注。但是，较大范围的争论提出了这个问题：20世纪前半叶属于什么历史时代。它是否像巴勒克拉夫坚决主张的那样是"近代史"与"现代史"的"分水岭"，也就是说，从俾斯麦退隐的1890年延续到约翰·F.肯尼迪开始任职的1961年的那个分水岭？这是否标志着旧的一章的结束或新的一章的开始，或包含新旧两个时代的过渡时期？提出这种问题并不是要做出回答。将20世纪历史解释成现代史，即具有新含义的世界史，并不是要求撰写它；旧的思想习惯、旧的界限继续存在的现象，即便在历史学家中，也不是罕见的。本卷只希望提供某些材料以供判断这一时期的性质。

在帮助创造一种新的世界和一种新的世界史的那些力量中，至少有4方面的力量在1914年以前的20世纪初期变得明显起来，"欧洲的衰落"和欧洲以外的民族主义力量的崛起，在20世纪初由于日本战胜俄国（即一个亚洲国家击败一个欧洲国家）而已经显出预兆，成为"未来的全球时代的最初一瞥"②。这就发出警告：亚洲的命运，尤其是中国的命运，不会由欧洲列强来决定。1912年，中华民国的成立是另一个预兆，其重大意义由于随后30年间发生的内战和内部衰落状况而被掩盖（见第十二章）。在欧洲，最重要的事件毕竟不是各大国在巴尔干半岛的抗衡，也不是1905年和1911年的外交危机，也不是军备竞赛——特别是英德两国关于海军力量的竞赛；相反地，它们是有关社会、技术与科学的事件。这不是说社会被改变了，而是支配着社会的那些做法正在改变。阶级的觉悟更加提高，工业动乱更为尖锐，要求给予更多平等待遇的呼声更加强烈。在英国，工党的诞生、对上议院的抨击以及关于社会福利的立法（1908—1911年）都是征兆，表明一种新的倾向以及英国政府为了安抚所做的努力；同样也是在1911年，俾斯麦关于德国社会保险的庞大计划已告完成。技术和工业的变化更加渐进，而影响日常生活的变化——冷藏设备、罐头食品制造、电力、电话、机动车——所有这些都在19世纪末期开

---

① 杰弗里·巴勒克拉夫：《现代史入门》（伦敦，1964年），第2、4页。
② 同上书，第101页。

第一章 导言：论近代史的界限

始，如同托拉斯和垄断公司一样。然而，20世纪开始时，有两项成功的发明具有世界影响：一项是马可尼1901年将无线电信息传递到大西洋彼岸，另一项是布莱里奥于1909年驾机横越英吉利海峡的飞行（也许比莱特兄弟于1903年驾机飞行的创举更有重大意义）。

然而，即便在那个时期，科学家们已经"确实地预感到未来了"（见第四章）。1896年贝克雷尔发现了放射现象，1897年J.J.汤姆森发现了电子，1911年拉瑟福德证实放射性分裂中释放出来的"光线"实际上是原子。同样地，普兰克和爱因斯坦的定理，不仅指向物理学的改变并指出以后对核力量的利用。这里是一个"漫长的革命"，它在两次大战之间继续进行，主要没有引起公众注意，但到了1945年，却像恶魔一样突然出现。遗传学以孟德尔已被人遗忘的著述作为基础，其进展也同样缓慢。对防御或医治疾病的药品的发现，则更激动人心；罗纳德·罗斯和沃尔特·里德在20世纪初就表明怎样能够控制疟疾和黄热病——"西方的"科学家们帮助改变了其他大陆千百万人的生活。埃利希于1909年发明了洒尔佛散（即六〇六），这只是一系列药品之一，以1935—1938年间磺胺药物的发展和1940年的盘尼西林（即青霉素）最为显著。所有这些都有助于科学职业的成长，并成为它的基础（科学职业本身是20世纪新兴职业的一个方面）。科学进步的现象持续不断地发生变化而且现已变得司空见惯，因此，这就带来一种危险，即科学作为一个改革的动力所具有的巨大影响和渗透力量，往往过分容易被人低估，尤其在今天这样一个时期，更加如此，因为今天播下的种子，以后才会有收获。甚至研究科学史的历史学家，他们的调子也似乎很低沉，使人产生错觉：

> 20世纪的前半叶证明是科学向前发展的一个时期，无论在范围、速度及应用方面都超过了以往的各个时期；在这50年中，近代科学400年来的收获都被彻底地收集起来，以致它改变了我们文明的一切方面与看法以及我们的日常生活和思想习惯。①

---

① 见本书第四章，第88页。（正文括号中第×页及注释中第×章第×页，均指原书页码，见本书边码。——译者）

在这半个世纪中发生了两次世界大战，其中第一次在这个世界上突然爆发，而将要发生的变革最初带来的震动，几乎没有使世界受到干扰。也许第一次世界大战这个名称用得不当；它是一场欧洲的内战，有些附属性的战争是在欧洲以外的战场上进行的，并使美国作为一个交战国来到了欧洲。旧有的名称"大战"，把这场战争局限在欧洲的范围以内；它在生命、财产方面造成的损失都比以前任何一场战争要严重得多。然而，不是由于在欧洲所损失的生命和物资财产才使它在决定新的世界史进程方面具有重大的意义，相反，起决定作用的，倒是它造成的一系列的震动和打击。其中有一部分是心理方面的。在这次战争发生以前的100年中，世界各国普遍享有和平，欧洲处于优势地位，国际贸易取得发展，而大批移民从欧洲迁往海外。一个世界性的投资、信贷与贸易体制似已成为永久性的事物安排的一部分，而大不列颠则是其中的"乐队指挥"（见第三章）。这时欧洲各国已经削弱了自己，而旧的结构也已瓦解，奥地利、德意志、奥斯曼和沙皇等帝国也不复存在；在英王乔治五世统治（1910—1936年）的25年中，5位皇帝和8位国王失去了王位。俄国革命可能很好地证明了一种世界革命的开端：共产主义实践的具体表现以及它的榜样和宣传所产生的力量，使统治阶级感到畏惧而在大部分工人阶级中间则传播了希望。

在所有的上述情况中，欧洲的地位已经开始削弱；它的世界领导地位已被破坏。尤其在印度和伊斯兰世界，民族主义精神已被赋予新的力量；旧的商业与工业体制已经瓦解；新的竞争者也已出现来反对旧的供应者，特别是英国发现了这样的情况：因为它的煤炭输出在欧洲已被取代，而它在印度和非洲的棉织品市场也被日本侵入。战争把工业动员起来；但扩大生产的结果只是使竞争者留有剩余的能力。战争导致食品生产的增长；在战争结束时，供应显然过剩，而世界价格的暴跌约束了生产初级产品的国家的发展达10年之久，并延缓了世界贸易的复苏。不错，各国之间的相互依赖关系几百年来使得一种国际经济在各国贸易中成为现实，而在实行更高关税和自给自足政策的运动中，这种关系确也没有消失。计划经济不论是在集权的共产党执政的国家或民主国家中都是一个特征，使人们在某种程度上希望在比较遥远的未来，能实现一个更好的世界秩序并且能更公平合理地利用世界的资源（参阅第三章）。

战争留下的比较明显的后患是30年代初期的"大萧条"，以及在德国、意大利、西班牙、葡萄牙和几个其他国家中崛起的独裁制（见第十六章）。在那些仍然保持民主体制的国家中，"大萧条"削弱了其凝结力及保护本能，在法国和比利时，民主政治本身遭到攻击，而在英国在较小的范围内也是如此（见第十七章）。在德国，民主政治给希特勒和纳粹党大开方便之门，使他们能夺取政权，建立集权制的军国主义的德意志帝国，并开始在国内实行恐怖统治。希特勒的野心所以更加令人恐惧，是因为它显得阴暗暧昧而又毫无节制，它至少是第二次世界大战的原因之一。

第一次世界大战带来的后果削弱了欧洲的优势，并为开创世界史上的一个新纪元打开了道路，然而，很长时间以来，这些情况都被一种恢复到旧有秩序的幻想所掩盖。国际贸易和信贷制度得到了恢复，不过，因为新的战争债务和赔款而受到了妨碍；1925年英镑恢复了金本位，达到战前与美元的兑换比值——采取这种姿态是不成熟的，而且不能令人信服。国际联盟（见第九章）似乎不仅是取代旧的"欧洲协和体"而是对它的一大改进，它是世界性的组织，但由欧洲领导。苏俄由于受经济计划和革命的社会建设（见第三章、第十五章）的困扰，没有显示出作为一个新兴世界强国的多少迹象。美国同样迎合战时产生的民族主义感情，对于欧洲的力量均势，避而不做公开的承诺。另一方面，欧洲各国的海外帝国并吞了德国以前的殖民地后，扩大了面积，比以前变得更加庞大、更加令人印象深刻；英帝国已达到它的最大范围，太阳永远照耀着它在世界各地的政府大厦。

在表面现象下面，欧洲秩序在两次世界大战期间正受到侵蚀。帝国主义正在没落中。J. A. 霍布森的《帝国主义》（1904年）一书，对于欧洲在20世纪所持的自信来说，也许是第一个打击；或者，布尔战争是不是已经对它首先提出了谴责？各自治领在战争中所起的作用使它们获得了作为独立国家的新地位，而给予英帝国的新名称——英联邦，也不只是象征性的。在印度，1919年国大党起草了独立宣言，而甘地在同年发起了他的非暴力抵抗运动（第十一章第一节），不过，印度获得独立和分治却需要花费25年时间，并且经历了第二次世界大战。在中东，新的国家脱离旧的土耳其帝国的部分地区而成立起来：诚然，英法两国对它们的影响看来很巩固，虽然巴勒斯坦的早期历史预示阿拉伯民族主义的实力（第十章）。在非洲、加勒比海地区和东南亚，欧洲强国的殖民地不大感到变革的趋势，尽管也小心地做出努力，使受过教育的当地人参与政府（第十一章第二节、第十三章）。法国的殖民地继续被当作法兰西母国的永久附属国而加以统治，目标仍是"同化"。M. 萨罗的《法国殖民地的开发》（1923年）一书所阐述的政策，与卢加德在英国殖民地实行的"双重的委任托管"十分相似，它强调将当地的中坚人物纳入政府机构，经济发展应为土著人民造福。在比属刚果（1908年后由比利时统治的刚果自由邦），家长式的统治与对矿藏财富的开发同时并进。[1]

至于欧洲的力量在它自己的大陆以外遭到侵蚀的程度究竟有多大，日本的行动对此做了最清楚的说明。1915年在大战期间，日本提出它的"对华二十一条"，要求控制中国与亚洲大部分地区。当时的形势迫使日本停止进逼；但是，日本在1931年对满洲进行的侵略只是意味着它重新提出了以前的要求（见第十二章）。在这些事件的背后，东方的人口迅速地增长而欧洲的增长速度却逐渐放慢。日本人口在1930年以前的60年中增加了1倍；印度在1920—1940年间人口增长了8300万；在爪哇和中国的江苏省，人口密度达到每平方英里800人之多（在欧洲平均为每平方英里184人）。这不是农业人口增长的问题；1900年亚洲只有3个城市拥有100万以上的人口；到了1960年，在世界上69个人口达到100万以上的城市中，亚洲占有26个。"我们毫不夸张地说，在1890—1940年这半个世纪的人口学方面的革命是根本的变化，它标志着从历史上的一个时代到另一个时代的过渡。"[2] "欧洲各国的亚洲帝国于1941年崩溃，这主要是由于人口问题方面的失策。"[3]

第二次世界大战使那些在以前的20年中一直潜在着的因素都显

---

[1] 黑利勋爵：《非洲考察》（修订版，牛津，1957年），第206页及以下；R. 奥利佛和J. D. 费奇：《非洲简史》（伦敦，1962年），第210—211页。
[2] G. 巴勒克拉夫：《现代史入门》，第87页；并参阅第71—74页和第83页。
[3] 同上书，第78页。

示出来了。这一次是名副其实的世界大战。不但在欧洲和亚洲、大西洋和太平洋作战,而且在空中、陆地和海洋作战。如果说西方强国(美国和英国)联合俄国挫败了日本人企图在亚洲建立帝国的打算,在欧洲则是一场互相毁灭的战争,虽然不像拉库恩与神蛇的斗争那样一直搏斗到同归于尽。① 在战争时期和战后,现代世界的轮廓是明显可见的:欧洲失去了重要地位,殖民地帝国宣告结束,亚洲与非洲各国人民觉醒起来,美苏两个超级大国占有绝对优势地位,中国革命成功后获得了巩固地位,以及向科学发明、空间探索、技术更新和核武器等新领域进军。这个世代的暴力给欧洲带来了报应。

在受难者中命运最悲惨的是最无辜者——犹太民族。在纳粹统治下,历史久远的反犹太主义的祸害在它所造成的恐怖与罪恶方面达到了极点。成千上万的犹太人在德国集中营里惨遭屠杀,仅奥斯威辛一地就有175万人被害。1939年在纳粹控制的国家中原有650万犹太人,经过战争幸存者仅150万人。在6年的战争中,世界上的全部犹太人有1/3死亡;在欧洲的死去一半;在中欧的死去3/4。在我们的词汇中增加了一个新名词即"种族灭绝"。正如一个犹太历史学家所写的"在历史上,人类的任何一部分都从来没有遭到过如此惨无人道的待遇"。②

对于人类的前途,我们总是可能采取乐观的或悲观的看法。在战争结束时,在许多国家中,绝望情绪本来可以处于支配地位。然而,事实并非如此。20年以后,尽管国家间的战争和私人间的暴力行为仍然方兴未艾,但历史学家不大可能将暴力作为这个时代的特征。相反地,他将"大同世界"的说法不仅是当作一种辞令:这个世界在种族战争中可能分裂自己,在两个超级大国的冲突中可能毁灭自己,然而,由于各国之间的共同问题、共同愿望以及科学上更大的进展——揭开"宇宙的奥秘"并将这种知识应用于新的生活方式——带来的世界性影响,它日益变成更加团结的一个整体。

这是否使20世纪的前半叶成为从旧到新、从近代史到现代史的过渡时期?

---

① 拉库恩是古代特洛伊城的神殿祭司。特洛伊战争时,他因识破希腊军的木马计谋而触怒了女神阿西纳,后被两条神蛇缠死。详见《希腊神话》。——译者
② 《钱伯斯百科全书》(1955年)中"犹太史"条目。

过渡时期是否已告结束？这究竟是近代史的最后一章，还是世界通史的第一章？也许下一部《剑桥史》会做出回答，而阿克顿的"终结性历史"最后也会写出来。

（张自谋　译）

第 二 章
社会生活的变化

　　第二次世界大战前的40年，欧洲各国人民的生活方式和生活水平发生了意义深远的变化。这些变化是由在不同的国家有着不同影响的各种历史势力和历史事件引起的。当20世纪开始时，欧洲已分成三个区分明确的地区。易北河以东的欧洲部分，基本上仍然是一个农民的欧洲，那里50年间工业化缓慢进展，而民族意识却常常在语言、家族或种族的基础上迅速发展。东欧在经济和社会方面远远落后于易北河以西的大多数国家。但是，这些国家又分为两类。北欧和西欧各国——斯堪的纳维亚、低地国家、英国、法国、德国、瑞士——在工业化和随之而来的各种经济发展方面进展得最远。它们经历了都市化，资本积累和信贷组织，对外贸易，并享有普通较高的生活水平。南欧和西南欧地区——西班牙、葡萄牙、意大利南部和爱尔兰南部——在地理上（而且某些方面在历史上）属于西欧，但是在经济和社会的不发达方面，它们更类似东欧各国。西班牙和葡萄牙曾经在新世界获得并失去大片帝国属地：过去光荣的残余，成为对它们的现代发展的一种障碍。

　　对这种三部分的划分，必然也会有一些重要的例外。奥地利的某些部分，工业化程度几乎与德国相等，而法国西南部的一些地区却和意大利的南部一样不发达。但是这三个地区保持着各自特有的差异，这些差异大大影响了20世纪各种变化对它们的社会生活的冲击。在欧洲大陆总的力量对比中，德国是一个枢轴，三个地区相互之间的关系则围绕这个枢轴转动。

　　社会的变化是多方面的而且是错综复杂的，从地理上来说也是多种多样的；但是为方便起见，它们可以被视为两大类。有社会规模、结构和组织方面的变化，包括人口的增长和迁移，城市和交通的扩展，新的职业团体和社会阶级的兴起。也有社会职能和职业方面的变化，包括由于工艺变化而能得到的更大的财富的生产与分配，这种更大的财富的消费与利用，以及社会和国家越来越多地接受新的目标，例如范围更大的"社会正义"或"社会保险"。此外，社会的结构变化和职能变化之间的差别，并不是一成不变的。也许最深刻的变化发生在家庭的性质和社会作用上，而这既是结构上的，又是职能上的变化。整个说来，时间和地点的相互作用与相互关系，可能比单独考虑任何一个方面的变化更为重要。社会的变化发生在三个根本不同的因素之间不断地相互作用的过程中：经济增长的基本条件，每一共同体的社会结构和抱负，以及欧洲的政治地图；在这个地图中，国界只是部分地与可行的经济单位相符合，或与在社会方面和民族方面相同的共同体相符合。这种相互作用虽然极为复杂，仍然可以概括为某种模式，这种模式又在某种程度上显示出20世纪欧洲文明的本质和发展。

在20世纪的前半叶，世界人口增加了10亿以上，大于整个19世纪增长的绝对数字。但是，到1940年，欧洲和其他大陆之间的差异，还没有扩大到能够决定性地改变世界人口统计的平衡。1900年估计总数为16.08亿人，到1940年估计为21.6亿人。在这些总数中，欧洲部分（俄国除外）所占的份额，从20%降低到18%。但是在20世纪20年代以前，欧洲的人口增长率超过了亚洲和非洲；以后即开始被亚洲和非洲的人口增长率所超过。20世纪，欧洲的世界霸权地位的衰落，就是以这个人口统计为基础的。各个国家的人口增长率差别很大，欧洲东部和南部增长比例最大。到1939年，西欧和北欧各国除荷兰外，增长率变得很小。虽然欧洲（包括俄国在内）人口从1900年的约4.23亿增加到1940年的5.73亿，但其中将近1亿是在俄国增加的。① 从欧洲大陆向其他大陆的移民，反映了如下事实：自1896年后，从东欧和南欧外流的人，超过了从西欧和北欧外流的人数，整个迁移在1913年达到高峰，然后在第一次世界大战期间和战后又急剧下降。

---

① 《剑桥欧洲经济史》，第6卷，第1部（1965年），第59—63页。

在这一时期，为了各种各样不同的原因，常常发生从一个欧洲国家到另一个欧洲国家的人口大迁移。中欧和东欧所受影响最大。长期战争，战后各国边界的重新划分，社会革命和政治迫害，都对这种大变动起了作用。布尔什维克革命还在内战结束以前，就造成一两百万的难民或流亡者。德国在1919年后，吸收了约75万人，他们的家园主要是在新划定的波兰境内，而面积小得多、工业化程度较低的匈牙利，也从它的边境地区吸收了40万人。希腊和土耳其之间，在相当大的强制下进行了大规模的人口交换。德国的纳粹恐怖统治和西班牙的内战，又使成千上万人离乡背井，流亡在外。美国（1921年和1924年）和英国各自治领实行的移民入境限制，使欧洲在两次大战之间主要靠独立处理它自己的人口问题。这时接受移民的主要国家是法国，它因为沉重的战争损失和低出生率而感到人口不足。1920年到1928年间，法国接受了主要来自意大利、比利时、波兰和瑞士的150多万外籍工人。每1万名居民中外籍居民的人数，从1901年的267人增加到1931年的691人。其他地方，由于普遍失业，导致抵制外籍工人入境。除法国外，在欧洲境内发生的移民，主要是出于强迫或恐惧。由于有选择的迫害造成的大批移民，比如从布尔什维克和纳粹恐怖统治下的逃亡，给接受他们的各个社会——通常是信教自由的民主国家——带来文化上的重大好处。

在每个国家的内部，继续发生人口进一步重新分配：人们为了适应工业化的趋势从乡村移居城市，因此，这时也日益影响着东欧国家。这个过程一直持续到进入20世纪后相当一段时间，使大部分欧洲人变成城镇居民，然后又逐渐停止。但是，"都市化"是一个相对的用语，某个社会认为是相对较小且具有"农村"风味的城镇，另一个社会则可能认为应属于"城市"。超过10万居民的无可置辩地属于"城市的"单位，很早便在英国形成。早在1831年，英国大约有16%的人口即已居住在这样的城市里。到1936年，法国才有同样比例的人居住在10万人以上的城市里，而那时英国已有40%的人居住在那样的城市里了。1939年，这种规模的城市，苏联有81个，联合王国有57个，德国有56个，但法国仍然只有17个。就整个欧洲而言，虽然在速度和程度上有所不同，大城镇的数目是趋于增加的。从19世纪80年代到20世纪40年代后期，伦敦、格拉斯哥、阿姆斯特丹、维也纳和那不勒斯等城市的人口增长了1倍或将近1倍；伯明翰和里斯本的人口增长了将近2倍，马德里、汉堡和米兰增长了3倍；巴塞罗那、罗马和布拉格增长了4倍以上。

如果把居住在有1万以上居民的城镇中的人口比例，作为真正"都市化"的总标志，那么英国和荷兰就是欧洲都市化程度最高的国家。到1946年，各国居住在1万人以上的城镇中的人口百分比，英国和荷兰为70%；意大利为53%；德国为47%；比利时为45%；而法国只占33%。① 虽然这时绝大多数欧洲人为城市居民，但大多数仍为小城镇的居民。但是人们彻底地脱离乡村生活和农业劳动，集中到城市地区内，受工厂工作和办公时间纪律的约束，这些正是各处发生的社会变化的特征。更确切地说，在一个人口增长的时代，这意味着农业人口往往保持停滞状态，甚至有所减少，而增多的人口几乎被不断扩大的或新兴的工业部门所吸收，或被现代经济所需要的运输、服务或专门职业这一不断发展的"第三部门"②所吸收。

在大规模的都市社会的周围，通常发展起一些"郊区"，即不断扩大的外层。许多工人每天从这里乘电车、公共汽车或火车去城里工作。这些大都市几乎全是一些工商业中心、大型港口和重要城市。住在这种地方的人们享有现代都市文明的各种舒适生活，但也遭受它带来的一切危害。他们在许多不同的方面都承受着由于人口过多而产生的压力，他们在工业衰退和失业面前首当其冲，他们最容易听凭通货膨胀和行政控制的摆布。同时，他们也更容易受到群众意见和社会动荡力量的影响，在骚动时期更容易不知不觉地走上犯罪和暴乱。人们大量聚居在一起，产生一种吸引力，把越来越多的来自国内外的人吸引到他们当中。在现代战争中，他们特别容易受到来自空中的攻击，第二次世界大战期间，鹿特丹、华沙、汉堡、列宁格勒、伦敦和其他欧洲城市都提供了这样的证据。

另外，城市居民虽然更容易受到现代经济制度的动荡的影响和空袭的攻击，但也更容易接受新思想，对于能够为他们提供较大的保障以抵御这种动荡所带来的苦难的运动，也比较乐于支持。他们更善于

---

① C.P.金德尔伯格：《法国和英国的经济发展，1851—1950年》（1964年），第249—250页。
② 关于三个部门的活动和它们如何受20世纪工艺技术急剧进步的影响的著名论述，见让·富拉斯蒂埃《20世纪的巨大希望》（1947年，修订版1963年）。

第二章 社会生活的变化

有效地组织起来抵抗恶劣的环境。在20世纪的欧洲，正是这些城市群众，不仅为劳工组织、工会和社会主义政党的建立，而且为各种社会改革运动提供了主要的推动力。他们也是产生社会骚乱和暴力革命运动的主要温床。在20世纪，欧洲很少发生农民起义。

也许，城乡生活的差别在第一次世界大战前比第二次世界大战后更为显著，尽管在第二次世界大战后城市及其郊区的发展更加扩大。直到实现廉价而快速的公路运输和普及无线电广播以前，乡村居民在他们的日常生活中往往几乎完全享受不到城市生活的各种乐趣。即便是铁路，也不像使用内燃机的汽车那样，能在交通运输方面提供巨大的方便，而且电影不同于无线电广播和电视，主要是一种城市娱乐。20世纪20年代以来的发展趋势是：农业日益机械化，乡村居民越来越容易享受城市的物质福利，因而也就越来越被原先只是属于城市居民的思想观点和行为方式所同化。另一方面，由于每年享有工资待遇的休假期增多，铁路和公路交通费用日益低廉，渴望"重返大自然"的怀旧心情普遍存在，自行车在法国风靡一时，德国的"远足"风气盛行，英国的青年旅游招待所纷纷建立，"童子军"运动遍及各处，战争造成了社会的动乱和居民的疏散，以至于在和平时期建立了国民义务兵役制（所有的大陆国家到1914年都建立了这种制度，只有英国到1939年后才加以接受）。所有这一切因素都导致城市居民更多地到乡村去。姑且不论这种城乡交流的最终效果究竟使乡村生活变得更加贫乏还是更加丰富，它肯定地有助于减少城乡居民之间的差别，同时有助于在国家生活中造成更大的和谐。在那些相对说来尚未大规模城市化、农业的独特利益和经营方法比较根深蒂固的地区，例如在法国、西班牙以及东欧许多国家，城乡居民之间仍然存在着显著的差别。这种情形是否会因这几年国际旅行事业的蓬勃发展而有所改变，我们很难断定。穿越国境的旅行，不论是为了经商还是消遣，主要都是大城市之间，港口之间和机场之间的旅行，或者直接到"旅游中心"。

在20世纪工业的新形势下，和原来的工业国家比较起来，有利条件并不完全在新兴的工业国家一方，虽然最后有利条件和不利条件权衡以后有利条件可能是在新兴的工业国方面（见第三章、第十九章），美国为了便于使用汽车，很快改进和扩充了公路，他们的工业家（特别是亨利·福特）完善了大规模生产的传送带技术，并实行付给工人足够的工资使他们能够购买他们制造的汽车这一原则。除了已经拥有适合于第一代汽车使用的良好公路网（像比利时和法国在20年代战后重建后所拥有的那样）的国家以外，欧洲人迟迟没有把自己装备起来，使用这些新的发明。意大利和西班牙落在西欧和北欧的后面，但是就连德国，也是直到20年代希特勒的战争准备中才包括了著名的全国高速公路网。第一条建成的从法兰克福到达姆斯塔特的高速公路，于1935年5月通车。1929年英国自由党以《我们能够战胜失业》的纲领参加竞选。它极力主张一项庞大的公共工程计划，包括建设全国的干道网和环城公路。但是1931年和1932年英国用于公路和桥梁的年度基建经费只增加到1900万英镑，而到1936年又减少到800万英镑。另一方面，欧洲人在发展作为商业运输工具的航空方面，却比美国人更富于创业精神，到1937年，意大利和德国就在欧洲范围内远远超过了法国。1920年荷兰开辟了阿姆斯特丹和伦敦之间的定期班机，整个20世纪20年代，欧洲各国的首都逐渐由定期商业航班联系起来。此后10年期间，欧洲各殖民地也通过航空线和欧洲大陆各国首都联系起来。说来奇怪，美国的航空这时却主要限于军用和运输邮件，国内商业航空和客机的发展比欧洲晚。直到第二次世界大战前夕，欧洲和美国才定期通航。横越大西洋的电话通信却是自1927年就已存在了。

　　同交通运输的发展一样，在开发新的能源和采用新的技术上（见第四章），欧洲各国人民在进取精神和成就方面也差别很大。法国采用新工业技术比较迟缓，只有汽车工业是突出的例外。雷诺和雪铁龙两家大公司以及规模较小的白茹公司，获得政府贷款和大宗订货，采取了大规模生产的技术。德国迅速发展它1914年以前在世界上领先的工业，特别是化学工业、电气工业、机械工业和新纺织工业。瑞典的经济在20世纪初刚刚从以农业为主导调整到以工业为主导，随即有效地发展纸浆和造纸、电气制品和机械等这些适当的新工业。在另一个极端，南欧和东欧各国倾向于仍然生产初级产品或采掘产品。西班牙坚持从事农业和采矿业。意大利甚至到1939年仍以出口水果和供应市场的园艺产品，或用进口原料制造的纺织品和其他商品为主。

第二章 社会生活的变化

这些倾向所包含的社会结构方面和社会利益平衡方面的主要变化，都程度不同地有助于抹杀从事不需熟练技术或只需有限技术的重劳动的"劳苦大众"和免于这种苦工的老板、经理和专业人员之间旧有的区别。虽然旧的两级分工，从不曾像社会理论所暗示的那样明确或那样普遍，但在这个时期，它的确是越来越不真实了。由于各种职业团体在性质上的多样化和在力量对比上的变化，各个国家社会的结构也因而改变，而且常常是以极其复杂的方式改变的。流氓无产阶级的减少，熟练工人或职员、技术人员和男女专业人员的增多，可能已被视为这些年中最重大的一种社会变化，至少在西欧是如此。这一变化对人们及其家庭的日常生活以及他们对待彼此的态度都生产了很大的影响，要求扩大普及教育和技术训练，把大部分实际权力从工人和资本家手中转移到现代社会的经理和管理人员的手中。随着第二次世界大战后电子学和计算机的应用，这种广泛的变化还会变得更加明显。

20世纪初，英国还保持着它在19世纪获得的地位——全世界最高度工业化的国家。在1910年，英国商业部宣布，英格兰和威尔士有48%的人口从事制造业和采掘业，而德国人只有40%，法国人只占33%，美国人只有30%从事这些行业。1936年，在工业部门工作的意大利人（10岁以上领取报酬的人）不足30%，而将近48%的人从事农业，相比之下，1931年法国从事农业的人为35%，英国只有6%。在这几十年间，欧洲各国劳动力中从事农业的劳动力比例都在下降。甚至在丹麦这样的农业国，到1911年也缓慢地下降到40%，然后到1939年较快地下降到28%。在苏联，因为实行农业集体化和大规模机械耕作，这种减少是引人注目的。1926年到1939年间，俄国从事农业的绝对人数下降了10%—20%，按总人口比例来说，则从占全国人口75%以上，下降到约56%。①

由于种种复杂的原因，30年代在欧洲出现了日益尖锐的阶级冲突，资本家与工人阶级的利益之间出现了不断扩大的鸿沟。在法国（见第十七章），对盘踞在"财政封建主义"中的"经济寡头集团"的强烈抗议，尖锐地表达了在许多其他国家中产生的不满情绪。

---

① 《剑桥欧洲经济史》，第6卷，第1部（1965年），第24页。

它表明"两百个家族"怎样通过拥有共同股份、盘根错节的关系和类似的手段,把控制法国经济的职位牢牢地掌握在手中;尽人皆知的事实是:不到150个大多数由婚姻和家庭关系联系在一起的人,拥有煤炭、电力、钢、石油、化学、铁路、银行和保险等领域最重要的企业中的1900多个行政管理席位。①

希特勒的国家社会党在它上台时从德国实业家和金融家如阿尔弗雷德·胡根贝格、亚尔马尔·沙赫特和弗里茨·蒂森那里得到极其重大的支持,但是究竟是出于对共产主义的恐惧,还是出于对有利可图的重新武装的希望,仍然是疑问(见第十六章)。蒂森后来承认,"我个人总共给了国社党100万马克"。② 其他如冯·克虏伯,在希特勒上台前反对他,但是一旦国社党掌权后就给予支持并从中获利。

在其他地方,社会冲突或者产生左派和中派联合的"人民阵线"以阻止法西斯政变,或者真正导致政变,而在西班牙,社会冲突的结果发生了这两种情况和长期内战。西班牙内战开始于1936年6月军队起来叛乱,反对人民阵线共和国政府(共产党人曾经帮助这个政府上台,但是和法国共产党一样,并没有在政府中担任职务);内战使国内新旧派别和国际上相互敌对的势力结合起来,造成非常富于爆炸性的复杂局面。随之发生的残酷的战斗,对于30年代的欧洲有着社会的和心理上的深远意义。3年的流血牺牲,再加上特别影响农产品出口和冶金采矿工业的经济萧条、政治上的不稳定和无政府主义的暴力行动,使西班牙成为一个民穷财尽的贫困国家,成为敌对社会和敌对思想的战场。

一方是这个国家经济势力的大头们,由军队领导,并得到昔日光荣的体现者——教会的支持。所有这些势力都相信,他们即

---

① H.W.埃尔曼:《从人民阵线到解放的法国劳工》(1947年),第13页。
② 弗里茨·蒂森:《我付钱给希特勒》(1941年),第133页。他认为(第134页)"总的说来,重工业部门给纳粹的钱估计为一年200万马克"。

第二章 社会生活的变化

将被推翻。和他们对立的一方是教授们——有知识的中产阶级中的许多人——和这个国家的几乎全部劳动者,他们因多年备受凌辱、生活悲惨,被人忽视而愤怒,又因得知他们在法国和英国的阶级弟兄享有较好的条件,并因他们设想俄国工人阶级已获得实际上的统治权而狂喜。①

奥地利共和国在两次大战之间的经历,甚至更清楚地说明了那些最容易使缺乏强烈民族感情这种较大内聚力的社会解体的种种势力。圣日耳曼条约强使两个根本不同的社会结合在一起,一个是世界性工业大城市维也纳,一个是新共和国保守的、信奉天主教的各个农业省份。一个国家内各社会阶级在地理上和行政管理上分离的结果,造成社会民主党统治城市,而敌对的基督教社会党在全国委员会中拥有多数。1932年,经过一段时期的不稳定的共处,终于导致经济萧条的周期性的通货膨胀、来自法西斯意大利的干涉以及经常发生的好斗的示威游行以后,这个国家屈服于陶尔斐斯总理的教权主义独裁统治;他于1933年终止了议会制政府。

在这些年中,欧洲的社会结构在上述压力下虽然以许多不同的方式变化着,但其性质最终仍然是民族主义的。这不仅是因为1919年的和平解决方案,按照比较注意民族主义的原则重新绘制了欧洲地图,而且也因为一些在经济困境、政治思想和社会冲突的破坏力面前,不能依靠民族社会结合在一起的国家,往往屈服于独裁。1917年的俄国和1918年的奥匈帝国是如此;1933年的德国,1939年的西班牙,也是如此。

到1939年,整个社会变化的最大好处,实际上归于民族主义。一些国家面临着经济萧条,采取了保护贸易的措施,或在全国范围内实施公共工程计划。最缺乏民族内聚力的民主国家,如意大利、奥地利、西班牙、捷克斯洛伐克,则深受破坏之苦,或被迫接受独裁统治,在30年代实行一党统治的国家中,各国情况都是党内比较注重民族主义的一派要胜过比较注重改革的一派;斯大林派驱逐了托洛茨基分子,希特勒和希姆莱1934年清洗了"第二次革命分子",墨索

---

① 休·托马斯:《西班牙内战》(1961年,修订版1965年),第159页。

里尼和帝国主义分子在阿比西尼亚和西班牙为所欲为，并粉碎了法西斯党内部的持异议者。在英国、比利时和法国，民族联合政府竭力通过实行温和的改良和抵制左、右翼的过激分子，以保持民族团结。主要的国际组织——国际联盟、第三（共产）国际，甚至罗马天主教会——在民族主义分离主义的强烈吸引力面前，也只好甘拜下风。在殖民地世界，民族独立和民族统一的运动已经抬头——如在印度、远东和非洲（见第十一、十二、十三章）。这个压倒一切的事实，成为一切社会变化的特点，不管它是结构和组织方面的变化，还是职能和目的方面的变化。

新的社会财富最普通的用途，当然是提高部分或全体人民的生活水平。但是，要对生活水平提高的范围和程度做出估价却很困难。我们至今还没有想出一个令人十分满意的标准来衡量"生活水平"。在一个农业社会里，实际工资很难作为尺度，因为个人或家庭大部分的收入是实物；在一个高度发达的福利国家中，很大一部分的实际收入体现为免费的或给予补助的社会福利；有的时期（在许多国家是这样的），收入的增加又体现为已婚妇女越来越多的就业。一般的居住条件和习惯消费的食物品种这类重要因素，在对不同国家的生活水平，甚至同一国家不同时期的生活水平进行比较时，都必须考虑进去。同样地，失业和就业不足的出现率以及提供医疗和养老金等劳动保险的程度，也是真正衡量福利水平的重要因素。尤其重要的是，由于生活水平问题脱离了生命本身的存在就毫无意义，因此，像婴儿死亡率和平均寿命这类资料很能反映一个社会所提供的医疗服务、居住条件、营养状况以及人们的劳苦程度。[①]

按人口统计资料的标准来衡量，联合王国取得了巨大而稳固的进步。1900 年至 1902 年，一周岁以下的婴儿死亡率是 142‰，1920 年至 1922 年的年平均率是 82‰，1930 年至 1932 年是 67‰，1938 年至 1939 年是 54‰。[②] 用同一方法来衡量，法国取得了同样迅速的进步，但是标准较低。1896 年至 1900 年，法国的婴儿平均死亡率是 161‰，

[①] 婴儿死亡率是指每 1000 名出生的婴儿中周岁前死亡的数字。平均寿命是指一个人在他出生那一年的死亡率保持不变时可能活到的平均年龄。

[②] 《统计年鉴》，第 94 期，第 35 页。

1920年至1924年是97‰，1930年至1934年是80‰，1935年至1939年是71‰。后来，虽然在1945年那一非常时期，死亡率重又高达112‰，但到1950年又下降了一半多（降为52‰）。这两个国家都在1945年以后取得了最显著的进步。在联合王国，婴儿死亡率从1945年的49‰下降到1950年的31‰。1950年瑞典的婴儿死亡率是21‰，可以说是世界上最低的。大多数欧洲国家的婴儿死亡率在20世纪前50年内，至少下降了一半，而1930年至1950年间的下降率尤其显著。

这一时期，在平均寿命的延长方面也取得了同样的进步。从1850年至1950年这100年间，西方文明使人们的平均寿命增长了整整30岁。在一些比较先进的国家中，1900年以前的50年间，平均寿命每10年增长两岁，1900年以后的50年间，加速到每10年延长3岁半至4岁。从1900年至1950年间，除俄国以外，欧洲人口从大约3.1亿增长到3.96亿，就是由于这种婴儿死亡率下降和平均寿命延长的结果，同时也是这种新的生命力旺盛的某种标志。这样，尽管某些国家的出生率有所下降，而且在两次世界大战中经受了大量死亡和动乱，但欧洲人口显著地增长的趋势一直持续到20世纪，虽然势头已经减弱。

正因为有了工业化、世界贸易以及耕作方法和交通运输的改进，才使得这样日益增长的人口能够维持着普遍有所提高的生活水平。由于各个国家工业化的速度和广度以及采用的更加科学的生产方法有很大的差别，它们的平均生活水平相差也很大，几乎与欧洲国家和非欧洲国家之间的差距一样悬殊。1940年，西班牙一岁婴儿预期的平均寿命是男52.4岁，女58.8岁，比1900年法国的水平还要低；1940年，罗马尼亚的婴儿死亡率是188‰，与一个世纪以前的法国水平相仿，高于1940年的印度。1948年，联合国的经济事务部调查了欧洲各国生活水平的这种差距，并试图以1938年按人口平均的国民收入数（以美元为计算单位）来估量。从对比数字可以看出，这种差距是很大的，联合王国平均每人收入378美元，荷兰367美元，法国236美元，意大利127美元，希腊80美元。按地区计算，这种差距为西北欧收入最高，平均每人362美元，西欧其次，为262美元，中欧和东北欧各国明显下降，为132美元，南欧和东西欧，包括意大利，仅89美元。第二次世界大战前，欧洲各国的生活水平就是按照这种以地区划分的模式变化的。[①]

除这类说明以外，很难做出一个确切的概述，但大致说来（尽管情况并不均衡），健康水平和寿命年限有明显的提高，而且群众的物质福利也有普遍的改进。这种改进包括工作日和工作周的缩短，也包括由于延长学制及实行按惯例年龄退休养老等趋势而缩短了工作年限。但由于种种原因，物质的改善是不均衡的。虽然最初几十年的大规模移民运动既提高了移民的生活水平，又改善了继续留在欧洲的人们的贸易条件，但到1914年后的几十年中，向海外移民的规模便大为缩小。在实行第一个五年计划的苏联和1945年以后的东欧"人民民主国家"里，由于着意把投资重点放在扩展重工业上，而不惜损害农业和日用消费品的生产，因而压低了生活水平。不论在何处，庞大的军费开支和消费者的需求都是矛盾的，结果造成了"要大炮还是要黄油"这样一种严重的困境。

如果说财富比过去增多了，而财产却变得更无保障了。这半个世纪充满了战争、革命和经济危机，它们轮番地对以往的财富分配和社会结构造成了严重的破坏。第一次世界大战使奥匈帝国、土耳其和俄国这些历史悠久的帝国崩溃，而它们的崩溃又导致许多豪门世家和地主贵族的垮台。在整个东欧，旧秩序在革命和战争的暴力的冲击下分崩离析。在俄国，布尔什维克革命以后，土地、工厂和一切财产都被没收。政权和财富控制权落入新一代的党和国家的统治干部手中。在德国，地主同军队和新兴的工业家联合起来，把政治权力和经济权力掌握在自己手里；或者如同在匈牙利，他们以反动的暴力行为阻挡革命的潮流。1923年，德国的通货大崩溃使大部分中产阶级和食利者破产，同时使社会动乱达到了1919年所幸免的那种严重程度。在1929—1932年的世界经济危机期间，许多以前的殷实富户纷纷毁于破产和失业。1933年以后，国社党政权没收了犹太人和所有被指控为政治反对派的人们的财产。1939年后，这种做法被推广到德国的全部占领区。而战后的各国政府又采取相反的做法，打击了通敌者和发国难财者。在东欧，1945年后建立的共产党新政权重复了1917年

[①] 《1948年欧洲经济调查》，联合国经济事务部（1949年），第235页。

后俄国的许多做法。同时，两次世界大战以及两次大战之间和战后年代里的政治迫害和种族迫害，造成了成百万战时流民和难民流离失所，丧失生计。

究竟哪些社会阶层在这些动乱中所获最多或损失最重，是很难断定的。或许，总的来说，仍然作为许多欧洲国家经济基础的农民阶级，结果从这些变动中获得了好处。在东欧，农民获得了更多的土地。20年代的经济萧条促使政府资助农业，并帮助推进农业机械化和精耕细作。30年代是一个粮食生产稳步上升的时期，到1939年，欧洲大陆大多数国家的农业处于正常发展状态。战争的动乱、德国的占领以及后来的解放带来了生产的急剧下降，并且往往造成饥馑。但是，除作战地区外，这些动乱与其说打击了农村人口，不如说打击了城市居民，而且战后，在美国帮助下，为恢复欧洲的繁荣所做的巨大努力，很快地就使生产恢复到了战前水平。战后世界性的粮食短缺造成粮价高涨，导致官方对农业的补贴和鼓励，而且往往就像在法国那样，使农民的生活提高到了战前的水平之上。

地主虽然在通货膨胀中遭受的损失小于中产阶级，在通货崩溃中遭受的损失小于食利者，但在没收土地的严厉措施中却受到了较大的损失。工商业家和运输商在世界性的经济萧条和战时的征收、管制和破坏中都遭到了打击。1923—1933年，在德国发生影响深远的社会革命时期，中产阶级成员，不论是靠薪金、年金、经营小店铺小商业、不动产租金，还是靠债券利息或抵押贷款利息为生者，往往都变得一贫如洗。与此同时，另外一些人却获得了利益，其中包括欠债户、大雇主、资金投机者以及由于交付固定地租或自己拥有土地而能够从高涨的物价中获利的农户。产业工人、农业工人以及许多靠薪金生活者，在世界性的经济危机期间，从大规模失业中遭受最惨重的打击。大多数国家出现了一支长期存在并且人数日益增多的失业大军。在德国，失业人数1930年接近500万，到1932年年初超过了600万。在英国，1921年至1922年间的某些时候，失业人数是200万，在1931年至1933年间接近300万。没有任何一个欧洲国家遭受大规模失业的痛苦比德国更加严重。法国由于国家的繁荣依赖对外贸易的程度较小，因而比德国和英国遭受的损失较小，而且时间也较晚。

上述这些事件给人们造成的焦虑、损失和极度贫困，是近代工艺技术给欧洲带来的大量新财富的一个消极方面。在普遍的富裕中，贫困变得更难容忍了，这就有助于解释为什么要求国家提供更多的社会保险和进行更系统的财富再分配的呼声会如此强烈而普遍。正常的财富体制一再被粗暴地打乱。经济与政治分离这一原则，在19世纪中期曾经是放任主义和自由贸易理论的基础，但经历过这些事件后，再也不可能维持下去了。从1914年前的若干年开始，就发出了要求"社会正义"的更迫切的呼声，并且同时提出了借以实现更大社会正义的多种方案，因此，这些方案的实施和推广也就构成了这一时期社会变化的第二个主要方面。

　　争取社会正义的要求涉及几个互相关联的步骤。首先，它要完成19世纪的民主革命，这个革命旨在争取普选权并要使全体公民普遍地能享受公民的自由和权利。其次，它要实现更多的社会平等：消除贫富悬殊、要求受教育的机会更加均等和量才录用。再次，它要求更多的社会保障：保护个人和家庭免受工业社会和不稳定的世界经济造成的灾难和动荡；防止雇用劳动者由于患病或残废、周期性失业或长期失业以及年纪衰老而遭受贫困。最后，它要求不同的社会彼此奉行新的行为准则：扩大殖民地人民的自治权和公民权；在多种多样的国际组织中与其他国家进行合作，以促使世界上一切地区生活水平的提高。要求实现更大的社会正义的呼声如此强烈而又持久，因而到1950年，欧洲各国政府都不得不实行这类政策。以前那种经济与政治分离的做法完全被摒弃了，每个国家都致力于执行关于社会保险、经济管制和充分就业的方案。国家和社会、政府和民族之间日益密切的相互关系，原是19世纪民族主义和民主运动的产物，到了20世纪前半期，又更进一步地得到了改善和发挥。

　　到1900年，大多数西欧国家都已经实行或接近于实行普选制。1870年以后，法国年满21岁的男子都有选举权；德国全体男子获得选举权从1871年开始，瑞士从1874年开始，比利时从1893年开始，荷兰从1896年开始，挪威从1898年开始。虽然最低年龄各国不同，原则却被普遍接受了。瑞典和奥地利在1907年实行了男子普选权，土耳其在1908年，意大利在1912年，在芬兰和挪威，甚至妇女在1907年也获得了选举权。1918年以后，民主政体盛行，所有的欧洲新国家都正式通过了实行普选制的民主宪法。1918年，联合王国年满30岁的女子获得选举权；1919年，德意志共和国年满20岁的女子获得选举权。1934年，土耳其给予妇女选举权。到1950年，整个欧洲普遍实行了男女平等的选举制：俄国在1918年实行，英国在1928年，法国在1945年，意大利在1946年，比利时在1948年，只有瑞士是唯一特殊的例外。男女享有平等的政治权利的原则普遍地被人们所接受，这对代议制政府产生了深远的而且在某种程度上无法估量的影响。仅仅在30年内，选民的人数往往就增加了1倍以上，从而迫使各个政党不得不设法去争取妇女的选票。这可以部分地说明为什么积极地建立制度，以便为寡妇和老人提供年金、建立国家保健机构以及给予家庭补贴。女子在选举方面的新压力也加强了建立"福利国家"的其他各种趋势。

20世纪欧洲的社会革命在大多数国家中，使妇女获得了新地位，但其起因要比争取妇女普选权深刻得多，而且其后果也要比扩大选民范围广泛得多。它和强调每人生来就应享有平等的公民权利和政治权力这样一种民主的平等思想，有着密切的联系。它也是社会生活观念产生的更广泛的变化的一个部分。造成这种变化的原因是：婴儿死亡率的降低解除了妇女多孕的负担；人们采用更科学的节育方法和接受小家庭生活方式；妇女（包括已婚妇女）也有机会在机关、工厂、饭馆和零售店就业；国家对男女儿童同样实行普及教育；人们普遍要求更多的空闲时间和舒适生活。在英国，19世纪70年代，每个家庭的孩子平均数超过了5个，1900年前后为3个或4个，但是到了20世纪20年代和30年代，便只有两个左右。随着工厂和机关对妇女劳动力的需求越来越大，家庭女仆变得更加稀少了，而且对她们的需要也减少了。作为家庭主妇，妇女由于有了一系列节省劳力的机械设备，有了供应更加充足的廉价肥皂、廉价家具和现代化的住所，她们繁重的家务劳动减轻了。英国和一些欧洲国家的妇女在两次世界大战中，都提供了大量的补充劳动力。在经济上对父亲和丈夫的依赖减少，使得妇女在精神上更加独立，更加要求获得各种法律权利和社会权利，而立法机构越来越急于满足新的女选民的要求，也乐于给予这些权利。在这整个过程中，原因和结果往往难以区分。在这方面，变化的程度也是因不同的国家而异，差别很大，而且是断断续续的。在法国，妇女就业的比例1926年小于1906年。妇女解放常常受到罗马教会势力的抵制。两次大战之间的年代里出现的一些独裁政府，特别是在德国，对于妇女解放是压制的，它们力图提高出生率，力图迫使妇女回到厨房和育儿室去。由于奉行这种政策，德国国社党政权就没有能够像英国那样彻底地动员妇女参加战事工作。①

但是，在大多数国家，最后的结果是妇女的地位和状况，以及家庭这个社会生活中最重要的一个单位的地位和状况，发生了深远的变化。蒂特马斯教授所谈到的50年代英国妇女的状况，也在不同程度上适用于大多数欧洲国家的妇女情况：

> ……看来，19世纪90年代典型的工人阶级的母亲，在她十几岁或二十来岁时结婚，怀孕10次，孕期以及给每个孩子第一年的哺乳大约共要花费15年的时间。这段时间，她被束缚在生儿育女的车轮上了。今天，对于一个典型的母亲来说，花在这上面的时间大约是4年。仅仅60年间，花在生儿育女上的时间这样大幅度地减少，完全说明妇女控制生育，给自己带来了极大的自由。②

此外，1931年一个45岁的妇女，平均可以活到73岁，而在19世纪90年代，她只能指望活到67岁。因此可以说："这些变化表明今天的典型母亲在实际上履行完她作为一个母亲的职责时，她还有一半的寿命好活……对于我们有可靠记载的大多数社会中的大多数妇女，这是一个新情况。"③

社会学家们一致认为，这些年来家庭发生了两个重大变化，但关于这些变化的意义，他们的看法却不一致。一个变化是，父母和子女构成的"小家庭"变得比"大家庭"或"亲属关系"更为重要了。这主要是由于已经提到的人口迁移，破坏了许多人同邻居和近亲的原来的联系，也由于现代工业体系提供了更大的活动余地和就业机会。另一个变化是由于母亲参加工作和享受较多的个人自由，家庭规模更

---

① 在战争的头两年，德国非军事部门雇用的妇女人数实际减少了大约25万，1939年5月31日的统计为14636000人，3年以后减少为14437000人，参阅《希特勒的欧洲》，阿诺德·汤因比与维朗妮卡·汤因比合编（皇家国际事务学会，1954年），第8、226、234页。
② R. M. 蒂特马斯：《福利国家文集》（1958年），第91页。
③ 同上书，第93页。

第二章 社会生活的变化

小，空闲时间增加，因而小家庭本身也发生了重大的变化。总的看来，可以说处于各种社会地位的家庭，都变得较多协作而较少独裁，更独立于祖父母、叔伯父母等众多"亲属"之外，更可能拥有自己特有的财产（家庭的住宅、汽车），并作为一个单独的集体进行活动（如家庭假日）。这种独立性，在一定程度上是由于过去遇到困难时靠亲属给予的支持，现在则靠社会事业的支持，而且通过家庭补助，加强了家庭自己肩负其责任的一定能力。

在20世纪的社会中，家庭历史的一个特点需要特别加以强调。有关家庭的作用和性质的一些主要变化，是经济和社会发展趋势或世界大事的影响无意带来的结果，而不是有意实施某些政策或政治法令所造成的结果。工业化、人口迁移、生活水平的提高和闲暇时间的增加所带来的变化，前面已经提到。在20年代的德国和英国，传统的父母权威的削弱，大概更多地是由于大规模的失业可能使得父亲不再成为家庭中挣钱养家的人，而不是由于任何政府法令。两次世界大战，比世界性经济萧条以外的任何其他事件，更多地造成了家庭生活中的根本变动。例如，英国的离婚统计资料说明，从20世纪初到1918年前后，离婚率一直很低，从1918年起便急剧地增长；然后离婚率又下降，虽然没有下降到战前水平，但直到1939年之前始终是稳定的；从1939年又急剧上升，直到1947年；在这之后，又开始下降。虽然其他因素也应考虑在内，包括1937年的《婚姻诉讼法》这类法律的变动在内，但是，看来两次世界大战可能是离婚率增加的唯一最大的原因。①

另外，力图改变家庭生活的习惯和作用的各项政府政策已明显失败。墨索里尼企图抬高意大利的家庭地位和提高出生率的努力，被证明无力抗拒20年代后期和30年代初期欧洲降低出生率的总的趋势。在这个问题上，法西斯的宣传和诱导做法还得到教会人士规劝的支持。虽然意大利的人口从20世纪初的大约3200万增长到1922年的大约3700万，1936年又增长到接近4300万，但这种增长既不是由于结婚的人增加，也不是由于出生率的提高。实际上出生率从

---

① 见格里塞尔达·朗特里和诺曼·H.卡里尔合著《英格兰和威尔士的离婚案件，1858—1957年》，载于《人口研究》，第11卷，第3期（1958年3月）。

1901—1905 年的 32.7‰，下降到 1922—1925 年的 29.5‰，1938 年又下降到 23.7‰。1938 年意大利人口的净增率（1.131%）低于荷兰、西班牙、葡萄牙，甚至低于保加利亚。苏联的经验提供了更明显的证据，说明即使极权主义的政权，要反对人类根深蒂固的习惯和看法，相对来说也是无能为力的。十月革命后，布尔什维克的政策（虽然违反列宁本人的意愿）对于家庭生活是完全敌对的。离婚变得容易了，不管离多少次都行，节制生育和堕胎受到鼓励，以前为保护家庭而采取的一切外部的强制办法都已废除。有几年时间，至少在城市中，家庭生活似乎是被破坏了。但是在大部分乡村，俄国人民的大多数继续在恋爱、结婚、生儿育女，为他们的家庭营造住所。从 1936 年起，苏联政府一反其过去的政策，开始颂扬家庭，重新施行外部的强制措施，而且把"自由性爱和性生活混乱"斥为资产阶级腐朽堕落的表现①。一项可以更加振振有词地声称取得成功的官方政策，是法国的家庭津贴和补助制度，它是在 1932 年以责成全体雇主提供捐款的形式设立的，1939 年又精心制定为家庭法典。战时和战后所以贯彻执行，其主要目的是巩固家庭和提高出生率。事实上，法国的出生率在战后确实急剧地增长，而且与战前的趋势对比极为明显，因而许多人把这个变化归功于慷慨的家庭津贴制和从那时开始给予多子女父母的种种特权。但是，甚至这一点也是靠不住的，事实上无法证明哪一种说法是对的。② 到出生率的增长变得明显时，这项制度不仅被纳入范围更广的 1945 年的社会保险制度，而且法国社会和社会上的态度，也发生了战后重建时期的激烈动荡。其他获得解放的国家也存在类似的情况。

同样地，关于住房问题，令人惊奇的是，几乎没有什么主要国家有政策获得成功的良好记录。许多地方完成了拆除贫民窟和兴建工人宿舍或新住宅区的工作，但是这类措施还不足以在全国范围内解决基本问题。城市和郊区的发展，往往毫无计划，而且没有考虑到社会的长远利益。第二次世界大战毁坏了许多城市地区，造成有系统地重建

---

① 见约翰·梅纳德爵士《俄国农民和其他研究》（1942，1962 年版），第 521—525 页；莫里斯·欣德斯：《俄罗斯母亲》（1943 年）。1944 年 7 月的一项法律巩固了官方对家庭、母亲和父母权威的新的态度。

② 参阅劳伦斯·怀利《法国：变化与传统》（1963 年），第 191 页。

的必要，从而促使人们从根本上重新考虑这些问题。

政府措施在两个方面对社会变革发生了更加决定性的有效的冲击。这两个方面是，提供免费的国民教育，及按照美国1935年的例子，采取了后来被称为"社会保险"的全面的制度。这些活动不论对民主国家还是独裁国家，对资本主义政权还是共产主义政权，都是共同的，它们在各地都成为现代国家正常的主要活动。

到1914年，所有的欧洲人都已入校学习。免费的义务教育制（至少是在小学），已经为大多数国家所接受并被认为是一个正常的或可取的做法。在法国，从1881年起，国立小学全部免费；从1882年起，6—13岁的儿童都必须上学。在英国，1870年制定一项法令，授权地方教育委员会要求一切适龄儿童入学；1881年普及了义务教育；10年以后，初等教育全部免费。在同一时期或更早时候，西北欧的大多数国家也都采取了类似的措施。所以，1900年以后，那些国家的人民文化水平都不断地提高了。在20世纪中，1917年以后的苏联、穆斯塔法·凯末尔统治下的土耳其以及整个南欧和东欧的文化程度也有相似的提高，虽然往往没有取得完全的成功。例如，1950年，7岁以上的葡萄牙人有40%以上不能读写；1946年，将近1/4的保加利亚人是文盲。

随着各个地区文化水平的提高，中等教育和专业技术教育变得十分发达，高等教育也有了发展。在1937年以前的40年中，法国公立中等学校和大学预科的学生人数增加了1倍，进一步受高等教育的学生人数的增加远比1倍还多。1900年，英国设立了教育委员会，1902年通过的法案为在中央政府推动下迅速发展中等教育铺平了道路，从而促使人们要求扩大高等教育。1918年和1944年的《教育法》为在全国建立一个完整的教育体系迈出了很大的一步。不过英国大学的发展比大多数国家缓慢。在1939年以前的40年中，英国大学生人数增加不到1倍。威尔士大学于1903年成立，另外，在英格兰的伯明翰（1900年）、利物浦（1903年）、利兹（1904年）、谢斐尔德（1905年）、布里斯托尔（1909年）、雷丁（1926年），还创办了6所新大学。这些年里，在其他一些国家也建立了新的大学。葡萄牙的里斯本大学和波尔图大学在1911年建立，意大利1924年在巴里、佛罗伦萨、米兰和的里雅斯特，1944年又在萨莱诺建立了新大学。丹麦的奥尔胡斯大学是在 1928 年创办的,而挪威的卑尔根大学则建立于 1946 年。但是到这时,许多国家,包括英国,正开始了一个高等教育迅速扩大的新阶段。苏联在 1917—1941 年间,大学和学院的数目从 90 所增加到 782 所。

在许多国家,特别是法国、德国、意大利和比利时,由国家提供经费或补贴的公共教育事业迅速扩大这一事实,引起了国家和在此以前一直是教育事业主管者的教会之间的冲突。在罗马天主教会势力强盛的地方,这种冲突尤为剧烈,它导致 1905 年法国的政教分离。在这类国家,国立学校和师范学院里提供的教育内容往往都是实证主义的和世俗的,充满了强烈的反教权情绪。在独裁政权之下,一种类似的冲突重又发生,因为这些政权竭力向全国青年灌输它们自己的反宗教思想。在民主国家,这样的冲突也时常再现,例如英国通过了 1902 年的《教育法》后,1919 年阿尔萨斯和洛林归还法国后都有这种情况。

自由民主制度在欧洲获得这些胜利的同时,本身也遭到了根本性的挑战。甚至在 20 世纪头 10 年就可以明显地看出,上述各种发展加在一起,有两个可能的发展方向:或者是如自由民主主义者所期望而且相信的那样,这些发展倾向于造成一个既有知识又有思考能力的公众舆论,能够竭力做到审慎地和合理地运用选举权,并能遵循民主思想行事,因为这些思想是从 18 世纪后期理性主义的民主运动中继承下来的;或者,是向另一个方向发展:听任群众凭感情用事,让舆论完全为煽动性宣传所左右,以及听任操纵和利用乌合之众和暴民所固有的那种反理性的疯狂情绪。普及教育、成年人教育运动①、较为负责的报刊以及免费开放的图书馆等,都有助于促使民主运动朝着具有思考能力和责任感的方向发展。而那些着意吸引工人阶级日益提高的购买力的商业广告活动,那些由于有广告商补贴而售价便宜的哗众取宠的报刊以及更有侵略性的民族主义运动,则助长着反理性主义和群众的疯狂情绪等相反的势力。1914 年以前就可以清楚地看出,这第二种趋势就其可能性和先天性来看,至少和第一种趋势同样是新的民

---

① 在英国,剑桥大学、牛津大学和伦敦大学在 19 世纪 70 年代就开展了业余教育活动。工人教育协会于 1903 年成立。瑞典的类似组织成立于 1908 年,而法国在 1899—1903 年间开办了民众大学。著名的丹麦民众高级中学早在 1844 年就已建立。

第二章　社会生活的变化

主运动的一个结果。社会理论家们,像法国的居斯塔夫·勒邦和英国的格雷厄姆·华莱斯,对这些问题进行了深入的探讨。[①] 由于英国进行布尔战争、法国发生德雷福斯案件、德国鼓吹扩张殖民地和海军以及美国发动美西战争而引起的疯狂而激烈的群众情绪,在一定程度上显示出1900年那种城市的、民族主义的、更有文化的各国社会中残暴的劣根性能够发挥出什么样的力量。

1900年以后出现的新鲜事并不说明人们容易被花言巧语的劝导和宣传所打动,而古往今来杰出的领袖人物却显示了舆论是怎样可以左右的。19世纪的民众团体已经发现了煽动群众的一切技巧,用民族自豪感和发动侵略去赢得民众的热情也并不新奇。新奇的情况是,粗通文字的城市民众容易受到商业界和报界宣传家们越来越大的影响,而且由于普选制、政府活动和国际紧张局势,这些民众的反映变得越来越重要了。第一次世界大战的4年时间造成了人们生理上和情绪上的高度紧张,在这以后不久,对群众进行宣传的工具有了进一步的发展,例如电影、无线电广播以及由于采用扩音器而有可能举行的大规模的群众集会。在两次世界大战期间,民主政体似乎只是使独裁政权容易在世界上出现。俄国苏维埃、意大利法西斯、德国国社党以及其他国家的一些类似独裁政党,正是通过巧妙地操纵一切最新的宣传工具,来利用现代社会中男男女女的反常的病态的冲动,才能夺取并保持它们的权力。这种冲动以追求时髦的服饰、崇拜运动健将和电影明星、迷恋流行歌曲或爱读畅销小说等无害的形式表现出来,却被用来不仅为政治,而且为经济服务(例如配合苏联的5年计划所进行的宣传)。到1950年,电视在这个方面展开了进一步的可能性:甚至在最稳定的实行代议制的民主国家里,依靠电影、广播和电视来竞选,其重要性并不亚于利用广告、报刊和公众集会。[②]

在结构和精神方面日趋民主化的一些国家,又成了社会福利事业的提供者。在这方面,也承袭了19世纪晚期的某种模式。到1914年,除俄国和巴尔干各国外,所有欧洲国家都有了相当完善的工厂法

---

① 居斯塔夫·勒邦的《鼓动心理学》于1895年问世。格雷厄姆·华莱斯的《政治中的人类本性》于1908年出版。像威廉·麦克杜格尔这样的心理学家,加布里埃尔·塔德这样的社会学家,在1914年以前的若干年中,对整个这一时期内一直在不断发展的社会行为,做了更科学的研究。
② 参阅R. B. 麦卡卢姆与A. 里德曼合著《英国1945年的普选》(1947年),第七章;H. G. 尼古拉斯:《1950年的英国普选》(1951年),第六章。

和劳动法。19世纪80年代，俾斯麦提出法案，目的是使德国建立起一套全面的国家制度，为预防疾病、工伤事故以及年老丧失工作能力提供社会保险，1911年上述立法被编为法典，并且扩大到农业劳动者和家庭仆人等非产业工人阶层。到1913年，约有1450万人获得了这种保险，并增定了有关工厂和童工的法规。德国的各个邻国对这些措施留下深刻印象，很快就全部或部分地加以仿效。1911年，联合王国通过了第一个国家保险法案，建立起一项资助制度，为很大一部分工人提供了疾病保险和免费医疗，并为某些工种的工人提供了失业保险。比利时和丹麦如同英国那样，也仿效德国，建立起预防疾病、工伤事故和年老的保险制度。奥地利在19世纪80年代，意大利和瑞士在90年代都建立了关于工伤事故和疾病的保险制度。在这些年中，英国、法国、挪威、西班牙和荷兰还通过了立法，责成雇主对在工作期间遇到工伤事故的工人给予补偿。法国在1928年才实行了强制性的社会保险。由于国家对其公民的安全与福利所负的责任比以往增加了，加上欧洲社会大半变得城市化，这就导致对地方政府和行政管理机构的普遍整顿。到1914年，各国民主化的和工作积极的市政府为欧洲建立了一个庞大而新颖的公用事业网，其中包括公共卫生设施、自来水、煤气、电力供应、交通运输、医院、商场、洗衣房、屠宰场、职业介绍所、博物馆、游艺场所、公园、图书馆、学校以及现代城市生活的其他娱乐设施。

中央政府和地方政府的活动增加以后，势必采取新的财政政策。在1871年以前，几乎只有英国采取征收直接所得税的办法。由于间接税不受消费者选民的欢迎，按照个人的收入或财产科学地予以评定并征收直接累进税的办法博得了人们的赞赏。劳合·乔治先生在他提出的1909年度财政预算中，包括了若干年来在英国形成的一整套财政方案：规定烟、酒征收重税，个人财产征收更重的遗产税（这是威廉·哈考特爵士1894年首先提出的），分级征收更重的所得税，对于超过相当高的水平的收入额外征收"附加税"，对土地价格的自然增值征收20%的赋税，对未开发的土地和矿山的资本价值课税，等等。19世纪90年代，德国及其各邦以及意大利、奥地利、挪威、西班牙等国在其政府不仅对于公共福利事业而且对于军备大大增加开支的同时，全部实行了或增强了所得税制度。法国政府一再回避这种做法，虽然在1901年实行了累进遗产税，但直到1917年，才建立一个不十分令人满意的所得税制度。财政上巨大的战费开支使人民经常承担着较重的税。1920年法国大使保罗·康邦先生曾对丘吉尔先生说："20年来我一直待在这里，目睹了一场比法国大革命还要深刻和彻底的英国革命。统治阶级几乎已经被剥夺了全部政治权力，他们的财富和资产在很大程度上也被剥夺了。这种变动是悄悄地完成的，几乎使人察觉不出来，而且也没有丧失一条性命。"① 如果说康邦先生在1920年是夸大其词，那么，可以说他有预见，因为到第二次世界大战后，他所谈的情况无疑都变成了现实。早在1937年就曾计算过，当时有5%—6%的国民收入正从富人手中重新分配给穷人。

欧洲社会福利事业发展史上的一个里程碑，是贝弗里奇勋爵1942年发表的《关于社会保险及其有关福利事业的报告》。这份报告在国际上受到广泛的欢迎，被公认为战后世界应该奉行的社会信条，尽管他所提出的一些具体做法并没有被接受。1946年的英国国民保险法，同年的国民卫生服务法和1948年的国家补贴法，都是工党政府通过的，这些法令充分地体现了上述报告的精神。这些立法措施把以往有关疾病、丧失劳动能力、失业和年老的各种保险制度加以统一，变为一个由政府组织的国家社会保险体系，虽然也为进一步的自愿提供保险留了余地；此外，还普遍扩大了免费的医疗和牙科治疗，并废除了旧的济贫法。贝弗里奇的报告所倡议的家庭补贴制度，于1946年在英国建立，并且在1945—1946年间，以宏伟得多的规划在法国建立，成为它的社会保险总方案中的一部分。相似的条例1939年以来在西班牙已经存在，同时分别于1944年和1946年，在比利时和挪威建立。社会保险意味着政府应当保护个人和家庭，使他们"从生到死"一辈子免于疾病、贫穷、失业、肮脏和愚昧，这是由于两次世界大战期间的痛苦经历而产生的一个社会理想。

这些目标不仅包括提供国民教育、保健和养老金等最低限度的社会福利事业，而且包括由政府采取的一项"充分就业"政策，这项政策是要通过货币与贸易管制措施以及政府投资计划，预先设法防止大规模失业重新发生。没有充分就业，社会福利事业就很难维持下

---

① 温斯顿·丘吉尔：《早年回忆》（1930年，1947年新版），第90页。

去。到1950年，欧洲已经广泛地接受这样一些观点，应该消灭贫富悬殊；应该通过审慎的国家行动和调节办法使所有国家的平均生活标准都维持在尽可能高的水平上，虽然一个国家的生活水平基本上依赖世界贸易。整个舆论气氛和1900年完全不同了，那时候，除了在德国，政府在这方面的行动得不到信任。在大多数东欧国家，第二次世界大战后掌权的共产党政府实行更为激进的集体化政策。

在依靠政府行动和提供社会公益服务来促进社会福利和保障这一总的模式中，由于环境和着重点的不同，各个国家的具体做法也有其明显的特点。因此法国的体制主要是靠人口统计政策，利用家庭补贴和保健措施来鼓励多子女的家庭。西班牙在内战后建立的体制也是这样。英国的体制由于更多地受失业问题的左右，因此优先给予工人失业、疾病或残废以保险，甚至养老金也在某种程度上扩大成为失业救济和补助的一部分。苏联体系不大关心人口统计问题，因此1936年国家补助只给予生育第七个孩子的母亲。1944年，作为加强家庭生活的政策的一部分，生第三个孩子就可得到国家补助。但是，苏联自1931年以后十分关心提高生产率，着重对熟练工人和精深的劳动给予较大的鼓励和较高的奖励。因此社会福利成为高度个人的，决定于在一个地方工作期限的长短和技术与生产水平等因素。美国1935年的社会保险法，同样是根据受益者以前的收入水平，给予差别很大的津贴，而不是像英国那样实行一种平均补助或维持最低生活需要的制度。它关心的是保证经济保险，而不是"社会保险"。像通常发生的那样，总的世界趋势带有强烈的民族主义色彩。

在大多数国家，国民收入普遍增加，以及其中较大份额为中产阶级和工人阶级作为个人收入所享有，这反映在用于消遣娱乐和奢侈品的支出日益增多。消遣时间和财富的增多，使社会风尚和经济结构产生了重大的改变。整个工商业，特别是零售业的结构，都因为群众对消费品的需求不断扩大而深受影响。产品、质量和包装的标准化，变得更为普通。联号商店越来越多，但小商店也同样增多。美国的伍尔沃思商行1910年将它的大规模销售术推广到英国，1927年又推广到德国。以后，法国和其他西欧国家发展了类似的联号商店，20世纪30年代出现了普里絮尼克和莫诺普里这样的"不二价"大商店。起源于法国和美国的百货公司,在20世纪初传入英国;1906年戈登·塞尔弗里奇在伦敦开办他的商店后,这种百货公司日益增多。与此同时,出现了赊购,即先付部分货款后再分期付款(在英国奇怪地叫作"租购")等办法,从而使工人阶级家庭也能买得起比较昂贵的家庭用品,如家具、真空吸尘器、电冰箱和无线电收音机等。

用于购买奢侈品的费用在大多数西方国家不可避免地增加了,而在东方国家的富裕家庭中也是如此:主要用于烟、酒、糖果和娱乐、赌博和运动。20年代,无声电影成为一切娱乐活动中最受欢迎的一种,因而使卓别林成为世界名人。从1929年以后,无声电影让位于有声电影,甚至生活水平较低的国家也纷纷建造电影院,而在大城市则建造更为壮丽的"超级电影院"。到1937年,英国电影观众每年花费4000万英镑。意大利有约9000家电影院,座位可容纳350万观众。西班牙有将近4000家电影院,座位可容纳200万观众。跳舞变得很流行,特别是在年轻人当中,英国从欧洲传入的"舞厅",其富丽堂皇可与同样"富丽堂皇"的新电影院相媲美(虽然不如电影院那样备受欢迎)。各种商业化的体育运动以及赌博工具的发展,产生了用电兔引诱的赛狗(1926年开始于曼彻斯特)、赛马的赌金计算器(1928年传入英国),以及30年代最受欢迎的群众性赌博足球赛赌馆等新玩意儿。到1937年,英国花在足球赛赌馆上的费用同花在看电影上的费用相等;战后,由于各种新式的群众性娱乐活动推翻了电影在两次大战之间的霸权地位,花在足球赛赌馆上的费用就更多了。

广大群众对场面壮观的娱乐活动永不满足地爱好,甚至超过了对耸人听闻的新闻的爱好,因而导致20世纪社会两个最重要的现象:大众化的报刊和对体育运动的狂热崇拜。这两方面并行的而且常常是互相联系在一起的发展,着重地说明了社会变化的几个固有的特点:现代社会中"宣传"的巨大重要性,使广大群众感兴趣的一切活动商业化的固有趋势,政治活动在社会中具有的渗透力,以及一切对群众有吸引力的民族主义的,甚至沙文主义的潜力。

法国报纸在20世纪所达到的规模上,从几个方面率先在欧洲创办了一份大众化的日报。1905年《小巴黎人》销售120万份,它和《小日报》《日报》《晨报》《巴黎之声》加在一起,一共拥有500万读者。英国最受欢迎的日报(和在大量发行方面一向领先的星期日报纸截然不同）在30年代之前一直没有这样多的读者，以后通过给予"读者订户"以免费保险和免费赠品这类强行推销的花招才达到这样的规模。德国的报刊被公认为更具有政治色彩而且比较分散：1914年仅社会民主党就有110家日报，总发行量将近150万份。意大利报纸一般说来在社会或政治方面都不十分重要，尽管北部城市也有几家有影响的日报。大量发行的现代报刊，有赖于几个不同的因素：廉价而快速的轮转印刷的现代技术；迅速有效的新闻采访机构；几乎全民普遍的阅读能力；实际上遍及全国的迅速的发行组织；以及——一个决定性的因素——来自商业广告的大量收入。只有后一个因素才可以使报纸售价低廉到任何工人都买得起一份。现代报刊既是大规模宣传的产物，也是大规模宣传的主要工具。

但是，正因为主要产生在这样的基础上，大多数欧洲的大众化报刊以及不那么商业化和大众化的报刊，在其态度上，甚至在所有权上都带有强烈的政治色彩。在法国，从一开始就有一种强有力的传统，即大多数报纸都被公认为赞同某一个政党，或至少赞同政界中的左派、中派或右派。主要的政治家们，一个克列孟梭、饶勒斯或勃鲁姆派，往往被看作同某一报刊或杂志的编辑和撰稿方针是一致的。在英国，一些流行的报刊也被视为具有特定的政治色彩，或者像诺思克利夫报和比弗布鲁克报那样，被认为遵循拥有这些报刊大亨们的政治观点。在德国、意大利、西班牙和其他大多数国家，也逐渐形成这些相同的密切联系，甚至当大量发行明明是由于与政治很少相关的内容，如体育新闻、评论、为妇女或儿童创办的星期日专刊特辑等引起兴趣而达到的。以刊登耸人听闻的新闻和全国关心的严重危机而最为繁荣兴旺的群众性报纸，往往也倾向于沙文主义，以一种兴奋或惊恐的口气报道国外发生的事件，从有爱国热忱的普通人的观点，来论述对外政策的问题。在1914年以前的军备竞赛期间，各国比较喜欢采用耸人听闻手法的报刊，都充满着支持军备竞赛的那种惊恐和畏惧的情绪。

体育运动的发展，恰恰表现出相同的特点。它也从一种有选择性的社会活动，变成一种群众性的场面壮观和高度商业化的娱乐活动。有扩音机和聚光灯设备的大型现代体育场的建立，使得大批群众能够观看运动会。1896年在雅典首次举行了现代奥林匹克运动会，1900年捐赠戴维斯杯，1904年在巴黎首次设立世界杯，"环法国赛"自

1903年开始,法国"大奖赛"自1902年开始,旅游有奖赛自1905年开始。大约20世纪初,全国性的和国际性的这类比赛开始风行,实际上这种风尚遍及所有的体育运动项目。随着内燃机的出现,速度成为陆地、海上和空中的一种新的挑战。当大量金钱投下去时,体育运动变得高度商业化了,因为这样大规模的"促进",需要巨额投资。

因此,它也变得高度职业化了。国际奥林匹克委员会和许多单独的全国委员会竭力想保持"业余爱好者的地位",由此产生大量诣上欺下、弄虚作假、荒谬愚蠢的行为,一再发生争吵,结果一切努力都归于失败。20世纪20年代,约翰·凯利先生不能获得戴蒙德·斯卡尔杯,因为他是一个砌砖工人,是一个"体力劳动者",因而被取消了资格。但是他赢得了奥林匹克冠军,成了百万富翁,而他的女儿,后来成为著名的电影明星,同摩纳哥亲王雷尼埃结了婚。纪录不断地被打破,因此如果不专心致志地进行训练,实际上成为一个"职业运动员",谁也不能大胆地参加比赛。体育运动和随之而来的赌博风气是如此盛行,以致任何宣传工具都不能忽略它。新闻短片、广播节目和报刊必然予以相当的注意。专门的体育报刊和职业体育记者和评论员逐渐出现;体育冠军和电影明星一样,成为群众崇拜的偶像。妇女也像在其他社会活动中一样,在某些运动项目中占有突出的地位。作为群众性的娱乐,体育运动可能是一种业余的消遣,而对于最受到广泛宣传的参加者,它早已不再是一种消遣了。

在19世纪的最后25年间,欧洲文明扩大到了全世界,欧洲的体育比赛也普及整个世界,特别是由英国人在传播。板球在美国或丹麦没有普及,但是足球、草地网球和高尔夫球被证明是能够移植的,尤其是足球。人们认为,体育运动对群众的吸引力,反映了工业城市社会中特殊的心理需要。

男性产业工人,即使只是作为热心的观众,主要是通过体育运动(至少在和平时期是这样),沉溺于"他们的"队,他们所属的团体应该得胜这种集体意志之中……可以把这些体育队看作有机的社会,去想象并无休止地讨论这个团体及组成这个团体的英雄们的命运,他们提供由于共鸣而产生的与野性、与结局莫测,以及与自然力的接触……把"风格"一词用在这些活动上,如同用在所有的艺术上一样,是有意义的,因为它指出这样一个事实,即体育运动,确实应该被承认为一般城市社会,特别是工业社会的民间艺术。①

  群众形式的运动,当然很符合民族主义的目的。奥林匹克运动会的创始人——库贝坦男爵原计划只有个人参加者能获胜,但不久就习惯于说美国、英国或俄国"胜了"某个比赛项目。这主要是由于体育报刊用这样的词语向各国公众描述比赛情况。因此,体育运动的所谓"国际主义",不管多么"友好",通常也成为国家队之间的竞争,而不是脱离任何国家关系的个人之间的竞争。现代独裁者们无一例外地利用体育运动作为一种宣传工具,在贬低别国的情况下来提高他们自己和他们国家的地位,这并不是巧合。体育场,以及由集体歌唱、游行、乐队和有关运动场面的其他花样所鼓动的易受影响的广大观众,成为不管是德国国家社会党还是俄国共产党,都最喜爱的政党集会的场所,这也并不是出于巧合。如果不是最强大的现代各国政府承担起挑选、训练并资助国家队去赢得国际比赛的责任,而认为应该把千百万人中少数个人杰出的体育运动才能,当作国家精力充沛实力强大的证据,这本身就是愚蠢的。各国政府和公共舆论已经信服:这类比赛直接关系到国家的自尊心、威望和影响。如果不是主要的全国比赛项目成为一种民间仪式,就像在温布利举行英国杯决赛仪式时群众虔诚地唱着《与我同在》所证明的那样,如果不是所有这类场合都有像西班牙的斗牛那样成为传统风尚的趋势,这种情况本来是几乎不可能发生的。这一点,或许是关于20世纪社会生活的变化的最后评论。不论是东方社会还是西方社会,法西斯主义社会还是共产主义社会,民主社会还是独裁社会,资本主义社会还是社会主义社会,同样明显地有着一种超越地区、民族和意识形态的差别的倾向,因为它不可抗拒地把这个时代最强大的商业、政治、社会和文化的各种趋势结合起来。

(宋蜀碧 徐式谷 译)

---

① 雷尼·海恩斯,见 A. 纳坦编《运动与社会论文集》(1958年),第60—61页。

第 三 章
世界经济：相互依存和计划化

20世纪前半期，经济结构和经济关系发生了那样多的变化，各国社会和其中的各社会集团发生了那样多的兴盛和衰败，因而在1939年第二次世界大战爆发以前很久就可明显地看出，再也不能回到1914年第一次世界大战爆发以前的世界上所理解的那种国际经济相互依存的理论和实践上去了。尽管1939年以后特别是1950年后的变化在某些方面甚至更为剧烈，但是1914年以前的世界和1914年以后的世界的差别是如此悬殊，致使当时人们感到难以使自己适应新环境或接受新问题的挑战。

1914年以前，一些经济上的重大变化，例如美国工业力量的增长或以钢铁和电力为基础的新技术的发展，是在一个专门化的体制内发生的，而整个体制并无变化：细节的变动与总的稳定似乎并不矛盾。1918年以后，欧洲各国国内经济严重失调，加上美国国内规模空前的繁荣与衰退，给国际经济造成那样巨大的混乱和震动，以致产生了一种把大危机发生前的事物状态理想化的倾向。与此同时，出现了一些批评者，他们指出这种状态的严重的局限和缺点。肯定地说，在第一次世界大战爆发前的时期，不同国家之间和不同年份之间的情况有很大的差异[1]；而且，尽管那时的确"存在远比今天联系得紧密的国际社会……却只有世界的很小一部分属于这个社会，因为它把大部分人类排除在外"[2]。

这种新的解释考虑到了新经济的发展，新国家的出现和新愿望的

---

[1] S. 库兹涅茨：《美国经济中的资本》（普林斯顿，1961年）；W. A. 刘易斯和P. J. 奥利里：《1870—1913年生产和贸易的长期变动》（《曼彻斯特经济和社会研究学派》，第23卷，1955年）。

[2] G. 米尔达尔：《在福利国家之外》（伦敦，1958年），第103页。

表达；它所根据的还不只是对经济上相互依存的机制做出了估价，而且对各个经济的内部和彼此之间制定"计划"的力量做出了估价。的确，"相互依存"和"计划化"是20世纪的课题，它们有时似乎是完全独立的，而在另一些时候又似乎是彼此联系在一起的。在第一次世界大战造成的令人沮丧的结局中，20世纪20年代和30年代的杰出经济学家之一约·梅·凯恩斯关于进行自觉的经济控制的前景的观点，彻底改变了1939年后的经济政策，他仔细回顾了1914年以前体制的"相互依存"和"自动作用"两方面。1920年，他在一段著名的文字中有说服力地描述了于1914年结束的"人类经济发展中的一个特殊阶段"。1914年以前，

> 伦敦居民可以一边躺在床上喝早茶，一边用电话订购全世界各地的各种产品，他想订购多少都可以，而且可以合理地指望尽早在他门前交货；他可以同时用同样的方式把他的财富投资于世界任何地区的自然资源和新企业，用不着去经营，甚至用不着操心，便可分享未来的成果和利益……只要他想要，他就立刻可以获得前往任何国家或地带的便宜而又舒适的交通工具，用不着护照或其他手续。他可以派遣他的仆人去附近的银行办事处，提取所需的贵金属，然后随身携带兑换成硬币的财富，前往国外一些他不了解其宗教、语言或风俗的地方，只要稍微遇到一点麻烦就会感到严重的不安和惊异。但是，最重要的是，他认为这种情况是正常的、稳定的和永久的，只有在进一步改善方面除外，任何偏离这种情况的现象都是异常的、丑恶的和可以避免的。[1]

凯恩斯意识到但不赞美这种情况。在他的态度上没有留恋过去，因为他也特地强调西欧所处的"经济组织的极不正常的、不可靠的和暂时的性质"。其他人，例如有影响的1918年英国坎利夫委员会，建议英国在1918年以后的世界上压倒一切的经济政策的目标应该是恢复战前的金本位，而忽视了凯恩斯在其分析中考虑的许多因素。大多数了解情况的"正统派"的意见也是如此。凯恩斯的分

---

[1] 约·梅·凯恩斯：《和平的经济后果》（伦敦，1920年），第10页。

析中包含有关于1914年以前的"体制"的很多根本问题。伦敦有哪些居民是以或能以上述方式行事？为什么欧洲以外的世界某些地区仍未开放？"依存"的代价是什么，特别是对生产初级产品的国家来说代价是什么？如果所有偏离这个体制的情况都被认为是"可以避免的"，那么，体制内部的变化又将如何？其中有些变化不仅在经济上而且在社会上也是令人不安的，在"先进国家"里也完全一样。把战争这个外在的因素"谴责"为战后一切紧张事态的来源就够了吗？19世纪后期的国际贸易，曾是以英国为中心而组织的，英国战略地位的改变，难道不是像美国经济的增长一样，在1914年以前早就开始了的吗？因而战争最多只不过是加速了已有迹象可循的过程而已。这些问题当中，有些已在1939年以前被提出来，少数问题甚至在1914年以前就被这个"体制"的批评者提出；其他的问题则是从第二次世界大战以后——以不同的语气——提了出来，因为第二次世界大战不仅产生了新的混乱，而且产生了应付这些混乱的最好的新方法。

无可争辩的是，1914年以前的国际经济是19世纪经验的产物：它是独特的，也是要消亡的。[①]它的基础是欧洲人口的不断增多；人员和资本自由移往海外的数量日益增加；机器工业的发展主要在西欧，但在1870年以后，也在美国和日本；一个复杂的交通、银行和保险服务网的发展；通过专业化而使多边贸易得到扩展。这些因素各有其自己的历史，它们结合起来就形成了从19世纪后期到1914年这一时期的特殊的经济特点。18世纪末期，英国曾经首先发生了这些变化中的某些变化，从而获得了领先的地位，这种地位后来却变成了障碍，在19世纪最后的25年中，其他国家遵循不同的道路"赶上"或超过了它。[②]特别是德国，它于1871年统一以后，开始向英国作为欧洲的主要工业强国的地位提出挑战。俄国的人口从1870年时的7700万增加到1914年时的1.11亿，它在19世纪90年代发生了它的第一次产业革命——改善了交通，特别是在产业革命中起决定性作用的铁路。整个欧洲的铁路网从1890年的14万英里增加到1914年的

---

① 见W. 阿什沃思《国际经济简史》（伦敦，1962年），第217页。
② 见A. 格申克龙《从历史观点看经济落后》（马萨诸塞州坎布里奇，1962年）。

21.3万英里。

虽然西欧各国（除荷兰以外）在19世纪最后25年期间出生率下降，而且欧洲大陆上人口按比例增长最多的地方是在不太发达的南欧和东欧，但工业比较发达的西欧各国日益利用这一事实：它们能把资本和劳动力集中在人口密度高、面积相对小的土地上。从1900年至1913年期间，它们的工业生产增加了大约一半。① 它们的专业化的工业人口，生活水平较高，要求日益增多的食物和原料供应，这些只能通过促进海外国家的初级工业和建立新的交通服务事业以运输它们的产品才能获得。在19世纪最后20年期间，开辟了广大的新的初级产品地区——其规模是空前的——其中有些是生产新产品，例如橡胶（马来亚和荷属东印度群岛），其他地方生产矿物和化学产品（智利、加拿大和刚果），生产谷物（加拿大和美国中西部）、果品（南非）、食糖（古巴和爪哇）和肉类（澳大利亚、新西兰和阿根廷）。伦敦或汉堡或鹿特丹的办事处，控制着新加坡、上海或圣地亚哥的发展。

这是地理上的关系；而在经济关系上，那些依赖海外廉价劳动但是供应必要的资本和企业的工业化国家，发现自己在19世纪最后20年能够以非常有利的贸易条件出售它们的工业品而从海外购买初级产品。在1900年到1914年期间，贸易条件朝着相反的方向变化，因为制成品的世界贸易量增加了1倍而初级产品只增加了2/3。然而在这期间，欧洲的海外投资数额巨大（每年约3.5亿英镑），以至到战争爆发时，投资的趋向正在逆转。这就是欧洲成为经济力量中心时的世界经济状况；而在欧洲内部，三个国家——联合王国、德国和法国——在1913年占欧洲制造能力的7/10以上。在煤和钢铁技术的时代，这三个大国生产了欧洲的煤的93%，欧洲的钢的78%和欧洲的机器的80%。②

美国从1870年至1913年的年增长率（4.3%）远比联合王国（2.2%）、德国（从1871年起为2.9%）或法国（1.6%）高，在农

---

① 经济合作和发展组织：《1900—1962年的工业统计》（巴黎，1964年）。
② 关于这些数字和其他数字，参看并比较下列著作：国际联盟：《工业化和国际贸易》（日内瓦，1945年）；I. 斯文尼尔森：《欧洲经济的发展的停滞》（日内瓦，1954年）；C. 克拉克：《经济发展情况》（第3版，伦敦，1957年）；R. 纳克斯：《贸易和发展类型》（乌普萨拉，1959年）；A. 麦迪逊：《西方的经济增长》（纽约，1964年）；A. 梅泽尔斯：《工业发展和世界贸易》（剑桥，1963年）。

业机械化和煤（生产了世界供应量的42%）、钢（41%）和制成品的产量方面超过了欧洲。但是，由于它有巨大的和日益扩展的国内市场，它在国际贸易上所起的作用远比欧洲小。1913年，世界上制成品出口的60%来自欧洲三个主要的国家，特别是在联合王国，工业的结构和组织——正如货币和资本市场的组织一样——是与世界贸易相适应的。拥有海外原料供应和庞大的海外市场的英国纺织工业，比法国和德国的加起来还要大，而日本的竞争这时还没有能损害它的信心。伦敦比巴黎或柏林在更大的程度上是世界金融中心，而不只是国内投资中心。此外，这个中心提供的服务依赖广泛的贸易，这种贸易远比仅仅涉及联合王国作为一个进口国或出口国的贸易，或者涉及以伦敦为基础的"形式上的"帝国的贸易，要广泛得多。"伦敦城"的金融机构有世界范围的联系，并且通过新的股票市场提供长期资本和通过票据市场提供短期资本。英镑起着共同的贸易货币的作用，伦敦各种金融服务工作的廉价和安全，鼓励了正常的和扩展中的国际交易。

尽管在目光远大的观察者看来，世界经济的未来显然在很大的程度上要由在美国发生的情况决定，但是欧洲仍然似乎稳稳地处在国际社会的中心。甚至美国人口的巨大增长也仍然是由欧洲的大规模移民造成的：事实上，从1900年至1910年的10年中，有875万移民从欧洲进入美国，其中大多数来自南欧和东欧。这些"永离故土的外来者"构成一个新社会的基础：他们也给一种新的经济提供了人力，这种经济的按人口平均的产量增长率很高，工资比欧洲的高而工作时间比欧洲的短，而且更注意新的工业和消费品。然而，无论是由于企业的强大压力所造成的美国生活的转变，还是政治指导下的日本工业的发展——在1914年以前的10年中，日本的机械织布机从19000台增加到123000台——都没有超过欧洲的作用。

还有，现在回顾起来能够清楚地看出而在当时只能部分地看出的是，在一个长时期里，联合王国在扩大世界贸易上所占的份额正在下降（1880—1885年间占19%，1911—1913年间占14%）；它在某些出口市场——例如南美洲——的地位由于美国的竞争而日渐削弱；它的工业活动过分依赖"传统的"19世纪的产品；在钢铁及"新型工业"上，它的对手已经走在前面，例如德国，在1871年以后由于获得了洛林的铁矿而得益很大,产量为英国的两倍;它在农业上的衰落(这是在欧洲农业发展时期发生的)导致大量的有增无减的粮食进口;总之,它的收支平衡的地位是脆弱的,它的生存能力和恢复能力是可疑的。尽管在1914年以前的10年期间有大量的资本输出,但是支付进口的款项总是大于从出售商品和劳务的所得。联合王国的长期繁荣显然严重依赖从海外支付的利息中获得的日益增加的巨大收益和迅速利用新的地区。即使1914年至1918年没有发生减少联合王国的海外资产的战争,1914年以前的繁荣的消失,也会给世界经济的结构带来严重的影响。

然而,对这种情况加以夸大是危险的。就1914年以前的世界经济而言,联合王国所起的作用,用凯恩斯的另一句话来说,是"乐队指挥"①。的确,它的有些"弱点"有助于体制的顺利运转。联合王国作为世界上最大的债权国,没有利用它的地位聚敛大量的黄金,从而把属于金本位制度内的其他国家的财源吸干。它所安排的支付汇划——极少发生混乱——总是让其他国家在一个地区所负的债用另一个地区的收益来补偿。在这种方式下,经济利益广泛分散,矛盾就减少了。这种多边关系的主要方程式是,联合王国在同生产初级产品的国家的交易中有支付顺差,后者则以对欧洲大陆各工业国家和美国的出超来弥补它们的收支逆差。然后欧洲大陆各国用它们对联合王国的出超来支付它们自己对生产初级产品的国家和美国的入超。

与其说是金本位的货币结构或其运转的"规律",不如说是运用这一机构时的那些条件,维持了1914年以前的世界的稳定,尽管当时这种稳定从来不是完善的。英格兰银行的黄金储备从19世纪90年代中期起增加了,并且有了令人感到宽慰的剩余。因此,一些小国能够满足于大体上按平价保持它们与伦敦之间的汇率,而不必密切关注一个国际金融体制运转的细节。② 就资本而言,尽管法国和德国的资本流动的数额和方向要受到政治考虑的影响,但在伦敦的自由输出资本的道路上却从未设置过政治障碍:例如,在1914年以前的7年中,

---

① 约·梅·凯恩斯:《货币论》(伦敦,1930年),第2卷,第307页。
② R.S.塞耶斯:《1890—1914年英格兰银行的营业情况》(牛津,1930年);P.B.惠尔:《战前金本位的作用》,重刊印在T.S.艾什顿和R.S.塞耶斯合编的《英国金融史论文集》(牛津,1953年)一书中。

英国向那些供应它食物和原料的国家提供了6亿英镑的资本在这些国家里修筑铁路，而不管它们的政治制度如何。事实上，在20世纪初期的那些年里，联合王国每年投资的数额几乎等于它从海外拥有的资金中所获得的利息和红利的收入额。①

资本的自由流动，稳定的汇率和金本位所提供的"法定秩序"（有些人，不仅是英国人，甚至认为这是一种道义的秩序），便利了国际商品交易。也是在这种贸易中，联合王国的地位的特点，包括它的"弱点"，促成了多边贸易。联合王国对进口的依赖——1913年，它的进口的63%来自欧洲以外——刺激了发展和贸易；而在欧洲内部，不仅像丹麦那样的一些欧洲国家自然而然地把目光趋向伦敦，而且联合王国的主要工业对手德国，也是化学产品和染料这类制成品的主要供应来源（以及英国产品的好主顾）。在1914年以前的这段期间，联合王国始终"恪守"自由贸易，抵制一切相反的论点，无论这些论点的根据是互惠原则，是保护受到威胁的工业或新工业的重要性，是增加国内就业机会的必要性，还是适应帝国优先的要求。它还抵制了既得利益集团的压力，往往是强烈地退向在不到一个世纪的时间已经形成基本原则的自由主义正统观念。结果，由经验丰富的批发商、经纪人和银行家主持，并且不受政治家干扰的自由而开放的英国市场，吸引了世界全部出口产品的大部分，并在商业危机期间通常是成功地吸收了所有暂时的剩余产品。

在这个相互依存的复杂错综的格局后面，关于"法定的"或"道义的"秩序的概念，在1914年以前商业衰退的时刻受到了最明显的挑战，例如在1907—1908年，经济活动量急剧减少而失业人数增多。② 联合王国从这种衰退中受到的损失比德国或法国的大，而美国，尽管发展速度比欧洲快，但发生了更急剧的衰退；然而，有可能找出关于不满和不安的更持久的原因。相互依存体制所根据的某些默认的假设，涉及各国相互之间及政府同人民之间的关系。反映在政治家只在有限的程度上干预国际经济专业化这一事实上的政治与经济的

---

① 详情可参看 A. K. 凯恩克罗斯《1870—1913年的国内和国外投资》（剑桥，1953年）。
② 见 W. L. 索普《商业年鉴》（纽约，1926年）。在索普进行了研究的17个国家中，有15个在1907—1908年发生了衰退。

分离，主要靠这些国家内部的社会结构和社会压力。商人是一个高度组织化的集团，即使当工业化以前的一些与"贪得"或"冒险"格格不入的价值观念仍然存在于民族文化中时也是如此。政治家形成了"社会上层"，即使他们从群众党派中获得支持时也是如此。正统的自由经济理论虽然没有被人们所普遍接受，但它的基础是市场的独立。非洲和亚洲对欧洲的"依赖"，通常被认为是当然的。

然而，在这个"相互依存"的世界里，有一些力量在朝着相反的方向发展。在1914年以前，大多数国家的政府感到越来越有必要对国内和国外的经济关系进行干预。经济组织的某些领域，例如外国投资、中央银行的业务以及铁路，都有重要而明显的政治和战略含义，因而促使政府执行蓄意干预的政策；也有一些政府由于传统的或紧急的原因，积极地对经济进程进行干预。结果，在1914年以前，尽管对经济作为一个整体实行计划化的尝试还不存在，在经济内部实行计划化或对某些经济部门实行管理的尝试却不少。虽然还没有直接制定关于保证和维持充分就业的国家政策，但对运用预算政策作为社会调节手段的兴趣越来越大了。虽然对进口的数量限制还没有实施，关税却都是自由运用的。尽管联合王国坚持自由贸易的原则，到1900年，它出口货物的45%是输往实行保护贸易政策的国家的，其中有些国家，例如德国，把关税看作国家总政策的工具。

因此，20世纪的干涉主义的历史根源在1914年以前的相互依存的世界上就能看到，而决定各种事件的形式的，则是大多数来源于19世纪的各种力量的结合。在经济内部采取的最早行动，是从某些上层特权人物感到的不安和某些下层社会人物对收入分配的不平等、人所不能控制的市场力量、家庭贫困的循环无尽和对工业劳动条件进行的攻击开始的。选举权扩大以后，紧接着发生了——或者在某些情况下提前发生了——群众提出的关于缩短工作时间和增加社会保险的要求。例如，法国在1900年把工作时间限制为每天10小时，并在1906年把每周的工作日限制为6天；奥地利在长期效法联合王国以后于1883年设立了工厂视察员，并在1907年通过了一部新的工业法典。自由民主主义的胜利无论多么有限，总是造成了群众压力。这些压力的某些影响从政府原来以紧缩为基础的政策改为大量开支的政策即可看出来。① 1908年，劳合·乔治能够宣布，任何人不用想在他的一生中会取消任何税收，而在一年以后，当时是一个"新自由主义者"的温斯顿·丘吉尔能够宣称，如果要他用一个词来概括民主政治最近将来的发展，那么，他就选用"保险"这个词。

关于从拉萨尔所说的"警夜国家"到20世纪的"福利国家"的渐变过程，在1914年前的欧洲许多地方，可以追溯到它的早期阶段。和通常一样，动机是复杂的。对自由市场发展的后果持怀疑态度的传统主义者的专制思想，可能与以保证比较平等的公民权的必要性为基础的进步理论融合在一起。社会保险可能给右翼集团带来获得政治保险的前景。英国的保险立法在各国政府采取这类行动中绝不是最早的。德国的社会保险制度是1881年俾斯麦开创的，到1911年，随着一部有将近2000条款的工人保险法典国家保险条例的公布而圆满完成。这个德国法典的制定，部分原因是由于要使德国工人阶级"免受""社会主义的海妖歌声"的诱惑。到了1914年，联合王国、法国、比利时、荷兰、意大利、丹麦、奥地利、挪威、瑞典和瑞士都实行了程度不同的、详尽而全面的社会保险制度。社会保险是实行大量开支政策的先声。即使当社会保险资金来源于捐款而不是直接来源于税收，而且即使当伴随社会保险而来的有"劳资协商会"的发展和"劳工介绍所"成立的时候，社会保险也标志着国家日益关心劳动市场的作用。

尽管在经济内部进行更多的干涉的某些倾向来自下层社会的要求，另外一些倾向仍然来自企业界本身。从1890年到1914年间，对实行保护贸易政策的要求是普遍存在的，尽管人们是否承认或在多大程度上承认这一点要看当地的情况而定。1891年一次瑞士的公民投票结果赞成提高关税；1894年，瑞典的农民获得了关于在他们的国家内重新实行保护贸易政策的保证；而在1897年，德国皇帝徒劳地向沙皇尼古拉二世建议成立一个全面的"欧洲关税同盟"，以保护欧洲免遭美国竞争之害。国内的以及国际的经济上的对手到处鼓励征收关税。在某些"新兴国家"——例如澳大利亚——里，政党的纲领

---

① 例如，参见 A. T. 皮科克和 J. 怀斯曼《联合王国公共开支的增长》（伦敦，1961年）；U. K. 希克斯：《1880—1952年英国财政的结构和发展》（伦敦，1954年）。

中强调工业化、投资和保护贸易政策（工党政治家支持这三者）之间的关系。实际上，在有些国家里，关税不仅被认为是对既得利益集团的让步，而且被认为是自主的标志，是建立没有自由贸易主义色彩的国家政治经济制度的必要工具。

至少在有些国家里，与关税同时出现的有卡特尔和企业的集中化。在美国产生像美国钢铁公司（1901年建立）那样的托拉斯（由"工业巨头"创建的大企业组织，这些人后来被称为计划化的真正先导）的同时，德国产生了瓜分市场的卡特尔，其中有莱茵—威斯特伐利亚煤炭辛迪加。它建立于1893年，控制了德国煤炭生产的一半，而1904年建立的"钢铁工厂联营"，几乎控制了整个的钢铁生产。在小企业的势力仍然很强大的法国，"冶金工业公会"实际上被6个主要的公司控制。在这一切情况下，大企业成为一种"有组织的力量的体系"①。在美国，到1904年，各个托拉斯控制了全国制造业资本的2/5；而在德国，从1914年以前私有企业变为卡特尔化和政府资助卡特尔，直到30年代国家（在企业结构内）实施"经济计划化"，有一条不断发展的路线。在1914年以前，许多德国经济学家已经把国家看作社会经济生活的中心调节者——这是美国的学院派经济学家索尔斯坦·凡勃伦及时指出的一个事实——并把大企业看作有效率的组织的典型。在第一次世界大战期间，在德国和美国，像在包括联合王国在内的其他地方一样，国家对经济的控制要通过工商业者和工商业组织的中介才能实施，为建立德国战时经济结构做了许多贡献的瓦尔特·拉特瑙曾经说过，他所知道的关于计划经济的一切，都得自他的父亲埃米尔（1883年建立的德国通用电气公司的总经理）。瓦尔特·拉特瑙本人至少也是68家企业公司的董事。

把"计划化"的渊源之一追溯到这样的开端是必要的。当社会主义还只是一种福音时，大企业的所谓"社会化"已成为事实。经济学家已经指出，"资本主义"和"社会主义"的汇合，有一个具有中间形式和过渡形式的"过渡地带"②，而且早在1911年，其中的一

---

① R.A. 布雷迪：《作为一种力量体系的企业》（纽约，1943年）。
② A.H. 汉森：《不平衡世界中的经济稳定》（纽约，1932年），第329页。并见J.A. 舒姆佩特《资本主义、社会主义和民主》（第4版，伦敦，1950年）；约·梅·凯恩斯《自由放任主义的结束》（1924年），重印在《说理论文集》（伦敦，1931年）中；A. 伯利和G. 米恩斯《现代公司和私有财产》（纽约，1932年）。

位经济学家就曾有力地争辩说，民主的前途取决于它是否能成功地处理公有公管的问题。① 当然，工业规模的发展及其日益垄断化的结构，导致了人们日益怀疑古典的市场理论在20世纪条件下是否适用。很明显，这种怀疑与对私有制的不满，再加上集中控制，将会导致以社会名义进行控制的新方案。

"计划化"的第三个渊源——通过附属国或"殖民地"社会的不满——不能明显地追溯到1914年以前②，不过正如在"先进的"社会中享有社会和经济特权的人们有时可能预见到群众运动后来提出的批评那样，在"先进的"国家内部，对"帝国主义"的某些方面（包括它的种种不平等）的批评，在1914年以前早就提出来了。拥有1914年以前最大和最富的海外殖民地的联合王国的批评者呼号最烈，影响最大，特别是约·阿·霍布森，他的《帝国主义论》一书发表于1904年，后来由列宁引用。但是，尽管人们纷纷议论在1914年以前的10年期间的"剥削"统计，而且一些发生在像比属刚果那样的麻烦的发展地区的戏剧性"事实"引起了公众广泛的注意，然而，当战争在1914年爆发时，它绝对不是什么关于"殖民主义"的战争，而是"富裕国家的不公正的世界大家庭中的一场内战"③。

在相互依存的"美好时期"里，不同的海外国家获利的程度和时机大有不同。例如，印度的商业有很大的发展，但印度的工业却没有发展：贸易行似乎比工厂发展得快。南非由于有丰富的矿产和相对多的白人居民，就比东非开发得快。不同的国家可以提供不同的自然资源——世界市场对有些资源的需求量大于对另一些资源的需求量——而且有不同的社会传统、制度和人口来促进或妨碍适应性和发展。西方的"冲击"可能是破坏性的、建设性的，或者更通常的二者皆有。由于在此期间建设的公路、铁路、商港和港口这些进取的标志和往往是合同承包人的技能的胜利，仍然是有价值的经济资产，后来的独立的经济发展可能以这些为基础。荷兰资本在现在称为印度尼西亚的地方的使用或美国资本在菲律宾的使用，提供了这种经济

---

① F. W. 陶西格：《经济学原理》（伦敦，1911年），第2卷，第411页。
② 不过在1906年，在一次咖啡丰收之后，巴西的圣保罗州决定收购一部分咖啡，不进入市场，然后等到比较有利的季节出售，仍然是"稳定物价措施"的一个很早的例子。
③ 米尔达尔：《在福利国家之外》，第109页。

基础。

在1914年以前做出了巨大的、独立的经济发展的一个非白人国家——日本——把旧的传统和新的技术结合在一起，在固有的历史结构内利用了进取精神的因素（见下文第十二章）。然而它的发展道路与西欧国家早些时候所遵循的道路有很多相同之处。在制造业上劳动力的相对人数的巨大增长，起初并未带来生产力的巨大增长。增长是在普遍地精心仿效欧洲的机器生产以后才取得的。像联合王国一样，日本是在出口制成品——这被认为是它的经济的"主导部门"[①]——的基础上发展其工业体系的，而且它在开拓新的市场上，因联合王国继续执行自由贸易政策这一事实而偏重制造业。纺织品是主要的出口货，1900年占日本全部出口的32％，而在1913年的门类较多而且较先进的经济中，则占30％。在上述两年之间，日本进口的纺织品从占全部进口的20％下降到5％。第一次世界大战没有使日本改变或延缓长期的经济趋势：实际上，由于它基本上是一场欧洲战争，它给日本的企业家就像给日本的政治家一样，提供了新的机会。

然而，在欧洲，经济发展的延续性在1914年突然中断。在前一个世纪中已经建立起来而在"美好时期"里似乎已达到顶点的经济结构永远破坏了。1914年人们很少认识那种本来应当支付的代价，因而更加不愿支付。起初，"照常营业"是1914年时的口号，德国和联合王国最初都是想夺取对方的市场。只有当"给对方以毁灭性的打击"被证明是一种幻想，战争变为一场军事消耗的长期竞争时，与1914年以前的心理学和经济学决裂的程度才开始变得明显了。20世纪"计划化"的另一历史渊源——为胜利或生存而实行计划化可以追溯到海军封锁和堑壕战的年代，堑壕战大多是在比利时和法国北部的工业化地区进行的。经济一旦在战争中成为控制因素，那就必须加以控制。战争越是延长，政治家就越感到难以把打赢战争同保持私人企业自主权不受侵犯这两个目标协调起来。对于市场机构，不能听其运转而不加以限制。但是，向管制体系的过渡仍然是缓慢而且犹豫的，往往不是经过深思熟虑而采取的行动，而是由于日益紧迫的物资

[①] 关于通过对外贸易而发展的各种模式，见C. P. 金德尔伯格《经济的发展》（纽约，1958年）。

短缺的压力和无法满足的军事生产需要而形成的。1914年前，即使是在德国，也从未有过关于特殊的"战时政治经济学"的详细探讨。而到战争结束后，企业家们正在继续渴望回到"正常状态"时，像范·默伦多夫等一些行政官吏却在议论"计划经济"了。在战争的末期，特别是当1914年以前的比较专制的帝国开始崩溃时，更促进了社会主义计划化的要求。

1914年所有交战国都面临同样的重大问题，不过只是由于紧急状态和危机才迫使政治家们认识到这些问题的存在。大规模的现代战争包括充分利用一切能够得到的国家资源的组织工作，还要在正确的时机，既按照正确的优先顺序，又按照正确的比例，把这些资源分配给各个生产者，同时又要对人力、财政和金融政策做出安排，使实际的资源迅速地转移到战争努力中去。大规模的、有组织的暴力行动所具有的这一切含义，在1918年比1914年要清楚一些，在1945年又比1918年更为清楚。第一次世界大战充满了许多意外的情况。将军们无法使战争早日结束；工厂不能生产出足够的军火；在供应品的分配中，不能忽视平民；而处理财政问题的标准与战前的财政标准完全不同。在试图处理这些问题时，政府面临着各种各样的阻力，甚至在政府内部，也有来自笃信自由贸易和个人主义等学说的人士的阻力。尽管在大多数国家中，实业家们不得不赞成国家管制的体制，但经济生活的"政治化"并没有得到普遍的热烈拥护。安纳托利亚铁路公司和德意志银行的董事卡尔·黑尔费里希在他被委任主管德国一个新的经济部门时写到，如果尽快回复到战前的经济状态，这个部门将会十分熟悉它的任务。他的话反映了一种普遍存在的情绪。

负责战时德国的经济计划化工作的，主要是拉特瑙，而不是黑尔费里希。在交战国中，德国第一个接受全面经济动员的挑战。1914年8月，拉特瑙被授予广泛的权力。由于他提出了供应有中断的危险的警告，1914年8月设立了军用物资部，处理物资储备、代用品生产和计划分配的问题。当年年底，关于金属、木材和羊毛之类基本物资的一系列技术机构都建立了起来。这些战时经济机构起着政府与企业之间的联系环节的作用。1916年11月，所有执行中央统一管理职权的各个分支机构，都在最高作战办公厅统一领导下协调工作，由格罗纳将军直接指挥。而在12月，国民服役法规定，所有年龄在17岁至60岁之间的男子都应编入部队或工厂。这时，经济体制就作为一个整体在严密的集中指导下工作了。

比这一新的经济结构甚至更为重要的是它所形成的看法。拉特瑙本人宣称，经济任务不再是一种个人的任务而是整个社会的任务。他认为战争与其说是军队之间的战斗，不如说是经济对手之间的竞争。实际上，战争的最后结局不在于德国军队的胜负，而在于德国经济的胜负。如果结局——通过组织——是胜利，那么，任务就将是在和平时期像在战时一样继续从私人经济向集体经济前进。

在联合王国，尽管充分采取了新的权宜措施，但没有这样清楚或明确地提出新的学说，虽然在1916年12月的政治危机以前采取了许多管制经济的步骤，但只是从这个日期开始，一些主要部门例如粮食部、航运部才开始工作，而由人数很少的战时内阁作为精干的中央协调机构。战时内阁报告称，战争（特别是1917年的战事）已经促成国家的社会和行政机构的改造，"它的许多部分肯定会是永久性的"①。这个过程是逐步积累的过程。在军需品生产方面，1914年10月，陆军部拒绝了关于政府按管大军火工厂并把它们作为政府机构的一个部门加以管理的建议；直到1915年5月，才成立了军需部。同月，法国的阿尔贝·托马接受了同样的任命。军需部面临有关优先顺序、调配、价格和雇佣等困难问题。为了解决这些问题，它既在纵的方面把管制扩大到原料供应，又在横的方面扩大管制范围，不仅管制军需，而且管制民间需要。在人力的组织上，和平时期设计来用于不同目的的机构——例如，劳工介绍所——被用来调节人力的需求。在食品供应和航运的组织方面，步骤是缓慢的，不那么激烈，但最后还是实施了广泛的管制。市场机构永远不能完成紧急的和必要的任务。粮食部"彻底压制私人企业，完成了国内私人企业永远不可能完成的任务。"② 航运部也把注意力集中在必须制定一项满足整个经济需要的国家进口政策上。从提出的问题以及对这些问题所做的尝试性答案，产生了实行计划化的办法。"由沙袋、炮弹或食物的短缺以及更具有根本性的航运和劳动力的不足所促成的许许多多临时性的应急措

---

① 英王敕颁文书第9005号（1918年）。
② 威·亨·贝弗里奇：《英国的食品管制》（1928年），第338页。

第三章 世界经济：相互依存和计划化

施，形成了一种格局。很少人把它们看成一种格局；看到形成这种格局的逻辑的人就更少了。"①

有一个交战国——俄国未能建立起实行战时计划化的满意机构。考察它在这方面的经验，可以最清楚地看到，计划化确实有一个格局的问题。战争爆发后几个月内，俄国的枪炮和弹药就严重短缺，而且工业潜力（尽管有战前的巨大跃进）不足以供应当前的军事需要。到1916年冬，经济解体已达到严重程度。在这一年里，尽管战争的需要增加，钢铁产量却比1914年下降16%，煤下降10%。没有制定劳动力政策，而且由于把俄罗斯人口的37%送进军队，严重损害了原来已感不足的工业生产力。粮食状况是灾难性的。尽管1916年政府采取了管制粮食贸易的措施，而且在1917年3月，新政权又宣布粮食贸易由国家垄断，但粮荒还是很严重，特别在城镇地区是如此，因而产生了严重的政治不满情绪。到1917年，很明显的是，中央采取的任何进一步的措施，如果没有一种革命的动力加以推动，都将归于无效。协约国实行计划化的努力，首先依靠协商同意，而在俄国的革命形势下，计划化则只能依靠暴力。布尔什维克革命者为应付长期的紧急状态和内战所产生的问题而提出的解决办法，在战后年代实行计划化的历史上产生了重要的影响。

战时计划化还有另一种形式，在当时是重要的，回顾起来也是很有趣的。协约国建立了广泛的国际经济合作机构，以代替战前年代的多边贸易市场体制。在战争的早期阶段，在伦敦设立了国际粮食委员会，以保证对粮食供应实行有秩序的分配，而不是进行竞争性的抢夺。后来的发展包括建立了两大类商品组织，一类属粮食委员会，另一类属军需委员会管辖。此外，还有协约国海运委员会，其目的是在航运联营及调配方面实施联合王国早已采用的那些原则。这个委员会成了协约国的经济战机器的中心。然而，这样的国际计划化并不侵犯各国政府各自的特殊职责。"这个国际机器不是以授给的权力为基础的外部组织，它是由许多国家组织结合在一起，共同从事国际性的工作，而这些组织本身就是完成这项工作的工具。"② 当战争结束时，

---

① W. K. 汉考克和 M. M. 高英：《英国战时经济》（1949年），第29页。
② J. A. 赛尔特：《协约国的航运管制》（1921年），第179页。

在对各种管制的大破坏中,这个机器被摧毁,所剩下来的就只有各国各自的国家经济政策,而这些政策不可避免地要受制于取消战时计划化的企业界要求的影响。用1918年12月法国《政府公报》的话来说,就是"以尽可能快的速度,重新建立商业交易的自由"。

1918年以后这种压力的结果,产生了一场全面的反计划化运动。联合王国和德国的情况是,两国政府在战时都曾占领了经济的制高点,尽管当它们管制生产时并没有企图继续限制利润。战争结束后,促成创建管理体制的集体目标消失了。短暂的战后繁荣延续到1920年为止,继之而来的急剧的萧条引起了一些惯例性的反应。繁荣"激起了对新的欢闹生活的如饥似渴的欲望"[1],萧条又彻底摧毁了团结一致的局面,使劳资冲突表面化,把战时规划的一切遗迹化为乌有。有些管制办法只是失效后没有展期;另外一些则是被有意废弃的。自由派帝国主义者米尔纳勋爵写道:"在战争期间,不仅仅是建设部提出了很多的想法,做出了真正有益的工作来制定恢复和平时期活动的计划,以便使这些活动根据比我们过去已经习惯了的更好的路线进行。在战争结束时开始的混乱的抢夺中,所有这些计划都被放弃了。"[2] 在国际方面,经济力量大为加强了的美国,在幕后对取消协约国共同管制原料的运动,施展了它的全部影响。赫伯特·胡佛写道:"本政府将不同意在和平恢复后实施任何即便从表面看来像是协约国共同管制我国资源的计划。"[3] 结果,不仅设在英国的"煤炭管制部"和设在法国的"国际财团"等机构撤销了,连"协约国海运委员会"这样的机构也拆散了。国际机构的撤销使世界重建工作更加困难。战争造成的许多情况,并不随着敌对行动的终止而告终,共同的混乱仍需要共同做出努力。当时却没有做,这就使以后六七年的许多问题更加突出。

如果说计划化的机构被突然地和决定性地搞垮了,但它并不是消失而不留痕迹的。在许多政府里——而且在所有的反对派中——都有一些人或一些集团赞成继续实行经济管制。在德国,默伦多夫关于继续实行计划化的计划是夭折了,但是魏玛共和国宪法规定建立各级工

---

[1] R. H. 托尼:《经济管制的撤销》(《经济史评论》,第13卷,1943年)。
[2] 米尔纳勋爵:《当前存在的问题》(伦敦,1925年),第24页。
[3] 引文见 A. 齐默恩《国际联盟与法治》(伦敦,1938年),第157页。

人委员会和经济委员会,最上层是"国家经济委员会"。虽然这个委员会从1920年组成以后只是在临时性的基础上进行工作,但它所反映的思想在德国一直是很重要的。① 魏玛共和国中期的杰出人物古斯塔夫·施特雷泽曼以前就是一个巨大的工业组织的首席官员。在法国,为把战时机构改用于和平时期的目标做了某些尝试,20年代在石油之类的工业中建立了私人资本和政府资本合伙的所谓"混合企业"(法国石油公司),并且建立了一个新的银行,即"国家信贷银行",以处理赔款支付和建设拨款,这家银行被授予官方的权力,可以对经营进行干预。② 1924年建立了"国家经济委员会",为工业家、工人和消费者之间进行协商提供了讲坛,并在1926年和1929年制定了发展"国有设备"的计划。③

战时经验还留下另一种遗产。当人们看清1918年后的世界与1914年前的世界迥然不同时,有些战时的说法,作为比喻重新出现,并在20年代和30年代的计划化"运动"中被运用。在苏联——俄国的战时混乱状态所产生的巨大的副产品——继续存在着工农业"战线"、生产"战斗"、集体农庄的"队长"和工厂的工人"突击手"。在法西斯意大利,1925年宣布进行一场"粮食战斗","把意大利人民从外国面包的奴役下解救出来"。在国家社会主义的德国,1934年宣布进行一场类似的发展农业生产的战斗;"劳动阵线"正在用一个"类似军人的核心"的劳动组织来代替工会,并且赞扬强迫性劳动服务的优点。所有这些做法都力图重新创造那种促成战时计划化的共同的目标和一致的利益:有些的确是与准备新的战争直接联系在一起的,因为在两次大战之间的那些年里,对上次战争的回忆和对下次战争的考虑经常是交织在一起的。

因此,第一次世界大战对发展计划化的影响,远远超出战时设施的偶然延续,或战时的说法作为比喻的重新出现。尽管1925年至1929年间多边贸易有了明显的恢复,但战后世界有其内在的不稳定性,其中的经济关系发生了强烈的变化。历史学家可能仍然在争论战

---

① 参见 G. 斯托尔佩《1870—1940年的德国经济》(伦敦,1940年)。
② A. 夏泽尔和 H. 普瓦耶:《混合经济》(巴黎,1963年)。
③ 关于这一点的意义,见 R. 卡希尔起草的英国官方报告《法国的经济情况》(伦敦,1934年)。

争本身在多大程度上应对后来在两次大战之间的那些年里发生的一切震动和混乱负责,特别要对这一时期的经济分水岭、1929—1932年的大萧条负责。然而在1918年至1925年之间,欧洲内部由于战争造成的耗费,人力物力的紊乱,欧洲以外的经济力量和地域力量的变化,欧洲内部和外部心理的和政治的转变,战争及和约在国内和国际上造成的令人不安的财政后果,全部变得很明显了。甚至在1925年至1939年之间,当战前体制的某些方面似乎已经"恢复"了的时候,也还有一些倾向直接导致1929年和1931年的情况。虽然战争的影响不容易同当时一些变化——例如,人口或技术的变化——的影响分开,但是,至少战争的某些直接后果是可以用数量来衡量的。而且,用一个钟摆做类比,可以更全面地看出,战争造成的混乱使经济体制受到那样剧烈的震动,以致带来多次大动荡,其中最大的动荡是大萧条,而且在两次大战之间的整个时期一直延续着。①

战争造成的损失和资源的紊乱是从人力开始的。据计算,欧洲(俄国除外)由于战争的直接或间接结果,损失了2000万到2200万人,占欧洲总人口的7%,俄国损失了大约2800万人,占其总人口的18%。②在1880年至1913年之间,欧洲人口每年增长230万;而在1913年至1920年之间,总人口实际上减少了200万。就在这7年间,欧洲的制造业产量下降了23%,而在大西洋彼岸,美国的制造业产量却增长了22%。③欧洲的国民收入也受到损失,三个大工业国——联合王国、德国和法国——的按人口平均的收入在20年代中期还低于1913年。工业中的失业是经济的一个经常性的特点,即使当企业复苏时也是如此。1924—1928年德国和法国的农业生产低于1913年,而1913—1925年大洋洲和亚洲的粮食和原料产量增加了20%,美国和加拿大增加了25%,拉丁美洲和非洲增长更大,在20年代中期,美国和加拿大的谷物生产比1900—1913年的年平均产量高16%—17%。与此同时,新的原料,例如石油,向欧洲的旧原料,例如煤,提出了挑战。原油产量从1910年的3.27亿桶增加到1920

---

① 斯文尼尔森:《欧洲经济的发展和停滞》,第19页。关于以钟摆做类比,见R.弗里希:《动态经济学中的传播问题和冲击问题》,载《纪念古斯塔夫·卡斯尔的经济论文集》(伦敦,1933年)。
② F.W.诺特斯坦等:《欧洲和苏联的未来人口》(日内瓦,1944年),第三章。
③ 斯文尼尔森,前引书,第18页。

第三章 世界经济:相互依存和计划化

年的 6.88 亿桶和 1930 年的 14.11 亿桶。而且直到 20 年代后期,联合王国每人每班的煤产量才达到战前的数字。① 总之,纯粹从经济的角度估计,由于战争的结果,欧洲的工业发展倒退了 8 年。从 1881 年到 1913 年期间,欧洲制造业的产量平均每年增加 3.3%。如果战争期间维持了这种增长率,1928 年的产量水平本来应该是在 1921 年达到的。②

资源的紊乱反映在欧洲经济体制的很多方面——例如,在运输方面,反映在欧洲铁路系统的遭到破坏和战时造船工业的过分发展上,后者导致了严重的战后萧条,也反映在钢铁生产力过剩上。特别是联合王国,从它的经济格局紊乱上所遭受的损失,就像俄国以及西欧的法国和比利时从直接破坏上遭受的损失最大一样。到 1918 年,联合王国向海外出口的工业产品所占的比例,仅为 1913 年时所占比例的一半。在整个 20 年代,英国主要工业的停滞,引起了企业家和政府的严重关注,而从新的工业中并没有得到什么补偿。在与国际贸易联系紧密的 19 世纪主要工业之一的纺织业中,日本甚至成功地打入了英国的国内市场。欧洲经济格局内部还有其他种类的紊乱或变化,特别是在中欧和东欧,强有力的、巨大的经济单位被打碎了,民族国家的数目大为增加。1914 年前,德国和奥匈帝国的人口加在一起大大地超过美国,而在 1919 年后,29 个欧洲国家中只有 5 个国家的人口超过 4000 万,有 10 个国家的人口少于 500 万。在市场力量要求持续的经济相互依存的同时,政治力量则在再次强调主权和国界的重要性。1913 年,奥匈帝国对 10 种德国制成品的关税税率为 16%—25%。而到 1927 年,匈牙利的税率提高到 34%—54%,1931 年更高达 42%—61%。再往东去,罗马尼亚和保加利亚在 1919 年后很快地筑起高关税壁垒,部分原因是为了增加税收。

在 20 年代,比资源紊乱、关税或重划疆界甚至更扰乱人心的是国内的通货膨胀和国际债权债务平衡关系的改变。国内的通货膨胀——物价上涨为战前水平的 1 倍至 20 倍——是一种由于战时预算赤字所引起的普遍现象,首先是在中欧和东欧,然后是在德国,到处

---

① 斯文尼尔森,前引书,第 44—45 页。
② W. A. 刘易斯:《1870—1960 年的世界人口、价格和贸易》(《曼彻斯特经济和社会研究学派》,第 20 卷,1952 年)。

蔓延。德国的崩溃特别严重。1920年，250德国马克相当于1英镑——1914年是20马克——而在1921年最后几个月里是1000马克。1922年上升到35000马克，而到1923年秋初，马克变成了废纸。存款化为乌有，社会关系遭到了严重的扰乱——通货膨胀对大部分中产阶级的扰乱，犹如失业对工人的扰乱一样——因此必须对德国支付赔款的能力重新进行审查。赔款是为"战争罪"而支付的款项，是协约国作为和约的一部分而加以坚持的。德国的财政崩溃不是由于要求它支付赔款造成，而是由于故意放弃财政义务而造成的。然而，这种崩溃的结果是，赔款和战债之间以及协约国和美国之间的不稳定的关系，必须重新予以估价。

在战争结束时，所有的欧洲协约国都欠了美国的债，而除美国以外的所有的协约国又都欠了联合王国的债。事实证明，1919年联合王国为取消战债所做的努力和3年以后国际上为减轻债务负担所做的努力，被证明是美国和法国所不能接受的；而战债与赔款之间的关系问题（美国拒绝承认这种关系）直到30年代仍然是国际财政会议的主要争论问题。

官方的借款和由此而来的交易，只不过是事情的一部分，尽管是很大的一部分。在表面现象下面，作为战争的结果之一，国际债务债权关系甚至发生了更根本的变化。联合王国的国外投资在1914年至1918年之间下降了15%，而且尽管在为恢复战前地位进行了艰难的斗争以后，到1929年海外投资又上升到超过了1914年的水平，但在许多当时人看来，投资的范围缩小了，大到危险程度的一部分长期信贷，是用从海外吸引到伦敦来的敏感的短期资金支付的。伦敦城对国际金融的兴趣仍然比对英国工业的兴趣高，但在国际上所处的重要地位远远不如1914年以前。与此同时，美国已经成为世界上最大的债权国和最大的资本输出国。美国的国外投资从1913年的大约20亿美元增加到1930年的150亿美元，其中30%投放在欧洲。这个比例可能是太高了；投到"不发达"地区的运输或生产企业上的外国资本比1914年前少得多。

就欧洲本身而言，同样严重的是，对美国的依赖已经成为体制的靠山，正如在战争刚刚结束后如果没有美国的援助便不可能复兴欧洲——当时美国救济协会提供了价值2.91亿英镑的粮食，其中只有

29%用现金支付——一样,在1923年以后,如果没有美国的贷款,欧洲国家就不可能支付赔款或战债。德国按照1923年4月的道威斯计划(该计划结束了德国的财政危机)所偿付的赔款是用的美国贷款,而在执行这一计划期间,德国的纯资本输入比德国所要偿付的赔款额多1倍至2倍。与此同时,协约国用德国偿付的有限的赔款,来偿还他们每年应偿还美国的战债。凯恩斯在1926年写道:"赔款和协约国之间的欠债,主要是在纸面上,而不是用物资来清算的。美国贷款给德国,德国把同样数值转给协约国,协约国又把它送回美国政府。没有任何实在的东西转手——没有人失去一个便士。"①

这一循环过程的继续存在,依靠美国的资金,而且,尽管事实证明美国的贷款不如战前曾经维持世界体制的英国贷款那样稳定可靠,但是美国的经济在20年代中期似乎是强大的和能恢复活力的。当联合王国正在经历一个就业不足和工业失调的困难时期,美国却在蓬勃的繁荣中突飞猛进,把第一次世界大战的经济进展大大向前推进,特别是在一些有前途的新工业上,例如汽车、橡胶和电力。在1925年至1929年间,当国际贸易的数额增长了将近20%(由于价格下跌,实际价值仅增加5.5%),世界的食物和原料生产增加11%,制成品增加26%时,欧洲也分享了大部分繁荣。被乐观主义者认为是真正的经济复苏的另外一些迹象有:对奥地利和匈牙利的有效的国际经济援助;对战债和赔款的多少比较明智的态度和普遍的"恢复金本位"。1924年,瑞典是第一个恢复金本位的欧洲国家,但是对国际经济最重要的是一年以后联合王国的恢复金本位。(这个行动受到凯恩斯的激烈批评,他反对"恢复",并寻求一种代替的方式,以保证建立在经营"战后半偶然性地成长起来的实际体制"的基础上的相互依存。)② 比利时于1927年,意大利于1928年相继恢复金本位。奥地利、捷克斯洛伐克、爱沙尼亚、芬兰、意大利、罗马尼亚和南斯拉夫采用金汇兑本位制。他们不是用持有黄金的方式来支持他们的货币,而是以保有对金本位国家的通货、银行存款私有价证券的提取权来支持。在这种情况下,金本位从来没有完全以正统的金融家所希望

---

① 引文见《国家与雅典娜神庙》,1926年9月11日。
② 见约·梅·凯恩斯《丘吉尔先生造成的经济后果》(伦敦,1925年)。一种相反的观点见 R.S. 塞耶斯《恢复金本位》,载 L.S. 普雷斯内尔编《产业革命研究》(伦敦,1960年)。

的那种传统方式运转，或者以他们所声称的 1914 年以前曾经运转过的那种传统方式运转，"普通人"也不像 1914 年以前那样经常提出兑换硬币形式的黄金。这种制度开始显得可疑了。在"完全的"金本位国家里发生的任何严重的紧张状态似乎都扰乱了金汇兑本位各国。大多数国家的黄金储备与债务相比都太少。联合王国已不再处于以少数黄金储备"支配国际体制"的地位，而法国，1926 年把法郎的价值定在一个无疑会打乱国际贸易竞争态势的水平上，却积累了超过需要的黄金。

在 1925 年至 1929 年之间，这些问题当中有一些很容易遭到忽视，因为当一批统计数字经常出现（是某些国家的国家保险的一种副产品）使失业现象的存在不容忽视时，它往往被认为是这个体制必然的特征。大多数人看不到"先进的"和"发展中的"国家之间的关系问题。在整个 20 年代，粮食和原料的世界价格与制成品的价格相比仍然很低，然而生产继续增长，导致积累了大量库存。例如，世界的小麦库存在 1925—1929 年的 4 个"好年景"里从大约 900 万吨增加到 2000 万吨以上。其他的国际商品，例如在热带国家里以低工资劳动生产出来的主要作物食糖或咖啡，给生产这些作物的大量劳动者带来极不稳定的生活。由生产者组成的垄断性协会在 20 年代——后来在 30 年代——对自由商品市场的运转表示了最强烈的不满，他们试图不用降低产量而用抽掉或销毁库存的方法保持加拿大小麦或巴西咖啡的价格；可是当他们试图阻止个人收入的下降（往往是徒劳的）时，仍然常常得到他们的担心外贸收入减少的政府的支持。一个典型的例子是关于管制橡胶价格的史蒂文森计划，这个计划在马来西亚的英国橡胶种植者协会已经决定用限制产量的方法应付价格下跌的两年之后，在英国政府已经下令进行一次官方调查的一年以后，于 1922 年实行，这个计划于 1928 年撤销，6 年以后由一项把荷兰帝国也包括在内的政府间的计划所代替。

无论在殖民地社会或在独立国的社会里，种植业工人对自由市场的运转所表示的不满不像企业界的抱怨那样经常地为人们所听到。的确，这种不满不像"先进的"国家里的消费者的抱怨那样经常地为人们所听到，消费者的抱怨是，每当庄稼被毁时，就出现了"富裕中的贫困"这种社会怪事。然而，事实是，只要土地的使用和耕作

第三章　世界经济：相互依存和计划化　　　　　63

方式以及他们国家的整个经济结构没有改变，种植业工人就注定是贫困的。"当统计学家玩弄食糖定额的数字时"——人们回顾以往的情况指出，而且这适用于食糖以外的许多其他初级产品生产工业——"当各国政府玩弄甜菜补助金时，食糖市场失调的真正损失，要用从事这项工业的殖民地工人所遭受的痛苦来衡量"①。在初级产品生产国和在"先进的"国家里一样，社会问题和经济问题不可分地交织在一起。初级产品生产者越是积极，收入越少，无力购买制成品，而"先进的"国家里的低收入消费者（其中有些是失业者），无法将他们的需要变成有效的需求。很多制成品不是为了发展中国家，而是为了发达国家的广大市场而生产的。这一事实就像这个时期的大部分投资没有改变发展中国家的基本经济或社会状况一样，回顾起来至少是表明没有抓住机会和没有尽到责任。

　　这些问题的性质之所以在当时没有为人们所充分认识，既有政治上的也有经济上的重要原因，尽管大多数高度工业化的国家通过获得比较低廉的粮食和原料的进口，至少能够维持相对强大的国际经济地位，尽管有失业，雇用劳动者的实际收入却增加了。这些事实使得人们比较容易忽视一般的经济景况和责任。实际上，对这些国际经济问题的谈论比对赔款和战债问题的谈论要少得多。

　　1929—1933年之间美国经济的崩溃，以及随后许多欧洲国家经济的崩溃，在它们内部造成了许多偏见。1925—1929年的乐观主义由于1929年10月华尔街的行情暴跌而突然消散，这种暴跌达到了一系列狂热的顶点：10月24日，"不祥的星期四"；10月29日，"纽约股票市场史上最凄惨的一天"，而且可能是"所有的市场史上最凄惨的一天"，② 当时《泰晤士报》上的工业指数下降了43点；而且在11月11日、12日、13日三天中，指数又下降了50点。在如此戏剧性的开端以后，继之而来的是持续的"大萧条"。从欧洲撤回美国资金，不仅意味着抽走信用贷款，而且意味着欧洲银行必须用黄金偿付债务。这就带来了力量中心和组织方法的失灵。崩溃是全面的，影响

---

① P. 拉马丁·耶茨：《商品管制》（伦敦，1943年），第53页。
② J. K. 加尔布雷思：《大崩溃》（伦敦，1955年），第105页。

到人、金钱和物资。在欧洲的任何地方和在世界上其他经济依赖国，例如澳大利亚和新西兰，物价、产量和贸易急剧下降；失业上升到前所未有的惊人水平；国际财政债务遭到拒付；而且在大多数国家里，政策主要关心的是使国家经济不受世界范围的不景气的影响。在崩溃的最初几个月内，难以理解的是，就在不久以前，乐观主义者还曾经相信，"世界作为一个整体而言"，正在以"前所未有的步伐朝着以前认为不可能的繁荣水平前进"①，有时还预言繁荣将是永久的。

继1929年美国的崩溃而来的，不仅是美国有一段持续的困难时期，而且在不到两年以后发生了欧洲的金融崩溃。短期资金（"热钱"）大量扰乱性的流动，对国家的黄金和外汇储备产生了危险的压力，而且在某些情况下，为了投机，资本从需要它的国家转移到不能利用它的国家。1931年3月，奥地利的信贷机构只是由于获得了国际结算银行和包括英格兰银行在内的一些外国银行的贷款才得救。这一年晚些时候，危机来到了德国。这个国家从1928年以后一直存在着财政上的和政治上的困难，尽管代替道威斯计划的1929年的杨格计划慷慨地重新规定和减少了赔款的支付。即使在美国的胡佛总统于6月21日建议赔款和战债延期偿付一年以后，德国国家银行在6月和7月仍然处于极端危险的状况。为了拯救德国免于金融崩溃而进行的国际活动，使危机转向联合王国，在那里，黄金以每天250万英镑的速度外流，黄金储备低到了危急的程度。1931年8月工党政府垮台，由"国民"内阁代替，暂时制止了这种外流，但是到9月末时，在两个月内已经丧失了价值2亿英镑的黄金。9月21日，英国暂停实行金本位制，这是一个放弃金本位的普遍运动的前奏。到1932年4月，已有23个国家效法英国，而且在另外17个国家里，金本位实际上已经失效。在20年代期间小心谨慎地和引为骄傲地重建起来的货币体制已被摧毁了。

然而，对黄金的命运所抱的成见并不是事情最严重的部分。价格的下跌才是灾难性的。在美国30年代的病态经济中，劳工局的批发价格指数从1929年的100下降到1933年3月的63。而在联合王国，那里的经济即使在20年代时也不是健康的，商务部的指数在上述期

---

① A. 索尔特：《恢复》（伦敦，1932年），第22—23页。

第三章 世界经济：相互依存和计划化

间从 100 下降到 72。世界上较贫穷的国家的收入所依赖的初级产品的价格，下跌甚至更剧。1933 年 1 月，以黄金计算的橡胶价格仅为 1929 年 1 月的 13%，羊毛为 22%，丝为 28%，铜为 29%，棉花为 34%，大米和咖啡为 41%，小麦为 42%，食糖为 50%。虽然矿物产量减少了，农产品的产量却没有下降。但是，收入的急剧减少导致了严重的贫困和国际贸易的猛烈收缩。在 1929 年至 1932 年第三季度期间，国际贸易的价值减少了 65% 以上，而非欧洲国家之间的国际贸易下降到不足 30%。在所有的主要工业国里，生产急剧下降，失业增多，出口减少。以 1929 年为 100，美国 1932 年的生产为 54，德国为 53，法国为 69，英国为 84。但是英国在 1932 年的出口仅为 1929 年的 63%，美国的出口为 53%，法国和德国的出口各为 59%。[1]

在这种情况下，人们求助于许多权宜之计和临时措施，其中有些是根据这样一句简单的格言："各自求生"。另外一些则是根据一句同样简单的格言："以邻为壑"。联合王国于 1932 年放弃了自由贸易和金本位：根据进口税法，普遍征收 10% 的关税，对某些制成品实行的保护性关税高达 33.3%，一年以后，在渥太华试图组织一个帝国"集团"，主要作用是提高从外部向英帝国进口的商品的关税。对很多国家来说，传统的经济手段，例如关税，似乎很不够了，于是采用了进口限额，控制国内生产的产品的销售，规定价格和调节资本的投放和分配。这种影响市场活动的有意识的干预，尽管在起初是临时性的，却成了国家经济政策的一个长期的特点。

采取哪种手段为宜，就像这些手段能起的作用那样，不仅取决于经济上的考虑，而且取决于政治上的考虑。在德国，1932 年失业人数增加到将近 600 万，政治形势朝着对国家社会党人有利的方向发展。国家社会党人在紧张和暴力的气氛中许诺要消灭失业现象和保证国家自给自足，这种许诺肯定不是根据周密思考的计划做出的。在比利时和荷兰这样的国家里，企业界力量强大，政府机构的目的是保护工业资本和利润：1932 年试图在现在称为比荷卢经济联盟的地区组织一个低关税地带（只是由于英国的反对未能实现）。在东欧和南欧

---

[1] 见国际联盟《大萧条的过程和各个阶段》（日内瓦，1931 年）。

的"绿色国际"国家里,就像欧洲以外的生产初级产品的国家一样,由于粮食价格的下跌而受到特别严重的打击,那里在政治上迫切要求实行老的论点:农业构成经济中的一种特殊情况,必须最慎重地注意地主和农民的利益。然而,正如英国阻拦比利时、荷兰和卢森堡之间的协议一样,德国和意大利(在1931—1932年)阻拦关于组织一个多瑙河关税联盟的计划,而这一次纯粹是出于政治原因。在欧洲国家中,只有瑞典在社会民主党人于1932年(与农民党联合)执政后,才有足够的胆量依靠不平衡的预算和以借债兴建的公共工程来达到"一种肯定无疑是膨胀主义的心理状态"①。然而,在所有的欧洲工业国里,经济萧条的全部社会影响在某种程度上由于下面的事实而得到了"缓和":即由于进口价格的猛烈下降,这些国家可以把它们的初级产品的进口维持在比较高的水平上。联合王国作为最大的进口国得益最多。有工作的人在1932年的平均实际收入几乎与1929年相等。即使把增加的失业人数包括在内,平均收入也只低10%。②

美国的工业建设资金从1929年的9.49亿美元下降到1932年的7400万美元,在那些困难年代没有对国际复兴做出有效的贡献。即使在没有得到批准的1932年7月洛桑会议实际上取消了赔款要求以后,美国人不仅仍然死抓住战债不放,而且还在国际贸易中执行保护贸易政策。③ 在经济萧条开始以后,1930年的霍利—斯穆特法案提高了1922年福德尼—麦坎伯关税法所规定的本已很高的保护税率。这一行动在全世界许多地方引起了一系列报复性措施。大通国民银行董事长在1930年写道:"外部世界欠我们的债,是套在他们脖子上的绳索,我们用这些绳索把他们拖向我们这边。我们的种种贸易限制是紧紧顶着他们身体的草叉,我们用这些草叉把他们同我们隔开。"④ 这样一些矛盾反映了美国的经济政策在很大程度上是强有力的地方企业压力的产物。

与此同时,美国的农民和工人受大萧条的打击特别严重,这一事实使得美国政治家不可避免地要把美国放在第一位,有很多没有受到

---

① B. 奥林:《瑞典的经济复兴和劳动市场问题》,载《国际劳工评论》(1935年),第21卷,第498—501、670—699页。
② C. 克拉克:《国民收入和支出》(伦敦,1937年),第208页。
③ 1933年以后,实际上停止了向美国偿付战债,只有芬兰在那年12月以后仍然偿付。
④ 《大通经济公报》,1930年3月14日。

第三章 世界经济：相互依存和计划化

企业界压力影响的美国经济的"民族主义者"，他们在1933年发现"赞扬旧的放任自由的国际主义……越来越令人难以容忍"①。1933年4月，这种立场的实质无情地显露了出来，就在新总统富兰克林·罗斯福向世界发出了一封强调需要国际经济合作的激动人心的信件后，美国政府却在一个由国际联盟发起的世界货币和经济会议——自1929年以来的第一次也是最后一次真正处理经济问题的国际会议——正在伦敦召开的时刻宣布放弃金本位，把美元贬值41%。贬值被认为是提高美国国内价格水平和增加农场收入的一种手段。罗斯福高兴地说，"所谓国际银行家的旧迷信"，"正在为对国家通货实行计划的努力所代替"②。然而，由于贬值实际上是在美国已有贸易顺差，并正在进口黄金的时候，把美国的关税提高60%和给美国的出口货物提供40%的补助金，因而它起了进一步加剧国际不平衡的作用。在这颗"炸弹"之后，难怪世界经济会议既没有就与通货直接有关的问题，也没有就关于增加国际贸易额的建议达成协议。实际上，它的主要成就是进一步扩大或加强了对有关小麦、橡胶、食糖、茶叶、锡和铜之类产品的限制性的国际商品管制。③

然而，无论美国的政策怎样无助于国际复兴，对它的全面作用必须做两点保留。第一，绝不能肯定换一种美国政策就会使世界经济会议获得成功。到处都有要求国家采取独立行动的强大压力，而且存在着一种普遍的矛盾，即国家经济政策的现实与银行家和正统经济学家所表示的让"金本位仍然成为最好的实用的货币制度"的虔诚愿望之间的矛盾。④ 第二，罗斯福总统显然厌恶自由放任主义、紧缩通货和为适应国际资本流动的变化莫测而调整货币政策，这在欧洲各界人士中引起了反响。例如，凯恩斯把罗斯福的行动说成是"非常正确的"。罗斯福在他的国家采取的力求适应"危机"情况的各种强有力的行动，被看作决心的胜利。当他当选执政时，失业人数超过1300万，他向他的人民提出的对付失业和其他经济的和社会的挑战的

---

① R. 特格韦尔：《新政日记摘抄》，1933年5月31日，引文见 W. E. 勒奇滕伯格《寓兰克林·德·罗斯福与新政》（纽约，1963年）第200页。特格韦尔后来写道："秘密揭开了。没有看不见的手，从来没有。"（《为民主而斗争》，纽约，1935年，第213页）
② 引文见前引勒奇滕伯格所著书，第202页。
③ 见 H. V. 霍德森《1929—1937年的衰退和复兴》（伦敦，1938年），第六章。
④ 《黄金代表团的报告》（日内瓦，1932年），第23页。

"新政",结束了一个曾被称为"中止活跃"的时期。① 尽管新政在理论上或目标上都没有什么革命性的内容,而且它显示出许多互相矛盾的倾向,但它在世界其他一切地方引起了广泛的兴趣,就像一些有关的美国"计划"一样,例如1933年以恢复美国拓荒者的精神和梦想的名义,作为一种扩大计划化的富于想象力的尝试而实行的田纳西流域管理局建设计划,就在世界各地引起了广泛的兴趣。

新政的第一个目标是把美国从经济衰退中挽救出来,第二个是扩大社会正义的概念,第三个是平衡经济体制。这些目标——不仅他的敌手而且他的有些朋友都认为这些目标是互不相容的——中,没有一个有任何长期的、全面的计划,但是它们全都意味着增加政府的干预。无疑的是,到1938年时陷于停顿状态的美国的"实验",在总统的各个顾问小组之间进行了激烈的争辩和面临企业界越来越大的抵制的情况下,既在美国,也在欧洲,激发了对各种计划化问题的巨大兴趣。经济学家阿尔文·汉森可能要问:"广泛的失业所带来的痛苦,使得政府的干预成为不可避免,这种干预是否已经创造了一种半自由半严格控制,不能在充分就业的情况下运转的混合社会"②,但是在欧洲,人们广泛地认为,罗斯福"为重建和复兴所做的努力,肯定是改良的资本主义的杰出范例,正如俄国的五年计划是当今世界上社会主义计划化的杰出范例一样"。③

当美国赢得这种声誉时,瑞典被称为30年代的"经济奇迹"④,而新西兰在工党于1938年取得压倒性的胜利以后,尽管有国际上的复杂情况,仍然有意识地把自己变为一个"福利国家"⑤。实际上,这就使一个著名的英国经济学家能够在1934年(不动感情地)写道:"我们现在也许还不都是社会主义者,但我们确实(几乎)都是计划者。"⑥ 回顾起来,即使从美国、瑞典和新西兰的经验来看,这种说法似乎也是夸大的。经济上的计划化仍然远比政治对经济的干预

---

① H. W. 阿恩特:《30年代的经济教训》(伦敦,1944年),第42页。
② A. H. 汉森:《完全恢复还是停滞》(纽约,1938年),第8页。
③ G. D. H. 科尔:《实用经济学》(伦敦,1937年),第145页。
④ B. 托马斯:《货币政策和危机》(伦敦,1936年)一书第10页中引用的 H. 多尔顿的话。并见 M. 蔡尔兹《瑞典,中间道路》(伦敦,1937年)。
⑤ J. B. 康德利夫:《新西兰工党的实验》,载《经济记录》,1957年8月,第153—154页;W. B. 萨奇:《新西兰追求保障》(伦敦,1942年)。
⑥ L. 罗宾斯:《大萧条》(1934年),第145页。

第三章 世界经济：相互依存和计划化

少得多。尽管1936年凯恩斯的《就业、利息和货币通论》的发表是20世纪经济思想史上的伟大里程碑之一，但人们并未普遍理解关于失业的经济学。当联合王国讨论"计划化"的时候，这种"计划化"往往只不过是受到严格限制的"管理"，通常是用毁掉过多的生产力和库存或用使价格"合理化"的方法，解决特定工业的特定问题。一个年轻的保守党政治家哈罗德·麦克米伦在1938年写道，"计划化是强加于我们的"，他在其他场合则夸夸其谈地把"一个有机的社会的概念"说成是与"个人主义和放任主义"抗衡的力量①，"不是由于理想主义的原因，而是由于当市场自然地和自发地扩大时，曾为我们服务的旧机构在形势朝着相反的方向发展时已经不再适合了"②。例如，1934年英国钢铁联合会的建立，就是保护主义联盟的一个例子和"一项相当大的改组措施"③，这种改组措施根本没有全面的甚至有限的经济计划。1933年的农业销售法案规定对牛奶、马铃薯和酒花等商品要制订销售计划，其精神是相同的。④

对联合王国说来是正确的东西，对其他国家说来也是正确的。意大利的法西斯经济学家能够把"社团主义"说成能对劳动和资本的分配以及生产制度事先加以规划的一种新秩序，但是直到1936年和1937年墨索里尼才强调对工业加强国家干预在经济上的重要性；而且迟至1938年，仍然很少通过各"社团"的行动来取得国民经济的协调。在法国，经济政策建立在对进口的定量限制上，正像在罗马尼亚那样的小国一样，那里实行限额的货物种类从1932年11月的120种增加到1933年7月的500种（占罗马尼亚全部进口的50%）。在意大利和法国（正如在美国一样），1937年的工业生产仍然比1929年大萧条开始时要低。

只有在瑞典，由于恩斯特·韦福斯是一位杰出的财政大臣，又由于那里的经济学家是直接为政府服务的，因而政府有一套对付通货紧缩危险的成熟的方法。然而，即使在那里，外部力量也影响恢复的方

---

① 哈·麦克米伦：《保守主义精神》（伦敦，1929年），第103页。
② 哈·麦克米伦：《中间道路》（伦敦，1938年），第7—8页。
③ 英王敕颁文书第4066、4181号（1932年）；G.C.艾伦：《英国的工业及其组织》（第3版，伦敦，1951年），第109—112页。
④ 对英国国民内阁，特别是在1931—1935年的"重要时期"，"重申政府权力"所做的比较积极的评价，见S.H.比尔《现代英国政治》（伦敦，1964年），第十章。

式，而被认为是反周期性起伏的赤字预算，也没能消灭失业。似乎矛盾的是，韦福斯的许多想法是从联合王国的自由主义者和社会主义者那里吸取来的①，英国在 1933—1937 年的明显的经济"恢复"，很少或者根本没有得力于官方的这些想法，而是得力于贬值（1931 年那样勉强地实行的）、"合理化"、保护贸易和低利贷款的"非理论性"的结合。从某种意义上说，英国的恢复是对 20 年代的停滞的补偿：过迟的新投资弥补了 20 年代严重的投资不足，特别是在建筑业方面。这是一种"勉强对付过去"的恢复，与"计划化"无关。在美国，罗斯福是一个实用主义者，不是一个理论家，尽管他的顾问当中有各种各样的理论家鼓吹各种不同的计划。在制定国际政策方面，只有国际劳工组织的报告，比如说，通过协调一致的国际公共工程政策，给了"膨胀主义"以某种一贯的、即使是有限的理论支持。

在大萧条开始时，和 30 年代末期出现恢复的那几年一样，唯一实施的全面计划化方案是苏联的方案，那里的产量在 30 年代期间迅速增长。然而，由于 1917 年的革命和 20 年代制定新经济政策的结果，苏联实际上从国际经济舞台上消失，在萧条时期仍然与世界经济绝缘。对它的计划化程序的了解，远不如对它的领袖们所使用的口号的了解，这主要是因为即使在苏联国内也从来没有对计划化程序做过很清晰的说明。

尽管在革命开始时，关于计划化的机构还有待思考和建立，苏维埃计划化制度在托洛茨基的把目的和计划纳入社会的基础这句话中就已开始了（见第十五章）。列宁在十月革命发生后 6 个月时写道："这些东西还没有写进布尔什维克的书本，即使在孟什维克的书本里也一点都没有。"② 苏联的计划化机构，正如战时经济组织的情况那样，是国家紧急状态的产物。对它的采用最初是试验性的、犹豫的；后来，由于先是在紧急状态下，接着又在第一个和第二个五年计划的转变时期，经济管理获得了实际经验而使它得到了改进。最高国民经济会议这个早在 1917 年 2 月建立并且一直延续到 1932 年 1 月的机构

---

① K. G. 兰德格伦：《瑞典的"新经济"：约·梅·凯恩斯，恩·韦福斯，B. 奥赫林，及其后果，1929—1939 年》（斯德哥尔摩，1960 年）。

② 见《列宁全集》（人民出版社 1961 年中文版）第 27 卷，第 272 页。——译者

内部，经过了不断的适应和改组。像把中央"指挥"经济同地方对国有化生产的主要单位"托拉斯"的管理工作联系起来这样一些根本问题，也是通过反复试验来解决的。没有事先存在的关于计划的概念。1929年一份官方的报告说："社会主义建设只能摸索着前进，而且，只要是实践走在理论的前面，要求创造性活动完美无误是不可能的。"①

负责制定和协调苏联各种计划的最重要的机构主要还是国家计划委员会，它最初建立于1921年2月，是隶属于劳动国防委员会的一个咨询机构。然而，国家计划委员会最初的任务是制定一些多少带有抽象性质的"远景"规划，包括像工业的广泛电气化和谷物贸易的国有化这样一些总目标。列宁1921年写信给国家计划委员会主席说："电气化谈得太多了，而关于现行经济计划的议论却太少了。"② 直到1925年，国家计划委员会才开始为整个苏联经济发布经济"控制数字"，而且直到1931年，经过激烈的争论以后，来自各个工业部门的一系列数字才成为同下一年度总计划相联系的数字体系。同年设立的中央经济统计局有利于政府政策所要求的"物资需要"（包括投资额）的必要计算。在1932年撤销最高国家经济会议以后，国家计划委员会的协调权力大为加强，而且1935年和1938年的改革强调了它的"领导"作用。尽管经济管理工作由其他部门——各人民委员部，这些部从1932年的3个（重工业、轻工业和木材）增加到1939年的20个——负责，但是国家计划委员会确定了它作为苏联计划化的中央总部的地位。

在整个20年代和30年代，苏维埃经济的根本问题是，如何把一个比较落后的国家改造成为一个广泛工业化的现代国家，而不必依靠国内的私人资本家或海外的投资者。这种改造的历史可以分为3个主要阶段：第一个阶段是从1917年革命到1921年3月的战时共产主义时期，在此期间，国家着手夺取原有经济体制的制高点；第二个阶段是在所谓新经济政策（1922—1927年）的范围内完成恢复和重建的时期，目的在于增加流向市场的商品量，在必要时鼓励数量上有严格

---

① 《国民经济控制数字》（莫斯科，1928—1929年），第2页。
② 《列宁全集》，第26卷，第296页。

限制的个人企业；第三个阶段是在一些战略性的和有争议的决定之后的一个加强工业化和农业集体化的时期，由1928年宣布第一个五年计划开始。

第一个五年计划开始时是一个"远景规划"，但在实施以前，曾多次进行讨论和修订。它的主旨是高投资率，特别是在重工业和农业方面。在执行计划的头两年，没有遇到很大困难便达到了目标，但在1929年和1930年，由于通货膨胀的压力和政府蓄意加快社会主义化步伐的结果，产生了许多问题。在农业方面，以有力的威逼手段推行强迫集体化。1927年，所有各种形式的国营农场和集体农场中的农民只占农民总数的2%；到1930年3月初，这个数字上升到55%，而到1936年时达到90%。[①] 强迫似乎是解决政府的严重农业问题的唯一方法，这些问题在20年代曾显得很难解决。强迫还是使劳动力从农村流向城市的唯一方法。因此，农业的被纳入（而且即使当时是不完全地纳入）总的计划化体制，是以数量众多的个人和以整个农民阶级遭受巨大的眼前苦难为代价才做到的。

1929年至1931年这一时期标志着国家最后夺取了整个经济系统，与农业的变化相应的是工会的改组，旧的领导人被解职，工厂纪律加强了，工会变成了有利于实现计划而提高生产率的半政府机构。还进行了重要的财政和信贷改革，包括1931年实行周转税，1932年建立专业化的投资银行，并赋予国家计划委员会以发放短期贷款的垄断权力。这些做法也都有相同的目标：实现计划。这个运动的主要口号是："没有布尔什维克攻不破的堡垒。"

在"艰难的岁月"里执行的第一个五年计划定下了模式，随后是1933年到1937年的第二个五年计划，着重于实际的进展和巩固，而不是巨大的跃进（见下文第十五章）。执行这一计划时的经济气氛似乎是有利的。到1935年，取消配给制被认为是稳妥的。也是在那一年，集体农庄章程（一直执行到1957年没有多大改动）结束了与"自上而下的革命"相联系的农村混乱时期。随后的农业产量的增长，伴之以工业生产力的增长，是靠了劳动力比较充足才做到的。新的工厂很好地建立起来了，开始使国民生产有了巨大的增加。1937

[①] 见 N. 贾斯尼《苏联的社会化农业》（斯坦福，1949年）。

年，工业总产量中的 4/5 来自新建的或 1928 年以后改建的工厂，仅马格尼托哥尔斯克和斯大林斯克两个冶金工厂的生产能力，就相当于 1914 年前整个钢铁工业的生产能力。

苏联经济体系的规模使它能比一个更多依赖进口供应的国家较少注意对外贸易。在品种极其繁多的农业和非农业物资的基础上，苏联能够建立和经营许多工厂，生产为经济发展所必需的大量制成品。自 1918 年以后，国际贸易由国家对外贸易人民委员部垄断。这种垄断使政府能够将卢布保持一种以外币表示的人为价值，并坚持实行极其严格的进口计划。从 1929 年到 1932 年那些严厉的岁月里，几乎 90% 的进口货是用于工业的商品。专门从事进口或出口特定商品的各贸易公司，严格按照计划的范围进行活动，由国家计划委员会把重要的进口需要和可供出口的剩余的数字通知它们。第二个五年计划明确规定，出口限于"国民经济的剩余产品"，而进口限于能以这些剩余产品支付的物品。事实上，1938 年，整个对外贸易的价值仅为 1913 年水平的 24%（尽管在最高峰的一年 1930 年曾高达 73%）。苏维埃计划化就这样尽可能地独立于世界经济活动之外。它甚至能直接对抗这些活动，如在大萧条期间，它以远远低于成本的价格向国外倾销出口货。它也能用贸易作为一种政治工具，而以长期的外国合同和协议作为有用的政治筹码。

虽然在 30 年代末期，备战工作打乱甚至破坏了苏联经济的全面发展，但在某种意义上，即使撇开军工部门的发展，苏联的整个计划化经济，在两次大战之间的整个期间，也是"一种独特的战时经济"。[①] 把一切努力全部集中在由政治当局决定的主要目标上的做法——"运动式的计划化"——与唤起管理人员和工人的爱国主义和社会主义觉悟的做法结合在一起，使市场"政治化"并无视价格—成本准则的，不仅仅是对外贸易。"价格机构很少被用来从事资源的分配，只不过以一种有秩序的方式将碰巧能够到手的东西分配给公民。"[②] 一般地说，在"领导者的思想过程中"，合理的经济计算被置于次要地位，而始终强调把整个计划看成是基本的"法律"，是立

[①] O. 兰格：《社会主义的政治经济》（华沙，1957 年），第 6 页。
[②] A. 诺夫：《苏联经济》（伦敦，1961 年），第 147 页。

法者的意志,是对经济的有意识的指导。莫洛托夫在 1939 年宣称:"计划化并不仅仅是与实现这一计划的过程无关的表格和数字的堆积。"[1] 完成计划是一种实际的任务,一种政治的和行政的任务。有意义的是,在 1928 年至 1954 年期间,苏联没有出版过通用的经济学教科书。[2]

不论这种情况有怎样的缺点——这些缺点在 50 年代末和 60 年代受到苏联经济学家的广泛批评——苏联的计划化,连同它的一切失误、浪费和强迫,无疑地在当时和以后不仅对"先进国家"中遭受长期性失业之苦的各集团,而且对急于获得经济发展的"落后国家"都具有吸引力。作为苏联发展基础的经济的"军事"性和"战略"意义,本身就具有积极的吸引力。它的大胆想象也是如此。1939 年以前,土耳其的五年计划和墨西哥的六年计划都受苏联模式的影响。苏联的非共产主义邻邦波兰的某些经济政策也是如此。然而,从 1945 年以来,这种影响在共产主义国家(所有的共产主义国家,除中国以外,都比苏联小,自然条件也比苏联差)里是明显而直接的,而且在很多论述"发展"的非共产主义著作家中,至少有一些人已经承认,苏联的经济发展"道路"是普遍适用的。正如战争一样,"(发展)过程要求打破一个接一个严重的障碍"。边际计算不如部门计划化那样重要,对于妨碍部门计划化的人或集团,就必须摧毁他们进行抑制或抵制的力量。"正像贫穷的和停滞的经济实行计划化发展那样,总体战包括一些明显的断续的结构变化和不考虑市场的资源分配。"[3] 然而,这仅仅是分析的一部分。关于苏联的计划化的争论仍在继续,而且 1945 年以后的其他一些计划——特别是共产主义的波兰和南斯拉夫的计划——的经验,影响着苏联国内的辩论。

国家社会主义统治下的德国的计划化和苏联的计划化不同,它承认私人企业和资本主义的经济制度。在这个结构内,政府对人力和生产、分配和金融、消费和投资以及外汇和贸易,实行强有力的控制。

---

[1] 《苏联国民经济第三个五年计划》(莫斯科,1939 年),第 20—21 页。

[2] 诺夫,前引书,第 267 页。1941 年正在计划出版一本教科书时,有迹象表明当局感到需要一种"新的社会主义经济"。在 1931 年至 1941 年期间,甚至"统计"这个词也从中央会计机构的名称中被抹掉。

[3] B. 希金斯:《经济的发展》(纽约,1959 年)。

政府通过所谓"经济管制"来领导私人企业,其目标是指挥经济机器为政治目的服务,而在形势需要时,最终为战争需要服务。然而,直到1942年为止,德国没有完全的"战时经济"。从1935年以后作为国家支出一部分的战备支出经常增长,使得德国能够进行"闪击战",但是经不住对像美国这样在发展军需生产方面比较全面的大国进行的持久战。据估计,1933年至1938年期间全部投资的一半是用在军事设施和基本工业之外。① 实际上,德国经济政策的准则究竟是什么,正像应该作为这种准则的基础的理论究竟是什么一样,在一定程度上是模糊的。一位评论家写道:"国家社会主义国家的经济政策是考虑怎样方便就怎样决定,并且为了人民的福利,不抱任何偏见地把所有被认为必要的手段用于每一个特定的情况。"②"福利"一词是有伸缩性的,包括大炮和黄油③,即使当政府政策的效果是通过限制工资收入者和企业主两者的自由以控制通货膨胀时也是如此。工资限额伴随着对股票持有者分配股息的严格限制——这是一种国民收入政策;外汇管制和进口限制调节着收支平衡;而且通过各种形式的组织和宣传强调,在所有经济组织中都有公共的或国家的一份。1937年,在《德国国民经济》中写道:"私人企业已成为公有的托拉斯,就所有实际目标而言,国家已成为每一个德国企业的合伙人。"

当国社党人在1933年接管政权的时候,他们发现已经存在他们后来所采取的政策中的两个必要成分:一是高度组织起来的工业结构,它早已受到20年代"合理化"宣传的影响;另一个是外汇管制,最初是在1931年7月为了制止资本外逃而实行的,它已成为实行更广泛的经济管理的出发点。他们没有多少经济创新,也没有一致同意的支持创新的经济理论——实际上,党内一部分人反对一切经济计算,认为那是对德意志失败的一种辩解——但是他们有决心使经济体制适合他们的目的。大量失业的存在为他们提供了一个当前的奋斗目标,这个目标的形式是许诺人人有工作:对国家自给自足的梦想,或者至少是对大大减轻德国在诸如铁、石油、橡胶之类的原料上对海

---

① B. H. 克莱恩:《德国对战争所做的经济准备》(马萨诸塞州坎布里奇,1959年),第14—15页。
② L. 巴特:《本质与任务》(柏林,1936年),第26页。
③ A. S. 米尔沃德:《德国的战时经济》(伦敦,1965年),第6页。

外国家的严重依赖（只有煤在国内有充足的供应）的梦想，把可能采取的技术政策同贸易联系在一起。

如果没有德国工商业已经存在的高度发展的协作，他们是很难建立起他们自己的体制结构的。企业主协会中央委员会早已于1920年建立。它的最重要的成员德国工业全国联合会，是在1919年由两个分别在1876年和1895年先后成立的较老的组织合并成的。联合会的影响和范围很广泛，在德国最强有力的工业家领导之下，它的组织是复杂的，是以按地区和行业建立的双重单位为基础的。1932年，属于它的团体有29个工业组织和50个地区组织，占德国工业企业的约80%。① 它能对制定国家政策起相当大的影响。国社党政府在建立全国经济联合会和工商业公会合作委员会时，最初认为它的任务只限于"使德国工商业管理的广阔领域中的现存组织同当前的国家政权相协调"②。国社党的立法，特别是1934年2月制定的德国工业组织体制法规定，所有企业主都必须参加"公会"及其所属团体，实行"有领导的原则"，并且规定整个体系的指导原则是"永远不采取违反帝国政府意愿的行动"③。从1934年以后，大企业显然比小企业强大得多，而且加强卡特尔化和使卡特尔化更加广泛，就进一步促进了集中和控制。

政府本身也有自己的许多机构可供运用。1919年设立的经济部，是从魏玛共和国遗留下来的，1933年7月任该部部长的库特·施密特做了一切努力以使企业界适应新秩序。④ 在亚尔马尔·沙赫特任部长期间——从1934年8月直至1937年11月——这个部把控制扩大到德国金融业和商业，并被拖入关于为重新武装提供资金的激烈争论中。沙赫特本人放手试行了双边贸易政策，并且谋求增加企业的机会和利润，但是他害怕通货膨胀，并且是赤字财政的一个极端保守的反对者。但是，在1938年以后，在瓦尔特·丰克领导下的经济部丧失了它的大部分影响。与此同时，由于重点从恢复转向了重新武装，在

---

① K. 古特：《德国的工业组织》（柏林，1941年），第19页。
② 库特·施密特博士1934年言论。见 R. A. 布雷迪《德国法西斯主义的精神和结构》（伦敦，1937年），第266页。
③ L. 巴特：《本质与任务》，第13页。
④ 见 A. 施韦策《第三帝国的大企业》（伦敦，1964年），第124页及以后各页，第249页及以后各页。施韦策指出了"小"企业和"大"企业之间的冲突。第524页及以后各页。

1936年业已设立了四年计划办公室，由戈林将军亲自控制，名义上拥有无限的权力——最重要的是，增加合成材料的产量（从1936年至1939年期间，合成石油的生产能力增加了两倍多，但是仍然低于指标数字45%）和加强国社党对经济的控制。希特勒在1936年给戈林的一项反沙赫特的命令中清楚地说明了第一个目标："原料的成本问题是绝对无关紧要的，因为我们宁可生产到时候能够拿到手的成本较高的轮胎，而不去购买理论上比较便宜但经济部拨不出外汇的轮胎。"希特勒把这种说法同对"资本制度"的攻击联系在一起，并把戈林的任务同第二个目标联系起来评论说，如果工业家拒绝合作，"国家社会主义国家本身将知道如何完成这一任务"。① 第二个目标的标志是建立在不伦瑞克平原上的赫尔曼·戈林钢铁厂，这是国家社会主义制度可以看得见的纪念碑，然而，尽管有这个钢铁厂和其他企业，德国1939年的钢产量只是由于攫取了奥地利和捷克斯洛伐克的工厂才得以超过1929年。

最后一个政府机构，即军队本身，也自上至下建起了自己的经济部门：负责这个机构的官员格奥尔格·托马斯将军，非常担心在1939年以前不能协调和扩大国民经济计划化，同时又缺少充分的统计上的或理论上的根据来支持他的这一看法：如果希特勒计划在经济上做好准备以前进行战争的话，那就将冒无法辩解的风险。② 托马斯抱怨说，他既没有被告知整个的物质需要，也没有被告知战略计划。他的这种抱怨已被近来一些历史学家用来证明这一说法：直到1942年为止，德国的军事经济只准备进行小规模的速决战，这种战争不会过分地打乱平民的生活水平或生活方式。实际上，"希特勒的基本政策是，战略不是经济计划者的事"，而且由于计划者只是收到由各种各样的要求者提出的关于人力和物资的扩大的要求，因而"不可能总结出一个关于需要的真实合理的全貌"③。与此同时，德国各军火公司在1935年和1936年被提高到"国防经济领导者"的地位，它们的经理可以用半军人身份活动。④

---

① 引文见克莱恩《德国对战争所做的经济准备》，第36页。
② 米尔沃德：《德国的战时经济》，第24—25页。
③ 前引克莱恩所著书，第38页。
④ 前引施韦策所著书，第533页。

计划化的复杂机构远远没有产生一种有效的、组织良好的工业活动。回顾起来，比这种机构更重要的是关于减少失业的实验。1933年至1939年期间，德国人实现了充分就业，这是大多数私人企业经济终于在第二次世界大战期间宣布的实行经济计划化的主要目的。在这一点上他们也继承了过去的策略。1932年12月曾任命一个"创造就业机会专员"；在国社党开始掌权的前两天，一项"紧急计划"付诸实施，把大量公共开支用于建设道路、住宅、公用设置及内河航运，1933年5月，希特勒宣布了一个关于消灭失业的计划。相当大量的公共开支——不像美国的"新政"那样实行赤字预算，并因而征收新税——与私人投资的恢复结合在一起，使1933年至1936年期间总产量和就业有很大提高。1936年，失业人数减少到160万，接近大萧条前的数字，两年以后，减少到不足50万。①

争取实现充分就业，是同管制劳动力和物价的广泛措施结合在一起的。对劳动力的管制从取消自由工会开始，它防止了工资收入者在卖方市场强求增加工资；物价管制被认为是必要的，与其说是为了"管理"经济，不如说是为了保证工人的忠诚和干劲。1934年1月颁布的国家劳动管理法和1934年10月法令，规定以"劳工阵线"取代原有的工会组织，以"企业社团"和"企业条例"取代集体劳资谈判和罢工权利。劳工托管人被赋予广泛的权力，以管理整个劳动力市场。只是由于实行了这些管制办法，才使政府限制工资的政策得以生效。在经济已经得到恢复之后，仍然保留了这些管制办法，而且还同延长工作日和指导劳动的措施联系在一起。就物价而言，早在1931年12月就已任命了一名帝国物价监督专员，但在1936年设立了一个新的办公室，即帝国物价制定专员办公室。② 1936年11月的限价法令把物价限制在任意选定的1936年10月17日这一天的水平上，并全面禁止因需求增长而进一步提高价格。的确，某些集团的人士在谈论说，供求关系的规律已被废弃。实际上，物价制定专员拥有广泛的提价权力，而且可以宣称，当他提价时，造成提价原因的生产成本的提高，是由于进口货成本提高或代用品成本高昂。

---

① 见 C. W. 吉尔博《1933—1938年德国的经济恢复》（剑桥，1939年）。
② 1933年至1936年期间的物价管制没有产生效果。1933年至1936年期间官方的生活费用指数增加了7%，批发价格上涨了约13.7%（同前引施韦策所著书，第324—325页）。

实际上，所有德国的国内政策都取决于严格的外贸管制。对外汇实行管制和拒绝将马克贬值，曾是1933年以前的政策，1934年9月沙赫特的"新计划"，自然是继承了前任的工作，不过使用了更多的精力和谋略。任何涉及外汇外流的交易都必须领取许可证。所有来自国外的收入款项均须移交帝国银行，出口商还被迫向当局申报输往国外的货物的性质和价值，以便查核。进口额被限制在最低水平，付给外国人的利息和股息最初是被削减，后来又限用出超偿付。在管理体制的范围内，贸易上的区别对待，连同对不同种类的贸易实行不同的汇率的做法，实际上被发展到了极限。只要可能，只从那些愿意用马克而不用自由兑换的通货来结算的国家进口货物。特定的马克比率，则按每个不同市场的结构来调整。在签订大批成交额和长期合同的双边协定的基础上，一个主要在东南欧的地区性集团建立了起来。

采取这些复杂的措施的结果，并没有使德国的出口有任何惊人的回升：实际上，出口与工业总产量之比，从1933年的22.5%，下降到1938年的13.1%。但在那一年，德国对外贸易额中只有大约1/5是需要外汇和获得外汇的。贸易方针是依据国家政策的利益来调节的；而在1938年的营业衰退中，不仅共产主义的苏联，而且资本主义和国家社会主义的德国也同世界的其余部分隔绝了。

1936年至1939年期间，德国重新武装的费用在国民生产总值中所占的比例，大于欧洲任何其他大国——德国的这一比例从1933年的3.2%上升到1935年的5.5%，1938年的18.1%——但在大多数其他欧洲国家，包括联合王国在内，增加了的重整军备费用——在联合王国，它是随着建筑业的"繁荣"而来的——在30年代末期的经济恢复中是一个重要的因素。[①] 虽然这些支出有助于工业原料的需求和新技术的发展，但它们无助于充分动员国内或国际的经济资源，包括人力在内。随着工业产量的增长，失业仍然很高，某些人士在谈论着，在"成熟的"经济中，增长（或如凯恩斯所称的"饱足"）不可避免地要愈来愈减少。而且，虽然在长时期的间隔之后，欧洲在世界市场上同美国相对的地位有所改善，使20年代的趋势有所扭转，

---

① 见 M.M. 波斯坦《英国的军需生产》（伦敦，1952年），第二章。

但是世界贸易的恢复非常有限。① 甚至迟至 1937 年，世界贸易额才勉强同 1929 年相等，而且，所有为降低关税和限额以及为鼓励更大的贸易自由而做的官方努力，例如科德尔·赫尔自 1934 年② 和范泽兰自 1938 年以来所做的努力③，都没有得到什么响应。进展中的工业产量与停滞的商业之间的对比仍然很鲜明。例如，在联合王国，1929 年至 1937 年间工业产量增长了 24%，而与此同时，出口额却降低了不下 16%。

在 30 年代期间，世界贸易的构成和国际收支的格局都起了变化。在 1937 年，粮食贸易总量大约比 1929 年的水平低 7%，制成品的贸易总量低 14%，而原料的贸易总量则高 12%。这种方向不同的变动是与相对价格的相反变动联系在一起的。工业国家在跟初级产品供应国进行贸易时继续享有极为有利的条件，从而继续从"不发达"国家的无力提高它们的收入或使它们的经济多样化这种情况中获得利益。在按人口平均的国民收入上和在生活水平以及使用制成品的能力上，不同的国家之间有着巨大的差别。④ 尽管仍然很少有迹象说明这种情况引起了明显而有效的反应，但是人们正在开始认识到，如果在较穷的社会里提出了实行"计划化"的要求，那么它采取的形式将可能是"从要求发展的强烈愿望"和从对自己所处的"不利境况的理解"而得出的合理结论。⑤ 国际劳工组织和国际联盟在 30 年代末期的某些报告，把注意力引向经济政策与社会政策的联系上。例如，经澳大利亚建议，国际联盟于 1935 年举办了一次"卫生、农业和经济政策与营养的关系"的调查；两年以后，由国际联盟的经济委员会和国际劳工组织进一步就提高一般生活水平这个更广泛的问题联合举行了调查。1938 年，国际联盟任命了一个委员会来研究"关于预防或缓和贸易衰退的实际措施"。

当欧洲政治家的头脑中只想到战争的时候，这种对福利的关心带

---

① 斯文尼尔森：《欧洲经济的发展和停滞》，第九章。
② 在 1934—1939 年间，美国同 20 个国家签订了贸易协议，其中一半在拉丁美洲。1938 年，在经过长期的谈判后，同联合王国达成了一项协议。
③ 1937 年 4 月，英国和法国政府要求当时的比利时首相范泽兰调查"普遍减少国际贸易限额和其他障碍的可能性"。他的报告于 1938 年 1 月公布。
④ C. 克拉克：《经济进步的条件》（伦敦，1940 年），第二章；A. 佩特尔：《各国之间在经济上的差距：它的起源、程度和展望》（《经济杂志》，第 74 卷，1964 年）。
⑤ 米尔达尔：《在福利国家之外》，第 89 页。

有讽刺意味。进行上述调查的国际经济环境在某些方面也同样是不利的。市场仍然左右着大部分国际经济关系——例如,可可的价格在1937—1938年的衰落期间灾难性地下降了40%——但这是一个不完善的市场,它受到各国政府的干预,不过没有被它们所控制。

> 国家的干预正在逐渐扩展到价格的制定和收入的分配方面。结果,造成转变的某些市场的刺激因素被削弱了;另一方面,国家计划化的概念还没有发展到政府准备把经济的发展引导到一个特定的方向,或者发展到政府的命令代替了以前由私人主动性所起的作用。旧的自由市场经济的缺点,部分地由国家干预的缺点所代替。①

1937年和1938年的主要特点是不稳定,过分依赖对长时期中的各种指数所做的对比是危险的,同时牢记这两点,就能把第二次世界大战前夕出现的工业和贸易格局综合到一起,来说明国际经济关系中的哪些历史关系已经改变,哪些关系从20世纪开始以来或多或少地维持原状。

1896—1938年世界人口、生产和贸易趋势②

1913 = 100

年份	人口	生产 制成品	生产 初级产品	贸易量 制成品	贸易量 初级产品	贸易单位价值 制成品	贸易单位价值 初级产品
1896—1900	90	54	76(1900)	54	62	82	77
1911—1913	99	95	93	94	97	98	98
1926—1930	111	141	123	113	123	145	128
1931—1933	117	110	120	81	116	100	68
1934—1935	120	133	125	84	114	117	85
1936—1938	124	158	135	100	125	120	93

---

① 斯文尼尔森:《欧洲经济的发展和停滞》,第36页。
② 本表系根据梅泽尔斯《工业发展与世界贸易》制成,第80页。

从最近一个主要特点看，由于有 1945 年以来获得的事后经验的帮助，我们不仅能够认识到 30 年代末期是国内和国际经济政策的"转变"时期，而且认识到这一时期在世界制成品产量和世界制成品贸易的指数之间历史关系的中断是"由于起到降低贸易水平作用的特殊因素（对贸易和通货的限制）所造成的不连续情况"①。我们同样可以认识到，对贸易和通货的某些限制，就像对产量的限制一样，本身就是"干涉主义"转变的例子。

在这个转变的时期里，没有世界范围的货币本位，少数国家为了坚持金本位而做的尝试，就像联合王国在 20 年代为了"恢复"金本位制度而做的尝试一样，被证明是短暂的。法国为了继续金本位而做的持久的努力——而且法国有足够多的黄金储备来做到这一点——带来了严重的通货紧缩，并使法国工商业家在跟外国竞争者对抗时处于不利地位。此外，为使物价下降，必然对工资带来压力，同时大规模的遣返外国工人，使许多法国工人回到农村务农，掩盖了失业的实际情况。这些人助长了无形的失业。1936 年，法国新上台的人民阵线政府决定，在法国处于衰退的情况下，如果不将法郎贬值和通过一笔汇兑平衡基金来维持平价，就不可能增加经济活动。1936 年 9 月莱昂·勃鲁姆放弃金本位一事是法国经济政策的一个里程碑，因为它是与试图在社会事务中实行一种法国的"新政"联系在一起的。② 实际上，法国的地位并没有得到长久的改善。尽管经济活动出现了暂时的高涨，但经济政策（其理论根据并不比罗斯福或联合王国的有力）与社会政策冲突，因此，在一次惊人的"资金外逃"和几个月的进一步的货币贬值后，在先进的工业国家中，只有法国直到第二次世界大战以后才恢复到 1919 年的工业生产最高水平。

1932 年以后一直坚持金本位的其他欧洲国家——包括意大利和荷兰——在 1936 年以后对使用黄金做了限制，此后，黄金的流动在维持国际汇率上不起什么作用。金本位制度终于崩溃，没有

---

① 关于该表所列趋势的详细分析，见前注所引著作第四章。并见 F. 希尔格特《世界贸易网》（日内瓦，1942 年）和 R. 德奥利维拉·坎波、G. 哈波勒、J. 米德和 J. 廷伯根《国际贸易趋势》（日内瓦，1958 年）。

② R. 马乔林：《对勃鲁姆实验的看法》（《经济学》，第 5 卷，1938 年 5 月）。

第三章　世界经济：相互依存和计划化

任何其他"制度"取而代之，尽管在法国宣布贬值以后，美国、联合王国和法国在1936年9月的一项三国货币协定中保证它们要采取实际的步骤来保证汇率稳定，谋求"恢复国际经济关系中的秩序"，"推行一种旨在促进世界繁荣和改善生活水平的政策"。

为了维持汇率稳定而采取的一些实际步骤，在1936年至1939年期间虽然取得了部分成功，但国际收支方面仍然存在一些困难，由于国际投资枯竭，在充分实现最全面的目标上是失败了。30年代末期国际收支的格局，正如国际贸易的格局一样，带有许多过去的标记，同时又显示了一些重大的改变迹象。欧洲贸易的特点仍然是，联合王国有大量的入超，而德国则有出超，同时世界贸易仍然依靠欧洲从美国的入超以及美国从世界其他地区的入超。然而美国在整个30年代（1936年除外）一直保持每年有大量的出超，继续从世界其他地方吸取黄金，尽管有科德尔·赫尔的关于自由贸易的计划，美国仍然对德国政策蓄意追求的双边贸易的倾向起了作用。与此同时，它以前的海外投资损失严重，因而它在国际上不再是一个贷方。在这种情况下，联合王国不再起它的传统作用。英帝国所属各国不能再像20年代那样，由于把原料卖给欧洲和美国而获得很大收入，而许多制成品又被保护贸易政策摒除在英国市场之外。结果，英帝国所属各国同联合王国之间的双边贸易愈来愈重要。在现行国际交易中从未获得可观的出超的联合王国也停止了向海外投资。在1930年至1939年期间的收支平衡上，它实际上是输入了资本。[79]

在30年代的自给自足的世界里，大部分由私人企业根据市场刺激组织的旧式的国外贷款，显然没有地位。但"不发达国家"要想从技术进步（"先进"国家中的一个生活现实）中获益，即使想获得有限的经济和社会的发展，以旧式的贷款或新式的援助取得外国资本也是必要的。就在第二次世界大战开始前的那些年里，从工业化国家流入非工业化国家的长期或短期资金都比较少。一方面，私人海外投资被认为要担过大的风险，汇率的不稳定也给扩大投资造成了不利条件；另一方面，没有关于"援助"或"再分配"的实验。19世纪后期的国际经济专业化，至多不过是用作最有效的利用特定数量的人的劳动和特定集团的国家的资源的另一种手段：

它曾被作为发展的工具。① 当它停止用于这一目的时,就必然产生由某种不同的东西取代它的要求。西方世界居民在第二次世界大战前夕所处的地位肯定比20世纪最初10年中要好,经济上的不稳定并不意味着经济或社会停滞不前。但对于欧洲以外的亿万人民说来,困难和不利不仅限于萧条时期:贫穷是难以摆脱的,社会的愿望受到严厉的制约。

在一场将要根本改变欧洲的经济和政治的战争前夕,欧洲在国际经济体系中所处的地位可以用统计数字来表明。它比美国稍有进展,因为它的一些最新的工业——例如汽车和电力——弥补了丧失的阵地,而且也因为对美国商品的歧视已经成为某些国家政策中的一个蓄意的因素。但在其他工业方面,特别是在纺织工业上,日本的竞争在30年代已经日益强大。② 与欧洲一切工业发达的新地区(其中很多建立在"轻工业"或服务性行业的基础上,位于靠近大城市人口集中处)共存的还有一些"萧条"地区,例如南威尔士,英格兰东北部,里昂周围的工业区和鲁尔地区的一些部分。与水泥或人造丝之类新兴工业并肩存在的有一些老的问题很多的工业,例如煤炭或棉纺工业。在整个30年代,欧洲许多地区的新老工业中都有组成更大的经济单位的趋势——这是进一步经济集中的证据——但是规模巨大并不一定能保证效率,也不一定能保证关心后来称为"研究和发展"的工作;在有些国家(其中最重要的特别是法国)中,小规模生产仍然占绝对优势。1913年以前的年代里的三个最重要的经济部门,在1938年时在欧洲贸易中所占的份额比1913年要少,尽管有其他各种变化,欧洲全部出口的40%是输往欧洲以外的,这个比例很少变化。其余的60%是输往欧洲其他国家,占欧洲全部进口的大约一半,另一半从海外进口。

---

① D.H. 罗伯逊:《国际贸易的将来》(《经济杂志》,第48卷,1938年)。
② G.E. 哈巴德:《东方的工业化及其对西方的影响》(第2版,伦敦,1938年)。

欧洲的出口和进口①

	1913 占欧洲总额的百分比	1913 每个国家的总额中输往欧洲的百分比	1928 占欧洲总额的百分比	1928 每个国家的总额中输往欧洲的百分比	1938 占欧洲总额的百分比	1938 每个国家的总额中输往欧洲的百分比
出口							
联合王国	26.1	30.1	23.6	31.6	22.2	32.1
德国	24.7	66.3	19.3	69.9	21.1	65.1
法国	13.6	66.6	13.7	62.5	8.6	54.2
三大国总计	64.4	51.7	56.6	52.2	51.9	49.2
意大利、比利时、卢森堡、荷兰、瑞士、瑞典	21.9	70.6	21.8	68.6	25.5	66.3
其他	13.7	79.5	21.6	85.6	22.6	83.7
进口							
联合王国	26.9	37.5	27.6	38.9	31.0	31.0
德国	21.2	40.7	17.8	47.1	50.3	50.3
法国	13.3	46.5	11.2	42.7	9.9	33.7
三大国总计	61.4	40.6	56.6	42.2	57.5	37.0
意大利、比利时、卢森堡、荷兰、瑞士、瑞典	24.7	59.3	21.7	61.0	22.5	62.6
其他	13.9	70.3	21.7	75.9	20.0	75.3

如果撇开1937年和1938年的那些不稳定的主要特点，在世界上这场最大最全面的战争前夕，计划化和相互依存的问题就会随着对后来的各种不同特点的选择而显得不同。在战争期间和紧接而来的战争后果中，不同的著作家和政治家从1939年以前的体制的"失败"中，得出了两个互相矛盾的结论：一是，迫切需要恢复不受阻碍的市场力量；

---

① 本表采自斯文尼尔森《欧洲经济的发展和停滞》，第173、175页。

二是,"在这场战争结束时必然出现的那种不平衡状态中,不可能依靠市场力量来恢复平衡"。① 第一种意见普遍存在于欧洲和美国②,第二种意见则在联合王国和欧洲以外的很多国家里占优势。

尤其在英国,特别强调的是:既要通过凯恩斯的关于控制总需求水平的方法以维持充分就业,又要推行不久即被加上"福利国家"标签的一套全面的或比较全面的社会政策。威廉·贝弗里奇的名字同这两种政策都有联系,因为,除了在他所著的《自由社会中的充分就业》(1944 年)一书中把凯恩斯的某些观点通俗化以外,他还是"贝弗里奇主义"的创立人,这个主义是扩大社会保险的深远的战时计划。相形之下,在 1945 年以后的德国,有一种反对"极端的民族主义、自给自足和政府管制"的反应③,对充分就业的经济不感兴趣。在欧洲一些以前被德国占领的地区,最困难的眼前任务是指出并把以下两方面的问题联系在一起:一方面是关于重建工作的短期的实际问题;另一方面是关于发展和增长的长期问题。即使一旦完成了这个任务,在经济政策的幅度和范围方面又会发生意见分歧。尽管人们承认,在被称为"总体战"的长期过程中,人们的愿望同经济事实一样发生了很大的变化;而且认识到,1939 年以前曾经是可以接受的东西,不一定在 1945 年以后还是可以容忍的,有一种赞成尽量减少计划化的强烈的反潮流。如果说某些集团的人士广泛持有的看法是战时计划化的极限不应缩小,而应作为新发展的战略基础,那么另外一些人士却是强烈地厌恶各种形式的"统制经济"。在东欧,共产主义提供了另外一套想法和方法,而在欧洲以外,新的愿望开始影响政策,而且在"不发达的世界"里,苏联的榜样比在 1939 年以前受到更广泛的注意。由于这一系列的态度、意见和政策,显然,国际上相互依存的概念——这个概念已经失去了它的通用意义,因为战时世界分裂成了两个组织严密的"集团",处于相互封锁的状态——在战后的条件下要求新的思想。"以假定一切国家都实行自由私人企业,市场力量在全世界都自由活动为基础,定下用于计划经济时就会实际丧

---

① 阿恩特:《30 年代的经济教训》,第 300 页。
② W. 罗普克:《我们时代的危机》(纳沙特尔,1945 年);《国际秩序》(苏黎世,1945 年);《经济理论》(苏黎世,1946 年)。
③ L. 埃哈特:《德国重返世界市场》(伦敦,1954 年)英文版序言。

失全部意义的规则,又公然借用作为计划经济主要工具的经济管制方法,这样的国际经济体制,显然不可能为人们所普遍接受。"①

从后来的一个主要特点看,人们得出了多少有些不同的教训。在一段时期看来,战后紧张的调整和国家之间的分裂,不仅威胁着欧洲的重建,而且威胁着整个世界的物质进步。但到50年代结束时,欧洲在50年代期间的高经济增长率,连同走向更大的团结的那种影响深远的活动,与两次大战之间那些年里的记录成了鲜明的对比。50年代期间所达到的生产率的增长——12个欧洲国家年平均增长3.5%——是从1913—1960年整个期间的平均数的两倍。只有美国以前曾经达到过可以与之相比的增长,而美国经过第二次世界大战期间的大飞跃和战后在国际上称霸的动荡时期(当时欧洲严重依靠美国的经济援助)以后,增长率已经缓慢下来。在整个西欧,每个雇用劳动者的产量增长率,高于以前任何有记录的时期。"到那10年结束时,已经很明显,西欧正在从重大的改革趋势中得益,而且这种改革不仅仅反映了使更多的人能够工作的充分就业政策"②。回顾起来可以说,欧洲在30年代期间曾经患了一种陈旧僵化的、投资过多的经济体制的"动脉硬化症",不能灵活应付急剧的经济变化。农业和许多制造业中的生产率低和普遍失业,使国民的产量和收入很低,而且堵塞了迅速全面发展的道路。③

在一个变化了的和正在变化中的环境里,经济学家较少关心就业经济而较多关心增长进程,在有些国家里,超出了30年代凯恩斯改革的限制而把改革视为当然,在另一些国家里则把改革视为无关紧要。美国经济学家曾在这方面指出了道路:现在是由欧洲的经济学家来指出道路了。④ 尽管认识到把长期的统计数字做比较有严重的困难,经济学家仍然开始回顾历史的经历,以表格的形式摆出他们的结论:

数字涉及的时间越早,错误的幅度就越大。与此同时,这些数字

---

① 前引阿恩特所著书,第301页。
② A. 肖恩菲尔德:《现代资本主义》(伦敦,1965年),第4—5页。肖恩菲尔德的数字是根据麦迪逊:《西方的经济增长》,并见联合国《50年代欧洲经济增长的一些因素》(日内瓦,1964年)。
③ 斯文尼尔森:《欧洲经济的发展和停滞》,第52页。
④ S. 库兹涅茨:《关于经济增长的六次讲演》(芝加哥,1959年);O. 奥克拉特:《经济发展的因素:一个最近的研究报告》(《世界经济文库》,93集,1964年);P.D. 亨德森(编):《英国的经济增长》(伦敦,1966年);R. 纳克斯:《不发达地区的资本构成问题》(纽约,1953年)。最早的权威性章节现在成了 J.A. 舒姆彼得的《经济发展理论》(马萨诸塞州坎布里奇,1949年),该书的德文版早在1911年即已出版。

暴露了一些关于本章涉及的历史的广泛误解。很少有证据支持这样一个论点：稳定的人口曾是增长的障碍。而且，尽管做了进行概括的大胆努力，但是"没有令人信服的证据"说明在国际增长率的模式上有任何经久不变的或定型的东西：过去50年的大灾难——两次世界大战和大萧条——不仅中断了增长的趋势，而且似乎打乱并改变了国民生产增长率。也不能把各国分成两类：一类是那些"正常地"迅速发展的国家，另一类是没有这样发展的国家。除了日本这个重大的例外①，几乎所有的国家都在相当长时期有时迅速发展，有时缓慢发展。

最近的和长期的国民生产增长率②

	长期的增长率		1950—1959	1954—1959
	开始年份	增长率		
联合王国	1857	1.2	1.7	1.6
美国	1871	2.0	2.2	2.2
德国	1853	1.5	4.5	3.6
法国	1855	1.5	3.6	3.3
瑞典	1863	2.1	2.8	3.0
日本	1880	2.9	6.1	7.6

要想找到一个令人满意的主要特点来看待第二次世界大战前发生的事情，肯定还为时过早。在西欧发生的事情——在平均数的后面存在着增长率和竞争力的巨大差别——必须同在东欧发生的事情联系起来，在1917年以后还必须同苏联发生的事情联系起来。现在有两个国际经济体系，其中任何一个都不是静止不动的。作为一个整体的欧洲所发生的事情必须同欧洲以外发生的事情联系起来：1945年以后独立国家的数目的增多，连同它们的经济和政治压力，改变了辩论的模式和内容。国内经济上发生的事情必须同国际贸易的格局联系在一起。在50年代期间，工业化国家之间的制成品贸易额比20世纪以往那些年增长得快，比生产增长得快。③ 与此同时，非工业化国家的制

---

① 对日本情况的说明，见小岛清《资本的积累和工业化的过程——日本专论》(《经济杂志》，第70卷，1960年)；大川一司《1938年以来的日本经济增长率》(东京，1957年)；W. 洛克伍德《日本的经济发展》(第2版，普林斯顿，1965年)。
② D. C. 佩奇、F. T. 布莱卡比和S. 弗罗因德：《最近一百年来的经济增长》，载《国家研究所经济评论》(伦敦，1961年)。
③ 梅泽尔斯：《工业的发展和世界贸易》，第384页。

成品进口迅速增加，而半工业化国家（包括在第二次世界大战期间经济部分地工业化了的很多国家）的这种进口增加较慢。与其他技术部门相比，生产初级产品的国家的出口（石油除外）只有缓慢的增加，对这个因素需要进行详细的专门的分析。从1914年以来的整个时期，先进国家中的科学化工业已经不那么依靠19世纪和20世纪初期的农产品和矿产品了，尽管至少在一些短时期里，这种工业曾经向"不发达"地区要求并得到新产品。另外一个影响进口和出口活动的因素是，初级产品生产国本身对它们自己的产品（包括粮食和矿产品）的需求越来越大。

根据最近的调查，20年代和30年代的情况似乎就像19世纪的情况那样独特和变化无常。但已经很明显的是，在变化着的环境中，"发达"国家和"发展中"国家之间贸易的扩大，取决于减少收支平衡上的困难，减少的办法或者是通过增加非工业化或半工业化国家的出口，或者是通过贷款和发展赠款。这方面的很多新的想法有其历史的眼光，因为这些想法把过去在个别国家内通过收入再分配和计划化来抵消"不平等趋势"的想法扩大到了国际上。[①] 与此同时，1958—1960年从工业化国家流入非工业化和半工业化国家的资本净值，仅占其国民总生产的1%。[②] 与联合王国在1900年至1913年期间的资本输出相比，这个比例是很小的。[③]（见下表）

关于联合王国的资本输出和海外投资分配的统计[④]

年份	国民收入净值	资本输出净值	投资分配统计（有数字统计的）				
			美国和加拿大	南美	印度和锡兰	南非	澳大利亚
1900	1750	23.6	—	200（仅指阿根廷）	—	—	389

[①] D. 西尔斯：《国际援助：今后的步骤》，向达累斯萨拉姆会议宣读的论文，1964年。
[②] 前引梅泽尔斯所著书，第412页。并见 R. 普雷比希《走向新的发展政策》，英王敕颁文书第2417号（1964年），《联合国贸易和发展会议：对有关文件的最后决议》。
[③] A. K. 凯恩克罗斯：《1870—1913年的国内和国外投资》（剑桥，1953年），第180页。
[④] C. H. 范斯坦的关于国民收入的统计数字被适宜地列入了 B. R. 米切尔和 P. 迪恩的《英国历史统计数字摘要》（剑桥，1961年），第367—368页。关于资本输出和投资分配的数字被适宜地编入了前引凯恩克罗斯所著书第180、185页中。

续表

年份	国民收入净值	资本输出净值	投资分配统计（有数字统计的）				
			美国和加拿大	南美	印度和锡兰	南非	澳大利亚
1902	1740	9.8	205（仅指加拿大）	—	—	—	—
1911	2076	171.3	1061	587	351	351	380
1913	2265	198.2	1270	722	370	—	—

由于发展中国家在1945年以后对于私人提供的外国资本和"附带条件"的政府援助有着越来越大的怀疑，因而显然必须对正在变化的历史环境中能为双方所接受的关于经济上"相互依存"的概念重新下定义。

至于"计划化"，从1945年以来在理论和方法上，在目标和政策上，都发生了那样多的变化，因而可以说计划化是"一种起源于最近的活动，属于60年代而不是属于50年代"①。在1950年以后的"繁荣"条件下，长期的计划化运用各种多少是复杂的手段，在和平时期里第一次开始被各资本主义社会认为是整个经济的计划化，而不仅仅是各个经济部门内部的计划化。在萧条时期，各国政府曾求助于"管制个别市场"——企业团体往往"乐于放弃根本用不着放弃的行动自由"，而劳工方面则以"福利"为理由要求进行干预。② 在50年代和60年代初期已经变化的条件下，至少在某些国家里的"全面的"计划化，开始不仅考虑具体的或短期的问题（包括收支平衡的问题），而且考虑打乱市场价格的总趋势、私人成本和社会成本的差异以及长期预测的需要。通过"现代化"或者通过对未来"国民需要"的估计和计划来形成经济发展的想法，开始赢得了新的支持者。在像德国和美国这样的国家里，仍然存在着对扩大政府权力的怀疑，那些国家里大企业公司内部计划化的方法有所发展，有时是通过银行的中介：在这方面也有"眼光长远的展望"（特别是在一些以科学为

---

① 肖恩菲尔德：《现代资本主义》，第220页。
② A. J. 廷伯根：《世界经济的形成》（纽约，1962年），第68页。

第三章 世界经济：相互依存和计划化

基础的工业中)，涉及计划化战略的观念。① 实际上，已经可以看出"大多数西方经济的公、私部门的管理方法和态度更趋于相似"的过程。② 与此同时，在各个共产主义社会中关于经济计划化的辩论，已经开展到包括这样一些问题：例如发展"比较合理的"价格结构，企业之间自由订立合同，和生产者与消费者之间更直接的联系。③ 而且，正如在资本主义国家里可以看出曾经导致公、私政策和做法重叠的过程一样，也有某些计划化过程（特别是那些涉及决定大规模投资的过程）是资本主义国家和共产主义国家所共有的。还有，在一些较小的不发达的国家里，计划化是一个方便的有吸引力的口号，这些国家在采用计划化以控制局势的做法上面临最大的困难。④ 随着技术的改变和计划化方法变得更加高度成熟，为了保证工业在规模上经济实惠和有效的计划化的前景所需的最小规模已经增大了。⑤ 这种考虑对未来的经济一体化的新形式有何作用，仍然是不肯定的，就像经济上"相互依存"最终将采取什么形式一样不肯定。

（周叶谦 译）

---

① J. B. 奎因和 A. M. 卡瓦诺：《基本研究是可以计划的》，载《哈佛商业评论》(1964年)。
② E. S. 梅森编：《现代社会中的公司》（马萨诺塞州坎布里奇，1959年），第17页。
③ A. 诺夫：《苏维埃计划化：可以预见到的改革》，转载于《真正需要斯大林吗?》（伦敦，1964年）。
④ 其中有些困难，见 G. 米尔达尔《经济理论与不发达地区》（伦敦，1957年）。
⑤ E. A. G. 鲁宾逊编：《国家大小的经济后果》（伦敦，1960年）。

第 四 章
科学与技术

到19世纪将结束时，在科学家们看来，大自然的结构和格局大体上已被揭示出来了；因此，他们的研究在一定程度上似乎仅限于深入地探索已为前人的研究工作初步发现和确立的结构，这种倾向在物理学方面尤其突出。在此以前，科学思想已经历了三次堪称为革命的巨大变化，因为它们绝不仅是侧重点的转移，而是基本观点的改变。这三次革命都是在近代并且都是在西欧发生的。在17世纪，发生了力学上的革命，从而奠定了现代物理学的基础。这场革命由伽利略开始，而由牛顿完成，以他在1687年发表的《自然哲学的数学原理》作为一个显著标志。到18世纪，发生了化学上的革命，这场革命是由拉瓦锡的著名的实验引起的，因此，就确定这些事件的年代而言，不妨以1789年拉瓦锡发表的《化学基本教程》作为它的标志，所以，人们为了方便起见，至今仍把这一年看作近代化学的奠基年。生物学上的革命则更晚一些，它是由1859年达尔文发表《物种起源》开始的。在这以前，生物学的进展一直落后于物理学，这时看来也终于踏上了近代的征途。在这个时期中，科学家们所致力的工作，概括地说，是对大自然进行越来越细致的解剖。当时认为，我们周围的世界不论其有生命和无生命形式都是由若干化学元素组成，其中已发现的约有75种，据传可能还有若干种尚未发现。这些元素是由永恒的、不可消灭的原子构成的；任何一个元素的原子，其形状和重量都是相同的，但是不同元素的原子，其形状和重量却不相同。能的多变性已为人们所理解；它能够由一种形态转变为它具有的多种形态中的一种，如转变为机械能、热能、化学能、电能等，而且通过精密的实验，在数量上也被确定了。世界的结构看来已经大体上弄清楚了。

第四章 科学与技术

然而，就在19世纪的最后几年中，这种形势突然发生了变化，1896年贝克勒尔发现了放射性；接着，居里夫人在1899年断定放射性原子是不稳定的，并观察到在放射过程中，随着能量的释放，原子发生衰变现象；与此大约同时，约·约·汤姆生爵士在1897年证明普吕克尔于1859年所发现的所谓阴极射线原来是由带有负电的、超微观的微粒组成的，这些他当时称为"粒子"、后来又改称"电子"的微粒是从许多不同的原子中获得的，但形态却相同，因此，它们是所有原子共有的组成部分。所以，原子并不是单一的，而是合成物，而且，有些原子是不稳定的，并以可测的速度衰变。19世纪最后几年的这两项发现，引起了近代科学上的第四次革命，把我们带进了原子物理学这个崭新的领域。

当然，早在17世纪，科学就已在小范围内被应用于工业，进入19世纪后，其范围虽然有所扩大，但仍不普遍，因此，科学与技术的联系并不密切。在当时的政治家中，认识到科学知识及其应用对当代世界具有重要性的，却不乏其人。19世纪末，阿·詹·贝尔福（后为勋爵）在谈到科学家时曾说："他们才是改变世界的人，而他们自己并不知道。政治家只不过是车轮上的苍蝇①，而科学家才是动力。"但是，正是由于第一次世界大战，事实才向近代民族国家及其政府有力地表明应用科学在经济上和军事上对它们的生存具有的必要性。

因此，19世纪结束时，在自然科学方面发生了根本性的、革命性的变革，同时，人们在一定程度上认识到：塑造未来世界的是科学。

在20世纪前半叶，科学的进展无论就其范围、速度和应用而言，都远远超过了以前所有的时代。在这50年中，前4个世纪的近代科学研究成果得到了充分的利用，因而不仅改变了我们的日常生活和我们的思想习惯，甚至改变了我们文明的整个面貌。当人们在大约400年前开始放弃他们对大自然及其各种现象所持的比较陈旧的思考方法，同时摒弃那种仅仅依靠一些零星的证据就过早地勾画出世界结构的做法时，他们转向某种有限的目标。他们也转而寻求一种仅仅在暂

---

① 比喻狂妄自大者，典出《伊索寓言》。——译者

时的和科学的意义上被认为是"真理"的"解释",只要这种"解释"与无可争辩的、可以检验的实验结果相符的话。他们从事一项新的探索活动,在很大程度上与其他的人们从事航海探险的情况相仿;任何人都没有能够料想到,他们最后所获得的知识,竟很快地就超出他们有组织的政治力量的驾驭,因而,使他们无法控制这种知识的应用并将它仅仅用来为人类造福;而且也绝没有任何人能料想到,在某些领域中,出于军事安全和国家安危的利益,科学家们多少世纪以来一贯享有的那种发表自己发明的自由,最后竟会遭到剥夺。在我们现在所论述的这个时期内,内燃机的问世解决了重于空气的飞行器的难题,因而给我们带来了飞机,但同时也带来了它在战争中的巨大破坏力;原子物理学的进展使我们有了原子弹;于是,人类手中就掌握了毁灭自己的手段,甚至可能毁灭"这个伟大的星球"以及"人类所继承的一切",或者可能将一切生命形式弄成畸形,使它们变为新的、怪异的变种。人类有史以来第一次成为决定自己命运的主宰。

　　当然,近代科学从一开始起,其重大意义早就不限于书房和实验室的范围,而超出了它自身目前的界限,并且远远超出这个领域。如在物理学方面,哥白尼1543年在《天体运行论》一书中所阐明的地动说,把人类所居住的地球,由宇宙的中心(据认为太阳是特地围绕着它旋转的)降为太阳系中一颗小行星,从而降低了人类在物质世界中的尊严和地位;又如更晚一些时候,在生物学方面,达尔文1859年在《物种起源》一书中所阐明的进化论,论证了人类的远祖原来竟是低级动物,从而剥夺了人类自命不凡、与众不同的"仅次于天使"的高尚地位。但是,不论这些发现以及与此类似的其他科学进展对人类的思想和生活应有多么重大的影响,实际上,从哥白尼到达尔文的这段时期内,这些发现只对极少数人的思想产生影响,而对人们的日常生活也许没有任何影响。直到20世纪的前50年,这种情况才发生了巨大的变化;由于教育的普及和各种各样普及与传播科学技术知识的手段的大量增加,世界各地,至少在一些民主国家里,各阶层的男女开始认识到,他们的生死存亡取决于科学的进展,或者取决于他们自己的统治者或其他国家的统治者决定如何利用这种进展。然而,到第二次世界大战将告结束时,通过可怕的现实,这些问题就变得更明显、更严峻了。现在,我们不妨回顾一下20世纪前半叶初期其他领域的情况。

在20世纪前50年中，我们不仅对原子的复杂结构，而且对宇宙的无边无际，不仅对无限小的物体，而且对无限大的物体，都空前未有地增加了认识。当20世纪刚开始时，我们只知道大约20颗恒星的距离，而且还不十分准确。而在20世纪上半叶，由于制造了新型望远镜并在摄影方面取得了进展，我们已经准确地测出几千颗恒星的距离，从而大大丰富了对宇宙系统的体积和构造的认识。加利福尼亚州威尔逊山的100英寸巨型反射望远镜造成后，为我们提供了一台聚光能力大为增加的观测工具；因此，不久就发现原来除我们自己这个银河系外，还存在其他的星系，即所谓"宇宙岛"，其数目多达1亿左右，它们的体积都差不多，并且看来是离我们自己的这个宇宙即银河系愈来愈远。最近的星系距离我们也约有5亿光年，也就是说，光通过这段距离需要5亿年，而光的每秒钟速度是18.6万英里。实际上，天文学家不得不想出并采用一种新的度量单位："光年"，即光在一年内所走的距离，从而使他能够方便地处理这些庞大的、不可思议的数字。在这50年中，我们的世界已经有了惊人的扩大，使人们的智力已经无法设想它的广大范围，尽管天文学家可以向人们表明，他们"不是普通城市的公民"，但人们感到自己的想象力却难以看清我们这个世界的宏伟壮观。我们自己这个"宇宙"的直径，据目前估计，就约达10万光年。

因此，就近代巨型望远镜所观测的结果而言，它表明宇宙空间有着许许多多"宇宙岛"，它们的体积大致相同，并且它们大体上是平均分布的。有些"宇宙岛"看来还处在由炽热的气体物质凝固成形的过程中，至少在若干亿年以前还是处于这种状态，因为它们的光经过漫长的旅程终于到达地球，从而使我们的望远镜能发现这些"宇宙岛"的存在及其形状时，已经有若干亿年之久了。长期以来，人们一直认为星际空间是空的，原来完全不是这样，因为在星际空间中存在着大量极稀薄的物质，而这种星际物质，几乎与宇宙中恒星的总质量不相上下。

在20世纪上半叶中，对星球及其化学成分和形成过程，积累了大量的知识。我们不但发现了"巨星"，也发现了由每一立方英寸重达10吨的非常稠密的物质组成的"白矮星"以及各种不同的变星。

此外，还发现，主星序上的恒星，总的说来，大概主要是由氢元素所组成的，根据其他理由，还可以推定，所有其他化学元素也都是由氢元素形成的。随着望远镜倍数越来越大，对空间的探索必将不断发展，但是在20世纪中，对茫茫无际的宇宙，或者说"无数宇宙"的体系的结构，已经获得了大量的知识，而且对宇宙的形成过程和成分也有了一定的认识。

仅就20世纪过去几十年中所获得的这些进展而言，它使人们更加感到宇宙浩瀚无际，因此，至少就体积而言，把人类缩小到更渺小的地步，但是，尽管人类发现自己是处在这样一个无边无际的宇宙中，使它堪以自慰的是，它居然能凭着自己的智慧，探索出其中一部分奥秘。

现已发现，这上亿个宇宙，和人类本身一样，归根结底都是由原子即超微观的粒子组成的；这种粒子本身就是一个结构复杂的、微小的宇宙，这是在20世纪前50年中，根据19世纪末所进行的一些初步研究而发现的。尽管早在19世纪的头10年中，约翰·道尔顿就创立了一种化学原子理论，但是差不多直到1900年，科学家们还一直认为原子是坚硬的、实心的物体，它没有任何结构，形状如肉眼看不见的一个无限小的台球，或者像卢克莱修在两千年前所说的，它是一个"坚实的内核"。在1897年至1899年间，约·约·汤姆生爵士发现了原子结构的第一种成分，这就是人们以后所熟知的电子。从各种原子中获得的电子都是相同的；此外还发现，它们是带有负电的粒子，其质量远较氢原子为小，现知其仅为氢原子的一千八百五十分之一。人们发现所有原子都是相同的成分，不禁想起古代炼金术士企图把一种元素嬗变为另一种元素的梦想，这种梦想后来也真的实现了。

不久，在原子结构中又发现了另一种粒子，它带有正电，其带电量和电子所带的负电量恰恰相等，而其质量则又和氢原子相等。它被命名为"质子"。原来不同的化学元素的原子是由不同数目的电子和质子组合而成的，因此，原子作为一个整体来看是不带电的。

后来在1911年，卢瑟福勋爵提出了一个重要的概念，阿瑟·爱丁顿爵士称它为"人类自德谟克利特以来对物质这一概念的最重大的改变"。卢瑟福在研究放射性时证明，在衰变中像β射线和γ射线一样辐射的α射线，实际并不是光，而是带正电的氦原子。它的质量为质子的4倍,所带电量则为质子的两倍。此外,它的运动速度极大,而且具有极高的动能,因此,能够很容易地穿过物质,有时会产生大量散射现象。他由此得出结论说,原子内部大部分是空的。这样才能解释上述观察到的现象,即α射线粒子在穿过物质时,一般并不会发生散射现象,只有当这些射线粒子穿过原子时接近一个微小的、带正电的中心核时,偶然才会产生散射。因此,由德谟克利特直到道尔顿,甚至到道尔顿提出他的学说以后100年才发现,一直被认为是一个实心体的原子,原来它的结构大部分是空的,中间含有一个极微小的、但质量极大的带正电的核或核心,在离这个核心一定距离外的周围,还有一个由带负电的电子组成的外壳。原子其实就像是一个微小的太阳系。因此,原来物质大部分是中空的。

同时,还发现质子和电子在某种情况下可能形成两种略为不同的结构,而这些结构的原子量也略有不同,某一种化学元素的原子可能存在于原子量略有不同的两种形式中。在这以前,人们一直认为一种元素的原子量是它不变的特点之一;但是现在却发现,可能存在着化学性质相同的原子,除了其原子量略有不同外,在化学上没有任何区别。索第在1913年发现分别由铀和钍的放射衰变过程中产生的两种铅元素,其原子量略有不同,他把它们命名为铅的"同位素"。同一年,约·约·汤姆生在研究正射线时发现了氖的同位素。弗·威·阿斯顿在1919年以及随后几年中,借助巧妙的质谱仪证明了化学元素大多数都是同位素的混合物。

一切原子都由两个部分组成,不同化学元素的原子是由不同数目的质子和电子组成的;这一发现将科学又带回到早已为人们所放弃的想法,即物质是可以嬗变的,为了证实这种理论,古代的炼金术士曾浪费了自己的生命和财产,恐怕也浪费了他们赞助人的不少钱财。在这以前,对放射现象的研究就已表明,某些元素正逐渐地经历着变化和衰变,如铀经过了漫长的时间,逐渐地变成铅,钍也是如此。换言之,某些元素正处于"嬗变"的过程中,只不过既不依靠古代炼金术士所用的方法,又不根据他们的梦想罢了;因为他们原来是想把贱金属铅变成贵金属金或银,而大自然却把贵金属铀逐渐变成贱金属铅。第一次近代的"嬗变"是由卢瑟福于1919年实现的,他用α粒子轰击某种轻元素,使之成为氢元素,从而使一种结构较复杂的原子变为另一种结构较简单的原子。然而，布莱克特于1922年进行同样实验时却发现，用α粒子轰击氮原子，可以获得氧原子。这次是把一种结构较简单的原子"嬗变"为另一种结构较复杂的原子，也就是说，升级了，而不是降级了。此后，由于使用了回旋加速器以及后来的原子反应堆，这方面的研究工作有了迅速的进展，从而实现了许多其他元素的嬗变，甚至产生了许多新的元素，即在化学元素周期表中列在最重的元素铀以后的所谓"超铀元素"。这些新元素如镎、钚、锔、锫、锎等最初是在实验室里获得的，以后发现原来沥青铀矿中也含有微量的这类元素。然而，最重要的进展是在20世纪的前50年中，原子物理学家不仅成功地进行了元素的嬗变，而且还造成了人造元素或合成元素。

在这个领域内，另一项重大的进展就是制成了一些已知元素的放射性的，即不稳定的同位素。这一成果有许多重要用途。其中特别值得一提的是放射性碳（这种碳同位素又通称为辐射碳）在生理学和医学方面的应用：由于从外部就能拍摄碳同位素的放射现象，因此，当碳同位素在机体中经过时，就可利用这种方法对其进行追踪。

放射性碳的应用还带来了另一项惊人的发现，那就是，动物组织也和植物组织一样，能够利用过去认为是无用的二氧化碳来造成更复杂的物质，而这种功能，长期以来一直认为是植物所独有的；同时还发现绿色植物在光照下产生的光合作用之所以能够释放出氧，并不像过去所认为的那样，是由于植物所吸收的二氧化碳的分解，而是由于水的分解。

因此，既然原子看来是由电子和质子组成的，而且每个原子由于含有数目相等的上述两种粒子因而是不带电的；既然质子的质量是电子的大约1800倍，因而实际上相当于氢原子；那么，看来可以断定，质子或者说氢原子可能同古代希腊人所谓的不可分原质（protyle）即原生物质相近似；一切物质，因而也就是一切原子都是由它而来的。早在19世纪20年代，伦敦的一位医生威廉·普劳特就曾以另一种形式重新提出了这种古老的看法；他根据他当时所掌握的一些并不充分的证据论证说：虽然有许多元素的原子量实际上并不是整数，但如以氢的原子量作为一个单位来衡量，这些元素的原子量却都是整数。普劳特认为他已经发现氢就是构成一切原子，因而也就是一切物质的要素；为了进一步确定各种化学元素的原子量以取得这种重要的数据，他曾费了大量的时间来进行实验，但是就当时来说，事实还不足以证明他的假设是正确的。然而，到了 1911 年，巴克拉在研究 X 射线散射现象时，却表明一个原子的电子数正好与该原子在元素周期表上所排列的序数相符，而在化学元素周期表上，如果将各种元素按其原子量由小而大的顺序排列的话，这些元素就会明显地分成几大系和几大族。在 1913 年至 1914 年间，莫斯莱发现一种化学元素的原子核上的正电荷单位（即质子）的数目，正是这一元素的"原子序数"，而这个"原子序数"也正是这一元素在周期表中的序数，只有某些一向属于不规则的元素例外。由于莫斯莱的发现，现代的化学元素周期表中所有元素都不是按照其原子量的大小，而是按照其原子序数来排列的，因为后者比前者更重要：只要是同一种元素的同位素，其原子序数必然相同，而且不会有任何例外。

早在 1901 年，斯特拉特就被普劳特的假设所吸引，他研究了 8 种经过极其精确测定的原子量，并用数学方法表明这 8 种原子量的总和与一个通过实验而得出的同样大的整数相比，总误差概率大约是 1‰。他随后又用同样方法研究了其他 18 种无法精确测定的原子量，最后得出结论说："对这种误差概率的测算，充分证实了根据常识所做出的推断，即原子量非常接近整数，这绝对不是用偶然的巧合能给予合理的解释的。由于用这种偶然巧合作为解释的可能性只有 1‰，因此，用拉普拉斯的口吻说：我们有更强有力的理由相信普劳特定律只需稍加修正就是真理，而不相信历来被普遍认为是无可怀疑的种种现象。"[①] 由于发现了一切原子一律都是由电子和质子组成的，从而揭示了原子的结构，由于莫斯莱引人注目地发现了"原子序数"，人们在 20 年代以为他们已经证明了斯特拉特在其结论中所预言的"普劳特定律只需稍加修正就是真理"这一说法，即以核即质子的形态而存在的氢原子，就质量而言，是构成一切物质的基本要素。后来，又得出了结论，认为主星序的恒星很可能主要是由氢构成的，因此，氢想必就是古希腊人所谓的不可分原质即天地万物的根本，当然古希腊人认为天与地不同，它是永恒的，不变的，因而是不同性质的。但

---

① 引自《哲学杂志》，1901 年第 1 卷第 6 期，第 313—314 页。

是就原子而言，不久就发现它除了质子和电子以外，还有其他的基本构成粒子，因而它的结构远非如此简单。这些基本构成粒子是：中子（查德威克于1932年发现），即一种质量和质子相等而不带电的粒子；正电子（安德逊于1933年发现），即一种质量和电子相等，但带正电而不是负电的粒子；还有各种介子，即各种寿命很短，带正电或负电甚至不带电的粒子；甚或还有中微子，即一种质量极小而不带电的粒子。当初以为结构非常简单的原子，现在发现它竟如此复杂；然而，尽管原子本身现在看来几乎成为一个宇宙，但在20世纪的前50年中，对原子复杂的组成和精细结构却一直在进行实验和探索。

对原子及其结构的知识的不断增长，在很大程度上打破了物理学和化学之间的界限；这两种科学其实是一门科学，人们把这两门科学相互重叠的特殊领域，分别称为"原子物理学"和"化学物理学"。同时，数学也被引进了化学领域，它对化学的影响与它对物理学的影响几乎同样重要。与生物研究有关的其他进展，产生了生物化学；后来，在距今更近的时期又产生了生物物理学。作为化学的一个旁支，生物化学在其短短的50年历史中，取得了也许是最重大的进展，这就是高兰·霍普金斯的发现，最初被称为"辅助食品素"，后来又改称为"维生素"。食物中如果缺少维生素，不论它能为人体提供多少热量，也无法维持其健康。我们每天所吃的食物中必须有少量的维生素，否则，就会引起诸如软骨症、坏血症等所谓"营养不良症"。例如，现在才弄清楚，斯科特的南极探险队（1910年至1912年）所带的食品就热量而言是足够的，但可惜缺少维生素，以致这支探险队全部丧生。维生素的发现和这一领域知识的扩大，对各国人民健康的裨益是无法估量的。实际上，有几种维生素现已大量生产了。另一类对生命和健康来说不可缺少的东西——激素（荷尔蒙），也是在这一时期中由贝利斯和斯塔林发现的（1902年）；它是由人体某些腺体中分泌出来，经血液带到人体各部分发挥作用的。高峰让吉于1901年从肾上腺分离出了肾上腺素；肯德尔于1915年由甲状腺分离出了甲状腺素；班廷和贝斯特于1922年由胰脏分离出来的胰岛素，证明对治疗糖尿病有显著疗效；肯德尔于1936年由肾上腺分离出来的可的松，现已用于治疗风湿性关节炎；还发现了其他一些激素，其中有些已人工制成，有些已大规模生产了。

虽然细菌传染学说早已为人们所确认，这时却发现还有比细菌更微小的传染媒介，即具有超滤过性能的病毒。这种病毒只能在活组织中滋生。斯坦利于1935年由植物中分离出某些病毒的结晶；发现它们大多是合成蛋白物质或核蛋白。至今还不能明确地断定它们究竟是不是生物。

在有机化学方面，这一时期的进展也日益加速。"经典的"有机化学家的研究取得了进一步的发展，典型地表现为把某些存在于生物中或与生物有关的物质分离出来，进而在实验室中弄清它们的结构，进行人工合成，而且如果这些物质证明确有工业或医药价值的话，常常大规模地予以生产。其他的有机化学家则成功地把关于化合价和分子结构的价电子理论用来研究化学变化，以阐明有机物质之间的作用机制；而在此以前，用无机化学长期应用的电化学理论是很难或无法说明这种作用的。因此，到19世纪结束时，化学这门科学对我们日常生活的影响可以说比其他任何科学都大，而且已分为两个截然不同的领域，一个是有机化学，另一个是无机化学。在20世纪上半叶中，由于在有机化学中广泛应用了上述那些物理化学的方法和理论，这两个化学领域又融为一体了。其实，这个结合过程仅是贯穿这个时期中的物理学和化学更广泛的结合过程中的一部分。

在这半个世纪中，科学家们经过探索，还研制成一些新药品，这些新药能杀死侵袭高级动物的病菌和其他微生物，但对宿主却一般无害。要做到这一点是煞费苦心的，并且显然是很困难的。必须在能够杀死病菌和其他微生物的成分外再配上另一种成分，以组成一种新的分子组合，才能既对宿主无害，而又保留了原来成分的杀菌效能。洒尔佛散（六〇六）便是最初研制的这类新药品之一，它是由保罗·埃尔利希于1909年研制成功的。它能杀死梅毒螺旋体，而对宿主却无害，从而为这种疾病的治疗带来了革命性的变化。它是砷的有机化合物；埃尔利希反复配制了600多种人工化合物，最后才研制成功具有上述效能的药品，由此可见，解决这一问题需要多长的时间和多大的耐心。嗣后，其他与此相类似的药品如治疗嗜眠症等热带病的药品也相继问世；但直到1935年，才由多马克发现，按同样原理，可以用百浪多息，一种红色活性染料治疗由链球菌引起的疾病。在发现百浪多息分子化合物中的有效成分是磺胺后，尤因斯和菲利普斯于1938年研制成功一种新药，称为"M和B693"即磺胺吡啶，用于治疗肺炎和其他"致命的疾病"。这种药品大大降低了因肺炎而造成的死亡率，以至奥斯勒为这种可怕的疾病所取的名称"死神之王"——这个词出自约翰·班扬——已经不再适用了。磺胺类药品对治疗产褥热也证明有特效。1929年弗莱明发现青霉素具有杀菌效能。1940年钱恩和弗洛里将其研制成为抗菌素，从而使医生手中又增加了另一种强大的武器。不久，青霉素就被作为商品大量生产了。此后，其他一些抗菌素也相继问世，如链霉素、氯霉素和金霉素等，它们分别对某些类型的肺结核以及对斑疹伤寒和某些病毒性疾病具有特效。

在结晶学领域中，威廉·布拉格爵士及其子劳伦斯·布拉格爵士在他们所首创的研究工作中，使用了物理学的方法，从而揭示了分子的化学结构。他们所用的方法是把一个晶体作为X射线的衍射栅。从利用这种方法所得到的光谱中，可以辨别出晶体分子的原子排列。由于这种方法令人惊奇地揭示出大自然的结构，物理学和化学又一次合而为一；布拉格父子及其学生和其他结晶学家的研究成果再次表明：物理学和化学之间的关系极为密切，因而基本上是同一门科学。

生理学在这50年中所取得的重要进展是，除了对呼吸过程的化学作用有了详尽的认识外，还发现了激素，即内分泌腺素。在神经生理学方面，取得了同样显著的进展，尤其是谢灵顿对神经系统的综合作用的研究，戴尔对神经刺激的体液传输的研究，以及艾德里安对末梢神经的研究。部分由于使用了物理学家的方法和手段，如X射线衍射法和改进了的显微技术，特别是这一时期初的超级显微镜和后来的电子显微镜，因而促进了生理学和与它有关的组织学的发展。

在20世纪中还有一门科学也普遍使用了物理学和化学技术，这便是地质学。在纯理论方面，它们被用来阐明地球化学方面的问题，在应用方面，则被用来勘探地壳下面的宝贵资源。除了为工业勘探新原料来源外，人类文明今日还有许多问题需要听取地质学家的意见，诸如勘探水源，选择建筑材料，测定土壤的性质及各种用途，选定道路的路线和建筑物的位置，等等。由于使用装有记录仪器的各种运载工具（包括风筝以至最近的动力火箭）对大气层进行了探测，现已发现大气层是由三个极不相同的气层组成的：最下面的一层是对流层，由地球表面起，它的垂直高度约为6英里，在这一层中，对流运动频繁，温度也不一致；在对流层之上是温度一致的平流层；在平流层之上是电离层，由距地球表面约30英里处起，其高度约为120英里，电离层分若干气层，气层愈高，电离度愈大，由于电离层能够将无线电波折射回来，因此，影响无线电波的传递。此外，对大气环流和云的形成，以及对大气层这一复杂的系统的其他千变万化的现象，也做了进一步的研究。现在发现，雨雪的起因和冰的形成并不像原来所想的那样简单。

在这一时期中，由于已知的能源在前一时期已被盲目开采殆尽，因此需要地质学家协助寻找诸如煤和石油等能源。于是，一些物理方法，如冲击波或电磁波（无线电波）反射法、地磁场或重力场的微小变化测定法，就被用来探测地下的石油、水以及各种矿藏。在地球物理学方面，魏格纳1915年在他的大陆漂移学说中提出了地质学理论上的一个引起兴趣的新见解，来解释大片陆地即大陆在地球表面上的分布现象。他论证说，各个大陆是在远古时期由一整块原始陆地逐渐破裂、漂移而成的。这一学说长期以来一直是激烈争论的主题，但表示同意者却并不多。

然而，在20世纪初，对放射现象的研究，却为地质学家提供了一种可靠的方法，来确定他们所研究的多数岩层的形成年代。物理学家通过实验测出了放射性物质的衰变率，例如镭放射出氦，衰变到放射性铅（普通铅的一种同位素）的衰变率。因此，只要测出放射性矿物中的含铅量和含氦量，就可断定含有这种矿物的岩石的年代。采用这种方法，就证明了地质学家过去根据纯地质资料所推断的岩石年代即若干亿年大多是准确的；事实上，地质学家过去想要查明的"地质年代"，现在有些却得来全不费功夫，而且十分可靠，不像以前那样时而产生怀疑。在这上半世纪中，地质学家还致力于寻找铀和其他高原子量元素的资源。由于在第二次世界大战将结束时制成了原子弹，同时希望应用并发展原子能，因此，几乎全世界都在寻找这种必不可少的基本原料。

还有一门科学也利用了物理学和化学的工具，这便是气象学；由于利用了这些手段，每天的气象预报变得更为可靠；海员们能够事先获悉恶劣气候的警报,而农民也可以收到天气晴朗的消息。所有文明国家都设立了国家气象站,它已成为航空事业的一项必要设施;由于无线电报加快了通信速度,因此,为提供准确的气象预报所必需的各种资料也变得更及时了。

但是,就科学理论而言,最深刻的变化还是发生在物理学这一领域。在19世纪末,人们还对牛顿力学深信不疑,但马克斯·普朗克对热辐射的研究却推翻了旧的信念。原来认为黑色物体辐射的能量,在不同的波长中,是平均分布的,但普朗克却发现能量并不像过去所认为那样是连续的,而是不连续的、分散的,几乎是微粒性的,因此,不妨认为它是以单位即"量子"的形式释放的。如以 v 表示辐射频率,h 表示普朗克常数即普朗克所谓的"行动量子",则某一辐射体所释放的能量为 h 和 v 的积或 hv。普朗克的量子论和他的普朗克常数,彻底改变了物理学家对能量的认识。继而爱因斯坦创立了狭义相对论和广义相对论,证明了根据 $E = mc^2$ 这一质能关系,某一物体的能(E)与它的质量(m)成正比(c 为光在真空中的速度)。因此,原来认为质量和能量是两种截然不同的概念,现在却发现原来它们是同一个概念。质量和能量只是对同一个片面理解的概念的两种片面的解释而已,因此,质量守恒定律和能量守恒定律——后者的确立是19世纪下半叶物理学的一项重大成就——只是从两个不同的角度来阐明同一概念。其实,由太阳所获的能量,恐怕主要就是由于氢变成氦时丧失质量所致。人们现在认为,正是因为太阳发生了这种变化,才使它释放出能量。

狭义相对论问世后,绝对空间和时间的概念,以及旧的机械论的以太说就被摒弃了;狭义相对论把引力场论和电磁场论(还有光,克拉克·麦克斯韦于1873年发现光也是一种电磁现象)统一成为新的"场物理学"。牛顿的宇宙观被四维空间——时空连续区所代替,从而彻底改变了对宇宙面貌的认识,但这并不是由于推翻了牛顿的原理,而是扩展了牛顿的原理。既然光的发射基本上也是一种辐射现象,因此它也是分散的,并且是以称为光子的单位发射的。然而,由于在20世纪初认为光具有波粒二象性,因此,在对波的力学研究方面也取得了相当的进展,结果,如同对热辐射的研究所表明的那样,发现波的现象是有概率可寻的。事实上,概率论,即认为某种现象之所以产生是因为它在若干可能性中发生的概率最高这一理论，在我们所论述的这一时期中已在物理学领域内广泛应用了。

在这20世纪上半叶中，由生物学派生的科学也不亚于物理学：专门研究遗传和变异的遗传学，由于它的空前发展，而且更由于它不同于生理学和生物化学，无须借助物理学的技术方法，已被人们看作是一门独立的科学。孟德尔至少早在1857年就已从事他的研究，但以后却一直得不到应有的承认。直到20世纪初，人们才认识到，原来孟德尔早已通过试验，发现并奠定了遗传学的原理。这事说来很有意思。早在1859年，达尔文就在《物种起源》中阐述了他和艾尔弗雷德·拉塞尔·华莱士在1858年共同提出的关于生物演化的起因，即自然选择；他的著作的全名《通过自然选择，即在生存斗争中适者生存的物种起源》，实际上就已有这一含义。不过，达尔文指的是微小的、连续的变异现象，因此，在19世纪结束前，生物学家就已决定宁可转而研究不连续的变异现象，即所谓嬗变。由于自然选择说被过分简化为"生存竞争、适者生存论"，因此，不久便用特殊遗传说加以补充。这种学说认为特殊遗传或孟德尔遗传，是由基因所引起和控制的。基因是任何人身上都有的一对分别由父母遗传下来的因子或单位。基因存在于细胞的染色体中并按照孟德尔遗传定律起作用。孟德尔遗传原理后来和自然选择学说的结合，也许是生物学在20世纪上半叶中最重要的发现。

孟德尔遗传学表明，遗传单位保留了各自的特性，而达尔文原来却认为，这些因子彼此已经混合了。20世纪上半叶的研究成就表明，进化是由孟德尔遗传说或"颗粒"遗传说的自然选择作用所决定的。这样，达尔文学说就以一种新的形式得到了更广泛的承认。至于诸如拉马克的进化论，他认为由于用进废退而产生的获得性状是可以遗传的，并以此作为他的学说的基础，同时认为正是有机体中的这些变化支配着进化过程，这种观点所以能在20世纪第二个25年中在苏联得到比较普遍的承认，仅是由于政治原因，而不是因为它有任何学术价值。

在19世纪最后的25年里，陆续发现了越来越多的尼安德特人化石，这有助于确定人类是演化而来的这一事实。继而在1891年在爪哇发现了爪哇猿人，后来在北京附近发现了北京猿人；到了1900年，人们普遍认为尼安德特人是在介于爪哇猿人——这是已发现的最古老的猿人化石——和现代人之间的某个时期出现的。在1912年"发现"了著名的辟尔唐人化石,后经证明原来是一个学术上的空前大骗局。1933年发现了施泰因海姆头骨,1935年发现了斯旺斯库姆(肯特郡)头骨。由于这两次发现以及许多其他发现,尼安德特人便被排斥在现代人的谱系之外,而降为早已绝灭的一支旁系。在这上半世纪中,还发现了许多其他各种人类化石,其中主要是1925年于南非发现的南方古猿,它显著地兼备人和猿的特点。然而,现代人的祖先却仍然是一个谜。

在上述这个时期中,科学在医学上的应用也是多种多样的。早在20世纪初,罗纳德·罗斯就已证明,疟疾是由曾经叮过疟疾患者的蚊虫传染的。1900年里德证明致命的黄热病也是经由同样途径传染的。这两项发现导致对蚊虫滋生地带进行控制,以防止上述疾病的传播,并使大片土地得到开发供人们耕种和居住。防治黄热病的工作所获得的一项突出成就,便是使这种曾迫使巴拿马运河工程一度中断的疾病不再传染了。在治疗而不是预防疟疾方面,奎宁已为许多新的人工合成抗疟药品所代替。在这一时期中,人工免疫也有很大的发展:在第一次世界大战期间,过去曾吞噬成万将士生命的伤寒所造成的危害已微不足道,而且从那时以来白喉的死亡率也降低了。1940年以后,由于改进了鉴定患者血型的方法,输血在医院中已司空见惯。各种科学发明也都相继应用于医学,其中最主要的是X射线摄影。

从工艺技术的角度来说,在这上半世纪中,最重大的变化也许是用汽车和飞机上所用的内燃机代替了马做动力。早在19世纪最后的10年中,汽车就已问世,但直到第一次世界大战后才开始普遍使用。1903年莱特兄弟驾驶以汽油为动力的飞机实现了第一次空中飞行。1909年,布莱里奥上校制作了横越多佛海峡的飞机。第一次世界大战促进了飞机的发展和设计;1919年阿尔科克和布朗由西向东飞渡了大西洋,同年,伦敦和巴黎之间开辟了民航航线。直升飞机和喷气式飞机是在第二次世界大战时研制成功的。和第一次世界大战时一样,第二次世界大战对这类飞机的需求促进了这种至今仍未过时,而且大有前途的武器的积极发展。

1947年,一架飞机首次以超音速飞行,就在同一年里,完成了环球2万英里的飞行。长途飞行已经司空见惯,大型客机也制造出来了。第二次世界大战期间,关于空中飞行的另一项发展是研制成飞弹和火箭炸弹。对火箭的研制促使人们进一步考虑飞往月球的可能性;此外,还计划发射携带装有无线电发报机的记录仪器的人造地球卫星。

在农村,常见的马被内燃机所代替,而在这上半个世纪,尤其是在最后几年中,犁和其他农具均已改由拖拉机牵引,从而大大地减轻了人畜繁重的劳动。同样,在家庭中,由于使用了电力,特别是电吸尘器即所谓真空吸尘器和电洗衣机,同时以煤气和电力代替煤来取暖,因而大大地节省了劳力。

在这个时期内,电代替了煤气成为家庭和工厂的光源,并成为工厂的日常能源。如今,凡是有充沛的水源和"水头"的地方,即多雨的丘陵地带和山区,到处都有水电站利用"落水"大量发电,即生产所谓"白煤"。利用水力所发的电不仅输往大城市,而且也送到穷乡僻壤。这样,在这半个世纪的最后几年中,许多农民家庭就从使用木材、煤或石油做燃料和使用石油照明,直接过渡到改用电力,而不必像城市居民那样,中间还要经历一个使用煤气的阶段。在同一时期内,电力还为城乡带来了广播和电视。在这方面,发展是极其迅速的。1897年马可尼用无线电报进行了距离为18英里的通信;1901年横越大西洋的无线电通信获得成功;到20世纪20年代无线电广播已经普及;继而在第二次世界大战后,电视也普及了。

在这些科学发明中,有许多被用于歧途;无线电广播仅是其中一例。它本来大可用于消除各国之间的误会。它最初出现时确曾轰动一时,人们以为"国与国之间的对话"即将实现。不料一旦各国真正利用它进行对话时,它们所使用的语言却往往是诸如导致第二次世界大战的那种宣传;广播里不是时常充满了喧嚣的争吵,便是发出刺耳的尖叫声,这是由于某些国家不惜滥用这项技术发明,以这种尖叫声来干扰对方的广播,使本国人民无从收听。各国政治家和政界领袖使用这种新的通信方法,向国内外听众讲话;依靠这一工具,可以和海上的船舶联系往返,从而拯救了许多生命;同时它对农村居民的城市化也起了很大的作用。无线电广播和电视已成为学校中不可缺少的教学工具。它们把古往今来的音乐、文学和艺术送到每个家庭和每个人身边，甚至在人们患病或衰老时，送到他们床头。遗憾的是，尽管这些伟大的发明在陶冶人们的思想感情方面具有几乎不可限量的可能性，然而，对它们的控制和利用，却受到了那些只热衷于提供群众娱乐而不关心保存和传播人类文化遗产的人们的挑战和争夺，情况过去如此，现在仍然未变。在我们这个时代，科学和工艺技术终于合而为一了，它们为我们的文明带来了丰硕的成果，可惜我们的文明却还不够成熟，无法充分享受和予以利用。

随着近代科学的突飞猛进，近代工艺技术也获得了迅速发展，这在开发原子能这种取之不尽用之不竭的能源上表现得最为显著。近代炼金术士的鼻祖卢瑟福早在1919年就使用镭衰变过程中释放出的高速 α 粒子轰击某些轻元素，使之嬗变成为氢；布莱克特在1922年用同样的方法将氮嬗变成氧，但这些嬗变仅是小规模的，因为在受到轰击的原子中发生嬗变的只是极小一部分。然而，到了1931年，剑桥大学的科克罗夫特和沃尔顿使用一台高压装置实现了嬗变，从而改进了嬗变的方法；与此同时，在加利福尼亚大学工作的劳伦斯研制出回旋加速器，即名副其实的所谓"原子轰击器"，从而无须使用相应的高压，就可获得高能量的带电粒子。这一巧妙的方法极为成功。1932年，查德威克发现了原子结构的另一组成部分——中子，它是不带电的，而其质量则与质子相等。费米于1933年至1934年间发现中子对于嬗变极为有效，用中子轰击各种原子，可以获得许多新的放射性元素。1939年1月，德国的哈恩和斯特拉斯曼宣布，他们用中子轰击铀获得了钡的同位素。钡与铀相距很远，钡的原子序数是46①，而铀的原子序数是92。如上所述，原子序数就是原子核的电荷数，因此，这是一项崭新的发现。往常轰击的结果仅是从受到轰击的原子核上增加或减去一个诸如质子、电子②或 α 粒子之类常见的粒子；恰恰相反，这次轰击却把原子核分裂为两块——核裂变终于实现了。

世界各国的科学家立即意识到这项发现的重大意义。然而，由于爆发了第二次世界大战，对此事照例实行了军事保密，尽管参与战争的各国政府最初还没有充分认识到这项发明的重要用途。在以后的3

---

① 原文如此。按钡的原子序数应为56。——译者
② 原文如此。按原子核中并不含电子。——译者

年内，除实行了严格的保密措施外，还正式成立了一个由美国、英国和加拿大物理学家组成的小组，研究如何将核裂变这项发明用于军事方面。其实，这已经不是什么理论问题，而是一个技术问题了。1945年8月6日，向广岛投掷了第一颗原子弹，3天后，又向长崎投掷了第二颗。美国、英国和加拿大政府对制造这些原子弹所需的技术情报一直实行保密，没有透露给它们的盟国，包括苏联在内。当苏联获悉这一政策，并发现甚至直到战后美、英等国仍继续奉行这一方针，它曾进行了猛烈的抨击，表现出极大的愤慨。战时的盟国，这时却分裂为两大阵营，其中一方竭力想在核技术的发展上赶超对方；由此发生了一些"泄密"事件，以及由于政治原因而有意违背诺言的事件。总体战曾促进核裂变的应用，但在以后6年半的时期内，世界却由于对这项发明的应用问题而陷于分裂，双方都竞相取得技术优势，以便研制出一种威力足以造成无法估量的物质损失，并能在瞬息间毁灭整个国家的进攻性武器。美国、英联邦和西欧各国等民主国家，在1945年还遥遥领先，但不出5年，苏联就缩短了这个差距，制成并试验了它自己的第一颗原子弹。在上述这个令人不安的紧张时期内，文明遭到了几乎是无法消除的威胁。

由于突然发现了原子能可供利用，一些国家便获得了一种新能源。这些国家不但拥有能处理这个问题的科学人才，还有必需的原料资源，特别是铀。在这方面，进展也是同样迅速的。在本章所述的这段时期结束后不久，原子能发电站就已开始运转了。

核裂变的发现还带来了另一个截然不同的后果，但这仅限于科学界本身。从16、17世纪起，自有近代科学以来，科学家一直可以自由发表自己的研究成果，不受他们国家的统治者或政府的干涉、检查或禁止。现在，情况却不同了，而且有史以来，这还是第一次。有关一门专门科学——原子物理学的知识，由于它关系到民族的生死存亡和军事安危，对各国政府来说已成为生死攸关的大事，因此，它被列为机密，并且从事这项工作的人们——不言而喻，他们多数是在专为这种研究而设立的专门机构和实验室里工作——也被禁止发表他们的研究成果或进行学术交流。长期以来，科学一向自夸是无国界的，而过去也确是如此，但现在却不得不适应这种新形势了。

工艺技术方面的发展种类繁多，如果将各项发明列举无遗，势必失诸芜杂烦琐，因此，仅能择要加以评述。例如最突出的是冶金技术的进展，尤其是在研制各种合金钢方面。1903年开始专门使用硅钢做电磁芯，从而节约了大量电力。不锈钢是一种铬合金，它节省了大量的家务劳动并为外科医生带来了莫大的方便。在复杂的近代机器制造业所需的各种金属中，增添了镁合金、钨合金、镍合金、钒合金、钴合金和钼合金；此外，用它们又制出了上千种含有不同比例的这类合金的合金钢。在这半世纪中，轻金属合金的研制和应用也有很大的发展，主要关系到铝合金的研制和应用，也就是飞机制造业。铝的用途极广，因为它不但具有重量轻的优点，而且有耐空气侵蚀的性能。这是因为铝和空气接触时，在它的清洁的表面上，立即形成了一层具有保护作用的氧化薄膜。

汽车运输所必需的充气轮胎主要也是在这一时期中研制出来的；由1930年起，还研制出许多种不同性能的人造橡胶。

1908年第一种塑料——电木投入商业生产，它的生产标志着日后发展成为一项庞大的工业的开端：塑料即合成树脂现已广泛用来代替石头、木材和金属。我们只要环顾四周，就会发现几乎到处都有塑料制品。1930年，发明了第一种可以代替玻璃的塑料——有机玻璃，1939年制成了一种软性塑料——聚乙烯。此外，还制成了其他一些可用作包装材料的电气绝缘材料的塑料。

1935年制成了尼龙，它可以拉成线状，代替人造丝做纤维用。最早的人造纤维即人造丝，是在20世纪初发明的；随后，又相继制成了醋酸纤维素和尼龙；到了这个时期末，涤纶也证明有良好的效果。

凭借各种工业方法，可以把空气中的氮固定为硝酸或氨，这对农业和炸药制造业都有极大的好处，因而使它们能不再依赖诸如智利硝矿石之类的自然资源。据说促使德国在1914年发动战争的原因之一，便是由于德国发明了一种这样的方法；因为这意味着，即使从智利输入硝石的来源一旦被切断，也能保证有足够的硝酸供制造炸药之用。

在这一时期中，制出了许多更好的新染料，从而使得纺织品更加丰富多彩。根据不同用途而制成的不同敏感度的感光板和胶卷，使得摄影术也有了很大的改进。当初原是极为困难和复杂的摄影术，现在已为无数业余爱好者所掌握。此外，还研制成许多种杀虫剂，其中最著名的也许是滴滴涕了。但据说杀虫剂如使用不当或过量，则不仅会杀死危害农作物的害虫，也会杀死起授粉作用的益虫。同时，还研制成具有选择能力的除草剂，它能够杀死莠草而对农作物无害。

在这半个世纪中，尽管由于应用科学知识，农业产量稳步上升，但它仍赶不上人口增长的速度，因而，不时有人提出警告说，在这个人口已超过20亿的世界上，只要每年增加两千万人，即总人口仅增加1%，很快就会出现粮食严重不足的现象。在西方，粮食的增长，截至目前为止，尚能满足人口增长的需求；但在东方，总的说来，粮食的增长却远远不能满足人口增长的需要，因此，不得不提倡节制生育，以免发生饥荒。开垦过去从未耕种过的荒地的工作一直没有间断，特别是在降雨量和温度勉强适于耕种的边缘地带。应用科学方法防止水土流失也取得了成就，特别是在美国的长期风沙为害的干旱地带。尽管如此，到这半个世纪末期，虽然某些国家的剩余粮食已堆积如山，以至粮价有可能暴跌到危险甚至是灾难性的地步，但世界广大地区的人民却长期处于半饥饿的状态。

在食品储存方面，由1934年起，在用船只运输肉类时，采用了冷藏法方面的一项重大发明。在这以前一直沿用两种方法：或是将肉类冷冻到冰点以下10度左右，这种方法适于长途运输，如从澳大利亚或新西兰到欧洲；或是将肉类冷藏在略低于冰点的温度，这种方法仅适于短途运输，如从美国到欧洲。但是冷冻的肉类一旦解冻，很快就会变质；冷藏的肉类虽然不致变质和变味，却不能保持色泽。后来发现，冷藏肉类在运输途中，只要在空气中加进10%的二氧化碳，就可使肉类的储存时间延长一倍，如再加进一定分量的氧，就可防止肉类变色。这项发明用途极广，除可用于保存肉类外，还可用来保存必须在温度适宜的空气中贮存的其他货物。

在这一时期中，还有一项发明也被人们普遍使用，这就是家庭冰箱；随之而来的是所谓"低温快速冷藏法"，人们以此代替干燥贮藏法来储存水果和蔬菜。冷藏的水果和蔬菜基本上能保持新鲜，只是在解冻后不能保存很久。

船只也由使用煤改为使用柴油，由使用蒸汽机改为使用汽轮机，1894年首次使用汽轮机来驱动船只。由于用柴油代替了煤，船上司炉的数目比原来减少了9%。用无线电播送报时信号则大大减轻了领航员的工作，因为从此他不必再靠计算格林尼治时间来确定他的船只航行位置的经度了。在第二次世界大战中，还研制成其他一些无线电导航工具，特别是雷达，它最初是在1936年被用来探测飞机的飞行位置的。这些无线电导航工具实际上把船只和岸上联系起来了，从而可以掌握船只的航向，就雷达本身而言，它还有助于减少因浓雾、黑夜和冰山而造成的事故。

在通信方面的发明中，最突出的有两项：一是阴极真空管，它彻底改变了无线电通信的方法，并在1920年前后开始普及；另一项是多路通信电缆，它可以同时传送许多路信息，其数量往往可达几百之多。这项改进大约是从1930年开始的。

在20世纪20年代后期，还发明了彩色电影和有声影片。

在1913年，发明了利用传送线或传送带连续组装产品的方法，这项发明在美国是和亨利·福特的名字分不开的。它日后成为现代工业生产的一大特点。

由于全世界动物脂肪奇缺，因此，各种植物油和植物脂肪的使用较前增加了，而且由于缺少脂肪所引起的肥皂生产不足，则又促进了各种合成洗涤剂的生产。

我们本来可以继续叙述下去，将工艺技术方面的进展一一列举。但是，就这半个世纪而言，最重要的是我们应当看到：这些成就是通过科学和工艺技术的紧密结合而取得的，而这种结合的紧密程度超过了过去的任何时代。正因为如此，所以我们近代的文明不妨称作科学的或工艺技术的文明。在这个时期中，无意的发现虽然偶尔也曾起过一些作用，但和有意识、有目的地去探索新的科学知识并为了实用目的而加以利用的情况相比，无论就其程度和质量而言，前者的作用都越来越小。在这半世纪中所以能够获得这些新知识，并予以利用，应归功于仅仅在不久前出现的一批人物即专业科学家们的辛勤劳动，因此，在这里有必要把他们的情况详加论述。

近代科学是由业余科学家，而不是由专业科学家创立的，这些人多半是爱好所谓"自然科学"的牧师，或是对大自然的研究有同样爱好的有钱、有地位的人。他们所受的教育一般只限于古典著作、数学和神学，而有些人则专攻医学。当时的大学并不讲授我们现在所谓的科学,至于应用科学,就更谈不到了。在18世纪,法国和德国虽有几所军事工程、土木工程和矿业等专科院校,但首先讲授应用科学的,却是1794年法国大革命时在巴黎创立的综合工科学校。在19世纪,各国在这方面的进展也很缓慢。当时德国首先增设水平较前提高的技术学校,但是直到1899年,这些学校才提高到大学的地位。在工业革命的发源地英国,技术教育的发展和德国一样缓慢,在讲授科学方面,英国在19世纪也是逐渐地获得了进展。最先设置各种科学课程的高等院校是1826年创立的伦敦大学学院,但在这以后,新式院校的增加却很缓慢,由此可见当时在瓦特和法拉第的同胞们中间,对应用科学的各种可能性普遍认识不足。后来,甚至在旧式大学里也逐渐地添设了科学课程。欧洲和美国都有了技术教育和科学教育。为数不多的年轻人在受过这种教育后投身工业界。以应用其成果为目的的科学研究在当时还不普遍,除了大学理工院系外,科学家人数不多,不仅如此,当时的高等教育是指文科而言,甚至在大学里,理工科的学术与社会地位也较文科为低。

但到了20世纪初,科学教育在德国大学中的地位已经确立,德国大学的技术教育一向以高水平著称,当时也为世界所公认。法国的情况和德国差不多,科学与工艺技术也早已结合了。一般说来,各国都进一步认识到科学对工业的重要性,正如本章开头所引的阿·詹·贝尔福(后为勋爵)那段话所表明的那样。但在20世纪初,对这种重要性认识最深刻的,只有德国;其他国家只是在第一次世界大战期间科学被应用于某些军事工业,而且对科学研究在促进德国工业的技术发展方面所起的作用有了进一步的认识以后,才采取步骤以促进这方面的发展,并为这类技术或工业研究,提供官方或半官方的鼓励和资助。英国在第一次世界大战仍在进行期间,就成立了科学与工业研究局,由枢密院的一个委员会领导;以后,又成立了各种工业研究协会,由政府和有关工业平均分担这种研究协会的经费;还成立了各种研究委员会,并接管了全国物理实验所。在美国,看到英国对战前忽视科学和工业研究所做出的反应不仅表示同情和赞赏,而且还加以仿效,于是成立了全国研究委员会,并设置了全国研究奖学会。法国则由于科学和技术早已紧密地结合,因此,不甚需要采取什么新方针了。苏联在革命时期结束紧接着实行改组后,也十分重视大量设立技术院校并给予必要的设备。上述国家的这些趋向，其目的都在于通过对基础科学的研究和应用，促进工业的进一步发展；因此，都强调科学与工业效率和发展之间的联系。但在一个时期中，经过这种训练的年轻科学家数量并不很多；当时还没有认识到，一批崭新的专业人才，即所谓专业科学家、工业科学家或工艺技术专家正在形成中；直到本时期末，即第二次世界大战与战后时期，在企业和各级政府文职机构的科学部门中才有了大批的科学家。各国这时已认识到科学知识和科学研究关系到它们的生存，这就使专业科学家在他们的国家中获得了公认的地位，而科学研究所需的庞大经费通常也只有国家才能提供。由于这类科学研究多半必须在大学的实验室里进行，所以各大学理工院系不得不大量增添教职员。许多工业也必须设立自己的研究实验机构，不但其规模往往相当庞大，而且拥有的科技人员的数量也相当可观。与此同时，由于科学本身必须在基础知识方面取得进展，而事实证明科学的进步与技术的发展又是相互促进的，因此，纯科学或纯学术性研究的进展也日益加速。理工科的大学生和研究生已不仅限于学习某一两门科学，而是像医科学生一向所做的那样，为将来实践自己的专业而做准备。虽然在上述时期初，这种机会确实很少，但接近20世纪中叶时，这已成为专攻科学的青年们的前程了。

紧接着这些变化，开始了另一种发展。在上述时期初，一名专攻科学的大学生毕业后，如果有志于研究工作，需要先在国内或国外跟着一位教授工作两年。他也许享有或者没有（多半是没有）一笔在当时说来是难得的奖学金或津贴。然后，如果有机会的话，他也许能在某大学的院系里找到一个工作，从而能在他的职务所允许的时间内继续从事这项研究。但一般都是个人研究，由个人利用教学或其他工作的业余时间进行研究，而且由自己负担费用。众所周知，威廉·拉姆赛爵士就是靠行医所得的诊费，对惰性气体进行了他著名的研究。但是到了20年代初，一个刚刚从事科学研究的人就可以从上述那类机构领取津贴。这种津贴是供他在他的教授或导师指导下，专门研究某一项专题用的。这项研究也许是或者不是一项更大的研究课题的一个组成部分，而在同一实验室里也许还有其他人员也在研究同一课题。经过这样一段工作时间后，这位年轻的科学家可能在专门研究某一课题的小组中成为一个成员，因而他进行个人研究的可能性也就越来越小了。组织这样的专题研究小组，是上述时期末期大多数科学研究的一个显著的特征。例如在英国，这种学术研究大多是由科学与工业研究局、医学研究学会、各种研究协会和一些工业公司资助的。通常是先明确地提出所要研究的课题，然后，根据所需要的人员数目和大致时间组织专题研究小组，但是这些细节往往是难以估计的。在我们所述的这段时期内，许多科研项目的时间性和紧迫性也和以前大不相同了，因此，往往为了解决一项课题，就需要许多不同学科的科学家通力合作。这就是20世纪中期科学的组织和做法。

关于世界各国人数众多的科学家按其专业组成的各国专业性学会的情况，这里就不详述了。但要指出的是，这些学会依靠其会员的订阅费来出版的刊物，已成为发表全世界大多数科研成果的园地。此外，这些学会还做了另一项有益的工作，就是编辑和出版各种专门学术刊物最新发表的研究论文的分类摘要。这就使研究人员能够获悉他自己的专业或他所关心的任何其他专业的最新进展。在20世纪上半叶，随着科学日益复杂化，不但各种学会有增无减，而且它们的刊物也大大地增加。在这方面，《世界科学期刊一览》为我们提供了宝贵的资料。这个富有参考价值的期刊目录，其第一版包括1900年至1921年这一时期，所载刊物目录包括1900年以前和1900年至1921年间出版的所有刊物，除可能有遗漏外，总数达2.5万种。第二版所包括的时期延长至1933年，所载刊物总数增至3.6万种。第三版所包括的时期则延长至1950年，期刊总数已超过5万种。至于在此期间出版和翻译的科学著作增加了多少，就很难估计了。

我们可以看出，在1921年至1950年间，科学期刊的数目增加了1倍。最早出版的科学期刊是19世纪中叶首批成立的各国科学院的院刊。嗣后，这类刊物数目逐渐增多。《世界科学期刊一览》的统计表明，到了1921年，这类刊物的总数已增至2.5万种，而我们知道，其中大部分是在19世纪增加的。但值得注意的是，由1921年至1933年这12年中，科学刊物的种类增加了1.1万种。然后，在1933年至1950年这17年中（其中应除去6年战争时期）又增加了1.4万种。这便是上述整个时期的特征。如果我们再回顾更远的时期，看看一个世纪前的情况，则我们不妨说只要仔细地观察过去100年来的进展，就会发现绝大部分的进展都是在这半个世纪中取得的。同样地，如果再分析一下这些进展，我们就会发现，其中大多数是后 25 年中实现的。由此可见，在这 100 年中，进展的速度越来越快。

当一位科学史专家回顾这前 50 年时，倘若能抛开目前的一些争论——例如关于应用科学发明进行战争是否合乎道德、纠正科学教育狭隘性的办法、技术人员统治国家的危险性以及培养更多的科学家的迫切需要等争论，他就会发现，在这个时期中，科学与技术获得了空前的进步和加速的发展。这种发展绝大部分是在 20 世纪第二个 25 年中完成的，而其中多半是出于两次世界大战和所谓"冷战"的需要。他将引以为憾的是，科学最初仅是为了探索大自然本身的奥秘而进行的一种研究工作，而现在却关系到各个相互敌对国家的生死存亡。正因为如此，科学以往在超然地探求真理的进程中，虽然绝不承认任何国界，但如今却不得不在一道不可逾越的国界面前停止前进。

（罗式刚　译）

第 五 章
1900—1912年的外交史

　　到了1900年，民族主义和工业主义这两个动力，彻底地改变了全世界的力量均势。在国家控制日益加强的同时，这两个动力已把欧洲的统治权扩展到几乎整个非洲，导致在亚洲的新的竞争，并有助于促成美国和日本这两个非欧洲国家在财富和力量方面的惊人发展。它们更进一步带来的结果是，欧洲各大国变得更加强大，而各小国则相对地变得更加弱小。虽然主要的"大国"仍然是欧洲国家，但它们同其他大陆各国人民的关系却越来越重要，而造成它们彼此分裂的那些问题，常常涉及远离欧洲的地区。随着交通工具在种类和速度方面的增长，政治影响的范围和灵敏度也就惊人地增加了。到了1900年，国际关系变成了世界关系，从这个意义来说，这在1800年或从前任何世纪开始时都是未曾有过的。

　　在19世纪90年代，这些关系经历了显著的变化。在20年的大部分时间里，除了巴尔干半岛以外，俾斯麦维持了欧洲的和平，欧洲关系的格局呈现出相对的稳定。但是，俾斯麦在1890年垮台了；解除俾斯麦的职务的威廉二世，是一位才华横溢、容易冲动和举止轻率的年轻皇帝，而且，性情多变；接替俾斯麦的那些较为次要的人物，政策摇摆不定。他们部分是出于对英国的考虑，没能同俄国恢复再保险条约，但确实（在1891年5月6日）恢复了三国同盟；这一切开创了一个具有根本变化的时期。俄国同德国的关系，甚至在再保险条约有效的时候，就已经是冷淡的，它对三国同盟的恢复和英德之间的友好关系感到惊慌，因而，开始把目光转到别的地方。俄国出于战略的和经济的考虑，而不是出于意识形态的考虑，认为它的天然盟友是实行共和制的法国，而法国的政治家也急于寻求俄国的友谊；法俄同盟（双方交换了1891年8月27日签发的信件，同意为维持和平而采取联合行动；1893—1894年冬，两国政府批准了1892年8月18日的秘密军事协定）带来了恰恰是俾斯麦曾经设法防止的那种联合。这些协议虽然完全是防御性的，而且没有包含"为了实现任何明确的野心而互相支持的意图"，但却给了法国一种自从1871年以来未曾有过的安全感，并且，不但在德国而且在英国，引起了担忧，因为英国的利益主要是同法国和俄国发生冲突。力量均势很可能再一次成为欧洲的一个问题。这是国际关系中的一个新因素，而且在第一次世界大战爆发以前，一直是基本的因素。然而，到那时为止，并非所有后来结成伙伴的国家都已壁垒分明，而且，新的组合的持久性还有待考验。虽然这时有了两个同盟体系，但是，19世纪90年代的特点是，政策如此复杂多变，以致人们把它称为"同盟互相交错"的时期。①

欧洲外部也有重大的变化。欧洲的统治权继续迅速扩展，并带来了新的冲突的威胁，与此同时，美国和日本这两个非欧洲国家开始了新的扩张阶段。

在远东，古老的中华帝国是争夺的主要对象。第一个在现场的是英国，到了1890年，英国以海上力量为基础，在那里已建立了贸易上和外交上的优势。在北方，俄国的目的在于获得一个不冻港，作为横贯西伯利亚的重要铁路的终点站。1891年，俄国在法国资本的帮助下，开始修建这条铁路，并打算用它来改变俄国在东北亚的战略地位。在南方，法国在间接损害中国利益的情况下，获得了印度支那，正像英国1885年在同样情况下，兼并上缅甸一样，于是，这两个国家就能够渗入中国的南部。上海和中国其他大城市的外国租界和贸易机构，雄辩地证明了经济上的利害关系正发生争执。毋庸置疑，中国是远东的"病夫"，但是，正如对待近东的土耳其一样，欧洲国家在如何对待中国方面发生了分歧。因此，虽然俄国赞同肢解中国的边陲地区，反对贸易上的门户开放政策，而英国则提倡保持中国领土完整和实行自由贸易政策，因为这个政策使英国在数额不大的中国外贸中获得了2/3的份额。

---

① 例如，G. 萨尔温米尼和 W.L. 兰格就持有这种看法。见兰格的《帝国主义的外交，1890—1902年》（纽约和伦敦，1935年），第1卷，第297页。

第五章 1900—1912年的外交史

然而，使远东问题成为国际关系的主要因素的，是日本在1894年的介入。日本只是在不久前，才摆脱了封建的隔离状态，并以善于吸收西方思想和技术而使世界震惊。它在琉球群岛和朝鲜问题上同中国发生争执，并决心防止这两个地方落到欧洲的尤其俄国的控制之下。经过一次短暂的和成功的战争以后，根据马关条约（1895年4月17日），日本迫使中国割让福摩萨岛①和大陆上的辽东半岛及其有价值的不冻港旅顺，给予日本在中国的最惠国地位，并承认朝鲜独立。这个结果对俄国和德国来说，都是极其不受欢迎的，因为俄国的统治者开始设想攫取满洲，并最终使中国沦落到附庸国的地位，而德国在俄国的勉强默许之下，则策划攫取中国的一个港口；这两个国家连同那个认为应该支持俄国的法国一起，要求日本交还辽东半岛。日本答应了，接受一笔赔款作为代价，但对俄国和德国深为不满，总有一天要向它们报复。这样，远东事务促使那些在欧洲处于对立地位的欧洲国家，在亚洲结成了松散的联盟。欧洲国家的合作断断续续地维持了10年，事实上，这种合作是欧洲反对英国的政治家们一再敦促的那种欧洲大陆反英同盟在中国的一种表现。那些自命为中国的支持者的国家，并不是没有得到报酬。俄国很快就得到了报酬，主要是在建筑中东铁路的特许权方面，这条铁路使它便于渗入满洲，而法国则获得了在云南地区建筑铁路的特许权。两年以后，德国在1897年11月14日，攫取了胶州湾的一个基地。俄国拒绝英国关于"划分优势"②的提议，在1898年3月，占领了它所垂涎的旅顺港，并把这个港口改建为海军基地，这时，对中国的掠夺就更深入一层了。在这两个事例中，欧洲国家都在毗邻的领土上获得经济利益，它们宁愿索取租借地，而不宣布断然的兼并。这是一个方便的新方法，"根据这个方法，外国列强可以获得殖民地权力的实质，而不需要所有权的彻底转移"。③不可避免的是，其他国家感到需要寻求一些类似补偿的权益，于是，英国占领了威海卫，法国占领了广州湾。尽管英国以及后来（1899年）美国做出姿态，要维持门户开放政策，但该政策大

---

① 即台湾岛。——译者
② 索尔兹伯里勋爵1898年1月25日致N.奥康纳爵士的信。参阅G.P.古奇和H.W.V.坦珀利（合编）《英国关于战争起源的文件，1898—1914年》，第1卷（伦敦，1927年），第9号。索尔兹伯里所说的"优势"是指经济的，不是指领土的。
③ G.F.赫德森：《世界政治中的远东：近代史研究》（第2版，1939年），第100页。

体上已失败了，在中国争夺"势力范围"的斗争成了主导的事务。

这些事件具有意义深远的后果。中国的民族主义的不满情绪，在1900年的义和团叛乱中表现出来了，当时驻北京的外国使馆遭到围攻，包括德国公使在内的许多洋鬼子被杀死了。与此同时，日本对俄国的反感由于俄国攫取旅顺港而加深了，它开始考虑到发动战争的可能性，以防止俄国进一步扩张。当义和团叛乱使得俄国军队能够大举进入满洲的时候，日本的疑虑以及始终反对俄国对华政策的英国的疑虑就加深了。因此，欧洲的主要国家和日本虽曾联合起来，派遣一支国际军队对付义和团，并强迫中国政府进行赔偿，但在20世纪开初，中国问题成为增加白人国家之间的摩擦的诱因。尤其是，英俄利益已经在广阔的领域里发生了冲突，而中国问题又给这个领域增加了一个新的庞大地区。

然而，由于俄国全神贯注于中国问题，因此，在近东，它同奥地利在巴尔干半岛的由来已久的争执，便有了一个间歇期，同时，这种比较令人满意的事态由于1897年5月的协议和1903年的穆尔兹台格方案而被巩固下来了。根据1897年5月的协议，两国放弃为自己进行任何掠夺，如果巴尔干半岛各国的现状会因此而受到干扰的话；在1903年的穆尔兹台格方案中，它们同意协力解决马其顿事务。但是，奥地利与俄国关系的暂时改善，并不意味着土耳其事务不再令人烦恼或不再具有深远的意义。由于从属的少数民族的新骚动，由于亚美尼亚（1894年）、克里特（1896年5月）和马其顿等地的起义，土耳其这个摇摇欲坠的国家再一次被震动了。1895年英国扬言要显示海军威力，以此作为一种威胁手段，劝使土耳其不要通过屠杀亚美尼亚人来解决亚美尼亚问题，后来只是由于俄国以反措施相威胁，才制止了英国实现它的恫吓。在克里特，叛乱促使希腊向土耳其发动一次毫无希望的进攻，结果各大国进行了干涉，防止冲突扩大到巴尔干半岛各国，并迫使土耳其同意克里特人在一名希腊地方长官监督下实行自治。

正如以前常常发生的情况一样，土耳其之所以能够经受住这些风暴，主要是因为各大国的利益互相冲突。传统上，英国是保证土耳其领土完整的主要支持者。但是，英国在君士坦丁堡的势力自1879年以后便衰落了，而且，由于索尔兹伯里深信土耳其的改革毫无希望，他的同事们由于法俄缔结同盟便不愿让英国舰队为保护达达尼尔海峡和博斯普鲁斯海峡而冒险,因此,英国在地中海东端的主要目的,已不是保持土耳其,而是控制尼罗河流域。于是德国便起而充当土耳其支持者的角色。早在1881年,一个德国军事代表团就着手训练土耳其军队,1888年,德国一家辛迪加获得特许权,建造一条从伊兹米特到安卡拉的铁路。1889年,德皇第一次访问了君士坦丁堡,1898年,在大马士革,他示威似的宣布了他对穆斯林世界的友谊。1888年关于建造铁路的特许权,标志着德国经济势力开始迅速扩张。德国政府自然赞成这些事态发展,而这些事态发展又得到了1897年派驻君士坦丁堡的能干的德国大使马沙尔·冯·比贝尔施泰因男爵的大力支持。几年内,他在土耳其首都获得了一种优势地位,同时,德国"企业创办人、银行家、商人、工程师、制造商、船主和铁路建造者"①的效率,很快就损害了法国和英国的利益,并在近东建立了类似德国经济帝国的局面。其中意义最大的是,德国控制的安纳托利亚铁路公司在1899年获得准许,在博斯普鲁斯海峡亚洲一侧的海达尔帕夏建造一个贸易港,土耳其原则上特许德国把铁路从科尼亚延伸到巴格达和波斯湾。

对土耳其自己来说,这些事态发展似乎是非常可取的:铁路将给帝国的落后地区带来繁荣,并使政府能够比较迅速地调动军队去保卫边疆或对付内部动乱,而遥远的和表面上无私的德国在经济上和外交上的支持,似乎是对土耳其的领土完整的最好保证。但是,就国际关系来说,这种经济渗透不能不具有政治意义。其他国家感到震惊的是,德国势力沿着从柏林到君士坦丁堡的轴心,斜跨大陆进行新的扩张,可能要把欧洲分成两半。这样一个轴心横切了俄国穿过巴尔干半岛各国向地中海扩张时可能要经过的路线,而土耳其势力在德国影响下的复兴,则可能挫败俄国要控制博斯普鲁斯海峡的夙愿。再者,这个轴心穿过小亚细亚向波斯湾延长,可以被看成是对英国在埃及和波斯的利益的威胁。因此,虽然德意志银行设法寻求英国、法国和俄国的资本,来资助巴格达铁路的建造,但上述各国政府不可能把这看成纯粹的商业活动。俄国对德国获得海达尔

---

① E. M. 厄尔:《土耳其,各大国和巴格达铁路》(伦敦,1923年),第37页。

帕夏的特许权表示震惊；根据1900年的黑海协定，它强迫土耳其人承认，在安纳托利亚北部和亚美尼亚的任何铁路特许权，只能授给沙皇所批准的俄国公民或辛迪加；它最后不再同意俄国资本参与巴格达铁路的扩展。另一方面，英国政府一直赞成使该铁路具有国际性质，但本已对德国高度怀疑的英国舆论却大声疾呼，反对英国一家金融辛迪加的参与，以致他们撤回了支持。这是一个值得注意的例子，说明外交活动有时不得不在新的舆论力量面前退却。法国政府被迫追随俄国，也拒绝给予官方的支持，这样，德国人1904年在没有获得外国政府的财政援助的情况下，开始建造第一段铁路。德国侵入其他国家长期以来为它们自己划定的势力范围，这就把一个新的制造纷乱的因素引入国际关系中去，尤其是，给德国同俄国、法国和英国的关系增添了新的紧张因素。

欧洲大国推行它们的瓜分方案的第三个大地区是非洲。在这里，主要的特征是，法国和英国长期争夺殖民地，德国决心使它的势力产生影响，意大利企图征服一个新的领地而遭到了失败。

英国和法国的利益在许多地点发生冲突，虽然西部的边界争端通过1898年6月14日的英法协定已得到解决，然而，在更东的地区，双方的争执则不那么容易调停。主要的紧张局势是随着争夺对上尼罗河的控制而来的。对于自从1882年以来就成为埃及事实上的霸主的英国来说，这是非常重要的，因为埃及的繁荣取决于尼罗河河水。英国在1894年至1895年试图同法国就势力范围的界线达成协议，但没有获得任何结果。法国一直认为主要是由于它的怯懦，英国人才获得了对埃及的独家控制。对于这件事，它始终耿耿于怀。再者，法国的一些殖民扩张主义者希望，从大西洋到红海或印度洋，获得一片连绵不断的领土。为了这样一个计划，并且为了在埃及向英国施加压力，上尼罗河地区是非常重要的，因此，法国在1896年派遣了一支远征军，去把法国国旗插在法绍达。同年，英国政府派遣吉钦纳去重新征服英国在1884年撤离的埃属苏丹，1898年，他攻占了喀土穆。1898年9月25日，当吉钦纳发现马尔尚的法国军队驻在法绍达，并命令他们撤走时，英法两国关系发生了从1815年以来的最严重的危机之一。英国政府动员英国新闻界支持它的立场（新闻界异乎寻常地获得了外交部的直接信任），并且在马尔尚的军队奉命撤退以前，拒绝谈判。英国和法国当时处在交战边缘上,在19世纪90年代,这是第二次(1893年由于暹罗问题,双方关系曾经有过极度的紧张)。但是,法国的新外长德尔卡塞及其同僚明智地认识到,法国没有条件进行一场殖民地战争来反对最强大的海军国家,11月3日,他们下令撤离有争议的领土。1899年3月21日的英法协定,在尼罗河和刚果河之间的流域地区,划分了英国和法国的利益范围,有关控制上尼罗河的问题,在有利于英国的情况下解决了。

法绍达危机使得法国的许多殖民主义者相信,法国已经不再能够对英国在埃及的统治进行有效的挑战。他们反而敦促德尔卡塞向英国建议,法国承认英国在埃及的地位,只要英国也能够承认法国在摩洛哥的要求。① 这就是几年以后英法协约谈判的基础。不过,在法绍达危机善后处理中,德尔卡塞仍然不愿放弃法国在埃及的残余权力。然而,除埃及以外,他却真诚地希望法国和英国之间在其他方面的争端能够迅速而友好地获得解决。因此,1899年年初,法国新任驻伦敦大使保罗·康邦曾几次试图和索尔兹伯里达成谅解。但是,他的努力没有成功。德尔卡塞于1899年8月对英国大使说,事态似乎表明"要在友好的基础上和英国保持关系是不可能的"。② 德尔卡塞不久即认为英国卷入了南非战争,这是法国向英国在埃及的统治进行一次新的挑战的时机。

在南非,主要的互相冲突的利益是英国和德国的利益,因为德国在1884年在西南非已站稳了脚跟;纠纷的主要根源是德兰士瓦的布尔人共和国的经济发展。19世纪80年代的淘金热,促使大批新的白人人口涌进布尔人各州,但在当地却不受欢迎。这批白人很快就相等于并可能超过原来的布尔种族。对这些外国人来说,德兰士瓦的布尔人总统的限制政策变得如此令人厌烦,以致他们在毗邻的英属领土的某些人的纵容下,公开策划叛乱。詹姆森③在1895年发动袭击,企图加快这样一次叛乱,但遭到了惨败。这个事件最具有戏剧性的结果是德皇的干预,他在1896年1月3日打电报向克留格尔总统祝贺,

---

① 此处以及其他各处引用的材料,均借重于C.M.安德鲁博士即将发表的对德尔卡塞的研究材料。
② 《英国关于战争起源的文件,1898—1914年》,第1卷,第212页。
③ 利安德·斯塔·詹姆森爵士,南非政治家,1895年率领500名骑兵,袭击德兰士瓦,企图推翻克留格尔的布尔人政府。——译者

因而在英国引起了激愤。再者，这封电报鼓励克留格尔相信，他可以依靠外国的援助，于是，他的态度变得更不妥协，终于在1899年10月导致布尔战争的爆发。

尽管德国在南非进行直接的干涉是孤立无援的，但是，英国在南非的困境，葡萄牙的财政困难，这些情况都给德国提供了一个机会，可以为不再进一步鼓舞布尔人而索取代价。这就出现了1898年8月30日的安格拉协议。在这个协议中，英德两国确定了它们的利益范围，同时也确定了葡萄牙人一旦放弃其殖民地时它们将要占领的那些地区。但是，翌年，当事实表明为了报答葡萄牙停止向德兰士瓦输送武器的保证，英国向葡萄牙重申了有关殖民地的保证时，上述含糊的安排对德国产生的良好作用就被消除了。德国人觉得受骗了，而他们对英国人这次"背信弃义"所留下的记忆，无疑地会对未来的英德之间的调解形成一个障碍。德国外交部的有影响的司长冯·霍尔施泰因男爵愤慨地说："同这些人不可能订立盟约。"① 然而，尽管两国彼此不信任，德国在布尔战争期间还是克制自己，不去利用英国的孤立地位，而英国的这种孤立地位却是其他国家希望加以利用的。例如，德尔卡塞最初就曾希望德国会采取外交主动，参加法俄的两国同盟，目的在于迫使英国遵守它做出的关于秩序一旦恢复即从埃及撤出的保证。但是，1900年3月德国却声称，德国在考虑干涉之前，必须获得法国承认欧洲现有边界的保证。这个问题涉及法国承认阿尔萨斯—洛林永远成为德国的一个部分的问题，而这种要求德尔卡塞认为是不可容忍的。因此，他认为，这一点就是德国为法德进行合作规定的条件，于是便始终不渝地拒绝与德国恢复友好关系的任何主张。因此，正像南非的事态，在英德之间播下了不信任的种子，而且不容易根除。同样，布尔战争也是法德关系中的一个转折点。

这样，非洲的殖民地问题便在欧洲的某些国家之间导致了严重的摩擦。但是，非洲的殖民地问题，总的说来，是从属于欧洲的种种利益的，而且，也没有严重地妨碍这一过程，即非洲大陆越来越多的地

---

① H. 尼利尔森：《阿瑟·尼科尔森从男爵，第一代卡诺克勋爵：早期外交研究》（伦敦，1930年）一书中的引语，第128页。

区置于欧洲大国更有效的控制之下。然而，欧洲的另一个大国意大利的扩张企图却不那么成功。意大利希望将埃塞俄比亚沦为附庸，但1896年，它在阿杜瓦被埃塞俄比亚人击败，从而打击了白人的威信，改变了它的帝国主义野心所致力的方向，并对它在欧洲的政策产生了重要的影响。

与此同时，19世纪90年代也同样由于美国取得新的进展而具有深远的意义。在美国，具有扩张主义性质的民族主义又一次占优势。1895年，英国与委内瑞拉发生边界争执时，克利夫兰总统所发出的美国的好战口吻，赋予门罗主义以新的附加内容，并迫使全神贯注于南非事务的英国诉诸仲裁。更为重要的是美国同西班牙的战争（1898年4月至8月），这次战争不但导致美国建立对古巴的保护关系以及兼并夏威夷群岛和波多黎各，而且还导致美国对关岛和菲律宾群岛进行直接统治。兼并菲律宾群岛一事，使多年对太平洋地区的渗透行为突然达到了顶峰，引人注目地背离了把美国政治责任局限在西半球的那个传统政策。虽然这件事没有自动地使美国卷入远东的角逐中去，但意味着，从长远的观点来看，不但在贸易上，而且在领土上和战略上，美国非常可能这样卷进去。不管多么勉强和犹豫，美国人还是开始有了世界大国的意愿和野心，因为他们的财富和人口已经促成他们必须这样做。

欧洲疆界以外的这些事态发展，虽然没有严重地影响欧洲内部的各个联盟体系，但却揭示出这些体系中的薄弱环节，而致克留格尔的电报和法绍达之类的事件所造成的战争紧张形势和危险，引起了一种不安全感，从而迫使各主要国家设法加强它们的地位。这种加强地位的做法导致联盟体系臻于完善，它是我们论述下一个10年的主要课题。

这种不安全感由于防务性军备的增长而加深了。德意志帝国的军事预算自从1878年以来几乎增加了两倍，英国和法国的军事预算增加了一倍多或几乎一倍。缓和紧张局势的一个方法，就是通过协商裁减军备，沙皇在1898年实际上提出了这种建议。俄国在8月24日关于建议召开国际会议的照会中敦促说：如果军备继续增长，就会发生"人类不堪设想的巨变"。但是，沙皇所做的姿态发生在俄国攫取旅顺港以后不久，因而遭到了不信任和怀疑。首先，德国"无意在军备问题上束缚自己"①，而第一次海牙和平会议（1899年5月至7月）仅有的一些积极成果是：建立了常设的仲裁法庭，通过了有关战争规则的两个公约。从长远的观点来看，海牙法庭后来证明是调整国际关系的一个持久而重要的工具；但是，海牙和平会议的令人沮丧的结果立即使人们看出，军备竞赛将继续下去。不久以后，这将不但在陆地上而且在海上构成危险。

当海牙和平会议还在举行时，法国在德尔卡塞的倡导下恢复和扩大了它同俄国的联系。因为他十分担心弗朗西斯·约瑟夫死后奥匈帝国有解体的危险。1899年8月9日，法俄交换了信件，在这些信件中，法俄同盟的主要目标由原来的"维持和平"改为"维持力量均势"。这个重新规定的含意（后来广泛地被认为是暗示法国将比以往更乐意支持俄国在巴尔干半岛的野心），是德尔卡塞企图将其作为一个法俄声明，来反对据认为德国抱有的野心，即一旦奥匈帝国瓦解，便夺取的里雅斯特，并在地中海站稳脚跟。与此同时，原来只打算和三国同盟保持同样长久的军事协定将无限期地延长下去，从而保证不论奥匈帝国怎样解体，法俄同盟这时将保存下去。1900年，两国间的军事安排也进行了调整，以便在发生同英国作战的风险时能够适用，1901年，为了这个目的而缔结的协定被批准了。20世纪初，两国都必须考虑可能同英国作战的危险性。这并不意味着，德尔卡塞放弃了同英国取得谅解的目标，但表明他仍然怀疑这种谅解的可能性。

与此同时，法国与意大利之间友好关系的恢复，结束了1881年法国占领突尼斯时开始的紧张时期。法国自然欢迎有机会使三国同盟中的第三个伙伴比较不那么重视自己的义务，而意大利由于未能攫取埃塞俄比亚，便以更加渴望的目光注视着地中海对岸的的黎波里这个奥斯曼帝国的未开发的属地。意大利对的黎波里的任何企图要获得成功，首先必须与占有毗邻的突尼斯的法国保持友好关系。一些新人物帮助促成了这种变化，他们是：意大利的首相鲁迪尼，外交大臣维斯

---

① "我们考虑不周，在军备问题上，无论在哪一方面，都不必束缚自己的手脚，在这里就不必提了"，比洛给德国参加会议的首席代表明斯特的指示。《1871—1914年欧洲各国内阁的大政方针》，第15卷（柏林，1927年），第190页。参看G. P. 古奇《战争之前，外交活动的研究》，第1卷（伦敦，1936年），第196页。

孔蒂·威诺斯塔和普里尼蒂,法国的德尔卡塞和法国1898年派往罗马大使馆的卡米耶·巴里埃。1898年,一个贸易条约结束了1888年开始的关税竞争,这种竞争对意大利的损害,超过了对法国的损害。随后是1900年12月14日的秘密协定,根据这个协定,法国允诺意大利可以在的黎波里放手行动,而作为交换条件,意大利则承认法国在摩洛哥的利益。法国得到最后胜利是在1902年,当时意大利(刚刚第四次恢复了三国同盟,并在这样做的时候,强使奥地利承认它在的黎波里的利益)向法国秘密保证:如果由于"直接的挑衅",法国遭到攻击或被迫宣战,意大利将保持中立。因此,由于意大利的地中海利益和法国的巧妙外交,意大利便做出许诺,这个许诺必然不符合意大利在三国同盟中的义务的精神。虽然这个许诺的文本在1920年以前一直秘而不宣,但德尔卡塞在法国议院的声明声称,法国这时对意大利不必担心了。然而,事实上,这种许诺是模棱两可的。虽然法意关系的改善通过1901年意大利的一支海军分舰队访问土伦以及随后两国首脑的互访中已经显示出来,但是大国中最弱小的意大利却采取骑墙的态度。因此德国对这些事态发展自然感到恼火,尽管在德意志帝国国会里,帝国首相却假装把它当作无害的调情。正像法国一位历史学家所说的那样,这种调情后来"发展成为勾搭"。[1]

法国当然要设法扩大它的朋友圈子。对它来说,孤立状态一直是一种失败的惩罚。对英国来说,它也不是想象的那样完美无缺。现在由于英国对需要安全的一种新认识而要放弃这种超然而不承担任何义务的态度,但这却是一个孕育着重大结果的事态发展。这种不安全感,主要是由于布尔战争和担心俄国而产生的。在大多数的英国政治家和相当一部分舆论看来,俄国直到1904年至1905年日俄战争为止,一直是英帝国利益的日益增长的巨大威胁。

最初,英国最天然的盟友看来是德国。但是,早期的谈判毫无结果。因此,在看来是要削弱英国国际地位的法俄同盟签订后,德国一些统治者便倾向于相信,英国不久就会恭恭敬敬地来找他们,使他们能够就英德友谊索取高价。虽然德国人有时沉湎于公开敌对的迷梦,

---

[1] M. 博蒙:《工业高涨和殖民帝国主义,1878—1904年》(巴黎,1937年),第323页。

想要结成大陆联盟,以便摧毁英帝国,但他们的总政策是要在俄国和英国之间保持放手行动的自由,不过,同时要表明,有铠甲保护的手中却握着利剑。因此,德皇受到他的首相比洛的鼓励而相信,他可以扮演世界仲裁者的角色。这样,德国就走上了一条令人不安的道路,在这条道路上,为了打破法俄同盟,并使英国就范,德国便咄咄逼人地显示了它日益增长的力量。

德国这种政策的第一个引人注目的例子就是致克留格尔的电报,这件事第一次使英国感到,解决英国的一些分歧,并在欧洲赢得一个朋友,将是明智的;但是,英国却转向俄国,而不是德国。索尔兹伯里关于英俄互相承认在土耳其的利益范围的建议,是作为更广泛的解决方案的一个部分提出来的。这是几个这样的提议中的第一个,但是,直到它被日本打败为止,俄国一直认为,同英国达成协议,对它的扩张主义政策是一个障碍而不是协助,因而充耳不闻。

首先是远东问题使得以殖民大臣约瑟夫·张伯伦为首的英国一部分重要的舆论深信,放弃孤立状态的时候已经来到。在不能考虑美国和日本的情况下(日本当时还无意缔结同盟,以免挑起同俄国的武装冲突,因为日本对此尚未做好准备),张伯伦便转向德国。1898年,在索尔兹伯里不在场的情况下,他建议,以"有关中国和其他地方的政策的互相谅解"为基础,结成防御性同盟。但是,中国并不是德国的主要利益,而德国并不想站在英国一边反对俄国,也不想为英国在远东火中取栗。通过保留放手行动的自由,德国人反而希望,从英俄之间似乎非常可能发生的冲突中得到好处。英德之间的协商逐渐停止,张伯伦后来公开声称,英国需要同某个"陆军强国"结成同盟,这在德国或英国都没有引起热烈的反响。实际上,1914年以前,英德关系中一个重要因素是,英国公众对德国表示冷淡或怀有对抗情绪,而德国的大部分舆论对英国则有明显的和日益增加的敌意。这种相互间的反感,主要是从布尔战争时期开始的,后来由于在19世纪90年代两国的廉价大众报刊的发展,而更加普遍了,因为双方都不十分了解对方报刊的工作情况,而且双方政府都不完全能够限制本国报纸不大量流露敌对的感情。在这样的情况下,真正的同盟是很难实现的。

张伯伦尽管遭到了失败,但还是不愿放弃他那与英国外交政策的主要传统相违背的迷梦,即想在陆军强国和海军强国之间结成伙伴,因而,当德皇在 1899 年 11 月访问英国时,他又重提结盟的问题,这一次是要在英国、德国和美国之间结盟。但是,当张伯伦在莱斯特的一次公开讲话中提到"英国同伟大的德意志帝国之间的天然联盟"时,他在英国得到的支持少得令人吃惊,在美国遭到了批评,在德国遭到了暴风雨般的敌对评论。再者,比洛在德意志帝国国会里,对张伯伦的提议泼了冷水,并谈到需要建立强大的德国舰队。1900 年 1 月提出的第二个德国海军法案所包含的原则是,"德国必须具有如此强大的战斗舰队,以致即便拥有最强大的海上力量的敌人,也只有自己冒着严重的危险,才能攻击它",这个法案继续了 1897 年出任海军大臣的冯·提尔皮茨海军上将所开创的、具有潜在的挑战性质的政策。英国遭到了断然的拒绝,当英德两国根据 1900 年 10 月 16 日长江协定("在大不列颠和德国之间为了进行外交合作而签订的唯一正式协定"①),"在两国能够施加影响的地方"着手维持中国的完整和贸易的门户开放政策时,由于对该协定的解释发生了尖锐分歧而很快就闹翻了。

为了实现结盟而进行的最后一次努力是在 1901 年。这次尝试的起源大概是由于德国驻伦敦大使馆一等秘书埃卡德施泰因个人的主动精神,并再一次得到张伯伦及其朋友的支持。后来,在德国那一方面便发展成为一个建议,要英国参加三国同盟。但是,索尔兹伯里看不出有什么好处——"保卫德国和奥地利的边界免遭俄国侵犯的负担,要比保卫英伦三岛免遭法国侵犯的负担更重一些"② ——而且,由于德国人只有在英国承担这种义务的情况下才会满意,而不再对地区性合作(例如英国新任外交大臣兰斯多恩提出的关于在远东的联合)发生兴趣,所以,这些协商也同样没有结果。如果德国人真正希望获得英国的友谊,那么,他们坚持要英国参加三国同盟的做法表明,德国人缺乏心理上的洞察力,因为正如英法协约后来所表明的那样,即便没有任何正式的约束,同英国保持密切的联系也是起作用的。比洛及其同事仍然相信,他们只要再等一些时候,英国就会重新提出

---

① A. J. P. 泰勒:《在欧洲争夺霸权的斗争,1848—1918 年》(牛津,1954 年),第 393 页。
② 《英国关于战争起源的文件,1898—1914 年》,第 2 卷,第 86 号。索尔兹伯里使用了"英伦三岛"这个词,尽管用"英帝国"一词比较恰当一些。

请求并付出代价。尽管张伯伦在1898年4月给予明确无误的暗示，德国人还是认为，英国不可能转向别的国家。他们的错误估计是严重的。

远东出现新的紧张局势，是促成这些谈判的一部分背景情况。一方面，据说中国同意承认俄国在满洲的霸权，日本对此感到惊慌，于是便试探英国是否给予支持以反对俄国。另一方面，俄国蚕食满洲和波斯，使英国更加感到自己的孤立。但是，兰斯多恩一直到他在寻求德国的支持以抑制俄国以及直接与俄国达成妥协均告失败时，他才打算单独和日本结盟。与此同时，日本的政治家们也分成两派，一派认为与英国结盟有利（主战派），一派主张与俄国和解。因此，当日本驻伦敦大使林男爵在伦敦进行会谈时，伊藤公爵又被授权访问圣彼得堡，以便试探同俄国达成协议的可能性。日本人鉴于过去的经验，丝毫不能肯定，这两个目标中哪个能够实现。但是，在英国重新向俄国提出自己的建议遭到失败以后，兰斯多恩便深信英国需要日本的支持，因此在伊藤报告说俄日协议也有可能实现的时候，日本人已经在原则上做出保证要同英国结盟。日本人不能两者得兼，但又不愿当谈判已取得这样的进展的时候撤销原议同英国疏远，因为英国曾避免干涉日本人在马关的胜利，并且第一个放弃在日本的治外法权。因此，在1902年1月30日签订了一个条约，这个条约标志着英国放弃了在远东的孤立状态，并且引人注目地突出了日本在各国中间为自己赢得的地位（见第十二章）。

根据这个将要持续5年的条约的条款，日本看来比英国得到更多的好处。按照第一项条款，双方都各自承认对方在中国的特殊利益，但是，英国同时还承认日本在朝鲜的特殊利益，而日本则拒绝扩大它的义务，不同意把印度、暹罗和海峡殖民地包括进去。按照第二项条款，如果任何一方为了保卫这些利益而卷入同第三国的敌对行动，那么，另一方就严守中立。按照第三项条款，如果签约国之一为了保护这些利益而同两个国家作战，那么，另一方就必须前来援助。换句话说，如果俄国和日本之间发生战争，英国将保持中立，但是，如果法国参加到俄国一边，英国就必须帮助日本。这个条约大概使俄日之间的战争变得比较可能发生（尽管这并非出自兰斯多恩的本意），但也使法国的参与变得比较渺茫；因为如果"法国不肯为争夺尼罗河流域而作战，那么，它就更加不可能为朝鲜而拔刀相助"。① 对英国来说，重要的事情"不是联盟所包含的内容，而是结成联盟这一事实"②，因为如果俄国和日本同意采取共同的政策，英国在远东的利益，一般说来，就会受到严重的威胁。

由于英日同盟解除了英国在远东受到的压力，英国便能够加强其本国海域中的舰队力量。兰斯多恩在这个新方针路线中设法"集中自己的军事资源以便加强英国的全球利益"。③ 这个新的方针路线在西半球也无独有偶。1901年11月18日签订的海—庞斯福特条约使美国能够着手建造并保卫横穿地峡的运河。但是，这个条约实际上标志着英国交出了它在加勒比海的海军优势。然而，这却使英美关系有了显著的改善。

虽然英日同盟使俄日之间的战争变得比较可能发生，但并没有使战争变得不可避免，或使日本不再试图通过协商解决它的分歧。导致冲突的决定性因素是，一个不负责任的军事集团控制了俄国的远东政策。

在俄国这样一个实行军事独裁的国家里，如果独裁者本人如同尼古拉二世那样是个意志薄弱的人，那么，由于不同的利益集团为了向沙皇施加影响而互相倾轧，政策就可能出现剧烈的摇摆。能干的财政大臣维特和他的大多数同僚都赞成在中国实行和平渗透的政策，但是，1903年8月维特下台并任命阿列克谢也夫海军上将作为直接向沙皇负责的远东总督，则标志着一个以名叫贝佐布拉佐夫的冒险家为首的奸党集团上了台，他们为了达到他们的目的，是不惜策划战争的。结果，俄国没有实现它在1902年4月关于撤出满洲的许诺，而在1903年进行了几个月的谈判以后，日本所提出的关于实现和平解决的要求仍然没有得到满足。最后，日本人确信俄国不守信义，便决定采取他们早就做好准备的行动。如果要作战的话，那就应当在日本人选择的时刻进行，也就是在日本人的海军备战已经完成而横贯西伯利亚的铁路尚未竣工的时候。1904年2月8日，日本人没有宣战，

---

① G. P. 古奇：《战争以前》，第1卷，第22页。

② W. L. 兰格：《帝国主义的外交，1890—1902年》，第2卷（纽约和伦敦，1935年），第783页。

③ J. A. S. 格伦维尔：《索尔兹伯里勋爵与对外政策》（伦敦，1964年），第389页。

就袭击俄国在旅顺港的舰队,开始了敌对行动。俄国人遭到突然袭击,失去了制海权,并很快就遭受一系列的挫败。经过7个月的围攻以后,旅顺港在1905年1月2日陷落;沈阳在1905年3月被攻占;俄国波罗的海舰队绕过半个世界,企图重新控制中国海,5月27日,却在对马海峡覆没。与欧洲大多数军事专家的预料相反,日本在没有外援的情况下打败了俄国巨人,像在克里米亚战争一样——但更加富有戏剧性——沙皇帝国再次表明是一个泥足巨人。俄国欧洲部分的不同地区爆发了严重的骚动,沙皇政府不再能够继续作战,便欣然接受美国总统罗斯福提出的调停。按照随后签订的1905年9月5日的朴次茅斯条约(时间在英日同盟为延期5年而修订和续订以后的一个月),俄国人割让了旅顺港和库页岛的南半部以及他们在满洲建造的铁路的南半部。俄国人也承认日本在朝鲜的最高权力,而日本在1910年正式兼并了朝鲜。尽管日本的舆论感到失望,但除了维持战俘的费用以外,日本却能够放弃要求任何赔款:日本已经达到目的,日本的节制,为改善它同俄国的关系并为后来的第二个协定(1907年)铺平了道路,该协定把满洲划分为俄国和日本的势力范围。一个亚洲国家在一场较大的战争中证明胜过一个欧洲大国,这还是第一次。正像保罗·康邦所预见的那样,虽然这场战争局限在远东,而且没有涉及法国及英国,但它后来将改变历史的进程,并"将影响整个世纪"①。

与此同时,俄国的盟友和日本的盟友——法国和英国——的关系发生了非常重要的变化。

要了解这种重要的变化和弄清法国的政策,关键在于摩洛哥。摩洛哥实际上是被法国北非领地所包围的一个飞地,它毗连阿尔及利亚的边界很长而又没有划清。在精力旺盛的苏丹莫莱·哈桑统治期间,外国势力不能渗入;但在他于1894年逝世后,摩洛哥国土显示出瓦解的迹象。德尔卡塞担心其他某个大国利用摩洛哥的虚弱,在那里建立自己的势力并危及阿尔及利亚的安全,便决定法国迫切需要获得其他国家对它的特殊利益的承认。于是,在1900年获得意大利的同意

---

① "你就这样处在这些事件的舞台上,这些事件能够改变历史的进程,并将影响整个世纪。"《来往信件,1870—1924年》,第2卷(巴黎,1940年),第111页。

以后，他在1902年开始同西班牙谈判，西班牙由于它的地理位置，是特别关心摩洛哥事务的另一个地中海国家。然而，谈判失败了，因为西班牙在没有得到那个占据直布罗陀的国家的同意以前，不愿采取行动。但是，这时摩洛哥发生叛乱，面临着一场动乱，这就迫使兰斯多恩第一次考虑要在摩洛哥问题上与法国达成一项协议。由于法国的盟友俄国同英国的新伙伴日本之间在远东有发生战争的危险，因此这就着重说明和解对于两国来说都是可取的。1903年年初，当德尔卡塞与西班牙的谈判破裂后，紧接着有消息说，兰斯多恩可能准备谈判；康邦报告说，德尔卡塞最后终于认识到，英国在摩洛哥给予支持必须在埃及或其他地方获得代价。[127]

在1902年8月开始的谈判中，德尔卡塞获得了1898年12月以来法国驻伦敦的大使保罗·康邦的大力支持，而且由于1901年1月即位的英王爱德华七世的亲法气质，他的任务变得比较容易完成。再者，英王爱德华和法国总统卢贝在1903年的互相访问，也有助于在两国间建立更加友好的感情。但是，只是到了1904年4月8日才签订了全面的协议，这个协议成为后来的英法协约的基础。在这期间，双方一再地竭力讨价还价，因为讨论的范围扩大，涉及全部殖民地利益。对英国来说，由于法国急于要在摩洛哥站稳脚跟，这就为它提供了一个明显的机会，来获得法国对它在埃及的地位的正式承认。但是，摩洛哥问题和埃及问题都有其复杂性，而且纽芬兰渔业这个老问题引起了意想不到的困难，因为法国人在放弃他们对通商海岸的权利的时候，作为交换条件，既要求在财政上，也要求在领土上给予赔偿，法国人最初对冈比亚的要求以及后来对尼日尔河右岸广大地区的要求，使谈判延长了几个星期。

最后的协定包括三个协议。按照第一个协议，法国放弃了它由于乌得勒支条约而获得的关于在纽芬兰捕鱼的权利，作为交换条件，它获得科纳克里对面的洛斯群岛，同时冈比亚与塞内冈比亚之间的边界也进行了调整。第二个协议调整了英法两国在新赫布里底群岛实行的共管制度，并划定了在暹罗的势力范围。按照第三个也是最重要的一个协议，英国承认法国在摩洛哥的特殊地位，而作为交换条件，法国则承认英国在埃及的地位。此外，还有某些直到1911年才透露出来的秘密条款，这些条款为埃及或摩洛哥最后可能改变地位做出了规定,尤其是其中有一项,规定在摩洛哥的苏丹在将来任何时候不再行使权力时,必须保证西班牙的利益。这项条款带来的必然结果是,法国和西班牙进行了新的谈判,最后产生了1904年10月3日的秘密的法西协定,这个协定确定了西班牙的势力范围,并规定,如果法西双方一致认为不再能够维持现状,西班牙有权在其势力范围内立即采取行动。这样,德尔卡塞便得到了意大利、英国和西班牙三国的同意,许可法国在时机成熟的条件下,获得摩洛哥的最大份额。但是,德尔卡塞忽略了同德国磋商,结果英法协定——他的事业中最大的胜利——后来也证明是使他垮台的原因,尽管他的政策没有垮台。

1904年的协议只不过是对悬而未决的争执做了合乎常识的解决,从而结束了长期的摩擦。它反映了英国保守党政府显然的傲慢偏见。这个协议没有带来什么联盟。除了摩洛哥的情况以外,它没有为未来的外交合作做出规定;它的目标是有限的,这一事实大概有助于使它获得成功,而早些时候的英德谈判的目标则范围太广,界限不清。再者,这个协议具体地证明了英法两国关系的改善,而英法报刊论调的改变已经证实了这一点。双方关系改善的事实不久以后就受到了考验,并且胜利地存在下来。经过考验以后,真正的英法协约方告实现。

与此同时,其他的事件使英法两国政府倾向于进行合作。德国舰队的增长促使英国当局在1903年3月决定,在罗赛斯创建新的海军基地,并把大部分海军部队调回本国海域。由于法国在地中海的海军力量,法国的友谊就变得更加需要了,尽管自1902年以来法国的海上总兵力在下降。英法两国政府也由于日俄战争而感到焦急,并对防止战争扩大表示关切。因此,在1904年10月,当俄国波罗的海舰队在驶往远东途中,夜间无意中向英国赫尔地区的一些渔船开火,造成一些伤亡时,法国外交在劝使俄国人迅速给予赔偿方面起了重要作用。此后,法国人尖锐地意识到英俄摩擦的危险,便不断地敦促英国甚至要像解决英国同法国的分歧那样,去解决英国同俄国的分歧。

使英法友谊第一次受到严峻考验的是德国。德国对英法协定的最初反应是和解的,没有特别强调德国在摩洛哥的利益,但实际上,德国外交部深为恼火。事实上,德国的外交地位一落千丈:意大利不再是可靠的盟友,奥匈帝国苦于日益增加的内部困难,而法俄同盟和英法协定这时似乎威胁着要把它包围起来。德皇及其顾问们不久以后就因为感到德国遭到包围而经常惶惶不安。再者，德国人由于英法两国没有同他们磋商而感到恼怒。"德国必须抗议法国蓄意占有摩洛哥"，霍尔施泰因写道，"这不仅是为了实质性的理由，而更重要的是为了威信……如果我们在摩洛哥任人践踏，那么，我们就会在别的地方招致类似的待遇"。[①] 选择抗议的时机需要仔细的考虑，在最初发表了息事宁人的声明以后，有几个月的时间，德国保持谜一样的缄默。只是到了1905年3月，在德皇勉强地访问丹吉尔，并响亮地提到德国决定保护它"在摩洛哥的巨大的和日益增长的利益"时，世人才大吃一惊。这次演说是对法国和英法协定发动强大外交攻势的前奏曲，并伴有报界的强烈宣传运动。

毋庸置疑，德国政策这种明显的大转变的时机选择和凶猛来势，是受到日俄战争的影响。俄国既然被搞垮了，德国便看到一个引人注目的机会，来瓦解刚刚开始的英法协约，并搞掉德尔卡塞，就像当初俾斯麦搞掉布朗热那样。有证据证明，德国总参谋长赞成对法国发动防御性战争，但是，尽管比洛准备用战争进行威胁，而且他的行为是一个生动的例子，说明战争仍然是国家政策的一种工具，但人们并不清楚，他是否打算采取进一步的行动。德尔卡塞关于谈判的提议遭到拒绝，德国要求召开国际会议，讨论摩洛哥的形势。如果法国人坚持他们的立场，那就要冒战争的风险；如果他们屈服，他们也会蒙受耻辱。德尔卡塞极力主张坚持下去，理由是德国在虚张声势，而英国的支持是有保证的。这种看法太过火了；虽然英国由于德国的行动含有向英法关系挑战的意思而感到激动，但兰斯多恩所提议的只是，"在我们目前正在经历的这个多少令人不安的时期中，为了预先对任何令人忧虑的复杂情况做好准备……英法两国政府应当进行全面的和秘密的磋商"[②]，但是，德尔卡塞及其顾问们对于这一声明，似乎是根据他们认为英国军事首脑曾经提出给予军事支持这种非正式的保证来进行解释的。但是，德尔卡塞的同僚们对英国却不那么依赖，他们知道，英国的主要力量——海军不能"靠轮子跑"[③]，并且，痛苦地意

[①]《大政方针》，第20卷，第208—209页。参看G. P. 古奇：《战争以前》，第1卷，第24页。
[②]《英国文件》，第3卷，第95号。
[③] 法国内阁总理M. 卢维埃使用的措辞。

识到德国的陆军优势。他们拒绝了德尔卡塞的冒险政策,德尔卡塞在6月6日便辞职了。卢维埃关于法德达成协议的提议被比洛拒绝,法国不得不接受关于召开国际会议的提议。现在可以希望,法国会认识到,英国的支持是毫无价值的。翌月,德皇同俄国订立一项条约,似乎抵消了法俄同盟的威胁,这时他踌躇满志,兴高采烈,因为欧洲大国形成不同集团所造成的整个局势,似乎就要变得对德国有利。但他所看到的仅是一个幻景。

德皇曾经鼓励沙皇同日本作战。在1904年,当战争爆发时德国看到有机会设法"修补通往圣彼得堡的通话线路",便把一个防御性同盟条约的草案送往俄国首都。这个草案没有带来什么结果,因为沙皇感到,如果对这个草案采取进一步的行动,他就必须同法国磋商。但德国却继续献殷勤,并且超出中立的界限,给俄国船只加煤,翌年,在芬兰的毕由克的私下谈话中,德皇说服沙皇签订一个条约,根据这个条约,如果签约国之一受到一个欧洲大国的进攻,另一方将在欧洲给它支持。但是,这两位君主亲手做的事情据当时不在场的大臣们看来却不高明。比洛认为,如果英国及其易受攻击的印度帝国是未来的敌人,"在欧洲"这种措辞就使该条约变得不利于德国,因而竟然打电报提出辞呈(然而,人们说服他撤回了辞呈);另一方面,拉姆斯多尔夫则立即宣布,这种安排由于没有提到俄国的盟友法国,因而是无法接受的,而德国人的打算是要造成既成事实以后才让法国参加进来。当俄国人向法国试探,是否可能把法俄同盟扩大,以便包括德国在内,俄国人得到了他们预期的答复,即法国的意见是它不能容忍一种更密切的关系。沙皇随后写信提议加上一条规定,即一旦法德之间发生战争,该条约将不适用,于是,这件事就此结束。对于这样软弱无力的同盟,德国是不可能感兴趣的,结果,毕由克条约虽然从来没有正式被废除,但实际上流产了。

这些谈判影响了摩洛哥问题的发展。只要有机会同法国和俄国结成欧洲大陆的大同盟,德国人在德尔卡塞辞职后,在对待法国的态度上一直是调和的。但是,一旦这个计划宣告失败,摩洛哥问题就仍然是用来反对英法协约的主要手段。自由党政府在英国的重新上台,促使德国采取一种不妥协的口吻,德国指望召开它所要求的国际会议,以便使它得到满足。

然而，德国又一次注定要失望。1906年1月16日在阿尔赫西拉斯召开的会议上，有关争论最大的问题——摩洛哥各港口的警察组织问题，德国只得到奥地利的支持。意大利没有支持德国，而俄国由于急需法国的大笔贷款，则坚决地站在法国和英国一边。大多数国家接受法国的观点，即警察组织应当委托给法国和西班牙官员；1906年4月7日的阿尔赫西拉斯法案中所体现的最后的妥协办法，对德国来说，只是可怜的慰藉罢了。根据这个妥协的办法，苏丹将警察组织委托给法国和西班牙官员管辖，同时，在他们上面，另设一名瑞士监察长，该监察长将向外交使团定期报告新的警察组织的工作情况。德国得到的唯一好处是，各国承认摩洛哥事务是一个具有国际重要性的问题。就这一点来说，法国所希望的行动自由受到了限制，而上述的承认则意味着，如果时机到来，德国可以合法地再次提出摩洛哥问题。然而，除了这一点以外，阿尔赫西拉斯是一个严重的挫折：德国的外交活动弄巧成拙，它的相对的孤立地位公开暴露了；它没能够为自己取得任何实质性的好处；而且，最后但并非最不重要的一点是，它没能够搞垮英法协约。实际上，英国新任外交大臣格雷要比兰斯多恩更为重视英法协约。英国政府不但给法国以外交的支持，而且还暗示，一旦德国进攻法国，英国不能保持中立。此外，他虽然拒绝向法国书面保证给予武力支持，但他在英国内阁不知悉的情况下，于1906年1月同意，已经暂时开始的双方参谋人员会谈应正式举行，作为一种预防措施。经明确规定，这些会谈对任何一方政府都毫无约束力，但是，举行会谈这一事实是具有十分重大意义的，而且使英国当局承担了比他们所理解的更多的义务。英国毫不含糊地回到它那维持欧洲力量均势的传统政策。

虽然毕由克条约是秘密的，但俄国人在巴黎进行的试探则显示一种迹象，表明局势正发生某种动荡，从而使解决英俄分歧的愿望变得更加迫切。德国关于结成欧洲大陆反英同盟的计划已告失败，俄国在对日战争中遭到失败，俄国在阿尔赫西拉斯同英法协约国进行了合作，对于德国势力渗透波斯的担心，以及1906年5月10日出任俄国外交大臣的伊斯沃尔斯基赞成改变政策——凡此种种都推动了事态的发展，于是，英俄在6月6日正式开始谈判。由于俄国内部不稳定的局势，由于英国公众对俄国应付这种局势的措施提出了批评，由于伊斯沃尔斯基不想触犯德国而遭到德尔卡塞的命运——这一点是可以理解的——以及由于俄国参谋部的反对，谈判的进展变得很慢；但是，最后在1907年8月31日签订了一个协定。这个协定涉及发生摩擦的三个地点——波斯、阿富汗和西藏，从英国的观点来看，它是令人满意的，因为英国的主要目标达到了。俄国承认波斯保持独立和完整的原则以及在波斯的势力范围的划分，承认英国对阿富汗有特殊利益，同意使西藏在中国宗主权下继续作为一个缓冲国，这一切看来都制止了危及印度安全的任何进一步扩张，而印度的安全则是英国最关注的。虽然波斯问题仍然给英国外交部带来许多头痛的事情，但是，英俄之间的重大的利害冲突由于这些协议而基本上消除了。

英俄协定在性质上是消极的：它没有包括有关友谊或合作的特殊保证，而且与英法协定曾在英国和法国受到欢迎的情况不同，它在英俄两国都不受欢迎。虽然这个协定使俄国稍微靠近英法这两个协约国，但是，这个协定也没有阻止俄国同德国维持良好的关系；实际上，伊斯沃尔斯基极力想这样做，并且特地采取合作的态度，例如，1907年在毫无结果的第二次海牙会议上就是如此。英俄协定也不是英国为了包围德国而蓄意已久的计划的一个部分，虽然格雷把俄国看成一个对付德国的平衡力量。人们说得好，这两个集团是肩并肩地站着，而不是面对面地站着，英俄协定"不是要俄国参加英国一方来反对德国，而只是防止俄国参加德国一方来反对英国"①。然而，不幸的是，德国把英俄协定看作一个反德步骤，而当沙皇和英王爱德华七世于1908年6月在雷维尔会晤时，德国的这种印象加深了。同样不幸的是，这个协定结果把俄国外交政策的主要方向转到更危险的领域。俄国在远东受到日本的牵制，而又不能向印度进行进一步的扩张，于是，便再一次转向巴尔干半岛各国。

但是，正由于奥地利所采取的主动，结果导致了20世纪巴尔干半岛的第一个主要危机。匈牙利政府实行的马扎尔化政策，以及该政策在它的塞尔维亚族和克罗特族人口中间引起的不满，加剧了奥匈帝国的民族问题。自从塞尔维亚的奥布廉诺维奇王朝在1903年经过流血而被推翻以来，奥地利同塞尔维亚的关系恶化了。塞尔维亚的新的

---

① 见前引 H. 尼科尔森著作，第234—235页。

统治者有意向法国寻求金钱和军火，指望俄国给予政治上的支持，同时倾向于允许贝尔格莱德成为实现泛塞尔维亚愿望的中心——上述这一切使奥地利统治者面临一个外交问题，而俄国一旦对巴尔干半岛的政治恢复了积极的兴趣，此问题可能变得更加棘手。只要担任奥地利外长的波兰人戈鲁肖夫斯基主持工作，奥地利的政策就始终是审慎的。但是，在1906年，他被爱伦塔尔所接替，而康拉德·冯·霍曾道夫又被任命为奥匈帝国参谋长，从而使这些生性比较专横而且急于要想恢复他们国家正在下降的威望的人物跻身显赫的地位。爱伦塔尔曾任奥匈帝国驻圣彼得堡大使，他和伊斯沃尔斯基、比洛等人一样，是一个典型的欧洲大陆的外交部长，是从狭隘的外交界而不是从政界中训练出来的。人们知道他同俄国人过从甚密，而且急于重新结成三皇同盟，因此，他的任命被看作奥地利想同俄国保持友好关系的一个预兆。然而，当他最初试图同塞尔维亚进行经济和解，但主要由于奥地利国内的反对而遭到失败时，他便着手采取强制政策，这种政策很快就引起了复杂的情况。1908年初，他宣布，奥地利打算建造一条铁路，穿过新帕扎尔地区，通往土耳其的米特罗维扎，从而把塞尔维亚同门的内哥罗分割开来。他所以宣布这个消息，目的是要对塞尔维亚进行警告。俄国曾经友好地暗示说，复杂的情况可能随之到来，但他置之不顾，仍然予以宣布。实际上，这就结束了奥俄两国从1897年以来在巴尔干半岛各国进行的合作，并开创了这样一个时期，在这个时期中，爱伦塔尔同伊斯沃尔斯基个人之间日益增长的仇恨，给欧洲各国关系带来了最严重的后果。

　　起初，俄国提出一项反建议，要从多瑙河建造一条铁路通往阿尔巴尼亚海岸，如果不是因为7月间君士坦丁堡的青年土耳其党的革命改变了整个形势，那么，在后来的几个月中，可能就只是双方在铁路建设方面进行竞争这件事了。根据1878年的柏林条约，奥地利被授权无限期地管理波斯尼亚和黑塞哥维那这两个土耳其省份，并派兵驻扎在新帕扎尔地区。青年土耳其党的革命使奥地利面临着这样的可能性：波斯尼亚和黑塞哥维那两省占人口大多数的塞尔维亚人，可能要求给予权利，以便派代表参加当时正在拟议中的土耳其国会，而土耳其在新的民族主义的鼓舞下，可能重新坚持要求对奥地利实际上统治了30年的这两个省份行使完全的主权。同意这样的要求，对奥地利的统治者来说是不能想象的,爱伦塔尔采取的补救办法在8月中获得了他的政府的批准,其内容是,在适当的时机兼并这两个省份,与此同时,作为安抚土耳其的一个姿态,奥地利军队撤离新帕扎尔地区。正像人们所说的那样,"兼并既会解决奥地利同土耳其的混乱的关系,又会给建立一个大南斯拉夫王国这个煽动性的梦想造成一个无法逾越的障碍;塞尔维亚人—克罗特人的动乱,由于对塞尔维亚不会有任何指望,将平息下去,而奥匈帝国将腾出手来完成30年的占领所没有完成的改善经济的使命。"① 这个计划要获得成功,俄国的支持是必不可少的。为了这个目的而举行的谈判,终于导致爱伦塔尔和伊斯沃尔斯基于9月16日在巴契劳秘密会晤。结果,爱伦塔尔相信,他已获得俄国的同意,让他实行计划中的兼并,而作为交换,奥地利则支持俄国关于修改海峡管理制度的建议,以便使黑海国家的军舰能够自由进入地中海。

但是,这个计划失败了。当伊斯沃尔斯基接着前往巴黎和伦敦时,他遇到了困难。法国不肯表态;而英国则不同意他关于海峡的建议。英国内阁并不认为由于最近的英俄协定而有义务支持俄国;伊斯沃尔斯基谈到,如果他的要求得不到满足,对英俄关系将产生后果,英国内阁也无动于衷。在此期间,爱伦塔尔急于要获得上述交易中奥地利的那一份,便在10月6日宣布兼并波斯尼亚和黑塞哥维那,而在前一天,保加利亚的王子在和爱伦塔尔串通的情况下,宣布保加利亚脱离土耳其而完全独立,并采用国王的称号。这样,伊斯沃尔斯基的政策失败了,而爱伦塔尔的政策却获得了成功。伊斯沃尔斯基的目的是要在海峡地区搞政变,这个目的选错了,因为俄国人民为了巴尔干半岛的斯拉夫人要比因为海峡这个老问题更容易被激励起来,于是,他只好在没有取得巴契劳交易中作为交换的权益的情况下返回本国。伊斯沃尔斯基深感屈辱,为了摆脱困境,扬言他受了爱伦塔尔的欺骗,要求召开一个欧洲会议来讨论波斯尼亚的问题,并煽动巴尔干半岛斯拉夫人在兼并后发生动乱。

爱伦塔尔试图解决塞尔维亚问题的做法导致一场持续6个月之久的严重危机。对大多数欧洲大国来说,他的行动使人震惊。虽然他的

---

① A. J. P. 泰勒:《哈布斯堡王朝,1815—1918年》(伦敦,1941年),第260页。

第五章 1900—1912年的外交史

行动实际上没有给这两个省带来任何差别,但是,正像格雷所写的那样,这是"在没有其他国家同意的情况下,由一个国家任意改变欧洲的条约",这个做法本身就"打击了一切良好国际秩序的根基"。[①]结果,英国像早先谴责俄国宣告1870年巴黎条约中黑海条款无效那样谴责了这次兼并。对德国来说,奥地利所造成的既成事实也同样是不受欢迎的。比洛由于他的盟友没有在事先和他磋商而感到愤怒,德皇则发现他所珍视的土耳其政策已处在危险中。然而,德国却不能眼看着奥地利遭到削弱,因此,不是单纯为了批准这次兼并而召开的任何会议,德国都支持奥地利加以拒绝。自从毕由克政策失败和英俄协议签订以来,德国更加愿意通过赢得对俄的外交胜利来支持奥地利。

在巴尔干半岛各国,奥地利的做法激起了骚动:"土耳其正式提出抗议,对奥地利货物的抵制开始了;门的内哥罗请求修改边界和取消柏林条约的枷锁;在塞尔维亚,人们在谈论战争。"[②] 随着奥地利和俄国之间的裂痕变得明显,指望俄国给予援助的塞尔维亚人的好战性也就增加了,奥俄关系逐渐陷入危险的紧张状态。决定性的因素是德国给予奥地利的坚决支持。在比洛拒绝了由西方国家进行调停的建议以后,奥地利感到自己力量强大,足以要求塞尔维亚撤回它对兼并的反抗,而当塞尔维亚人表示依从,但拒绝以书面保证将来循规蹈矩时,奥地利便准备采取高压手段。事实上,一切都取决于俄国和德国,因为没有俄国的援助,塞尔维亚就不能冒战争的危险,而德国则决心阻止这种援助的实现。1909年3月22日,德国驻圣彼得堡大使奉命就俄国是否接受奥地利照会和废除柏林条约中有关波斯尼亚和黑塞哥维那的条款的问题,取得明确的答复。"我们将把闪烁其词的、附有条件的或含糊不清的答复看作一种拒绝。那时我们将撒手不管而听任事态自行发展。"[③] 俄国这时刚刚被日本打败不久,尚未做好准备来应付另一场较大的战争,只好屈服,于是,塞尔维亚也退让了,并做了奥地利所要求的保证。土耳其已经在2月26日承认这次兼并,而换得大约240万英镑的赔偿。爱伦塔尔获得了完全的胜利。

但是,这件事预示着前景不妙。它不但没有把塞尔维亚人吓倒,

---

① 格雷子爵:《25年,1892—1916年》(伦敦,1925年),第1卷,第175页。
② G. P. 古奇:《战争以前》,第1卷,第403页。
③ 《大政方针》,第26卷,第694页。

反而进一步招致他们的怨恨,并使奥地利的斯拉夫问题变得更加棘手。它对仅存的国际道义是个打击,尤其对俄国人是个痛苦的耻辱。当塞尔维亚遭到威逼时,俄国始终无能为力,而且在没有在海峡或其他地方得到补偿的情况下,不得不接受奥地利对波斯尼亚和黑塞哥维那的兼并。结果,德国关于欧洲大陆同盟的梦想和奥地利关于结成新的三皇同盟的设想,比以往任何时候都更难以实现了。在德皇宣称他"披坚执锐",支持了奥地利,从而揭了俄国的伤疤以后,情况就更加如此。波斯尼亚危机导致了英俄协定和英俄君主在雷维尔的会晤所未能取得的成果:它形成了英、法、俄三国协约。虽然俄国对法国和英国没有给予支持而感到失望,同时,英国一些外交家,由于认识到这一点而劝说格雷把英国的若干协约改为同盟,结果也没产生任何影响,但俄国毕竟不能退回到孤立状态,唯一可供选择的办法则是与西方大国实行合作。1910年,德国提议放弃在巴尔干半岛各国的问题上支持奥地利,来换取俄国答应不援助英国反对德国,试图用这个办法来改善彼此的关系,但没有得到结果。奥俄两国在巴尔干半岛各国的敌对状态,再一次成为欧洲政治中一个主导的危险因素。再者,巴尔干半岛力量均势的改变震惊了意大利,使它更加疏远奥地利(意大利对奥地利一向抱有强烈的民族统一主义情绪),并在1909年10月24日同俄国缔结秘密的拉科尼吉条约,根据这个条约,意大利同意一旦巴尔干半岛的现状再一次受到奥地利的威胁时,决定支持巴尔干半岛的现状,而作为交换,俄国则承认意大利在的黎波里的利益。奥地利对此所做的反应是,它试图通过以下的办法来确保它的地位,即答应在没有事先同罗马达成协议,以便使意大利得到补偿的情况下不进行任何新的兼并。但是,除了德国的支持外,奥地利此时正处于孤立的地位,结果奥地利在巴尔干各国中的势力便衰落了。比洛曾经做了严重的错误估计。由于他给予奥地利无条件的援助,他便使自己承担义务去支持一些他所不赞同的方法和目标,而且,关于这些方法和目标,奥地利并没有同他进行充分的磋商。再者,对未来更为不祥的是,现在有一种危险,即奥地利会采取新的冒险政策,坚信德国将不得不给奥地利以支持。主角和配角的地位颠倒过来了,现在轮到德国充当奥地利的"出色的配角"了。正如在摩洛哥事件时比洛希望打破英法协约那样,这时,他的政策也可以从他公开宣称的旨在打破

"包围圈"的愿望中得到部分的解释,而且,像在1905年至1906年间一样,他的政策产生了恰恰相反的效果。这个"包围圈"在此以前主要是德国想象中的产物,但这时却开始变成现实。只要乌云笼罩着巴尔干半岛各国和北海,这个包围圈就不大可能解除。甚至像奥地利的巴尔干半岛政策似乎是对俄国的一个威胁那样,德国的海军计划也似乎是对英国的一种无端的恫吓。

虽然德国早期的海军法案以及德国海军协会主张实行强硬外交政策的宣传,曾经引起很大的注意,但在1906年以前,德国的海军计划并没有成为英德关系中的一个外交争端和主导因素。到了1906年,鉴于摩洛哥危机及其战争风险,英国政府已意识到,同德国的摩擦将不可避免地使它在令人极其厌恶的海军军备竞赛中加快步伐和增加负担。1905年上台执政的英国自由党急于要削减开支,因此,1906年,它对俄国邀请英国参加第二次海牙会议表示欢迎,并建议限制军备。这样的建议在德国是不大可能被接受的。到了这时,由于不断的宣传,大多数德国人民终于相信,为了维持德国作为一个强国的利益和威望,或者像德意志帝国首相贝特曼-霍尔威克在1912年所说的那样,"为了伟大德国的总目的",强大的海军是必不可少的。海军计划的贯彻执行被看成德国政策的基本要点。海军计划是反复无常的德皇始终坚持的少数几个目标之一,如果要修改这个计划,那就大概需要在人事和观点方面实行彻底的改变。再者,英国的建议必然是可疑的,因为英国这时似乎要求人们认可它永远保持海军优势。因此,1907年海牙会议的结果只是增加了不信任。由于没有希望达成关于限制军备的国际协议,剩下的唯一途径就是举行直接商谈。与此同时,军备竞赛这场"不流血的战争"在继续下去,因为对英国来说海军优势是一个生死攸关的问题,而德国这个最强大的陆军国家有意争取海上的平等地位,则对力量的均势造成了一个严重的威胁。

最初德国人不愿谈判,但德国驻伦敦大使梅特涅一再警告比洛,说在英国人中间存在着强烈的反感(英国人相信,英国政府在1908年至1909年的冬天也有正当理由相信,德国一直在加速建造舰只,从而加深了这种反感),因此比洛终于考虑,是否可能用放慢德国海军建设速度的办法来换取英国关于保持中立的保证。但是,德国海军上将提尔皮茨在1909年春对比洛的建议所作的答复不会导致任何结果，因为提尔皮茨提出的三比四的比例是不大可能被接受的。而且，在德国向英国做出任何表示以前，比洛就辞职了，在1909年6月由贝特曼-霍尔威克接任。贝特曼-霍尔威克是一个没有多大魄力的文官，而且对于外交事务比较陌生，因此，不大可能彻底地改变政策。然而，他确实接受了比洛关于谋求政治交易的想法，1909年开始的英德谈判断断续续地但毫无成果地持续到1912年。贝特曼的提议是延迟实现德国海军计划的进程而不是加以削减，以此来换取英国在德国一旦受到攻击时保持中立。即使德国在海军方面提出更大的让步，鉴于英国对其他国家承担的义务，上述这样一种许诺，对英国来说也将是难以接受的。英国一再保证，它所缔结的一些条约和协约并不针对德国，并提议就巴格达铁路这类悬而未决的问题达成协议，但德国认为，这些保证和提议是不够的。格雷关于交换海军情报的建议也毫无结果。1911年双方谈判似乎接近陷入僵局，这时，新的摩洛哥危机爆发了，危及欧洲的和平并增加了英德之间的互不信任。

阿尔赫西拉斯法案并没有使摩洛哥帝国恢复秩序。1907年，苏丹被赶出首都，接着出现了无政府状态，从而鼓励了法国的渗透。然而，在1909年，当两国仍然全神贯注于波斯尼亚危机的时候，德国同法国达成了一项协议。这项协议使英国舆论感到不安，似乎预示着一个法德合作的新时期的到来。当两国政府保证两国侨民应当"在他们获得特许权的那些企业中联合起来"时，德国表示它在摩洛哥"并无政治兴趣"。但是，这个协议的经济方面引起了误解，尤其是当法国建议建造铁路，但拒绝接受德国人员参加经营，认为这侵犯了它的政治利益时，误解就更深了。到了1911年，法德关系恶化了，新的动乱迫使法国派遣军队到非斯去。法国政府已经向柏林提出建议修改协议，德国便重新提出摩洛哥问题，而且摆出的那种惊人姿态使人不禁想起1905年的丹吉尔事件。7月1日，德国派遣一艘炮舰"黑豹"号到阿加迪尔这个已经封闭的摩洛哥港口去保护所谓的德国商业利益，并向全世界宣告，既然在德国人看来，法国占领非斯已使阿尔赫西拉斯法案失效，现在应该是双方重新"友好地交换意见"的时候了。

德国争辩说，像法国派往非斯的那种军事远征，非常可能变成永久的占领,而且,法国和德国必须重新考虑它们关于摩洛哥的安排。[138] 德国的这种说法是有一番道理的;但是,德国处理问题的方式再一次招致了严厉的批评。德国副外交大臣齐默尔曼曾经争辩说,这是为了促使法国提出令人满意的补偿所能采取的唯一方法。在"黑豹"号到达阿加迪尔以后的几天中,当时担任德国外交大臣的基德伦,仿效了比洛在第一次摩洛哥危机中采取的谜一样的沉默态度,局势十分紧张。德国最终的意图很难断定:比方说,由于德国在阿加迪尔地区没有商业利益,许多人便相信,德国打算要求或攫取一个濒临大西洋的港口。法国外交部长最初要求英国政府进行反示威,英国人予以拒绝,但警告德国说,如果没有英国人参加而在摩洛哥做出任何新安排,英国一概不予承认。在此期间,法国亲德的新总理卡约接受了德国关于"交换意见"的建议。德国人这时摊出了他们手里的牌。他们以承认法国在摩洛哥享有完全的行动自由作为交换,实际上要求占有整个法属刚果。当法国内阁7月17日拒绝了他们的条件时,看来基德伦似乎准备发动战争或至少想以战争相威胁,以便胁迫法国唯命是从。在这种情况下,英国的态度(它于7月13日谨慎地把英日同盟延长了10年)具有决定性的重要意义。7月21日,格雷面告德国驻伦敦大使,德国的要求太过分了,同时,德国在阿加迪尔的行动仍然需要加以解释。英国财政大臣劳合·乔治一向被柏林看成英国内阁亲德派的领袖,他在伦敦市长官邸发表的一篇强有力的演说中宣称,英国如果"在它的利益受到重大影响的地方,被当作一个无足轻重的国家……那么,以这种代价取得的和平将是一个耻辱,绝非一个伟大的国家所能忍受"。劳合·乔治没有提到德国或摩洛哥问题,但这个警告是明确无疑的,德国政府和人民的愤怒表明,他们知道他们的虚张声势受到了挑战——于是,德国赶紧就其意图向伦敦做出了有礼貌的保证。和平保持下来了,但德国的威望遭到了损害,随后,法国和德国之间进行了几个星期的艰苦的讨价还价,在这个过程中,曾经两次发生过会谈可能破裂的危险,同时,战争的谣传重又甚嚣尘上。最后,德国在9月间的一次财政危机迫使它加速采取解决办法,1911年11月4日,新的法德协定签订了。德国同意不阻碍法国在摩洛哥的活动,并承认法国有权最后在那里建立保护国,而法国则割让法属刚果内地面向比属刚果(德国人希望获得对比属刚果的先占权)的一部分地区和一条狭长的地带,这条地带使德国这片新获得的领地能够通向海洋。

虽然德尔卡塞的政策最后胜利了,而且,法国这时成了摩洛哥潜在的霸主,虽然德国花了很小的代价便扩张了殖民地领地,但是,阿加迪尔危机的结果使双方都不满意。在德国,基德伦由于对公众要求在摩洛哥获得领土补偿的呼声即便没有予以鼓励,也曾表示赞同,因此,遭到了强烈的批评,殖民大臣对他的政策的软弱表示抗议而辞职了。在法国,这个解决方法也受到殖民地利益集团的攻击。同时发现,卡约在没有他的外交部长参加的情况下进行了部分的谈判,这就导致他的内阁在1912年1月垮台。卡约确实希望,按照1904年英法协定的路线,把摩洛哥问题当作同德国全面解决分歧的基础;但这种希望是枉费心机的,因为德国的外交手段以及在两个国家中所激起的强烈反感,使得这种希望没有可能实现。阿加迪尔危机没有改善法国与德国的关系,反而再一次证明了英法协约的牢固。鉴于战争的危险,英法参谋人员的会谈恢复了。英国已经拟定计划,在发生紧急情况时派遣远征部队到法国去,这时便加紧讨论技术上的细节。更引人注目的是,德国同英国的关系恶化了,英国这时理解,对它来说,国际关系的主要问题在于它是否打算维持英、法、俄三国协约,以及它是否"应当在它认为必须仗义执言的时候屈从德国的颐指气使"[①]。

阿加迪尔危机的另一个后果还需要加以叙述。由于这次危机为法国在摩洛哥建立保护国铺平了道路(保护国实际上在1912年初建立),这就促使意大利向的黎波里进逼。意大利对青年土耳其党的民族主义已经感到震惊,同时又担心德国的竞争,这时便相信,它必须"不失时机地"采取行动。1911年9月25日,意大利没有提出警告,就发表了指责土耳其的声明,4天以后,拒绝了土耳其的谈判建议,宣布开战。曾经对奥斯曼帝国的独立和领土完整做出保证的1856年的巴黎条约,重申这种保证的1878年的柏林条约,以及意大利作为一方参加的海牙公约,都被抛到九霄云外。意大利决心不给外界以进行干预的时间,而且甚至没有在事先同它的盟国磋商。意大利认为它

[①] A. 尼科尔森爵士1911年7月24日致爱德华·戈申爵士的信,以及1911年9月14日致哈丁勋爵的信。H. 尼科尔森著作中引用,见前引书,第347、350页。

有理由采取这个行动，其根据是法、奥、俄三大国都曾签订过协议，给它放手处理的权力。这是对国际道义的另一个打击，而意大利对的黎波里塔尼亚和昔兰尼加的征服和兼并，是巴尔干半岛各国对土耳其进行联合进攻的一个信号。巴尔干半岛战争引起的新的复杂情况，是预示世界大战即将到来的前奏曲中的一个部分。

（陈少衡　译）

第 六 章

1914 年战争日益临近[①]

"第一次世界大战"这个名称用得不当。战争的起因和战场都不是世界性的。战争中所发生的民族对抗是欧洲的民族对抗；在欧洲及欧洲以外的交战各国的阵线，与欧洲列强因帝国利益不同而形成的真正阵线并不一致，也与欧洲以外各国因野心不同而形成的真正阵线并不一致。有人将战争的起因说成是世界性的，因此也将起因追溯得较远。在上述两种情况下，人们在回溯历史时都扩大了战争的真正界限，这主要反映了当时人们对这次战争创巨痛深。但这也是由于研究国际政治和历史、各国政治和历史的各派空论家们的偏执，这些空论家们助长了对于这次战争做出种种流行的解释。例如，有这样的武断说法：在人类历史的这个阶段发生的战争，一定会表现出"帝国主义矛盾"——不只是马克思主义者如此说——这种理论要求将这次战争说成是全球性的。欧洲战后还流行这样一种理论，认为战争是德国的独裁的军国主义的必然结果，这种理论要求将战争的起源追溯到德国第二帝国的建立。[②]

然而，多数派别认为，1914 年战争的起源可分远因和近因，其分界线最早只应划到 1912 年，这才有意义。持上述看法的人们所根据的理由也许不尽相同。这种见解认为，关键性的发展是从造成1914 年 7 月危机（或者至少是对垒的最后阵势的形成）的三大原因中的两个原因开始的，这两个原因一为联盟体系的形成，一为巴尔干民族主义的发展——第三个原因则为英德海军的竞争。此外还有一个

[①] 编者及作者十分感激 A. E. 坎贝尔博士对本文做了压缩。
[②] 非马克思主义的"社会学的"范围最广泛的解释，见格奥尔格·W. F. 哈尔加滕：《1914 年以前的帝国主义：从社会学的角度论述德国的对外政策》（慕尼黑，1951 年；1962 年修订版）。

与欧洲问题有明显不同的问题，这就是最近法国与德国在摩洛哥问题上达成协议，它们之间海外冲突的最后原因已经消除。

1911年11月的摩洛哥协定承认法国取得一个保护国，其交换条件是法国在非洲中部让出一些领土。法国及德国的民族主义者在接受这个协定时议论颇多，这就是评价这个协定功过的一个尺度。在法国，签订该协定的卡约政府已为彭加勒的所谓"伟大内阁"所代替，彭加勒内阁接受了这个解决办法，但是不大想再做让步。彭加勒的当务之急首先是彻底检查与俄国的联盟。摩洛哥危机已经表明，这个联盟不足以成为对法国的道义支持，正如在4年前的波斯尼亚危机中这个联盟不足以成为对俄国的道义支持一样。但关键的事实是，俄国急于迎合法国，因为下一个国际危机显然在巴尔干，而俄国在这场危机中要比法国得益更多。因此，俄国在外交上采取了主动；1912年初，在俄国的赞助下，巴尔干联盟就发展起来；法国并未参与其事，实际上连情况都不甚了了。然而，这个联盟仍然把两国卷入巴尔干危机中去。

这时在德国，摩洛哥协定正在产生极为深远的影响。海军上将提尔皮茨说，德国在与法国达成协议时，"遭到了外交上的挫折，我们必须以一个海军补充法案来做补偿"。[①] 他作为海军大臣，却不顾首相贝特曼-霍尔威克的反对，径自赢得了威廉皇帝对这个法案的支持。这个法案就是通常所称的1912年的"新闻"（novelle）。贝特曼虽然在谈判时忠实地按这个法案办事，但是对这种在德国战斗舰队后面施展的政略并无兴趣；按照这种政略，当大陆发生战争时，战舰将是制止英国干涉的一支威慑力量。按照提尔皮茨原来的"冒险理论"，只要德国舰队能取得重创英舰的胜利，英国舰队就容易受到其他国家的攻击。但是这个理论已经变得不恰当了，因为除了孤立主义的美国以外，其他海军强国都已成为英国的朋友，而不再是英国的潜在敌人了。这样一来，德国舰队还应该有更高的目标——它至少要有获胜的希望——因此，提尔皮茨怀着对于德国计划具有优势的合理的自信心，正在考虑到1920年英德海军并驾齐驱的问题。[②] 海上巡洋舰的

---

① 提尔皮茨：《我的回忆录》，第1卷（英文版，伦敦，1919年），第211页。
② E. L. 伍德瓦尔德：《英国与德国海军》（牛津，1935年），第316页。

竞赛是次要问题，但是这种竞赛赢得了有影响的殖民和商业方面的"压力集团"对海军的支持。

英国1908年建成了具有重大改革意义的军舰"无畏"号，从而使它失去了在最新式战列舰数量上的优势。现在情况有所好转，特别是自从公众和海军部接受了"二舰对一"的口号以后更有起色。但是这样的海军竞赛不仅把自由党政府的预算弄得捉襟见肘，而且使他们的原则无法自圆其说，因此当德国这件"新闻"传到伦敦时，自由党政府就准备再开谈判了。接着便是1912年2月被认为是亲德派的陆军大臣霍尔丹的柏林之行。但是，德国方面要求英国在德国的殖民扩张问题上做出让步，并且要求允许德国的巴格达铁路延伸到英国控制下的波斯湾；他们甚至要求英国发表一个中立宣言。而且，伦敦方面在对提尔皮茨法案的全文进行研究时，发现其中还包括这样的内容：大量增加兵员，以及由一些新旧舰艇组成一支新的战斗舰队。而德国方面提出可以商量的范围只限于最后两项暂缓执行。这当然是不值得以殖民地让步来做交易的，更不用说以放弃英法协约来换取了。

德皇在与霍尔丹会谈时也许真得到了已经达成协议的印象，尽管霍尔丹既不拥有充分的权力，也并不掌握全面情况。德皇假装因受英方阻挠而感到气愤，但还是同意让会谈在伦敦拖延下去。德国曾建议英国发表一个互不侵犯的声明，这个建议已经证明是不能接受的，因此贝特曼对驻伦敦的德国大使发出指示说，只有签订一项"英国保证严守中立，并与我们结成一个大致相当于防卫同盟的关系"的协议，德国才能考虑修改提尔皮茨法案的问题。[①] 这就完全认可了提尔皮茨关于德国战斗舰队的威慑作用的主张。而且，还必须使英国人承认这种威慑作用；因为伦敦官方往往将德国舰队看成只是一种体面的象征，德国人认为这种看法是个侮辱，深感愤慨。

英国方面对此"新闻"的回答，在7月18日的海军部预算中可以看得一清二楚。英国将要增建的海军舰只几乎等于德国新增舰只的1倍，两国扩充海军方面的速度使战列舰保持在8∶5的比例，这种情况到战争爆发之前一直未变。但是提尔皮茨却做出一项前后矛盾的决

[①] 贝特曼1912年3月18日致梅特涅的信。《欧洲各国内阁的大政方针，1871—1914年》（柏林，1922—1927年），第31卷，第11406号。

定，将他的法案所规定的建造军舰的工作放慢，因此，英国的预算也相应地做了调整，这就促使丘吉尔在1913年再度提出实行"海军休假"的建议：两国在一年内不建造新舰。这是一项限制扩充海军的最后计划，德国很难接受这个计划，因为从技术上考虑，这样做有利于英国。

但是，海军方面的僵局并未使英德关系恶化。德国政府仍然没有认识到，德国以不妥协的态度在海军建设方面进行挑战，不仅难以把中立强加给英国，反而使这种中立显然变得更无法实现。在德国的外交战略中，直到最后都是坚持要和英国达成一项"政治协议"的。这种做法，并未从伦敦方面得到什么鼓励，但是在霍尔丹谈判中剩下的两个问题，即殖民地交易问题和解决美索不达米亚铁路问题，谈谈还是有好处的，因此在以后的两年中，双方在这两个问题上取得了缓慢的进展，只是由于战争爆发，才没有最后达成协议。

英德谈判使法国和与法国人订有条约的友邦大为恐慌。① 因此，法国利用英国拒绝对德国发表中立宣言的机会，要求做出关于英法协约的声明。这时，在海军战略方面的发展，也给法国人以一臂之助。英国从地中海调运舰队来增强本国海域的工作已经完成；尽管正式宣布说这项工作并没有同法国海军的行动互相配合，但是法国战列舰却调往相反的方向去了，这就表明英国已经开始履行其保卫英吉利海峡法国一侧海岸的义务。1912年11月16日及17日，格雷与法国大使互通信件，格雷在信中决定对这种战略联系上的发展做出正式的说明，但是秘而不宣，这与其说是为了发展这种联系，不如说是为了进行阻拦。来往信件明确指出，舰队的重新部署并不意味着承担超过早在1906年军事及参谋人员会谈中业经确定的义务。但是格雷在信中又说，他允诺英法两国在遇有担心第三国进攻或和平遭受普遍威胁的情况时，应进行协商；如果决定采取行动的话，将制定共同的参谋计划。

在战争爆发以前，"英法协约"的基本内容一直未向英国内阁以外的人透露过，除了在1914年年初，作为对法国方面希望正式结成

---

① 英国驻巴黎大使伯蒂甚至鼓动彭加勒反对英国政府（彭加勒：《为法国服务》，巴黎，1927—1933年，第1卷，第170页）。

三国协约的让步，才将内容告诉了俄国方面。其后，由于同样的外交上的原因，英国也与俄国秘密地安排了海军参谋人员的会谈，尽管这些会谈并不具有多大战略意义。俄英两国之间的直接联系实在是很微弱的——英国给俄国以安全保证，仅仅是由于英国对法国承担了义务或对法国怀有的意图。俄国在波斯进行的政治干预，仍然使英俄之间的直接联系困难重重。萨佐诺夫认为，俄国可以指望英国最后会在亚洲做出让步，因为对英国来说，"欧洲的政治目标具有头等重要的意义"①。但是，这个程序也可以颠倒过来，英国人也指望俄国人在欧洲做出让步。他们两国之间的摩擦一直继续到1914年7月。

协约国之所以是"三国"，是由于法国在里面两头搭线，但是另一方面，法俄同盟的严格执行，却减轻了英国对法国的义务。正如格雷在1914年最后时刻还坚决主张的那样，英国并不负有这样的道义上的义务：法国按照一项条约必须采取行动，英国也就跟着必须采取行动；此类条约，英国对法国也一直是有意回避签订的，更不用说与俄国了。特别是，当俄国的政策和威望与所谓巴尔干联盟纠缠在一起，从而扩大了法国对俄国所承担的义务时，英国就更审慎了。巴尔干联盟是以1912年3月13日塞尔维亚与保加利亚签订的联盟条约为基础的。② 这个条约的表面目的在于反对奥匈帝国的扩张，但是它的一份秘密附件却规定要瓜分马其顿，这是仍由土耳其统治的说斯拉夫语的人居住的地方。俄国人从一开始就参与了这个条约的谈判；沙皇将在塞尔维亚和保加利亚之间进行仲裁是一个重要条款，但俄国人搅在中间，却不仅由于这项条款。俄国人的动机不只是由于爱冒风险，也不在于洗雪1908—1909年在波斯尼亚问题上外交失败的旧恨。最初的真正动机在于害怕奥匈帝国重新占领新帕扎尔区，从而使门的内哥罗和塞尔维亚无法连在一起，并使计划中的铁路穿过新帕扎尔区，一直通到萨洛尼卡。后来在瓜分土耳其过程中俄国有机可乘的诱惑力变得明显起来，尽管当时怎样才能使对巴尔干各民族野心的领导权便于俄国实现其垂涎已久的对君士坦丁堡及黑海海峡的控制，一直都没有想出一个办法来。

---

① B. 冯·西贝特：《战前协约国政策史的外交档案资料》（柏林，1921年），第205—206页。
② 旧历是2月29日。巴尔干联盟的所有条约可参阅 J. E. 居埃肖夫所著《世界大战的起源》（伯尔尼，1919年）的附录。

尽管法国人一问再问，但在彭加勒1912年8月访问俄国以前，俄国人只向他们的法国盟友透露了巴尔干各国联盟的部分情况。彭加勒在看到塞尔维亚—保加利亚秘密条约的文本时，他对萨佐诺夫说，"如果德国并未主动挑起协定条款中所提到的事件，换句话说，如果德国并未进攻俄国，那么，法国就不会因为巴尔干的争端而对俄国进行军事援助"。他指的是1892年的军事协定，协定中有这样一条："如果德国或奥地利在德国支持下进攻俄国，法国应用它所有的军队和德国作战"。这个协定是1894年以条约形式批准成立的两国同盟的基础。但是从1908年起，事情越来越明显，使俄国向这个同盟求助的紧急情况将是：奥地利进攻巴尔干半岛上某一个斯拉夫国家；接着便是俄国干预，反对奥地利；而德国又来干预，反对俄国。彭加勒的话实际上暗示法国将在新的情况下给予支援，否则他一定会提出这样的必要的保留条件：俄国不得首先进攻奥地利。重申联盟的义务而又不钉死这一点（彭加勒在1912年的做法就是这样①），这意味着同盟的防御性质已经改变，或者说，与奥地利相邻的斯拉夫国家从此已包括在同盟范围之内了。毫无疑问，彭加勒已在俄国人的一再要求下做出让步，他怕的是失去整个的同盟，他认为这个以防卫形式出现的同盟对于法国是十分宝贵的。他在回忆录中没有指出这一点，是因为他不承认同盟实际上已变得有利于俄国。

当彭加勒在彼得堡时，巴尔干的一场冲突已迫在眉睫。希腊已于5月29日与塞尔维亚及保加利亚缔结了条约，门的内哥罗也在口头上答应受这个条约的约束，整个巴尔干联盟的目的是想利用土耳其与意大利之间一直进行战争的时机。这个战争曾经是促使联盟得以组成的因素之一，现在它正在为阿尔巴尼亚和马其顿的暴乱火上浇油。

巴尔干危机考验了德奥两国在同样的战略问题上的团结程度，虽然当时的形势不像1914年的危机那样具有戏剧性；因此有人提出这样的问题：这次巴尔干危机为什么没有造成1914年危机那样的严重结果？一般都认为，这是由于德国在1912—1913年明白地拒绝支持奥匈帝国，而在1914年却给予了支持，这是对这两次事件的进程作

---

① 《黑皮书》（巴黎，1922—1934年），第1卷，第323页；彭加勒，前引书，第2卷，第200页及以下，第340页及以下。

了错误解释。奥地利对巴尔干危机的政策及德国的反应这时都还悬而未决。奥地利外交大臣贝尔希托德根本不想惩罚塞尔维亚人,他最初在外交上曾率先为避免这场危机而努力。他建议各国联合起来向土耳其政府发出忠告,希望土方同意将行政权分散到行省,并且警告巴尔干各国政府要保持和平。德国方面对这个单方面行动表示担心,这种担心是一种确认德奥联盟的排他性质和团结一致的行为,而不是相反。① 最后,贝尔希托德的计划又增添这样的警告:列强不会同意变更领土的现状。他的计划被各国接受了,并由奥国及俄国这两个利害关系最大的国家来代表各国执行计划。欧洲这种颇有希望的合作的出现,主要是由于萨佐诺夫对巴尔干民族主义的态度起了突然变化,他曾于无意中招来了民族主义的幽灵,现在却对它怕起来了。但这种合作为时不长,也没有起什么作用。在各国采取联合行动的同时,门的内哥罗于10月8日对土耳其宣战,10天之后,塞尔维亚、保加利亚、希腊也参加了战争,所有这些行动都没有得到俄国的赞同;但斯拉夫各国在共同行动时是期待着俄国的赞同的。

这次战争带来的第一个关键性问题是新帕扎尔区的问题,这个区在1909年以前由奥地利占据,后来改属土耳其,但并未建立牢固的统治,现在塞尔维亚人为了与门的内哥罗人连成一片,又一心要把这块地方夺到手。这是对奥地利人的面子与战略控制的挑战,贝尔希托德起先并不想应战,他只求恢复现状②,但这与总参谋部的意见相左。奥地利并没有要求德国做出这样的保证:如果奥地利把塞尔维亚人逐出该区,德国将出来制止俄国的干涉,尽管有些迹象表明,如果奥地利提出要求的话,德国是会给予保证的。③

在巴尔干危机的初期外交活动中,所有大国都强调维持现状,其主要原因是,在一场真枪实弹的战争中,谁能获胜还说不准。最初几天的战斗消除了一切怀疑。保加利亚人已穿过色雷斯,向海峡前进,但希腊人抢先一步进抵萨洛尼卡。塞尔维亚人这时也已抵达亚得里亚海。保加利亚人在君士坦丁堡的周围遇到土耳其人的抵抗,停止了前

---

① 基德伦1912年9月2日致贝特曼-霍尔威克的信。《大政方针》,第33卷,第12135号。
② L. 阿尔贝尔带尼:《1914年战争的起源》(英文版, I. M. 梅西编,伦敦,1952—1957年),第1卷,第387页。
③ 《奥匈对外政策,1908—1914年》(维也纳,1930年),第4卷,第4022号。

进，但他们的进军，俄国人是不欢迎的。塞尔维亚人的成功只对奥地利人起到威胁作用。因此，在这个时刻，俄国的官方政策和泛斯拉夫情绪开始会合起来支持塞尔维亚人。但在维也纳，一个由来已久的想法正在复活，即扶持保加利亚，使它成为一个不受彼得堡宠爱的、敌对的巴尔干国家。

近来一些历史学家也许将奥地利与塞尔维亚和解的可能性看得太容易了。① 的确，有一种思想派别可以称为"试验主义者"，他们喜欢将奥匈帝国统治下的斯拉夫人的地位与日耳曼人及马札尔人的地位等量齐观。他们认为，如果奥地利方面能够容许塞尔维亚政府得到亚得里亚海的一个港口的话，塞尔维亚方面是会欢迎和解建议的。② 但是，尽管奥方在1912年秋天及1913年两度提出建议，他们的诚意肯定受到怀疑，因为不喜欢妥协的塞尔维亚民族主义极端分子在暗中施加影响。

由于奥地利人决心不让塞尔维亚人得到亚得里亚海的一个港口，他们就利用民族原则，说服列强建立起一个新国家阿尔巴尼亚。阿尔巴尼亚人不是斯拉夫人，原先受土耳其统治，他们居住的地方包括从门的内哥罗到希腊的整个海岸线。但是俄国政府以塞尔维亚的利益为托词，坚持要在海岸上开辟一个自由港口，并特别提到都拉斯，虽然没有同时要求得到一个通往港口的走廊。当俄奥双方在加里西亚边界两侧增加掩护部队时，这两个大国之间的紧张状态达到了高峰。这种互示威力的情况持续数月之久。维也纳方面没有要求德国给予支援，对侵占了阿尔巴尼亚部分领土的塞尔维亚人进行干预，柏林方面也没有表示不给予支援；德国虽未被要求，却对维持神经战表示充分鼓励，像通常一样，德皇发表的谈话内容前后矛盾，语气却很重。但是贝特曼在12月2日的国会演说中宣称，"如果奥地利在取得其重大利益的过程中……遭到俄国的进攻"，德国将以兵戎相见。③

但是，俄国人为塞尔维亚的要求做后盾却多半是虚张声势。早在11月9日，塞尔维亚人就得到警告不要指望得到俄国的帮助。④ 但是

---

① 例如，E. 艾克：《威廉二世当政之时》（苏黎世，1948年），第643页；阿尔贝尔蒂尼，前引书，第1卷，第394—395页；A. J. R. 泰勒：《欧洲争霸的斗争》，第491页。
② 《奥匈对外政策》，第5卷，第5005号。
③ 艾克：《威廉二世当政之时》，第639页。
④ 西贝特：《战前协约国政策史的外交档案资料》，第577页。

在俄国国内，泛斯拉夫情绪正在高涨，在大公们及总参谋部的人员中都有热心好战的分子，因此，塞尔维亚人的事业是不可能被轻易地抛开不管的。倒是彭加勒有点沉不住气，他怀疑俄国人会漠不关心，他对伊斯沃尔斯基抱怨说，奥地利的军事准备并没有遇到足够的抗衡。① 此话的背后看来有这样一个信念：欧洲战争即将到来，如果俄国不愿拖住奥地利及德国的兵力，法国势必首当其冲。在法国来说，彭加勒在彼得堡对于条约条款中规定的条件所做的新的解释当然是含蓄的，而伊斯沃尔斯基也认为，他访问俄国以后对此已予以证实了。②

12月3日，取得胜利的巴尔干联盟与战败国土耳其签订了停战协定，并于伦敦举行和会。与此同时，大国外长也在伦敦举行会议，以监督巴尔干及爱琴海各国实行和解。外长会议立即同意阿尔巴尼亚的地位，并决定迫使塞尔维亚人撤离亚得里亚海，接着又决定奥地利放弃新帕扎尔。外长会议反映了大国都想息事宁人，它们之间的争端并未受到巴尔干和平会议不欢而散的直接影响，也未受到巴尔干各国重新发生冲突即所谓"第二次巴尔干战争"的直接影响。重要的问题在于，塞尔维亚的胜利和扩张损害了哈布斯堡王朝的威望，因此，也就损害了它的安全。因此，在阿尔巴尼亚建国以后，它的现时遭到塞尔维亚人及门的内哥罗人侵犯的未来边疆问题，已成为奥俄两国政府之间的一大难题。奥匈帝国必须采取怎样的立场，在什么情况下才值得冒打一场全面战争的危险，对于这两个问题，贝尔希托德事先肯定没有做出什么决定。但是德国首相在2月10日抱怨说，他被人家蒙在鼓里，什么情况也不知道。贝特曼和毛奇确实正在尽力使奥地利采取稳健政策。③ 贝特曼颇有远见地说，"如果奥匈帝国对塞尔维亚采取军事行动，俄国几乎不可能坐视不理"。直到六周以后，外长会议上才有这样的记载：奥地利让出边界上有争议的两个村庄即迪布拉和贾科伐，但是在此期间，维也纳与彼得堡之间紧张关系的缓和以及奥地利军队的撤出加里西亚，应归因于德国的态度。

但是，德国人摇摆不定的态度，表现在1913年4月发生的斯库

---

① 《黑皮书》，第1卷，第369页。
② 同上书，第326页。
③ 《大政方针》，第34卷（i），第12818及12824号。

台危机上。这个城镇仍然掌握在土耳其人手中,但已由列强划归新成立的阿尔巴尼亚。它曾先后受到塞尔维亚人及门的内哥罗国王尼基塔率领的军队的包围。塞尔维亚人接到俄国人的指令,已经撤退,但是尼基塔还没有撤兵。奥地利政府发出警告说,如果参加伦敦会议的各国不能共同做出保证要尼基塔撤兵,奥地利将单独采取军事行动。柏林方面没有阻拦发出这个警告,而且德国人还明白地警告法国人,如果俄国进行干预,德国将进行战斗。与此同时,萨佐诺夫在这场危机中的行动至少与贝特曼在上次危机时一样,是息事宁人。萨佐诺夫指责门的内哥罗人"操之过急,态度也太愚蠢",违背了"欧洲和平的最高利益"。① 但是谁也不相信,泛斯拉夫情绪会容许俄国抛弃门的内哥罗人;只是由于尼基塔国王突然顺从起来,才避免了明显的战争危险。据说,他在危机时期大量购进维也纳交易所的股票,以求在危机结束时谋取利润。

斯库台事件教训颇多。门的内哥罗人撤出斯库台而未经奥地利人动武,这种场面按照20世纪政治及宣传的恶规陋习,应被认为是使奥匈帝国丢脸的事。因此,国内批评贝尔希托德是一个软弱的亲俄派,这就使他打算采取铤而走险的方针,虽然这在当时表现得还不明显。斯库台问题解决以后,巴尔干交战各国又回到伦敦举行会谈,各国代表最后于5月30日签订了伦敦条约。这个条约使土耳其在欧洲的领土缩小到只剩下君士坦丁堡的内地及两个海峡;希腊与保加利亚两国在爱琴海岸的确切划界,与爱琴海上岛屿的处理一样,将交由大国处理;马其顿的划分办法则交由塞尔维亚与保加利亚谈判决定。

正当塞尔维亚与保加利亚争吵时,贝尔希托德又重提扶植保加利亚来包围塞尔维亚的计划。该计划没有受到柏林方面的欢迎,主要是因为三国同盟的名义上的仆从国罗马尼亚也是保加利亚的竞争对手。罗马尼亚国王卡罗尔虽是霍亨索伦家族的人,但是罗马尼亚不可能长期与同盟国家站在一起。罗马尼亚的知识分子是亲法的,所有各阶级的民族主义者都认为他们的敌人是匈牙利人,因为在匈牙利的特兰西瓦尼亚省有一百多万罗马尼亚人少数民族。德国人却没有意识到这一点。在保加利亚由于判断错误而对塞尔维亚和希腊发动突然袭击以

---

① 阿尔贝尔蒂尼:《1914年战争的起源》,第1卷,第446页。

后，德国人还反对奥地利为了解救侵略者而进行的干涉。当时人们曾经料想，奥地利的行动会使俄国参战，甚至连好战的奥地利的总参谋长康拉德·冯·霍曾道夫也有这样的看法。我们现在还不清楚，贝尔希托德的战争计划到底在多大程度上是真想打仗。但是，当希腊、土耳其，最后还有罗马尼亚都参加到塞尔维亚一边时，德国人却拒绝为其盟国的政策承担责任，他们所采取的办法是：公开批准于1913年8月11日签订的布加勒斯特条约，并且尽力鼓动报界敦促撤换贝尔希托德。① 事情还不仅此。这个条约及伦敦条约曾将一些问题留待大国决定，当保加利亚及希腊双方的要求发生冲突时，德皇竟使德国站到与奥地利对立的阵营里。② 奥地利人发现自己与俄国人站到了一边，俄国人眼前所关心的是，不让希腊人沿着海岸悄悄地向君士坦丁堡扩展。

直到1913年秋天，贝尔希托德才在德国支持下第一次赢得了对塞尔维亚人的明显的外交胜利。塞尔维亚人从阿尔巴尼亚北部撤军的步子很慢，并且轻率地扬言，希望修改一下边界。维也纳方面发表的语气越来越重的警告都不够分量，对方一直未予理睬，最后到10月18日，奥国发表了要求塞尔维亚于一星期内撤退的最后通牒。德国方面是在最后一刻才被通知有此通牒（意大利人则直到通牒已发出才接到通知）。德皇的反应倒很积极。他反对和平解决，并向康拉德将军指出："其他（国家）并没有做好准备。"③ 此话不假，因为在奥地利最后通牒之前所发出的最后一个警告已经使得萨佐诺夫和法国方面劝告塞尔维亚人撤军了。塞尔维亚人确实马上撤退了，但是贝尔希托德行动的最明显成就在于使德国政府特别是德皇注意木已成舟的事实。看来协商确实是不受欢迎，看来下列原则也已确立：奥地利在道义上和战略上对它自己的巴尔干政策负责，而德国只对这个政策的后果负责。

其实，德国只是在一场反对"斯拉夫国及高卢人"的预防性战争（德皇认为这场战争是无法避免的）中投机地支持奥匈帝国而已，除此之外，德国并没有什么正式政治策略，而且肯定也没有明确的战

---

① 《大政方针》，第36卷（i），第13781号，其中，德皇宣布了这个目标。
② 威廉对希腊表示的同情，以及他本人对保加利亚国王的厌恶，在这方面都起了作用。
③ 康拉德·冯·霍曾道夫：《我担任公职时期》（维也纳，1922—1925年），第3卷，第170页。

争目标。① 德皇是一个过于反复无常，而本质上又过于墨守成规的欧洲人。他有一句名言颇能说明他的特点："保卫欧洲真正的利益要靠（两个）集团中的两大国家，即德国和英国并肩互助。"② 在世界政治方面，他对"黄祸"的重视超过了与英国的竞争，他还对他所称的"建立一个非洲殖民帝国的狂想"进行冷嘲热讽。③ "对东方的强烈要求"（这大概表现在巴格达铁路的建立上）也绝不是政府的当务之急。从19世纪80年代开始，德国一直帮助土耳其军队进行装备及训练，但是，德国在两次巴尔干战争期间的政策并未受这种关系多大影响，也未因马沙尔·冯·比贝尔施泰因想利用这种关系在土耳其树立德国的外交威信而受到多大影响。修建铁路的计划，由于德国的流动资金日益缺乏而告搁浅。军事上的支持则是明确无疑的，往往带有竞争色彩却又不是全心全意的，因为一直到1914年战争爆发，谁也不知道土耳其人究竟会加入哪一个大国阵营。④

在1913年年底经受考验的不仅是对腐朽的土耳其帝国承担义务的德国，而且还有其他承担义务的国家。德国应土耳其的邀请，又派遣了一个新的庞大的军事代表团去重新整顿土耳其军队。德国将军李曼·冯·赞德尔斯将统率君士坦丁堡军团，同时兼任代表团团长。11月间消息传来，俄国感到震惊——也许是意料中的震惊。在彼得堡方面看来，重新考虑在海峡问题上究竟是进行战争还是维持和平这个基本问题的时机似乎已经到来。到了1月间，萨佐诺夫准备把欧洲各国都拉进纠纷中来，以便促使土耳其方面解雇李曼；他建议三个协约国占领小亚细亚几个选定的地点。⑤ 但是事实已经很明显，他不能指望得到这种合作。法国一直想向土耳其政府提出抗议，指责它"将海

---

① F. 菲舍尔：《攫取世界霸权》（杜塞尔多夫，1961年）一书和以后的论战中，尤其在同一作者的《世界政治，争夺世界市场和德国的战争目的》（载于《历史杂志》，第199卷，1964年10月）一文中都重新提出战争目的问题（意指"战争罪责"）。他阐述的根据是战争爆发头一个月间各国的战争目的，其余的则多半是追溯政界人士和政府官员与战前战略和商业方面冲突过程的关系问题，即战时和平目的所表现的问题。但是，哈尔加滕对这些冲突过程的描述（前引书，第329页），已参考了菲舍尔的关于波茨坦档案研究材料。关于这个问题最近的一次争论（1967年），见 E. 利纳尔《1914—1918年德国的战争目的》。
② 《大政方针》，第36卷（i），第13781号。
③ 《大政方针》，第31卷，第11422号。
④ 《历史杂志》第199卷中菲舍尔的文章。
⑤ 1月6日备忘录的摘要，见《面临巨大的灾难》（柏林，1929年），第291页，该书作者是 M. 陶贝男爵（曾任萨佐诺夫的助手）。

峡的钥匙交给了"德国人。① 但是英国人则甚至做不到这一步，因为他们意识到，他们自己派到土耳其海军中的顾问林普斯海军上将所拥有的对海军的指挥权与李曼在陆军中的指挥权是一般大小。无论如何，他们还害怕彼得堡与柏林会以牺牲英国为代价来实行和解，这比俄德两国打一仗的可能性更大。② 但是伦敦方面过高地估计了德国人对瓜分的兴趣。德国人对于土耳其的领土是有些打算，但是还没有做好并吞的准备。他们比俄国人更希望尽量推迟瓜分的时间。③

柏林方面终于找到了一个和解的办法：将李曼的职位提升到超过了土耳其军团司令官那一级，让他只担任顾问。这个让步正好赶上了1月在彼得堡举行的为应付这个紧急形势而召开的一次内阁会议。俄国陆军大臣苏霍姆利诺夫在会上声称，俄国"已完全做好与德国进行一次较量的准备"，如果非较量不可的话；尽管总参谋部与萨佐诺夫都在指望着法国会来帮一手，也许还指望着英国的帮助。会议反对在两个"协约"伙伴都未参加的情况下冒战争风险，但听从了首相科柯夫佐夫的不同意见——但是科柯夫佐夫由于与宫廷体制不相适应，当时即将去职。

李曼事件产生了两个严重的后果，影响了6个月后战争与和平的均势。人们对俄国的战略和军备情况重新做了估价，俄德两国的政府关系也出现了一种新的不祥的恶感。俄国总参谋部经过三思得到的结论是：在海峡地区不可能进行一场进攻战，因此决定为黑海舰队追加拨款，决定现役军人暂不退役，并且大力宣传重整军备。④ 德国官方和公众意见认为这是挑衅，于是在德国和俄国报纸上展开了一场宣传战，这很可能是双方政府鼓动起来的。不久以后，各结盟国、奥匈帝国，还有法国（在较小的程度上）都被拉进"一场其激烈程度无以复加的论战"。这是英国驻维也纳大使所写的一句话，他还说："这次论战，即使在一场战争即将爆发时也不会更加激烈。"⑤

---

① 《法国外交文献，1871—1913年》，第3辑，第8卷，第544号。法国的文献并不支持E. 勃兰登堡（《从俾斯麦到世界大战》，牛津，1927年，第461页）与其他为德国辩解的人所提出的论点，即法国人正在挑动俄国人作战（同上书，第8卷，第598、689、694号）。

② 《关于战争起源的英国文献，1898—1914年》（伦敦，1926—1938年），第10卷（i），第180号。

③ 1913年7月雅戈致德国驻君士坦丁堡大使的信（勃兰登堡，第459页）。

④ M. N. 波克罗夫斯基：《关于战争早期历史的三次会议》（柏林，1920年），第66—67页。

⑤ 《关于战争起源的英国文献，1898—1914年》，第10卷（ii），第526号。

俄国在进行宣传战的同时,还准备对法国进行忠告。俄国公众及官方意见特别急切地希望法国能维护住三年兵役制的新法律。这个法律已于1913年春天通过,它与德国最近一次大规模扩军实际上是同时进行的。任何一方的措施似乎都并不一定是由另一方的行动引起的,但是这种巧合的竞争却减少了各方的国内批评。法国的三年兵役制是弥补德国人口比法国人口多出一半以及德国的较高出生率所造成的差距的唯一办法。法国各左翼政党反对这个法律,但是法国1914年担任总理的维维亚尼答应彭加勒对这个法律维持不变。这样的各党之间的妥协,反映了法德之间的关系比俄德之间的关系更为紧张,尽管法国的报界更为谨慎一些。德国方面显示武力,特别是在阿尔萨斯或洛林显示武力,被认为是一个不妙的征兆。法国及德国的左翼政党对这种紧张状态表示遗憾,而于1913年在伯尔尼举行的一次国际议会会议则是一次反对民族主义联合的示威。事态的发展证明这乃是肤浅之见,第二次年会也因此而未能开成。

英国并非置身于这些动荡之外。俄国由于惊恐,便力促英国加强其与三国协约的联系。英王于4月间访问巴黎,使法国人大受鼓舞,他们竭力为俄国的要求做辩护。格雷甚至做出这样的让步:可以让俄国大使了解1912年英法协定的内容,并建议举行英俄海军参谋人员会谈。德国人听到了这个风声,他们很难根据格雷在议会里回答问题时所说的支吾搪塞的话就表示谅解,格雷这番话的大意是:并不存在任何将会妨碍英国自由选择作战与否的协议。他们是从盗窃来的俄国文件中获悉这些情况,或俄国人对这些情况的乐观主义的解释。① 这时英德双方就欧洲以外的争端进行的直接谈判已接近尾声;柏林方面也许认为,这种会谈并不具有什么特别的政治意义。到了7月底,关于英国的盟友葡萄牙的海外殖民地的瓜分计划已无障碍,可以签订协定了。7月27日,德皇授权签订巴格达铁路条约,这个条约规定,英国控制波斯湾的航运,作为交换,德国人则控制直到终点站巴士拉的全部铁路线。与这个条约相联系,而且至少具有同样重要性的,是一系列半私半官方性质的英、德及土耳其三方关于石油及航运利益的

---

① 《关于战争起源的英国文献,1898—1914年》,第10卷(ii),第548号。1964年第199卷《历史杂志》中的E.策奥林的文章提出,英德关系中发生的这一事件所产生的影响是深远的;尤其参见第352页中的注②。

会谈——这些会谈正在产生一个不相称的结果：两个敌对帝国的海军依靠的竟是同一个燃料来源。

近东和非洲外交局势的稳定——与此相对应的则是俄国和日本在远东要求瓜分中国长城以北的地区——并没有影响欧洲各国的对立，若说有影响的话，只是使几个对立国家完全解除了后顾之忧罢了。当时人们对于欧洲的这样两个关键问题是深信不疑的：一是哈布斯堡帝国的瓦解已是瓜熟蒂落——或者反过来说，南斯拉夫势力正在增强；二是德国的兵力确实具有压倒的优势，此事究竟是祸是福尚难预料。德国国务大臣雅戈将奥地利和土耳其的前途比作"两大帝国之间的一场竞赛，看谁先土崩瓦解"，他还哀叹德裔奥地利人缺乏帝国的意识。① 在维也纳，契尔施基预见到土耳其终将被瓜分而与德国合并，他问道："我们将自己与这样一个有名无实的国家紧密地拴在一起是否真正合算？"② 但是德国人却不肯耐心地研究这个帝国即将土崩瓦解的征兆和抢救的药方。他们认为，塞尔维亚与门的内哥罗即将实行合并的威胁是无法避免的，他们反对奥地利与保加利亚联合到一起，他们继续鼓励对罗马尼亚进行安抚，直至1914年6月沙皇访问罗马尼亚，罗马尼亚背叛同盟国已洞若观火时为止。③

德国军事上的优势妨碍了斯拉夫民族解放的自然进程，但这甚至也不是俄国忌恨这种优势的唯一原因。德国在军事上胜人一筹本身就令人无法容忍。萨佐诺夫一语道破了此中原委，他说，"感觉到别国比本国强大，而且还得向这个只是在组织及军纪方面具有优势的对手让步"是"令人丢脸的"，而且这将导致"士气低落"。④ 当时人们并不知道德国人武器后面的外交政策是多么缺乏章法，而且更确切地说，是多么无所作为。为当时局势担忧的人们可以用德国军事政论家贝恩哈迪将军的畅销于国内外的一本书《德国与下一次战争》来做论据，该书要求最后压服法国，并且重谈特赖奇克⑤攻击世界和平为"不合时宜"的谬论。其实这些观点有时也在德皇心中回荡（尽管公

---

① 《关于战争起源的英国文献，1898—1914年》，第10卷（ii），第532号。
② 《大政方针》，第39卷，第15734号。
③ 《奥匈对外政策》，第8卷，第9902号。
④ 《帝国主义时代的国际关系》，第3辑（1931年），第1卷，第289号。
⑤ 特赖奇克（Treitschke, 1834—1896年），德国历史学家，具有强烈的日尔曼主义，攻击一切不利于德意志帝国兴起的意见。——译者

众并不知道），也许还影响了政界人士，正如他在1912年写的，"强调世界和平"颇有点"阉人气息"①。美国总统的私人使节豪斯上校曾说过一段话，道出了欧洲人的情绪。他到欧洲是为了进行调解，这个任务本身也颇耐人寻味。他说："形势非同寻常，好战情绪简直到了疯狂的程度。除非有人代表你能够做出不同的理解，否则这里总有一天要发生可怕的灾难。仇恨太多了，猜忌太多了。"即使在德国陆军中，在它的总参谋部里，也存在着大量的互不相容的信念——这是这些将军们固有的错误，他们被提拔当领导，不在于谋略，而在于战斗（或计策），而在疆场上志得意满是一种不可缺少的品德。他们感兴趣的不是以威慑胜，而是以征战胜。

当沙皇进入三国同盟的前哨地带访问罗马尼亚国王时，德皇到了波希米亚，在弗兰西斯·斐迪南大公的官邸与大公就奥匈帝国及巴尔干问题进行会谈。刚刚两个星期，这些问题发生了一个悲剧性的转折。6月28日，大公及其出身寒微的妻子遭到暗杀。凶手是一个有奥匈国籍的波斯尼亚的塞尔维亚人，名叫加甫利洛·普林西普。这次暗杀是贝尔格莱德的一个秘密团体"黑手会"策划的，因为弗兰西斯·斐迪南主张实行哈布斯堡王朝统治下的联邦制，这种主张对于建立一个更大的南斯拉夫国家是个威胁。年轻的凶手们在受审时声称他们是出于私人动机②，而奥匈政府并不了解在这些凶手背后的组织的规模，更不了解其领导人是迪米特里耶维奇，此人化名为阿皮斯，既是"黑手会"的头目，又是塞尔维亚陆军部的军事情报人员。尽管阿皮斯及其手下的特工人员是由俄国人给钱的，可是这次特殊行动俄国完全不可能给予帮助，而且俄国的大小官员也不可能知悉。案情不利于塞尔维亚政府之处在于它全面放纵民族统一主义者，实际上鼓励了它的活动。据说塞尔维亚参加"民族保卫"组织（Narodna odbrana）的官员还为恐怖分子提供了武器，这个组织是个公开的爱国团体，奥地利人将它与秘密的"黑手会"混为一谈。奥地利警察的情报工作与他们的预防措施同样拙劣，这方面的无能肯定使他们在控诉塞尔维亚人时软弱无力。现在还弄不清楚，塞尔维亚的帕西奇政府对

---

① 《大政方针》，第33卷，第12225号。
② A. 摩塞：《一个历史悲剧——萨拉热窝的暗杀》（巴黎，1930年），《审讯记录》，第151页。

于"黑手会"的计划到底了解多少,如果他们参与其事的话,到底是默许还是胁从。有一点完全可以肯定,他们曾向维也纳方面提出警告,不过过于谨慎从事,因而没有引起重视。

萨拉热窝暗杀事件所引起的战争与和平问题,在本质上与前几年的危急情况一样。那时奥匈政府没有以之作为借口向南部的斯拉夫人开战,因为当时存在着俄国会进行干预的危险,而德国是否支持奥匈帝国还不一定。康拉德将军认为这一次机会并不如上几次那样好,但他决定不放过这个机会。[①] 这次冒险,对于宫廷方面及官员们在深思熟虑以后有意孤注一掷的情绪是有吸引力的。到7月1日,政府方面的意见普遍倾向于开战,因此,蒂萨在一次内阁会议以后(他在会上是唯一的持异议的人),便向皇帝表示他绝不赞成开战,他认为运用贝尔希托德所说的"条约规定的开战理由"很不恰当,是"致命的失策"[②]。但是,这一次德国肯定是会合作的。一个特别使团已经派往柏林,去探测三国同盟的大伙伴的意向了。

霍约斯伯爵于7月5日递交德皇的文件中有弗兰西斯·约瑟夫写的一封信,附有奥国关于巴尔干政策的一份简要备忘录。这份备忘录重申奥方关于争取保加利亚入盟以对付塞尔维亚并防止罗马尼亚背叛同盟的计划,备忘录警告说,俄国干涉巴尔干的真正目的在于反对德国。信和备忘录均未明确提出立即行动的建议,更未附有关于立即行动的计划,但是信中宣称,未来的计划必须以"孤立并削弱塞尔维亚"为基础[③];奥方认为德皇一定会同意这样一点:"绝不能让在贝尔格莱德的祸乱根源不受惩罚地存在下去。"

霍约斯与奥匈帝国驻柏林大使佐基耶尼感到德皇已有愿意接受的心情,因为他对这次暗杀他的私人朋友的弑君行动是十分气愤的。但他在忙着安排一些急事,以便能够于第二天离开首都与德国舰队一起做一年一度的海上巡游。他匆忙地同意了奥方的意图,交由首相去进行正式商谈。佐基耶尼可以立即打电报报告说,即使与俄国交战,德国也答应给予支援;并说,如果奥地利外交部认为"必须对塞尔维

---

① 康拉德:《我担任公职时期》,第4卷,第72页。
② 《奥匈对外政策》,第8卷,第9978号。
③ 同上书,第9984号。

亚采取军事行动",德皇将对他们失去"当前有利时机"感到遗憾。① 德皇于7月6日登上快艇以前,与陆军及海军参谋人员的代表进行了短时间的讨论——当时毛奇和提尔皮茨均不在。他警告他们,有可能与俄国突然爆发战争,从而也会与法国交战,但他不认为俄国已做好"战争准备",他显然根本没有研究过英国的态度。

德皇与首相之间进行的商谈也是同样草率。首相是在奥地利人之后来到波茨坦的。历史学家们早已破除了这样的神话:在一次正式的"御前会议"上通过了战争计划。② 据佐基耶尼说,商谈结果是首相确认了他主子做出的保证,首相同样认为,目前最彻底、最有利地解决问题而对塞尔维亚采取"直接行动"最有利的时刻。③ 佐基耶尼在报告中谈到的首相的保证与贝特曼-霍尔威克自己致契尔施基的电报中所谈情况差距并不很大。贝特曼-霍尔威克的电报记录了德皇已同意维也纳方面提出的关于巴尔干的总计划——其中在谈到保加利亚和罗马尼亚时表示,德国将继续进行合作——电报又称,至于"与塞尔维亚之间的问题",德皇"将不表示态度,因为这些问题超出了他的权限"④。但他将"忠实地站在奥匈一边"。

有人替贝特曼辩解说,德皇的不明确表态意味着保留,但这种说法与下列事实有矛盾:在将近三个星期之中,德方并未向维也纳方面发出确有助益的暗示,甚至连主张采取稳健做法的暗示都没有。大约三个星期之后,只关心什么是最有利时机的军事政策,就使得防止战争爆发的外交活动的活动余地缩小了。在这期间,契尔施基对他的指示所做的解释,即敦促德国的盟国⑤自由行事,并无条件地做出保证的说法,不断受到支持。在这方面,首相和德皇都不打算在各大国之间有意挑起争端;但他们却赞同在一个大国和一个小国之间进行一场他们认为是实力悬殊的较量,他们估计这种较量可以局限于一个地区。至于万一判断错误将会带来什么后果,他们却漠不关心。他们对于其潜在敌人们将如何组合,也没有从政治上及战略上做认真的估计。因此,在凡尔赛条约中指责德国将战争"强加于人",这是出于

---

① 《奥匈对外政策》,第8卷,第10058号。
② S. B. 费伊:《世界大战即将到来》(1936年编),第2卷,第181页。
③ 《奥匈对外政策》,第8卷,第10076号。
④ 《关于战争爆发的德国文献》(夏洛滕堡,1919年),第1卷,第15号。
⑤ 指奥地利。——译者

误解。德国做出这种致命的许诺，是由于轻率，而不是由于有一个宏大的计划。德方在处理下列问题时则是经过考虑的：一是执行对奥国的许诺比实际需要严格得多；二是出于保证奥地利在政治上战胜塞尔维亚这样一个未见得必要的考虑，把发动一场对俄法两国的先发制人的战争看成是理所当然的事。

在贝尔希托德接到德方鼓舞人心的回答后，7月7日，他使内阁会议做出决定，对塞尔维亚人发出挑衅，使之进行战争，从而不使他们在外交上丢脸。① 他争辩说，德国人将把任何种类的讨价还价看作"示弱，这必然会影响到我们在三国同盟中的地位和德国的未来政策"。这时佐基耶尼发来报告，使这种观点更坚强有力了；报告说，柏林方面迫不及待，正流行着这样的意见：俄国正在为将来打一场进攻战做准备，但是对于打一场防御战则还未准备就绪。

在这期间，一个行动计划已经初具规模。7月10日，契尔施基已经可以向柏林报告说，奥国即将向贝尔格莱德发出一份限48小时之内答复的最后通牒，报告指出，如果这个最后通牒被接受的话，那对贝尔希托德来说将是一个"非常不愉快的"解决办法。② 但是德国人不肯帮助奥国提出明确的要求。他们拒绝对这种外交活动的方式承担责任，但是却接受其后果。德国人的要求是加速奥国的战备，并采用让德奥两国的总参谋长休假的欺骗办法来解除其他国家的疑虑。奥地利方面向柏林解释说，他们之所以必须将最后通牒的期限定在7月23日，是因为7月16日至22日彭加勒和维维亚尼正在彼得堡进行国事访问，最好等法国人回到国内以后。但是贝尔希托德对康拉德解释说，推迟除了因为外交上的问题以外，还由于要在动员之前收完庄稼，并等待暗杀事件的调查情况。③

对塞尔维亚进行控诉的准备工作进行得并非一帆风顺；外交部派往萨拉热窝的调查人员在报告中提不出甚至应负间接责任的证据，更不必说官方参与其事的材料了。④ 但是，到7月19日，一份最后通牒的条款已经草拟好了，并经内阁会议及皇帝批准，以便于第二天将

---

① 《奥匈对外政策》，第8卷，第10118号。
② 《关于战争爆发的德国文献》，第1卷，第83号。
③ 康拉德：《我担任公职时期》，第4卷，第72页。
④ 《奥匈对外政策》，第8卷，第10252号。

其发出，在 7 月 23 日晚上向贝尔格莱德递交照会后通知各大国。德国人当然在几天以前便知道最后通牒的大意了，但他们对文本的确切内容感兴趣，看来却只是为报界做准备。① 国务大臣雅戈声称，他曾向奥地利大使提出过批评，指出最后通牒过于苛刻，但是他在收到文本后的 24 小时却打电报给几个主要德国大使馆说，他还不知道最后通牒的内容。② 德方事先确定好了的政策是装作没有看到最后通牒的内容。

德奥这两个中欧国家之间直到这个阶段为止的勾结程度，已记载在巴伐利亚驻柏林的代表舍恩的一份报告中，这份报告由他于 7 月 18 日送往慕尼黑，谈的是他与副国务大臣齐默尔曼会见的情况。舍恩预告了奥地利最后通牒的条款，写明德方已让奥方全权处理，并说明德国人虽然对奥地利的立场给予直接的外交支持，却将"声称德国与其他国家一样，对奥地利的行动感到惊讶"③。德国要求将这场冲突局部化，希望俄国的反对也许不过是虚张声势，并希望法国和英国也许会劝说彼得堡谨慎行事，但是舍恩的情报表明，如果法国的生存受到威胁从而危及力量对比的话，甚至不能指望英国会采取中立态度，雅戈在致利希诺夫斯基的一封私人信件中，对德国政策的动机做了更为权威的解释；利希诺夫斯基在伦敦一直批评德国的政策竟屈从于奥地利的利益。而雅戈在信中辩解说，如果奥地利要能在"政治上重整旗鼓"，如果要想防止"俄国稳定它在巴尔干的霸权（他说这是'不能容忍的'）"，那么，德国的唯一可利用的盟国奥地利就必须惩罚塞尔维亚，同时，他表示希望使这场冲突地区化。不过，尽管他不想打一场"先发制人的战争"，却认为趁现在与俄国摊牌，要比几年以后摊牌为好。"到了那时，它（俄国）将在兵员数量上压倒我们，那时它将建起波罗的海舰队和战略铁路。在这段时间中，我们的阵营将变得越来越弱。"④

这就是 7 月份第四个星期的最初几天中，奥德方面互相承担义务

---

① 《关于战争爆发的德国文献》，第 1 卷，第 83 号。
② 雅戈：《世界大战的根源》，第 110 页。贝特曼-霍尔威克也回忆了他和雅戈的忧虑（《对世界大战的评述》，第 1 卷，第 139 页）。这些重要事实，像 G. 里特尔这样一位学者实际上却把它们弄错了（《治国术与作战方略》，第 2 卷，第 312 页）（他甚至把日期都弄错了）。
③ 《关于战争爆发的德国文献》，第 4 卷，附件 4。
④ 《关于战争爆发的德国文献》，第 1 卷，第 72 号。

的情况。这是否在某种程度上由于对另一方面动向不够信赖或缺乏了解，才这样做的，或者说，才更要这样做的呢？为这两个中欧国家辩解的人，在为柏林和维也纳之间洗刷直接责任时，发现以下几点可以减轻它们的罪责：贝尔格莱德的挑衅态度；法国及俄国挑衅性地巩固自己的阵线；以及英国做出的令人误解的中立态度。这些指责，尽管是一些争辩的说法，却也有些历史意义。当时从塞尔维亚发出的报道都是偏袒一方的，但是毋庸置疑的是：舆论十分激烈，在萨拉热窝发生暗杀罪行以后，塞尔维亚报刊上立即开始与奥地利对骂。政府的态度总的说来是正确的；他们的过错在于没有倡议由塞尔维亚方面和奥地利方面同时对暗杀背景进行调查。他们之所以这样考虑欠周，无所作为，也许是由于"黑手会"的威逼，也许是由于担心揭露出来对自己不利，而不是由于听从了舆论的意见。但是，帕西奇与其同僚对于打一场将会造成很大牺牲的民族解放战争并没有热情，他们害怕这场战争即将到来，因此终于通告各大国，声明塞尔维亚人确未参与暗杀事件，并表示愿意使奥方得到合理的满足，不过，这个措施未能有效地防止奥地利人发出最后通牒。

从危机开始直到奥地利宣布条件时为止，没有证据表明塞尔维亚曾经从俄国得到任何重要保证或劝告。但是，重要问题不在于俄国一国对于奥国备战动向的反应——因为正如我们所知道的，维也纳和柏林方面只将这种反应看成虚张声势——而在于法俄团结的发展。彭加勒和维维亚尼的彼得堡之行，无疑与局势的日益紧张恰好吻合。

在7月份前两个星期中，法国政府对于奥地利和塞尔维亚之间的问题并不比其他两个协约国更为积极。7月15日，法国领导人按原定计划启程访问俄国。在他们会商的议程中，塞尔维亚问题是排在后面的，例如，排在增进英俄关系的问题之后。[①] 他们预定于7月20日到达，23日离开，28日回到巴黎。这些日程后来未做任何变动，而且在具有决定意义的那些日子里，法国外交部的政策处于瘫痪状态。这从法国文件材料（包括彭加勒自己的回忆录）所提供的正反两方面的证据可以看得很清楚。但是关于这次俄国之行的报道极少——俄国公布的文件几乎没有提供什么补充材料——这是很难用活

---

① 阿尔贝尔蒂尼：《1914年战争的起源》，第2卷，第188页。

动不多解释得了的。① 毫无疑问，这两个盟国的领导人之间一定交换过直接的保证。7月21日，萨佐诺夫第一次对德国大使说，俄国不会容忍对塞尔维亚的威胁，更不用说对它所采取的军事行动了，他说，因为俄国的政策是"和平的但不是消极的"②。同一天，彭加勒自己也采取了这样的态度，他用下述事实教训奥地利大使："塞尔维亚是有朋友的，因此会产生危及和平的局势。"③ 但是，关于这次访问期间法俄双方实行联合政策的协议，唯一明确可靠的记录是英国大使于7月24日的一封电报提供的。布坎南报告说，法俄之间已就欧洲问题取得"完全一致的看法"，并"决定在维也纳采取行动，以防止提出让塞尔维亚进行解释的要求，或任何等于干涉塞尔维亚内政的命令"④。法、俄方面没有接着在维也纳提出什么对应的最后通牒，但是上述决定暗示，法国政府认为，保卫塞尔维亚的独立就是条约条款中所考虑的情况。对彭加勒个人持批评态度的人以及专做历史翻案文章的人，一直利用这次俄国之行大做文章，说这是这两个军事盟国的阴谋达到了登峰造极的地步。

相形之下，人们谴责英国的外交直到这个阶段还采取模棱两可的不偏不倚态度。⑤ 其实早在7月6日德国大使便告诉格雷，奥地利很可能采取行动，甚至还谈到德国予以支持的可能性。利希诺夫斯基关于奥地利情况的警告业经英国驻维也纳大使证实，甚至德国"怂恿"奥地利的情况也于7月22日被格雷在外交部的最敏锐的顾问克劳觉察到了。但是，就在同一天，格雷却对法国大使说："也许柏林方面正在努力节制维也纳。"⑥ 尽管格雷向奥地利和德国大使表示了他的日益不安的心情，他并没有指责他们的国家。直到7月23日，他还在说什么其他"四个大国"之间的战争，因此不言而喻，英国是中立国了。⑦

---
① 《法国外交文献，1871—1914年》，第3辑，第10卷，第6页。P. 朗努万：《1914年7月的法国政策》（《战争史杂志》，1937年1月号，第1—21页）。
② 《关于战争爆发的德国文献》，第1卷，第120号。
③ 《奥匈对外政策》，第8卷，第10461号。
④ 《关于战争起源的英国文献，1898—1914年》，第11卷，第101号。
⑤ 例如，见阿尔贝尔蒂尼，前引书，第2卷，第214—216页。
⑥ 《英国文件》，第11卷，第72号。
⑦ 利希诺夫斯基被提醒说，对门斯道夫使用的言辞要激烈得多，尽管其中包括这样的建议：支持奥国在贝尔格莱德提出"温和"的要求。利希诺夫斯基在向国内报告这个情况时还说，英国估计德国不会支持奥国利用萨拉热窝暗杀事件来实现它在巴尔干的野心。——这个警告引起德皇说了如下评语："英国已无耻到了极点。"（《关于战争爆发的德国文献》，第1卷，第121号）

英国暗示中立，这无疑是个可以避免的错误。格雷倾向于将德国政府当作一个没有向谁承担义务的国家，只是不如英国那样不偏不倚，这种倾向肯定是出自理智上的错误，而且是由于策略上的权宜之计而做出的判断；随后，柏林方面又重新考虑了自己的政策，这证明格雷的看法还是有些道理。但是，人们倾向于夸大格雷影响事件的机会，并且认为他早就有这种机会。不论在奥匈帝国犯下罪行以前，格雷的分析有怎样的缺点，他也绝不可能以通过法国向俄国做出反对德国的保证，来与奥匈帝国相对抗。采取英法协商协定这样的临时措施——这就是1912年双方来往信件的全部成果——就会要求内阁同僚们表示审慎的同意。但是在一个已因北爱尔兰危机弄得四分五裂的内阁中，根本不可能做到这一点。另一方面，若是不鼓励法俄两国，而在私下对德国提出警告，这种威吓对德国实际上能有多大效果，就很难说，而且这种做法也与格雷的直率作风不合。倘若以英国自己承担义务来鼓励它的两个协约国伙伴，那又会冒这样的风险：引导他们"依仗我们的支援来面对战争的考验"，到头来却发现这种支援并不是真能马上得到的。① 这种风险是冒不得的。如果格雷没有将英国的干涉看作避免战争的一种办法，那是因为他的思想必然要受到英国政治现实的制约。②

德国人的政策并不以英国的不干涉为转移，这依然是事实。正如舍恩的报告所表明的，德国外交部估计，如果为了援救法国而需要干涉的话，英国是会进行干涉的。在德国，流行着两种战略原则，一是不相信英国会持中立态度，二是不理会英国中立不中立的问题。持第一种战略原则的人是提尔皮茨的大海军主义派，他们认为两大海军、商业帝国在全世界的对抗应该是德国政策的主要动因。提尔皮茨不仅不愿与俄国打仗，他还很想牺牲英国利益来求得和解，因为"代价不论如何，我们必须使鲸鱼与熊相对抗"③。这样一种外交改革也得

---

① 格雷：《二十五年》（1935年版），第2卷，第158页。
② 如果英国早一点做出允诺而又未能防止战争的爆发，那就很可能使格雷在一场关于战争罪责问题争论中成为主要被告之一。这是一个值得辩论的问题，而不是历史事实。因为格雷此时还没有考虑做出允诺。他也许不会因为曾经利用战争来作为国家政策的工具，而受到谴责，但是肯定要以曾经鼓励法俄两国利用战争来作为国家政策的工具而受到谴责。《政治报》（前引书，第504页）认为格雷"在努力促使战争更快地发生"。同样掌握了众所周知的材料，可是苏联的这个最新论述表明，它对欧洲当时的人物，以及集团和阶级的利害关系的无知达到了惊人的程度。
③ 冯·提尔皮茨：《我的回忆录》（英文版），第1卷，第174页。

到与他性格很不相同的德国保守派人士的赞同,并得到彼得堡宫廷中一个强大的亲德派的支持。① 另一个战略派别在总参谋部。这些人既不偏袒英国,也不偏袒俄国,他们相信欧洲的霸权将在佛兰德平原和波兰平原上打一仗而见分晓。他们的日程表是先胜法国,再胜俄国,而没有考虑大规模的英国陆军会参战,也没有考虑海上力量所起的长期影响。多年来,德皇在这两派之间忽东忽西,对它们的矛盾所在也不甚了了,但7月5日采取的是总参谋部的政策。

7月23日下午6时,奥匈致塞尔维亚的最后通牒送到了贝尔格莱德,通牒要求在48小时之内接受。提出的各项要求是惊人的,但是,这些要求与提出它们的种种借口是相称的,与尚不明真相的塞尔维亚的阴谋也是相称的。这些要求包括公开谴责民族统一主义者的野心、解散"民族保卫"组织以及其他使泛斯拉夫主义丧失体面的让步。② 但奥方却不认为此事已引起俄国人的敏感,只是相信他们会接受战争的风险,这种见解载于维也纳方面向驻彼得堡的奥国大使萨帕吕发去的一封电报中,这封电报向大使提供了一个为最后通牒辩解的简要说明。电报开头说:"如果俄国认为与中欧国家进行最后清算的时机已经成熟,那么,下列指示就是多余的了。"③ 当然,这种非难忽视了一点,即双方都断定俄国在1917年以前不会准备就绪。④ 不过,他们采取这种做法并不是出于战争将使沙俄得到民族统一的最后机会这种理论——后来这种理论很流行。在1914年夏季,俄国的革命运动及大规模政治性罢工是否使沙皇及其顾问们受到影响,这一点尚不清楚。但是有证据证明,他们并未利用泛斯拉夫主义这个唯一有利于沙皇的重要政治力量。

据说萨佐诺夫看到奥国提出的条件后曾惊呼:"这就是欧洲大战了。"⑤ 但是,在他会见奥国大使及德国大使时,并没有任何表示无可奈何的迹象,而只是愤慨。他对德国大使波尔塔莱斯发出警告:

---

① 这种策略上的转变,还远不如法国的倾向更为异想天开。法国的这个倾向是:联合德国、英国来反对俄国,有些历史学家已觉察到了这一点,例如 A.J.P.泰勒《在欧洲争夺霸权的斗争》,第514页。
② 《奥匈对外政策》,第8卷,第10395号,第11卷,附录A。
③ 同上书,第10685号。
④ 据塞尔维亚大臣约亚万诺维奇说,这是已经确定的"总解决"的日期。阿尔贝尔蒂尼,前引书(意大利文版),第1卷,第400页对面所附的复制信件。
⑤ 希林:《战争是怎样在1914年开始的》(俄国外交大臣的日记)(伦敦,1925年),第29页。

"如果奥地利要吞并塞尔维亚，我们将与它作战。"① 这话得到的回答是一个令人容易产生误解的保证：奥地利不想吞并塞尔维亚；话中实际上掩藏着一个由巴尔干其他各国分割塞尔维亚的计划。当时没有首脑的法国政府的回答很暧昧，但意大利则表示反对不经协商便进行"这样影响深远的侵略行动"②。这时好像已经可以看出，意大利将在最初几次战役以后参加出价最高的投标人一方、即最有可能得胜的一方；在意大利，与在罗马尼亚一样，舆论并不支持其盟国，而是支持协约国。甚至格雷的不偏不倚态度也不足以证明奥国和德国的使"争端地区化"的希望是能实现的。在他看来，对俄国的挑衅好像搞得太过分了，他呼吁德国在维也纳作为四国调停国的一部分进行活动。③

俄国的反应不仅是口头上说说而已。内阁会议批准了一个对付奥地利的部分动员计划，以备在适当时机实施。他们还同意建议塞尔维亚人撤出贝尔格莱德，并听任大国来为它进行安排。这种建议被认为是鼓励塞尔维亚人拒绝奥国的最后通牒，但是全部论点所依靠的根据则是对一些残缺的来往函电任意重新进行解释。④ 直到7月27日，沙皇就塞尔维亚的呼吁发去的复信，还显然是一片闪烁之词。与此同时，萨佐诺夫虽然满腔愤慨，但还是向奥地利提出了延长期限的要求。不过，这时俄国外交的主要目标在于争取英国对俄法表示团结一致。当布坎南向国内报告萨佐诺夫对英国的这一希望时，克劳表示的意见是，法国和俄国已经决定接受奥地利的挑战，因此唯一的问题在于德国是否决心以兵戎相见。他建议，如果法俄任何一方开始动员，就向柏林发出警告。但是他未能动摇格雷的如下信心：英国公众不会批准为了塞尔维亚的争端打一场战争。⑤

塞尔维亚的答复并未无条件地接受奥地利的要求，因此奥国大使离开了贝尔格莱德，接着，奥国便开始按原定计划进行部分动员——只针对塞尔维亚，而不是针对俄国。其实，塞尔维亚的动员工作不仅走在奥国的前头，而且在对最后通牒发出回信之前便已开始了，他们

---

① 《关于战争爆发的德国文献》，第1卷，第160、206号。
② 同上书，第156号。
③ 《关于战争起源的英国文献，1898—1914年》，第11卷，第99116号。
④ 例如，见阿尔贝尔蒂尼，前引书，第2卷，第353页及其后数页。
⑤ 《关于战争起源的英国文献，1898—1914年》，第11卷，第101号。

对最后通牒是认真对待的。不过,塞方照会的内容十分和解。他们明白地接受了大约半数的要求,对其余要求则作了含混的回答,但用词甚为谦逊。他们还建议将尚有争议的问题提交海牙国际法庭。德皇很恰当地称这个答复为"在期限只有48小时的时间中取得的辉煌成就",但是他认为,奥国已经取得了"道义上的大胜",并说"进行战争的所有理由都已消失了"。这是欧洲人普遍的看法,奥地利人也意识到了这一点,但是列强各有自己的战略,和解的前景仍然不妙。悲观助长了武力,武力又证明悲观是有道理的。

英国方面提出召开会议的计划,建议各方实行和解,并暂停调动军队。格雷是在对1913年伦敦会议的愉快回忆的影响下提出这个建议的,但是形势已经与当时大不一样了。在前几次巴尔干危机中,大国均不是争端的直接当事者,奥匈政府既没有全力以赴,也没有得到德国的全力支持。1914年举行一次会议的价值是可以为和解提供时间。但是,和解并非普遍的要求,而且据了解,各国的军事计划制定者莫不相信——互相矛盾地——时间是在他们对手那一边。

尽管德国政府在原则上同意四国进行调停,但是反对举行会议,理由是,这样的会议对于奥地利来说等于是一个"仲裁法庭"。① 法国和意大利接受关于举行会议的建议,但是萨佐诺夫宣称,他宁愿与奥地利人直接谈判,一天以后,贝尔希托德就拒绝以最后通牒及其复照为基础讨论奥塞两国关系。② 接着,维也纳方面通知英国使节,调停已经太晚了;7月28日的宣战实际上是有意用来破坏调停的。贝尔希托德在两天前请求弗兰西斯·约瑟夫皇帝批准宣战时就说了这样的话;看来是德国总参谋部敦促他们造成既成事实的。③ 事实上,奥地利的军事计划制定者并没有要求在8月12日以前采取实际行动,他们炮击贝尔格莱德本来是想借以结束政治措施,而并不是开始进攻。

这第一声宣战并不算定局。俄奥之间的谈判还在进行,尽管萨佐

---

① 《关于战争起源的英国文献,1898—1914年》,第11卷,第185号。
② 同上书,第179卷,第198号。《帝国主义时代的国际关系》,第3辑,第5卷(1934年),第116及188号。
③ 《奥匈对外政策》,第8卷,第10855、10656号;《关于战争爆发的德国文献》,第1卷,第213、257号。

诺夫宣称谈判显然不会取得什么成果。① 德国在维也纳的代表机构确实很受鼓舞，但是到了这个时候，关于德国的政策，还很难说已经有了统一的掌握。最严重的是宣战对俄国备战所起的影响，因此对德俄关系也起着重大影响。从 7 月 25 日开始，俄国和德国都开始了所谓"先期动员"，包括一些预备措施。按照惯例，这个阶段还不算敌对时期，德国由于动员迅速，所以这个时期对它作用不大，而动员慢得多的俄国却因此而得到很大的好处。塞尔维亚宣战的消息使俄国提出了现役人员进行部分动员或总动员（涉及颁布征集令及全部其他措施进行战备）的问题。主张采取更为激进方针的军方的论点被认为占了上风，认为避免战争的可能性很小，因此及时备战乃是当务之急。7 月 29 日的事态发展就更有利于这种论点，错误地认为德国人竟会让俄国人抢先一着。原来有迹象表明，奥地利可能会做出让步；但这种迹象已不如下列消息重要了：贝尔格莱德已遭到炮击，德国发出单独的威胁说，如果俄国不停止其规模较小的军事动员，德国将进行全面动员。② 这时柏林方面像往常一样莫衷一是；萨佐诺夫从波尔塔莱斯那里收到的类似最后通牒的文件，其精神与贝特曼及雅戈在另外场合讲话的精神不一致。③ 但是萨佐诺夫现在深信，对贝尔格莱德的攻击表明，奥地利进行谈判一直只是为了争取时间。④ 于是他改变初衷，决定进行总动员，并且说服不愿进行动员的沙皇批准总动员。法国方面最近发出的表示支持的保证，也许有助于俄国政府做出决定，但法国实际上是很不同意这样操之过急的。⑤

进行总动员的指示刚刚批准，沙皇又下令撤销该指示，而代之以各国已经知道的部分动员。这是德皇致沙皇的一封亲启函件的结果。德皇与沙皇这两个表兄弟之间的电报，是在德国方面重作考虑的时期发出的。不幸的是，德皇鲁莽行事，胸无定见，而沙皇优柔寡断，考虑不周以致无法控制有利形势或不利形势。德皇从海上巡游回来以前

---

① 《英国文献》，第 11 卷，第 258 号。
② 《帝国主义时代的国际关系》，第 3 辑，第 5 卷，第 224 号。
③ 例如《英国文献》，第 11 卷，第 263 号及《关于战争爆发的德国文献》，第 2 卷，第 385 号。
④ 《奥匈对外政策》，第 8 卷，第 11003 号。
⑤ 彭加勒：《为法国服务》，第 4 卷，第 385 页。在维维亚尼 7 月 30 日在巴黎发出警告，希望不要激起德国方面进行动员以前，分散在各地的法国内阁成员做出保证时所选择的时机及保证的意义，一直引起人们很大的争论。这在阿尔贝尔蒂尼的书中有详细的论述，见该书第 2 卷，第 13 章。

所起的影响完全是好战的。但是自从他看到塞尔维亚的复照（看来是有意不让他看到的）以后，他在评论问题及发出的指令中，就时而自夸军事上的强大和政治上的正确，时而自感无能为力以表现清醒，两种情绪交替出现。他看到复照后立即感到，奥地利拿下贝尔格莱德以后，也许就感到已经有"面子"了。这与贝特曼-霍尔威克已经开始对英国的调停建议给予支持是一致的——鼓励他表示支持的原因显然在于他看到英国中立的希望越来越小，除非德国能赢得英国的中立。7月27日格雷向德国大使谨慎地谈到一次欧洲战争的范围问题，这番话使利希诺夫斯基向贝特曼明确地警告说："一旦打起仗来，我们将招致英国与我们对阵"①，因此，一定要坚持以英国向彼得堡提出和平建议来交换德国在维也纳采取同样的行动。

  贝特曼将利希诺夫斯基的电报传到维也纳，并加上他自己的赞同意见。他的目的很可能是要在世人眼中减轻德国的责任，但是正如他坦率地表明的那样，从国内政治看，也需要做出德国是"被迫参战"的样子。② 他在发给契尔施基的指令中有一些保留条款，特别是这样一点：大使必须"注意避免给人以我们要遏制奥地利的印象"③，这都说明，他不大考虑避免战争的问题，而主要考虑的是为进行战争找到更充足的理由。不管贝特曼的个人见解如何，他向维也纳发出的越来越强烈的告诫，几乎肯定要被毛奇和国务大臣雅戈弄得不起作用。7月28日，奥匈帝国驻柏林大使佐基耶尼报告说，德国支持英国关于调停的建议，显然只是做做样子，德国政府实际上是"坚决反对重视这些建议"的。④ 不论佐基耶尼在转达雅戈对首相意见的解释时是否言过其实，贝尔希托德听信了佐基耶尼的话，开始对德国官方表态有意地采取了冷淡态度。我们尚不清楚，契尔施基对首相的指示（更不用说对他的心情）的解释到底忠实到什么程度，但是贝特曼的论点及指责得到的只是闪烁其词的答复。奥地利人早已得出结论：取得面子上的胜利并无价值，必须将部队的调动进行下去。

  这时柏林的形势起了变化。贝特曼最近向维也纳发去的非常愤慨

---

  ① 《关于战争爆发的德国文献》，第1卷，第265号。
  ② 同上书，第277号。
  ③ 同上书，第2卷，第323号。
  ④ 《奥匈对外政策》，第8卷，第10793号。

的电报已经撤了回来①，德皇对于德国政府准备劝告弗兰西斯·约瑟夫皇帝"在贝尔格莱德住手"所给予的支持十分软弱无力，而且也为时太晚。② 奥地利人由于成功地拖延了足够的时间，已使德国总参谋部对俄国备战情况日益加深的忧虑在决定德国政策上占了上风。7月29日，总参谋部向首相正式提出警告，如果俄国和法国继续备战的话，德国将逐渐丧失在动员方面的领先地位。7月30日晚上，贝特曼得悉这方面备战情况的军事情报时大为震惊；而且，德皇的和解态度实际上也有所变化，这就令人更加担忧。因为汉诺威的一位诸侯向威廉报告说，乔治五世希望英国保持中立。当威廉听到来自伦敦的消息说，英国保持中立已无指望，他既感到愤怒，也感到沮丧。③ 与此同时，毛奇却早已在向维也纳的康拉德发去的电报中反对贝特曼的做法了，他鼓动说："立即动员起来对抗俄国，德国将要进行动员。"④ 这个命令引起贝尔希托德发出如下评语："到底是谁发命令，是毛奇还是贝特曼？"这话问得好。正是由于各方缺少配合，更确切地说，由于柏林方面权力不统一，使得处于从属地位的盟国能够对其上级盟国主张和解的正式意见采取拒绝接受的态度。贝特曼在其回忆录中不援用这一点来为自己辩解，这反映了他的忠诚态度，而并不说明他这种写法作为一个历史资料是可信的。

俄国进行部分动员的措施足以说明德国将军们为什么在7月30日急躁不安，而向贝特曼及康拉德施加压力。德国第二天就实行了总动员。因为据悉，俄国的部分动员，除三个征兵区以外，包括了帝国的全部地区。而且，这三个被除外的地区都是面对着德国战线的，这一做法在政治上和在军事上具有的重要意义却被人们低估了。不仅如此，俄国进一步实行总动员，这就阻止了德国做出决定性的反应，使俄国真正铸成了大错。

俄国于7月30日做出的决定，在第二天早晨公开宣布，这个决定完全是基于军事上的考虑：部分动员已不切实际；相信德国的总动

---

① 《关于战争爆发的德国文献》，第2卷，第441及450号。电报中有这样的话："如果……维也纳拒绝一切意见，那就证明它坚持要求战争……俄国则是无罪的。"
② 同上书，第368号，374号，400号和452号。
③ 同上书，第437号。
④ 《奥匈对外政策》，第8卷，第11033号；康拉德，前引书，第4卷，第152—153页。康拉德摘引的他自己的通信当然不是十分可靠的。

员已近在眼前。将军们强烈要求撤销沙皇前一天发出的最新命令；由于萨佐诺夫的鼓吹，这个懦弱无能、伪装虔诚的专制君主终于背离他的求和平和亲德的倾向，而求助于平日惯用的宿命论。法国在最后关头发出要求谨慎行事的呼吁，但是我们现在还不清楚，它对俄国人的决定起过什么影响，如果起过影响的话。7月30日法国发出的有关电报一方面重申它对联盟义务，同时又建议俄国"……不要立即采取任何措施，致使德国得到全面或部分动员其军队的借口"①。这封电报是真诚的，理应被接受，但是很可能法国大使帕莱奥洛格将这个警告转达得太晚了，或者只转达了其中一部分内容，甚至根本没有转达。他在整个这次危机中的行为都是可疑的。② 伦敦方面没有发出这种要求谨慎行事的忠告。格雷仍然抱着这样的信念（不论其是对是错）：当他不能对由于自己的影响而造成的间接后果承担责任时，他绝不施加影响。

俄国的总动员是起决定作用的祸源。有人说，俄国的总动员只是为了防止德国方面的同样行动，即使用这样的借口，上述关于祸源的看法也还是正确的。我们现在还不能确有把握地说，俄国的部分动员确实促使德国人采取了反措施，尽管有毛奇向康拉德发的电报。再说，俄国人的动员也定不会有什么效果，因为俄国人在竞赛的最终阶段想使德国方面不那么领先的任何努力，都会被德国人迅速抵消。历史学家不会宽恕当年的战略家们的幻想：迅速动员是头等重要的大事。迷信进攻的做法从来没有这样流行过；而由于火力的优势压倒了战术上的机动性，这种做法也从来没有这样不再适用。

在1914年，一个大国进行总动员，毫无疑问地要造成各国之间的敌对行动。在这种形势下，各国竞争是十分激烈的，因此职业军人不能像政客们那样假装认为：俄国的军队会在战时体制下永远不采取行动。德国政府于7月31日立即声明全国处于战争紧急状态，接着便发出最后通牒，要求俄国停止军事准备工作，这些只是在技术上构成入侵的主动权。但是与此同时，德国人已开始按照所谓的史里芬计划提出的要求，尽力加强其战略上的主动权了。

---

① 《法国外交文献，1871—1914年》，第3辑，第11卷，第305号。
② 这是由于他的好战观点已臭名远扬，同时也由于人们对他所提出的证据批评颇多。见阿尔贝尔蒂尼：《1914年战争的起源》，第2卷，第618—619页。

这个著名的计划又是另一种情况,它从史里芬到毛奇经过了20年的演变,一直是训练和动员的基础。它设想以一场"闪电"进攻,在挥师指向俄国以前先打败法国,同时以德国的防御战役顶住俄国。其战术包括假道比利时进军包围法国的左翼。① 在这场两线作战的战争中,以西线为主,因此必须挑起与法国的冲突。按照计划,在向俄国发出限12小时之内答复的最后通牒的同时,并向巴黎发出限于18小时之内做出答复的要求保证中立的最后通牒。在此以前已将自由通过比利时国境内的要求发往布鲁塞尔。一俟对法开战,立即提交比方。但是作战行动推迟了,因为法国人并没有首先宣战,如果他们同意中立的要求,德国大使将进一步要求——德国政府对势必在两线作战,态度是如此坚决——临时交出边境上两个要塞作为保证。但是如果法方既不答应中立,又不宣战,柏林方面则考虑以暂不进攻为宜,这是为了寄希望于法国方面首先动手或进行挑衅,那样一来,也许会影响英国的态度。德国方面不会由于英国的原因而放弃史里芬计划;他们没有另外的代替计划,因此接着一定会与比利时中立的保证者英国发生对抗。但是,尽管实际上各方面都认为,既然俄奥两国已开始动员,几天之内,欧洲大陆就不可避免地会爆发一场全面战争,但并不认为英国会马上就进行干涉。法国人或德国人并不把比利时的中立看成关键问题,他们认为最关紧要的问题在于法国的命运及其行动——也许英国人也有这样的看法。

7月27日格雷发出的警告已使柏林方面对问题重新作了考虑。但是警告发出之后,英国议会及舆论界并没有配合外交方面的需要以收到实效。内阁的看法也没有跟上。尽管自由党的报纸已经明显地出现了分歧意见,但是自由党的大部分支持者对战争均无思想准备。他们是和平主义者和孤立主义者,总是认为,在当今世界上,打仗是不道德的,而且从财政上看,也不可能打得起来。他们还认为,德国是个商业大国,一定是先倾向于和平的。再说,德国国内不是有一个强大的抱着国际主义思想的社会主义运动吗?不是有反对军国主义的强大的工会吗?许多保守派人士和大多数社会主义者,也抱有上述许多

---

① 德军也进攻荷兰的行动一节曾从原来的计划中取消;后来到1940年又被恢复,使原来的全部计划均得到采用,尽管计划中各个阶段的划分有所变动。G. 里特尔:《史里芬计划》(慕尼黑,1956年)一书中对该计划作了详尽阐述。

幻想中的某一种。还有，在一般认为已经结盟的国家中，俄国既是英帝国在亚洲的传统敌人，又是国际社会主义与民主的传统敌人；对于法国，则是一方面寄予同情，同时又怀疑它对一场复仇战争有兴趣，而减少了对它的同情。

在和平的最后一个星期中，政治上的这些牵制导致了内阁的分裂。照丘吉尔的看法，如果格雷超越事态而冒进，并寻求权力来影响来压服内阁成员的话，内阁就早已"解体"了。① 当德国人赤裸裸地提出比利时中立的问题时，舆论是会取得一致意见的；但是内阁在几天以前就不会一致认为这是一个设想中的开战理由。我们现在还不清楚，格雷若要进行干预，到底准备承担多大的义务，到底准备最早在什么时候承担义务。但是有两点是可以肯定的。第一，按照当时战略家们普遍的看法，在俄国人发出全面动员令以前，如果德国坚持要求维也纳方面实行和解，时间还不"太晚"。这本来是可以做到的，奥地利人可以与前一个阶段一样，在不丢面子的情况下——实际上是在更有利的条件下——取得和解。第二，早在俄国进行总动员以前，而且无须发出明确警告，就已有足够的迹象使德国人得出英国将进行干预的结论。英国人的意图虽已有迹象但未能影响外交形势，是由于柏林与伦敦一样号令不一。

格雷没有在比利时问题上向内阁施加压力；他的有限目标在于取得一项保证，使法国北部海岸不受德国舰队的进攻，因为英法两国舰队的联合重新部署已使英吉利海峡各港处于没有防御的状态。这时，法国和德国大使都向格雷一再提出要求，法国大使要他进行干预，德国大使则要他中立。他向德国人提出的警告比向法国人做出的许诺稍稍强烈一些，但是不太过分。7月29日，英国驻柏林大使戈申报告说，贝特曼提出了希望英国中立的很不明智的要求，答应以不夺取法国在欧洲的领土为条件；格雷在回电中明确指出，英国不能眼看着法国被人击败。② 7月31日，俄国和德国进行动员，德国宣布处于战争紧急状态，德国向俄法两国发出最后通牒，这种种情况使格雷向巴黎和柏林方面提出尊重比利时中立的要求，但是他拒绝向利希诺夫斯基

---

① 《世界的危机》（伦敦，1929年），第1卷，第204页。
② 《英国文献》，第11卷，第293、303号。

做出英国将守中立的保证。① 另一方面，他在 8 月 1 日仍然拒绝对法国承担任何义务，他指出，英国并不了解法国已对俄国做出什么许诺。从表面上说，法国政府并没有要求英国在军事方面承担什么任务，但法国大使康邦私下里却提出了英国的荣誉问题。

直到 8 月 2 日，英国内阁才准备做出保护法国北部海岸的保证。到这时，保守党正式保证将支持干涉，卢森堡已遭到进攻，法国和比利时已开始动员，比利时人已明确表示，他们如遭到进攻将进行抗战。② 在德军开进卢森堡时，德国含糊其词地辩解说，那是因为法国即将发动进攻；他们在对比利时准备发动进攻时也同样提出了一套所谓非中立行为的荒诞不经的指责，德方并已开始企图在德法边界上制造和捏造事端了。

这种宣传几乎打动不了任何人。相反，法国的实际表现却为英国的干涉铺平了道路。法国不仅撤除了前沿的防御工事，以避免德方挑衅，而且还推迟了动员，直到法国总司令以辞职相威胁，才停止撤除工事，恢复动员。③ 德国发出最后通牒以后，有一种说法认为，由于有消息说奥俄关系发展得颇有希望，因此德国发出最后通牒时机并不成熟。④ 事实上，奥俄关系并没有什么进展。萨佐诺夫提出了一个新方案，但是这个方案并没有建议停止动员，也没有要求"在贝尔格莱德住手"⑤。贝尔希托德则只是重复他早先那一套推诿之词。与此同时，德国的支持调停的人已经偃旗息鼓。贝特曼由于军事方面的原因，已经变成及早对法宣战的拥护者了，尽管这样做遭到了强烈的指责。提尔皮茨提出反对意见，他还没有做好与英国进行海上战斗的准备。贝特曼一旦采取强硬的政策，他就没有足够强硬的力量能顺应新的形势发展来修改这个政策了。据说，英国将于 8 月 1 日提出建议，只要德国军队不进攻法国，就保证法国严守中立；对于这个传说中的建议最感兴趣的是德皇。⑥ 伦敦方面实际上讲了些什么，我们仍不清

---

① 《英国文献》，第 11 卷，第 448 号。
② 对卢森堡的国际保证与对比利时的国际保证有所不同。对卢森堡的国际保证只是"联合"保证，而没有同时给予"个别的"保证，因此对于各个保证国来说，所担负的义务较少。
③ 阿尔贝尔蒂尼，前引书，第 3 卷，第 97 页。
④ 《英国文献》，第 11 卷，第 428 号。
⑤ 《关于战争爆发的德国文献》，第 2 卷，第 421 号。
⑥ 同上书，第 3 卷，第 562、575 页。

楚；有一点几乎是可以肯定的：伦敦方面的意见莫衷一是，如果不说是优柔寡断的话。与此适成对照的是，德国方面在军事思想和政治思想上顽固己见，这从毛奇处处节外生枝①以及德国首相提出的必须接受的严厉条件可见一斑。他想要求英国"答应在俄德两国发生冲突时以其全部武装力量保证法国实行无条件的中立"，这个中立的范围及期限"将由德国一方做出决定"。②

最后，德国方面按计划于8月3日对法国宣战，并向比利时发去了最后通牒，这给格雷提供了一个进行干涉的成熟的时机，他便在当天发表的著名讲话中提出了干涉的问题。根据分析，这个讲话无异承认说，他对英国的对外政策已经失去了控制。但是，他的听众并没有做这样的分析，他们同意把摆在他们面前的民族利益与道义责任结合起来。格雷没有要求投票支持战争。在向德国发出一个要求停止入侵比利时的劝告，而德国未予理睬后，他才提出了这个要求。德国人却利用这段宽限时间，把自己的战列舰在英国大炮的炮口下驶往君士坦丁堡，借以诱使土耳其人与之结成军事联盟。

德奥这两个同盟国也有意地放弃了它们名义上的盟国意大利和罗马尼亚支持它们的机会，就像放弃了使英国中立的机会一样——如果有这样的机会的话。照理说，各国之间的宣战的顺序应该是这样的形式：俄国对奥国宣战，接着是德国对俄国宣战，最后是法国对德国宣战。但是各国都想在军事进攻方面抢先一步，这就将这个顺序打乱了。因此，德国的技术性进攻使它的几个仆从盟国得以自由行事，这些国家的舆论无论如何是不会同意参战的。③ 德国认为应用"赔偿"来诱使意大利参战，但是贝尔希托德没有理会这个要求，他认为意大利中立倒是一件大好事。④ 代替这些临阵脱逃的盟国的是土耳其和保加利亚，这两个国家不久前还受上述盟国欺侮，后来却参加了同盟国一边，虽然不是立即参战。

贝特曼在与英国大使戈申最后一次会面时，曾经说了一句很有名的责备的话，他说，英国与其他大国不同，它是为了"一张废纸"

---

① 毛奇以后勤为理由，反对德皇要德军回过头来向俄国进军的意见；事后，他返回他的办公室时，泪流满面。
② 《关于战争爆发的德国文献》，第3卷，第578号。
③ 《意大利外交文献》，第5辑，第1卷，第101号。
④ 《1914年战争早期历史的外交档案资料》（维也纳，1919年），第3卷，第117号。

而参战的。不论从政府关系上还是从政治分析上看，这话都说得不对。比利时中立的问题确实瓦解了英国的孤立主义和和平主义，而只有道义上的因素才能做到这一点。但是，这种道义因素消除了因疑忌德国而产生的内疚心情之后，却使上述各种势力都服务于基本上属于力量均衡的政治。在英国以外，别国虽然没有这种道义上的批准，但这次危机的最后挑战，却也将人们的民族主义情绪激发到意想不到的激烈程度。在法国、德国那样一些左翼各大政党已公开表示坚持国际社会主义事业的国家中，议会也实际上与政府是一致的。格雷在下院发出进行干涉以维护法律和秩序的呼吁时所激起的发自内心的热情，并不比贝特曼在德国国会所激起的热情更强烈；贝特曼当时宣称"需要面前无法律"，他许愿说，"我们做的错事，我们一定会设法补偿"，他还辩解说，"谁若像我们一样受到威胁，谁就会只想到如何为自己杀出一条生路"。各国人民都没有追问什么是积极的战争目的，而且，除了法国想收复阿尔萨斯和洛林以外，也没有任何事例适于说明这一点。德国和英国都没有什么现成的帝国计划；甚至奥地利对于分割塞尔维亚也没有攫取领土的目的，而对于俄国人想扩张领土的野心，他们的盟国至少与他们的敌人一样抱有反感。① 每一个交战国政府都准备声称，这次战争即使往最坏的方面说也是预防性的，各国还都忙不迭地编纂、公布其最近外交函件汇编，但加以删节和解释来洗刷自己的责任，以求证明本国的参战不仅是为了预防，而且还有更充足的理由。第一批参加战争的 6 个国家所公布的文件，其明显特点是以不同的声调组成一幅阴森森的画面，总的说来，它们在向每个国家的知识界人士证实——尽管发表了内容相反的文件，而且不久即可得到其译文——这次战争不仅是预防性的，而且是防御性的。

（陈廷祐　译）

---

① 见原书第 149 页注①。

第 七 章
第一次世界大战

1909年，诺尔曼·安吉尔发表了他的论文《大幻想》。他在文中论证道：随着贸易、商业和金融日益具有国际性质，主权国家之间的战争不仅无利可图，而且对于胜负双方来说都肯定是有害的。10年以前，华沙银行家伊万·S.布洛克出版了一套6卷本非凡的论文集，名为《从技术、经济和政治关系的方面看战争的未来》。布洛克从正确的战术原则出发，认为火力正在以前所未有的巨大力量倾泻到防守的一方，因而在未来的战争中，步兵必须躲进堑壕里，否则就会遭到可怕的屠杀。他设想未来的战争将会是一些规模巨大的包围战，要由饥馑来做最终的裁判官。布洛克的结论跟安吉尔的一样，认为除非以自杀为代价，否则，战争已不可能发生，因为，即便是胜利者也要遭受资源的破坏和冒社会分崩离析的风险。

这些以及其他的一些警言，在1914年以前的10年里，对于军人和政治家的影响甚微。相互对立的同盟的缔结，国际危机接连不断的发生，以及在巴尔干日益可能发生爆炸性事态，这些都只不过是一场沉疴的表面症状。在政治上，这些年来对于那种企图通过秘密外交和武装力量来保证国家安全的弄巧成拙的做法提出了严厉的指控。同时，由于宣传，由于把达尔文的生存竞争学说错误地应用到人类身上，由于尖锐的阶级分歧，特别是由于对战争性质的误解，使得各国在心理上也都在做打仗的准备。对战争所抱的不切实际的看法，已使布洛克的预言和近如1905年满洲冲突那样的实际经验都变得无足轻重了。

当时的人们并不知道1914年8月开始的冲突就是"第一次世界大战"。它的起源主要在欧洲，孕育于奥、俄在巴尔干的权力之争和英、法对德国主宰西欧的恐惧之中。但是，战争一旦爆发，其势头便迅猛异常，冲破了地理上的畛域和欧洲政治家们的控制，变得真正具有世界范围的影响了。具有讽刺意味的是，其影响之一便是欧洲本身在世界舞台上的重要意义减少了。

如果说，政治家们在弗兰茨·斐迪南大公在萨拉热窝被刺之后，使用了令人莫名其妙的虚张声势和反虚张声势的外交手腕而把欧洲带到了深渊的边缘，那么，最后的一着却是来自各国的总参谋部。奥地利既然已在7月28日向塞尔维亚宣战，将军们极力要求立即实行总动员的压力，便挫败了格雷等人为避免战争所做的为时已晚的努力。为了使沉重的军事机器组装起来准备打仗，必须进行多年的准备工作。人们认为，胜利有赖于先敌动员。各国总参谋部所作的估计——以及它们所掌握的政治权力——必须说明为什么首先是同盟国，然后是法、英两国继俄国之后迅即实行总动员。从那时开始，左右事态发展的是规模庞大的军队，而不是这些军队的缔造者了。

回顾往事，看到所有的交战国家不论在物质上和思想上都没有进行长期战争的准备，不禁令人感到惊讶。在政治上，他们预料进行的是一场以传统的同盟为基础的时间短暂的战斗；在军事上，则是由职业军队进行较量，而平民百姓只是远远地站在一旁袖手旁观。19世纪"全民武装"的概念，只是缓慢地由20世纪"全民战争"的概念所取代。

德国在许多方面都为进行一场短暂的决战做好组织工作。它那经过充分考验的兵役制度，即2—3年的入伍训练，然后服更长时期的预备役和当民兵，因而它在1914年便拥有一支包括预备役兵团在内的兵力约达500万人的陆军，能够立即投入前线。德国的总参谋部是德国陆军的"神经中枢"，它的人员是经过精心挑选和训练的，具有无与伦比的专业知识和技能。在战术上，德国人衡量了机枪和重迫击炮的潜力，他们装备这两种武器远比敌方多。在战略方面，德国人率先把铁路军用发展成为一门精密的科学。德国还有一项重要的本钱，这便是陆军在人民心目中的崇高威信。

在德国的盟国方面，上述优点就都不明显了。奥匈帝国的陆军在他们近期的历史中败绩累累；而且，它是由于多民族组成的，这是一个严重的弱点，在征兵中更为明显。在装备和领导上，也不如德国。

而最糟糕的是，自19世纪90年代初以后，由于德国的战略家们开始把西线置于优先的地位，但却没有把他们的计划告知奥地利人，因而两个盟国之间的互不信任和摩擦便有增无减。

在协约国方面，法国竭尽全力来克服它在兵员潜力方面的劣势——约为594万对975万——对所有体格健全的男子进行训练。1913年，一项引起很大争议的"陆军法"，把服役期限从2年（1905年规定）延长到3年，这就暴露出它担心德国陆军也因新的立法得到扩充，已使自己难以匹敌。这样，在战争爆发时，法国就可以征召400万受过训练的兵员来对付德国的500万。但两国大为不同的是，法国并不认为它的预备役兵员有多少战斗价值。在20世纪的最初10年里，法国的军事学说是建立在爱国热忱和进攻精神之上的，这些素质可以用来掩盖装备和兵器的严重不足。因此，它就过于依赖一种第一流的武器75毫米口径的野炮。俄国的资本是，它拥有无穷的人力资源，军队以英勇顽强而著称。它的领导差，部队教育程度低，而且制造能力也远远落后于各工业大国。英国远征军是协约国部队的精华，是一支训练最好、装备最好、组织最好的部队，英国过去就是用这支部队来发动战争的。但是，考虑到德国在8月间已经在法国战线投入了150万人，法国野战军也超过了100万人，因而12万英国远征军从数量上讲只能在1914年扮演配角。而且，除了不受重视的卡桑德拉的吉钦纳勋爵外，英国总参谋部还坚信：战争不会打得很久，英国本身在军事上的贡献也是很有限的。

同盟国在政治上的准备，跟它们在军事上的筹划是不相匹配的。英国的参战使一向就令人怀疑的盟友意大利解脱了它对三国同盟所负的义务。罗马尼亚对比萨拉比亚和特兰西瓦尼亚的领土野心，使它也暂时保守中立，这样就造成同盟国无法对俄国南部做侧翼进攻，而且暴露了它们自己在多瑙河平原的侧翼。保加利亚和土耳其究竟效忠何方，显然会受到战争初期的趋势以及它们对1912年和1913年巴尔干战争记忆犹新的影响；在这两次战争中，它们都是战败者。英国在德国入侵比利时后立即宣战，出乎同盟国的意外，但并未使它们过分地感到不安。它们低估了英国远征军，也小看了皇家海军在一场短期战争中的价值。

德国所处的两面作战的地位以及它与奥匈帝国结盟这点有限的本

钱，迫使它寄全部希望于打一场短期战争，从而就把兵力集中于西线。自从19世纪90年代以来，德国总参谋部日益相信在东线难以速战速决，而且不管怎样，一旦法国战败，俄国的财政也就可能崩溃。那个要在6个星期内打垮法国的计划的逐渐形成，主要出自1891年到1906年任德军总参谋长的史里芬伯爵之手。史里芬遇到的最大的技术问题是怎样突破法国的边境，以便使多达100万人的军队得以展开。从卢森堡到瑞士之间的边境是天然的坚固防线，而且法国自1871年以来就一直在构筑坚实的工事。史里芬的解决办法，与他那不问政治的专业技术人员的身份非常适合，就是侵犯低地国家的中立地位，把大部分兵力放在自己的右翼，目标是包围巴黎。他念念不忘的是打一场现代的坎尼①之战。他故意让德军战线的中部和左翼的兵力呈现为薄弱环节，因此，如果法国人选择进攻这两部分，他们就会使他们自己进一步地陷入罗网。在东部边境，只留了一点象征性的部队，协助奥地利人遏制动员缓慢的俄国人，在打垮法国以后，再从容地去消灭他们。

　　史里芬的继任者黑尔姆特·冯·毛奇，对1905年的计划草案在细节上做了某些变动，主要是取消对荷兰领土的侵犯并加强左翼。由于对"总计划"做了修改，因此他在1914年以后受到了不无过分的批评。但是最近发现，史里芬本人对自己的计划也曾日益感到担心，因为他认识到自己只是在纸面上解决那些错综复杂的人力和行动问题。实际上，这项计划中有许多问题尚未解决，而且它是以对敌人的反应所做的大量猜测为根据的，所以，有一位权威人士称为"一个圈套，一种幻想"②。它充其量不过是一次大胆的赌博，要想成功，需要有一个极高明的统帅，并且要大走红运。

　　法国最高统帅部做出的反应，说明德国显然交了好运。法军总参谋长米歇尔在1911年就正确地猜测到德国人的计划。他建议集中兵力于北部里尔至雷代尔一线来对付这个计划，而在其他地区只做防御性的部署。但是，他却被一心想采取攻势的霞飞所取代。霞飞在

---

① 坎尼（Cannae）：古罗马著名战场。公元前218年罗马和迦太基进行第二次布匿战争，迦太基统帅汉尼拔率军和罗马决战于此，击败罗马。——译者
② B.H.李德尔·哈特为G.里特所著《史里芬计划：对一种神话的批判》（伦敦，沃尔夫，1958年）——书写的前言。

1913年采用了第17号计划，该计划采取全面进攻突破假想的德军中枢，造成其通信瘫痪。这一计划由于对敌军的分布情况估计错误，是注定要失败的。德军在西线部署的近150万兵力中，有一半兵力分配给组成右翼的三个集团军；近40万人拨给位于中央并将穿越阿登山脉的两个集团军，剩下在洛林的两个集团军只有35万人。法国人在梅斯以东投入了约45万人，在阿登山脉有36万人，只给德朗雷扎克（他对德军的计划也心中有数）留下了25万人来防守易受攻击的比利时边境。

法国人的两次攻势均遭惨败。8月20日，他们在梅斯以东的萨尔堡和莫昂热被击败；4天以后，又在阿登山脉被打退，损失惨重，树木茂密的隘路使得他们的75毫米口径的大炮发挥不了优势。但是，法军虽然被击败，却没有被歼灭。他们秩序井然地撤至铁路线上，很快就能在出现德军重大威胁时，把增援部队派往北部。

与此同时，北部的德军在8月4日进入比利时后，主要依靠使用重炮攻下了重镇列日，迫使比军撤往安特卫普，并有进而吃掉德朗雷扎克的第五集团军之势。英国远征军虽然人数不多，但这时由于船运迅速地展开，遂能起到决定性的作用。8月21日，英国人开到了比利时的边境与敌军遭遇。数量上处于极大劣势的英军在蒙斯（8月23日）和勒卡脱（8月26日）进行的阻击战，使法军左翼得以免受包围，这使毛奇大为不解，原来他以为英军还在登陆中。德国第一集团军和第二集团军的司令官冯·克鲁克和冯·比洛错误地分析英国远征军必然是驻扎在英吉利海峡沿岸的各港口，因而错过了把英国人同撤退中的法国人分割开来的良机。

当德军冒着夏天的酷暑深入法国的东北部时，毛奇逐渐地认识到史里芬计划并未奏效。英、法、比三国军队虽然在边境战役中受挫，但是并未被摧毁，实际上它们正撤往交通便利和利于防守的位置；而德国人，特别是靠近海峡一带的克鲁克集团军，却处于补给跟不上的境地。真正的困难当然是有的，但是在总参谋长的心目中，它们被夸大了。毛奇是个聪明人，也不乏勇气，他所缺少的却是健康的身体以及通常伴随健康而具有的自信心。他对其前任的计划从未抱有充分的信心，在开战初期的几周内，他又犯了不少错误，终于失去了在西线速战速胜的可能性。首先，他离前线较远，最初把总部设在科布伦茨，后来又设在卢森堡。由于8月间他本人或他的作战参谋人员均未到过前线，因而他没有掌握比较近的情报以便向集团军司令官们下达命令。这种情况就使得他的第二个错误，即允许他的下级过多地便宜行事显得突出了。他的那位著名的叔父在1870年就曾这样做过，但也不是没有造成任何危害的。在右翼，精力充沛的克鲁克和他那情绪悲观的毗邻将领比洛又发生了争吵。而在洛林，巴伐利亚的鲁普雷希王储则获准继续向前推进，却不后撤以便把法军引入圈套。因此，德国人便在8月底全线挺进，史里芬计划的要点已变得面目全非了。8月25日，毛奇又犯了第三个错误，他从第二集团军和第三集团军里抽出6个军派往普鲁士。这些以及其他一些欠妥的决定，对于一个意志比较坚决的统帅来说，不一定就是不可收拾的，但是毛奇的身体到8月底时已经快要垮了。所以，当克鲁克在8月30日挥师向东南以与比洛保持接触时，毛奇并未加以阻拦，而是听任包围巴黎的计划被抛弃。

这就给撤退中的协约国军队以发动反攻的机会。霞飞在巴黎军事长官加利埃尼的敦促下，命令部队回过头来在9月6日发起总攻（马恩河战役）。克鲁克被吸引去和马努里指挥的新建第六集团军进行单独的交锋，以致在他和比洛之间出现了一段30英里的空隙。比洛唯恐英国远征军司令官约翰·弗伦奇爵士会把他的骑兵投入这个空隙中来，于是在9月9日开始后撤。克鲁克无奈，只好采取一致行动；毛奇此时身体已经垮了，遂批准全面撤退。这对德国的战略是一个沉重打击，虽然他们以埃纳河为天然屏障建立了防御阵地，在战术上避免了一次严重的失败。由于鲁普雷希王储未能突破工事林立的南希地区，因此，9月中旬以后，唯一能够取得速胜的希望，就只有在北方对协约国军队进行侧翼包围了。双方都不具有能够完成这一行动的机动手段。于是，在一系列的牵制行动之后，战线便从埃纳河经过亚眠和阿拉斯一直伸展到海峡沿岸。在这一过程中，原先的英国远征军由于在10月末和11月间在伊普雷附近屡屡阻挡进攻，实际上已被歼灭。在此期间，安特卫普于10月9日陷落，但是比军主力得以沿着海岸逃脱，并与伊塞尔河对岸的协约国军队会合。

德军自马恩河后撤和法金汉在9月中旬替换了毛奇，明白无误地表明了史里芬计划的失败。但是，失败的程度并不大，德国人虽然在战略上受到了牵制，但这时却处于最为有利的地位。将近十分之一的法国领土已掌握在他们手中，而被占领区包括了法国工业生产的关键地区。实际上，对于这场战争剩下的日子来说，法国已经失掉了80%的煤，全部的铁矿资源，以及东北部的大工厂。德国的经济却相应地加强了，而且——同等重要的是——它可以经得起让协约国军队发动大部分的进攻了。在1918年3月以前，大包围的战线变动从未超过10英里。

在此期间，东线的最初几次交锋表现出一种典型的格式：俄国人在德国人手下望风披靡，但在跟奥地利的交战中却占上风。俄军总司令尼古拉大公甚至在部队尚未完全集中时就入侵东普鲁士，这就立即打乱了德国的算盘。俄国的第一集团军和第二集团军，分别由雷宁茨普和萨姆索诺夫指挥，人数超过德国人一倍多，有着在马祖里湖地区用钳形行动一举粉碎敌人的良好战机。但是这两个集团军却不愿合作，这很可能是由于它们的司令官们在日俄战争中发生过争吵的缘故。德军指挥官冯·普里维茨在这场危机中慌了手脚，他在命令部队撤过维斯杜拉河时被兴登堡将军接替。兴登堡是从退休中东山再起的，由鲁登道夫担任他的参谋长。由于雷宁坎普在东线按兵不动，加上俄国人愚蠢地用明码无线电报下达命令，使得鲁登道夫得以扭转局势。他只在雷宁坎普的正面留下一支骑兵掩护部队，而把主力投入南线去攻击萨姆索诺夫。在集中压力之下，萨姆索诺夫集团军几乎全军覆没，司令官也自杀身亡。然后，鲁登道夫在来自法国的部队增援下，转而攻击雷宁坎普，把他赶出了东普鲁士。在坦能堡和马祖里湖的战役中，俄国损失了25万人和大批作战物资。

如果不是加里西亚的形势对同盟国不利的话，坦能堡战役在心理上产生的影响会要大得多。奥地利的两个集团军入侵波兰，但是俄国人猛击其掩护右翼的薄弱兵力，奥军遂被遏止。到8月末，奥军已被赶过了伦贝格，奥军总参谋长康拉德·冯·霍曾道夫为了避免奥军被切断，不得不把军队撤出波兰。到了9月底，奥地利人几乎撤到了克拉科夫。在波兰，整个秋天战斗呈拉锯状态；到年底，俄军已精疲力竭，弹药奇缺，退到了尼达河和多瑙耶茨河一线。俄国人疲惫不堪，奥地利人战绩欠佳，两相抵消。奥地利人曾两次企图入侵塞尔维亚，但都被轻蔑地击退了。

陆军作战计划的失败，逐渐使海上力量崭露头角。虽然在战争爆发时英国主力舰队与德国公海舰队在无畏战舰的数目上的对比是20：13，但由于最近10年来在重炮、潜艇、水雷、无线电和飞机等方面有了长足的进展，英国在主力舰方面拥有的优势并不能保证它在一场大海战中必然获胜。在德国方面，德国海军部采取了巧妙避战的策略。在布雷舰和潜艇削弱敌人的优势之前，他们避免让舰队采取重大的行动，等到敌人的优势丧失后，才伺机进行突然袭击。这一策略对于德国海军基地天然的防御能力来说是合适的，但是也有着明显的缺陷：它使德国的海外贸易遭受损失，并且大大限制了德国对英国及其盟国的海运补给进行干扰的行动。再者，英国海军部采取的保存"现有舰队"的谨慎策略，使敌人无可乘之机来缩短差距。杰利科海军上将并不排除取得一次纳尔逊式大捷的希望，但是他认为自己首要的职责是防止敌人入侵，维护海上通道的安全和保证与在法国的英国远征军的交通联络。

在本土以外的海域里，英国在确立优势之前曾经几次遭到屈辱。德国两艘最快的舰只，战列巡洋舰"戈本"号和轻巡洋舰"布累斯劳"号在地中海避开了协约国的拦截，抵达了君士坦丁堡。这对于土耳其于1914年10月底站在德国一边参战起了重大的作用。英国的海军集中于北海，这就使德国袭击商船的舰只得以享受几个月昂贵的行动自由。例如，德国的轻巡洋舰"埃姆登"号，在11月1日于科科斯岛被澳大利亚巡洋舰"悉尼"号击沉之前，一直在太平洋和印度洋上横行霸道，得其所哉。更为严重的是，在同一天，克拉道克海军上将的巡洋舰队，在科罗内尔被冯·施佩海军上将威力更大的巡洋舰"沙恩霍斯特"号和"格奈森诺"号击败。这就促使英国海军部采取行动，迅速派遣斯特第海军上将率领战列巡洋舰"不屈"号和"常胜"号出击，致使冯·施佩于12月8日在福克兰群岛阵亡。到1914年年底，德国在远洋的水上力量已被消灭殆尽。

新的一年年初，海上战争开始采取了一种更为可怕的形式。由于英国控制了海上通道，德国遂集中力量对付陆上的终点站，并且日益依赖潜艇，而潜艇迄今为止被人认为只是一种用于海岸防卫的武器；英国对付这种武器的防御能力是很不够的。英国战列巡洋舰1月24日在多格尔沙洲一带的战斗中取得了胜利，这就促使德国决心采取袭击海上贸易船只的策略。由于削弱英国主力舰队的方针遭到失败，接替英格诺尔担任德国公海舰队司令的波尔便向法金汉建议，可采取潜艇进攻的战略，而这种战略如要奏效，就必然不能加以任何限制。与此同时，1915年1月，英国海军部通知英国商船，在靠近不列颠诸岛时，要悬挂中立国的旗帜或不挂旗帜，以便增加德国潜艇的困难。德国在2月4日采取报复措施，宣布包括英吉利海峡在内的不列颠诸岛附近水域为交战区，在交战区范围内行驶的全部敌船均将予以击沉，中立国船只的损失自行负责。这一做法有助于英国政府摆脱它有道义责任遵守1909年伦敦宣言的羁绊。英国虽然并未批准这一宣言，但是由于它对战时禁运品和封锁的规定所做的解释，这个宣言却一直限制英国在海运方面向德国施加压力。现在英国宣布有权拦截运送货物去德国的一切船只，如有必要，还可将它们带回英国港口搜查。这就造成了同中立国特别是同美国的严重摩擦，但是德国因5月7日在南爱尔兰沿岸一带用鱼雷击沉了"卢西塔尼亚"号因而丧失了它的有利地位。这种毫无意义的暴行直接对美国产生了影响，因为有一百多名美国人丧生，同时这一行动也是对美国保持中立的决心施加的第一次严重打击。

英国对海洋的控制，使英国或其盟国能够席卷德国的所有海外殖民地，而且在多数情况下是轻而易举的事。新西兰的一支远征部队于1914年8月占领了萨摩亚；9月间，澳大利亚又拿下了新几内亚。1914年8月作为英国的盟国而参战的日本，出兵攻打位于山东半岛上的青岛的德国海军基地，并于11月初占领了该地。在非洲，多哥很快就向英国人投降，而喀麦隆直到1916年年初才最终被置于英、法控制之下。过去与英国为敌的路易·博塔将军，征服了德属西南非洲，而同等重要的是，他还把不肯臣服的布尔人的叛乱镇压下去，那次叛乱是除1916年爱尔兰复活节起义之外，在整个大战期间仅有的一次反对英帝国当局的叛乱。在轻而易举地征服德国海外帝国的过程中，突出的例外是它的最大和最富庶的殖民地德属东非。在那里，卓越的冯·莱托夫-沃贝克将军凭借有利的地形，牵制了20万左右的英帝国的军队，直到1917年年底。他本人一直到欧洲停战以后，还继续打游击进行抵抗。这些"插曲"的重要意义，也许不在于它们对欧战有什么影响，而在于它们对印度、日本等在政治上所产生的反响；否则，这次战争无论从任何意义来说，对于这些国家实在是太遥远的了。

从长期来看，德国的潜艇战和英国的报复性封锁，使欧洲所有交战国的平民都亲身体验到现代战争的滋味。但是，早在1915年，人们就从空中首先看清了战争将不再仅仅限制在作战的前线了。在1914年，列强尚未准备好把空中力量用于军事目的，因而飞机在西线的作用实际上仅限于进行侦察。但是从1915年1月起，齐柏林式飞艇开始空袭英国海岸，1916年夏达到了顶峰，接着是飞机进行空袭。开始时可能还想对军事目标与非军事目标加以区别，但是很快就可以看出，在一场生死攸关的战争中，民心士气也被置于固有的打击目标之列了。

1914年年底，由于将军们未能使战争迅速取得决定性的结果，政治家们全都多少感到为难了，因为他们从军事上、政治上，特别是从经济上都只是为打一场速战速决的战争进行准备的。1915年，曾想找出某种办法摆脱这种相持不下的局面，特别是在西线，运动战已被布洛克预料的大规模包围战所取代。这个问题引起了两个重要的反应，进行各种各样的军事实验，平民百姓逐渐适应这种"长途负载"的局面。

法金汉是这次大战中最有才智的将领之一，但是由于史里芬计划的失败和英国坚定不移地遵守保卫法国的义务，使法金汉遇到了无法解决的战略上左右为难的局面。他认为，要想结束战争就必须打败英、法军队；而且，要在1915年取得对俄国的决定性胜利是不可能的。不过他认识到，只有在东线才有可能打一场能够获得大量领土的运动战。他还必须和兴登堡及鲁登道夫的反对意见做斗争，因为这两个人必然认为自己所在的战区是决定性的战区，而且自坦能堡一战告捷之后，他俩在德皇面前的声誉甚高。因此，法金汉一反自己的正确判断，决定在1915年集中兵力对付俄国，而在西线一般采取守势。东线果然取得了大捷，但是法国却赢得了恢复力量的时间，英国也得以动员其二线兵力和自治领的部队。

德国的战略由于要想保持1914年所攫取的领土而受到影响，法国人则满怀决心要解放自己的家园。集中兵力对付敌军的主力也是一种正统的军事理论，但是如果在战术上对付敌方防御屏障上的优势束手无策，那么这样做只会导致灾难。法军1915年在阿图瓦、埃纳河和香巴尼发动的攻势，其主要教训是：在坚定和老练的防守者面前，进攻者的伤亡必然更大。英国由于兵力和战线①都要小得多，它不能起到独立的战略作用。而且，不论在任何情况下，约翰·弗伦奇爵士都是坚定地支持霞飞的。再者，由于在西线对法国人做出了这样的无条件的承诺，再加上英国的大部分高级将领这时都在法国参战，因此，在怎样才能尽力发挥迄今尚未使用的海军力量来支援陆军的问题上，英国政府几乎不可能听到军方的客观意见。只要是持不同见解的将领寥寥无几，西线就仍然是决定性的战场。

虽然西线的防御系统在1915年尚未臻于完善，但堑壕和带刺铁丝网这些基本条件，加上机枪的支援，就是步兵和骑兵所无法摧毁的；特别是在英、法两国极端缺少重炮和爆炸力强的炮弹时更是如此。协约国的攻势是按照一种令人气馁的模式进行的。"在对德军阵地进行空中侦察之后，用炮火轰击德军阵地上的铁丝网、机枪掩体及堑壕。当掩护炮火向敌军阵地后方延伸时（使延伸的炮火正好落在向前推进的步兵的前方，一直到1916年才采取这种做法），步兵跳出战壕，以100码的行距进行波浪式的冲锋，士兵与士兵之间相隔6至8码。"② 进攻者通常能攻占第一道堑壕，有时在攻占第二道堑壕时即被敌方预备队挡住。反攻常常能使战线恢复到原来的位置上。1915年期间，英、法军队进攻的进展从未超过3英里。

这一年，战术上的一项真正改革是德国人于4月22日在伊普雷用毒气袭击了法军防线。实际上，德国人已于1月间在波兰试用了一种催泪瓦斯，但是由于气候严寒，没有发生作用。像通常的情况一样，初次失望就使德军大本营对这一新武器缺乏信心。毒气的发明人是一位极其能干的化学家——弗里茨·哈伯，他得不到制造炮弹的设备，只好把他那致命的毒气装在钢瓶里来施放。而且，也没有集中任何预备队利用毒气给敌军造成的混乱，所以，协约国部队虽然受到毒气的折磨后奔逃而造成了一段4英里长的缺口，但还是能够及时把它

---

① 在1914年11月，法国人防守的战线为430英里，英国人防守21英里，比利时人防守15英里。一年以后，英国人的防守线增为50英里左右（见C. R. M. F. 克拉特韦尔《1914—1918年世界大战史》〔牛津，克拉伦顿出版社，1934年〕，第109页注；我从该书和B. H. 利德尔·哈特《1914—1918年世界大战史》〔伦敦，费伯，1934年〕中获益匪浅）。

② T. 罗普：《现代世界的战争》（修订新版，纽约，科利尔书店，1962年），第246页。

堵上。这样，德国虽然背上了首先使用新武器的罪名，但并没有为此得到什么好处，因为双方对防毒面具的改进很快就使毒气攻击所收到的效果减少了。

霞飞的战略计划——目的是要在1915年结束战争——是对德国人1914年后撤时所造成的巨大凸出部分采取钳形动作。英、法联军在阿图瓦进攻，法军单独在香巴尼进攻。进攻从春到秋时断时续，收效甚微。交战双方的防区相距太远，彼此难以施加直接影响。于是霞飞采取了先是长时间的炮击，然后再实行突破这种互相矛盾的做法，从而把突然袭击这张王牌扔到了一边。法国在1915年的伤亡近150万人。英国按人数比例来说，也同样损失惨重。在由约翰·弗伦奇爵士指挥的卢斯战役（9月25日至26日）中，新建的集团军"浴血奋战"。他的指挥受到了严厉的批评，最后终于在12月间由道格拉斯·海格爵士接替。与此同时，弗伦奇的参谋长威廉·罗伯逊中将回国就任帝国总参谋长。这一行动带来了一项改进，就是把战争的战略指导的重担从吉钦纳负担过重的肩上卸了下来，但同时这也给伦敦的"西线派"增加了一位强有力的发言人。

解决法国战场上堑壕障碍问题最为大胆的办法是"东线战略"，这是由丘吉尔、劳合·乔治和吉钦纳等这些有影响的内阁大臣们在英国提出的主张。他们虽然在细节上尚有分歧，但在主要方面都一致认为，现代的发展已经大大地改变了距离和机动能力的概念，以至于在另一战场上实施的打击，相当于传统的侧翼攻击——这种攻击在法国是实行不了的。这样一种行动，将跟英国传统的两栖战略完全一致，也能使英帝国的军事资源发挥作用。

很遗憾，由于对目的和目标的看法不同，采用"间接方式"的前景从一开始就被毁掉了。吉钦纳首先担心的是埃及的安全，他主张在亚历山大勒达湾登陆，以削弱土耳其。劳合·乔治则赞成一种旨在支援塞尔维亚的巴尔干政策。而丘吉尔却在法国出现僵持局面之前就已盯住达达尼尔海峡了。年事已高而又喜欢挑动争执的费希尔勋爵是第一海务大臣，他那自相矛盾的态度增加了问题的复杂性，但是取得他的通力合作却是至关重要的。费希尔早就设想要在波罗的海沿岸登陆，虽然表面看起来他是支持在1915年年初远征达达尼尔的，但这种支持实际上顶多是三心二意的，对于由海军单独进攻从未抱有信心。这种观点上的分歧本来是常事,但悲剧在于考虑不周的计划掩盖了深刻的分歧。因此,最后终于派出的达达尼尔远征军应验了劳合·乔治1914年的警告:"未经充分考虑而贸然决定组织的远征军,一般的结局都是损失惨重的。"①

  试图单凭海军行动强行通过达达尼尔海峡的决定,无疑是由丘吉尔鼓动和策划的。遗憾的是,伦敦对于摧毁土耳其的炮台和消除海峡最窄处的水雷这两个互相关联的问题,从来没有充分的认识。在3月18日海军唯一一次突破土耳其防线的尝试遭到失败(后来才知道土耳其人弹药已尽,险些被攻破)后,由于费希尔的消极情绪日益增长而吉钦纳又愿意派出部队,遂做出了采取联合行动这种胡乱决策。这样就在关键的时刻拖延了6周,使土耳其人能充分利用这段时间来加强加利波利半岛上的防御力量。然而,由于陆军司令官伊恩·汉密尔顿爵士和海军上将罗贝克之间发生了误会,只剩下陆军——在法国人的参与下——独自承担这一战役任务。4月25日开始的登陆虽非奇袭,却取得了辉煌的胜利,后来还有过几次——特别是8月6日在苏夫拉湾采取的新的登陆行动——看来协约国似乎已经胜利在望了。但是每次都由于运气不佳,白厅和埃及支援不力,土耳其人恢复力量的能力惊人,以及在行动中出现了令人难以置信的错误等原因,胜利却一直未能来临。当时担任帝国防务委员会秘书的莫里斯·汉基爵士曾谈到过两点致命的错误:一是从未冷静地计算过,采取这一极端困难的行动所必需的部队数量,给予汉密尔顿的只是剩余的兵员,而且给的总是"数量太少,时间太晚";二是过于依靠(错误的)估计,认为土耳其人只会进行微弱的抵抗。

  令人颇为惊讶的是,加利波利很快就沦为另一条"堑壕战线",西线的战术又原封不动地在这里照样搬用,并且得出了同样的结果。到1915年年底,为了减少损失,遂大胆地做出了决定,撤出半岛。具有讽刺意味的是:这次撤退却是自4月间登陆以来最辉煌的一次成就。

  这是一次具有深远后果的战略失败。加利波利毁掉了汉密尔顿的

---

  ① R.R詹姆斯:《加利波利》(伦敦,巴茨福德,1965年),第14页。下面几段,我主要依据这本令人赞许的书,虽然我并不完全同意作者的结论。关于这次战役的战略意义,另见J.诺恩《加利波利,消逝的幻象》(伦敦,费伯,1936年),特别是第83—100页。

英名,也败坏了吉钦纳的并影响了丘吉尔的声誉。从长远看,它也有损于阿斯奎斯,尽管他本人是个"西线派"。最可悲的是,这次失败似乎使"东线派"的主张垮台了;这派主张认为,要结束战争,有比慢慢地消耗人力和物力更为可取的捷径。1915年以后,即便是最积极的"东线派",顶多也只能提出从法国向例如意大利或萨洛尼卡发动象征性佯攻这样的意见而已。在加利波利失败后,走向胜利似乎并无捷径。

对于加利波利的冒险行动是否明智的问题,迄今仍然意见分歧。它究竟是像巴兹尔·利德尔·哈特爵士所说的"一种正确而又具有远见的观念,由于在执行中出现了一系列英国历史上前所未有的错误而被弄糟了";或者,只不过是白白地分散了主战场的人力、物力。由于对这次远征的确切目标究竟是什么还没有弄清楚,这一问题便更显突出了。当时如果能让俄国继续打下去,那么协约国获得的好处显然会是巨大的。某些历史学家表示怀疑:即便攻下了君士坦丁堡,协约国方面是否能有必不可少的军火来供应俄国。1915年的情况确实是这样,但是在以后两年里,只要从西线消耗的大量军火中拿出一小部分来,对于俄国也就是极为可贵的了。至于兵力的情况,由于有近50万人麇集在萨洛尼卡桥头堡,因此,如果说每一名兵员都是西线所需要的,这显然是不真实的。总之,尽管达达尼尔海峡也许确实是一个辉煌的战略收获,然而君士坦丁堡陷落的确切后果,仍然只能由人们去推测了。

在1914年,让文职官员去适应准总体战的要求是一个令人痛苦的过程。由于人们过分地尊重将领们的军事才能,这一过程因而变得倍加困难了。① 各国政府认为,他们的任务就是提供军事领袖们为取得决定性的胜利所要求的资源,从而忘掉了克劳塞维茨的名言:战争是政治以其他手段的继续。政治家们只是逐渐地才认识到,军事家跟他们一样,对于一场超出他们的经验和想象力的战争,也感到困惑不解。

虽然战争本身不可避免地会在所有交战国中引起军政之间的关系问题。但是,各国问题的结果,在很大程度上是由政治传统所先决的。例如在英国,按照宪法规定,权力是赋予陆军部的政治首脑的。

---

① M.E.霍华德编:《军人和政府》(伦敦,艾尔和斯波蒂斯伍德,1957年),第11—86页。

而在实际上,吉钦纳在陆军部任职期间(1914—1916年)把这个问题搅乱了,以致劳合·乔治在担任首相期间(1916—1918年)只能采取治标的妥协办法,最后撤换了罗伯逊将军和杰利科海军上将,但不得不让他不信任的海格留任直到大战结束。德国方面,至少从俾斯麦引退以后,情况的发展恰好与此相反,而大战只是使这种趋势达到了顶峰。到1916年,人们把兴登堡和鲁登道夫看作德国不可或缺的救星。他们左右战略,强迫撤换异己的大臣;而且,由于他们的领土要求太过分,因而使任何通过谈判取得和平的希望成为泡影。这种由最高统帅部支配文官政府的做法,其后果远远不只导致了德国在军事上的失败,而且也致命地破坏了帝国的宪法结构。法国的经验又有所不同。自从发生了德雷福斯案件以来,陆军越来越不得人心;而且,在对最高统帅部1914年到1916年的指挥作战的表现批评日增之后,尼韦尔发动的攻势的失败更是如同火上浇油。法国人遵循丹东和甘必大的传统,把战争的指挥权交给了激进派的克列孟梭,他使人们明白无误地了解,权力究竟掌握在谁的手里。

将军们未能迅速地取得胜利,他们的政府面临着的任务是在空前规模上动员全国的资源。各国政府为了应付这一挑战,不仅在战场上保持了大量的军队,而且实际上也取消了军人和平民之间的区别,使欧洲社会几乎变得面目全非了。这种巨大的变化,只能从法国在1914年缺乏准备和英国逐渐适应总体战的要求等情况中略见端倪。

法国人相信战争将是短期的,因此应立即动员所有经过充分训练的军人。这种信念是根据当时流行的"全民武装"的军事学说,虽然对预备役军人并不是信赖的。[①]甚至极个别对这种军事学说表示怀疑的人,如莫达克上校,仍然倾向于认为,财政上的困难将使战争顶多不过打上一年。因此,战争开始的头几个月给人们带来的震动是惨痛的。陆军部长大为惊骇地发现每天需要的炮弹近10万发,而他却只能供应1.2万发。本来以为重炮在运动战中价值不大,因而过去对它极不重视。由于准许技术熟练的工人参军,有几家军火工厂关闭了。最糟的是,政府根本不懂得需要保护经济资源和控制工业生产。

---

① R.D.沙伦纳:《法国的全民武装的理论,1866—1939年》(纽约,哥伦比亚大学出版社,1955年),第83—136页。

在大战的前夕，法国每年生产的2100万吨铁矿石中，至少有1500万吨是来自梅斯附近的布里埃盆地的。但在开战后的第一个星期里，这个重要地区几乎是不战而失守；后来才发现，在最高统帅部或在政府中，没有人了解铁矿石与法国的战争努力有什么关系。如果史里芬计划成功，那么，认为在一场时间短暂的战争中后勤供应并不是重要因素这种指导思想，当然也就不会看起来如此荒唐可笑了。

英国不肯抛弃维持战争的传统方法，当然并不是由于什么"全民武装"的政策，因为它依靠的是一支为数不多的职业军队和一支不必去海外服役的本土军作为后备队。从某种意义上讲，英国所以直到1916年还能够奉行它的传统政策，是因为有英吉利海峡和一支强大的海军，可以使它再次赢得时间去逐步扩大武装部队。但是，对于现代战争有着比增加兵员数字更为复杂的需求这一问题，人们却是逐渐地有所认识和承认的。人们普遍认为，战争的努力只是短时期的和有限的，这种看法只能是对这个问题的部分解释。另外还有"对政府的行动抱有反感，对科学、技术漠然视之"这样一些独特的态度，这些态度迫使阿斯奎斯政府和整个国家不得不继续执行一种"照章办事"的方针，直到1915年春天。[①] 最终摧垮这种自满情绪的，是在1915年3月10日新夏佩勒战役后，炮弹奇缺已经到了紧要关头，不能再置之不理了。当约翰·弗伦奇爵士把此种情况向报界透露后，政府的威信扫地。随后，在5月间成立了由劳合·乔治主管的军需部。这是政府干预工业和限制工会事例的先声，并为此后无尽的管制开了先例。

吉钦纳提倡的不加选择的征集志愿兵的做法，在1915年也给战时生产问题增加了困难，因为大量的熟练工人当兵去了。许多工会固执地反对由非熟练工和女工来补缺，直到迫使政府做出了某些保证。关于人力分配的这些尖锐的问题，逐步地迫使政府——自1915年5月起由自由党、保守党和工党组成的联合政府——同意需要采取某种征兵措施，这在1914年是很难为人们所接受的。1915年8月的国民登记，是实行义务兵役制的第一个信号，随后于1916年1月开始征召单身汉和无子女的鳏夫入伍。普遍征兵制在1916年5月定为法律。

[①] A. 马威克：《洪流：英国社会与第一次世界大战》（伦敦，波德莱黑德，1965年），特别是第39—44、52、56—85、90—94、151—186、226—239页。

除了在军事上的价值外，征兵制至少产生了两个重大的社会后果：它摧毁了反对妇女充分就业这种偏见的最后障碍（只是家务受到了损失）；它第一次使全体居民中的一个截面取得了打仗的经验，每三个成年男子中就涉及一人。

但是，放弃自由放任的神圣原则，即自由贸易、自由通货和自由企业是多么勉强，真是令人感到惊讶。例如，阿斯奎斯在整个1915年中对于政府进行干预以抑制物价上涨的问题，一直犹豫不决，而直到1915年7月英国的战费达到每日300万英镑时，才废止了拨给的战费专款专用的做法。再者，尽管反对普遍国有化的势力日益削弱，但政府甚至到了1916年仍然行动迟缓，以至当阿斯奎斯辞职时，像食品管制这样重要的事情还在商讨之中。

劳合·乔治出任首相，1917年战争给英国带来的沉重负担日益加重——特别是在潜艇战期间——政府采取了一系列的措施，以至战争结束时公众的（或者说，实际上私人的）生活的各个方面无不波及。例如铁路、采煤工业和航运事业都处于国家直接监督之下，二百多家工厂实行国有化，全国9/10的进口物品直接被政府购买。食品配给和严格限制酒店营业时间，使得无人能够完全逃脱战争的间接影响。如果说，绝大部分的人民到了1918年都能够心安理得地接受了国家集体主义的思想，这也就不足为怪了。"自由英格兰"的自由放任原则，是属于战争年代国内遭受的重大损失之一。

在东线，俄国军队于1915年又遭受了另一次惨败。俄国人首先发动进攻，在1月到4月之间把同盟国从波兰南部一直赶回到喀尔巴阡山麓。后来，冯·麦肯森于5月1日在加利西亚的戈尔利采-塔尔努夫开始了他那戏剧性的突破。他在短时间的炮击之后，出其不意地发起猛攻，俄军从喀尔巴阡山地区溃退。到5月14日，德、奥联军已推进到萨恩河，距出发地点达80英里。

与此同时，意大利一直在进行备战，虽然它打算如有可能则不经由战斗而从奥地利手中满足其领土要求，主要是要获得的里雅斯特和普拉这两个港口。罗马和维也纳之间在1914年至1915年的冬季不断地进行讨价还价，一直到协约国方面的出价高于奥地利时为止。因为协约国用敌人的领土送礼，自然比较慷慨。1915年4月26日签订的伦敦密约,不仅许诺把利布伦内罗边境地区(包括30万日耳曼人),而且还许诺把伊斯特里亚和达尔马提亚的大部给予意大利。但是,即便5月中旬意大利姗姗来迟地对奥宣战,也未能阻挡德、奥联军的推进。6月3日普热梅希尔被占领,6月22日伦贝格又失陷。俄军的这次退却,仅被俘的就有75万人,一直到10月间在从波罗的海海滨的里加到罗马尼亚边境的泽诺维茨一线才停了下来。

在此期间,第三次的钳形攻势结束了塞尔维亚的英勇抵抗。10月6日,冯·麦肯森及其参谋长冯·塞克特率领德、奥联军越过了多瑙河,同时保加利亚的两个集团军向西进攻,越过塞尔维亚陆军主力的后方,进入塞尔维亚的南部。这一行动成功地切断了塞尔维亚人和英、法等盟军的联系,这些盟军正从萨洛尼卡姗姗来迟。塞尔维亚军队在包围下没有屈服和投降,而是分散转移,幸存的部队经阿尔巴尼亚山区向西撤退,其中一部分在科孚找到了存身之处。征服塞尔维亚不仅解除了对奥地利侧翼的威胁,而且也使德国能在巴尔干自由来往,并在实际上控制了巴尔干并通过小亚细亚直达底格里斯河。对协约国方面来说,由于英、法部队未能及时与塞尔维亚人会合,以致他们在萨洛尼卡只剩下了一个毫无意义的桥头堡。

另一个"小插曲"是在1915年发生的。英国卷入美索不达米亚,是出于政治上的而非军事上的考虑,接踵而来的战役,不过是欧战的外围战。1914年11月,一支英、印远征军占领了巴士拉,以保障波斯湾对英国的石油供应。对于战场上的司令官来说,利用这次军事胜利来对付土耳其人,这种诱惑力实在太大,因而到1915年年中英国人便已沿着底格里斯河而向上推进了180英里,到达了库特。自视颇高的汤森将军在那儿立下了雄心壮志,要进逼巴格达。他的计划被战时内阁乐观地批准了,因为内阁正急于要寻找一个地方取得成就,以弥补在法国所遭到的失败。汤森不久即发现自己低估了土耳其的实力,11月22日他在泰西封遭到阻击,到12月8日便在库特被包围。在几次企图解围均被打退以后,汤森最后于1916年4月29日投降。土耳其人极为野蛮地对待他们俘获的1万名俘虏,以致幸存下来的还不到1/3。[①]

[①] 克鲁特威尔:《大战史》,第346—348页;A.J.巴克:《被忽视了的战争:美索不达米亚,1914—1918年》(伦敦,费伯,1967年)。

1916年作战重心又转移到西线，使得法金汉1915年的折中战略的失败具有重大的意义。协约国方面1915年年底首次制定出一项早就应有的一致的策略。12月5日军事首脑们在霞飞的司令部开会，商定采取由英、法、俄、意各国在1916年同时发起总攻的原则。计划在新的一年的头几个月里发动一系列预备性进攻，以耗尽德国的后备力量，同时也为英国对新组成的集团军进行训练赢得了时间。

这些同时发动的攻势一直未能实现，因为法金汉抢先发动了进攻，从而破坏了协约国的计划。他在1915年年底的战略考虑，是把英国当作敌方同盟的骨干作为基础的。英国本身只能通过潜艇战间接地削弱它的力量，因为法金汉认为，对英军在法国防守的战线是不宜采取硬攻的。所以，他的解决办法是用摧毁英国的盟国来迫使英国讲和。俄国已接近精疲力竭，意大利可以由奥地利在德军支持下加以牵制。剩下的只有法国，但法金汉认为法国的军事努力也已接近强弩之末。要摧毁法国人民的意志，不必去打破堑壕战的僵局，只需采取消耗战的方针就够了。只要能够找出正确的目标，就能让法国流尽最后一滴血而置之于死地。法金汉选中了凡尔登。这个堡垒林立的地区对德国的交通联系构成威胁。它是一个突出部分，可以被"一点一点地吃掉"。而首先是，凡尔登那引以自豪的历史，对于法国人来说，具有远远超过军事价值的感情上的重大意义。法金汉的战术计划极为简单：用一系列持续不断的有限进攻，引出法国的预备队，把它置于德国炮火的轰击下。进攻者用短暂密集的炮火来保护其步兵以节约兵力，使步兵们能在敌人把预备队投入反击之前冲入新的阵地并加以巩固。法金汉对法国人的反应估计得很准确，他的新战术也是正确的，但是他严重地低估了法国人的防守决心和消耗战对他自己兵力的影响。

由于法国人全神贯注于自己即将发起的进攻，这就给德国人在2月21日发动的攻势帮了忙。再加上关于凡尔登坚不可摧的传奇说法现已成为幻影，因为它的堡垒没有大炮，这时主要是用作掩体。堑壕工事很浅，兵力分布稀少。但是最初的几次进攻还是被抵挡住了，因而贝当在3月初接管防御工事的指挥权时，第一场危机已经过去了。

法国的盟国放弃了夏季攻势的准备工作，以便解除凡尔登所受到的压力。海格从法国第十集团军手中接管了阿拉斯防区，从而建立了一条自伊斯尔河绵延到索姆河的英国战线。意大利人发动了越过伊松佐河的第五次徒劳的进攻。俄国人则把大批未经训练的兵员投入了在维尔纽斯附近的纳罗茨湖进行的同德国人的战斗。这些英勇的姿态均未能阻止德军向凡尔登节节的推进；而且，开始阶段的伤亡报告似乎证明法金汉的可怕估计是正确的。当伏堡于6月7日陷落时，凡尔登的命运似乎已经注定了。

俄国人再次试图同时解除法军在凡尔登所受到的和意大利人在特兰提诺因遇到反攻而受到的压力。指挥西南战线的布鲁希洛夫在6月4日开始了一次据说起吸引敌军作用的进攻，但结果却发展成为一场重大的攻势。在卢茨克附近的奥地利第四集团军和在布科维纳的第七集团军的抵抗微弱，布鲁希洛夫得以持续前进了3个月。遗憾的是，他没有预备队来利用已造成的突破形势，等到预备队从北线赶到时，德国人已迅速赶运预备队把缺口堵上了。布鲁希洛夫所以能在被阻后再次发动攻势，主要是靠消耗自己的部队，虽然他俘虏了45万人，但他自己的巨大损失——在作战中损失近100万人，还有成千的人开了小差——却断送了俄国的进攻能力，并且也使革命变得迫在眉睫了。

布鲁希洛夫的攻势虽然最后失败了，但它却具有深远的影响。它阻止了奥地利对意大利的进攻，迫使法金汉从西线撤走部队，从而放弃了在索姆河对英军进行预防性攻击的计划；并且，也使他不敢再在凡尔登重打一场令人难以忍耐的消耗战。布鲁希洛夫对奥军的胜利，也影响罗马尼亚，使它造成严重的失策而于8月加入协约国一边参战。布鲁希洛夫的胜利，还对兴登堡和鲁登道夫取代法金汉一事起到了一部分间接的作用。法金汉发动凡尔登攻势的最终目标未能实现，但他重创了法军，使他们在计划中的夏季攻势里发挥不了重大的作用。实际上，即便尼韦尔将军和曼金将军在1916年年底收复了在凡尔登战役中失去的大部分领土，凡尔登还是标志着法国军队在西线协约国军队中的优越地位已告终结。

这样，1915年12月计划的巨大攻势，在英法联军进攻索姆河时已面目全非了。在这些战役中，吉钦纳的各集团军和坦克首次登场，协约国也不言而喻地接受了消耗战的策略。

经过一周的炮轰后，发起突击已无任何可能，攻势遂于7月1日晨在明亮的阳光下开始了。由罗林森将军指挥的新建第四集团军，以13个师的兵力向索姆河以北的一条15英里长的战线发起进攻，而法国人——他们投入的兵力已大为减少——以5个师向一条大部分处于索姆河以南的8英里的战线发起攻击。已无突击可言，加上视野清晰，炮火又未能摧毁敌方的铁丝网和机枪，因而进攻者取胜的机会甚微。再者，事实证明，排成整齐的行列秩序井然地向前推进的战术是自杀性的。除了最右边法国人遇到的抵抗比较微弱外，各处的进攻都遭到了失败。伤亡骇人听闻——达57400人——是英军在一日之内遭受过的最大伤亡。7月14日再次发动了攻势，这次采用的战术比较灵活了，实际上进到了德军的二线阵地，但是再向前进就不可能了。海格不得不逐渐改变了他原来的希望，即在突破后占领巴鲍姆和康布雷。7月中旬，已没有必要为援助凡尔登的法军而特地发动进攻，但是海格为了夺取尺寸之地，还是继续他那按部就班的进攻，直到冬雨迫使他不得不在11月间下令停止前进。

在此期间，英军于9月15日第一次使用了一种新式武器，这种武器终于在打破堑壕战僵局中起了主要的作用。这就是被神秘地命名为"坦克"的装甲战车。战前，对用发动机驱动的履带式车辆所做的实验，并未引起高级军官们的兴趣。只是由于海军大臣温斯顿·丘吉尔的洞察力和果断精神，才使欧内斯特·斯温顿上校和其他坦克的先驱者们得以在1916年把坦克用于作战。它们首次表演时，并没有达到人们所期望的结果。只有49辆可供使用，而且其中17辆在到达出发点之前就坏了。其余的坦克，只有9辆能跟得上步兵，但它们的确给人以良好的印象，特别是在扫荡富勒村时尤其如此。考虑到驾驶员们训练的匆忙，而且又没有时间去改进机械上的缺陷，因此有这么多的坦克出了故障，是不足为奇的。到9月中旬，突破德军纵深防御的前景甚为渺茫，因而对于总司令试验这样一种武器是否得当，也是大有疑问的，即使这种武器——在有利的情况下——可能起决定性的作用。

索姆河战役在战略上引起了一些问题，这些问题的根源来自前一年的"东线派与西线派"之争。而且，也对劳合·乔治和最高统帅部之间1917年的冲突产生影响。加利波利冒险行动的失败，可能断送了对同盟国的薄弱侧翼给予决定性打击的可能性。不管怎样，英、法两国大多数的政治家和将领们所共有的正统的见解是：只有把力量集中西线才能打败德国。因此，协约国必须采取进攻的战略：由于德国人在占领土地上占优势因而需要这样做；财政上的考虑也很紧迫；而最主要的是，协约国政治上的团结，有赖于为取得胜利而不断地做出努力。法军在 1915 年轻率的进攻中遭受损失和在凡尔登的浴血苦战，都表明必须要由英军来担任进攻的主力。上述种种原因，使英国和法国的统帅部得以稍稍摆脱由于 1916 年 6 月至 1917 年 11 月间持续地发动攻势而受到的激烈的批评，但这并不是说，他们执行的方法统统都是正确的。

在战略上，英军和法军过于死板和狭隘地遵循集中兵力用于决定性战线的原则，他们没有认识到：德国处于中央位置，而且铁路运兵的效率比较高，因此它能在任何受到最大危险的地点更为迅速地集中兵力。① 德国一再派出援军援助奥地利人，就充分地表明了这种优势。劳合·乔治和丘吉尔认识到，即便西线处于举足轻重的地位——这是指一旦西线受挫，其损失是其他战线无法弥补而言——也必须使德国的人力、物力尽量地分散开来，以便给正面进攻造成取胜的机会。因此，1915 年援助塞尔维亚的计划，以及劳合·乔治的 1917 年年初增援意大利战线的未遂计划，便应运而生了。在战术上，协约国的将领们——除史密斯－多里安和普卢默等少数例外——除了"蛮干"以外，找不出更高明的办法来。而且，他们总是喜欢支撑败局而不愿意取消攻势以减少损失。这种固执的态度从下面这一点也可看出：他们不愿放弃经过苦战得来的土地。例如 1916 年冬季在索姆河地区，甚至当攻势在敌军可以俯瞰的沼泽谷地渐趋停息的时候，他们还是如此。因此，尽管海格和他的军、师指挥官们 1916 年在极端困难的条件下——部队多数没有作战经验，要进攻的战区有重兵防守，而且法国人的支援尚无把握——竭力奋战，但从指挥才能方面来说，仍然有欠高明。

道格拉斯·海格爵士个人作为总司令具有一些令人钦佩的品质，特别是他在和法国人打交道时耐心、沉着，而且他了解行政上的重大

---

① 关于"西线派"观点详见陆军元帅 W. 罗伯逊爵士《军人与政治家，1914—1918 年》（伦敦，卡斯尔，1926 年），第 1 卷，第 238—289 页。

问题。他的最严重的缺点是由于他本人远离前线所造成的，这可能是一种难以避免的不利条件，这种不利条件又由于他对取得胜利具有不可动摇的信心（这种信心主要是以宗教信仰为根据）而更加严重；而且他又不能任用能够独立思考、不论如何令人不愉快而敢于向他讲述真情的参谋军官。最后，海格认为能在1916年打败德国人，从而使他能在凡尔登的压力被解除后继续进行索姆河的攻势。当取得突破的希望破灭后，他又寄希望于拖垮敌人，对敌人的伤亡数字做了最乐观的估计。① 已经发表的海格书信集，并没有透露出那些可能使他对英、法、德三国军队的伤亡做出客观估计的重要情报。

在海上，德国的无限制潜艇战，由于与美国的摩擦日益增多而于1916年6月暂告中止。正是由于这种被迫的政策变化，间接地造成了这次战争中唯一一场大海战——日德兰战役。5月30日深夜，英国舰队离开基地前往北海一带进行例行的巡弋。德国舰队也在次日凌晨出海，希冀把敌人切断一部分。英国主力舰队总司令海军上将约翰·杰利科爵士始终保持十分谨慎。他认识到只有他是唯一有可能"在一个下午就输掉整场战争的人"，因而他决心只在极有利的情况下才打大仗。5月31日午后不久，指挥战列巡洋舰队的海军中将戴维·贝蒂爵士，发现了5艘敌方战列巡洋舰。他立即与之交战，在损失两艘战列巡洋舰之后便与德国的主力舰队遭遇了。这时他的任务是把敌舰诱向杰利科，但是由于浓雾以及夜色终于降临，使他未能达到目的。然而，杰利科已经把舰队调动到德国舰队与其基地之间的位置上，看来有可能大获全胜。但是战机被贻误了。因为指挥德国主力舰队的舍尔海军中将虽然已被发现，但他还是设法从英国的驱逐舰的警戒网中溜了过去，安全地回到了本国的水域。双方都声称自己打了胜仗。德国人在击沉舰只数和吨数上占上风，但舍尔并没有达到只和英国主力舰队的一部分舰只交战的目标，而且在没有遭受更大损失的情况下逃脱，实属万幸。英国主力舰队仍然完整无损，而封锁的压制也未放松。德国由于在水面上未能取得决定性的胜利，便转向了潜艇

------

① R. 布莱克编：《道格拉斯·海格的私人书信集，1914—1919年》（伦敦，艾尔和斯波蒂斯伍德，1952年），第175页。关于伤亡统计问题，下文将加以论述。

战——而且采取了更大的规模。7月间中立国船只在北美洲沿岸一带被击沉，这就造成美国参战这一几乎不可避免的后果。日德兰海战之后，大型舰队只能起到次要的作用。舍尔在他的小型舰队被调去进行潜艇战之后，实际上已变得无能为力了。而杰利科则由于护航驱逐舰被调去与潜艇作战而受到牵制。在四年大战中，大型舰队只打了半个小时的仗。

在德国潜艇左右一切的形势下，协约国在毫无起色之中结束了一年。每月损失的船只从1916年6月的10.9万吨上升到1917年1月的36.8万吨。大部分船只是在地中海被击沉的，因为在那里，德国与美国对抗的风险要小一些。被击沉的船只数量的这样增长，鼓舞着德国的作战领袖们在1917年2月又重新放手让潜艇不受限制地去击沉船只，他们的算计——或赌博——是：协约国在美国有效地参战以前就会在陆上由于挨饿而被打败。

1916年和1915年一样，是在协约国的盟国之一的战败声中结束的。罗马尼亚为了追求其贪婪的领土要求，曾经等待着在有利的时机参战。而布鲁希洛夫的攻势使它在1916年8月终于投身到战争中来。事实证明，这是一次不明智的赌博。由于瓦拉几亚位于奥匈帝国和保加利亚之间，因而在欧洲国家中没有比罗马尼亚处于更难防守的地位了。只有俄国人能够给予它以直接的支援。但是，俄国却看不起它。[①] 它的部队装备低劣，领导无方。而且，由于罗马尼亚攻进了特兰西瓦尼亚，它的侧翼就在它的死敌保加利亚面前暴露出来。

由法金汉提出，由鲁登道夫执行的同盟国战役，在战略上大概是整个大战中最为辉煌的一次战役了。在法金汉率领的德、奥联军主力在特兰西瓦尼亚咬住罗马尼亚人的时候，由冯·麦肯森领导的一个保加利亚集团军侵入多布罗加，从而威胁敌军的后方，迫使敌军无法前进。法金汉于11月中旬穿越山口进入罗马尼亚，而麦肯森这时则从多布罗加撤出他的集团军，在西斯托瓦渡过多瑙河。在两军会击下，首都布加勒斯特于12月6日投降。然而，罗军主力北逃，在塞雷斯

[①] 俄国总参谋长阿列克塞耶夫曾这样向沙皇表示过他的不满："我的想法是，如果陛下命令我派15名伤兵去罗马尼亚，我绝不会派16名。"（引自克鲁特威尔《大战史》，第295页）

河的对岸建立了一条安全的防线。他们在那里由法国人重新装备和训练后,一直坚守到1918年3月。

同盟国在凡尔登陷于僵局以及在奥地利人大败于布鲁希洛夫之后,取得了罗马尼亚的3/4的领土,这无异是一种兴奋剂。反之,协约国因为对一个巴尔干盟国的支援太慢而再次蒙受屈辱。从物资方面来说,罗马尼亚是一个有价值的牺牲品,它向德国提供石油和小麦,没有这些物资,德国就很难抵抗到1918年年底。

1916年年底,在领导战争的军政领袖中间,也都发生了重大的变化。在英国,劳合·乔治接替阿斯奎斯出任首相。6月间,劳合·乔治已经由于吉钦纳在赴俄途中溺毙而担任了陆军大臣。他主张组成一个人数不多、由他领导的战时内阁,以便更有力地进行战争;这就终于导致了阿斯奎斯在12月间的辞职。新首相对于消耗战的方针和统帅部的能力意见很大,但在实际做法上,却并没有改弦易辙,原因主要有二:一是由于在下院要依靠保守党的支持,他的政治地位一直不稳固;二是他担心和将领们的直接冲突所带来的后果,这些将领们的群众威信现已达到了惊人的程度。因此,他只好采取婉转的办法,但这只能使情况变得更糟。在衡量他和高级将领们做出的这种不稳定的妥协时,还必须看到以下几点:劳合·乔治通过一个精干的战时内阁,发挥了生气勃勃的领导作用;他在罗致重要人选时独具慧眼,例如他召回丘吉尔担任军需大臣;他在推行新办法——如护航制——时颇有卓见,反对专家的保守观点。

霞飞也于12月间因被授予元帅称号而改任挂名闲职。他在马恩河战役中和1915年间曾经鼓舞过人们的信心,但显然应付不了堑壕战僵局所带来的独特问题。他的继任者是集团军司令官中资历最浅,在凡尔登战役中崭露头角的罗贝尔·尼韦尔将军。尼韦尔具有一种在第一次世界大战的将领中少见的能言善辩的本领。他说得白里安,更令人惊奇的是,也说得劳合·乔治改变了主意,竟然同意他提出的在1917年春季用闪电攻势结束战争的计划。

在同盟国方面,鲁登道夫这时实际上负责战略问题,法金汉和康拉德均已被解除统帅职务。11月21日弗朗西斯·约瑟夫皇帝去世,由哈布斯堡王朝最后的统治者查理八世继位。只要他的盟国允许他单独谈判,查理八世是会欣然媾和的。与此同时,兰斯多恩勋爵的和平建议，在英国引起了公众的注意。但是，来自同盟国方面的不明确的和平试探在1917年1月10日遭到了坚决的拒绝。双方都打得精疲力竭，无法克服军事上的障碍，这便是：只要还有取胜的希望，德国就不会交出夺得的土地；而在协约国方面，如果达不到恢复法国的疆土和比利时的独立这样起码的目标，也就不能考虑媾和。甚至伍德罗·威尔逊总统不久也认识到，"不分胜负的和平"是没有的。

霞飞在卸任前不久，曾在尚蒂伊召开了一次集团军司令官会议，决定1917年的战略方针。他和海格一致认为，过去一年消耗战的过程已使西线德军濒于崩溃。在新的一年的头几个月里，进一步发动有限的攻势以耗尽敌人的后备力量，能为在春季取得决定性的胜利铺平道路。霞飞了解法国的兵源已近于枯竭，因此他宣称这将是法国最后的一次重大攻势。由于"西线"观点在为劳合·乔治所支持的卡多尔纳将军的建议中居于如此支配的地位，因而这个建议被搁置起来；这个建议是：英、法应派增援部队去意大利，给予奥地利以决定性的打击。

霞飞的缺乏想象力的战略前景，由于尼韦尔的升迁而立即受到影响。后者的做法不仅和霞飞的依靠逐步消耗的做法显然不同，要采取出其不意的突破办法，而且还彻底地改变了计划的具体做法。霞飞本来想要英军2月初向原来的索姆河战场以北和以南发动一次主攻，而由法国人向南直到瓦兹进击以支援英军。在这些进攻之后，由法军接着在香巴尼发起一次人数较少的攻势；这时英军——除非敌军的抵抗出乎意料之外地崩溃了——则转而进攻佛兰德。与霞飞的想法截然不同，尼韦尔想利用索姆河的攻势分散敌军兵力，以便法军在香巴尼发起主攻。因此，法军这次将担任主角；而且，为了支援法军，要求海格接管索姆河以南至鲁瓦的法军防线。

这些以及其他的一些变更做法，造成了两个协约国之间长期的摩擦。海格听说法军要做出更大的努力，感到高兴；但是，他坚持要求在接管法军防线前满足若干条件，因为接管显然要影响他进攻佛兰德的计划。这些不可避免的分歧需要有统一的领导；但遗憾的是，白里安和劳合·乔治两人采取的不是正道的做法，只是增加了将领之间和盟国之间的厌恶感；他们在2月26日的加来会议上，打算让海格隶属于尼韦尔，以此来达到统一领导的目的。海格同意在进攻期间接受尼韦尔的指挥，只要他有权在紧急情况下向本国政府求助。结果，尼韦尔就被置于这样一种不正常的地位：既要指挥一个由协约国共同进行的战役，同时又要指挥法国的军队。

鲁登道夫采取了比法金汉头一年进攻凡尔登时采取的更为有效的行动，从而打乱了尼韦尔的计划。鲁登道夫预料协约国还会在索姆河发动进攻，于是在距离前线约10英里的朗斯、努瓦荣、兰斯弧形地带构筑了一条强大的人工防线（"兴登堡防线"）。有越来越多的证据表明敌人在准备撤退，尼韦尔对此拒不相信。然而，德国人的确从2月底即开始准备撤退并有计划地在无人地带进行彻底的破坏。消耗战的支持者认为，这一撤退是德军在索姆河地区"失败"的证据；而批评者则认为，这一行动"无论在设想上或是在实行中都是高明的一着"，其目的在于交出无用的土地以阻挠敌人。无论如何，尼韦尔的攻势化为泡影，而海格别无他途，只好把兵力集中于阿拉斯防区，那里的战线一直没有变化。

尼韦尔由于未能调整其计划，并且公开吹嘘自己的意图，因而给自己招致了更多的困难。再者，当法军4月16日在兰斯附近开始大举进攻时，他已不再能够得到本国政府、盟友的，甚至也得不到他的集团军的司令官们的信任了。这场进攻持续到5月7日，在一条16英里长的战线上，向前推进了4英里；但是，这点有限的成就跟尼韦尔自己许下的诺言形成了十分尖锐的对比。总而言之，法国的军队正葬送在他的手中。前线部队由于经常奉命去攻打难以攻克的防线，因而士气低落；再加上没有休假，并且生活条件恶劣而长期心怀不满，因而哗变在军队中蔓延，到5月初，已有近半数的部队受到影响。

于是，法国兵最后终于结束了对轻率发动进攻的迷信。贝当5月15日取代尼韦尔后立即宣布：法军在美军各师到达和获得更多的坦克、重炮之前，必须继续严取守势。通过巧妙地把坚定的态度和改革的措施相结合的办法，贝当很快地恢复了秩序。但是，即使是贝当也无法在1917年恢复法国陆军的进攻能力。英军别无选择，只好来分散敌人对法军战线的注意力，因而海格在4、5月间不断地发动进攻，这在政治上是有道理的。6月7日，对佛兰德的攻势顺利地开始了，先由普卢默的第二集团军（蒂姆·哈林顿任参谋长）做示范性的有限进攻。敌军防御工事下面19枚巨型地雷的爆炸，更增加了进攻的突然性，然后步兵占领梅西奈山，从而拉直了伊普雷突出部。

接着便出现了令人惋惜的拖延，直到7月31日"第三次伊普雷战役"开始（也被误称为帕琛达尔战役）。鉴于迄今对这次攻势仍有争论，因此必须着重指出，海格已不再是在法国人的坚持要求下发动进攻了。实际上，早在5月11日，贝当就明确表示，他反对任何大型进攻；5月19日他又说，海格预定对奥斯坦德的进攻肯定要失败。无疑地一贯赞成进攻的福熙，6月2日也说，海格的计划是"鸭子进军"，认为整个事情是"无益的，想入非非的和危险的"。甚至罗伯逊也劝海格把他的预料的调子放低，不要说这个战役能产生决定性的效果。① 在为海格辩解时，必须指出：他要占领佛兰德港口奥斯坦德和泽布勒赫的决心，可能是受了杰利科海军上将的错误思想的影响；杰利科认为，除非占领这些潜艇基地，否则英国不久即将被迫求和。但是，实际上决定这一任务是否能够从陆上去完成的人，应该是海格而不是海军部。②

虽然攻势在8、9月间有所进展，但是海格的这种判断是错误的；他认为在这种气候和地形条件下进行突破是可行的。过去80年的气象记载表明，从8月中旬起可能会有大雨。而且，由坦克部队总部绘制的"沼泽地图"也指出，在7月31日将要进攻的大部分地段里，因排水堤被（7月15日开始的）炮轰损坏而造成的泥塘，形成了一条充满泥浆的深沟。后来坦克部队终于奉命不得把这类悲观的报告送往统帅部，正如最近出版的海格传记的作者所说："没有证据说明，海格曾经看过这样一份'沼泽地图'，如果看过，他就会对他所收到的某些报告有不同的想法。"③

如果说，占领英吉利海峡各港口是出于迫切的需要，这样可以为海格的8月进攻开脱一部分责任；那么，他在看清这个目的不可能达到以后很久，还要把攻势继续进行到11月间，其动机就值得仔细考

---

① 有关贝当的引文，见陆军少将C. E. 卡尔韦尔爵士编《陆军元帅亨利·威尔逊爵士》（伦敦，卡塞尔，1927年），第1卷，第349页，第354—355页。福熙的挖苦话是B. H. 利德尔·哈特在《奥尔良人福熙》（彭吉恩，1937年），第1卷，第253—254页中引述。罗伯逊劝海格要小心谨慎，是因劳合·乔治的不信任引起的，见J. 特兰《海格，一位有教养的军人》（伦敦，赫金森，1963年），第330页。

② 特兰：《海格》，第334页。另见S. W. 罗斯基尔海军上校《1917年的潜艇战和第三次伊普雷战役》，载于《皇家联合军种学院学报》（1959年11月），第440—442页。

③ 同前引特兰书，第342页。

虑了。如果说，海格是在法国人的压力下进攻的，或者说是因为他怀疑法国人是否经得住德国人可能发动的进攻，这也是谬论。现在拿不出当时的证据来支持这种看法。相反，海格在10月8日贝当来访之后写信给罗伯逊说，法国人完全能够守住自己的防线，因此他没有必要去接管更多的法军防线。①

海格所以坚持进攻，既非出于麻木不仁，也非由于所谓占领帕琛达尔山脊是出于战术上的必要。根本原因是1916年曾经蒙蔽过他的那种乐观情绪此时还在影响他的判断。海格相信他的情报处长查特里斯将军供给的情报。这些情报强烈地暗示"德国的民心和士气均已濒于崩溃，在不断无情地施加压力下，将不仅可以取得这次战役的胜利，而且还能赢得整个战争"。直到9月28日，他还预言说，进攻布鲁德赛德可以收到"决定性的效果"，只是在这次进攻于10月4日失败之后，他才甘心于只达到帕琛达尔—克莱肯山脊这一有限的目标。②

有大量的证据表明：对佛兰德的攻势在削弱德国第四集团军的兵力和士气上是成功的；但是，英国部队可能也遭受同样严重的损失。实际上，由于德军主要是在进行防守，而且采取了纵深防御，防守许多分散的坚强据点，而不是防守一条条战线这种明智的战术，因此进攻者的士气受到了严重的挫折，这也就不足为奇了。帕琛达尔战役造成的士气的挫伤，以及众所周知的兵力不足这两个因素，在解释1918年3月英国防御工事被突破的原因时，都应考虑在内。

支持和反对消耗战方针的论点，在很大程度上是要依靠伤亡的统计数字的，然而这种数字是极难计算出来的。在这方面存在的重重困难中，不妨指出三点：首先，德国人发表的数字涉及的时期和战线的地段，并非总能跟每一战役相符合。其次，双方的统计材料常常是死亡、受伤、失踪和被俘不分的。最后，德国的记录有许多已在第二次大战期间被毁，而协约国方面的某些报告不是散佚就是看不到，因而对已发表的材料中有出入的地方，也就无法进行审核。由于这些缺陷，某些史学家因而根本就不利用统计数字。而另外一些人，则利用

---

① 布莱克：《道格拉斯·海格私人书信集》，第258页。当时法军的防线为350英里，英军为100英里。但法军防线大部分远在南端靠近瑞士边境，在整个大战期间，并没有发生什么战斗。

② M. E. 霍华德引自《皇家联合军种学院学报》（1960年2月），第107—109页上发表的海格书信集中的一封信。另见 B. H. 利德尔·哈特《帕琛达尔战役的基本事实》，同前引书，第433—439页；并见布莱克《道格拉斯·海格私人书信集》，第255—260页。

统计数字来支持一些先入为主的见解。特别是一位英国官方的史学家陆军准将詹姆斯·埃得蒙兹爵士为"西线派"下述观点提供了支持：1916年德军在索姆河战役中的伤亡比协约国的伤亡大得多。但事实证明，他的计算方法是完全靠不住的。[1] 最近对可以获得的英、法、德三国的材料做了一番检查，可以得出这样一个明确的结论：1915年至1917年西线的损失两相比较，肯定对协约国方面不利：

	1915 年	1916 年	1917 年
德军损失：死亡、失踪	170312	295572	281524
受伤[2]	677916	896879	776943
合计	848228[1]	1192451	1058467
法军损失、死亡、失踪	330000	300000	145000
受伤[2]	970000	576000	424000
合计	1300000[3]	876000[4]	569000
英军损失、死亡、失踪	73160	151086	185555
受伤[2]	239867	500576	564694
合计	313027	651662	750249

[1] 损失总数可能比此数稍大一些。
[2] 包括伤重死亡数。
[3] 只包括2月至11月。
[4] 只包括2月至12月。

每个战役的伤亡被俘数字都说明同一结论。例如索姆河战役（1916年7月1日至11月初），德军最高伤亡数字为50万人（未分类），而英军总数为419654人（亦未分类），法军为204253人。1916年2月21日至8月底的凡尔登战役中，法军损失317000人，德军损失为300212人。第三次伊普雷战役（1917年7月31日至11月中旬）中，据"官方历史"发表，英军的伤亡被俘人数为245000人，[2] 法军损失8525人（仅为死伤）；而德国第四集团军，虽然其防

---

[1] 见 M.J. 威廉斯《百分之三十：伤亡统计数字之研究》及《英国官方历史对索姆河战役德军损失数字之处理》，载于《皇家联合兵种学院学报》（1964年2月），第51—55页，及同刊（1966年2月），第69—74页。威廉斯博士慷慨地提供了他对英、法、德三方材料所做的统计研究摘要，本节所引数字，均出自他的材料，但根据这些材料而得出的结论则是笔者的。

[2] 但根据巴兹尔·利德尔·哈特爵士的估计，英国死伤被俘人数至少为30万人。

线比英国攻势涉及的范围宽得多，损失却在175000人到202000人之间。1914—1918年西线死亡（由于各种原因）总人数约为：英军70万人，法军130万人，德军120万人。

但是，即便数字比例显然表明英、法两国损失较大，另外还有两个问题需要提及：德国人损失的人数是否超过了他们的承受能力？他们的必胜信念是何时何故开始减弱的？虽然消耗战的过程从未使德国的兵力接近枯竭的地步，但惨重的伤亡确实从1916年开始产生了一种令人沮丧的影响，特别是当统帅部沉溺于反攻方针中的时候。到1917年底，兵员人数从6月里达到顶峰时拥有的野战军538万人（包括各条战线）下降后，已经成为一个严重的问题，即便如此，1918年3月德国野战军还有510万人（其中380万人在西线），另外还有200万人左右的本土军。由于鲁登道夫发动的攻势的结果，德军兵员人数显著下降，因为在3月到7月间德军损失了约97.3万人，还有100多万人被列为病号。到10月间，西线只有250万人，而征兵情况极糟。即便如此，德国在1917年和1918年年初的主要问题并不是兵力人数不足，而是日益增长的厌战情绪以及对此有极大影响的食物匮乏。军纪问题的明显增多，即说明了上述看法的正确性，即便野战军正在节节向前推进时，这种问题在驻扎本土的部队中间也是至为严重的。

因此，关于消耗战的有效程度如何是无法得到精确的答案的。1914年至1917年间，各协约国，尤其是法国，几乎力量耗尽，濒于败北。德军在这些年中的伤亡虽然要比协约国将领们的估计小得多，但也已超过了它所能经受的程度。人数上的不平衡，只是从1918年中期才开始具有决定性的意义，这时德军由于发动持续的进攻已经达到精疲力竭的地步，士气亦已涣散；而在协约国方面，由于美国军队的到来，法国的精疲力竭得到了弥补而有余。

1917年西线的战事并没有在佛兰德的泥淖中结束。当在伊普雷进行突破的希望消失后，坦克部队经批准计划在康布雷附近起伏的丘陵地带进行突击。由宾指挥的第三集团军在11月20日以近400辆的坦克为前锋，取得了一次重大的突破，在一些地方推进了7000码，俘虏7500人和120门大炮。遗憾的是，没有后备的坦克和部队来充分扩大战果，而两个可以调用的骑兵师却又莫名其妙地按兵不动。11

月30日德军发起反攻，夺回了大部分的失地，士气因而大振。坦克的表现比以前大有进步，这一点使英国人的失望情绪多少有所好转。

法国军队中哗变事件的严重情况，被非常严密地掩盖起来，不仅敌人，连朋友也不得而知。俄国长期以来即要出现的军事崩溃，却是掩盖不了的，特别在1917年3月导致沙皇被废黜的彼得格勒起义之后，更是如此。临时政府曾经一度答应要把"人民战争"积极地进行下去，但是革命来得为时已晚。这时，革命的宣传已向精疲力竭和毫无斗志的部队灌输了要求结束战争的正当的政治理由。布鲁希洛夫被任命为总司令，于1917年7月进行了最后孤注一掷的进攻。进攻失败了，当布尔什维克在10月间夺取政权时，军队实际上已停止作战。到年底布尔什维克签署了停战协定时，各协约国已经没有理由希望他们会重新开战。

到1917年年底，问题显然是：在从俄国抽调出来的德国部队到西线打败疲惫的协约国军队之前，美国是否能够在陆上提供有效的支援？在海上，美国参战的影响几乎是立即可以感觉得到的。它和英国进行合作，把海军封锁变成了一种并不因尊重中立国而受影响的压制行动。与此同时，潜艇给英国补给造成的威胁，也逐渐地开始受到控制。这种威胁曾经是一直存在的。被潜艇击沉的船只一直增多，到1917年4月达到了顶峰，协约国损失的船只将近100万吨。英国海军部对护航制度持怀疑态度，只是出于勉强试行。然而5月间第一次对从直布罗陀驶来的商船队试行护航时，却取得了成功。到了9月，由于有了美国驱逐舰的支援，横渡大西洋的船只，在来往的途中都得到了护航。同时，特制的猎潜舰和飞机以及新式水雷的出现，反潜艇攻势得到了加强。德国仅仅用了140艘潜艇投入现役，其中经常出动的不过50艘，就几乎打赢了这场摧毁商船战。①

地中海商船航运的重大损失，是意大利在1917年年底几乎战败的原因之一。意大利8月间在伊崇佐河发动第十一次攻势之后，鲁登道夫断定已不能指望奥地利再坚持一年，为了挽救盟国，必须打垮意大利。10月24日，在一阵短暂的炮轰之后，他便对卡波雷托地段发起攻击。在随之出现的溃退中，卡多尔纳将军的军队有25万人被俘，

---

① 罗普：《现代世界的战争》，第262页。

还有成千上万的人开了小差。卡多尔纳在控制威尼斯的皮亚韦河上建立了防御工事之后，他的职务便由迪亚斯接替。英国和法国这时赶来增援，这次增援如果在这一年的早些时候到来，就会有价值得多了。奥军把辎重远远丢在后面，一再打算包抄意军的防线，但未获成功。

意大利危机给协约国带来了一个意外的好处：它促成1917年11月在凡尔赛建立了最高作战委员会。各协约国的合作要采取切实的步骤，还需再发生一次危机，因为起初各国代表并无实权，而海格或贝当又都不愿意拿出几师兵力来充当总预备队。

协约国在中东的作战行动，1916年以埃及为起点。1917年获得了迅速的进展。在一次辉煌的机动作战后，迫使耶路撒冷于12月9日向艾伦比投降。在美索不达米亚，这时英军在巴格达站稳了脚跟（见上文第187页）。这些胜利并不能立即对欧洲微妙的平衡产生影响。俄国即将（1918年3月2日）签订强加于它的布列斯特－里托夫斯克和约；而鲁登道夫在美国人能够调集大军参战之前，也肯定能得到大量的援兵。

1918年年初，西线的主动权显然是操纵在德国手中。从1917年11月起，军运列车就把大批德军从俄国前线运往法国，因而到1918年3月初，他们已拥有193个师来对付协约国的173个师，这是把每一个人数较多的美国师当作两个英国师或法国师来计算的。但是鲁登道夫明白，他既是在和时间斗争，也是在和迄今还无法摧毁的防御工事斗争。潜艇战正在遭到失败；封锁对国内战线的影响变得严重起来了——例如，柏林1月间发生了总罢工；最紧要的是美国的军队正在源源不断地开进法国。鲁登道夫如同1914年的毛奇一样，也把赌注下在彻底的胜利上，因为有限的推进只会把敌人赶回到交通线去，却使进攻者的补给问题增多。就协约国来说，只要他们能经受住了即将到来的攻势，就能指望单凭人力和物力，在1919年取得胜利。

虽然提出了不少的警告，但协约国的防御准备工作还是不充分的。没有一国政府愿意从其他战场上抽调军队来增援法国。意大利反对将卡波雷托危机时派来的协约国军队撤走；法国政府坚持保留萨洛尼卡桥头堡；英国内阁的大多数成员，急于在巴勒斯坦取得彻底的胜利。劳合·乔治和战时内阁故意不给海格增派援军，他们认为，由于指挥官们盲目地相信不断发动进攻的方针，已经无谓地牺牲了许多性命，他们唯恐大规模的增援只会死人更多。军政双方都有理由不信任对方，但是任何一方都不是毫无可以指责之处。现在回顾起来比较容易看出，政府应当要么对总司令表示信任，要么就撤换他，即使冒发生政治危机的风险也在所不惜。虽然首相和总司令之间的互不信任，是造成3月灾难之后双方交相指责的原因，但是那场灾难与预备兵员被留在英国一事之间，并没有人们通常认为的那种明显的联系。

首先，鲁登道夫在第五集团军的战线方面建立起五对一的兵力优势时，并未引起英国最高统帅部的警觉。实际上，海格在3月2日还认为自己的防线固若金汤，甚至怀疑敌军是否敢于冒进攻的风险。[①] 其次，由于对敌人的意图判断错误，预先采取的防御措施很不充分。最后，鲁登道夫非常精明，他把他的主要打击方面放在英、法防线的接合部上。这时，这两个协约国之间的关系正处于低潮，主要是因为在英国应当再接管多长防线的问题上发生了争执，以及建立总预备队这个令人伤脑筋的问题。因此，协约国之间的争论，估计错误，以及兵员缺乏，为德军的突破开辟了道路。

当攻势于3月21日开始时，德军在从阿拉斯到拉费尔的60英里长的战线上拥有69个师对33个师的兵力优势。鲁登道夫的目标是要把协约国的军队分割开来，把英军赶到英吉利海峡岸边——这是后来希特勒的坦克部队在1940年所完成的业绩。在战术上，德军的表现，比前几年的刻板举动大有改进。新战术的实质是渗透。经过特殊训练、配备有轻机枪、轻堑壕迫击炮和喷火器的突击队，越过堑壕防线，绕过强大的火力点和机枪巢，设法渗入敌人的炮兵阵地。鲁登道夫也深知突然袭击的重要性，因此他开始的炮击时间很短；在别的地方制造威胁以分散敌人兵力；充分利用瓦斯和烟幕这种人工隐蔽手段和天然的掩蔽物大雾。最后，鲁登道夫下决心要使用以预备队去扩大战果的原则，而不是用它们去重新鼓舞那些攻势已经无力的地段，虽然他实际上并没有这样做。

在5天的时间里，看来一切都对进攻者有利。德国第二集团军在索姆河以南所向披靡，一直到达索姆河的旧战场时才被挡住。但是在

[①] 布莱克：《道格拉斯·海格私人书信集》，第291页。关于德国人准备工作的详情，见B.皮特：《1918年：最后一幕》（柯基编，1965年）中第50—78页中的叙述。

河的北面，英军在阿拉斯地段进行了顽强的抵抗。鲁登道夫向攻势顺利的侧翼调动预备队时大大地贻误了时机，因而使协约国的军队赢得了时间，从最初的震惊中恢复过来。实际上，他只差一点就取得了完全的突破。英国第五集团军已被打垮，贝当也一度打算跟溃败的盟军分手，向巴黎方面撤退。这一危机终于使协约国的军队统一了指挥。3月20日在杜朗匆匆地举行了一次会议，斐迪南·福煦被任命为最高统帅，协调协约国的军事行动。正如海格敏锐地认识到的，这一任命的直接价值是法军预备队大批地开往英军防线。

鲁登道夫3月28日再次炮轰阿拉斯，但是这次既无大雾又非突袭，因而未能把宾指挥的第三集团军从阵地上赶走。他把剩余的预备队调去支援向亚眠的进军，这次又稍嫌过迟。当进军在3月30日停下来时，已经前进了近40英里，缴获大炮近千门，俘虏8万人。

接着，鲁登道夫又进攻佛兰德，4月9日突破了葡萄牙部队据守的薄弱防区。到4月底时，英国人已经把在1917年以昂贵代价换来的全部土地丧失殆尽，虽然伊普雷本身还在他们手里。英军遭受了重大伤亡，但是他们还是没有让敌人突破。

兵力的对比逐渐变得对德国不利了，然而这在夏季以前还不明显。自从攻势开始以来，英军已损失近30万人，被打垮了10个师。援军自英国赶来，并且从意大利、萨洛尼卡和巴勒斯坦撤回了一些师。这时德军有208个师在法国，要进一步发动进攻仍然有力量，但是时间不多了。早在3月危机时，潘兴将军就放宽了不许美国部队过早地投入战斗的纪律，只是规定他们必须整师地进行作战。从4月底开始，美军每月到达30万人。到7月中旬，已有7个师投入战斗，还有14个师正在准备进行战斗。

鲁登道夫在经过一段较长时期的休整后，接着于5月27日进攻苏瓦松和兰斯之间的达姆路。被打垮了的英国师，调到这个据认为是安静的地段来休整。但是，法军指挥官迪歇纳把他的步兵集中在前沿堑壕中，使他们成了部署巧妙的德国炮兵的"炮灰"，从而丧失了本来几乎是坚不可摧的地位。第一天，是德国人自堑壕战开始以来在西线推进最远的一天。中央的部队前进了13英里，越过了埃莱特河、埃纳河和维斯莱河。但是，正如经常所发生的情况那样，两翼进展缓慢，形成了易受攻击的突出部。

可笑的是，鲁登道夫在战术上取得的胜利却成了他的包袱。他在协约国军队的防线上造成了两个大的和一个较小的突出部分，当他的部队进攻的势头减弱时，这些突出部就成了反击的目标。7月中旬战局开始发生变化。鲁登道夫15日在兰斯附近发动攻击，但进展不大。3天后，贝当使用大批轻型坦克向马恩河反攻，迫使鲁登道夫后撤，把自己的战线拉齐。原定对佛兰德的进攻推迟了，后来干脆放弃了。主动权遂逐渐转移到协约国手中，福煦此后一直没有把它丢掉。

德军进攻开始时极为顺利，大有获胜的希望。后来，鲁登道夫由于不断地进攻抵抗最坚强的中心部位，因而失去了德军第二次、也是最后一次在西线取得胜利的机会。归根结底，比德军在这些攻势中人员的伤亡更为严重的问题是，德军的士气受到了严重的打击。这时，衣衫褴褛、营养不足的进攻者发现，协约国军队的后方地区跟德国比起来大不相同，那里"牛奶和蜂蜜满地流"——或者更实在一点说，遍地是葡萄酒和面包。幻灭的感觉和失败的情绪这时普遍蔓延开来。在1918年夏季可以看出，德军的作战素质已经下降，特别是悄悄投降的人愈来愈多。海格过去曾经毫无根据地认为战争的结束已经在望，这时却已有了确实可靠的理由了。

协约国军队于8月8日开始进攻，取得了振奋人心的胜利。罗林森将军的第四集团军和法国第一集团军向亚眼以东地区进击，它们使用了400辆坦克，席卷了德军的前沿各师。这在心理上造成的影响深远，鲁登道夫后来曾描绘说，这一天是"德国陆军战史上黑暗的一天……它毫无疑义地使我军的作战能力下降"。此后不久，他主张在情况进一步恶化之前进行和谈，使德皇感到震惊。

这时，福煦拥有充足的兵力、大炮、军火和坦克，使敌军不能巩固阵地。他迅速不停地进行一次又一次的猛攻。在进攻受阻时，不再无谓地坚持进行下去，而是暂停下来，等到敌军被吸引到别的地方时，才又恢复进攻。德军现在尝到了因节节败退而造成的士气低落的滋味。到了9月中旬，美军在作为一支独立的作战部队进行的首次战斗中，一举拔除了圣米希尔突出部，不过却付出了沉重的代价。而英国第三和第四集团军则推进到坚强的兴登堡防线。

海格那种难以遏制的乐观情绪，现在证明是最可贵的了，因为他不受法国将领和英国政府迟疑态度的影响，始终深信战争将在这年年底结束。他于9月2日向兴登堡防线发起进攻，经过一个星期巧妙的军事行动后，突破了北方运河最牢固的防御地段。兴登堡防线已被突破的消息，使已经失去斗志的鲁登道夫感到十分震惊，他在精神上再也支持不住了。他在恢复过来以后，就坚决要求新任首相巴登的马克斯亲王立即寻求停战。新首相于10月3日这样做了。军事领袖们的失败情绪，很快就传染了国内战线，因此，虽然到10月底时将领们稍稍恢复了一些信心，但已为时过晚，难以鼓舞全国人民的斗志。协约国军队节节向前推进，进一步摧毁了德国政府和人民的意志力。到11月11日签订停战协定时，德军已被赶出比利时的西部，只有极少的法国领土仍在德国人手里。福煦即将发起对洛林的进攻，这将是战争第一次在德国的土地上进行。

要把德国战败的原因，按其重要性准确地列出先后次序，这样做虽然引人入胜，但却是难以办到的。问题之一是：要衡量军事上的败绩和国内的失败主义情绪孰重孰轻；或者说，德国军队的消耗和平民百姓在封锁中遭受的消耗几乎是一回事。要把国内战线和战争前线截然分开，显然是不现实的：国内悲惨状况的消息削弱了士兵们的战斗意志；而受人尊敬的军事领袖们的失败主义情绪，又打破了对德国国内社会革命的最后束缚。

另一个问题是要确定（如果有的话）究竟哪个战场带来了决定性的胜利。按时间顺序算，看来对"东线派"要有利一些。1918年9月，萨洛尼卡战线终于被弗朗歇·德斯佩雷将军打开，50万大军总算是没有白白地部署在那里。保加利亚于9月30日停止抵抗。土耳其则因君士坦丁堡暴露在来自马其顿的攻击之下，加速了末日的到来。在巴勒斯坦，艾伦比在T.E.劳伦斯非正规地领导下的阿拉伯人的协助下，于9月19日开始了最后的攻击。由于进行了卓越的机动作战，大马士革和阿勒颇遂告陷落，土耳其因于10月30日投降。当奥军在特兰提诺和威尼斯平原败北后，原来尚能维持下去的摇摇欲坠的帝国，终于土崩瓦解了。奥地利在10月底请求停战，于11月4日签订了停战协定。

但是，促使德国投降的主要原因，不可能是由于德国的盟国的垮台。德国的军事领袖们曾把兵力和希望集中于西线，而鲁登道夫未能在3月至7月间取得胜利，这才使希望成为泡影。德国失掉了盟友，无非证实了预料中必然的结局。实际上,奥地利(保加利亚更是如此)在 1918 年的夏季就已经认识到德国已无力再派遣预备队援助他们。这很可能是使他们放松自己的抵抗的部分原因。

回顾过去,很容易看出,两个势均力敌的联盟在 1914 年一旦交战后,其后果很可能是一场浪费惊人的消耗战。近代的军事史,著名的如美国的南北战争和日俄战争都表明,如果敌对双方都充满着爱国热情,而且政府也愿大力动员全国资源的话,那种为期短暂的决定性的战役,则已成为过去。

在这种情况下,将大屠杀的全部恐怖都归罪于将领们的这种自然而然的倾向,是错怪了他们。特别是,如果认为个别的人能够严格控制不可抗拒的力量,这种想法更是大错特错了。无怪乎成百万的大军往往不是累垮了他们名义上的指挥官(如毛奇),便是使他们陷入行政事务之中不能自拔(海格便往往如此)。值得指出的是,1918 年仍然留在统帅岗位上的将领们,终于显示了他们打运动战的才能,虽然只有艾伦比拥有真正适合进行机动作战的地形。

因此,对于某一战役或某个人的缺点提出批评固然是正当的,但必须要从当时实际可行的情况出发,而不能以理想的标准作为根据。同样,将领们战前所受的教育(指广义的)也必须要加以考虑,因为每个社会终究只能得到它所应该得到的领袖。① 那些在战争中跃居最高统帅地位的军人,是他们这个职业中的佼佼者。其中很多人在 1914 年以前就已崭露头角,还有一些人将在 1918 年以后的文职生涯中居于显赫地位。

在战争结束时,防御的主导地位终于受到了新的机动手段的挑战,突出的有坦克、摩托车辆和飞机。战争中出现了彻底更新的机器,但是还没有掌握能充分发挥它们作用的技术。对于这种半截的战争"课",反应是大不相同的。法国总参谋部充分地认识到自己的急躁病是愚蠢的,因此在 20 年代中又重新奉行固定的防御方针,集中体现为构筑了马其诺防线。英国在首先研制坦克并率先发展军事航空

---

① R. 威尔金森:《高级官员》(伦敦,牛津大学出版社,1964 年),特别是其中的第 77—79、83—89 页。关于德国的军事传统,见卡尔·德米特《德意志军官团》(伦敦,魏登菲尔德和尼可尔逊,1965 年)。

事业之后，在 20 年代中实际上又置这些成就于不顾，并且回到了那种外行人鄙视机械化的战前传统。德国由于是战败者，因而特别热衷于遵循由于坦克和飞机的出现所带来的新作战方式的军事逻辑。在 30 年代中期，它再次准备打一场运动战。

如果从世界政治的前因和后果来冷静地观察，这次大战虽然在生命和物资方面的浪费是无与伦比的，但却并不是毫无意义的，可能对于德国是例外，因为它在中欧的工业中跃居主导的地位，只不过是时间推迟了而已。战祸的直接后果是，三个历史上赫赫有名的帝国，已无可挽回地崩溃了，从而一些新国家建立了，一些古老的国家复兴了。法国收回了 1871 年失去的省份，比利时恢复了独立。战前国际关系中无政府状态的灾难性结果，导致了一个大胆的试验：建立国际联盟来捍卫国际和平与正义。

从另一个角度来看，欧洲各交战国全都是失败者，因为这场战争标志着（如果不是造成）国际权力一方面从中欧转到了北美，另一方面又不那么明显地转到了苏俄。这场战争更直接地使欧洲的民族主义蔓延到更为广大的世界。日本在 1905 年已经尝到了民族主义胜利的甜头，它参战的成功，进一步激发了它的民族自豪感和帝国的野心。在印度，由于对帝国事业做出自我牺牲而充分赢得的荣誉感，再加上由于成千上万的平民从军从而接触到西方的环境和思想，遂使民族独立运动进入了一个活跃的战后新阶段。在各个自治领中，也很明显地出现了类似的反应；这些自治领对于协约国的胜利做出了无可估量的贡献。各自治领的参战行动，使它们在和会上和在国际联盟中都拥有自己独立的代表。因此，英国已不能片面地要求它们采取它们不同意的政策——如加拿大 1922 年与土耳其发生查纳克危机时所表现的那样。总之，这次世界大战孕育了英联邦。

这场战争的一些最为不妙的发展情况是：蓄意煽动民族仇恨，报界日益严重地将群众引入了歧途，以及把政府发动的宣传提高到成为重要的战争手段的地位。①

大概只是在战争的最后一年，协约国的宣传才对敌方的士气产生了重大的影响。奥匈帝国的平民忍饥挨饿，军人则衣衫褴褛、瘦弱不

---

① E. P. 钱伯斯：《战争背后的战争，1914—1918 年》（伦敦，费伯，1939 年），第 494—537 页。

堪，这些都成为极好的宣传材料。用这个帝国中所有各民族的语言写成的传单，从飞机上纷纷撒向敌军的堑壕和远离战线的后方，传单上着重指出奥地利统治的暴虐并且利用了民族的敌对情绪。从逃兵人数不断地增加中，可以明显地看出所收到的效果。而1918年4月在罗马举行的被压迫民族代表大会，则受到了各协约国政府的热烈支持。

英国的宣传战是在诺思克利夫勋爵卓越的领导下进行的，而由新闻大臣比弗布鲁克勋爵予以有力的协助。在德国上空投下的传单中，提供了被德国新闻检查机构扣押的消息，说明了协约国军队进展情况的地图；着重地指出了每天都有大批美军到达法国；把战争的一切罪过归咎于普鲁士军国主义分子；寄公正的和平希望于一个民主的德国。到战争结束时，仅英国每天就向德军战线投下14万份传单。德国人是头一个使用对敌宣传的，但现在他们对于"从天而降的毒物"却不知所措。

从军心的突然涣散，罢工和示威的蔓延，以及出现像库尔曼1918年6月24日在国会发表"失败主义的"演说这样的政治危机等等，可以有充分的证据说明：协约国的宣传无论在瓦解德国的军队上，或在德国国内激起革命形势方面，都起到了决定性的作用。当德国在军事上的失败已无法掩盖时，受蒙蔽的人民大众感到震惊，精神上受到无法忍受的打击。

在一场无限制的战争中，发动大规模的宣传战来增强本国的士气，涣散敌人的军心，是不可避免的；因此，真情、谎言和半真半假的话混杂在一起，这总要比物质耗损的危害要小。然而，这个武器有利亦有弊，它所造成的恶劣影响，不是由于达成停战就能消除的。因此，举例说，1919年普遍出现的战争歇斯底里，排除了达成一项温和的、妥协的和平协议的任何可能性。而戈培尔之流，则把第一次世界大战期间的宣传手段拿过来变本加厉地加以滥用，用以支持他们在两次世界大战之间的年代里推行的那些令人深恶痛绝的种族主义政策。

"国内战线"这个新词，确切地说明了平民投入战争的规模。甚至在有着自由放任和反军国主义传统的英国，战争的需求也使生活中未受干扰的方面变得不多了。英国的夏季时间和限制售酒的时间，就属于战时遗留下的永久性的后果。在总的趋势上，具有最重大意义的总的发展趋势是，在加强中央政府的机器方面，政府的活动由于设立了新的部门而扩大,而且实施了一些在1914年以前不可想象的控制措施。如果战争在1916年结束了,那么回复到类似战前的状况还有可能,但是在战争的最后两年中,欧洲社会却经历了一场无法逆转的变化。

(华庆昭　译)

第 八 章

凡尔赛的和平解决方案
（1918—1933 年）

1918年11月11日上午11时，停火沿着西线实现了。第一次世界大战宣告结束。这次大战死了不下1000万人，4个大帝国垮了台，并使欧洲大陆陷于贫困之中。

迄今在大半个世界中一直未逢敌手的德国战败了，这在那天黎明时分载入了贡比涅停战协定之中。停战的苛刻条款，主要是由协约国最高统帅福熙元帅提出的，其苛刻程度介于英国陆军元帅海格和美国将军潘兴的意见之间；海格过高地估计了德国继续抵抗的能力，因此主张条件要宽大些；而潘兴则主张拒绝停战，协约国应继续进军。这一点正符合前总统西奥多·罗斯福的态度以及美国民众要德国无条件投降的要求。但事实上，停战一个月后，新成立的德意志共和国的第一个政府的首脑艾伯特在勃兰登堡门欢迎归国的德国部队时说："任何敌人都不曾打败你们……你们保卫了祖国，使它免受敌人的侵略。"[①]

从长远看，和停战条款居于同等重要地位的，乃是左右停战协定签字的那些先决条件。德国政府于1918年10月4日向威尔逊总统提出停战请求时，曾巧妙地提出建议说，和平谈判，而不仅是为停战进行的谈判，应以他的1918年1月8日演讲中提出的、在他以后的声明中又加以阐明的"十四点"作为基础。在协约国就停战条款问题于10月底在巴黎和凡尔赛进行预备性会谈时，欧洲国家的总理劳

[①] 弗里德里希·艾伯特：《著作、记事和演说集》（德累斯顿，1926年），第2卷，第127—128页。

合·乔治、克列孟梭和奥兰多,以及意大利外长索尼诺,都持谨慎态度,不愿对含义颇不精确的"十四点"承担条约上的义务。劳合·乔治问道:"难道我们不应该对德国政府声明,我们不赞成以'十四点'的和平为基础?"① 但是,威尔逊的心腹、先遣人员豪斯上校威吓说,如果拒绝接受"十四点"作为基础,美国将抛开他的盟友而单独与敌人缔结一个和约。到 11 月 5 日,美国政府在蓝辛照会中已能向德国政府传达各协约国的声明说,"他们愿意根据总统 1918 年 1 月向国会发表的演说中所规定的和平条款以及其后发表的演说中所阐明的解决原则,与德国政府媾和"②,但要服从两个条件:第一,协约国保留就航海自由做出任意决定的全部权力(第二点)——这是劳合·乔治反对美国经常埋怨英国的封锁原则所取得的重大胜利;第二,根据凡被侵占的领土必须"归还"的规定(第七、八、十一点),协约国"理解,德国将对其在陆、海、空侵略中对协约国平民及其财产造成的全部损失进行赔偿"③——这个范围比当时估计约为 240 亿英镑的协约国全部直接战费这一可能的、但却无法实现的要求小得多。这就是把"十四点"应用于对德停战协定的所谓停战前协议;它不涉及早先签订的对保加利亚、对土耳其和对奥匈帝国的停战协定,但"十四点"同这些国家的领土颇有关联。

协约国没有把豪斯提出的美国对"十四点"的官方意见转达给德国政府;豪斯在 10 月 29 日的一次协约国最高作战委员会的会议上指出,威尔逊"坚持德国必须接受他的全部演说,而且,根据这些演说,任何人想在任何一点上反对德国,几乎都可以成立"。④ 这种意见肯定使"十四点"变得更加可以灵活应用了。例如,"公开的和平条约,公开达成之"一词(第一点),"并不意味着要排除在微妙问题上进行秘密的外交谈判"⑤——威尔逊曾向参议院阐明这一点。至于意大利的边界"沿着显然可以辨认的民族界限"加以调整的问题(第九点),现在提出"意大利对特兰提诺的要求应予满足,但德

---

① 查尔斯·西摩:《豪斯上校私人文件》(伦敦,1926 年及以后版本),第 4 卷,第 167 页。
② 《英国和外国政府文件》(皇家档案局,伦敦),第 111 卷,第 650 页。
③ 同上书,第 651 页。
④ 戴维·劳合·乔治:《和平条约的真相》(伦敦,1938 年),第 1 卷,第 80 页。
⑤ 《美国 1918 年对外关系文件,附录一》(国务院,华盛顿,1933 年),第 1 卷,第 405 页。

国人居住的北部应完全实行自治"。①

美国的评论同样小心翼翼地对待"开诚布公地而且绝对公平地调整所有各殖民地的要求"（第五点）；后来，威尔逊在和会的头几天中讨论这些问题时首先发言说，"他认为，大家一致反对恢复德国的殖民地"②。这个原则是英帝国所欢迎的，立即为最高委员会（1919年1月24日）所通过；随后，又就其实施，特别是就国际联盟委任统治这种新办法的方式和归属问题进行讨论（参见第九章），从而协约国就接管了德意志帝国和土耳其帝国疆界以外的领土。在后面这个问题上，劳合·乔治在1918年12月初协约国在伦敦举行的一次短暂的会议上，就已利用英国在土耳其战区的巨大优势兵力，从克列孟梭那里获得了口头同意，把1916年达成的关于处理土耳其帝国问题的赛克斯—皮特秘密协定做了对英国有利的修改，克列孟梭后来恪守了他的诺言。本来要实行国际共管的巴勒斯坦，现在却一变而置于英国人的控制之下；而盛产石油的摩苏尔则从法国的势力范围转为英国的势力范围。这位英国首相，还从协约国那里得到他们的认可：经过战争考验的英国各自治领有权派遣代表参加和会。的确，劳合·乔治被迫同意卡斯尔雷100年前在同样情况下所不同意的东西，即，他同意对航海自由可以加以讨论；但是，当和会召开时，威尔逊却又用他"给自己开了一个玩笑"③的说法，以他要求一个没有中立国的国际联盟为借口，巧妙地回避了中立国权利这一棘手问题。因此，劳合·乔治在1918年12月举行的"党魁选举"中，重新得到英国选民的委托。在这种力量的支持下，他一开始就巧妙地为英国取得了一种强大的地位，并使英国逐步达到了它在海上和海外的主要目标的大部分，如果不是绝大部分的话。如摧毁德国的舰队和铲除德国的殖民地，确立封锁原则，英国在通往印度的道路中东地区据有经济和战略上的地位，以及它的帝国体制上的演变。

如果说，英国开始时的地位要比大陆上精疲力竭的盟国法国和意大利的地位强大的话，那么，大西洋彼岸的美国的地位，又要比英国

---

① 《美国1918年对外关系文件，附录一》（国务院，华盛顿，1933年），第1卷，第410页。
② 《美国对外关系文件：1919年的巴黎和会》（华盛顿，1942年及以后版本），第3卷，第718页。以下简称《1919年的巴黎和会》。
③ 1919年9月19日威尔逊总统在圣迭戈的讲话：《威尔逊总统的演说》（第六十六届国会，第一次会议，参议院文件第120号：华盛顿，1919年），第278页。

强大。实际上,美国的地位在世界上是最强大的。美国与欧洲的盟国不同,经过这场战争,它变得不是比较贫穷,而是更为富裕。其他国家不仅由于感谢它的宝贵援助而要领它的情,而且,在硬通货上,对它负债累累,约达20亿英镑。与此同时,尽管美国参战了,但是,许多美国人往往认为他们是不偏不倚,超然于旧日欧洲的贪得无厌的纷争之外。这种态度有两种迥然不同的表现:一方面表现为共和党参议员博拉所主张的孤立主义;另一方面则表现为民主党领袖威尔逊总统的理想主义。他的那个要建立一个具有比较良好秩序的国际社会的抱负,给这个饱经战争创伤的世界带来一片希望。看来,哲学大师们旧日的理想现在终于由这位学者总统重新提出,而这位总统有力量、有决心领导人类走向一个更加丰硕的未来。美国看来无论在物质上和精神上,都是最富有的国家,所以,甚至连那位玩世不恭的老虎总理克列孟梭都相信,或起码自称他相信美国"已经开辟了一个新的、更加辉煌的伦理时代"①。

国际关系现在令人兴奋地向前飞跃发展,进入国际联盟的时代。这主要是(虽然并不完全是)在威尔逊的影响下实现的,因此,1918年12月13日他莅临欧洲时,就成了希望的中心;他是由国家元首来充当巴黎和会的唯一代表,而这在许多人看来是不明智的。这次和会的预备会议,于一个月以后开始;全体会议在1919年1月18日正式开幕。来自五大洲的25个协约国和参战国的代表,出席了这个第一次"世界和平大会"(威尔逊语)的开幕典礼。

由于战争结束得太突然,非始料所及,因此,和会迟迟开幕,不能认为是过分拖延;但是,和会一旦开始,特别是由各主要协约国和参战国(英帝国、法国、意大利、日本、美国)每国两名代表组成的十人会议开始工作,却仍然迟迟不能抓住主要问题。不仅谈判代表们不愿过早地摊牌,而且,这些代表们发现,他们非但不能集中精力于主要问题,反而成了一个听从当前事件摆布的"国际内阁"(劳合·乔治语)。从一开始,俄国革命的巨大阴影就隐隐地笼罩着和

---

① 1918年11月9日与豪斯的谈话,根据豪斯的报告:《1919年的巴黎和会》,第1卷,第344页。

会，正像和会的第一个星期内那个流产的普林基波提案①表明的那样。在柏林，社会党政府用军国主义的自由军团来对付斯巴达克同盟的极端分子，才在实际上将其粉碎；列宁的俄国渴望在德国实现共产党夺取政权的野心开始落空。这一严重失败又以不久在巴伐利亚和匈牙利出现的苏维埃共和国被镇压而更甚。不过那是以后的事了。目前罢工的浪潮进一步令人丧失信心，并使已经被削弱的欧洲经济，特别是意大利和英国的经济更加混乱。在法国，由于它的北部煤田被德国人恣意破坏，因此，1919 年的煤炭产量估计只达 1913 年的 40% 左右。更有甚者，全世界时疫流行，死于病毒性流感的人数，大约为大战期间死亡人数的两倍。

多灾多难的欧洲不仅缺乏煤炭和其他原料，而且也缺乏粮食。由有权势的胡佛领导的美国救济总署，在这方面做了不少工作。这时，他成为十人会议于 1919 年 2 月 8 日明智地设立的最高经济委员会粮食部门的负责人；该委员会的目的在于协调下列机构的工作：为时不久的供应和救济最高委员会、协约国封锁委员会和协约国海上运输委员会，同时，在某种程度上配合军事方面的最高作战委员会。十人会议本身此时正集中精力处理有关续订对德停战协定和放宽封锁（这是它曾经特别坚持）方面某些军事和经济上的具体执行问题。为期 36 天的贡比涅停战协定终于在 1919 年 2 月 16 日在特里尔续订；这个协定曾在 1918 年 12 月 13 日，其后，又在 1919 年 1 月 16 日临时续订，当时规定："为了保证德国和欧洲其他国家能够获得供应"②，德国商船队在停战期间应置于协约国控制之下，但不影响其最后的处理；而且，使用这些船只，保证给予"适当的补偿"。这是协约国认为应提出的额外要求之一。这些"使停战恶化的做法"（威尔逊语），当然招致了某些道义上的批评，但是，有鉴于德国采用潜艇战所造成的船舶吨位普遍短缺的情况，因此，对德国商船队提出的

---

① 劳合·乔治本人主张给苏维埃俄国在和会上发言的机会，他满怀希望地提议应约请俄国所有敌对的派别来遵守"上帝的停战协定"，并出席一次特别会议，在协约国的主持下来解决冲突。劳合·乔治得到威尔逊总统的支持，威尔逊并起草了参加在马莫拉海普林基波的太子岛举行这样一次会议的 1919 年 1 月 22 日的协约国邀请信，这个地点反映出克列孟梭拒绝苏维埃代表参加巴黎和会。白俄当局在法国的鼓励下拒绝和苏维埃代表打交道，而苏维埃方面则送来一封不适当的侮辱性的接受邀请的回信。因而试探性的普林基波提案宣告失败，协约国只得在巴黎就进一步干涉俄国的得失问题进行困难的辩论。

② 《英国和外国政府文件》，第 112 卷，第 899 页。

这种要求是一个合理的条款,有助于放宽封锁,以便执行原来停战协定中所做的声明。声明说,协约国"认为在停战期间为德国提供粮食将是必要的"。① 德国嗷嗷待哺的饥民的情况,不如中欧某些国家那么严重,但是,1月17日协约国声称,如果德国立即交出商船队,它们将愿意让德国第一批先进口27万吨粮食。然而,德国政府现在却拒绝这样做,除非它首先得到协约国关于具体交货条件的保证。随后,就交付条件与支付方法进行了复杂的谈判。法国当局仍然一心想要让德国对它所造成的破坏付出赔偿,因此,它不愿意让德国以黄金支付;但是,在3月8日的十人会议的一次会议上,由于劳合·乔治的有力干涉而被压服。6天以后,在关于向德国提供粮食的布鲁塞尔协定中,这个问题得到了解决。此后,对德国的粮食封锁得到放宽,一直到1919年7月12日德国批准和约后才告解除。

3月14日,在签订布鲁塞尔协定的同一天,威尔逊在离开一个月后又回到了巴黎。因为在国际联盟盟约草案一经完成并于2月14日提交和会全会后,他就立即前往华盛顿,在国会休会前,听取以共和党为多数党的参议院对他的批评意见。然后,威尔逊把全部精力放在国际联盟上这一点,再加上执行中各行其是,并不是造成迟迟不能完成缔结对德和约这个主要任务的唯一的,或许甚至是主要的心理因素。在包括英美代表团中那些年轻有为的专家在内的许多人看来,主要的问题不在于严厉地和德国算账,而在于以慈悲为怀来缔造像捷克斯洛伐克人和南斯拉夫人这样一些新的民族,以实现协约国战时的宣传;这种宣传把这些民族的解放作为盎格鲁—撒克逊民族所热烈追求的那种理想主义的作战目的。十人会议的时间,大部分花费在听取中欧和近东的代表所做的令人厌倦的陈述上面。而直到3月17日,威尔逊还"坚持同时对德国、奥匈帝国、保加利亚和土耳其媾和"②。这种不切实际的态度受到意大利的支持,而意大利实际是从要让奥匈帝国解体这个私利出发的。这一点,在2月初和会组成领土委员会时,就部分地反映出来。这些委员会,分别负责捷克斯洛伐克问题、波兰问题、罗马尼亚和南斯拉夫问题、希腊和阿尔巴尼亚问题、比利

---

① 《英国和外国政府文件》,第111卷,第619页。正式文本为法文,英译文见 H. W. V. 坦珀利《巴黎和会史》(伦敦,1920年及以后版),第1卷,第468页。
② 豪斯上校笔记。前引 C. 西摩《豪斯上校的私人文件》,第4卷,第401页。

时和丹麦问题,就是没有成立专门负责德国问题或奥地利问题的委员会。虽然,在这个月底,又成立了起协调作用的领土问题委员会,后来,又成立了考虑敌国代表权问题的各个委员会,但是,这个缺点并没有得到令人满意的补救。

在组织上做出有效的改进,是在3月的最后一周,十人会议紧缩为比较秘密的、非正式的四人会议,很像100年前在维也纳会议上八人委员会实际上由五人委员会所代替那样。3月25日,劳合·乔治在他的"枫丹白露备忘录"中,首先提出了有关媾和的关键问题的综述意见。他们4个人终于就这些问题进行了仔细的讨论;克列孟梭年事已高,戴着一副小山羊皮手套;威尔逊"相信人类,但……对任何人也不信任"①;劳合·乔治"唇枪舌剑"②,而奥兰多,唯独他不会说英语。在四人会议之下,成立了一个外长会议或称之为五人会议;的确,威尔逊和克列孟梭比劳合·乔治更为严格地把各自的外长蓝辛和毕勋当作下属对待。

和会现在由于法国提出对莱茵兰地区的主权要求而遇到了难题;自从一千多年以前查理曼帝国崩溃后、中世纪的罗塔尔王国形成以来,法国人和德国人就一直为这个地区发生纷争。法国在1917年就以最明确的方式提出要求,主要有两点:第一,"阿尔萨斯和洛林必须归还我们,但归还时不应像根据1815年条约那样分割得支离破碎,应按照1790年以前的边界归还。这样,我们就将在地理上以及在矿藏上拥有萨尔盆地"③。第二,法国政府"希望看到莱茵河以西的领土和德意志帝国分开,并成立一个类似缓冲国的国家"④,以防备他们人口众多的德国邻居,这个邻居在克列孟梭的一生中,就曾两次入侵法国。威尔逊和劳合·乔治反对这种要求,因为他们颇有理由地担心这过去德国因兼并阿尔萨斯—洛林而触怒法国的往事,反过来由法国重演。经过全力的谈判,终于在4月中旬找到了一个合乎情理的解决办法。决定萨尔峡谷的领土应稍加扩大,并由国际联盟特别管理15年,然后,它的主权归属应由公民投票来决定。萨尔盆地的矿藏

---

① 劳合·乔治:《和平条约的真相》,第1卷,第234页。
② 安德烈·塔迪厄:《和平》(巴黎,1921年),第113页。
③ 1917年1月12日的法国照会:《关于英法条约谈判的文件》,敕颁文书1924年,第2169号,第2页。
④ 英国外交大臣贝尔福1917年7月2日就前发照会致英国驻巴黎大使函,同上,第3—4页。

则给予法国,作为对其遭到破坏的煤矿的补偿。使彭加勒总统和福煦元帅大为失望的是,克列孟梭勉强地放弃了关于缓冲领土的要求,换得三项安全保障:第一,英国和美国应在军事上做出保证,在德国一旦进行无端的侵略时,要立即援助法国;第二,莱茵河的西岸以及东岸50公里的地带,划为非军事区;第三,莱茵河西岸和三个地区的桥头堡应由协约国占领,15年内,每隔5年,应从其中的一个桥头堡撤出;或者,如果德国在15年期限结束以前完全履行其义务,则可提前撤出。威尔逊和劳合·乔治特别对协约国占领一项表示怀疑,不过,威尔逊终于在4月15日表示同意。同一天,克列孟梭当着他的朋友豪斯的面,对其秘书指示说,法国报纸必须停止对这位面皮薄的总统进行冷嘲热讽的攻击。这些攻击立即终止了。人们普遍认为,这不大可能是偶合,而且认为威尔逊已经屈从于一场令人失望的交易。在此期间,劳合·乔治暂时离法回到伦敦;他回来后,发现威尔逊和克列孟梭在占领问题上已经取得了一致的意见,对此不大高兴;但是到4月22日,他也表示同意了。

德国政府在4月18日就已接到邀请,要它派遣全权代表前往凡尔赛。而且,和约草案于5月7日就在凡尔赛送交了德国外长布罗克多夫—兰曹伯爵。最初,一般主张是协约国应举行某种"预备性和会",作为和会全体会议的序幕,全会可包括敌国代表在内。然而,现在在程序上,甚至比通常的情况还要模糊不清。例如,贝尔福在2月间曾谈到"最后的军事提案",最初提出这个提案是与续订停战协定有关,作为促进"初步和约的一个重要步骤"①。大约一个月以后,在讨论波兰领土委员会提交的第一个报告时,劳合·乔治问道:"委员会是否提议仅仅根据片面的证据来最后确定德国的疆界。还没有听取另一方的意见。这不仅是一个对待德国是否公平的问题,而且也是一个在欧洲建立持久和平的问题。"② 但是,在条约起草以前听取德国人意见的主张未受到重视,因此在5月7日终于举行第一次会议时,形势不妙。布罗克多夫—兰曹伯爵与在他以前发言的克列孟梭不同,他是坐着发言的,他说:"我们知道我们在这里遇到的那种仇恨

---

① 《1919年的巴黎和会》,第4卷,第86页。
② 劳合·乔治:《和平条约的真相》,第2卷,第984页。

势力,而且,我们也听到了那种感情冲动的要求:胜利者应当要求我们作为战败者付出赔偿,作为犯罪者受到惩罚。人们要我们承认我们是战争的唯一祸首;我本人要是这样承认,那就是撒谎。"①

克列孟梭在其先前的一次发言中,给德国全权代表15天的时间,后来又延长一周,就草案条款提出书面意见。其后,德国的备忘录便接连不断地涌来。这些备忘录往往措辞巧妙,有时听来也振振有词,其中主要的论点是:"这个条约的条款之苛刻,是德国人民所无法忍受的"②,而且在许多方面,这些条款是与明文规定的"十四点"相矛盾的。这种反唇相讥,使英国代表大为震惊。英国的代表本来倾向于和他们的协约国同事们一起逐条逐段地订立条约,而没有经常考虑各个条款加在一起的沉重分量(豪斯评论说,"他们在画这幅画时,不是用粗线条勾画,而是像做蚀刻画似的精雕细刻"。③)。再者,"十四点"有时也被人们忽视,因为威尔逊并没有紧接着为它做出具体的计划,却把他的满腔热情转向了国际联盟;因此,也就放松了豪斯在停战时所掌握的美国外交上的主动。但是,现在很明显,德国能够在某些问题上"把事情弄得很棘手",正像贝尔福在6月1日至2日的巴黎的一次会议上谈到英帝国内阁讨论德国意见时所说的。一方面,在公正地处理德国问题上抱有真诚和崇高的意愿,同时,又恐怕一旦德国拒绝这些条件,就会重新出现敌对行动;由于这两种心情,英帝国内阁遂一致同意指示英国首相要施加巨大压力以保证对德国做出重大让步。不仅克列孟梭,而且威尔逊也反对做出这些让步。威尔逊埋怨说,英国人现在害怕"他们在起草条约时所坚持的那些东西了;这使我感到非常厌恶……他们在惊慌失措这一点上真可谓是完全一样的。这使我感到非常厌倦"④。

可是,劳合·乔治有时超过了威尔逊,这次他获得了重大的修正条款。早在3月间,他就已经对波兰委员会关于领土问题的建议做了修订;根据威尔逊的种族自决原则,这些建议对于德国是过分苛刻了;现在,他又提出这种指责。除了对波兰的疆界进一步做有利于德

---

① 《1919年的巴黎和会》,第3卷,第417页。
② 同上书,第6卷,第795页。
③ C. 西摩:《豪斯上校的私人文件》,第4卷,第418页。
④ 威尔逊1919年6月3日在美国和谈委员会的一次会议上的讲话(速记报告),见《1919年的巴黎和会》,第11卷,第222页。

国的修改外,他还克服了威尔逊的反对,把自决原则应用于上西里西亚,并且坚持在那里举行公民投票,而不是把它直接割让给波兰,以此来迎合德国的主要的而且是合理的不满意见。但是,劳合·乔治终于未能使克列孟梭反对减少协约国占领莱茵兰15年的期限这一态度有所改变。而且,他的争取德国早日参加国际联盟的开明主张,也没有取得多大进展。德国曾经提出,如果能让它早日进入国际联盟,它愿将它获准保存的那部分海军交出。人民的愤慨情绪,在这里如同在其他地方一样,使得这些主张民主的和平缔造者们的任务,变得复杂起来;这些和平缔造者们,和他们的前辈在维也纳会议上的情况不同,是在舆论和议会的强大而直接的压力下从事工作的。赔偿问题也是这样;劳合·乔治奉内阁指示,这个问题"要按照德国人对协约国的赔偿额应确定一个明确的数字这一方针"① 进行修改,以代替由负责监督德国财政义务执行情况的协约国赔偿委员会在1921年5月1日前将德国应承担的赔偿总额通知德国的规定。

正如美国代表团极力主张的那样,在其他事情都相同的情况下,把赔偿总数写进条约显然是有益的;但是,在以后发生的事态中,实行起来却严重地受到阻碍,因为除了确定赔款额耗费时日外,要付出一笔巨大的赔款,更不可避免地要拖延时间。但是,其他的事情并不相同。劳合·乔治很清楚,德国的偿付能力是有限的,不仅如此,它要偿付,主要靠出口,这就非常可能损害它的工业上的竞争者英国的贸易;而英国由于战争的关系,失去了作为它19世纪霸权基础的国外市场。然而,这位英国首相是有义务要实践他在竞选中做出的保证的,就是德国"必须拿出最后一文钱来赔偿",他不想让他的保守党支持者在这个问题上"把他甩掉"②。但是,政治是先于经济的,所以,劳合·乔治在四人会议中声称,"如果现在就提出数字,这些数字只会使德国人感到惊骇,而不会使他们放心。任何数字要使德国人不会感到惊骇,只能比他和克列孟梭先生在目前舆论下向本国人民所能交代的那个数字要小"③。他现在希望,时间将会有利于减轻赔偿。

---

① 劳合·乔治:《和平条约的真相》,第1卷,第719页。
② 1919年3月6日劳合·乔治致豪斯上校的信;引自塞思·P. 蒂尔曼《1919年巴黎和会中的英美关系》(普林斯顿,1961年),第239页。
③ 1919年6月9日的会议,《1919年的巴黎和会》,第6卷,第261页。

根据蓝辛照会提出的条件，英国在赔偿中所获得的份额，除船舶外，本来是微不足道的，但是，主要由于英国提出争议，特别是南非的品德高尚的史末资将军的1919年3月31日备忘录，才在对平民所造成的损失的补偿这一项目中把服役年金和补助包括进去。在损害协约国声誉这种值得怀疑的理由的幌子下，德国的负担就从约20亿—30亿英镑（这是英国财政部和商务部估计德国能够而且应当赔偿的数字）上升到60亿英镑这个高不可攀的数字，比原来至少增加1倍。德国代表团曾经在其意见书中提到50亿英镑这个看来颇令人注目的数字作为可能的最高数额，但是，要以保留殖民地和国外资产这些具有深远意义的条件为前提，并且受种种技术方面的限制，以致实际将要偿付的数额会大大减少到面目全非的地步。人们认为，这是一种狡猾的因而也是不能接受的建议。于是，仍旧保持了在1921年5月1日前确定德国赔偿数额的规定，虽然劳合·乔治在6月10日得到了各国的同意，确定德国可以在条约签字后4个月内将其选择的任何偿付方式，即或以一笔总金额，或以劳役和物资，或"任何实际可行的计划"等建议提交协约国①。德国并没有利用这个让步。

协约国6月16日提出的对于德国意见书所作的长篇而且措辞强硬的答复，尽管主要是驳斥这些意见，但是，同时也证明了不仅在赔偿和上西里西亚问题上，而且在诸如波美拉尼亚的边界、购买西里西亚煤炭、德国裁军比率这些对德国的微小让步上，以及例如国际管制德国的主要航道这些具有和约特色的问题上，英国都在采取主动行动。协约国的这个照会给德国5天时间（后来延长到7天）来表明它愿意接受经过修改了的和约，逾期停战即告失效，协约国即将"采取它们认为有助于强制执行和约条款的步骤"②。这些步骤将首先是协约国的39个师"分两步进军"，从莱茵河向威悉河，然后沿美因河流域而上，目的是切断德国的南部和北部。福煦受权在1919年6月23日下午7时"停战终止时，立即开始前进"③。与此同时，德国激烈地反对这些条款，内阁出现危机，鲍尔代替谢德曼出任总理；

---

① 1919年6月16日协约国对德国意见书的答复：《英国和外国政府文件》，第112卷，第285页。
② 《英国和外国政府文件》，第112卷，第253页。
③ 1919年6月20日四人会议的决定。E. L. 伍德沃德和罗汉·巴特勒：《1919—1939年英国对外政策文件》（皇家档案局，伦敦，1946年及以后出版），第1辑，第1卷，第18页。

第八章　凡尔赛的和平解决方案（1918—1933年）

谢德曼曾经声称，谁在这个条约上签字，谁就没有好下场。6月22日，最高委员会拒绝了德国新政府提出的建议，即在有关德国的战争罪行和交出被控犯有战争罪行的德国人这些特定条款（二百二十七——二百三十一条）上持保留态度的条件下签字。这就使德国的这个新政府大为震惊。6月23日晨，由于被拘留在斯卡帕弗洛的德国舰队两天前逃跑了，最高委员会对此感到非常愤怒，因此，便拒绝了德国提出的把期限再延长48小时的要求。最高委员会因为还没有接到德国的答复，便在当天下午5时重新开会。会议在贝尔福发言的过程中结束了，干练的秘书莫里斯·汉基爵士记录的会议情况如下："至于对德国人施加压力……（这时，杜塔斯塔先生进入会议室，后面跟着亨利上校和波蒂埃上尉；杜塔斯塔手里拿着德国代表团的照会，表示愿意代表德意志共和国被迫在一个不光彩的和约上签字……于是下令鸣炮。没有再进一步进行讨论）"。[①]

1919年6月28日下午3时12分，德国全权代表在凡尔赛宫的明镜大厅里，在那个共有440条款、标志着德意志第二帝国战败的卷帙浩繁的和约上签了字。不到50年前，这个帝国就是在这同一大厅中，在胜利声中宣告成立的。签字这一天，距在萨拉热窝发生行刺事件的那一天整整过了5年，一天也不差。

根据凡尔赛条约，德国的西部，把欧本和马尔梅迪这些小县割让给比利时，但附有须经人民协商这一条件，并把1870年割让的阿尔萨斯—洛林归还给法国，而且，还接受了有关萨尔和莱茵兰的规定。在南部，德国"承认并将严格地尊重奥地利的独立"（第八十条）；原来与奥匈帝国接壤的疆界，除上西里西亚的一小块楔形地带割让给新成立的捷克斯洛伐克外，仍然保持不变。在东部，德国承认和重建后的波兰保持一条大体上以民族来划分的疆界，按照18世纪的样子，把波森和西普鲁士连同一条通向波罗的海的走廊给予波兰，以此来实现"十四点"中所规定的：波兰"应保证拥有一条自由并安全的出海通道"（第十三点）。在这一方面，德国的但泽港作为在国际联盟保护下的一个自由市，成了波兰的出海口，但没有像萨尔那样规定以

[①] 1919年6月20日四人会议的决定。E. L. 伍德沃德和罗汉·巴特勒：《1919—1939年英国对外政策文件》（皇家档案局，伦敦，1946年及以后出版），第1辑，第1卷，第18页。

后要进行修改。在东普鲁士的另一边,德国失去了梅梅尔,它最后归属于立陶宛。还规定举行公民投票来确定上西里西亚和东普鲁士的阿伦斯泰因和马林韦尔德尔两县的归属问题。这一规定像关于但泽的规定一样,主要是在英国的要求下用来代替原来提出的将该地让与波兰的主张。在协约国主持下进行的公民投票的结果,证明英国的主张是对的。阿伦斯泰因和马林韦尔德尔以1920年7月公民投票时压倒多数的票,几乎全部归于德国,而1921年3月在西里西亚举行的公民投票中,德国获得约60%的票数,而波兰只有40%。由此造成的分割上西里西亚的局面,激起波兰人在科尔凡蒂领导下举行了起义,而且,也挑起了英法之间的尖锐不和。后来,国际联盟于1921年10月做出裁决,把这块领土分开,把面积较小但在经济上富庶得多的那一部分归于波兰。这个困难的裁决,使得双方都不满意,但是,把德国东部疆界按照民族居住界线全部确定下来,是非常复杂的事情;然而,终于取得了一个大体上是公正的妥协办法。尽管如此,这个妥协办法并没有能够使德国消除由于那条让可恨的波兰人获益颇多的疆界而产生的消除特殊愤懑之情绪。在西里西亚遇到的困难,并没有在石勒苏益格发生,因为条约已经为这个边界地区具体地规定了要在两个地区举行公民投票,它的北部归于丹麦,南部归于德国。总之,包括阿尔萨斯—洛林在内,德国失去了它的领土的13.5%和与此比率大体相等的经济生产力以及它的人口的10%强,即700万人左右。它还失去了它的全部殖民地——这是非常苛刻的——和全部总装载量在1600吨以上的商船,以及半数的总装载量在1000吨到1600吨的商船。

  凡尔赛条约还进一步规定德国裁军。征兵制在德国被废除了。这主要是劳合·乔治不同意福煦的意见而提出的,福煦看出废除征兵制而建立职业军队的危险性,结果,德国的军队就被限制在仅仅10万人。这支小小的军队不得配备重炮和坦克。德国的海军减少到很小的规模,没有潜艇,而且德国不得拥有空军(但是,威尔逊反对和会航空委员会中的多数意见,坚持要准许德国拥有民用航空事业)。裁军要由协约国之间组成的监督委员会进行监督。前德国皇帝被控"犯有违反国际道德的最严重罪行"(第二百二十七条),但是,荷兰人却坚决拒绝把他从中立国的避难地交出。和约第二百二十八条要求德国政府必须把所有被控犯有玷污德国的战争行为暴行的人，交由协约国军事法庭审讯。德国政府从一开始就极力规避这个责任，最后有12名被告在莱比锡由德国最高法庭审讯。他们在这个法庭上不是被宣判无罪，就是量刑很轻，因此，1922年1月，协约国的司法调查委员会提出，其余的被告应交由协约国进行审讯。但是，他们后来就不再提起这个问题了。

引起德国人最强烈不满的另一个条款就是所谓的"战争罪行条款"。这一条款写道："协约国和参战国政府认定而德国也承担，由于德国及其盟国进行侵略而把战争强加于协约国和参战国政府及其国民的身上所造成的全部损失与破坏的责任。"（第二百三十一条）协约国自然认为这是确认真实的情况；但是，这个条款的目的是要在根据蓝辛照会的方针对德国的财政负担加以限制以前，先确定它在财政上应承担的责任的范围。这个条款主要是由美国的年轻专家约翰·福斯特·杜勒斯起草的，其目的是要在蓝辛照会中所体现的美国观点和不得不承认蓝辛照会中各种限制的法、英观点之间达成妥协。针对这个条款，德国滔滔不绝地宣传道义上的战争罪行，而这一条款在奥地利和匈牙利却没有引起相应的不平叫嚣。这一条款所提出的关于德国赔偿问题的解决办法，已如上述。其中还包括短期的规定，即在1921年5月1日确定德国的赔偿总额以前，德国应拿出相当于10亿英镑的赔款，但是，从中要减去协约国军队的占领费用，而且，经过协约国的同意，还要减去他们认为"德国为了应付赔偿义务所必需的"粮食和原料供应的费用（第二百三十五条）。

这就是凡尔赛条约主要的、但远不是全部的条款。这些条款给新成立的民主的魏玛共和政权造成沉重的负担，而这个共和政权在其成立之初，由于威尔逊在停战之前反对和"专横的国家"的代表打交道，曾经受到鼓舞。但是，正如威尔逊所说，"问题在于，公理本身完全不在德国一边"①。这是绝大多数德国人所不能接受的中心结论，除了这个中心结论外，还有战败这个赤裸裸的事实。他们发动了一个颇有成效的反对这个条约的宣传运动，竭力宣扬条约和"十四点"不一致之处，不管是真的还是所谓的不一致。人们的注意力被转移

---

① 1919年6月3日的四人会议。《1919年的巴黎和会》，第6卷，第159页。

了,不去注意德国的武器曾经极力想要攫取的那些贪婪和复仇的战争目的。协约国在缔造和平时,他们善良意图的表现,首先在于在他们真心诚意地采取了一个非常高的标准,而根据这个高标准所进行的指责宣传,的确使他们感到惭愧。一个条约,其意图是那样理想主义的,其条件却如此的苛刻,确是罕见。这种二重性使有先见之明的法国评论家班维尔在批评这个条约时说:这个条约"就其严厉来说是太宽大了"①。协约国在强制媾和时所表现的伪善受到了指责,现在,遭受指责的缺点更多了。这首先是由于失策,和这个敌人缔结了一个条件模棱两可的停战协定;接着,实际上允许这个敌人以书面而不是在口头谈判中陈述意见;之后,又把协约国对那些条件的解释强加在它的身上。

然而,只有凡尔赛的解决方案进而把对奥和约(1919年9月10日,圣日尔曼昂莱)、对保和约(1919年11月27日,纳伊)和对匈和约(1920年6月4日,特里亚农)也包括在内,它的全部重大意义才能为人们所意识到。对匈和约的拖延,首先是由于匈牙利在贝拉·库恩的统治下陷入了共产主义中去(1919年3月21日到8月1日),其后,又由于相继发生的罗马尼亚占领布达佩斯的事件,这个事件导致代表团长会议发出告诫。这些"四人会议的合法继承者"(英国代表贝尔福语),在和会的后半段时间里,即从凡尔赛和约签字到1920年1月10日条约生效,进行了艰苦的工作;他们主要完成了贝尔福所谓的"清算奥地利帝国的大量工作"②。

结果,欧洲地图和原来相比,完全变了样。奥匈帝国被6个"继承国"瓜分了。奥地利的由日尔曼人构成的其余部分,变成了一个头重脚轻和经济上岌岌可危的国家,居民不到650万人,其中近1/3的人集中在维也纳。奥地利的南蒂罗尔割给了意大利,但经过公民投票,仍保有克拉根福,并且取得了布尔根兰,然而,匈牙利却从那里夺回了肖普朗。根据民族自决的原则,匈牙利将几乎失掉一切。克罗地亚和斯洛文尼亚,连同波斯尼亚和黑塞哥维那一道,与塞尔维亚以及后来与门的内哥罗合并成为一个新的南斯拉夫;在北部,匈牙

---

① 1919年5月8日的话。雅克·班维尔:《德国》(巴黎,1939年),第250页。
② 1919年8月19日代表团长会议:E.L.伍德沃德和罗汉·巴特勒:《英国外交政策文件》,第1辑,第1卷,第432页。

利把斯洛伐克（包括马扎尔少数民族地区）让给了新的捷克斯洛伐克共和国，而在东部，把特兰西瓦尼亚（包括另外一部分没有理由拒绝的马扎尔民族地区）让给了罗马尼亚（在这里，就像在其他地方一样，已经做出特殊安排，以便在国际联盟的监督下保障少数民族的权利。参见第九章）。罗马尼亚由于得到了巴纳特、布科维纳和从俄国那里得来不易的比萨拉比亚，又进一步扩大。这种扩张主要可以以民族问题为理由加以解释；但是，这种理由却很难应用于罗马尼亚在牺牲保加利亚的利益下保持多布罗加这一情况。保加利亚还把它的通向爱琴海的出海口色雷斯割让给希腊。如果说，罗马尼亚根据凡尔赛和约得到许多好处，那么，波兰也是如此。波兰在经受一个多世纪的压迫后，重新在地图上出现。波兰在西部已经从德国得到领土，现在，它于1920年夏挫败了苏维埃势力向华沙的推进后，出于胸中郁积的爱国主义，又把它的东部疆界向前推进，越过寇松线，囊括了东加里西亚及其邻近的领土。这是俄国对西方输出革命的计划的又一次严重失败。第二年秋天，泽里戈夫斯基将军发动突然袭击，从立陶宛人那里攫取了维尔那，把波兰制造的另一个既成事实提到了各大协约国的面前；各大协约国终于在1923年3月对波兰这两次夺地行为表示认可。波兰与捷克斯洛伐克在切申问题上的争执，这时已经由协约国于1920年7月28日裁决，把这个小小的公国瓜分而暂时得到解决，从而又在捷克、斯洛伐克、日尔曼、匈牙利和加里西亚乌克兰人这些民族集团外，增加了一个人数很少的波兰少数民族；这些民族加在一起，就使捷克斯洛伐克变成了那个已不复存在的哈布斯堡王朝的一个不祥的缩影。

最简略地说，这就是中欧的巴尔干化，那些和平缔造者们后来曾为此而受到指责，尽管这种指责不尽公平。因为，这种解决办法虽然有缺点，但它毕竟解开了大体上根据民族自决这个新鲜概念而出现的种种针锋相对的要求和考虑所造成的难分难解的纠结。这一原则不像当时人们往往认为的那样，是个一成不变的万灵药：在很大程度上要取决于例如被挑选出来实行民族自决的这些单位的大小和对它们的抉择。然而，一般来说，这种解决办法的得力之处，由于这些新疆界网大体上经受住了时间的考验而得到证明；而且，这些疆界后来发生变动的地方，也未见得就更好。不仅如此，在凡尔赛和约起草的时候，这种新的民族自决的主要特征已经出现，因为在1918年至1919年间，在整个奥匈帝国都能看到起分裂作用的争取民族自决和自由的起义获得成功；而这种起义在70年前曾经被镇压下去。因此，如果说协约国各大国对此应负责的话，可以说责任不在于他们缔造了和平，而在于他们战时所做的宣传非常成功地鼓吹了帝国的解体。凡尔赛和约的起草者们，也不像有时人们以为的那样，对于更广泛的经济问题采取漠不关心的态度。例如，1919年8月26日，他们就讨论过一项关于"从但泽至西西里的关税同盟"的建议。但是，贝尔福说："在半个欧洲的土地上建立一个崭新的关税制度的建议，使他感到担心。"① 欧洲协约国提出要研究欧洲作为一个整体在经济上对美国所处的地位，特别是在货币问题上所处的地位，而且，它们还要吸取最高经济委员会的经验来成立未来的经济合作机构。欧洲协约国所采取的这些主动行动，都由于美国的态度而受到挫折。

然而，这个解决办法的确有其固有的弱点，特别是在合理应用自决权方面存在的主要缺点。因为，这一理论在损害德国的情况下应用于波兰和其他地方，却不允许德国在苏台德和奥地利从自决中得到好处。在那里，于1918年11月12日特地成立了德奥共和国作为"德意志共和国的一个组成部分"，并且要把苏台德也包括在内。凡尔赛条约第八十条和在圣日尔曼签订的对奥和约的条款相吻合，并没有制止魏玛新宪法的制定者们在制定宪法时规定奥地利在"和德意志帝国合并（第六十一条）前列席德国议会。1919年9月22日协约国相应地强迫德国签署一项声明，宣布新宪法中凡与凡尔赛条约相矛盾的任何条款均属无效。协约国要准许德国的领土和权力再行增大，本来也是非常困难的；但是，实际上，德国感到不公平，而这种不平之感恰可诉之于胜利者自己制定的自决原则：这是协约国立场中的一个道义上的弱点，它在20年中一直存在着。

劳合·乔治在其枫丹白露备忘录中这样写道："德国人民已经无疑地证明了他们是世界上最有活力和力量的种族之一，但他们竟然被许多小国所包围，而这些小国中，有许多国家的人民过去从来没有为自己组织过一个稳固的政府，他们每个国家却都拥有人数众多的德国

---

① 伍德沃德和巴特勒：《英国外交政策文件》，第1辑，第1卷，第547—549页。

人，这些人吵闹着要和自己的祖国合并。我想象不出还会有什么比这种情况更能成为将来产生战争的根由了。"① 然而，这种情况恰恰就是劳合·乔治及其同事们发现是无法避免的。史末资早在1918年就曾写道："欧洲正在受到清算，国际联盟必然是这笔大产业的继承人。"② 对于这样一个新的和实验性的权力机构来说，这是一笔沉重的遗产。

旧有的均势已被打破。到1919年秋天，欧洲协调已经缩小成为一种不稳定的西方联盟。这时，人们正在巴黎试图促进比利时和荷兰防务的协调，以便对付德国一旦重新发动任何侵略，从而加强这一联盟。这一当务之急，已经成为委员会修改1839年的各项条约的思想基础。这些条约由于德国在1914年侵略比利时已被撕毁，成为一团"废纸"。在和约签字后的两个月内，英国的一位军事代表通知该委员会的各成员们说，在他看来，比利时重新遭到被侵略的危险，"主要是在将来德国能够重新武装并且或许能够和俄国结成联盟的时候，因为这样就将产生一个与国际联盟相抗衡的对手。但是，这个危险在二三十年内不可能出现……法国的边界沿着莱茵河向北推移这一事实，使得德国愈来愈有必要在林堡发起攻击。因此，德国就会愈来愈趋向于迫使荷兰作战"③。但是，固执的荷兰人不仅对于比利时在斯凯尔特河自由航行问题上的意图，甚至对它在林堡和荷属佛兰德领土问题上的意图也疑虑重重。四人会议拒绝了比利时要求得到荷兰的这些小片领土和将普鲁士属格尔兰德或东弗里斯兰的德国领土赔偿给它的计划。全面修改1839年的条约，也成为毫无意义的事，部分原因是由于英国不愿保障比利时，除非比利时重新保持它那无用的中立。

至于东线，协约国仓促地进行复员，剩下的兵力仅够把冯·德尔·戈尔茨将军统率下的那些残忍的德国强盗从拉脱维亚和立陶宛这些新成立的波罗的海国家中赶出去；而冯·德尔·戈尔茨将军甚至在和约签字后还想在这些国家中强行建立日尔曼人的统治，从而可以重新向东方推进。巴黎的最高委员会对于它本身是否有力量在必要时对

---

① 《关于英法条约谈判的文件》，敕颁文书1924年第2169号，第77页。
② 劳合·乔治：《和平条约的真相》，第1卷，第622页。
③ 特威斯中校1919年8月22日在委员会中大国会议上的发言。伍德沃德和巴特勒：《英国外交政策文件》，第1辑，第5卷，第iii—iv和第277—278页。

即便是像匈牙利或保加利亚这样的国家实行强制，表示怀疑。贝尔福在1919年7月26日发表意见说："8个月前作为世界的征服者的那些国家，目前却不能够把它们的意志强加于一个只有12万兵力的军队了。"① 在欧洲的征服者中，英国一心想要减少它对欧洲大陆所承担的义务，法国已经感到厌倦，意大利则由于在和会中受到冷遇而心怀怨恨。

如果意大利的盟国对于意大利在战争中的军事表现不满，那么，意大利对它的盟国背着它签订赛克斯—皮科协定的做法，当然也会感到不满。而且在媾和时，它发现它还比不上它的亚得里亚海的对手、主要由它的宿敌奥匈帝国统治下的克罗地亚人和斯洛文尼亚人组成的南斯拉夫能够得到这些盟国的欢心，这又进一步使它感到愤慨。但是，意大利和它的朋友们所以疏远，是由于它"利令智昏"（劳合·乔治语），它不仅根据伦敦秘密条约，坚持它那贪得无厌的要求，而且，还吵闹着要求得到阜姆，可是，伦敦密约已把阜姆划归克罗地亚。对阜姆问题，不仅意大利，而且，另一方面还有威尔逊，都赋予它以比其本身更为重要的象征性意义。意大利的诗人邓南遮于1919年9月12日在一次擅自发动的袭击中占领了阜姆；而威尔逊则拒绝把阜姆给予意大利，而且和索尼诺一样的固执。他于1919年4月23日发表了一个颇不得体的声明，激怒了意大利代表团，这个代表团便暂时退出了和会。劳合·乔治警告威尔逊说，"日益感到欧洲正受到美国的欺侮"②。经过一番骚乱后，这个问题最后交由意大利和南斯拉夫之间直接解决，而且，一直拖延到1924年阜姆的大部分地方都已被意大利取得时为止。在此以前，意大利虽放弃了它根据伦敦条约对达尔马提亚的比较广泛的要求，但已经得到了扎拉和拉戈斯塔。意大利由于把精力集中在亚得里亚海地区，因而它在非洲等其他地区的活动（如果说不是欲望的话）减少了。它对非洲的兴趣，意在阿比西尼亚，这表现为它对英法所属的索马里兰和对吉布提—亚的斯亚贝巴铁路中的法国股份所提出的要求。这种要求遭到拒绝后，意大利又于1919年5月提出要对西非的前德国殖民地多哥进行托管，作为交

---

① 伍德沃德和巴特勒：《英国外交政策文件》，第1辑，第1卷，第207页。
② 1919年5月3日的四人会议：《1919年的巴黎和会》，第5卷，第430页。

换。这种要求也是英法所不乐意的。于是,英法两国最后将多哥和喀麦隆分而治之,进行托管。英国于1924年把东非的朱巴让与意大利,法国在利比亚边界也做了一些无关紧要的让步,意大利不管满意或不满意,也只好如此罢了。

意大利首相于1919年5月25日曾写信给英国人说:

> 我不能不对欧洲大陆的前途表示严重的忧虑;德国一心要复仇,这一点必须要和俄国的立场一并加以考虑。因此,我们现在就能看出,所要达到的解决办法,欧洲大陆的过半数的居民将不会对它表示赞同。如果我们要把4000万意大利人排斥在欧洲的新体制不得不赖以支持的那个集体之外,并把他们推到不满者的行列中去,那么,难道你认为这种新秩序会建筑在一个牢靠的基础上吗?[1]

俄国的力量这时已退到东方,美国的力量现在也行将从西方撤退,所以,尽管还剩下国际联盟,但在整个20年代里制定的欧洲政策,除个别例外,都趋向于紧缩范围。威尔逊回到美国后,于1919年9月末突然瘫痪,从此一病不起,苟延残喘而已,后来的事件很快证明威尔逊在党派之争中犯了错误。他不该在1918年的国会选举中得罪了共和党,而且也不该不听劝告,把共和党的领袖人物一一排斥在美国和谈委员会之外。凡尔赛条约在一些人中间遭到强烈的反对,这些人认为美国在20世纪中应像英国在19世纪那样,采取光荣的孤立。1920年3月19日,这个条约终于未能按照宪法要求那样得到参议院的批准。总统的政策就这样遭到否决,而这位总统在他们前往参加和会的航行中,还曾经向他的幕僚们保证说,"我们行将与之打交道的那些人物,并不代表他们的本国人民"[2]。美国曾经强制它的欧洲盟国按照美国的方案进行媾和,可是,现在却抛弃了他们。

和这个条约同时被否决的还有美国签订的从军事上保证法国安全的条约。根据商定的条款,这又使英国解脱了它所承担的义务。于

---

[1] 劳合·乔治:《和平条约的真相》,第2卷,第883页。
[2] 1918年12月10日鲍曼备忘录;C. 西摩:前引书,第4卷,第291页。

是，法国发现它已失去了由于它放弃对莱茵兰的要求而对它提供的主要的安全保证之一。到1921年年底以前，英法在挽救这一局面方面，并没有做出任何令人抱有希望的尝试。而且，即使在这个时候，谈判仍在有气无力地进行着，最后渐告停顿。英国所做的种种尝试中，还包括想在谈判中涉及一些次要问题。法国则坚决认为，1919年最初提出的保证，由于它没有把德国在东欧的"间接侵略"包括在内，因而是片面的和不足的。在法国看来，这个保证是带有侮辱性的。正如法国大使1921年12月间对寇松勋爵（他是温文尔雅的贝尔福的继任者，为人言谈犀利）所说的："这不会使我们防止一场波兰的萨多瓦战役①；对德国来说，这倒是为它获得一次新的色当大捷做了最好的准备。"② 如果说波兰是"凡尔赛条约的关键"（丘吉尔语），贝尔福则早已做出预言说，一旦波兰重新建立，"法国在下次战争中就将听凭德国的摆布。因为俄国要援救法国，就不能不破坏波兰的中立"③。但是，这个问题就像寇松现在拒绝保证英国在德国一旦破坏莱茵兰非军事区时将立即从军事上援助法国一事将会带来什么后果一样，毕竟有待将来分晓。他承认，法国东部的边界"从某种意义来说是英国本身的外部边界"，但是，他拒绝走得太远，或对东欧承担义务。法国现在不可能像过去那样和俄国结成同盟了。只好去寻求它在传统做法中所能找到的安全保障，如与波兰结成同盟（1921年），以及与1920年到1921年间捷克斯洛伐克、罗马尼亚和南斯拉夫为反对匈牙利而结成的"小协约国"取得联系。意大利与法国在中欧和巴尔干的竞争，表现在它往往支持匈牙利、保加利亚和阿尔巴尼亚来反对这些国家。这种竞争的规模，虽由于大战前奥匈帝国与俄国之间的对立而大为减小，但仍然是一次更为严重的分裂的先兆。1922年8月，即墨索里尼在意大利开创法西斯时代的两个月前，一位奥地利的政治家在对英国驻柏林大使达伯农勋爵谈到这个问题时说："事实真相是，两个互不相容的联盟正在为争夺中欧的霸权而斗争：一个是德国、奥地利和意大利之间结成的南北联盟。一个是由法国、捷克斯洛

---

① 萨多瓦系捷克村庄名，1866年普鲁士军队在此战胜奥地利军队。——译者
② 《1919年1月10日—1923年12月7日关于保障安全、防止德国侵略的谈判文件》，1924年法国黄皮书，第92页。
③ 1916年2月14日豪斯上校与劳合·乔治、贝尔福和爱德华·格雷爵士谈话时贝尔福说的话。刘易斯·L. 格尔森：《威尔逊与1914—1920年波兰的新生》（纽黑文，1953年），第27—28页。

伐克和波兰结成的东西联盟。"①

英国对于法国的这一活动持近似不赞成的冷淡态度,并且不恰当地谈论法国在欧洲的支配地位,实际上法国的力量是虚弱的。这一点最初在中东表现出来,在那里英法两国所处的地位恰恰相反,英国成为前进政策的主要代表。英国不必为自己的基本利益担心,而且在波斯又居于统治地位,于是它在和会上玩弄两项有些没有道理而又感情用事的政策;这两项政策估计都是要招致穆斯林居民的反对的。第一个政策是古希腊在爱奥尼亚海沿岸殖民的现代翻版:1919年5月,在威尔逊、劳合·乔治和克列孟梭的支持下,那位善于游说的希腊首相维尼齐洛斯向大部分居民为希腊人的士麦拿派出了一支希腊的远征军;这是威尔逊发表了4月23日的声明后、意大利退出和会期间的事情,意大利人已在这个根据圣让德莫里昂秘密协定分配给意大利的地区的另一些地方单独登陆,现在这样做就是为了阻止意大利人再在士麦拿登陆。就意大利的权利来说,这个1917年签订的协定是赛克斯—皮科协定的必然结果,但是,它的盟国认为,这个协定由于俄国的背离已告失效。一个未必行得通的在高加索对意大利的损失做出补偿的计划,被精明强干的尼蒂的政府拒绝了。尼蒂是在1919年6月接替奥兰多的。

英国的第二个政策,就是根据贝尔福1917年11月2日的声明,在圣地巴勒斯坦为千百年来一直散居各地的犹太人建立一个犹太民族之家。英国打算在巴勒斯坦把它对阿拉伯人和对犹太人所承担的义务统一起来的做法,乃是一个漫长的、可悲的和单独的故事。还有一个与之有关联的问题,就是如何把英国根据侯赛因—麦克马洪1915年至1916年的信件而对阿拉伯人承担的义务(见第十章)和根据赛克斯—皮科协定而对法国人所承担的义务统一起来;这个问题是很困难的,因为这两种义务,至少在精神上是不协调的。法国当局错误地怀疑,他们在叙利亚的地位正在受到不忠实的英国人的暗中破坏,而英国人事实上却在敦促他们的阿拉伯追随者费萨尔埃米尔和法国人达成协议。但是,费萨尔于1920年3月挑衅地开始用"叙利亚和巴勒斯坦国王"的称号,在法国(尽管遭到阿拉伯的激烈反对)于1920年

---

① 达伯农勋爵:《和平使节》(伦敦,1929—1930年),第2卷,第101页。

4月25日协约国圣雷莫会议上被委派担任叙利亚的委任统治国后，他就被驱逐出国。这时，英国在巴勒斯坦和美索不达米亚的利益也以委任统治权的形式出现，而且还签订了英法石油协定，但是，这个协定后来又做了有利于美国的修改。美国虽然并未同土耳其交战，但通过坚持要求贯彻为委任统治制度规定的门户开放原则，也从土耳其帝国的经济赃物中分得一份。这就是用新的国际理想主义在近东对各国的野心进行微妙调整的情况。

土耳其放弃其阿拉伯领土和它对埃及和塞浦路斯的宗主权所以值得注意，这是由于它是载于非永久性的塞夫勒条约中的那些持久性的条款之中的；签订了这个条约，协约国便于1920年8月10日与土耳其媾和了。这个条约规定土耳其人留在君士坦丁堡，希腊人留在士麦拿，这都是和寇松的见解相违背的。对这个条约的具体条款，以及对在土耳其划分法国和意大利的势力范围的相应的协定的详细内容，也许联系到19世纪的东方问题来看，要比联系到20世纪的和平解决问题更有兴趣。这个条约所以拖延，是因为协约国在等待着这样一个未必会发生的事态，即美国决定对君士坦丁堡或亚美尼亚实行委任统治。由于民族起义，这个条约一直未获批准，而且失去了意义。这时，民族起义在穆斯塔法·凯末尔的领导下愈演愈烈，这主要是由于希腊占领了士麦拿而造成的。这次占领当时普遍地被认为是可悲的错误，但是，那位亲希腊的战士劳合·乔治却从来没有承认这一点。势力日益强大的凯末尔在安格拉①建立了一个民族主义的政府，和在君士坦丁堡的垂死的苏丹政府相抗衡；而且，根据1921年10月签订的弗朗克兰—布荣协定，法国又避开英国而单独与民族主义分子缔结了一个新的和平协定。法国未能理解，从而怀疑英国维护连寇松自己都说是"靠不住的，因而我认为是毫无价值的希腊人的联合"② 动机何在。法国和意大利现在支持土耳其的民族主义者，这些民族主义者最后打败了希腊人，并于1922年9月初进入士麦拿。这个胜利反过来又威胁着协约国仍然驻扎在黑海海峡亚洲沿岸的一支人数不多的军队，而法国和意大利对于英国在这个地区的意图，一直抱有怀疑。他

---

① 即安卡拉。——译者
② 1922年9月27日致奥斯汀·张伯伦函、罗纳德谢伊伯爵《寇松勋爵的生平》（伦敦，1928年），第3卷，第305页。

们两国于1922年9月21日把他们的分遣部队从查纳克撤走,只剩下英国人驻守在那里。他们这样做,产生的一个幸运的后果是,穆斯塔法·凯末尔同意于1922年10月3日在穆达尼亚举行会议,这是洛桑和平谈判的前奏(见下文,第291页)。

劳合·乔治的东方政策,给他的宠儿希腊人带来了灾难,而且,也使他自己的政府于1922年10月19日垮台。但是,寇松在博纳·劳的保守党政府中仍然留任外交大臣;而且,尽管法国进行阴谋破坏,但由于他个人在洛桑会议中的成就而挽救了英国的地位。至于同英国的利益有关的两个主要问题,在黑海海峡问题上,最后在摩苏尔问题上,都得到了令人满意的解决。这样,根据1923年7月24日的洛桑条约,英国在解决土耳其问题中,至少可以说是与法国和意大利取得了同样的成果。

英法两国在战后年代中发生的一系列争执,看来几乎可以证明保罗·康邦在其代表法国出使伦敦20年结束时所写的那番话是正确的:"我不相信(两国)有破裂的可能,可是,在每个地方,在每个问题上,都存在着分歧。不幸的是,巴黎既不能,伦敦也不会明智地把他们的分歧局限在那些重大的问题上,而不纠缠细枝末节。解决重大的问题要比解决琐碎小事容易。但是,像寇松或莱格这样的人所关心的就是这些琐碎小事。"[①] 的确,同历来一样,人物的性格起了一定的作用。法国人认为劳合·乔治过分亲德、亲俄,因此,对他不信任;而英国人则由于从1922年1月至1924年6月担任法国总理的彭加勒刻板地墨守陈规,因而,对他疏远。但是,这些摩擦不过是一种比较深刻的心理上的分歧的表现,这种分歧使得真正的大问题,即如何对待德国的问题很不易解决。在莱格和彭加勒之间的一个短暂时期内担任总理的白里安,于1921年11月21日代表历尽战争创伤的法国发言时声称,在德国从精神上解除武装以前,法国是不能在实质上解除武装的。而英国的政治家们则是想通过帮助德国复兴的办法,以换得其善意来寻求一种比较真诚无间的安全。他们不得不这样做,是由于在心理上英国人不大对人抱仇恨,在政治上他们害怕俄国,而在经济

[①] 1920年10月14日致其子函、保罗·康邦:《1870—1924年通信集》(巴黎,1940年及以后版本),第3卷,第386页。

上则设法促进作为英国主要支柱的世界贸易。只有时间本身能够证明，而且事实上也证明了究竟哪一个观点是比较接近正确的。

这种分歧明显地表现在实施和约时发生的一些插曲中，如上西里西亚问题，特别是1920年到1922年间协约国就赔偿问题而举行的一系列谈判。德国并没有帮助英国以便英国也帮助它。德国的代表们在1920年7月举行的斯巴会议上第一次出现时，曾就赔偿问题提出了一些不当的建议，德国的煤炭大王施廷内斯还为这些建议做了一番咄咄逼人的发言，因此给人的印象很坏。他们又在1921年3月1日的伦敦会议上提出"站不住脚的"条件（达伯农语），拒绝被激怒了的协约国所提出的要求，因而协约国便于3月8日延长对杜塞尔多夫、杜伊斯堡和鲁尔奥尔特的占领，这是根据条约实施的起码的合法制裁。1921年4月27日，赔偿委员会宣布决定，规定德国的总赔偿额高达66亿英镑。该委员会还发现，最初规定的德国必须于1921年5月1日以前偿付的10亿英镑（200亿金马克），它至少拖欠了120亿马克。5月5日，协约国政府把一份"支付时间表"送交德国，规定德国清偿义务的方法，这实际是减轻了这些负担；不过，其中要求在该月底以前先偿付5000万英镑（10亿马克）。附送的一道最后通牒宣称，如果德国在六天内做不出令人满意的答复，协约国就将于5月12日占领鲁尔。德国在经历了一场政府危机后，维尔特政府于5月11日接受了协约国的条款，并于8月前偿付了第一批的10亿马克，这是德国第一次以现金偿付。在这些重大事件中，协约国保持了团结，不过，这种团结是如此不牢靠，以致展望将来的紧张局面，前景不佳。

协约国的政治家们越来越认识到，德国的赔偿问题是和协约国的债务问题密切相关的。他们在1919年3月就曾接到美国财政部就这一微妙立场提出的尖锐警告，但是，那年7月，豪斯在写给威尔逊的一封有先见之明的关于英美关系的函件中说："难道你不也认为应当提醒我国人民不要指望给协约国的贷款能够全部偿还？难道不应该要求他们把这些贷款的大部分当作我们必不可少的战争费用的一部分，而且，难道不应该由我们而不是由债务国提出进行调整？"[①] 威尔逊

---

① 《1919年的巴黎和会》，第11卷，第623页。

第八章 凡尔赛的和平解决方案（1918—1933年）

却不是这样认为，国会也不是这样想的。国会于1922年2月指派了一个"世界大战外国债务委员会"以便在1947年以前收清协约国的债款，并规定利率不低于4.25%。英国的情况特殊，因为它既是债务国，又是债权国。因为美国参战后，它就接替了英国的传统地位而成为这个联盟的银行，而英国则成了它的欧洲盟国的经纪人，主要为这些盟国向美国借了大量贷款。1922年8月1日致各协约国的贝尔福照会提醒它们说，除了俄国应偿付的6.5亿英镑和作为德国赔款的14.5亿英镑外，它们共欠英国约13亿英镑，利息还未计算在内；英国自己则欠美国8.5亿英镑。照会解释说，由于美国坚持要求还债，这就迫使英国放弃原先它不愿要求协约国向它偿还任何欠款的政策；然而，英国政府仍然愿意免除协约国应偿付给它的全部战争债务和英国应取得的一份赔偿，作为通过"一笔大交易"来全面取消战争债务的一部分。这种颇有政治家风度的建议，却不受欢迎。把战争债务和赔偿加以一并考虑的想法，由于不同的原因，既为法国人、也为美国人所反对。美国人的实利主义的态度反映在柯立芝总统所说的一句话中："他们借了这笔钱，不是吗？"英国政府因而就派遣斯坦利·鲍尔温和英格兰银行总裁蒙塔古·诺曼前往华盛顿。在华盛顿，美国的谈判代表提出的条件如此苛刻，以致英国首相博纳·劳几乎宁可辞职也不愿接受这些条件。但是，在要对党忠诚的压力下，他默认了。英国的固定债务确定为46亿美元，可在62年内偿还，平均利率为3.33%。

法国一直是美国贷款的主要受惠国，而这些贷款却要英国来偿还；但是，彭加勒还是对英国企图转嫁压力的做法感到不满。这又加深了法国由于对其遭受破坏的地区做优先赔偿的一切要求遭到拒绝而已经产生的不满。法国的重建，再加上战争抚恤金，要用去法国政府每年总支出的一半。在这种严重的局面下，彭加勒决心从德国那里取得"有成果的保证"，而德国在1922年间通货膨胀不断上升，政府正在请求赔偿延期，而且也部分地得到允准。有成果的保证对于彭加勒来说，就是长期以来梦寐以求的对鲁尔的占领。1922年12月末，在赔偿委员会的会议上，法国、意大利和比利时的代表不管英国代表约翰·布雷德伯里爵士的强烈抗议，投票表决，宣布德国在无关紧要的交付木材问题上实行拖延；并于1923年1月9日，在同样的情况下宣布在交付煤炭上也有拖延。两天以后，法国和比利时的军队就开进了鲁尔。

正如达伯农所指出的，布雷德伯里曾在头一年的 8 月间"特意对德国人说，法国一旦单独采取行动，英国将不会进行干预，但要采取一种'不友好的中立'态度。这句话已经深深地印在德国人的脑海中。"① 这是一个准确的预告，但是在政治上是失策的。由于没有形成反对德国的统一战线，于是，德国政府便下令在鲁尔进行消极抵抗。这个措施造成混乱，严重地阻挠了法国打算占领鲁尔从而在经济上取得利益的企图。法国由于在莱茵兰煽动在当时仍然微弱的分裂主义运动，又由于把当地那些宁愿通货膨胀而不愿提供赔款的实业家监禁起来，因而从政治上损害了这次占领行为。然而，法国人估计那年他们从德国那里榨取了 13 亿多法郎。而德国政府采取了不计后果的对抗手段，在鲁尔对闲散在家的工人给予补贴，使得通货膨胀扶摇直上，物价疯狂上涨，到 1923 年 11 月达到登峰造极的地步。马克与美元的比值竟为 42000 亿比 1，比起 1918 年，这一次才是真正的德国社会变革。但是，事态已在转变中。那年的 11 月，希特勒的国家社会党在慕尼黑发动的政变也告失败，这是一年中极端分子在德国制造骚乱的顶峰。早在 9 月 27 日，那个具有破坏性的消极抵抗政策已被施特雷泽曼领导下的德国新政府所放弃；他过去是一个激烈的民族主义者，现在是一个非常讲究实际和稳健而内心富于幻想的人物。到 11 月末，沙赫特－路得的财政金融改革在迅速恢复方面已经取得杰出成绩，其显著程度几乎就像通货膨胀本身那样。而且，法国政府也于 11 月 30 日同意参加其他协约国政府和美国所赞同的对德国偿付赔偿的能力这个中心问题进行的专门调查。

这次调查由美国的道威斯将军主持，并于 1924 年 4 月 9 日提出报告，这就是所谓的道威斯计划。法国迟迟不从鲁尔撤兵，从而迫使德国接受了这个计划。而法国接受这一计划，则是由于赫里欧于 6 月 1 日接替了彭加勒所促成的。由此而在德国和协约国之间达成的协议，便于 8 月 16 日在伦敦签字。道威斯计划是以一些相互有关联的前提作为基础的，这些前提就是德国的预算要平衡，货币要稳定，发

---

① 达伯农勋爵：《和平使节》，第 2 卷，第 91 页。

行货币的银行不受政府控制,但要受到监督以保障外国的利益。法国对这种监督制度是欣然同意的,但对赔偿委员会的地位相应下降,则不那么乐意了。根据类似的调整,尽管应该偿付的赔款总数在理论上说仍然未变,但德国实际上要偿付的赔款却在很大程度上减少了,5年中只从5000万英镑上升到标准外汇兑换率1.25亿英镑,并制定了由接受赔款国执行的汇兑特别规定,作为防止兑换率暴跌的保证。为了帮助德国渡过难关,筹集了8亿金马克的外国贷款,大部分是出自美国。于是,外国资本,特别是美国资本,便源源流入德国。这样,在1924年到1928年这段时间内,德国得到了不大稳定的繁荣,并且根据道威斯计划按期清偿了它应偿付的债务。因此,这种表面上令人满意的解决办法,不过是在财政上兜圈子而已。美国贷款给德国,德国就向欧洲的协约国赔款,欧洲的协约国又向美国还债。这就是各国都卷入其中的战争所遗留下来的复杂问题。

然而,道威斯计划却标志着战后余波中最坏的局面的终结。1925年,欧洲的农业生产第一次超过了1913年的水平。从政治上来说,1924年10月,在亲法的奥斯汀·张伯伦出任鲍尔温的保守党新政府的外交大臣后,克服英法矛盾的挫折,才有了改善的前景。的确,这届政府拒绝了前届工党政府参与制定的日内瓦议定书(见第九章),但是英法合作的有利后果很快就表现出来了。为此,张伯伦又重新提出防务联盟这个主张。从1923年到1929年间指导德国对外政策的施特雷泽曼认为,"一个没有德国参加的安全协定就将是一个反对德国的安全协定"[1]。1925年2月9日德国政府向法国政府提交一份备忘录,建议在与莱茵河有关的各国之间,特别是在英国、法国、意大利和德国之间缔结一个相当长期的条约,据此,它们将保证彼此之间不发动战争。这个建议是德国总理库诺于1922年11月间提出的那个流产了的建议经过修改的翻版;现在把英法联盟包括进去而产生的"洛迦诺相互保证条约",连同各项附带协定于1925年10月16日缔结。根据这一条约,英国、法国、意大利、德国和比利时各自并共同保证德国的西部边界和凡尔赛条约有关非军事区的规定。这一协定在

---

[1] 施特雷泽曼1925年7月1日笔记。埃里克·萨顿:《古斯塔夫·施特雷泽曼的日记、函件和文件》(伦敦,1935—1940年),第2卷,第98页。

道义上加强了1919年的和约,因为德国现在自觉自愿地在阿尔萨斯—洛林、欧本—马尔梅迪和解除武装的莱茵兰的问题上签了字。但是,这一协定在实质上却削弱了和约,因为正按照施特雷泽曼原来的打算,它限制了和约的军事强制手段。但是当时至少英国政府对于用军事手段来保证根据洛迦诺公约所承担的义务,几乎是不关心的,因为这时鲍尔温首相正在强调"陛下的政府所承担的任何新义务,必须是和平的"[1]。西欧在短时间内沐浴在"洛迦诺的暗淡的阳光"之中(丘吉尔语)。

洛迦诺公约是要在德国进入国际联盟时生效的,而德国于1926年9月10日进入国际联盟。一个星期以后,施特雷泽曼和白里安私下在日内瓦附近的杜阿里的一家烹调技艺精良的小旅店中共进午餐;他们就施特雷泽曼喜爱的题目——法德经济合作充分地交换了意见,按照他的说法,甚至要把这种合作扩大到俄国。这个月底,德国、法国、比利时和卢森堡在西方组成了一家国际钢铁卡特尔,这是欧洲各国经济上合伙的新的开端,但是英国对此却明显地置身事外。在杜阿里,施特雷泽曼还就以德国支持法国经济为交换条件,进一步放松凡尔赛条约的问题进行试探。虽然这样做既不为德意志帝国银行掌权人物沙赫特所欢迎,也没有给美国利益集团以良好印象。

但是,美国的主动精神鼓舞白里安在另一方面做出了显著的成绩。1927年,他向美国国务卿凯洛格提交了一个关于在两国间放弃战争的条约草案。凯洛格在6个月以后才答复。他在12月提出建议,拟议中的条约应是多边的。结果便是1928年8月27日缔结的巴黎公约或称凯洛格公约。根据这个公约,15个国家都放弃把战争作为推行国家政策的手段,但在某些问题上,还有有限的保留。例如英国就提出在对它利害攸关的"一定地区"有保留,这指的是苏伊士运河。到1933年,有65个国家曾在这个虽然意义不大明确、但意图却是良好的公约上签了字。

这些事件说明各大国在战后的余波中,为了结束战争而对安全表现出忧心忡忡。安全问题的核心是裁军问题。赔偿和裁军是德国根据凡尔赛条约长期应尽的两项主要义务,而对这些义务的履行进行监

---

[1] 1925年10月8日鲍尔温在布赖顿的讲话;《泰晤士报》,1925年10月9日。

督，则是协约国政策首先要考虑的问题。这种监督分别由赔偿委员会和管制委员会在巴黎的各国大使会议的领导下进行。在解除德国的武装中，他们不得不首先对付那个有教养而又孤僻的杰出的普鲁士参谋军官冯·西克特将军。自 1920 年第二季度起担任德国陆军总监的西克特，已经开始指示各司令官停止实行把德国陆军减少到规定的 10 万兵力的措施，因为德国政府反对这一点。但是，西克特在斯巴会议上未能诱使协约国同意把 10 万人数增加 1 倍；最后，裁军至少在文件上是付诸实施了。因为西克特仿效了沙恩霍斯特在耶拿大战失败后，不顾拿破仑的裁军规定，巧立名目，秘密重建普鲁士军队的故技。尽管按照第一百七十四条的规定，限定正规军的服役年限应达 12 年，志愿人员却迅速地在军队受训后退役。征募所谓的"黑色国防军"，包括成立诸如"国民自卫军"和"劳动指挥部"等准军事组织，这就破坏了条约第一百七十七条的规定，与此相配合的是，还把警察非法地军事化。的确，如果一丝不苟地执行裁军而不是规避，那么，要维持国内秩序，这些警察很可能是特别重要的。条约中的任何漏洞，事实上都被巧妙地加以利用：例如，条约虽然把军官的人数限制为 4000 人，但它却没有对军士做出同样的规定，因此，按照西克特要建立一个军官团的目标，军士的人数增加了，完全超过了一支人数很少的军队所需要的比例。同样，在最上层，第一百六十条禁止建立的总参谋部，在种种遁词的掩饰下，却保持下来，并且从事同样被禁止的活动，如像制订总动员计划（违反第一百七十八条）和推进第一百九十八条禁止的军事航空计划。应予交出的库存武器，往往被隐藏起来，而协约国各个管制委员会的工作，总是弄得困难而又不愉快。更严重的是，德国军队受到训练，使用被禁止使用的武器，如像装甲车和坦克，因为西克特就是一个具有远见的运动战倡导者。而用假炮和纸板做的坦克进行的演习，是由下了这样一个可怕定义的人指挥进行的，这就不是什么可笑的事情了；这个定义是"尚武精神并不是指模拟战争，而是指准备战争"[①]。

西克特通过全面规避和违反条约的做法所建立的，不是一支人数

[①] 冯·西克特将军军语。引自弗里德里希·冯·拉本瑙将军《西克特 1918—1936 年的生涯》（莱比锡，1940 年），第 503 页。

很少的军队,而是一支袖珍大军,它的危险性就在于它的潜力。这里既有心理上的考虑,也有经济上的考虑。西克特决心要和"精神上解除武装"进行斗争。关于这个问题,德国的好朋友达伯农于1922年3月在柏林时就已写道:"我不仅此刻对这个问题是否存在表示怀疑,而且对于在任何时候是否有丝毫可能做到这一点也表示怀疑。我在这里遇到的每一个人都认为,战争只要打赢了,在道义上就无可指摘。"[1] 在经济方面,西克特认为,关键问题不在于积累正在被淘汰的军备,而在于协调军备制造的潜力。他在这个问题上得到了维尔特总理的支持。维尔特秘密地对克虏伯军火工业给予资助。这个庞大的联合企业于1922年1月25日和德国国防部签订了一项正式协定,"共同逃避实行……凡尔赛条约的条款"[2]。这一活动一直扩展到国外,超越了协约国的控制。到1925年,克虏伯在瑞典的勃孚士军火工厂拥有能够左右一切的股权,并且正在设计最新式的大炮和坦克。在荷兰、西班牙和芬兰,秘密地制造德国潜艇并训练艇上人员。甚至在1922年签订俄德拉巴洛条约以前,就在暗中进行安排,要在苏联的喀山制造德国的大炮、坦克,在萨拉托夫制造毒气,还要在利佩茨克制造空军基地战斗机和俯冲轰炸机。训练项目也加以扩大,由苏联军官来教授参谋课程。甚至在1923年通货膨胀期间,维尔特的继任者库诺还于7月11日暂时同意下一年为德国与俄国的军事合作提供6000万金马克的资金。西克特认为,东山再起的德国应当特别与俄国携手,共同摧毁波兰。维尔特也是这个意见。他对在拉巴洛条约签订后启程前往莫斯科担任德国驻苏大使的布罗克多夫-兰曹说:"波兰必须被除掉。我的政策就是朝着这个目标前进……有关东部边界所发生的许多事情也是经我同意的,这些事情除我自己以外,只有少数几个人知道。在这一点上,我的意见和军方的意见,特别是和冯·西克特将军的意见完全一致。"[3]

然而,这位也许是20年代最值得重视的军人西克特,却和他们的最杰出的政治家施特雷泽曼的意见不一致。施特雷泽曼的名字标志

---

[1] 达伯农勋爵:《和平使节》,第1卷,第279页。
[2] 引自戈登·A. 克雷格《普鲁士军队的政治,1640—1945年》(牛津,1955年),第406页。
[3] 引自赫伯特·黑尔比希《东欧史研究》一书中的《布罗克多夫-兰曹伯爵在莫斯科的使命》一文(H. 雅布洛诺夫斯基和W. 菲利普编,柏林,1954年及以后版本),第2卷,第306页。

着履行裁军和赔偿义务及签订洛迦诺公约的这个和平时期。但是,这种分歧比表面上看起来要小得多。施特雷泽曼对西克特的非法重整军备,特别是在俄国进行的重整军备活动是了解的,但是,为了掩盖,他便对达伯农撒谎。虽然,施特雷泽曼确是主张和平的,因为在德国处于弱者地位时,他企图不通过战争的办法来实现他的政策。但是,这是一个深远的政策,既深远又广泛。这个政策包括"保护国外的德国人,我们的那些现在居住在外国,处于外国桎梏之下的1000万到1200万的同胞"①。关于这个方面,例如,施特雷泽曼在谈到南蒂罗尔时,就认为"瓦尔特·冯·德尔·弗格尔魏德的日尔曼人的品质证明博岑(波尔萨诺)是属于日尔曼的文化整体中的"②。施特雷泽曼的目标是要从比利时那里重新得到欧本。在他看来,"收复德国的殖民地乃是德国政策的一个目标,一个当务之急的目标"③。不仅如此,他还认为,一个主要的目标就是"重新调整我们东部的边界;收复但泽、波兰走廊和改正上西里西亚的边界"④。正是在施特雷泽曼执政时,而且是根据他的指示,布罗克多夫—兰曹于1924年12月20日向苏联外交人民委员契切林提出"波兰问题的解决,对德国和俄国说来,都在于把波兰推回到它的种族边界上去"⑤,而这个边界是它的敌人们划定的。

在谈判洛迦诺公约时,施特雷泽曼利用了英国长期以来不赞成法国在东欧承担义务的态度。他反对法国为了支持它在东欧的盟国而要求德国保证"不发动任何进攻"的一切企图。"我们在西方承担了这个义务,但是我们拒绝在东方承担。国际联盟成员的地位并不排除战争的可能性。"⑥ 达伯农先前向施特雷泽曼提出的德国和法国之间在莱茵兰建立一个"相互提防的铁幕"⑦的建议,开始起着一种不祥之

---

① 1925年9月7日施特雷泽曼致前德国皇太子函。埃里克·萨顿:《古斯塔夫·施特雷泽曼的日记、函件和文件》,第2卷,第503页。
② 1926年2月9日在德国国会的演说,萨顿:《古斯塔夫·施特雷泽曼的日记、函件和文件》,第2卷,第454页。
③ 1925年8月29日的演说,萨顿:《古斯塔夫·施特雷泽曼的日记、函件和文件》,第2卷,第314页。
④ 致前皇太子函,同上书,第503页。
⑤ 引自库尔特·罗森鲍姆《共同的命运》(纽约州锡拉丘兹,1965年),第124页。
⑥ 1925年12月14日的演说,萨顿:《古斯塔夫·施特雷泽曼的日记、函件和文件》,第2卷,第217页。
⑦ 达伯农勋爵:《和平使节》,第3卷,第101页。

兆的作用。施特雷泽曼"在洛迦诺看到可以保住莱茵兰,并有可能在东方收复德国的领土"①。正如同德国的对外政策常常表现的那样,这个解决办法具有两面性,对西方满面笑容,对东方冷酷无情。在东方,尽管法国与波兰和捷克斯洛伐克签订了具有重大意义的新条约,但是,法国的已被削弱的地位,不仅由于施特雷泽曼对于这两个国家报以恶意的嘲笑,而且也由于1926年4月24日在柏林进一步签订了俄德友好条约,因而每况愈下。正是为了追求这种"可怕的友谊"(劳合·乔治语),施特雷泽曼才在洛迦诺为了德国而使国际联盟盟约的第十六条受到重大的削弱。

施特雷泽曼在外交上利用了民族主义反对派在德国议会中对他的反对。他把洛迦诺公约说成是对协约国的一种让步。协约国为了回报,便对德国采取了一些有利的"反应",特别是在1926年1月31日以前从科隆区撤兵,这就使得他在洛迦诺反对法国所取得的成功臻于完满。从科隆区撤兵是从莱茵兰撤兵的第一个阶段,这种撤兵在头一年由于在裁军问题上"德国政府多次拒不履行义务"②,曾为协约国所拒绝。在这个问题上,甚至到1927年1月31日,协约国军事管制委员会同意撤销时,它也不能说它是完全满意的。一个月后,它在它的最后报告中声明:

> 委员会在德国政府中遇到一个老练而孜孜不倦的对手的对抗,关于这个对手,委员会本身是无法加以约束的……[军事]管制的历史,成了德国对委员会的要求和决定不断地进行阻挠的历史……但是一幅图画的阴影,不足以掩盖它的色彩,应该承认,虽然所取得的结果不过如此,却是极其重要的……委员会方面在取得这些结果时,已挖掘建筑大厦的基础……这个大厦自从洛迦诺公约缔结以来,正缓慢地开始从地上升起。③

这种辞藻华丽的辩解适合官方的乐观情绪。虽然那些基础的薄弱

---

① 1925年11月27日致冯·科德尔函,萨顿前引书,第2卷,第231—232页。
② 1925年6月4日英、法、意、日、比各国驻柏林大使向德国政府提出的照会。1925年敕颁文书2429号,第3页。
③ 协约国军事管制委员会《最后的报告》,1927年2月28日(巴黎,1927年),第512—514页。

在 1927 年 1 月中已经由英国新任驻柏林大使罗纳德·林赛爵士提出。他向施特雷泽曼表示，他对"德国仍然存在着强烈的军国主义精神和复仇情绪感到忧虑"①，1928 年，德国内阁专门批准了德国非法重整军备。根据 1929 年 8 月的海牙协定，施特雷泽曼取得了在他那年 10 月逝世前的最后一个重大成就：协约国同意于 1930 年 6 月 30 日以前从整个莱茵兰全部撤兵。这次撤兵是和采纳短命的杨格计划有关。根据这个计划，德国的赔偿义务进一步减少了，比它为了要促使法国从鲁尔撤兵而承担的道威斯计划的赔偿义务还要少。这就是施特雷泽曼的如下政策所取得的突出成就：这个政策是"一个战壕一个战壕地把法国赶回去，因为如同我某次所说的那样，全面进攻是行不通的"②。

哪里有空隙，德里就在哪里猛烈发动"和平攻势"（施特雷泽曼语），因为凡尔赛条约第五部分的前言中就说，强迫德国裁军"是为了推动所有国家普遍限制军备成为可能"。这段话，以及协约国 1919 年 6 月 16 日在回答德国人时对它所做的粉饰，并不像德国的宣传试图证明的那样，给协约国的裁军赋予条约义务；但是，它们的确构成了一种道义上的义务。这种道义上的义务由于德国违反条约采取了种种重整军备的措施，因而被解除了。虽然这些措施是直接防御性的，但却给未来投下了不祥的阴影，因为当时白厅的 10 年限期规定，使英国行政长官们在整个 20 年代无法预见到今后 10 年内将发生一场大战。但总的说来，战胜的大国表示出一种良好的意愿，要为普遍裁军而进行工作。

但是，这种意愿最初主要表现在最少涉及德国的方面，即海军。这方面的中心问题是英美的竞争，因为在大战期间，美国就一直在建立海军方面追赶英国，而且在和会期间，无视英国代表反对继续建造海军的意见。在这一方面，美国对日本的成见，在 1921 年到 1922 年各海军大国举行的华盛顿会议上就显示出来。这次会议取得两方面的成就：一方面在远东得到了政治解决，根据美国和自治领的意愿，英

---

① 施特雷泽曼 1927 年 1 月 15 日笔记。萨顿：《古斯塔夫·施特雷泽曼的日记、函件和文件》，第 3 卷，第 105 页。
② 1925 年 7 月 27 日致冯·舍赫中将函，萨顿：《古斯塔夫·施特雷泽曼的日记、函件和文件》，第 2 卷，第 58 页。

日同盟终止了（见第十二章）；另一方面，1922年2月6日签订了一项限制海军军备的重要协定。这就表明"在英国统治下的和平局面"下的海军霸权业已告终；日渐贫困和消沉的英国，不失体面地接受了这一点；而步步竞争的美国，则充满想象力地利用了这一点。这个协定为美国、英国、日本、法国和意大利的主力舰的总吨位确定了一个比例，规定10年内海军停造主力舰，还限制了主力舰的规模，同时也规定了航空母舰的总吨位。但是，条约未能对潜艇、轻巡洋舰和辅助舰做出任何按比例的限制，这主要是由于法国横加阻挠的缘故，为此，英法关系进一步紧张起来。然而英美的纷争又破坏了1927年夏在日内瓦召开的海军会议上与日本就上述最后确定的计划达成协议的另一次尝试。1930年1月在伦敦再次召开了海军会议，经过复杂的谈判后，于4月22日产生了英、美、日三国协定。根据这个协定，日本有权建造相当于英国和美国的巡洋舰和驱逐舰吨位的70%的同类军舰和同等吨位的潜艇，但总吨位限制得较低。法意两国在地中海的竞争使得要把这两国包括在这个协定之内的一切努力归于失败，而且，也表明在海军裁军中所取得的可观的成就是有局限性的。另一个有局限性的表现就是，德国当时建成了第一艘"袖珍战舰"。这种战舰设计巧妙，既完全符合和约强制限定的1万吨规定，同时，又因其新式的、威力强大的武装而挫败了和约规定的这种限定的目的。

陆军和空军的裁军，由于其本身性质以及与德国问题特别有关，因而要比海军裁军难以达成。在国际联盟范围内举行的裁军谈判旷日持久。开始时，于1925年指派了一个裁军筹备委员会，其结果导致1932年2月2日在日内瓦召开的裁军会议（见第九章和第二十三章）。这次会议从一开始就遇到了不祥之兆，威胁着会议的成功。会议之初，日本在满洲发动了侵略；结尾时，又逢国家社会主义在德国日益得势，咄咄逼人。

纳粹党的势力在1930年9月举行的选举中猛然增强，从80万张选票增加到650万张，1932年7月达到登峰造极的地步，获得1375万张选票（见第十六章）。这个现象的背景就是在施特雷泽曼去世的那个月，即1929年10月，在华尔街出现的美国的不景气，以及接踵而来的横扫欧洲的经济大风暴。这再次证明旧世界需要依靠新世界的财富。头一年夏天实施的杨格计划被席卷而去了。美国收回贷款，暴露了德国经济的不稳定。德国银行与之有密切利害关系的奥地利财政，即使在最好的情况下，也往往是脆弱的。于是，1931年3月，德国的布吕宁政府试图双管齐下，一面支持两国的经济，一面又在对外政策上采取大胆的措施，突然宣布同意建立一个奥德关税同盟。这个计划在遭到英法反对的情况下，不得不予放弃。1931年5月11日，奥地利最大的一家银行——信贷公司倒闭，突然造成"危机中的危机"。这种局势从德国蔓延到英国；英国的工党政府垮台，英镑被迫于9月21日放弃了金本位。早在7月中，欧洲的主要大国在法国提出某些争议之后（它继美国之后，已经建立了最大的黄金储备），接受了胡佛总统及时提出的建议：一切赔偿和战时债务的支付暂缓一年。1932年6月，在洛桑召开了一次会议来考虑在胡佛的"缓付一年"到期后的局面。刚接替布吕宁内阁的冯·巴本的"巨头内阁"，在这个会议上为德国取得了一个重大的胜利，从而使赔偿终于取消，只要德国交出数达1.5亿英镑的债券。根据德国的债权国7月2日达成的"君子协定"，批准这项解决办法的条件是，这些债权国与它们的债权国即美国之间要取得一项令人满意的解决。但是，美国拒绝取消或减少协约国的战时债务，从而堵塞了英国1933年采用的只作象征性的偿付这种权宜之计。此后，英国政府便和法国以及其他各国政府一道拖延偿付，实际上是拒绝把第一次世界大战的财政负担不公平地从德国转嫁到欧洲协约国的身上，因为德国已不再支付赔偿。而且，事实上，即使德国在偿付赔款时，实际上并不是用它自己的钱财或自己做出牺牲来偿付，而是用它从外国得到的贷款和投资来偿付的。这些贷款和投资到1931年数达350亿到380亿马克左右，而根据赔偿委员会的账目来看，它同期向协约国偿付的总数却是210亿马克。这就是毫无结果的和平解决，它最初采用了军事干涉的手段来强制实行赔偿，而不是裁军；后来却又依靠（在财政方面比在其他方面更是如此）迁就的办法来实行苛刻的条款，而不坚持这些条款。

面对着经济大风暴，特别是在美国1929年至1930年间提出了非常严厉的霍利—斯穆特税则后，欧洲大国匆忙抛弃了20年代那种向外发展的国际主义（最后的表现就是白里安的成立欧洲联邦的计划），各自埋首于关税壁垒后面的本国经济。这种情况，使得1930年

2月在日内瓦召开的设法达成关税休战的那次会议遭到失败。自由贸易的时代正在告终，而且，在极权国家中，自由思想的时代也正在告终。现在，德国也加入到它们的行列中去。德国在发生经济危机的时刻，转向一种信念，这种信念超越了经济，改变了政治，而且终于粉碎了凡尔赛的解决方案。

因此，第一次世界大战后的和平解决方案，在很大程度上就是这样被三个相继而来的、但又相互重叠的政治上、经济上和心理上的浪头给逐渐破坏了。几乎从一开始，这个和平解决方案就在政治上受到损害，这不仅是由于和平缔造者们在制定一个非常复杂的整体计划中有时犯了判断错误，而且更多地是由于一方面因为奥匈帝国和俄罗斯帝国的崩溃，另一方面则是因为美国撒手不管而留下了对德国有利的力量真空。这种真空太大了，它是国际联盟所做的那些颇有希望的革新无法填补的。这种政治上的动荡，由于出现了其严重程度为前所未有的经济危机而在20年代中越演越烈；这个危机首先是德国的历史上最严重的一次通货膨胀，接着又是世界范围的不景气。凡此种种，不仅损害了处理德国赔偿和协约国战时债务的整个结构，而且也表明：在4个世纪以前发现美洲以来的一次可能是最大的地理政治重心的转移中，经济天平现在倾向于美洲。而在这种情况下，战胜国没有能够在国际关系中建立一种将为20世纪工业资本主义的自由社会带来稳定的经济秩序。30年代接着又表明：维护和平解决方案，受到种种意料不到的现象的严重威胁。这些现象不仅有经济上的，也有心理上和意识形态上的。这次为了维护世界上的民主制度而进行的战争所造成的后果是自由主义的倒退：俄国退向共产主义，意大利退向法西斯主义，而马上就显示出其破坏性的是德国退向了国家社会主义。曾经设法要使凡尔赛条约成为国际民主制度保障的威尔逊，原打算这个条约会使德国人成为"好好地思索的一代人"[①]。但是，他们之中许多人的思想却在很大程度上转而内向，难以捉摸，积怨日深，与其说是有所悔悟，不如说是复仇心切。而当协约国的战胜者们寄希望于那些才智平庸的政客们的时候，德国的战败者们却找到了一个具有狡黠而邪恶的天资的领袖。他的喉舌在1928年4月就有言在先：

[①] 十人会议，1919年2月12日。《1919年的巴黎和会》，第3卷，第1002页。

第八章　凡尔赛的和平解决方案（1918—1933年）

我们进入议会，就是为了要在民主的武库中用它自己的武器来装备我们自己。我们成为议员，就是为了要借助魏玛的力量来涣散魏玛的人心。如果民主制竟然愚蠢到如此程度，竟然付给我们免费票和工资以便达到这个目的，那是它自己的事情……我们是作为仇敌而来！就像狼闯进羊群，我们也是这样闯进来的。[1]

他们就是这样来的。1933年1月30日，阿道夫·希特勒成了德国的、也就是德意志第三帝国的总理。

（丁钟华　译）

---

[1] 约瑟夫·戈培尔博士：《进攻报》（慕尼黑，1935年），第71—73页。

第 九 章
国 际 联 盟

第一次世界大战以后缔结的每一个和平条约，都以国际联盟盟约作为第一项内容。自战后第一个和约——凡尔赛和约于1920年1月10日生效时起，国联即开始存在。把盟约内容写入各项条约，是威尔逊总统曾经在和会上坚决提出的一项主张；他指望国联能作为一种手段，依靠它使条约中不公正和有缺陷的部分在将来某个时候得到纠正；或许，他还预见到，如果拖延到各项条约生效后再来成立国联，那几乎可以肯定根本就不会有什么国联了。对于国联来讲，这种做法兼有利弊。一方面，这使它与那些遭到抨击的和约同样不得人心，因为无知的或怀有敌意的批评者会说，它不过是战胜国为了把不公正的解决办法强加于战败国而发明的一种工具。另一方面，这些条约中的许多条款只有借助于一种常设机构才能实施，而国联就是要成为这样的机构；为了利用国联达到这一目的，和约规定国联将立即被要求在重大事务中发挥作用，而不会被默默无闻地抛在一边，就像威尔逊有理由怀疑他的一些同僚本来曾经希望的那样。

在和会上，起草委员会以英、美两国的法律顾问塞西尔·赫斯特和戴维·亨特·米勒根据罗伯特·塞西尔勋爵、史末资将军和菲利莫尔勋爵领导的英国外交部的一个委员会以及豪斯上校的意见归纳而拟定的草案为基础进行工作。法国和意大利提出的草案，简直未予考虑。因此，定稿的盟约所反映的是英美的而不是欧洲大陆的观点。国联产生于起草委员会，这个委员会谈不上拥有任何超国家的权力，就严格的意义来讲，甚至连行政机构性质的权力都不具备。国联所体现的无非是一个组织体制的大概轮廓，因此，很容易随着以后事态演变的方向而发展。国联要把各个主权国家联合在一起，保证为若干特定的目的与其他国家携手合作。合作能否收效取决于它们是否能够恪守诺言。国联在建制上属于一种可能使它的会员国更容易取得一致和协同行动的机构，而不是借以采取联合行动的组织。至于"国联"一词本身，不过是对其会员国的一个总称。同样明显的是，国联是一个更多地具有政治性质而不是法律性质的联合组织，它具有"欧洲协同体"性质的而不是历次海牙会议性质的传统。国联的创建者认为，前一传统在 19 世纪使欧洲受益匪浅，而后者在刚刚结束的大战中实际上毫无作用。英国舆论特别希望国联能成为一个便于大国定期地和发生紧急情况时进行磋商的组织，但它的成员和职能不应再局限于欧洲，应该设一个常设秘书处作为办事机构，并对世界的其他地区承担一定的责任。

　　国联的创始会员国是各项和约的签字国，以及和约中规定邀请加入盟约的几个其他的国家。国联设有一个代表全体会员国的大会，一个行政院和一个由埃里克·德拉蒙德爵士（后为珀思勋爵）为首任秘书长的秘书处。按照赫斯特—米勒草案的规定，行政院应当仅仅由大国的代表组成。但是，鉴于小国的强烈反对，决定在大国为常任委员国的同时，由大会定期选出另外四国代表。这些非常任委员国的数目，后来逐渐增加到 11 个。盟约对大会和行政院的一些职能分别做了专门的规定，但没有明确它们之间的关系。二者都有权处理"国联行动范围以内或影响世界和平的任何事件"①。这种分工不明是整个盟约富有伸缩性的典型表现，因而不会造成任何不便。也许与创建者的意愿相反，后来大会变成了主要机构，其所以如此，一部分原因在于大会能够控制预算。大会为国与国之间的交往提供了一些崭新的东西；并且提供了一个论坛（这只有在日内瓦盛行的讲究礼貌和克制的气氛中才有可能），在这个论坛上，小国可以毫无顾忌地批评大国，大国也不拒绝在世界各国面前为自己的行为做出说明和进行辩解。行政院的机构较小，举行会议较为频繁，因而能够比较迅速地行动。这样，它就逐渐变成了大会的一种执行委员会，负责为已在原则上为大会所接受的政策拟定具体细节并监督其执行情况。遵照国际会

---

① 盟约第三条和第四条。盟约引文见 F. P. 沃尔特斯《国际联盟史》（牛津大学出版社，1952年），第 1 卷，第五章中所载盟约文本。

议的惯例，两个机构的决议一般都必须全体一致通过，但也有若干例外，其中最重要的是：程序问题可以由多数决定；另外，在把某一争端付诸表决时，争议各方的票数不予计算，但在行政院或大会就这一争端提出其解决争端的意见报告时，则必须全体一致通过。然而，在国联的实际工作中，全体一致通过这一规定的影响并不像有时想象的那样大，因为国联的"行动"并不表现在做出某种对会员国具有约束力的决定，而在于提出会员国在盟约上签字保证要予以尊重的建议和裁决。因此，全体一致通过这一规定并不是给予盟国以反对国联行动的否决权，而是要保证各国的权利和义务不经它们自己同意就不会被改变的一种手段。

秘书处是国联体制中最富于创新的部分。以前国际会议的做法，一般都是由会议参加国临时指派官员担任秘书工作。这种做法的缺点是显而易见的。这使得共同责任感很少有机会得到发展，也不会留下一个实际机构来实施会议的决议。埃里克·德拉蒙德爵士一开始就决定，国联的秘书处应当采取一种不同的方案。它不是由国家的代表组成，而是由国际雇员组成，这些人员必须首先忠于国联。这种设想并不总是可能彻底实现的。在补充人员和分派秘书处的职务这类事情上始终不涉及国籍问题，既不现实，甚至也不一定受人欢迎。有一些政府总是设法施加压力来暗中破坏秘书处成员的独立性，而这种压力实际上是无法抗拒的。在极权主义兴起以后，这种情况尤其严重。尽管如此，这一真正国际性的行政机构体制的首次尝试，主要并不是以它的某些失败，而是以它的成功著称于世的。

遵照盟约第十四条，行政院负责为筹建常设国际法庭制订计划。它首先采取的若干行动之一，是成立一个法学家委员会，就此提供咨询意见。该委员会拟定了一个草案，经大会同意作为法庭活动章程的依据。国际法庭于1921年下半年成立。它的权限是对"各方提交该法庭之一切案件及现行条约和协定中明确规定的一切问题"进行裁决。因此，是否把争端提交法庭出于自愿，但法庭章程中有一项规定，即所谓的"可选择条款"，会员国如果愿意接受这一条款，就应当承认对于该条款所列举的各类争端的裁决是强制性的。经过几年的实践，随着法庭信誉的提高，这项条款广为各国所接受，虽然各国在接受时往往带有保留，因而大大降低了它们的作用。法庭实际上是国联的司法机构,二者之间有着建制上的联系。法官由大会和行政院选举产生;法庭的费用来自国联的预算;而且,除了对有争议的案件进行裁决以外,法庭还被授权对大会和行政院提交给它的任何争端或问题提供咨询意见。然而,这些联系丝毫无损于法庭在司法权上的完全独立。

国联的主旨是要实现世界和平与安全。盟约中包括了为实现这一宗旨而提出的种种观点,这些观点并不都是彼此相互一致的。根据第十条,会员国保证"尊重并维护所有国联各会员国的领土完整及现有的政治独立,以防御外来的侵犯"。但是,这个表面上似乎相互做出保证的体系,并不能约束任何会员国为援助任何其他会员国而采取任何具体的行动,因为一旦出现侵略,行政院就要"为履行这一义务所要采取的手段提出意见"。这个条款事实上不过是一个有着良好意愿的原则声明;但是,令人遗憾的是,威尔逊总统却把它当作盟约的核心;而美国参议院所以拒绝批准和约和盟约,主要是由于他拒绝在这个条款上做出任何妥协。但是,塞西尔清楚地看出这个条款中所包含的危险,它可能把一种硬性规定强加于这个国际体系(这一点法国人是欢迎的)从而使这个体系无法和平地应付将来无法避免的要求改变的压力。由于盟约第十九条,塞西尔所担心的问题在非常有限的程度上得到了解决。根据第十九条,大会被授权"经常地就已经无法执行的条约提出重新考虑的意见,并对维持下去势必危及世界和平的国际形势提出建议"。这个条款基本上也是一纸空文;而且,如果说会员国不能找出并且实行和平改变的有效方法,是由于国联的十分软弱而不在于各会员国没有履行维护彼此领土完整这个或许是彼此意见不一致的义务,这种论点是肯定会有争议的。

第十一条体现了实现和平的第二种观点。"凡任何战争或战争威胁"都被宣布是"与国联全体有关的问题",而起着一个调解委员会作用的国联应采取"一切经认为适当及有效的措施以维护各国间的和平"。与当初的想法相反,后来证明绝大多数提交给国联的争端,都是根据这一条款处理的;越来越多地利用这一条,反映了英国关于如何才是最明智地利用国联机构的见解。

第三点,国联应该对国际争端行使仲裁一类的职能;作为最后的手段,它还应该成为强制实现和平的工具。根据规定了这些职能的盟约第十二条至第十七条，会员国有义务把任何"可能引起关系破裂的争端"提出来，按下列三种方法之一处理：交由常设国际法庭解决，提请仲裁，或由行政院进行调查。在法庭做出判决、仲裁人做出裁决或行政院提出报告之后的3个月以内，有关各方不得以任何借口诉诸战争。按第三种方式处理时，除争议当事各方以外，行政院中意见必须取得一致。如果某一国家竟然无视其中的任何一项保证而敢于诉诸战争，那就可以对该国实行所谓的制裁。这时，所有其他的会员国都将与该国断绝一切贸易往来和财政关系，禁止本国国民与该国国民的一切交往，阻止其他任何国家的国民与该国国民的一切交往，无论其是否为国联会员国。此外，行政院还将建议各会员国为维护盟约应分别提供多少武装力量。这些规定反映了人们所认为的战争的教训之一，即经济压力具有巨大的威力。因此，有关经济措施的各条都规定得既详细又绝对，而有关军事措施的规定则十分含糊，以致根本无法确知这些规定对会员国是否提出了任何实际的义务。

所以，战争既没有被排除，也没有被宣布为非法。只要行政院在其解决争端的报告上不能取得全体一致，或者，行政院认定某一争端是由于完全属于其中一方国内权限范围之内的问题引起的（在这种情况下，对于如何解决问题，它不提出任何建议）；或者，如果在"冷却"期结束时任何一方都不接受国际法庭和仲裁人的决定或行政院的报告时，会员国就可诉诸战争而又不违背其义务，从而也就不会受到制裁。盟约制定者们这样谨慎从事也是从实际出发的，不过一国可以诉诸战争而不致受到惩罚的这种可能性却被视为盟约中的"缺陷"。在20年代中曾经在堵塞这些"缺陷"方面，进行了不少工作。

国联甚至还没有正式成立，就遭到一个严重的打击：美国参议院拒绝批准和平条约。这一拒绝的含义远远不止是美国将不参与国联的事务，虽然仅此一点就已经十分严重。对于国联会员国特别是英法两国来说，由于这一拒绝，现在的这个国联就完全不同于他们接受盟约时所想象的那个国联了。当盟约提交英国议会时，尽管作为一个海军强国，他们的负担显然将是最沉重的，却没有一个议员对于接受制裁条款是否明智表示怀疑。可是一旦领悟这种重负不仅不可能与美国共同承担，而且很容易造成英国不得不在这二者之间进行抉择的局面：或者不履行自己对制裁侵略者应尽的义务，或者带头实行海军封锁从而否定美国一贯坚持的公海自由航行权,这时人们对于这些条款的看法便全然改观了。对于各自治领特别对于加拿大来说,美国不参加国联使盟约的实施条款大为改观了。主要由于这个缘故,加拿大代表在1920年国联大会首届会议上提出取消盟约第十条时,盟约的这些条款遭到抨击。提议被否决了,但在以后的两年中重又提出,由此导致1923年通过了一项阐明这一条款的决议,宣布在依照条款履行义务时,各国可自行决定应在什么程度上使用它的军事力量。1921年,第十六条也遭到抨击,结果通过了若干实施该项条款的"指导规则",其后果则是削弱了该项条款所规定的义务。对于盟约所做的这些修正,即实行制裁不应操之过急或希冀一蹴而就,应该逐渐地、一步一步地进行,而且有关制裁的一切讨论应由行政院进行,从来没有获得法律效力,因为法国拒不批准。但是,在1935年实行唯一的一次制裁时,法国却首先坚决要求这些修正案应作为指导国联行动的方针(参见下文第259页)。这一切表明,已经有一种把集体安全条款视为危险尝试的思想倾向,如果这种倾向蔓延开来,必将导致各国回到国联成立以前的那种局面,依靠各自的武装力量来进行防御。显然,这还危及国联已经着手进行的事业:将各国的军备缩减到"适足保卫本国安全及共同履行国际义务的最低限度",因为裁军与安全这二者的前途是息息相关的(参阅第八章)。

协约国曾经提出,凡尔赛条约之所以规定解除德国的武装,是出于实行普遍裁军的需要,而盟约也特别责成行政院制定裁军方案。因此,尽管可能不合时宜,国联却势必要首先处理这个问题。根据盟约建立了一个常设军事委员会作为行政院的顾问。但事实很快就证明,一个专业性的机构更容易偏重于考虑种种困难,而不是考虑裁军的紧迫需要。于是,第一届大会决定另外成立一个既有非专业性人员又有军事成员组成的机构,即后来人们所熟悉的临时混合委员会。最初,并不是普遍都已意识到裁军的种种困难。出于经济上的考虑,裁军是一件颇得人心的事情,因为许多人认为,军备并非仅仅是说明战争的可能性依然存在的一种标志,而是一个引起战争的独立因素。某些人认为,1921—1922年召开的华盛顿海军会议的成功,证实了军备可能主要作为一种技术问题来处理的观点;但是,事实上华盛顿会议所以能够达成协议,只是因为政治问题同时获得了解决,因为签署协议的5个国家中只有美国在经济上有能力从事竞争性的造舰活动,而且因为协议范围仅限于主力舰。国联在政治问题方面的会谈情况则迥然不同。美国由于参议院拒绝批准凡尔赛和约因而未对法国做出保证(结果英国也没有做出保证),这就使某些法国人得以采取更为强硬的态度,他们认为德国拥有的较大的潜在实力,必须通过大量赔款、各国军备不等、与东欧小国结成联盟以及利用国联作为使德国就范的一种手段等办法而使之与其他国家达到平衡。

人们不久即认识到,在裁军会谈中,政治解决才是根本性的。1923年,临时混合委员会在一份互助条约的草案中,尝试了政治性解决的方法,把当时已经存在而且几乎肯定非被接受不可的地区性同盟体系,与一个总的安全体系巧妙地糅合在一起。行政院有权决定谁是侵略者,但使用武力制止侵略的义务,却局限在位于发生战争的大陆上的国家,而且这个保证仅对那些同意裁军的国家有效。这个条约遭到了英国政府的否决。英国这样做的原因很多,最主要的是因为英联邦成员国之间的关系和英国海军在世界范围的义务,很难与以地区为基础的条约义务协调一致。尽管英国不是唯一反对的国家,但这就足以决定草案的命运了。因此,1924年的国联大会尝试了另一种不同的办法。被否定的条约本来是要建立一个与盟约的安全体系相互并列而基础不同的安全体系。1924年的日内瓦议定书肯定了盟约,但试图予以加强。那年,第一次以其首相拉姆齐·麦克唐纳和总理赫里欧作为代表的英国和法国提出了一项联合决议案。此项议案成为本届大会工作的基础。人们认为强制性仲裁是解决问题的一个新途径,是否予以接受,可以对侵略做出一个类似自动的测验。简言之,仲裁能够带来安全,安全则进而导致裁军。强制性仲裁可以堵塞盟约中的"缺陷",因为一切争端都要经由盟约中提出的办法之一来加以解决,如果各种办法皆不奏效,最后一着是由仲裁人进行仲裁,仲裁人的决定是最后的。这样,制裁条款便可以适用于一切发动战争的事件,而不像迄今为止那样仅仅适用于违反盟约的战争。然而,整个计划只有当裁军方案在一次会议上得到采纳以后方能生效。而这个问题的复杂性此时还远远没有被人们意识到,以致有人提议第二年就举行会议,与此同时行政院应拟出一个草案,提供会议考虑。事实证明,在1932年以前,这个会议一直无法召开。

第九章 国际联盟

在对议定书进行辩论期间，英国由麦克唐纳的工党政府执政，但在英国表态以前，就为斯坦利·鲍尔温的保守党政府所接替，后者决定否决提议。看来未必是由于政府的改换才影响了结局。因为当人们事后比较从容地审核议定书时，那些在大会的热烈气氛中未被发现或估计不足的缺陷便暴露无遗了。议定书的作者关于保证一切争端将无例外地得到最后解决的声明，并没有为它的条款所证实。许多最危险的争端是那些由于属于一方国内权限的事务，或一方要求它并不具备合法权利的某些利益而引起的争端。根据议定书，这些问题只能在现有法律地位的基础上做出裁判，这样一来，即便根据法律来处理，仍然不会改变原有的利害冲突，因而使问题继续存在。事实上，对于国联的某些会员国来说，这也确实成为议定书的一个优点，因为它似乎为任何更改领土安排的途径设置了障碍。但是，英国新政府决定否决议定书的态度，由于若干英联邦自治领反对该议定书而变得更加坚定，而且，即便是工党政府在议定书问题上比保守党政府甘冒更大的风险，它对此项反对态度也是不能忽视的。某些自治领提出的它们反对该议定书的理由，是没有充分根据的，不过，它们一致表示反对，这就表明他们已经下定决心，绝对不再增加他们已在盟约中承担的制裁义务。同 1923 年对条约草案的命运一样，英国的否决宣判了议定书的命运。但是，对于那些感到自己不甚安全的国联会员国来说，议定书无论如何也不可能长久地满足它们的要求，议定书给予它们的保证，实际上仅仅是盟约上规定的那些，而法国及其盟邦却从未以此为满足。议定书所依据的是对国联软弱原因的完全错误的判断。国联之所以软弱，并不是由于盟约在法律上的任何缺陷，而是由于存在着这样一种忧虑：一旦出现挑战，国联中的大国是否愿意以绝对优势的兵力来对付侵略者，或者，在没有美国参加的情况下，他们是否有能力做到这点，而一个有效的安全体系所依仗的，正是兵力的绝对优势。

在日内瓦，奥斯汀·张伯伦发表了一次讲演（讲稿被公认为出自 A. J. 贝尔福的手笔），宣布否决议定书。由于他似乎暗示，没有美国参加，盟约的条款就无法实施，这不禁使人目瞪口呆。但在讲演结束时，他提议"通过缔结目的纯属维持彼此之间长期和平的条约，把那些彼此之间有着最直接的利害关系，彼此之间的分歧有可能导致新的冲突的国家结合在一起"①，这种特别安排可能会充实盟约。这个含义隐晦的处方似乎预示了解决安全问题的新方法。这篇演说发表的时候，由于1924年年底接受了道威斯委员会的方案，关于德国赔款的问题至少在当时已结束了争吵，并由此而使法国和比利时的最后一批军队撤离鲁尔占领区，这样，当时也就展现出全面安定的局面已经大大加强的前景。1925年年底，张伯伦心目中的特别安排在洛迦诺公约中得到了体现，这种特别安排显然是由于德国外长古斯塔夫·施特雷泽曼提出关于多边区域性保证的建议才提出的。由于德国还不是会员国，这些条约的谈判当然是在国联以外进行的。但如果能改变法国的以压倒的力量来制服德国的政策，显然就会改变国联的整个前景，而国联则是一种可以达到这个目的的手段；如果说它还不是十分得力的话。条约的主要规定是：法国和德国，比利时和德国相互保证不向对方发动战争；一旦这些保证遭到破坏，英国和意大利将立即援助受攻击的一方，并保证德、法之间和德、比之间的边界；以德国为一方，以法国、比利时、波兰、捷克斯洛伐克为另一方，成立调解委员会；由法国（而不是英国和意大利）来保证德、波之间和德、捷之间的边界。

洛迦诺公约对欧洲局势具有深远的影响，奥斯汀·张伯伦称它为"战争年代与和平年代的真正分界线"是确有理由的。②但它的重要性并不在于它的条款。根据英、意两国的保证，只有在"公然的"侵略破坏了条约时才能采取行动；否则，只有在国联行政院确认违约事件已经发生时，才能给予援助。因此，法国的安全没有得到任何加强。而英国拒绝将其保证扩大到波、捷两国与德国的边界问题上，使法国—东欧—德国这个复合体不可能在战略上统一，而这种统一却是法国在此以前一直理所当然地坚决要求的。洛迦诺条约的重要性在于开拓了这样一种前景：欧洲和平的最大威胁——法德之间一个世纪之久的敌对终于有可能缓和了。自大战以来，德国第一次同它从前的敌人签订了一项经过协商的条约；德国已经同意永远放弃阿尔萨斯和洛林；已经做出安排，在大会1926年3月举行的特别会议上，德国将

---

① 国际联盟的《正式议事录》，第6年，第4号，行政院第33次会议，第450页。
② 引文见A.沃尔弗斯《两次大战之间的英国和法国》（哈考特和布雷斯公司，1940年），第260页。

加入国联并将被选为行政院常任委员。不幸的是，这一安排在最后一刻却又节外生枝。另有三个国家，西班牙、波兰和巴西，出来要求作为常任委员的候选国。由于西班牙和巴西此时已经是行政院的非常任委员，选举德国，需要它们投票赞成。大家都感到，无论把另外哪个国家选为常任委员都是对德国背信弃义，因此，大会没有做出任何决议便宣告散会。然而，在大会的例会召开以前，商定了一个妥协方案。行政院经选举产生的委员国数目增加到 9 个；另设一种新的半常任委员国，它们在三年正常任期结束时，有资格被再次推选；并且达成了默契，波兰将成为这些半常任委员国之一。西班牙和巴西收回了它们反对选举德国的意见，却宣布退出国联。后来，西班牙未等盟约所要求的两年间隔期届满，就收回了退出国联的通知，但巴西离开了国联。

接纳德国进入国联体系，担任行政院的大国常任委员，使凡尔赛和约中单方面裁军的规定成为反常现象。因此，洛迦诺最后议定书有一项规定，各签字国保证"对国际联盟已经进行的有关裁军的工作给予真诚的合作，促使这个工作得以在一项总协议中实现"①。为了实现这项保证，行政院于 1925 年 12 月成立了一个筹备委员会，筹备它仍然希望在 1926 年举行的国际会议，但很快就遇到了种种困难。它发现，在许多重大原则问题上，各国之间无法达成任何协议。这个筹委会下设的各个技术小组委员会竭尽全力，试图处理那些表面看来是技术性的，而实际上却是根源于迥然不同的民族利益的事务，结果只是徒劳无功。甚至"军备"一词的内容究竟包括些什么，也众说纷纭。如果把军备潜力也包括在内，则构成一个国家实力的经济、地理位置、人口等全部因素都必须加以考虑，而其中有些因素是不能算数的，而且所有因素由于科学和技术的价值也在改变都受到影响。然而，要是把战争潜力一概撇开不算，则又非常不公平，只是对某些国家有利。其他意见有分歧的问题是：一个国家的军事力量，究竟应该仅仅按实际服役的兵员计算，还是要包括受过训练的后备人员呢；是否应该从国家预算上限制军备的规模；应该以总吨位还是应该以舰只的种类计算海军的力量；应该在什么程度上确定国际监督的形式，来

---

① 《国际联盟条约集》，第 54 卷，第 299 页。

检查任何可能达成的协议的执行情况。在所有这些具体的分歧后面，还笼罩着一层阴影，即某些国家显然一心要求对它们的安全做出更加可靠的保证，以此作为它们裁减任何军备的代价。在1927年6月的会议上，英国、美国和日本三个主要的海军强国，没有能就限制非主力舰的问题达成协议，这又增添了一个新的令人失望的因素。筹备委员会将陷入僵局已很明显，然而，1928年在国联以外发生了一个事件，似乎为通过政治的而不是技术的方法达到裁军，提供了新的可能。

1928年大会举行前不久，在巴黎签订了"巴黎非战公约"，即所谓的凯洛格—白里安公约。这样，国联会员国由于加入了两个在某些方面相互矛盾的维护和平的体系，所以地位颇为特殊。"非战公约"禁止在任何情况下以发动战争"作为推行国家政策的手段"；而盟约由于存在一些"缺陷"，却在一定情况下允许这样做。公约声明，除了和平手段，不得寻求其他任何解决争端的方法；而盟约却没有绝对保证任何争端都必须以这种方式解决，甚至根本就没有保证它必须得到解决。因此，现在如果要把战争排除在外，那么，人们就要问道：对于无法和平解决的争端，将如何处置？这些问题实际上无关紧要，但就形式讲，无疑需要对公约进行补充，或者把它并入盟约，或者在盟约之外建立一个或许能为非国联会员国所接受的体系来解决争端。前一种方针势必涉及弥补盟约中的缺陷，从而把制裁条款扩展到适用于所有的战争。虽然英国政府这次背离其拒绝承担更多义务的政策，支持了这样一种计划，这个方针却没有被接受。相反，大会制定了一个不修改盟约，而以"和平解决国际争端总议定书"补充公约的计划。议定书规定，由争端各方分别与所有其他各方共同组成调解委员会，法律性的争端提交常设法庭，非法律性的争端提交仲裁。尽管往往带有许多保留，议定书还是被广泛地接受了，不过，它完全没有起到实际的作用。议定书准备仓促，模棱两可之处比比皆是，纯粹是一纸理论性的空文。它所提议的调解委员会始终无济于事，而且议定书的拟定者希望用调解委员会取代国联，也是一个倒退。因为，行政院具有这些委员会无法具备的优点：行政院享有威信，它的成员都是一些享有国际声誉的人士，并且习惯在一起工作；对于提交给它的案件，它拥有掌握有关事实和法律的各种手段，这些手段的价值已经得到证明，而它们是那些短命的委员会根本无从掌握的。

因此，凯洛格—白里安公约在裁军会议筹备委员会为之进行工作的政治关系方面，毕竟没有取得任何进展。到了1930年筹委会最后制定出一个原则声明草案时，由于世界经济危机于1929年爆发，和希特勒的纳粹党在1930年选举后成为德国国会中的第二大党，世界总的局势已经大大地恶化。这个声明草案即使对于争执中的问题，除了表示一下反对的立场外，也没有提出如何解决问题的办法。声明草案为多数国家所接受，但德国、意大利和苏联都不包括在内。由于日本侵略满洲并公然抗拒国联，不久局势又进一步恶化。但是，这时要把定于1932年2月召开的已经长期拖延的世界裁军会议再予推迟已不可能（参见下文第二十三章）。但是，从会议一开始，德国就提出平等的要求，这就使得所有的辩论都蒙上一层阴影。1932年6月，德国又以退出国联相威胁。12月，裂痕暂时用一个含糊其词的方案予以弥补，这就是在原则上既承认德国要求平等的权利，又承认法国要求安全的权利，但却没有表明二者如何取得一致。在会议再次召开以前，希特勒担任了德国的总理。几个星期以后，日本通知退出国联，尽管它仍然参加会议。英国企图提出一个以拉姆齐·麦克唐纳命名的新的草案挽救即将失败的会议。会议于1933年夏季休会，这个方案经过一番艰苦的谈判后，被定为今后讨论的基础。但是，直到会议复会的那一天，才得知德国已经离去并宣布退出国联。会议从未正式解散，不过，这已经宣告了它的崩溃。一年以后，对于国联来说，希特勒的兴起还产生了另一种后果，这就是苏联的态度出现了彻底的大转变。1934年9月，苏联被选入国联，担任行政院的常任委员国。从那时起，一直到第二次世界大战爆发，在日内瓦就再没有一个盟约原则的鼓吹者比苏联代表马克西姆·李维诺夫更为雄辩的了。

在实现和平以后的数年间，欧洲大多数国家仍然存在着战争心理。国联既没有可供运用的实力，又没有积累起足够的声誉作为后盾。所以，当一个国家企图以巧取豪夺的方式为自己攫取某些利益，并在全世界面前造成一种既成事实的时候，国联往往无法使它的裁决生效。此外，由于还存在着另外一些和它分庭抗礼的权力机构，更使国联的困难有增无减。这些机构最初是协约国的最高委员会，后来是设在巴黎处理和约未了事宜的大使会议。它们与国联之间在职能上没有明显的区分，后者发现自己有时被排斥在本应属于它处理的事务之外，有时又被要求去处理前两个机构无法取得一致意见而且几乎已达到无法解决地步的问题。提交给国联的第一起争端是1920年瑞典和芬兰之间有关阿兰群岛主权的纠纷，它成功地安排了一个为双方所接受的解决办法。但是数周以后，又出现一起更为棘手的事件。波兰一位擅自行动的将军泽里戈夫斯基攻占了维尔那这座有争议的城市，破坏了停战时规定该城归属立陶宛的局面。他的行动实际上得到了波兰政府的同意，尽管波兰政府当时否认这一点。国联枉费心机地试图劝说波兰人和立陶宛人同意在国际监督下举行一次公民投票，但末了大使会议却在1923年把它判给了波兰。另一起能够得逞的侵略行为是1923年1月立陶宛人占领梅梅尔。在没有决定它的归属以前，梅梅尔原是由协约国掌管的。在大使会议把这个问题提交国联行政院时，占领实际上已经被接受，不过，国联在这个问题上总还算能够达成一项协议，使德意志人居多数的该市市民享有一定程度的自治权。

　　1923年8月，国联机构第一次被要求处理一个大国的侵略行为。代表大使会议调查希腊—阿尔巴尼亚边界问题的委员会中，有一名意大利成员特利尼将军遭到暗杀。意大利人没有等待对情况进行任何调查，就向希腊索取赔偿，并在一阵使许多人丧命的炮击以后，攻占了科孚岛。希腊人一面向国联呼吁，一面又声明他们准备接受大使会议做出的任何裁决，这样就使意大利在法律上有理由申辩说，既然争端已经由另外一个机构进行调解，国联就不应插手干涉。但是行政院拒绝接受这种申辩，商议了一项解决办法，决定大使们应调查谋杀的责任所在，常设法庭应确定希腊偿付多少赔款，并让希腊人筹措5000万里拉等待判决。大使会议和希、意双方都接受了这一解决办法。可是，科孚岛被占领的问题却没有得到解决，而且大使会议突然又决定希腊立即付给意大利5000万里拉的赔款。显而易见的是，这笔钱是意大利为从科孚岛上撤军所索取的代价，因为这种占领是不会被考虑，而且这样做法是绕过国联进行的。行政院甚至在一个强国和一个弱国之间也没有能做到主持公道。另一方面，人们普遍感到，如果没有国联的存在，这场纠纷可能导致一场普遍性的战争；而且，尽管意大利占了很大的便宜，然而一个大国毕竟不得不在世界舆论的法庭上为自己辩护——从而墨索里尼事实上在以后的11年中处理与国联会员国的关系时不得不谨慎行事。因此，事件的结局并不完全令人沮丧，似乎仍然存在着这样一种希望，国联机构在顺利的情况下会被证明是有效的。国联在处理下一个提交给它的争端时的态度，似乎使这一希望得到了证实。1925年10月，由于希腊和保加利亚之间发生边界冲突，希腊军队入侵保加利亚的领土。保加利亚立刻向国联呼吁。德拉蒙德迅速采取行动，3天内就召集行政院的成员开会。行政院主席阿里斯蒂德·白里安批准这一行动，并且打电报给双方，劝告他们停止一切军事行动。希腊人接到这个电报后，取消了即将发动的攻势。行政院在巴黎开会，它在达成停火协议以后，便着手组织一个调查委员会以便决定争端的是非曲直。据委员会报告，过失主要是在希腊人一方。于是，行政院确定由希腊付出一笔赔偿金。国联在这件事上的彻底胜利使人们产生了一种希望：它开创了一个也许可供今后同样顺利地效法的先例。但是岂不知这次的条件是特殊有利的。希腊是个小国，而大国这次却破例地联合起来了，其中又没有政治问题的纠缠。行政院这次所起的作用很像19世纪的"欧洲协同体"有几次起过的那样。希腊总算受到威慑而屈服了，但在国联后来的历史中，这些夤缘时会的条件却注定不再重现。

在道威斯计划和洛迦诺公约问世后的这几年，是国联大有希望的年代。一些迹象表明，国联已经使自己成为国际关系中一个正常而必要的部分。国联的三个主要国家的外长：张伯伦、白里安和施特雷泽曼认为有必要亲自出席大会或行政院的几乎一切会议，他们三人之间日益形成的相互信任，对于欧洲局势的稳定有着重要的影响。欧洲其他各国的外长也大都以他们为榜样，开始按时出席日内瓦的会议。美国虽然没有做出愿意加入国联的任何表示，但已开始比较友善地看待国联的工作，并参加了它的许多非政治性活动。1927年，苏联也开始采取同样的态度。在这几年中，没有出现任何重大的危机来考验国联的结构是否正确。虽然赔款、安全和裁军这些有争议的重大问题没有一个得到解决，但是，在这种已开始盛行的更加友好气氛中，它们似乎不再是无法解决的了。

随着1929年和以后数年中经济大萧条的来临，国联短暂的乐观时期结束了。1931年，它面临着自1923年以来第一次、不久即被证明为一个大国直接破坏盟约的行动。这年9月，驻扎在南满铁路的日军进攻并迅速解除了沈阳及其附近城镇中国驻军的武装，赶走了中国的省政府。他们声称这是为了保护受到中国威胁的南满铁路地带日本利益和侨民的自卫行动。中国的这种威胁似乎真的是有可能的，因为国民党政府决心要从中国把包括国联中其他一些主要会员国在内的外国特权和租让地清除。在此之前，日本在国联的表现一直是良好的，因此，在没有确实了解的情况下，日本代表的陈述最初就按照它的表面价值而被人接受了。到了12月底，日本军队已经占领了整个满洲，日本政府发表的无意侵占满洲的信誓旦旦的声明与日本军队的行动风马牛不相及，这时要采取有效的行动，已经为时过晚。

中国曾立即根据盟约第十一条向国联呼吁（参见第二十三章）。行政院最初提出派遣一个调查团的主张，由于日本反对和美国拒绝合作而被放弃。于是，行政院便努力劝说日本把军队撤回到铁路地带以内，日本表示保证这样做。但是，到10月中旬，情况已经很清楚，日军不仅没有撤退，而且继续向前推进。行政院因此于10月24日提议确定一个全部撤离的日期。国联的立场，似乎由于美国同意派遣一名代表参加行政院而强硬起来。但是，美国的代表奉命只是在讨论涉及凯洛格—白里安公约的问题时，才发表意见。而且，事实上，他在第一次礼节性的出席会议之后，只发过一次言。日本代表投票反对10月24日的决议，因此，根据当时对盟约第十一条的理解，从而就使这个决议不具有合法的效力。由此，第十一条的调解程序，表明它对于一个大国的一意孤行，是完全无能为力的。12月，行政院为时已晚地最后做出决定，派遣一个由5个大国代表（英国、法国、德国、意大利和美国）组成的调查团，日本表示同意，只要中国提出的日本军队首先应撤回到铁路地带这个唯一的条件被否定。

在调查团动身以前，事态已经恶化。1932年年初，上海爆发了一场抵制日货的风潮，日本以施加轰炸和调入军队数月不撤作为报复。3天以前，中国根据盟约第十五条提出申诉，因此，使国联面临着这样一个问题：有可能使会员国根据第十六条，承担起对日本实行制裁的责任。他们还根据盟约所给予的权利，要求把申诉转交给大会。因为在大会上小国占大多数，而这些小国认为它们的安全有赖于有效的集体安全。为此，大会在3月召开了特别会议，决定不承认使用与盟约或凯洛格—白里安公约规定相反的手段而造成的变动；并成立一个特别委员会，从行政院那里把寻求解决争端的任务接受过来（这是第一次把一个特定的政治问题移交大会处理），但却决定等待以英籍团长命名的李顿调查团的调查报告。这个决定几乎是必然的。所有这些拖延都有利于日本计划的成熟。当调查团终于到达满洲时，才知道日本已经建立了一个新成立的"独立的"满洲国傀儡政府。调查团的调查报告于9月到达日内瓦，行政院和大会相继对此进行了讨论。这是一个权威性的文件，对满洲的特殊状况也做了充分的和公平的考虑；但总的来说，报告对于日本行动的规模进行了谴责；它特别坚持中国应对满洲拥有主权。1933年2月，大会接受了报告的主要部分。一个月后，日本为此宣布退出国联。但是，报告中提到的解决条款已无法实施；而且，这时即使大会裁决（它并没有这样做）日本无视其盟约义务而发动了战争，制裁问题也根本无法提出。但这却是日本的所作所为。侵略已经犯下而却不受谴责，小国对于国联的信心已严重地动摇，它们和大国之间的裂痕已经出现。国联中大国会员国准备实施的集体安全体系的软弱无能，已暴露无遗。

国联在满洲问题尚未了结时，又不得不将它的注意力转向南美洲发生的两起战事。其中一起是由于玻利维亚和巴拉圭之间在查科地区长期存在的边界争端所引起的，战争从1932年6月开始，到了第二年的5月，巴拉圭正式宣战。虽然国联派出的一个委员会没有获得任何成果，但国联总算实施了武器禁运，最初是对交战双方都实行禁运，后来，当玻利维亚终于迟迟地向国联申诉并表示愿意接受大会的建议以后，则仅对巴拉圭实行禁运。禁运虽然得到了美国的支持，但从未彻底生效。双方随着战争优势的易手，轮流地表现出顽强态度。1935年6月，战争终于结束。它的结束不是由于国联的任何努力，而是由于双方都已精疲力竭。

对于南美洲的另一起争端，国联的调解较有成效。1932年6月，一批秘鲁人擅自占领了莱蒂西亚村附近一段无疑是属于哥伦比亚的领土。对于这件事，秘鲁政府最初是反对，后来则改为支持。哥伦比亚向国联呼吁，行政院通过了一份要求秘鲁人立即撤退的报告。秘鲁最初拒绝遵从，但是，后来政府更迭，于是，双方同意邀请国联派遣一个委员会，在撤退之际管理争议地区。

但是，1935年至1936年，意大利和埃塞俄比亚之间的战争，粉碎了对恢复安全体系所抱的任何残存的希望。1934年12月，在埃塞俄比亚和意属索马里兰之间，两国军队在靠近没有划定的边界的瓦尔瓦尔发生了冲突。由于意大利要求赔偿，埃塞俄比亚便根据盟约第十一条向国联申诉。于是这两个国家之间的关系问题第一次提交国联。在行政院下个月举行的一次会议上，根据两国之间的一项条约，决定将这个问题提交仲裁，在此以前，行政院暂缓对它进行考虑。意大利迟迟不指派仲裁人，仲裁法庭一直到7月才开庭。9月间，仲裁法庭做出裁决，宣布双方都不受到谴责。但是，早在这以前很久，瓦尔瓦尔事件就已经变得无关紧要了，因为意大利扩军备战所达到的程度，已无法再继续隐藏其居心。早在3月，埃塞俄比亚就要求把问题作为"可能引起决裂"的争议，根据第十五条来加以考虑。遗憾的是，它提出请求恰好和德国否认凡尔赛条约中的裁军条款是同一时间，英国和法国那时极不愿意采取任何可能疏远意大利的行动。因此，行政院对这个请求再三拖延。10月3日，当行政院仍在忙着准备一份报告，打算提出它所认为的"公正而合适"的解决方法时，意大利军队已经侵入埃塞俄比亚。

这样，从战争开始起，争端已经以种种形式提交国联处理达10个月左右，本来有充分的时间来实施国联安全体系的创建者颇为自信的"冷却"办法。然而，安全体系这次不得不解决的侵略事件，据意大利总司令德·博诺元帅后来透露，是两年前就已策划的。国联缓慢的步伐不仅没有起到使各方情绪冷静下来的作用，反而有利于侵略者的安排得以完成。一直到9月，行政院由于在英法两国的领导下采取了一再拖延的做法，已经在包括英国在内的世界许多国家中无数公开支持国联的人们中间，造成越来越大的失望。墨索里尼的指望，即国联的作为也不过是像在满洲问题上所做的那样，也变得强烈了。但是，英国政府由于在一年之内行将举行大选，对于舆论不能置之不顾。因此，大会在9月间开会时，外交大臣塞缪尔·霍尔爵士便宣称，英国支持国联"主张共同维护盟约的完整，尤其主张对任何无端的侵略行为进行坚决的共同抵抗"[①]。法国代表皮埃尔·赖伐尔对霍尔的发言表示支持时含糊其词，不能令人信服。对于墨索里尼气势

---

① 国际联盟《正式议事录》，特别补充记录，第138号，第16次大会，第46页。

汹汹悍然决定侵略埃塞俄比亚，这时已经不能置之不理。于是在10月7日，行政院除意大利外的所有委员国，都宣布本国政府同意行政院委员会报告的说法：意大利已经"无视国际联盟盟约第十二条而发动战争"①。在10月9日、10日和11日的大会上，除奥地利、匈牙利、阿尔巴尼亚（全都受了意大利的影响）和意大利以外的全体会员国，都表示类似的一致意见。国联会员国各自对一份引用了盟约第十六条开头词句的报告表示同意，并表示接受实行制裁的义务。于是，它们便着手筹建一个委员会以协调它们进一步的行动。

墨索里尼对于国联反应之迅速而有力，几乎肯定会感到意外。但他也无须担惊害怕。如果按照盟约条款的字义执行，盟约第十六条要求国联会员国立即断绝同意大利的全部贸易和财政关系，禁止与意大利公民的交往，并阻止意大利人与包括不管是否国联会员国在内的任何其他国家公民的一切财政、商业和个人的交往。但是，协调委员会决定不采取这个绝对不交往的政策，而按照1921年的决议行事（参见第247页）。第一步，先劝告各会员国禁止从意大利输入货物，以及向意大利贷款和输出某些原料。看来，为了不给意大利人带来太大的不便，这些禁令都是经过选择的，其中没有包括石油禁运，而在一些有能力的评判者看来，实行石油禁运本可以对意大利的行动产生决定性的影响。或许可以认为，如果有足够长的时间，即使不采取石油禁运，已经实行的有限制裁也足以产生效果；同样也有这种可能：公众舆论迟早总会迫使各国政府甘冒可能招致报复的危险，实行石油禁运。但是，最后为了不致使意大利投入德国的怀抱，法国人采取了一种旷日持久的拖延行动，而且取得了成功；因为，由于意大利人对待完全没有防御设备的军队和平民不加区别地施用毒气，1936年初埃塞俄比亚的抵抗终于瓦解了。在此以后，显然只有军事制裁才能产生影响，但国联的各个大国却不肯使用。在7月4日大会举行的一次会议上，决定取消制裁。1937年12月，意大利宣布退出国联。

这是国联安全体系的一次决定性的失败。不仅因为这次事件的借口要比满洲事件那次少得多，而且因为这是在国联主要大国英法两国空唱高调地表示抗议的影响下，第一次采取的强制性制裁程序。人们

---

① 国际联盟《正式议事录》，第16年，第11号，行政院第89次会议，第1225页。

已不再可能相信它们所宣称的维护盟约的决心和愿望是真诚的了。此后再也不曾有哪个国家认真地提出执行实施和平的条款。从此，国联只是消极地目睹极权主义国家的侵略，唯一的例外是1939年12月在苏联进攻芬兰后把它逐出了国联。国联对1938年希特勒吞并奥地利所做的反应就是把奥地利从国联会员国名册上勾销。无论捷克斯洛伐克于1938年，还是波兰于1939年，都认为把它们的问题提交给日内瓦毫无意义。在这些年间，人们普遍地感到，应当对会员国显然无意遵守的那些盟约条款进行若干修订，事实上，也提出了若干不同的建议。但争论的基本问题是：国联是否应继续拥有某种形式的、可能以地区而不是以全球作为基础的强制力量；或者，从此以后，就让国联仅仅作为一种便于进行磋商与合作的机构。直到1939年战争爆发时，这个争论始终悬而未决，盟约也始终未曾修改。

除了这些人们希望通过它们实现和平的政治和外交措施外，国联在国际社会与经济合作方面开展了范围广泛的活动。这在一定程度上是受到了这样一种思想的启发，即可以通过消除某些非常可能触发战争的摩擦因素，直接或间接地解决爆发战争的问题。这些活动的开展更多地要归功于史末资将军的著名的小册子：《国际联盟：一个切实的建议》。他在这个小册子中敦促国联应成为"各国共同国际生活的一个不可分割的部分……世界文明共同体的一个前所未有的可以见得着、具有生命力的、而且有效的组织，它在各国的一般和平交往中起着如此强有力的作用，以至它在国际争端中成为不可抗拒的……"[①]根据这些宗旨而建立的另一个重要机构是国际劳工组织。它是根据和约中专门的一章建立的自治机构，旨在通过国际行动进一步改善劳工的处境，其机构包括：（一）全体会议，由每个成员国各派4名代表组成，其中2名政府代表，另外2名由政府征得本国产业组织的同意后选派，分别代表资方和劳方。它的职能是为国家的立法提出建议，起草各种须经国家批准方能生效的协定。（二）国际劳工局，它是该组织的秘书处，由12名政府代表，6名资方代表和6名劳方代表组成的领导机构控制。费用从国联基金中支付。凡是参加国联的国家都是该组织的成员国，虽然非国联会员国也可以被选入。由于本身的工

[①] 引文见沃尔特斯《国际联盟史》，第59页。

作性质，该组织有幸避开了国联的主要机构不得不面临的那些政治风暴。而且，不同国家的雇主可以超越国家疆界发展某种程度的合作关系，不同国家的雇工也可以这样做，这是具有重要意义的。

根据国联大会和行政院具有的一般权限的规定，也建立了一些技术组织。其中第一个建立的是交通运输组织，它的基本章程成为以后建立类似组织的范本。它包括全体会议，每隔4年左右召开一次会议，由各国政府的代表组成，其中并非所有的国家都是国联会员国。一个顾问与技术委员会，由不代表政府的专家组成，开会较为频繁。还有一个秘书处。委员会就其权限范围内的事务，对国联和有这种要求的个别政府提出咨询意见；在解决交通问题的争端时，它可以充当调解委员会；它负责调查和起草全体会议所要讨论的协定。它设立了一系列专家委员会，处理铁路运输、内河航运、港口、电力和其他若干有关通信的特殊问题。全体会议促进就通讯问题签订的国际协定，不时地就一些专门的议题召开特别会议。盟约第二十三条第五款规定该组织的总目标为："保证并维护通信与运输的自由。"虽然这一理想远远没有实现，它还是取得了一些成绩。它提出的一些协定得到采纳并付诸实施。但是，取得的成就并不如它本来可以取得的那样大，一部分原因是由于通信问题都涉及政治意义，一部分原因是由于美国、苏联和德国不愿参与许多需要在世界范围内取得一致意见才能生效的计划。

在经济方面，国联早期在处理一些十分紧迫的战后复兴问题上，取得了某些成绩，其中突出的一例是复兴奥地利的财政。许多国家向奥地利提供了救济贷款，但这些毕竟只能应急一时，不可能再有更多的贷款。很明显，只有一个治本的复兴计划，才能挽救奥地利经济的彻底崩溃。然而，进行任何这类计划的关键在于，有权向奥地利索取赔偿的国家必须首先同意延缓付款，从而使它能提供在足够大的规模上进行借贷所需要的保证。为了达到这一目的，国联行政院进行了艰苦的谈判，终于能够在它的一个专员的监督下，实施了一项紧缩和改革预算的综合计划。这项计划使奥地利的情况迅速好转，经济处于稳定状态，直到两次大战之间的中期，它才和世界上大多数国家一同被严重的经济危机所席卷。后来，在匈牙利实施的复兴计划，就是仿效对待奥地利的一套做法。

在指导国际经济关系使之得到长期改善方面，国联的努力收效甚微，在20年代初，各国经济政策总的趋势是越来越变得只顾本民族的利益，对此，国联的工作很难取得进展。况且，在国联成立的早期年代中，关系到国际经济政策的两个最重要的事务就是赔款和盟国间的债务，然而，它对这两个问题都无权过问。第一个具有普遍性质的重要事项是在布鲁塞尔组织一个财政专家会议，讨论纠正战争遗留的金融混乱的措施问题。虽然专家们一致同意所提的建议，但正如报告中所指出的，这些建议要使几乎所有国家的政策都发生重大的改变，但这点是各国政府既不乐意而且也许是根本无法做到的。然而，这次会议的一个成果是决定把会议的临时筹备委员会变为常设财经专家委员会，附设一个秘书处作为办事机构。后来，这个委员会被分成财政和经济两个独立的委员会。1927年，经过长期和周密的准备工作，在日内瓦举行了世界经济会议。这次会议又提出了一份值得赞许的报告和各种建议。但两年后，由于经济大萧条的袭击，这些建议失去了一切可能付诸实践的机会。为了解决大萧条的问题，1933年又在伦敦举行了第二次世界经济会议。但是，由于英法两国对于必须采取的措施持有相反的意见，而且美国在会议的中期又改变了方针，因而使会议未能达成任何协议。国联在经济方面遗留下来的最有价值的东西，或许是它的经济情报局所做的一系列的研究，以及对经济情报的收集和传递工作。国联可以诊断出经济疾病的病因，找出合适的医治方案，却无法强迫患者采用这些方案。

在国联所有的社会公益服务部门中，可能要数卫生组织的工作最有长远的价值。最初，为了制止因战争和革命而在东欧流行的斑疹伤寒和霍乱的蔓延，成立了一个传染病防治委员会，卫生组织的工作便从此开始了。不久，由于土耳其人占领小亚细亚，大批被赶出家园的难民拥入希腊而造成了种种卫生问题，这个委员会又被用来协助希腊政府解决这类问题。1923年成立了常设卫生组织，其中包括由各国政府代表组成的一个顾问委员会、一个较小的卫生专家委员会和一个秘书处。从此，这一组织的工作便迅速开展起来。传染病防治委员会扩大成为常设的传染病防治机构，在收集有关某些疾病的资料以及把这些资料分发给全世界各个全国性的和港口的卫生当局方面所做的工作，其规模之大是以前从未尝试过的。卫生组织的另一部分工作是使药品、血清、疫苗和维生素标准化。这对于在各国科学工作者之间进行有效的合作，是十分重要的。当时所推荐的标准，现在大部分已收入各国的国家药典。1935年，当大会责成该组织与国际劳工组织及国际农业研究所共同起草一份有关营养问题的报告时，它又从事了一项新的重要课题。报告于1937年发表，它以惊人的方式揭示出饮食不足或不适当的人数是多么众多。报告导致许多国家成立了国家营养委员会，为达到所推荐的标准而努力（顺便说一句，这些标准很快就被发现对制订战时定量配给计划颇有用处）。最后，卫生组织还能应邀对某些希望改进其卫生部门工作的国家提供咨询意见和帮助。尤其是中国，它在一个有关改组检疫机构、训练医护人员以及指导消灭天花与霍乱的全面改革方案方面，得到的这类帮助是无法估量的。

国联还在其他许多更为有限、然而却是重要的领域，促进了国际合作。早期的一项重大慈善工作是南森博士举办的。他于1921年担任国联处理难民问题的专员，把他的晚年贡献给了这样一项工作：设法安顿成千上万因战争或和平解决方案而失去家园和国籍的不幸的人们。根据希腊政府的请求，这项工作扩大到设法解决1922年由于土耳其侵占小亚细亚，致使该地一百多万人口拥入希腊而造成的令人震惊的问题。在国联着手清除的社会罪恶现象之中，还有关于贩卖妇女、儿童和毒品的问题。对贩卖妇女和儿童的问题曾经召开了一次会议，并于1921年达成一项协定。有关贩卖毒品的问题，由于毒品容易私运，这种生意又是一本万利，所以，仅仅采取国家措施几乎毫无效果。由于贩卖毒品的详情尚未弄清，国联首先搜集事实，接着，就每个国家对某些规定的毒品的进出口，达成了特许制度的协定。以后，对这一特许制度又补充了一项措施，即把毒品生产国的产量尽可能限制在与医药和科研需要量相接近的范围之内。这一方案由贩卖鸦片问题常设中央局和顾问委员会监督执行。最后成立的技术机构是国际科学文化合作委员会。它的主要目的是发展国际接触，在教师、艺术家、科学家和作家以及其他自由职业者中间建立一种国际意识。由于各国政府对此持怀疑的态度，并且缺乏经费，因此，这个委员会遇到的阻碍甚至比其他任何组织更大。

国联各会员国所愿提供的经费确实极少。整个国联包括国际劳工组织、常设法庭以及它的建筑投资在内，每年平均经费为160万英镑，其中英国分担了约 15 万英镑。正如美国国务卿科德尔·赫尔所写的，在这种情况下，在致力于人道主义和科学方面，国联所开展的关于思想和方法的相互交流与探讨，其范围之广和领域之多，显然是历史上任何一个组织所无法比拟的。

在国联的后期，由于安全体系的瓦解和极权国家的敌意，使得它必须改变其技术组织的工作方法。筹划召开大型全会，或希望就各国利益一致的问题达成协议，都已无济于事了。相反地，召集有限的国家集团的会议或者代表个人的专家会议来对某一问题进行研究的方法逐渐兴起，例如糖和小麦的问题，就是用这种方法解决的。人们的兴趣也从政府的活动转向个人的利益。除已经提到的营养问题外，以这种方式解决的问题还有关于财经困难、经济萧条、贸易周转、金本位制以及卫生和住房等问题。同时，还产生了一种赞成增强社会福利性和技术性机构的独立地位的意见。第二次世界大战前夕，布鲁斯子爵主持的一个委员会提议，应当建立一个新的中央委员会，接管大会和行政院对这类机构承担的责任，包括批准它们的工作计划和预算要求。后来，被联合国宪章指定为它的"主要机构"之一的经济及社会理事会，就采纳了这样的一个计划。

除了促进国际合作和实现世界和平这两个主要职能以外，国联还有和约加给它的许多迥然不同的义务。例如，它被授权修订和约的一些条款，解决有关解释条约的若干分歧；参与为要求有德国参加的协定确定条款；对于奥地利独立地位的任何更动，都必须征得它的同意。但是，除了这些它被要求或被授权去做的特殊事项以外，国联还承担了某些具有连续行政特点的任务。其中之一是盟约本身所包括的对于委任统治制的监督。根据这一制度，从战败国夺得的那些"其居民尚不能自立于今世特别困难状况之中"的殖民地和领土，被置于"受国联的委托"的先进国家的"监护"之下（见下文第 292 页）。盟约产生了一个常设委任统治委员会，为行政院提供咨询意见，并接收来自各个受托国的年度报告。随着时间的推移，该委员会积累了大量有关殖民地问题的经验。它的成员不是作为政府的代表，而是根据他们个人在工作方面的专门资历委任的，他们懂得如何估价殖民地管理的各种困难。殖民地的行政官员常常发现委员会的建议和批评颇有效用，逐渐认识到他们有着合作的真诚愿望，而丝毫没有吹毛求疵的想法。无论行政院还是委任统治委员会，都没有权力去胁迫一个受托国，但总的来说，这个制度是卓有成效的。

国联在另一项有些类似的工作中却不很成功。这项工作是监督各保护少数民族条约的执行情况，这些条约是由各大国和波兰、捷克斯洛伐克、罗马尼亚等这些依靠协约国的胜利才获得独立或扩大了领土的国家签订的。这些条约要求有关国家在其领土范围内给予占少数的种族、宗教和语言集团以一定的权利，并把这些权利的执行置于国联的"保证"之下。但是，除了依靠劝说和宣传的压力以外，这些条约并没有赋予国联以实施这个保证的其他手段。因此，这个保证的作用便随着国联本身威信的起落而改变。行政院拟出了一套处理少数民族申诉的程序。就这一任务的艰巨性而言，这是一个相当好的程序。它规定了若干是否接受申诉的准则，由秘书处来执行；它建立了一套常设委员会的制度，来研究那些认为可以接受的申诉，并决定其中哪些申诉有必要提交行政院全体会议。这一程序的作用比人们有时想象的要大，这是由于人们通常只根据它的失败进行判断，而这些失败又是人所共知的。但是，时常出现这种情况，一件申诉未经提交行政院就解决了，事情是以机密的方式处理的，所以，国联并不一定总能得到它应享有的荣誉。然而，只有当少数民族和少数民族所在的国家双方都学会求同存异，才有可能建立一个完全有效的保护少数民族的制度，而在国联不得不与之打交道的大多数国家中，这一条件却远远没有实现。这类条约与受它们约束的大多数国家中所盛行的民族主义情绪是格格不入的，它们有时倒可能激起那种有害于领土安排稳定性的领土收复主义的情绪。由于签订这类条约被看作一种民族地位低下的标志，特别是由于没有一个大国要遵守类似的义务，而且，作为大国之一的意大利在从奥匈帝国索取的领土上推行臭名昭著的相反政策，这类条约也往往遭人怨恨。在国联后期，对这一制度的信任自然地下降。1934年，波兰宣布不再承认行政院在少数民族问题上的裁决。

和约加给国联的另一项艰巨任务是关于但泽地区的归属问题。但泽是一个以德意志人为主的城市，但它的位置邻近维斯杜拉河口，使它成为波兰的天然港口，在19世纪以前显然就一直是波兰的入海门户。因此，协约国为了把波兰的这个重大利益与它们所承认的作为领土安排依据的自决原则调和起来，就把但泽从德国分割出去，建立为一个"在国联的保护下"的自由市。它的宪法将在一位由国联指派的高级专员的同意下制定,然后,它便被置于国联的"保证之下"。这一安排包括,规定但泽的自治局限于波兰的利益范围之内;波兰可以随意使用但泽的码头,控制维斯杜拉河和市内的铁路系统,处理但泽的对外关系,并把但泽划入它的海关地区。有一位高级专员代表国联常驻但泽。

鉴于但泽地区的各种利害冲突极为复杂,任何解决方案都不会是持久不变的,除非双方都承认它的权威性,或者,如果做不到这点,至少要有一些强制执行的力量作为后盾,这一安排才有可能生效。这两个条件无一得到满足。高级专员的职责是调解争端,并作为宪法的保护人,但是,他没有统治但泽的权力;国联根据他的决定听取申诉。当争端提交日内瓦时,常常发现在日内瓦较为冷静的气氛中,是可以找到一种解决办法的。但如果争议双方中有一方固执己见,那么,无论是国联还是它的专员,都没有强制执行决议的权力。从根本上说,但泽与波兰的关系从来都不过是德国与波兰关系的一个方面。当德波关系良好时,但泽的情况就顺利;当德国对波兰的政策变得带有侵略性的时候,但泽的事态就变得恶化了。在1939年前的最后几年中,柏林攫取了管理但泽事务的权力,纳粹对该市逐步实行专政,条约规定的解决办法被彻底地破坏了。

为了赔偿法国北部煤矿的破坏,凡尔赛条约要求德国放弃对萨尔盆地的控制权,转由国联托管该地,并且立即把该地的煤矿割让给法国。国联被指定负责成立一个由一名法国人、一名萨尔人和三名不是来自法国和德国的人组成的五人管理委员会。15年以后将举行公民投票,在维持条约安排、与法国合并还是重新归属德国之间做出抉择。如果选择的是后者,则德国要从法国人手中重新买回煤矿。委员会从一开始,前景就不妙。第一任主席是法国人,他的一些同僚被怀疑为过于偏袒法国。但是,即使是一个组织完善的委员会,面对着交给它的工作中的种种困难,也会感到气馁。它不得不在一个政治上落后的地区从无到有地组织起一个行政体系。委员会是被强加在愤懑的人民头上的;由于这一地区的归属问题有待于前途未卜的公民投票来决定,这里的人民便处于长期动荡不安的状态;委员会始终受到柏林企图破坏它的权威的敌对宣传的攻击。随着委员会主席的更迭和

1926 年德国加入国联，萨尔地区的气氛有所改进，委员会成功地组织了一个可靠的和高效率的政府机构。在它的领导下，这一地区的经济和财政繁荣起来了。当公民投票的日期临近时，形势再度恶化。1933 年希特勒上台后，纳粹实行恐怖统治，看来进行正常的公民投票已不可能实现。但结果是，幸亏国际势力在最后一刻给予了保护，1935 年 1 月才顺利地举行了公民投票。投票的结果是，愿意重归德国的票数占了绝大多数。总的说来，委员会成功地完成了一项非常困难的任务，同时证明，并不是在任何情况下，都不可能有一个行之有效的国际政府。

自 1939 年 12 月开除苏联的那次会议以后，在战争期间，国联大会再也没有召开，但经济和社会工作并未中断，虽则其范围必然很有限，而且，还要想方设法维持国联的机构及其章程完整无缺，保证重要的工作持续不断。国际劳工组织迁到蒙特利尔，卫生部门和贩卖鸦片问题常设中央局迁到华盛顿，经济、财政和运输工作移到新泽西州的普林斯顿。但是，当战争临近结束时，事实已经很明显，一个新的组织将取代国联。在旧金山通过了联合国宪章以后，那些对国联的命运负有责任的人们主要关心的，就是设法以一种与国联曾在世界事务中所起过的作用相称的方式来结束它的活动。国联和联合国的代表制定了一个计划，后来在第二十一次也是最后一次国联大会上通过。经过共同议价，国联在日内瓦的建筑和图书馆移交给联合国，成为它的欧洲总部。国联秘书长奉命为联合国提供一切便利，协助这个新机构接收它可能决定承担的那一部分国联的非政治性活动。常设法庭正式解散，由一个新的国际法院代替，章程几乎没有变动。国际劳工组织作为一个与联合国有着密切联系的自治机构继续存在。根据 1946 年 4 月 18 日大会的决定，国联终于宣告解散。

（朱小红　译）

第 十 章
1900—1945 年的中东

20世纪前半叶的中东史，可视为一场社会和政治危机的酝酿过程——这场危机始于18世纪末，没有一个地区和社会角落终于能够幸免。导致这场危机的，乃是传统的穆斯林社会和欧洲的接触。前者暮气沉沉，因循守旧，故步自封；后者则有如旭日东升，在军事上不可一世，而且，扬扬自得，充满信心，朝气蓬勃，励精图治。欧洲对中东的影响最初是在军事方面。由19世纪最初几十年起，中东各国政府就已日益感到欧洲在武器和军事技术方面，远比它们优越；为了扭转这种劣势，它们采取了一条当时看来是捷径，即向欧洲购买武器并仿效欧洲的军队编制，以为这样既能对付欧洲的威胁，又可转而威胁在采用这种新技术上比它们落后一步的邻国。

然而，与欧洲的军事技术和军事思想的这种接触，却带来了种种意想不到的恶果。我们不妨先以奥斯曼帝国为例。谢里姆三世（1787—1807年在位）和马赫穆德二世（1808—1839年在位）二人相继废除了传统的奥斯曼军队，从而为建立一支欧洲式的征兵制军队奠定了基础，但是，这样一支军队，要求有一个中央集权的机构来领导和一批受过欧洲军事技术训练和欧洲军事思想教育的军官来指挥。而中央集权制又不可能仅限于军事，因而到19世纪末，由于日益中央集权化（并由于诸如有线电报和铁路等使中央集权化成为可能的交通方面的改进），奥斯曼帝国对其国土管辖之严格，和它对其臣民事务管制之严密，均达到了空前的地步。因此可以说，采用欧洲军事技术和行政管理方法，既延长了奥斯曼帝国专制制度的寿命，也促进了一些中间性的组织和社团（如近卫军、手艺行会和同业行会、某些享有自治地位的宗教团体等）的衰亡，而这些组织和社团过去却曾起过某种立宪制的作用，因为它们曾非正式地但却有效地限制了奥斯曼帝国君主在理论上所享有的无限权力。

　　加强中央集权和专制制度，就需要一批受过欧洲军事技术和行政管理技术训练的、因而势必受到欧洲政治和社会思想熏陶的新式军官和文职官员。由于现代化——它本是由苏丹及其左右人物所倡导和实现的——并未明显地使帝国能抵御野心勃勃的欧洲，这个由受过欧洲训练的文职官员和军官所组成的新阶层，对一手提拔他们起来的政府日益感到不满。他们声称，仅仅靠技术不能够消除帝国的弊端，只有实行立宪制议会政府才能铲除积弊；他们认为，这才是欧洲的优越性的根源所在。首先成功地实现这一主张的是新奥斯曼党人。他们在一名任内阁大臣的高级官员米德哈特帕夏的率领下，趁国内政局动荡和国外有军事威胁之际，说服新登基的苏丹阿卜杜勒·哈米德二世于1876年12月颁布了一部宪法。宪法规定设置议会，内阁对议会负责。奥斯曼帝国的第一届议会共有120名经过选举产生的议员，于1877年3月举行了首次会议，但不到一年于1878年2月便被苏丹解散。由于苏丹不容它有考验的机会，遂使新奥斯曼党所鼓吹的只有使内阁对颇孚众望的议会负责，只有推行地方和各省自治才能救国的主张成为一种空谈，一个没有实现的诺言，这在哈米德以后统治的30年中，一直是知识分子和行政官员阶层梦寐以求的理想。

　　哈米德在位期间，现代化和中央集权的趋势一直有增无减。这一趋势贯穿了整个19世纪，席卷了整个奥斯曼帝国。伯纳德·刘易斯教授写道："可以毫不夸张地说，正是在阿卜杜勒·哈米德执政的初期，整个'坦齐马特'运动，即立法、行政和教育改革运动取得了效果，达到了顶点。同时，在坦齐马特时代已初露端倪的那种建立一种新式的、中央集权的、权力无限的专制政体的倾向，也取得了效果，达到了顶点。"[①] 事实上，不妨说，正是哈米德提倡的教育——平民教育和军人教育——和发展铁路及电报的政策取得成功，才导致了他的政权的崩溃。越来越多的青年人——他们日后都成为军官和行政官员——受到欧洲式教育和思想的熏陶，因而日益对现政权感到不满，而恰恰是这个政权兴办了各种学校，使他们有受教育的机会。与

[①] 伯纳德·刘易斯：《现代土耳其的崛起》（1961年），第174—175页。

此同时，交通的改善，又将这些新思想传播到帝国的穷乡僻壤，而在这以前，这些新思想是几乎无法到达这些角落的。其结果是，对奥斯曼帝国传统制度的合法性表示的怀疑，信仰自由，盼望变革——不论是和平的或暴力的——思想在受教育的各阶层中普遍传开。在哈米德执政的30年中，中央集权和专制制度不断得到加强这一事实本身，就使得政变成为轻而易举的事，因为发动政变者只要一举消灭或推翻国家最高当局即苏丹，就可控制整个帝国及其军政机构。

事实上，1908年的青年土耳其革命就是如此。这年7月，驻在马其顿的第三集团军（总部设在萨洛尼卡）的一批图谋叛乱的青年军官发动兵变，兵变迅速蔓延到整个集团军和驻在埃迪尔内的第二集团军。当有迹象表明，苏丹从伊兹密尔派去镇压叛军的部队也同情叛军时，苏丹屈服了，因于7月24日接受了萨洛尼卡军官提出的要求，恢复了1876年的宪法。但不久就发现，苏丹无意按立宪议会制来治理帝国。由军官们组成的统一进步党一直和阿卜杜勒·哈米德为争夺权力而进行斗争，但胜负一直未见分晓，因为哈米德地位虽已摇摇欲坠，但仍拥有一定的权力和很大的势力。这种令人忐忑不安的局面直到1909年4月才告结束。1909年4月12日深夜至13日凌晨，不论是否出于哈米德的授意或纵容，驻扎在伊斯坦布尔的第一集团军哗变，扬言宗教处于危险之中，这就促使萨洛尼卡派出一支所谓"行动军"、向伊斯坦布尔进军。"行动军"于4月23日抵达伊斯坦布尔。它粉碎了这次反叛乱，于是统一进步党便废黜了苏丹并取而代之。但不久就发现，君主专制制度并未因此就变成了立宪制度，仅仅是原来苏丹的权力转移到那批胆敢废黜他的军官们的手中而已。尽管举行了选举，选出了议会，但并不是议员控制政府，倒是政府操纵选举而控制议会。实权不在议会，而是掌握在那些发动1908年7月政变和平息1909年4月的反政变的军官们手中。不久就看出，这种权力是不受宪法制约的。既然这种权力是通过政变获得的，只有发动一次类似的政变才能粉碎它，而不是限制它。1911年，统一进步党内部发生分裂，反对该党统治的势力开始抬头。因此，统一进步党于1912年1月解散议会，举行大选，结果当选的议员中除6名外，其他的议员都是亲政府派。这次选举遂被称为"大棒选举"。同年7月，一批称为"救国军官团"的军官们在军队中策动一场运动，迫使统一进步党政府下台。阿卜杜勒·哈米德的继任者,苏丹穆罕默德·雷夏德——他实际上只是一名傀儡——批准了"救国军官团"提出的人选,任命了一个新政府。统一进步党议会也被解散,举行了新的选举。1913年1月,一批统一进步党军官,在1908年政变的策划者之一思维尔上校(1881—1922年)的率领下,冲进了内阁正在举行会议的政府大厦,随即与政府成员发生激烈的争吵;在争吵中,一名军官开枪打死了陆军大臣。内阁在武力威逼下被迫辞职。从此,一直到第一次世界大战结束,统一进步党对帝国的统治再也没有遭到挑战和非议。于是原来苏丹的稳定的传统专治制度就为不稳定的军人统治所取代。在军人统治下,统治者动辄以武力夺取并保持其地位;文职官员阶层和知识阶层梦寐以求的现代立宪议会制政府最后终于实现了。回顾起来,我们可以说,在1908年至1914年之间所发生的这一系列事件,对于奥斯曼帝国及其继承者来说,具有极其重大的意义。这些事件开创了近代史上现已屡见不鲜的军人干预政治的先例,即在西方意识形态的影响下,一批青年军官认为西方的意识形态能够为扫除他们国家的政治和社会弊端而提供良策,因而他们便进行策划并实行干预政治。这些事件还表明,这种危机已日益威胁整个中东政治。在过去,传统的统治者与其臣民还有共同的思想体系,何况在长达数世纪的过程中,还出现了一些中间性的组织和社团,它们起了斡旋、缓冲和制约的作用。在这些组织和社团中,有的——如米勒特制①——是当局为了便于治理而设置的;有的——如近卫军——则是由于统治制度的腐败,趁机在帝国中僭取于半独立的地位。而现在,这些开始搞政变的军官和文职官员,由于他们具有西方思想,便和他们决心想改变其命运的这个仍然是传统的旧社会格格不入。此外,上述的那种新的中央集权的专制制度——这批军官就是它的产物和结果——主要破坏了或削弱了传统的中间性组织和社团。而恰恰是这些组织和社团,过去虽非正式地,但却有效地"代表"了各种主要的社会势力,并在这些势力和中央当局之间起着桥梁作用。在奥斯曼帝国的欧洲式选举中,当选的都是合乎当局心意的人。这样产生的议会

---

① 米勒特制(millet),是奥斯曼帝国准许希腊基督徒、亚美尼亚基督徒、犹太教徒等宗教社团实行宗教文化自治的一种制度;始行于15世纪中叶苏丹穆罕默德二世占领伊斯坦布尔之后。——译者

既不能监督也不能制约政府，因为议会本身全赖政府才有今天。在奥斯曼帝国，代议制实际上意味着代表性反而有所削弱。

在第一次世界大战前颁布宪法的另一个中东国家是伊朗。伊朗的情况和奥斯曼帝国出现的情况截然不同。伊朗在19世纪所受的西方影响，远不及奥斯曼帝国，它根本没有经历过像奥斯曼帝国由苏丹马赫穆德二世到阿卜杜勒·哈米德所倡导和推行的那种持续的和彻底的西方化。尤其是伊朗的军队，一直处于软弱和落后的状态，既不能抵御外侮，也不足以维持国内安全。在使军队现代化的努力中，最成功的一次要算是纳赛尔丁国王（1848—1896年）进行的那一次了。他于1879年聘请俄国军官训练并指挥一个伊朗哥萨克旅。直至礼萨国王（1925—1941年）推行改革前，这支部队一直是伊朗唯一的一支现代化的有作战力的部队。由于伊朗根本没有一支强大的现代化军队，自然也就没有其重要的共生物——一个人数众多、受过欧洲军事教育的军官阶层。由于同样原因，伊朗始终是一个旧式的东方君主专制国家，基本上不像奥斯曼帝国那样，由于革新，竟成为一个中央集权的极权国家。

但是，伊朗在军事、经济、思想上当然不能不受到欧洲的影响。和在中亚的其他地区一样，伊朗是俄国和英国角逐的场所。这两个国家都力图在这里建立并扩大自己的势力，并要消灭对手的势力。此时，欧洲的经济已扩展到世界各地，并将通过金融家和谋求特许权者的活动，迟早要把伊朗纳入它的范围之内。有线电报便是一个说明欧洲势力在伊朗不断增长的标志。它是由一家英国公司——印欧有线电报公司于1858年第一次引进伊朗的，1862年以后就扩大成为一个庞大的通信网。此外，还有与欧洲接触而带来的思想上的变化。这种变化在19世纪90年代以前，仅限于知识分子和政府官员阶层中的少数人，这些人为数不多，却颇有影响。

欧洲人的活动和欧洲人的势力在伊朗引起了动乱，1891—1892年的所谓"烟草抗议"便是一例。早在纳赛尔丁国王统治时期，伊朗国内即已骚乱四起，其中尤以纳赛尔丁国王统治初期巴布教徒所煽动的那几次救世起义最为严重。但烟草抗议却具有这种旧式起义所没有的某些特点，这些特点在以后导致1906年颁布宪法的一系列事件中还将一再出现。欧洲与伊朗交往，向伊朗的宫廷和文官各阶层打开了取得和消费财富的新的前景，而出让开发伊朗各种资源的特许权——通常都带有垄断性——似乎是大量增加收入方便的和没有痛苦的办法。1890年,国王把垄断伊朗烟草的加工、销售和出口的特许权给了一家英国公司。这一让步引起了全国的普遍反对。研究一下伊朗社会中究竟哪些团体发动和组织了这次抗议,这是有意义的。本国的商人和放债者认为这种垄断对于它们的利益是一种威胁,因此立即表示反对。什叶派的穆斯林学者也声援他们;因为什叶派并不主张完全听命于世俗的君主,而这在逊尼派占优势的地区则是盛行的。十二伊玛目什叶派自萨伐维王朝起就被定为国教,这一派认为只有哈里发阿里①的那名自幼遁迹的第十二代后裔才是穆斯林世界的合法统治者,而这位隐遁的伊玛目总有一天会回来建立一种正义的统治。而在此时,解释圣典的权力归神学家,他们由于精通圣典,熟谙先例,有资格做这位伊玛目的代言人。因此,一俟这位隐遁的伊玛目出现其权力即告结束的世俗统治者,必须尊重神学家的权威,服从他们的旨意。什叶派的另外两个特点,也有助于加强穆斯林学者的地位,使得他们一致反对世俗统治者的斗争更为强大。一是什叶派的一些最神圣的圣地如卡尔巴拉、纳杰夫、卡齐迈因都位于奥斯曼帝国的美索不达米亚境内,不在伊朗国王的管辖之下,而这些圣地拥有一些什叶派最著名的神学家,伊斯兰广大虔诚的教徒们把这些人的话奉为金科玉律;二是,正由于广大群众对这些著名的神学家的崇拜,伊朗的穆斯林学者在伊朗的社会中才具有影响和力量。在烟草抗议中,这些穆斯林学者由于有伊朗国内和美索不达米亚的神学家的费特瓦给他们撑腰,便运用他们的势力来反对出让特许权;事实证明,这种势力起了决定性的作用。他们显示出的力量是如此强大,以至他们宣布抵制烟草,禁止各种形式的吸烟时,他们的禁令普遍地得到了遵守。穆斯林学者所以反对出让特许权,无疑是出于对异教徒和外国人的仇视;他们深深地怀疑欧洲人的办法和思想迟早要推翻传统的宗教。随着反对国王的斗争收到了成效,穆斯林学者们无疑也因能显示自己的影响和力量而感到高兴。与商人及穆斯林学者们共同组织和坚持这场抗议运动的第三类人,则和前两类人大不相同;他们人数少得多,力量似乎也小得多,但现在看来,却是最重要的。这些人认为,伊朗的弊端起

---

① 哈里发阿里,为伊斯兰教创始人穆罕默德之婿。——译注

源于传统的制度,只有采取激进手段,才能有效地予以清除。换言之,这是一些西方派,他们本身就已经——不论是直接地还是间接地——西方化。伊朗的西方派只能来自文职官员和知识分子各阶层,他们人数不多,在纳赛尔丁统治的最后10年前后,开始鼓吹他们的观点。但是,他们不得不谨慎从事,因为在一个宗教势力仍然十分强大的国家里,他们很容易被扣上异端的罪名而身败名裂。为了应付这一危险,看来至少是他们中的某些人,故意采取了这样一种策略:给他们的西方思想披上一层穆斯林的外衣。这些革新派中的一位著名人士马尔坎汗曾在1891年的《当代评论》上发表了一篇论"波斯文化"的文章,文中直言不讳地论述了这些策略:

> 正由于伊斯兰教……(文中写道)是集亚洲历代文化之大成的海洋……因此,不论你想推广何种新法律或新原则,都能在其中找到许多箴言或准则来作为论据。至于构成欧洲文明基础的那些原则,我们必然要设法援用,这是毫无疑问的;但决不能直接从伦敦或巴黎搬用这些原则,决不能说这是出自某国大使之意,或是出自某国政府的忠告(那是绝对不能接受的),而是说它是出自伊斯兰教,并且是有据可查的。这并不难做到。在这方面,我们是有体会的,我们发现,由你们在欧洲的代理人提出的因而绝对不能接受的那些主张,如果能证明是伊斯兰教所固有的话,人们就非常乐意接受。我敢说,在波斯湾和土耳其,尤其是在波斯,我们所看到的稍许进步,都应归功于这样一个事实,即有人接过了你们欧洲人的原则,却不说它们出自欧洲,出自英国、法国或德国,而是说:"我们和欧洲人毫无关系。这些原则本来就是我们伊斯兰教的原则(事实上也确是如此),是欧洲人由我们这里'取'去的!"这话有着立竿见影的效果。

这也正是他的朋友,著名的杰马勒丁·阿富汗尼(1838—1897年)在伊朗和其他地方所推行的策略。对于这些现代化派来说,烟草抗议可以扩大成为反对整个政府的运动,以便趁机要求限制国王的权力。

因此,这三派势力——商人、宗教人士和现代化派——尽管动机截然不同,却能采取一致行动。凭借有线电报,他们发动的这场运动迅即席卷伊朗全国。俄国人担心烟草的垄断会加强他们的英国对手的势力；因此，这场运动在俄国人的支持下，得到全国各地群众的响应，结果国王只得取消特许权。

取消特许权对政府的权威是一个重大的打击。政府对于人民运动的压力无条件的屈服，不仅使人们对它的行为是否正当产生了怀疑，而且也无异默认了比较极端的批评者对它的指责：专制、贪婪、腐败。烟草抗议使日后在1905—1906年颁布宪法时又再次听到的种种不满公开化了；它使国王和政府是可以受到约束的甚至可以靠人民起义来推翻的这一思想，为人们所熟悉起来。1896年纳赛尔丁国王被刺一事，足以说明在烟草抗议时期散播的这种思想所产生的影响，而暗杀本身又使这些思想进一步流行起来。这位国王是在杰马勒丁·阿富汗尼煽动下，由他的一名追随者——米尔扎·穆罕默德·里扎刺死的。凶手是一个本质纯朴，政治上很不成熟的人。因此，他为自己的罪行所做的辩解是颇值得注意的。他所以暗杀国王，首先是为阿富汗尼"这位圣者和先知的真正后裔"报仇，因为国王于1891年逮捕了阿富汗尼并把他逐出伊朗。但是，更使米尔扎感到愤慨的乃是这样一幅景象：

> 成千上万贫苦的波斯臣民，由于不堪忍受压迫和暴政而被迫背井离乡，不得不靠最悲惨的办法锄口谋生……殊不知（他往下说道）你的羊群需要有草地来放牧，它们才能增加奶水，才能哺育自己的羊羔，并为你提供奶汁；你不该在它们还有奶水的时候拼命地挤，直到它们奶水挤干后又吃它们的肉。你的羊群现在已经四处逃散了，这就是你所看到的暴政的结果。

由于这种种原因，他才暗杀了国王，并且毫不含糊地声称，如果纳赛尔丁的继位者不更弦易辙，定将落得和他父亲一样的下场："只要……他仍然采取这种行径，那么，这种下场就是不可避免的。"有人问他，他既然如此忧国忧民，为什么又做出这样一种可能引起动乱的事情，岂非自相矛盾？他回答说："不错，确实是这样，但请看一看法兰克人的历史吧：如果想不流血而能实现崇高的目的，那只是妄想。"

在莫扎法尔丁国王（1896—1907年）统治时期，这种引起商人、穆斯林学者和现代化派不满的状况非但没有好转，甚至变本加厉。伊朗的外债越来越多，为了偿付外债的本息，不得不增收赋税。这就给伊朗的经济增加了负担，引起了群众对外国的剥削、官吏的腐败和政府的无能，提出强烈的抗议。秘密团体开始活跃起来。它们特别在知识分子和文职官员的各个阶层中间，大力宣传革新和实现现代化的思想。就在1904年，各种团体决定联合起来，统一步骤，以推翻专制统治。1904年5月28日，大约有60人举行秘密集会，商定了一项行动纲领。这个纲领共有18条，其中第十六条就提出"实行革命"。如前所述，现代化派一直小心翼翼，以免被扣上异端的罪名；就此而言，纲领的第十四条和第十七条是颇值得注意的：第十四条规定委员会传播的一切言论必须合乎伊斯兰教规，以免任何成员被指控为异端；第十七条则规定其成员不得参加非伊斯兰教的集会。此后不久，一个叫作"秘密会"的组织于1905年2月成立。根据它的纲领所说，其目的是要唤起人民争取自己的权利，铲除暴政，以及设法清除弊端。1905年不满情绪达到了顶点，全国各地普遍地并且公开地出现了反对国王、大臣以及俄国日益增长的巨大势力的运动。1904年的日俄战争（在这场战争中一个欧洲的基督教国家居然惨败于一个东方国家之手）以及相继而来的俄国革命，对这种激昂的情绪无疑起了火上浇油的作用。但是，具体触发一系列事件从而最后导致颁布宪法的，还是人们对1903年实行的新关税法的不满，因为商人们认为新关税过于苛刻。1905年，由于政府变本加厉地推行新关税法，各个城市都爆发了抗议行动。尤其是一群德黑兰商人，他们跑到首都附近的沙阿卜杜勒阿齐姆清真寺避难，要求纠正他们所受到的不公正待遇。国王当时正在国外，由他的王储摄政。王储为了平息商人的不满，答应一俟国王归国即加以纠正。在以后的几个月中，政府与首都的以及各省的人民之间的紧张关系并未得到缓和。下列事件就足以说明这一点：加兹温省总督虐待一名毛拉；克尔曼省总督下令对当地一位著名的宗教领袖处以毒打脚底的刑罚；士兵向反对马什哈德省总督的示威群众开枪，等等。这些事件使形势进一步恶化。12月间，首相指责一些商人抬高糖价，将他们加以逮捕并处以毒打脚底的刑罚，因此，一批商人跑到德黑兰的一座清真寺去寻求庇护，以示抗议。一些知名的穆斯林学者和他们的追随者，随后也到该寺院寻求庇护。但在一名拥护政府的毛拉的唆使下，一群人把他们赶出了这所清真寺。

于是，这些抗议者便和他们的追随者离开首都，前往沙阿卜杜勒阿齐姆清真寺避难。最后，这里的避难人数竟达两千人左右，一个月后，他们仍无离开寺院的迹象。他们在那里受到朋友们，也许还有一些阴谋反对首相的知名人士的资助、供给和鼓励。国王为了结束这种有损自己的权威与声望的事态，亲笔签署了一封给首相的信，许诺在法律面前人人平等，还许诺颁布一部法典并设立司法部以监督法典的实施。这大概是对一个秘密团体前一天公开提出的一项要求做出的反应。这些抗议者对国王的许诺感到满意，于是便返回德黑兰。但是，不久发现国王的诺言并未实现，因此再度爆发了抗议运动。一些秘密团体以及对它们表示同情的穆斯林学者便谴责暴政，并不断地把国王没有兑现的诺言公布于众。6月间，首相企图把两名有势力的穆斯林学者逐出德黑兰，从而发生了骚动。于是，一大批穆斯林学者、商人和其他人士又跑到寺院去避难，不过这一次是去库姆的清真寺。德黑兰的商人与手艺人罢市，市场关闭。7月19日，另一批人跑到英国公使馆的花园中避难，此后陆续又有许多人跑去；到8月初，估计在这些花园中露宿的人竟达12000人左右。正如1月间被迫做出让步一样，国王又再次做出让步，将这位不得人心的首相撤职，并于8月5日下诏成立国民议会。9月举行了选举，10月7日国王召开议会。议会立即着手起草并通过了一项基本法，国王于12月30日批准了这部宪法。1907年10月7日，又颁布了基本法补充条款。

　　这场运动刚开始时，原是针对财经方面的压迫的。运动的领导人公开提出的要求是颁布法典和进行司法改革。因此，可以说，成立立宪代议制政府原是国王的缓兵之计，但结果却使自己毫无回旋的余地。立宪代议制政府恐怕恰恰正是现代化派和西方化派所追求的东西。于是，他们便巧妙地利用了国王的软弱和失策。从1906年12月30日的基本法和1907年10月7日的基本法补充条款中就可看出，在反对派内部存在着两种互不相容的观点——穆斯林守旧派和欧化维新派——并可看出，维新派的观点显然占上风。基本法补充条款的第一条体现了守旧派的观点，因为它规定贾法里派（即十二伊玛目派）的伊斯兰教"为波斯国王必须信奉并振兴之教义"。第二条甚至比第一条还更明显带有守旧派的色彩，它规定：

凡由经当代之教主猊下（愿真主佑他早日降临！）恩助，经伊斯兰教万王之王陛下（愿真主佑他万寿无疆！）恩准，经伊斯兰教诸见证〔指神学家〕（愿真主佑彼等日益众多！）及波斯国全体民众关怀而成立之神圣国民议会所制定之法令，不得与伊斯兰教之神圣原则或由众生之灵猊下〔指先知穆罕默德〕（愿真主佑他及其家族平安！）所立之教规有任何抵触。

这一条款进而规定设置一个由五名神学家组成的委员会，以审查立法提案，委员会有权"全部或部分地拒绝或推翻与伊斯兰教圣规相抵触之立法提案，使之不得成为法律。关于此类问题，应尊从该教义委员会之裁决，本条款永久有效，直至当代之见证猊下〔指隐遁的伊玛目，一俟他再度出现，就是天下大治之时〕（愿真主佑其早日降临！）问世为止。"

与这条始终是一纸空文的条款相反，这部宪法中却充满着许多无疑是出自欧洲的条款，这清楚地表明了欧化派势力之大。例如，基本法的前言第二段就提到国王赋于"每一国民"以通过普选选出国民议会成员之权利。基本法第二条声称，议会代表"伊朗全体人民，从而使他们得以参预国家之经济、政治事务"；基本法补充条款第八条也声称："伊朗帝国人民在基本法面前享有平等之权利"；第二十六条："国家一切权力均来自人民"；第三十五条："主权（系神赐的恩典）乃人民委托国王行使之权力"。这种认为国家是由享有种种"权力"的"个人"所组成，因此，政府权力来自人民，"主权"也由人民委托给君主的观点，当然是与伊斯兰教的传统政治理论完全背道而驰的。同样，宪法规定的立法、司法和行政三权分立，以及内阁对议会负责，也都是和传统的做法和理论背道而驰的。

结果不出所料，在这种情况下颁布的这样性质的一部宪法，在伊朗这样一个国家中即使是采用甚至和宪法的起草者原来的意愿相去万里的方式，也是行不通的。马扎弗丁于1906年10月7日召开了议会。他于第二年1月去世，由其子穆罕默德·阿里国王（1907—1909年在位）继位。从一开始就可看出，穆罕默德·阿里和他的大臣们是完全反对议会的，而俄国人在这场争端中则是站在他的一边的。这时，国王的权威大为损伤，而议会的权威又未建立，维持法律与秩序至为困难。各省出现骚乱,政府的权威荡然无存。8月,某个秘密社团的一名成员暗杀了亲俄、反对宪法的首相。12月,国王逮捕了支持议会的新首相和大臣,企图重新显示自己拥有无上的权力,但慑于德黑兰和各省的群众大哗而一时未能得逞。1908年2月,有人向国王的汽车投掷了一枚炸弹,但是国王幸免于难。6月,哥萨克旅炮击并驱散了议会。著名的群众领袖被逮捕,其中两人未经审判即被绞死。6月27日,国王解散了议会,并以违背伊斯兰教规为名废除了宪法。于是,阿塞拜疆的首府大不里士的秘密社团揭竿而起,将国王的士兵驱逐出大不里士,并坚守该城约9个月之久,使围攻该城的军队无法越雷池一步。在腊什特和伊斯法罕等地,也组织了反对国王的群众运动,一支由巴赫蒂亚尔部落人组成的部队由伊斯法罕向首都进军,在与腊什特的部队会师后,于1909年7月13日进占德黑兰。穆罕默德·阿里逃入俄国使馆避难,并于7月16日退位。同日晚间议会举行会议,正式废黜了穆罕默德·阿里,由他的12岁的儿子艾哈迈德(1909—1925年在位)继位。

临近1909年年底,举行了第二届议会的选举。1909年12月5日,第二届议会举行会议。它的命运简直和第一届议会一样地多灾多难。在政府中占压倒优势的巴赫蒂亚尔部落的领袖们并不尊重宪政,国家处于混乱之中。俄国人因而想乘机树立和扩大他们在伊朗的地位。在第二届议会产生后约18个月,即1911年6月,事态已到严重关头。前国王企图复辟,他潜回伊朗,并煽起一场叛乱,卢尔族人和土库曼族人也投靠他参与了这场叛乱。叛乱被镇压下去,前国王也被迫逃亡。但是,这些事件却使得伊朗的形势更为混乱,无政府状态更为严重。英国为了保护其在伊朗南部的利益,遂派遣军队在布什尔登陆。俄国人则趁机增加自1909年夏起就已驻扎在伊朗北部的俄军兵力。1911年5月,一名叫摩根·舒斯特的美国人被任命为伊朗政府的财政大臣。俄国人对此极为不满,便开始对伊朗政府施加压力,最后竟于11月24日发出为时48小时的最后通牒,要求撤换舒斯特。政府深知自己无力抗拒俄国人的压力,因此有意屈从,但议会却要抵抗。政府为了打破僵局,遂强迫解散议会,并中止宪法。1909年当巴赫蒂亚尔部落人向德黑兰进军建立这个政府时,曾宣布其目的是要重新建立宪政,现在伊朗的宪政实际上已寿终正寝,直至二次世界大战末。艾哈迈德国王于1914年7月达到法定年龄，遂趁机恢复议会制。但是，第三届议会是在第一次世界大战战云密布的情况下召开的，而第一次世界大战从各方面来说，都对伊朗有百害而无一利。德国人及其奥斯曼帝国盟友自然竭力煽动反俄和反英的势力。由于俄英两国在过去10年中经常干涉伊朗内政，两国在伊朗的文职官员和知识分子各阶层中不得人心，因此德国人的阴谋在这些阶层中极易得逞。德国人的活动自然要促使俄国做出反应。1915年11月，俄国军队似乎正朝着德黑兰进军，议会被迫解散，大多数议员逃往库姆。议会要到1921年才复会。但是，到了那时，第一次世界大战及其善后解决办法已使伊朗政府摇摇欲坠，形形色色的觊觎政权的分子应运而生，他们的天性和所采用的办法当然不是要实行宪政。其中一人是哥萨克旅的一名军官礼萨·汗，他通过军事政变统治了伊朗，并于1925年自立为国王。礼萨·汗从1925年起任国王到1941年止，一直未遭到挑战。在他统治期间，议会虽按时开会，但不过是为政府装饰门面而已。

在这个阶段中，中东的另外两个国家的宪政经历，并不更妙一些。奥斯曼帝国和伊朗两国的宪政运动，乃是本国民心所向的产物，是这两个国家对西方的挑战做出反应的结果。欧洲国家的政策，可能对于这两个国家的立宪运动起着促进或阻碍的作用。但是，埃及和伊拉克的情况则不然。它们的立宪政府却是由一个欧洲国家——英国一手炮制的。埃及自1882年起即被英国占领。1883年，英国在埃及设立了上议院和下议院。但二者的职责纯粹是咨询性的。1913年，取消了上议院，下议院的权力就有所增加。但是，由于第一次世界大战的缘故，下议院自1915年起休会，以后一直没有复会。第一次世界大战的后果之一，便是埃及展开了反对英国占领者的运动，因为后者于1914年宣布埃及为它的保护国。英国政府终于让步，于1922年2月28日发表宣言承认埃及独立。早在1914年，埃及名义上原是奥斯曼帝国的自治领，奥斯曼帝国的苏丹封埃及的统治者为"赫迪夫"。在埃及成为英国的保护国后，为了表示其地位的变化，埃及的统治者改称"苏丹"。1922年2月28日宣言宣告埃及独立后，为了标志这一新纪元的开始，又改称国王。埃及独立后，将成为一个立宪制王国，设立议会，内阁对议会负责。1922年4月，成立了一个宪法起草委员会,该委员会于 10 月间提出一部宪法草案。草案声称,主权属于人民;并规定举行选举,选出议会,内阁对议会负责。国王法德,原是在 1917 年因其兄去世而出乎意料之外地继位的。此人素以专横著称。他竭力反对这个宪法草案。他对草案进行了多处修改,力图加强自己的权力。最后,在英国高级专员阿伦比的强大压力下,他才于 1923 年 4 月批准了这部已被他改得面目全非、根本不起作用的宪法。如果没有英国施加压力,是否会颁布这样一部或其他任何一部宪法,这只能是一种揣测。但是,英国人认为迫使法德颁布一部宪法既有必要,也是可取的,这一点毕竟是事实。因此,我们可以得出结论说,英国人认为独立的埃及应成为一个具有向议会负责的代议制政府的君主立宪国家是可行的。事实上,实行君主立宪制的埃及的政治史,却一直不断地使英国人感到失望。其原因正如奥斯曼帝国和伊朗的君主立宪制失败的原因一样,就是说,在这些国家中,西方式的选举和代议制根本起不了代议的作用,因而也无法产生一个对议会负责的立宪政府。在君主制的埃及,历次选举非但不能决定开罗政府的性质,而选举本身却为控制开罗政治舞台的某一派所左右。在 1923 年的选举中,华夫脱党获得压倒的胜利。这是一个由萨阿德·扎格卢尔建立并由其控制的民族主义运动。扎格卢尔 1918 年在法德的鼓动和怂恿下,曾经反对英国把埃及变为它的保护国的做法。1923 年,国王法德对他的支持使他在选举中得益不少,因为他的政敌是受到阿伦比的支持的。而阿伦比迫使法德勉强地批准宪法,实际上就是代表着这些政敌的做法。扎格卢尔组阁后,在执政期间曾试图通过游行示威等手段,胁迫法德交出国家的最高权力。但他的政府寿命还不到一年。1924 年 11 月,英国驻苏丹总督被恐怖分子所暗杀,而这些恐怖分子与华夫脱党有关。于是,扎格卢尔辞职,法德遂解散议会并任命了一个非华夫脱党的内阁,内阁随即重新举行选举。选举的结果是,扎格卢尔派和政府派在议会中平分秋色。在君主立宪制的埃及举行的历次选举中,选举的结果不是随着左右开罗政局的某一派的意愿而转,这还是破天荒的一次。其原因无疑地是由于新政府还来不及消灭华夫脱党的组织或使其丧失活动能力。因为扎格卢尔执政期间,已经使他的政党得到巩固。新议会于 1925 年 3 月举行一次会议后,随即被解散。政府在没有议会的情况下执政一年多;在此期间,国王的权力是至高无上的。继阿伦比担任英国高级专员的劳埃德勋爵认为这种情况是不可取的。他运用他的影响和权力，说服埃及政府进行选举。英国高级专员当时拥有的影响和权力仍然很大，因为1922年2月28日宣言虽然允许埃及独立，但规定英国仍然拥有保卫埃及、英帝国的交通设施的安全、保护外侨以及英埃苏丹仍由英国管理等权力。埃及政府被迫举行选举，对法德来说是一个沉重打击，华夫脱党在1926年5月的选举中取得多数选票，便足以证明这一点。根据立宪责任制政府的程序，按理应由扎格卢尔组阁，但由于劳埃德的反对，改由一名非华夫脱党人出任首相。翌年，扎格卢尔去世，他的继承人纳哈斯利用该党在议会占有多数席位，迫使国王任命他为首相。不久，他与英国人发生冲突，尽管他的党在议会中居多数，法德还是解除了他的职务，解散了议会，并任命自由立宪党领袖穆罕默德·马赫穆德为首相。新首相中止了宪法，并在没有议会的情况下执政一年。1929年，英国工党执政。工党政府希望缔结一项英埃条约，按照工党政府的意见，这个条约只能和一个有权代表埃及人民发言的政府进行谈判并签字；而只有一个在议会中据有多数席位的政府，才有权代表埃及人民。英国在埃及的地位，使得工党政府的这种看法占了上风，穆罕默德·马赫穆德的职位就要保不住了。随后举行的选举表明穆罕默德·马赫穆德——也就是法德遭受了一次挫折，因为华夫脱党赢得了压倒的多数票。华夫脱党组阁后，却未能与英国签订一项条约。于是，国王解散内阁，任命非华夫脱党人伊斯迈尔·西德基为首相。西德基解散了议会，颁布了一部旨在加强首相职权的新宪法，举行了新的选举。选举结果是议会中反华夫脱党人占压倒多数。这届议会由1931年一直维持到1936年；在此期间，埃及实际是由法德通过他的手下人统治着。1936年，英国又想和埃及缔结一项条约。他们再一次表示，他们只能和一个有资格代表埃及的埃及政府谈判。他们显然仍然认为，只有华夫脱党才代表埃及人民，至少代表大多数的埃及人民。因此，从选举结果华夫脱党人占压倒多数可以看出，国王的政策显然又遭受了一次挫折。纳哈斯组织了一个华夫脱党政府，于1936年与英国签订了英埃条约。同年，法德去世，由其子法鲁克继位。但他当时还未成年，直至1937年7月他成年后才执政。法鲁克和他父亲一样，敌视华夫脱党，因而他于12月解除了纳哈斯的职务，任命穆罕默德·马赫穆德为首相。穆罕默德·马赫穆德解散了1936年选出的议会。因此华夫脱党便遭受了挫折。1938年选出的议会中反华夫脱党人占多数席位,便足以说明这一点。这届议会一直存在到1942年;这时,英国人由于对国王的亲轴心国倾向深感不安,便策动一场军事政变,迫使国王任命纳哈斯为首相。纳哈斯重新举行选举,结果华夫脱党人在议会中占据多数席位。1945年第二次世界大战行将结束之时,法鲁克才能将纳哈斯免职。他的继任者解散了1942年选出的议会,在新的选举中,反华夫脱党人取得了压倒多数。1945年选出的议会是在君主立宪制下,唯一一届有始有终的议会。1950年,华夫脱党在选举中取得多数,这恐怕是国王与华夫脱党之间达成谅解的结果。1952年7月埃及发生军事政变,从而结束了君主制和代议制政府。

在伊拉克,英国人推行和确立的宪政,也证明是一次惨败——但其原因则有所不同。伊拉克是由英国在第一次世界大战时占领的前奥斯曼帝国的三个省——库苏尔、巴格达、巴士拉——所组成的。这三个省的情况迥然不同。在南部,绝大多数居民是信奉什叶派的半定居的农业人口,他们一向听从部落首领和纳贾夫、卡尔巴拉两地的神学家的领导;北部多数为库尔德人;西部和西北部则为大批信奉逊尼派的阿拉伯牧民。英国政府于1921年把这几种人和其他人强行组成一个在巴格达统治下的中央集权国家,并扶植麦加谢里夫的第三个儿子费萨尔为国王。在这个以什叶派和库尔德族人居于多数的国家中,掌权的政治家和官吏却是来自居于少数地位的逊尼派阿拉伯人。这些人过去一直效忠奥斯曼帝国,因此自然推崇和仿效奥斯曼帝国的中央集权的专制主义。这些人又给这种中央集权的专制主义加上一种带有浓厚阿拉伯民族主义色彩的意识形态,并且还想将这种意识形态强加于这个由不关心政治的不同部族组成的人民。在这一大堆复杂化问题和潜在的矛盾之外,英国人又要在这个国家推行君主立宪制和对议会负责的政府,从而使问题更为复杂了。1925年颁布了一部宪法,宪法规定成立一个议会,内阁对议会负责。伊拉克当时尚未独立,不过是一个委任统治地,英国高级专员起着监督、约束和调解的作用。但是,即使在这个时期,选举显然也是按照政府的意旨进行的。1932年委任统治结束后,选举和议会就成了巴格达的一小撮政客在政治赌博中的筹码。伊拉克的政局由于基础非常狭小，因而极不稳定。从1921年至1958年这段君主立宪期间，内阁更迭达58次之多。由于政局的基础狭小和不稳定，政客们往往采取宪法以外的手段来取得和保持权力。1934年至1936年间，他们为了迫使巴格达政府更迭，遂利用治安管理不善的南部的一些部落的不满情绪挑起叛乱。叛乱被伊拉克军队镇压下去。军官们一旦发现政客们非依靠他们不可时，他们自己便通过与这派或那派政客进行勾结，开始干预政治。因此，在1936年至1941年期间，军事政变层出不穷。1941年4月的最后一次军事政变，使一个亲轴心国的政府上台，这就促使英国进行了干预，从此伊拉克政府便处于英国的监管下，直到1945年。1945年以后，由于加强了中央集权制，已不可能再发生30年代那样的部落叛乱了。同时，通过不断清洗和严格的控制，军队也无法干预政治。但是，这些措施最终证明是无用的。1958年7月爆发的那次流血政变，终于结束了伊拉克的君主立宪制。1945年至1958年间，伊拉克首都的一小撮政客们之间，仍然继续玩弄这种缺乏广泛基础的政治把戏；他们操纵选举，钩心斗角，彼此倾轧。

如果说，奥斯曼帝国和伊朗的立宪运动，有助于提高西方在东方各国的威望，但是，埃及和伊拉克的立宪运动，却是欧洲在征服和强大的军事优势的基础上，施加政治压力的直接后果。第二次世界大战后的20年中，欧洲的控制力量逐渐地、最后全部地撤出了中东。这种情况与在这以前的几十年间几乎整个中东都处于这个或那个欧洲国家的势力控制下的情况，形成了强烈的、具有讽刺意味的对比。

欧洲在19世纪期间对中东各国领土的大举侵犯，可以说是以法国征服阿尔及利亚开始的。但是，欧洲和地中海的力量均势，在几十年中间一直普遍地起着作用，不允许法国进行兼并或占领。一直到19世纪80年代初，法国才根据在柏林会议上达成的一项交易，正式把阿尔及利亚西边的邻国突尼斯变为自己的保护国。

同样，英国自1882年出兵在埃及登陆以平息"阿拉比叛乱"所造成的骚乱以后，即对这个奥斯曼帝国的自治省行使有效的、尽管是非正式的保护国的权力。第一次世界大战前，另外两个中东国家的领土也被欧洲国家征服和占领。意大利本来就对突尼斯怀有野心，不料突尼斯竟成为法国的保护国。因此，意大利自认为有权取得"补偿"。唯一合适的领土便是奥斯曼帝国的另一个省的黎波里。意大利政府在取得其他欧洲国家的同意或默许后，于1911年9月28日向伊斯坦布尔政府发出最后通牒，声称居住在的黎波里的意大利人受到虐待，因此将派兵登陆进行保护；并限奥斯曼帝国政府在24小时内表示同意。尽管奥斯曼帝国政府采取委曲求全的态度，意大利政府——或许是由于决心要炫耀一下自己的武力——却于次日宣战。的黎波里战争持续了一年之久，奥斯曼帝国终于被迫于1912年10月签订了乌希条约，将的黎波里割让给意大利。

同年，法国根据非斯条约，把摩洛哥的大部分变为其保护国。自法国征服阿尔及利亚以后，法国和摩洛哥之间的关系必然要紧张起来。阿尔及利亚与摩洛哥之间的边界不是尚未划定，便是划得不够明确；因此，冲突原在意料之中。法国的力量显然比较强大，而摩洛哥又是一个幅员辽阔的国家，有着大片柏柏尔族居住的山区，这片地区是摩洛哥苏丹的统治鞭长莫及的地方。法国作为一个称霸北非的国家，它认为自己迟早总要控制摩洛哥的。它所以不下手，并非慑于摩洛哥的军事力量，而是迫于其他欧洲国家的阻挠和反对。尤其是英国的政策一直坚持主张摩洛哥应独立。但是，英国于1904年放弃了这项政策，以便作为交换条件，换取法国对英国占领埃及的默认。在同年4月签订的英法协定中，英国政府声称："法国，尤其是作为一个其领地与摩洛哥大片接壤的国家，有义务维持该国的秩序，并为该国在行政、经济、财政、军事等方面进行全面改革提供必要的援助。"继英法协定之后，同年9月又签订了一个法西协定。该协定将直布罗陀对岸北摩洛哥的一部分割让给西班牙。此外，为了安抚意大利，则允许它在的黎波里可以放手行动。但是，德国仍然反对法国的野心。但是，法国于1911年将刚果的大片土地割让给德国，以换取可以在摩洛哥自由行动的权力。

1912年法国把摩洛哥变为其保护国一事，对法国来说是一个漫长的、耗资巨大的绥靖过程的开始，这一过程断断续续地一直持续到30年代中期。摩洛哥在1912年时的状况，在阿瑟·尼科尔森爵士写的一封信中可见一斑。这封信是他于本世纪初任英国驻丹吉尔公使时写的，他写道：

我对当地政府的成员越了解，我对改革或进步所抱的希望似乎就越感到渺茫。当地政府的主要方针和任务，就是先挑拨各部落间的关系，然后支持这一部落打败另一部落，向打败的部落勒索金钱，最后又向战胜的部落索取巨款，作为援助的报酬。这些官吏希望这些部落两败俱伤，变得一无所有，仅能苟延残喘，这样它们才能俯首帖耳，不足为惧。他们认为，如果让一个部落安居乐业下去，这个部落就会（相对地）富足起来，从而就要购置枪支弹药，摆脱政府的统治。在这种方针下，难怪这个国家就要变得如此落后，商业日益萧条，商人无法收回债款。这纯粹是掠夺、欺诈、权术和恶政。我曾到过许多东方国家，但从未见过如此黑暗的国家。我所遇到的人们，其愚昧无知的程度，简直令人无法置信。除非有外界的推动，否则这个政府还将原封不动地苟延下去，但是只要稍稍推动一下，这个摇摇欲坠的大厦就会被摧垮。

然而，这个大厦非但没有垮台，却由于法国采取的军事行动和行政改革反而得救，大大地增强了力量。这个过程是非常缓慢而艰难的，因为这个国家在30年代中期以前一直没有平定。及至30年代中期，尽管摩洛哥的中央政府仍在法国的控制之下，但其蕴藏的力量之强大，是多少世纪以来任何一个摩洛哥土著政府所从未有过的。实际上，正是由于法国人在摩洛哥实行中央集权制和镇压反叛方面，花费了那么多的资财，流了那么多的血汗，第二次世界大战后摩洛哥的民族主义运动才能够在如此短暂的时间内，组织起全国范围的反抗运动，并且摆脱了保护国的地位。在突尼斯以及奥斯曼帝国在第一次世界大战中崩溃时被英法占领的各省所发生的情况，也和在摩洛哥所发生的情况大同小异。

由于第一次世界大战及其善后处理办法，欧洲的势力扩大了，几乎控制了整个中东，虽然为时不过一二十年。在第一次世界大战中，奥斯曼帝国卷入战争并站在同盟国的一边，事实证明，这对中东地区产生了极其重大的影响；其影响究竟有多大，甚至到现在也没有完全弄清楚。第一次世界大战意味着，英国彻底地、明确地抛弃了它维护奥斯曼帝国的独立与领土完整的一贯政策。这一政策虽然直至柏林会议前后还得到各方面广泛的赞同，其实，它在第一次世界大战前的大约 20 年中间,就已经不那么得人心了。及至 1914 年,奥斯曼帝国对英国来说,已是无足轻重了。这一点从当时英国已不怎么热心要把奥斯曼帝国拉到协约国一边或者至少争取它保持中立,就可看得很清楚。但是,虽然到了 1914 年,奥斯曼帝国的独立与完整对于英国来说,已经不是那么利害攸关的了,但也没有出现什么情况,必须立即制定另一种政策。但是,大战一旦爆发,势必要明确地另行考虑态度与方针。英国和奥斯曼帝国之间敌对状态的结果,首先表现在英国宣布埃及和科威特为英国的保护国。其他一些具有更为深远意义的行动也接踵而来。1915 年年初,英国远征军在加利波利登陆,目的是要攻下伊斯坦布尔,摧毁奥斯曼帝国的政权。这件事立即引起俄国提出要求英军一旦取得胜利,伊斯坦布尔应由俄国占领。英国人和法国人于 1915 年 2、3 月间同意了俄国的要求。不让伊斯坦布尔和两海峡落入俄国人之手,原是英国政策的一项首要原则;因此,英国一反原来的态度,势必要产生深远的后果。事实上,这就是说要由英国、法国以及其他有理由分得一份奥斯曼帝国领土的盟国,共同瓜分奥斯曼帝国。英法两国于 1915 年 11 月间开始磋商,商定了一项瓜分的计划。俄国在获得对这个计划进行了一些有利于俄国的修改后,也参加进来。这便是 1916 年 5 月签订的、以英法两国首席谈判代表的姓名而命名的赛克斯—皮科协定。1915 年 4 月签订的伦敦密约,已经同意意大利在参加协约国后,可以在瓜分小亚细亚时取得"应得的一份"。这一诺言已经及时地兑现,1917 年 4 月英法两国根据圣让德莫里昂协定,同意将士麦那和艾登省以及以北的一大片势力范围让给意大利。因此,到 1917 年年中,英、法、俄、意之间已经秘密商定,一旦取胜后即共同瓜分奥斯曼帝国。英国将取得直到巴格达以北的美索不达米亚,和地中海沿岸的一块飞地——海发及其周围地区。可以说,这两块英国领地将由包括叙利亚南部、叙利亚沙漠和外约旦在内的一大片土地"连接"起来。法国将取得黎巴嫩、吉里吉亚并可在叙利亚内地及摩苏尔省行使最高权力。俄国除君士坦丁堡和两海峡外,还将取得东安纳托利亚的大片领土。巴勒斯坦则将由国际共管。

这些秘密协定本来就够复杂的了。再加上其他种种计划、谅解,就更加错综复杂。大战初起时,麦加的谢里夫在英国的怂恿下,阴谋叛乱反对奥斯曼帝国。英国人以种种空洞的甜言蜜语打动他，例如：可以成立一个独立的汉志王国，把奥斯曼王室的哈里发职位转给他的王朝，以及成立一个阿拉伯国，等等。在1915年整整一年中，他和英国驻埃及高级专员亨利·麦克马洪爵士断断续续地举行了一系列谈判，1916年3月谈判以毫无结果而告终。这位谢里夫索价甚高，要求建立一个庞大的阿拉伯国；而麦克马洪却还价甚低。麦克马洪在1915年10月24日致谢里夫的信中，提出了英国的建议。尽管信中的措辞听来十分慷慨大方，但却使人误解，实际上却是空洞无物的。D. G. 霍格思对此所做的综述，迄今仍不失为最审慎的：

> 尽管信中将侯赛因（谢里夫）声称属于阿拉伯的操土耳其语的全部地区以及我们与其首领签有条约的全部阿拉伯社会明确地排除在谈判之外——不仅如此，信中还将保证叙利亚沿海地带（即大马士革、霍姆斯、哈马、阿勒颇4个城市地区）的独立，即不受叙利亚内地管辖问题交由法国处理——尽管信中对法国可能在其中具有特殊利益的其他阿拉伯地区持保留态度，从而使摩苏尔、也许还有巴勒斯坦的归宿都悬而未决——最后，尽管信中明确表示我们不能保证将上伊拉克或下伊拉克无条件地交给阿拉伯人——虽然信中有这么多保留，它却承认侯赛因所声称属于他的广大的土地（包括美索不达米亚在内）拥有一个阿拉伯头衔，只是附有一些限制性的而不是否定的条件。①

我们不妨进一步说，这一措辞极易使人误解的建议，绝不是与一个公认的权威签订的一项条约，它只不过是与一个其头衔并不足以代表"阿拉伯人"发言或谈判的人物书信往还中交换的一个部分意见，并不是什么定论。即便说信中毫不含糊地或不带任何附加条件地（这当然是很难想象的）提出的什么建议，这种建议也无非是在叙利亚和美索不达米亚成立一个某种形式的阿拉伯国，这早已写入赛克斯—皮科协定中了。因为在这一协定中，英法两国保证"承认并支持"在他们虽无意兼并、但将分别行使无上权力的叙利亚和美索不

---

① H. W. V. 坦普莱编：《巴黎和会史》（1924年），第6卷，第126页。

达米亚的地区内，成立一个阿拉伯国或联邦。

虽然麦克马洪向谢里夫提出的建议由于措辞含糊不清，日后引起了很大的纠纷和争论，但是，这一建议无疑是与当时欧洲列强所达成的各项协议相一致的。另一个建议，即1917年11月发表的贝尔福宣言则不尽然。这是英国单方面向犹太复国主义者发出的宣言，它声称："英王陛下政府赞成在巴勒斯坦为犹太人建立一个民族家园，并将尽力促成这一目标之实现。"这项宣言也是由于措辞含糊不清，对它的解释日后引起了许多纷争。但是，它不仅措辞含糊不清，而且在实际上与其说是与麦克马洪向谢里夫提出的建议相矛盾，毋宁说是与赛克斯—皮科协定相矛盾。这一宣言提出给予巴勒斯坦以国际地位，并且（多半是在英国的保护下）"在巴勒斯坦为犹太人建立一个民族家园，却是和赛克斯—皮科协定相矛盾的。事实上，赛克斯—皮科协定在英国人的心目中，是非常令人不能满意的。对奥斯曼帝国作战的重任是由英国军队承担的。1915年的加利波利战役，是英国军队进行的；在美索不达米亚与奥斯曼帝国作战，并于1914年11月攻占巴士拉，1917年3月攻占巴格达的，也是英国军队；在西奈与奥斯曼帝国军队作战，并在阿伦比的指挥下于1917年12月攻占耶路撒冷、1918年10月攻占大马士革的，也是英国军队。那么，法国凭什么要在这些地中海东岸的国家中拥有支配的地位？正是出于这种政策上的重大考虑才出现贝尔福宣言的。英国支持谢里夫的种种野心，也破坏了赛克斯—皮科协定。谢里夫的第三个儿子费萨尔所建立的一支部落军队于1917年7月攻占了亚喀巴。当时，费萨尔已被阿伦比所收编，被任命为所谓的"北方阿拉伯军"总司令。这支军队在必要时可充当英国军队的辅助部队，在约旦以东地区作战。1918年10月，在终于击溃奥斯曼帝国军队以后，阿伦比准许谢里夫的军队首先进入大马士革，这样费萨尔就能够声称他攻下了这个城市。他被任命为叙利亚的军事总督，在阿伦比的管辖之下。因此，他可以在叙利亚置法国人于不顾；而根据赛克斯—皮科协定，法国在叙利亚应享有至高无上的权力。由于俄国自1917年11月退出了世界大战，因此这些事态的发展意味着赛克斯—皮科协定已寿终正寝，英法两国势必要在中东达成新的临时协议了。

达成新协议的过程是漫长的，可以说是从1918年10月30日奥

290 斯曼帝国与协约国签订穆德洛斯停战协定起，一直到土耳其——奥斯曼帝国中心地带的今称——与英、法、意、日、希腊、保加利亚、罗马尼亚等国之间经过长期谈判于1923年7月24日签订洛桑条约止。停战时，英军已占领了巴勒斯坦、叙利亚、黎巴嫩、吉里吉亚，以及位于美索不达米亚的巴士拉省和巴格达省。紧接停战后，英军还抢占了摩苏尔省。根据这种事态，劳合·乔治自然要竭力劝说法国放弃或修改它根据赛克斯—皮科协定应享有的权力。而紧接停战后，法国确实已经屈从英国，放弃了对巴勒斯坦和摩苏尔的要求，但在其他地区则寸步不让。双方僵持达一年之久。最后，劳合·乔治终于让步，与克列孟梭签订了一项协议，从而英军将撤出叙利亚、黎巴嫩和吉里吉亚，后两地由法军接管，叙利亚则仍由费萨尔控制。交接于1919年11月进行。这一年的早些时候，即在4月间，意大利派兵在阿达利亚登陆，以强行取得他们根据圣让德莫里昂协定所应取得的权利。5月间，希腊的一支军队在协约国军舰的保护下，相继在士麦那登陆。士麦那及其周围地区原本居住有大批希腊人。希腊首相维尼塞洛斯在大战期间是亲协约国的，他于1919年2月正式向巴黎和会提出要求占有这个地区。协约国也担心意大利会占领士麦那，遂表示同意。希腊的进占，就是说由一个原来是奥斯曼帝国的属国派兵占领信奉伊斯兰教、操土耳其语的地区，这就引起了广泛的反抗情绪，重新激起了这个国家的斗志。穆斯塔法·凯末尔（1881—1938年）因势利导，组织各界人士起来反抗，不仅在军事方面成功地抗击了希腊人和协约国，而且在抵抗的过程中，使一个奥斯曼苏丹国演变成为一个土耳其共和国。此后，凯末尔即成为这个共和国的无可争议的元首，直至逝世。穆斯塔法·凯末尔1919年原是奥斯曼帝国的一名将领，大战期间，在加利波利战役以及在东安纳托利亚抗击俄军中崭露头角。协约国占领伊斯坦布尔时，他在首都，目睹国难当头而苏丹政府却缺乏斗志，无心抵抗。5月间他设法谋得驻在黑海沿岸萨姆松的第九军总监的职位，从该地着手有步骤地组织抗击希腊的抵抗运动。1919年年末，他进驻安卡拉。从此，安卡拉便逐渐成为实际上的首都，最终取代了伊斯坦布尔政府。自1921年4月起，凯末尔的军队在与希军的作战中开始占上风。1921年8月24日萨卡里亚的决战，希军终于被击溃，1922年9月9日收复了士麦那。土耳其兵力大振，使意大利人认识到占领阿达利亚并非上策，因此他们于1921年6月同意自小亚细亚撤军。萨卡里亚战役后，法国人也决定撤出吉里吉亚，并于1921年10月20日签订了安卡拉协定，结束了对土耳其的军事干预。这样一来，英国就成了唯一卷入土耳其事务并对安卡拉持敌对态度的国家。在收复士麦那后，穆斯塔法·凯末尔决定将希军逐出也被他们占领的东色雷斯。为此，他的军队必须渡过自从签订穆德洛斯停战协定后一直被协约国军占领的达达尼尔海峡。协约国在达达尼尔海峡的分遣部队包括英国、法国和意大利三国的军队；法、意两国决定不加阻拦，但劳合·乔治最初却坚决主张英国军队应使用武力阻止土耳其人渡过海峡。两国军队在查纳克几乎发生冲突，但劳合·乔治发现自己在国内外均处于孤立，最后终于让步，签订了穆达尼亚停战协定，同意在伊斯坦布尔及两海峡恢复土耳其的主权（见前面229页）。随着第二年缔结了洛桑条约，协约国在大战期间商定的瓜分奥斯曼帝国操土耳其语地区的种种计划，也就荡然无存了。

由于穆斯塔法·凯末尔在反抗希腊人及其保护者的斗争中取得这一重大胜利，因而他能够推翻奥斯曼帝国的统治，并在安卡拉建立了政权，成为土耳其唯一合法的政府。土耳其苏丹穆罕默德六世瓦希丁是在1918年7月即位的，他一直对凯末尔非常敌视，并且对协约国采取的种种反对凯末尔所领导的运动的措施，采取默认的态度。1922年11月大国民议会通过法案废除苏丹制，但奥斯曼王室仍然保留哈里发的职位，并把这一职位视为宗教的职位，这也是一反惯常的做法。由于穆罕默德六世瓦希丁此时已逃上一艘英国军舰避难，因此就认为他已被废黜，由他的堂弟阿卜杜勒·美志德继任哈里发。废除苏丹制后，国家元首的职位便无人担任。大国民议会1921年1月通过了一项基本组织法，开宗明义地规定"主权无保留、无条件地属于国民"。1923年10月，苏丹制被废除一年后，根据1921年1月的基本组织法，大国民议会宣布土耳其为共和国，共和国总统由大国民议会从其成员中选出。然而，由享有主权的国民的代表所建立的共和国，是无哈里发容身之地的，不管他的职务带有多少"宗教"性质。1924年3月3日，大国民议会通过决议，废除哈里发制度，废黜哈里发，将奥斯曼皇室全体成员逐出土耳其的国境。这样一来，伊斯兰教最古老的，也是最受人尊敬的政治职位，便从此被取消了。这应归功于穆斯塔法·凯末尔·阿塔图克，这位青年土耳其党人及其19世纪鼓吹欧化的先驱者的直接继承者。第一次世界大战及其善后的处理办法，使他得以趁机敦促他的操土耳其语的穆斯林同胞，从此不再把自己看作奥斯曼人，即世界上最大的穆斯林国家的臣民，而把自己看作一个共和国的享有主权的公民和土耳其"民族"的一员。

战胜国原来所设想的与后来所出现的情况大相径庭，这不仅是土耳其一国的情况。在叙利亚、巴勒斯坦或美索不达米亚，事态的发展都打乱了协约国原来的如意算盘。1919年秋天，法军继英军接管了黎巴嫩。留在叙利亚进行统治的费萨尔，不得不寻求某种对付其强大邻国的方针政策。在此以前，他一直得到英国的保护，因为英国人利用他来说服法国人放弃他们对地中海东岸国家的要求。这一企图失败后，英国人撤出，这就使费萨尔清楚地看出，他不得不与英国人的对手达成某种妥协。但费萨尔软弱无能，控制不了他那难以驾驭的臣属，他们迫使他对法国人采取一种挑衅而鲁莽的政策。因此，叙利亚和黎巴嫩的边界便出现了紧张的局势，变得不安定起来。1920年3月，费萨尔竟被推为叙利亚联合王国的国王，而这个联合王国却包括了叙利亚、黎巴嫩和巴勒斯坦在内！法国人对于费萨尔这位谢里夫的大逆不道的行为，当然不会饶恕，因此于7月间发出了最后通牒，要求费萨尔接受法国的保护和控制。费萨尔在法国的威胁与其臣属的众说纷纭之间，不知所从。最后通牒期限一到，法军便迫不及待地向大马士革进军。两军于7月24日在大马士革附近的汗迈萨伦稍一接触，费萨尔的军队便溃败。法军一举占领了大马士革，结束了费萨尔的统治，并且把他逐出叙利亚。根据赛克斯—皮科协定，黎巴嫩应由法国兼并，而叙利亚则将完全置于法国的势力之下。结果，叙利亚和黎巴嫩却都成了法国的委任统治地。"委任统治地"一词，似乎是在大战末由史末资将军所创立，并包括在成为1919年6月23日签订的凡尔赛和约的一个部分的国际联盟盟约之中。国际联盟盟约第二十二条对"委任统治地"一词的概念及其实施办法，阐述如下：

对由于这次大战而不再受其原来的管辖国家所统治,但其居民又尚无能力自立于现今世界之严格条件的殖民地和领地,应实行下列原则,即上述地区人民之福利与发展乃文明委托于吾人之义不容辞之义务。在本盟约中,应对这一委托得以实施的保证有所体现。

使此项原则得以付诸实现之最佳办法,乃是将管理上述人民之重任付托于无论就其国力、经验或地理位置而言,均最适合于承担并乐意承担此项义务之先进国家,由其代表本联盟担任委任统治国,行使此种委任统治权。

协约国由于受自己在大战期间及战后所发表的公开宣言的束缚,很难推行诸如赛克斯—皮科协定中所提出的计划。因此,英、法两国在中东并未能进行兼并或建立保护国,只是取得了一些"委任统治地"。1920年4月,协约国最高协商会议在圣雷莫举行会议时,把叙利亚和黎巴嫩交法国委任统治。法国在这两个委任统治地及时地设置了地方行政机构,以便顺利执行国际联盟委托给它的职责。

圣雷莫会议还把美索不达米亚和巴勒斯坦交由英国进行委任统治。根据赛克斯—皮科协定,直到巴格达以北的美索不达米亚的土地,应置于英国的控制之下;但在大战结束时,法国将摩苏尔割让给了英国,因此,把美索不达米亚交由英国进行委任统治时,英国事实上控制了美索不达米亚的三个省。这个地区此后便由驻在巴格达的一名民政专员,在遍布各省的政务官吏的协助下进行管理。至于这个国家的前途,采取什么形式的政府,英国的占领是否应该继续下去等问题,全都悬而未决。这主要是因为英国政府还无法制定一个明确的、毫不含糊的方针。再者,奥斯曼帝国旧有的制度已经崩溃,取代的是一个欧洲式的基督教政府,其治理的方式是人们所不习惯的。此外,如前所述,这个国家,尤其是南部,管理起来甚为困难。凡此种种,均构成骚乱的因素;而这些因素却正是圣雷莫会议后为下述两派所利用的:在南方各部落中有极大影响的卡尔巴拉、纳杰夫、卡齐迈因等地的什叶派神学家和边界那边叙利亚境内的谢里夫派。每派都想为自己夺权,但两派在1920年夏天却联合起来,煽起了一场严重的反英叛乱。到了秋天,叛乱被镇压下去。但是,英国政府由于国内要求节约的呼声甚嚣尘上,因而决定对美索不达米亚的委任统治不必由英国直接占领和管理。他们决心要使这个国家变为一个王国,由英国皇家空军稍加巡逻即可。英国人于1921年扶植被法国人从叙利亚逐走的费萨尔为这个新王国的国王。这个新王国称为伊拉克。这是一个来自伊斯兰教古代时期的阿拉伯名称。这就说明,在费萨尔及其追随者心目中,这个新王国意味着伊斯兰教最初几个世纪的阿拉伯往昔的荣耀,将重放光彩。但在当时,伊拉克是英国的委任统治地。国联盟约第二十二条明文规定:"原属于土耳其帝国的某些地区,已经发展至一定的阶段;在这一阶段时,只要委任统治国在国家管理方面加以指导和协助后,即可先行承认其为独立国家,一直到它能够独立自主时为止。"在实行这一条款时,经国联通过的对伊拉克、叙利亚和黎巴嫩实行委任统治的规定,要求委任统治国促使这些国家"逐渐发展"成为独立的国家。这一条规定,自然总是要使委任统治国由于其统治的地区迟迟不能"独立自主"而受到非难。正是这种非难,左右着费萨尔即位后10年中英伊政治的主旨。英国巴不得让伊拉克完全独立,因此在1931—1932年间,一方面向国联提出伊拉克将来会循规蹈矩的种种保证,一方面又审慎地对国联施加压力,终于把伊拉克作为一个完全独立的国家塞进了国际联盟。英国对伊拉克的政策,势必要影响叙利亚和黎巴嫩这两个由法国人进行委任统治地区的政局。法国人自己于1925年在叙利亚南部也遇到了德鲁兹人的叛乱。由于地形复杂,法国人费了九牛二虎之力才把这场叛乱平定下来。这次叛乱是由于德鲁兹人的骚乱,再加上法国人处理失当所引起的。大马士革的阿拉伯民族主义分子也把这场骚乱扩大到大马士革及其周围地区;他们声称这次叛乱不是过去奥斯曼帝国经常遇到的那种部落叛乱,而是一次反对法国帝国主义的叙利亚全国阿拉伯民族起义。阿拉伯民族主义的口号,以及叙利亚人已经要求而且能够实行"独立自主"的呼声,使法国的委任统治不断受到责难。1936年在法国执政的人民阵线政府决定步英国的后尘,同意给予叙利亚和黎巴嫩以独立。经过谈判后法国和两国签订了条约。但是,由于法国议会的反对,条约未获批准。1939年第二次世界大战爆发,法国在地中海东部地区的地位受到了深刻的影响。

对巴勒斯坦的委任统治与中东其他地区的委任统治所以有所不

同，在于国联并未责成委任统治国要使巴勒斯坦逐步发展成为一个独立的国家。相反，它要求委任统治国"负责实施"写入委任统治一节前言中的贝尔福宣言。因此，犹太复国主义者在巴勒斯坦定居就有了法律的根据。这并不——而且绝不意味着可以就此一帆风顺了。巴勒斯坦原来的居民，绝大多数都是操阿拉伯语的伊斯兰教徒，他们一向反对犹太复国主义者在巴勒斯坦定居。因此，他们毫不迟疑地提出抗议并进行骚动，表示反对。在巴勒斯坦成为委任统治地的头10年中，最严重的一次便是1929年所谓的"哭墙骚乱"。有人认为，这些骚动和宣传鼓动是巴勒斯坦的阿拉伯人领袖企图用以恫吓英国这个委任统治国，要它放弃其对犹太复国主义者所承担的义务的；而且，一方面由于英国表示不为恫吓所动，另一方面犹太移民的势头也不能一直保持下去，骚乱也就会平息下来。这两种见解固然言之有理。因为在1933年以前，这两个见解不失为正确的。但是，纳粹在德国上台后，这两种见解便立即被推翻了。犹太移民开始不断地由德国和其他欧洲国家源源不断地拥来，英国也开始感到欧洲和地中海的这两个独裁国家对它的威胁和压力。因此，英国面对阿拉伯人的抗议，特别是这些抗议得到了其他各地阿拉伯人的支持时，它的态度就不像原来那样强硬了。1936年爆发的一次叛乱，促使英国成立了一个皇家委员会（由皮尔勋爵为首）重新对巴勒斯坦问题进行了研究。这个委员会于1937年提出报告说，对巴勒斯坦实行委任统治证明是行不通的，因此它建议从巴勒斯坦划出一部分，成立一个人数不多的犹太人国家，而把巴勒斯坦其余部分与外约旦酋长国合并，这个酋长国是于1921年由巴勒斯坦分出去的，也是一个委任统治地。英国政府最初采纳了这个建议，但约一年后，又声称这个建议实际行不通。于是，英国政府便着手召开一个犹太人—阿拉伯人的会议，以便通过谈判达成一项协议。这个所谓"圆桌会议"于1939年2、3月间在伦敦举行，但未能达成协议。英国政府因于5月间发表了一个白皮书，大大地限制犹太人移民进入巴勒斯坦的人数，并严格限制犹太人在该地购置土地的范围。

很显然，英国政府所以采取此项政策，是因为它认为支持犹太复国主义者反对阿拉伯人所付出的代价太大。到了1939年，轴心国家日益拉拢和支持阿拉伯人；而且，由于阿拉伯人所处地区具有战略上的重要意义，英国政府因而认为必须对阿拉伯人进行安抚。因此，阿拉伯人所反对的分割巴勒斯坦的计划被放弃了，这也便是白皮书的由来。然而，圆桌会议标志着英国在中东的政策的改弦更张。参加这次会议的不仅是委任统治国、巴勒斯坦阿拉伯人和犹太复国主义者等直接有关的各方，英国政府还邀请了埃及、伊拉克、沙特阿拉伯、也门和外约旦出席这次会议。这无异于承认这些国家，大概由于都是"阿拉伯国家"的缘故，在磋商和决定巴勒斯坦问题时，都有权参加。因此，英国政府愿意承认"阿拉伯"集体，并愿与之打交道。换言之，这就等于承认阿拉伯民族主义者所提出的阿拉伯人是一家，迟早定将联合成为一个国家的主张。我们不妨说，英国政府想必是经过慎重权衡之后才同意这一主张的，而召开圆桌会议的目的之一，便是要使阿拉伯民族主义运动脱离轴心国，并把它拉到英国一边来。1941年5月，英国外交大臣安东尼·艾登在一项演说中，进一步阐明和强调了这一方针；艾登答应"大力支持任何博得各方面赞同的（阿拉伯统一）方案"。英国在第二次世界大战期间，在黎巴嫩和叙利亚问题上，又一次表明了它对泛阿拉伯的阿拉伯民族主义运动的支持。1941年6月，法国向德国投降一年后，英国向地中海东岸国家中的维希政权进行远征，并迅即占领了这个地区。自由法兰西的一支部队随英军远征，并在这两个委任统治地中建立了自由法兰西的政权，以取代维希的政权。在开始这一远征时，自由法兰西在英国的压力下，发表了一项声明，答应给予叙利亚和黎巴嫩人以完全的独立，英国立即表示支持，也就是说给予保证。但自由法兰西由于一心想要维护法国过去的光荣，事后却不愿全面贯彻这一宣言。1943年11月，自由法兰西与黎巴嫩政府发生冲突。后者显然由于确信有英国的支持，因而有恃无恐，单方面地结束了与法国的委任统治的关系。英国政府凭借压力和威胁，迫使自由法兰西承认既成事实。1945年5、6月间，法国解放几达一年时，法国人又和叙利亚政府发生冲突；英国人又一次毫不含糊地站在叙利亚人一边，英军开入大马士革，解除了法军的武装，从而使自第一次世界大战以来，英法在中东的长期对抗暂时告一段落。英国现在成为在中东举足轻重的国家。英国于1941年解放了不久前被意大利占领的埃塞俄比亚；及至1943年，又解放了自1912年以来一直处于意大利占领下的昔兰尼加和的黎波里。

如今法国人也被逐出了中东。由1943年7月以来，阿拉伯各国就在英国的鼓励下进行谈判，以便制定一项统一的措施。结果，于1945年3月成立了一个阿拉伯国家联盟。英国满可以心安理得地以联盟的保护人自居。但这种表面权威纯属假象。因为到了第二次世界大战结束后，英国已经大大地被削弱，无力再维持其帝国的地位了，而就中东本身而言，采取一项亲阿拉伯的方针无异作茧自缚。实际上，中东没有一个阿拉伯国家可以与之友好交往或给予支持的，在那里只有一伙竞争的对手，或者几乎是誓不两立的准仇敌，每一个国家都自我标榜是一个真正促进泛阿拉伯主义的唯一的倡导者。要支持其中的一个国家，就会得罪另一个；因此，战后的历史很快就表明，英国的政策在这种两难的局势中，处处碰壁。法国外长皮杜尔在法国国民议会发言时，谈到1945年5、6月间的叙利亚事件的善后处理时，曾向英国政府提出警告说，"今天是我，明天该轮到你了"。他的警告不幸而言中了。

(罗式刚　译)

第十一章
印度和东南亚

一　印度

　　表面上看来，对1905—1947年间的印度史的探讨，显然应从研究民族主义运动的发展与胜利，以及作为其必然结果的分治入手。然而，稍加思索便须改变这一观点。印度的民族主义虽然受到西方的理想和榜样的多方影响，本身却在印度的土地上扎下了根，产生了许多独特的东西。此外，印度与西方关于民族主义的对话，也包括经济方面；其实，从长远看来，这一方面才是它最起作用的组成部分之一。我们不能把政治上的民族主义同经济问题分开，或者把二者同印度社会结构分开。而在这些方面我们看到思想、价值观和行为方式上的冲突，这些冲突说明正在兴起一场远比政治纲领甚或经济变革深刻得多、复杂得多的运动。事实上，改革时代的乐观的改革派曾徒劳地寻找的那些东西，这时开始具体形成。印度社会已经超越了出自强迫或为了便利而从西方接受种种事物的阶段；它开始希望将新老事物相结合；它开始对它本身赖以为基础的某些基本前提提出疑问。因此，对这一时期的探讨不应只限于政治和经济问题，也应包括"文化"问题；不应只限于注意哪些是西方化的标志，还应注意哪些方面出现了同化和修改的迹象。

　　20世纪初，在观察者看来英帝国的势力很像是处于顶峰。政府显然是空前的强大和生气勃勃；在它的代表寇松勋爵的亲自领导下，它正在对本身进行大整顿。政府普遍抱有信心，同时怀有强烈的帝国使命感并有力地加以宣扬。效法西方的运动日益增强，西方化的阶级稳步成长。代表这个阶级的政治抱负,并对政府采取批评态度的国大党,看起来十分软弱,以致寇松希望"帮助它无痛苦地寿终正寝"。

寇松于5年后去职,这时局势发生了急剧的变化。舆论鼎沸,阴谋迭起,政府本身则忧心忡忡,茫然不知所措。英国政界全神贯注于寇松与吉钦纳在如何处理总督的行政参事会中一个席位问题上的争论,而忽略了孟加拉人对寇松在行政上分割孟加拉省所提出的抗议的重要性,这种抗议不久便扩展到印度各地。正是对这些抗议傲然不予置理的态度,比分割的行动本身更加激怒了孟加拉人敏感的性格。国大党第一次发现它在印度的一个地区得到群众的普遍支持。几个月之内发生的这种变化是一个不祥之兆;它甚至使一些较稳重的国大党人感到不安,这些人宁愿发表演说而不愿参加游行,宁愿做出决议却不愿付诸实行。抗议活动并没有以反对分割行动为止;它加强了国大党的极端主义一翼,这一翼的新成员不再相信英国的诚意,开展了一场规模不大但积极活动的恐怖主义运动,其中最轰动的是1909年对柯曾·怀利的暗杀和1912年在哈定勋爵进入德里的仪式上将他刺伤。同时,1904—1905年间日本对俄国所取得的胜利,也使对舆论界有影响的公众感情激动;而不久以后发生的土耳其和波斯的革命,更加证明了西方毕竟不是一贯正确的。

这就是在印度的明托勋爵和在伦敦的新任国务大臣约翰·莫利于1906年年初所面临的局势。政府和人民之间出现了明显的鸿沟,而且这条鸿沟有日益加深之势。在此后8年中,政府做出不懈努力来填平这条鸿沟,而又不肯在政策上实行重大的改变。莫利和明托同意应使印度新兴阶级的成员有机会与政府更密切地协商,并与行政机构建立更广泛的联系。两人都没有考虑实行议会民主,而这是国大党温和派从格莱斯顿和里彭那里继承下来的政治信条。明托的"觐见"计划不久便被搁置起来,但这时发现印度政府已深受西方政治形式的左右,而新兴阶级也深受议会民主概念的影响,以致原打算模仿普鲁士和日本的体制建立的评议制专制政体,实际上成为走向责任制政府的第一步。政府一只手挥舞着镇压的大棒,另一只手高举政治进步的火矩,于1909年实施了莫利—明托改革方案。在扩大的帝国立法会议中仍保持了官方的多数,但选举产生的议员也有增加,并能做补充质询和提出决议案。在加尔各答的行政参事会和在伦敦的印度参事会首次任命了印度人为成员。伊斯林顿委员会（1912年）开始考虑让更多的印度人进入公务机构。除了这些"评议"措施之外，1906年在穆斯林联盟的创建者们的要求下做出重要的革新，在立法会议中为穆斯林保留了一定的席位①。提出这一要求的理由是：由于贫困，大多数穆斯林将被排除在以财产为根据的选举人名单之外，从而不能进入公民选举团体。这一理由是真实的，但由此而在民主原则上造成的裂缝，后来便扩大成为分治的鸿沟。

实行改革之后，接踵而来的是取消对孟加拉的分割以及将首都从加尔各答迁往德里。前者是为了使孟加拉人满意，后者则是为了使全体印度人满意。这些措施整个说来应被视为获得了成功。温和派领袖戈凯尔被吸收参加了某种伙伴关系，得以赢得中产阶级对他的合作和说服的"温和"路线的支持。恐怖主义未能扩散，而是逐渐平息下去；以马拉塔人提拉克为首的国大党极端派在1907年的苏拉特年会上遭到失败，在第一次世界大战之前一直未能恢复其力量；1909年提拉克被判6年监禁时，在西印度没有人起来支持他。与戈凯尔相比，提拉克所采取的态度是主张坚持权利而不是祈求让步，是在合法范围内极力反对政府，并利用印度人的感情来激起反政府的情绪。他的言辞虽豪壮，但新兴阶级尚未准备接受这些策略。莫利—明托改革往往被估价过低。然而，应该联系到在实行改革之前的那种充满自信的帝国主义专制统治这一背景来看待它。在阻力重重的情况下，即使微小的进步也是极为重要的。改革在"评议"方面达到了合理的限度，随着政治潮流奔向民主，下一步就必须超越那个限度。

在此9年间，印度在其他方面也振奋起来。塔塔家族于1907年创建了他们的钢铁公司，1913年生产了第一批钢。诗人罗宾德拉那塔·泰戈尔的作品《吉檀迦利》于1912年获得诺贝尔奖，从而把印度文学传向全世界。举国振奋，明显可见，而这一过程，除了那个主张恢复传统的雅利安人协会之外，一般都遵循西方道路。

1914年第一次世界大战带来的第一个影响证实了这个判断。出自突然爆发的忠诚之心，王公们提出要提供军队和服务，中产阶级则投票赞成拨款并在征兵方面给予支持。政府于1914年年末向法国派

---

① 1906年12月30日创建；1907年12月举行第一次会议。

出了军队,又向埃及派遣部队保卫苏伊士运河,后来又向东非和伊拉克派军,这些部队的英勇作战赢得人们的钦佩,但后勤工作的失败使军事当局丧失信誉。印度的英国部队已被调离殆尽。但是,对这种高涨的热情并没有加以利用,而随着战争延续多年,这种热情变成焦躁和不满。最重要的是印度人的总的观点发生了变化。政府在政治上停顿不前并允许年轻的文官纷纷加入军队,这时印度人的舆论却迅速地活跃并成熟起来。人们对印度军队的成就感到骄傲;显然,印度人能够和欧洲人一样打得好。同时,对于在欧洲所进行的自相残杀的战争和双方所表现的凶狠残暴,感到极为厌恶和失望。欧洲人的所作所为与印度人在 18 世纪战争中的行为所差无几。于是,关于欧洲人的道德优越性的概念便破灭了。随后发生的是 1917 年的俄国革命和威尔逊总统于 1918 年提出的"十四点",它承认了自决原则。如果最大的专制国家能够在一夜之间崩溃,那么为什么印度的专制统治一定会维持下去?再者,如果欧洲各国人民可以决定他们的未来,为什么印度人就不可以?印度人认为自己是世界大家庭中的成熟的一员,于是戈凯尔的要求做出让步的态度,让位于提拉克的要求和维护权利的路线。

　　英国对印度的态度也产生了变化,但程度有所不同。这说明了过去表现为激进的任何政治改革为什么在大战后的年代里在政治上遭到严重的反对。1917 年的宣言许诺,"让越来越多的印度人参加一切行政管理部门,并逐步发展自治机构以便在印度逐渐实现责任制政府,使其成为整个帝国的组成部分"。这就超越了宪政改革的界限,而导致 1921 年的印度政府组织法,这个法案体现了"蒙特福德改革方案"①。通过这一措施取消了各级立法会议中的官方多数(这些立法会议已大加扩充),约有 600 万人被列入选民名册以选举各立法机构。中央的权力下放,为后来实行联邦制铺平了道路。印度人在中央政府并未获得负责职务,但在各省建立了"两头政治":对选举产生的立法会议负责的部长们与任命的行政顾问官们并肩行使职权,这些行政顾问官也作为地方行政当局的一部分。当局鼓励部长们和行政顾

---

①　这个名称来自改革方案的提出者 1917—1922 年任印度事务大臣的埃德温·塞缪尔·蒙塔古和 1916—1921 年任印度总督的切姆斯福德勋爵二人的名字。

问官们进行共同磋商。部长们负责诸如教育等"国家建设"部门，同时，在中央和各省之间对税收项目做了分工，从而在财政上提供了某些回旋余地。与此同时，在新总督里丁勋爵领导下的仍然实行专制统治的印度政府采取了一种新姿态。罗拉特法和新闻法均被废除①；为兰开夏的利益而强制征收的不得人心的棉织品税先是缓征，后被取消；开始制定有关工厂和社会方面的立法；并着手对印度军队的军官骨干实行"印度化"。关于行政机构问题的李委员会注意在印度人和英国人之间平等分配印度文官职务。财政上获准实行自治并为此建立了关税委员会。在对外方面，印度作为国际联盟成员获得了国际地位，并且在（当时的）帝国会议中得到一个席位和发言权。著名的自由主义领导人斯里尼瓦萨·沙斯特里率领政府代表团跻身于各自治领中维护印度的事业。

这一切都说明印度的观点发生了巨大的变化；事实上20年代的政治和社会面貌与寇松勋爵的时代相比截然不同。然而政府仍未能避免与民族主义发生重大冲突，因而造成的裂痕在独立之前一直没有完全愈合。这个明显的矛盾的主要原因在于上述印度观点的变化，这使得从战时工作返回印度的官员们发现，他们的言谈和印度人的格格不入，而过去他们认为他们是懂得印度人的主张的。这一冲突所采取的特定形式，来源于莫汉达斯·卡拉姆昌德·甘地这个人的特殊性格。1918年年末世界大战结束时印度的舆论动荡不安。食物短缺，在北方过多的征兵，以及政府的无动于衷，都使舆论恼怒不满；而周围世界正在发生的变化，特别是威尔逊总统对附属国人民的事业的鼓吹，更使之变本加厉。当时的气氛中充满着焦躁不安和对美好前景的期望；过去本来会被当作恩惠而受到欢迎的东西，这时很可能被当作侮辱而受到鄙视。正是在这种形势下，当"蒙特福德改革方案"仍在审议过程中时，提出了被称为罗拉特法案的措施，以加强镇压颠覆活动的法律。在当时思想和情绪都处在紧张状态的情况下，这一措施看起来简直是一种暴行，是对新近在"蒙特福德报告"中所表明的民主原则的嘲笑。在帝国立法会议中，全体非官方印度人代表投票反对

---

① 关于罗拉特法，参阅第301页。1908年和1910年的新闻法案规定在报刊上煽动暴力行为以重罪论，政府受权在某些情况下得以对报刊实行查禁。

罗拉特法案，但由于官方多数的赞成而得以通过。这时，从南非回来只有4年的甘地，起而在大城市中组织发自良心的总罢业（hartals）。他发现这是一个道义问题，并找到一种向全体印度教徒，而不是向某一特定的种姓或特定的主张发出呼吁的方法。各处发生骚乱，1919年4月13日在阿姆利则，军队未发出警告即袭击了聚集的群众，官方承认有379人丧命，1200人受伤。这一事件及对其后果的严厉处理，在英国人和印度人之间造成感情上的鸿沟。亨特委员会于1920年初就这一事件提出的报告中，根据种族划分了界限，上议院对负责指挥的将军给予支持，而另一些人则为他募集了大批捐款。甘地宣布绝不可能与魔鬼般的政府进行合作。他用印度教中受人尊崇的"达磨"（dharma），即责任的观念来衡量政治问题，从而再次引起人们的共鸣。斯里尼瓦萨·沙斯特里所领导的温和派和老资格的提拉克那样的立宪派都被排斥到一边，国大党追随甘地的领导，投入不合作运动。这时，穆斯林教徒由于哈里发统治的中心地土耳其有被肢解的威胁而愤懑不安，甘地得到这些穆斯林的支持，从而加强了自己的地位。这个运动震撼了政府，持续约18个月，自兵变以来，政府还没有受到过这样大的震动。尽管如此，新宪法还是诞生了。这件事，加上暴力行为的爆发和在马拉巴尔发生的穆斯林莫普拉起义所引起的不安，使高涨的热情冷却下来，而到1922年年初甘地本人也被逮捕。不久，土耳其人废除了哈里发制，穆斯林失去了不满的根据。到1922年年底，这个运动便烟消云散了。

但是印度已经改变了面貌。政府继续实施新宪法，作为老国大党的骨干的许多中产阶级人士，对此一时感到满意。然而国大党本身这时已掌握在与前不同的、更为坚定的领导者手中，它在社会中扎下的根远比过去为深。国大党由甘地控制，从此他就是印度独立的主要缔造者。甘地作为南非印度人社会的律师和斗士而成名，终于签订了1913年的史末资—甘地协议。他正是在南非发展了自己的思想，他的思想部分来源于他在古吉拉特的家乡，部分来源于托尔斯泰和另外一些人：它包括以非暴力为道德信条，同时强烈反对西方社会，视其为实利主义，唯利是图和败坏道德。在印度他扩大了这些主题思想，增添了他自己关于"萨蒂亚"（satya），即"真理"的神秘概念，作为整个生活和一切行为的基础。非暴力最初主要是弱者反对强者的政治策略，这时对他逐渐成为一个普遍原则。他又给这一信条增添了印度人心理中的神秘感，这使他得以用能够打动一般印度教徒心灵的语言来鼓吹他的政治运动。为了表示他对印度贫民的同情和对西方实利主义的反对，他穿用"多蒂"和"查达尔"①这样的农民服装；为此人民欢呼他为"圣雄"②。圣人的光辉给他带来了印度教徒的广泛支持，他运用熟练的政治手腕对此充分加以利用。一些老练的国大党人由于他高超的政治手腕和在全国的声望而默然同意他的纺纱和说教；群众接受他的政治活动，对他因之而一再入狱表示支持；因为他们看到他就是印度教的化身和祖国印度的捍卫者。

甘地的办法是在他的周围聚集一群称作"非暴力不合作主义者"（satvagrahis）的忠实信徒，由他们传播非暴力主义，这对少数人是作为信仰，对多数人则是作为策略。他提倡手工纺纱和织布，以反对机器制品；他开展一个运动以促使印度教社会接纳广大的贱民阶层。他把贱民称作"哈里詹"（Harijans），即神的子孙。这样，他把那一时代的理想主义集中于自己一身，将其用于自己的政治目的。当国大党未能遵循他的路线时，他便退隐，深信该党不能长久离开他的领导。甘地将国大党从一个阶级运动转变为一个群众运动；他把民族主义扩展到全民族。他通过使政治上的民族主义与印度教的感情相结合，做到了这一点。在某种程度上，它成为一种半宗教观念。甘地所获得的成就是独立，而他所付出的代价是分治。

在20年代中期，甘地不得不恢复他已失去的领导地位。在英国，强大的保守势力还不相信国大党运动在印度真正生根。在甘地入狱期间，国大党在吉·兰·达斯和莫蒂拉尔·尼赫鲁的领导下，决定作为"自治党"参加下几届竞选。其目的是阻挠成立能够得人心的政府，从而使改革停顿下来。他们只获得部分的成功，并开始受到被名利所引诱的政客们的腐蚀。当这种死气沉沉的政治局面持续下去时，国大党的年轻一翼日益明显地对议会中毫无结果的反对和收效更少的纺纱活动感到不耐烦。他们接受圣雄对政府的分析，但是要求采取行动而不是不合作。他们发现贾瓦哈拉尔·尼赫鲁和苏巴斯·钱德拉·鲍斯

---

① "多蒂"（dhoti），印度人使用的缠腰布；"查达尔"（chadar），印度人穿用的一种连头巾和面纱在一起的长衣。——译者

② 罗宾德拉那塔·泰戈尔首先给予他这个称号，但从这时起人们普遍加以应用。

是两位年轻而具有超凡魅力的领袖。两人在1928年的国大党马德拉斯会议上首次对该党产生显著的影响，他们违背长辈们的愿望，通过了一项要求完全独立的决议。

在这个令人沮丧的时刻，政府为了解决问题于1927年任命了一个以约翰·西蒙爵士为主席的印度委员会，以便就根据1921年法案所建立的政体的实施情况提出报告。早于法律所要求的时期便设立这个委员会，本来是为了表示善意，但是委员会的成员全部都是白人却被认为是一种侮辱。反对印度委员会成为国大党各派团结的基础。由莫蒂拉尔·尼赫鲁领导的一个全党委员会草拟了一部宪法，以此表示印度的强烈反对。到1930年，舆论已变得十分坚定，以致国大党要求在一年之内举行圆桌会议，以起草一部自治领宪法，扬言如不这样做民众将不服从政府。作为反击，欧文勋爵的政府于10月宣布说，英国发展宪政的目的就是给与自治领地位，并提出建议举行圆桌会议以考虑下一步骤。但是国大党立场坚定，于是甘地在1930年4月以这一微小的差别为理由发动了他的第二次反政府运动。由于做出这一决定，甘地被指责为不守信义和判断失误。鉴于他最初曾赞成接受政府的建议，因此，促使他这么做的动机看来并不是反政府的敌意，而是国大党的状况。左翼情绪在年轻人中间日益发展，这种情绪由于经济萧条而更加尖锐并且为欧洲极端主义运动的情景所激励，要求对严重的局势采取激烈的对策。甘地担心左翼会发生的反抗，甚至脱离组织，这将会导致与政府正面冲突，在国大党尚未做好准备的情况下遭到严厉镇压；此外，独立也可能会被推迟到下一代。因此他决定亲自领导一场非暴力运动，只是感到遗憾，因为欧文勋爵制造了那么多困难使他不能令人信服地这样做。

这一斗争持续了将近一年。政府感到紧张，但没有垮台，这主要归功于欧文勋爵的坚定和冷静。在一个时期里有6万名"非暴力不合作主义者"入狱，但圆桌会议仍按计划举行，不过没有国大党的代表参加。到1931年，已可清楚地看出，国大党不能够推翻政府。甘地和欧文之间的休战，导致甘地参加了圆桌会议的第二次会议，但当他表现出不妥协并重新开始反政府运动时，这个运动很快遭到严厉镇压。正如1922年那样，公众已经感到厌烦；国大党第二次因过高估计了自己的力量而失败。

然而，这两年的骚乱留下了它的痕迹，并成为走向独立和建立国家的路程上的重要里程碑。起初，国大党似乎已销声匿迹，但1934年它东山再起，而且和以前一样强大。事实上，这场斗争既显示了国大党的力量，也暴露了它的弱点。它虽不能够接管这个国家，但它可以阻止它发展；国大党既不会被摧毁，也不能把它长久镇压下去。它表现出不仅是一支力量，而且是在这个国家中要认真对待的主要力量。印度政府认识到这一事实固然重要，但更为重要的是英国也同样认识到这一点。保守党当时进入长期未受挑战的执政地位，该党的大多数人（工党已经改变看法）这时认识到：没有国大党的参加就不可能在印度达成任何解决方案；全民运动已是一个现实，而且其力量日益增长；不可能长期违反印度的意愿而压制它屈从于现状；因此，必须计划给予它独立。他们的观点是：如果我们必须要一个独立的印度，那么我们宁肯要一个保守的独立的印度。这些设想就是保守党在30年代制定的对印政策的基础。

在印度当地，穆斯林教徒和民族主义者之间的裂痕在运动中加深了。穆斯林群众置身于运动之外，这本身就引起憎恨；莫蒂拉尔·尼赫鲁委员会由于拒绝在拟议中的宪法中包括分别或按教派划分选区的原则而得罪了穆斯林领袖们。穆斯林民族主义知识分子穆罕默德·阿里·真纳在这个问题上终于和国大党决裂。在行动中发展起来的极端主义，在国大党内日益得势并开始出现某些恐怖主义派系。但是在社会上，运动的浪潮壮阔起来。群众性的游行示威和大逮捕吸引了各阶层的人们，使他们聚集在一起。这里面临的问题已超越了种姓范围，斗争有助于打破至少某些外在的种姓隔阂。它对妇女运动的影响尤其明显。在此之前，妇女运动为少数西方化的人物所把持，这时已吸引了大批妇女，她们参加示威游行，在集会上讲演，在酒店前设置纠察线，并因而被逮捕。甘地为她们祝福，著名的女国大党人，如萨罗吉尼·奈杜夫人等，对她们加以鼓励。今天她们能够在公共生活中起作用，就是在那时奠定了基础。甚至属于贱民阶层的那5000万人也感觉到这一变化的风气，因为这个运动所发扬的同胞精神和甘地的威信，使得许多人以更多的善意来看待甘地为他们提出的要求。

此后几年，英国贯彻实行了保守党关于印度的新观点。尽管遭到以温斯顿·丘吉尔和劳埃德勋爵为首的一批人的坚决反对（这导致了也许是致命的两年拖延），终于制定出一部新宪法，作为1935年的印度政府组织法。这个法案是独立印度的宪法的蓝图，但这部宪法遵循的是保守派路线。联邦制代替了过去的中央集权制；这样做是为了便于把各土邦王公纳入单一的印度国家之中，而为了起平衡作用，又建立了一个联邦法院。在各省实行完全责任制政府，在中央则实行两头政治，即分权责任制。各省的选民增加到3000万人，并相应地设置立法会议和第二院。显然，下一步至少应是获得完全的自治领地位。政府希望联邦制以及在穆斯林占多数的地区实行半地方自治，再加上精心制定的按教派划分选区和保留席位等制度将会消除穆斯林人和其他少数民族的担心。

宪法的保守倾向主要并不表现在总督所保留的权力，或英国议会在控制印度方面继续拥有的权力，或对选民规定的资产条件。这一切都可予以撤销而并不影响主要结构。与英国议会的联系只不过是在政治上母亲与婴儿之间的一条脐带，实际上已做出安排使印度议会得以在某些方面修改自己的宪法。保守原则的本质在于对待土邦王公的方式，而它却披着革命措施的外衣，即土邦统一在一个新的联邦之中。王公们将把某些权力交给中央政府，而作为交换条件，他们将在自己的土邦中保持内部自治，并将在全印事务中获得很大影响。他们将通过指派议会下院的1/3成员和上院的2/5成员来做到这一点。由于中央政府最后对新成立的议会负责，因此政治倾向将会大大有利于保守派政府。这是政府长期以来实行的亲王公政策的必然结果。国大党的统治可能无法排除，但国大党极端派政权将会被排除。具有讽刺意味的是，恰恰是保守派的另一个花招破坏了这些计划。土邦加入联邦按规定是自愿的，而且在全部土邦的半数人口加入之前是不生效的。这样，王公们就得到机会重新加以考虑并反复斟酌，而政策是施行得如此温和以至到第二次世界大战爆发时还没有一个土邦加入联邦。这时谈判中止了；到大战结束时，王公们发现时代和事态的发展业已把他们抛在后面。

在这些年里印度在政治上出现了两方面的发展。第一是1934年停止了民众的反抗后国大党立即重振旗鼓。但它已不是原来的国大党了。虽然它在12年里第二次超越群众支持的限度而受到惩戒，然而同时也加强了决心和团结。这后一长进使它得以在根据新宪法举行的

1937年选举中大获全胜，而前者所带来的谨慎则促使它在11个省中的6个省份组成省政府。这些省政府的工作进行得顺利而有效率，直到第二次世界大战爆发后它们辞职为止。然而在国大党内部，左翼和右翼之间正在进行一场斗争。年青的一代和一些低收入集团日益为行动主义政策而吸引，他们寄希望于贾瓦哈拉尔·尼赫鲁及其战斗的民主社会主义和苏巴斯·鲍斯及其革命理想主义和独裁倾向。甘地在这些年里的成就是保持了国大党的团结，既不使它在革命的暗礁上翻船，也不使它因衰老而退居于清静无为的地位。他的方法是把激进分子提拔起来，然后运用他个人的魅力和工作委员会中老委员们的投票来加以控制，使他们不能为所欲为。他发现贾瓦哈拉尔·尼赫鲁对这种做法比苏巴斯·鲍斯更为顺从，而且他个人的确对尼赫鲁建立了一种支配地位，这一直持续到独立前夕。他尽可能推迟发生冲突，但是在1939年，当尼赫鲁任两届国大党主席后鲍斯要求第二次出任该职时，甘地把他赶下了台。从此各自分道扬镳，尼赫鲁成为印度第一任总理，鲍斯则去缅甸领导国民军。这种行动主义情绪的一个支流，就是30年代共产党的兴起。它使政府感到担忧，然而它外来的和世俗的色彩太浓，因而不能对国大党构成严重的挑战。

30年代的第二方面的政治发展就是在穆罕默德·阿里·真纳领导下的穆斯林联盟的兴起和巴基斯坦这一概念的出现。印度的穆斯林占全人口的1/4，英国人把他们当作孟加拉兵变的替罪羊后，他们已处于失势的地位。赛义德·艾哈迈德·汗爵士（1815—1898年）把他们从这种受压抑的状态中拯救出来；他坚定地宣传自助，促使穆斯林教徒接受西方教育以便在获得公职方面与印度教徒相竞争，并使他们相信英国的统治要比印度教徒的统治为好，对之加以接受。他的目标是建立一个现代化的穆斯林社会，使其成为英属印度国家的重要组成部分。因此，当新成立的国民大会党开始考虑最终实现自治时，他感到惊恐。他说，多数人的统治只能意味着印度教徒的统治。他对国大党保持着戒心，大多数穆斯林教徒追随他。自此以后，每一个走向自治的步骤都引起穆斯林对保护措施的要求。在寇松离职后，当改革似乎有可能实现之时，穆斯林联盟便马上于1906年成立。它要求规定保护措施，1909年法案中包括了这些措施，并且随着每一期改革的实行，都加以扩大。第一次世界大战后，当支持哈里发制的穆斯林参加了不合作运动时,他们和甘地的国大党之间出现了短暂的和好时期。但是1924年废除哈里发制之后,又回到以前的怀疑与日俱增的过程。随着最终实现独立的前景变得更加明朗,恐惧情绪也就越来越严重,而国大党无力控制的印度教极端主义集团所发表的毫不妥协的声明,更加剧了这种情绪。鉴于1935年的改革即将实现,退出政策便成为讨论的课题。这一政策是由穆罕默德·伊格巴尔爵士于1930年首次提出,并于1933年由乔杜里·拉麦特·阿里命名为巴基斯坦。

正是在这种形势下,真纳把一直是以无声无息的群众为背景、其领导也存在争议的中产阶级运动转变为一个生气勃勃的群众运动。长期以来真纳一直希望将伊斯兰的政治主张与民族运动相结合。他对莫蒂拉尔·尼赫鲁的报告或拟议中的1928年宪法所提出的条件感到失望;而且国大党在1937年联合省的省议会选举中获胜后,企图完全搞垮那里的穆斯林联盟,这使他非常恼怒。此后,真纳这个不会讲乌尔都语的西方化的孟买律师兼政治家便向群众发出呼吁。他得助于穆斯林教徒心中郁积着的对印度教徒的不信任感,也得助于国大党政府小官吏们策划的一些教派挑衅活动,他是很懂得如何利用这些事件的。当这些省政府于1939年年末辞职时,他成功地组织了一次感恩日活动,次年他将独立的巴基斯坦作为穆斯林联盟的政策目标。他说,印度有两个民族,他们必须各自听从自己的命运。

在30年代,新印度稳步地向一个成熟的国家前进。在经济领域里殖民主义正让位于计划经济,它的口号是财政自主,它的象征是关税委员会。关税委员会建立于1923年,它成功地保护了年轻的钢铁工业免受30年代初经济萧条的影响,并帮助棉纺织工业不受廉价的日本纺织品的威胁。兴建了水泥厂这样的新工业,制糖之类的旧工业也得到扩充,以便使印度不需依赖国外的供应。到第二次世界大战时,印度虽然还不是一个工业化国家,但已是一个拥有现代工业的国家;它在世界产钢国家中名列第六。

在教育方面,由于仿效了英国公立式的师范大学并试办了联邦学院体系,因而得以迅速发展。技术教育开始发展。随着甘地的基础教育计划和萨金特[①]的普及小学教育计划的实施,到1970年小学教育

---

① J.萨金特爵士1938—1946年任印度政府教育顾问。

在设想上比在实际上取得了更大的进展。尽管如此，小学教育还是前进了，特别是在旁遮普省。妇女高等教育得到迅速发展，虽然识字的女子只有男子的一半。知识界获得了新的活力。过去，泰戈尔多少像一颗孤独的明星，但现在出现了不少杰出的人物，如哲学方面的萨·拉达克里希南爵士和 S.C. 达斯古普塔博士，科学方面的贾·钱·玻色爵士和钱·梵·拉曼爵士，以及历史学家贾·萨尔卡爵士。在文学方面，兼用英语和印度各种语言写作的整个一派年轻作家，利用西方文学手法来探讨当代社会和文化问题，其中值得提及的有穆尔克·拉吉·阿南德和 R.K. 纳拉扬。印度音乐获得了复兴，印度画家受到阿旃陀石窟艺术形象的启发，创立了一个具有特色的流派，其领导人阿巴宁德拉那塔，泰戈尔赢得了国际声誉。

这一切发展除了上述最后两项以外都是西方性质的，甚至印度现代音乐也受到西方的影响。这些迹象表明，在学术领域和艺术领域里，西方正在争取改变印度的传统。也有显著的例外情况，其中可以提到的有：用流畅的英语阐明新吠檀多主义的本地治里人阿拉宾多先生，以及用波斯语和乌尔都语写作的哲学家兼诗人穆罕默德·伊格巴尔爵士，他的主张为巴基斯坦运动提供了思想动力。除此以外，传统主义派别，如雅利安人协会等，进展甚小。甘地提倡的农村经济和乡土哲学显然正在动摇。他的帽子成为国大党的一个标志，他的"卡达尔"①成为国大党的制服。另一方面，他称贱民为"神的子孙"和让贱民进入寺庙的运动则公开与印度教的正统观念相敌对。因此，还不能够说东方概念与西方概念已相互结合，或有任何早日实现在思想上或种族上一体化的前景。但是，一方在批评时盛气凌人，另一方负疚辩解的情况，已不复存在。这时出现的是相互交流思想，即在成熟的平等基础上持续进行对话。

1939 年夏天，在印度的观察家如果只是漫不经心地观察一番，很可能认为情况并非没有希望。国大党政府已经在 8 个省份里执政两年多，得到印度教徒和穆斯林教徒双方支持的两个政府牢牢控制了孟加拉和旁遮普。穆斯林联盟抗议之声虽甚嚣尘上，但它在至关重要的旁遮普进展甚小，而且几乎没有迹象表明它在伊斯兰民众之中扎根有

---

① "卡达尔"（khaddar），为提倡印度自主，抵制外货而穿着的一种土布衣服。——译者

第十一章 印度和东南亚

多深。王公们对参加联邦仍犹豫不决,但使者往来于他们的宫廷之间,看来总督是决心要获得成功。这时第二次世界大战爆发了。印度对第二次世界大战比对第一次世界大战更加没有准备。第一次世界大战时印度把自己看作与英国是一体;英国的事业就是印度的事业;王公们迸发出忠诚之心,中产阶级表现出极大热情。但自那时以来,英国政府在许多人心目中已经成为"魔鬼般"的存在;现在国大党是印度良心的保持者。印度公众对事务的态度已臻成熟;他们对这场危机的看法是漠不关心的;他们并非不同情同盟国的事业,但对英国的政策持尖锐批评态度。他们记得在大学里曾经学到的宪法准则:"不纠正弊端就得不到供应。"战争并没有造成多少影响,直到法国失陷才震动了公众,使他们关切和担忧。英国的立场和不列颠之战越来越受到人们的钦佩,但他们并不愿意提供无条件援助;此后又复采取漠不关心的态度,直到1942年年初日本的军事行动把战火烧到印度的大门口为止。

两大党都没有正式表示支持战争或允许它们的党员参加在德里召开的军事会议。但这并没有阻止个人根据自己的意愿行事。战争对印度的生活和发展造成深刻影响。首先是为战争做出努力。印度军队参加了北非的沙漠战役,他们的第四师和第七师在那里赢得了国际声誉;他们也参加了在阿比西尼亚和中东的作战。后来他们又参与了导致新加坡失陷的遭到惨败的马来亚战役。有9万人成为日本的战俘,苏巴斯·鲍斯从中征集一部分人编入他的国民军。缅甸沦陷后,他们负责防守印度的边界,1944年在英勇的科希马保卫战中立了战功,1945年年初夺回仰光,从而赢得了最光辉的成就。他们的战绩是可观的,但他们远不如他们的先人在第一次世界大战中那样深得人心。这再一次证明印度在公共事务中达到新的成熟程度。他们不再为印度的军事成就感到惊异和满足;他们期望得到这样的成就,并认为理应如此。

但是在战线的后方,战争的社会和经济后果确实很大。军队从和平时期的17.5万人扩充到200多万人。兵员是从农村征召的,他们比第一次世界大战时远为均匀地分布在全国各地。许多人接受了机械化战争所要求的技术训练。社会对农村生活的影响和技术的促进作用也相应地增大。这一扩展有助于为印度战后的社会发展和技术发展奠定基础。在武装部队扩大之后才出现了供应的扩大。最初,军事当局对此颇为冷淡,理由是一支没有机械化的印度军队在一场机械化战争中是起不了任何作用的。然而法国沦陷后,这种态度改变了。印度成为对中东的供应中心。印度总督林利思戈勋爵当时正是当政的鼎盛时期,组织了东方军团供应委员会。印度供应这一战场总需求量的75%。日本和美国参战后供应的格局改变了,但工业发展继续比过去加快。塔塔的大型钢铁厂在伯恩普尔和其他地方得到扩建与补充。水泥工业大加扩充,以供应在印度东部新建机场的需要,新兴的制铝工业利用了供应丰富的矾土,云母工业也得到扩大。这些发展的规模比第一次世界大战后的发展大得多,再次为印度政府战后的大规模工业化政策奠定了基础。在阻止日本人的努力中,殖民主义最后的残余也被清除无遗。

战争的另一个影响是1943年在孟加拉再次发生饥荒。自从1883年制定饥荒赈济法以来便没有发生过饥荒,这是因为进口食物维持了无粮村民的生活,救济工作又使他们有事可做。但是,1942年日本占领缅甸并切断那里的大米供应后,便没有代替它供应食物的外部来源。整个短缺额估计不超过5%,问题在于调配。但是由于从孟买到阿萨姆自西向东调运军需物资,铁路运输已经十分紧张。此外还增加了自北向南运输食物的新任务。各地方政府表现出完全无能力应付这种局势或公平地分配来自旁遮普的供应品。总督不合时宜地囿于联邦权力,顾虑多端,采取了袖手旁观的态度。在悲观绝望和乘机发财中饥荒日益加剧,直到新任总督韦维尔勋爵视察加尔各答,调用英国军队负责分配工作,并在所有主要城市实行配给制作为公平分配的措施为止。随后的调查委员会估计直接和间接死亡者达150万—200万人之间。这场饥荒是一种不祥之兆,因为它似乎表明英国人正在丧失一种东西,这主要倒不是他们的行政管理能力,而是他们在一场危机中做出决定的魄力。

国大党各省政府为了抗议未经它们同意印度便卷入战争而辞职,从此开始了战时的政治斗争。许多人认为这是国大党犯的第一个策略性错误,因为这样做就使该党失去了对行政机器的实际控制,并促使政府倾向于不太难驾御的穆斯林联盟。接着出现了政治上的僵持局面,在战争结束之前一直断断续续地进行谈判。对国大党来说,不达到自治就不可能参加战争；对政府来说，只有到战后才能提出宪政解决方案。"战后"这一口号成为套在政府脖子上的沉重枷锁，正如"不合作"这个口号成为国大党的枷锁一样。二者之间失去了通过共同行动达到谅解的机会。旷日持久的战争引起的不满，由于日本于1941年末参战而变本加厉，这给国大党带来好处；另一方面，自那时起大批军队拥入印度，从而使任何重大的颠覆活动成为不可能的事。与此同时，事态的发展也为穆斯林联盟扫清了道路。1940年，该联盟决定以建立巴基斯坦作为自己的政治目标，并毫无阻碍地继续进行宣传工作。它在穆斯林的补缺选举中几乎每一次都获胜，到战争结束时，它在中央立法会议中由选举产生的104个议席中占有25席之多。

总督对国大党策略的反应是允诺扩大他的行政参事会（他于1940年8月付诸实行），以及在战后召开宪政会议。另一方面，甘地再次采取号召民众不服从的手段，但把这一运动组织得非常谨慎，因此政府没有遇到严重的困难。1941年年初，以甘地的主要门徒维诺巴·巴夫为首的约1.4万人被投入监狱。事态就这样维持到日本参战造成新的局面为止。这时战火已烧到印度的大门口，它在防务方面的合作就变得至关重要。这正是做出重大努力的时刻，当时在莫斯科取得成就后刚刚返国的斯塔福德·克里普斯爵士，于1942年3月和4月带来了有关宪政的新建议，从而做出了这种努力。这个建议提出了根本性的变革，但是在当时的形势之下，有理由认为它既出自英国的慷慨或远见，也出自英国在危机中迫切需要支援。建议规定：战后立即召开宪政会议，以便为具有自治领地位的印度联邦制定一部宪法。这个新国家像其他自治领一样，将拥有退出英联邦的权利。印度各土邦可以加入新国家，但必要时即使没有它们也仍将推行这个计划。任何一省均可不受这种新安排的约束，从而承认了少数民族的权利。对未来似乎做出了妥善安排，但眼前的问题依然存在，而上述建议正是触了这块礁石而沉没。国大党领袖们最初抱赞成态度，但在甘地的影响下，他们坚持拟议中的国家领导人的执行委员会须拥有自治领内阁的全部权力。据说，甘地对英国提出的前景持悲观看法；难道国大党还应该向正在破产的银行开取支票吗？稍微再等一等，当英国的窘境再加剧一些后，整个政府就有可能落入他们的手中。

对上述建议抱着很高的希望，结果产生了相应的反作用。甘地预料日本将在10月发起进攻，便在这一危机出现之前先发制人，于8月间威胁要发动大规模民众不服从运动，因为英国没有"退出印度"。他说："无论如何，这是公开叛乱。"政府拘留了整个国大党委员会的成员并坚决镇压了左翼企图举行的起义，为此付出了900人的生命和100万英镑的损失。从此以后政府再未受到挑战。国大党失去了在穆斯林联盟强大到有力进行干涉之前控制政府的这一机会，同时也失去了既保持印度的统一又赢得独立的最后一个机会。

欧洲的战事结束后，出现了一个新局面。现在必须以这种或那种形式给予自治领地位。但英国认为亚洲的战事还会持续一年，而在此期间政府能够从实力出发与印度的各党派进行谈判。韦维尔勋爵于6月召开一次会议，以便按照克里普斯的方针组织一个过渡内阁，但由于穆斯林联盟要求代表全体穆斯林，这次会议宣告失败。1945年8月日本的投降，为最后一幕准备了舞台。转夜之间，各种政治因素的分量起了变化。英国不再能够发号施令，或阻止其他人发号施令。随着迅速的遣返工作，他们的军事力量大为减少，而且由于英国国内和世界上对印度问题的看法发生根本变化，他们的统治意志产生动摇。新上台的工党政府决心要实现印度的自治，它只关心以什么方式来完成此事。从此以后，英国在印度能够进行争论和调停，但已不能发号施令。根据当时情况下印度人的情绪来看，分治是不可避免的。1945年年底至1946年年初的那个冬季举行的大选说明，正如国大党在印度的印度教徒中占有支配地位一样，穆斯林联盟在印度的穆斯林教徒中也占有支配地位。这时两党的对抗已十分清楚，而较小的一方的领袖是一位老练的策略家。与此同时，一次短暂的海军兵变表明，英国仍保留的权威已没有多少回旋余地了。从3月到6月，由佩西克—劳伦斯勋爵、斯·克里普斯爵士和阿·维·亚历山大（后封为子爵）组成的内阁使团为了寻找一个各方同意的解决方案而做出了重要尝试。① 这一尝试失败了，表面上是因为各教派的席位分配问题，实际上却是由于双方都不愿意放弃各自要求统一和要求分治的目标。互相指责导致真纳的8月16日"直接行动日"。当时使加尔各答陷入苦

---

① 使团自1946年3月24日至6月29日在印度。

难的流血暴乱，在印度北部引起连锁反应，导致1947年年初开始的旁遮普的地区性内战。面对日益加剧的混乱和日渐蔓延的无政府状态，双方领导人都束手无策；一方采取的每一行动都遭到对方的破坏。

伦敦政府为了应付这一局势，1947年2月宣布派遣蒙巴顿勋爵前往印度，以便至迟在1948年8月之前结束英国的统治。他为调停做了最后一次尝试之后，制定了一个分治计划，双方于6月同意了该计划。他非常迅速地推进工作，以至1947年8月14日便完成了实际的移交手续。巴基斯坦分得西旁遮普、信德、俾路支、西北边境省以及东孟加拉和阿萨姆的穆斯林占多数的地区；新印度分得其余部分。一个边界委员会解决了有关边界的细节问题。印度的王公们被解除了他们对英国国王效忠的义务，并被要求加入两个国家中的任何一个。

英国与印度的争论就这样结束了，不久便可看出它除了好感之外没有留下什么东西。但是它使印度教徒与穆斯林教徒之间的争执相形之下更加突出了，这个争执其实并未得到解决而是改变了性质。由于这个未得到解决的紧张状态这样一改变性质，付出的代价是，1947年分治时双方各有约50万人遭到杀害，还有一千多万人迁居。另一方面，分治使两国都得以建立起一个能够贯彻执行现代化计划的强有力的政府。印度人，以及在小得多的程度上巴基斯坦人，都发现在过去1/4世纪中英国人的行动，已经为这样的现代化计划打下了基础。

二 东南亚

20世纪初，荷兰、英国、法国和美国几乎垄断了对现在被称为东南亚的由大陆和岛屿构成的广大地区的控制权。四国中荷兰立足最久，并拥有富庶得多的殖民帝国。荷属印度被誉为"抛在赤道周围的绿宝石腰带"，它以1619年由扬·彼得森·科恩创建的巴达维亚为中心，包括整个马来岛群，只有美国不久前根据1898年12月的巴黎条约从西班牙获得的菲律宾群岛，以及婆罗洲西北部、帝汶岛的葡属半部和新几内亚的东部（其北部为德国所有，南部为英国殖民地）等地除外。荷属东印度群岛从苏门答腊的西北端到新几内亚荷属领地的东端，横跨近3000英里，自北至南的宽度约为1300英里，陆地总面积将近73.5万平方英里。1900年，这整个地区尚未完全纳入荷兰统治之下，它的大部分只是在19世纪下半叶才落入荷兰手中。苏门答腊西北部的亚齐人自1873年以来一直为独立而斗争，直到1908年才最后被制服。

英国在东南亚的殖民帝国主要是在大陆上。它最大的领土是前"阿瓦王国"（缅甸），这个国家是在1824—1886年间被英属印度逐渐蚕食的。在缅甸的南面是由新加坡、槟榔屿和马六甲组成的英国直辖的海峡殖民地，而四个马来联邦：霹雳、雪兰峨、森美兰和彭亨，则是在英国保护下的名义上独立的苏丹国。1909年，暹罗将它对玻璃市、吉打、吉兰丹和丁加奴几个马来土邦的宗主权转让给英国。1912年柔佛成为英国的保护国。在婆罗洲，沙捞越由原来的王公詹姆斯·布鲁克的侄子统治，英属北婆罗洲由领有特许状的同名（北婆罗洲）公司管辖，它们和文莱苏丹国也都是英国的保护国。

在湄公河流域和南中国海沿岸，法国从1859年以来一直忙于为自己开拓一个广阔的印度支那帝国。它包括最南端的交趾支那殖民地，以及安南和东京、柬埔寨和老挝等保护国。它对老挝的统治到1900年还未完成。美国是在东南亚获得相当大的一部分统治地的最后一个西方强国。在1898年的美西战争以后，西班牙被迫让出整个菲律宾群岛。但是，直到1901年，在同一个强有力的菲律宾独立运动进行了激烈的游击战以后，美国的统治才最终确立。而这个独立运动是美国人自己在以前加以扶植和武装来反抗西班牙的。

暹罗王国是在整个这一地区唯一幸存的独立国家。多年以来，它在英国和法国这两个对外扩张的帝国之间维持一种动荡不安、朝不保夕的生存。锡袍国王企图挑拨当时正在征服东京的法国反对英国，结果导致缅甸王朝覆灭和上缅甸被并吞。而当法国利用它在越南的新地位从暹罗的宗主权之下攫取琅勃拉邦的老挝王国，并把暹罗人从他们在湄公河以东的全部领土上逐出时，暹罗的危急时刻就来到了。在东南亚的英国官员们深信，法国人把他们在印度支那的殖民地帝国当作一个基地，以便一方面进一步向中国推进，另一方面又向湄南河流域推进，甚至进入马来半岛。1893年7月制造的"北榄事件"，无疑是指望暹罗会失去理智，给法国提供一个似乎可信的借口，以便再一次向前推进。实际上，这个事件把英国和法国带到了战争边缘，因为英国的政策是维持一个独立的暹罗,作为印度帝国和法属印度支那之间的缓冲国。德瓦旺亲王对局势的巧妙处理和英国对法国施加的外交压力,暂时保持了暹罗的独立。随后,在1896年,由于湄公河上游的英法边境官员之间发生的一场争吵,使两国关系再次紧张到几乎要破裂以后,这两个大国同意共同保证湄南河流域的独立。但是,直至1904年英法缔结协约后,暹罗才算平安地摆脱了纠纷。

1900年开始了一个开发殖民地的新阶段,它比以前更紧密地把东方同西方的生产体系联系在一起。随着内燃机的问世,东南亚的锡、橡胶和石油成为西方经济不可或缺的物资。私人资本在几个强大的公司的指导下,坚持更有效地开发殖民地。效率这个词实际上已经成为一个新的行政格言,在印度的寇松勋爵是它的最重要的鼓吹者。但是对正在兴起的新的一代殖民官员来说,效率不仅仅是为了使"大企业"获得利润,同样也是为了使被统治的老百姓得到福利。荷兰的范·德芬特尔提出的"道德政策",与吉卜林的"白人的重任"内容极其相似,他发表在《导报》月刊上的文章《道义上的负债》(1899年),标志着荷兰对其殖民地人民的态度开始发生巨大的改变。但是,繁荣是社会进步的先决条件。东南亚那些拥有潜在的财富但尚不发达的国家过于贫穷,因而无力承担改善社会服务所需的巨大费用。因此,在使它们成为私人资本进行角逐的理想猎场的同时,殖民政府自己筹措经费来进行大规模的公共工程,并把公共卫生和福利提到较高的水平。

于是,东南亚人民的经济开始依赖于外部市场,尤其在法属印度支那和菲律宾,它们的经济与它们宗主国的经济密切相关。随着经济作物生产的扩大和向货币经济的过渡,当地农村的自给自足经济遭到破坏;而从欧美进口的廉价制成品使当地的许多手工业陷于萧条,这些手工业曾经是农民的宝贵的辅助生活来源。与此同时,由于行政工作的改善和西方的公共卫生措施所引起的空前的人口增长,在许多地区造成社会的解体。在缅甸,特别是1870年以后,有大量人口移入伊洛瓦底江三角洲地区,在英国的鼓励下扩大稻米生产。因此到19世纪末,缅甸已成为世界最大的生产出口大米的国家。在爪哇,惊人的人口增长超过了荷兰为增加食物生产所做的一切努力,并对土地造成非常大的压力,因此在20世纪初就已经太少的个人土地占有量

（平均每一家庭二英亩半），有进一步减少之势，给农民的生活水平带来严重后果。这种境况虽然不好，但比东京的红河流域那些人口拥挤的地区还好一些，在那里，分散零碎的土地占有所造成的萧条，由于投机者获得了公地而变得更加严重，这些公地多少世纪以来一直是村社防止贫困的保障。在菲律宾，到西班牙统治末期，上述趋势开始在吕宋中部和宿务表现出来，在这些地方，租佃问题使人口压力变得更加严重，而美国人抱着他们的自由企业思想，对这个问题没有试图加以解决。①

因此，20世纪的殖民统治没有能够为构成东南亚人口绝大多数的农民阶级维持过得去的生活水平。世界经济萧条的全部后果于1930年开始表现出来，它使东南亚的主要产品在世界市场上失去价值。这第一次暴露了在农业上仰仗他人恩惠的问题真正意味着什么，并使东南亚受过教育的上层人士充分认识到他们的经济依赖西方经济已经到了何等危险的程度。农民的困境表现为在缅甸和越南发生的几次重大的起义，以及在菲律宾的农民组织和地主私人军队之间的武装冲突。在印度尼西亚，荷兰的统治非常稳固而机警，因为它已经遭到过在1926年年末和1927年年初达到严重关头的左翼革命运动的挑战，但这些运动没有成功。

作为对西方统治的反应，各处都产生了一种新的、更为激烈的民族主义。西方的教育对这种民族主义的发展起了极其重要的作用。福利国家需要大批经过训练的当地人在它日益扩大的行政机构中任职，工商业也是如此。随之而发展的中等和高等教育，以西方的方法为基础并采用西方的语言作为教学工具，造就了一个新的知识分子阶层，他们学到了西方的思想和组织，西方的历史和科学。他们感觉到正在改变西方的观点和技术的科学革命的影响。西方的考古学家和学者们拯救了他们的古迹和艺术珍宝，使之免遭毁灭和湮没，并对他们的历史资料进行了科学研究，使他们通过这些获得了对他们自己过去的历史的新认识。这一切事物的影响给他们带来一种新的自觉意识，并激发了与中世纪末欧洲的文艺复兴有许多相似之处的一场文艺复兴。他

---

① C. A. 费希尔在《东南亚社会、经济和政治地理》（伦敦，1964年）一书第161—194页论述了西方统治的主要经济后果。

第十一章　印度和东南亚

们深恨西方人把他们降到劣等地位。他们认为，除工艺方面以外，他们的文化并不亚于西方。再者，西方的教育灌输的是以西方为中心的观点，它忽视当地的生活方式和思想。因此，其反作用是传统主义的复活，它表现为在佛教国家将佛教、在伊斯兰教国家将伊斯兰教与爱国主义等同起来，又表现为重新肯定传统神话，以及要求对民族语言和文学给予更大的重视。①

针对由于西方在经济上开发东南亚而吸引来的外来亚洲移民，特别是中国人和印度人，也煽动起了民族仇恨。这些移民对激烈的民族主义的关心和支持（民族主义在他们各自的国家里与东南亚的民族运动同时发展起来），严重妨碍了他们与他们生活在其中的人民发生同化，使他们成为当地人的仇外目标。

最后，还有外界事件的影响。1899年中国的反西方的义和团叛乱，自称为亚洲人权利维护者的日本的崛起及其在1905年战胜俄国，中国的革命和相继而来的满清王朝的崩溃，以及甘地对印度"自主"（swaraj）运动的领导，这一切都使东南亚的知识分子阶层感觉到亚洲正在崛起并向西方的统治做出挑战。各个国家的民族主义运动的领袖们正是从这些人中涌现出来的。在他们看来，威尔逊总统于1918年为解决欧洲问题而提出的"十四点"中阐明的自决原则，具有普遍的效力。它为他们提供了反对外国统治者的团结口号。

这一觉醒过程，在菲律宾比在任何其他东南亚国家开始得早。这原在预料之中，因为菲律宾人受西方统治的时间比这一地区任何其他民族都长，并遭到西班牙的最严厉的文化压制。② 这个群岛曾被紧紧地与墨西哥连在一起，并且几乎没有取得什么经济发展。但是在19世纪，随着与外界比较自由得多的贸易的成长，菲律宾人中出现了一个富裕的中产阶级，他们的孩子去国外留学，并发展了强烈的改良主义思想。属于这阶级的人物，如何塞·黎萨尔和马塞洛·比拉尔等，成为一个民族主义宣传运动的领袖，要求进行改革，不过还没有要求脱离西班牙。然而黎萨尔的温和的"菲律宾联盟"遭到镇压，但随

---

① 关于这一点，参阅唐纳德·E. 史密斯《缅甸的宗教和政治》（普林斯顿，1965年），第52—57、75—76、118页；W. F. 沃特海姆《转变中的印度尼西亚社会》（第2版，海牙，1964年），第209—217页。

② 关于这个问题的最新研究是约翰·L. 费伦《菲律宾的西班牙化》（威斯康星州麦迪逊，1959年）。

后却出现了名为"卡提普南"①的全国性秘密革命团体,致力于以武力推翻西班牙的统治。1897年,该组织在艾米利奥·阿奎那多的领导下建立了自己的革命政府,但遭到镇压。次年爆发的一场新起义后来卷入了美国对西班牙的战争,并且如前所述,在西班牙将菲律宾移交给美国之后,最终被美国扑灭。

美国对菲律宾的兴趣完全在于战略方面;但是当美国人意识到菲律宾人强烈的民族主义时,他们做出许诺,他们将十分尊重菲律宾人的风俗习惯和传统,并给予"最充分的自治"。美国人恪守了自己的诺言。此外,他们认识到,要实行民主就必须比在西班牙统治时期更为广泛地普及教育,于是他们开展了一场以英语为教学手段的大规模的教育运动。教育是美国对菲律宾的最重要的贡献;教育经费在殖民地预算中占有的百分比比任何其他东南亚国家都高得多。美国保留了大部分的西班牙行政结构,但是在中央以及省、市、乡镇等整个地方区域中,在很大程度上增加了代议制政府的成分。这就需要准许组织政党,其中大多数是以鼓吹马上实现独立开始的。从1907年菲律宾国民议会第一次会议起直到第二次世界大战中日本人占领时期为止,一个政党——国民党始终保持压倒优势,这主要是通过三位杰出人物的领导:美国训练出来的律师塞尔希奥·奥斯敏纳(1878年生)和曼努埃尔·奎松,以及菲律宾大学所培养的才华横溢的曼努埃尔·罗哈斯。

在很短时间里,美国便把类似它自己的那种民主形式引进菲律宾;然而菲律宾的民主具有严重的缺陷,因为只关心保存自己的社会和经济特权的土地贵族和知识分子阶层有效地掌握了所移交的权力。他们对行政事务的操纵使大多数自耕农降为用谷物交租的佃农或雇农。1909年将菲律宾纳入美国关税区,进一步加强了地主阶级的力量,因为它有利于在私营企业和大土地所有者的控制下的糖、马尼拉麻、椰子油和干椰肉的大规模出口生产。扩大这些经济作物的生产是在部分地牺牲粮食生产的情况下实现的,于是"糖业大王"比"粮业大王"掌握了更大的政治权力。② 再者,菲律宾依赖美国的程度比

---

① "最崇高的、最受尊敬的菲律宾儿女协会"的简称。——译者
② E. H. 雅各比:《动荡不安的东南亚农业》(纽约,1949年),第184—185页。

东南亚任何其他国家依赖自己宗主国的程度更加严重,其结果不可避免地导致工业发展的迟缓。

到30年代,美国的舆论开始转变为强烈支持菲律宾独立。1934年,国会规定一个准备实行自治的10年期限,并准许召开菲律宾制宪会议来起草一部成文宪法。作为对这些让步的交换条件,美国可以保留它的陆、海军基地,直至实现完全独立时为止。

但是,当菲律宾人刚刚真正走上完全自治的道路时,欧洲和太平洋的国际局势就开始恶化。日本对中国的入侵引起了巨大的惊慌,以致菲律宾的政策急剧地转向同美国建立更紧密的联系,道格拉斯·麦克阿瑟将军被任命为菲律宾联邦军事顾问后,在美国资金的援助下开始建立和训练一支当地部队。

荷兰人在统治印度尼西亚的最初两个世纪中,如此热衷于维持他们的商业垄断,以至毫不关心它对当地的制度有何影响。19世纪前半期推行的"种植制度"(cultuurstelsel)变成了用来剥削当地生产品的最有效的制度,并给荷兰政府带来了巨大的殖民盈余(batig slot)。为了补救这种做法在爪哇所造成的危害,自由主义开的药方是尽可能地向私人企业敞开大门,但这对于印度尼西亚人的利益仍然没有提供保证。因此,20世纪初期的"道德政策"就被作为一种最后的弥补手段。其办法是分散行政权力,以村社(desa)作为提高当地人福利的主要工具。严密的乡村行政机构逐步地建立起来。但是荷兰人的家长式统治如此严密,因此,任何属于真正乡村自治性质的事物都不可能得到发展。

印度尼西亚民族主义的最初迹象,20世纪初表现在天才的拉登·阿强·卡尔蒂妮的活动中。卡尔蒂妮是扎巴拉摄政的女儿,她在1911年发表的信件,激发了本国精神力量的解放,这在荷属东印度是一个新现象。她和哇希丁·苏迪罗·胡索多医生(一位退休医官,曾于1906年发起一个推动爪哇前进的运动)都指望把推广西方教育作为救国手段。1908年,他创立了第一个民族主义协会"至善社",其成员主要是知识分子和官员。随后不久,在1911年,一个性质完全不同的协会"伊斯兰联盟"也建立了。它是一个群众性的运动,最初是爪哇的印染花布商为了反对中国人的剥削而建立的一种联合,在几年之间变成了一个革命政党。它举行全国代表大会,组织罢工和要求独立。1917年俄国的共产主义革命对爪哇的局势产生了直接影响。一个与莫斯科紧密联系的积极活动的共产党支部（"第二支部"）企图控制伊斯兰联盟。这个目标失败以后，它组成了印度尼西亚共产党（P. K. I.）并与母体脱离，因为它的母体尽管持有社会主义观点，仍然坚持民族主义的和宗教的理想。1922年，由于从欧洲回来的本国留学生对在政府机构中任职的本国人所处的地位感到不满，因此，在他们的影响下，伊斯兰联盟与印度国大党建立了联系，并采取了不合作政策。

战后的萧条与由此产生的劳资纠纷正好给极端主义者提供了他们所需要的机会来造成政治和经济生活的极大混乱。莫斯科把爪哇看成是一个具有头等重要性的战略中心。印度尼西亚共产党人与中国共产党人通过在新加坡的代理人发生了接触。从1923年以后，一系列的革命罢工运动终于在1926年11月爆发为一场突然的叛乱，地点主要是在西爪哇，但也在苏门答腊邻近爪哇的地区，因而导致荷兰人采取严厉的镇压措施。共产党的领袖们和他们的数百名追随者被拘禁在新几内亚，于是该运动逐渐消亡。第二年，苏加诺博士的印度尼西亚国民党（它曾经试图仿效甘地的做法）也被摧毁，它的领袖被捕入狱。严厉的镇压和严格的新闻检查制度限制了印度尼西亚的政治运动。

战后这些年间的大部分动乱，是由于对荷兰人不愿实行任何真正的权力移交感到失望所造成的结果。他们那些漂亮的诺言实际上没有多大意义。在第一次世界大战期间，民族主义运动者坚持要求在政府中分享更多的权力。为了应付这种要求，1917年成立了一个国民议会，但其中欧洲人占多数，一半的成员是任命的，而且它的权力极其有限。与这一发展相联系的，是一个关于在各省将权力分散的总计划，但这种新制度迟迟未能形成，只是到日本人入侵以前不久才实现。它表示荷兰人准备做出的最大让步。

1900年以后，汽车工业的迅速发展彻底改变了东南亚在世界事务中的地位。1938年，荷属东印度、马来亚、法属印度支那、暹罗、缅甸、英属北婆罗洲和沙捞越实际上生产了世界上的全部橡胶和一半以上的锡。这两种产品的主要买主是美国，而主要生产者则是马来亚。马来亚橡胶和锡的生产的巨大发展，是依靠英国人和中国人的事业心和资本取得的。它造成中国和印度的移民的大量涌入，因而到

1941年，马来亚人不过占人口的41%，不如中国人多。他们仍然大多是种植水稻的佃农，他们非常自傲，因而对于使他们国家改变面貌的经济发展不感兴趣，同时他们又很无能，所以无法使用英国人为他们提供的比较现代化的方法。

据说再没有别的民族比他们更不关心政治和对经济发展更不感兴趣的了。因此，用 L. A. 米尔斯教授的话来说，出现的主要问题是"如何把外国资本和移民的合法利益与马来人关于更多地参与治理他们自己的国家的同样合法要求结合起来"。由于大多数中国人和印度人只是暂时留在这个国家，因而只有马来人发展了一种马来亚爱国主义。在第二次世界大战中被日本人征服以前，这只限于人数很少的中产阶级，他们曾经受过某种程度的西方教育。对中国人和印度人的憎恨起了作用，第一次世界大战后发生在整个穆斯林世界的宗教复兴也起了作用。

在马来联邦中实行的间接统治只是表面现象，实际上是由在吉隆坡的首席部长及其附属的文官机构将它作为一个整体实行非常有效的统治。在马来属邦中，顾问们必须用建议和说服的方法来促进政策的协调。海峡殖民地由总督管辖，而由一个行政委员会和一个人数不多的立法委员会协助工作；1924年以前，立法委员会所有的成员都是任命的，那年增加了两名英国成员，是由新加坡和槟榔屿的商会选出的。非官方的成员包括一名马来人和三名华人。官方的成员总是占多数，他们必然支持总督的政策。但是，实际上，对非官方成员的意见却非常尊重。很少有人要求对这种形式的政府作任何改变。英国和华人的经济利益集团担心由于把权力移交给苏丹们而造成管理松懈的后果，但是英国的行政官们对这种局面并不感到满意，在30年代期间，围绕这个问题进行了一场激烈的争论。最后，采用了一种分权政策；首席部长一职于1935年撤销，某些额外的权力移交给苏丹的国务委员会。在这种方式下，协调政策的责任转到了高级专员及其"发言人"联邦秘书手中，同时苏丹们的威信也提高了。直到1941年日本人入侵时，伦敦的殖民部仍然坚定地推行分权政策，只是在等到对1935年实行的改革的效果做出判断后，才在这方面采取了进一步的措施。

缅甸在1826年至1886年之间被英国蚕食，到1886年1月1日第三次、也是最后一次被吞并时，又恢复为一个整体，成为英属印度的一个省。"进军曼德勒"几乎没有流血，但随着君主政体的崩溃，在全国范围爆发了严重的反抗活动，英国不得不进行长期而艰巨的"安抚"工作。此后，缅甸在很长时期里一直平静无事。20世纪初，缅甸的行政机构与印度的其他省份非常相似，即最高层有少数英国文官指挥下面各级本地属员工作，在这些属员中，印度人担任许多重要职务，因而引起缅甸人的不满。大规模地扩大政府的职能的要求，开始显示出实现现代化和加强效率的迫切愿望，而这样做，就必须创立一些专业部门，结果把较老的家长制度变成官僚政治。这时，在英国的统治下，改革之风第一次吹到乡村，建立了以村庄为基础的新的地方行政系统，同时，中央政府的官员们日益干预乡村的日常生活。本世纪初，出现了一个从寺院学校（它在缅甸人的生活中曾占有非常重要的地位）转变为由政府举办或资助的世俗教育的过程，其重点是发展用英语教学的中等和高等教育。这一变化所引起的佛教僧侣的憎恨，以及在锡袍被废黜后英国行政当局未能维持国王对"僧伽"（Sangha）的保护，都是导致僧侣戒律松弛的重要因素，在20年代里，以及在民族主义僧侣的反英宣传鼓动的高潮中，这种戒律松弛现象变得严重了，尤以乡村为甚。

世俗人的民族情绪表现为1906年创立的佛教青年会的佛教复兴主义，以及大约10年以后开展的禁止在佛塔和其他神圣场所穿鞋的宣传运动。然而，外界观察家认为缅甸人对政治无动于衷。特别是1917年当埃德温·蒙塔古宣布在印度发展责任制政府时，只不过引起缅甸人脱离印度的要求，这更加深了上述看法。1920年，在印度各省建立两头政治的蒙塔古—切姆斯福德计划将缅甸排除在外，这时，群众的愤怒突然爆发了，这清楚地表明这些人的看法是多么错误。新成立的仰光大学和全国各地政府和教会办的中学中的学生罢课，以及在国民教育委员会领导下组织的"国民学校"制度，都最强烈地表现了这种不满。英国政府急忙把两头政治也应用到缅甸。1923年，成立了一个由103名成员组成的立法委员会，其中79名是通过民主选举产生的。该委员会通过从选举产生的成员中选任部长的办法，得以控制教育、公共卫生、森林和税务各部。

这时民族运动取得迅速的发展。极端主义者以爱尔兰为榜样，鼓吹暴力革命。缅甸人民团体总会抵制了立法委员会的第一次选举,秘密的"不合作协会"（BuAthins）则在乡村进行恐吓并开展抗税运动。1930年的大萧条带来的贫困,导致暴力活动日益加剧。反印运动造成1930年,后来又在1938年发生的流血暴乱。1930年12月,在受到萧条打击最重的产米地区爆发了全面起义;其领导人以前是一个僧侣,他宣扬一度与君主政体联系在一起的种种救世主的预言。

尽管如此,两头政治在有限的程度上获得了成功。立法委员会中有一个稳定的民族主义多数派,它常常利用该派给政府制造麻烦,但从来没有把政府逼入困境;同时还有热心于促进社会福利的温和分子。然而,他们坚持要求立即实行自治并脱离印度。但是,对立各派之间的争权斗争,使得在实行两头政治的时期里没有能够就改革通过任何立法。1937年,当印度实现各省自治时,缅甸达到了脱离印度的目的,并建立了两院制议会和内阁制政府。另外又有许多权力移交给新政府,因此,尽管总督拥有"保留的"权力,它实际上对缅甸本部的整个内政行使了有效的管理;但山区的掸族、克钦族和克伦族以及钦族不包括在这个安排之内。民族主义者仍不满足,但是,如果不是因为欧洲的战争威胁和太平洋地区来自日本的日益增长的危险,缅甸本来可能逐步地和不事声张地取得自治领的地位,而不必对它的宪法结构做任何重大的修改。有意义的是民族主义的鼓动活动只限于缅甸人之间;非缅甸人的少数民族把英国人视为他们的保护者,使他们免遭缅甸人统治的威胁。

民族自尊心是创立法属印度支那的最初动机。它开始于第二帝国的沙文主义,继而是对普法战争的耻辱做出的反应。法国人从来不像英国人和荷兰人那样,对其臣民的福利有着责任感。他们只知为了法国的利益而剥削当地的财富。其次,才是传播法国文化的愿望,但远非那么强烈而且大部分是由于环境的驱使。任何关于训练本地人以便最终实现自治的想法,都是完全不能接受的。安南、柬埔寨和老挝的王室被保留下来作为权力的象征,但一切实权都操在法国总督之手,他是一个高度集中的政权的首脑。

在法国的政策中有一种奇怪的矛盾,因为尽管很少有法国官员说他们所统治的人民的语言或能够了解这些人民的想法,但是,1899年在河内建立的远东法文学校的一群人数很少的法国东方学家,却对印度支那的语言、风俗、历史和考古发现进行了最卓越的研究，这里所使用的印度支那一词是指其最广泛的范围。

但是，在这种无可置疑的伟大成就的背后，应当看到为了推行法国的农业殖民地化而使广大地区的本地农业经济所遭到的破坏，以及创造出一个富有的地主阶级来剥削愚昧无知和麻木不仁的农民的劳动。在法国人的统治下，印度支那与暹罗和缅甸一起，成为世界上最大的大米输出地区之一。它成了法国的海外领地中最有利可图的领地。但是广大人民的工资仍然低得可怜，因而共产主义在法属印度支那比在东南亚任何其他地方扎根更深，也就不足为奇了。

具有中国文明的越南人，在印度支那联邦的各国人民中，是文化上最先进的。越南人的民族主义最初大部分是法语——本地语学校的产物，这些学校的建立是为了训练本地低级职员的。为了抵制民族主义，法国人通过高等学校和河内大学灌输分量更多的法国文化。但效果适得其反，人们评论说，最激烈反法分子，正是那些最精通法语的人。因此，当1907年保罗·博为了对民族主义让步而建立河内大学时，这所大学要纠正的弊病却大为发作，结果它在第二年就被关闭，直到1917年才重新开放。法国人犯了英国人在缅甸所犯的同样错误，即忽视本地语教育。早在1910年，有位观察家就曾指出一个重要的事实："犯罪与欧洲式教育的曲线同时上升"。

第一次世界大战以后，越南的民族主义运动使法国人感到严重的不安，当时，受过教育的高级职员阶层受到西方关于民族自决的理论和印度的自主运动的双重影响。共产主义也成为一个强大的力量，而且到了1925年，有了一个革命党，主要由学生组成，他们从广州人那里接受了共产主义。1930年和1931年，在东京发生了小规模的民族主义和共产主义起义，遭到法国人的残酷镇压，处死的人数以百计。反法运动多年被打入地下，而且大半停止活动。

1938年，日本在它于前一年7月开始的第二次大进攻中给了中国一系列沉重的打击后，宣布在东亚实行"新秩序"。正如公开宣称的那样，它有两重性：一是反共，一是反西方。两年以后，当德国在西欧获得军事胜利时，日本宣布建立一个"共荣圈"，邀请东南亚各国参加。当时东南亚由于生产为现代技术文明所需的粮食和原料，就其面积而论，已经成为世界上独一无二的最富饶的地区。在它的各个地区中，荷属东印度是日本最垂涎的，但它说服荷兰人参加共荣圈的一切努力都归于失败，于是，日本认识到只有通过战争才能达到它的目的。

一个相当重要的事实是，日本直到它于1941年投身于大规模南进时，并没有能够在东南亚各国中煽起任何属于民族主义性质的反对西方列强的起义。日本人的进攻也没有得到遭到他们蹂躏的各国中民族主义运动的任何物质援助。不论在什么地方，都没有把他们当作解放者来欢迎。有一些人和他们合作，例如印度尼西亚的苏加诺和穆罕默德·哈达，缅甸的巴莫和昂山；但同样也有一些忠诚的民族主义者，例如苏门答腊的沙里弗丁埃米尔和苏丹·沙里尔，他们坚决不同日本人打任何交道。广大人民群众以一种不知所措而又无可奈何的心情，眼看征服的浪潮席卷他们。

日本人出人意料，迅速而轻易地占领了东南亚，从而使西方列强威信扫地，从许多方面来说，这是具有决定意义的。但是没过多久，日本人的狂妄和残忍，特别是他们无情地剥削当地的人力和经济资源，引起人们对他们的畏惧和憎恨。抵抗组织到处涌现，这些组织往往是由撤退的军队留下的或者是空降到各国的欧洲军官们领导。在1945年的反入侵战斗中，大部分由日本人组织起来的缅甸国民军投向盟国，并在骚扰撤退的日军方面起了有益的作用。

1945年8月，日本人的投降来得如此突然，因而在盟军还未采取军事行动的两个地区——法属印度支那和荷属印度尼西亚——在盟军尚未实行占领以前便有一段空隙，民族主义运动主要在日本人的协助下，乘机攫取了控制权。胡志明及其追随者控制了安南傀儡政府，保大皇帝退位，越南共和国宣告成立。在印度尼西亚，从日本人投降到东南亚盟军司令部开始占领爪哇以前，不可避免地有一个多月的拖延。而且，荷兰刚刚从德国占领下解放出来，荷兰政府还没有做好准备以便应付由于日本突然崩溃而造成的局面。因此，苏加诺在沙里尔和哈达的支持下，乘机宣布成立印度尼西亚共和国。无论法国或荷兰都不承认在它们战前的殖民地帝国中新建立的革命政府的权威，两国都准备尽可能重新获得它们失去了的权力。

在缅甸和马来亚，英国人被当作解放者而受到欢迎，并在短短几个星期内就重建了文官政府。但是，在这两个国家，战争年代的经历已经创造了一种新的政治气氛。英国计划在缅甸恢复1937年的宪法之前实施短时期的直接统治，在此期间进行复兴工作。然后将为召开制宪会议举行选举，缅甸人将草拟他们作为英联邦自治领的一部宪法。但是，国民军司令官昂山和他在"我缅人协会"里的朋友们要求立即实现完全独立。他们组织了全国范围的反法西斯人民自由同盟，并使其成为实现民族主义抱负的核心。日本的统治和日本于1943年8月1日赐给缅甸的"独立"给他们带来的经验，加强了他们争取真正独立的愿望；同时他们要阻止外国企业利益集团在国民经济中重新占据原来的地位。他们有效地反对了重建文官政府后英国总督所组织的每一届内阁，以及英国企图恢复秩序和推动经济复兴的努力。于是，1946年10月，总督休伯特·兰斯爵士接受了他们的要求，同意成立一个反法西斯人民自由同盟占统治地位的、以昂山为首的部长会议。次年1月，昂山与艾德礼先生的工党政府在伦敦达成协议，根据协议，他的内阁得到对内政的完全控制权，而英国则保证接受为决定自治形式将于1947年4月举行的大选的结果。

最紧迫的问题是那些非缅甸民族——掸族、克钦族、克伦族和钦族——激烈反对任何导致缅甸人占支配地位的安排。昂山—艾德礼协定中包括一个保障他们的权利的附带条款，返回缅甸后，昂山立即开始与他们谈判，终于谈妥他们同意加入拟议中的缅甸联邦的条件；这些条件正式写入了宪法。然而，克伦族站出来要求在英国人的保护下建立一个单独的国家。但是，他们之中的绝大多数居住在缅甸本部，构成他们定居的各地区的少数民族，这一事实使他们的要求完全无法实现，于是英国不得不遗憾地加以拒绝。1947年7月，当昂山和他内阁的大多数成员被一个政敌所雇用的刺客暗杀时，这是缅甸尚待解决的问题之一。休伯特·兰斯爵士立即任命昂山的挚友吴努为总理，英国政府就是与他谈判签订了条约，根据这项条约，1948年1月4日缅甸联邦成为一个独立的主权国家。缅甸选择不参加英联邦而成为一个共和国。这样，从一开始它就表现出孤立主义，后来这成为它的政策的主导方针。

马来人的民族情绪在战争期间第一次表现为一股政治力量，日本人撤出后，它的团结口号"马来人的马来亚"就指向华人。英国的政策是结束允许各邦独立自主的做法，因为这曾有助于日本人获胜，因此于1946年，所有9个马来土邦以及槟榔屿和马六甲共同组成马来亚联邦。华人占绝大多数的新加坡自由港不包括在内。如果包括新加坡，华人在联邦内的人数将超过马来人。此外，新联邦的大部分税收要依靠关税。联邦被视为走向马来亚独立的第一步；但是将苏丹的主权移交给英国以及为非马来人的公民权所做的宽大规定，引起马来人非常强烈的反应，以致英国对他们的抗议做出了让步。1948年，以联合邦代替了联邦，苏丹们恢复了他们过去的权力，对非马来人的公民权的规定也加严了。

马来人反对华人的态度是引起1948年开始的由华人领导的共产党暴动的重要因素，这场暴动成功的希望虽然非常渺茫，但多年来使英国当局感到严重不安并付出巨大力量。然而，这并没有妨碍马来亚的宪政发展，它比到那时为止任何其他殖民地的宪政发展都快。从下列事实可以衡量权力的移交究竟有多快：马来亚的第一届大选到1955年才举行，那时它的立法会议中由选举产生的议员才第一次占据多数；1957年8月31日，作为英联邦的成员实现了完全的独立。假如没有两大种族政党——马来民族统一机构（UMNO）和马华公会（MCA）——之间为了国家利益而加强合作的话，这是不可能做到的。

新加坡走向独立的进程不那么迅速。它在战略上的重要地位和它那里共产党阵线的力量，是妨碍移交全部权力的因素。只是在林有福的领导下对左翼暴力和颠覆活动采取了坚决行动之后，英国政府才于1959年6月感到它可以允许实现近乎完全的自治，不过必须接受特别安全措施。左翼的人民行动党在第一届大选中获胜。该党领袖李光耀证明他是共产党人难以战胜的对手。他现实地估计了新加坡的经济和战略地位，积极促进这个岛屿与马来亚的重新联合。

为了完成对殖民统治从东南亚消失过程的叙述，我们现在要从英国统治的领地转移到美国、荷兰和法国的属地。菲律宾是在整个东南亚第一个实现独立的国家。美国根据1934年通过泰丁斯—麦克达菲联邦法案时所做的许诺，于1946年7月准许它独立。在印度尼西亚，荷兰和1945年8月宣告成立的印度尼西亚共和国之间进行了长期残酷的斗争。当荷兰人开始第一次采取他们所谓的"警察行动"时，世界舆论强烈地反对他们。根据印度和澳大利亚的提议，联合国安全理事会进行干预，成立了一个调停委员会来监督局势和促进谈判，这是荷兰企图以武力解决遭到失败的重要原因。1949年12月，荷兰和印度尼西亚达成协议，根据协议后者获得独立。

越南的悲剧在于它为争取独立而反对法国的斗争是在共产党的领导下进行的，因为1949年年末共产党在中国获胜后，越南成为美国征讨世界共产主义的一个部分。当法国人显然已无法摧毁胡志明和越盟以及它的"越南民主共和国"时，他们企图扶植前皇帝保大为国家领袖，但尽人皆知他是他们的傀儡，而胡志明却成功地对法国进行斗争。中国和苏联集团承认了胡志明政权，与此相对抗，美国和与它为伍的国家承认了保大政权；于是，通过巴黎，美援开始涌入越南。但是，随着美国越来越深地陷入这场斗争，尤其在朝鲜战争结束之后，面对着越盟的决心和高超的指挥艺术，法国的战争努力开始一蹶不振。它很少得到越南人的支持，而且在国内也越来越不得人心。然而，美国的援助日益增多，并以此迫使在军事上做出决定。因此制订了"纳瓦尔计划"，这个计划在1954年5月的奠边府惨败中破产了。导致这场惨败固然是由于法国在战略上劣于对方，但更为重要的是中国所给予的物资援助。中国所关心的与其说是越南共产主义的成败，不如说是它本国边界的安全。但是，这时在美国准备大量援助法国的情况下，出现了爆发另一场世界大战的严重危险。幸好，强烈要求谈判解决的力量占了上风，7月，在英国和俄国两主席的主持下，在日内瓦签订了停战协定。越南以北纬十七度线为界暂时被分割，民主共和国控制北部，名义上以保大为首的西贡政权控制南部。协定规定，1956年7月将在国际监督下举行选举以决定重新统一的形式。法国撤出印度支那，柬埔寨王国和老挝王国的独立也就不再是一句政治空话了。选举则一直没有举行。

（李家骅　周叶谦　译）

第十二章

1900—1931年的中国、日本和太平洋

20世纪初，西方是从帝国主义的立场来对待远东和太平洋各国的。从经济上来说，这些国家作为原料来源地、投资场所和商品的市场，对于西方是重要的。从政治上来说，它们和西方列强的交往是在不平等的基础上进行的。一些国家，特别是中国，曾被迫在贸易、投资和对居住在这些列强租界内的本国侨民的司法权方面，给予这些国家以特权。其他的国家则沦为殖民地或保护国。即使是在1901年已成为联邦的澳大利亚，以及新西兰，也不能摆脱这种普遍的局面而成为例外。它们作为收入较高、人口主要为欧洲人的国家，在帝国主义的范围内，处于有利的地位。但是，它们虽然拥有责任政府，对外关系却要受到英国的控制。只有日本已经发展到一定的阶段，西方列强开始把它当作国际社会中的一名正式成员对待。

日本的国际地位是在一个非常短的时期内获得的。一直到19世纪50年代，这个国家奉行闭关自守的政策已达二百多年之久，只有在与中国人和荷兰人进行有限的接触时才有所放松。但是，在被迫与西方列强发生条约关系不到50年的时间里，它却实现了政治现代化的计划，这是亚洲其他地方所不可同日而语的。日本社会和政治结构的特点，推动了这种适应新时代环境的做法。日本像英国一样，是一个邻近具有高度文明的大陆的岛国。因此，它曾经能够从中国的文化遗产中汲取养分，同时发展了一种鲜明的自我意识。在这种情况下，家族效忠依然存在，但并未妨碍一个统一的政体的早日出现，虽然这个政体曾经为发挥地方的积极性提供过机会，以幕府为中心，又通过幕府名义上以天皇为中心的政治结构，是一个寡头政治结构。职权分

散在各个特权集团的成员手中；只有经过讨论和磋商才能做出决定。这种形式的结构，鼓励了官僚政治程序的发展，鼓励了在统治者与被统治者之间发展一种凭借法律与习惯办事的关系，而不是凭借个人的权威。这种结构也提供了一些渠道，可以对拟议中的改革方案进行审查，通过循序渐进的办法使之实现。

在和西方列强发生外交关系以前的半个多世纪里，日本的"实权派"的各个集团一直在讨论政治改革的必要。改革时机已经成熟，而列强的行动又加速了这个时机的到来。幕府的首领多少世纪以来一直行使天皇的权力，这时幕府由于在西方面前受到屈辱而声名扫地。不过，反对幕府的人们的动机却是复杂的。他们既出于传统上的野心，即与控制幕府的德川家族相抗衡，同时也是出于对待西方的态度。虽然有一些人对于幕府在抵抗西方的要求时表现无能表示不满，而另一些人则认识到，日本的未来有赖于它要采取西方的办法，但他们思想路线上的分歧在采取政治行动的问题上趋于一致。1867年，日本新天皇即位和新的幕府将军当政后，便成功地提出了把全部权力归还给朝廷的要求。实际上，这只是使天皇依附于那些策划还政天皇的人物。

在以后的30年中，日本的国家结构进行了彻底的改组。封建权力告结束，组成了一支国家军队，建立了广泛统一的法制，实行了小学义务教育，征收土地税为政府提供充足的岁入。在决定这些改革的性质时，日本政府有选择地汲取了西方的经验。德国当时的发展情况，被认为特别有参考价值。尤其是，德国为1889年以天皇名义向全国颁布的宪法提供了一个模式。根据宪法，建立了议会，不过对于议会在立法和控制财政方面的职能都加以限制，并且使之不得拥有任命或解散内阁的权力。通过这些变革，并辅之以在行政管理的结构和程序方面的改组，日本便有了一个有效率的政体，大权归于行政部门。由于改革计划是在名义上还政天皇后进行的，因而其合法性是不容置疑的。另一方面，通过建立议会以及其他措施，它也设法使那些曾经积极响应与西方接触的人物的抱负得以实现。日本在1894—1895年的战争中对中国的重大胜利，给西方列强提供了一个结论性的证据：改组取得了成功。

日本曾经采取的是一种开明的保守政策。因此，这种政策是讲究实效的。旧的社会结构和政治结构中对于新目标没有什么抵触的那些因素,实际上原封未动。例如,在町村一级,政府对思想守旧的民众的日常生活有着最密切的联系,那里的地方行政管理机构没有什么变动。而在其他方面,变革也是循序渐进的,并不是依仗法令硬性推行,传统的组织形式依然存在。

在经济方面,现代化的结构是通过确立资本主义制度而建立起来的。但是,在20世纪初,来自西方的新工业和新技术,其影响还是有限的。绝大多数日本人仍然从事农业、手工业生产和渔业。即便是在当时已经存在的那些现代工业方面,引用新的技术方法,比生产规模的扩大更为引人注目。棉纺业是个重大例外,因为在19世纪90年代就已出现了大规模的棉纺厂;还有几家政府经办的生产军需品的大型工厂,特别是东京和大阪的兵工厂。在丝业方面,动力驱动的缫丝机这时已占整个生产的一半,不过都是一些小型企业。在诸如水泥、玻璃、啤酒和纸张等工业中,也有了小规模的工厂生产。在重工业方面,发展是不大的。生铁的生产达到2.5万吨左右,而整个钢的需求量只有25万吨左右,实际上全由国外供应。同样地,技术装备的制造和造船业也是小规模的,而煤炭产量虽然迅速增长,但在1895年仍然只有500万吨。经济改变的程度是难以衡量的;但是,在现代化的发展可能走得最远的制造业中,看来在家庭工业中就业的人数大约为在工厂中就业人数的3倍;当然,绝大多数的工厂规模很小,和现代的西方企业比较相去甚远。

日本经济结构实现现代化的效果,这时已经可以开始从其对外贸易商品结构的变化中感觉出来。生丝仍然是主要的出口品,但是丝、棉纺织品和煤炭的重要地位却在迅速增加。棉纺织工业的发展开始显示出它对进口商品的影响,绵纤维和棉纱的重要地位下降了,原棉在进口货物中增长了,占全部进口货物的20%左右。糖和钢铁产品则是另外一些重要的进口货物。19世纪50年代后日本向西方开放和对外贸易的影响,是日本经济发生变化的主要原因,然而所产生的相应的影响,即日本进入国际经济领域对世界贸易格局的影响,仍然是微不足道的。虽然到了19世纪90年代末,对外贸易在价值上已经上升到大约占国民收入的1/4,但它仍然只相当于英国的对外贸易的约6%;日本只是在丝的贸易上,才是大规模的世界性的贸易国家。对对外贸易的增长起限制作用的一个重要因素是，日本政府对于外国资本的输入，持有几乎是固执的怀疑态度。因此，进口货物在价值上便受到出口货物的收益和日本所能提供的硬币的限制。

到了1900年，日本已经创造了一个在政治上和经济上与西方国家在平等条件下进行交往的基础。在某些方面，它的地位仍然是相对软弱和不可靠的。但是，从经济上以及政治上来说，已经取得了重大的突破。它像中国一样，曾经被迫在与列强最初缔结的条约中，准许他们享有治外法权，同意在它向这些国家的产品征收关税时有所限制。1899年，治外法权终于被废除，关税实际上已经实行自主。两年前，它和贸易大家庭中的其他成员一道采用了金本位，并且开始从国外大量借款。从更广泛的意义来说，日本国际地位的力量，不仅是它的对外政策，即外交和军事政策的结果，也是列强承认日本内部改革取得成功的结果。

与此相反，1900年中国的地位却是一系列失败和挫折累积的结果。从国内政治结构来说，中国许多世纪以来一直是世界上由单一的中央集权政府实行有效统治的最大的国家。在对外关系中，它在东亚的优势如此之大，以至于它不承认其他国家是平等的国家，只是把它们当作属国。这种传统本身就使得要适应由于西方的扩张所造成的环境这一任务，变得大大复杂起来。中国政府在承认不仅需要改变其原则而且需要改变其传统的办事方法方面，表现得既颟顸又迟缓。外商经常出入的沿海一带和大江两岸的港口城市，距离都城北京甚远。对古老的政治秩序的威胁，其范围和性质并不是轻而易举地就能为那些大权在握、可以径自做出重大决策的人物所理解的。需要采取一种以西方的主权概念为基础的对外关系的体制，这一主张既不为人们所接受，甚至也没有被人们所认识。

19世纪中国政治体制的特殊状况，使得一些阻碍适应状况变化的固有束缚为害更烈。这个国家正在经历王朝的没落阶段，政府机构腐败透顶，负责维护治安的由满人组成的军队已经失去了极大部分的军事威力。南方各省已经心怀二志。由于这些情况，由于清王朝本身原本是满洲异族，因此，与已经确立的常规保持一致就具有压倒一切的重要意义。满洲人在确立他们统治者的地位中，已经成为中国传统文化的保护者和不折不挠的捍卫者。在他们衰落的过程中，他们日益把对革新的同情视为可疑,政事则由一些道地的正统派人物所左右。

在这种情况下,西方在中国进行扩张的过程,其特色是一方决意侵略,另一方抵抗不力。西方的代理人主要是一些商人、海军指挥官和外交官,他们率先采取的一些办法,都是他们本国文化的惯常做法所允许的;而许多中国人便利用他们的活动所开辟的局面,获得好处。在每个阶段,中国政府的反抗(或拒绝合作),又为西方提出进一步的要求提供了机会,而中国政府在西方列强显示武力之后,又不得不被迫表示同意。西方蚕食的规模,只是由于各国希望不要激起中国政治秩序彻底的破坏,或者到19世纪末,由于他们对于彼此的野心心存疑忌,因而才受到限制。

外国商人在广州所处的困境,引起了中英两国间1839年的战争,嗣后英国战胜,签订了一系列条约。根据这些条约,列强取得了他们第一批重大的特权。中国开放了5个对外通商口岸,商定了海关税则和通商条例,外国侨民可以享有治外法权。此外,英国还获得了割让地香港。由于这些让步的结果,在通商口岸中,外国侨民居住地便发展成为一种实行自治的租界,完全处于中国政府的管辖权之外,并为建立现代的工商事业提供了场所。19世纪50年代,当中国人拒绝讨论扩大西方的特权时,再次诉诸战争,新的条约便又强加于中国人的身上。开放的通商口岸的数目大为增加;长江也向通商贸易开放;由已经被外国人控制的海关管理的关税,限定在值百抽五。到了1860年,中国已经几乎完全处在西方侵略者的摆布之下。

35年以后,中日战争又把中国推向进一步崩溃的阶段。中国和它过去的某些附庸国间的关系已经断绝,中国北方的边境遭到俄国的侵犯。1895年日本人强行提出的条件,包括中国放弃对朝鲜的宗主权并割让台湾。日本的要求得逞,西方列强提出的新的要求便接着蜂拥而来。英、法、德、俄各国竞相争夺特许权,在一些战略上或经济上的重要地区内取得了租借地,取得了筑路和开矿的垄断权,而且广泛的"利益范围"也得到承认。在这些利益范围内,某一特定强国对于将来获得特许权居于优先的地位,并且得到保证:它的敌手将不会获得垄断权和租借地。列强(包括日本在内)正在准备瓜分中国。

中国对西方影响的开放,对于中国经济实现现代化的作用仍然甚小。一直到1895年,工业的变革几乎是微不足道的,铁路只有几百英里。绝大多数中国人仍然靠从事以农业为中心的多种传统职业为生。政府对于发展现代的经济漠不关心，到1894年只借贷了大约1300万英镑。外国的直接投资主要局限在如航运、保险和银行业等与贸易有关的事业方面，只有一小部分用于在通商口岸非法地建立制造业。西方经济影响的主要手段是贸易。从价值来说，为数并不大，在90年代中期总额大约只有5000万英镑。出口货物主要是以传统部门的产品为主，特别是茶、生丝和丝织品，这些产品在19世纪90年代中，仍然占出口总值的一半以上。在同一年代中，鸦片仍然占进口货物的15%到20%，不过棉产品（棉布和棉纱）占总额的大约35%，成为最大的进口货物。虽然无法获得确切的数字，但看起来英国在19世纪期间中国的对外贸易中，远远占有最大的份额。到了1900年，日本对英国的这种地位提出挑战。但是英帝国作为一个整体，仍然为中国的进口提供几乎达半数的货物，并购买中国出口货物的约1/4。

因此，从经济上以及从政治上来说，中国仍然是帝国主义欲望获得满足的传统场所。中国之所以没有沦于殖民统治之下，而蒙受彻底的耻辱，如果说是由于它过去的辉煌历史声威犹存，那也是微不足道的；如果说是由于它现在的实力，则更无从谈起。其所以能够幸存，就较小的程度上说得力于美国的"门户开放"政策，这项政策的目的在于维护所有各强国的国民均享有平等的经商机会。但是，从根本上来说，其所以维护了名义上的独立，是因为任何强国均不愿意无克制地提出要求，以致使自己陷于与敌手发生战争的地步。

在中国和日本东南方向广大海域中星罗棋布的太平洋各岛群上，列强并没有被迫采取类似的克制态度。无论从已有的农业生产，或已知的矿藏来看，这些岛屿的价值有限，虽然它们对于某些西方国家的有势力的商人和投资者集团具有重要意义。从战略意义来说，某些拥有优良海港的岛屿，被看作可能建造海军基地或加煤站的理想地方。距离英国属地澳大利亚和新西兰最近的一些岛群，早就为一些殖民主义者所担心，唯恐它们会落入一个不友好国家的控制之中。实际上对这些岛屿实行政治控制，部分是由于认为这些岛屿具有经济的和战略的价值。但是，部分也是由于不同的处境的缘故。在许多岛群中，作为商人、种植园主和征募劳工者的欧洲人和美国人，他们的活动使建立一个殖民形式的政府成为恢复法律和秩序的前提。各国之间就这些岛屿的竞争，并不足以使之成为造成战争的原因。

到 1890 年，这些主要的岛屿和岛群有很大一部分已被这个或那个强国所获得。斐济和新几内亚东南部是英国的殖民地；以塔希提岛为中心的新喀里多尼亚和一些群岛属法国；新几内亚东北部、所罗门群岛北部和马绍尔群岛属德国；新几内亚西部是荷属东印度群岛的一部分。19 世纪 90 年代，瓜分的过程几乎已经完成。在这个时期，美国和德国兼并的领土以后在世界政治中具有某种意义。美国获得了夏威夷、关岛和萨摩亚群岛东部，德国获得了加罗林群岛、马里亚纳群岛（不包括关岛）和萨摩亚群岛西部。再加上美国取得了菲律宾，德国在中国取得了新的特许权，这些发展形势便大大地增加了这两个强国在太平洋事务中的利害关系。

在从 1900 年到第一次世界大战爆发的这个阶段中，19 世纪开始的变革已告完成：中华帝国终于垮台；正式承认日本是一个重要强国；并且，随着 1906 年的协议新赫布里底群岛成为英法共管地，从而解决了在大洋洲实行政治控制剩下的唯一问题。

1900 年，中国发生的一些新的动乱促使远东的政治有了一系列的发展。这年 5 月，一个反对西方的宗派义和团开始在华北破坏电报线路和铁路。6 月，他们进入北京，在那里残杀中国的基督教徒，骚扰外国人，攻打各国公使馆。义和团一直被中国朝廷和政府中的一部分人认为是爱国者，而不是叛乱者。当英国军队从通商口岸天津出发前去保护各国公使馆和外国侨民不受义和团的侵犯时，他们遭到帝国军队的抵抗。当他们攻下控制通向天津海路的要塞时，中国便对列强宣战。这是盲目乐观做出的反应，它是一些男人（和一个女人，即慈禧太后）做出的决定，他们认为西方使中国的旧有秩序蒙受耻辱，因而他们判断失策。华南各地的总督和山东巡抚袁世凯当机立断，对宣战诏书隐而不发，保持中立。8 月，八国联军几乎是在没有抵抗的情况下进入北京，朝廷逃离京城（参见前面第五章）。

一年后签订了《和平议定书》[①]。中国被迫惩办了对于这次起义

[①] 此处《和平议定书》原文为 peace protocal。按 1900 年 12 月 24 日由美、英、俄、日、德、法、意、奥与西、比、荷十一国提出"议和大纲"，1901 年 9 月 9 日签订《辛丑条约》。——译者

负有责任的人员,为德国公使和日本公使馆参赞被害一事表示道歉,并准许外国军队占领北京通海的通道。各国还要求中国政府做某些变动,并强行要求大量的赔款。

但是,义和团的起义却有着比较深远的反响。虽然列强采取一致行动,对它进行镇压,但是它们是在彼此日益猜忌的气氛中这样做的。在采取共同行动的整个过程中,它们既着眼于它们当前共同的问题的解决,同样也对促进他们本国未来的利益表示关心。俄国为支持它在满洲的地位所采取的行动,特别引起了其他国家的恐惧。

俄国在满洲的利益集中在中东铁路。此外,俄国人还在经营银行业务、采煤和航运事业,并且从事与中东铁路①的修筑和运营有关的行政管理和贸易的事务。1900年6月间,一股股义和团在满洲十分活跃;7月,中国政府命令它的军队和他们联合起来。俄国作为回击,一方面与各省巡抚进行合作,一方面调入军队,其结果是,俄国军事占领满洲,直到与中国一起恢复和平后仍继续下去。

俄国保持它在混乱期间所取得的地位,这件事情的本身就是对其他国家利益的一种威胁。但是,这些国家是从更广泛的方面来理解这种威胁的:日本是从它在朝鲜的利害关系日益增加的方面来理解的;英国是从俄国进一步西向扩张的野心(特别是在波斯)来理解的;而所有这些国家则是从俄国意在与中国单独达成交易这一点来理解的,俄国的这种意图在整个义和团事件期间即已昭然若揭。在有关的国家(包括俄国在内)中,没有一个国家在政治上是举国一致的;不同的集团主张采取不同的政策。而当时的形势,又似乎有许多方针路线可供选择。在日本,有人支持与俄国达成协议,以便日本可以在朝鲜放手行事,交换条件是日本承认俄国在满洲的利益占首要地位。在英国,许多人认为,与德国达成协议就会为英国在远东的利益提供极为有效的支持。但是,到头来这两个国家采取的行动却是缔结了1902年的英日同盟。

形势对这一行动是有利的。近年来,英日两国政府之间的关系一直是显著的友好,两国公众中的重要人物都表示支持使关系更加密切

---

① 安德鲁·马洛泽莫夫:《1881年至1904年俄国的远东政策》,(伯克利和洛杉矶,1958年),第124—176页。

起来。尽管如此,两国政府仍然不得不谨慎从事。不论哪一个政府,如果放弃了不结盟的好处,而代之以对联合军事行动承担义务,却又得不到足够的补偿,那么它就会在国内受到攻击。在最初的讨论中,日本人寻求对日本在朝鲜的最高利益给予正式的承认;英国人则要求对拟议中的同盟的条件加以延伸,把保卫印度包括进去。但是,英国不愿在朝鲜问题上自动地卷入一场战争,而日本则不愿在远东以外的地方承担义务。在范围仅限于远东这个问题上,英国做了让步。至于朝鲜问题,则是以对条约的措辞认真加以推敲而解决的。两国宣称,它们承认中国和朝鲜的独立,对其中任何一国均无侵略意图。另一方面,它们又承认两国在中国均拥有"特殊利益",而日本在朝鲜"从政治上以及商业和工业上均有特殊兴趣"。"如果这些利益或者受到任何其他国家侵略行动的威胁,或者受到(中国或朝鲜发生的)骚乱的威胁……两国中的任何一国起而保护这些利益将是可取的"。如果任何一方在保护其利益过程中卷入与第三国的战争中,另一方只有在前述一方的敌人与另一国联合的情况下才对它进行援助。条约于1902年1月30日签字。① 后来又通过交换外交照会做了补充。在这些照会中,每一国均同意另一国的海军舰只在和平时期可以使用其港口,并保证"尽可能地做到在远东的海域中集中一支比任何第三国的海军都要强大的海军"。② 这些条款对于英国具有特别重要的意义,因为它在世界范围都承担了义务。但是,由于这些照会保密,因此以后对这项同盟做公开说明时,当然没有提及它们。

在英国,政府认为这个同盟是正确的,主要理由是它稳定了远东的局势。同盟除了保证英日两国之间的合作外,还排除了日本在损害其他国家的情况下与俄国签订一项协议的危险。但是,在某些方面有人争议说,这个同盟增加了英国卷入战争的危险,日本获得的利益比英国的大得多。后面这一点,的确不是没有根据的。同盟使日本在与俄国打交道时处于坚实的地位,因为现在如果战争一旦爆发,其他国家援助俄国已不大可能。英国海军对于潜在的敌人是一种威慑力量,

---

① 关于英日同盟问题,参见伊恩·H. 尼西《英日同盟:1894年至1907年两个岛屿帝国的外交》(伦敦,1966年)。至于1902年条约的全文以及1905年和1911年有关此条约的照会,均参见约翰·V. A. 麦克默里编《与中国签订的和有关中国的条约和协定,1894—1919年》(2卷本,纽约,1921年),第1卷,第324—326页。

② 尼西:《英日同盟》,第217—218页。

如果最坏的情况竟然发生,它则是日本舰队的积极伙伴;它为一种新的安全感提供了基础。从更广泛的意义来说,这个同盟标志着日本被承认为头等强国。由于这些原因,英日同盟建立的消息在日本受到极为热情的欢迎。

有一个时期,看起来英国寻求在远东出现稳定的希望似乎将会实现。俄国同意从满洲撤走它的军队。但是撤军行动的第一阶段实现后,俄国的政策似乎改变了,剩下的军队没有动静,并对在满洲和朝鲜做出的让步日益注意。事实上,俄国行动性质的改变,似乎反映了中央政府内部势力的消长,并非反映了俄国为了加强其在远东的地位而做出的坚定决策。① 但是,局外人对此并不清楚。而且,在一个政府势力非常薄弱的地区,要在追求经济利益和追求政治和军事上的支配地位之间划出界限并非易事。日本人认为在这种局势下需要坚决维护其本身的利益。

1903 年 6 月,日本决定就它与俄国在中国和朝鲜的地位问题,寻求与俄国达成一项协议。8 月提出的建议的性质,不仅受到英日同盟的存在的影响,而且也受到日本近期政局变化的影响。尽管策动 1868 年明治维新的所有仍然活着的"政治元老们"还在政府中居于有影响的地位,但是这个时期这群人物中最显要的山县有朋,却是他们当中最独裁、最跋扈的人物。他改变了过去的做法,根据这种改变,只有高级现役军官才是担任陆军大臣或海军大臣的合格人选;而且,由于他对政党持有敌意,他竭力挫伤议会反对行政部门的力量。结果,日本提出的解决方案,条件甚为苛刻。俄国承认日本在朝鲜具有"压倒一切的利益"是无条件的,而日本反过来承认俄国在满洲的利益的方式却有种种限制,以便不致妨碍日本在满洲地位的发展。谈判持续了几个月;但是,到了 1904 年 1 月,两国都认识到无路可走,于是开始准备战争。

2 月初,日本人断绝了与俄国的外交关系,军队在朝鲜登陆并向南满辽东半岛上的租借地旅顺口的俄军海军舰只进攻。紧接着这些行动之后,日俄两国都宣战。在紧接而来的战斗中,日本军队占领了俄国在满洲的主要中心地区,并在实际上摧毁了俄国的波罗的海舰队,

---

① 马洛泽莫夫:《1881 年至 1904 年俄国的远东政策》,第 177—249 页。

第十二章　1900—1931年的中国、日本和太平洋

这个舰队本来被派往远东是打算摧毁日本的海军优势的。日本人在海军大胜之后,向西奥多·罗斯福总统提出建议,要他邀集两国会谈以便讨论和平的条件。总统同意采取这一主动行动,于是1905年的8月和9月在新罕布什尔州朴次茅斯举行了和平会议。在和会进行中,日本的地位由于公布了经过修订的英日条约而得到进一步的加强。这个条约扩大了英日同盟的范围,把保护英国在印度的利益包括进去,并对日本在朝鲜的霸权给予更为明确的承认。根据朴次茅斯条约,日本获得了俄国对它在朝鲜的至高无上的地位的承认,俄国把在南满的租借地和铁路转让给日本(须经中国同意,中国表示欣然同意),并割让库页岛的南半部。① 条约的条款以及作为这些条约后盾的军事胜利,都进一步确定了日本作为一个重要强国的地位。但是,从长远来看,这些发展情况在另外方面具有更大的重要意义。它们使日本实实在在地成了一个在亚洲大陆具有广泛利益的国家。不仅如此,由于日本本来希望俄国能够做出甚至更大的让步,现在的这种发展使得日本——特别是日本的越来越有势力的军事集团——感到不满。日俄战争为后来的日本帝国主义奠定了基础。

在随后而来的岁月中,日本巩固了它在朝鲜和满洲的地位。至于朝鲜,其他强国在那里的利益是微小的,所要解决的问题不久即成为半国内性质的。在日本国内,在应如何建立完备的控制这个问题上出现了意见分歧;而在朝鲜,则出现了反对日本控制的局面;但是,列强一旦接受了日本霸权所包含的意义,外部对于日本的种种决定也就没有表示什么反对。1905年11月,朝鲜成为一个保护国;日本取得了对这个国家的对外关系的控制权;次年,日本委派了一名驻汉城的统监。1907年,朝鲜国王退位后,日本攫取了对国内事务的控制权。1910年,这个国家被兼并。②

日本在满洲的地位是比较困难的。租借地派有一名总督,并且组织了一家政府拥有半数资金的公司,控制铁路并从事包括采矿业在内的其他各种广泛的事业。日本在谋求中国同意将俄国享有的特许权

---

① 佩森·J.特里特:《1895年至1905年的美日外交关系》《斯坦福大学,1938年》,第242—248页;爱德华·H.扎布里斯基:《美俄两国在远东的角逐:1895年至1914年的外交活动和强权政治的研究》(费城,1946年),第115—130页。条约全文见麦克默里《1894年至1919年与中国签订的有关中国的条约和协定》,第1卷,第522—528页。

② 希拉里·康罗伊:《日本夺取朝鲜:1868—1910年》(费城,1960年),第325—441页。

转让时，又进一步从中国那里取得了更多的权利；而且，日俄之间在发展各自的势力范围中的合作，逐渐密切起来。在这种情况下，日本的投资迅速增长。但是，满洲不像朝鲜那样，它却是一个使其他各国的投资者都对之相当发生兴趣的地区。特别是英美两国对修筑铁路颇为关心的集团，从中国那里获得了特许权，日本认为这些特许权触犯了他们自己的特殊权益。对于日本来说，这些行动造成的对抗并不比美国重申其"门户开放"政策更为严重。但是，即便是这样，也代表了对日本帝国主义的一种挑战和潜在的危险。

正像在这个世纪开始的头几年中那样，中国的软弱仍然是纠纷的一个主要根源。政府没有能力直接保卫国家的权利，但是却看出，在那些加紧侵犯这些权利的各国之间挑起不和，倒是有利的。虽然采取这种行动可以使外国投资的规模有所缩小，但对于那些促使帝国最后崩溃的内部势力却不起作用。

义和团起义以后，各省政府的自治地位变得更加牢固。在那些领导有力的省份，他们整顿了地方军队，改进了交通运输，促进了工业发展并创办了现代的学校。各省的领导人认为这一工作不仅本身是重要的，而且也是建立实际可行的防御外国控制的唯一办法。所以，要想恢复中央控制的种种企图，都遭到各省的反对。

但是，中央政府同样也受到甚至更直接地影响其行使职权的那些因素的阻碍：财政匮乏和行政机构涣散无力；而且，在慈禧太后1908年去世以前，一直受这位顽固守旧、嫉贤妒能、诡计多端的太后的有害影响。部分地由于这些原因，即便是经过比较审慎的计划和指导的政府活动，也不能取得预期的结果。由于创建现代军队，其组织者和指挥官袁世凯的地位被慈禧太后所剥夺。为实行代议制政府做准备，成立了立宪会议，这却为议员们对政府的各项政策进行广泛的抨击提供了讲坛。关于发展全国铁路系统的决定，加速了帝国本身的崩溃，因为这个决定的实施既侵犯了各省的利益，而且它的经费是由外国的贷款提供的。

1911年在长江流域的四川省发生了一次反对中央政府的起义。这是由于铁路计划所引起的。这就给那些具有比各省领导人远为激进的政治目标的人物开了一个头。在各通商口岸和海外，年青的一代中国人对于西方的政治思想颇为赞赏，并且制订了一个改革中国的计

划,使之成为一个现代国家,能够像日本那样以平等的地位来处理它 341
与西方列强的关系。他们在孙中山的领导下,组成了同盟会以便推进
他们的计划使之得以实现。这个组织通过秘密会社与农村居民进行接
触,并且通过曾在国外留学的军官们与各省的政府发生接触。1911
年,同盟会准备在长江流域各省举行起义。由于武汉的一些会员在一
所房子里制造炸弹时发生爆炸,警察遂进行搜查,发现证据证明此事
牵涉当地的一些军官。这些军官迫使他们的司令官领导起义,反对清
王朝。这次反叛迅速传播到华中和华南的其他各地;12月,孙中山
从海外归来,被推选为民国政府的总统。

清政府对于这些行动做出的反应是,邀请袁世凯重掌军权并率北
洋军镇压反叛。袁世凯迅速地取得了军事上的胜利;但是,他却不是
利用这种军事胜利去恢复帝国的权力,而是去和革命党的领袖们取得
协议。为了酬谢他迫使清帝逊位的功绩,他被任命为民国政府的总统
以代替孙中山。

由于中国的最有经验的军事领袖与革命运动结合起来,因而新政
府具有明显的实力。但是,它的软弱之处不仅数不胜数,而且正如人
们所预料的是不可救药的。袁世凯在掌握大权的时候,对于各省或各
地区的在职官员,除了确认他们的职务外,别无其他选择。更为重要
的是,他的目的与革命党人的目的大相径庭;而革命党人之间也四分
五裂。袁世凯大权独揽,自以为是一个新王朝的开创者。孙中山及其
支持者主张实行一种革命的集权。但是,宋教仁领导的同盟会的另一
个派别则希望中国能够采用英国的议会制政体。宋教仁为了追求这一
目标,劝说另外几个革命团体和同盟会一同组成一个政党——国民
党。新政府遵循它的前任的意图,即应在1913年举行一次选举,并
成立国会。国会开会时,在选举中取得议席最多的国民党,极力要制
定出一部宪法,规定行政大权应归于总理,而内阁应向国会负责。这
一目标直接与袁世凯的追求个人至高无上权力的目标相冲突。在国会
开会之前,他就曾做出安排暗杀了宋教仁。这时,他又宣布国民党为
非法并解散国会。

从表面上来看,袁世凯在实现他的野心方面颇为得手。除了摧毁 342
公开的政治上的反对派外,他还从列强那里取得了财政援助。他开始
起草一部宪法,把权力集中于总统一人之手,并使自己当选为终身的

总统。但深入地看，绝大多数根本的弱点依然存在。革命运动仍然在为争取一个现代化的中国而继续进行工作。各省依然在反对北京的权威。列强以及他们的侨民依然保有严重损害中国独立的那些特权。中国有了一个新政权，但是它依然缺少一个可行的政体。

第一次世界大战及其后的和平解决办法，深刻地改变了远东的政治形势，对于南面的各个岛屿的影响虽然是有限的，但却是意义重大的。这些变化是整个战争的产物。太平洋区域的军事行动的规模不大，时间也局限于战争的开始和结束阶段。这些军事行动影响某些战胜国在一些特定问题上讨价还价的力量。但是，对于战争所带来的比较深远的变化而言，它们的重要性就比较小了。

战争于1914年8月在欧洲爆发后，立刻就直接地把远东和太平洋地区卷了进去。最初的四个交战国——英、法、俄、德，都是在中国有着重大利益的大国；而日本作为英国的盟国也很快参加到它们中去。此外，太平洋上的绝大多数的岛屿领地是英国、法国或德国的属地，而澳大利亚、新西兰和加拿大则是英国的自治领。

德国在太平洋上军事力量的中心是山东胶州湾的租借地青岛。这里建有设防强固的海军基地，东亚舰队就停泊在这里。德属岛屿领地则没有什么防御工事，但那里却有着大功率的无线电台，可以和海上的海军舰只保持接触。战争开始时，东亚舰队的绝大多数大型舰只都在太平洋上巡弋，准备好去破坏敌国的舰运和交通。所以，协约国最初的任务是保护航运并占领德属岛屿领土，以便摧毁德国的无线电台。

在战争开始的头几个月里，德国的海军偶尔也能对协约国在太平洋上的航运造成一些损失；但是，德国的海军除了青岛以外，再也没有什么合适的基地，因而受到限制，而青岛不久又处于日本人的攻击之下。到了1914年年底，东亚舰队的全部舰只不是被摧毁，就是因缺煤而被迫驶入中立国的港口。

占领德国的殖民地，并没有遇到多大的抵抗。一支新西兰的远征部队，在澳大利亚和法国海军舰只的支持下，于8月底进至德属萨摩亚群岛。岛上的总督拒绝将领土交给协约国军，但他也没有下令对协约国军队进行抵抗。德属新几内亚的首府拉包尔于9月间被一支澳大

第十二章　1900—1931年的中国、日本和太平洋

利亚的军队攻占，没有遇到多大的抵抗；新几内亚地区的其他港口在这一年晚些时候也被攻占。孤零零的瑙鲁岛由于它的磷酸盐矿藏而显得重要，它被一艘驶向新几内亚的澳大利亚巡洋舰所攻占。马里亚纳群岛、加罗林群岛和马绍尔群岛也是由拉包尔管辖的，攻占这些群岛并不带有更大的军事危险，但它却引起了协约国战略上的一些重大问题。

当日本政府提出日本向英国提供援助时，英国外交大臣爱德华·格雷爵士却不愿鼓励日本全面参战。另一方面，英国在太平洋上却需要海军力量的协助。因此，英国驻日大使提出一项正式要求，"如果可能，日本舰队应搜索并摧毁正在袭击我们商路的德国武装商船改装的巡洋舰"①。英国希望这一方案将把日本的参战限于在中国海的海军行动。但是，日本对德国的最后通牒中根本没有理睬英国建议的这种限制。日本在德国没有按照最后通牒的条件行事后，便对德国宣战，因此英国和日本就必须确定两国海军的行动区域。两国达成的协议规定，日本海军应在赤道以北的海域巡逻，澳大利亚皇家海军则在赤道以南海域巡逻。

马里亚纳群岛、加罗林群岛和马绍尔群岛都位于日本负责巡逻的海域以内；但是人们一直是这样理解的：这些岛屿要由澳大利亚人来占领。然而，在英日两国达成协议时，并没有派出远征部队。因此，日本人便占领了德国人在那里设有一座电台的加罗林群岛中的雅浦岛；他们声称，他们在适当的时候愿把控制权移交给澳大利亚人。但是，当一支澳大利亚的军队行将乘船前往这些德属岛屿时，东京却发生了骚动，反对拟议中的权力移交。因此，日本要求英国同意让他继续占领这些岛屿。这一要求被接受，英国政府便于12月3日通知澳大利亚，"我们认为让日本目前继续占领，而把有关岛屿未来归属的全部问题留待战争结束时去解决，从战略上说是最适宜的"②。

尽管这一行动显然是拙劣的（不过也许是经过深思熟虑的），但却是和日本政策的其他方面相一致的。战争爆发时，美、中两国政府曾经试图取得协议在远东保持现状。但是，日本在致德国的最后通牒

---

① 引文见A.惠特尼·格里斯沃尔德《美国的远东政策》（纽约，1838年），第181页。
② 引文见S.S.麦肯齐《澳大利亚人在拉包尔：南太平洋德属领地的攻占和管理》（第4版，悉尼，1937年），第160页。

中，曾要求把德国在胶州湾的租借地移交给日本。日本接受了英国的要求，在最后通牒中包括以下字样："目的是最后将把胶州湾地区归还中国"；日本首相大隈重信向全世界保证"日本没有不可告人的动机，或攫取更多领土的要求，也无意剥夺中国或其他国家人民现在所占有的任何东西"。① 但是，在立即占领的问题上，日本的态度是坚定的。

胶州湾对于日本确实具有重大意义。曾经用德国资金修建了一条从海军基地青岛通向内地济南的铁路，又在这个被打开门户的地区取得了采矿和其他特权。这些发展就使山东省成为德国的势力范围。日本参战后立即派遣一支海军部队包围青岛，日本部队在少量英军的支援下在山东北部登陆。11月10日，青岛陷落，于是日本建立了一个军政机构来管制胶州湾租借地和胶济铁路。

中国政府设法解决自己由于协约国军队登陆所牵涉的问题，便宣布划定一个交战区域，在该区域内，对交战双方的行动不承担任何责任；但是任何一方都不接受划定战区。当日本建立了一个军政机构时，中国提出抗议。1915年1月7日，中国撤销了交战区域，要求日本军队撤退，归还租借地，赔偿在租借地以外地区进行战争所造成的损失。日本政府进行报复，指责中国人的举动是"对国际信义缺乏信心，置双方的友好关系于不顾"，并且要求解决所谓"日本和中国之间悬而未决的问题"。② 1月18日，日本政府向中国总统袁世凯提出了"二十一条"要求。

日本占领胶州湾而引起的争端，为日本实行外交新方针提供了机会，但并非导致这种新方针的原因。日本对于俄国、法国和德国在1895年采取的行动一直耿耿于怀，当时三国曾经迫使日本放弃它对中国的某些要求；对于10年后由于西方列强施加影响，因而使它对俄国提出要求时有所节制，也感到不满。现在看来，在其他大国正从事战争的时候，日本和中国达成一项双边协议，就可以大大地加强它在最后的和会上讨价还价的地位。

"二十一条"分为五号。③ 第一号关于山东问题。日本希望按照

---

① H. W. V. 坦伯利编：《巴黎和会史》（6卷本，伦敦，1920—1924年），第6卷，第373页。
② T. E. 拉法格：《中国与世界大战》（斯坦福大学，1937年），第27页。
③ 此处引用的"二十一条"条文，系根据日文译本。全文见前引 T. E. 拉法格所著书附录1，第241—243页。

第十二章 1900—1931年的中国、日本和太平洋

它早先在南满所遵循的方针，在山东建立它的地位。日本要求中国政府"完全同意"日本以后可能与德国就胶州湾租借地和其他德国权益所达成的任何协议。中国政府不得将山东省境内的土地让与"任何其他国家"；但另一方面，却要求中国同意日本另外建造一条铁路。最后，要求开放某些城镇，供外国人居住和进行贸易。第二号关于南满和毗邻的内蒙东部。中国要承认在这两个地区"日本所享有的优越地位"，并给予日本以某些特许权。后者最重要的是以下各点：租借旅顺、大连的期限和管理南满、安奉两条铁路的期限均"再延长九十九年"；给予日本臣民充分自由，以便他们能在这两个地区的所有各地居住、取得土地并从事商业；有关利用外国资金或聘用外国专家的任何意见，中国均有义务与日本进行磋商。日本在第三号和第四号中分别要求汉冶萍钢铁公司应改为日中两国合营企业，中国不得"将沿海任何港湾或岛屿割让或租借给任何其他国家"。在第五号中，日本的更大野心充分暴露无遗。其中包括这些条款：中国要聘用日本人充当政治、军事和财政顾问，警察事务（在有必要做出这种安排的地方）由中日两国共管，向日本采购武器或建立中日合办的兵工厂。全部接受"二十一条"，中国就会沦为日本的属地。

日本驻北京公使在提出上述要求时，曾责成中国政府严守秘密。但是，中国政府认识到只有把上述内容泄露出去，才能激起各方的反对。因此，两国政府之间的谈判，是在各方严加指责下进行的，不仅在中国和西方国家之间，甚至在日本国内也遭到谴责。此外，日本的盟国英国，也正式要求日本采取温和政策。结果，日本放弃了某些要求，第五号中的要求被搁置起来"容日后协商"。但是，日本坚持要求将租借地和管理南满铁路权利的期限延长，并且最终将德国势力驱逐出山东。在这些条款实际上已达成协议后，中国政府继续拖延谈判。中国政府明白这些条约会大大地损害它在中国的地位，所以一直到日本发出最后通牒后才签字。

袁世凯政府在战争中遭受的损失，除了外交上对日本的投降之外，还涉及其他方面。这个政府先前从西方国家那里接受的财政援助没有继续进行下去，也无法为中国的开发计划再从西方国家的私人投资者那里获得资金。在袁世凯开始采取步骤建立一个君主国并自立为皇帝的时候，各省督军便起来反对他。这些督军们和从前国会中的各

个派系集团串通一气，共商迫使袁世凯辞去总统职位的办法时，袁却于 1916 年 6 月 6 日死去。

袁世凯死后，中国随即重新陷入一个政治混乱的时期。过去的国会重新召开。国会过去所起草的规定政府应向国会负责的宪法，现在付诸实施。由于国会为国民党及其同盟者所支配，这一安排并没有解决革命运动与军人之间的根本矛盾。于是达成了一个暂时的妥协办法：前副总统、国会的支持者黎元洪出任总统，北方的军人领袖段祺瑞担任总理。但是，老矛盾不久首先在各省的政府（宪法在那里是无法实行的）问题上，其次又在对外政策上重新表现出来。

1917 年 1 月 31 日德国宣布要采取无限制的潜艇战时，美国决定和德国断绝外交关系，并敦促所有其他中立国家采取类似的行动。美国对中国的态度，促使各协约国重新考虑它们自己的态度，它们过去是主张中国保持中立的。日本决定鼓励中国尽快地参加协约国。日本政府和一般的看法一样，认为美国断绝和德国的关系后不久随之而来的将是宣战。因此，日本政府极力希望避免出现中国作为一个受美国庇护的国家而参战的局面，因为这将可能导致美国在和会考虑二十一条"这一问题时强烈地支持中国。英国和法国出于不同的原因，也得出结论，认为中国及早宣战是可取的。因此，协约国向中国概略地指出了它参加协约国可以指望获得的好处，这主要指借款和其他让步。

中国的政治领袖们主要是根据国内的形势来衡量美国和协约国提出的这种做法的。段祺瑞很快地支持断绝外交关系，因为他希望这样做将会使他获得财政上的援助，从而可以减少依赖国会的程度。出于类似的理由，他稍后又赞同宣战。国会对于段祺瑞的想法了如指掌，最初对于这些做法中的甚至第一步做法都是有保留的；但是由于有希望得到援助，便被争取过去。于是 3 月 14 日经过投票通过，中国遂和德国断绝外交关系。但是，国会对于参战问题的怀疑更为严重，而且不易消除。对参战从经济上和军事上提出的理由，其可靠性似乎值得怀疑：协约国有可能不提供它们的代表所说的那种财政援助；而且，俄国革命爆发后，协约国是否能获得胜利看来也没有把握。但是，国会最担心的是，宣战会使军人的势力增长。由于段祺瑞召开的各省督军会议支持段的参战政策，而且由于一些被雇用的暴徒企图对国会议员进行直接的恫吓，这种担心便大大地变得强烈起来。

最后的这些事件终于使国会和军人之间不稳定的联盟垮台。在总理、国会和总统相继倒台以及一位军事领袖企图复辟清王朝这段昙花一现的插曲以后,段祺瑞重新执政,担任一个军政府的首脑。该军政府于1917年8月对德国宣战。一个月后,过去国会中的国民党议员在广州另行成立的"临时政府"承认了所采取的行动。于是,中国便在它的混乱的政治局势允许的情况下一致承担义务而参战。

中国进入交战状态的结果,整个来说对中国人和对协约国都是令人失望的。中国从英国、法国和美国(它于4月间参战)那里取得了几项有用的让步,但没有获得大量的财政援助。协约国在进行战争中,并没有得到中国的多少帮助。一直在追求自身利益的日本,却成为主要的受惠国。它给予北京政府以贷款,作为酬报,又获得了另外一些特许权,并且在实际上控制了中国的军事事务。

1917年下半年,日本政府也在企图争取美国支持它向中国提出的要求。像其他协约国一样,日本也派遣了一个军事代表团前去华盛顿。日本代表团名义上的目的是要协调当前的战时活动,可是代表团长石井菊次郎的主要目的是要美国承认日本在华的"最高利益"。美国国务卿罗伯特·蓝辛最初针对石井的建议,提出发表一项美日宣言,重申尊重"门户开放"政策和中国领土的完整。结果双方取得一个妥协性的解决办法,这就是11月2日签订的蓝辛—石井协定。在这个文件中,美国接受这种论点:"领土上的邻近造成了国与国之间的特殊关系,因而,美国政府承认日本在中国具有特殊利益,尤其是在和日本领土接近的地方。"另一方面,日本政府重申它将"永远遵守所谓'门户开放'的原则",并且否认日本有"任何侵害中国的独立或领土完整"的企图。① 协定措辞不无含糊之处,签字双方各有不同的解释。对石井来说,协定表明美国承认日本在南满的现有地位,并默认一种日本式的"门罗主义"在远东的发展。另一方面,对蓝辛来说,承认日本的"特殊利益"只是指地理上而言,并不是从政治上来说。石井的论点也许占了上风;但是,无论如何,他已经使美国接受了一个在以后的谈判中可能对日本是有用的、而对美国则是麻烦的文件。

蓝辛—石井协定签字后的几天内,发生了另一件大事,使远东的

---

① 协定全文见《1917年美国对外关系文件集》,第264—265页。

形势更加复杂化。布尔什维克党人在俄国夺取了政权。对协约国来说，这个事件具有两个重要的后果：俄国与协约国的合作到此告终；而且，新政府如要存在下去，可能与德国单独媾和。当协约国正在考虑这种局势在军事上的意义时，北满又出现了危机。帝俄政府逐渐把铁路区的行政权完全控制起来，因此，像哈尔滨这样的中心，简直像是俄国的殖民地一样地被统治着。这时，布尔什维克的支持者企图使铁路区的行政长官就范。中国军队代表协约国，被派到这个地区，并且成功地恢复了铁路区行政长官的权威。

协约国的行动使铁路区成为一个俄国反布尔什维克的策划中心。1918年春，一支俄国非正规军越过边界，进入西伯利亚；但是，这支军队6月间被红军击溃后，又退回到满洲。这一事件使人产生一种恐惧（不管是真是假），认为俄国的侵略迫在眉睫，于是一支日本军队便被派往这个地区。与此同时，协约国一直在讨论派遣军队在海参崴登陆以便和反苏维埃集团进行合作的问题。主张采取这个计划的一些主要理由要么是不充足的，要么是欺人之谈。有人争论说，实行这个计划可以使5万名正向东方进军以便为协约国效力的捷克军队自由行动，从而减轻对西线的压力。而且，它还有助于在西伯利亚成立一个反布尔什维克的政府。实际上，协约国的想法不仅受到这样一些考虑的影响，而且也出自它们彼此之间的猜疑。日本人唯恐美国人有意从苏维埃政府那里取得在西伯利亚的特许权；这就使日本更加决心给予已经在这个地区作战的反布尔什维克集团以军事支持。美国人唯恐日本人在策划另一次扩张主义的行动，因此他们不愿让日本人单独行动。由于这种种理由，终于做出决定，由协约国进行干涉；1918年8月和9月间，日本、美国、英国和法国的军队便在海参崴登陆。①

1918年11月11日，协约国与德国签订停战协定，世界大战宣告结束；但在西伯利亚，如同在俄国的其他疆界上，协约国的军事行动仍在进行。一直到俄国人反对共产党政权的活动取得胜利的一切希望最后都告落空，而且日本失去了获得领土的任何机会以后，这一军事行动才被放弃。

在世界大战结束时，太平洋的形势已经和大战开始时的形势不相

---

① 关于这段插曲，参见詹姆斯·威廉·莫利《1918年日本进入西伯利亚》（纽约，1957年）。

同了。日本在满洲已经扩展其势力，接管了德国在山东的租借地和其他特许权，并且占领了赤道以北的德属太平洋各岛屿。澳大利亚和新西兰则占领了南太平洋的德属诸岛。主要的协约国家及其卫星国，在战争期间已经就它们作为战胜国举行会议时所应获得的利益问题，彼此取得了或是公开、或是秘密的协议。俄国由于发生了革命，已经暂时地失去了它作为一个太平洋国家所具有的影响；德国则由于军事上的失败而失去了它的殖民地和特许权。主要决定协约国在和平会议时决策的，就是这些变化。

但是，还有一些具有另一种重要意义的变化，这些变化对于即将举行的谈判关系不大，不过对于将来太平洋地区的均势和影响却具有更大的重要性。英法两国在战争中削弱了，法国因而失去了在远东政治活动中充当一个主要角色的能力，而英国则已失去了恢复其过去的海军优势所需要的资源。另一方面，日本和美国经过这次战争取得了比战争开始时更为强大的地位。两国都处于经济迅速发展的时期；而且，战争使这两个国家深切地感到，在解决国际问题上取得使它们自己感到满意的解决方案，对于确保国内的安全与繁荣具有何等重要的意义。俄国现在是由这样一个政权所控制，它虽然抛弃了帝国主义的手段和目标，但出于意识形态上的缘故却决心要在中国确立它的势力。在中国国内，变化是不大明显的。那些为了追求个人权力而背叛帝国的老军阀们，现在在政治上仍然居于统治地位；不过为他们效力的年青的一代人，往往是在国外受教育的，他们有能力按照现代的方针整顿国内的行政管理，或代表他们的国家处理对外事务。而实际上没有效率、缺乏军事实力的广州政府，仍然代表着一个争取政治现代化的、基础广泛的民族运动。中国虽然没有作为一个现代国家而出现，但这至少已经是可以预见的了。这就是在和平会议期间做出的各项决定将要经受其考验的那些变化。

1919年1月在巴黎召开的和会上讨论的问题中，对太平洋地区具有重大关系的有三个，即处置太平洋德属岛屿，解决山东问题，以及日本提出在国际联盟盟约中包括一项保证种族平等的条款。由于在战争进行期间曾经缔结秘密协定，和会对于上述头两个问题享有的行动自由是受到限制的。1917年初，当德国潜艇的攻击对协约国的航运造成很大压力时，英国曾要求日本派遣驱逐舰到地中海。日本答应了这项要求，但交换条件是，英国保证支持日本对赤道以北德属岛屿和德国在山东的特许权的要求；在日本方面，它同意支持英国对已被澳大利亚和新西兰占领的那些岛屿的要求。① 对于这个协定，澳大利亚和新西兰政府勉强地予以默认；而且不久以后，法国和意大利也同样地默认了。

因此，和会面临的关于太平洋德属岛屿的问题，并不包括选择一个行政管理当局的问题，而只是涉及这个当局据以行使其权力的条件问题。美国总统威尔逊非常重视对不具备自治条件的原敌国领地实行国际托管的原则；这个原则就是正在写进国际联盟盟约中的关于委任统治地条款的基础。另一方面，日本要求不受约束地控制密克罗尼西亚群岛。新西兰和澳大利亚将分别在萨摩亚和新几内亚的前德属领地上行使英王的权力，并与英国共同管理瑙鲁；两国采取了一种类似的方针（南非对前德国领地西南非洲也采取了同样方针）。两国还特别要求取得对贸易和移民进行限制的权利。为了打破这个僵局，在盟约中规定了一类新的委任统治地，即所谓第三类委任统治地。盟约宣称："某些领土，例如西南非洲、某些南太平洋岛屿，由于人口稀少，或面积有限，或地理上与受托管理国领土邻近，以及其他理由，最好置于受托管理国的法律治理之下，成为该国领土的组成部分……"根据这一规定，使得要求担任受托管理的国家获得了根据它们的意愿施加限制的权力，这些限制已成为它们自己法律的一部分。受托管理国只受两条限制，即一般不许可在委任统治领土上设防，还要承担保护当地人利益的义务。对于这个妥协性的解决办法，不但威尔逊总统感到不满意，而且可能担任受托管理的国家也不满足，但这项办法总算被双方勉强接受下来了。

和太平洋岛屿问题不同，日本人为在山东问题上提出的要求拼凑了非常充分的理由，因此得以避免做出妥协。除了英国、法国和意大利于1917年答应给予的支持，他们还取得了中国的正式同意。1915年日本提出"二十一条"以后，中国政府就曾保证接受日本和德国之间达成的任何协议。1918年9月，双方取得协议，同意把原来德

---

① H. W. V. 坦珀利编：《巴黎和会史》，第6卷，第634—637页。

国经营的铁路改为中日两国合办,并由日本出资修筑两条重要支线。不仅如此,日本人还坚决认为美国在蓝辛—石井协定中已经承认日本在山东具有特殊的利益。根据这些协定,日本要求应把德国在胶州湾的租借地以及享有的其他特许权转交给日本。租借地最终将归还中国。唯独经济方面的特许权将予以保留,将来根据中日两国现有的协定来处理。

尽管北京政府先前已经做出允诺,但是中国代表团在和会上激烈地反对日本提出的要求。虽然担任代表团团长的中国外交总长是一个老派的政治家,但是代表团中一些起支配作用的团员却是年轻一代的人物,他们在中国就曾接受了西方的教育,后来又毕业于国外的大学。和属于留学生集团的其他人物一样,他们决心要为挣脱列强对中国行使主权所加的枷锁而努力。由于北京政府十分虚弱而且处于分崩离析的状态,因此他们在巴黎似乎有异常的自由,采取他们自己的行动方针。除此以外,在和会进入具有关键意义的几个月中,北京政府正在试图和广州的临时政府就中国重新实现统一问题达成协议。中国的发言人在巴黎发表的强有力的言论,可能被视为对于这种实现统一的努力是有帮助的,因为它既转移了公众对国内正在进行的关键性谈判的注意力,并且也着重说明了政府在有力地捍卫国家的利益。

顾维钧在和会上提出中国问题时,一方面据理力争,一方面呼吁同情。他声称,德国的租借地是用武力取得的,1915年的中日条约也是在胁迫之下签订的。而且,在中国参战时,中国曾经宣布和德国签订的一切条约均已废除,因此,德国已经没有什么权利可以转让给日本。但是,他也着重指出山东是中国不可分割的一部分,这个地区在当前具有十分重要的作用,而且又是"中国文化的摇篮,孔子、孟子的故乡,也就是中国人民的圣地"①。根据这些理由,他要求把战争爆发时德国在山东拥有的一切权利直接归还中国。

中国陈述的意见以及陈述意见时的巧妙做法,在世界的报刊上博得了颇为有利的宣扬,也激起了中国的西方留学生集团的巨大热情。结果,当上述问题交付最后解决时,中国代表团提出了更多的要求。它不仅要求废除1915年关于山东问题的条约,而且要求废除1915年

---

① 这些话载于《和会正式记录》(引文见拉法格《中国与世界大战》,第198页)。

和 1918 年两国签订的包括关于满洲和内蒙的条约在内的一切条约和协定。中国代表团未能充分理解讨论中的获胜和强权政治的手腕是两码事。日本的要求全部获得通过。

但是，日本获得这一胜利之前，却在对它来说第三个具有重要意义的大问题上遭受了失败。在国际联盟起草盟约的委员会上，日本代表提议在条款中增加一条保证种族平等的条款："国际联盟的一个基本原则是民族平等，因此，各缔约国一致同意，尽速给予国联会员国的一切外国侨民在各个方面以平等而公正的待遇，不因其种族或民族关系而在法律上或事实上有所区别。"① 从获得威望的观点来看，这个问题对日本——和其他非西方国家——具有重大意义。但是它对于移民问题也有着实际的重要意义。由于第二个原因，日本的提案深为诸如英国各自治领这样一些国家的代表所厌恶，这些国家对于非欧洲人的入境是加以限制的。尽管这个提案经过日本一再修改，最后变成仅仅阐明种族平等的原则，但这也没有能够使英国自治领的代表们，特别是使澳大利亚总理威廉·莫里斯·休斯平息下来，他威胁要挑起英国各自治领和美国西部各州人民起来反对。在这种局面下，当修改后的日本提案交付表决时，威尔逊总统和英国出席该委员会的代表都弃权。当 17 票中有 11 票赞成这个提案时，威尔逊宣布本提案必须全体一致赞成才能通过。

因此和会的各项决议等于是进一步肯定当时在日本和中国这两个问题上存在的各种态度。日本代表团在能够依靠大战期间达成的坚定的承诺的问题达到了它的目的；但是，在主要依靠西方强国发善心的问题上，没有达到目的。中国所取得的好处，不过是和会的职权范围本身以内所能确定的那些必然的结果而已。在战时废除的中国与德国和奥匈帝国的条约被宣布永远予以废除。而中国的代表团通过出席这次和会，使各国感到有必要全面修订中国与各国的条约关系。但对中国作为国际社会中的一员而出现，和会却没有采取什么积极的行动。从更广泛的意义来说，和会的气氛和西方国家舆论的调子，重新强调了东西方之间的差别。即便是日本，尽管必然要被承认是一个强国，但是在西方的心目中，它仍然是亚洲的一部分。国际联盟虽然成立

---

① 戴维·亨特·密勒：《国联盟约的起草工作》（2 卷本，纽约，1928 年），第 1 卷，第 183 页。

了,但是5个世纪的欧洲扩张的传统,仍然阻碍了建立一个完整的世界性社会。

由于这些原因以及其他原因,世界局势仍然是动荡不安的;而且,在大战后紧接而来的那些年代中,英国、美国和日本都在进行庞大的建设海军的计划。这些计划所需要的支出,既妨碍了这3个国家的经济发展,也给各国政府造成了财政上的困难。海军军备的增加,其结果只不过是又加深了造成这种增加的不安全感。

国际紧张局势的主要根源之一是远东的局势。美日两国政府彼此继续抱着十分怀疑的态度来看待对方的对华政策。从美国的观点来说,由于英日同盟的存在,使得情况更加复杂化。美国人认为,这个同盟一直使英国容忍日本提出的要求,将来可能更会这样,因为英国已经丧失了过去在太平洋上的海军优势。英日同盟将于1921年7月满期。这个同盟会展期吗?如果展期的话,将根据什么条件?这个问题不仅对两个签字国是重要的,而且对于美国、英国各自治领和中国都是重要的。

在1921年最初的几个月中,英美两国政府已经把各自在限制军备和英日同盟的前途这两个重大问题上所持的立场,向对方做了更明确的阐述。到6月间,英国政府获悉,美国赞成召开裁军会议,而且希望英日同盟或者予以废除,或者做实质性的修改。在美国政府方面,它知道英国已经接受英美海军实力保持均等的原则,而且愿意修订英日同盟条约,虽然并不予以废止。因此,两国仍然有待找出一个办法,解决两国之间仍然存在的分歧(以及与其他有关方面的分歧),并将最后取得的结论付诸实施。

6月下旬在伦敦举行的英帝国会议上,加拿大总理阿瑟·米恩充当了华盛顿与伦敦之间的调停者的角色。他提出建议,并得到他的同事其他总理们的同意,应就太平洋和远东问题在英国、美国、日本和中国之间举行一次会议。① 这个建议在正式提出以前,美国政府就已获悉。美国政府为了保持主动地位,便立即邀请英国、日本、法国和意大利各国政府参加在华盛顿举行的限制军备会议。当正式接到英国

---

① 关于此事,见 J. 巴特利特·布雷布纳《加拿大、英日同盟与华盛顿会议》,载于《政治学季刊》,第50卷,第1期,第45—58页。

的建议时，美国人便建议会议的规模，以及根据情况的需要，会议的成员应加以扩大，以便把太平洋和远东的问题包括在内。英国政府同意这项程序。

在美国人最初邀请的国家中，只有日本对于接受邀请持保留意见。日本政府不是不愿意参加讨论限制军备的问题。但是，它对于美国提出把太平洋和远东问题包括进去的动机表示怀疑。这是不是企图迫使放弃英日联盟？美国是否为了它本身的利益，希望破坏日本在中国的地位？日本接受了邀请，但提出意见说，他们宁愿"采取向前看的态度"，而不愿纠缠于重算过去的旧账。①

除了美国原来邀请名单上的那些国家以外，另有 4 个国家收到并接受邀请参加扩大的会议：中国、比利时、荷兰和葡萄牙。这 4 个国家将不参加讨论限制军备的问题，但参加讨论有关远东和太平洋的问题。

11 月 12 日，华盛顿会议在哈定总统主持下开幕。美国国务卿查尔斯·伊万斯·休斯被选为会议主席。休斯立即投入会议的主要议题，提出立即减少并继而限制主力舰吨位的具体建议。这些建议包括大批拆毁现有舰只，并且同意在 10 年内停止建造舰艇。美国、英国和日本所拥有的主力舰吨位要削减 40%，然后美国和英国主力舰的吨位限制在 50 万吨，日本为 30 万吨。

英国和日本两国都原则上接受了这些建议，但也都附有保留条件。其中最重要的是日本的条件。在吨位问题上，方案稍经修改后最后终于达成协议，这个方案允许美国和英国的主力舰最高吨位各为 52.5 万吨，日本为 31.5 万吨，两个比较小的海军国家法国和意大利各为 17.5 万吨。但是，日本在同意这个方案的时候，又坚持要满足其另一个要求。它要求停止在太平洋兴建海军基地和要塞。这项条件最后明确规定不包括签字国所属的领土（包括派代表参加英国代表团的各英国自治领），也不包括某些其他地区（特别是夏威夷）；但是，最有意义的是，它适用于菲律宾、关岛和香港。② 因此，其结果

---

① 美国第六十七届国会第二次会议参议院文件，第 126 号，第 755 页。
② 关于华盛顿会议签署的条约和协定的全文，以及会议记录，见《1922 年美国对外关系文件》，第 1 卷，第 1—384 页。关于英国有关会议的文件及其背景，见罗恩·巴特勒和 J. P. T. 伯里编《1919—1939 年英国对外政策文件》，第 1 编，第 14 卷（1920 年 4 月至 1922 年 2 月的远东问题）（伦敦，1966 年）。

在于保证日本本土不受到任何可能在近便的作战范围内兴建的基地对它进行的海上攻击。

会议在谈判海军军备的同时,也考虑摆在会议面前的关于太平洋和远东的各项问题。与海军问题关系最密切的是英日同盟问题。鉴于美国极力反对这个同盟,英国代表团团长阿瑟·詹姆斯·贝尔福最初提议由英国、日本和美国三国签订一个条约来代替它。但是,这个提议是休斯所不能接受的,他建议把法国也包括在内,以避免造成投票表决时英国和日本联合起来压倒美国的危险。由于美国的坚持,新签订的四国条约的约束力远比原来的英日同盟条约松散。它只保证四国尊重彼此"在太平洋地区内的岛屿领土与岛屿属地"的权利。四国之间如因"任何太平洋问题"一旦发生争议,则共同开会解决;而且,如果任何一国因同样问题一旦受到"任何其他国家侵略行动的威胁",也由四国协同会商。① 结果,就连这样会商的条款也从未履行过。因此,四国条约正如美国所打算而日本所担心的那样,只不过是用来结束英日同盟的一种外交策略而已。

其他最重要的区域性问题是关于中国的地位问题。在总的原则问题上,参加会议的九国签署了一项公约,十分符合中国发言人所提出的要求。它们保证尊重"中国的主权、独立和领土完全";给予中国"最充分的、不受任何限制的机会",以建立一个稳定的政府;维持各国对华贸易机会均等的原则,不得利用中国的现状,乘机谋取特殊权利或特惠。但是,为实现这些保证所采取的步骤,仅仅是在任何一国认为"需要执行本条约的情况发生时",各签字国可以随时进行"充分坦率的会商"。因此,会议满足于用一些不着边际的空洞言辞作一番高谈阔论,但在要承担义务采取具体的行动以保证条约的执行时,则采取审慎的态度。

在讨论中国政府感到不满的问题,如外国控制中国关税,外国在中国的租借地和治外法权等问题时,上述的后一种情况表现得特别明显。对于关税问题,九国签订了一项条约,准许中国将关税率提高一大步,尽管提高的幅度仍然是有限的;同时,还设立一个委员会来改

---

① 《1922年美国对外关系文件》,第1卷,第35页。关于该条约起草经过,见 J. 查尔·文生《华盛顿会议四国条约的起草工作》,载于《现代史杂志》,第25卷,第1期,第40—47页。

革海关的行政机构。另外又设立一个委员会来调查治外法权的行使情况，以便将来在可能条件下予以废止。此外，在邮政、电信等问题上，也做了一些较小的让步。

中国最感不满的是日本在中国的地位这个重大问题，包括山东问题在内。中国政府迫切希望会议讨论胶州湾租借地归还的条件，因为它希望能在谈判时得到其他国家的支持。但是，日本则不愿意自己的谈判地位由于这种做法而受到削弱。由于这个问题十分重要，不能置之不理，双方最后一致同意采取一个妥协办法，即在会外举行谈判，但休斯和贝尔福都以观察员身份参加。根据最后达成的解决方案中规定的条件，日本同意将全部主权连同前德国公产的所有权，都归还中国。中国方面则同意向日本银行家洽借贷款，作为购买铁路的价款，而且承认日本在矿山享有的某些利益。日本还进一步保证撤军，而中国则保证将该地开放，与外国通商。① 在这项协议公布后，英国提出放弃威海卫租借地，以便中国恢复它对整个山东省的全部控制。

中国代表团还要求会议重新审查"二十一条"以及日本根据"二十一条"所享有的特殊利益的问题。由于"二十一条"中有些条款的内容已经处理，而且由于第五号现在已由日本撤销，其余尚待讨论的主要问题是有关日本在南满和内蒙东部的权益问题。对于这些问题，日本人在名义上做出两项让步。他们同意将它享有的优先贷款兴建铁路的权利向国际财团开放；而且，他们放弃他们的意图，即坚持要求在南满行政管理工作中必须聘用日本人充当顾问。但是，他们坚持保留在山东租借地和南满铁路的全部权利。由于南满和内蒙对日本和朝鲜的经济愈来愈起着重要作用，因此，保持对该地区交通系统的控制权，是日本政策的主要目标。

华盛顿会议从1921年11月到1922年2月持续了3个月，因此，会议在此期间研究了范围广泛的问题，详尽地加以分析，并对各项问题做出了坚定的决议。过去，在国际关系中占统治地位的是疑虑重重和变幻无常的局势，而现在却在范围广泛的国际关系中出现了明朗而确切无疑的局面，由此，它就增进了未来和平的前景。而这正是会议成就的真正核心所在。

---

① 《1922年美国对外关系文件》，第1卷，第948—960页。

当时，对会议的评论是有所不同的。休斯把海军军备条约说成是"在缔造和平的历史上，也许是向前迈进的最大一步"。① 日本首相高桥是清把会议的决定描绘为"造福全人类"。② 这种热情的评价在当时的世界各地报刊中和整个 20 年代的有识之士中都得到反响。但在现实中，要维护和平仅仅使当时存在的各种关系正式确定下来是不够的；随后 10 年的外交史在某种程度上正是"华盛顿体制"崩溃的记录。

日本作为一个大国出现，是由于日本的经济获得了发展才做到的。虽然日本在国际政治活动中取得的成功，由于日本国内的民政和军政成效卓著，由于日本的领袖人物广有权谋而其决心又冷酷无情，因而大为增大，但是，成功的基础还在于经济的增长。

在 1900 年到 20 年代末大萧条开始的这个时期，日本的总产量，估计每年增长率为 4.2%。③ 由于人口由 4400 万人增至 6400 万人，每年增长率为 1.2%，因此，产量按人口计算每年增长达 3%，这个速度也许是其他国家无法比拟的。经济增长带来的好处并不是平均分享的，不过全国的人口作为一个整体，显然获得很大利益。增长的基础，主要是在日本日益仿效现代西方的模式时工业结构有了改变。到 1930 年，日本虽未达到这样的模式，但现代化的成分这时已经牢固地奠定。有收益的就业者，几乎有一半人仍在从事农业劳动，而农业中的小农制并没有什么改变，农民中大约有一半人是佃农。稻米仍然是主要的粮食作物，它所占的耕地面积，远远超过一半以上。作为第二种最重要的农产品的生丝的生产，曾经有了一个大的发展，所以，到了 1929 年，大约 2/5 的农产都以蚕茧的生产为副业。制造工业有了很大的发展，1929 年它雇用的工人占职业人口的 17%，它所生产的产品占总量的 27%。最引人注意的是丝棉的发展，过去传统的生产方法和组织形式，现在已看不到了。整个纺织工业的工人，这时占产业工人的 25%，其中有一半的工人是在有 5 个以上雇工的工厂中劳动的。因此，日本的生产十分偏重于轻工业，而重工业却在整个工

---

① M. J. 普西：《查尔斯·伊万斯·休斯传》（2 卷本，纽约，1952 年），第 2 卷，第 490 页。
② 同上书，第 508 页。
③ K. 大川：《1878 年以来日本经济增长的速度》（东京，1957 年），第 248 页。

业化的过程中落后了。在冶金工业方面，钢产量达到了 200 吨以上，但这只能满足日本需求的约 70%；同样在机械工业方面，尽管产量和产品品种都有了发展，但对于机械业作为一个整体来说，日本仍然是一个靠大量进口的国家。

日本现代工业，是在传统的职业、生活条件和生活观念继续存在的同时建立起来的。结果是，出现了"双重经济"，这种经济在 20 年代现代工业作为整个经济的一个主要部分而出现时特别明显。在所有各个方面，特别是在工艺、收入、劳动条件和生活条件方面，现代的部分和传统的部分之间都存在着一种在西方社会中无法与之比拟的差距。这种社会与经济上的差异，实际上阻碍了西方民主政治制度的产生。而且，对现代部分的控制权和所有权，又日益落入日本的大财阀手中。这些财阀是在明治初期与政府企业密切提携中起家的，而且是日本的工业化过程的中心。从经济方面来说，这些财阀不受法律的束缚，而且经营活动范围广泛，涉及经济活动的全部领域，因此它们与西方的财团显然不同。在 20 年代中，它们甚至渗入小规模的商业和制造业。从社会方面来看，这些财阀组织，是以权贵的地位和权势的统治作为基础的，因而把封建日本的许多传统带进了现代工业。从政治方面来看，这些财阀和政府的关系在 20 年代变得更加密切。主要由于财阀的实力雄厚以及传统的生产部门几乎可以无限地提供劳动力，因而劳工组织极为软弱。工会会员人数在 1926 年达到 28.5 万人，但是他们只占劳动大军的一小部分。在日本的整个政治和经济结构中，劳工组织几乎没有什么影响。

由于日本在 1900—1930 年间采取了为工业化提供资金的办法，因而把西方对日本经济的影响一直限制在很低的程度。日本只是在 1897—1913 年期间才大量依靠外国的资本。在这个阶段中，日本的借款大约为 20 亿日元；这笔资本具有相当重要的意义，因为它构成总资本的约 20%。20 年代，日本另外又借款 10 亿日元，但是，日本经济在这期间成长起来，这笔借款的意义就不大重要了。但是，借款几乎完全是由日本政府及其所属机构向外国的私人贷款者借得的，所以外国的影响和介入是微乎其微的。外国对日本的私营企业的直接投资是有的，不过这种投资与政府的借款和日本在企业上的总投资相比，都是很少的。同样地，外国的企业在这一阶段中所起的作用也是

第十二章 1900—1931年的中国、日本和太平洋

很小的。

日本在1900—1930年期间，通过对外贸易与外部世界的经济接触有了很大的发展。进口货物与出口货物的数量，大约增加了4倍；增长总额从占国民收入的25%增加到占40%。日本现在已经完全进入了国际经济，它的繁荣依赖于世界市场。日本的地位与英国相似，自然资源的种类有限，拥有专业技术，是一个从事海上贸易比较方便的岛国。但是，虽然日本这时像英国一样依靠国际贸易，可是它在世界贸易中所占的份额却是相当小的；1913年为2%，1929年为3%，而英国在上述年份中则为17%和13%。因此，日本对外贸易的增长对国际贸易的影响仍然是有限的。进口货物逐渐变成主要是粮食和工业原料，特别是纺织业的原料，在一定程度上还有机械设备。从这种贸易中获利最大的国家是美国和英联邦各成员国。日本的主要出口货物仍然是生丝，其出口量从1900年至1929年增加了大约7倍，在20年代中，日本出口了其生丝总产量的大约80%，美国在日本的生丝市场中占首位。增长最引人注目的货物是居于第二位的最重要的商品棉纺织品：其出口量在1900年至1929年间增加了15倍，从数量上说，1929年的主要市场是在亚洲，其中印度占32%，中国占30%，荷属东印度群岛占11%。这两项在日本的出口货物中居于支配地位，所以，1929年日本生丝占出口货物总额的37%，丝织和棉织品占28%。20年代日本出口的这些棉织品，正是日本日益发展成为一个制造品出口国的先兆。棉织品并不是世界贸易中有活力的商品项目，而西方的输出国家发现日本不是一个容易对付的新的竞争者。例如，英国的棉布在世界贸易中的销售额之所以从1909—1913年的65%下降到1928—1929年的34%，日本是难辞其咎的。即使日本的进口货物以粮食和工业原料为重点，西方输出国家也很难在日本的市场上得到好处，以弥补日本在它们自己的海外市场中竞争所造成的后果。第一次世界大战后，欧洲在很大程度上和日本没有什么贸易关系。日本的竞争也在另一个不景气的工业方面出现，即航运业。1893年，日本的船只运载了日本对外贸易的货物只有约8%；到1913年，达到了一半；随着大战期间航运事业的迅速发展，日本一跃而居于拥有最大商船队国家中的第四位，在世界各处进行竞争，运载日本对外贸易货物约2/3。在20年代，日本航运业的收益在很大程度上弥补了贸

易中的赤字。

日本缔造了一个帝国从而建立了一些特惠关系，而且在较小程度上在满洲享有特殊地位，这些都对日本与外部世界经济关系的发展产生了影响。出于经济上的目的，日本帝国在这个时期基本上包括台湾地区和朝鲜。第一次世界大战以前，与殖民地的贸易约占日本对外贸易的10%，在20年代末约占20%。殖民地的经济发展要根据日本的需求而定，因此殖民地就成了粮食和原料的供应地（特别是台湾地区的糖和朝鲜的大米）和日本制造业产品的市场。日本的资本在殖民地的经济发展中享有特权地位，就像日本的航运业在殖民地的贸易中的情况一样。直到30年代，日本占领了满洲和华北后，才真正为推动帝国发展并与日本经济协调做出了很大努力。总的来说，日本在1930年以前是否从它的殖民帝国获得了任何经济上的好处，是值得怀疑的。但是，值得着重指出的是，日本特别依靠对外贸易，而且对于相对的贸易自由和多边协定尤感兴趣。实际上，这种贸易体系直到1930年基本上存在着，这对日本是有利的，而日本与其殖民地所建立的那种特殊关系，则是损害这一体系的一部分因素，在30年代中加速了这一体系崩溃。

1900—1930年间日本经济发展最突出的特点之一是，日本卷入世界经济危机中，所以，世界经济情况的变动很快就对日本的经济和社会问题产生影响。不妨举出两个突出而截然相反的例子。第一次世界大战大大地促进了日本经济发展的机会。欧洲的供应国与它们过去所把持的市场的通商被割断了，因而日本制造的出口货物和航运业便迅速地发展起来。特别是大战使得日本能够在英国的亚洲棉纺织品市场中取而代之。在日本，这种世界性的需求导致收入的增长、就业和工业的发展；这是一个取得显著繁荣的时期。但是，所有这一切对于日本并不都是有利的：通货膨胀和滥用海外储备造成了20年代初期社会的骚乱和财政、贸易上的困难。1929年年末美国的大萧条开始时，在日本出现了与战争后果相反的后果。我们在上文中已经看出生丝在日本的出口货物中所具有的重要意义，大约有半数的农民依赖生丝的生产，而且美国的需求居于压倒一切的支配地位。美国的大萧条直接导致生丝价格于1930年间下跌约50%，从而打击了日本的整个经济，特别是给农村带来了贫困。世界大萧条浪潮的冲击，是造成

20年代的开明政策和政治领袖们威信扫地的一个主要因素,并且也是30年代在国内走向反动、在国外实行侵略的背景。

在中国,政治上的软弱无能,既是造成缺乏类似日本的那种经济发展的原因,也是它的后果。研究中国1900年至1930年这个时期经济情况的材料如此欠缺,其本身就足以说明中国的经济落后和政治上四分五裂的情况。

中国的人口似乎有4亿至4.5亿人左右,在这个时期如果说有所增长,那也必然是很少的。到1930年年末,劳动力的使用结构没有什么变化,大约80%的人仍然从事农业,而整体说来,从事传统生产的人所占比例还要大得多,大约为90.5%。这时,从事现代生产的人所占比例仍然很小,所生产的产品只增长到约占国民收入的1/8。① 可是,尽管传统的生产在经济中继续居于支配地位,中国却已发展成为外国投资的场所;到1902年,外国投资估计达到1.62亿英镑,1914年翻一番为3.31亿英镑,1931年又翻一番达到6.66亿英镑。② 并不是所有这一切都能看成是不动资产的实际增加;据估计,扣除物价的上涨,1902年至1914年间实际增长大约为90%,1914年至1931年约为20%。③ 其中大部分是外国人在中国设立公司的直接投资(约占70%),其余部分则是中国政府偿付债务的款项。直接投资主要用于修筑铁路和与对外贸易有关的方面;制造业只占大约10%—15%;而用于农业方面的几乎等于零。政府借款很大一部分是用于非生产的方面;大约2/5(实际数)用于军费和赔款,1/5用于一般的政府行政经费,其余则主要用来修筑铁路。英国是外国在中国的投资最重要的来源,大约占整个这一时期总投资的1/3。1902年俄国仅次于英国而居第二位,投资份额几乎相等,但是到了1931年,则为日本所取代,俄国所占的份额已下降为不到10%。外国的直接投资都局限于某些地区。例如,20年代末,英国的直接投资约有3/4

---

① T.刘和K.叶:《中国大陆的经济:1933年至1959年的国民收入和经济发展》(加利福尼亚州圣莫尼卡城,1963年),第132页。
② C.F.雷默:《外国在中国的投资》(纽约,1933年),第58页。这些数字不包括最初数值为6750万英镑的庚子赔款。1902年还没有这项赔款,1903年年底该款总数为6350万英镑,1931年已微不足道。
③ C.侯:《1840—1937年外国在华投资和中国的经济发展》(马萨诸塞州坎布里奇,1963年),第14页。

是在上海，日本的直接投资有 2/3 是在满洲。

从数量来说，中国的对外贸易在 19 世纪 90 年代末至 1914 年间翻了一番，以后到了 20 世纪的 20 年代末又增长了 50%。[①] 从价值来说，中国的对外贸易在 1914 年大约与日本相等，为世界贸易额的 2%，在 20 年代末，仍然保持这个比例。这时，中国不是世界上贸易大国之一。如果以对外贸易与国民收入的比例来衡量，贸易对于中国的经济并不是很重要的。从一些估计中可以看出，它在 20 年代末达到顶峰时也只不过约占国民收入的 12%；而且，由于贸易在这段时期内的增长比国民收入快得多，因此它在本世纪初必然是很低的。丝和丝织品一直到这个时期末仍然是最重要的出口货物，尽管已从 1900 年占总出口货物的 30% 降到 1928 年的 18%。随着外国的投资而使经济产生的变化，其结果明显地表现在满洲的大豆和豆饼出口量上升，在 20 年代末已从原来占总出口货物的 2% 增加到占 21%，这时已成为中国首要的出口货物了。工业化对进口货物的影响，主要从各地棉纺工业的发展情况就可看出：1900 年至 20 年代末，棉织品的进口，已从占进口货物的 20% 下降到 15%，而棉纱从 15% 下降到 2%，原棉的进口则从零上升到 7%。同时，中国的棉织品和棉纱的出口逐渐增加（占总出口额的 4%）。在此期间，和中国进行贸易各国的重要地位的对比有了显著的变化。世界各国越来越多地利用香港这个地方，因而要在各国之间分别确定贸易额也就困难了；但是，可以明显地看出欧洲各国，特别是英国的对华贸易相对地下降了，而日本以及在某种程度上还有美国，对华贸易的重要性却增加了。这两个国家在一起大约共占中国对外贸易的一半。

单靠外国在中国的投资和贸易的统计数字，可以表明外部世界对中国经济发展在经济上产生的影响的某些重要方面。但是，这些统计数字并不能说明决定外国在华贸易和投资特殊性质的更广泛意义上的贸易结构。在中国投资的各国重要地位的高下，受到各国在这个区域的政治力量的影响；而这个时期发生的重大变化是俄国和德国的地位下降了，日本的地位上升了。不仅如此，这种投资仍然主要是在租让地之内。到 1931 年，外国的直接投资几乎有一半是在上海，几乎有

[①] Y. 陈：《中国的对外贸易和工业发展》（华盛顿，1956 年），第 258—259 页。

2/5（主要是日本的，还有一些俄国的）是在满洲。铁路——外国早期直接投资重要的领域之一——的修筑是出于政治和军事的目的，而不是为了赢利。政府的借款只有一小部分是用于为了生产来修筑铁路，而不是用作战争赔款或偿付过去借款的利息；即便是这样的用途，通常也要把这些线路的修筑权和控制权交给外国人之手。1914年以前的外国贷款，几乎都是将中国政府的某些特定的产业、岁入和税收的控制权交给外国人后才获得的。即使外国投资的政治意义姑且不管，其经济效果也是难于估计的。从好的一面来说，外国投资是把现代技术引进中国的一种手段；已经实现的这种现代化，有很大一部分是由于外国投资而促成的；在某些地区，它带来了稳定、法律和社会间接资金——运输业、公用事业、银行业——它既对外国企业有利，也给中国人带来好处。[1] 另一方面，支付外债的利息，对于中央政府的财政是一项很沉重的负担，而外国的投资在其有限的地区内取得的成功，导致这些地区和中国其他的地方分隔开来，从而使得一种非常显著的双重经济继续存在下去。

虽然外国投资往往局限于一些地区之内，但对外贸易产生的影响却波及甚广，尽管这种影响只限于在靠近交通方便的那些地区，特别是沿海一带。中国人能够买到西方的工业产品，同时，向传统生产部门所生产的那些种类繁多的产品提供了出口市场。一般说来，在整个这一时期，中国的贸易中实行了"门户开放"政策，但只有一个重大的例外：日本通过种种手段，为它本国的货物在满洲取得了优越的待遇，因此这个地区20年代的贸易大约有2/3是与日本帝国进行的。

这个时期的中国经济史显著的特点是，现代化的程度有限，外国的投资和对外贸易为数甚少。到1914年，当中国在世界贸易中所占份额大约达到2%时，它已接受了全部外国投资的约3.5%。在这个水平上，即使大部分投资未曾直接用于政治目的方面，对外贸易和外国投资也不可能使中国经济的面貌有很大的改变。在某种程度上可以说，外国投资所以这样少，是由于在一些人口密度大、收入低的国家中普遍缺乏有利可图的机会。但是，在某种程度上也可以说，这是由

---

[1] 外国资本在铁路、航运、对外贸易、铁矿和煤矿方面是起支配作用的，但在工厂制造业方面，有一项估计数字表明中国在1933年的总产量中所占份额为65%（见C.侯《1840—1937年外国在华投资和中国的经济发展》，第127—301页）。

于中国未能适应经济现代化的需要以及这个国家在整个这一时期所特有的政治混乱所造成的。

西方列强在20年代中承受了（尽管是勉强地）对它们特权的侵犯，这在某种程度上反映了它们在中国的经济利益所占比例甚少。例如英国1929年在中国的投资只占它的对外投资的5%，而对华贸易只是它的对外贸易的3%。另一方面，对于日本来说，中国地位的改变提出了一个重大问题。日本在满洲的投资，以及主要凭借它的特权地位在中国的这个地区中进行的贸易，都对日本的国民收入做出了重大贡献。不仅如此，日本还继续指望满洲——正像它从20世纪初以来所指望的——作为一个为日本提供它那日益工业化的经济所必不可少的原料的供应地。到了1930年，满洲的地位问题在中国的国际关系中已成为一个关键性的问题。

20年代中赋予远东政治以新的形式的绝大部分力量，在大战期间或紧接在大战之后，都已显露出来。但是，列强在华盛顿会议之后的那些年代中，却对这些力量认识不足。它们往往忽视了日本日益增长的工业化和在中国出现了一代新的领袖人物，以及苏联决心要在这个区域充当一个重要角色所具有的更为广泛的意义。这种忽视，在某种程度上是由于它们未能理解这些发展的性质或分量；但是，更直接地是由于它们专心于考虑完全不同的问题。这些国家在华盛顿会议时就曾为在远东进行国际合作制定了一个框框；而当前的形势又迫使它们更加决心要把它们的政策纳入这个框框之内。日本与美国结成的经济纽带，使日本政府具有强有力的理由，避免在中国追求扩张主义的目标。而且，更广泛地来说，中国的混乱状况促使各国采取克制的态度。追求经济的目标——无论是关于发展贸易，或是偿还债务——不能收到实效，因此人们往往争辩说，不论取消治外法权，或是恢复关税自主，时机均未成熟。

然而，各大国在华盛顿会议上曾同意讨论中国提出的取消对于中国管理关税所加限制的要求。所以拖延几年迟迟没有采取行动，不仅因为几个主要国家普遍采取了保留态度，而且也是因为法国拒绝批准关税条约。但是，1925年法国批准了关税条约后，华盛顿会议与会各国接受中国的邀请，参加了该年10月在北京召开的一次关税会议。

中国政府就恢复关税自主问题提出了经过审慎考虑的具体建议。这些建议就其最终解决关税自主问题的方面来说,为各国代表所接受。但是在关于过渡期间应做何安排的问题上,却出现了意见分歧。会议不愿意把大大增加了的岁收,在中国的政治仍然处于不稳定的时候交到中国人手中。由于北京政府只控制着中国的相对来说较小的一部分,增加的岁收看来大部分肯定要落到互相竞争的军阀们的手中,从而加剧普遍混乱的情况。在会议开会期间,中国国内的状况进一步恶化。对立的派系之间发生的战争,把北京与沿海之间的交通切断了;就在北京城内发生了反对政府的游行示威;而且,段祺瑞政府终于在1926年4月下台。这个事件发生后,北京关税会议不得不宣告中断。

在会议进行的头几个星期里,美国驻北京公使在写给华盛顿的报告中曾指出,和一个保持其权力或许不能"超过几个星期,或者甚至超过几天的"政府讨论达到长远目标的问题,是不现实的。① 在讨论过程中,出席会议的成员们也越来越认识到,在远东进行国际合作整个政策的基础是虚构的。而且,在会议最终失败后,派有代表出席会议的各国政府不得不承认"华盛顿体系"有不足之处,并且在比较现实的基础上开始重新确定它们的立场。

列强在考虑中国问题时,特别是对苏联的行动没有给予足够的重视。苏联在1924年与北京政府签订的一项条约中,解决了中苏的分歧;而且,它在这样做时,曾着重表明它的"反帝"立场,放弃了苏联公民享有治外法权的任何要求。但是,具有更重大意义的是,苏联和以广州为中心的国民革命运动建立了密切的关系。在俄国顾问的帮助下,国民党进行了改组,它仿效苏联共产党的样子,采取了一个极权主义的结构;它发展了给工农大规模地灌输信仰的方法;而且它从1924年担任国民党总理的孙中山提出的"三民主义"中汲取了一整套理论。此外,它还与1921年在上海成立的中国共产党结成同盟。作为这些政治行动的补充,又建立了一支革命军。为了给这支军队提供在军事技术上称职、在政治上可靠的领导力量,又在广州附近成立了一所军校,由蒋介石任校长。

---

① 引文见入江昭《继帝国主义之后:在远东寻求建立新秩序的努力,1921—1931年》(马萨诸塞州坎布里奇,1965年),第72页。

因此，苏联人使用了两个重要的方法，改变了中国的局面。他们通过与北京以及与国民革命运动建立的关系，挑起了中国对于西方各国和日本的对立情绪。他们通过对国民党人提供援助，决定性地改变了这个国家政治力量的均势。在苏联的顾问们到来之前，国民党主要是靠党员一致赞同中国需要实现政治现代化以及他们对孙中山个人的忠诚而团结一致的；而国民党的广东政府是依靠与该省领袖人物结成联盟从而获得军事上的支持。在俄国的指导下，国民党改变成为一个强有力的革命组织，在它追求权力的过程中，既能使用武力，也能运用说服的办法。

在关税会议不光彩地结束时，国民党的军队即将进行北伐。自从孙中山在头一年逝世，这个运动的领导力量，由于国民党内部赞成和反对与共产党人合作的两派之间的对立而受到削弱。这种分裂不断地使国民党人争夺权力的斗争变得复杂起来。但是，从人民大众对于节节向前推进的北伐军的态度来看，国民党领导内部的争端不过是一个次要的因素。国民党人曾经宣称："造成中国人民大众所有苦难的最根本的原因，在于帝国主义者的侵略和他们的工具——卖国贼军阀们的残酷和暴虐。"[1] 当北伐军经过那些国民党的政工人员在老百姓和各省的军队中十分活跃的地方时，他们都被当作一支解放大军受到欢迎。到1927年年底，在南京成立了一个由蒋介石领导的国民政府，它准备再派遣军队继续北伐，去推翻满洲军阀张作霖领导下的已无能为力但仍在北京苟延残喘的政府。

从"北伐"开始，列强即不得不考虑国民党人的成功。但是，它们也面对着另外一种迹象，说明中国人已经不再愿意忍受对他们国家主权的侵犯。北京政府以及国民党人，都开始征收关税会议拒绝认可的附加关税。外国的特权在通商口岸常常不为人们所理睬。而北方的工商业者就像国民党人那样，坚决要求彻底修订所有的条约。

这些发展情况促使列强逐渐改变了态度。由于国际合作的原则，在过去的一些年代中，因各国对于中国的局势采取拖延和不现实的态度而受到破坏，各国便开始各行其是以捍卫它们的国家利益。

---

[1] 引文见入江昭《继帝国主义之后：在远东寻求建立新秩序的努力，1921—1931年》（马萨诸塞州坎布里奇，1965年），第93页。

这个问题对于英国来说，是一个特别复杂的问题。英国利益的建立为时已久，而且规模庞大。这些利益主要集中在那些早期即由于国民党的势力向前推进而受到影响的地区。由于这些原因，中国人反对外国利益的情绪，有很大一部分就是针对英国的利益的。但是，由于同样的原因，英国却是列强中第一个认识到与国民党人建立友好关系并且准备好在他们一旦占领北京后应如何行事的重要性。英国政府明确表示，一俟政局恢复稳定，它准备讨论修改条约和其他的问题。与此同时，它又在小处让步和维护其重大利益之间尽力保持平衡。维护英国的利益，首先要维护英国在上海的利益。当中国国内的混乱日益加剧，看来要危及英国在上海的商业和投资以及侨民的安全时，英国在上海的驻军便大大地增兵了。这种行动，比英国希望借以赢得中国友好而表示的亲善姿态和表明意图的声明要坚决果断得多，因而国民党人和北京政府的支持者们中间的反英情绪都在增强。

英国保护它在上海的利益这一行动的主要受益国家可能是美国。美国政府和英国政府一样，希望中国能够出现一个稳定的、能够行使全部主权的政权；但是，它在处理当前局势中的一般做法，似乎不如英国那样亲善。尽管如此，由于它不再需要采取军事干涉的办法来维护美国的利益，因此它依然能够保持它是中国最坚定的友邦这一声誉。

对于日本来说，中国局面的改观至关重要。但是，由于日本的利益主要在北方，因此它在制定（和显示）新的战略方面，时间比较宽裕。1927年1月国民党的力量进入华北之势已迫在眉睫时，日本外相币原喜重郎发表了一项泛泛的政策声明。日本政府像英美政府一样，宣称应让中国人自行解决其内部分歧并表示愿以同情的心情来考虑中国的要求。但是，它也强调两国之间需要进行紧密的经济合作，并要保护日本的利益。这一声明由于内容泛泛，日本在行动方面便大有回旋的余地。在以后的几个月里所发生的几起事件，使日本越来越强调其声明中比较积极的原则和含义。4月间，由田中义一领导的一个新政府在东京上台。田中是军人出身，他坚决主张保持日本在满洲享有的地位。在此以前不久，国民党的士兵曾在南京袭击外国侨民并破坏外国人的财产。这次袭击外国人的责任被推卸给该运动的共产主义派，即受到俄国怂恿的一派。所以，日本便理所当然地支持由蒋介石领导的国民党右翼。

日本的1月声明并没有具体地提及日本在满洲的利益。实际上，日本关心的是要保护其支配满洲经济并把它和日本本国的经济融为一体的权利，是要保持为了实现其经济目的所需要的行政管理及其他机构。至于这些利益如何才能最有效地受到保护，日本各界人士意见纷纭，莫衷一是。但是，普遍认为满洲问题理应与同中国本身的关系问题分别对待。

虽然日本的领袖们由此认为满洲问题本身的性质特殊，但他们也认识到他们解决满洲的问题将不仅会影响他们与中国的关系，而且也要影响他们与西方国家的关系。因此，他们的想法就受到这种影响：既要考虑现有的关系，也要考虑未来的期望。那些极力不愿破坏日本与美国密切关系的人士，以这个问题为例，提出有力的根据来支持实际权柄由中国的或满洲的政府来掌握这种解决办法。另一方面，那些认为最终与美国一战在所难免的人士，则认为对满洲的全面控制，实为日本的防御所必不可少。这种见解上的分歧，再加上日本在满洲行使其权利中军界和有关的民间集团的既得利益，都使制定一项明确的政策变得大大复杂起来。

国民党军队1928年继续北进时，满洲问题便成为日本政府的一个紧迫的问题。面对着国民党军队有可能立即到达满洲的边境，日本政府发表了一项表示其立场的声明。国民党人不应进入满洲，如果他们进入，就将遭到日本军队的反击。张作霖应从北京下野，但应允许他在满洲另立政府。根据种种理由，这显然是一个诡诈的建议，掩盖不了日本要把满洲和中国分开并通过一个傀儡政府来统治它的决心。不过，在某种程度上，事态正是按照这一主张进行的。当国民党人向北京推进时，他们提出建议，允许张作霖及其军队和平地撤退到满洲去。由于张作霖的北京政府面临着立即垮台的局势，张接受了这个建议。但是，当他到达满洲时，他乘坐的火车车厢被日本的军官炸毁。

国民党占领北京，标志着正式达到了自1905年同盟会成立以来革命运动一直追求的目标。中国有了一个政府，它可以管辖全国并根据平等的条件处理它与外国的关系。但在实际上，国民党人仍然面对着巨大的困难。新政府的领袖们在国内政策的一些根本问题上，有着深刻的分歧。政府在各省实际具有的权力是非常有限的，因此它既不能从土地赋税中取得国家的税收，也不能解除过去军阀们拥有的私有军队的武装。而对于满洲，它则依然处于一种特殊困难的地位。1928年底，日本阻止中国与满洲重新联合的努力失败后，中国与满洲实现了再联合。不过，满洲政府保持了很大程度的自治，而日本人在这个地区的存在，给中国的统治造成了进一步的阻碍。但是，这个政府内在的虚弱，并没有妨碍它采取一种强硬的对外政策。

占领北京后不久，国民党政府宣布它准备废除一切不平等条约。这一行动引起普遍持有同情的反应。西方国家根据它们先前发表的政策声明，签订了新的条约，使中国恢复了关税自主权。而且，在这样做的时候，它们还给予新政权以承认。以美国而论，对这个政府给予的支持就更多了。美国向中国派去了顾问，美国的商界提供了财政和技术援助。

日本的对华政策既是比较复杂的，也是比较暧昧的。张作霖之所以被炸死，即是陆军的一派企图推动日本政府，使它走得比原来所打算的更远。这次谋杀的组织者，曾经希望这个事件会在满洲造成混乱，从而导致日本对它确立军事控制。结果，他们只是使中国对日本的意图已经持有的怀疑更为加深，因为日本和中国的政府都不愿贸然造成一场危机。

田中内阁的处境是困难的。它相信，要保护日本在满洲的利益，既要改善日本与西方国家的关系，同时也要抑制陆军的不妥协和日益桀骜不驯的态度。但是，西方国家由于日本陆军采取的高压行动而表现疏远，而日本陆军支持采取一项侵略政策的态度，又因西方国家显然不愿与日本采取共同的行动而日益变得强硬。在这种情况下，日本内阁决定，与中国国民党人建立一种可以收到实效的关系非常必要。当满洲与中国重新统一时，日本政府因而接受了这一事态发展，没有提出异议。与此同时，它还同中国开始讨论关于恢复关税自主以及解决两国间有争端的其他问题。这些问题在原则上达成协议后，日本政府便给予中国的新政权以正式的承认。

此事发生后不久，田中辞职。有一个时期，由于他未能将对暗杀张作霖一事负有责任的军官们交付审讯，不得不承受日益高涨的反对。新首相滨口雄幸与其内阁甚至更加坚定地主张在满洲实行一种温和的政策并寻求西方国家的合作。他们主要是出于经济方面的考虑。

他们深信，只有把日本的经济完全置于国际贸易通常的压力之下，才是对日本的长远利益最有利的做法。他们因而撤销对黄金出口的限制，而且，由于采取了这种做法，在随后的调整时期中，日本就日益依赖其他贸易大国的支持。但是，由于新政策不是把重点主要放在日本与满洲的经济联系上，这就直接影响了日本政府的对华态度。这种不像过去那样重视维护特权问题的做法造成的最重要的结果是，签订了一个正式条约以取代过去在关税自主问题上达成的一般协议。

对于中国政府来说，同日本签订的条约标志着争取关税控制权的斗争已成功地告结束。但是，中国政府对于撤销在它对外国人行使司法权上所施加的限制的问题，表示同样的关切。[①] 1929 年 4 月，它向英国、美国和法国送致照会，寻求早日废除治外法权。在随后的几个月里，各国明确表示，虽然它们赞成逐渐减少治外法权，但是它们不准备同意像中国所希翼的那样，几乎是立即地予以全部废除。由于这时中国政府对俄国在满洲的领事人员和铁路人员采取鲁莽的行动，西方国家的保留态度便坚定起来；这次事件曾造成与苏联短暂的武装冲突。而且，在 1930 年和 1931 年中国内战重新爆发，这就着重说明中国政府的权力是脆弱的，外国侨民仍然是不安全的，因此各国对于采取根本改变治外法权做法的时机是否成熟，就更加怀疑了。尽管如此，谈判仍在继续，而且到了 1931 年的夏天，英美两国都已在很大程度上与中国达成了协议。但是，9 月间，日本军队在满洲占领了沈阳城；这一事件的悲剧性意义很快即为人们所认识；它比头几年的那些动乱远为严重地削弱了中国政府的地位。废除治外法权的谈判因而中断，要等到比较稳定的局势重新到来。

在满洲采用暴力的做法，并不是日本政府的政策有所改变的结果。日本内阁并没有放弃 1929 年它上台时曾经奉行的经济政策和对外政策。但是，这些政策被接受的程度，也就是这个政府本身施政的效力，由于所发生的种种事件受到了破坏。日本恢复金本位后，世界性的大萧条便紧接着发生了。物价下跌、市场缩小对日本经济产生的影响，由于日本经济近来日益置于世界贸易的压力之下，变得更为剧

[①] 关于这个问题，见韦斯利·R. 菲谢尔《在中国的治外法权的结束》（伯克利和洛杉矶，1952 年），第 127—187 页。

烈。同时，日本也无法从美国或英国那里获得援助，因为它们也都面临着经济危机。于是，人们普遍地把收入和就业的减少，归咎于政府及其政策方面的缺点。

人民大众反对情绪的增长，大大地加强了军界的声势。日本的生存依靠它的武装力量的加强和它在中国的地位的巩固，而不是靠和西方国家的合作，这种见解现在有了人民大众的支持。在东京和满洲的高级军官因而准备采取彻底变革的行动。1931年5月的一次推翻政府的阴谋失败了。但是，9月18日至19日这天夜间，日本占领了沈阳，这标志着一个军人统治的时代在日本开始。

20世纪初，远东和太平洋地区的国际政治是由西方列强支配的。到了30年代，这些国家充其量不过是一些勉强行事的帝国主义者。在中国，它们的残存的特权仍然保留着，这主要是因为中国人没有能力解决他们的内部问题。在南太平洋岛屿，这些国家继续担负着行政管理的职责，这只不过反映它们接受了人们通常对"落后民族"的自治能力所抱的各种傲慢的偏见而已。在澳大利亚和新西兰，英国仍然拥有那些残余的权力，是应这两个国家的政府的要求而保留的。两国政府不愿撤销对威斯敏斯特法赋予它们的主权所施加的约束。①

但是，它们过去所扮演的角色，现在正由日本来扮演。日本占领沈阳后，继而完全征服满洲并炮制了"满洲国"这个傀儡国家，国际联盟的干涉，其目的虽是在保护日本的权益的条件下恢复中国的主权，但日本对之大为震怒，加以反对，并且从而退出了该组织。

这些行动进一步削弱了远东的政治稳定。由于日本的国内政治状况使得日本要从满洲撤出一事成为不可能，它不可避免地要扩大它的侵略范围（参见后面第二十三章）。为了对付中国日益敌对的态度，日本就运用军事行动与政治阴谋并施的办法，在内蒙古和中国本部的东北各省巩固它的地位。1937年中日两国军队在北京附近的一次武装冲突，造成了对中国的全面入侵。国民党政府被迫西逃，在重庆建

---

① 参见本书第十三章。

立了一个新都。1940年，日本在南京扶植了一个傀儡政权。

  但是，日本帝国主义羽翼丰满起来的时候，正是处在国际的重大冲突只有在世界范围内才能得到解决的时代。占领沈阳以及由此而造成的种种后果，使意大利和德国受到鼓励，对世界的舆论报以嘲笑。日本和这两个国家签订了同盟条约。日本的对华政策从而成为第二次世界大战的一个重要起因。日本最后的成败，只有视第二次世界大战的结果如何才能定夺。

（丁钟华　译）

第 十 三 章
英 联 邦

从 19 世纪进入 20 世纪，是一段英帝国在世界上最不得人心的时期，在这段时间里，连这个帝国本身的许多臣民都对帝国的观念产生了前所未有的怀疑，但是，大多数英国人却觉得这时比以往任何时候都更有理由为帝国统治地球上如此广袤的地区，统治着"从棕榈之国到松柏之乡的疆域"而感到骄傲。南非发生的那场惊人的可怕事件——在那里，有几个月之久，英国军队到处都被一批批神出鬼没的大胡子农民队伍打得落花流水——曾经使那些认为背信弃义的"英国佬"[①] 正在衰亡的欧洲人幸灾乐祸。但是，"英国佬"尽管困惑不安，却并没有想到衰亡。它对自己的将军们摇头叹息一番以后，又派出另外一些将军，接受了殖民地的帮助（用当时的话来说，叫作"小狮子们纷纷聚集到母狮子的周围"），经过了一段令人厌烦而又不可避免的长期苦斗，终于把农民们拖得精疲力竭。1902 年 5 月 31 日，布尔人的首领接受了费雷尼欣和约和英国的宗主权。吉卜林作品的读者们消除了疑虑；飘扬在南非草原上空的英国国旗标志着文明和效率的胜利；道路为米尔纳勋爵[②]的那个"幼稚园"班子，即一群来自牛津、满脑子自由帝国观念的青年人进行安抚的努力敞开着；像新西兰的理查德·约翰·塞登那样的殖民地总理们，纷纷以他们那朴实的口才滔滔不绝地向一个既感到满足而又觉得困窘的母国表示祝贺和提出劝告。

[①] 原文为 Albion，是古代希腊人对英伦岛屿的称谓，意为"山地"，带贬义。此处用来指欧洲大陆对英国的反感，故转译为"英国佬"。——译者
[②] 米尔纳（1854—1925 年），英国殖民地统治者，曾任南非高级专员和开普殖民地总督。——译者

然而，就是在那胜利的顶峰时刻，人们本来也很有理由会想到那些颇堪忧虑的问题。那些感到大失所望的英国的敌人要是能够看得远一些，本可以从中得到安慰。因为，对那个已被制服的实行愚民政策的老人克留格尔，对他受到挫败、但仍有希望的下属波塔和史末资来说，并非什么都已失掉。布尔人的心没有被征服，条约还允许他们实行自治。看来，征服者终于懂得了伯克的箴言：一个伟大的帝国和狭小的气量是难以并存的。他们打算做到宽宏大量，但以后50年的情况表明，宽宏大量的帝国将根本不再是前几个世纪所理解的那种帝国了。甚至对于曾做出"殖民地责任政府制"这一重大发现的19世纪中叶来说，责任政府制的发展或许在逻辑上也显得太过分了。对自治领不能实行统治了，这一点即将变得很清楚。当然，在1902年，尚未创造出"自治领地位"一词。一见"帝国"一词就恶心的人毕竟还不多。诚然，确实有一些为帝国的前途担忧的真诚的联邦制拥护者。但对大多数人来说，不管是英国人还是殖民地居民，都认为帝国的稳定就像欧洲的稳定一样，是理所当然的。在重新获得稳定的时候，他们并未停下来想一想，英国的另一种自由观念，即把自由看成是宽宏大量行为的工具，对帝国说来意味着什么。毫无疑问，有一些维多利亚女王时代的人要是活到后来，是会把1931年的威斯敏斯特法当作理所当然的东西接受下来的，但他们是否会明白那种特别的聚合力已经随着绝对统治的丧失而丧失掉了呢？

当然，维多利亚时代关于帝国的理论并不是简单的，也不是一成不变。它已经不再把严密的经济控制作为其组成部分和目的之一。从一个自由贸易的、迄今仍是自由放任主义的英国，帝国的政治家们向外望去，他们对逐步实行保护关税的自治殖民地尽管有点不安，但还是够容忍的了。这些殖民地中，像新西兰和它的澳大利亚姊妹国，到1900年就已根本不再把自由放任主义看成是一条可以容忍的社会法规了。在帝国经济中，这些自治领连同加拿大和纽芬兰仍然主要是"初级商品生产者"。由于在肉类和黄油的冷藏技术方面取得的辉煌成果，南方自治领作为初级商品生产者的作用加强了。但在宽宏大度的宗主国的眼下，这种情况并未影响它们政治发展的多样性。除了责任政府制这一点，幅员狭小的新西兰或幅员更小而人口又很稀少的纽芬兰的中央集权制度，同有30年历史的加拿大联邦制，或者同1901

年元旦开始实行的崭新的澳大利亚联邦的另一种联邦制,都很少有共同之处。这两种联邦制在结构、权力分配或在调整和修改权限方面也不尽一致:澳大利亚的决心是,必要的变动应当尽可能全部由澳大利亚自身来做①,而另一方面,司法委员会过去是,以后仍将是加拿大宪政制度的权威解释者之一,而对 1867 年的英属北美法进行修改,则必须通过英国议会才能进行。与联邦制和中央集权制政体都不相同,在世界经济中的地位也不一样的,是开普殖民地连同它的南非邻邦。由于农业资源贫乏,它们主要依赖金矿和钻石矿,它们的政治因总督的地位而变得复杂化,总督既要同对他负责的部长们共事,而且作为高级专员,他又要掌握同布尔人(不管他们是独立的,还是已被征服的)以及同南非地理疆域内英国统治下的土人的关系;总督既是自治领殖民地宪法上的首脑,又是对英国负责的行政和外交官员。尽管 20 世纪初的情况是这样,但是在 10 年当中,战争、宽宏大量的态度和经济需要还是起了作用;而 1909 年的南非联邦法又创立了那种自治政府的另一个宪法上的变种,按照坎贝尔—班纳曼关于治国之道的似是而非的说法,它要比"有效的"治理好。它既不是联邦政体,也不是新西兰那样的完全中央集权的政体,因为南非各省拥有实权。它可以被波塔和史末资这样的人管理得像一个好政府;而在对帝国权力的关系方面,南非联邦已经相当稳固地取得了自己的地位,成了又一个那种海外自治领,即它既效忠于英王,而又肯定不再是英国单纯的殖民地。那种微妙而又意义深远的变化的一个标志曾经是,1907 年新西兰的地位从"殖民地"正式上升为"自治领",虽然除了面子上好看而外,那种地位的确切含义究竟是什么,尚有待法学会议去确定。加拿大自治领是一个自治领;现在新西兰也是自治领;纽芬兰亦是;澳大利亚是一个联邦,南非是一个联邦。在帝国的范围内,它们有什么区别没有呢?

不管对这个问题的回答可能是什么,在它们与帝国其余部分之间存在区别是没有疑问的。为了区别于联邦和自治领,那些部分不久就被总称为"殖民帝国",它们是:濒临崩溃边缘的西印度群岛,约瑟

---

① 尽管如此,枢密院司法委员会对一些向它提起上诉的涉及联邦权力的澳大利亚案件的判决有突出的意义,例如对 1936 年的市场交易和对 1949 年银行国有化的判决就是如此。

夫·张伯伦不久前才给它的经济注射了一服"帝国农业部"的刺激素；刚由一个商业公司转让给英王的上尼日尔和下尼日尔的广大地区；热病流行，成了1899年在英国创立的一批热带医学学校实验对象的西非其他领地；软心肠的人至今还可以在那里嗅出一点马塔贝莱人的鲜血气味①的罗得西亚；大贝专纳和尼亚萨兰保护地；乌干达和英属东非的其他保护地，在那里，英国外交部负责对其进行经济渗透；事实上的保护国埃及以及埃及和英国的"共同属地"苏丹；锡兰；马来西亚的各个土邦，以及那两个巨额贸易集散地新加坡和香港，它们本身就堪称使用多种语言的帝国；星罗棋布于南面大洋上的波利尼西亚群岛、密克罗尼西亚群岛和美拉尼西亚群岛，这是些多多少少开发过，多多少少传过教，但管理较少而不是管理太多的岛群。这里是奇特的一群零星岛群，几乎全部是维多利亚时代对外扩张的产物，而且爱德华时代的人和维多利亚时代的人显然都认为这些地区是不适宜于自治的。这些地区没有文明或科学的传统，不熟悉那种友好的议会辩论的习惯，仅仅几年以前，当时大批人还蹒跚于奴隶贸易那种镣铐银铛的漫长而悲惨的道路上，或者互相用长矛杀戮，或者在形形色色奇异的野蛮经历中惨遭横死，或者仅仅从事捕鱼和采集椰子。很显然，对他们来说，有效的管理优于自治；年轻的帝国缔造者们会给他们修筑道路，架设桥梁，指导种植园劳动和施行法律。但所有这些是否完全清楚呢？究竟什么是有效的管理呢？什么是法律呢？紧接着有几十年时间，人们对此提出了某些疑问，做出了各种各样的答案；又过了50年，随着时间的流逝，人们开始看到，就宪法地位来说，要在自治领和殖民地、自由社会和附属帝国之间永远划出一条明确的界限似乎是不大可能的。

另外还有印度。对印度来说，世纪的划分也就是政治和经济时代的划分。实际上一直未被触动的专制主义在总督寇松勋爵任内曾引起群情激愤和舆论哗然。以后会发生什么样的变化呢？印度的传统有碍于自治到了多大程度呢？

历史学家在回顾过去时，可以看到变化，至少可以看到变化的某些决定因素。帝国的结构大部分都是在一段极短的时间内建立起来

---

① 1893—1894年，英国曾血腥镇压原住在罗得西亚的黑人部落马塔贝莱人的起义，用机枪扫射的方式成批屠杀抵抗者。——译者

的，是在一个过去强烈影响着、并将在一个新的世纪里不断地影响其建筑式样的世界里建立起来的。世界范围内的经济和社会发展，两次世界大战和一次大萧条，政治和社会革命，亚洲震撼大地的骚动等，都属于上述决定因素。政治智慧也是一种决定因素：它不顾既得利益，尽管有忧虑的理由，还是做到宽宏大量。在一个极为短暂的时间里，维多利亚时代的——或者说爱德华时代的——帝国寿终正寝了，它被彻底破坏了。它的帝国形象的虚幻美景消失了。然而，还是保存下来有待未来史学家去说明的某种东西：那个奇特的大英怪物仍然存在；一个"英联邦"（不管这个词的确切含义是什么）仍然存在。

由此可见，基于若干"决定因素"的 20 世纪帝国的发展是一种心理上的发展。譬如说，心理变化的表现之一是，一谈到"帝国"这个词就很不舒服。人们不愿被别人统治了——这在白人定居的殖民地早就如此；不久以后，在印度也是如此，而在"附属帝国"的大部分地区则要慢得多，虽然程度彼此并不一样。但是，人们也不愿再统治别人了。19 世纪 90 年代那种部分是粗野的、部分是自由主义的、并有浓厚的浪漫主义色彩的帝国主义，开始让位于一种颇带怀疑眼光的、越来越带批判性的新态度。帝国主义的文学开始成为探索性的、当然也是批判性的文学，在这种文学中，19 世纪的人道主义越来越多地与新的人种学方法和充分考虑经济因素的决心联系起来。它的批判作用促发了有关非洲殖民地的争论，这场争论使人联想到一百年以前鼓吹"保护土著居民"的伟大时代。其区别是，在一个世纪期间，改革家们很难再以公正善良自居了，因为一切形式的人类社团都已经成了被人们最彻底地加以考察的对象了。

有一点仍旧是确实的：在我们现在论述的这个时期的大部分时间里，宪法上的兴趣主要集中在那个后来被叫作英联邦的一些社会群体的关系的发展上。这个英联邦由联合王国和各自治领，帝国宗主国和正在发挥责任制自治各种可能性的半英国式社会组成。在这里，"半英国式"一词必须写上，因为不管某些自治领会多么为它们的英国血统和传统而自豪，魁北克的法裔加拿大人、南非联邦的南非白人和自由邦的爱尔兰人却使关系问题变得永远无法解决了。在整个社会中少数"种族"的境况决不像那些热心人士在 20 世纪早年惯于设想的那样已经得到妥善安排；作为民族差别的调和者，英国这个总的共同体还有待于向前迈进一段距离。

这个事实正是不止一个自治领民族感情日益增长的根本原因之一。法裔加拿大人没有显出被同化的任何征兆；他们的出生率很高，当他们向加拿大的其他一些省份外流时，实际上是殖民者，而且无论走到哪里，都要求满足他们的特殊需求。魁北克仍然是联邦政治的一块基石，它对一般世界的看法是加拿大外交政策的决定因素，如果部长们忽视这点，肯定会招致危险，也许会带来灾难。但是，法裔加拿大人至少还留在一个总算是在内部保持了几十年和平状态的联邦之中；他们不是共和主义者；他们也无意于利用危机来搞武装叛乱。另一方面，在南非则有一部分人从来没有对英国的统治，甚至对与英国的联合表示妥协；1899年的战争给1914年的叛乱增添了最后一把助燃剂。而这种南非白人的不可调和性使许多自认为通情达理的人们感到绝望。荷兰新教是传统中心，它像魁北克的天主教一样具有吸引力。在南非的公用语言中，有一种易于发展文学的语言，并且像在魁北克一样，开始有意识地培植萌芽状态的本地文学。全世界物质上的统一似乎即将被日益增长着的文化分裂所抵消。在南非还有一个附加因素，即南非白人由于对与英国联合的厌恶，认为他们自己也是统治种族的一员，是屹立于几百万劣等土著部落人当中的欧洲文明的基石和堡垒。这里既是政治上的，也是感情上的彻底的不妥协和不宽容。

与这种情况相比较，澳大利亚东部居民中爱尔兰血统的影响似乎就非常微不足道了；然而，在分析澳大利亚民族主义的形成原因时，如果忽略这个血统也将是完全错误的，因为这个血统的居民下定决心，无论在哪里都不轻信英国的任何政策。不过，整个说来，澳大利亚的民族感情仍然是澳大利亚式的，这或多或少是由于这个国家的大陆性质和民主的社会发展，并有一种文学作为标志，这种文学在培植地方色彩方面有时几乎具有持敌对态度的自我意识。只有在新西兰，民族地位没有因为存在少数民族而复杂化；因为，虽然毛利人在这个时期造成了一种对其本身极其重要的文化和经济复兴，但一点也不关心他们自己是处在一个帝国或是处在一个联邦里的地位。一种发自内心深处的真正的新西兰民族感情是由于时间的推移和岛国的孤立地位而产生的，它只是到20世纪三四十年代才产生，或者说，只是到那时，才第一次有个性地表现出来，因为在这以前已经产生新西兰人。

除了民族传统，还有好几个原因使这些社会开始感觉到和坚持要实现独立的存在；在20世纪的复杂世界里，有允许不同意见存在的广阔余地。总的说来，50年来，它们的生活逐步地变得更复杂，而且其生活的范围也变得越来越广大。虽然在经济上决不是自给自足的，它们却在为积累财富建立一个更广泛的基础，并正在生产更多的财富。以帝国的利益为首位的旧的简单理论，是同初级商品生产者对宗主国制造商和金融家的旧的简单关系相伴随的；甚至在那种关系基本上保留下来的地区，如新西兰，经济大萧条以及伴随而来的世界大战的影响，也促使这些地区下决心发展制造业；而生产原料，即使当地不出产，也不一定要从英国运来。例如，在这个时期将近结束时，新西兰使用的钢大部分是澳大利亚的产品。一直以小麦和羊毛为主要出口物的澳大利亚，创建了重工业和轻工业，它们到1939年已占有主要地位；虽然加拿大的大草原省份是一望无际的麦海，而它东部的工业化省份却已加入了世界上主要工业国的行列。这些地区的人口在增加，尽管白种居民的中心仍然是联合王国，但更重要的是，他们是作为本地出生的加拿大人或澳大利亚人在增长着的，他们的家庭纽带集中在一个国家里，而且随着对"故国"的情感在19世纪逐步淡薄，他们从"母国"的角度去考虑问题的倾向也越来越减退。在一个多事的、充满战略考虑的世界里，除了所有上述因素，还要加上地理方面的事实和影响：加拿大与美国有着共同的经济生活和哲学，它逐步变成了一种美洲势力；澳大利亚几乎是不自觉地变成了一种太平洋势力；英国已不再能控制世界所有各大洋；很显然，当40年代开始时，不仅扩张的时代已经结束，而且帝国的势力也在日益衰落。

这种到处传播的民族主义本身，甚至还在它的早期，就足以使在维多利亚王朝的最后20年吸引了那么多好心人的帝国联邦理论变得无用。当1902年第四次殖民地会议在伦敦召开时，事情已成定局，不管以后的宣传多么巧妙，显得多么有道理，都不能再给这个理论注入新的生命。新西兰总理约瑟夫·沃德爵士向1911年帝国会议提出的建议，由于被他的同僚们一致地和轻蔑地推翻而引人注目。但回顾起来，这个建议还是有意义的，而如果仅仅把它看成是企图复活一个已经消亡了的事业，就无法看到这个意义。因为沃德想到的不仅是宪政建设，甚至也不仅是防务——这些问题帝国会议已讨论得很多了。1902年，加拿大脱离英国海军一般性的微弱支持，提议建造自己的舰队。1907年，澳大利亚效法其榜样，其结果更为直接。然而，在那一年，还是就建立帝国总参谋部问题达成了一致协议。沃德希望改进这个协议，建立一种"帝国防务议会"，它不仅应控制各自治领的海、陆军事务，而且还要控制它们的整个对外政策。他的接入口选举下议院的建议，必定要剥夺除联合王国以外任何一个伙伴的实际权力，而且除去其他细节，牺牲自治权也将因付出的代价过大而作罢。阿斯奎斯先生争论说，联合王国也不可能允许分享对外交政策的控制权，因为那样的话，主权必定会受到损害。但是在沃德的不明确的计划背后，却明确地存在着分享的愿望。他不仅仅是诚心希望防务费用有人分担，而且希望自治领在制定英国的政策上有一定的发言权，因为由于执行这种政策的结果，自治领是可能被召去流血的。

不仅新西兰有这种想法，实际上，它也不是表明这种想法的最突出的一个。沃德在实行联邦制方面这种不充分的要求，只是总的自治权发展中的一股支流而已，这话似乎不确，但正是事实。这种发展不可避免地（尽管未必是有意的选择）要把自治领都引导到独立的国际地位。（这种情形再好不过地证明了克伦威尔的一句名言：不知道自己往哪里走的人走得最远。）在它们取得了可以单方面退出或信守英国的各种商约的权利以后，紧接着于1907年又获得自己谈判缔结商约的权利，只是须经英国外交部委任的全权代表最后签字。随后于1908年签订了英美仲裁条约，该项条约加给加拿大的条约义务只有经加拿大同意才能生效，这样就把上述原则大大地扩展到商业事务之外。然而在起草1909年的伦敦宣言（对1907年海牙会议通过的战时禁运品和中立国贸易规定所作的说明）时，英国没有同自治领协商；一些自治领政治家颇为沮丧。因而，虽然1910年加拿大在同美国发生渔业争端时为自己制定了法律，1911年的帝国会议上对英国的非难超过了沃德所表示的不满。澳大利亚抗议未与自治领协商，并建议——但没有坚持——自治领和英国外交部直接联系。加拿大意见不同，威尔弗里德·劳里埃似乎觉得，协商必将表明义务，而义务正是法裔加拿大人要拒绝的东西。然而，尽管阿斯奎斯说"我们无能为力"，还是采取了某些步骤。会议决定，将来对出席各种会议代表的指示以及在可能涉及自治领的协定的签字方面，应与自治领协商；至于其他国际协定，如果时间和情况许可，也要征询它们的意见。出席会议的政治家随后听取了英国外交大臣关于欧洲外交问题的一个详细的、全面的报告，建立了一个帝国防务委员会，由于这个报告，他们回家时满脑子考虑的是即将发生的麻烦，并不是英国宪法的灵活性。

协商的发展是以摇摆、矛盾和神经质的退缩为特征的。似乎没有一个人能想到协商一词的全部含义；或者根据国际关系的严酷事实斟酌一下导致在英国外交大臣或内阁——殖民地事务部（自治领司）——地方长官或总督——自治领总理和内阁之间依次往返协商这一套累赘手续的理论。1914年夏天，这些严酷事实表现出来了：自治领当时发现它们在未经自己动议的情况下，就已经完全地、毫不含糊地卷入了战争，似乎它们的自治权还没有怀特岛①大，然而自相矛盾的事总是立即就会出现。这场战争可以说以严重违反宪法的方式开始，而它本身又成了独特的促成宪法进步的土壤。因为，专作预测的外界观察家认为已濒于崩溃的帝国，事实证明还有特别的聚合力量，具有能建立适应其需要的新制度的顽固的内部精神。各式各样的需要使自治领的总理们聚集到伦敦，在那里，由于他们取得了帝国战时内阁成员的身份，使得协商变得直接而有效。这个试验的成就是那样巨大，共同努力所引起的团结情绪是那样强烈，以至在1917年战时帝国会议开始时，大家都有一个共同的决心：应该用某种方式使这种令人愉快的状态在和平时期也继续下去。必须充分承认自治领是"帝国联邦的自治国家"。在以后的一次会议上，必须根据现实为一个已把团结和自治十分引人注目地协调起来的帝国，重新确定一种理论。

但是，现实的本质是什么呢？看来，甚至在那时就有不同的解释。譬如，新西兰的梅西主要对在自治中才可能有团结留下深刻的印象；加拿大的罗伯特·博登爵士则对团结中才有自治深为关注。而梅西作为一个政治家，并不比博登保守。正是博登坚持：自治领由于如此始终不懈地献身于战争的目的，并如此自由地参与协商，因此，在缔结和约时也应同样自由地参与协商；自治领领导人在英国代表团中不能单纯地追随服从，而应当有自己独立的地位。给予欧洲较小国

---

① 英国岛屿，离英格兰南部海岸不远。——译者

家的重要地位,难道能拒绝给予这些自治领吗?用一个更好的新世界的语言讲话而且所讲的话受大家重视的史末资,难道可以被忽视吗?机敏而又固执的澳大利亚人休斯,难道可以被撇到一边吗?于是,自治领的总理们既以英国的谈判者,又以独立的谈判者的身份在凡尔赛和约上签了字。于是,在根据那个独特的条约建立起来的国际联盟中,他们的国家成了享有自身权利的成员。在其他国家的人们看来,这些做法是十足的自欺欺人,是英国佬惯有的狡猾;这些做法难道不仅仅是为了在这个世界会议上替英国争得五票而不是一票吗?但在欧洲人和美国人看来并非如此。因为欧洲人关于主权的理论合乎逻辑而且谨严,美国人的大陆联邦制则导致了单一的外交政策,所以对欧洲人和美国人来说,这种否定意见听起来很可能显得空洞无物,虽然语气是温和的。其他人很难理解这样一种制度,这种制度在英国和自治领本身都往往被很多人认为是危险的胡闹;无论如何,这种制度在法律上是叫人极为捉摸不定的;如我们现在可以见到的那样,这种制度只不过是当时正在进行中的宪政发展的表现。然而,无可挽回的步骤已经采取。除非通过联合王国提供的渠道,否则,新西兰就会拒绝接受西萨摩亚的委任统治权;那位特别能干的宪法专家约翰·萨蒙德爵士从1922年的华盛顿会议回到新西兰时,或许会坚持认为帝国并没有发生重大变化;但至少加拿大和南非却坚信一种新的地位已经存在并将继续存在,而且不应该让英国政治家们忘记这点。而且,出于行事方便的考虑,在此项考虑的强有力的推动下,这种地位似乎最终也为爱尔兰问题提供了一个解决办法。

战后预计要召开的宪法会议并未举行,因为要开的会议太多,要解决的问题也太多了。对于英国政府来说,最紧迫的问题是爱尔兰问题。爱尔兰根本不是英联邦的一部分,只不过由于它是联邦组成部分的联合王国的一部分,它本身也是一个为建立自治领和海外殖民地而失去其儿女的"母国"。那些背井离乡的人,在一个殖民帝国里竭尽所能地成为一支分裂的力量。研究爱尔兰作为一个殖民地的历史,是学术专家们的事;对于广大爱尔兰人来说,要紧的是他们作为一个被统治的民族的历史。在20世纪的最初10年中,由于从一个依靠爱尔兰民族支持的自由党政府得到自治的许诺,他们似乎终于脱离了那个黑暗时代;自治似将于1914年随自治法令的生效而得到实现。但是在北爱尔兰，统一党人准备反叛而不愿接受这个法令；军官们宁肯辞去军职而不肯镇压叛乱；继向北爱尔兰输入武器后，又在都柏林湾运进武器和组成爱尔兰志愿军。由于欧洲战争，这一切在一般人的感觉中已微不足道，因此，1916年在都柏林爆发的少数人为复兴爱尔兰而精心策划的造成"流血牺牲"的复活节叛乱，使他们的同代人和英国人都感到震惊。1919年爆发了游击战争，作战双方都很残酷，而且1920年的爱尔兰政府法也未能结束战争。该法令将这个国家分为北爱尔兰的6个郡和26个叛乱的郡，分别由各自的议会控制地方事务并与英国议会保持某种联邦关系。只是在1921年6月北方的议会召开之后，劳合·乔治才放弃了用武力使爱尔兰就范的希望。叛乱分子同意停战，派出代表团前往伦敦，代表团在"立即而可怕的战争"威胁下，接受了12月6日的条约。这个条约得到爱尔兰国民议会的批准，爱尔兰自由邦遂告成立，但受到不妥协分子强加于它的一场内战的破坏。但是新政府态度坚决，因而这个国家得以平静下来从事一定程度的经济重建达10年之久，没有发生严重妨害它的理论上的宪法地位的事情。

但是，这个条约并未表明已经解决了问题。因为爱尔兰人想得到明确的规定，而只有共和国才能符合这样的规定。真正的问题在于他们参加英联邦后具有什么样的性质。在像史末资将军这样用心良好的联邦政治家看来，似乎"自治领地位"就是解决问题的办法，他们认为各个自治领所能希望的一切宪法上的灵活性就在于此。但是其他自治领没有经历过爱尔兰的历史，而从历史上看，自治领地位含有愿意与英国密切联合的意思，一种与英国联系的积极的天然要求。这正是爱尔兰人所没有的。他们曾被邀请到伦敦，以"确定爱尔兰与称为大英帝国的许多国家的联合体怎样联合才能最符合爱尔兰的民族主义愿望"。但是他们的利害之所在是与英国的联合，而且他们对"帝国"这个词——一个意味着行使它自己的暴政的词——的含义是太清楚了。对于任何不是自治领的国家来说，要完全确信自治领地位的好处是不容易的。所以，他们在这次条约谈判中提出的建议，是他们自己主张的"对外联合"，那就是，在内部事务中保持绝对主权，在共同关心的对外事务上与英国联合：爱尔兰实际上是一个在帝国之外但与它实行联合的共和国。正是这个建议，激怒了英国政界一些空谈教条的人，对他们来说，宗主权的象征——对英王的共同忠诚，承认英王为国家首脑,通过他委派的总督行使最高权力,爱尔兰议会成员宣誓效忠——仍然有着决定性的价值。而爱尔兰一些空谈教条的人所不能忍受的,正是这些象征:它们使他们成为一个异国的臣民,成为一个被统治者,而不是一个自治领的公民。与此同时,在日常的做法中,真理在哪里呢?爱尔兰自由邦得到了"加拿大自治领、澳大利亚联邦、新西兰自治领和南非联邦"那样的宪法地位,而且更具体地参照了加拿大的情况,"制约英王及帝国议会同加拿大自治领之间的关系的法律、习惯做法和宪法惯例,将制约它们同爱尔兰自由邦之间的关系"。但同样的问题是:那个法律、习惯做法和宪法惯例又是什么呢?再重复一遍,现实的性质是什么呢?当然,如果你要从历史来判断,"自治领地位"不能被看成静止不变。那么,它的秘密就在于以后有发展的余地吗?如果它的实质就在于今后可以发展,那么,它可以被允许发展到什么程度呢?事实上,有没有任何理论限制呢?或者"法律、习惯做法和宪法惯例"等结果会不会是一种虚无缥缈的东西,"一片像龙似的云"① 呢?

正当这类问题在许多人的头脑里不安地盘旋着的时候,加拿大同美国就保护北太平洋大比目鱼渔业条约进行了谈判,并在没有英国大使干预的情况下,由一名加拿大部长在华盛顿单独签署了该条约,从而确立了自己的国家地位。这件事导致1923年的帝国会议对谈判条约的方式问题展开讨论,进而就协商和互通情报的原则达成了一个总的协议,而不管主要涉及的是联合王国或一个自治领。在这以后不出一年,英国方面便完全忘了就洛桑条约问题同自治领协商;于是1924年6月几乎同时发生了两件事:加拿大总理重申已被破坏了的原则,而爱尔兰自由邦则向华盛顿径直派出了它自己的公使。这后一项行动是很重要的一步,尽管它再次使那些感到不安的人踌躇不决,很快便被加拿大所效法;为了方便的缘故,美国、欧洲和远东的其他自治领也纷纷照此行事。这样20年后,每个自治领都有了一个小小的外交名单,都有了为外交活动训练年轻人员的问题。与此同时,那些心情不安的人们又产生了进一步的忧虑:1926年,许多争论被带

---

① 意为虚幻的东西,语出莎士比亚的史剧《安东尼与克莉奥佩特拉》(第四幕第十二场)。——译者

上了同年于伦敦召开的帝国会议。这次会议是战后终于召开了的制宪会议，它所面临的问题要比在1917年召开时复杂得多。

英联邦（这个名词这时已为大家所习惯）内部宪法上的进步，以前照例都是由加拿大带头做出的。这时，加拿大还在带头前进，但是爱尔兰自由邦和南非在这个阶段也参加进来了。每个自治领或每个自治领的重要政党都深切地关心着本自治领的地位。爱尔兰人感到不可能把他们对他们新获得的自治领自治的理解同条约的限制条款调和起来。在南非，由博塔以及后来由史末资那样长期地掌握着的绝对领导权被民族主义者推翻了——而这些民族主义者看来十分需要肯定南非退出帝国的权利（如果有此愿望的话）。在围绕南非新旗帜的图案和挂旗方式发生的争论上，党派情绪表现得更加激昂；而从南非联邦十足的民族主义出发，产生这场争论是很自然的。英联邦或者说帝国对于挂多少旗帜都可以容忍，但它能同意南非退出吗？加拿大的麻烦更不止一桩。在政治上，它经受了最大的危机，在法律上遭到了严重的挫折。危机涉及总督的特权。当他的总理建议解散议会时，总督究竟是仍然有权加以拒绝呢，还是必须照办？朱利安·宾勋爵因拒绝一位总理解散议会而又同意另一位总理解散，使遭到拒绝的麦肯齐·金大为恼怒，他谴责这种做法是对自治领自主地位的基础的一个打击，是向殖民主义的倒退，是对宪法进步的所有成果的危害。因为，如果加拿大的自治是真实的，那么，总督的特权，他决定批准或不批准某项事务的自由处决权就不能比大不列颠国王的特权更为真实。（以后发生的争论表明了宪法进步的真正程度，其分歧点不是集中在应该有多大特权的问题上，而是国王本人是否具有自由处决权的问题。）在法律领域，情绪虽不甚激烈，但麻烦也不少。事情发生在一起向枢密院司法委员会上诉的纳丹对国王的刑事案件上。1888年一项加拿大法令企图废除在刑事案件方面向枢密院的上诉权。枢密院这时宣布此项废除令无效，其理由是：第一，上诉权是由1833年和1844年的司法委员会法所规定的，这是一项英国立法，由一项加拿大法令来宣布废止它，就违犯了1865年的殖民地法律有效性法；第二，如果该项著名的议案还不足以作为根据的话，加拿大的这一法令还擅自行使了治外法权，这是枢密院所不能让与的。加拿大的或任何其他自治领的法律只能适用于制定这些法律的自治领内部，它们不能影响设在其他地方的法院。

所以，加拿大的法学家得出结论：加拿大的司法最终不是在加拿大法院根据加拿大法律来判决，而是根据大西洋彼岸的法官采用的一堆大西洋彼岸的过时的法律来判决的，而许多加拿大人早已厌恶这些法官们的制度了。这许多不满肯定会使1926年的帝国会议不可避免地碰到一些困难的宪法上的考虑。值得注意的是，澳大利亚、新西兰和纽芬兰均未表现出任何沮丧。敏感的政治家们——人们可以举出南非的史末资和英国的艾默里——已经在尽力解决原则问题和方法问题。

这次著名的会议建立了以一位著名的逻辑学家为主席的"帝国内部关系委员会"。但是委员会紧张工作了两周之久，而且靠了贝尔福勋爵的机敏，才算"很容易地确定了""由大不列颠与各自治领组成的自治社会群的地位和相互关系"，这些自治社会"就一切至关重要的方面而论，均已得到充分的发展"。接下去有一段话虽然由于排字工人的错误而印成了仿宋体字，但仍然是极为重要的：

> 其成员乃是"英帝国内部的各自治社会。它们虽然是以对国王的共同忠诚而联合在一起，但地位平等，无论在其内政或外交的任何方面，彼此均不互相隶属，而是作为英联邦的成员而自由结合的。"

但是报告接下去说，平等和彼此类似的原则，虽适用于地位，并不普遍扩大到职能上。外交和防务需要有灵活的组织体制。委员会不仅致力于阐明政治理论，而且还要运用这种理论于共同的需要；那就是说，遵循20年代的惯例，现在可以被我们称为"自治领地位"的两个方面，即对内和对外方面——或许可以说从联邦内部和外部来看的地位——都需要予以考虑。

在国内方面，行政、立法和司法形式都公认已经过时。既然爱尔兰已不再是联合王国的一部分，改变国王称号便很容易了。"大不列颠陛下政府"这时肯定已无意把司法委员会强加给任何其他地区的陛下政府。关于总督问题，委员会只能笼统地措辞。总督当然不再是帝国政府的代表，他个人代表国王，他的宪法地位（以及可以设想的不论任何与此有关的职责）与大不列颠国王的地位相同；因此认为，从此以后，政府与政府之间的交往应是直接的，而不通过国王的代表。有关自治领的立法权问题应该如何确定,尽管有些事情是很明显的,说起来却不那么容易,于是建设由专家从法律上来进行研究。在对外关系方面,进一步规定了订立条约的程序和自治领在国际会议中的代表权安排。其总的意图是,每个自治领都可以根据自己政府的建议,派出经由国王委任的自己的全权代表。报告"坦率承认",在外交政策方面就像在防务方面一样(这里涉及"职能"问题),过去主要是,今后一段时期将仍然是由"大不列颠陛下政府"承担责任。然而,由于所有的自治领实际上都被卷进了某些对外关系的瓜葛,委员会认为,除非得到它们自己的政府明确赞同,否则,无论是自治领还是大不列颠,都不能承担积极义务。实际上,也没有一个自治领承担英国根据洛迦诺公约对德法边界所做的保证。自治领向外国首都派遣公使的权限得到赞同,附带条件是,在没有此类公使的情况下,得利用现行的外交渠道。但是大不列颠陛下政府和其他地区的陛下政府之间的日常磋商怎么办呢?如果没有总督,应设立某种别的官职。

总理们带着不同程度的欣慰心情分手了。那条用仿宋体字印刷的著名的准则使加拿大和南非得到满足,因为这一准则以及由此做出的推论,看来合乎情理地满足了这几个地区提出的主要要求,尽管有关退出英联邦的问题确实只字未提。在爱尔兰,是否得到满足取决于是否愿意妥协;而且,在表示对英王的共同效忠的同时,仍强调平等和自由联合。因为用后来几位爱尔兰总理的话说,英王的这项王冠是"在爱尔兰受诅咒的东西",是(用更带人身攻击的话说)戴在"一个外国国王"头上的。爱尔兰对在职能平等方面的任何理论上的限制,也并不满意。其他自治领则没有得到明显的满足。纽芬兰人口稀少,资源贫乏,在宪法地位的争论中很难发生什么影响,而澳大利亚和新西兰那时都还没有做好准备进一步跨入自治这个利害尚难以预料的领域。事实上,新西兰还存有戒心。这个自治领尽管在殖民地时代对英国的政策持强烈的批判态度,这时却认为加拿大、爱尔兰和南非的举动似乎要招致帝国的瓦解。由于怀疑联邦这个新名词,它既不想派什么全权大使,也不想接受什么政治理论;它的政治领袖们被勉强地拖入了以后5年的活动,并且对这些活动的顶点,实际上也是责任制政府全部立法发展顶点的伟大法规,一直顽强地反对。

这项伟大的法规就是1931年的威斯敏斯特法。这是进一步研究行政、立法和司法形式的合乎逻辑的结果。1926 年委员会曾认为必须进行的这种研究，是由出席 1929 年在伦敦召开的关于实施自治领立法和商业航运立法会议的专家们进行的。可是，除了有所暗示以外，研究时并未触及枢密院问题；专家们关心的是对自治领议会立法权限的限制，这种限制是由帝国议会强加的，而帝国议会本身却不受这些限制；如果要使地位平等成为真实，这些限制就必须废除。这些限制部分来自各自治领借以获得自身宪法的各项法令，或者存在于有专门词句涉及它们的其他法令中，部分来自（如加拿大所发现）另一项基本法规，即 1865 年殖民地法律有效性法，部分在模糊的治外法权观念中作了规定。在帝国扩张的历史过程中，还有过对殖民地自治的更多的限制，但它们在通常的变化过程中已经消失。例如，根据法规，英王可以否决自治领的立法案（爱尔兰自由邦除外），虽然这种权力从 1873 年以后就没有行使过；法规还规定总督有非强制性的或强制性的"保留权"，即在得到白厅的认可以前保留对法案的裁可。非强制性的保留权业已停止；强制性的保留权在某些情况下仍保留下来。根据殖民地法律有效性法，自治领立法机关不能抛开这些限制，正如自治领立法机关不能（譬如说）废除向司法委员会的上诉权一样；因此，不仅抽象的平等受到了损害，而且存在着实践上的不方便。至于治外法权，法律知识既和限制的存在相矛盾，也和限制的范围相矛盾。毫无疑问，应当采取措施在诸如渔业、航运、航空、婚姻等法律领域作一些明确规定。然而自治领的航运却一直受到帝国法规的制约。除非通过英国议会的一项法令，会议找不到废除大量不正常情况的办法，于是在它的报告内插入了许多草拟的条款。

这些草拟的条款由 1930 年帝国会议再行讨论后被提交到各联邦成员国的立法机关，它们又增加了一些条文，以便使总是怀疑联邦在扩张权力，因而总是很敏感的加拿大各省和澳大利亚各邦放心；1931 年 12 月，法案获得通过。像很多宪法上意义深远的法规一样，它不是以措辞高雅或语调铿锵来表明其在帝国发展中的十分突出的地位；它所应用的政治理论本来满可以集伯克、查塔姆和福克斯的雄辩术之大成，从这点来说，它的确是十分平淡的。它的重要性不在于令人难忘的辞令，而在于令人难忘的行动。它是一个中央集权帝国的主权的最后分崩离析，面对着一个国王要听取一大批各式各样的政府的意见的场面，宪法学家们还不得不尽力去对付这个不愉快的法律概念的残余。这项法规的标题本身就是意味深长的："关于实施1926年和1930年帝国会议若干决议的法案。"它为自治领废除了殖民地法律有效性法案，并声明任何自治领议会都有权制定效力及于领土以外的法律；它废除了所有保留权；它宣布，将来英国议会通过的任何法律不应再运用于任何自治领，除非其中的一项条款说明，该法律是经该自治领请求和同意而制定的。有关加拿大、澳大利亚和新西兰制宪的法令，根据这些国家的请求，不受上述法规的约束。实际上，澳大利亚、新西兰和纽芬兰都统统不受该项法规的约束，直至它们通过自己的立法机关决定采纳它为止；因此，是否受该项法规的约束是自愿的。但是，宪法的发展又是多么奇特和多么没有规律！就在通过该项法规的那一年，阻止该项法规实施的澳大利亚却利用了委任总督的新程序，成了把一个本地出生的人推举到总督职位上的第一个自治领，因为，尽管1930年一致同意总督代表国王，但总督必须由国王根据负责大臣的推荐委任，而后者又必须是有关自治领的大臣。这一惯例比任何法规都有损于旧的帝国理论。可是时隔不久，威斯敏斯特法的第一批成果就在加拿大和爱尔兰自由邦废除向枢密院的上诉权方面显露出来了；而态度比较温和的南非则以废除否决权开始了它的运动。

实际上，联邦关系的独特性一方面可以用爱尔兰的向外运动来衡量，另一方面也可以用1934年纽芬兰所遇到的厄运作为尺度。纽芬兰这个环境的不幸产儿由于受到不负责任的政府和经济衰退的打击，那时除了把自己交给接管者以外，没有别的办法可供选择。它的放弃自治领地位原来只是想作为一项临时措施，事实上，经过几年由委员会治理以后，又有了解决办法，战后它的宪法命运不是恢复了它的自治领地位，而是作为一个省于1949年并入加拿大。同时，分离运动被联邦生活的其他一些事实所缓和。不管定期协商如何困难，还是可以互通情报，而且从中心到边沿的情报往返的周转量日增。总督这个虚设的职位作为在自治领的政府代表，已被联合王国的高级专员所取代（第一位这样的官员实际是1928年派往渥太华的）；虽然在自治领政府间直接交往的事务较少，但有几个自治领认为在相互的首都派驻政治代表是有益的。这样，每个自治领都为自己建立了一种外交模式，反映其本身在联邦内外的需要，并没有不切实际地加以扩大。在联邦内部，作为对基本理论和程序的一种检验，人们研究了1936年"国王爱德华八世逊位法"的立宪过程；因为，由于主权已经分散，提供意见的政府又那么多，如遇到包含着感情的争论，向同一方向引导舆论和立法就非常重要。于是，这套组织体系运转着；联邦得以避免由于存在着一个以上的君主而造成的困难。

英国人虽然可能是善于自治的人民，也是善于协商的人民。有时，再也没有比这个零星分散而情况又千差万别的帝国或它的大部分要制定一个共同的政策的决心更加引人注目了；就像有时再也没有比各个自治领自行其是的决心更加引人注目一样，因此，在外部观察家看来，整个情况都显示了不断发生惊奇事件或烦恼的可能性。烦恼来自1932年的渥太华会议。当时在大萧条的影响下，发生了英国财政政策上最新的重大变革——放弃了自由贸易政策，而大约90年前的上一次变革则是放弃了保护关税的政策，因此，注意一下这两次变革的多方面含义是饶有兴味的。因为，自由贸易虽是在殖民地成为自己的主人以前出现的，但它实际上却让这些殖民地具有采取自己所喜欢的财政政策的自由（甚至是它们政治自由的基础的一部分），而放弃自由贸易这件事在这些已获准得到自治的殖民地看来，几乎像是浪荡的母亲回心转意了。不是终于要采用30年前为殖民地所神往的那个帝国特惠制了吗？为追求这个制度，张伯伦曾经辞职，现在，在一个不安定的世界上，帝国特惠制也许可以支撑摇摇欲坠的联邦。渥太华会议没有实现这些美好的希望，围绕"渥太华精神"这个没有非常准确定义的概念而显示的雄辩术，已经从为进行另一场更使人悲痛的表演而搭起的舞台上消失了。因为，渥太华协定尽管在相当程度上表示了制定共同经济政策的决心，尽管也大大地帮助了某些集团，譬如，帮助了肯尼亚的咖啡种植者，但实质上是与促进世界贸易最大可能的恢复背道而驰的。能够为整个这些协议提出的最有力的辩解，也许只有：既然人们似乎没有能力或善意为世界组织一个合理的经济体制，那么，合理地组织一个较小的单位至少比听任全面的混乱更可取。但是，仅仅在帝国范围内，英国经济是不可能得到很大程度的解救的，而且自治领的经济生活已经和工业有了千丝万缕的联系，以致本应受到鼓舞的英国制造商，反而常常感到遭受了挫折。澳大利亚和新西兰的黄油和肉类的生产者也没有为他们问题的解决感到更有信心。繁荣是伴随世界经济的恢复而恢复的；有些批评家认为，这种恢复由于1932年政治家们果断的（虽然并不是一心一意的）努力而受到了妨碍。至少历史学家们会怀着某种兴趣去考察其过程，而不致过深地受经济假设的影响。

这次渥太华会议以加强帝国团结对付外部世界作为其基本观念，这就不能不意味着制定一项总的外交政策。纵然如此，随着这10年的向前发展，引人注目的还是分离问题。或者更确切些说，随着国际形势的急剧复杂化和欧洲政治越来越充满厄运，我们看到，自治领也越来越努力地为制定自己的外交政策而斗争，这个政策要把他们的民族利益与对一般文明的某种责任协调起来；在此同时——或者说又时而——把英国联合体的力量和团结等作为一个永久性的和可取的事物加以维护。这种独立存在的倾向也许是一种传统立场的表现，例如加拿大的不愿陷入外事纠纷；或许是由于随着政府的更迭而出现了一些深信国际道义的强有力人物，例如在新西兰；或是由于澳大利亚认识到，潜在的市场和潜在的危险都在北方；总之，这种独立存在的倾向是伴随着这样一种决心而出现的，即在对联合王国的对外政策表示支持以前，要对它进行仔细检查。因此，在30年代中期，自治领的代表自然就发现国际联盟既是政策的依托，又是阐明政策的讲坛。它们当然没有被拖着尾随英国；当意大利在埃塞俄比亚冒险期间，关于对意大利实行制裁的问题，它们得出了自己的结论。当大谈集体安全而集体安全又很少被注意的时候，当1936年正在研究改革国联，在究竟是改革国联还是遵守国联旧章程的问题上还没有普遍下定决心的时候，澳大利亚声明支持经济上和财政上的自动制裁，并赞成签订区域性的互相公约；新西兰和南非主张按字面上执行盟约，而加拿大则反对凭武力行事的主张，即国联的主要宗旨就是维持现状的见解，并建议完善调解的机构。它们全都反对那些不考虑自治领对集体安全的情绪或不讲道义的势力；但是在最后发生的一系列可怕的危机中，它们沉默了，而为时不久以后，它们的儿女们就为此流了鲜血。

几乎延续了6年的战争使各自治领完全地确立了它们的国际地位；有些自治领单独宣战，而南非在1939年战争开始后，经过了好几天在战争与中立之间的权衡利弊才决定宣战。从宪法上说，也许爱尔兰的中立更带有决定性。Eire 是一个新名称，是爱尔兰文。① 我们可以再看看爱尔兰，当北方 6 个郡坚持忠于它们同英国的联合时，英国和自由邦之间的分裂已经不断扩大。这种分裂由于感情不同，因而和其他联邦伙伴不断扩大自治权的情况性质不同，因为其后果是连续地单方面宣布 1921 年的条约无效，而英国也不可能做出有效的反对。1932 年，一位 1916 年起义的幸存者德·瓦勒拉和共和党②掌权，继续执政达 16 年之久，致力于一项在政治上和经济上均具有民族特点的纲领。1937 年举行公民投票，批准了德·瓦勒拉起草的新宪法：爱尔兰这时成为"一个拥有主权的、独立的民主国家"，称"爱尔兰"。总督改为选举产生的总统，宣誓效忠于英王改为宣誓效忠于国家。但它还不是一个共和国。这个国家虽然对英王退位引起的危机漠然置之，但它仍然准备为了宪法上的方便而利用新国王，目的只在于能向国外委派外交代表。联合王国政府则设法使自己相信，这并不意味着爱尔兰地位的根本改变——就是说，爱尔兰仍然是一个自治领；其他自治领也表示同意。但是，事实上这难道不是 1921 年提出并引人注目地遭到拒绝的那种"对外联合"观念的胜利吗？1938 年，英国将条约签订以来一直在它控制之下的"军港"交还给爱尔兰。但是，在国际形势日益黯淡的情况下，德·瓦勒拉预示只要继续保持分离，爱尔兰将恪守中立。尽管这种中立对英国有着某种痛苦的后果，但至少是一种友好的中立。虽然英联邦的其余部分都认为这是不幸的立场，但它受到了尊重，特别是联合王国对这种立场审慎地表示尊重，最能表明自治地位已成为现实。即便在这时，爱尔兰问题也还没有"解决"：爱尔兰到这时已不能把它的民族自由，它的独特的主权，与自治领地位或对外联合这种微妙的关系调和起来。当战争结束后，1947 年它的发言人曾说，它并不是英联邦的一个成员。那么，它是什么呢？过了两年多，它采取了强制性的、明确的最后步骤，没有受到那些因此而不再成为英联邦伙伴的任何一个成员的阻碍。没有什么能比英国 1899 年对南非共和国和 1949 年对爱尔兰共和国态度的

---

① 爱尔兰自由邦于 1937 年宣布废除自由邦称号，改用爱尔兰文 Eire（即尔兰），1949 年又宣布称为爱尔兰共和国。——译者

② 又称"替天行道士兵党"。——译者

不同①，更清楚地反映50多年间帝国观念的变化了。印度刚刚在1948年给自己制定了一部共和国宪法，宣布成为共和国，但仍继续作为英联邦成员国，这在字面上把这个问题搞乱了，破坏了宪法的严格的逻辑性，就像19世纪中期在责任制政府和殖民地自治的起源这个问题上破坏了宪法的严格逻辑性。

战争迫使澳大利亚和新西兰在法律上都进入了更大范围的自治。澳大利亚认为必须于1942年采纳威斯敏斯特法，以便把联邦的各种权力置于毋庸争议的地位。新西兰在卷入了那些使刑事律师感到是一场噩梦的混乱状态以后，1947年也终于采取了这一步骤。战争进程本身赋予了自治领一种几乎是崭新的地理概念，以及一种当然也是崭新的战略观。加拿大除了派遣一支军队去英国和欧洲，还感到它与美国在北极圈战略中连成一体；随着新加坡的陷落和英国海军在太平洋的消失，澳大利亚和新西兰感到它们已与美国在海洋战略中连成一体。只有南非，由于在苏伊士运河有利害关系，并在英国和东方的另一条海路中占据中间位置，感到它的传统战略地位没有改变。对于其他自治领来说，这种与美国密切联合的关系导致了时常不以伦敦为中心，而以华盛顿为中心的新的"协商"方式。同时，由于与英国相隔很远，激发了更大的区域责任感，因而使这两个太平洋自治领很自然地制定了它们自己称为"堪培拉协定"的1944年澳新协定，该协议不仅坚持将来实行共同防务，而且坚持对这个岛群的福利负起共同的责任。值得注意的是，正是他们在没有任何一个大国参与的情况下，成立了南太平洋委员会，其主要目的是要建立一种新的更有见地的托管制度。同样值得指出的是，战后在日本的盟国管制委员会（固然是一个相当无权的机构）的英国代表不是英国将军或外交官，而是一个澳大利亚人。这是一种即使在1939年也不敢梦想的自治和合作。而且，在财政制度的破坏和改造中，当西欧竭力争取稳定的时候，协商的过程一直在继续，向英国提供食品也在继续进行；同时，各自治领虽然与19世纪的殖民地已经迥然不同，还是再一次开始从人口和劳动力、移民的新试验，以及在工业化的新冒险这些方面出发来考虑问题。

---

① 如果我们往前看，或许还有1961年对也脱离了英联邦的南非共和国的态度。

对于"自治领"一词又是如何想的呢？它们当中有的已经开始回避，也就是不肯服服帖帖地再使用这个现成的词了。在敏感的人看来，是否这个名称本身就包含着某种微妙的难堪呢？对于加拿大，这一名称的使用始于1867年；新西兰始于1907年。① 情况是否是：不管过去已经发生的一切，自治领一词仍旧带着地位平等而职能不平等这种难以察觉但又始终笼罩在头上的阴影呢？1926年的"自治社会群"真是在这一年"得到充分的发展"了吗？的确，在50年中，涉及全世界的整个英国复合体发生了变化。这个复合体在其宪法的事实和哲学方面，在其总的政策和经济方面，在其社会结构和社会关系方面，都发生了那样多的变化，以致它将来可能发生的任何事情都不可能比过去显得更惊人，更加自相矛盾了。但是，归根结底，那些自相矛盾的事在当时不正是符合逻辑的吗？

除了研究这类发展，我们还应该研究一下在20世纪40年代和50年代仍然被当作附属帝国的各殖民地的情况。这是一部特别复杂的历史，并像拥有主权的自治领的历史一样有趣。因为，如果说比较老的自治领已可以根据一个一致公认的、现时已不再会触动感情的客观基础而加以对待的话，那么，关于统治与被统治社会之间的关系的种种争论的乌云，这时仍笼罩着这些不久前还是殖民地和附属国，后来才建立了责任政府制并取得独立的实体。在20世纪中叶，1948年在联邦内部获得独立地位的锡兰，同东非和西非社会之间有很大区别；这样得到解决的锡兰的宪法问题，同马来亚或西印度群岛的宪法问题迥然不同。然而，同英联邦的各个老伙伴一样，它们的历史也是建立在社会和经济生活不断变化基础上的政府发展史，这种发展产生了同加拿大和澳大利亚历史上同样强烈的民族主义。实际上，它更为强烈，因为各个老自治领的民族主义是一种英国式的或欧洲式的民族主义，而不是亚洲或非洲的民族主义；它不存在外来的传统或肤色的不同。而这时，殖民地与帝国中心之间不断变化着的关系，恰恰是由于这些东西而变得复杂化了，正如民族主义本身因为语言或部族的不同而变得复杂一样。附加在这样一些传统和这些一些区别上面，并紧

---

① 这种敏感态度的变化恰好被白厅行政机构的变化所抵消。1907年殖民地事务部建立了自治领司。1925年，该司变成单独设有自治领事务大臣的自治领事务部。1947年，又改名为联邦关系部和联邦关系大臣；不出几个月，印度事务部和印度事务大臣也并入该部。

紧地抓住不放的，正是英国的政治制度和议会制的一套做法。这些附加上去的东西来得很晚而且很突然。

在这全部历史中，压倒一切的事实是各殖民地人民的贫困，虽然并不是因为贫困，而是因为潜在的财富，冒险家们才首先不辞辛劳地上溯河流，穿越森林来到这里；并且也确实从当地人民身上榨取了财富。或者像在西印度群岛一样，他们用赤裸裸的奴隶制换取了世界经济的奴隶的地位，当对他们的产品的需求下降时，就发现人口的增长完全超过了本地有可能供养的水平，这样，不管一个殖民地是旧的还是新近获得的，不管它所具有的是什么样的政府，它呈现在人们面前的几乎总是这样一幅景象：土地肥力逐渐减弱的农业，完全不能充分供给它的绝大多数居民的口粮；或者可能像在东非那样，是一幅游牧生活的景象。但情况也并不尽然，因为在有些情况下，单一的供出口的作物使物质生活发生了根本变革，并导致其多样化，如非洲大陆的黄金海岸的可可粉生产就是这样；或者如棉花生产和合作销售改善了乌干达广大地区的生活。另外一种情况则是：欧洲公司在北罗得西亚开采铜矿，或是——我们不一定只看非洲——在新几内亚委任统治地开采金矿，在把男性居民都吸收进去的同时，使乡村生活方式复杂化和贫困化，却没有增加真正的物质繁荣。贫困意味着缺乏社会服务——卫生、教育、农业研究和农业机构、交通设施等。甚至在情况最好、各种基本条件最有利的地方，像在非洲大陆的尼日利亚或黄金海岸，问题也很大；在最差的地方，像在东非保护地这个20世纪"殖民剥削"的典型，英国种殖园主只是靠损害被剥夺了肥沃土地的土著居民才发财致富的。殖民地某些出口产品在世界经济中的重要性，或经营农业的科学方法，例如第二次世界大战前马来亚种殖园生产了世界橡胶和锡的一半的事实，并未根本上改变上述普遍现象。对于那次战争开始时的英国殖民地和委任统治地6000万人民（其中80%居住在非洲）来说，1931年的威斯敏斯特法肯定是没有意义的。

在殖民地生活的这个物质基础上，构想出了对英国政策有极大重要性的两种概念——"双重委任统治"和"间接统治"。第一种概念是"白人的重担"观念在20世纪的变种，它在逻辑上（尽管不是在时间上）先于第二种概念。它主张帝国当局负有双重责任：务必使对本地人民的统治和对本地自然资源的开发符合那些人民本身的最大利益,同时要保证在这样做的过程中,不拒绝全世界享用这些自然资源。这个双重责任就是一种双重委任统治制。这个概念被批判为伪善的,充其量也只是一种把不能相容的东西调和在一起的企图。它所依据的当然是这样一些设想,即归根结底,居于统治地位的国家,比被统治的各国人民更清楚什么对他们有好处,而被统治的人民则担负着为经济比较发达的社会生产原料的道义责任。但是,就算全世界没有任何地方的土著人民能够永久抵制一种对他们自己的根本道德准则非常有害的外来经济生活的影响,这种新观念也还是多少有一些内容。它确实比赤裸裸的剥削前进一步:没有任何内在的理由能说明为什么行政官员只不过是伪善的代理人。

对"双重委任统治制"做出经典式说明的,要推卢加德勋爵①。他的实践对间接统治的发展也是十分重要的,虽然他并不是这个概念的唯一发现者。30年前,阿瑟·汉米尔顿·戈登爵士就在斐济按同样的原则工作过;和卢加德同时代的则有在巴布亚的威廉·麦格雷戈爵士;德国人在新几内亚,荷兰人在东印度群岛的做法也相似。实际上,任何殖民国家,面对在地域广大、人口众多,而它自身的行政管理人员又极缺乏的地区行使管理职责,几乎都会被迫采取这样的办法来解决它的问题。但是最吸引人们注意的,无疑是卢加德及其继任者在尼日利亚做出的光辉榜样。当卢加德还是一个青年军人时,他就在取得和安抚尼日利亚的许多地区中起了决定作用。他运用在东非首次焕发出来的卓越的行政才能,着力于发挥通过当地的机构和制度来进行统治的可能性,这就是:仍旧让过去一直负管理责任的机构去承担或继续原来的责任,而赋予英国殖民机构的官员以一般监督、咨询和上级审判权,再加上从总体上为该殖民地区制定政策的任务。说"殖民地区",是因为尼日利亚包含一个实行直接统治的小的沿海"殖民地"和一个广大的内地,即一个"保护国";像黄金海岸的情况一样,也是包括殖民地和保护国,不过规模小些;此外还有塞拉利昂殖民地和保护国(这种包括两种性质的殖民地的情况不限于西非:稍晚一些在东非有肯尼亚殖民地和保护国;英国的南非公司负责管理

---

① 《英属热带非洲的双重委任统治》,1922年初版。卢加德并非有系统地考虑这一问题的唯一的人(参阅唐纳德·卡梅伦爵士的《对土著的行政管理的原则及其实施》,拉各斯,1935年)。卡梅伦1925—1931年任坦噶尼喀总督时曾实行间接统治。

南罗得西亚殖民地和北罗得西亚与尼亚萨兰保护国;也有不带殖民地的保护国,如乌干达)。另外,说"殖民地区"而不说土著国家,或单一的部落集团、民族或语言集团,是因为对非洲的争夺,并未导致领地的瓜分,需要人们对这类事情给予更多的注意。因此,虽然北尼日利亚强大的穆斯林酋长国出现的问题与南方各丛林国家不同,但是只要有耐心和坚决的态度,行政管理方面的一切问题看来都可以通过实行间接统治来解决。人们主张,可以鼓励被认为已经衰落的部落当局或机构重新恢复生命,也可以取而代之;没有必要把人为的一致强加于一个地区的各个部分。唯一的一致是最后被统治。不论是容许、鼓励或授予行使任何权力,有一种权力却要保留,即制定法律和征税的权力,即"对可以授予土著当局的次要的立法权加以控制,对属于最高当权者的土地进行处理……当然还有招募和控制军队"的权力。① 这种制度在一定的环境下,如在北方各酋长国,能够取得辉煌的成就。在乌干达似乎也同样成功,那里也有强有力的土著统治者。在那些土著统治权不那么集中或不那么稳定的地方,这种制度也能够或似乎能够取得成功:事实上,凡是有部落统治当局,即酋长或部落会议,可以体现地方的行政和司法权力,并接受英国地区官员的建议和指导的地方都是如此。在北尼日利亚有酋长的地方,或乌干达有国王(称为卡巴卡)的地方,这个制度授予这些首领人物以附加的权力,而对他们的宫廷和财产则加以监视;在其他地方——例如在东非保护领地的大部分地方——在很大程度上是一种地方政府制度。

这个制度备受实行它的人们和许多比较政府学家们的赞扬,这是十分自然的。从统治者的立场来看,它似乎是容易实行、简单而有效率的;在人类学家看来,它对传统和"天生的忠诚"的重视,连同良好的秩序,都是值得称赞的;它对讲求实际的人和富于幻想的人都有吸引力。另外,从居于统治地位的国家和持赞同态度的帝国评论家的观点来看,这种制度的正确性在1914—1918年的战争中似乎得到了证明,其论据是,没有任何东西能超过非洲人的忠诚,他们参加了由最高当权者征召和控制的武装和非武装力量,东征西战,而这场战争就其起源来说,却看来与非洲各部落的利益没有什么关系。然而,

---

① 卡梅伦:《英属热带非洲的双重委任统治》,第24页。

也有一些不大表示赞同的批评家；随着这一世纪向前推移，某些不利之处变得明显了，仔细研究现代非洲生活的学者会认为，作为一项宪法上的安全措施，这种值得称赞的制度也许已经做得过分了。虽然和平和良好的秩序得以维持；虽然当地的生活并未在一种完全是外来的政治或经济效率的名义下被打乱或破坏；虽然有才干的酋长并未被迫陷入令人绝望的无所事事的境地；虽然把停顿不前视为理所当然的情况，并非随时随地都是不可避免的——就像不少地方官员面对着政府的贫困所显示的那样；虽然在最坏的情况下可以说，在像西印度群岛这样早已建立的殖民地里，直接统治已不具有进取精神和灵活性——然而，在以后的20年中，情况变得日益明显：间接统治不能给未来提供任何东西。因为非洲的生活并不比其他地方更能不受变革的影响；而这种制度的主要不利之处在于它的下列倾向：容易接受现状，把它当作一种有益的美德，而不管这种现状多么糟糕——容易把部落统治的外部形式作为永久性的现实而加以支持，并不总是能够了解这些现实究竟是什么；容易在经济和社会变动面前束手无策，容易使土著的既得利益永久化；容易忽略年轻人的合理的骚动；容易使行政官员普遍缺乏想象力。没有为发展初等教育或高等教育做好准备。虽然有一些，也是着重于为酋长们的子弟提供教育。随着这个世纪向前推移，对教育，西方教育、技术教育、高等教育的需要越来越迫切了，否则非洲大陆比起世界其他地区，将无限期地停留在经济、社会和政治上受监护的幼稚状态。由于不可避免的社会变革已渗透到各殖民地，其波浪亦远远地弥漫于各保护国。因而有相当多的受过教育的非洲人对上述前景感到不满，并将他们的愤懑情绪表达出来。职员、教员、新闻工作者，以及为数甚少的律师和医生，尽管或许是彷徨于两种文化之间举棋不定，但他们的职业宗旨与他们的部落的古老目的没有什么共同之处。他们很可能尊重其他的领袖而不是尊重他们传统的领袖。对于他们来说，国家制度日益成为西方的制度。他们可以清楚地看出最终政治权力是如何行使的。因此，在治理非洲的整个制度中，有一种固有的自相矛盾的现象，确实使得自由主义的学者和对非洲表示良好愿望的人困惑不解。例如，人们设想，一个统一的尼日利亚，总有一天会愿意建立某种形式的议会制政府；但是对于一个（按西方标准来说）如此落后、在宗教和文化上四分五裂的民族，

"除了英国强加于这块任意划定的非洲土地上的统一外,从来不知道什么叫统一,那一天将是遥遥无期的"①。自治被认为是理所当然的,但是从这种自相矛盾的现象中产生的问题,是否可能有一天以另外的方式解决呢?

> 英国的政治传统,包含自治即指代议制议会制度这种设想,大多数受过教育的非洲人也持这种看法。但是,在间接统治的哲学中寓有这样的意思,即最终可能出现的政治形式的性质,不应该过早地加以确定;因为,一种谨慎地以非洲的制度为基础的发展,有可能会导致某种新型的自治组织。②

在第二次世界大战前夕一些见多识广的人所做的推测就是这样的。

与此同时,在尼日利亚或黄金海岸,或者在乌干达或贝专纳,土著人民的景况,同肯尼亚占少数的白人统治下的土著情况相比(尽管殖民地事务部极力在那里强制实际它对土著居民的保护和仁政),要算是幸运的了。而同由南非联邦日益严重的种族隔离政策和坚决信奉白人优越论——不仅仅是白人优越论,而且还有一种属于白人文化模式范围内的南非白人优越论——决定其命运的几百万不幸的土著居民的景况相比,也算是幸运的。在南非,事情正变得明显起来,英国的理想不止一次地趋于奄奄一息的境地。在肯尼亚——1895年成为东非保护国,1920年成为肯尼亚殖民地——出现了典型的种族间的混乱和剥削,直到最后发生了最严重的反叛和镇压,或者说直到各保护国和殖民地的面貌几乎完全改观的时期,问题才最后得到解决。保护国的人民是游牧民族;他们的农业仅能维持生活;他们不具备能够实行间接统治的传统政治组织。实行合理而有效的治理,以及将这些国家开辟为欧洲人的居住地(不言而喻,这是合乎需要的)都要依靠交通工具。为了修筑从沿海的蒙巴萨到维多利亚湖之间的铁路,招来了印度人,1903年铁路建成后,他们留了下来。因而出现了"复

---

① 马杰里·佩勒姆:《尼日利亚的土著政府》(1937年),1962年版,第360页。
② 黑利勋爵:《非洲概论》(1938年),第134—135页。几年后,欧内斯特·巴克在其《大英帝国的思想和理想》(1942年)中更直率地谈到这种看法:"非洲自治的发展必须是非洲式的;它必须是一种自成一体的东西;不能仅仅是欧洲方式的模仿和抄袭。"巴克不像黑利,他没有在非洲的经历,但他是一位有创见、有同情心的历史学家和政治学家。

性社会"的问题。根据1901—1902年咨询枢密院后未经议会同意而颁布的敕令，以优惠的条件，在由乌干达划归肯尼亚的肥沃的"西部高原"，以优惠的条件为欧洲移民提供了土地。为欧洲人居住地勘定土地时，又兼并了属于吉库尤部落的大片土地，当时这些土地荒芜着未加使用，不仅仅因为当地人民是游牧民族，还因为他们的人数已因天花流行而减少。他们始终认为这片土地理应属于他们，随着他们的人数重新增加（人口增长是由于和平的统治和现代医学），他们的不满情绪也就增长了。马赛人也感到他们受到不公正的对待。英国移民川流不息地来到这个国家最好的土地上，把它作为一个自由精神的家园而由衷地爱上了它，他们使肯尼亚的咖啡闻名于世，他们抱怨劳动力缺乏，抱怨在各保留地有许多未动用的劳动力宁肯闲着浪费时间而不愿为欧洲人的农场工作；他们沿袭了殖民者形成达数百年之久的思想方式，即认为他们自己（并非完全没有理由）是他们选定的这个国家经济进步的奠基人，哀叹官方人士在维护他们的利益方面无所作为，要求得到参与管理自己的政府的权利。1919年和1920年，欧洲移民和印度少数民族先后获得选举立法会议代表的权利，1927年，印度人的席位（指定的和选举的）增至5个（印度人有7年时间拒绝合作），欧洲人的席位增至11个，阿拉伯人有一名选举产生的代表。代表广大非洲居民利益的，是一名指定的欧洲人，通常是一名传教士。欧洲移民曾要求在选举立法会议代表时欧洲人应占多数（又表现了上述思想方式），殖民地事务部的答复是，它不能将权力交给由选举产生的任何非非洲人多数派。这是一种在经济上和宪法上令人担忧和不满的不平衡状态，在殖民地和英国都就这个问题发生了激烈的争论：复性社会的种种问题是复杂的。

第一次世界大战又使英国为委任统治制下出现的新问题所苦恼，虽然在乐观主义者看来，在现行实践中，托管的原则有充分的约束力，能够使这些问题在英国人手里减少到最低限度。但是，处理完全不是殖民地的伊拉克和外约旦的问题比较顺利是一回事，而处理巴勒斯坦的问题却完全是另一回事，因为巴勒斯坦是一个正在被阿拉伯人所憎恶的犹太人以炸弹和罪恶的暗杀活动进行殖民化的国家，它提出了一个在殖民地条件下无法解决的问题，一个最后不得不在1948年放弃解决的问题。另一方面，由英联邦成员国所瓜分的原德属殖民地，则无疑可以按照传统的方式对待。划给英国的有德属东非即坦噶尼喀（这是有几年社会服务水平低于德国人统治时期）以及西非的喀麦隆和多哥的一部分；这些"乙"类委任统治地实际上同英国殖民地没有什么区别。划给南非的有德属西南非洲。南非人没有死守委任统治条件，不久就想把德属西南非洲完全并入联邦。划给澳大利亚的是新几内亚的德属部分，它在1945年以前有完全独立于毗邻的澳大利亚领土巴布亚的行政机构，1945年两个行政机构才合并起来。新西兰得到了西萨摩亚，它那可爱而难以对付的人民清楚地表明，要卓有成效地治理，单凭良好的愿望是不够的。可是，根据一项后来的安排，正是西萨摩亚成了1947年与联合国达成的第一个托管协议的对象，并于1962年获得独立（一种不加入英联邦的独立）。

两次世界大战之间的时期，以在宪法和经济两个领域的讨论和发展而引人注目，30年代的大萧条以及随后对苦难和骚动的原因进行的调查，促进了这一讨论和发展。在宪法方面，出现了行政会议和立法会议等试验。锡兰在殖民地当中几乎可以看成是20世纪宪法改革的先锋，在那里，从1910年起立法会议的民选代表名额逐渐增多，官方的多数在1920年被取消，1931年实行了成人选举权和一定程度的责任政府制。这个国家有较高的文化水平和有能力的受过教育的阶层，虽然它潜伏着语言问题，不过没有后来使许多亚洲国家陷于混乱的那种严重的教派仇恨。它具有建立一个成功的单一国家的一切因素。1920年，允许乌干达成立行政会议和立法会议。1923年，尼日利亚殖民地的立法机构中增加了由选举产生的成员。同年，南罗得西亚脱离英国南非公司的控制，成为英王的一个自治殖民地；当时该殖民地有3.4万白人（选举权仅限于他们所有）和81.3万多土著非洲人，大约一半的土地为欧洲人所有。1924年，北罗得西亚也不再受南非公司的控制而成为一个保护国。大约同时，在各个不同的地区，提出了设立某种共同的行政机构，合并殖民地或组织联邦的野心勃勃的主张，这些地区的地理或经济利益，似乎证明这些主张是正确的。其中有一个计划是主张乌干达、肯尼亚和坦噶尼喀实行更紧密的联合，这个运动主要得到欧洲人集团的支持，而遭到土著和经商的印度少数民族的反对；帝国政府出于某些有限的目的对它表示赞同，但整个运动由于对土著居民的利益缺乏充分的保障而受到冷遇。发展并统一运输事业本来是完全可行的，但是，在乌干达，禁止将土地转让给欧洲人；在坦噶尼喀，不鼓励欧洲人定居；在肯尼亚，移民更倾向于把它看成是一个白人的殖民地。有什么总的经济政策能够把这三个国家的经济统一在一起呢？怎么能把更紧密的联合加在如此根本不同的政治制度上呢？结果是决定每年召开一次总督会议，首次会议在1926年举行。另有一个计划是主张南北罗得西亚合并，或许再加上尼亚萨兰。这个计划于1927年由一个皇家委员会加以研究后遭到拒绝，1939年又被第二个皇家委员会拒绝。西印度群岛的地理条件与中非完全不同，它实行的是一种将代议制政府和直辖殖民地政府相混合的奇怪政体，曾计划结成联邦，但宣告失败，在这样的背景下，日益形成一种西印度群岛区域意识。但1932年的委员会在制定哪怕是一个小规模的联邦计划方面，其成效还不如以前的历届委员会。

这一时期在经济领域向前迈出了一大步，这一具有重要的社会和经济意义的进步，是在时期终了时到来的——事实上，它是在英帝国再次被拖入世界大战的时刻，作为它在许多方面的焦虑达到顶点而到来的。这一步骤（更早采取的这样的步骤，我们可以追溯到约瑟夫·张伯伦时期）是以1929年设立的殖民地发展基金（英国财政部通过这项基金向非自治殖民地和委任统治地区提供款项）为具体表现的向殖民地紧迫计划项目提供财政援助这一政策的扩大，但同时也是为了刺激英国的贸易。1940年的殖民地福利和发展法规定在10年间向殖民地提供1.2亿镑的无偿补助，用于已批准的研究、教育、卫生与农业服务、文职人员训练、劳工和合作机构、兴办地方工业和交通等的发展计划的开支，事实上，这是对殖民地的人力和物力资源进行一次系统的整顿和重新安排。一些大型的计划将通过各地区的开发公司来管理，在伦敦成立了一个经济和发展委员会作为殖民地事务部的咨询机构。虽然这笔资金的总和肯定不能充分满足殖民地的需要，但它没有被看作履行义务，而是被当作打破那种使得所有的自助活动都变得无效的恶性贫穷循环的一种方式，等于是作为一笔激发潜能的特殊援款（无疑也是激发殖民地在战时的忠诚）。这个充满希望的新进展的动机，同要求就托管方面的一些具体问题进行国际合作的运动是协调一致的，这个运动的目的是要对旧的委任统治制度进行亟须的改革。除非洲以外，正是这个运动通过不同的方式，产生了1942年的英美加勒比委员会及其机构加勒比研究委员会（包括法国和荷兰的代表）和咨询性的西印度群岛会议；而在太平洋则产生了南太平洋委员会，它是由澳大利亚和新西兰倡议，于1947年创立的，与加勒比海有关的那些国家也加入了。这可以说是试图使以前仅仅还只是意愿和模糊希望的东西成为具体计划的一些努力。

战争虽然能建立帝国，也能促进帝国的瓦解。第一次世界大战，以及在战争中的共同努力，既使帝国关系达到一种最高境界，同时也促进了宪政方面的重大变革，因而1939年才有可能以共同的语言谈论一个庞大结构中的两个根本不同的组成部分：英联邦和英帝国。前者是自由联合在一起的，后者则以统治与被统治关系为标志。1945年以后，英联邦在宪政方面的自由发展从未停止过——这点已经谈过——因为英国这个世界强国的相对重要性下降，出现了各种新的外交政策，新的地区性联盟。因此，澳大利亚和新西兰得以在1951年与美国缔结"太平洋防御"条约——美澳新安全条约——英国没有加入这一条约，虽然这三个国家和其他一些国家都属于根据1954年的东南亚集体防务条约而建立的东南亚条约组织，但是英帝国的宪政发展并未就此停止。如果说统治与被统治关系乃是英帝国的标志，那么1939年开始的战争是在一种几乎使帝国不可能存在下去的情况下进行的；英国人民对帝国观念的态度经历了深刻的变化；1945年战争结束后，他们再也经受不起帝国在物质上，以及同样在心理上的沉重负担。事实上，英国在西方大国中并不是唯一被迫退却的宗主国。但是，这种退却也是一种前进；人们即使不是信心十足，也是怀着某种希望，计划建立一种新的、各种族之间的联邦。①

接着发生的规模最大的事件，是印度的独立。同时发生的第二件事，是锡兰作为自治领而独立。锡兰自从1931年在政治上取得进展，建立"半责任制"政府以来，英国保留的权力太多，真正的自治太少，因此继1946年制定了取得相当改进的新宪法之后，几乎不可避免地又通过了一项议会法案，即1947年的锡兰独立法和一道咨询枢密院后颁布的敕令，即将1931年的威斯敏斯特法的规定扩大到锡兰——这一扩大，无疑是该法规的制定者们所不曾想到的。在西印度

---

① 关于印度和东南亚的变化，见第十一章。

群岛,由于1947年在牙买加召开了7个殖民地的会议,建立了一个常设委员会来继续研究制定细节,由此产生了比1932年时较大的希望。到1958年,发展到制定了一部联邦宪法,但是实际上几乎马上就宣告无效,因为牙买加和特里尼达于1962年成为单独的自治领。在尼日利亚,1947年允许主要殖民地(过去只有这里有立法会议)和南北两地区都建立"议会上下院",以非官方指定的成员占多数,在它上面有全国的立法会议,也是非官方指定的成员占多数。

居于统治地位的大国用以对付日益不可抗拒的各种要求的一些新观念,正在非洲的舞台上发生作用。这些观念是西方的,不是非洲的,它们已使间接统治寿终正寝。其中主要的观念是通过选举产生的代表进行治理,和按照英国模式通过部长们进行治理。这是党派政府,而且正是在战争刚结束后的几年中,各民族党派宣告了它们的存在——这些党派的主要要求是民族自治。按照欧洲的观念分成不同的党派,已指日可待。民族的,或者不如说民族主义的政党得到了群众的支持;它们的许多年轻、受过教育、对非洲人来说具有新的政治头脑的领袖们,被指控煽动叛乱而投入监狱,这一事实也并未使群众对他们的支持有所减少。而对这样的要求,只许诺在遥远的将来成立议会制政府的做法,都是毫无意义的。到20世纪40年代末期,英国官员们和政治家们对这点已深信不疑:以后10年将到处出现宪法和制宪会议;不出15年,大多数非洲人,不管是好是歹,将在政治上当家做主。[1]

(王章辉　宋蜀碧　译)

---

[1] 非洲国家获得在英联邦中的独立地位的顺序是:黄金海岸,即加纳,1957年(1960年成为共和国);尼日利亚,1960年;塞拉利昂,1961年;坦噶尼喀,1961年(1962年成为共和国,1964年成为坦噶尼喀和桑给巴尔联合共和国,数月后改称坦桑尼亚);乌干达,1962年(1962年成为共和国);肯尼亚,1963年(1964年成为共和国);尼亚萨兰,即马拉维,1964年;北罗得西亚,即赞比亚(共和国),1964年。

第 十 四 章
俄 国 革 命

1917年的革命在第一次世界大战中期爆发，俄国虽然属于最后获胜的那个强国联盟，却遭受了最惨重的失败。因此，革命看来仿佛只是军事崩溃造成的后果。然而，战争只不过加速了几十年来一直侵蚀旧秩序的一个过程，这个过程由于军事上的失败而不止一次地被加剧了。1861年，沙皇政权曾试图以解放农奴的措施来克服克里米亚战争失败带来的后果。俄国在1904年至1905年的日俄战争中遭受失败后，接踵而至的是革命的"奇异的一年"。经过1915年至1916年军事上的惨败以后，这个革命运动从它在1905年陷于停顿的那个基点上重新开始。莫斯科工人的十二月起义是1905年革命的最后一幕，而圣彼得堡的武装起义则是1917年革命的开场锣鼓。1905年革命创建的最重要的制度是圣彼得堡的"工人代表会议"或苏维埃。经过12年的间歇期后，在这次新的巨大动荡初期，上述这种制度立即复活，成为即将展开的这个戏剧性事件的主要中心。

当人们将1917年的事件和法国大革命或英国清教徒革命[①]对比一下，他们吃惊地发现，前两次革命中曾费了好多年才解决的冲突和争议，统统被压缩在俄国发生剧变的头一个星期内解决了。君主与某种议会机构之间的争执是其他革命的典型序曲，而在1917年的俄国革命中却没有这种现象。罗曼诺夫王朝旧专制主义的拥护者们几乎没有任何发言权；可以说革命的序幕刚一拉开，他们就从舞台上消失了。那些希望保存君主制度但要把它置于一定程度的议会控制之下的立宪主义者们，几乎没有机会公开阐述他们的纲领。革命刚一开始，

[①] 指1640年的英国资产阶级革命。这次革命是以清教徒反对专制王权和国教开始的。——译者

由于共和主义情绪的高涨，他们不得不收起旨在保存君主制的主张，作为单纯的立宪派来追求他们的目标。像法国的"三级会议"或英国的议会那样的机构是不存在的。1917年事件的主要内容是迄今一直构成秘密反对派的极端派别的两个集团——"俄国的吉伦特派"（温和的社会主义者）和"俄国的山岳党"（布尔什维克）——之间的斗争。

革命的立宪阶段实际上在1917年以前业已告终。沙皇1905年在十月宣言中曾经许诺召集代议制议会。但是，尽管以往查理一世或路易十六在被废黜以前都曾向他们的议会机构一再让步，沙皇尼古拉二世却很快就从1905年的"惊慌失措"中恢复过来，重新树立了自己作为全俄罗斯独裁者的地位。从1906年至1916年间，政治历史的特点是俄国的半议会——"国家杜马"不断地遭受屈辱。这种"国家杜马"仅仅是咨询机关，无权控制政府；沙皇可以随意命令它暂停召开或解散；其成员时常被捕下狱或遭到放逐。因此，在1917年3月，并没有一个真正的议会机构可以作为各政党相互竞争的舞台，或是供他们进行辩论的场所。这样，苏维埃就注定要成为整个运动中引人注目而具有权威的中心了。

1905年的警告对沙皇政府没有产生任何影响。不仅专制政府继续存在——存在于一种越来越腐败、越来越堕落乃至出现离奇的拉斯普廷丑闻的气氛之中；而且国家的经济和社会结构也仍然没有发生任何本质上的变革。大约3万名地主仍然拥有将近7000万俄亩①土地。另一方面，1050万名农民却只占有7500万俄亩土地。1/3的农民完全没有土地。农业技术水平惊人的低下：据1910年的调查统计，全国正在使用的有1000万木犁和"索哈"②以及2500万木耙，而铁犁只有420万个，铁耙则不到50万个。机械牵引几乎没有听说过。1/3以上的农产完全没有农具，30%的农户没有牲畜。因此，大战前几年，俄国谷物每英亩的平均产量仅仅达到德国农夫收获量的1/3和法国农夫收获量的1/2，也就不足为奇了。

贫困是压在农民身上的沉重负担，这种负担由于他们每年要向地

---

① 一俄亩等于二点七英亩。
② 一种极简陋的犁。——译者

第十四章 俄国革命

主缴纳价值 4 亿至 5 亿金卢布的租赋而变得更难以忍受。抵押给贵族银行的地产半数以上租给农民，向农民征收实物地租或其他封建形式的租税。地租往往是收成的 50%。在解放农奴后的半个多世纪中，农奴制的残余还大量存在而且颇有势力，在某些地区，例如高加索，直到 1912 年还公开存在着"短期农奴制"。要求降低租税或减免"劳役"的呼声越来越强烈，一直发展到大声疾呼地要求完全没收地主的财产并把土地分给农民。

这种情况使得一次大规模的农民起义迟早不可避免地要发生。战争带来的动乱增加了农民的爆炸情绪。1914 年至 1916 年连续的战争动员，使农业失去了将近一半的强壮劳动力；牲畜被大量屠宰以供军需；农具生产降至正常时期的 25%，同时农具的输入完全停止，而在和平时期，俄国农业生产在很大程度上是依赖这种输入的。产量的下降使农民无法忍受沉重的地租负担，而且也使农民对土地的渴望变得不可抗拒。从 1905 年至 1917 年间，只试行过一次重大的土地改革：1906 年 11 月的斯托雷平改革方案曾试图助长一个富农阶层的增长，以便使这个阶层的保守性成为沙皇政权的支柱。但是，这个为时过晚的改革所产生的效果不大显著，而且大都被战争的破坏所抵消了。

工业落后和农业上的贫困并存。大战前夕，按人口计算，俄国生铁产量是每年 30 公斤，德国是 203 公斤，英国是 228 公斤，美国是 326 公斤。煤产量俄国每人为 0.2 吨，德国是 2.8 吨，英国是 6.3 吨，美国是 5.3 吨。棉花消费量俄国是每人 3.1 公斤，英国是 19 公斤，美国是 14 公斤。俄国的电力工业和机器制造工业刚刚创立，而且根本没有机床工业、化工工厂和汽车制造工厂。在战争期间，军备生产勉强有所增长，基础工业的生产却下降了。从 1914 年至 1917 年间，为 1500 万应征入伍者仅仅制造了总数不超过 330 万支的步枪。工业落后不可避免地转化为军事上的虚弱，纵然俄国的西方盟国向它提供枪支弹药，也无济无事。然而，看来一个十分离奇的矛盾现象是，俄国的工业有一个方面却是世界上最先进的——它高度集中，其集中程度甚至超过当时的美国工业。超过半数的俄国工业无产者在雇用 500 人以上的大工厂做工。这种情况势必会带来政治后果：这种前所未见的集中性使工业无产者高度组织化并具有巨大的政治攻击能力，而且正是由于（至少是部分地）具备这些特征，它才能够在革命中取得统治地位。但是，还没有等到这个革命的领导阶级显示出它的力量，旧政权的虚弱就由于财政上的破产而进一步恶化了。俄国的战费开支总计达 470 亿卢布，其中只有不到 1/10 的数目可以由正常收入来支付——内外战争债务共达 420 亿卢布。通货膨胀猛烈：1917 年夏季的货币流通额是 1914 年的 10 倍。到革命开始的那一年，生活费用上涨到战前的 700%。1916 年全年，在彼得格勒①、莫斯科和其他工业中心经常爆发罢工和因粮荒而引起的暴乱。

"如果后代诅咒这场革命，他们将会责备我们没有能及时地发动一场自上而下革命来阻止它。"自由资产阶级的领袖之一马克拉诺夫这样概括了宫廷、政府以及自由中产阶级在这次动乱前夕的态度。一点不假，在国家杜马中，自由主义和半自由主义的反对派对于正在酝酿中的风暴是有预感的。1915 年 8 月，由于军事上屡遭挫败而导致俄国损失了 350 万人，并丧失了加里西亚和波兰以后，在国家杜马中形成了一个革新派。它包括以巴·尼·米留可夫和格·叶·李沃夫亲王为首的立宪民主党人；以亚·伊·古契柯夫为首的十月党人。十月党人是一些放弃了实现宪政的主张并与专制政权言归于好的保守分子；还有一个极右的国家主义者集团，它的发言人是瓦·维·叔尔根。这个革新派相当胆怯地要求沙皇成立一个"受全国信任的政府"。这个提法甚至没有暗示新政府应该对杜马负责——他们并不要求沙皇限制自己的专制权力，只是要他使这种权力比较容易接受一些而已。这个革新派主要关心的是战争的进行。它的领袖们对宫廷中的主降派势力感到惊恐。当时许多人相信，形形色色的宫廷奸佞都劝说沙皇设法同德国单独媾和。由于沙皇皇后神秘地宠信拉斯普廷那个目不识丁和生活放荡的西伯利亚僧侣，他的集团势力很大，而这个集团却特别有主张投降的嫌疑。革新派的领袖们一致下定决心，要把战争进行下去，并受到驻在俄国首都的西方各国使节的鼓励。最高统帅部里也有反对派活动的迹象。总司令布鲁西洛夫将军对于文职政治家们的活动持有一种谨慎的、不介入的同情态度。一个反对沙皇的密谋后来被认为是另一位军官克雷莫夫将军策划的。然而，如果说任何这种

---

① 圣彼得堡在战争期间改名为彼得格勒。

计划曾经策划过的话,却没有一个真正地实现。沙皇在拒绝做出让步方面显得出奇地顽固。内廷佞臣尽最大的努力使沙皇的态度强硬,防止他起用一个内克式或杜尔果式的俄国人物①,从而使革命迅猛地发展。1915年9月16日(俄历9月3日),沙皇发布了"临时解散"杜马的诏令。他改组了政府,但是改组的方式却是蓄意要侮辱革新派和整个反对派。每次改组都把越来越多的招致公愤的人物塞进了政府,从而使主降派阴谋的迷雾更加浓厚。在开战后的两年期间,俄国撤换过4个首相、6个内务大臣、3个外交大臣和3个国防大臣。"他们一个接着一个地登台……"研究这场革命的立宪民主党历史学家米留可夫这样写道:"然后,又陆续地销声匿迹,让位给那些和他们自己一样唯宫廷佞臣之命是听的走卒。"1916年年底,杜马重新召开,革新派的领袖们公开表示了他们的惊恐。米留可夫在一篇激烈的演说中首次公开谴责沙皇皇后本人,一再向政府发问:"这到底是愚蠢还是背叛?"沙皇再次以他惯常的方式做了答复:取缔批评言论,杜马本身也被解散。闸门紧紧地关闭着,以阻挡革命的浪潮,结果是潮水更加高涨,直到猛然冲开缺口,把一切障碍统统席卷而去,其中也包括古老的罗曼诺夫王朝的宝座。

  1916年12月30日至31日(俄历12月17日至18日)夜间,宫廷的"妖师"拉斯普廷被刺杀,这最后一次显示出,劝说沙皇改变态度的一切尝试都失败了。"圣僧"是被沙皇一个亲戚尤苏波夫亲王当着其他宫廷近臣的面刺杀的。这一事件向全国表明统治阶级内部的分裂——事实上,行刺者旨在消除宫廷内亲德派的势力。一时间,对统治方式会发生变革的希望增长了,但人们很快就大失所望。沙皇和皇后为他们的"圣友"被刺而感到愤恨,因而更加顽固地坚持一贯的做法。他们的行为是一个实际的教训,也是人民彻底记取的一个教训:清除某一个宫廷佞臣的集团并不会产生人们普遍希望的变革;令人不满的事态是与沙皇本人密不可分的,或许更广泛地说,是与整个帝国秩序密不可分的。与此同时,国家陷入了日益严重的混乱:战场上的失利、饥荒、肆无忌惮的投机倒把以及无止境的战争动员都在继

---

① 法国国王路易十六曾相继起用重农学派杜尔果和瑞士银行家内克进行财政改革,企图以此来摆脱财政困难。——译者

续着,人民的情绪越来越烦躁不安了。

> 那些老朽的参谋部废物们(托洛茨基写道)……希望用新的动员来堵住一切缺口,并且在需要一队队能打仗的战士的时候,却用纸上一行行的士兵数字来安慰他们自己和他们的盟国。大约有1500万人已被动员,聚集在兵站、营房和转运点,他们拥挤着,互相践踏着,变得暴躁不安,咒骂着。如果说这群人在前线是一支虚假的巨大力量,他们在国内却真正是一个破坏的因素。死伤和被俘人数大约有550万,而且逃兵的数字与日俱增。早在1915年7月,大臣们就哀叹道:"可怜的俄罗斯啊!连它那支在以往的岁月中曾威震世界的军队……现在也只剩下一些懦夫和逃兵了。"

然而,当革命终于到来的时候,却几乎没有一个人能够识别它,或者对它那翻天覆地的力量能够有所估计。像早先的法国大革命一样,最初,它被认为是一场骚乱。不仅沙皇、宫廷和自由主义反对派,就连革命派也都持有这种看法。所有的人们都被此后以排山倒海之势涌现出来的事件吓呆了。直到沙皇被迫退位的时刻,他还继续发布一道道恐吓性的诏令。当沙皇本人已经为全国人民所抛弃的时候,十月党和立宪民主党的领袖们还在迫切要求撤换沙皇的各部大臣。接着,当起义的人民已经抛弃整个王朝,而共和制度已经成为事实以后,这些领袖们还在敦促沙皇退位,由他的儿子或兄弟继承。另一方面,孟什维克、布尔什维克以及社会革命党等社会主义秘密集团的情况也相差无几。当粮荒引起的骚乱已经变成罢工和示威,并最后发展为总罢工的时候,这些集团还以为它们目睹的仅仅是连续发生的一次骚乱;当首都卫戍部队参加了叛乱后,它们仍然忧心忡忡地害怕罢工会被武力镇压下去;当它们突然醒悟过来,发现政权已落入它们手中时,它们对于整个斗争的结局仍感到迷惑不解。在这以后,它们在极度的惶恐不安中,又开始左顾右盼,审察应该把政权交给谁。在旧秩序已经土崩瓦解以后,革命派本身似乎仍然受到旧秩序威力的震慑。

概括地说,这就是事件的演变过程。3月8日(俄历2月23日),彼得格勒发生了广泛的罢工。这一天是国际妇女节,家庭主妇们上街举行示威游行。少数面包店遭到人群的袭击，但整个说来，这一天是和平地度过的。第二天，罢工继续进行，示威者冲破警察的封锁线，进入市中心，抗议饥饿，要求面包。在他们被驱散以前，队伍中传出了"打倒专制"的口号。

3月10日（俄历2月25日）首都的所有工厂和工业企业全部陷于停顿。在郊区，工人解除了警察的武装，几支军队被调出来镇压示威，双方发生了几起冲突，但士兵们多半不肯向工人开枪。哥萨克骑兵在镇压1905年革命时曾经十分卖力，现在甚至支持示威者反对警察。第二天，沙皇从他的军事大本营发布一项解散杜马的敕令。杜马的领袖们仍然害怕违抗沙皇的权威，他们决定不召开杜马，只是呼吁代表们留在首都，成立一个杜马临时委员会，密切注视事态的发展。同一天，沙皇命令彼得格勒卫戍部队司令立即把这次运动镇压下去。在几处地方，军队向群众开枪。到傍晚，整个卫戍部队都处于骚动不安的状态，士兵们在营房集会，考虑是否应该服从命令，向示威工人开枪。

3月12日（俄历2月27日）是具有决定意义的一天。又有一部分卫戍部队参加了革命，士兵们把武器弹药分给工人，警察从街头消失，运动取得了十分迅猛的进展。到下午，政府就完全陷于孤立——它的命令只能在冬宫和海军部里产生作用。大臣们仍然希望已由沙皇下令调回彼得格勒的前线部队能够帮助把革命镇压下去。傍晚，罢工委员会领袖、工厂选出的代表和各社会主义政党的代表举行集会，成立了工人代表会议（苏维埃）。到次日早晨，事情已经很清楚，不会再有任何前线部队来挽救政府——这些部队的调运正被铁路工人截住了。首都卫戍部队完全倒向了革命。团队也选出代表，很快就被接纳为苏维埃（后改称"工人和士兵代表会议"）的成员。这时，苏维埃已经使工人和士兵绝对听从它的指挥，成为唯一事实上存在的政权了。它决定成立工人民兵，满足首都的粮食供应，并命令恢复民用铁路交通。群众攻占了俄罗斯的巴士底狱——施利塞尔堡要塞，释放了政治犯。沙皇的大臣都被逮捕。

面对着既成的革命事实和苏维埃的支配地位，一直不愿向沙皇权力挑战的杜马临时委员会终于决定组成一个政府。3月14日（俄历3月1日），经过磋商，组成了一个以李沃夫亲王为首的临时政府，其中包括十月党人和立宪民主党人但不包括社会主义者（只有"劳动团分子"克伦斯基的名字列在部长名单上，但他是以个人的身份而不是以他自己的党的代表身份出任司法部长）。在临时政府成立的那一天，他派古契柯夫和叔尔根去劝说沙皇让位给皇储阿历克塞。沙皇没有抗拒，但他决定把皇位让给他的兄弟米哈伊尔大公，而不要皇储阿历克塞继位。3月15日（俄历3月2日），他签署了退位法令。与此同时，临时政府的外交部长米留可夫在还没有获悉详情以前，就公开宣布了沙皇退位的消息。他在一个军官集会上宣称，沙皇将由他的儿子继位，在新沙皇成年以前，米哈伊尔大公将担任摄政。参加集会的军官们提出抗议，表示如果不撤销关于摄政的公告，他们就不撤回部队。而在苏维埃里，克伦斯基则已经谈到建立共和国，并因此而博得了热烈的欢呼。临时政府陷于分裂，君主立宪派和共和派的部长们把他们的争议提交到米哈伊尔大公面前。米留可夫敦促大公即位，而杜马主席罗将柯和克伦斯基则劝他退位。大公决定引退。但临时政府却没有能力宣布它本身是拥护帝制还是拥护共和，因此，决定把这个问题留待召开一次制宪会议时解决。

临时政府和彼得格勒的苏维埃从它们彼此成立之日起，就互把对方视为实际上的敌对者。苏维埃没有任何合法的资格来支持它所拥有的权力；它代表着实际上发动了革命的那些力量，即工人和士兵。临时政府拥有中上层阶级的支持。它的合法资格也颇成问题。诚然，沙皇在任命李沃夫亲王为首相的法令上签了字，但是，沙皇的签字究竟是在退位以前还是以后，历史学家们迄今仍有争议。在那风云变幻的日子里，新政府的领袖们在混乱之中多半是忘记了宪法程序的微妙细节。看来，沙皇批准李沃夫亲王组成的政府时，严格地按照法律来说，他的批准已经无效。然而，不论合法与否，革命毕竟已经抛弃了沙皇，不再把他当作合法权力的源泉。临时政府代表最后一届杜马，而我们知道，这届杜马已经被沙皇在退位前解散了，而且它是依据1907年7月16日（俄历7月3日）的一项选举法选举出来的，该选举法又是斯托雷平政变的一个产物，因此，它根本没有任何代表性。这种情况可以说明为什么杜马在1917年不负众望，而以后又无声无息以至完全销声匿迹。但是，临时政府的主要弱点却在于它没有能力行使实权。它所代表的中产阶级当时惊慌失措，而且政治上分崩离析，结果，没有力量和那些已经同叛乱的军队联合起来的武装工人相对抗。因此，只有在彼得格勒和外省的苏维埃愿意听命于它的情况下，临时政府才能够行使职权。但是，它的社会和政治目标与当时流行的激进情绪差距如此巨大，以致它只能通过迂回曲折的和模棱两可的方式去追求这些目标。几个最有势力的部长——李沃夫、米留可夫和古契柯夫——希望恢复君主立宪制；他们期待着革命的退潮，并准备尽力加速这种退潮的到来；他们迫切地想对工人们重新施加工业纪律，并防止发生土地革命。最后，他们决心把战争继续下去，希望俄国在胜利后，能够根据1915年秘密的伦敦条约控制土耳其的海峡和巴尔干半岛各国。这些目标中的任何一个，如果泄露出去，都会使群情激愤，造成极其危险的局面。

另一方面，苏维埃不仅有工人阶级作为依靠（在彼得格勒还有驻防军的支持），而且由于它们的选举方法，它们能够同不断波动的群众情绪保持最密切的接触，并能够最有效地召集群众采取任何行动。任何一个苏维埃的代表都是在工厂由全体工人群众，在营房由全体士兵选出的。但是选出的代表任期不定。如果选民们不赞成代表的态度，可以随时加以罢免，并选出新的代表去替换。这是苏维埃最初的一个特点，在以后的年代里，这个特点虽然在教义上仍然存在，但在实践中却放弃了。作为代议机构，苏维埃的基础要比由普选产生的议会狭窄。它们是一种典型的阶级组织，它的选举方式排斥了上、中层阶级的一切代表。另一方面，1917年的苏维埃在代表它们的选民这一方面，要比任何通常的议会机构更加直接得多，同时也更加敏感得多。代表们始终处在选民经常的、警惕的监督之下，而且事实上也时常被撤换。通过几乎连续不断的补缺选举的更替，苏维埃的组成随着工厂、营房和农村中情绪的变化而不断地变化。此外，由于选举不是按区域而是按生产单位或军事单位进行的，苏维埃采取革命行动的能力是十分巨大的。如同庞大的罢工委员会一样，它们向工厂、火车站、公共企业和其他地方的人们发布命令。代表们是立法者、执行者和人民委员，一身数任，自成一体。立法和行政职能的划分被取消了。到了3月（俄历2月）革命末期，彼得格勒苏维埃就成为起义的领导机构。经过8个月的间歇以后，它将再一次发挥这样的作用。

然而，经历过3月（俄历2月）的各种事变以后，苏维埃与其说是驾驭了革命的浪潮，不如说是被革命的浪潮所推涌着。它的领袖们意识到自己的权力，却又害怕行使这些权力。3月15日（俄历3月2日）彼得格勒苏维埃发布了著名的第一号命令，宣布接纳士兵代表加入苏维埃，号召士兵选举自己的委员会，接受苏维埃的政治指令，同时不要执行与苏维埃的命令相抵触的任何指示。这项命令特别提醒士兵们守卫军火仓库，抵制可能由军官做出的解除部队武装的任何企图。这是在苏维埃承认政府权力后，临时政府与苏维埃之间的第一次争端。临时政府指责苏维埃败坏军纪，而在苏维埃方面，由于害怕军官团的反革命行动，认为只有依靠军队中普通士兵的忠诚，才能保障自己的生存。因此，正是为了它本身的利益，苏维埃才警告革命部队防止任何解除他们武装的企图。第一号命令重新引起士兵反对军官，同时，也引起军官反对苏维埃。它提出了临时政府与彼得格勒苏维埃或者一般的苏维埃之间的相互关系问题。从一开始，这种关系就带有双重政权的一切特征。从3月到11月（俄历2月到10月）的整个这段时期，可以说是充满了为解决这一问题所做的一系列绝望的尝试。这两个机构在这一时期内互相重叠、互相倾轧，竭力想弥补它们之间的分歧和推卸各自的责任。这种双重权力由于其本身的性质而注定是过渡性的。最后，不是临时政府就是苏维埃势必要独揽大权和消灭对方。立宪民主党和军官团一心要消灭苏维埃；布尔什维克则一心要消灭临时政府。唯有温和的社会主义政党希望巩固这个双重政权，也就是想把这种过渡性的结构变成某种永久性的东西。

从沙皇退位至布尔什维克掌权这一时期的事态发展，大体上可以分为四个阶段：

第一阶段从3月15日至5月16日（俄历3月2日至5月3日），在这一阶段中，保守的和自由主义的地主和资产阶级领袖们单独执掌政府权力，试图按照他们自己的形象和喜好去塑造当时已成事实的共和国。在这一阶段的开始，苏维埃①的领袖们承认了临时政府的权力。到这一阶段的末期，自由主义的地主和资产阶级的代表人物已经不能依靠他们自己的力量进行统治。第一届临时政府已经在革命过程中耗尽了力量。

---

① "苏维埃"（单数）在本章中均指彼得格勒苏维埃。

第二阶段从5月16日至7月15日（俄历5月3日至7月2日）。在这一阶段中，自由主义派和温和社会主义者的第一次联合政府竭力挽救资产阶级民主政权。在这个仍然以李沃夫亲王为首的联合政府中，自由主义派（立宪民主党）是地位重要的参与者，但他们是依靠那些地位次要的参与者的支持才能执政的，因为后者当时在苏维埃里掌握着大多数群众。组织一个联合政府的必要性表明，资产阶级自由主义派的政权处在温和社会主义派的掌握之中，而温和社会主义派又处在苏维埃的掌握之中。由于支持自由资产阶级，温和社会主义派的领袖们便被他们的追随者看成是放弃了原则。到这一阶段的末期，他们也变得和他们的立宪民主党伙伴一样不得人心。他们本来可以通过与立宪民主党决裂而单独掌权的方法来挽救自己，但他们不能使自己下定决心来采取这个步骤。

第三阶段从7月16日至9月12日（俄历7月3日至8月30日），以一次夭折的革命开始。同时，以一次夭折的反革命告终。在这一阶段的中期，温和社会主义者试图通过由他们自己（至少在名义上）来掌握领导权，组成一个以克伦斯基为首的新政府的办法来挽救联合政府。但彼得格勒的无产阶级的大多数人虽然还没有做好充分准备让布尔什维克掌权，却已决心要结束联合政府。他们威胁地向温和派领袖们提出要求，指出他们要单独地（或者和布尔什维克一道）执政，并且以苏维埃的名义公开地行使权力。这就是7月间被温和社会主义派领袖们在军队的支持下所击败的"半起义"的实质。[413]正是在这次危机中，李沃夫亲王的政府不复存在了。不仅是工人和士兵，还有它的许多中产阶级支持者都转而反对它。资产阶级这时陷于分裂：一部分资产阶级的影响日益下降，却仍然争取维持与温和社会主义派的联合；另一部分还较有力量，它已经把希望寄托在能够消灭苏维埃的反革命行动上。这一部分资产阶级支持科尔尼洛夫的反革命政变。克伦斯基击败了政变，但这是依靠布尔什维克的协助才完成的。两次夭折的运动，在一个很短的时间内，使两个阵营中不肯妥协的分子都削弱了，从而创造了一个暂时的社会平衡局面，在这种局面下，鼓励立宪民主党—社会主义派联合政府的尝试才得以进行。

到第四阶段（自9月12日至11月6日，俄历8月30日至10月24日）开始时，联合的两派都退出了政府：自由资产阶级退出政府是因为它同情科尔尼洛夫，而温和社会主义派退出政府则是因为他们责备克伦斯基不应当容许科尔尼洛夫在他的政府的卵翼下酝酿阴谋。克伦斯基这时只能组成一个残余内阁——所谓"执政内阁"。它处于如此的真空状态，仿佛成为克伦斯基个人的政府。但是，克伦斯基在布尔什维克的协助下击败科尔尼洛夫以后，发现布尔什维克这时已经在彼得格勒苏维埃中获得了多数。革命变得更深入了。由于布尔什维克行将控制苏维埃，温和社会主义派力图在苏维埃之外树立自己的权威，从而又一次发现与自由资产阶级有了某种共同点，于是组成了第三次也是最后一次联合政府。这届政府只存在了一个月，在这一个月中，布尔什维克为推翻二月共和国进行了极度紧张的准备工作。

早在革命爆发以前，互相对抗的各个政党就已经存在，并且围绕着预期的革命的目标展开了争论。它们一致同意这次剧变，就其目标来说将是反封建的资产阶级革命，在许多方面将是法国大革命的重演。大约直到第一次世界大战爆发，它们全都把俄国"进行社会主义革命的时机尚未成熟"当作信条（只有托洛茨基早在1906年就对这个信条表示拒绝接受）。但是，尽管在对总的历史前景的估计上有这种一致的看法，各个政党之间始终存在着很深的裂痕。和1789年的法国不同，俄国在进入资产阶级革命时期的时候，已经拥有一个人数尽管不多，却非常活跃而有政治头脑，同时深受社会主义熏陶的工业无产阶级。在1905年，这个无产阶级就已经是革命的主要动力，因此，不论社会主义的理论家们如何评述这次革命的"资产阶级"性质，上述这种情况也必然使资产阶级感到惊恐。自由资产阶级拒绝领导反沙皇的运动，团结起来捍卫君权。它重新接受沙皇制度是三心二意的：立宪民主党仍然希望把沙皇制度逐渐改变为君主立宪制，而十月党人则与王朝彻底和解，尽管这个王朝不能令人满意。

中间阶级的这种态度在俄国社会民主工党内部引起了重大的争议。它的温和派——孟什维克认为，既然这次革命的性质只能是反封建或反专制的，则它的领导权自然应属于资产阶级而不属于工人阶级。据说，尽管资产阶级态度暧昧，事态的发展最终将驱使它担负起建立一个西欧式议会民主制度的指导任务。而布尔什维克，特别是列宁则争辩说，由于资产阶级已经或正在转入反革命阵营，在反对专制制度的斗争中，只有工业工人阶级才能够领导国家，至少是领导国家的大多数——农民。但是，布尔什维克还补充说，即使革命将由一个具有社会主义愿望的阶级领导，但社会主义革命在西欧取得胜利以前，它的目标也不可能是在俄国建立社会主义。革命政府将把地主的地产分给农民，建立一个民主共和国，实行政教分离；此外，还要实行八小时工作制和进步的社会立法；但它不会建立工业公有制，也不废除一般的私有财产——仅仅是要以资产阶级所有制形式去取代封建和半封建的所有制形式。只是在经历了一个资产阶级获得充分发展的时期以后，向社会主义转变的时刻才会到来；至于这个发展时期的长短，只能是一个猜测。而目前的重要问题是，工人阶级不应放弃在"资产阶级"革命中的领导权，不能像孟什维克主张的那样，等待资产阶级采取主动。彼得格勒布尔什维克参加1917年3月（俄历2月）的革命运动的时候，仍然持有这种观点。

孟什维克与布尔什维克之间另一个重大分歧是有关组织方式的问题。1903年，他们曾在这个问题上发生第一次分裂。布尔什维克是一个严密的组织，它有自己明确的理论，精心制定的策略和严格的内部纪律，这使得他们的中央委员会在计划行动步骤的时候，确信自己的命令和指示能够被基层党员不折不扣地贯彻执行。这个政党有它自己公认的领袖弗拉基米尔·乌里扬诺夫·列宁，他把渊博的学识、热情的革命家气质、策略天才以及巨大的行政才能这样一些不同的特质统统集中于一身。他宁可用他自己的说服力和道德品质的威信去左右他的党，而不是依靠那种后来成为布尔什维克特色的机械似的纪律。另一方面，孟什维克在组织上是相当松散的，在理论问题上是含含糊糊的。它的一翼接近资产阶级自由主义，另一翼接近布尔什维克主义，两翼之间则是范围广大的中间派。孟什维克有许多天才的政治家、伟大的演说家和出色的作家，但是缺乏一个能够制定出明确政策的全国性领导集团。在3月（俄历2月）革命中，这个党陷入四分五裂的状态。两个格鲁吉亚人——采列捷利和齐赫泽是它在二月革命的全盛时期最有威信的发言人。采列捷利在沙皇时代曾经是一个被判处苦役的囚犯，他的自我牺牲精神使他先后在苏维埃和联合政府里都有相当的影响。齐赫泽曾经是国家杜马中主要的社会主义派发言人。采列捷利领导党的右翼，齐赫泽则代表中间派。极右翼是普列汉诺夫，他是俄国社会民主党的创建人，列宁在青年时代曾把他看作导师和领路人。左翼是孟什维克的创始者马尔托夫，他领导着孟什维克国际主义集团。"区联派"的成员是原先的孟什维克和布尔什维克，由于种种原因，这些人都脱离了他们原来的组织。以托洛茨基为领袖的这个集团，后来于1917年7月加入了布尔什维克党。在孟什维克和布尔什维克两条阵线之间的无人地带，有高尔基的《新生活》杂志，无党派的社会主义者在这里阐述他们的见解。

像孟什维克一样，社会革命党人组成了一个缺乏坚强领导的松散的联盟，其中包括若干集团和个人。这个党的传统可以追溯到民粹派运动，继承了其同情俄国农民的态度、鼓吹农民社会主义的主张以及对沙皇制度做斗争时采取的恐怖手段。社会革命党的右翼是诸如克伦斯基之流的人物，这些人，譬如说，如果参加法国激进党，那倒更加合适，然而，他们却徒劳地企图用激昂慷慨的议会雄辩来迷惑革命群众。在克伦斯基周围，有萨文柯夫，他本是一个冷酷而浪漫的恐怖主义者，如今却变成一位杰出的爱国者，拥护"法律与秩序"。在党的核心，则有它最富于才华的发言人切尔诺夫，他是第二届联合政府的农业部长，前不久，刚和列宁一起参加了在瑞士齐美尔瓦得召开的社会主义者反军国主义会议。以老练的革命家斯皮里多诺娃和纳坦松为代表的党的左翼是民粹派运动老革命传统的真正继承者，他们在11月（俄历10月）间与布尔什维克携手合作，追随布尔什维克和孟什维克的人们主要是城市居民，而社会革命党的领袖们虽然属于知识分子，却是农民的喉舌。右翼按照富农的保守语调发表言论，左翼则笃信那种独特的农民无政府主义，这种无政府主义在巴枯宁的国家中已经深深地扎根了。但整个说来，社会革命党人倾向于寻求孟什维克的指导，特别是在革命的头几个月中。

二三月间，人们普遍相信这次革命具有"资产阶级"性质，这一点在一定程度上说明了彼得格勒苏维埃的领袖们为什么会有那种令人迷惑的态度，以及为什么会愿意承认李沃夫亲王政府。这种行为看来完全符合孟什维克的观点，即在一次"资产阶级"革命中，应该由资产阶级组织临时政府。按照这个观点，社会主义者的任务不是参加这样一个政府；他们只能从外部给予支持以反对反革命阴谋，同时，也必须从外部去保卫工人的应得权利不受资产阶级侵犯。温和的社会主义者在和立宪民主党一同参加联合政府以前，在革命的第一阶段中，一直是忠于这些原则的。布尔什维克的态度起初是惶惑的。他们过去一向习惯于把资产阶级看成是一支反革命势力，如今却看到它的领袖们成为第一个事实上的共和政府的首脑。无产阶级在这次革命中的领导作用该是什么呢？列宁的信徒们是按照一种不与上层阶级妥协的精神培养起来的，他们无法同李沃夫亲王、古契柯夫、米留可夫这样一些地主和工业家的领导人物和解。但另一方面，由于相信革命应该促进现代资本主义在俄国的发展，而不是企图实现社会主义，他们似乎又需要实行某种和解。这是一个难题，而列宁在流亡瑞士的时候，自己已经加以解决。他已经认识到"资产阶级"革命不过是社会主义革命的前奏，俄国工人阶级应该在农民的支持下推翻资产阶级，并建立自己的专政。这和他自己原先的预言有重大的差别，而他在俄国的信徒们还没有做到这一点。由于没有列宁的指导，他们举棋不定，不知道是应该无保留地反对临时政府，还是应该有条件地支持它。在3月（俄历2月）革命期间，他们的领袖是几个激进的青年，其中只有莫洛托夫后来享有国际声誉。3月25日（俄历12日），他们的两个比较重要的领袖斯大林和加米涅夫从西伯利亚流放归来，发现莫洛托夫及其友人鼓吹的观点充满了对临时政府的鲁莽的敌视。特别是加米涅夫，他劝告布尔什维克采取一种比较妥协的态度。列宁在他从瑞士寄回国的几封信中，已经阐明后来成为11月（俄历10月）革命的基础的那些观点，但是由于他远在国外，无法说服党予以接受。因此，在彼得格勒二月共和国的和谐期间，布尔什维克、孟什维克和社会革命党人虽然有着各不相同的传统和观点，却一致同意这次革命属于"资产阶级民主"革命的范畴。于是，在"革命民主派"的队伍中呈现出一派田园诗式的团结气氛，在这种气氛中，布尔什维克和孟什维克甚至认真地考虑要合并为一个党。

　　有关革命任务的一些基本问题，由于各个政党对待战争的不同态度而变得复杂化了。立宪民主党人和十月党人希望革命不要妨碍政府进行战争和保持俄国外交政策的连续性。我们知道，1915年签订的秘密的伦敦条约曾许诺俄国控制达达尼尔海峡以及在巴尔干半岛获得领土。米留可夫作为第一届临时政府的外交部长，试图重新确定这些目标是革命俄国的战争目的。但是，要达到这些目的，军队就必须作战；而为了使军队能够作战，就必须在士兵中重建纪律，同时军官团的权威地位也必须恢复。于是，这位自由主义的外交部长成为"建立强有力政府"的始终不渝的鼓吹者。然而，只有苏维埃愿意在这方面给予合作，才可能恢复纪律。可是，即使处于最温和的社会主义者的领导之下，如果想要苏维埃去去除军队中的革命精神，它们最多也只能是勉强敷衍而已。这是因为，首先，几乎所有的社会主义集团和政党都曾经含糊地承担了反军国主义的义务。他们之中的大多数人都曾把这场战争斥为反革命的帝国主义的冒险，只要它是"为了沙皇和祖国"而进行的战争，那就只能是这种性质。沙皇政权被推翻，使情况与前迥然不同。如今有可能宣称战争的性质已经改变，而俄国的革命民主政府正在和英法两国的议会民主制政府联合起来，同霍亨索伦王朝和哈布斯堡王朝的反革命君主制政权进行着一场殊死搏斗。这就是所有的社会主义者（包括某些布尔什维克党人）在二三月间所宣扬的观点——就此而论，他们成了爱国者或"社会爱国者"。但正是因为他们出于上述理由才接受战争，所以，他们不能公开地接受旧政权的战争目标。当时的流行口号是"实现不割地、不赔款的民主和平"。战壕里几百万饥饿的、缺乏武装的士兵由衷地相信这个口号，以及关于很快就要结束战争的诺言。所以，当米留可夫5月1日（俄历4月18日）在一份致西方盟国的照会中，明白表示他的政府信守沙皇政府的外交和军事义务并追求其战争目标时，单单这一行动就足以在整个俄国掀起一阵抗议的风暴。正是因为这个问题，第一届联合政府在米留可夫辞去外交部长职务、古契柯夫辞去陆军部长职务以后，宣告垮台。由于任命克伦斯基为陆军部长，战壕里的士兵和城市里的工人的猜疑情绪暂时缓和下来了。然而，由于当时在革命时期各个社会主义政党的关系和谐，因此，即使在战争问题上，它们也没有产生非常严重的分歧；它们的言论和行动仍然本着一种富有感情的和平主义态度，这并不妨碍他们对战争努力采取半支持的态度。真正的裂痕尚未发生。

革命自始至终以彼得格勒为中心，而在较小的程度上，也包括莫斯科和其他工业城市。城市是政治上首先发难之地。但革命绝不仅仅是城市的事情。借用马克思的话来说，无产阶级的独唱得到了全国各地起义农民大合唱的有力陪衬。农民们最初是一个月接一个月地，而后则一个星期接一个星期地大声疾呼，要求在农村进行一次彻底的改革。急躁的农民开始向地主进攻，焚毁他们的邸宅，并分配他们的土地，直到整个运动具有一场名副其实的农民战争的迅猛声势。军队的瓦解正好可以看成是这场土地革命的一个方面。士兵大多数是农民，他们期待着新政权满足他们的土地要求，在政府一再采取拖延态度以后，他们就把这种情况归咎于政府内部有代表地主的强大势力。事实上，立宪民主党和十月党人也确实希望避免农业结构发生急剧的变化。温和的社会主义者长期以来就鼓吹土地革命；然而，现在他们却犹豫不决了：这场革命应该在战争中期进行吗？废除地主所有制这样一个根本性的问题，难道不是只有国民议会才能解决吗？因此，在这种情况下，召开国民议会看来本来应该成为政府的当务之急。然而，历届政府都以政治激情会由于选举而一发不可收拾，从而会损害战争努力为理由，一再地拖延召开议会。但实际情况是，"政治激情"毕竟已经发作了，而每一次拖延召开议会，更无异火上浇油。资产阶级部长们坚持拖延，他们害怕在革命高潮中召开的议会会变得过于激进；社会主义派部长们则牺牲了议会以挽救联合政府。由于他们在这个问题上的态度，立宪民主党和社会主义者都违背自己的意愿，助长了苏维埃取得最终的优势，因为苏维埃是除了市议会以外唯一存在的由选举产生的代议制机构。如果在尽早的时候召开国民议会，本来可以使苏维埃相形见绌，在人们眼中沦为一种企图篡权的宗派机构。可是，在1917年宪法处于真空状态时期，却发生了相反的情况：诸如苏维埃立宪主义之类的东西吸引了群众，而面对苏维埃的，则是一个接一个的临时政府，它没有任何民选代表的支持，反倒越来越像是篡权者了。布尔什维克最坚持主张立即召开国民议会。他们还没有清楚地设想出这个议会和苏维埃彼此之间将处于什么关系，同时也根本没有想到，他们——布尔什维克自己召开国民议会，仅仅是为了几个月后就把它直截了当地加以解散。然而，特别自相矛盾的是，在3月至11月（俄历2月至10月）期间，在鼓吹议会权利方面，布尔什维克这个极端主义的革命党，也似乎比其他政党更热衷于宪法形式。对于土地改革这个重大的根本性问题，布尔什维克最初没有明确的看法。早先，列宁在许多场合曾谈到赞成土地国有化，这是和他那个党的集体主义观点相一致的。虽然布尔什维克夺取政权以后把大地产分给了农民，但这种做法原来却不是布尔什维克的主张，而是社会革命党纲领的重要内容；同时，这个纲领的制定者切尔诺夫是第二届联合政府的农业部长。在革命前的 10 年中，布尔什维克内部只有一个派别（斯大林属于此派）提倡过"分配"土地。

因此，在革命性质、战争以及土地等所有重大的问题上，对立的各个社会主义集团之间的分歧最初似乎并不鲜明，也不深刻。只是在 1917 年 4 月列宁从瑞士回国后，他才划清了布尔什维克同其他一切政党相区别的明确界限。列宁假道德国和瑞士回国是在英国政府拒绝批准革命流亡者途经英国返国以后，由瑞士社会主义者安排的。德国政府知道列宁的反战活动，希望他的宣传会削弱俄国的军事力量，但它不曾料到，列宁在短短几个月以后，就会以俄国政府首脑的身份和它谈判；它也不曾料到列宁的宣传反过来会对德国军队产生影响，而这种影响正是 1918 年德国军事力量瓦解的重要因素之一。文献证据表明，列宁本人并没有同德国当局谈判，也没有承担义务，仅仅通过瑞士中间人表示：作为回报，他答应利用自己在俄国的影响帮助某些德国人离开俄国。他的不同寻常的旅行表明，他急于尽快地到达革命中心，以便对他的党实行领导。他回到俄国时，对布尔什维克应当如何指导革命航程，已经有了一个明确的想法。在著名的《四月提纲》以及许多演说中，列宁预言，革命很快就将从"资产阶级民主"阶段进入社会主义阶段，并最终将以建立无产阶级专政而圆满结束。这种专政应采取由苏维埃执政的形式，这是一种最适合于建设社会主义的"新型国家"。但如果一切权力都归苏维埃，工人就应该对李沃夫亲王的政府采取势不两立的敌对态度。这是一个实行资产阶级专政的政府，只是由于温和社会主义者的狼狈为奸，才掩盖了它的实质。布尔什维克应该澄清自己原来的暧昧态度，坦率地向工人、士兵和农民阐明自己的立场，直到他们布尔什维克在苏维埃中取得多数，从而有资格向资产阶级夺取。在战争与和平的问题上采取暧昧态度，同样是不能容许的，党决不要支持战争，因为尽管政权发生变化了，战争仍然是"彻头彻尾的帝国主义性质"。无产阶级的任务是"变帝国主义战争为国内战争"。大地主的土地必须分给农民，这是革命在"资产阶级"阶段的首要任务。革命向社会主义阶段的转变将因西欧革命的爆发而加速，而列宁相信这种爆发已经迫在眉睫。与此同时，"工人监督"工业，或者不如说，由工人与资本家联合监督工业，将是

第十四章 俄国革命

通往社会主义的一个步骤。新的国家将使人民获得比在资产阶级民主制度下多得无可比拟的自由。

革命一经开始，就应当把它巩固和继续下去。（列宁回国后不久，在一次士兵集会上发表演讲时说）全国自下而上，从最偏僻的乡村到彼得堡各市区的一切政权，都应当归工人、士兵、雇农和农民代表苏维埃掌握。……管理国家的不应当是警察，不应当是对人民毫不负责的、站在人民头上的官吏，不应当是脱离人民的常备军，而应当是苏维埃所联合起来的普遍武装的人民自己。……只有这样的政权，只有兵农代表苏维埃，才能够……解决重大的土地问题。土地不应当属于地主。……要自己联合起来，团结起来，组织起来，不相信别人，只相信自己的智慧和经验。只有这样，俄国才能以坚定的、整齐的、正确的步伐，把我国和全人类从战争的灾害和资本的枷锁中解放出来。①

一个没有警察、官吏和常备军的国家，这样一幅无产阶级专政的美景，有着无比的号召力。现在回顾起来，这本来可能是一种纯粹蛊惑性的宣传，旨在把当时临时政府仅有的任何一点权力全部摧毁。然而，对列宁的态度所作的这种解释，却被他所著的《国家与革命》一书证明不能成立。在这部著作中，列宁以一种理论探讨和学术研究的方式发挥了上述思想，这种学术性论文不可能是为了哗众取宠而写的，它是列宁本人深刻信念的反映。鉴于苏维埃政权后来的演变，记住 1917 年列宁所提出的无产阶级专政的图景和后来的现实有多么巨大的差别，就显得更为重要了。列宁回国后不久提出的另一个有关俄国以及全世界劳工运动前途的论点，也有着重大的意义。列宁提出建立第三共产国际的想法，他认为，由于第二国际的领袖们放弃了阶级斗争和社会主义国际主义，有必要成立这样一个新的国际。

列宁自己的许多信徒，或者说，大多数信徒最初接受这套想法的时候，都感到困惑不解。但是，列宁使用了他的全部雄辩才能，加上党内激进主义思潮的影响，他很快就使大多数布尔什维克信服他的观

---

① 《列宁全集》第 24 卷，人民出版社 1961 年版，第 83—84 页。——译者

点。4月27日（俄历4月14日）在彼得格勒举行的党的代表会议通过了列宁的《四月提纲》，此后不久，布尔什维克党的全国代表会议批准了这一提纲。从许多方面看来，这是沙皇退位以后一个最重大的事件：第一次革命的和谐时期连同它那"革命民主队伍中的团结"的假象已告结束，而下一次革命的纲领已经被即将完成这次革命的党所接受。布尔什维克全国代表会议通过了列宁的各项动议，参加这次会议的只有133名代表，他们代表了7.6万名党员。在2月间，党员总数还不到3万人。但布尔什维克的强大力量不在于党员的数量，而在于党员的质量。每个布尔什维克通常都是工厂或车间一个有影响的领袖和组织者，他们越来越能影响不属于任何政党、乃至原先参加孟什维克党的广大工人群众。

第一届联合政府垮台以后，在五六月间，日益增多的迹象表明民众对二月政权的失望。首都举行的市选举暴露了在政府中占优势的立宪民主党的虚弱；半数选票归孟什维克，而一些激进的工人阶级聚居的郊区则坚决支持列宁的党。作为少数派，布尔什维克表现了巨大的策略上的机敏和灵活。列宁使它的党利用一切机会，在群众面前提出自己的观点，但他并不号召立即举行革命。这时，只要温和的社会主义者还控制着苏维埃，列宁就拒绝考虑布尔什维克夺取政权的任何打算。他极力主张苏维埃里的多数派孟什维克和社会革命党把立宪民主党抛开，由他们自己单独组成政府，以表明他们不辜负工人阶级的信任。列宁于6月16日（俄历6月3日）在彼得格勒召开的第一次全俄苏维埃代表大会上推行这种政策，博得曾经追随温和社会主义者的工人和士兵们的很大信赖。温和的社会主义者刚刚加入由10名资产阶级部长和6名社会主义派部长组成的第二届联合政府。布尔什维克鼓动家这时提出"打倒十个资本家部长"，这一口号不仅煽起了布尔什维克，也煽起孟什维克一般党员对资产阶级部长的猜疑。孟什维克的领袖们越是靠拢联合政府，他们与自己的信徒之间的鸿沟就愈加扩大。就在苏维埃代表大会举行期间，由孟什维克控制的执行委员会号召7月1日（俄历6月18日）举行一次示威游行，指望工人阶级会在这次示威游行中表示拥护联合政府。但是，出乎温和派领袖们的意料并使他们惊慌的是：大约50万工人和士兵们竟然举着"打倒战争""打倒十个资本家部长""一切权力归苏维埃"的旗帜和标语从他们面前经过。列宁的策略显然赢得了首都无产阶级的支持。

在随后的几个星期里,革命达到了一个奇异的转折点。布尔什维克已经获得首都工人和很大一部分驻军的支持,但是温和的社会主义者在外地各省仍然拥有更大的势力。列宁和托洛茨基希望首都和外省之间的这种"差距"很快消除。与此同时,他们极力避免任何决定性的实力较量;他们希望拖延下去,等到有理由确信自己能有取胜的把握,而且将在首都建立的布尔什维克政权不会被外省调来的军队所粉碎的时刻,再来摊牌。但是,由于他们在彼得格勒的信徒们的急躁情绪,7月间的起义终于流产了。7月16日(俄历7月3日),第一机枪团在波罗的海舰队的水兵以及工人群众的会合下,举行了一次武装示威,围攻彼得格勒苏维埃所在地,并威胁温和社会主义派把政权交给他们这一派在其中占多数的苏维埃。布尔什维克中央委员会竭力抑制这次运动,防止它变成一次真正的起义。政府把前线的部队调来首都,镇压了这次示威。就在这样的动乱之中,消息传到彼得格勒,据称俄国自7月1日(俄历6月18日)以来在西南前线发起的攻势遭到溃败。这次导致军队最终瓦解的溃败,引起了对政府的猛烈抨击。布尔什维克站出来支持武器装备恶劣和缺衣少食的士兵们,指责政府无力制止那些克扣部队衣粮以牟取暴利的投机活动;他们还谴责陆军部长克伦斯基不应该在西方列强的压力下承担这次进攻任务,并且利用前线的不利形势,作为鼓吹和平的一个理由。政府反过来把战争的挫败归咎于布尔什维克的鼓动者对战壕中的士兵们所产生的破坏性影响。当7月间的示威运动遭到镇压的时候,布尔什维克领袖们被指控为替德国总参谋部效力。这种指控由一家民众报纸发动并附有伪造的文件作为依据,从而掀起了一阵愤怒的风暴。在这种形势下,政府轻而易举地给予列宁的党以沉重的打击。军官联合会和其他右翼组织袭击了布尔什维克总部、捣毁《真理报》编辑部,并对布尔什维克控制的郊区进行惩罚性的讨伐。7月19日(俄历7月6日)政府下令逮捕列宁、季诺维也夫、加米涅夫、柯伦泰和其他布尔什维克领袖。列宁和季诺维也夫躲藏了起来,直到11月(俄历10月)革命时才又露面。托洛茨基、加米涅夫和其他人被逮捕。7月25日(俄历7月12日),政府重申在前线触犯军纪者将处以死刑。7月31日(俄历7月18日),拉·格·科尔尼洛夫将军被任命为总司令以接替布鲁西洛夫将军。

上述一系列事件造成了一种"向右转"的趋势,但这种趋势的力量在当时却被夸大了。列宁认为苏维埃已经完成了它的革命使命,当他的信徒们举行半秘密的第六次党代表大会时,指示他们不要再鼓吹把政权转交给苏维埃。军官联合会及其他右翼组织的领袖们认为,这时是最后消灭苏维埃及其一切主张的大好时机。但是,事实上,苏维埃的力量仍然很强大,而来自右翼的威胁又激起温和社会主义者采取行动。8月6日(俄历7月24日),苏维埃执行委员会向李沃夫亲王提交一项最后通牒,要求立即正式宣布成立共和国,解散国家杜马,禁止土地买卖以待国民议会通过土地改革方案。李沃夫亲王拒绝接受这些要求,他的政府也就垮台了。第二届联合政府宣告组成,由克伦斯基担任内阁总理兼陆军部长。它和它的前届一样,依旧是内部分崩离析,政策上优柔寡断。参加政府的两个政党都感到不满。但现在却轮到右翼来发动攻势了。

8月25日(俄历8月12日),克伦斯基在莫斯科召集了一次有各个政党、各个社会和经济组织的代表参加的"国务会议"。召集这次国务会议的目的是想要提高政府的威信;会址特地选在莫斯科,因为布尔什维克在当地的影响似乎不如在彼得格勒那么强大。然而,会议一开幕,就遇到莫斯科发生总罢工,这件事意味深长地暗示布尔什维克的力量在俄国的第二首都也不断增长。会议本身表明,左右翼之间,即以温和社会主义者为一方,以立宪民主党和军事团体为另一方之间的裂痕正在扩大。会议同时暴露出克伦斯基和新任总司令科尔尼洛夫之间刚出现的对抗。会上的辩论一再被暴风雨般的喝彩和喝倒彩声所打断,这种喧叫声时而由左翼发出,又时而由右翼发出,时而是拥护克伦斯基反对科尔尼洛夫,又时而是拥护科尔尼洛夫反对克伦斯基。右翼欢呼总司令是俄国的救星,是注定要为这个分崩离析的国家重建纪律的人。左翼则宣称内阁总理是革命的卫护人,能够保护革命免受极左翼和极右翼的损害。在会议厅外,内阁总理和总司令检阅着彼此对立的军示示威游行。这种带有个人倾轧成分的对抗涉及重大的政治分歧。克伦斯基和科尔尼洛夫都主张要有一个被赋予全权的强有力的政府。但科尔尼洛夫认为军官团是这个政府的主要支柱,他自己是独裁者候选人。克伦斯基希望他的政府不遭受苏维埃的压力,但不论愿意与否，他却不得不依靠苏维埃的支持——他自己当时仍然是苏维埃执行委员会的委员。克伦斯基曾命令重新在前线实行死刑；科尔尼洛夫却希望在全国重新实行对破坏"法律与秩序"的罪犯判处极刑。克伦斯基希望用军队作为一支平衡力量来遏制苏维埃的要求，而科尔尼洛夫的目标则是要全部解散苏维埃。

9月3日（俄历8月21日），俄国遭受了另一次重大的军事失败：里加被德国占领了。这次军事挫败的详情不明。左派谴责最高统帅部故意把"红色里加"让给敌人。科尔尼洛夫则利用里加的失陷作为反对政府的借口。9月7日（俄历8月25日），他命令强大的哥萨克支队进入彼得格勒，并公开收回他忠于政府的誓言。克伦斯基指斥总司令为叛逆，并决定借助布尔什维克的力量平定兵变。他将赤卫队武装起来，向波罗的海舰队的水兵发出呼吁，并鼓励布尔什维克的鼓动家出来和科尔尼洛夫的部队接触。布尔什维克在科尔尼洛夫部队中的宣传鼓动如此卓有成效，结果科尔尼洛夫的士兵拒绝服从命令，不肯攻打红色彼得格勒。9月12日（俄历8月30日），科尔尼洛夫被撤职并被逮捕，克伦斯基接替他担任总司令。

7月间夭折的革命造成暂时的和表面的向右转，而科尔尼洛夫夭折的反革命则导致猛烈的向左转。这首先间接地表现为第二届联合政府的垮台。科尔尼洛夫刚一采取反对政府的行动，立宪民主党人就退出政府。这或许是因为他们同情科尔尼洛夫兵变，也可能是因为他们不愿为克伦斯基的行动分担责任。与此同时，孟什维克和社会革命党的部长们也宣布辞职。他们的党倾向于责备克伦斯基本人，指摘他在科尔尼洛夫阴谋叛乱的早期阶段，与之有某种程度的勾结或疏忽大意。因此，将近一个月，无法组成正规的政府。到了9月14日（俄历9月1日），克伦斯基组成了一个由5名部长组成的执政内阁，在这5人当中，只有他自己具有公认的政治地位。他的个人统治，或者毋宁说，他个人在统治上的无能（这被布尔什维克夸张地批评为波拿巴主义），弥合了各对立政治阵营之间的裂痕。

当9月13日（俄历8月31日）布尔什维克第一次在彼得格勒苏维埃里获得明显多数的时候，向左转的趋势就更直接地被觉察出来了。托洛茨基从狱中被保释出来，当选为彼得格勒苏维埃的主席，这是他在1905年曾经担任过的职务。5天以后，布尔什维克在莫斯科苏维埃，嗣后很快地又在大多数外省苏维埃中相继获得多数。

根据民意的这种变化，列宁断定他的党夺取政权的时机已经到来。早在9月间，列宁就从他在芬兰的隐匿地敦促党的中央委员会为武装起义进行准备，这是从4月以来布尔什维克政策发展的自然结果。列宁认为：3月（俄历2月）政权之所以可能出现，是由于苏维埃把权力让给了临时政府，而这种让权行为之所以能够成功，则是由于温和社会主义者控制了苏维埃。现在，布尔什维克已占有优势，因此，苏维埃必须夺回全部权力。既然政府不大可能屈从苏维埃的意志，所以，必须用武装起义的手段把它推翻。政府及其支持者孟什维克和社会革命党也感到这种局面势在必然，但他们拒不相信布尔什维克会采取这种行动。此外，完全撇开这一切因素不谈，面对着反对"资产阶级民主"共和国的不可抗拒的力量，他们感到孤立无援。温和的社会主义者要公然反抗苏维埃的权威，即使不是不可能，也是非常困难的，因为他们曾经在许多场合下拥护过这种权威，现在不能仅仅由于苏维埃为布尔什维克所控制这一点就改变态度。迟至此时，克伦斯基仍然拒绝召开国民议会，相反地，却于9月27日至10月5日（俄历9月14日至9月22日）在彼得格勒召开了一个所谓"民主会议"作为代替。会议的主要成果是成立了所谓的"预备议会"，这是一个咨询机构，由于根本没有得到选民授权，并无权控制政府，其权力极其微弱。而当布尔什维克经过一番犹豫后决定抵制预备议会时，它的权力进一步遭到削弱。民主会议的主要任务是寻求各种办法来重建正规政府，以取代残缺不全的执政内阁。但甚至在布尔什维克退出会议后，出席会议的大多数代表仍然投票反对重建立宪民主党—社会主义者联合内阁。克伦斯基本人曾将这次会议吹嘘为唯一具有代表性的议会，然而，会议结束后3天，他就违反会议决定，以第三届也是最后一届联合政府取代他的执政内阁。这届政府比前两届更没有权威。从理论上讲，如果它再次向支持过科尔尼洛夫的力量求援，这届政府可能重新站住脚跟。列宁果断地决定，不给它足够的时间来达到这个目的。

10月23日（俄历10月10日）布尔什维克中央委员会开会讨论列宁的起义计划。列宁从他隐匿的地方前来出席会议，他强调说："时机在很大的程度上是错过了。……起义问题还是十分尖锐，决定

第十四章　俄国革命　　　　　　　　　　　　　　　451

性的关头就要到了。……现在大多数人都拥护我们。……转移政权的问题在政治上已经完全成熟了。"① 中央委员会的两个成员，列宁的亲密追随者和朋友季诺维也夫和加米涅夫反对举行起义。中央委员会开会后一天，他们提出了这样的警告："面对历史，面对国际无产阶级，面对俄国革命和俄国工人阶级，我们无权把整个前途押在举行武装暴动这一着儿上。"他们极力主张中央委员会等待政府已答应召集并将由激进派多数控制的国民议会；他们把新的国家设想为苏维埃共和国与某种议会民主制的结合体，认为列宁的政策将导致一次大崩溃。他们断言：列宁过高地估计了布尔什维克的力量，同时也低估了临时政府的力量；列宁相信欧洲的一次社会主义剧变将挽救俄国革命，而他们两人则否认西方的无产阶级革命即将来临。针对这些议论，列宁重申，等待召开国民议会毫无益处，因为政府曾经多次加以拖延，这次也会故技重演；与此同时，军官联合会则会得到充分时间来准备一次反革命行动并建立他们的专政。列宁满怀信心地预言，如果起义赶快举行，敌人只能聚集微不足道的力量进行抵抗，而"整个无产阶级的欧洲"将会起来响应。列宁的意见得到中央委员会内托洛茨基、斯大林、捷尔任斯基等10个委员的赞同，只有季诺维也夫和加米涅夫投票反对他的动议。激烈的争论几乎一直进行到起义的当天，但是，到最后，季诺维也夫和加米涅夫的意见被多数票所否定，大多数党员接受了列宁的指导。

　　列宁是这次起义的幕后策划者，并隐匿地指导他的信徒们做好举行起义的准备，而托洛茨基则是起义的实际领袖和现场组织者。列宁极力主张他的党直接以本党的名义发动起义，不必考虑任何宪法细节问题，并且一开始就把它作为对政府的公开进攻。然而，托洛茨基则审慎地把起义置于一个更广泛的政治基础上，以苏维埃的名义，而不仅是以布尔什维克的名义发动起义，并且使起义表面上显得处于守势，其目的在于保护革命不受到一次反革命政变的袭击。他的巧妙策略对布尔什维克的胜利起了极大的推动作用，如果起义只是以一个党的名义发动，许多人就一定会对是否给予支持感到犹豫，但是，当起义以彼得格勒苏维埃或各地苏维埃的名义发动时，他们则给予赞助；

---

① 《列宁全集》，第26卷，人民出版社1961年版，第169—170页。——译者

同时，许多人对于公开的进攻性行动，一定会畏缩不前，但为了防御而有充分理由来采取行动的时候，他们就会给予支持。事实上，这次起义也确有一些防御的性质：布尔什维克的领袖们毕竟相信，如果他们自己迟迟不采取行动，对方就会先发制人地发动另一次科尔尼洛夫式的反革命政变，而这一次的反革命政变将会获得成功。

但是，通过什么途径才能把"政权移交"给苏维埃呢？6月间，曾经召开了全俄苏维埃第一次代表大会，并选出了中央执行委员会。按计划，这个中央执行委员会应在9月间召集第二次代表大会。即使在准备采取行动的各地苏维埃已经为布尔什维克控制以后，在中央执行委员会里仍然由孟什维克和社会革命党占优势。中央执行委员会的领导人一再拖延，不肯召集第二次代表大会，因为他们明白，布尔什维克党肯定会在这次大会上获得稳固的多数。最后，他们迫于彼得格勒苏维埃的压力，决定在新历10月底或11月初召开代表大会。布尔什维克把起义的日期和即将召开的代表大会结合起来。经过最后一次的拖延，大会定于11月7日（俄历10月25日）开幕。起义准备在开会的前一天举行，以便代表大会能够立即批准它所期望的结果，即一个布尔什维克政府的成立。起义本身由彼得格勒苏维埃选出的一个革命军事委员会来代表它负责指挥。设立这个革命军事委员会，并不是由苏维埃里的布尔什维克委员提议的，这确是一个历史的嘲弄。10月上半月，彼得格勒谣言蜂起（这些谣言似乎可以从官方的公告中找到一些依据），盛传德国人在向前推进，彼得格勒将实行撤离，政府将迁往莫斯科。后来，官方进行了辟谣，但与此同时，在由于谣言而引起的一片恐慌和愤怒之中，孟什维克提议彼得格勒苏维埃应承担保卫首都的责任。布尔什维克对此欣然表示同意。革命军事委员会将与首都卫戍部队保持接触，以便熟悉驻军布防情况并估量其实力。这些活动表面上是为了防御德国人而进行的准备工作，但同时也是为举行起义所采取的预备措施。隔不多久，克伦斯基命令重新调配部队，同样，这在表面上看，也只是为了加强前线，实际上却有意把最革命的团队遣往前线，以加强政府在首都的地位。革命军事委员会否决了这个调防。在托洛茨基的指导下，革命军事委员会派遣它的委员们分头前往驻扎在彼得格勒及其周围地区的所有支队，以便控制部队的调动。这是对政府以及正常指挥的一种挑衅，克伦斯基不能置之不理。

11月5日（俄历10月23日），他下令查禁布尔什维克报纸并逮捕已经保释的布尔什维克领袖。第二天，他在预备议会内指控革命军事委员会，并下令调查它的活动。

正当克伦斯基在预备议会内发表演说和恣意地对布尔什维克进行种种已嫌过晚的威胁时，革命实际上已经开始。他的威胁只是为布尔什维克提供了一个借口，使它把起义说成是为了进行防御。革命军事委员会以发布著名的"第一号命令"作为这次起义的开端，命令说："彼得格勒苏维埃处在万分危急之中。昨天晚上，反革命阴谋分子企图把士官生和突击营召进彼得格勒。因此，特命令你们要使自己的团队做好战斗准备并等候下一步命令。一切拖延和犹豫不决的行为都将被看作对革命的背叛。"革命军事委员会委员托洛茨基、波德沃伊斯基、安东诺夫—奥伏森科和拉舍维奇精心地拟订了军事行动计划。11月6日至7日（俄历10月24日至25日）那一夜，赤卫队和正规军团队以闪电般的行动，占领了预备议会所在地塔夫里德宫、邮局、火车站、国家银行、电话局、发电站和其他战略地点。3月（俄历2月）间推翻沙皇专制的运动持续了大约一个星期，而推翻克伦斯基的最后一届政府只用了几个小时。11月7日（俄历10月25日）早晨，克伦斯基已逃出首都，想召集前线的部队参加战斗。到了中午，他的政府被围困在冬宫，恰如3月（俄历2月）革命最后阶段沙皇政府的情形一样。一夜之间，几乎没有流血，布尔什维克就成为首都的主人。人民群众清早醒来，惊讶地读到这样的布告：

> 临时政府已被推翻。国家政权已转到……领导彼得格勒无产阶级和卫戍部队的革命军事委员会手中。立即提出民主的和约，废除地主土地所有制，实行工人监督生产，成立苏维埃政府，所有这一切人民为之奋斗的事业都已有了保证。工人、士兵、农民的革命万岁！[①]

傍晚，苏维埃第二次代表大会开幕。布尔什维克在代表中占多数（649名中占390名）。从7月以来，列宁第一次公开露面，在代表大

[①] 《列宁全集》，第26卷，人民出版社1961年版，第216页。——译者

会上发表演说，并提出有关和平和土地的两项重要提案。列宁提出的和平法令呼吁"一切交战国的人民及其政府……立即就公正的民主和约进行谈判。……不割地……不侵占别国领土，不赔款"。土地法令直截了当地宣布："立刻毫无报偿地废除地主土地私有制。"[①] 11月8日（俄历10月26日），当代表大会为临时政府成员全部被捕的消息欢呼的时候，以列宁为首的人民委员会宣布成立，由托洛茨基任外交人民委员、斯大林任民族事务人民委员、李可夫任内政人民委员、米柳亭任农业人民委员、施略普尼柯夫任劳动人民委员、卢那察尔斯基任教育人民委员、安东诺夫—奥伏森科、克雷连科和季宾科共同主管陆、海军人民委员会。这个新政府的纲领在许多方面仍然是很模糊的。但它的领袖们决心要建立一种无产阶级专政，并为此争取占俄国民众大多数的广大农民的支持。他们准备把本来属于大地主的1.5亿俄亩土地分给农民，借此来取得这种支持。他们第二个迫切的目标是缔结和约。在革命爆发的时刻，他们坚信其他欧洲国家会很快仿效俄国，因而和约将在各主要交战国的革命的无产阶级政府之间缔结。至于在实行工业社会主义化方面应该达到多大程度的问题，新政权的领袖们的主张则比较含糊：他们宣布将银行和交通运输事业收归国有，但是把大多数工业留给企业家和工人们共同管理。最后，他们着手在"无产阶级民主"的基础上，把苏维埃建成为一个取代资产阶级民主和代表工人和农民的"新型国家"。

弗里德里希·恩格斯曾经写道："那些夸耀自己进行了一场革命的人们，往往在第二天就发现他们当初并不明白自己在做些什么，而革命的结果与他们当初的设想一点也不相同。"恩格斯主要是根据法国大革命的经验做出了这个总结。但这个结论的真实性在每一点上也都为俄国革命的命运所证实，并反映在俄国革命执行者的行为、信念和幻想之中。1917年4月，李沃夫亲王曾得意扬扬地夸耀说："我们可以认为自己是幸福的人民。我们这一代有幸生活在俄国历史上最幸福的时期。"仅仅在几个星期以后，在同一个人眼中，这个"最幸福的时期"就变成了俄国历史上的奇耻大辱。克伦斯基在他最得意的时期曾经在一次士兵集会上问道："俄罗斯自由国家是一个由叛变的

---

① 《列宁全集》，第26卷，人民出版社1961年版，第227、237页。——译者

奴隶组成的国家吗?……我后悔没有在两个月以前死去。假如那样,我就会怀着一个伟大的梦想而死去;梦想着一种新的生活已经在俄国开始,并将永远继续下去;我们可以在没有皮鞭、木棍抽打的情况下生活着,人们互相尊重,并且以不同于往日专制君主的新方式来管理我们的国家。"革命在充分利用李沃夫和克伦斯基之类的人物以后又把他们抛弃,因而使他们的幻想不断地破灭。事实上,他们并没有真正缔造革命;对革命的发展也从来没有清楚的概念,因此在他们身上,幻想和现实之间的冲突是绝对的。

布尔什维克的情况则不同,在1917年,他们是唯一知道自己需要什么并能为此而采取行动的政党。他们对这次大动乱的各种因素有深刻的理解,并且代表了俄罗斯人民深刻的历史要求。然而,他们也同样会发现革命的结果与自己本来的愿望并不相同。同样地,他们也需要经受一系列残酷的教训才会了解到,他们采取行动时所依据的那些设想,仍然不免在很大的程度上属于幻想,甚至是可悲的幻想。

十月起义的前夕,在同季诺维也夫和加米涅夫发生争论的时候,列宁曾经阐述了他的两个主要设想。他相信从国家的观点来说,这次革命将被证明是正确的,因为它将得到绝大多数俄国人民的支持。同时,他还相信从国际的观点来看,这次革命也将被证明是正确的,因为它是行将来临的国际革命的序曲。他的第一个设想——即布尔什维主义能在整个俄国范围内确立下来,很快就在他自己也没有梦想到的程度上被证实了。在长达两年半的时间内,布尔什维克进行了一场反对白军和外国干涉军的残酷的内战。如果说他们经受住这种严酷的考验而终于取得了胜利,归根结底,这必定是因为他们当时深得民心。实际上,这次内战的一个方面就是布尔什维克和旧政权的各种势力为争取农民的支持而展开的紧张竞争。这场竞争的结果是布尔什维克取得了胜利。俄国农民根据苏维埃政府发布的第一道法令所获得的1.5亿俄亩的土地,为新政权奠定了一个广泛而坚实的基础。俄国农民保卫布尔什维克抗击白军将领和外国干涉,实际上也就是保卫自己,不让跟在白军后面的地主们卷土重来。人们也许会说列宁和托洛茨基"收买"了农民;在某种意义上,这是真实的。但这种说法改变不了以下事实:对于大多数俄国人民来说,旧土地所有制是一种无法忍受的腐朽制度;农民对土地的渴望必须满足;没有一个旧的政党愿意或者能够毫不拖延地满足农民的这个要求；1917年的土地革命使苏维埃制度获得了稳固的基础。布尔什维克从这项措施中获得的初步力量是如此巨大，以致使他们不仅能够经受住内战的考验，而且能够在约10年后的土地集体化运动中，与农民中的广大阶层冒险发生了一场危险的冲突，并且在这场冲突中也取得了胜利。布尔什维主义在它本国的土壤中已经扎下了牢固的、不可摧毁的根基。

431　　列宁和托洛茨基用以鼓动他们的信徒发动革命的第二个设想，即西方无产阶级革命即将来临这一点，是布尔什维主义的信念和希望中半幻想的成分。说它只是一半幻想而不是全部幻想，这是因为在若干欧洲国家中确实存在着革命的可能性。但是，这种可能性并没有变成现实。当1918年11月德国和奥匈帝国确实爆发了革命以后，这些革命只限于用资产阶级议会制共和国代替旧的君主专制，而不曾发生所预期的建立无产阶级专政的结果。并且，这些革命发生的时间比布尔什维克预料的要晚；而在这期间，由于处境的孤立和厌战情绪，苏维埃已经被迫签订"屈辱的"布列斯特和约。从1918年到1920年间，欧洲工人阶级对苏维埃俄国的同情异常强烈，足以阻碍并最终制止外国的干涉。从这个意义上讲，列宁寄希望于"无产阶级欧洲"是没有错的。但列宁所希望的比这更进一步——他曾经展望"无产阶级欧洲"革命的胜利。他一直敏锐地觉察到俄罗斯文明"落后的、亚洲的"特性，因而很难设想社会主义怎样能够单独在俄国建成。正因为如此，在1905年至1906年以及其后的若干年内，他始终只期望在俄国进行一次"资产阶级民主"革命。1917年，他说服他的党应当相信革命可以由"资产阶级民主"阶段进入社会主义阶段，但是，他也相信，上述情况所以能够发生，是因为革命不会停止在俄国国境之内。他一再说明：一旦革命在高度工业化和文明的西方各国中取得胜利，建设社会主义就会具有一种国际的性质，而先进的欧洲就将在机器、技术指导、管理经验以及教育等方面援助俄国。同时，俄国则具有革命的政治首创精神；为了加速欧洲革命的进程，布尔什维克于1919年建立了共产国际。但是到内战结束时，或者最晚到1921年，已经可以清楚地看出，西欧的资产阶级议会制度已经抵挡住共产主义的冲击，至少暂时是如此。苏维埃俄国孤立地存在着，疮痍满目，一片贫困。对布尔什维克的观点进行一次调整，这已变得不可避免，而随后发生的，不是某一种调整，而是一系列的调整。首先根据1921年的新经济政策，部分地重新容纳了资本主义。其次，在1924年，斯大林宣布了社会主义能够在一国建成的理论，其实质是断言俄国革命能够自力更生。暂时说来，许多国家共同走向社会主义的前景显得黯淡了，或者说，变得更加遥远了。而代替或者掩盖这种前景的，则是另一幅远景：通过由国家控制的工业革命和强制的农业集体化这一系列严酷的考验，俄国孤军奋战，走向遥远的社会主义目标（参见第十五章）。

另一个同样重要的方面是，革命的结果也和革命缔造者当初的愿望大相径庭。1920年10月，季诺维也夫在哈雷举行的德国独立社会党代表大会上公开承认"我们从来没有想到我们竟然在内战中必须采取这么多的恐怖手段，而且也从来没有想到我们的双手会沾满血迹"。在内战极其残酷的环境中，革命国家的性质整个改变了。1917年，列宁曾把苏维埃制度说成是更高一级的民主，是没有"警察、官吏和常备军"的新型国家。诚然，有产阶级被剥夺了参政权，新的国家实行了无产阶级专政。但是，剥夺资产阶级的政治权利，最初在一定程度上，是作为一项非常时期所必须的临时性措施；而且，无产阶级专政归根结底将使占人口绝大多数的工人和农民获得比在资产阶级民主制度下更多的政治和经济自由。然而，到内战结束时，工人和农民也被剥夺了政治自由，从而为一党专政制度打下了基础。从后来的事态发展看来，人们往往认为列宁的党从一开始就蓄意要做成这样的结果；但这种看法却没有事实予以证明。事实上，只是由于布尔什维克在内战期间时常不能区分敌友，这才在各种事变的推动之下逐步地摸索着，终于实际上采取了镇压一切反对党的做法，并建立自己的政治垄断。在以后的年代中，由于意识到俄国孤立于一个敌对的世界之中，加上政府长期采取镇压手段养成的惰性；这就促使"无产阶级民主"终于被废止，而苏维埃政权终于变成一个实行恐怖政策的警察国家。历史辛辣地嘲弄了那些本来想建立一个"没有警察、官吏和常备军"的国家的人们。然而，尽管布尔什维克的某些幻想被时间和事态发展逐渐地或者以极其猛烈的方式粉碎了，但毫无疑问，布尔什维克革命与在它之前的法国大革命一样，仍然开辟了一个不仅局限于俄国历史的新纪元。1917年11月7日（俄历10月25

日）这一天像一个巨大的、不可摧毁的里程碑，永远屹立在人类历史前进的道路上。而且，尽管到了20世纪中期，当初发生的这场剧变的全部含义还没有完全展示出来，但我们已经能够看出，十月革命已经开始大大地提高了俄国的地位，将使它成为一个世界强国，并且已经使中国革命成为它的伟大的续篇。

（徐式谷　译）

第 十 五 章
1917—1939 年的苏联

1917年11月，列宁及其同事在俄国的两个首都夺取了政权以后，面临着两个突出的问题，而其性质都十分紧迫。第一个问题是对他们当时在重要的城市中心所掌握的极其脆弱的权力，必须加以巩固，并扩展到全国的其余地区。第二个问题是，需要明确一下革命的新俄国与当时正在猛烈进行的世界大战的关系。俄国毕竟是交战国；敌对行动仍在持续；局势不容许再作任何拖延。

当时，俄国社会民主工党布尔什维克派作为列宁政权支柱的政治集团，在一个约有1.6亿人口的国家中，其成员不过稍稍超过7万人。这群人数极少的追随者大部分集中在大城市及一些边远工业区。尽管布尔什维克这时已经控制了彼得格勒和莫斯科的苏维埃，然而，在俄国的全部政治派别中，即便是在社会主义党派内部，他们也不占多数，而整个社会主义党派也只拥有全国选民的一半左右。尤其是在有组织的劳动群众中，他们的支持者虽然逐渐增加，但为数仍然很少。在高加索和西伯利亚这类广阔的边远地区，他们的追随者更是微乎其微。他们所以能够在大都市中心夺得政权，完全是因为军队的士气普遍低落，临时政府孤立无援；也因为他们自己毫不留情地运用了非正规武装力量，并利用"工农代表苏维埃"的旗号以掩护自己的行动；最后，还因为他们向农民提出了夺取全部大地产的蛊惑性号召，从而暂时缓和了本来会要遭到的来自农民这个至关重要的阶层的严重抵抗。但胜利仍然是不牢靠的。对于许多民众阶层中已被唤起的各种渴望，此时必须以这样或那样的方式予以满足或消除。布尔什维克政权结构的内部也存在着一些危险的裂缝，有待弥合。

最突出的是，布尔什维克领袖们曾经承诺召集立宪会议以决定国家未来的政治体制，这时，他们在这一问题上便面临危险和困境。列宁在他的政治纲领中很久以来就引人注目地提出要求尽早选出这样一个机构（英语通称为"制宪会议"），他的追随者们也曾毫不犹豫地就所谓临时政府迟迟不安排必要的选举而大声疾呼。然而，到11月推翻旧政权的时候，关于选举的准备工作已经就绪。现在找不出任何借口来中止这一进程。然而，进行选举必然会产生一个反布尔什维克的多数派。

对于俄国公众中保守的非社会主义阶层必然普遍存在的反布尔什维克情绪，列宁并不十分担心。由于沙皇的倒台以及农民和知识分子这时对他们已无可挽回地背离，这些阶层已经遭受了决定性的政治挫败；而且，随着旧警察体系的崩溃和军队的瓦解，他们已经失去了唯一有效的自卫武器。对于社会民主运动内部的孟什维克对手，列宁也不十分忧虑。除了外高加索这一有限地区外，支持他们的人寥寥无几。最严重的危险在于"社革"分子即社会革命党人，以及他们在农民中所获得的广泛支持。立宪会议的选举必定会显示出社会革命党人所享有的广泛的群众支持，并且强调这些以及其他的温和的社会主义派系所提出的要求：建立一个他们也可以参加的联合政府。

列宁设法应付了这些危险，但只能说是十分侥幸。他用分裂社会革命党的办法来对付建立联合政府的要求，并将该党内部最激进的而政治上又很幼稚的左翼纳入一个不牢固的政治同盟。这个同盟只存在了几个星期（到1918年3月布列斯特-里托夫斯克条约签订时即告终），但已足以在这段关键性的时期内起到混淆视听的作用，提供了一个获得多党支持（特别是农民支持）的假象。

关于立宪会议，1917年11月底，按计划进行了选举。事实表明，即使和它的左翼社会革命党盟友加在一起，布尔什维克在这个新机构中拥有的表决力量也不足30%。这个代表会议于1918年1月中旬召开，从一开始，就表现出它不屈从于布尔什维克的要求，因而根据列宁的命令，立即遭到武力镇压，被强制解散。在当时由于革命而造成的一片困惑和混乱中，尽管这一行动包含着不祥的预兆，却暂时没有遇到严重的抗争；但是，它在布尔什维克的对手中所引起的仇恨，无疑是深刻和持久的。

另一个问题是由于需要确定新俄国和战争的关系而产生的。鉴于这个问题给布尔什维克党本身内部的团结带来特别不利的影响，因而显得更加严重。在这个问题上，布尔什维克不得不再次为自己以前所做的蛊惑性宣传付出代价。长期以来，他们一直谴责这次战争是帝国主义战争，宣称导致战争的争端只对资本主义剥削者有利害关系。他们从未号召过俄国单独对德媾和；事实上，他们还曾经否认这是他们所希望的东西。相反地，他们的号召是：变"帝国主义"战争为国内战争，亦即在一切参战的国家内，都举行激进的社会主义起义，然后在"不割地、不赔款"的前提下，缔结一项普遍的社会主义和约。但是，他们事实上确是许下了诺言，保证给俄国人民带来"和平"。而今他们夺得了政权，却发现自己所面临的形势与当初的设想全然不符。其他参战国家内的工人阶级并没有响应俄国的革命，起来反对本国的剥削者。西方各国政府当时仍在执政，也没有以任何方式回答布尔什维克夺取政权后数小时向全世界发出的呼吁，要求实现普遍的和平。在东部战线上，德意志帝国强大的军队继续与残余的俄国军队对峙，因而不可能期望他们长期保持静止状态，不发动进攻。布尔什维克曾经大力促使俄国军队涣散瓦解，它再也不是一支有效的战斗力量，而少数几支部队虽然保留着一定的纪律和战斗力，在政治上却又是反布尔什维克的。想要在战斗中能够使用他们，只好冒很大的风险，因为他们的刺刀有一天可能会转向新政权本身。

在这种情况下，只有一条现实可行的道路：按照德国愿意提供的最有利条件，求得单独媾和。在列宁的那些比较鲁莽急躁的追随者中，议和问题遭到了十分激烈的反对，以致投降过程尚未完毕，党的团结从根本上就发生了动摇。但是，列宁清楚地看到了革命的需要所在，终于使媾和的主张获得通过。12月初，双方签订了停战协议。此后，经过了持久的、激烈的并且由于布尔什维克的退出而一度中断的谈判，终于在3月3日，在布列斯特-里托夫斯克德军东线司令部签署了和平条约。

这项条约在历史文献中成了一个屈辱的惩罚性和约的范例。它的各项条款实在苛刻，它是俄国长时间来耗费了巨大代价，参加第一次世界大战所得的痛苦结局。但是必须记住，德国人这时并不是和战争初期与之对抗的那个合法的俄国政府打交道，在德国人眼中，现在和自己打交道的是一帮政治上狂热的篡权者，他们只是在前帝国的一个部分夺了权，他们代表全体俄国人民讲话的权利这时还丝毫没有获得证明。

从布尔什维克的立场来说，布列斯特－里托夫斯克条约的最苛刻的条款在于它意味着要求新政权放弃它对波罗的海诸国、波兰、特别是乌克兰的所有权。德国人决意攫取乌克兰的资源以供军需，而反对任何阻拦，因此断然拒绝与布尔什维克谈判，特别是有关这一地区的处置问题，同时坚持和一个乌克兰分裂主义小集团单独媾和。这个小集团亦称"拉达"，它企图在旧帝国倒台后确立自己为独立的乌克兰政府。再者，德国人还否认苏维埃政府有权代表芬兰或波罗的海诸国。所有这一切对于俄国共产党人而言当然是一个重大的打击，但所打击的并不是他们实际上占有的东西，而是他们希望占领的地盘。共产党尚未在任何一个有关地区建立起它的政权（虽然就在德国与拉达签订和约的那一天，他们确实成功地夺取了乌克兰的首府基辅）。当时，他们声称有权代表这些地区的人民说话，主要是出于他们自己的野心。因此，可以理解德国人所以对这些要求绝对不抱同情的原因。

缔结布列斯特－里托夫斯克条约，双方都出于纯粹是机会主义的考虑，因此，这就意味着双方都不承认对方享有永久的与合法的地位。条约的签订仅在德国的战争努力瓦解以前大约8个月，它的有效期极短。在执行条约过程中，双方的冲突和争执也层出不穷。但是，条约确实使布尔什维克获得了它当时最需要的东西：免除了德国人进一步的军事惩罚，赢得了一个喘息时机，从而得以巩固政权，并把势力扩展到未被德军侵占的前帝国的其余部分。

布列斯特－里托夫斯克条约的缔结使政府与左翼社会党人之间的不稳固的联盟告终。左翼社会革命党的群众基础主要在乌克兰，德军对该地区的占领特别使他们受到影响。他们把布列斯特－里托夫斯克条约看作可耻的投降，拒绝分担责任。他们对于布尔什维克向农民征收谷物时采用的残酷手段也深感不满。

在夺得政权以前，列宁曾经毫不犹豫地鼓励农民去夺取尚未到手的一切土地。为了消除农民对于建立布尔什维克统治的反抗，他甚至全盘采纳了社会革命党的土地纲领：理论上主张消灭私人占有制，而实际上允许把较大面积的地产分配给比较穷困的农民。但是，布尔什维克在意识形态上对于农民作为一个阶级所持的强烈敌视，始终没有真正消除；所以，在1918年冬春之际，当经济中的极端无组织状态使城市的粮食供应发生严重的短缺后，布尔什维克政权毫不迟疑地采取没收农民粮食的严厉措施，以保证供应产业工人以及那些愿意接受共产党领导的武装部队。

正是这些做法以及布列斯特－里托夫斯克条约，促使左翼社会革命党人脱离了他们。到了1918年春季，左翼社会革命党不仅离开了政府，而且独树一帜地发动出击，以一系列谋刺德国军政要员的行动，使苏维埃领袖陷入困境（德国驻莫斯科大使和基辅德军司令都成为这些袭击的牺牲品）；在某些场合，他们甚至企图用武力向苏维埃政权进行挑衅。

到这时，对共产党人进行的暴力反抗已经变得具体化了，这种情况已经不仅限于在左翼社会革命党人中。在布尔什维克政权的力量一时尚未到达的一些边远地区，敌视或者至少是抵制布尔什维克统治的那些政治机构或实体，如今也在纷纷建立自己的政权。其中有些集团是受了其他社会主义分子——主要是社会革命党人的鼓动，另外一些则是由保守分子亦即旧政权的维护者们组成的。后者甚至不屑承认临时政府的权力，现在当然不愿俯首帖耳地听从布尔什维克的权威。他们中间有许多人起初被布尔什维克夺取政权时的迅猛势头和大胆行动惊呆了，但是，到了1818年春天，他们已有足够的时间来审度形势，逐渐发现布尔什维克的群众支持十分薄弱，同时也觉察到共产党领袖为了实行独裁统治而采取的那种咄咄逼人的不容异己的做法。现在，他们聚集在一起，准备反攻了。

这些全国性的反应来自那些在政治上希望把传统的俄国领土完整地保全下来的人们，除此以外，多民族的沙皇帝国新近的倒台，又引出了许多分裂主义倾向。这类倾向是因为受了在奥匈帝国出现的同类倾向，以及协约国政府（布尔什维克领导人本身也是如此）对于民族自决原则所作的承诺的刺激而产生的。到1918年春，在芬兰的共产党人和反共分子之间已在进行激烈的内战。争端之一就是芬兰同现在已由共产党执政的俄国之间将建立何种关系。这个问题不久由于赞成芬兰实行完全的独立而得到解决。在乌克兰，一个反抗布尔什维克政权的分裂主义倾向受到德国人的武力支持。类似的独立倾向在前帝国的其他许多地区内也正在酝酿着。总而言之，到了1918年春末，对布尔什维克夺取政权的政治反抗虽然一度延迟，这时却由于已经遍及前帝国境内的离心倾向而获得加强，正开始产生强烈的影响；只需要有某种特殊的刺激，对于布尔什维克的政治反抗就会爆发为全面的军事行动。

这样一种刺激终于在1918年夏季以协约国的军事干涉的方式发生了。俄国退出了战争，接着，实际上数以万计的德军从东线调往西线，同时，对乌克兰进行开发，以供德国在经济上的掠夺——这些情况在协约国首都，特别是在伦敦和巴黎，引起了强烈的激动和惊恐。在协约国的军事策划者看来，正当德军在西线发起最后一次强大攻势的时候，在东线对德国的一切军事抵抗却发生全面的崩溃，则无异是一场灾难。大约在缔结布列斯特－里托夫斯克条约期间，伦敦和巴黎曾经做过种种大胆的设想，企图在俄国恢复某种战场，目的在于至少将一部分德国军队从西线吸引过来。他们起初曾设想给予布尔什维克以军事支持，希望诱使实力得到增强的布尔什维克领导人撕毁布列斯特－里托夫斯克条约并恢复对德国的军事行动。1918年3、4月间，当时任军事人民委员的托洛茨基曾一度采取审慎的态度，以防这一希望完全破灭。他害怕德国人会无视和约而再次采取敌对行动，因此对于保留后路十分关切，以便一旦发生这种情况有可能从协约国方面取得支持。然而，到了5月，已经可以看清，不论德国人对于布列斯特－里托夫斯克条约的其他方面可能做出多么苛刻的解释，却无意对苏维埃政府控制的地区发动任何严重的进犯。于是，布尔什维克领袖们便失去了和协约国进行军事合作的兴趣；相应地，各协约国首都的舆论也就发生了变化，转而主张对俄国进行军事干涉，而不考虑布尔什维克的意愿，甚至不惜与之对抗。道理很明白，如果不能通过和布尔什维克合作来恢复对德国的抵抗，或许可以通过和其他政治派别的合作来达到这个目的。

布尔什维克的大多数对手，特别是那些保守分子，仍然声称对协约国效忠，愿意看到俄国重新参战。今天回顾以往，显而易见，他们做出这些声明主要是希望在反共斗争中争取到协约国的帮助，而不是出于对协约国事业的任何热忱，也并不认真地打算恢复对德作战。事实上，现在俄国军队毕竟已不存在了。没有任何办法能够把那些桀骜不驯的而且大部分业已解散的农民士兵再赶回战壕。协约国似乎始终也没有完全认识到，此时此刻，置于任何一个俄国党派手中的武力，都会不可避免地主要被用于内战去打其他俄国人，而不会用来打德国人。但是绝望往往会引起痴心妄想。那些声称协约国的军队只要一踏上俄国土地，就会获得四方响应的奢谈，在伦敦和巴黎很容易被信以为真。于是，出于这种孤注一掷的妄想，有关各国政府做出了决定，派遣各种小型远征军前往俄国，这些军队通称为协约国干涉军。

严格地说来，武装干涉可以说并不是以向俄国派遣新的部队作为开端的，实际上，早已驻扎当地的一支协约国队伍已采取了行动。这支队伍就是由一些仇视奥匈帝国的捷克人和斯洛伐克人（多数是战俘）组成的捷克斯洛伐克军团。这个军团在俄军溃败以前，与俄军一同驻扎在东线。到1917年年末，它在理论上是由法国指挥的，因此从正式的意义来说，它是一支协约国军。他们和前线上的大多数俄国军队不同，一直保持着纪律，甚至在11月推翻旧政权后也是如此。但是由于俄国退出战争，他们无法守住前线阵地。大约在缔结布列斯物-里托夫斯克条约的时候曾做出安排，让他们取道西伯利亚撤往西线。可是1918年5月，一些捷克部队在撤退途中和西伯利亚西部的共产党政权发生了冲突。几天工夫，这些捷克部队便夺取了大段的横贯西伯利亚的铁路，使他们自己也感到有些出乎意料。当地的反共势力自然认为这是天赐良机，立即参加了反对共产党的行动。

这些捷克人获得华盛顿的深切同情。正是由于他们和西伯利亚的共产党政权冲突所造成的形势，威尔逊总统（他对当时的局势不甚理解）在长期拖延以后终于屈从了英法两国从年初就一直对他施加的压力，同意派遣一支美国远征军前往东西伯利亚。日本人立即仿效美国，派出一支实力庞大得多的分遣队，而且抱着截然不同的目的。与此同时，一支协约国混合部队被派往俄国北部（阿尔汉格尔），它由美国人组成它的最大分队，但却由英国人担任指挥。在阿尔汉格尔，与布尔什维克对抗的那些亲协约国政治力量正在恳求他们到来。最后，一支英国分遣队虽然人数不多，但却充满锐气和决心，越过了前帝国的南部边境，从外高加索和外里海两地入侵，目的是要防止土耳其人和德国人利用该地区俄国军事力量的崩溃，捞取过多的好处。

协约国进行的这些远征，规模都不大，其目的的混乱，也令人难以设想。当然，不论他们开到哪里，他们都会解放和鼓动反对共产党的武装力量。从这个意义上说，他们对于俄国内战的爆发，无疑地产生了很大影响。因为和俄国的反共分子有了这种联系，同时因为共产党人的政策和观点一般都使他们感到惊恐和厌恶，所以在俄国的许多协约国军官无疑地会极端厌恶布尔什维克，容易相信关于布尔什维克和德国人勾结的种种谣传，往往认为布尔什维克对协约国的事业怀有敌意，从而把推翻布尔什维克当作协约国军队进行干涉的目的之一。但是，当初派遣这些分遣队到俄国去的主要考虑，确实是为了把反德战争进行到底，只有日军进入东西伯利亚和一支法国远征军进驻南俄（直到休战后才开去）的情况例外。肯定地说，假如当时不是一场世界大战正在进行，假如不是认为他们在俄国的行动将有利于协约国的胜利，那就根本不会派遣军队前往北俄、西伯利亚、高加索和中亚细亚。这些远征军在停战后的撤离所以如此缓慢，部分是由于技术上的困难，部分是由于协约国之间的误会和抗衡，部分也是由于他们到那时已经在一定程度上卷入了俄国内战中反共军队一边。除了在北俄地区以外，任何一支远征军都没有严重地陷入反苏维埃力量的军事行动。而且，他们最后的撤退也绝不是出于军事上的必要，他们之所以撤离，主要是因为世界大战的结束已消除了使他们当初来到俄国的理论根据；同时也因为敌对状态在一切其他地区均已停止后，企图让他们继续留在俄国，会导致难以克服的士气问题；此外，还因为他们发现，他们自己与之发生联系的形形色色的俄国党派彼此之间矛盾尖锐，互相倾轧，这种局面使得进一步的军事和政治合作不会带来任何成效和希望。

尽管俄国内战是在上述情况下由于协约国的干涉而触发的，但仍然不能说协约国的干涉对俄国内战的进程产生了重大影响。在乌拉尔、伏尔加中游地区、乌克兰、北高加索以及克里米亚这些内战的主要战场上，协约国远征军很难说是一个军事因素（唯有捷克军团除外，但他们也只是短暂地起过作用）。各协约国政府确实曾经通过提供军备和财政援助的方式给予反共党派重要援助。然而，协约国的干涉在俄国从来不得民心，它对布尔什维克的事业在许多方面似乎倒是起了有利的而不是有害的作用。

"内战"一词通常是指1918年年中到1921年3月这一时期内一

系列军事行动的总称。通过这些军事行动,俄国共产党人终于消灭了对他们用武力进行反抗的国内敌人,并把他们的权力范围扩展到两次世界大战之间始终维持着的那个国境线之内的全部土地。① 尽管没有人对于这段漫长的斗争过程做出更好的描述,"内战"这个名词却也容易使人产生一种错误的印象。在那些岁月里,以武装暴力的方式在俄国发生的一系列事件,在许多方面并不符合通常的那种军事冲突的模式:即由阵容分明的敌对双方,沿着一条单一的战线相互对峙。一般说来,布尔什维克方面确实有着统一的目标和指挥,但它的对手却远非如此。共产党面临的不是单一的敌人,而是几方面的敌人。在后一方面,各种力量之间的矛盾极其严重,以致往往宁可相互火并而不与布尔什维克作战。在某些情况下,他们为了发展自己以便摧毁对方,甚至不惜与布尔什维克暂时联合。

　　内战的大部分军事行动都是小规模的,而且很重视机动灵活的方式。对于参战的各方来说,他们作战,在很大的程度都得取决于他们能够从当地老百姓手中榨取到多少粮食、运输工具和军需用品。交通干线和枢纽是通常的进攻目标,而占领邻近的领土则或多或少是虚张声势。在这种情况下,土地易手十分迅速,令人感到应接不暇,至少从名义上看来是如此。军纪荡然无存,烧杀抢掠,无所不用其极,进行野蛮的报复,人民的生活遭到可怕的破坏——凡此种种,当时已成为司空见惯的事情。为完成一项贯彻始终的政治与军事目标而展开的作战行动,往往和那些无止无休、形形色色的地方游击活动、自由掠夺以及纯粹的盗匪行为结合起来,变得难以辨认。

　　在战争的前一阶段,尤其是在伏尔加、乌拉尔以及中亚细亚边境一带,反对布尔什维克的温和的社会主义者(特别是社会革命党人)发挥了一定的作用;但一般说来,他们往往很快就被保守的军官们所取代,这些军官蔑视社会主义知识分子的军事素养,而反共产党政权的立场甚至也更加强烈和顽固。可以毫不夸张地说,在内战时期,以温和的社会主义分子为一方,以保守的前军官和保皇分子为另一方的两股主要的反布尔什维克势力互相敌视,他们彼此之间的仇恨,并不亚于他们对布尔什维克的仇恨,这正是双方都归于失败的根源。社会

---

① 远东地区是一个例外,日本军队在较晚的时候才撤离该地。

主义者如不借用前统治阶级的军事与行政管理的技能，就无法指挥军事行动；而前统治阶级如不借用社会主义者，特别是社会革命党人对农民群众拥有的政治号召力，也就无法征集由普通士兵组成的可靠的队伍。换言之，无论哪一方都不能单独依靠自己的力量取得反布尔什维克斗争的胜利。然而，相互的对抗妨碍在他们之间达成任何有效的联合。他们之间的矛盾焦点并不在于对布尔什维克的夺得政权有不同看法（双方现在对此都深感痛心），而是在于对待俄国第一次革命即二月革命本身的态度存在着分歧。社会主义者接受并赞成这次革命，而保守分子却断然反对。固然，布尔什维克在内战中纪律严明，既有决心又有魄力，这些都大大地有助于它取得成功，而且也值得充分肯定；但是，俄国共产主义的实际群众基础相当薄弱，假如它的主要敌手之间不存在上述那种根本性的和无法弥合的裂缝，则它在这场斗争中能否取胜，就大可怀疑了。

1918年，内战的军事活动主要集中在伏尔加和乌拉尔之间的地区以及俄国北部。在前一地区，捷克斯洛伐克人的暴动触发了军事冲突；在后一地区，协约国的干涉造成了同样的效果。在乌拉尔战斗中发生了一个插曲：前沙皇夫妇及其5个子女和一部分皇室扈从于1918年7月16日在叶卡特林堡被赤卫队屠杀。这一行动看来是共产党地方政权决定的，他们考虑到白军兵临城下，沙皇夫妇如果活着，就有逃出共产党控制的危险。然而，这一决定显然符合莫斯科共产党领导人一贯的指示，并在事后得到他们的默认。

1919年，共产党军队在俄国北部以及伏尔加河与东西伯利亚之间地区都取得了胜利。在北方，协约国远征军于1919年夏末和秋季撤离，从而使当地白军的士气低落，陷入分裂状态，轻易地成为共产党复仇的牺牲品。在乌拉尔和西伯利亚，聚集在海军上将高尔察克周围的保守分子于1918年年末抛开了温和的社会主义者，自己控制了反共产主义运动以后，一向对社会革命党表示同情的捷克斯洛伐克人便对这场斗争丧失了信心。这时，保守分子才发现单靠他们自己的力量不能聚集足够的群众支持来取得胜利。1919年年初，高尔察克的部队最初取得了一些胜利（这些胜利竟然使当时在巴黎的一些协约国政治家产生了严重的错觉），但不久以后即被击溃，并被迫在西伯利亚节节败退。1920年2月，高尔察克本人被捕并被处决。在这一年其余的时间里,共产党政权推进到西伯利亚的整个西部和中部,事实上已经同日本的权益与势力范围的界限相衔接(美军已于1920年春撤出西伯利亚)。为了避免在日军还留驻东西伯利亚期间和日本发生冲突,苏维埃领袖们于1920年4月建立了一个名为"远东共和国"的缓冲国家。这个古怪的政治实体,由共产党人和温和的社会主义者结成的不巩固同盟管理,而且在某些方面类似日后的苏联卫星国。1922年11月,当最后一批日军撤出西伯利亚本土以后,它被消灭,其领土被并入苏维埃国家。此后,日军仅仅留驻在萨哈林岛的北半部,直到1925年才撤走。

与此同时,内战的军事活动中心转移到俄国欧洲部分的南方。1919年夏,邓尼金将军指挥的部队自北高加索向北出击,进犯莫斯科和黑海之间的大部地区,到10月,在北面已迫进到奥勒尔。然而,在这个地方,战争形势却突然发生了出人意料的变化。到同年年底,邓尼金已被赶回北高加索。1920年年初,他的部队在这里被最后击溃,再也不能成为一支举足轻重的军事力量了。

当邓尼金以最大的兵力深入俄国欧洲部分的时候,苏维埃领袖们在西北一翼也同时面临着另一威胁,即白俄将军尤邓尼奇从爱沙尼亚发起了进攻。1919年10月末,尤邓尼奇的部队一直逼近到彼得格勒郊区,这是苏维埃政权在整个内战期间的最危急的时刻;邓尼金在俄国中部被战败与尤邓尼奇的部队遭到反击和被迫退却,在时间上恰巧相合,从而成为内战的转折点。共产党人在这几次交锋中获胜后,就只剩下克里米亚地区弗兰格尔将军的部队成为他们的政权的严重威胁了。

正在这一时刻,发生了1920年戏剧性的苏波战争,它成为俄国内战奇妙的延续。凡尔赛和会,在俄国代表缺席的情况下,不可能为在这次会议上批准成立的新波兰确定任何一致同意的东部边界。西方协约国提议的通称"寇松线"的边界(与今天的边界无大出入)不能满足波兰人当时过分的领土野心,而俄国国内当时的骚乱状态又似乎为实现这种野心提供了十分有利的前景。然而,在俄国内战的转折关头尚未到来和白军的失败还未变得十分明显以前,波兰人一直没有下手。他们不愿支持那些对于建立一个独立的波兰这一主张甚至怀有比布尔什维克本身更强烈的敌意的人们(大部分俄国保守分子都是如此）在俄国取得胜利。现在，由于邓尼金的失败，这种危险似乎已不复存在了。1920年春，波兰人发动了进攻，波军一直打到第聂伯河，5月初以攻占基辅而达到了胜利的顶点。这时，红军已经解除了大部分的内战威胁，对这一挑衅做出了强烈而巧妙的反应。他们的反攻不仅夺回了波兰人最初赢得的地盘，而且苏维埃军队在8月初推进到华沙城下。波军在这里成功地打了一场防御战，苏军被迫停止前进并被击退。波军取胜的原因部分归功于毕苏斯基出色的战略指挥，部分是因为苏维埃指挥内部相互嫉妒和缺乏协调的情况十分严重。波兰人在反击中机敏地以苏维埃军队的交通线作为攻打目标，迫使红军像进攻时一样急促地狼狈退却。1921年3月，在里加和会上签订了一项边界协定，苏波战争宣告结束。这条边界线一直保持到1939年，比起协约国当初提议的边界来，对波兰人更为有利，但仍未能满足当时波兰人更加贪婪的野心。

对波战争的结束使苏维埃领袖们有可能集中他们的全部军事力量去摧毁弗兰格尔。这项任务很快就完成了，虽然也不是没有经过严酷的战斗。弗兰格尔最后一批部队于1920年11月中旬撤离克里米亚以后，可以说俄国的内战整个看来已告结束。但还剩下一个小小的尾声，那就是1921年年初，布尔什维克把孟什维克在格鲁吉亚所建立的并一度获得前协约国承认的独立共和国镇压下去。

尽管内战带来的种种严格要求使布尔什维克领袖们不得不为之殚精竭虑，但它却没有妨碍他们同时在巩固国内共产党的政权组织和对其他国家的关系正常化这两个方面取得一定的进展。

从理论上说，按照正统的马克思主义观点，剥削阶级的消灭应该使得国家政权的存在没有必要了。然而，在1917年的俄国，非无产阶级，尤其是农民阶级，不能被认为是已经完全被消灭了，同时也不能被认为会在最近的将来被消灭干净。这意味着某种不能与党本身等同的国家机构仍须存在。在马克思主义概念中，无产阶级革命取得成功的一个基本要素就是必须彻底地、最终地摧毁旧的"资产阶级"国家机器。所以，不可能存在恢复沙皇国家机器的问题，而必须用某种东西来取代它。关于这个问题，大都市的和地方的各种"工农代表苏维埃"似乎提供了最好的解决办法。归根到底，1917年11月正是用他们的名义来夺取政权的。列宁也正是依靠第三次全俄苏维埃代表会议事后的认可，才使得他镇压立宪会议的行动变为合法，从而堵死了以一切其他方式建立新的权力机构的道路。这样，从上述行动的含义来说，列宁和他的政党已经承认这一理论：苏维埃应当成为新的国家机构的基础。这一概念在1918年7月召开的第五次全俄苏维埃代表会议上正式得到承认，这次会议批准了俄罗斯苏维埃联邦社会主义共和国的宪法，该共和国是第一个地域性的苏维埃国家，其领土包括前帝国境内布尔什维克权力当时所能达到的地区。从理论上说来，根据这部宪法，一切国家权力都来源于地方苏维埃。然而，在实践中，这一原则实际上却被否定了，不仅关于权力应当集中在按宪法定期选举的苏维埃代表会议的规定未能执行，更有甚者，共产党全面介入并完全控制了一切政府事务。这种控制极其广泛，以致政府机关很快就丧失了独立权力机构的一切迹象；政府的各个部门不再尊重它自己的各级组织应尽的职责，而变成和它在地理上的管辖范围相同的党组织的死板的执行机关。

这样，党本身——它的正式名称已于1918年3月由"俄国社会民主工党"（布尔什维克）改为"俄国共产党"（布尔什维克）——在一切时候，都始终是绝对权力的真正的和唯一的持有者。在新政权建立后的最初几周中，对政敌开始施行的肉体镇压规模尚小；但是1918年8月发生了一起企图暗杀列宁的案件①，使列宁身受重伤，在时间上，它恰好同协约国开始进行干涉相合，因此，共产党领导集团大为惊恐和震怒，作为报复，他们对真正的或者潜在的政敌采取了狂暴的恐怖统治，此后，这种恐怖统治以不同的严重程度持续了几十年，在30年代被斯大林甚至用来作为在党内实行个人独裁的工具。共产党在运用恐怖手段时如此残酷无情和猜忌异己，以致在短短的三四年内，包括左翼社会革命党人、无政府主义者和孟什维克在内的其他一些激进的社会主义政党和集团中所剩的最温顺的分子，也全部遭到镇压，甚至从地方苏维埃的工作中排斥出去。如果不是更早的话，则从1921年开始，共产党把与其他社会主义分子共同执政的最后伪装也抛掉了，党对权力的垄断已不再受到任何约束了。

与此同时，在内战的最后阶段，和其他国家关系的正常化也开始

---

① 刺客是社会革命党人多拉（芬尼）·卡普兰。

有所进展。朝着这个方向前进的第一批外国政府，则是爱沙尼亚、拉脱维亚、立陶宛这些疆界接壤的国家的政府，它们和芬兰同俄罗斯苏维埃社会主义联邦共和国在1920年建立了正式的外交关系。不言而喻，这些国家都急于用一切办法来巩固它们刚刚获得的独立；而从这个角度来考虑，同俄国的新政权建立外交关系是有重要意义的，因为这意味着苏俄承认他们的独立地位。协约国干涉的结束也为英苏关系的发展扫除了障碍。1921年3月，英国与莫斯科签订了一项贸易协定，从而建立了一种事实上的联系，而这种联系注定只是在几年以后，并且经过了许多周折才发展成为永久性的、法律上的关系。德国、奥地利、意大利以及斯堪的那维亚诸国很快也仿效了英国的榜样。

但是在那时，由于苏维埃领袖们直言不讳地承认他们的世界革命目标，竭力采用他们所能使用的一切方法来促其实现，这点仍然妨碍苏维埃政权与外部世界实现任何意义更加深远的关系正常化。"共产国际"（即"第三国际"）于1919年在莫斯科成立，其宗旨是向其他国家输送共产主义革命，在作为俄国共产党的工具这一点上，它和苏维埃政府本身的作用同样明显。在苏维埃政权建立的最初几年里，它的领导人始终在处心积虑地设法推翻别国政府，所以，各国政府在和苏维埃政权建立任何关系时，或是犹豫不决，或是虽然建立了邦交，也感到十分不安和厌恶。

外国干涉的结束和共产党人在国内战争中的胜利，不仅使苏维埃政府有了同外国建立外交关系的可能性，也迫使它第一次不得不认真考虑对待在它权力范围以内不同语言的少数民族采取何种态度的问题。在前帝国人口中只有少数是大俄罗斯人，甚至他们和乌克兰人加在一起，也只占全国人口的62%左右。国内战争时期建立的俄罗斯苏维埃联邦社会主义共和国并不包括前帝国的全部非俄罗斯民族，但却包括其中相当大的一部分。在如何确定这些人与中央苏维埃政权的关系问题上，布尔什维克领袖们面临着进退两难的困境。在革命前的社会民主运动中，大部分成员是少数民族。他们的不满情绪与控诉曾经在对沙皇政权进行的社会主义批判中占有引人注目的位置。对于这些人的情绪，现在不能轻易地置之不顾。再者，为了鼓励把共产主义扩展到尚未被苏维埃政权控制的毗邻地区，有必要做出实行联邦制的某种姿态。但另一方面，实行高度中央集权不仅是列宁及其主要同事们的天生倾向，而且也是他们当前正在全力以赴的"建设社会主义"这一任务本身的需要。

从形式上看，处理这个问题的方式经历了许多的变化，因时而异，也因个别民族或少数民族集团而异。一言以蔽之，解决这个问题的总方针是在加盟共和国这一级，给予非俄罗斯民族以程度不等的自治权，或至少是外表上的自治权，同时却通过共产党这一工具仍然把权力全部集中在中央。换言之，各少数民族不得不满足于独立个体的形式而没有实际内容。这一解决办法，通常都允许他们在政府的行政与教育工作中使用本民族的语言，但对于他们使用本族语言可能发表的意见，却严加限制。在苏维埃政权建立以后的最初年代里，它曾做过很大的努力在地方党政机构中大量录用本地区人员，借以装点自治门面。然而，到斯大林执政的后期，甚至这种做法也都削弱了，对于俄罗斯人实行的控制也不大加以掩饰，这种控制，在多数情况下，和沙皇制度最后几十年中突出表现出的那种控制没有多大区别。

1921年冬春，随着国内战争和外国干涉的结束，苏维埃领导人发现自己在国内政策方面面临着紧迫而棘手的问题。国内大部分地区都处于经济崩溃状态，其真实情况恐怕只能说是多数西方人士无法想象的。工业生产只占革命前的极小部分，生活水平急剧下降，就连那些被认为是目前在全国人口中最受优待的产业工人的情形也不例外。采用强迫与没收的办法来征集农民粮食的政策越来越不奏效，粮食更加短缺。显而易见，广大农民士兵离开红军，复员还乡后，不准备再顺从地忍受进一步的盘剥。他们中间的大多数人在国内战争时期曾经支持过共产党，但并不十分热情。他们所以这样做，只是由于害怕布尔什维克的敌人获胜以后，旧政权将会复辟，而以前的地主将重新确定他们的财产权。事实很明显，如果要确保国内和平，要恢复农业生产，特别是恢复可供市场交换的农产品的生产，则对于他们的经济利益必须有所照顾。

工业方面也需要采取新的方针。大部分的大型工业企业在以前执行"战时共产主义"政策期间已经名义上实现了国有化。为了满足战争需要，对于这些企业，通过权宜的办法，在某种程度上都加以利用。但这种做法却付出了设备迅速折旧、库存耗尽和劳动纪律涣散的代价。同时也没有建立起适当的组织和管理制度去取代以前私人业主实行的制度。产业工人不满情绪很严重，很多人返回农村。城市出现了严重的人口减少。共产党以维护俄国无产阶级利益的名义执政，这个阶级全盛时期也只占人口中很少一部分，现在作为一个阶级却面临着灭亡的危险。

这些情况不仅威胁到现政权的主要经济基础和思想基础，而且由此造成的不满情绪还开始得到社会主义者阵营内部布尔什维克的反对派的支持，并加强了他们的力量。1921年2月底在彼得格勒发生的大规模工人骚动使这种倾向表面化了，而这次骚动和4年前也在这座城市里发生的导致沙皇覆灭的那次动乱，在许多方面，有相同之处。和1917年的情形一样，地方驻军的不满加大了内部叛乱的危险。而且，不满情绪达到极点的，也正是曾经在1917年11月共产党夺取政权时起过突出作用的驻守喀琅施塔得海军基地的水兵。他们的不满在1921年3月初爆发为一次酝酿成熟的兵变，政府当局只是采取了重要的军事行动才把它镇压下去。

苏维埃官方的历史记载至今仍坚持认为喀琅施塔得兵变是反革命、白军或外国资本家策动的，这种说法毫无根据。兵变完全是工人和水兵自动发起的，也是工人和水兵所处的环境造成的。可以说，叛乱者提出的要求，事实上恰好反映了工人和农民出身的士兵在内战中自认为他们为之奋斗的那些目标。诚然，这些目标包括在全部人口中的社会主义阶层内部争取更大的言论自由和政治活动自由，但却绝不考虑人口中的其余部分（即所谓的"资产阶级"）的利益，也绝没有提出为这些人扩大公民权利的口号。总之，从叛乱者提出的要求中，没有反映出任何资产阶级或外国资本家进行策动的痕迹。

苏维埃政权不仅针对喀琅施塔得起义，同时也针对酝酿成这次起义的总形势所做出的反应，就是实行所谓的"新经济政策"———一般简称为"内普"（NCP，见本书第三章）。政策上的这种改变并不表现为在某一时刻所宣布的任何专一的全面纲领。它是由一系列的和缓的措施构成的，其中的第一项1921年春付诸实施，有些甚至在喀琅施塔得兵变以前。最重要的一项措施是同年3月列宁在共产党第十次代表大会上提出的，它规定废除强迫性与没收性的征粮办法，将它改为对农产品征收单一实物税，允许农民交税后可以自由地在公开的市场上出售他们可能剩余的更多产品,在紧接着的几个月和以后的几年中,对此又补充了一些其他措施。实行这一系列措施的总的目的,是要在食物和其他消费品方面恢复一定限度的市场经济,准许手工业和家庭工业大规模恢复,让集体(合作社等)或个体私人经营小型的工商业企业以谋取利润。但是,重工业、交通运输业、金融业以及其他许多经济部门,事实上,也就是足以构成布尔什维克本身称为经济"制高点"的那些部门,则仍就完全为政府所有并由政府加以控制。

苏维埃领导人在思想上的主要目标是要实现一种完全社会主义化的经济,因此,在他们看来,实行新经济政策是一种被迫而做出的临时性退却。他们所以必须做这种退却,部分原因是共产主义革命没有能够像他们最初所希望和估计的那样,在战后时期扩展到欧洲其余地区,但主要原因则是由于当时普遍存在的经济崩溃状态,如果甚至不肯部分地或暂时地借助于个人动机的刺激,那么,想要恢复正常的经济生活是根本不可能的。即使按照马克思主义的定义,在一个农民人数占人口80%的国家里,想要立即实行社会主义化,条件也是不成熟的。因此,新经济政策被看作一种权宜之计,无可奈何地予以接受,一旦适当的时机到来,就要把它尽快地抛弃。但是党内的统治集团,或至少是列宁,了解得很清楚,这样的时机不会很快到来,过渡阶段在最好的情况下也将是一个漫长的时期。

正如他们用这种行动来调动个人机动的力量以促进经济的恢复,苏维埃当局还采取措施,防止温和的社会主义者或其他反对派集团利用这种宽容的政策在政治上谋取好处。斯大林后来说过:"在实行新经济政策的危险局面下",党绝不容许党内存在任何集团。1921年后,对孟什维克、社会革命党人以及在喀琅施塔得起义中起过很大作用的无政府主义者,加强了镇压,1922年夏天,能被搜捕到的社会革命党领导人都受到长时间的公开审讯,很多人被判处死刑。① 与此同时,党的第十次代表大会还规定了一系列相当含糊的新戒律以限制党内的反对派活动。这些戒律在以后的年月里被斯大林滥加利用,来

---

① 根据布哈林向国外社会党领袖们的一项个人承诺,这些死刑判决,后来都得到减免;可是,在某些情况下,被判刑的人此后再无消息。

实现在制定这些戒律时想象不到的一些目的。

新经济政策产生的有利的经济效益是很缓慢的。在农业方面，1921年的歉收延迟了它的成效。歉收是某些主要产粮区发生了严重旱灾的结果，而连年的革命和内战造成的混乱状态则使它变得更加严重。它不仅造成了一次地方性的严重饥荒，使数百万人丧生，而且使商品粮的数量减少了数百万吨。在赫伯特·胡佛领导的美国救济署和其他外国救济机构的大力援助下，加上苏维埃当局本身做出的巨大的努力，这场灾荒的后果受到了控制，并且最后被克服。1922年和1923年，收成总量达到战前同一地区的75%左右，基本上又令人比较满意。但上述暂时的挫折却是严重的。

工业生产恢复得更加缓慢，而且很不平衡。小型地方工业（特别是食品和皮革制品业）以及多种小手工业的生产首先得到恢复。重工业仍然控制在政府手中，它的恢复要求更多的投资和较高的管理技能，所以花费的时间要长得多。

然而，从长远来看，新经济政策成功地达到了预期的目的。到1922年底，经济恢复有了迅速的进展。这种情况一直持续到20年代中期。实行这个政策遇到的最大困难不在于恢复速度缓慢（重工业在某种程度上例外），而在于它所造成的某些社会后果和经济后果。最初采取的一些宽容措施，1923年便在发展城乡贸易的交换条件方面引起了一次严重的危机，即所谓"剪刀差"问题。当时，工业品和农产品在价格上出现了危险的不平衡状态，工业品价格是1913年的170%—180%，而农产品价格则接近1913年水平的50%。其结果是农民自然形成这样一种倾向：不向市场提供产品，退而进行各种形式的自给自足生产或地方交换。当局建立了一套价格管理制度来克服目前的危机，使工业品价格终于降到了比较合理的水平。这个插曲使政府明白了这样一个道理：要想依靠刺激个人动机的办法使农产品进入市场，那就必须满足农民对于正在恢复中的工业的产品的大量需求——这种需求是如此之大，以致不能不使得为进一步发展工业所需的资金积累变得复杂化。

实行新经济政策带来的一个甚至更重大的后果就是使乡村中比较富裕和比较贫困的农民之间的差别逐渐扩大了。尽管当局使用了种种反措施，但比较富裕的农民仍然显得比他的比较贫穷的邻居更善于利用新经济政策中对农民所做的各种让步。俄国马克思主义者一向习惯于把人民中间各大集团之间的经济利益的冲突看作互相关联的各个社会阶级之间的政治冲突，这些社会阶级在政治舞台上扮演着有觉悟和有组织的活动者的角色，一直陷于为本阶级独占政治权力而进行的无情的相互斗争，因此，新兴富农的经济地位的增强势必被看作他们在政治上的一种胜利，按照同一推理，自然也成为苏维埃政权的一个严重失败和耻辱。

关于比较富裕的农民在新经济政策的极盛时期到底兴旺发达到什么程度的问题，人们的看法各有不同。有些历史学家接受了共产党人自己的断言，认为兴旺程度超过了沙皇时代所知的任何繁荣景象。由于各种原因，此说未必确实。但对此不必加以深究，也能够看到：20年代中期俄国农业的恢复速度是迅速的，给人以很深印象；这种恢复是在市场经济的范围内鼓励个人盈利的基础上实现的，它使得私营农业得到很大的加强，使其中的多数即使没有完全达到，也几乎达到沙皇时代它所达到的那种中等的繁荣水平，但是，与紧紧衔接的前一时期相比较，它也造成了收入方面较大的差别以及所有权和劳动关系方面较大的不平等。

在同一时期内，自然也有一定数量的私人利润是来自对一些为新经济政策所允许的小型工商业企业所做的经营。对于这类企业的数量，同样不应估计过高；但是，由于夜总会、赌场之类供这种自由企业的受惠者享乐的各种豪华场所的重视，其后果很快就变得触目惊心。

富农的相对富裕以及所谓"新经济政策分子"所炫耀的高消费水平——所有这一切，自然在党员中引起了强烈的憎恶和烦躁。其结果是给党内激进的反对派火上浇油，这些人怀念革命与内战时期叱咤风云的岁月，始终不能适应内战以后时期各种比较世俗的问题，而且急于寻找争端，以便发泄他们的委屈和不满情绪。关于新经济政策的这些分歧，虽然并不表明党的稳定性受到了严重的威胁，但它们本身却很严重，以致在执行这一政策的时期内预先引起了很大一部分党内争论和派别活动。1922年春天，列宁病重以及由此产生的争夺党内领导权的危机，进一步增加了这些分歧的重要意义。

1922年5月，列宁第一次突然中风，以后又发病三次。他在夏季恢复得很好，秋天又能够继续工作一段时期。可是，12月情况再次恶化。12月13日，他第二次中风，使他严重瘫痪。整个冬天，他都卧床不起，但头脑仍然清醒。经医生准许，他每天可以抽出很短的时间，就他最关心的若干问题口述自己的意见，由别人笔录下来。1923年3月，第三次发病造成了严重的瘫痪，使他丧失了说话能力，变成一个十足的病残者，这样一直拖到1924年1月24日逝世，约有10个月不可避免地完全摆脱了国家事务。只是再经过4个月以后，到1924年5月，列宁的政治遗嘱才向新选出的党的领导班子宣布，并由他们认真地予以考虑。这样，由于列宁患病和死亡而引起的党内继承危机，在整整两年的时间内，对党产生了重大的冲击。

斯大林擅长玩弄逐步过渡的手段，对他来说，权力交接危机的持久过程无疑是有利的。苏维埃政权结构的一贯特点是党和政府的权力古怪地重合在一起，这对斯大林也是有利的。列宁享有的支配地位，与其说是由于他担任俄罗斯苏维埃联邦社会主义共和国的苏维埃人民委员会主席的政府职务（这一职务在列宁死后顺利地由地位较低的李可夫继任），不如说是由于他在老一辈领导人中享有的个人威望。斯大林已经于1922年4月担任党的总书记职务，他在列宁开始患病的时候，就已经从组织上牢固地控制了党的中央机构。从此以后，在大多数党的高级机构：中央委员会、书记处、组织局和中央监察委员会中，不论什么时候，斯大林都无疑地能够对它们的表决施加决定性影响——至少在日常的组织问题上是如此（政治局对于重大政策的决定，享有特殊权限，因此情况有部分的例外）。不过这时候，斯大林还是一个不大出名的政治人物，这主要是由于托洛茨基、季诺维也夫和加米涅夫等人使他在公众的心目中显得逊色。他所缺乏的正是构成列宁的权力基础的那种无形的威望。斯大林不声不响地逐步为自己在组织上取得优势地位，早已遭到一部分比较激进的党内领导人的怨恨和反对，其中包括许多在早期夺取政权和内战时期起过卓越作用的人物。显然，在列宁患病和逝世前后的这段时间里，公然出来争当列宁继承人的任何企图，都会引起广泛的愤慨，从而自毁前程。要想实现任何这样的打算，首先必须使那些更加杰出的人物在公众的心目中威信扫地，丧失充当接班人的资格。

斯大林在企图建立他的优势地位时面临的问题，由于下列事实而

第十五章　1917—1939年的苏联

变得十分复杂：列宁在整个患病期间，一直明显地垂青托洛茨基，认为他在指导国家政策方面是自己最合适的继任人，即便在党的日常管理工作方面并非如此。斯大林对于列宁的这种倾向知道得很清楚，于是无耻地利用列宁瘫痪在床的机会来削弱列宁在指导日常政务方面的影响。尽人皆知，至少有一次（或许还有若干次），他对列宁的妻子克鲁普斯卡娅采取了粗暴无礼的态度，倘若列宁身体健康，他绝对不敢如此放肆，同时并以党的纪律来禁止她向列宁申诉。同时，特别是在处理有关他的家乡格鲁吉亚的问题上，他明明知道有些做法和政策违反了列宁的最强烈的愿望，但却坚持予以实行。这一切显然给病中的列宁带来相当大的痛苦和刺激，无疑地使他的病情加重。列宁第二三次发病，都是由于感情上发生了重大的波动，而这正是与斯大林有显著联系的事态发展所引起的。

在以后的岁月里，有人曾经暗示或断言，斯大林曾经授意毒害列宁（托洛茨基恰好在他自己死去以前，曾支持过这种说法，虽然他从未直接提出这种指控），然而，现有的大量证据却无法证实这一说法；而且，从当时的情况看来，斯大林也不像是要采取任何这样的步骤。

1922年12月到1923年1月间，列宁在病榻上口述了后来被称作他的政治遗嘱的那份文件。在这份遗嘱中，列宁严厉地批评了斯大林，特别指出他的作风粗暴以及在私人关系中不守信义，实际上是请求撤销其党的总书记职务。列宁指出托洛茨基在他的同事中是最有能力的人，由此推断，他认为托洛茨基最有资格继承他来管理国家事务（列宁似乎没有想出任何一个人可以完全接替他在党内独一无二的地位）。按照列宁的愿望，遗嘱由他的妻子秘密保存，直到他死后才公布。1924年5月，党的第十三次代表大会召开的时候，对少数杰出的党的领导人宣布了列宁的政治遗嘱。在这关键时刻，托洛茨基、季诺维也夫和加米涅夫采取了轻率鲁莽的行动，以致日后悔恨不已。他们竟默许把文件扣压下来（甚至没有向代表大会的代表们公布遗嘱，虽然列宁的意图显然是要将它公之于众），并且支持斯大林保留他在党内的一切职务。

显而易见，列宁遗嘱所反映的意向，在遗嘱的确切内容被公布以前很久，就已经被党的领导集团得知，或者说被他们觉察了。其结果是导致一个由斯大林、季诺维也夫和加米涅夫结成的防御性同盟，以遏制托洛茨基，并防止他继承列宁的权力。这个后来被称为"三人统治"的集团存在的迹象，早在1923年1月就已显示出来了。作为一个政治联盟，它最活跃的有效时期正是托洛茨基看来最有希望成为继承人的时期。这一联盟直到1925年后期才完全告终，到那时，托洛茨基不仅已放弃了军事人民委员这一关键性的职务和决定性地丧失了他在党内的权力，而且，由于公开否认外国报刊上有关列宁遗嘱的报导的真实性，实际上已经把自己作为继承人的候选资格一笔勾销了。

托洛茨基已经被取消了作为争夺继承权的对手地位，照此办法，斯大林又致力于摧毁季诺维也夫和加米涅夫的政治地位。在这一斗争中，他首先是设法摧毁由他们两人作为党的首领分别在莫斯科和列宁格勒党组织中所把持的地方上的组织力量。1924年夏季，有步骤地破坏加米涅夫在莫斯科的地位的行动开始了，到1926年1月完成；这时，季诺维也夫被解除了列宁格勒负责人的职务，随后，莫洛托夫遵照斯大林的指示，对这个城市的党组织进行了无情的清洗和改组。这样，在列宁逝世两年以后，由于斯大林在党内取得了明显的组织上的优势地位，因此，继承危机的第一个阶段，也就是决定性的阶段，便宣告结束。

与此同时，苏维埃政权的外交关系继续在相互矛盾着的两个方面发展着，这两个方面在此后的许多年中构成了他们的外交活动的主要舞台。一个方面是共产国际（亦即与外国共产党的关系），其任务至少在形式上是致力于推翻其他大国的政府；另一个方面则是公开的外交关系，只要这些政府继续挫败那些企图推翻它们的活动，那就必须争取在有利的条件下和它们共存。

在那些年中，德国一直被看作革命活动最重要的也是最有成功希望的目标。1921年春和1923年秋，德国共产党人曾发动两次重大的斗争来夺取政权，但都遭到惨败。这两次失败对于苏维埃政策都产生了重大影响，它们企图把共产主义革命尽早地扩展到欧洲其余地区的希望成为泡影，因而使得苏维埃政权与资本主义世界建立正常的外交关系和经济关系这一问题有了新的重要意义。

苏维埃政权需要和西方国家的政府进行贸易，同时也需要利用西方金融界的信贷来源，因而希望尽可能快地与一切主要的资本主义国家建立正常的外交关系。然而，只要苏维埃政府仍然拒绝承担前俄国政府的债务，并且对于在革命时期将外国在俄国的工业和其他财产收归国有而使以前的业主们遭受的损失，拒不做出赔偿，这些大国的政府对于采取这一步骤，便犹豫不决。由于这一问题，加上西方人士对于共产国际的活动所怀的憎恶情绪，因而使得西方国家一般都推迟对苏维埃新政权的外交承认。1922年4月热那亚会议期间，这种僵持局面第一次部分地有了突破。此时，德国政府仍受凡尔赛和约的严厉约束，迫切要使俄国不加入向它索取赔款的国家的行列，于是单独行动，与苏维埃政府签订了拉巴洛条约，其中规定缔约双方互相取消对对方的一切权利要求并恢复正常的外交关系。这一行动削弱了其他西方大国以清偿债务作为承认的先决条件的立场。1924年1月，意大利和英国各自出于截然不同的原因步德国的后尘，随后又有一连串其他国家的政府跟着仿效，在所有这些实例中，没有任何国家的政府坚持要求首先清偿债务。这种普遍的承认行动也包括中国和日本，1925年，日本军队终于从萨哈林岛北部撤走，这是它自1922年以来一直占领着的最后一块苏俄领土。（在这方面，一个突出的例外当然是美国，它直到1933年才承认苏维埃政权。）总的来说，我们可以说，苏联被普遍地接纳为国际社会的一名成员并广泛地与其他大国实现了关系的正常化，在时间上，大体上和列宁的逝世以及接班危机的解决恰好相合。

在取得这些进展的同时，根据1924年1月31日在第二次全俄苏维埃代表大会上获得正式批准的新宪法，苏维埃国家结构也合并为一个统一的实体——苏维埃社会主义共和国联盟。这样，在20年代中期，新的苏维埃国家不仅在经济上从世界大战、革命和内战所留下的创伤中迅速恢复过来，而且，在国家结构上也得到巩固，经历了争夺个人领导权的第一次重大的危机而没有显示出不稳定状况，并得到国际社会的普遍承认；因此，可以说，紧接着革命和内战而来的那个充满考验和进行重新调整的关键时期已经基本结束。

然而，这一时期国内的主要事态发展——斯大林与党内激进的反对派（托洛茨基和加米涅夫-季诺维也夫联盟）进行斗争的胜利以及经济生活的复兴——还需要经过3年的时间，才达到最高潮。加米涅夫和季诺维也夫在党内的组织力量被粉碎后，才迟缓地（实际上已经太晚了）与托洛茨基取得和解，并和他以及党内其他的左翼分子联合起来展开反对斯大林的斗争。从1926年夏到1927年底这段时期内，党内充满了与这一斗争有关的各种阴谋活动和论战。此时出现的这个所谓"反对派联盟"的领袖们在党内组织上无能为力，但在国内外共产主义运动中仍享有巨大声望。他们的政纲是要求取消新经济政策，主张及早结束对农民和私人企业所做的让步，迅速地和深入地实现工业化纲领并通过共产国际这一工具在世界其他国家展开进攻性的革命活动。斯大林在个人手腕方面比这些反对派领袖们都更高明，他轻易地用计谋挫败了他们，并最终把他们开除出党和驱逐出莫斯科。但这一切却很费时间；直到1927年和1928年交替时期才大功告成（1928年1月托洛茨基被逐出莫斯科，流放到哈萨克，次年被逐出苏联）。从1927年年底开始，左翼反对派就不再是斯大林的严重危害了。

这一时期经济恢复的进度大体上是令人满意的。到1927年，产量数字已经达到或接近战前的水平。当然，差别是存在的。重金属的生产落后，另一方面，电力生产却大大超过革命以前取得的任何成就。根据略微混乱和不完备的统计资料判断，农业生产，如果不是全部也已经大部分从革命时期的动乱中恢复过来。谷物收成现在已达战前水平的80%—90%，虽然商品粮与可供非农业人口消费以及出口的粮食的比例仍比战前的数字要小得多。可以肯定，在经济恢复的整个过程中，产品质量的恢复赶不上产品数量的恢复，人口的增加（比1913年增加5%—6%）也降低了1927年的人均生产水平的意义。但我们完全可以说，到了1927年，苏联经济在新经济政策的刺激下已经发展到这样的地步，以致这时在政策方面的突出问题已不再是如何恢复生产，而是确定应当遵循什么方针路线来进行进一步的投资和发展。这又引起了新的和重大的政策问题。

反对派联盟的纲领实际上是要求立即加紧努力，把经济中的非农业部门实行社会化并完成国家的工业化。显然，只有以牺牲新经济政策为代价才能实现这一任务。它完全排除了国家经济继续沿着永久承认一切形式的自由企业的道路发展的可能性。没有任何证据表明，斯大林曾经在任何时候在原则上反对过这些观点。但是，对于时间安排的某些问题,他显然不赞同反对派的意见,而且在他没有把反对派完全压倒并使他们不再能为实现改革而居功以前,他也不愿完全改变自己的做法。直到1927年底,斯大林一直小心谨慎地遵守中间立场,让布哈林和其他未来"右翼反对派"的领袖们继续对新经济政策进行更激烈和更热情的维护,而他自己则巧妙地对左翼的各种要求做出有限的让步,不声不响地削弱左派论点的锋芒。

左翼反对派在其政治生命的最后年月里对斯大林发动的攻击绝不局限在国内政策方面。他们对于斯大林处理外交事务的情况所做的批评甚至更加激烈和有力。与西欧主要国家建立的法律上的外交关系现在并没有给苏维埃领导集团带来多大好处。虽然西方国家关于清偿债务的要求已经不再构成严重的压力,但是在债务没有清偿以前,长期贷款也就不会到来。苏维埃领袖曾经将特别重大的希望寄托在他们与德国政府的关系上。自1921年以来,由于秘密商定了在军事合作领域里相互提供方便,这种关系得到了加强。苏联领导集团曾经希望,德国对凡尔赛和解方案的憎恨会在主要西方国家之间造成无可挽回的分裂,而关于世界共产主义事业发展的前景的预言主要是以上述情况作为依据的。但是,这种希望未免过早。1923年,在紧接着法国占领鲁尔区以后的时期内,德国与西方国家的关系变为稳定化。道威斯计划被采纳、稳定的德国货币制度的出现、洛迦诺条约的缔结,以及最后德国被国际联盟接纳为会员国等都是这种稳定化的标志。凡此种种都清楚地表明,德国无意完全把与莫斯科的关系作为自己对外政策的基础——实际上,在德国人眼中,德苏关系的价值主要在于,德国与其他西方国家打交道时可以把它作为讨价还价的筹码。

对英国的关系的发展甚至更难令人满意。1924年年初,拉姆齐·麦克唐纳的工党政府对于苏维埃政权曾给予法律上的承认,同年秋天,工党政府因所谓季诺维也夫信件案而倒台,结果使上述承认大体上被撤销了。继任的保守党政府为与苏联谈判清偿债务问题所做的努力未获成功,结果两国没有互派大使。苏维埃政权对待1926年英国大罢工的态度又引起英国极大的不满,使得本来不愉快的两国关系变得更加紧张。一年后,即1927年5月,英国当局搜查了驻伦敦的苏联贸易代表团的住处,以搜查结果作为理由,完全断绝了两国关系。在1930年以前,这次新的破裂甚至在形式上也一直没有愈合。

苏联领导人的幻想在远东遭到了更痛苦的破灭。新成立的弱小的中国共产党遵照莫斯科的命令，企图联合国民党一同打击西方列强的势力，却遭到它一直努力与之合作的这个政治集团的残酷镇压。苏俄对外关系的这一篇章过于庞杂混乱，充满了令人困惑不解的各种微妙因素，因此不可能对于造成这场灾难的个人责任做出明确的历史裁决。但是，反对派联盟猛烈地抨击斯大林个人在其中所起的作用，不断地迫使他在一个时期内采取守势。

1927年最终粉碎了左翼反对派，从而把斯大林从来自左的方面的骚扰中解放出来，这时，苏俄在对外关系方面遭受的种种失望和挫折所带来的后果，便在他的行动中十分清楚地反映出来。在此后的几年期间，他在外交政策方面采取了一种显然是审慎克制的态度，把注意力主要置于国内事务方面，并且毫不犹豫地将外交置于从属于国内需要的地位。在共产国际的活动中，他对于指责他对世界革命事业缺乏热情的非议颇为敏感，因此，他对于亚洲的民族反帝运动和西欧温和的社会主义政党这两股非共产主义力量，都拒绝以任何形式与之合作，同时，他把共产国际这一机构置于个人严密的控制之下（以防止它成为反对派用来对付他的另一种武器），主要地利用它来增进苏联的国家利益而不是世界革命的利益。在正常的外交方面，他并不准备有意地破坏刚刚与西方国家建立起来的外交关系，但是他的行动表明他对这种关系不大重视。1928年至1933年间，为了把苏联的社会生活中各种消极现象和难堪局面归咎于德、法、英三国政府及其代理人的破坏，他曾三次大肆宣传叛国案审判，从而使俄国与德、法、英三国的关系变得紧张。在这几次纠葛中，每当事情显然做得太过分的时候，他就勉强做些让步。但是，无论是在1928年德苏关系因为苏联的这些侮辱而几乎破裂，还是在1933年英国由此而决定建立并一度坚持经济禁运来抵制对苏贸易，这些情况都显然没有引起斯大林的严重关注。他显然认为，从这些国家的政府对苏联的态度来看，苏维埃政权不会遭受多大损失。

然而，斯大林一旦从左翼反对派的严重压力下解放出来以后，他在政策上做出的最重大、最惊人的改变并不是在外交方向而是在内政方面（见本书第三章）。这些改变是：不仅取缔了农业、商业和工业的市场经济，从而迅速地结束了新经济政策，而且从肉体上消灭了富农阶级；取缔私人耕种这一基本的农业组织形式，迫使剩下的大部分农民加入集体农庄，并力求以过去梦想不到的规模和速度实现工业上和军事上自给自足的目标。一旦左翼反对派的领袖们被置于这样一种处境，使他们不再能够把这种路线转变的功劳据为己有以后，斯大林会做出一些政策上的改变，以应付左翼反对派的批评，这是不会出人意料的。可是，实际执行的方案，虽然恰恰符合反对派领袖们曾经要求的方向，但在规模和速度上却远远地超过了他们的任何想象。不仅与斯大林同时代的人们对于这一变化的突然到来及其极端主义的做法感到惊愕，而且历史学家也难以为之做出明白的解释。

人们不难看出，把实现集体化的原则作为解决苏维埃政权在20年代中期面临的农业问题的一项长期性措施是很有吸引力的。在执行新经济政策的情况下，也就是说，在苏维埃政权不能使用强迫的和没收的办法来征收粮食的情况下，自由农民只肯以那种在政府眼中是难以接受的高昂价格出售他们的剩余粮食——不仅从货币的角度，而且特别是从必需足够的工业品来满足农民出售余粮后所获得的购买力这个角度来考虑，农民的过高要价都是无法接受的。这种情况对于比较富裕的农民来说，尤其如此。对于工业产品的这种消耗，不仅使得为支援一项深入的工业化计划所需的资金积累变得复杂化，而且使苏维埃政权无法确实控制为满足城市和军队以及军事储备和出口所需要的粮食供应。在这方面，自由市场的不可靠性在1927年至1928年间的冬季，表现得特别突出，当时，粮食的征集遭到了严重困难，而根据估计，农民手中却还囤积着大约200万吨粮食等待政府收购价格上涨后才抛出。事情很清楚，在这种情况下，如果继续指望自由农民，特别是力量比较强大的农民成为城市粮食供应的基本来源，那就不仅要容忍被政府看作人口中非社会主义分子的势力的继续增长，不仅要很不光彩地依赖这些分子来满足国家经济中的一项至关重要的需要，而且要放弃迅速实现工业化的可能性，从而使苏维埃国家在资本主义国家的包围中继续处于军事上的劣势地位。

解决这些问题的合理答案看来是围绕着这样或那样的集体组合来重新组织农业生产过程，以便在这种组合中使用机器，同时政府在经济上和行政管理方面取得更大程度的控制后，能够有把握得到廉价粮食以供应城市、军需和出口等方面的需要。

看来，这无疑是斯大林在整个新经济政策时期的思想倾向，与反对派联盟的想法并没有什么不同；到了1927年，时机似乎已经成熟，可以朝着这个方向加快前进的步伐。然而，直到1929年年底，关于可能实现这些变革的速度问题，官方的估计看来是比较温和的，计划只让很少一部分农民在以后的5年期间加入集体农庄（第一个五年计划于1929年4月得到批准，原拟实行到1933年秋季。这个计划只要求18.6％的农业人口实现集体化）。这个预计数字在1929年年底为何突然加以修改，主张开展一个深入的运动，把大部分农民立即赶进集体农庄，人们至今也没有完全弄清楚。

对农民实行激进政策是从1928年开始的，当时采取了一次大规模的行动，目的是要从比较富裕的农民手中攫取存粮，其方法是完全没收，或者廉价收购，必要时甚至采取暴力。农村对这些措施的反抗非常强烈（显然比预计的情况强烈得多），而且反抗者不仅仅是比较富裕的农民。当局显然严重地低估了村社在维护新经济政策成果方面的团结一致。面对这种形势，这场斗争在许多地方很快就具有了政府与全体村民冲突的性质。

这种形势必然要在斯大林与党内右派之间造成紧张的关系。当斯大林需要布哈林、托姆斯基、李可夫以及其他右派领袖们的支持以对付反对派联盟的时候，他一直比较相安无事地与他们共处。现在对农民发动的进攻，便结束了这种共存状态，而且引起了一场斗争，其激动人心的程度，不亚于最近与左翼反对派进行的那场斗争。在某些方面，这场斗争是斯大林曾经面临过的最困难的一次，因为右派的立场甚至在他精选出来的一些亲信中都得到了同情。

这一次，斯大林又故技重施，巧妙地逐步摧毁其主要对手的政治地位与个人地位。然而，这同样需要花费时间。直到1929年秋，布哈林、李可夫和托姆斯基才从党的最高机关中被开除出去并被迫公开承认他们反对斯大林的见解是错误的。

斯大林一旦这样把右派领袖清除以后，便毫不迟疑地采取行动，不但要最后地和彻底地"消灭富农阶级"，而且要使其余的大部分农民，不论其自愿与否，立即全部实行集体化。1930年秋季，为实现这些目标而发动的运动积极地加以推行，采取了肆无忌惮的残暴手段。他把农民中所有比较充满活力和精明能干的那部分人完全消灭，或剥夺其社会地位，或消灭其肉体，或二者兼施；其中大部分人被流放到国内的边远地区，往往在与被处死刑相差无几的环境下，从事强迫劳动。农民的反抗非常凶猛。乡村生活遭到了极大的破坏。特别严重的是存栏的牲畜的大面积死亡。造成这种后果的一部分原因是，农民不愿交出他们的牲畜由公家饲养，因此故意地屠宰；另一部分原因是，原来由各农户精心饲养的小群牲畜，现在被匆忙地集中，大规模地饲养，往往由于疫病照看不周而死亡。这样，在短短一两年的时间内，国家竟损失了大约60%的农用牲畜。这真是一场大灾难，不仅影响了肉食供应，而且影响到新建的集体农庄的畜力和肥料。

为实现全面集体化而突然发动的运动造成了极其可怕的后果，因此，到1930年3月，仅仅在运动开展3个月以后，斯大林便不得不指示放慢步伐，但是，这一喘息时间刚使农民的抵抗有所缓和，他就立即继续施加压力。到第一个五年计划时期结束，即1932年至1933年间，有60%—65%的农民被赶进集体农庄。对于其余的农民来说，参加集体农庄也只是时间问题而已。无须强调，这一发展无异于一场新的社会革命，就其深刻程度而言，堪与1917—1921年间发生的革命相比；就其对广大农村人口的意义而言，它具有甚至更基本和更彻底的性质。

与这场自上而下的农业革命同时执行的是一个规模巨大而又十分深入的工业建设与发展计划，其采用的手段也几乎同样残暴。这一规划的第一个阶段，称作"第一个五年计划"，期限为1928年至1932年。实际上，这个"五年计划"只是罗列了它希望在这一时期内达到的各项经济指标。至于对工业化进程所进行的日常指导与协调工作（如果说确实做了一些这类工作的话），则完全是按处于统治地位的党组织的临时决定办事，"五年计划"中的最初估计对于这些机构来说，不具有任何约束力。事情很明显，第一个五年计划确实和随后的第二、第三个五年计划一样，实际上只是一个遮人耳目的幌子，借以掩盖另一项不予公布的军事工业化计划，其目的在于使苏联的经济尽可能在最早的时刻，保证能够在各种武器和重型军事设备的供应方面处于独立自主地位，不再依赖外国的供给。

至于第一个五年计划的规定指标，只能说有些是完成了，其中有一两项超额完成，有些则完全没有完成。斯大林宣称完成计划指标水平的87％，但这个数字在统计上没有意义（因为它硬从不可互相比较的各项数值中得出一个平均值），而且给人以严重的错误印象。根据对各种指标进行典型取样计算，原指标总的完成水平更接近于50％而不是87％。实际取得的成就是：仓促建起了大量新的工厂，大体上说，工业产品在数量上翻了一番。另一方面，在计划预定的期间，质量标准严重下降，劳动效率也是如此。许多新工厂是仓促设计的，与周围的经济环境配合不当，而且工程草率。我们找不到有关折旧指标的充足材料，但折旧速度必定很快，从而必定大大降低已建成的工厂设备的价值，并使许多设备需要过早地进行更换。

苏联在1928年至1933年间工业化过程中所取得的成绩，就其规模来说，确是巨大的。它是通向苏联领导人希望实现的军事与工业自给道路的重要的第一步。由于选择乌拉尔和西伯利亚西部两地作为建设新的冶金工业的中心（以库兹涅茨克和马格尼托哥尔斯克新建的大钢铁厂最为有名），它为重工业向战略上比较安全的内地进行大转移奠定了基础。这个大转移在以后年月里一直持续下去，并且由于第二次世界大战的经验而大大加强。但是，考虑到这项计划所造成的物资浪费、设备折旧、生产成本膨胀以及人民生活水平的下降，应该说实现这一重大计划所付出的代价也是巨大的。很难相信，它真是完成第一个五年计划总目标的最好的或唯一的道路。

到1932年，由于在农业和工业两个领域内采取了上述种种做法，俄国的境况再度恶化，变得比1922年以来的任何时期都要更糟。毫无疑问，大部分农民此时都已正式加入集体农庄，但谷物的总产量仍低于1913年的水平，而且看不出此后会有显著的提高。另一方面，每年为供应城市和军队而从农民那里攫取的农产品的百分比却有所增加。牲畜的损失如此严重，以致想要使畜群恢复到原来的数量，即使在最佳的情况下，也需要好几年的时间。再者，由于"消灭富农"和实行集体化的运动破坏了农业生产过程，结果导致主要产粮区在1933年发生了一次新的大饥荒，灾情十分严重，据估计有三四百万人丧生，并不可避免地造成那种吃尽谷种的问题。城市和工业区不得不再度实行粮食配给。同时，没有采取任何有效措施来缓和因成百万新劳工拥进工业区而变得更加恶化的城市住房严重短缺的问题；整个交通运输系统都因负担过重而到达崩溃的边缘。人们普遍尝到了压低生活水平所造成的困难和痛苦。

　　上述情况不能不在政治舞台上反映出来。这些情况使得很多党内高级人士开始怀疑国家正在沿着1917年的路线走向完全崩溃，同时也促使一些过去的反对派竭力设法重新建立彼此之间的联络，试图重新成立某种政治组织以防万一发生意外事件。这些努力自然无法躲过秘密警察警惕的监视，也不会不引起斯大林暗中怀恨和图谋报复。尤其严重的是，即使在那些迄今一直忠实支持斯大林的党内高级人士中，现在也有人产生怀疑。在地位较高的斯大林分子中的这种不满情绪，在1928年和1929年镇压右翼反对派的时候就曾经把事情弄得复杂化，现在，由于1932年遭受的困难和挫折而变得更加强烈。人们普遍感到：实行集体化的残酷手段太过火，事情做得太过分而且也太快，采取的暴力手段也太多，甚至工人阶级都对党离心离德了。整个党的各级领导都强烈要求在党的路线中增加一种人道主义的新内容，要求对各个公民的情绪和尊严表示新的关切。这种情绪以作家马克辛姆·高尔基为其精神支柱，但是人们却期待政治局委员、列宁格勒党组织首脑谢尔盖·基洛夫在政治上把这种情绪体现出来。基洛夫在他的事业中一直是斯大林忠实的追随者，不过人们普遍相信，他此时也变得和大家一样，对于斯大林最近几年的政策中那些极端主义的做法深感忧虑。

　　正是在这种紧张和困难的时期，斯大林的妻子娜杰日达·阿利卢耶娃在那不幸的1932年的11月间突然死去，而她的死或许和当时的环境也不无关联，这个事件使斯大林的个性发展产生了一个重要的转折。斯大林生性一贯疑心太重，对人报复的手段毒辣，而对待自己的党羽的关系尤其如此，但是从历史记载中可以看出，正是从这个时候开始，他性格中的这些特点有了明显的增强，变成一种病态心理，危害党和国家生活，到死方休。看来，大约也就是在这个时候，他开始要求对以往各次反对派运动中的首要成员采用极刑。

　　与此同时，俄国的国际地位经过几年相对平静的时期以后，由于出现两个重要的新因素而变得复杂起来。从此以后，直到第二次世界大战爆发为止，这两个因素对苏联的外交政策都注定要产生决定性的影响。第一个因素是国社党人在德国的上台。这一事件不仅结束了10年前签订附有秘密军事协定的拉巴洛条约以来一直保持的那种德苏关系，而且增加了斯大林个人处境的困难，使他易于遭受下列理由充足的指责而无法辩解，这种指责是，由于在前一时期斯大林一直顽固地拒绝让德国共产党人和社会民主党人结成联合阵线，因而实际上纵容了希特勒上台执政。

第二个新因素是日本人占领了满洲。这一事件对俄国在远东的军事和战略利益构成了严重的威胁。此时苏联政府没有力量去冒军事冲突的风险，但它知道采取过分容忍的态度又只能刺激日本人的领土野心，因此它做出了妥协。苏联政府于1935年把中东铁路卖给了日本在满洲的傀儡政权，从而放弃了它从沙皇继承下来的在满洲享有特殊政治地位的权益。与此同时，在保卫苏联的西伯利亚边境和实际上早已沦为苏联保护国的外蒙古问题上，苏联政府则采取毫不妥协的坚定立场和警惕态度。从这时起直到日本在太平洋战争中最后战败为止，沿着敏感的西伯利亚和蒙古边境部署的强大的日本军队一直使苏联领导人感到忧虑，他们在处理欧洲方面所面临的问题时，不论在思想上或具体安排上，都从来没有忘记这一威胁。

说来凑巧，这两个新因素对于美国权益带来的不利影响也不亚于对于苏联权益的影响。这一点，加上富兰克林·罗斯福于1933年就任总统，便为打破美苏两国政府之间长期存在的外交僵局提供了先决条件，1933年年底，两国之间的外交关系在中断16年后重新恢复。和10年前与英国建交时的情形一样，苏联领导人在获得承认时没有对债务和权益等问题做出重大让步，因此，一旦获得了承认以后，他们就看不到有任何理由去做出这种让步了。结果，他们想要获得大量长期贷款的希望便成为泡影。苏美关系最初曾经一度热烈，不久却很快地冷淡下来，转入一般低沉的和不愉快的状态。但是，美苏建交的事件毕竟削弱了希特勒新近上台执政所带来的威胁，并且无疑地为苏联此后政策的转变创造了便利条件。

1934年法国政局出现了严重的紧张形势，从而强烈地反映出法西斯主义席卷整个欧洲的危险。面对这种威胁，莫斯科改变了原来的立场，开始鼓励西欧共产主义分子和温和的社会主义者以及自由主义集团联合起来反对法西斯主义的扩张。在1933年至1936年这段时期内，由于它的外交部长李维诺夫的指导得力，苏联与其他西方国家的关系发生了具有深远意义的变化。苏联加入了被其领导人一贯斥之为帝国主义机构的国际联盟,并与法国和捷克斯洛伐克结成军事同盟,这些同盟最后并未发挥什么作用,但在当时也许产生了一些微小的政治影响。采取这些措施的目的,在于遏制或者转移德国可能向东方的推进。

然而,在同一时期,苏联国内政局却发生了一些离奇的事情。1932年底,由于第一个五年计划完成,工业化和集体化的步伐有所缓慢;经济生活随之好转,在生活水平方面也有了相应的改善,但仍然比较有限。与此同时,斯大林准许起草并于1936年颁布一部新的国家宪法,仿佛至少在与非党群众的关系上,他为了满足他们的要求,将使政策变得更加温和、更加仁慈。和它所取代的那部宪法相比,新宪法表面看来在精神实质上更富有自由主义。但在实践中,它却完全没有显示出更多的自由主义。这份文献似乎主要是为了掩饰一种性质完全相反的东西,即斯大林的一个新决定:他要充分利用警察机构的阴险狠毒的手段来消灭异己,不仅要把以往或现在对他个人的独裁统治的任何一点反抗都彻底消灭,而且要扑灭可能在将来导致这种反抗的一切微小因素,同时,为了达到目的,即便必须对党本身使用恐怖手段,也在所不惜;在1932年以后的时期,这种动向的蛛丝马迹日见显露并愈益频繁,自然在党内其他地位较高的人士中引起极度惊恐,促使他们寻找互相保护的办法。这样,斯大林的恐怖手段本来是为了惩罚可能出于其他原因而反抗他的那些人,现在却反而激起了他本想以惩戒手段加以制止的新的反抗,现在转而变为一种武器,也被用来镇压那些胆敢表示不赞成使用恐怖手段的人们。

有证据表明,在1934年1月党的第十七次代表大会上,斯大林遭到党内一些资历较高的同僚们的反对或冷遇。总之,基洛夫看来是受到了与会代表的欢迎,即便不能说是极其热烈,也备受尊敬。这个情况不能不引起斯大林原本存在的嫉妒和猜疑。再者,基洛夫经代表大会选举,担任党的书记处的一个关键性职务,这表明他很快就要离开在列宁格勒的职务,调到莫斯科的中央机构。可是,在任何这样的调动还没有实现以前,实际上似乎就在即将调任的前夕,基洛夫于1934年12月1日,在列宁格勒被暗杀。当时和后来所能了解的关于这次谋杀案的一切背景材料都表明,案情牵连到列宁格勒警察总局的某些上层人物,而且种种迹象暗示斯大林本人对此案不无关系。不管事情的真相究竟如何，斯大林却以这一发展作为借口，在全国现有的官方机构内部发动了一场异乎寻常的大屠杀，对象不仅限于党内，还有军队、文化界以及其他部门，这就是通称30年代的"大清洗"。如果说这一行动有特殊的重点对象的话，则它似乎主要是针对党的老战士的，尤其是针对那些对1917年以前的时期有过经历和记忆的人以及在20年代曾经反对过斯大林的人（这两类人大体上是吻合的）。然而，受害者绝不限于党员。

大清洗有两个明显的目的——二者密切相关，却又显然可以区别。一个目的是要从肉体上消灭曾经在早年反对过斯大林的所有那些重要的共产党人。这些人遭到逮捕，在一种残暴的警察制度对于独立无援的囚犯在精神上和肉体上所能施加的种种压力下受尽了折磨。那些具有坚决不屈的意志，始终不肯公开承认捏造的罪名使自己当众受辱的人们，干脆就被秘密处决而不公开宣布。那些在诱骗之下愿做这种忏悔的人们，则在1936年至1938年的三次大审判中被当作被告，对其中大多数人在审判后即根据他们供认的罪状而加以处决。因此，上述种种折磨与其说是为了确立他们的罪行，不如说是对他们施加的惩罚中的一部分。

三次大审判紧接着从前的各个反对派集团被瓦解后便开始了。第一次审判处理了季诺维也夫、加米涅夫及其亲信们，第二次同样地处理了托洛茨基分子，第三次则是右翼反对派。这些审判制造借口来处决加米涅夫、季诺维也夫、皮达可夫、布哈林、李可夫、雅戈达和克里斯廷斯基等人；但他们在成为大清洗牺牲品的杰出共产党人中仅仅是一小部分。

除去这些明显的个人目标以外，看来大清洗还针对所有那些地位不甚显要但大部分却颇有影响的人们。他们或者被认为是可能同情那些地位显要的受害者，或者从他们气质上来看，有可能为未来的反对派活动提供有利的土壤。在大多数的情况下，这些受害者从前并无任何具体的过错，但是总有办法巧妙地诱使他们承认将会导致他们自己毁灭的主要罪名。当时故意制造出一种气氛，使得对自己上司和同僚进行不负责任的告发，似乎成了换取自己和一家老小免受逮捕和惩罚的唯一可行的手段。在清洗过程不断进行中，秘密警察机关里简直堆满了这类告密函件，而监狱中也塞满了受害者。对这些人进行逮捕和判决的程序甚至不能仅称作审判不公正，因为在大多数情况下，当局甚至不准备遵守那些最基本的审判手续。每一次新的逮捕又都扩大了嫌疑和告发的范围因而又增加了受害者的人数。在清洗运动于1938年后期停止（可能是因为考虑到战争危险的增长）以前，千千万万的人们（实际上数以百万计）遭到处决或被强行押送监狱和劳动营，由于条件极为恶劣，长期生存和生还的机会甚少。在这些地方，即便被囚禁者得以不死，他们的精神和肉体也受到极度摧残，以致在许多情况下使生命已失去主要意义。虽然当时劳动营里的囚犯不全是30年代大清洗的受害者，但是到30年代末，劳动营的囚犯总数显然已达到数百万，这一事实也多少可以说明恐怖统治达到了何种程度。它对党本身所产生的影响则可以从赫鲁晓夫在第二十二次党代表大会上揭露的事实中看出：党代表大会名义上是党和国家的最高机构，但1934年第十七次党代表大会的代表，到1939年召开另一次党代表大会以前，大多数都已被陆续杀掉。

令人惊奇的是，这种巨大的恐怖浪潮并没有对整个国家生活产生更大的影响。当然，清洗运动大半是针对统治集团的成员，而且总有一些野心勃勃的下属伺机取而代之。至于一般老百姓，尤其那些早已吃过苏维埃政权苦头的人们，他们和农民一样，在与当局发生的冲突中幸存下来，这时受到较小的影响。外国观察家的印象是，他们中间的许多人只不过抱着一种愤恨的冷漠态度，冷眼旁观在他们上级之间发生的这场惊人的自我毁灭过程。总之，经济生活并没有显著倒退，虽然仅仅因为高级管理部门遭到破坏以及人事变动频繁也必然会在这个领域里造成一些消极影响。第二和第三个五年计划，不如第一个五年计划规模庞大，却比较顺利地颁布了。到了1939年，除农村外，生活水平重新达到了至少是1926年至1927年的标准，工业生产增长了好几倍。增产的工业产品大部用于军事目的，结果，到1939年，红军在装备和训练方面大规模地实行了现代化。然而，大清洗不仅处决了一批著名的红军将领（1937年处决他们时，俄国人和全世界公众都感到震惊），而且也断送了很大一批普通高级军官（为数可能多达军官团成员的一半以上），从而使红军的士气和实力都受到了损害。

在大清洗达到高潮的1936年至1938年间，苏联的对外政策也有了显著的新动向。事实上，我们不能排斥这两件事情之间有着重要的联系。到1936年中期，苏联的决策者已经十分明白，西方国家既已默认希特勒破坏凡尔赛条约和德国重新占领莱茵兰，它们就不会用武力抵制德国势力将来向东方的任何扩张。无论是国际联盟的道义支持，还是法俄联盟的条款，都不能被人指望足以克服这种冷漠态度。

各大国对西班牙内战做出的反应使得上述看法进一步为人们所接受。苏联政府最初坚持执行各大国之间达成的关于不干涉这一冲突的协议。但是，在战争发生的最初几星期内，当事实清楚地表明德国和意大利无意尊重这项协议的时候，苏联政府也就不再受协议约束，于1936年10月开始在军事上大力支援西班牙的共和主义事业。它派遣了空军和坦克部队。特别是马德里保卫战初期的胜利，似乎主要归功于苏联的指导和援助。但是，当情况表明西方各大国不会仿效苏联的榜样，它们对西班牙内战只抱消极态度而不会认真采取措施以防止民族主义分子取胜的时候，莫斯科便开始对西班牙失去兴趣，逐渐削减它所承担的义务。从历史记载中可以查出，莫斯科早在1937年的头几个月就已经露出对西班牙失去兴趣的迹象；嗣后不久，毫不意外地又有类似迹象表明，莫斯科很快对于同希特勒达成某种交易发生了兴趣——这笔交易从最好的方面设想，将会把希特勒的狂妄野心引向西方，使他陷入与西方大国的战争，而从最坏的方面考虑，也会推迟德国对苏联本土发动的任何进攻。表明这一目标的种种迹象，在慕尼黑协议签订以前的一些时候就已经清楚地显示出来。这些迹象不仅反映出苏联日益加深的疑虑，即一旦德国进一步向东扩张，能否诱使西方国家以军事手段做出反应；而且，还反映出苏联非常理解满洲—蒙古边境的微妙形势，以及它决心尽一切可能避免自己卷入一场与德国和日本的两线战争，因为对于这场战争西方大国则会袖手旁观。

诚然，在慕尼黑会议时，甚至更晚的时候，在1939年夏季与英法两国举行的那次流产的谈判中，苏联政府始终摆出一副姿态，表示准备用武力反对纳粹的任何进一步扩张，唯一条件是西方大国也采取同样行动。但是，由于俄国不像西方国家那样实际上与纳粹德国有着共同的边界，因此苏联政府的姿态具有的意义便被削弱了。而且，莫斯科在向西方国家施加压力，要求采取联合军事行动来反对希特勒的时候，总是难免地而且也是很自然地附带要求给予苏联军队通过罗马尼亚、波兰和波罗的海诸国领土的权利。但这些国家的政府认为，这一前景对于他们的独立与安全所造成的危险，并不亚于纳粹的扩张主义。很明显，在慕尼黑会议期间，假如英法愿意接受挑战，苏联本来会乐于对反抗希特勒的战争做出一种象征性的贡献。然而，即使罗马尼亚和波兰准许苏联军队过境，则单从地理上和其他军事方面的原因来考虑，苏联是否愿意——或者事实上是否能够——做出比这更大的贡献，也大可怀疑。如果罗马尼亚和波兰不准许苏军过境（事实上他们始终坚持了这一立场），苏联就可以遗憾地一耸肩，表示它已经尽了责任。在上述这些情况下，莫斯科对于反对希特勒的集体安全行动表面上显得热心，但却不会招致多大风险。

这就是1939年8月签订德苏互不侵犯条约的真实背景。即使到了1939年夏天，假如当时能够向苏联人表明，只要他们拒绝德国的提议并加入西方国家反抗希特勒的共同战线，西方国家就会在军事上大力抵抗德国的任何进一步侵略行动，那么，还是有可能（即使不是肯定能够）争取苏联领导人的合作。但是，甚至在那个时候，苏联也只是在其政治条件得到满足后，才会同意这样做：也就是说，苏联会要求建立对东欧各国的军事支配地位，而这是东欧各国政府本身不能接受的，而且西方盟国当时也不愿付出这样的代价。另一方面，在处置别国领土的问题上，纳粹就较少顾忌，它不反对给予莫斯科一些暂时的好处（同意苏联占领和并吞波兰东部以及波罗的海诸国），他们认为，只要粉碎了西方国家的抵抗以后，德国发动一次进攻就能够轻易地使苏联所获好处化为乌有。在这种情况下，斯大林选定了德国这张牌，在互不侵犯条约的秘密备忘录中同意了实际上与德国瓜分东欧的方案。或许可以说，他用这种办法推迟了势必要同希特勒兵戎相见的时间。他还赢得了一定的空间，可以在德国发起进攻的时候用来换取时间。此外，他在一个特别危险的时机，还成功地预先制止了日本对苏联的东部边境的任何进一步侵略。但正因为这同一做法，他也丧失了波兰、罗马尼亚以及波罗的海诸国的军队在适当的鼓励下，作为阻止德国的政治和军事扩张的辅助力量本来可能具有的宝贵作用。同时，斯大林突然改变了态度，也给他在全世界其他国家的崇拜者和追随者带来了极大的困惑。至于总的结局究竟是积极的还是消极的，这个问题将会引起长期的争论。

到1939年8月第二次世界大战爆发时，苏维埃政权已建立了22年。它给固有的俄国领土上的俄罗斯人和其他各族人民带来了巨大的变化。

1939年前，苏联领土上的人口从大约1.4亿人增加到1.7亿人（据推测，如果没有内战、政治迫害、人为的饥荒以及这一时期频繁发生的其他灾难，人口还会增加大约1000万人到2000万人），农村人口完全没有增加，城市和工业中心的人口增加了1倍以上。

农业仍然需要人口中的大多数投入他们的精力，但其所有制和管理方式都已彻底革命化了。俄国乡村的传统结构从根本上也被改变了。除极少数人，全体农民现在都受雇于国营农场，或事实上由政府控制的集体农庄。虽然增加了28%的人口需要吃饭，主要农作物的产量才刚刚超过1913年的水平。另一方面，政府征收了较高比例（从谷物总产量的15%增加到34%）的谷物收成供给城市消费。牲畜数目以及农业可以施用的畜力和肥料的总量，仍然没有从仓促地实行集体化所造成的灾难中完全恢复过来。显而易见，通过实行并坚持集体化制度，政府能够有权对现有的农业进行更多的控制，能够把占更大比例的农产品用来供应城市和军队，并且按照政府自己规定的价格而不是按照自由市场经营的价格来征购，虽然所付出的代价是它决定使俄国农业的总产量保持在较低的水平上。苏联共产党还有一点感到满意，且不论这给它多大安慰，那就是，它不论付出了什么代价，毕竟完成了农业生产过程的社会化，从而使广大农民群众第一次和它建立起一种在理论上符合马克思主义的目标的关系。

在工业方面，情况有所不同。不容置疑，在大战爆发前10年中，工业取得了给人印象深刻的巨大进步，从而为苏联的工业实力奠定了基础。有关统计资料既不充足又不可靠，因此，无法用来进行比较；但挑选诸如钢铁之类关键性指标来做推测，则从1927年以来的这一时期，平均工业增长率是12%—15%，工业产量增加了4倍。当然，工业增长是不平衡的。房屋建筑被忽视了，交通运输也是如此。总的说来，1939年的生活水平未必高于1913年。正如在即将来临的战争中所显示的，军事上自给自足的目标未曾完全达到，虽然这时已相差不远。从军事工业化的努力来看，30年代取得的成就是惊人的，而考虑到以下事实则更应做出这种评价：在革命以前的时期，俄国的工业化广泛依靠外国市场的长期贷款而取得 30 年代的成就，却几乎完全是依靠本国的财政资源。另一方面，从大量人口的死亡以及人民生活所遭受的困苦来看，为实现工业化所付出的代价也是巨大的，可以毫不夸张地说，牺牲了整整一代人的幸福才可能取得这个成就。这笔账绝不是单单用统计数字就能够算清的。

在文化和精神领域内，人民的生活也受到了深刻的影响。教育事业有了很大的进展（尽管我们应该注意到，假如沙皇统治最后几年中的教育发展趋势一直持续到现在，进展会更大一些）。教会在正规教育中的作用完全被摧毁了（即便在革命以前，教会也从来没有起过十分重要的作用），而政府还竭尽全力去消灭宗教信仰。但是，在城市中，或许有一半人口，在乡村中甚至为数更多的人在庆祝个人生活中的重大节日时，仍然采用宗教圣礼；为数较少但并非微不足道的一部分人，仍然去教堂做礼拜。

22 年以来深入的思想灌输，对人们的头脑也不是毫无影响的。人们广泛承认由政府占有并控制整个工业的社会主义制度是合乎理想和满足需要的。另一方面，对于大多数被强迫加入集体农庄的人们来说，集体农庄制度始终是丑恶可憎的。总的说来——在相当可观的程度上是由于大清洗造成的沮丧与幻灭的情绪——马克思列宁主义的意识形态正在日益失去它的魅力和神秘性。尤其是在年青人做出的反应中，它已经由一种振聋发聩、激励人心的新思想变成了一种显得荒谬可笑的国家宗教，越来越无力解答日常生活中出现的各种问题，特别是有关个人命运的问题。

22 年以来，无论是知识界还是艺术界，都不是没有才华横溢的人们在认真地做出努力；但正因为它们成了党内思想家关心和帮助的对象，艺术和科学各个部门的创造力都受到了抑制，其程度与它们受到党的理论家的注意与关照的程度恰成正比。纯科学的发展没有遇到十分严重的困难，因为它比较不容易从意识形态方面去加以解释；另一方面，社会科学却受到严重束缚，在某些情况下，几乎完全被毁掉。苏联文学在 20 年代多半仍保持着从 19 世纪以来那种异常的活力；但是，"大清洗"的精神与纪律对于文学的创造性是十分严酷的，迫使剩下的创造性大半转向地下文学。戏剧作为一种艺术表现形式，也一直保持着惊人的技巧力量，并深受人们的喜爱；但是，在30年代，戏剧创作理论和文学的其他专业一同遭殃，戏剧也同样遭受了损害。芭蕾舞几乎一直完全不受意识形态的干扰，作为苏联人民伟大的表现艺术，它仍然生气勃勃地发展；但是，甚至在这个领域里，由于大清洗逐渐扼杀了艺术家的主动精神，全部剧目也变得越来越刻板，演出也越来越带有拘泥传统形式的性质，而不再是活生生的艺术了。到了1939年，到处都可以看到苏联与国际社会的知识界和艺术界的主要潮流极度隔绝状态所造成的不幸后果，而在这些年中，这种隔绝状态随着独裁制度的严厉控制的加强而在程度上有所变化，但它总是超过了正常的必要限度，最后在大清洗中被弄到极端的程度，在近代欧洲文明的历程中，还找不出相似的实例。

总而言之，在第二次世界大战爆发的时候，苏联人民发现自己仍然处在深刻的社会和经济变革的过程之中。在许多方面，已经取得的进步给人留下深刻的印象，特别是这个国家凭借着几乎是超人的努力，取得了同时在历史上是第一次取得了军事上和经济上接近自给自足的成就。但是，这个成就使得人们的生活越来越受管制，最后几乎完全被控制起来。至于究竟付出了多少代价，不能仅仅从生活是否舒适安逸来衡量，还要看人民是否享有自由，特别要看人们是否觉得政府的目标与自己的利益相一致，要看人民与政府的关系是否亲密无间。随着独裁制度的强化，个人的本能、创造精神以及自信和自立的能力也按比例地丧失了。由于刚刚以令人憎恶的巨大规模实行恐怖统治，现在，迫使那些在政府权力控制下的人们自动服从，已经不是难事了；正如在最近的未来即将表明的那样，只有狂妄傲慢的敌人从外部进攻的这一挑战，才能再一次唤起这个伟大的和有才能的民族所具有的真正的团结精神，并在另一次伟大的民族事业中把他们天生的精力和热情与国家融为一体。

（徐式谷　译）

第 十 六 章
德国、意大利和东欧

就 20 世纪最初的 14 年而言，欧洲最富有生命力的政治社会乃是德意志帝国。德意志人虽然统一于俾斯麦策划的奇特的联邦格局之中，却显示了不同的政治发展水平，暴露了尖锐的社会分歧与冲突，不过，起主导作用的还是其向心倾向。普鲁士王国的疆域从亚琛直至梅梅尔①，从弗伦斯堡迄于卡托维兹，横贯新德国的整个版图。实际上，2/3 的德国人从法律意义上讲都是普鲁士人，而莱茵兰和西里西亚的煤田又都在普鲁士的疆域之中。普鲁士议会是按照三级选举制选出的，这就给富人以大得多的代表权并使他们得以从行政管理上对选举（这是间接选举）施加强大影响。西南部的巴登、符腾堡和巴伐利亚的议会则比较公正地反映了公众舆论；北部的城邦如汉堡、不来梅和吕贝克也是如此；而联邦帝国中仅次于普鲁士的大邦巴伐利亚则拥有特殊的权利，它作为居于少数地位的天主教徒②利益的主要代表而与柏林和北部信奉的路德教派抗衡。德国老百姓的生活主要依附于所在邦的权威，而不是帝国的权威，譬如：他要向普鲁士或巴伐利亚邦缴纳直接税，而只对帝国负担间接税。

帝国国会，即帝国下议院，是根据普选制由 25 岁以上的男子选出的。它只能与参议院（代表各成员邦）和皇帝一道制定法律。它可以批评，但不能控制政府的政策。1900 年的德国还是由一位专制君主统治的，由他任命帝国首相或宰相；宰相则只对皇帝负责而不对上、下议院负责，大臣们也不是议员。上层文官由地主阶级人士及其

---

① 即克莱彼达，在苏联立陶宛共和国现境内。——译者
② 在霍亨索伦帝国的全体居民中，约有 36% 信奉天主教。

门徒们担任；他们同样只对皇帝负责。历任宰相都做了一些努力以争取帝国国会议员的支持，但并非非如此不可，因为帝国国会并无限制帝国经费支出（如军费）的有效办法。比洛之所以于1909年夏辞职，不论当时说的理由是什么，其真正原因在于他和皇帝意见不合，而皇帝也是从个人好恶出发挑选了内务国务秘书贝特曼－霍尔威克来接任宰相。在前一年中，威廉二世对《每日电讯报》发表的言论招致了批评，这给了帝国国会一个显示自己力量的机会，但是国会却没有加以利用。

关于威廉二世的德国，能够指出的最大优点是：它是一个法治国家，在这里法治是有保障的。新闻界尽管为政府所利用，在法律上还是自由的，而官僚机构和司法机关是廉洁公正的。1907年发生的马克西米连·哈登一案是一个说明问题的例证。哈登是德国社会所鄙视的那种犹太新闻记者，他在自己办的报纸《未来报》上攻击皇帝的朋友们对朝政施加了恶劣的影响，因为他们搞同性恋爱。这些人，奥伊伦贝格亲王和柏林城防司令库诺·冯·毛奇伯爵，控诉他犯了诽谤罪。哈登在第一审时却获得胜诉。

另一方面，这个法治国家却一直受到俾斯麦和比洛等居心叵测人物特别是威廉二世的威胁。虽然宪法给了皇帝如此巨大的权力，皇帝并不认真重视宪法；看来，他对决斗的结局比对法官的判决更感兴趣。他使德国人熟悉了喧嚣的暴力恫吓和拜占庭式的态度；他说话的口气总是：凡是政敌就应该加以迫害。在他周围的亲信当中，常常嘲笑帝国国会是"清谈馆"，而且不时地打算要发动一场废除帝国国会的政变。

皇帝的权力部分地依赖于军队的特权地位；陆军总参谋部实际上从未接受文官对军事政策的控制，正如他们不接受文官对军费（这总是得到保证的）进行控制一样。军官们不论职务高低都通过门阀关系与大地主、大官僚联系在一起。事实上德国人每人都必须服军役，这就使他们直接体会到军官阶层的力量，并使军官们同他们所指挥的人当中的个别的社会主义者有过一些接触。

1870年以来，德国迅速地而且越来越快地实现了工业化，这使人口日益增加并不断流动，把这个以农业为主的国家变为明显的工业国家。城镇人口占全人口的百分比从1890年的47%增加到1900年的

54.3%和1910年的60%。新兴的工业老板们想方设法与旧有的统治阶级联成一体，因此后者的力量看来不是削弱而是加强了。大学是国立机构，它们在技术上的价值得到了人们的承认；其中绝大多数的教授在20世纪初年都怀有强烈的民族主义情绪，因此是现存社会秩序的拥护者，而学生们则为各个学生组织所左右。许多这类组织，除了有酗酒作乐，动辄以所谓受到侮辱为由而挑起决斗等陋习以外，对谄上欺下的人们具有极大的价值；这些组织还具有强烈的民族主义情绪，多数是反犹太主义的；它们认为信仰社会主义简直就等于叛国。因此，在许多大学城内，学生组织和新兴的社会主义工会之间常常发生冲突。官僚机构的职务大都由这些学生组织原先的成员充任；一个人如果想在以后得到一个好职务，就必须在脸上具有学生时代决斗留下的伤疤。有一些青年人对统治阶级的严格组织和僵硬传统进行了浪漫主义的反抗，他们加入了青年运动，在各地漫游。这符合所谓"新艺术"的精神（德文叫作"青年式"），却出人意料地毫无结果："回到大自然去"看来并无出路。

人所共知：俾斯麦曾想用一定程度的社会保险来收买新的产业工人阶级，同时竭力镇压那些胆敢提出更高要求的工人领袖。他的做法在实践中加深了阶级之间的鸿沟，驱使不平的人们转向马克思主义的社会主义：德国社会在他们看来明显地证实了关于阶级斗争的教条。1900年的工厂工人仍然受到类似新兵的待遇，像煤炭大王埃米尔·基尔道夫这样有权有势的老板还在极力摧残莱茵兰的工会活动。

克虏伯在埃森的巨大钢铁企业是按照家长制原则组织起来的；与洛林铁矿紧密联系的萨尔煤矿则由被称为施杜姆老王爹①的一位男爵所主宰，他死于1901年。萨尔的矿工们想要结婚都必须经过他的同意，简直如同他的农奴一样。在西里西亚煤田，许多工人是受人鄙视的波兰人，他们已经开始对德国人的统治愤愤不平。1903年，科尔法狄作为矿城卡托维兹的波兰工人代表而当选为帝国国会议员，说明了上述的新情绪。德国东部的工作条件，无疑要比西部差，于是人口

---

① 严格地说，他的名字叫冯·施杜姆－哈贝格男爵，是国会议员和普鲁士贵族院议员，对威廉二世颇具影响。

不断地向西部的莱茵兰流动，还有相当数量的人移居海外。德意志帝国的人口在1900年为5630万人，到1914年增加到将近6700万人。虽然按照多数标准来衡量，德国还不如英国富裕，但是在经济发展上却比英国更快。德国统治阶级表现得傲慢而自信，并津津乐道德意志种族的优越性，也就毫不奇怪了。有意思的是：像冯·施皮蔡姆贝格夫人这样明智而正直的人竟会对豪斯顿·斯图尔特·张伯伦于1899年发表的《19世纪的基础》一书如此印象深刻；柏林的犹太人和文化人所持的批判态度使她更加感到惴惴不安。①

然而，在1900—1914年间，统治阶级慢慢地、时多时少地丧失了人心；他们的力量从而遭到削弱。还在1890年俾斯麦下台的时候，社会党获得的选票就比其他任何政党都多，虽然由于选区仍按旧时办法划分，该党在国会中仅得到35席；当时，天主教中央党取得了大多数议席。从那以后，社会党和中央党这两个大党如果共同投票反对政府的话，就能够表现出反对派在数字上（即使不是在政治上）的力量。从1890年选举到1912年选举，中央党平均拥有100个议席，而社会党于1912年在国会总共391席中赢得了110席，成为第一大党。在此期间，一般约有40名进步党议员和代表丹麦人、阿尔萨斯人和波兰人的大约30名议员也对德国政府持敌对态度。但是，进步党人对社会党疑虑甚多，尽管社会党自从艾伯特于1906年担任书记以来，甚至在更早的时候，其主流已经表现出修正主义的倾向。这样，在国会里，以及更谨慎一些在报刊上，就有可能，实际上也经常对政府进行批评，而且这种批评的影响日益扩大。尽管如此，整个制度仍然十分有害，因为进行批评不等于担负职责；而那些希冀保持当局宠幸的人绝不愿进行批评，就更说明问题。

如同在匈牙利②一样，德国的教育只能用官方语言来进行。这使西普鲁士（波兰人称为波兹南尼亚和波莫瑞）大约300万波兰人和西里西亚的波兰人离心离德。德国人认为波兰人是劣等民族而加以鄙视。不仅如此，根据1886年和1908年的决定，还派去了德国移民把他们和俄国境内的波兰人分隔开来。而在毗邻的奥地利，波兰人却是

---

① 《施皮蔡姆格男爵夫人的日记》（1960年），第403页。
② 见原文第477页。

受到优待的少数民族。因此，到了1914年，德国人与波兰人之间的关系问题已达到了一触即发的程度。

一　1900—1914年的奥匈帝国

在德国的南面和东南，是哈布斯堡王朝的领地，1900年，由一位70岁的老人在统治。从1867年以来，奥地利在行政管理上与匈牙利大相径庭。当局在奥地利境内勉强给予非德意志人（主要是斯拉夫人）以某些权利，其中首要的是在受教育和在法庭上受审时使用本民族的语言的权利。1907年，当时的总理大臣冯·贝克男爵结束了由选举人团选举帝国咨政院的代表院的制度，这种叫作库利伊（curiae）的选举人团给了德意志选民很大的优势。贝克把选举权实际上给了所有24岁以上的男子，并重新划分选区，使之与民族成分相适应，而不是各民族混杂交错。在一段时期里，奥地利的德意志人并未觉察到自己已经居于日益缩小的少数民族地位，但是，新的选举制显然表明：奥地利的主要人口是斯拉夫人。最为兴旺的斯拉夫人集团是波希米亚和摩拉维亚的捷克人，他们在布拉格拥有自己的大学，并要求在摩拉维亚的布尔诺再建立一所大学。1905年的摩拉维亚妥协案曾规定德意志人和捷克人大体上按照比例代表制选举摩拉维亚议会的议员。而捷克人和德意志人在波希米亚却彼此不能达成类似的妥协，这一点在1900年便已是十分不妙的了，因为波希米亚在许多方面都对王朝极为重要。在奥地利全境（不算匈牙利），此时大约有900万德意志人；而在波希米亚和摩拉维亚共有大约600万捷克人和300万德意志人；仅就波希米亚而言，德意志人占人口的1/3以上。

奥地利还拥有加里西亚的波兰人（约为425万人），东加里西亚和布科维纳的路西尼亚人、乌克兰人和俄罗斯人（共有325万人以上），施蒂里亚和伊斯特里亚的斯洛文尼亚人，达尔马提亚的克罗地亚人；此外，在特兰提诺、的里雅斯特、伊斯特里亚还有不到100万的意大利人，在达尔马提亚也有一些意大利人。1907年选出的议会颇像一个各民族的联邦议院：甚至有两名俄罗斯民族主义议员，一名犹太复国主义议员和一名犹太民主派议员。只有基督教社会党和社会民主党这两大党竭力超脱于种族斗争之外并保持德意志人在党内的主导地位。值得注意的是：奥地利议员长期以来是领取薪俸的[①]，这在德国或匈牙利都是闻所未闻的事。

除了给予各种族集团以社会的和法律的权利（如果不总是在实践上最少也是在理论上如此）以外，奥地利的统治方式与德国的相差无几：弗兰茨·约瑟夫皇帝任命主要的大臣，这些大臣也只对皇帝负责。维也纳咨政院[②]如同柏林的国会一样可以批评时政；新闻界也多少有些自由，但是在一定程度上受到罗马天主教会的强大影响的制约，而教会则与王朝紧密联系在一起。行政机构的效率不如德国，但由于种族情况的压力而使它较为宽容。除了朝廷和相当混杂的贵族的狭小天地之外，总的气氛也比德国更为寒酸和卑屈。

在来塔河的彼岸，弗兰茨·约瑟夫虽是匈牙利的国王，实行的却是一套截然不同的制度。不管人们在家里讲什么语言，德语、斯洛伐克语还是罗马尼亚语，他们都被迫用马扎儿语来受教育和在法庭上受审，只有克罗地亚—斯拉沃尼亚地区例外。非马扎儿人可以有一定数量的教会小学，但是在1900年，这些小学数量日益减少或者逐渐失去它们的独立性。正如在维也纳可以经常听到人们说德意志人在波希米亚对待捷克人的顽固态度将会毁掉哈布斯堡王朝一样，人们也为了同样的原因哀叹马扎儿人的政策。被迫讲德语至少还有实际用处，而被迫讲马扎儿语则毫无用途。人所共知，王储弗兰茨·斐迪南大公对匈牙利人的态度十分不满：从血缘上讲，他只是部分地是那不勒斯波旁王族的后裔，而在观点上则与波旁王族基本一致。他所谴责的，既是马扎儿人对促进帝国分崩离析所起的作用，又是他认为的马扎儿人对王朝的桀骜不驯的态度。

如同德意志人在奥地利一样，马扎儿人在匈牙利也是一个少数民族，但是由于他们推行马扎儿化政策，这个少数民族在慢慢地增长，尽管非马扎儿人的出生率一般都较高。因为只有在人数很少而且绝大多数是马扎儿人的选民区才行使选举权，也由于投票是公开进行的，并利用警察恫吓选民不得支持非马扎儿人的候选人，因而布达佩斯议会成员的绝大多数都是匈牙利人。

[①] 即使在奥地利实行这种做法很久以后，俾斯麦仍特别反对给议员发放薪俸。
[②] 1907年，奥地利的帝国咨政院被赋予立法权，但事实上，帝国政府在其存在期间一直都用特殊条款形式独立地制定法律。

第十六章 德国、意大利和东欧

圣斯特凡王冠①的非马扎儿人臣民主要是一些德意志人和犹太人（他们大都居住在为数不多的城镇、特别是在布达佩斯）以及斯洛伐克人、路西尼亚人、罗马尼亚人、塞尔维亚人和克罗地亚人。后两类人语言相通，但宗教不同，他们在古老的克罗地亚王国境内享有相当广泛的合法的自治权利。布达佩斯和萨格勒布之间的关系在1904—1906年之间有一段短暂的和缓时期之后又趋于紧张：克罗地亚人又回到他们指望维也纳的支持的传统，现在更超越维也纳而指望得到布拉格的支持。斯洛伐克人、路西尼亚人和罗马尼亚人多是些贫苦农民，往往目不识丁，常常迫于贫困而并不在乎自己的种族身份。然而，马扎儿统治阶级的政策并不能阻止捷克人对一些斯洛伐克领导人进行一定的鼓励，因为斯洛伐克语与捷克语几乎完全相同。这种政策也无法阻止雷加特王国的罗马尼亚人慷慨解囊，寄钱给特兰西瓦尼亚的罗马尼亚人做教育经费。

奥匈帝国不仅在民族国家林立的欧洲越来越显得反常；它本身的二元性就使散居于奥地利和匈牙利的斯拉夫人与拥有大庄园、常常控制工业的德意志或马扎儿统治阶级之间的分裂更加突出。斯拉夫人滋长着一种在社会上受迫害的不满情绪，使阶级对立和民族对立结合在一起。社会主义的潮流方兴未艾。因此，只要斯拉夫人的领袖们愿意，他们可以随时把斯拉夫各民族的解放与伸张社会正义联系起来。奥匈帝国的二元制度之所以危机四伏，还由于奥地利相对自由的统治与1900年至1914年间想在匈牙利实行类似做法所遭到的明显的失败形成了对比。几乎具有讽刺意义的是：在贝克对选举权实行改革以后，在奥地利的不到10万罗马尼亚选民选出了5名帝国咨政院的议员作为自己的代表。而在匈牙利议会里，特兰西瓦尼亚和巴纳特的几乎300万罗马尼亚人仅有16名议员——其中之一是茹利乌斯·马纽。（当然，维也纳议会有516名议员，而布达佩斯议会只有453名。）在维也纳，至少在理论上说，罗马尼亚议员还可以用罗马尼亚语发言；而在布达佩斯则禁止这样做。

自然，事情并不像种族主义宣传家所说的那样简单。在奥地利境

---

① 圣斯特凡（975—1038年）是1001年起任匈牙利国王的第一个人，因此圣斯特凡王冠被用来指匈牙利的任何君主，此处即指哈布斯堡王室。——译者

内,同是斯拉夫人的波兰人和捷克人,部分地由于社会的原因而不能友好相处。帝国的许多南部斯拉夫人在1908年以前并不认为自己和塞尔维亚人有什么同胞情谊。在奥匈各地都有许多农民,以及店主阶级和贵族,认为弗兰茨·约瑟夫的统治是一种不可避免的,而且是可以接受的传统;他们的神父们鼓励他们持这样的态度,并对城镇上的社会主义"卖国贼"提出的相反说法嗤之以鼻。在匈牙利,社会党自然而然地是个弱小的党,但在奥地利却有81名社会民主党人于1911年当选为议员,并左右了维也纳的局势。有意思的是:奥地利社会党的许多领袖,包括维克托·阿德勒本人都有着强烈的民族主义的政治基础。而德国社会党领袖们在1933年以前从来都没有这种情况。

奥地利在经济上落后于德国。维也纳的工业十分发达,在波希米亚、摩拉维亚和一直延伸到巨大的西里西亚煤田区域的奥属西里西亚也是如此。施蒂里亚的铁矿也很重要。然而,依赖土地生活的奥地利人口比例,从1900年到1914年间却显著地高于德国。许多农民,不论是否德意志人,都拥有自己的小农场,但是奥地利的贵族(诸如施瓦岑贝格这样的家族)却拥有巨大的庄园,而以波希米亚和摩拉维亚为最甚。匈牙利在各方面都落后得多。布达佩斯是唯一的大城市和工业中心。匈牙利的显贵们(最大的地主是埃斯泰尔哈吉家族)和乡绅们拥有土地,而许多农民则是无地的劳动者,过着悲惨的生活——他们生活得跟农奴一样,却和土地分离。匈牙利人经常反抗他们与奥地利的联合。有时,他们抱怨在帝国和皇家军队①里使用德语发号施令。但是,他们最经常抱怨的是实际上开始于1850年的关税联盟。他们说,正是这一关税联盟阻碍了匈牙利工业的发展。不过,借助于犹太人的资本和干劲,匈牙利的工业在1914年以前还是有所发展,城市人口占总人口的比例也增加到25%左右。从1900年到1914年,奥地利和匈牙利的人口总数从4500万人增至5000万人左右。回顾起来,这个二元帝国值得称赞之处,正在于它在多瑙河流域为这样众多的人口建立了一个免征关税的地带。

贝克在奥地利实行改革之后的第一次选举刚刚结束,1908年7

---

① 帝国和皇家两个字在德语中都以K开始,所以人们把它简称为"K和K"。

月爆发的青年土耳其党革命就震撼了整个东欧。波斯尼亚以及黑塞哥维那从1878年以来即由哈布斯堡王朝的官吏进行治理；如今于1908年10月，奥匈帝国的外交部和总参谋部决定立即兼并波斯尼亚。这个地区虽然十分贫困，但大多数居民却是塞尔维亚人和克罗地亚人，因此，兼并这个地区被斯拉夫人认为是德意志人和马扎儿人对塞尔维亚和南部斯拉夫人的公然侮辱。实际上，布拉格从此之后才成为南部斯拉夫人的中心，并纷纷谈论将来应建立某种南部斯拉夫人的国家；这样，波希米亚的德意志人对捷克人又有了新的不满。斯拉夫政治领袖们对哈布斯堡王朝的忠诚动摇了；捷克人中间的亲俄倾向加强了。连德意志帝国的外交家们多年来也在谈论奥匈帝国的必然解体，某些居住在奥地利的德意志人甚至希望被德国兼并。奥地利对波斯尼亚的吞并加上俄国随后显然予以默认，使那些野心勃勃的德意志人认为奥地利不但不会瓦解而且可以扩张。扩张就是最好的选择。这种扩张思想与由德意志人主宰中欧的思想融合在一起，连德国牧师兼政论家弗里德里希·瑙曼这样开明的人士都宣扬这种设想会为社会进步提供最好的经济基础。

二 巴尔干半岛

19世纪的民族主义理想到20世纪初仍未实现，这不仅在奥匈帝国和分属德、俄的波兰是如此，而且在整个巴尔干半岛也是如此。的确，要在巴尔干实现这些理想就只能牺牲二元帝国和土耳其帝国的利益。土耳其当时由臭名昭著的阿卜杜勒·哈米德统治，虽然多年来一直在退缩，但仍然主宰着巴尔干和北非；在理论上，土耳其人还统治着波斯尼亚和保加利亚。由于克里特的局势动荡不安，也因为马其顿还在土耳其统治下，希腊人群情激愤、极为不满。马其顿是巴尔干半岛上的一个棘手的问题；这里，各民族混杂交错，都想成为主宰。南部是希腊人，西部是塞尔维亚人和阿尔巴尼亚人，北部有一些罗马尼亚人，而到处都有一些散居的土耳其人。保加利亚人认为马其顿最大的居民集团是保加利亚人；自从1878年签订了随即失效的圣·斯蒂法诺条约以后，保加利亚便认为马其顿理应归它所有。1893年成立了最为著名的马其顿民族主义团体，恐怖主义的"马其顿国内革命组织"（简称 I. M. R. O.）来与土耳其人进行斗争。1903 年，奥匈帝国和俄国在米兹泰格就马其顿行政改革方案达成协议；其他列强和土耳其人一起支持他们。

由于土耳其的统治，巴尔干半岛贫穷落后、交通不便。除了罗马尼亚蕴藏石油以外，半岛上还有重要的金属矿藏，然而 20 世纪初年取得的任何经济进步，都是靠了奥地利或德国投资者和技术人员的努力。德国人在罗马尼亚的油田上十分活跃——这实际上是德国"向东方挺进"的一部分。塞尔维亚人、保加利亚人和希腊人在经过土耳其征服而幸存下来以后逐渐成为自由农民；只有罗马尼亚保存了大地主贵族；1907 年，农民们曾举行起义，但遭到了镇压。

由于和居住在奥匈帝国的塞尔维亚人、克罗地亚人以及稍远一些的斯洛文尼亚人有着亲属关系，居住在塞尔维亚的塞尔维亚人便成为吸引南部斯拉夫人的主要中心。1903 年，在前国王和王后惨遭谋杀之后，贝尔格莱德恢复了卡拉乔治维奇王朝，以表明自己具有更大的民族独立性。

然而，到了 1908 年 7 月，不是居住在巴尔干的斯拉夫人，而是土耳其人自己举行了一次革命。一些自称"青年土耳其党人"的军官终于迫使苏丹承认早已被他抛诸脑后的宪法义务。同时，青年土耳其党人还感染上斯拉夫人的民族主义，而不再采取以前那样的立场；土耳其人不再打算坐视敌对的民族主义侵蚀他们的权力；他们开始从一个野心勃勃的土耳其民族出发来考虑问题。在这种情况下，保加利亚的沙皇迅速宣布独立，而克里特则于 10 月宣布与希腊联合。[①] 前已表明，奥匈当局与此同时决定公开并吞波斯尼亚及黑塞哥维那，而马其顿却被列强弃予土耳其人。俄国政府尽管十分讨厌巴尔干的革命分子，却经不起在泛斯拉夫知识分子中丧失威信，它不得不接受哈布斯堡王朝对波斯尼亚的兼并。然而，在所有斯拉夫同情者当中却流传着这只是以退为进的说法。总而言之，一方强烈亲德意志、亲马扎儿或亲土耳其，另一方则强烈亲斯拉夫，双方的感情冲突激烈异常；其后果演变而成两次巴尔干战争和随即发生的第一次世界大战。

在巴尔干国家中，不能简单地以德意志—斯拉夫冲突划线的例外

---

① 这一点只是到了 1913 年才以条约形式得到承认。

情况是罗马尼亚和希腊,这两个国家都以不属于斯拉夫民族而自豪。罗马尼亚尽管激烈反对马扎儿人压迫特兰西瓦尼亚境内的罗马尼亚人,但对于俄国的斯拉夫人以及由于边境争执而对保加利亚人都怀有强烈的反感。这样一来,罗马尼亚就有可能和得到该国霍亨索伦王朝赞同的三国同盟建立联系。不仅希腊人在马其顿与塞尔维亚人和保加利亚人都有冲突,而且塞尔维亚人和保加利亚人尽管在各个方面都极相近,却不断地相互争吵。阿尔巴尼亚人又与所有的集团在种族和语言上均不相同,这使矛盾更为加剧;作为一个种族集团,阿尔巴尼亚人为数最少,仅仅有100万人左右。

在意大利人于1911年在利比亚打败土耳其人之后,塞尔维亚与门的内哥罗、保加利亚和希腊一起攻击土耳其;其实还是门的内哥罗这个偏僻的塞尔维亚人前哨率先于1912年10月宣战的。土耳其人几乎被彻底从欧洲赶了出去。胜利者之间的争执,使得塞尔维亚人和希腊人这次在罗马尼亚人的支持下,于1913年进攻保加利亚人。这在第二次巴尔干战争中,土耳其人总算把版图恢复至马里查河一线,但也仅此而已。克里特永远归并于希腊。这样,巴尔干国家终于使半岛获得了自由,但谁也没有心满意足。保加利亚人拒绝承认塞尔维亚对马其顿大部分地区的征服;另一方面,奥匈帝国坚持于1913年建立一个阿尔巴尼亚人的民族国家,以阻止塞尔维亚扩展到巴尔干的西海岸。德意志—斯拉夫矛盾的爆发并没有推迟,反倒迫近了,因为扩大了版图的塞尔维亚对于哈布斯堡统治下的波斯尼亚又为哈布斯堡保护下的阿尔巴尼亚所加强一事,更加感到愤恨不平。

三 1900—1914年的意大利

意大利于1896年在阿比西尼亚遭到惨败,又于1898年发生了政府与百姓之间的危险冲突,在米兰尤为严重。此后,随着20世纪的到来,意大利进入了和解与繁荣的时期。当一名无政府主义者为了给1898年的平民死伤者报仇而于1900年刺死国王翁贝托的时候,继位的国王维克托·伊曼纽尔三世,看来能够打开新的局面。1901年2月,开明激进派扎纳德利被任命为首相;他的得力助手就是内务大臣乔瓦尼·焦利蒂。在意大利当权人物中,这两个人最早表现出对意大利社会的新问题的理解。意大利国王对政府的控制,不像德国和奥地利的皇帝那样彻底,而扎纳德利和焦利蒂这样的人强调了议会的权力——他们本身就是议员并依赖议会多数的支持。

在前10年里,尽管缺乏煤铁资源,意大利北部的现代规模的工业化业已开始。米兰已成为巨大的工业中心,也是意大利的金融、商业首府。1899年在都灵创办了菲亚特汽车工厂,从而改变了都灵的面貌。热那亚港由安莎尔多公司进行了扩建。人口在恶劣的条件下迅速增长。工业利润为富人们所独占,而财政制度也极不合理地偏向富人。虽然选举权从王国创立以来略有扩大,仍然只是比较富裕的阶层才能选举议会的议员。新兴的产业工人阶级在1900年的人数[①]即使在北部也还是少于从事土地耕种的人口,他们没有任何政治的或社会的权利。但是,他们得到了一群知识分子的支持,这些知识分子于1892年在社会问题还来不及成熟时就已经建立了一个马克思主义的社会主义政党(意大利社会党)。

扎纳德利和焦利蒂并不是社会主义者,但是他们感到了意大利社会制度的不公正并对有产阶级僵硬的保守主义表示不满。焦利蒂于1903年接替扎纳德利担任首相,并在意大利参战之前几乎没有间断地一直治理着这个国家,他首先是个心慈手软的机会主义者。他认为最好的办法是通过改善社会状况、扩大选举权来把新兴的工人阶级融合为立宪国体的一部分。20世纪初期意大利的主要社会主义领导人,诸如菲利波·屠拉梯、伊瓦诺埃·博诺米和莱奥尼迪·比索拉蒂等人,都赞成实行温和的社会改革,以便使工人阶级的地位得到改善而能争取进一步的成果。因此,他们在相当大的程度上愿意和焦利蒂的做法配合。就实际情况而言,意大利国体就这样变得不仅仅是立宪制,而且还自由化了;另一方面,尽管每个城市都有民选市长和自治机构,由于内务大臣任命郡长进行统治,意大利仍然是个过于集中的国家。

意大利在1900年的一个重大问题是国家和罗马天主教会之间的关系,这是因为意大利的绝大多数公民都是天主教徒。新兴的意大利对待梵蒂冈不可谓不宽容大度;然而,历届教皇却拒不承认这个王

[①] 实际上大约占总人口的35%。

国,反倒予以谴责。从理论上说,在教的天主教徒被禁止参与这个世俗国家的生活,然而凡是有选举资格的教徒显然大都参加了投票。在20世纪的初期,许多天主教徒实际上都批评梵蒂冈的政策。那些对社会变化做出反应的教徒,认为教会应该和社会党人竞争,以争取工人阶级的支持,把工人们从社会主义无神论的邪恶中拯救出来。有一个叫作"现代主义者"的教会团体认为天主教教义不应当一成不变,而应该适应社会的发展。教皇庇护十世于1903年当选后不久即谴责了"现代主义者";然而,他决定从根本上修改教皇在参加投票问题上所拥有的否决权。此后即由各主教决定他们管区的教徒是否应该参加投票;随之做出的决定日益趋向于准许参加。

1911年,焦利蒂实行了选举制度的改革,将选民人数由300万人增加到800万人。接着于1913年进行的大选中,天主教徒的选票显然最为重要。因此,本性反对教会人士的焦利蒂与天主教选举联盟的首脑简蒂洛尼达成了妥协:按照一项以后者的名字命名的协定,焦利蒂的许多追随者都许诺反对离婚和资助天主教学校,以争取天主教徒的选票。虽然梵蒂冈与意大利政府之间还没有和解的前景,焦利蒂希望将天主教徒也"融合"为立宪国体的一部分。

在焦利蒂时代(这是战前这段时期在意大利的称呼),也出现了激烈反对焦利蒂所做的合乎常情的妥协的情况;特别是因为他的种种妥协交易在意大利南部导致了骇人听闻的贪赃枉法现象,这种反对态度就更趋激烈。在北部日益繁荣的同时,南部不但没有前进反而越来越倒退;1908年在墨西拿发生的可怕地震,突出地暴露了南部的极端贫困。历史学家萨尔韦米尼开始领导一场把焦利蒂视为腐化者加以反对的运动;同时,他呼吁给予他的出生地意大利南部①以援助。在社会党方面,以拉萨里和墨索里尼为首的极端派于1912年在勒佐艾米利亚举行的党代表大会上击败了温和派领导人;此后不久,墨索里尼成为社会党的主要报纸《前进报》的主编,用它来抨击焦利蒂的机会主义。在另一极端,兴起了一个民族主义的新党,它反映了对焦利蒂的广泛的厌倦情绪并要求执行敢于进取的外交政策;对土耳其作战只不过标志着一个开端而已,这场战争给意大利带来了利比亚和多

---

① 他的妻子和孩子们全都在墨西拿地震中丧生。

德卡尼斯群岛。新民族主义通过诗人邓南遮和未来派作家马里内蒂与当时的文学艺术运动建立了联系。正是在1909年，马里内蒂在一家巴黎报纸上发表了他的第一个《未来派宣言》；他的先锋派主张当时在意大利取得了出人意料的影响；只要他的主张保持其沙文主义和好战黩武的特点，这种影响就肯定会存在下去。

当战争于1914年夏天在欧洲爆发时，意大利虽然多年来和同盟国结盟，却早已秘密地与法国达成协议：正是这一协议才使得利比亚战争有可能进行。1914年，焦利蒂和温和派社会党人奇怪地与总参谋部和梵蒂冈站在一起，都反对参战；而后两个势力中心实际上却是亲德的。民族党却同样奇怪地与萨尔韦米尼这样的亲法激进派结伙，希望站在协约国一边。1914年秋天，墨索里尼创办了一家主张参战的社会党报纸。1915年5月，在协约国于伦敦密约[①]中以领土作为贿赂以后，意大利遂对奥匈帝国宣战。

四 第一次世界大战的后果

在奥匈帝国，特别是在德国，大战最初几年最为直言无忌的意见认为，德意志人将主宰多瑙河流域、整个波兰（或许可以给予它某种区域自治）、波罗的海诸省，大概还有富饶的乌克兰，从而完成创建大德意志世界强国的宏图。1917年俄国的两次革命和1918年3月的布列斯特—里托夫斯克条约只不过是证实了这些看法而已，尽管平民因食物短缺而为战争付出的代价已达到难以忍受的程度，而奥匈帝国正在分崩离析之中。1916年以后，德皇实际上已让位于代表旧统治阶级沙文主义的军事领袖兴登堡和鲁登道夫。然而，对此持反对态度的国会各党派却在暗地里扩充实力。中央党、社会党和进步党极力主张在普鲁士进行选举权的改革以维持公众的士气，同时为实现没有兼并的和平而努力；1917年7月，一名叫埃尔茨伯格的中央党议员提出了一项具有这种措辞的和平决议并获得通过。俄国的军事崩溃使得德国统治阶级趾高气扬、不可一世，而俄国革命却深刻地震撼了所

[①] 这项条约是在1915年4月26日签订的，协约国许诺给予意大利特兰提诺、的里雅斯特及伊斯特里亚、达尔马提亚（不包括阜姆、斯普利特和拉克萨，但包括亚得里亚海中的岛屿），并让它实际上占有阿尔巴尼亚。

有的斯拉夫人民,从而增添了奥地利政府的忧虑。不仅如此,就在俄国革命发生之前不久,老皇帝于 1916 年 11 月死去,留下年轻而缺少经验的查尔斯收拾残局,何况他还没有老皇帝那有着连鬓胡子的威严仪表可资借重。

在意大利,1917 年 10 月的卡波来托大败使人们大为震动,要发奋图强,国家的士气得到了恢复。随着奥匈帝国的瓦解,意大利成了胜利者的角色:昔日意大利民族统一党收回的里雅斯特和特兰提诺的目标实现了,蒂罗尔的南部直至布伦内罗山口并于特兰提诺,而且伊斯特里亚、扎那和亚得里亚海的几个岛屿(虽然开始时还不包括阜姆)也并于的里雅斯特。于是,意大利就有了一个大约 25 万人的讲德语的"少数民族"和一个 50 万人左右的斯洛文尼亚和克罗地亚少数民族。这些异民族自然不会减少意大利现已束手无策的社会问题。

大多数意大利农民,尤其是南方农民,在战前从未想到他们的北方同胞的生活水平会有多高;像俄国农民和马扎儿农民一样,他们也带着新的思想返回了家园。社会党领导人特别为俄国革命所振奋。与他们相敌对的是民族党和邓南遮的追随者:这些人因为意大利未能得到更多的领土而愤怒万分。然而,在 1919 年 11 月举行的战后第一次选举中,与法国和英国的"卡其"大选①不同,意大利的社会党和天主教的人民党得票最多。尽管经济困难严重,这个国家在 1920 年看来在新的一届焦利蒂政府的领导下安定下来了;新政府立即把邓南遮从他于 1919 年 9 月夺取的阜姆驱逐出去。可是在 1921 年,社会党的地位大为削弱。它的左翼分裂出去组成了新的意大利共产党,而工业上的经常罢工又惹恼了非社会党的公众,使民族党和其他右翼党派大为得利。1915 年的左翼参战派墨索里尼在 1919 年 3 月建立了一个他称为法西斯运动的组织。墨索里尼逐渐看出:和民族党联合起来会增强他的力量;他越来越多地接受退役军人流氓集团的支持,这些人激烈地反对马克思主义并乐于从某些实业家那里拿钱,替他们吓唬或殴打社会党人。1922 年,意大利的局势迅速恶化,国王及其顾问们一筹莫展,竟然在 10 月间邀请墨索里尼出任首相,而墨索里尼的黑衫党徒们此时正在威胁着罗马。墨索里尼组成了由所有大党(包括社

---

① 这些选举由于穿黄卡其军衣的复员军人起了重大作用而被称为"卡其选举"。——译者

会党）共同参加的联合政府。直到1925年1月他才仿效列宁的榜样，建立了只有法西斯党人担任部长的一党制国家。看来没有理由认为，他在1922年10月就想到这样的结果；尽管如此，1922年10月成了一道分水岭。对于一切反对自由政体的人们来说更是如此。在1924年，马泰奥蒂仍有可能指责墨索里尼的恐怖主义选举手段；可以说，马泰奥蒂差一点就取得了胜利，他于6月份被谋杀一事几乎导致墨索里尼垮台。事态的发展既然未能使墨索里尼下台，便反倒促使他建立起彻头彻尾的法西斯统治。

法西斯主义对意大利的统治，结束了一切自由权利。它对教育和艺术灌输了沙文主义和貌似好战的基调，加强了意大利行政管理上的过分集中。它的经济成就并不惊人；它强调了意大利经济政策的保护主义性质，却未能使意大利自给自足，例如小麦就不能自给。法西斯实行反犹太主义则是后来的事；它与天主教会达成协议、签订了1929年的拉特兰协定；它保存了君主制和根据1848年法令建立的参议院。它甚至容许贝内戴托·柯罗齐继续出版他的刊物《批评》而很少加以干涉。

在1918年春季德军的攻势遭到失败而美国站在另一方参战的影响日益明显以后，德国军方领导人便在夏末时命令文官们谋求和平。安抚协约国方面和平息本国愤怒的舆论的任务落到了埃尔茨伯格及社会党人艾伯特和谢德曼这些人身上。鲁登道夫化装出走瑞典，德皇避难荷兰，其他的德意志王室也作鸟兽散。受他们鄙视的工会领袖和天主教徒留下来主持一切，战败的军队将士返回了饥饿的家园，革命言论广泛传播。马克思原来曾预言先进的工业化德国将成为共产主义革命的摇篮。列宁在得到德国军方的帮助回到俄国以后，也总是认为一个共产主义的德国即将出现。然而，尽管德国社会受到深刻震动，尽管旧有的信仰似乎全部破灭，却没有发生根本性的社会变革。没有剥夺地主和实业家的财产，只不过在战败国地位所容许的范围之内进行了实现1848年的政治梦想的尝试：其结果就是魏玛宪法。如同当时的多数新宪法一样，它规定了20岁以上男女的普选权——普鲁士也不例外——以及比例代表制，从而对缺乏经验的选民们提出了新的要求。总统由人民选举，政府却由同一批人民选出的国会来任命或撤换。首次设立了一名帝国内务部长——帝国这个含混的词仍然存在——尽管掌握普鲁士警察的普鲁士内务部长权力更大。

凡尔赛和约,至少在经济方面是苛刻的。德意志民族主义分子,旧有的统治阶级和他们在农民、店主中的支持者,利用所谓的"凡尔赛霸约"来使魏玛共和国的自由主义名誉扫地;由于兴登堡和鲁登道夫逃避责任而承担起战败重责的文职人员,如今却被指责是"在背后捅了德国军队一刀"。在骄横傲慢的德国前统治者及其支持者和那些希望按照20世纪情况实现政治和社会正义的正直而胆怯的人们之间,本来就横着一道鸿沟,这一弥天大谎使它得以继续存在。由于通货的崩溃和德国现金储蓄的消失,德国社会于1922年至1924年间发生了一定程度的拉平现象。通货膨胀部分的是由于德国经过多年战争以后的必然处境,部分的是由于盟国方面提出的赔款要求,但也是由于某些工业巨头的推波助澜;他们的资产跟土地不动产一样也变得更加值钱了(见前,原书232页)。

长期以来,最为激烈的反斯拉夫(和反犹太)种族主义情绪发自居住在波希米亚和施蒂里亚这样民族杂居的奥王领地上的德意志人,大战期间,这些德意志人热烈拥护与柏林的联盟,认为这一步骤终将导致德语国家和东部地区(其中,德意志人最多仅在城市中占有重要比例)的全体德意志人的真正联合。随着同盟国的崩溃和协约国方面(正是因为关于主宰中欧的种种言论)不准奥地利与德国联合,正是波希米亚、南蒂罗尔、诺维萨德、特兰西瓦尼亚等地的德意志人感到最为愤慨。他们不再被看作哈布斯堡帝国的先进成分,而沦落为意大利的或罗马尼亚的或分别由捷克人与斯洛伐克人、塞尔维亚人与克罗地亚人组成的斯拉夫人新国家中的"少数民族"。昔日俄国波罗的海诸省中的德意志"贵族"、德国过去的波兰属地上的德意志地主,都同样地感到屈辱。他们中许多人逃亡到魏玛共和国来,增加了反对共和国的公民人数。他们厌恶魏玛共和国在种族问题和其他方面的宽容精神;他们尤其厌恶它的首都。因为柏林迅速成为新的现代艺术的中心。柏林从20世纪开始以来就有其老练复杂的一面,特别是那里的聪明而多疑的犹太新闻记者。这部分人如今变得更为突出而且影响更大了。

在俄国革命影响下,一个自称斯巴达克团的左翼集团作为共产主义者从传统的德国社会民主党分裂出去。1919年1月,共产主义者的领袖李卜克内西和罗莎·卢森堡在柏林的一场混战中被右派谋害了。事实证明,没有人能代替这两人。德国共产党先于1921年,后来又于1923年10月(在汉堡和萨克森)企图举行起义,都被镇压下去了,后一次还动用了军队帮助镇压。早些时候(1919年春)在巴伐利亚建立了短暂的共产党政权;接着,巴伐利亚威胁要脱离柏林;随后又于1923年11月发生了由一群狂热的民族主义分子策动的流产叛乱(这群人由一个名叫希特勒的仇恨犹太人的奥地利人所领导并得到鲁登道夫的支持);在发生了这些事件之后,协约国方面终于和德国领导人就赔款问题达成了协议。1924年夏,在德国通行新货币以后,道威斯计划开始执行,成为五年欧洲恢复时期的启端——这是与古斯塔夫·施特雷泽曼的名字联系在一起的5年。施特雷泽曼于1923年8月被艾伯特任命为总理;由于社会党投了反对票,他的政府于11月垮台,但是他仍然担任外交部长直至1929年10月去世为止。

德国又开始了工业发展,取得了巨大的成功,尤其在轻工业方面,并进行了大量的建设;所需的资金大多由美国以短期贷款形式提供。1925年春,冯·兴登堡元帅当选为德意志共和国总统,接替去世的艾伯特。施特雷泽曼由于1922年与俄国签订拉巴洛条约解除了后顾之忧,本来已与巴黎进行接触,希望达成双方和解;不料民意转而支持旧的统治阶级,引起国外的疑虑,使施特雷泽曼颇为狼狈。不过,他在白里安的合作下终于在10月份促成洛迦诺公约的签署(见第八章)。这又导致德国于1926年9月当选为国联行政院的常任理事国;从此,德国人再没有理由感到遭受排斥。虽然德国达到了相当繁荣的程度,但在先进的柏林和外地各省之间存在着令人不快的紧张关系;而柏林作为普鲁士的行政中心,在这段时期的大多数时候是由一位社会民主党总理奥托·布劳恩所掌握;而外省的天地,不论是地主、店主或是农民都害怕革命的柏林。

维也纳人在那些年的处境与柏林人不无相似之处。只不过维也纳由于是一座巨大城市,又位于哈布斯堡帝国残余部分(阿尔卑斯省,这部分现已成为第一个奥地利共和国)的一端,因而受到战后形势的打击更为严重。维也纳仍然是中欧和巴尔干的重要金融中心,但是奥地利却受到四处林立的关税壁垒的打击。如今不但马扎儿人,还有捷克人和波兰人,都希望保护他们自己的工业。奥地利共和国实行联邦制，社会党控制的维也纳是其9个邦之一。工业与贫困都集中于维也纳；社会党的市长和自治机构尽快地建造了大批的工人住宅区，并很自然地要维也纳的其他住户也为这些住宅付钱。这促使有教会背景的基督教社会党产生了反对社会党的愤慨情绪，而基督教社会党在所有其他8个邦的店主和农民中很有力量。在奥地利各城镇和奥地利各大学里，德意志民族主义甚至种族主义的情绪尤为强烈，对协约国否决了德意志人的奥地利与德国联合一事，以及对中、东欧的德意志人在兴起的各国中沦为一般的少数民族从而感到的地位下降，愤慨异常。

在以布拉格为中心的新建立的捷克斯洛伐克共和国中，现在已有300万德意志人，他们曾对共和国进行了抵制；前已表明，布拉格这个城市的作用在1914年以前的年代已在不断增长。捷克斯洛伐克在很大程度上是布拉格大学一位年迈的斯洛伐克哲学教授的产物。他叫托马斯·马萨里克，是个极其正直而开明的人。600万捷克人热烈地拥护捷克斯洛伐克，过去受匈牙利人统治的200万斯洛伐克人现在也为可以自由地使用本民族的语言而感到高兴，遭到忽视的路西尼亚的50万路西尼亚人和其他民族，对于逃脱马扎儿人的统治也并不感到难过。波希米亚的捷克人和德意志人之间的剧烈竞争由来已久；很可能正是这种竞争才刺激其经济发展到相当高的水平。捷克斯洛伐克政府签署了由国际联盟制定的少数民族条约，波希米亚和摩拉维亚的德意志人有自己的学校和大学。但是，如今是捷克人坐了天下；尤其是那些捷克小官吏肯定会经常提醒德意志人不要忘记这一点。

捷克斯洛伐克通过了一部先进的民主宪法，并开始制定重新分配土地的法律；该国的大多数德意志人觉得这部宪法比贝克于1907年实行的选举权改革更糟，而且在他们看来，土地改革只是针对德意志人拥有的巨大庄园的。不过，20年代后5年的繁荣总算使这种种情绪得以平静下来。

战后建立了塞尔维亚卡拉乔治维奇王室统治的南斯拉夫三元王国（塞尔维亚人、克罗地亚人和斯洛文尼亚人）。在奥地利和马扎儿地主离去以后，这个国家与保加利亚一样没有贵族阶级；这是个贫困而不发达的农民国家，包括波斯尼亚、原属匈牙利的巴纳特大部和塞尔维亚在两次巴尔干战争中赢得的马其顿。毕竟保利亚在1914—1918

年间又站到了失败者一边。南斯拉夫特别妒嫉意大利,在墨索里尼于1924年1月终于并吞了阜姆以后就更是如此。

这样,斯洛伐克人和南部斯拉夫人从马扎儿人统治下解放出来。更困难也更重要的是:罗马尼亚人占多数的特兰西瓦尼亚交还了罗马尼亚;马纽成为罗马尼亚民族农民党的领袖,他促使在该国进行了土地改革。如前所述,匈牙利在1914年以前的局势极其紧张,一触即发。如今,除了50万德意志人外,它已失去了所有的非马扎儿人;不仅如此,还有150万马扎儿人落入了罗马尼亚境内,而捷克斯洛伐克和南斯拉夫还各有差不多75万名马扎儿人。1919年发生了短暂的共产主义事变,在贝拉·库恩领导下建立了苏维埃共和国;很快,匈牙利的权贵和乡绅们重新夺取了政权。但是他们没为改善自己的社会做出什么努力;一场主张废除1919年和1920年和约的声势浩大的运动,转移了公众的注意,使他们不去关心为数300万人的无地农民,而这些农民的处境在整个欧洲大概是最为恶劣的。

在某些方面,新波兰是战后建立的国家中最引人注目的。它一创建时碰到的障碍也许是最严重的。它曾是主要的战场之一。它从零开始而又没有天然疆界和港口。它没有高度发达的工业,只有通过1921年3月公民投票而取得的上西里西亚地区例外。在俄国部队于1920年8月被逐出华沙以后,苏俄于1921年3月被迫接受了这样一条国境线,即把它的全部"西部领土"划给波兰。于是,信奉希腊正教或一元正教的600万左右的白俄罗斯人和乌克兰人成了信仰天主教的波兰人的臣民。然而,此后波兰与德国的边界纠纷更多,尽管这条边界是比较合理的。许多德意志人住在波莫瑞的城镇里(他们称这个地区为"走廊")和波兹南(也叫波森)。然而,在3000多万人口的波兰仅有70万左右的德意志人,这比在匈牙利或南斯拉夫,更不必说在捷克斯洛伐克的德意志人少得多。解决波兰的港口问题的办法是把德国的但泽市[①]变为独立的自由市,附属于波兰关税区内,对外由波兰为其代表。德国人不愿听取为这些边界辩护的任何理由;连社会民主党也不接受这些边界;而对于中间派的机会主义者(施特雷泽曼后来就是这样一个人)来说,一有机会就应该废除这些边界。

---

① 即格但斯克,现属波兰。——译者

第十六章 德国、意大利和东欧

因此,波兰从一开始,便遭致了深刻的敌意和极大的贫困。

德国人原想征服的波罗的海诸省,在战争结束后成为爱沙尼亚、拉脱维亚和立陶宛三个独立小国;它们剥夺了这些国家中的德国贵族的财产,那些人大都已成为魏玛共和国的归侨。波兰希望把波罗的海沿岸三国置于自己的保护之下,这个打算之所以落空,主要是因为波兰在1920年从立陶宛人手中夺取了民族杂居的维尔那城,而立陶宛人却认为这是他们的首都。此后,列强即无法阻止立陶宛夺取原属德国的梅梅尔港,不过,由列强予以保证的法令给了梅梅尔自治权。

同时,土耳其在一名叫作凯末尔·帕夏的军官领导下的振兴使希腊人在小亚细亚遭到失败与挫折。在1923年的洛桑会议上,希腊不得不再次承认马里查河为土耳其的西部边界并同意从安纳托利亚撤走大约100万希腊人;从希腊撤走的土耳其人约为50万人。因此,本来已经很穷的希腊在大萧条时期之前并没有多少时间来把国内治理就绪。

早在大萧条时期之前,东欧有三个国家业已出现政治不稳的迹象。1926年,在大战中为解放波兰出力最大的波兰将军毕苏斯基发动了一次军事政变——奇怪的是,这是他与波兰社会党协力进行的;政变的矛头主要指向奥匈帝国时期遗留下来的农民党。毕苏斯基宣布代议制政府已经垮台,先是监禁后又放逐了曾任维也纳帝国咨政院议员的农民党领袖维托斯。随后,毕苏斯基便通过军队行使权力,但仍然让权力缩小了的议会继续存在。在奥地利,当一些参与1927年1月混战的右派分子被宣判无罪释放以后,由社会党召集的人群于7月份烧毁了维也纳的司法部大楼。这使奥地利左派与右派之间的对立情绪加剧,并促使教会人士与泛德意志主义者站在一起来反对社会党人。1928年,代议制政府在南斯拉夫开始瓦解,因为信奉天主教的克罗地亚人憎恨塞尔维亚国王亚历山大的统治和他们认为是塞尔维亚东正教僧侣及塞尔维亚军队、官僚的落后影响;克罗地亚人要求实行自治。他们的领袖拉迪奇在议会中遭到一名塞尔维亚人枪击而受了致命伤,但开枪者却未受到任何惩罚。1929年1月,国王宣布自己实行独裁;1931年9月,他颁布了一部滑稽可笑的宪法,规定进行公开投票而不是秘密投票。这样,当许多南斯拉夫农民已经对政府十分愤恨的时候,他们又遭到了大萧条的袭击。

然而，直到1929年秋天为止，政治、社会生活总的来说得到了巩固：农民国家可以向工业国家出售粮食；它们自己由于生产落后而加剧的人口过多问题仍然可以忍受。施特雷泽曼于1929年10月去世，促使美国莫名其妙地丧失了信心，把资本从德国抽走，德国的就业率下降，减少了粮食的进口。这就开始了恶性循环。

五 大萧条时期：希特勒成为德国总理

到1929年年底，就业率在德国下降得如此之快，以至使人感到在此以前的繁荣时期只不过是海市蜃楼而已。在奥地利，繁荣本来就不那么令人信服；很快，维也纳街头似乎到处都是乞丐。德国的社会党总理赫尔曼·弥勒引咎辞职；兴登堡指定中央党领袖海因里希·布吕宁于1930年春接任总理。布吕宁根本没有认识到背着他正在进行着种种阴谋，其中心意图是要使兴登堡更能起到1914年以前的皇帝所起的作用，并相应地减少国会的权力。这些阴谋来自总统之子奥斯卡的朋友，一个叫库特·冯·施莱歇的"政治将军"。当布吕宁于1930年7月未能获得国会对他的某些紧缩通货措施的赞同时，兴登堡在施莱歇的鼓动下将这些措施以紧急法令形式付诸实行。布吕宁认为，正确的做法是解散1928年5月在繁荣时期选出的这届国会。

大选于1930年9月14日举行，其结果如晴天霹雳，震撼了德国和整个欧洲。共产党议员人数由54名增为77名，而国家社会党（纳粹党）从在上届国会中仅占12席一跃而占107席，成为仅次于社会民主党的第二大党。这些纳粹分子即是1923年11月企图于慕尼黑夺权而遭到不光彩的失败的奥地利煽动家阿道夫·希特勒的追随者。他曾在监狱里开始撰写《我的奋斗》；在1924年圣诞节获得释放以后，他立即大力重新组织他的党徒，特别致力于组织"冲锋队"（简称S.A.）。即使在高度就业的时期，也到处有许多年轻人不能适应魏玛德国的生活。他们被发给一套奇特的军队式的制服和一双长统靴子；宣布说需要他们来保卫纳粹党的会议不受共产党的破坏。实际上，这些人的用处是进行威胁。随着经济衰退的来临，由于这时有许多一般的年轻人找不到工作，这帮人的队伍迅速扩大；他们感到愤慨、孤独，一旦有吃、有穿、有事干，又有一套抨击时政的公式和拯救社会的口号，当然十分高兴。冲锋队特别兴旺的地方是在外省而不是在柏林：看来，普鲁士当局比较了解这些人的危害性，因此给他们设置了障碍。1930年9月大选给纳粹带来了第一个大好机会，他们也没有轻易把它放过。

选出新的国会以后，布吕宁更加依赖于总统的支持。实际上，他已全然指靠紧急法令来进行统治。他企图在国外取得成就来提高威望：1930年6月，协约国部队从莱茵兰撤出。但是，由于大萧条的缘故，根据新的杨格计划支付的赔款更加引起人们的愤恨；"可怜的小奥地利"遭到的困难，同样招致不满。1931年春，德国和奥地利提出一项关于实行奥、德关税同盟的计划。这不但远远没有缓和危机，反倒加速了危机的恶化。法国人认为这是重温"主宰中欧"的旧梦而表示不满；于是，这个计划被束之高阁。人们认为，法国对维也纳施加的压力，促使该地的信贷市场于1931年5月崩溃：这在整个中欧引起了反响。它直接导致德国国家银行于6月20日停止私人贴现付款，并促使德国的达姆施塔特银行于7月13日倒闭。胡佛政府6月20日宣布的延期偿付赔款，提供了某种程度的喘息机会（见前，第八章）。下一件事就是具有世界影响的英镑的崩溃。希特勒的宣传充分利用了整个局势。布吕宁错误地估计了兴登堡的支持，决定努力促使兴登堡连任总统，为之取得了自己的中央党和社会党的支持。希特勒匆忙地首次取得德国国籍之后决定与兴登堡竞选，从而又为他的广泛宣传活动开辟了新的门路，尽管兴登堡还是于1932年4月重新当选。

希特勒向德国灌输的这种国家社会主义究竟是什么呢？它赤裸裸地声称：德意志人是一个优秀民族；为了这个优秀民族的利益，其他民族应该放弃一切在希特勒看来是有利于这个民族的东西。可能要求其他民族放弃自己的领土、教育、身份，甚至要求它们被消灭。即使在德意志人中间，还鼓励那些接受国家社会主义的人去消灭其他人而不必顾忌任何道义准则。不过，希特勒的教义利用了德国社会的全部弊端，宣传得十分巧妙。它声称能够洗雪凡尔赛和约带来的耻辱；它声称即将取消魏玛共和国大体继承的僵硬的阶级界限；它声称可以为每一个诚实的德国人找到工作和适当的报酬。它充分利用了外省人对犹太人所怀有的恶感，而正是这些犹太人使柏林成为现代艺术的辉煌而稍微有些狂热的中心。希特勒当时并未说明他为犹太人准备了什么样的结局，但是他有时谈到了要从肉体上消灭自己的敌人。人们认为这种说法是不现实的而加以忽视；实际上，许多德国人更赞成意大利的法西斯主义及其和解的做法，而不大赞成希特勒的真正目的。在希特勒冲锋队的破坏性宗旨暴露无遗之后，布吕宁于1932年4月决定，必须在全国予以取缔。他要求重新当选的兴登堡对此表示同意。然而，兴登堡已会见过希特勒；他宁愿支持希特勒的党徒，而不愿支持为了保卫共和国而建立的社会党"国家旗帜"组织。结果，他把布吕宁免职，任命弗朗茨·冯·巴本接任总理，其手下的部长班子又像1914年以前一样，不再依靠国会的支持，而全凭国家元首的信任。7月份，巴本解散了奥托·布劳恩的普鲁士政府（后者在4月的选举中丧失了许多选票），并重新举行全国大选。这时，失业现象仍然很普遍，国家社会党获得的选票比1930年9月增加了一倍多。8月份，希特勒要求成为拥有全权的总理，但为兴登堡所拒绝。于是，希特勒傲慢地对一些由于在波坦巴进行政治谋杀而被判处死刑的冲锋队员表示"团结一致"。秋天，失业现象不像前三年同一时期增加得那样快，而在11月的选举中，纳粹党丧失了200万张选票。1933年1月，希特勒利用巴本与其国防部长和继任人施莱歇之间的争执，同意担任总理而让巴本任副总理，并且只要两名纳粹部长入阁——希特勒不能等到经济恢复变得更有起色。

希特勒任职的条件是于1933年3月5日在纳粹党的行政控制下进行新的大选。随他上任的还有戈林（他担任普鲁士内政部长兼有帝国内阁席位），以及出任帝国内政部长的弗里克。希特勒和戈林大言不惭地说这将是1000年以内的最后一次选举，因为纳粹党取得了多数之后会知道如何加以利用的。在1月30日和3月5日之间，组织了一场规模极其巨大的恐吓运动。一些出名的反对希特勒的人士纷纷入狱，并受到拷打。2月27日发生的国会纵火案，在不到一周以后即将举行选举之时给纳粹党提供了一个绝好的机会；他们声称这是共产党进行政变的信号，宣布了紧急状态，大肆逮捕政敌，并对新闻界进行箝制。有意思的是：希特勒并未取得绝对多数；中央党和社会党并未受到震动，他还需要民族党的支持才在国会中拥有52.5%的票数，因此民族党人在他的内阁中充任了大部分部长职务。

第十六章 德国、意大利和东欧

希特勒并不因为这样的小事而有所顾忌。共产党议员大部分已遭逮捕,而且全都不准出席国会,除了社会党人(他们的领袖奥托·韦尔斯义正词严地发言表示抗议)以外,其他议员都被迫投票赞成给予希特勒全权,并于3月23日通过授权法案加以确认。此时,第一座纳粹集中营已在慕尼黑附近的达豪建成。纳粹说这是由基钦纳在南非首创的。其实全然不同。这些集中营是些设计周密的拘留地,反对纳粹的人们在这里受到肉体上和心理上的系统的折磨,其拘留时间则完全由纳粹决定。

在希特勒成为德国总理之时,奥地利总理从前一年5月以来一直由基督教社会党的青年政治家恩格尔贝特·陶尔斐斯担任。由于希特勒纲领中的第一点就是德奥合并,希特勒的上台在奥地利激起了各种各样的亲德情绪。纳粹可以轻易地说什么奥地利国家太小,难以单独存在下去,因此与德国合并是唯一的出路。在当时情况下,陶尔斐斯于1933年3月宣布奥地利议会无法进行工作而予以解散。

农产品价格的暴跌对欧洲农村的影响,不如工业中的失业对德国城镇和维也纳的影响来得那么突然。然而,所有的社会联系,在30年代初期却因此而变得紧张了。除了塞尔维亚人、保加利亚人和希腊人以外,要煽动农民对犹太"高利贷主"的仇恨情绪,已是很容易的事。有些煽动家悄悄宣传共产主义可使社会免遭萧条的灾难,他们在亲俄的捷克人、塞尔维亚人和保加利亚人中颇有市场。而共产主义的威胁,无论是真正的还是假想的,都越来越使统治者们赞赏墨索里尼及其做法。他的自给自足或保护贸易政策受到赞扬与仿效,从而关税壁垒林立,阻碍了经济恢复的到来。特别在匈牙利和罗马尼亚,中产阶级中的失意者,但也有农民,组织了"箭十字党"或"铁卫军",穿着各色衬衫,鼓吹法西斯主义的原则。这使社会总的气氛增加了恐惧和讹诈的成分:特别在布达佩斯,情况很像希特勒上台前的柏林。

墨索里尼从1927年4月的意大利—马扎儿条约以后一直亲近匈牙利:这就是说,他站在马扎儿修正派一边反对"小协约国"(捷克斯洛伐克、南斯拉夫和罗马尼亚)及"和约"。罗马与布达佩斯的友谊带有强烈的反布尔什维克色彩,因为马扎儿人大肆渲染他们所经受的贝拉·库恩领导的短暂的共产党统治。他们说,他们知道共产主义的真正含义，却故意不提紧接着在匈牙利发生的白色恐怖。

1932年，一个叫贡伯什的半德意志血统的匈牙利军官成为匈牙利的首相，从而取代了以贝特兰伯爵为首的巨头统治。贡伯什钦佩法西斯的意大利，更钦佩纳粹德国。他尚未意识到，希特勒后来会宁愿站在罗马尼亚一边而不站在匈牙利一边。他也未意识到，希特勒的胜利将会对匈牙利、波兰、南斯拉夫、罗马尼亚和捷克斯洛伐克等国的德意志少数民族所起的振奋作用，而这些人除了具有强烈的德意志民族意识以外，别无其他政治意识可言。

在德意志人的奥地利，局势已紧张到似乎难以忍受的程度。由于德国社会党人或已入狱，或已四散，奥地利的社会党人业已感到陷入罗网。由于奥地利是一个天主教国家，他们比德国社会党人更加反对教会，而奥地利主教们则谴责他们是共产党。意大利也对奥地利社会党人施加了压力，因为他们揭露了意大利和匈牙利之间的武器私运，终于在1934年2月爆发了陶尔斐斯政府与奥地利社会党之间的4天内战。这造成了悲惨而深远的后果。奥地利社会党在存在将近50年以后遭到取缔，党的领袖奥托·鲍尔在捷克驻维也纳公使费林格的帮助下逃往布拉格。意大利的影响似乎在维也纳占了上风。1934年3月，奥地利和匈牙利与意大利签订了罗马议定书中的经济协定。然而，不为人们觉察的胜利者其实是希特勒：除掉了社会党，奥地利就肯定无法抵制他，而维也纳的基层社会党人对"神父们"和强加于首都的新官吏们十分痛恨，以至更愿意相信纳粹才是工人的救星的说法：这些都符合奥地利社会党的传统。希特勒于1933年规定，凡是想去奥地利旅行的德国人，必须缴付1000马克的签证费用，目的是要给奥地利的度假胜地造成严重的经济困难，而这种困难又可以反过来归罪于奥地利政府。

六 德国和奥地利的"清洗"

纳粹德国经常失去人们的同情却又赢得人们的钦佩，这种现象确是十分特别。欧洲的舆论显然回避那些令人痛苦的不利证据，却草率地相信那些激动人心的口号。在通过授权法案以后，除希特勒自己的党以外的一切政党都被取缔，而巴伐利亚和其他邦的权力也被废除，代之以纳粹党领导下的僵硬的集中统一。工会在1933年春被取缔,代之以纳粹的劳工阵线,雇主们与工人们变成了领导者与被领导者。报界遭到扼杀。幸存的一切报纸都成了国家社会党的某种机关报,只有《法兰克福日报》例外;这家自由主义大报被给予一点点自由的假象,一直办到1941年。纳粹愿意拿这个奇妙的摆设来装点门面——实际上,在停刊以前,这家报纸早已作为其发行人马克斯·阿曼所赠的生日礼物于1939年4月成了希特勒的财产。会议上、报纸上、电台上,到处都听到、看到纳粹党的口号,结果,使坚定地反对纳粹的人们也不由自主地改变了态度。

反犹太行动在开始时还是零零星星的。后来,纳粹党命令于1933年4月1日抵制犹太人商店,这就开始了系统的反犹太行动。那一天没有发生多少暴力行为。即使外国报纸报道了反犹太事件,纳粹也可指出在4月1日一切都是和平的,反而指责犹太人煽动世界舆论反对德国。渐渐地,犹太人想从事任何自由职业都成为不可能的事情。直到1938年为止,情况没有进一步恶化。

1934年年初,希特勒碰到了一些意料不到的困难。他的两大目标是消灭犹太人和取得东欧领土以便德国人向那些地方移民。其中第二项肯定会带来战争。因此,希特勒希望建立一支规模巨大而富有效率的新的军队。他的老朋友,冲锋队首领恩斯特·罗姆,则希望由自己控制的冲锋队来同化军队。将军们对罗姆的打算十分不满,特别是因为他们中有的人知道冲锋队实际上只是些横行不法的暴徒而已。希特勒也反对罗姆的计划,因为这将削弱军队的效率。巴本的一些保守派追随者想利用这种紧张形势获得好处,便劝说这位副总理于6月17日在马尔堡大学发表公开演说,抨击了国家社会主义的许多方面。显然,这篇演说很得人心。

希特勒以极其巧妙而又可耻的手段使自己摆脱了困境。在幕后进行的"清洗"中,最重要的是对警察力量的"清洗":到了1934年4月,整个警察机构已落入希特勒的忠实爪牙亨利希·希姆莱的控制之下。同时,希姆莱还担任一个原先是冲锋队里的特别卫队组织的全国领导人。这支特别卫队的成员身穿黑色制服(褐色衬衫),被称为党卫军(简称S.S.)。种种证据表明:希姆莱和他的党卫军促使军队领导人相信冲锋队即将发动叛乱,又使冲锋队领导人相信军队打算消灭他们。在6月30日和7月1日，希特勒利用党卫军逮捕并处决了一些冲锋队领导人，其中包括罗姆本人。与此同时，他又杀害了巴本演说的策划者和抨击纳粹暴行的其他右翼人士，其中包括施莱歇。而希特勒为整个事情进行开脱的理由仅仅是宣布他的意志就是法律。这样，从威廉二世时代以来已是半死不活的旧法制，和冲锋队一起被"清洗"掉了；所谓法治国家至此荡然无存，直到1945年以后才发生变化。1934年以后，冲锋队完全失去其重要性，主宰德国社会的乃是党卫军，由他们控制集中营。正是在希特勒首次会晤墨索里尼并发生6月30日和7月1日的屠杀的那个夏天，几个星期以后又发生了奥地利纳粹分子在维也纳杀害陶尔斐斯的事件[①]，最后以兴登堡于8月份去世而由希特勒继任达到高潮。希特勒从来不用总统的称号，但是作为国家元首，他得以使每个士兵宣誓效忠于他本人。

从1934年到1938年，德国的生活似乎没有多大的变化，就业增加了。这在其他国家也是如此，不过在德国由于重整军备而增加得更快。1935年3月，重新正式恢复了征兵制，这带来了它本身的社会后果。除了纳粹官员以外，国外旅行由于外汇短缺而受到限制；外汇短缺还使原料供应不足。沙赫特主持国家银行和经济部表现了卓越的金融才能，他充分地利用了当时的形势（见第三章）。在兴建住房方面所做的工作出奇得少。希特勒感兴趣的毕竟是对东欧的殖民，而不是扩大德国本土的城市。

宣传部长戈培尔一直保持着紧张气氛，尤其是利用所谓德意志人在国外遭受迫害的问题大做文章，例如在萨尔地区一直搞到1935年1月举行公民投票为止，对但泽、梅梅尔、捷克斯洛伐克也如法炮制。然而，在1934年1月与波兰签订"十年条约"以后，波兰的德意志人就被置诸脑后，直到1939年又重新提起。戈培尔如今成了德国艺术生活的太上皇。与他妥协的重要艺术家只有理查·施特劳斯一个人，他当上了国家音乐协会的会长。学校和大学由纳粹青年组织掌握。这些组织强调的是准军事性质的训练。在大学里，旧有的一些从事决斗的青年组织，在魏玛共和国整个时期一直存在，现在遭到了取

[①] 这件事的时机看来并没有让希特勒感到高兴（至少他表面上显得并不高兴）；但行动本身对他来说，肯定不是坏事。

缔；因为希特勒厌恶一切贵族传统。起初，天主教会对国家社会主义表示某种欢迎态度。1933年7月与教皇签订的协定，是纳粹国家在国外取得的第一次肯定的承认。希特勒的反共态度，也受到了梵蒂冈的欢迎。然而，天主教和纳粹的教义在根本上是互不相容的，教皇庇护十一世越来越意识到这点，正如他于1937年3月对德国教会人士发出的圣谕《吾心悲痛如焚》所明确表明的那样。德国的新教徒对国家社会主义的反应各不相同，但是追随迪贝利乌斯和尼默勒①的教徒从一开始就持抗议态度。他们在国防军军官中享有一定程度的支持（后来的豪斯总统和夫人就是迪贝利乌斯的密友）。还应补充的是：柏林以及汉堡的纳粹化程度从来都不如德国其他地区，国家社会主义在这两个城市的统治也不那么严密，讽刺纳粹的笑话一直在那里流传。

1937年9月，柏林不得不为墨索里尼举行游行。11月，希特勒进一步推行自己的计划，即在那年冬天和1914年以前的旧统治阶级进行最后的决裂。于是，里宾特罗甫接替冯·牛赖特男爵主持德国外交部。布罗姆贝格将军和弗里奇将军被赶下台，希特勒亲自出任总司令。乌尔里希·冯·哈塞尔被撤销德国驻罗马大使的职务，而最后，任命的新大使却原来是一位投靠纳粹的容克贵族汉斯·格奥尔格·冯·麦肯森。此时，几乎也可以归入同一类型的巴本，被从维也纳召回；在那里派驻一名使节实际上已快成为不必要的了。所有这些变动，都与沙赫特辞去经济部长而由一个名叫瓦尔特·丰克的纳粹党羽接任一事同时发生。至此，一切准备就绪，只待开始行动。

七 1929—1938年的捷克斯洛伐克

捷克斯洛伐克起初并未受到大萧条的严重影响。该国的财政情况健全，经济上颇能自给自足。居民的教育程度相当高，至少在波希米亚和摩拉维亚是如此；宪法的执行情况也令人满意。这里在20年代看来已出现了摆脱异族贵族阶级统治的新的20世纪社会。布拉格的生活可以与柏林和维也纳的生活相比拟：知识分子同样强烈地左倾，

---

① 尼默勒于1937年7月被捕。

并和俄国人保持着自己的特殊关系——生活不如柏林那样绚丽多彩，却要清醒一些，也不像柏林那样与内地隔绝。当时的一个饶有兴味的人物是卡夫卡的女友米莱娜·杰森斯卡。在1914年以前，她是个渴望民族独立的、革命的捷克女学生。后来遇见了卡夫卡[①]，然后是他的早逝。她在翻译卡夫卡的小说以后，成了文艺记者和捷克知识分子生活的中心人物。在20年代后期，不仅布拉格的犹太人，而且一些波希米亚的德意志人都开始安定下来，接受了捷克斯洛伐克共和国。贝奈斯在国际联盟的活动，提高了捷克斯洛伐克的国际地位——德国于1926年9月被接纳入国联的那天，正是这位捷克斯洛伐克外长主持国联大会的会议。

　　捷克人由于他们自己的处境和禀性，无论是马萨里克和贝奈斯，还是一般公众，都难以理解30年代在他们周围开始出现的种种情况。斯大林早在1928年便选择了专制的道路。从1930年9月的德国选举之时起，波希米亚的德意志人的极端种族主义又开始抬头；狂热分子虽然没有什么变化，不过现在人们又倾听起他们的言论了。由于他们居住在共和国的边缘地区，而那里没有大城市，布拉格也是他们的中心。随着德国经济危机趋于缓和而希特勒迅速掌握政权（他的掌权似乎成了形势得以改善的原因），捷克斯洛伐克却开始了经济萧条。正如在哈布斯堡统治时期发生萧条时那样，这次萧条严重地影响了德意志人（他们如今自称为苏台德德意志人）居住的波希米亚边境地区的轻工业。结果造成了很大的苦难，而责任又可归罪于捷克当局。旧有的争执重新爆发；现在，纳粹德国开始给苏台德德意志人煽动家提供资金，并取得了很大的成功。一个叫康拉德·汉莱因的人所领导的新的苏台德德意志人党在1935年5月的大选中获得了1249530张选票；这样它就成为该国的第一大党，刚刚超过捷克农民党。

　　那一年年底，已经85岁的托马斯·马萨里克辞去总统职务，由贝奈斯接替；对于他所主张的一切来说，中欧的新形势是一个挑战。在奥地利内战之后，捷克人对于陶尔斐斯的大企业国家，或奥地利纳粹分子于1934年7月对他的谋害，或亲教会的舒什尼格的继任，都难以表示欢迎。1934年秋，苏联被接纳入国际联盟，并取得行政院

[①] 弗兰茨·卡夫卡（Franz Kafka），奥地利作家。——译者

常任理事国地位,于是贝奈斯决定和他的法国盟友一起与苏联人签订一项审慎的条约。这恰好是汉莱因开展竞选之时,于是遭到了所有怀有民族主义情绪的德意志人的大声指责:他们说,贝奈斯把欧洲出卖给布尔什维克并把捷克斯洛伐克变成苏联的空军基地。一个个打击接踵而来。希特勒乘意大利侵入阿比西尼亚并与国联发生争执之机,使莱茵兰重新军事化——很可能正是这一行动使捷克和法国的条约变成了一纸空文。墨索里尼开始意识到:奥地利人的情绪不仅一如既往,是反对意大利的,而且在本质上是赞成大德意志主义的。因此,他事先默认1936年7月的德奥协定一事,事实上就等于放弃了奥地利独立的事业。

在希特勒于1913年去慕尼黑之前在维也纳游手好闲的日子里,他颇以自己是个老式的奥地利泛德意志主义者而骄傲。对他来说,不仅要翻1919年的案,而且要翻1866年的案;奥地利和波希米亚应与德国统一。《霍斯巴赫备忘录》表明:到1937年11月,他已决定要解决这些事情:"我们的首要目标必须是同时推翻捷克斯洛伐克和奥地利"[①]——在他看来,这是一次统一的行动。

在布拉格,捷克人记得他们过去生活过的艰难岁月,但是他们不打算束手待毙,也不想失去已有如此美好开端的独立。知识分子们仍想寄希望于苏联,但是像米莱娜·杰森斯卡这样正直的人已经懂得,进行清洗审判的苏联是既邪恶而又软弱的,于是她放弃了共产主义。[②] 贝奈斯自然竭力安抚苏台德的德意志人,并加强防务。然而,甚至遭到希特勒威胁的苏台德德意志社会党人都难以安抚,而加强防务又增加了与大多数苏台德德意志人的摩擦,因为这些人居住于边境地区而他又不能指望他们效忠捷克。

继陶尔斐斯之后担任奥地利总理的舒什尼格,是个模棱两可的人物。他既有蒂罗尔人的强烈的德意志民族情绪,又有强烈的天主教徒的虔诚:两者合在一起似乎使他不知所措、进退两难。不过,他像1931—1932年的魏玛当局一样,由于发现了纳粹对奥地利的恐怖主义计划而大为震动,采取了某种行动。他在希特勒从1934年到1938

[①] 《德国外交政策文件汇编》,D编,第一卷,第十九号。
[②] 她于1939年被德国人逮捕,并于1944年死于拉文斯布吕克集中营。见M.布贝尔-诺伊曼所著《卡夫卡的朋友米莱娜》(1965年)。

年派驻维也纳的使节巴本的鼓动下，同意于1938年2月对希特勒进行访问，并在德国总理的威迫下表示了含糊的归顺之意。当他回到维也纳时，他又决定自己要诉诸奥地利人民，举行公民投票。希特勒也许对投票结果深怀恐惧。总之，他决定先夺取奥地利，而暂时不攻击捷克斯洛伐克。不但如此，当德军于3月12日开入奥地利之时，捷克斯洛伐克驻柏林公使得到保证说，这绝不包含任何对捷克的威胁（见下文，第二十三章）。

早在1933年，希特勒在德国的胜利曾使整个东欧的德意志少数民族欣喜欲狂。奥地利于1938年3月并入纳粹德国，犹如第二剂强心针。所有的苏台德德意志人除了社会党人以外，纷纷加入汉莱因的苏台德德意志党；对于德奥合并的阴暗面，他们却故意不闻不问。捷克人现在已是四面楚歌——除了匈牙利以外，波兰人填补了唯一的缺口——不能设想，捷克在5月份的部分动员，尽管使希特勒暴跳如雷，实际上并未对他的计划产生任何重大影响。在他眼里，民主的捷克斯洛伐克根本就无权存在——这既妨碍了他，又使他恼火。到了1938年秋天，他已打算把奥地利在1914年以前曾拥有的生存空间都置于自己的控制之下；他无论如何是要攫取这些地方的，不过有时他也开始承认：他之所以这样做，是为了准备对西方作战。

由于慕尼黑会议（第二十三章）的缘故，希特勒分两步摧毁了第一个捷克斯洛伐克共和国；显然，他自己是愿意通过一次速决战加以消灭的。到1939年3月，他建立了波希米亚与摩拉维亚保护区，一个依附德国的斯洛伐克，并将路西尼亚归还匈牙利；这时，他获得了极大的经济实力。德奥合并使德国控制了中欧的多种多样的金融和工业联系。但是，捷克人在布拉格建立了小协约国的某种经济中心。捷克银行家在南斯拉夫这个蕴藏丰富的铜、铅、铝土矿的不发达国家作了可观的投资；他们还想打入罗马尼亚（当时除了俄国以外，欧洲国家中只有罗马尼亚生产石油），虽然他们事实上无法与美国、英国、荷兰的大石油公司进行有效的竞争。

从希特勒掌权以来，他和他的经济顾问们，首先是沙赫特，似乎拯救了东欧的农民，因为他们购买了这些农民的粮食。由于货币不稳定，德国用自己需要输出的商品进行实物交换。沙赫特巧妙地使这些弱小国家变得逐渐依赖德国，并使它们的货币与德国货币建立了联系。在阿比西尼亚战争期间,南斯拉夫政府不大情愿地参加了对意大利的经济制裁;南斯拉夫人发现,他们不向意大利出口,以后可以向德国出售更多的商品(而在英国人拒运煤炭之后,意大利人发现德国人可以提供煤炭)。匈牙利人同样发现,尽管有罗马议定书的规定,他们可以向德国出售更多的货物。在布拉格被占领以后,所有原来的捷克投资都落入了德国掌握之中,其中自然包括规模巨大的斯科达兵工厂。顿时,一个由德国主宰的中欧已经形成。1939年3月23日的德、罗商业条约进一步加强了这一形势。石油的重要性日益增加;这一有效期至少为5年的条约规定,由德、罗合资公司加紧开发罗马尼亚的石油和其他自然资源。前已表明,德国人在第一次世界大战之前,就曾经出现在罗马尼亚,而在战争结束时被驱逐出去。现在他们在罗马尼亚的关键地带取得了"自由区",要由他们来提供开采油田所需的设备。德国人认定,这一条约将为保证他们从经济上控制整个东南欧的以后的各项协定提供样板。

八 对波兰的进攻发展为第二次世界大战

1939年5月,德国和意大利在柏林签订了被墨索里尼称为"钢铁条约"的条约。这是一个公然显露侵略性的条约,它加剧了希特勒和墨索里尼对欧洲的威胁。它在某一方面却迷惑了世界舆论,即用德国的强大掩盖了意大利的虚弱,而这对希特勒却正中下怀。原来墨索里尼刚刚征服阿比西尼亚不久,即派出大批意大利"志愿军"去为佛朗哥作战。就其缔约的时机而言,"钢铁条约"似乎是给佛朗哥和轴心国在西班牙进行了将近3年的战斗之后所获得的胜利锦上添花。德国人只投入了少量的飞行员,墨索里尼却耗尽了他的军队和经济资源。他刚一签订条约,便立即为其后果担心。然而,希特勒却感到更加自信了。如今,墨索里尼已仿照他的榜样在意大利推行反对犹太人的措施。在德国人直接控制的疆土之外,匈牙利、波兰和罗马尼亚政府都乐于采取反犹太的姿态以取悦柏林。从肉体上消灭犹太人的时期,还要在两年之后才会到来;但是,存在着可以用来献媚的替罪羊,这是希特勒进行他所极为擅长的神经战的武器之一。东欧每个人的生活都受到了影响。他们耳濡目染、所读所说,一切都在煽动反犹太主义而挫伤宽容精神。

不过，应该指出：希特勒知道德国舆论对于战争并不热心。在他的装甲师于1938年9月在柏林遭到人们的冷遇以后，他于11月指示新闻界煽动好战情绪。在同一月份，德国各地都发生了有组织的屠杀犹太人的行动，即所谓"全国水晶夜"，造成了生命损失和大量犹太人财产被毁——这一行动的发生绝非偶然。[1] 从此开始系统地迫使德国和奥地利的犹太人在经济上破产。继征服布拉格之后，希特勒打算如果波兰不顺从就把它消灭。关于这一点，德国的舆论，至少在德国东部，是比较积极的。但是，随之而与苏俄签订条约一事，却不会受到人们的欢迎。

1935年毕苏斯基死后，统治波兰的是他的一些老军团部下[2]（即上校们）——其中最主要的是约瑟夫·贝克。贝克是反对西方的。他就奥地利人希特勒对波兰的谅解大放厥词。到了慕尼黑协定之时，他又乐于在切欣问题上，煽动对捷克人的敌对情绪。波兰确实在1938年10月初得到了这块领土。从1926年以来受到压制的农民党，几乎可以肯定地说，仍然是波兰的最大政党。尽管政府施尽诡计，该党领导人从毕苏斯基死后一直十分活跃；他们在1938年12月的市政选举中，确实取得了引人注目的成功。他们和他们的朋友西科尔斯基将军（他也是加利西亚人）竭力提醒波兰人民：希特勒的友谊意味着致命的危险。波兰境内德意志少数民族的表现与苏台德德意志人最近的行径非常相似。于是，贝克采取的对纳粹德国的绥靖政策，变得十分不得人心；波兰将军们开始准备抵抗。但是，他们的装备和技术知识都过于陈旧；从任何标准来看，波兰也是欧洲最穷的国家之一。当英国和法国于1939年春提出对波兰的边境予以保证时，希特勒决定进行一次讨伐行动来消灭波兰；这会给西方国家一次有益的教训——看来，西方自慕尼黑以后对此已经忘却。斯大林于8月份决定与希特勒，而不是与西方国家达成妥协，也便利了希特勒的计谋（见下文，第二十三章）。

波兰的覆灭以及对法国和英国进行的"假战争"，当时看来并没

---

[1] "全国水晶夜"指11月9日至10日的夜晚。采取行动的借口是一名德国外交官在巴黎被一个犹太人杀害。但是，即使没有此事，戈培尔也可以轻而易举地找到另一个口实。

[2] 指毕苏斯基在第一次世界大战初组织的波兰军团的成员。——译者

有改变东欧的生活:由于1938年11月取得特兰西瓦尼亚的一大块土地而扩大了疆域的匈牙利,以及意大利,似乎都因保持中立而欣欣向荣。但是对波战争确实在两个方面使希特勒更接近于实现他的真正企图。这加剧了保护区内的紧张局势,引起布拉格学生举行游行示威,于是纳粹以此为借口关闭了捷克的这所大学——这又导致捷克人的一切高等教育的结束,这是毁灭斯拉夫劣等民族的民族生活的一部分。更为直接的是,征服波兰提供了在生存空间上的积极收获。比德国在1919—1921年间丧失给波兰的领土更大的地区,如今并入了德国,并把波兰人赶了出去。1939年10月7日,希特勒任命希姆莱为负责迁入德国移民事项的加强德意志民族性全国总监;这是一项非常及时的任命,因为希姆莱对如何安置那些在"钢铁条约"签订后愿意离开意大利的南蒂罗尔地区的德意志人,正好感到束手无策。这些波兰人的父辈和祖父辈在威廉二世统治下,就在这里居住(当时,他们是一个少数民族,其规模如同苏台德的德意志人在捷克斯洛伐克一样,但没有这种"少数"民族的权利),如今他们却被赶出自己的家园,送往更远的东方的所谓一般管理地区。纳粹当局的意图是在经济上对这个地区不闻不问,使那里的波兰人的生活注定要日趋没落。德国国内的气氛在1939—1940年的冬天也并不十分欢乐。人们在"冬季战争"中同情芬兰人而反对希特勒的新朋友斯大林。

接踵而来的是由于1940年春的占领和胜利而引起的乐观情绪,和法国的令人难以置信的崩溃:几乎突然间,德国人占领了挪威、丹麦、低地国家,不久又占领了法国。从6月10日起,意大利已成了盟友,西班牙看来也即将成为盟友。东欧不是被征服,就是在经济上成为附庸,而苏联在表面上保持友好。尽管如此,胜利并未使战争结束:大英帝国不肯服输,而在秋天意大利开始了一场对希腊的并不成功的战争。不仅如此,苏联不但进入了波兰东部,而且还进入了波罗的海诸国和罗马尼亚的东北部:会不会在靠近油田的海峡地带,或者就芬兰在佩萨莫的资源发生冲突?德国工厂开始出现人力不足问题。这是法国战俘没有被遣送回国的一个原因。这也使得大批的意大利工人以及波兰工人被送往德国。日益严重的劳动力不足,拯救了斯拉夫民族;这甚至拯救了若干犹太人。

到1940年年底仍然没有赢得战争。希特勒于7月已做出决定:

必须征服背信弃义的俄国，以便按他所说去消灭背信弃义的英国。作为第一步，他必须征服整个巴尔干半岛，占领罗马尼亚和保加利亚，紧随墨索里尼之后征服希腊，并劝降南斯拉夫。然而，当南斯拉夫政府为了获得巨大的让步而于1941年3月底同意支持1940年9月的德、意、日三国条约时，塞尔维亚和门的内哥罗的人民奋起抗议。塞尔维亚人和克罗地亚人之间曾于1939年8月达成一项协议，但其结果是令人失望的。这部分的是由于克罗地亚人情不自禁地希望轴心国的压力会扩大他们的自治权力，而另一方面，塞尔维亚人怀疑轴心国只想削弱南部斯拉夫人、掠夺他们的矿藏。塞尔维亚的态度，部分地受到了下列因素的影响：泛斯拉夫主义的传统，贝尔格莱德大学对卡拉乔治王朝及其忠于沙皇态度的敌视，以及对南斯拉夫境内的泛德意志主义者和德意志少数民族的怀疑。在亚历山大·卡拉乔治维奇于1934年10月在马赛遇刺丧生以后，担任年幼的新国王的主要摄政的保罗亲王遭到驱逐；年轻的彼得国王开始亲政，任命了以空军司令西莫维奇将军为首的新政府。这等于否定了对三国条约的支持，于是激起了希特勒的愤怒；德国立即在4月初开始进攻。贝尔格莱德遭到了残暴的轰炸，南斯拉夫暂时瓦解。彼得国王及其政府出逃，斯洛文尼亚被德国和意大利瓜分，马其顿被并入保加利亚。老牌的恐怖主义者安特·帕维利奇被安顿在萨格勒布，成为意大利庇护下的克罗地亚人的独裁者。这根本不是克罗地亚农民的愿望，而他们的领袖马切克不久即被软禁在其家中。塞尔维亚本身沦于德国军事管制之下。德军大举前进，攻入希腊，建立了德意混合占领体制。于是，整个欧洲，从哥本哈根到雅典，都在德军或意军的占领之下，并落入德国秘密警察和党卫军（两者已很难加以区分）的掌握。只有瑞典和瑞士还保持独立，此外就是佛朗哥的西班牙和萨拉查的葡萄牙。就像斯洛伐克、罗马尼亚、克罗地亚、保加利亚一样，匈牙利也成了一个附庸国，随时可以受到希姆莱为了进行反犹太行动或剥夺自由权利而施加的压力。

当希特勒于1941年6月进攻苏联的时候，他又重弹了反共十字军的老调；这个口号又有了用场，尽管已不那么吸引人了。除去英国以外，进攻和瓜分俄国是他的意识形态的核心：劣等的斯拉夫人必须为优秀民族德意志人腾出地盘——空间。枪毙共产党政委的命令刚一

第十六章 德国、意大利和东欧

下达,随之而来的是一整套残暴措施,目的在于消灭俄罗斯人并把德意志人移居到他们的土地上。① 中欧、东欧和意大利的生活变得更加凄惨。对德军官兵来说,尽管他们在1941年进展神速,处处却是一片焦土、冰天雪地,而全无占领巴黎时的那种乐趣。不久,俄国战俘增加了德国工厂的劳动力;又过了一些时候,德国主妇高兴地发现她们可以得到俄国农村姑娘充当用人。

随着对俄战争的发展,在德国及其占领下的欧洲加强了恐怖统治,尤其在波希米亚更是如此——在这里,慕尼黑协定留下了对西方的怨恨,恢复了亲近俄国的旧有感情。捷克人十分担心会遭到驱逐②,在实践中,德国工厂需要他们的劳动。到这时,捷克和波兰的流亡政府已在伦敦建立。马扎儿人和罗马尼亚人在某种程度上受到旧有的反俄情绪的驱使,同意加入德国人一方对苏联作战。

恐怖统治如今包括用毒气来消灭犹太人。1941年夏,希姆莱的副手莱因哈德·海德里希开始对其下级,诸如艾希曼,发出执行"最终解决"这一做法的命令。同一个海德里希,于1941年9月被派往布拉格代替请病假的"摄政者"冯·牛赖特男爵进行统治,也绝非偶然。这是老统治阶级悄悄从后门离去的一例。军事运输问题越是吃紧,总是可以抽出卡车来运送犹太人到奥斯威辛去用毒气处死。这件事就显得越为突出——同时,也就越发显得难以形容地残忍。纳粹的做法是严密地掩盖这种罪行。任何人稍一涉及真相,就会被指为敌人。因此,一般人在威胁下只好加以回避,"不闻不问"。正因为有教养的人感到难以相信,在20世纪竟会犯下这般罪行,掩盖罪行也就相对地容易了。

1942年中欧政治、社会史中最重要的事件之一是海德里希于5月底在布拉格被刺。结果,他于6月初死去。此人是德国秘密警察的智囊,很可能是无人可以代替的,但是,他已经开创的诸如消灭犹太人之类的罪恶做法,仍然继续下去。对他的刺杀是由一名流亡的捷克斯洛伐克人从伦敦乘飞机空降后进行的。这个事件并非没有它的象征

---

① 参见《德国外交文件》,J编,第十三卷,114号。另见布赫海姆、布罗扎、雅各布森和布劳斯尼克《对党卫军控制的国家的剖析》(1965年)。
② 霍斯巴赫备忘录表明,希特勒确实有过这种想法,见《德国外交文件》,J编,第一卷,19号。

意义。它不可避免地导致保护区内纳粹恐怖统治的极大加强；捷克人过去一直是过分就事论事、不动感情，不能向世界舆论有力地申诉他们的情况，现在终于使公众心目中对那年夏天夷平利迪策村和莱萨基村的罪行有深刻的印象：在布拉格附近的这两个村子里，全体男人遭到屠杀，全体妇女被押往集中营，而儿童们全部失踪。伦敦的捷克流亡政府成功地使利迪策事件成为暴行的代名词。

在德国人占领的所有国家中，南斯拉夫的山区——塞尔维亚、波斯尼亚、门的内哥罗——具有最适宜游击战的地形，游击战很快就爆发了。不幸，出现了两个相互敌对的领导人：德拉扎·米哈伊洛维奇代表了向后看的狭隘的塞尔维亚观念；而人称铁托的共产党领导人约瑟普·布罗兹一半是克罗地亚人，一半是斯洛文尼亚人。萨格勒布的帕维利奇政权冷酷地屠杀了大量的塞尔维亚人和犹太人，从而使克罗地亚人对铁托变得不那么怀有敌意。1942年11月，铁托感到羽毛丰满，可以在波斯尼亚的比哈奇召开他所谓的"国民大会"。事实上，到会的只是一小群共产党人及其同情者。但是，从那以后，铁托的游击队抓紧一切机会打击德国人，而米哈伊洛维奇的追随者们却按兵不动，或者与意大利占领军相互勾结。南斯拉夫的这种局面逐渐变得不可收拾，这一点希特勒十分清楚。

希特勒于1941年圣诞节在莫斯科城外受阻，遂于1942年重新发动攻势。那年年底，盟军出乎他的意料于11月份在北非登陆。同时，俄国人在斯大林格勒进行的抵抗，也使他感到吃惊。举世闻名的斯大林格勒战役，在整个冬季震动了中欧和意大利，因为意大利、匈牙利和罗马尼亚部队都遭到惨重的损失。最后，犹如晴天霹雳，德国将军保卢斯及其部队尽管明知希特勒禁止投降，仍然于1943年2月1日向俄国人屈膝了。

在许多方面，意大利是轴心国统治下的欧洲在1943年里最有兴趣的地区。公众舆论对墨索里尼于1940年6月宣战一事，并未表示多少热情。10月份的对希战争，从一开始就不得人心，而且毫不顺利。经济困难日益增多，盟军空袭不断增加。共产党在工业化的北部保存了若干支部；随着政治气候变得越来越反对法西斯主义，他们的活动日益频繁。1943年3月，菲亚特工厂的工人举行罢工，要求给遭到轰炸的工人予以补偿；人们知道有些厂长也持同情态度，而法西斯当局则束手无策。都灵的罢工浪潮刚刚平静下来，米兰的几家大工厂又举行了罢工。这些是轴心国统治下的欧洲所发生的第一次真正严重的罢工。或许应该加以补充的是，德国本身进行罢工的时机已经过去，因为外国奴隶劳动（事实就是这样！）的比重现在已经很高，举行任何罢工行动都是绝不可能的。当墨索里尼于4月份在克莱斯海姆会见希特勒时，他的副外长巴斯蒂亚尼尼告诉里宾特罗甫，意大利由于经常发生工潮而无法继续进行战争。此时，墨索里尼的健康情况已经不佳。阿拉曼战役于1942年10月粉碎了他在非洲的妄想；1943年5月，突尼斯落入盟军手中（见下文，第二十四章）。德国人知道意大利人想要求和，便增加了他们在意大利的各种人员；这使得意大利人更加反对德国。在犹太人问题上，几乎所有的意大利人都反对纳粹的政策，他们成功地给希姆莱设置了重重障碍。这些事情都汇报给希特勒；后者在1938年5月作为德国元首访问意大利时，就极为讨厌意大利国王，他现在把一切都归罪于维克托·伊曼纽尔。这倒有一定的道理，意大利国王原来就不愿站在希特勒一边参战，并正在谨慎地考虑免去墨索里尼的职务、进行和平试探的问题。但是，他害怕人民的压力，于是等待到7月下旬。此时，盟军已在西西里登陆，除了德军以外，并没有遇到严重的抵抗。7月24日，墨索里尼被说服，召开了法西斯党的大理事会。格兰迪和现任驻梵蒂冈公使的齐亚诺①提出一项赞成恢复国王权威的措辞含糊的动议并使之获得通过。维克托·伊曼纽尔已决定任命巴多利奥元帅取代墨索里尼，而将后者免职并逮捕。顿时，如同魔术一般，法西斯主义似乎一夜之间就销声匿迹了。可是，希特勒派了一名党卫军特工人员于9月12日绑架了墨索里尼，并迫使这位意大利头目建立一个以加尔达湖为根据地的新的法西斯共和国。在一年半多的时间里，这个依附于希特勒的共和国对盟国支持的君主国进行了一场日益败北的斗争。1945年春，驻意大利的德国指挥官们无条件投降；墨索里尼在出逃时被抵抗运动战士抓住枪毙了。这是意大利的一个悲惨而充满破坏性的时期。富有讽刺意味的是，站在盟军一边对新的共和国作战最为积极的力量，正是痛恨萨伏伊王室的共和主义者；他们是为一个新的经过改造的意大利而战，

---

① 墨索里尼之婿，1936—1943年任外长。

尤其是为反对法西斯主义和国家社会主义而战。最后，实现这一理想的意大利游击战士们（值得记住的是，他们之中有些人在西班牙内战中就曾对佛朗哥作战）建立了不亚于任何地方的抵抗运动战士的功勋。希特勒还是死死抓住意大利北部的工厂不放，但是，这些工厂的工人在某些方面都是他在意大利遇到的最厉害的敌人。

墨索里尼掌权21年之后于1943年7月25日垮台，这个事件，深刻地震动了轴心国世界。人们收听了英国广播公司的广播（现在越来越多的人敢于这样做了），对于这件事了解得十分详细。在德国，斯大林格勒战役产生了它的影响。不仅如此，盟军的空袭在1943年也比以前厉害得多；尽管一致的意见似乎是：破坏交通比制造恐慌情绪更起作用。的确，就人们的反应而言，柏林实质上与伦敦并无多大不同；尽管对柏林的空袭破坏性更大，并且终于在1943年8月1日宣布柏林开始疏散人口。从此以后，凡是可以撤离的人，都被送往德国各省。在以前，人们也许被疏散到西里西亚或东普鲁士，或者甚至到重新夺回的"西普鲁士"。但是，现在既然俄国人尽管仍然遥远却不断挺进，就最好前往苏台德区或奥地利或巴伐利亚了。

在纳粹德国这样残暴的警察国家里，组织任何有效的反对行动是极为困难的。只有在军队里担任关键职务的人们才能做到这点——这种说法大概实际是对的。衷心反对希特勒政权的路德维希·冯·贝克将军于1938年辞去参谋长的职务。在卡纳里斯海军上将的谍报机构保密局里和他一起工作的军官们曾进行了策划，但是秘密警察在1943年逮捕了其中几个关键人物，并于1944年年初安排了卡纳里斯的免职，同时接管了他的职权。最后，在1944年7月1日，即盟军侵入诺曼底不到一个月之后，克劳斯·申克·冯·施陶芬贝格伯爵被任命为后备军指挥官弗罗姆将军的参谋长。施陶芬贝格和一些人一样，确信希特勒是个必须加以消灭的罪犯。他于7月20日利用他任新职之便，在东普鲁士举行的一次军事会议上，在希特勒身旁放置了一颗炸弹，然后找了个借口马上离开会场并乘飞机去柏林。他在动身之前目击了炸弹的爆炸，因此在到达柏林时认为可以报道希特勒的死讯。他和他的朋友们已制订了控制驻巴黎和其他地方的军队的计划。对施陶芬贝格很不幸的是，虽然在腊斯腾堡炸死了4个人，希特勒却得以幸免，仅负轻伤。这位元首由于这件事表明他得到天佑而更加得意，便对阴谋反对他而露了马脚的各种人发动了近乎疯狂的报复和威吓运动；他生命的最后9个月，对于德国和仍然处在德国人占领之下的地区来说，确确实实是一场噩梦。

盟军对法国的入侵取得了成功，巴黎于1944年8月23日获得解放。不过，对东欧来说，这一天倒由于罗马尼亚发生的事件而更值得纪念。当年3月，俄国人征服了比萨拉比亚——在同一月份，德国人完全占领匈牙利并镇压了当地最后的抵抗行为。自从卡罗尔国王于1940年退位以来，一位军人，安东尼斯库元帅，专横地统治着罗马尼亚。他倒不是通过他所鄙视的铁卫军，而是用略微体面一点的方式来进行统治的：他的旺盛精力、爱国情绪和反犹太主义都使希特勒满意。尽管当时的亲法西斯潮流把马纽推在一旁，但他像克罗地亚的马切克一样，仍然具有广泛的影响，尤其是因为人们知道他在轴心国迫使罗马尼亚向匈牙利割让领土时曾经提出抗议。年轻的米哈伊尔国王（他是现居伦敦的南斯拉夫国王彼得的同龄人）在他母亲和马纽的敦促下于8月23日将安东尼斯库免职并逮捕，并准备成立一个人民阵线政府。两天以后，他和他的顾问们倒戈向德国宣战。仍然具有决定性作用的普洛耶什蒂油田就这样交给了俄国人掌握。这是1900年以来德国势力在巴尔干半岛上的第二次结束。保加利亚也反戈一击；1944年10月德国人被赶出雅典和贝尔格莱德；铁托的游击队对南斯拉夫的解放做出了重要贡献，从而证明他是正确的。在希腊，共产党游击队和民族主义游击队之间的斗争还要持续若干时候；在这里，没有苏联军队来帮助共产党。

与此同时，在俄国人挺进的前景下，波兰人于1944年8月1日发动了反对驻波德军的起义。8月晚些时候，在一些捷克志愿者参加下，发动了反对德国保护下的斯洛伐克政权的重大起义。这些事件不但造成了巨大的苦难，而且暴露了西方盟国和苏俄之间的分歧——这正是希特勒最大希望之所在，也是他进行垂死挣扎的最大原因。在整整6周的时间里，俄国人拒绝让西方飞机去支援波兰人（这些飞机往返波兰必须在东方重新加油），因为这是整个波兰民族的起义，而不是其中成为共产党人的那一小部分人的起义。这样，德国终于把华沙的起义镇压下去，屠杀了许多华沙居民。俄国人对斯洛伐克起义的态度比较暧昧。德国人仍然能够及时地镇压了这两次起义，以便腾出手来对付匈牙利的另一次危机。这里，摄政王霍尔蒂于10月中旬决定克制自己的马扎儿人的骄傲和成见，向苏联求和。他的总司令向俄国人投诚了。德国人于是把匈牙利置于箭十字党领袖萨拉西的控制下；他们在布达佩斯一直坚持到次年3月，甚至到了1945年2月，还在那里发动最后一次进攻。这时，俄军已越过波兰，进入东普鲁士和西里西亚；然而，除了匈牙利的一小块地区以外，德国人仍控制着人们常说的欧洲的钥匙——波希米亚。直到1945年4月，美国部队才在那里以及萨克森和勃兰登堡和俄国部队会师。由于美国对日本的不必要的担心，当时就决定了中欧的命运（至少就下一代人而言）；为了取得俄国对日作战的多余的支持，美军只好撤退，让苏军去占领柏林、维也纳和布拉格。这些地方当时并没有落入西方手中，但是俄国人被给予控制这些地方的权力，如同控制布达佩斯一样。在俄国人包围柏林之后，希特勒于4月30日自杀。

　　轴心国控制下的欧洲的社会情况在斯大林格勒战役之后变得高度政治化了：越来越多的人参加了抵抗运动，或者予以支持，或至少通过破坏来妨碍当局。城市里的多数人都经常挨饿，只有德国人自己的食柜总是颇为充实（这与1917—1918年完全不同）。随着1944年秋天的来临，德国人开始感到易北河以东处于危险之中；西方盟国不久即将侵入德国西部，但人们对他们却不那么害怕。于是，在战争的最后6个月里，而且在一个空袭不断、铁路被毁、败兵溃退的异常寒冷的冬季里，人们纷纷西逃，柏林的政府各部也在加紧疏散。迁移的人群汇入了日益扩大的难民洪流——这些难民是直接从俄国人及其庇护下的波兰共产党人（这时他们终于组成了一支队伍）的控制下逃命的。结果使奥得河—西尼斯河一线成为波兰和德国之间的实际边界线。欧洲所有的德意志人在1945年以后都居住在这条边界的西面，聚集在一个相对说来很小的区域里；除此以外，仅仅在匈牙利还有一批大约25万人的讲德语的居民。

　　在1900年至1945年的时期，德国、意大利和东欧发生了深刻的社会变化：不论是好是坏，在20世纪初仍占统治地位的贵族阶级，到了这个结束时期终于被消灭了。所谓1944年7月反对希特勒的阴谋，是由"封建反动分子"策划的神话，全然是无稽之谈。社会各阶级的人们都参与其事，尽管倡导者必然是一批军官，其中有些还有贵族的姓氏。此后，俄军拥入了德国东部，这正是许多大土地产业遗留下来的地区。俾斯麦小儿子比尔的遗孀对骑马逃往西部的登霍夫伯爵夫人说她太老了，不能离开在瓦尔青的祖业①——她不想再活下去了。俄国人来了，此后再也没有听到她的消息。在勃兰登堡的娄文布鲁克，一个俄国军官和他的士兵们准备枪毙冯·丹·克奈塞贝克夫人。但是在她的庄园上干活的80名俄国战俘都高呼"妈妈""妈妈"以示抗议，从而救了她的性命②；她曾有胆量、富有人道地对待他们，这需要有极大的胆量，因为这样做是完全违反纳粹规定的。这是东欧贵族阶级及其势力和生活方式的最后一曲。

（潘绍中　译）

---

① 见马里昂·登霍夫《不再使用的称号》（1964年），第36—38页。
② 瓦尔特·凯特尔：《施洛斯-娄文布鲁克的夜晚》，载于《新苏黎世日报》，1965年1月21日。

第 十 七 章

英国、法国、低地国家和斯堪的纳维亚

20世纪初,欧洲所有主要国家的特点,可以说是尊重人民主权的原则和一个建立在以贵族和资产阶级构成的有产阶级占统治地位基础上的社会秩序。北欧和西欧各国的特点尤其是如此;除实行共和制的法国以外,其他各国政体的形式都是以选举制度作为支持的君主立宪制。而这种选举制是以财产条件限制作为基础的,因而人民的代表通常是被排除在选出的议会之外的。政治斗争局限于统治阶级的两派——保守派和自由派——之间。但是,任何一派都从未想到以任何方式来改变传统的社会结构。甚至社会主义,由于尚在初期,也未强大到足以对社会格局产生任何真正的影响。

但是,在随后50年间,社会结构从根本上发生动摇,部分原因是人口的增加(虽然增长率仍低于其他地区),但主要是因为工业的增长。这就要引起整个人口的社会和职业分配的大变动。而且,由于社会各不同阶级之间的力量均势发生了变化,又必然造成这个社会中各种制度和精神状态的彻底变革。因此引起两次世界大战和一次空前严重的经济危机的爆发,大战和经济危机反过来又加速了这些变革的节奏。

我们在这里讨论的是西欧和北欧那些至少在1940年以前能够避免出现一场社会变革或独裁政权的国家,即英国、法国、比利时、卢森堡、荷兰和斯堪的纳维亚各国。一般说来,所有这些国家都是按照同样的方式发展的,虽然不可能确言各种事件总是完全同时发生的;情况有千变万化,这可以解释为各国的特点和传统的不同,经济发展的阶段不同,而且各国还有各自特有的问题等。尽管如此,仍然可以切实地说，作为一个整体，这些国家在政治制度和行政制度方面的变革，都是为了实现代议制的民主化、扩大国家职能、社会主义的高涨（它在剥夺原来统治阶级的无限权力方面获得了成功）以及拉平生活水平——但是，这并没有防止财富分配以及在一定程度上的权力分配的不平等。

一　20世纪初期的政治制度和社会组织

法国在1848年实行了成年男子选举权的原则，但是在英国，尽管1884年的选举法已将选举人的人数从400万增加到500万，选举权仍不普遍，在几个选区拥有房产、地产的人，仍然可能享有多选区投票权。在瑞典，3/4的公民没有选举权。在荷兰，仍然实行财产条件限制，不过1896年已将这种限制从10个弗罗林减为一个弗罗林。比利时1893年实行一人多选区投票权，从而给予拥有价值2000法郎的财产或有100法郎收入的公民和户主，以及达到一定教育水平的人以额外的选举权。但是，就整个人口来说，选民所占比例一般仍然很低：法国为26.6%（1898年）；比利时为22%（1900年）；荷兰为11.9%（1900年）；挪威为18.6%（1900年）；而在瑞典，只占7.4%（1902年）。

各国都实行两院制，但是这一制度总是由于上院拥有广泛的权力而被削弱，而上院又是从那些在人口中所占的范围远比下院狭小得多的人中选出的；同时也是由于国家元首手中仍然拥有相当大的权势，不过这种权势极易变动。

议会制还只是在挪威（自1880年）、丹麦（自1901年）和英国等少数国家中牢固地确立了起来。英国堪称模范，受到各国自由党人的赞赏。英国女王总是选择多数党的领袖为首相。这个制度在法国却不很成功。法国的政党很多，这就造成政府的不稳定。在荷兰也不很成功，那里的人们由于对宗教和政治的效忠，形成了各种不同的联盟。

除挪威以外，原来的贵族仍然拥有极大的权势，特别是在上院和宫廷中——在比利时和荷兰，特别是在瑞典，甚至在英国也是如此。但是，与贵族共同进行统治的是资产阶级，他们得到教士和农民群众的支持。除英国外，农民构成了人口的大部分。代表权仍然全部掌握在统治阶级手中：在英国，1900年只有两名工党成员被选入下院；在法国，只是由于1902年的左翼选举，才有57名小资产阶级和工人阶级的成员当选，占议员人数不到10%；在瑞典，1905年才首次有一位律师担任大臣。

工人阶级本身，由于人数少，组织不完善，仍处于孤立状态。工会运动在英国有其最早和最重要的发展时期；而在法国，工会组织却由于人们对巴黎公社的记忆而受到阻碍。工会会员的人数，在英国从1885年的50万人增长到1900年的125万人；但是在法国，1902年法国总工会与工人联合会合并时，会员也只有12.1万人。另一方面，法国的社会主义运动却非常活跃，虽然这一运动仍然分裂为团结在马克思主义旗帜下的盖德派与改良主义者两派。在英国，直到1900年2月，工会、社会民主联合会（唯一明确的马克思主义组织）、独立工党和费边社的129名代表才组成劳工代表委员会，负责建立一个完全区别于其他党派的独立自主的团体，此后称为工党。

二 自由资产阶级的政府（1900—1914年）

在20世纪的最初年代中，占主导地位的是政治问题而不是社会问题。政治民主只有通过实施普选权、巩固议会制并将权力完全转入中产阶级手中才能实现。正是在这些原则问题上，统治阶级中的两派——保守主义分子和自由主义分子，不管他们自己怎样称呼自己（在英国和比利时叫自由党，在法国叫激进党）——进行着斗争。自由党人得到工人阶级政党（工党和社会党）的支持，因为这些政党还不够强大，只能在斗争中提供支援。随着自由党纲领的逐渐实现和一些带政治性的根本问题逐步得到解决，自由党人与社会党人之间的合作就越来越不稳定。社会党人对于没有任何实际价值的各种诺言和权利日益不能忍受，不久就要求进行结构改革，而他们以前的同盟者势必要拒绝这些改革。

1899年，一场特别严重的危机，即德雷福斯案件，震撼了法国。这个共和国受到陆军、教会和那些企图回到过去的人们的群起反对，以远比他们在布朗热运动时期更为激烈的手段对它进行攻击。共和派，从进步人士——这时成为民主同盟——到社会党人，通力合作支持由瓦尔德克－卢梭组成的"保卫共和国政府"。在这个政府中，社会党人 A. 米勒兰和巴黎公社时期的刽子手加利费将军象征性地并肩站在一起。瓦尔德克－卢梭和孔布领导的两届政府花了 5 年半的时间来彻底解决德雷福斯案件，因为他们必须清洗陆军最高统帅部，逮捕并审讯为首的民族主义分子，尤其是要削弱教会的势力，因为教会是一个极端保守的团体，它为了反对 1789 年的"无神派"和"假教条"，在每次发生危机的时期，都动员它的教徒支持反对共和的右翼政党。1901 年法令是为了镇压教会中较易妥协的各派（"结盟的僧侣"和"经商的僧侣"），而将其余的人置于国家的监督之下。孔布在使两院拒绝提交给它们的大多数授职请求方面取得了成功。他执行 1901 年的法令时雷厉风行，从而引起与梵蒂冈的争吵并断绝了外交关系，而且导致了 1905 年 12 月的政教分离。这些措施是在一种近于内战的气氛中进行的，每当编制教会"财产目录"，或在抵制实施这一法令的宗教团体被驱逐时，民族主义分子就发动示威游行。

从中左派、左派和社会党人当中产生的温和派的联盟，由于所有各派的代表组成了左翼代表团而得到巩固。这些代表对共同的重大问题联合做出决定，这些团体只能从让·饶勒斯的蛊惑人心的雄辩中得到好处。但是，一些温和派分子对当时的一些事态发展感到担心。到了 1906 年，随着克列孟梭政府的上台，由于社会党人对野蛮镇压法国北部的罢工投了不信任票，这一联盟实际上已开始分裂。

在这个时期，两个主要的左翼团体最后组成了激进派和社会主义派。1901 年组成的"激进—激进社会党"，将成为法国直到 1940 年为止居于主导地位的政党，其成员在每届政府中均有一名出任总理，或至少主管一个处理内部事务的关键性的部——教育部、内政部或农业部。这个党代表外省中产阶级和小资产阶级的利益，主张"秩序"，主张大经济；尽管它敌视富有的上层阶级，却反对城市工人阶级的要求和主张。它是保守的、沙文主义的，并且不信任当时日益壮大的社会主义。它在该党 1904 年图卢兹代表大会上宣称自己是一个"不偏不倚的党"，赞同私有财产。具有各种不同社会主义倾向的代表们——盖德分子、布朗基分子和主张参加政府的改良主义分子——通过 1905 年举行的一次团结代表大会联合起来。他们声明支持 1904

年第二国际阿姆斯特丹代表大会（这次大会谴责了改良主义和参加政府）的决议，并组成社会党（工人国际法国支部）。经济上的种种困难和饶勒斯才智上的声望，都使该党所取得的成就得到巩固：社会党党员从1905年的3.5万人，增加到1914年的7.2万人，获得的选票从1906年选举中的83万张（51名候选人当选）跃增到1914年选举中的140万张（103人当选）。

1902年各工会组织与法国总工会合并。法国总工会通过它的总书记格里甫埃勒，给予革命的工联主义纲领以全力支持。这个纲领反对资本主义和国家控制，主张采取直接行动、各种破坏活动和罢工作为总罢工的前奏。它在1906年在亚眠举行的工会代表大会上，声明它在政治上完全独立。但是，在将近750万靠工资生活的人当中，只有83万是工会会员，而且只有30万人参加法国总工会。因此，法国的工联主义是一个与英国的工会运动完全不同的运动，是一个与工人阶级的政党没有任何公开承认的联系的少数派团体，它从马克思主义的阶级斗争和暴力革命的纲领中吸取精神力量。这种态度变得强硬，是由于他们对左翼联合政府——左翼集团——几乎没有进行什么社会改革既感到失望也感到不安的结果。1904年，服役期减为两年，但是豁免服役的权利被废除了，工作日规定为每天10小时——仅限于混合企业。工人们的种种要求都碰到激进派设置的社会保守主义的障碍。克列孟梭的政府对工人阶级的骚动和罢工的答复，是禁止1906年5月1日要求八小时工作日的示威游行，是用警察进行野蛮的甚至血腥的镇压，在镇压库里埃公司所属矿井的矿工时还动用了军队。这种对付电气工人、建筑工人、码头工人（1907年）和基建工人（1908年）的镇压，以采取法律手段阻止政府雇员——已参加法国总工会的小学教师和1909年举行过罢工的邮政部门职工——组织工会而达到顶点。法国南部也发生了严重骚动，种植葡萄的农民抗议市场上葡萄酒的价格暴跌，一些市长和市议会议员辞职，群众暴动，纳尔榜的区长的官邸被烧毁，在当地招募的第十七步兵团的士兵发生兵变。

1906年的选举因为运用了"共和国纪律"的原则，对左翼联盟来说是一次胜利。由于没有拥有绝对多数的候选人，左翼选举人在第二轮投票时投了获得选票最多的左翼候选人的票。左翼联盟获得多数，拥有325个议席，而右翼各党派则减少到174个议席；以往，要构成多数，90名中左温和派分子的合作是必不可少的，这时他们却转而投了中右派的票。但是，资产阶级所关心的是工人阶级和政府低级雇员中的骚动，而镇压政策又进一步使他们脱离了激进党。社会党人与激进党人之间的冲突，在其他问题上也有所加剧。这些问题是与沙皇俄国（当时正残酷镇压革命）结盟的政策；德尔卡塞所主张的敌视德国的政策；以及殖民地政策，这一政策造成饶勒斯谴责"殖民党"在摩洛哥的冒险事业，正如几年以后他要支持卡约在阿加迪尔事件后缓和国际局势的政策一样。在所有这些问题上，不仅右翼，就是激进派中也有很大一部分和社会党人不一致：他们关心的是工联主义者反对军国主义的和平主义宣传，是过分频繁的罢工，此外，还害怕陆海军预算的大量增加，1909年对工人抚恤金进行投票表决和小学教育的发展，以及购买西部铁路系统所需的开支，势必要实施卡约所提出的所得税。国际紧张局势进一步刺激了民族主义分子的宣传活动，各党派这时正借助这一宣传活动进行重新组合。由于反对三国同盟的英法协约的缔结，由于威廉二世在摩洛哥的主动精神，由于1906年德尔卡塞不光彩的免职，以及1911年的阿加迪尔事件，受到天主教强烈影响的民族主义便又重新抬头；这时，天主教正被坚定地推向采取与政府合作的原则。右派热衷于大张声势地宣扬教皇庇护十世为之行宣福礼的贞德，借以吹捧以不喜欢共和政体闻名的利奥泰元帅的殖民事业，并煽起小资产阶级沙文主义的、侵略主义的爱国主义。1910年白里安用征召铁路工人入伍的办法破坏了铁路工人的罢工，因而获得激进党中派和右派中的多数的信任票，这时，各党的联合遂告破裂。中左派的成员被任命担任政府中四个最重要职位中的3个职位：保罗·德夏内尔任众议院议长，雷蒙·彭加勒任共和国总统，路易·巴尔都任总理。这时，这一新的反社会主义的多数便充分暴露出来；正是这个多数派，投票通过了把兵役制延长到3年的立法。

左派重新统一后，在1914年的选举中获胜：他们提出了一个反对三年制兵役法和"愚蠢的重整军备"的政纲，因而300名左翼候选人当选，其中包括130名工人国际法国支部的社会党人，而右翼候选人只有120人当选。然而赞成保持三年制兵役法的仍占多数。虽然以前的议会从未有过这样多的左翼议员，但向右转却是无法否认的，因为这时激进派资产阶级背弃了它原来的同盟者，认为他们所提倡的一些改革很可能危及国家、财产、安全和秩序。

斯堪的纳维亚各国的政治演变，也是趋向制度的民主化和各国社会民主党的发展。瑞典由于贵族和君主政体的势力较大，政治演变的进程最缓慢。尽管这样，1906年后，右派逐步地被排除，1901年成立的自由党终于在下院中获得了多数席位。1907年，选举的改革降低了上院选举中的财产条件限制，并限制了一人多选区投票权；选民范围扩大了1倍，到1914年，社会民主党已成为全国的主要政党。但是，国王还未完全承认议会政体；1914年2月6日，他在一次3万农民民族主义分子举行示威游行时，公开宣称他本人反对斯托夫领导的自由党政府，并迫使它辞职。在丹麦，左派反对党自1906年起实力强大起来；激进党领袖萨赫勒领导的政府，被敌视大地主的农民以及社会民主党扶上了台。

挪威的民主改革进行得比较深入。它曾经受到争取独立的斗争的阻碍，这一斗争最后在1905年6月解除了与瑞典的联盟，并建立了经过公民投票认可的君主立宪制政体。自此以后，自由党分裂为两派，其中比较进步的一派温斯特勒派与社会民主党联合，自1908年至1919年组成政府（1909—1912年除外），通过了有关利用自然资源和外国投资的进步立法。君主政体的权力削弱得最厉害的也是在挪威；加冕典礼和授予圣职的仪式在1908年即已废除，有关宪法问题的批准权也在1913年废止。

在荷兰，权力仍然保持在3个宗派的政党手中。一直到1913年，自由党联盟和社会民主党人才在上院居于多数（拥有100个议席中的55席），并实行了成年男子选举权。在比利时，斗争甚至更加艰巨，自由党人被教会的专横势力所激怒，遂与社会党人结成联盟。他们的联合在1908年成功地迫使他们的反对派同意实行义务兵役制（以前实行的是便于顶替的、用抽签方法挑选的制度），1914年又迫使他们同意实行义务初等教育。自1906年起，发生多起工人阶级的骚动，历次罢工都遭到野蛮的破坏。这种骚动，和其他地方一样，使自由党陷于分裂，它的一些成员感到惊恐：战争的冲击终于扫除了实行八小时工作日和争取妇女选举权的最后障碍。

第十七章 英国、法国、低地国家和斯堪的纳维亚

在英国，1906年的选举是发生决定性变革的信号。1900年，保守党人在选举中取得了胜利，击败了分裂的自由党人和出现不久的工党运动；为帝国主义派在南非战争中获胜而举行了喧闹一时的庆祝；凡此种种，都没有阻止人们对经济形势日益增长的忧虑。来自德国和美国的竞争，以及所有的主要大国所采取的保护贸易的政策，都给英国的工业造成了重重困难。早在1903年，约瑟夫·张伯伦就提出要实行帝国优惠制，这种制度将成为未来的英联邦的基础。保守党意见分歧；许多实业家，主要是兰开夏的出口商，反对这种前途未卜的轻举妄动的做法。自由党人得到赞成自由贸易的职工代表大会和对1902年的教育法心怀不满的非国教教徒的支持；1905年贝尔福辞职。自由党温和派的坎贝尔·班纳曼组成了一个由自由党的帝国主义派和格莱斯顿激进派，并包括工联主义者约翰·伯恩斯在内的内阁，并于1906年1月获得压倒的胜利；下台10年之久的自由党赢得了399个议席，保守党党员（其中2/3是关税改革派）获得157席，爱尔兰民族主义者获得83席，工党候选人获得29席。

新政府抛弃了帝国主义政策，1906年通过了劳资争议法，撤销了威胁到工会基金的1901年的塔夫·维尔判决。1908年坎贝尔·班纳曼去世，由阿斯奎斯接任，劳合·乔治担任财政大臣。实行了许多改革：由霍尔丹改革陆军；费希尔勋爵改革海军；制定了养老金法案，规定给予年过70的老人每周五先令；投票通过实行煤矿工人八小时工作日制。最重要的是实行税制改革，以便为这些改革措施提供经费。但是在许多人看来，这种做法似乎是要重新分配财富。1909年的预算主要是针对富人，它降低了对户主征收的所得税，但是对汽油和汽车征收特别税，而且凡土地易手时则征收20%的土地自然增值税。上院拒绝了这个预算。为了保证这些改革方案的实施，必须进行两次大选，同时还必须采取决定性的步骤，削减上院的权力以实现民主化。

自由党人和上院议员之间的冲突，类似法国一个世纪以来存在的同样的冲突。在法国，这一冲突在德雷福斯案件发生的过程中达到前所未有的猛烈程度。保守党的上院议员们对于自由资产阶级怀着古老的贵族世家的全部轻蔑；对于自由党和工党中的无数小人物——劳合·乔治本人就是一个教师的儿子，而且是由他的当鞋匠的叔父抚养

成人的——以及新近发迹的中产阶级，他们也是抱着轻蔑的态度。他们对于自由党的计划，一贯采取反对的政策。劳合·乔治对预算案的辩护极为有力，使上院议员们狼狈不堪。1910年1月，275名自由党候选人当选，273名保守党人当选，40名工党党员当选，82名爱尔兰民族主义分子当选。由预算引起的问题就这样得到了解决。但是在宪政方面斗争仍在继续：具体规定——并限制——上院的权力是当务之急。乔治五世几次试图调解均告失败，于是举行了另一次选举，保守党人再次失败，在加封一批自由党贵族的威胁之后，通过了议会法案。上院否决权的有效期限缩减为两年，但是，作为补偿，一届议会的最长任期从7年减为5年。

这些胜利的取得，是因为工党和爱尔兰议员总是和自由党人投一致的票，而自由党人方面也只有保持这种支持才能继续执政。因此这种联盟比法国议会的联盟的基础更巩固，虽然这种联盟不久即将受到危害，但还没有破裂。这时，英国社会正经历一个强烈不满的时期。工人阶级抱怨由于工资不动而购买力降低，因而他们并未享受到普遍繁荣的果实。除了这些经济因素以外，工人当中还滋长了一种感到日益遭到挫败的沮丧情绪。他们谴责他们的代表太软弱，对自由党跟得太紧，例如，1909年当自由党拒绝撤销上院支持的"奥斯本判决"（这一判决危害工会的政治性动员）时；还有，当人们获悉1911年的国民保险法是受俾斯麦为工人阶级制定的立法影响而制定的，该法规定财政部不提供资金，而由工人自己筹措一部分资金时，工人的代表们都过于跟从自由党。正如也主张罢工、联合抵制、使用暴力和实行总罢工的世界产业工人工会联合会的工联主义的势力，对英国工运发生过作用一样，支配法国总工会的工团主义势力，会对英国的工运发生作用就不足为奇了。党员人数寥寥无几的社会主义工党的各种马克思主义倾向，渗透了工党党员的队伍；无数的传单和小册子纷纷出现，谴责工党领袖的种种怯懦而又蛊惑人心的政策，号召采取直接行动。1912年创刊、1913年起即由乔治·兰斯伯里编辑的《每日先驱报》，发表议论，主张采取有力的行动，并谴责自由党联合政府。1911年、1912年和1913年，在矿工、铁路工人、棉纺织工人、海员、码头工人和舰只修造所工人中相继发生了多次罢工，在默西河畔和南威尔士还曾调来军队，有时竟然发生流血事件。大战前夕，煤矿工人、铁路工人和运输工人结成"三角同盟"预示着一场总罢工将来临。

在另一个领域，自由党人顽固地拒绝给妇女以选举权，这就激怒了鼓吹妇女参政的各小团体，她们这时便更加频繁地举行示威游行和采取暴力行动。再者，爱尔兰问题的严重性质和北爱尔兰发生内战的威胁，使社会立法陷于停顿，自由党及其多数地位亦被削弱。

英国的保守党也像法国保守派政党一样，实际上并不甘心于他们的失败。1910年他们在国内政策上被击败后，就把重点放在帝国主义和民族主义上：他们是英帝国和君主政体的支持者，反对将于1914年实行的爱尔兰自治，而且，他们鼓励爱德华·卡森爵士组织一支决心用武力反对自治的北爱尔兰志愿军。这一威胁行动的结果是爱尔兰志愿军的建立和内战威胁的更加迫近。而且，由于1914年3月英国在爱尔兰的一部分驻军中的军官哗变，内战威胁就更形严重了。

虽然自由党政府继续推行它的社会立法计划（1909年的劳工介绍所，1911年的健康保险和有限的失业保险计划），但是这只能加深自由党人与工党支持者之间的鸿沟。自由党改革派并不想改革现存的社会秩序，因而他们的努力不可能对当时出现的各种政治问题和社会问题提出有效的解决办法。这个1906年取得胜利的党，开始衰落了。

三　第一次世界大战及其直接后果（1914—1921年）

1914年第一次世界大战的爆发，迫使所有交战国的政府去解决许多不曾预料到的问题。至于中立国家，它们的日常活动也被这场大变动打乱，只是在部分程度上避免了这场灾祸。它们也必须对当时面临的各种问题临时提出解决办法。

各参战国中自发地建立起一种"神圣同盟"。在法国，尽管一名"法兰西行动"的追随者暗杀了饶勒斯，但政党之间的休战仍然实现了。各地的罢工业已停止。在英国，鼓吹妇女参政的妇女团体和爱尔兰问题引起的骚动都已停止，甚至像拉姆齐·麦克唐纳那样最坚定的和平主义者，也发表声明支持1914年9月的征兵运动。在法国，勒内·维维亚尼建立了一个全国团结政府，其中包括马克思主义的社会党人朱尔·盖德和保守派代表阿尔贝·德门。在英国，阿斯奎斯于1915年5月组成了一个由12名自由党人和8名保守党人组成的联合政府，包括工党的阿瑟·亨德森和自战争爆发后即担任陆军大臣的吉钦纳勋爵在内。

破坏比利时的中立，犹如有关德国人在此利时暴行的报道——严重地夸大了——一样，激起了普遍的愤慨。除此之外，还有一种为被侵犯了的权利而战斗的感情。一阵最朴素的自以为公正善良的爱国主义和民族主义的浪潮，淹没了一切冷静的分析。对于这种感情的浪潮，像罗曼·罗兰、一些杰出的社会党人和工党的支持者、克莱德和南威尔士的社会主义的工联主义者，以及法国的金工联合会等则不以为然。

但是，这种一致不久就消失了。随着战争拖延下去，原有的种种分歧又重新涌现出来。来自前线的报道，很快暴露出武器和弹药不但缺乏，而且使用不当。生命和物资白白地浪费，而且，拥有无限权力而政府又控制不住的军事领袖们则独断专行。霞飞将军发动的猛烈而无成效的攻势，以及他在整个1915年所采用的愚蠢的"消耗"战术，受到战斗部队及其在议会两院中的代表们最严厉的批评。法国的三任陆军部长，1914年的梅西米，1915年的加利埃尼和1917年的利奥泰，都对统帅部的越权并对任何控制表示抗拒的行为不满。在英国，达达尼尔海峡战役造成海军上将费希尔和这次战役的鼓吹者温斯顿·丘吉尔的辞职。1916年1月实行的征兵，又引起工党代表和许多自由党人的反对。对军需品短缺和各国政府的软弱提出批评的结果，是设立了军需大臣（或部长）等职务，并使一些决心以非凡的干劲指导战争的人物上台掌权：劳合·乔治于1916年12月，乔治·克列孟梭于1917年11月先后执政。这样，权力就集中在少数人手中：只有5名成员的英国战时内阁（1917年5月，加上史末资将军和其他自治领的代表，组成英帝国战时内阁）和1917年接近年底时成立的由总理、陆军部长、海军部长、军需部长和财政部长组成的法国战时内阁。

各国都建立了名副其实的战时独裁，因为各种决定都必须在议会之外做出，事后再交议会批准。1914年通过的"保卫国土法案"把有关武装力量和平民问题的全部权力集中在政府手中,包括不经审讯即可扣押人员的权力。在法国,通过宣布紧急状态而将同样的权力授予政府。出于对军事行动保密的需要,扩大了对报刊和邮件的检查。对政府的决定和文职官员的行为、投机商和逃避义务者提出批评,均被认为是对国防和战斗人员的士气不利的。报刊,特别是左翼和反对党的报刊,如《自由人》——克列孟梭的《被奴役的人》——不断地有文章被删掉。这些滥用权力现象在法国是彰明较著的,而在英国却少得多,因为在英国,人们对于保卫个人权利的传统比较尊重。

但是,政府仍然被迫做出了让步。在法国,两院召开秘密委员会,听取不能公开的报告;派出"特派员"对军队进行节制。1914年至1918年间,内阁经过7次近于彻底的改组——只有一次(潘勒韦垮台,由克列孟梭接任)是由于两院中的一次选举失利造成的——这一事实就证明了形势的严重。英国的情况也相类似,由于保守党领袖博纳·劳和卡森鼓动人们起来攻击阿斯奎斯的所谓渎职,《泰晤士报》也在推波助澜,结果便由劳合·乔治出面组成联合政府。

政府监督扩大到了许多意想不到的领域:工农业生产、交通运输、雇主利润、雇员工资、工作日长度以及劳资纠纷等。行政管理机构大大地扩大了:1914年到1923年间,英国的文职人员增加了1倍,设置了一些新的部,如1917年设置了军需部、粮食部、优抚部、劳工部和封锁部,1918年成立了航空部和重建部。法国也设置了主管军需品、粮食、卫生、军用航空、军法和研究重大军事发明的国务部长和次长。

一些社会问题再次具有从前那样的紧迫性。1915年,工会领袖放弃了罢工的权利,交换条件是设立全国协商委员会并在每家工厂任命工人代表。同样地,在法国,军需部长阿尔贝·托马在生产作战物资的工厂中建立了工人代表委员会。必须为这些工厂提供一支劳动大军,在英国是采用"稀释法",即使用非熟练工人,这种做法引起工会的抗议,不过最后工会还是做了让步。战时军需法禁止罢工并建立强制仲裁和厂际调动工人的权力;还禁止工人无准假证明而擅离工作岗位(1917年撤销)。由于这些规定,再加上生活费用的上涨(从1914年8月到1915年7月上涨了33%),克莱德赛德地区遂于1915

年2月爆发了战时的第一次大罢工,接着南威尔士的矿工在7月间也举行了罢工。随后建立了车间工人代表,这种做法迅速地传播开来。工人代表都选自工厂基层,他们的影响抵消了工会领袖的影响,因为人们常怀疑工会领袖与政府勾结。

于是,从1916年起,工人阶级的运动便重新又开展起来。人们对工人国际产生了新的兴趣。这时,国际已分裂成为赞成和反对各交战国的社会党之间恢复关系的两派(1916年12月在法国社会党全国代表大会上,大多数成员赞成恢复关系)。工人运动在1915年齐美尔瓦尔得代表大会上在参战问题上,在1916年昆塔尔代表大会上在"战争的目的"和俄国革命等问题上,发生了分歧。布尔什维克的"不割地、不赔款的和平"纲领,得到大批社会党人和工党的支持者们的热烈赞同。工党党员阿瑟·亨德森在同法国代表加香和弗罗萨尔访问俄国后发表声明说,英国应该支持拟议中的斯德哥尔摩国际社会党人会议。这一声明在1917年8月10日举行的工党会议上,以184万票对55万票获得通过。但是政府拒不发给前往斯德哥尔摩的护照,于是亨德森便退出战时内阁。同一时期,法国发生了多起罢工,1917年5月和6月,有71种行业受到圣艾蒂安和巴黎的罢工的影响。在战线后面"少女通道"①地区的军队,由于尼韦尔4月16日发动的危险进攻遭到失败,军队伤亡惨重,士气沮丧,发生了哗变。在前线本身和战线后方,到处都可以感觉到由于战争旷日持久而又毫无胜利希望,出现一片厌战情绪。克列孟梭捡起名副其实的独裁者的衣钵,对商人、激进党和社会党的政治家们——如内政部长马尔维和约瑟夫·卡约——起诉,指控他们散布失败情绪或通敌,从而压制人们不敢对战争和对全国的人力、物力、财力总动员以对付德国人1918年春季和夏季攻势的一切批评。

当战争结束时,胜利和和平带来的欢欣鼓舞的情绪,以及认为"这场战争将结束一切战争"这一幻想,都不足以消除人们对4年来往往是无谓的牺牲、破坏和痛苦的记忆。痛苦和愤怒,与欢乐和宽慰交织在一起;俄国革命的榜样,鼓舞人们渴望变革——这是对行政当

---

① Le Chemin des Dames, 法国香巴尼地区埃莱特河谷与埃纳河谷之间的山脊上的通道,长约30公里。1917年4—5月间曾在此发生激战。此路系路易十五为其女儿们所修,故名。——译者

局和军事当局强加于人们的毫无节制的纪律的一种反应。这一革命使得那些备受苦难、对许多投机商人深恶痛绝的人们燃起了希望。据说，1919年在埃及出现了士兵委员会。在英国，军队由于迟迟不复员而举行示威游行；在格拉斯哥的一次暴乱中，升起了红旗，好几个人受伤；约克郡的矿井和伦敦地下铁道发生罢工，最后在1919年爆发了铁路总罢工。在爱尔兰，1916年复活节星期一起义以后，反叛即蔓延开来，到这时已酿成一场全面战争。"动乱"时期已经开始。法国也爆发了罢工，对于继续对俄国进行战争提出了强烈的抗议，在黑海舰队所属的几个舰队中发生了兵变。

因此，英国、法国和比利时各国政府被迫做出了一些让步，以平息这些危险的群众运动。在法国，制定了八小时工作日的法律（1919年）。在英国，胜利给劳合·乔治带来了前所未有的威望，他非常聪明地要求尽早地举行选举。这时，自由党已分裂为对劳合·乔治1916年可疑的忠诚决不宽恕的阿斯奎斯派和仍然忠于劳合·乔治的一派。劳合·乔治面对着在保守党与这时决心单独奋斗的工党之间处于孤立的威胁，遂同意与前者结盟。随后是"党魁选举"，所有支持他的候选人都收到一封由劳合·乔治和博纳·劳签名的认可信。联盟一方赢得478个席位（335个席位归保守党），阿斯奎斯派自由党人获得28个席位，工党候选人获得59个席位，他们现在代表正式的反对党。自由党早在1914年就受到分裂的威胁，这时更是一蹶不振。这些选举开创了保守党几乎连续执政20年的时期。

但是，在"威尔士巫师"的指导下，自由党与保守党的联盟继续执政到1922年10月。1919年通过了"住房和城市规划法"，拨给地方当局住房津贴；设立了"大学拨款委员会"；1920年通过了失业保险法以解决失业问题。1921年，120家铁路公司合并为4家。1922年，垄断了广播事业的英国广播公司成立。但是埃里克·格迪斯爵士领导下的经济委员会建议实行一些节约措施，部分地破坏了费希尔的1918年的教育法。煤矿工人提出的煤炭工业实行国有化的要求，虽然得到桑基委员会大多数人的赞同，但仍被否决。在爱尔兰，进行着一场罪恶的战争，打伏击、逮捕人质、严刑拷打、即时处决，无所不用其极。在这场战争中，爱尔兰的恐怖分子与英国派来的特别警察进行较量（这支特别警察的功绩之一就是火烧科克）。由于英国承认了除北爱尔兰的 6 个郡以外（参见第十三章）的爱尔兰自由邦为英帝国内的自治单位，这场战争终于结束。但是，这一措施引起保守党人的不满，自由党和保守党的联盟遂告破裂。

法国虽然在 1919 年 11 月选举了与英国战后的下院相类似的"天蓝色的议会"，但是它的政治生活的恢复还是比较迟缓的。由于实行新的选举办法，即介于多数制与比例代表制之间的折中办法，制定了建立以省为基础的按党派名单投票的制度，超额选票归多数党候选人，其余的选票按比例分配。这种做法的结果，是中派和中右派联合的全国共和集团获得 613 个议席中的 437 席，反对派只有社会党人获得 68 席，激进党人获得 88 席。这是法国自 1876 年以来最右翼的议会。虽然克列孟梭已经粉碎了由于生活费用急剧上涨而引起的巴黎工人（5 月 1 日）、北方的矿工、鲁昂的纺织工，以及铁路工人和地下铁道工人的罢工，但是获得胜利的右派，对于他通过了八小时工作日，给予工会代表工人与资方签订的集体协议以合法地位，以及他的反教权主义等，均不能谅解。1920 年 1 月，他作为共和国总统候选人，由于右派支持了温和派下院议长保罗·德夏内尔，遂被抛弃。

比利时由于在大战中遭到侵略，它的清一色的天主教党政府便迁往勒阿弗尔附近的圣·阿德雷斯，在增加少数自由党人和社会党人后，组成了一个"民族团结"政府。被占领区由德国人管理，他们支持讲佛兰芒语的居民，从而加剧了讲佛兰芒语和讲瓦隆语这两种语言的居民之间的不和。在根特办了一所用佛兰芒语的大学，并成立了弗朗德勒委员会，该委员会造成了这个国家的这两个部分在行政上的分裂。停战以后，阿尔伯特一世组成一个三党联合政府——天主教党六人、社会党三人、自由党三人——并答应给予普选权、成立工会的自由、语言平等和劳资联合。1919 年 11 月的选举——选举权扩大到全体男性居民——结果，反教权派第一次获得多数：30 名自由党人、70 名社会党人对 73 名天主教党人。结果，地方选举权在 1921 年扩大到了妇女，作为补偿，天主教党接受了一项协议，给予国立学校和私立学校以同等补助金；允许集会结社自由；给予养老金；取消对罢工权利的阻碍；实行八小时工作日。

北欧和西欧的其他国家保持中立。虽然它们无疑地从向德国人提供原料和粮食中获得相当大的利益，但也深受潜水艇战、通货膨胀和物价上涨之苦。为了用一种复杂的分配制度来调节食物供应和物价，它们被迫实行一项政府干涉的政策。为了防止报纸过于明显地表示支持这一方或另一方，它们还发现有必要实行新闻检查。所有这一切措施，引起了舆论的不满，于是又感到必须向公众的压力让步。因此，丹麦实行了八小时工作日，修改了宪法，并将选举权扩大到年满25岁的妇女。在瑞典，因亲德而臭名昭著的哈马舍耳德内阁被迫于1917年辞职，由亚尔马·布兰廷领导的自由党和社会民主党的联合政府取而代之，这是除法国以外，欧洲的第一个包括社会党人在内的政府。挪威于1919年实行比例代表制，从而结束了代表权相当严重不平等的现象；事实证明，这对社会民主党有利。荷兰也实行了普选权（卢森堡也在1919年实行）和八小时工作日。

普选权从各方面削弱了自由资产阶级举足轻重和充当仲裁人（如在荷兰、瑞典和英国）的作用，并且也鼓舞了人民政党的发展（在荷兰和比利时）。有的地方自由党人确实保持着一定的重要地位，这是因为他们充当了保守派的角色。凡是牢固地建立起议会制的地方，否决权和解散议会权均废弃不用，除非是要找出一条出路来摆脱无法解决的困境或加速实行一些紧急的改革，这时才使用解散议会的权利。这种冲突的唯一例子是，卢森堡极端亲德的女大公于1919年被迫退位，由她的妹妹继位；根据1919年9月18日的公民投票，使用这种解决办法在各方面都是符合民主原则的。

四 两次大战之间的年代（1921—1939年）

当各项和平条约开始生效时，参战各国都面临着种种严重的问题。英国没有遭到入侵，但是它在人力、物力方面的损失惨重，而且也有它的"被破坏的地区"：工业需要恢复和重新装备，船队需要重建，原来的市场需要夺回，还要面对着美国和日本（不久以后又有德国）的竞争；国债沉重，收支平衡受到威胁。必须重新发展商品出口并恢复英镑原来的最高地位，因为过去这是英国获致繁荣的条件。

法国在战争中流血牺牲惨重，损失了175万人，而出生率却下降到1913年以下；需要从废墟中重建家园，但是，由于需要赔偿战争的损失和支付战争中各类牺牲者的抚恤金，法国债台高筑。国际局势是暗淡的。法国和英国采取了坚决敌视俄国的态度，不过英国在程度上轻一些，他们害怕俄国的革命宣传。他们也不信任德国，由于德国似乎要想尽一切办法逃避凡尔赛的"强迫命令"所强加的种种约束，因而对它更加不信任了。法国对这个问题特别敏感，它坚持严格执行条约的各项条款，心胸狭窄地坚持不折不扣地按照彭加勒所体现的法律的文字行事。它同中欧和东欧的一些国家缔结了一系列有附带义务的盟约，同时不惜支出大量费用重新装备和维持军队。

因此，经济问题和社会问题成为政府的当务之急。由于这些问题的技术特点和紧迫性，议会机器的作用是微不足道的，一些决定做出得太迟，或不是其时，结果出现了令人不安的停滞，个人主义政治哲学对这种停滞没有任何补救办法，这种哲学曾经使得19世纪的自由党人把国家看作公众自由的天敌。人们不赞成国家干预。但是社会的工业化带来了种种限制，这些限制与人们迄今视为不可剥夺的基本自由是水火不相容的。结果，自由党的危机就变得日益严重了。

伴随这一危机而来的，是社会各阶级以及它们之间力量对比的变化。工人阶级，或者不如说靠工资生活的阶级，在人数和重要性方面都有所增长。虽然他们仍然处于少数，工人组织却已成为群众运动：法国的总工会从1919年的60万人增加到1920年的200万人；英国的职工代表大会经过改组，这时与工党联合，组成全国联合委员会，从1915年代表400万会员增加到1919年代表650万会员，1920年则代表830万会员。法国社会党在1919年的选举中获得170万张选票，比1914年多30万张。英国工党经阿瑟·亨德森和西德尼·韦布重新统一，建立了地方支部，加强了它原来的组织结构，从而兴旺起来。这就为它的发展奠定了坚实的基础。它支持韦布起草的温和的民主社会主义纲领《工党与社会新秩序》。这个纲领强烈要求实行有计划的生产和分配。但是，虽然形势看来对它有利，事实上工人阶级却是摇摆不定的、分裂的。1917年由俄国革命引起的高涨的热情，激起工党左翼对干涉俄国的政策的敌视；1920年工人拒绝装载运往但泽的军火，并成立了行动委员会以贯彻"不准干涉俄国"的口号。但是这种团结一致没有得到进一步的发展，因为共产党号召的直接行动，引起多数人的反感。于是，1920年7月英国共产党成立。虽然它继续以一种很实际的方式影响着知识分子和某些工会，但成就甚少。在法国，1919年罢工的失败和1920年选举的失利是令人沮丧的，全国革命迅速发生的希望破灭了。与布尔什维克和改革者的对立，导致社会党在1920年图尔代表大会上的分裂。多数派声明拥护第三国际，赞成保留饶勒斯的值得赞扬的报纸《人道报》，而少数派却聚集在莱昂·勃鲁姆的周围。在工会运动中，多数人留在莱昂·儒奥领导的改良主义的法国总工会中，少数人组成法国统一总工会，与共产党保持着联系。这一分裂，造成了全面削弱——1925年法国总工会的人数只有5万人，法国统一总工会的人数为40万。

因此，英法两国工人从这段繁荣时期只得到很少一点好处，而这个时期物价的上涨又远远超过了工资名义上的增加。英国工人的失业，使情况更加严重。1920年12月失业人数达85.8万人，1921年3月则为166.4万人。到1921年5月，这个数字达到了250万；1922年降为140万人，但直到1939年，从未低于100万人。在法国，工人阶级的骚动变得断断续续，最后在沮丧中平息下来。

面对着孤立的、分裂的、遭到挫败的工人阶级，资产阶级也经历了一场变化。原来的统治阶级已经陷入混乱状态；地主和有产者、有固定收入的人、政府雇员、私人雇员和工人都受到生活费用上涨的影响。但是通货膨胀对于制造商、中产阶级和债务人有利。社会上的不平等现象和战前同样严重，靠战争和战后重建致富的新兴的工业资产阶级，对工人阶级的壮大和它要求限制雇主对工厂车间控制权的主张感到害怕，即使工人阶级的纲领就像工党纲领那样的温和，也使他们感到担心。"雇主的神圣权利"使它接近传统的保守势力——他的祖先在19世纪曾与之斗争的教会、军队和从前的贵族。战争期间，英国曾经组成了一个特别活跃而强大的压力团体"英国工业联合会"。同样地，在法国也成立了"锻工委员会""煤炭中央委员会""冶金矿业总联合会"和"保险中央委员会"。这些团体都力图直接或间接地影响司法界和金融界，并对政府和议会的决定施加压力；由于国家经济活动的范围扩大，而且在许多问题上国家的保护这时已成为不可或缺，他们所施加的影响和压力就有增无减。这些团体影响报刊，影响负责贯彻执行政府决定的行政干部，并影响选举——"经济各界联合会"从身为雇主的候选人那里领取津贴，1924年激进党也从保险委员会领取。它们还通过家庭关系、各种社会关系去团结统治阶级的成员。这个统治阶级这时正趋向于同那些它从其中汲取反动思想的前教士的、保守的社会上层阶级结合在一起。于是，一个新的右翼就这样出现了，他们不再是主张自由主义的，也不再是主张议会制的，他们支持的是只有1908年成立的"法兰西行动"在战前曾经主张的民族主义。新右翼陶醉于1918年的胜利，陶醉于法国这时已成为欧洲大陆最强大的军事大国这个事实，对"永恒的德国"一贯敌视，并拒绝对它做出任何让步。它蔑视人道主义的原则（按照莫拉斯的看法，这只不过是"空想"，而且违背法国天主教的传统）和国际联盟。它主张建立权力主义的政权，认为只有这种政权才能够制定出强有力的宏伟政策，要实现这种政策，只有用尊重传统的社会等级制度的严格纪律，才能把国家团结起来。"法兰西行动"由于其理论上的一致性，由于它的总编辑夏尔·莫拉斯坚持不懈地进行宣传，由于善于辩论的莱昂·多代的天才，因而它在保守派和天主教等各界中影响很大（或者至少可以说，1926年天主教界被罗马教廷谴责以前，对天主教界的影响很大）。"法兰西行动"反对"南欧人"、犹太人、共济会员、共产党人和社会党人，以及反对"股份资本主义"的充满仇恨的宣传，它的"保王派报纸推销员"在公众集会上的野蛮行径，以及它一贯的诽谤中伤，终于造成一种带有传染性的暴力气氛。它貌似反对资本主义，把小资产阶级分子，人数增加而利润率日渐减少的零售商，使用效率低的陈旧设备进行工作、因而感到身受大联合企业和比较先进国家的竞争威胁的工匠和小实业家，吸引到它的队伍中来。这些愚昧无知、头脑简单、又怀着大国沙文主义思想的人们，由于对未来感到忧虑，很乐意求助于暴力，把它作为一种解决办法。"法兰西行动"所赞扬并树为榜样的墨索里尼的法西斯黑衫党，正是从相同的社会团体中招募来的。1924年法国出现了为反对共产主义而组织起来的"爱国青年运动"，必要时它可进行武装反抗；1925年，"法兰西行动"的一个持不同意见的成员 G. 瓦卢瓦创立了一个法西斯小派别穿蓝衫的"群团"。这些团体，把共产党的行为作为借口，重新使革命威胁这个幽灵复活，以便为他们使用暴力进行辩护，并以此来取得公众中思想右倾的那些人的支持和赞助。

这种反对自由、反对议会制的思想，得到报刊的鼓励和传播，而这些报刊大部分都掌握在"资本家"手中。5家主要的日报（所谓的新闻报纸），所有的巴黎晚报和所有的杂志，都发表文章，或多或少地公开支持民族主义和保守主义的政策。

在法国，政治斗争必然与政权本身及其赖以建立的原则有关；而在英国，政治情况却不同。保守党和工党之分，可以说是代表对财富的生产与分配的不同概念，但是两党都并不怀疑政权的根本原则。此外，英国工人阶级的特点基本上是保守的，加之它也不愿意采取马克思主义的理论和实践，这就促使工党倾向于温和，并使它坚决拒绝不论集体或个人与共产党人发生关系的一切尝试。相反地，在法国，一个强大的革命政党的存在，既不能使左派团结一致，也不能产生持久的多数，而只能加深资产阶级的恐惧，使他们随时都可能转向极右翼并指望有一个"救世主"出现。但是在英国，上层阶级并不那样感到自身处于危险中，贵族分子继续在下院起着重要的作用，他们在两次世界大战之间大概占下院议员的40%。

因此，英国和法国都存在互相对立的两部分完全不同的人，自由党夹在这两部分人当中，注定要消失，或不再成其为自由党。激进社会党在法国的情况，犹如自由党之在英国。同样地，在比利时，自由党实现了它的纲领以后，在1920年发现它自身被两种势力拖向不相同的方向，一方是空谈理论的资产阶级、显贵阶级、政府高级官员和既讨厌教士但也害怕工人阶级骚乱的实业家；一方是小学教师组成的各个团体和非常敌视"神父党"的小资产阶级分子。后一种力量势必和社会党联合，如同许多左翼自由党人团结在工党周围一样，从而加强了两个党中的温和分子，而思想右倾的人则进一步向右转。

欧洲各国货币的疲软，既是这些变化的起因，又是这些变化的结果。长期习惯于币制稳定的各国政府和舆论，由于这种稳定的消失而陷于混乱状态。兑换和贸易平衡机构的崩溃，造成工资名义上的增加和生活费用的上涨；结果是通货膨胀日益恶化，法郎与英镑的比值下跌，美元的增值超过了英镑和法郎，由此造成挤兑法郎和抢购可靠的股票债券。因此，资本主义寡头集团得以把它的意志强加于各国政府，利用本国货币的贬值作为一种手段，把那些证明难以驾驭的政府赶下台，把正统保守的政府扶持上台。

在英国，博纳·劳于1922年10月接替了劳合·乔治：保守党以345席获得多数；自由党的两个竞争的派别，阿斯奎斯派获得60席，劳合·乔治派获得 57 席；工党获得 142 席。这是工党第一次获得超过自由党两派共同取得的议席。当博纳·劳因病于 1923 年让位给斯坦利·鲍尔温时，在保护关税问题上举行的一次新的选举中，多数党改变了。这时保守党得到 258 个议席，而联合捍卫自由贸易的自由党获得 159 席，工党获得 191 席。因此，1924 年 1 月在拉姆齐·麦克唐纳领导下组成了工党政府——因为工党是主张自由贸易各派中较大的一派——但是由于工党是少数党，还得依靠自由党，因而不能制定任何明确的社会主义的立法。9 个月后，工党政府在一个不太重要的问题上垮台，在 1924 年的大选中为保守党所取代。这次选举对自由党来说又是一次灾难，它丧失了 116 席，减少到只有 42 席。至于工党，虽然投给它的票数——占全部记录在案票数的 1/3——有所增加，却只获得 152 席。保守党增加了 161 席，一共赢得 415 席。这是自由党一蹶不振的最大的证明。

鲍尔温政府执政 5 年之久，他与白里安合作，在欧洲实行了和解政策（洛迦诺公约）。与此同时，财政大巨温斯顿·丘吉尔这时回到保守党的行列中，实行了通货紧缩的政策。1925 年恢复金本位，再次恢复英镑的原来价值，但由于提高出口货物在世界市场上的价格，也造成了出口的减少。这也是 1926 年爆发总罢工的一个原因。煤炭工业在一个相当长的时期里，受出口危机和失业的影响最深。罢工频繁发生，说明了煤炭工业长期处于危机的状况。1926 年 4 月 30 日，全国煤矿工人开始了一场罢工，反对降低工资。这次罢工得到 5 月 3 日总罢工的支持。在这次总罢工中，交通运输、煤气、电力、印刷、建筑和重工业各行各业的工人都举行了同情罢工。这是一次力量的考验，因为保守党政府决心破坏这次罢工，早就做了种种安排，派出警察和军队保护公用事业，使其保持正常工作。事实证明，舆论对于对当选的政府施加压力的明显企图，是持反对态度的。首先，工会领袖中许多人对这次罢工的态度犹豫不决，他们在 5 月 12 日便表示屈服。矿主则利用他们取得的胜利，使矿工们的生活条件更加恶劣。1927 年政府通过"劳资纠纷法"，禁止同情罢工，并取缔工会进行政治动员。工会会员人数下降，职工代表大会内部的革命趋势便失去了条件。政府采取了一些步骤缓和社会上的紧张形势，包括制定立法，发给寡妇抚恤金和捐献养老金，以及改革地方政府。1928 年制定法律，规定男女均享有平等的选举权，实行完全平等的普选。

在法国，事态沿着类似的方向发展。赫里欧领导下的激进派联合政府，如同拉姆齐·麦克唐纳领导下的工党的一段执政一样，中断了各届保守党政府的连续执政。两国类似的利益集团——统治阶级集团和工人阶级集团——之间都有对立情绪，而且寻求解决办法的过程多少也相类似。但是事件发生的形式是不相同的。法国没有经受长期失业的尚未愈合的创伤，也没有经历过像1926年那样的严重危机。另一方面，法国的极右翼却恶毒得多，而非常活跃的共产党又不断地制造紧张局势。然而，每当一个左翼政府上台，接着就会发生一场财政危机把它推翻。办法很简单：由于一年中纳税时间的间隔不均匀，每届政府不得不向私人银行、法兰西银行和储蓄银行贷款，这些银行则要求担保和特许权。此外，这些银行所持有的短期债券——1924年为9100万国库债券——是一个强大的武器，因为可以随时提出要求偿还，这就构成经常的威胁。

在1924年的选举中，激进党人和社会党人联合组成的左翼集团取代了国民集团，社会党人支持赫里欧，但不参加他的政府。他们希望通过他们的联合，重新提出被国民集团撇在一边的反对教权的立法。他们的这种做法，促使天主教徒组成了全国天主教联合会，由德卡斯特尔诺将军担任主席，由极右分子进行指导。教徒们组织了群众性的示威游行，坚决地表示要抵制各项新措施的实施。此外，洛迦诺公约和对德国采取的绥靖政策，遭到民族主义分子的激烈批评，最后，财政困难终于给予右派以推翻政府的机会。政府面对着由于国家重建工作所需费用和国债（国债由于各种抚恤金和贷款的利息已然膨胀，又因为对战争破坏赔偿金额估算得过于慷慨而进一步加重）造成的沉重负担，遂采取了一些措施，打算改善局面，制止资金外流和偷税漏税——"小票本"和"税务清算证"①。社会党人方面则要求进一步稳定国库债券，并对资本课税。于是，存款储蓄人的信任逐渐丧失；法郎的价值1925年12月开价为90法郎1英镑，1926年5月贬值为165法郎1英镑，7月贬值到240法郎1英镑。一名社会党

---

① "小票本"可以使股票证券持有者查对兑现的情况。"税务清算证"可以作为缴纳所得税的结算记录。

议员提出的"哪儿有钱哪儿拿"的威胁,被报刊大肆宣传。赫里欧被迫在"银墙"面前退却。他只好放弃他计划中的"小票本",才从法兰西银行借到了必需的贷款。即使如此,他仍然被参议院推翻。从此,银行家们就以在短期债券持有者当中进行"公民投票"相威胁,作为一种敲诈勒索的手段。在 1924 年至 1926 年的两年间,政府换了 6 届;激进党的联合政府终于在 1926 年 7 月分裂。于是雷蒙·彭加勒组成了一个得到银行家们支持的政府,并把法郎的价值稳定为它 1914 年的价值的 1/4;激进党中的大多数,在与社会党人决裂后,就转而支持右翼的财政政策。1928 年选举时,重新建立了双重投票制度,从而使右翼获得胜利。由于激进党选举人来了一个 180 度的大转变,放弃了"共和国纪律"的原则,在第二轮投票时投了右翼或中右派候选人的票,而没有投第一轮投票后领先的社会党人的票,因此,在 1928 年和 1932 年间统治法国的是右翼或中右派,首先是彭加勒和塔迪厄,然后是白里安和赖伐尔,两个大资产阶级和两个前社会党人转向了右翼。

欧洲陷入了经济萧条,法国自 1931 年开始,但其他各国自 1929 年即已开始。这场大萧条虽然遍及欧洲各地,但其严重程度在整个大陆并不相同。尤其是从政治观点来看,其后果的严重程度在各地也不尽相同。这一点,从这一时期欧洲历史上最突出的特点——法西斯主义的传播——考虑即可看出。整个东欧、中欧和南欧都受到它的传染,而北欧和西欧各国却能够一直抵制到 1940 年。但是对其中一些国家(英国、斯堪的纳维亚各国和荷兰)说来,法西斯主义的高涨,不过是一时的现象,如同一场热病,不久即过去。但是在别的地方,在法国和比利时,就严重得多,它所产生的后果在 1940 年以后很久还能被感觉到。因此,对这两类国家以分别叙述为宜。

随着华尔街的崩溃而出现的世界范围的经济萧条,在英国特别严重,几乎整整 10 年期间,失业人数从未低于劳动大军的 10%。1929 年 11 月有 132.6 万人失业,1930 年 12 月这个数字一跃而为 250 万,在 1931 年和 1932 年,据官方公布的数字,有将近 300 万(实际上大概是 375 万)。1929 年 5 月保守党失败后组成的麦克唐纳政府,是一个温和的政府,得到 288 名工党议员和 260 名保守党议员的支持。但是它的生存有赖于 59 名自由党议员的善意。经济萧条的到来，使这 3 个政党都感到震惊，而不理解引起萧条的真正原因的大有人在。其中无疑也包括财政大臣斯诺登，他采取了一种最严格的正统政策，拒绝任何可能造成预算赤字的措施。几乎只有负责失业问题的大臣 J. H. 托马斯周围的一个小组懂得需要采取一些什么步骤。这个小组由托马斯·约翰斯顿、奥斯瓦德·莫斯利爵士和乔治·兰斯伯里组成，并起草了一个行动计划。但是这个计划遭到斯诺登的阻挠，他满足于一些治标的措施——1930 年的住房法，以加速消除贫民窟；1931 年的农产品销售法，以帮助农业社会；以及被上院否决的延长学制、将离校年龄提高到 15 岁的教育法案。1931 年 7 月，乔治·梅爵士的经济委员会预测，将出现 1.2 亿英镑的赤字，因此建议增加税收并厉行节约，主要是节省支付给失业人员的款项。这个报告一经公布，即引起了混乱，英镑猛跌，甚至从巴黎和纽约给英格兰银行提供贷款也无法使英镑恢复。8 月 24 日麦克唐纳辞职，乔治五世请求他组织联合政府以"挽救英镑"。政治后果是严重的。除 12 名工党议员外，工会和工党领袖都反对"国民政府"，而自由党人和保守党人却支持它。新政府接受了梅的委员会提出的许多建议，但是它仍然无法挽救英镑：在一阵接连不断地挤兑黄金以后，不得不放弃金本位，英镑从 4.86 美元跌到 3.4 美元。在接着而来的选举中，政府获得压倒的多数，615 名议员中，自由党、保守党和全国工党占 554 名；保守党获得 300 万张选票，主要是在损害自由党的情况下获得的，工党丧失 137.5 万张选票，只保持了 52 个席位。新政府以保守党为主，内维尔·张伯伦取代斯诺登任财政大臣。他提出关税改革，从而在 1932 年 2 月实行了他的父亲在 1903 年主张的那些赋税。对英帝国内部的进口货物则征收种种特惠关税。

  从此，政策只是一些短期措施，这是为环境所迫而采取的，制定这些措施的人虽然审慎，却不了解由于国际贸易的不景气所造成的新形势以及由于各个独裁政府的野心勃勃和穷兵黩武所造成的力量均势的剧变。这些"被蝗虫吃光的"年代是悲惨的年代，是"一个悲惨地失掉了各种机会，永远抓不住最后机会的时代"[①]。1936 年，"特

---

① 戴维·扬姆森：《二十世纪的英国》(1964 年)，第 127 页。

区法"使工人们得以转移到那些新兴工业在发展中的地区。市场贸易委员会和补贴制，对农业有所帮助；由于获得了贷款，"玛丽女王"号得以建成。生产指数（以 1929 年为 100）1931 年曾降到 84，但是 1933 年上升到 93，1937 年上升到 124，这主要是由于建筑工业所取得的成就。就业工人的生活水平也有所提高，这与其说是由于政府的努力，倒不如说是由于贸易平衡，因为由于世界价格崩溃的结果，国外进口的食物和原料这时便宜得多了。然而，在某些"灾区"——泰恩赛德、提兹、苏格兰和南威尔士——失业人数仍然很多，他们的生活水准仍然很低。虽然可以领取失业救济，但这种救济仅能使工人们维持最低生活水平。

当法西斯主义利用失业者的悲惨境况和绝望情绪，在整个中欧、东欧和南欧蔓延的时候，西欧和北欧各国也或多或少地为这一运动所吸引。就连英国也不能完全摆脱它的魔掌。奥斯瓦德·莫斯利爵士所发起的运动，最清楚不过地说明了由于各传统党派的明显失败，在人们思想上引起的混乱，而且可以被看成是有代表性的。奥斯瓦德·莫斯利爵士原为一个工党大臣成立的小组的成员，这个小团体 1930 年曾起草一个和不景气作斗争的计划。尽管莫斯利的计划得到工党年会的重视，而且争取到 100 万张选票——仅以 205000 票之差被击败——但他却感到是被抛弃了，因而建立了一个新的党派——英国法西斯同盟，由形形色色的法西斯团体组成。他得到《每日邮报》的支持，并从意大利得到一定的津贴，因而能够建立起有相当巩固的组织为后盾的各地方分会。1934 年 6 月在伦敦的奥林匹亚大厅举行了一次集会，当时保守党的主张遭到抵制，但是由于这个运动的支持者同警察和左翼分子混战一场，由于它激烈的反犹，这次集会以后，这个运动即一蹶不振。工党自 1931 年即处于反对党的地位，它在 1935 年的选举中进一步遭到失败，只获得 154 个席位。西班牙内战、阿比西尼亚事件和各国独裁政府的侵略政策，使工党觉察到战争的危险，但是由于对政府不信任，它反对重整军备。工党的领袖们基本上是稳健的，也反对在英国建立人民阵线，因此，1939 年年初，他们开除了主张建立人民阵线的克里普斯。

张伯伦自 1937 年担任首相，他的各项政策引起了所有政党的不安。1936 年开始重整军备，1938 年慕尼黑协定以后，重整军备的步伐加快了。自1933年起，失业人数逐渐减少，虽然1938年冬季失业人数仍达180万。

经济萧条对三个斯堪的纳维亚国家的影响，严重程度各有不同。它们仿效英国的榜样，于1931年放弃金本位，失业人数增加，主要是在丹麦。1932年冬季，丹麦有20万人失业，而在瑞典，失业人数却低于1922年。这一时期，农业地区也开始动荡不安，特别是在丹麦，那里农业主要依靠出口，由于关税壁垒而受到沉重打击。经济萧条的结果，还造成危险的社会紧张局势，一方面是工会内部共产主义明显地在发展，另一方面是人数不多的法西斯小团体也在出现。只有社会民主党人在各国居于多数。他们自1929年起控制了丹麦议会，1935年在挪威掌权，1936年在瑞典重新获得多数。他们的财政和经济计划缺乏独创性，甚至没有社会主义的味道。他们和这时已被他们取代的原来的自由党一样，在相信政府干预是必不可少的这一点上，和资产阶级政党的意见一致。他们与资产阶级政党的区别，仅仅在于如何进行政府干预这个问题上。为了扩大他们的政治影响，他们在瑞典和挪威与农民党结成同盟，在丹麦与激进党结盟。他们集中力量促进全面就业，建设公用事业和增加工资，并用保证价格和给予出口奖励的办法来改善农民的境况。这三个国家缔结了一项关税协定，即1931年的奥斯陆协定。瑞典的经济危机在1934年结束。但是，丹麦却因为经受了多次严重的罢工，直到1936年才结束。法西斯主义的威胁因而也就失去了物质基础。丹麦议会中的法西斯分子从未超过3人；挪威由于吉斯林建立了"国民议会"，并得到实业家和军官们一定程度的支持，因此没有一个法西斯分子候选人被选入议会。只有在芬兰，极右分子取得某些进展；由于1917年获得独立后，接踵而来的内战又持续到1920年，困难的环境曾经有利于这样一种发展。芬兰曾经实行一种总统制的政体，并实施了土地改革计划。但是，由于一个人数众多的共产党的出现和苏维埃俄国就在近旁，这就使得芬兰的右翼焦虑不安并采取咄咄逼进的行动，因而他们得以在1923年宣布共产党为非法。民族主义的和反共的拉普阿运动于1930年组织了1.2万农民向赫尔辛基进军，造成政府的垮台。这个运动由于它采取了过火的暴力行动而被解散，但只不过是由一个有着明显的法西斯主义倾向的"民族爱国运动"所取代，这个运动接着也在1938年被解散。

比较起来，荷兰的政治生活是非常平静的，尽管它的党派为数很多——有 17 个，其中参加政府的从未少于 10 个。实行比例代表制是政局稳定的保证，每个政党所拥有的议席，从这一次选举到下一次选举的变化从未超过 4%。荷兰的自由党也日益衰弱：1918 年减少到 10 名议员，到 1937 年减少到只有 4 名议名。1936 年，不景气引起弗罗林的贬值并对外币兑换进行控制。荷兰也参加了奥斯陆协定集团。工程师穆瑟特建立了一个人数不多的国家社会主义党。这个党遭到由自由党人和各宗教党派成员组成的政府的反对。1939 年，政府中第一次增加了一名社会党成员。

经济萧条对法国的袭击比对其他国家来得晚些，这个事实可以由它的结构古老这一点来解释。除了某些生产部门中有限的几个大商号采取了现代生产方式以外，法国仍然是一个手工业工人和小生产者的国家。1/3 以上靠工资收入生活的人，仍然是受雇于不足 5 人的企业。而在商业领域中，87% 的商店中雇用 5 个人或不足 5 个人。资产阶级对于任何类似冒险精神的事情都感到害怕，并且对于投资和设备的更新也感到厌恶。一些雄文大作，从学术上和政治上强调这样一些优点，即小规模储蓄（"羊毛袜子"方法）、小规模的耕作、手工艺人阶级（这是被认为唯一能生产"优质产品"的）和一种所谓平衡经济——这种平衡实际上是由生活状况悲惨的广大农民来实现的——的优越性。技术进步有时被斥为"经济上的无政府状态和精神上失去平衡的根源"。工艺进步被说成是造成失业的原因，结果在大萧条袭击法国以前的几个月期间，人们津津乐道于遵循一种稳定的政策乃是审慎和明智的。而没有认识到法国所以能够躲开这次萧条，只不过是因为这个国家的生产潜力薄弱而已。失业人数之所以比较低——1934 年至 1935 年间失业人数为 100 万，部分失业人数为 300 万——是由于前来法国寻找工作的许多外籍工人这时正纷纷回国。统治阶级对"新政"的经验视而不见，就像他们对 J. M. 凯恩斯的理论一窍不通一样，因此，正当其他各国以重整军备和进行公共工程的政策来克服经济萧条的影响的时候，他们却采取最糟糕的办法来对付经济萧条，这就不足为奇了。1936 年 12 月，他们不惜任何代价紧缩通货，以灾难性的节约措施重新建立预算平衡，并迟迟才做出法郎贬值的决定（英国在 1931 年就将英镑贬值，美国在 1933 年将美元贬值）。他们采取的这些步骤颇能蛊惑人心，但无实效。房租和政府雇员的工资在 1935 年降低了 10%。为了改善酒和食糖的市场贸易，实行国家对农业的控制：禁止新户栽培葡萄，对剩余的谷物加以处理，使其不能用于消费。对某些职业实行马尔萨斯式的控制办法；禁止开设新的制鞋作坊、"货不二价"百货商店和流动商店。总的说来，这种立法是为了保护小资产所有者和成本太高收益仅敷支出的小生产者，而使一切有利可图的企业处于严重不利的地位。

传统的自由主义越来越明显地表明它无力解决经济萧条问题和对付战争的危险。因此，20 世纪 30 年代法国和所有其他自由主义的国家一样，出现了根深蒂固的危机，即自由主义和议会制的危机。事实上，1934 年后，由于政府日益频繁地应用"法令"和"全权"，议会两院的职能受到了限制。这个政权由于处于搞宗派活动的右翼和革命的左翼的攻击之下，更加不能使旧有的政治结构适应现代的种种经济问题了。在此以前，只有政府危机；这时又出现了国家危机。相继执政的各个政党一再失败，民情既感到沮丧，也感到愤慨。提出的解决办法名目繁多。共产党在比利时是软弱的，那里的工人党拒绝和它结成任何形式的联盟。而在法国，共产党却牢固地站住了脚。1928 年法共获得 100 万张选票，到 1936 年增加到 150 万张。它的目标是通过革命建立一个共产主义的政权，继之以无产阶级专政作为临时的步骤。希特勒主义的出现，使法共改变了策略，主张同左翼各党派联合组成人民阵线以牵制法西斯主义和战争。

各国社会党内部也发生了深刻的分裂。马克思主义在比利时和在法国一样，正经受许多修正主义学说的考验。最著名的代表人物是亨利·德芒，此人在德国居住多年，曾在法兰克福大学执教，后来在比利时工人党内部继续他的工作。1927 年他发表了《超越马克思主义》一书，他在该书中拒绝用唯物主义解释历史，而主张用心理学来解释，强调精神的价值，强调平等精神和四海之内皆兄弟的情谊。"社会主义运动是资产阶级所抛弃了的民主制度的实行者，也是教会所背叛了的基督教理想的实现者。"随着《建设中的社会主义》在 1930 年的出版，德芒背离马克思主义甚至更远了。1933 年 1 月以后德国社会主义的崩溃，促使他去寻求一个对法西斯威胁的答案——经济萧条必须尽早地加以遏止,因为它对法西斯主义是有利的,遏止的办法是重新建立充分就业、实行信贷国有化和建立综合经济,综合经济部分实行国有化——煤炭、电力和一部分钢铁工业——部分向私人企业开放,私人企业则须通过信贷、商业和财政政策置于国家的影响之下。这些就是他的"劳动计划"的目标。在1933年圣诞节的工人党代表大会上,他几乎说服整个工人党采纳这个计划,他的新费边主义受到莱昂·勃鲁姆和德·王德威尔得有保留的欢迎。1935年亨利·德芒在范泽兰和让桑的两届政府中担任大臣,但是他始终不能将他的"工作计划"付诸实施,随着他对议会民主制信念的破灭,他于1938年辞职。

在法国各阶层的社会党人中间传播着对一项计划的设想。1933年蒙塔尼翁向法国社会党代表大会提出的一个纲领,正是从这种设想中得到启示的。他说:"在目前这个混乱时期,必须使社会主义作为一个秩序的庇护所和权威的支柱而出现。"阿德里安·马尔凯也用了完全相同的语言:"秩序必须建立,权力必须确定,国家必须承认。"莱昂·勃鲁姆宣称,他对此感到"骇然"。马尔赛·戴阿在他1930年出版的《社会主义者的展望》一书中,揭示了他的"国家社会化"的主张:要利用中产阶级、手工艺者、小商贩、小农和雇主的反对资本主义的倾向,将资本主义击退,因为根本的问题不是财产问题,而是权力和利益的问题。于是,新社会主义便出现了。

对国家和各政党的改革,也是右翼和中派研究和计划中的主题。安德烈·塔迪厄前10年在中右派中起过相当大的作用,他在《权力的较量》(1931年)和《决定的时刻》(1934年)中提出彻底检查议会制度:通过加强行政的权力和限制两院的权力使其失去确定开支的权利等办法来复兴国家。使用解散议会的权利,将会使稳定得到保证。他还提议给妇女以选举权,实行公民投票,禁止政府雇员罢工。埃马纽埃尔·穆尔埃是一位观点更不保守的天主教徒,他在1932年创办了一份后来影响很大的叫作《精神》的刊物。他是一个"个人主义"的信徒,既反对资本主义,又是资产阶级民主和社会主义的仇敌。这一时期,在右翼各界中出现了大量或多或少昙花一现的运动,这些运动提出种种"革新"计划和建立"新秩序"的计划,目的在于摆脱左右两分法,而与新自由主义和新传统主义一致起来。保守党人和天主教徒受到"社团国家"主张的吸引,他们认为"社团国家"将会结束阶级斗争,保证社会的安定。一些极右团体也做了一些尝试,利用反对议会的纲领去争取农民站到"社团国家"一边来。农民是这个国家中唯一"健康"的成分,而议会的议员们又"收买",又"出卖",却是在为了工业和犹太人财源的利益而牺牲农民的利益。在一个强盛的国家的内部,只有两个现实,即人们的工作和家庭。除了一些细枝末节以外,这就是多热尔的"农民保卫委员会"、阿格里科拉的"土地党"和勒鲁瓦·拉迪里的"农民联合会"现在为之斗争的纲领。

这些运动当中没有一个具有很大的影响。但是,那些真正是法西斯主义的运动,情况就不同了。德国和意大利的榜样传播到法国,给希望采取直接行动和使用暴力的分子增加了力量。资产阶级感到自身处于危险之中,它做出的反应是和在最终导致1848年6月对起义者和1871年对公社社员进行大屠杀的那种恐惧下产生出的同样反应。布朗热主义的反议会的倾向和一种反德雷福斯式的爱国主义,以使用纳粹和法西斯方法的武装同盟的形式重新出现。大批受到威胁的人并非法西斯分子,但是他们对于墨索里尼正在建立"秩序"的统治表示钦佩。他们使用武装同盟的威胁——偶尔也让它们出笼——去达到他们的目的。因而危险是严重的。1934年至1936年这段时期在法国甚至比德雷福斯案件时期更属关键,因为这时宗派活动分子正从外部得到帮助。

这些同盟得到各主要的反动的和民族主义的团体的支持:如全国天主教联合会、民族战斗同盟、纳税人联盟、主要的日报和《老实人》与《直言》周刊。这些组织把所有那些留恋过去、渴望一个强大国家的人都组织进德拉罗克中校在电气大王 E. 梅西埃的协助下组织的军事组织"保王派报纸推销员""爱国青年""法兰西团结"和"火十字"等冲锋队之中。这些团体的重要性迅速增加。其他团体有雅克·多里奥在1936年后建立的法兰西人民党和以"卡古尔"闻名的"革命行动秘密委员会"。这个秘密委员会储备武器,并从法西斯分子那里领取津贴,以进行报复活动(如暗杀卡洛·罗塞利)或挑衅行动(如袭击"法国雇主"和农民阵线"的办事处)作为交换条件。1934年2月6日组织的反对"共和国同志会"的示威游行,利用斯塔维斯基丑闻，号召建立一个能够结束混乱的政府。游行变成了暴动。有25人死亡，多人受伤。在这一压力下，达拉第政府尽管在议会中拥有多数，也只好辞职，让位给前共和国总统加斯东·杜梅尔格领导的政府。杜梅尔格原为激进党人，后转向右翼，这时他号召休战。他的内阁中包括一名新社会主义派的领袖（马尔凯）、一名退役军人的领袖，以及 A. 塔迪厄、贝当元帅和皮埃尔·赖伐尔。杜梅尔格和他的继任者赖伐尔采取了全面紧缩通货的政策。当这项政策不能改善财政状况时，广大舆论深为不满。

2月6日的流血事件，导致左翼力量的重新改组。那些热爱共和国理想的人团结得更紧了。2月12日，巴黎工人举行了多少可以称之为全面的总罢工和大规模的示威游行。许多省城中心也组织起来，以回敬2月6日未遂的武力夺取政权。各种力量在"法西斯主义行不通"的口号下团结起来。社会党人和共产党人签订了一项"一致行动"公约。在保罗·里韦和朗之万这类学者领导下，建立了"反法西斯行动治安委员会"，这个委员会得到知识界的大力支持。所有的左翼党派，从激进党人到共产党人，无一例外地为保卫共和国而结成联盟，称为人民集会，或者，更通常地称为"人民阵线"。它的纲领主要包括采取一系列步骤保卫自由和和平，恢复购买力，建立粮食局（以控制谷物价格），使法兰西银行国有化，作为财政措施，并设立战争损失抚恤金基金，实行累进所得税，并制止偷税漏税。但是，这些措施并不意味着任何结构的改革。

1936年5月，两支主要的工会运动联合起来，从此成为法国总工会。同年5、6月间举行选举，人民阵线取得多数，获得378个席位，而右翼和中右派，即所谓的"民族主义各党派"，获得220个议席。共产党人（72席）和社会党人（149席）获得1/3以上的选票，占新产生的多数的57%。社会党人第一次超过了激进社会党人（109席）；但是当他们提出权力要求时，如同拉姆齐·麦克唐纳和自由党人过去所遇到的情况一样，倾向于社会主义的新政府却不得不依靠激进党来维持平衡。

人民阵线的胜利和一名社会党人莱昂·勃鲁姆参加政府的领导，使工人阶级中产生了一阵热烈的情绪和尽早改善自身命运的希望。从5月26日开始，工人们自发地展开罢工，但这是以法国前所未有的

"静坐罢工"的形式进行的，目的不像意大利1921年那样是为国有化铺平道路，而在于使任何破坏罢工的企图不能得逞。6月5日雇主们开始与工会谈判，7日缔结了马提翁协议——增加工资，承认工会的权利，履行工会代表全体工人与资方签订的协议，并在不相应地降低收入的条件下将每周工作时间减为40小时。这一胜利，把半个世纪以来工会的奋斗成果确定了下来。在此之前，绝大多数雇主根本不承认工会的存在，拒绝会见工会代表，不同他们谈判或签订集体协议。在允许工会合法存在的法令颁布52年以后，工会代表工人终于得到了完全的承认。由于这一跃进，法国的社会立法弥补了原先在这方面与其他工业国家相比较的落后状况。这一运动后来有所衰退，但是激荡不安仍继续存在，尤其是当雇主们从他们无比的恐惧中恢复过来，试图进行反扑、排斥工会代表并拒绝续订集体协议时，情况更是如此。除了马提翁协议和假日付薪的法令，以及1939年7月将以前通过的有关家庭的全部措施汇编而成的"家庭法典"——特别是雇主一方有义务给家庭提供补偿（1931年）和实行男女同工同酬的原则（1938年）——以外，10年间的社会资产负责表一直是空白的。

实际上，人民阵线政府执政只有一年。1937年6月又开始向右转，1938年达拉第的激进党政府破坏了它的一项最重要的成就。因此，从长远看，必须把它视为一场失败，部分原因是它与各国独裁者一再进行侵略的战争行为恰好同时发生。如重新占领莱因兰，征服阿比西尼亚，特别是"西班牙内战"，在这场战争中，"不干涉的闹剧"使得许多左翼思想家对英法两国政府的软弱感到不能容忍。它的失败还可归咎于它的纲领没有考虑到经济上和技术上的困难，比如由于拖延法郎贬值所造成的困难，以及由于使用陈旧的设备，使得大多数企业在实行8小时三班倒的原则时不得不大量增加成本。

但是，达拉第政府倒台的主要原因是由于整个统治阶级感到恐惧和渴望报复，以及工会数目的惊人增长所引起的惊恐。到1936年年底，法国总工会的会员人数已超过400万，共产党党员人数在1936年5月到10月间增长1倍，达到38万人。统治阶级眼见一个公开站在工人一边反对雇主的政府上台，眼见一个在他们心目中仍然是可疑分子的人担任总理，他们是不放心的，即使这位总理能够分清"通过革命夺取权力"和"在资本主义社会的结构内行使权力"的差别，他们也仍然是不放心的。除了这一切,还必须记住,雇主们对于静坐罢工和占领工厂以及马提翁协议亦深感震惊,而马提翁协议所包含的一些新的义务,又是许多收益仅敷支出的小企业所不能履行的。而且,也不能忘记,他们"在自己家里当家做主"的权力曾经被争夺,他们曾经受到威胁和侮辱,他们的自尊心受到了伤害。

这种渴望报复的心理,明显地表现在雇主们重新组织了起来。新任秘书长C. J. 吉纽给"法国雇主总联合会"定下了好战的调子,该联合会已接管"法国生产总联合会",这时还将有大批小雇主加入。产品没有增加,而是有意抑制生产,并且普遍不愿投资;物价高涨,恢复缓慢,使工人们已经得到的好处化为乌有,因而他们只好又回头采取罢工行动。法郎贬值。1937年6月,参议院拒绝授予莱昂·勃鲁姆所要求的全部权力,8个月之内,连续三届政府都面临着越来越多的困难,包括1938年德国对奥地利的吞并,法郎的第二次贬值——只值彭加勒时期价值的58%——慕尼黑危机,以及试图实行每周工作40个小时所遇到的困难。1938年11月,达拉第中止了规定每周工作40小时的法令;随之而来的总罢工却失败了,因为工人阶级由于赞成和反对慕尼黑协定两派人之间,共产党人和反对共产党的人们之间,和平主义者和主张抗击法西斯主义者之间等内部的斗争而被削弱。两种主要倾向之间的分歧是如此之深,而舆论又是如此之混乱,因此随之而来的两种传统的立场奇怪地相互颠倒过来。自1935年后,左派和右派对待国际问题的态度一反他们的常态(英国也出现了类似的现象,不过不那么明显)。左派支持关于国际联盟的主张,支持集体安全和制裁,把保卫民主与保卫国家作为首要关心的问题,因为这二者都由于法西斯分子干涉西班牙、意大利提出了权利要求和在慕尼黑缔结了投降协定而受到威胁。除了很少一部分反共分子外,和平主义这时已被抛弃。右翼原来是激烈地反对德国人的,敌视对和约的任何修改,敌视裁军、国际联盟和绥靖政策,现在却感到最大的危险是来自布尔什维主义;它之所以转向和平主义,是因为一场战争,甚至一场胜利的战争,也只能是灾难性的,因为希特勒这个秩序的堡垒将会被击败。右派在仍然敌视德国的同时,试图将希特勒"争取生存空间"的胃口引向欧洲东南部的平原。1939年3月捷克斯洛伐克的毁灭,无疑使许多人看清了希特勒主义的真面目,但是法国却由于达拉第的反工人阶级和反共政策而不能团结一致,因为这些政策使大多数的左翼疏远了。极右派中有相当大一部分颇有影响的人物,他们反对"在但泽问题上走向战争"。保卫社会比保卫国家更重要。

比利时的政治生活,在这 10 年期间和法国的政治生活同样地动荡不安,虽然原因并不尽相同。政局相当不稳定;比例代表制对选举结果产生了不利的影响,三个政党间意见分歧,这就导致了一次次的联合政府。在 1928 年至 1940 年期间,发生了 30 次政府危机,经常是一年当中发生两次或两次以上。社会党曾在 1920 年的选举中大获全胜,曾经实现了它的基本纲领:实行普选权、组织工会的自由和征收累进所得税和遗产税。但是它在真正的结构改革面前退却了,实际上放弃了生产资料的社会化和"税务誓言"(为制止欺诈行为和偷税漏税而设),仅仅满足于给农业以担保,工人假日的工资照付和实行维持生活必需的基本工资均等。深受"法兰西行动"影响的重新建立的天主教党,由于工人阶级的冲突和佛兰芒问题而发生分裂。与商业界关系日益密切并竭力保护最传统的经济自由主义的自由党,极力反对社会主义,它放弃了反对教权主义的立场,并在社会政策方面更深地转向了天主教党的右翼。天主教党和法国的激进党相同,是一个中间派的政党,它时而向左摆,时而朝右摆,在历届两党内阁中都起作用。只有在真正的严重危机时刻,才组成三党联合政府。因此,比利时法郎在 1926 年便遇到了极大的困难,其结果与在伦敦和巴黎发生的情况相同。内阁由一名商人、比利时重要的总公司的副董事长埃米尔·弗朗基接替。他被授予充分的权力,并着手紧缩开支和实行一种新的货币单位,即价值 5 个比利时法郎的"贝尔加"。他把这种货币价值稳定在 175 法郎比 1 美元。更值得注意的是,社会党人被迫同意将全部铁路产权移交给政府,交给全国铁路公司,它的股份被用来加强巩固国库债券。

当大萧条到来时,也带来了更为严重的危机。橡胶和铜的市场崩溃,导致严重的预算赤字,失业人数上升到 30 万。再次使用了传统的解决办法:厉行节约,降低政府雇员的工资,提高关税和征收新税。由于出现抢购黄金风潮,泰尼斯、弗朗基和居特的政府得以重新掌权——即所谓的"银行家政府",这个政府执行了一项通货紧缩的政策，降低了购买力，并在 1935 年 3 月放弃了黄金平价。结果和法国实行同样的政策时所产生的结果相同。对"资产阶级保守主义、人民阵线和共产主义"的反应表现为两种形式：在佛兰芒人居住的地区，民族主义高涨，在瓦隆人居住的地区是雷克斯运动高涨，这是一种由莱昂·德格雷尔所创立的法西斯运动，是卢万的"青年天主教"运动的产物，他的主张带有浓厚的"法兰西行动"的倾向；他谴责自由主义的个人主义，提出应在家庭和同业公会的基础上改组社会。在 1936 年的选举中，三个传统的政党遭到惨败：自由党丧失 4.1 万张选票和 1 个议席，社会党丧失 11.2 万张选票和 3 个议席（保持 70 席）。但是，天主教党丧失了 22.9 万张选票和 3 个议席，在新议会中只有 63 席。另一方面，共产党人赢得 6 个议席，佛兰芒民族主义分子（称为阵线分子）获得 8 个席位。雷克斯党第一次参加竞选，以 27.1 万张选票获得 21 个席位。他们在选举中的胜利并未保持多久，因为几个月后，一直遭到教士们反对的德格雷尔就在布鲁塞尔被范泽兰击败，范泽兰所得选票比他多 10 倍。1939 年，雷克斯党只剩下 4 席，尽管他们的影响仍然很大。

范泽兰政府得到两位社会党人亨利·德芒和斯巴克的支持，取得特殊权力达 12 个月之久。它利用这些权力再次将法郎贬值（150 比利时法郎合 1 英镑），然后通过在奥斯陆协定上签署而放弃了自由兑换，并实行了一个"四年计划"。德芒这时是政治舞台上最重要的人物，他开始靠近雷克斯党，大谈一个"有秩序、有权威"的民族党。追随他的有斯巴克，斯巴克是担任总理（1938 年）的第一个社会党人。一次新的经济衰退造成更多的人失业，当资金开始外流时，发生了新的货币危机。社会党人的团结由于王德威尔得和布鲁克尔反对亨利·德芒以及语言问题而遭到破坏。1939 年选举后，当皮埃洛组成他的天主教党——自由党政府并放弃了全部改革计划和主要的公共工程时，社会党便成为反对党。

正如在法国一样，这些政党虽然仍然保持着原来的名称，却已发生了深刻的变化。唯一保持团结的政党是自由党，不过必须说明，它的党员人数这时已经很少。社会党分裂为几派：一派主张正统的做法；一派主张计划工作，即斯巴克的坚决支持者；还有愿意同共产党人合作的一派。在天主教党的党员队伍内，老右翼分子、基督教民主派、农民联盟会员、佛兰芒自治派、雷克斯党人和"阵线分子"之间彼此反对。利奥波德三世的亲政又加深了这种混乱状况。他并不想隐瞒他对这些政界人物们的蔑视,而且,他的幕后政治活动,也引起了皮埃洛对他的直言不讳的指责。

五 第二次世界大战(1939—1945 年)

西欧和北欧所有自由的民主国家,除英国和中立的瑞典外,都遭到敌人的占领。它们中间,唯一与德国人进行合作的政府是法国。所有其他各国的政府都在英国避难,并尽最大的努力战斗下去。占领军在各国都遭到顽强的抵抗。

全体英国人民从战争一爆发就坚定地接受了在第一次世界大战期间经受了考验、现在又重新实施的全部措施。政府被授予极其广泛的权力,成立了新的政府部门,但是议会行使的控制权从未受到干扰,而且,公民的个人自由也总是得到支持。为了避免人力和物力的浪费,并且尽可能使生活条件均等,对全国的经济生活实行了极其严格的控制。实行了普遍的定量配给制,对非必需品征收重税,对工资和工作条件进行控制。由于实行了这些措施,因而能够在一种友好的兄弟情谊的气氛中保持全国的团结一致,其程度是第一次世界大战时期所未有的。

再者,温斯顿·丘吉尔在 1940 年最艰难的日子里组成的内阁中,包括 6 名工党议员,其中两名是战时内阁的成员。他们参加内阁,并未使任何特定的社会主义的立法得以通过,但是这是对全国所有企业(包括银行和私人企业在内)实行严格控制的一种保证。不论在议会还是在全国,都没有固定的反对派。政府和议会都注意到需要为战后的重建进行准备,结果便出现了威廉·贝弗里奇爵士的报告。这是一个针对疾病、失业和贫穷等内容广泛的社会保险计划,它为未来的"福利国家"奠定了基础。

工党从过去的失败——特别是 1931 年拉姆齐·麦克唐纳的背叛——中吸取了教训,制订了一个切实可行的改革计划,"让我们面对未来",把充分就业和有限制的国有化放在首要地位。这个党在 1945 年 7 月 5 日多少有些仓促的大选中,欣然为一项关于住房和社会保险的具体计划而辩护，这个计划赢得了所有那些对25年来的不可靠和长期失业记忆犹新的人们的选票。尽管温斯顿·丘吉尔个人威信很高，工党仍然赢得393个议席（占全部议席的61%，全部选票的48%），保守党获得213个议席，自由党获得12席，共产党3席。工党第一次获得明显的多数，因而能够将其纲领付诸实施。

在法国，1939年9月建立的民族团结，只不过虚有其名。战前曾经起过作用的强烈的愤怒情绪并没有完全隐蔽起来，当侵略的沉重打击和灾难突然来临时，反对共和主义、渴望报仇的巨大浪潮迸发了。共和派的敌人们由于他们所憎恶的政权被征服而得到安慰，因为他们认为这个政权应对失败负责。原来的反对议会制的情绪，和传统上既反对英国也反对德国的民族主义结合在一起，从而使那些希望把这一斗争继续下去的人沉默下来。国民议员和参议员们慑于反共和派气势汹汹的宣传以及由于他们自身的不得人心，遂在维希召开了国民议会，同意赖伐尔提出的一项建议，即授予贝当元帅以充分的立法权和行政权，由他全权处理颁布宪法的事宜，新宪法是建立在"劳动、祖国、家庭"三项新原则上，于7月10日取代了"自由、平等、博爱"。投票结果，80票反对这一提案，57票弃权。

接着而来的是"一场突然的、不合时宜的复旧"。胜利者受到与反动的右翼——政治上的天主教的产物——所受到的同样的原则的鼓舞。反动右翼这时"为德雷福斯案件报了仇"，因而企图破坏自1789年以来所取得的一切成就。新政权的领导人是莫拉斯的支持者，就是那些建立这种联盟的人；保皇党人、教士和民族主义分子；被法西斯主义和国家社会主义以及被德芒和戴阿的理论争取过去的独裁主义者；还有天主教僧侣集团，这个集团认为"失败是神对我们的反宗教法律的惩罚"，它为有一个打算让它控制教育的政权而感到高兴——红衣主教热利埃就说，"贝当就是法兰西；法兰西就是贝当"——高级文职官员也因摆脱了工会及其选出的代表们的控制而兴高采烈。他们组成了一个极为复杂的班子，他们的利益和倾向远非一致。在这个班子里，冒险家、空想主义者和反德分子、纳粹主义的支持者沉滓一气。因此，维希派形形色色，他们在占领军的压力下彼此明争暗斗，相互倾轧。

然而，在某些原则和目标上，这些维希派又在一定程度上是意见一致的，如压制普选权和一切形式的选举；一切权力都来自以贝当元帅为化身的国家。这个政权是反马克思主义的，但它也反对资本主义和大工业；它的理想是小型的家庭企业；它号召回到土地去，因为"土地不会说谎"，它吹捧农民，认为他们生来就具有一切美德；它的信仰建立在道德和宗教的护卫者家庭上；它尊重社会等级制度、秩序的传统保卫者教会、军队和上层阶级。用 A. 西格夫里德的话说，"法兰西从未有过这样气度狭隘、极其专横的政权"。"言论罪"恢复了，强行政治上的一致，结果适得其反。共济会和一些政党被解散，连"共和国"这个名称也消失了，重新实行向国家元首宣誓效忠的做法。这是一个"秩序和道德的政权"：巴黎高等师范学院受到了镇压，小学恢复了宗教教育，有关宗教团体的立法停止实行，私立学校得到了津贴。1941 年建立了镇压性的政治司法部，从而勃鲁姆、达拉第和甘末林被拘禁在一个军事要塞中。组织了各种专业团体——农业方面有工会和农业协会组成的农民公司，工业方面则有各级组织委员会。劳动宪章规定禁止罢工和封闭工厂，并声称阶级斗争已经消灭。还颁布了反犹太的立法，这种立法是从纽伦堡的法律那里得到启迪，但也乞灵于传统的天主教民族主义。

和这个直到 1942 年 4 月居于统治地位的民族主义的、天主教的和反英的维希派沆瀣一气的，还有赖伐尔、达尔南、多里奥、马里翁、昂里奥、戴阿、阿贝尔·博纳尔等的维希派，所有这些人都是"通敌分子"；还有银行界和工业界的某些亲德分子的维希派，如沃尔姆银行的巴诺，雷诺的女婿勒伊德也是通敌分子。所有这些人都是法西斯分子，而且急于将法国纳入希特勒的大陆体系。贝当元帅原来打算逮捕赖伐尔（1940 年 12 月 13 日的"阴谋"），将他除掉，然后依靠 P. E. 弗朗丹的帮助，后来又想借助达尔朗海军上将之力来进行统治。但是，最后他不得不又召回赖伐尔。此后，最重要的职位都给与忠于德国事业的人。经济方面的合作变得越来越重要。而且还建立了一个反布尔什维克的军团，在俄国作战。与此同时，这个政权日益具有一个警察国家的特征；1941 年，皮谢从贝当创立的"老战士荣誉团"成员中组成了"荣誉军团局"，作为一个单一的政党，打算从事警察工作。当达尔南担任"负责维持秩序的秘书长"时，荣誉军团局就成为类似于党卫军的名副其实的冲锋队,被用来进行反民主和反"犹太麻疯病患者"的斗争。1943年1月,国民军从它的普通士兵中召募了一批恶棍充当告密者,并配合军事法庭、德国警察和军队,逮捕、拷打和枪毙犹太人、抵抗运动分子和马基①成员。

盟军在北非登击后,德军占领了法国的南部,这就加强了"通敌分子"的地位。德国人再也没有任何理由去尊重一个独立国家这种神话了。从1943年的冬季以后,像卡塔拉、阿贝尔·博纳尔、比歇隆、昂里奥、戴阿等许多死心塌地的通敌分子进入了政府。他们企图保持德国人为了能够继续剥削这个国家所需要的那些服务。但是德国人的事业显然是失败了,原先支持过国民革命传统的保守人物,现在也像那些精明、审慎的人一样,成为顺应时势的人物,随波逐流,见风使舵。

在其他被占领的国家,形势要清楚得多。爱国者从来没有什么良心上的问题,他们在服从自己的感情时,也服从他们的合法政府的命令。

抵抗运动所采取的形式,在各个国家和各个时期都有所不同。在占领初期,资产阶级和大部分的中产阶级及农民——以及一部分相对来说人数不多的赞同纳粹事业的人——感到宽慰。对于他们来说,战争已经过去,至少布尔什维主义的威胁是确定无疑地消除了。以后,随着人们逐渐地、比较深刻地感受到战败的耻辱,特别是随着德国人在他们的所作所为中暴露出他们的真正面目,于是人民的精神便逐渐复苏了。黑市和征购造成的食物短缺,肆无忌惮地滥用警察制度,迫害犹太人,处决人质,以及强迫劳动等,激起了各阶级男男女女的反抗。斯大林格勒战役的胜利和盟军在北非的登陆,先是表明了德国人有可能会失败,继而表明大概会失败,最后终于说明德国人肯定会失败,当地居民们也从失败主义转变为消极的抵抗,然后是积极的抵抗。但是,总的说来,每个国家的真正的抵抗运动,虽然得到大多数居民的同情,有时还得到他们的帮助,实际上这些抵抗是由少数英勇的爱国志士构成的,为了他们的国家,他们甘愿放弃他们的生计,忍受苦难和放逐,以至牺牲他们的生命。

---

① 马基(Maquis)指第二次世界大战期间法国抗击德国法西斯军队的游击队或其成员。——译者

第十七章 英国、法国、低地国家和斯堪的纳维亚

瑞典是唯一保持中立的国家。但是处在德、苏之间，在芬兰战争时期和挪威与丹麦沦陷之后，它的处境是特别困难的。由于处在完全孤立的地位和在经济上完全依靠德国，它被迫做出军事性质的让步，比如允许德国的军队（化装成休假的士兵）和物资过境，在瑞典领海内建立秘密的潜艇隐蔽处。随着同盟国军事形势的好转，瑞典有了较大的行动自由；1943年只允许个别的德国士兵过境，给予丹麦的犹太人以援助，丹麦和挪威抵抗运动的成员可以在瑞典的兵营里受训。

挪威对德国的入侵只能够抵抗两个月。6月10日撤离纳尔维克后，国王哈康七世及其政府撤退到伦敦。正式的抵抗是在最高法院院长帕斯卡尔·贝尔格和贝尔格拉夫主教的领导下进行的，并竭尽所能地反对德国人扶植的约瑟夫·特博文区长领导的傀儡政府上台。直到1942年2月，特博文才任命挪威国家社会党领袖维德库恩·吉斯林担任一个民族政府的首脑。为了响应抵抗运动，一些高级文职官员提出了辞职；组成了一个"内部阵线"，这个阵线组织了罢工和破坏活动（如1943年破坏重水工厂）以及为反对1941年实行强迫劳动而举行示威游行。鲁盖将军领导下的军事组织"米洛尔格"，能将特工人员和情报送往伦敦和斯德哥尔摩，并大量散发秘密出版物。德国人方面则征调所有18岁至55岁的男子，关闭奥斯陆大学，逮捕大学的65名教师和1500名学生，放逐和处决抵抗运动的成员。占领的最后几个月变得特别困难，因为德国人在俄国人的挺进和挪威游击队的袭击下退却时，采取了"焦土政策"。

丹麦的情况多少有些不同，国王查理十世仍然在位，他命令停止一切抵抗。社会党人斯陶宁的政府和主张与德国人密切合作的外交大臣斯卡文纽斯所采取的政策，甚至走得更远——由德国人完全控制丹麦的经济，实行极其不利的兑换率，撤换敌视新政权的分子，加强检查制度，警察和地方法院与盖世太保合作。1943年3月，在德国许可下举行的一次选举，表明了人们反抗这些措施的强烈程度；克劳森的丹麦纳粹党仅获得选票总数的2%和3个议席，而联合政府获得143席；反对合作最激烈的保守党，获得选票总数的40%。在这里，抵抗运动也组织了破坏活动，把年轻人和情报送往伦敦和瑞典，并散发秘密出版物。在开始迫害犹太人时，抵抗运动遍及全国；国王本人

就反对排犹，威胁说他自己也将佩戴"黄星"；随后发生了罢工和破坏活动，最后终于宣布戒严并逮捕一些陆军和海军军官。1944年6月30日发生总罢工，接着9月再次爆发总罢工，在这以后，丹麦的全部警察被驱逐。

在荷兰，居民被认为是纯德意志血统，不久即将并入大德意志帝国，因而德国在那里的统治并不十分严厉，至少在占领初期是如此。德国高级专员赛斯－英夸特逐渐实施了纳粹制度和反犹法律，并解散了所有的政党和上、下两院。唯一允许存在的党派是穆瑟特领导的国家社会运动，其成员充其量不过11万人。荷兰的森林稀少和人口稠密，几乎不可能进行游击战，但是荷兰人民当中存在的民主精神、宗教信仰和同胞情谊，使他们的抵抗运动带有某些独特的特点；特别是对犹太人的迫害，深深地触动了荷兰人的良知，因而他们开展了一个运动，组织破坏活动和间谍活动，并给予犹太人、逃亡者和那些逃避强迫服兵役的人们以帮助。德国人的镇压也是特别收效的：在两年的时间里，德国警察就逮捕了大批伞兵并查获了大量的物资。

卢森堡也被认为是一个真正德意志的国家，它一步一步地附属于德国，归特里尔和科布伦茨的区长管辖。各种国家社会主义的法律实施了，这个国家隶属于德国军队管辖，使用了德国马克，当地语言卢森堡方言被禁止使用。但是出现了顽强的抵抗运动，采取的形式为公开怠工、开小差、出版秘密出版物、拒绝交纳征用的物资，并在这个游击队便于进行有效活动的国家里开展了马基运动。

在比利时，由于国王拒绝离开这个国家并且无条件地投降了，其后又决定把自己作为拉埃肯要塞里的一名战俘，并放弃一切政治活动，因而使德国人更加容易地进行工作了。舆论总的说来是赞成国王的决定的。德国人也发现他们在很大程度上得到亲纳粹的佛兰芒民族主义党、佛兰芒雷克斯党、佛兰芒国家同盟，以及这时已组成"大德意志帝国之友联合会"的瓦隆雷克斯党的相当大的支持。总的说来，在军政府统治下的生活，不像其他被占领国家的生活那样艰难。但是，当德国人开始对佛兰芒族活跃分子表示同情以后，不久就重新出现了类似第一次世界大战中被占领期间曾经出现过的态度。这个国家实行了定量配给制，抵抗运动得到天主教神职人员的鼓励，这些神职人员从不隐瞒他们对于通敌分子的谴责，并对放逐工人提出抗议。

列日、韦尔维埃、拉卢维埃尔、沙勒罗瓦和蒙斯等地爆发了罢工；破坏活动和暴力行动发生了；为盟军战俘和飞行员组织的逃亡网非常活跃，并组成了一支秘密军队。和"比利时军团""争取自由阵线"及其他团体一起，最大的运动是共产党领导的"独立阵线"。国家很快得到解放，国王由于1940年在贝希特斯加登拜访过元首和1941年的婚姻问题失去了人心，不得不离开比利时，由他的兄弟查理亲王摄政。

在法国，组织抵抗运动比较困难，而且由于在法兰西的国土上存在着以贝当元帅为首的政府，因而抵抗运动采取的形式也是极其独特的。右翼人物出于对军队首脑的忠诚，出于对一个普遍受人尊敬的人物的忠诚，并且深信贝当是在鼓励建立一个符合他们理想的民族国家，因比对他颇为信任，认为他的道路无疑是当时情势下唯一正确的道路。因此，许多法国人如果不愿合作，只有辞职。一直到蒙特瓦尔会晤后，宣布了一项切实的合作政策，随即又召回赖伐尔，这时，许多人才开始想到戴高乐将军的道路，想到这是一条最光荣、也可能是最符合国家利益的道路。结果，反对德国人的斗争，便和反对维希政权的斗争一致起来。于是法国人终于多少积极地起来反对德国人和他们的同盟者了，只有那些害怕德国人的失败即意味着传统的社会秩序的结束的人除外。

事实上，抵抗运动主要是左翼人士的事，他们得到右翼的一些人的帮助，这些人厌恶德国人及其维希盟友的所作所为。1940年6月18日，戴高乐将军自伦敦发表谈话，号召法国人继续与英国并肩战斗，抵抗德国人；"法兰西打了败仗，但它并没有输掉这场战争"。就在国内的抵抗运动在法兰西国土上自发地产生时，他建立了国外的抵抗运动。他对国内抵抗运动的影响日益强大，主要得力于英国广播公司。这家广播公司先是在法国，后来又在全世界范围内，为这位不知名的将军争取了听众。抵抗分子重新组织起来，散发秘密出版物，送回有关德国军队的情报。起初从外部和他们建立联系是困难的。由英国"特种作战执行局"和由法国帕西上校领导的"情报与行动总局"派出的特使，以及通过同样渠道送出的物资和无线电收发报机，使抵抗运动的成员能够协调他们的行动，也使戴高乐将军的密使们能够将各种抵抗运动团结在他的周围。事实上，从1940年起，在法国北方决心抵抗的人们已互相取得联系，而且找到了和他们的英国盟友联系的方法。这些为数不多的孤立的团体，大部分都不知道彼此的存在，其中最重要的是由军人和资产阶级分子组成的"军民组织"，以及主要由社会党人和工联主义者组成的"解放北方"。在法国南方，由前军官F.弗雷内指挥的"战斗"，几乎由左翼人士组成，由阿斯蒂埃德拉维热里领导的"解放南方"和里昂地区的"游击队"，也几乎全部由左翼人士组成。共产党人自1940年秋季起，或单独地或分成小组地散发秘密小册子。俄国参战以后，共产党建立了民族阵线，并组织了武装团体"共产党人游击队"。戴高乐将军的特使、前巴黎警察局长让·穆兰，成功地说服了南方的各种各样的运动联合起来；1942年年初，抵抗运动即出现。在北方，联合较晚，1943年5月由法国总工会和法国基督教工人总联合会这两个主要的工会运动的代表们，包括共产党人在内的各政党的6名代表和各种抵抗运动的8名代表，联合一致，在戴高乐的代表和伦敦的全国委员会的特派员穆兰的主持下，建立了"全国抵抗运动委员会"。穆兰被捕后，由乔治·皮杜尔代替他。因此，当戴高乐将军在阿尔及尔成立法兰西共和国临时政府（由包括两名共产党人在内的各政党的代表和各抵抗运动的成员组成），特别是当他召集协商会议时，整个抵抗运动已成为他的后盾。

法国南部被占领时，被德国人解散了的停战前军队中的反贝当分子，组成了"军队抵抗组织"。1943年后，组织了用降落伞空投武器；通过"逃亡网"，把被德军击落的盟军飞行员送到北非去，并把志愿人员送到正在北非重新组成的军队去。几十个情报网的工作非常活跃。对德国军官和单个士兵的袭击急剧地增加，破坏活动也有增无已，这主要应归功于共产党人；他们进行紧张的活动，对放逐和处决人质进行报复。但是，在这些人当中逐渐产生了严重的误解，他们忽视了向他们提出的一些经过深思熟虑的忠告；而且，在伦敦和阿尔及尔的法国人以及他们的同盟者，大部分是职业军人，他们不大信任这些根据在法国以外不为人所知、或者以共产党人闻名的领袖们的命令行动的、自发地建立起来的团体。这些领袖们抱怨说，不给他们武器，要不就是给的数量不足，并且认为这种缺乏信任正是造成马基在安省、阿尔卑斯山（格利埃内高原和维科尔）、中马西夫（穆歇山）、科雷兹、阿里埃日和加尔的某些战斗失败的原因。

在诺曼底登陆期间，两支法国军队参加了战斗，一支是编入美军的正规军，一支是"法国内地军"这支地下军，按照艾森豪威尔将军的说法，这支军队顶盟军的 15 个师。

法国解放后建立的政权，并不是由那些在法国本土抗击德国人的真正的抵抗战士组成的，而是由来自伦敦和阿尔及尔的人组成的。他们答应实施"全国抵抗运动委员会"的纲领，但左翼的势力在他们当中是微弱的。右翼的领袖们绝大部分是通敌分子和维希政权的支持者，他们因而失势；因此政府是由共产党人和社会党人加上一个新党派，即"人民共和运动"组成的，"人民共和运动"是从基督教民主党的学说中吸取精神力量的。这个党从右翼搜集选票，此后对其他政党起着牵制作用，与激进党在 1940 年以前的做法很相似。

在英国，工党的胜利——这只是自 1880 年以来英国左翼在大选中真正赢得胜利的第二次——使它能够实施它的纲领，不过这个纲领并未超出福利国家的范围。社会党在斯堪的纳维亚各国掌权，在法国和比利时的政治舞台上起着主要的作用，各国社会党都成为改良主义者，他们急于为建立一个资本主义社会而竭尽全力，但是并不像他们的父辈们 20 年前所理解的那样去实行社会主义。苏联军事威力的发现，以及这个强国的势力扩张到欧洲的心脏，引起了人们的担忧。不管愿意与否，西欧各国出于重建的需要，不得不在财政和经济上紧紧依赖美国，这种情况只能使那些敌视社会主义思想的分子们的立场更为坚定。在大流血之后，不管外表如何，西欧的社会结构比过去任何时候都更加保守了。

（宋蜀碧　译）

第 十 八 章
美利坚合众国

在19世纪的最后一年，美国人民重新选举威廉·麦金莱为总统。通过这个行动，他们批准了对古巴的解放和对波多黎各及菲律宾群岛的兼并。美国人民对他们正在做的这些事意味着什么，大概还不清楚；对他们所处的新形势的全部含义，肯定也不愿意接受，但就在这种情况下，他们迈步登上了世界舞台。他们对自己充当的新角色在精神上并无准备，比日本人在佩里海军准将的"黑船"打破他们那个岛屿帝国数世纪闭关自守的状态时精神上的准备好不了多少。

威廉·詹宁斯·布赖恩在1896年曾为经济上的不幸者，特别是为愤怒而穷困的农场主进行了斗争，在1900年为反对"帝国主义"而进行了斗争。但是，尖锐的不满情绪已经由于南非和育空河滚滚而来的黄金，由于商业周期的自然好转而失去了锋芒，"帝国主义"这个模糊的争论也就成为无足轻重的斗争课题了。美国人民因为轻易地战胜了软弱的西班牙而扬扬得意，并且正在进入一个新的繁荣时期，自以为是生活在最好的共和国里，没有任何事情或任何人是值得惧怕的。

感觉到这种情绪的政治家们，无须为重新选举威廉·麦金莱当总统而担心，其中有些人还利用这个机会排斥了难以驾驭的西奥多·罗斯福这位在为时不久的美西战争中出现的英雄人物。当时，他因为率领一个非正规的骑兵团在古巴建立了功绩而取得了纽约州州长的地位。他被提名为副总统候选人，这可能是违反他的意愿的。在华盛顿，他把无用武之地的巨大精力暂时用来研究法律。1901年9月6日，麦金莱总统被一个可能是发了疯的"无政府主义者"利昂·左尔格茨枪击，于9月14日逝世。西奥多·罗斯福成为美国总统。

新总统尚不足 43 岁，是白宫历史上最年轻的主人，他还有其他许多出众之处。他生于 1858 年，南北战争对他来说仅仅有一点模糊的记忆，而不像自从林肯以来他的所有前任那样亲身经历了这场巨大的危机。在约翰逊之后，他是第一个没有参加过南北战争的共和党总统。虽然他是狂热的共和党人，他母亲的一家却是佐治亚州的民主党人，他还有一个叔父一直是克利夫兰的民主党人。虽然按新的标准来衡量，他算不得出身豪富，但也还属于纽约社会上的殷实阶层。从哈佛大学毕业后，他有过各种经历，做过州议员、大牧场主、警察局长、文官委员会委员和助理海军部长。但是，他虽积极投身于政治，却不是麦金莱理解的那种政治家。他是杰斐逊以后最多才多艺的总统。如果说他的知识大都是肤浅的，他的爱好、求知欲和同情心却真正是广泛的。善于像演戏一样表现自己，是他的最大天赋。他谈吐举止的风度博得漫画家和讽刺作家的欢心，也博得选民的欢心。他几乎立刻使总统成为美国政治制度的中心，这是自林肯任职以来未曾有过的。他懂得如何操纵、如何抚慰国会的领袖们；他不做无谓的争吵。而对于那些曾想把他埋没在副总统职位上的保守分子，他在 1904 年重新被提名和重新当选以前，一直避免同他们摊牌。

西奥多·罗斯福在美国人心目中的印象，超过他的政府所取得的实际成就。的确，这种印象是其政府的主要成就。他使联邦政府大显身手，引人注目，深得人心。他也使联邦政府更符合现代要求。这位新总统几乎对所有问题都有一套主张。他计划按照希腊的模式改革币制；他重新提出了发展华盛顿城的朗方计划①。他不仅为从前的"义勇骑兵团"的人安排工作，也同样给诗人和博物学家安排工作。他揭露了芝加哥肉食加工厂的肮脏丑事（厄普顿·辛克莱的著名小说《屠场》帮了他的忙）。虽然罗斯福的经济观点远不是激进的，但他丝毫也不像自约翰逊以来的他的所有的前任（包括克利夫兰在内）那样，对实业家抱有自发的同情和敬佩。因此，他站在矿工一边，干预了宾夕法尼亚州煤矿大罢工。总统的这种给人以深刻印象的态度在白宫是罕见的，而且，是受人欢迎的罕见的事。因为，在布赖恩竞选运动中爆发出来并逐渐平息下去的不满情绪已经采取了更为合适的新

---

① 皮埃尔·查尔斯·朗方（1754—1825 年），美国军人、工程师和建筑师。——译者

形式。1890年的谢尔曼反托拉斯法已成为一纸空文，因为克利夫兰政府在一起诉讼案中没有能够援用该法，有些人说该政府在这起诉讼案中没有有效地施加压力。各托拉斯自然也就兴盛起来。最知名也最为人所憎恶的美孚石油公司比任何时候都强大，而1901年创立的美国钢铁公司不仅将所有大钢铁生产者联合成为一个巨型联合企业，而且其投资额达到14亿美元，差不多相当于国债的总数。而且由于尽人皆知它所接管的资产不值此数，因此人们断定其创办者J. P. 摩根公司是把未来的垄断利润也估算在内了。所以，当这家银行在1902年创立北方证券公司以调解哈里曼和希尔这两家铁路行业之间的冲突时，公众极为震惊，因而最高法院于1904年这个大选之年命令解散该公司，这是政府取得的一个胜利。

罗斯福政府以推行两项政策而著称，除了其他方面，这两项政策也是总统的业余癖好。罗斯福在西部度过其青少年时期，他对保护自然资源的必要性深信不疑。制止单纯开发国有土地的政策可以远溯到克利夫兰时期，但罗斯福扩大了这项政策，尤其是扩大了保护森林的政策，建立了林业机构，并取得了对未来联邦政策产生深远影响的成就，从而使这个问题引起了人们的注意。

从青年时期起，罗斯福就爱上了军事。他虽然宣称自己热爱和平，却念念不忘爆发战争的可能。他支持其陆军部长伊莱休·鲁特改革陆军的努力，然而怎么也无法使美国成为一个强大的陆军国家。海军则不同。罗斯福为建立一支庞大的海军而乞求过、辩解过并且争论过，他终于如愿以偿；他亲自关怀备至地注视这支海军的成长。作为以实力实现和平的一种姿态，他派遣这支海军做环球巡弋，却只有够一半路程使用的国会拨款，这就使本来不赞成此事的国会不得不承担拨款责任，以便使舰队返航。

但并非他的所有行动都仅仅是姿态。为了签订关于"地峡运河"问题的新条约，在他就职之后便同英国重新开始谈判。第二次海—庞斯福特条约允许美国在运河设防。现在必须决定这条运河的路线是选择巴拿马，还是选择尼加拉瓜呢？结果，选定了巴拿马，于是在1903年签订了海—埃兰条约。但哥伦比亚参议院拒绝批准这个条约。如果不是在巴拿马省适逢其会地爆发了一次革命，运河建设就会停顿下来，或者建在尼加拉瓜了。巴拿马革命爆发不到三天，美国就给予承认，并由海约翰和布诺-瓦里亚谈判签订了一项条约，给了美国在这个新成立的国家的领土上开凿运河的权利。后来，罗斯福吹嘘说，是他"夺得了运河"。虽然美国是否阴谋参预这次适逢其会的革命从来没有得到证实，但这个插曲却损害了美国同拉丁美洲的关系达好多年之久。罗斯福还以其他方式挥动了——用他自己的一个生动的词汇——称为"大棒"的武器。他将门罗主义的意义解释为：如果美国阻止了欧洲列强使用通常的强制手段从加勒比地区发生骚乱的各共和国的短命政府那里得到赔偿，那么，美国就必须强迫这些共和国遵守最起码的正当做法。于是，多米尼加共和国不是通过一项条约，而是通过一个"行政协定"被置于美国的监督之下。而奥尔尼在委内瑞拉争端中的格言，即美国的"命令"就是法律，至少在这个地区俨然已成为真理。

更大的争端也未能避免。为保持太平洋力量均势而进行的巨大斗争，导致了日俄战争。美国官方的态度和非官方舆论一样，是深切同情日本的。然而，罗斯福与其说是充当了诚实的掮客，不如说是充当了率直的朋友，他说服了至少在经济上已是山穷水尽的日本人在和平条件上适可而止，于是在美国的主持下于1905年签订了朴茨茅斯条约。大西洋的力量均势也受到了威胁，虽然不像在签订朴茨茅斯条约时那样明显，但罗斯福在1906年的阿尔赫西拉斯和会上支持了英法的立场。自拿破仑战争结束以来，美国在世界政治中从来还没有起过如此重要的作用：但那时它像是一个病人，此时却很像是一个代理人了。

没有疑问（无论如何在麦金莱的后台老板马克·汉纳①死后是如此），罗斯福将再次被提名为总统候选人。克利夫兰的民主党人利用了1900年布赖恩的失败，这时提名纽约一个默默无闻的保守主义的法官奥尔顿·帕克为总统候选人，想借此来利用保守派对罗斯福的不满。但是，"大企业"害怕罗斯福总统还没有害怕到要去支持帕克的程度，他们给罗斯福总统的竞选捐了大量资金（虽然罗斯福对此事不知道或者宁可当作不知道）。帕克失去很多布赖恩的支持者，从共和党的不满分子那里也没有得到什么支持。竞选对罗斯福来说是他个

---

① 马克·汉纳（1837—1904年），美国著名的工业家，曾资助麦金莱竞选总统。——译者

人的一次巨大胜利。在胜利的时刻,他宣布,将不再做下届选举的候选人。他是美国历史上仅仅是通过继承得到总统职位,而以后又凭自己的能力当选为总统的第一个人。对于加在他身上的不得连任三届的限制,他本来可以接受这样的解释——这指的是不得超过两次经过选举而取得的任期。但他自断后路,在整个第二届任期内,由于国会知道他将在1909年下野而受到掣肘。他的朋友们希望他改变主意,他的敌人则害怕他改变主意。然而他决心信守诺言,甚至说服自己,在白宫待上将近8年,对他自己和对国家都已经够了。

　　第二届任期不是没有成果的。联邦对铁路运费的有效控制开始实行。同日本的关系,先前由于日本人对朴茨茅斯条约的条款感到失望和对加利福尼亚州的反对日本人的立法感到不满,而急剧恶化,此时在总统及其国务卿伊莱休·鲁特的护理下,即使没有康复,也已开始好转。巴拿马运河工程在经过了开头的混乱和争吵之后,也在大力进行。这位总统在同别人争论时,总是能够把公众争取到自己方面来。他像历来那样深孚众望,这就使他得以遴选他的继位者。他曾考虑过鲁特,但鲁特同一些公司的瓜葛被认为是过分不利的条件,所以罗斯福的选择便落在其陆军部长、身材魁伟的威廉·霍华德·塔夫脱身上。民主党人提名布赖恩,他的结果比帕克好得多,表明民主党仍然拥有力量的地方是南部和西部。但是由于全国都在塔夫脱身上看到他就是罗斯福的继承人,便投票选举了罗斯福总统所遴选的继任者。

　　新总统在进入白宫以前从来没有担任过选任的官职。作为联邦法官、作为司法部副部长、作为菲律宾总督、作为陆军部长,塔夫脱虽担任过高级职务,但均系下属。现在他要独当一面了。他必然意识到,他之所以成为总统,仅仅是因为罗斯福选中他作为继承人。他整个抛弃了罗斯福内阁,一开始就没有搞好。接着他又冒险提出修改关税的问题,而这是罗斯福从来没冒过的风险。原来在罗斯福当政时感到痛苦的参议院领袖们,开始估量他的这位继任者,他们所看到的东西使他们感到宽慰。因为塔夫脱相信分权制,他认为,他的职责不是去支配或者甚至去领导国会。结果,最后提交给他的关税法案(佩恩—奥尔德里奇法案)只不过是装模作样地做了一些修改。塔夫脱本来可以在早些时候加以制止,可以强行加以修改,但他把它接受下来,并为它进行辩护。在其贸易政策中,同加拿大的互惠条约本来是可以提高他的声誉的,却遭到加拿大的拒绝。这不是塔夫脱的过错;如果说这是哪一个美国人的过错的话,那是当时众议院议长钱普·克拉克一类轻率的民主党演说家们的过错。因为民主党人利用了共和党的分裂,自1892年以来第一次在众议院内取得多数席位。在众议院里,中西部的反对分子已经同民主党人联合起来,罢黜了独断专行的坎农议长。即使总统想领导国会,为时已经太晚。罗斯福已经从非洲和欧洲回来,他先是怀疑,很快就感到气愤。

对旧秩序,对"顽固派"不满的浪潮远远没有平息下去。在全国,选民都在物色一位领袖,而塔夫脱并非这样的人选。他感到他并没有辜负罗斯福对他的信任,这是对的。对于指责他和他的内政部长巴林杰轻率地把值钱的那部分公有土地转让出去并从中贪污,他表示强烈不满。他知道,他的政府在检举托拉斯方面做得比罗斯福政府更积极更成功。但塔夫脱是个生性审慎的人,在体质上,某种程度在精神上都缺乏生气。那些西部的反抗的激进派绝不会需要他这种人。一时间,他们似乎可能要拥戴威斯康星州的参议员罗伯特·马里恩·拉福莱特。但是要想做一个引人注目的人物,拉福莱特是无法与罗斯福匹敌的。而罗斯福年纪尚轻,如他后来所说的,感到自己就像"一头公麋",他的朋友们和他自己的性情,都有力地促使他同塔夫脱决裂。他的年龄仅仅比林肯进入白宫时稍长一些,对他这样一个精力如此充沛的人来说,在非洲猎狮,拜访国王和皇帝们,接受诺贝尔和平奖金,甚或在牛津大学"罗马尼斯讲座"① 讲课,仍然感到有使不完的力量。在朋友们和他自己的性情的驱使下,他成为共和党的总统提名候选人。

毫无疑问,他是一般共和党选民的第一个选择对象,而且可能是唯一能够使严重分裂的共和党团结起来的候选人。但是塔夫脱决不示弱,而支持他的有共和党的大多数高级领导人,包括罗斯福的密友如亨利·卡伯特·洛奇和伊莱休·鲁特等人。这些高级领导人宁愿与塔夫脱一起失败,也不愿与罗斯福一起胜利,而使共和党的控制权落入危险的激进派手中。一个在职总统往往能够得到重新提名,塔夫脱也

---

① 乔治·约翰·罗马尼斯(1848—1894年),英国生物学家,1891年在牛津大学开创"罗马尼斯讲座",内容包括科学、艺术和文学。——译者

是如此。但是罗斯福及其支持者们抗议他的提名权利被剥夺，匆忙成立了进步党，并提名罗斯福为其总统候选人。

这样一来，民主党的胜利就确定无疑了。从政治家们的观点来看，显然候选人应是众议院议长、密苏里州的钱普·克拉克。但是，布赖恩虽然最终也已明白争取第四次提名是几乎完全不可能的了，但看到克拉克是他以前的保守派政敌，即在1904年提名帕克的那些人的候选人和同盟者。于是，他把他仍然是很大的力量倾注给克拉克唯一须认真对待的竞争者、新泽西州州长伍德罗·威尔逊。威尔逊取代了这位众议院议长原来所占有的领先地位，被提名为总统候选人。

这位民主党候选人同罗斯福一样，其作风在美国政治上都是异乎寻常的。他在被提名的时候，积极从事政治活动只有两年。他原是出色的政治学教授和普林斯顿大学的著名校长。他是标准的南方保守派民主党人，同布赖恩和布赖恩主义格格不入。他为把普林斯顿大学办成民主的大学而一再斗争，但终归无效。他成为许多人眼中的殉道者——连普林斯顿大学校长也当不下去了。他接受民主党首领们的建议，竞选新泽西州州长，结果胜利当选。他又同这些首领们发生了争执，挫败了他们，并提出越来越激进的观点，从而再次成为全国著名的人物。正是作为一个激进主义者，或者说至少是作为一个为"新自由"而奋斗的进步的自由主义者，他才胜利当选的。

这位新总统推崇英国宪政。他认为自己既是总统又是首相。当他还是普林斯顿大学校长的时候，曾写道："如果他（总统）领导国家，他的党几乎不能反对他。他有什么样的才智和魄力，就做什么样的总统。"他实践了这个原则。他无视杰斐逊创下的先例（杰斐逊不是演说家），他不是向国会送去冗长的——也是不被理睬的——书面咨文，而是亲自向国会发表咨文。威尔逊是一个演说家。他拟订了一整套立法计划，这时便促其实现。一个削减关税的议案提交国会，由于有效地、大张旗鼓地诉诸公众并有效地对国会施加了公私压力而得以通过。长期辩论的改革银行体制的问题，以建立联邦储备系统加以解决，该系统规定使通货更富有弹性并建立一个组织更加完善的联邦银行体系。联邦储备系统也在表面上平息了农民激进派对银行家的敌意。这个激进派的领袖布赖恩被威尔逊深谋远虑地任命为国务卿。

他在其他方面也满足了布赖恩：容忍甚至在某种程度上满足了布

赖恩的要求，对那些忠实的"有功的民主党人"加官赐爵；不再支持美国银行家在前届政府鼓励下对中国已经混乱不堪的事务所进行的干涉。"金元外交"也被认为不复存在了。诚然，威尔逊的运气并不佳。在墨西哥，一场真正的革命正在继续。没有一个墨西哥政府能够担负起一个主权国家的正常义务。许多美国人确实对墨西哥十分不满，威尔逊也认为他不得不进行干涉，占领坦皮科，以便对美国国旗受辱事件进行报复。然而他确实成功地除掉了"篡权者"韦尔塔，并且通过接受阿根廷、巴西和智利的调停而平息了拉丁美洲的舆论不满。他宣称门罗主义并不是对保护国行使权力的一种形式。因此，他虽然继续插手加勒比地区事务，却坚定地拒绝对墨西哥进行全面干涉；1916年当潘乔·比利亚侵扰美国领土之后，他仅仅是派遣军队给予惩罚便适可而止。他答应给菲律宾以更大的自治权，如同准许波多黎各居民享有美国公民权一样，同样都是他这种自由主义的、反帝国主义的态度的证明。

然而，正如威尔逊所惧怕的，1914年的大战旷日持久地拖延下去，将他拖入外交领域，而对此他并没有精神准备。这使布赖恩辞去内阁职务。美国对交战双方的态度问题，越来越使总统和公众关切。立法工作还没有停止。工会（据认为）被免除了反托拉斯法的约束。建立了联邦贸易委员会，以便按照"新自由"的精神来管理企业。经过一场剧烈斗争之后，将大企业最有力的批评者之一路易斯·布兰戴斯安排进最高法院。亚当森法案满足了铁路工人要联邦限制工时的要求。因此，在第一届任期结束时，威尔逊回顾对国内事务的领导，可以说取得了以前的总统很少有人能够比得上的成就。

重新联合起来的共和党人提名为竞选而辞去最高法院职务的查尔斯·伊万斯·休斯为候选人。休斯是一个生硬而不圆通的候选人，疏远了一些他本来可以争取到的进步党支持者。威尔逊的主要资本就是他所取得的成就，不仅在国内取得的成就，而且人们认为——如某个大会的著名发言所归纳的那样——"他使我们避免了战争"。这也竟然成为他取得胜利的一个原因。

民主党人选举了他们的总统，但几乎无法控制国会。威尔逊一经重新当选，就试图在交战国之间进行斡旋。但是，未来的德美关系正在柏林做出决定，而不是在华盛顿。德国最高统帅部决定不顾美国干涉的危险，他们认为美国的干涉为时已经太晚，不会有什么效果。于是就在威尔逊第二次宣誓就职一个月后，他便带领美国人民参加了战争。改革家威尔逊变成了战时领袖威尔逊。诚然，美国不是一个协约国，仅是一个"参战国"，但威尔逊却成了对本国人民，对各协约国人民，对德国人民，对俄国人民讲话的主要人物。势所必然，"新自由"被置诸脑后，政府越来越专心致力于战争。在美国参加的战争中，像这次这样之有效，流言蜚语之少，就一个已是世界最大的工业国来说，其力量动员之迅速，都是前所未有的。美国人民有理由感到庆幸，但与他们的爱国主义不同，他们的庆幸是有限的。威尔逊的著名演说响彻全球，而以1918年1月8日的"十四点"演说为顶峰，这些演说在备受折磨的欧洲比在相对来说没有受到战争影响的美国，有着更热情的听众。

按照当时的标准来说，战争对国内的影响是很大的。为在海外服役而征兵是从来没有过的新事物。对农产品价格实行限制、对铁路运输采取统一管理之类的经济控制，也均属前所未有。为发行"胜利公债"而进行的宣传运动，甚至在南北战争时也是没有的，伴随这种宣传运动而来的对不同意见的压制，也是南北战争时所未曾见过的，其严厉程度远为英国、法国或德国所不及。很多人觉得，那两个"间谍法"似乎粗暴地破坏了美国的传统。德裔美国人成为一个愚蠢的敌视运动打击的对象，激进的不同政见者开始遭到合法的和非法的压制。总统全神贯注于进行战争，往往把人们的批评和怀疑看成是对他自己的道义目标的指责，他不像林肯那样明智而宽宏大量。然而，他不愿意像林肯那样按照含糊不清的"战时权力"来办事。他请求国会给他权力，却又像林肯一样不赞同成立类似南北战争时期的"战争指导委员会"那样的机构。大部分共和党反对派热心地支持为战争做出的一切努力。的确，共和党反对派叫嚷得最响亮的成员，也为总统对德国人民讲话时所使用的温和语调感到遗憾，并表示担心会缔结一项"软弱的和约"。威尔逊拒绝将海外军队的最高指挥权授予罗斯福和伦纳德·伍德，从而激怒了他们的许多共和党朋友，他也忽略了鼓励那些除了取得战争胜利之外还想有所作为的共和党人同政府密切合作。1918年秋，战争胜利在望，国会选举也将来临。威尔逊在别人怂恿下发表了为争取民主党赢得国会而斗争的呼吁。此举通常被判定是个错误。是非如何,无法论定。但无论如何,共和党在两院取得了胜利。

在战争初期,许多美国人就考虑成立一个"实现和平联盟"(League to Enforce Peace)的问题,总统决心以此为新和约的基础。大战在美国人民看来简直就是实现永久和平的十字军圣战。谁也没有着重考虑事情可能是这样,也可能不是这样,因为在实行间谍法的体制之下,对战争问题进行坦率讨论是困难的。威尔逊虽失去对国会的控制,但仍未能动摇他对自己承担的权力或使命所抱的信心。他不顾某些密友的劝告,决定亲自去欧洲。他没有带任何像塔夫脱这样在当时控制着国会的政党中有影响的共和党人一同前往。正当威尔逊在欧洲充当救世主的时候,他在国内失去了民心。因为此时美国人民不仅从物质上,而且从心理上正在解除动员状态。对作战努力的多方支持此时已可以看出并非出自人们的本心,强求一致的那种荒唐做法也已暴露出来。德裔、爱尔兰裔和意大利裔的美国人转而反对政府。

共和党领导人充分利用了这种转变。参议院对外关系委员会新任主席亨利·卡伯特·洛奇操纵了该委员会,并发起运动,对国际联盟盟约强加了总统不能同意的保留条款。最后,威尔逊从欧洲返国,带回一项他认为同国联盟约不可分割的和平条约。为了使全国重新支持他的主张,他开始了旅行演说。威尔逊没有借助于无线电,承担了他力所不及的任务,终于在丹佛病倒了。他拒绝妥协,失去了美国参加国联的一切机会。

显然,潮流正在变得对民主党人不利,威尔逊曾经号召进行的公民表决,结果当然也就同他的伟大计划大相径庭。总统所患的中风使他既无法行使总统的职权,也无法行使党领袖的职权,而在1920年这个大选之年又爆发了剧烈的经济衰退,这使民主党微弱的希望更加渺茫。民主党人提名俄亥俄州的前州长詹姆斯·考克斯为总统候选人。他是一位在本州之外很少为人所知的干练而负责任的报业主,和他搭配竞选的伙伴是那位年轻漂亮、精力充沛的助理海军部长富兰克林·德·罗斯福。在更加重要得多的共和党代表大会上,主要的竞选人互相倾轧,彼此抵消力量,于是共和党参议员一小伙人和某些狡猾的党阀便把不学无术、无所作为的俄亥俄州参议员沃伦·甘梅利尔·哈定强加给精疲力竭的代表们。其竞选纲领极为模糊,但那些曾支持美国加入国联的著名共和党人知道只有投共和党的票才能达到这个目的。领导竞选的人对此更加清楚。最后,大会作为表明自己独立行事的唯一姿态,提名马萨诸塞州州长卡尔文·柯立芝为副总统候选人。在选举中共和党人轻易获胜,赢得了除"坚定的南方"[①] 以外所有各州的选票,并且把南方的田纳西州的选票也争取过来了。这个认为只有它才适于治理国家的政党的在野状态结束了。对别国事务的干扰从而也结束了。共和党一上台,对其竞选纲领中所做的那些模糊不清的诺言,没有做出任何认真的努力要去实现,而是同德国签订了单独和约。"伟大的十字军圣战"结束了,而且是被否定了。

后人认为,从哈定就职到1929年10月24日股票市场崩溃这些年,是美国历史上最不值得赞赏的时期之一,只能同南北战争之后的那些年相比较,两者都是"镀金时代"。由于后一时期恰逢美国人民社会习俗发生深刻变化,影响了家庭生活、教育、宗教、体育运动等方面,由于一大批新的力量冲击了旧的美国方式,因而这个时期比格兰特时代更为动荡。它处在两次灾难性的大战之间,处在至少像法国革命和拿破仑时期那样深刻变化的时代。如果政界、企业界、宗教界、教育界的领袖们都善于应付这种危机,那才是怪事了。许多人不善于应付,完全善于应付的则一个也没有。但他们受到了双重的责难,因为他们很多人自称具有能力。而很快就可悲地证明他们并没有能力,而且,虽然大多数美国人在1920年由于摆脱了外部世界的事务而感到高兴,但外部世界却不愿被美国人所摆脱,不愿把它的坏事和蠢事局限于那些不影响美国的事情上。

哈定1920年取得的压倒优势的胜利,表明人们怀念美国安全而稳定的过去。他们正当地认为这个过去受到了威胁。哈定的胜利是共和党中反对自从麦金莱总统逝世以来强加给该党的那种向"进步主义"让步的各个派别的胜利。然而联邦政府没有完全回到过去的路子上。它把对铁路的更严的控制权交给了州际贸易委员会,并把新的义务强加给铁路部门。联邦其他控制机构的权力,也许像联邦贸易委员会那样被削弱了;共和党各届政府对待企业权利(名义上往往是各州的权利)的态度也许比威尔逊政府友善得多——但是联邦的权

[①] 美国南部各州一贯投民主党的票,故称"坚定的南方"。——译者

力只会是增加，而不会是削弱，即使仅从以下原因也可以看出：新兴工业已扩展到先前的农业地区，由于联邦储备银行系统的作用而使得财政更加一体化，从而形成了一个只有空谈家才会看不见的"更加完备的联邦"。自从 1914 年以来，国债增长了将近 25 倍。单是支付国债的利息及提存偿债基金，就扩大了联邦的权力，并使人们对税收政策上存在的各种问题产生新的强烈的兴趣。通过一项先是暂时的然后是永久性的关税法（1922 年的福德尼—麦坎伯法）已有可能，但这种恢复严格的保护贸易制原则的做法，当其立法生效后不仅未能使美国重新成为债务国，或为欧洲闹美元荒的国家提供手段以便它们用以购买美国出口货，特别是购买由于战争促成的美国农业生产的扩大和加强而提供的产品；它也未能控制移民限制措施所产生的后果，这些移民限制措施使大量拥入的移民大大减少，并对从欧洲东部和南部来的"新移民"加以歧视（这些措施就是为了歧视）。柯立芝总统说："美国必须是美国人的美国。"

这也是一些并不十分著名的人们的看法。在南方，三 K 党又复活了。它并没有长期局限在南方诸州，不过，在北方，它往往只在像印第安纳州那样有大量南方人的州里势力才最为强大。它也不仅仅是与黑人为敌。其成员必须是"白种的非犹太人的新教徒"。它以鞭打、打烙印、阉割、谋杀来强制推行原教旨主义的新教道德标准。

导致建立新的三 K 党的动荡不安局面还表现在其他方面。它在几个州内促使通过了反对在学校中教授达尔文进化论的立法；它在新教教会内部引起了"原教旨主义者"（这个词源于此时）反对"现代主义者"的激烈争论。

在政治上，这种保卫美国旧道德标准的运动所取得的最主要成果，是在 1919 年通过了宪法第十八条修正案。它不是规定扩大国会对酒的贸易的管制权，而是规定"在美国及其治下的一切地区，禁止各种酒的生产、销售或运输，以及进口和出口"。它还规定"国会和各州有共同权力以适当立法实施本条"。除康涅狄格州和罗得岛州外，所有各州最后都批准了这个修正案。许多州开始通过立法加强主要的联邦法律"沃尔斯泰德法"（禁酒法）。但当人们发现单纯依靠法律有严重局限性的时候，热情就消失了。在几年之内，禁酒立法是否应实施，随之而产生的这个修正案是否明智和有效的整个问题，便成为两三个激烈争辩的政治话题之一，成为老的美国和新的美国之间最重要的分界线之一。老的美国即乡村和小城镇的美国，主要是北欧人的后裔，宗教上主要是新教；新的美国即巨大的新兴城市的美国，居民大多数是晚近的移民的后裔，信奉天主教和犹太教，在生活方式上则忽视乡间的某些最宝贵的传统和成见。

对美国生活方式受到损害的担心的背后，同样存在着对它某些方面的强烈不满。战争造成了虚假繁荣的市场，使人们荒谬地过高估计了对美国粮食和棉花等原料的长期需要。当人们预料到这种前景时，地价便猛涨了。在战争中和战争刚结束后那几年，耕地面积扩大了，连那些除了特别有利的季节之外不宜耕种的地区都被开垦了。人们为了买地、为了改良土地、为了修建学校和道路而贷款。1920年的衰退使好几亿的投资化为乌有，使许多业主变为佃户，更多的人要成为业主的希望破灭了，并且使西部各州和南方一些州长期感到不满。别的地区黄金到处滚滚而来，唯独这些州没有分享到这种利益。由两党众议员和参议员组成的一个联盟"农场集团"削弱了政党的纪律。共和党虽然表面上胜利了，但实际上这种不满暗地里积聚着。推崇企业精神的历届共和党政府没有一个能够给农场主以他们所要求的东西，即某种真实的、可以拿到手里的、能够同由于高额关税而带给工业的利益相当的现金收入。共和党新政府在执政的头一两年交了好运。1920年的企业衰退过去了，随之而来的是前所未见的繁荣，其间只有些小的跌落。以亨利·福特为代表的美国大规模生产的汽车工业使美国人兴高采烈，也使世界为之惊叹和羡慕。人们大胆地断定贫困正在消失，企业带来的无限财富，即使并非平均分配，也是慷慨地分配给各方了。

甚至世界其他国家一时间仿佛也在重新走上正轨，恢复了偿付能力。美国政府小心谨慎地避免在欧洲和亚洲承担任何义务，但德国赔款问题的两个"解决方案"，即1924年的道威斯计划和1929年的杨格计划，却都是在美国赞助之下拟订的。对于德国欠英国、法国、意大利的赔款和这几个国家欠美国的债务，美国政府否认其间有任何道义上和法律上的联系，但是德国向战胜国支付赔偿所用的资金，是由美国私人投资者提供的，而其大部分又转付给美国政府，作为这些年里议定的战争债务解决办法中的一部分。如果承认这样的偿付方法是可取的，那么，就推测出来的欧洲经济情况来说，这些解决办法是很慷慨的——这种看法在美国比在欧洲更为强烈。在远东，1922年的华盛顿公约暂时解决了海军力量的比例问题，对于乐观的人们来说，这个条约似乎恰当地应付了当时由于俄国势力的消失，英法势力的衰落，中国的长期内战，以及在此情况下给经济上正在扩张但仍觉窘迫的日本带来的诱惑而造成的那种局面，甚至当这种安排是否可靠越来越受到怀疑的时候，1928年的凯洛格公约——除苏联之外所有大国均在该公约中表示放弃"以战争……作为实行国家政策的手段"——对于相信法律条文的人来说，似乎意味着重演1914—1918年那种蠢事的威胁已不复存在。这个公约也使人们对军备协定方面的争论更难理解，更容易用银行家和军火制造商的赤裸裸的利益加以解释。失败了的民主党人自己也放弃了国际联盟的事业。而且，意味深长的是，尽管直至第二次世界大战爆发之前，历届总统都支持美国加入国际法庭，但所有这方面的努力都在参议院遭到了挫败。

好运气也以不吉利的方式光临共和党人，因为哈定总统在1923年去世，解除了他们一个致命的负担，否则，他们在1924年便可能没有胜利的希望。哈定即使不像死后对他的批评那样，完全不适合于做总统，而且他在慢慢学会当总统，但他没有真正的行政或立法经验；而且，即使他并不像他的贪污腐化的朋友们所暗示的那样，完全受他们愚弄，但他确实对他的司法部长哈里·多尔蒂那样的小城镇贪污分子和内政部长福尔那样的铤而走险的人过于宽容。不久以后，关于贪污的传言，后来是关于贪污的确切消息，开始传播开了。这些传言说的是大规模的贪污，司法部长和内政部长唆使下进行的贪污，以及涉及较低的联邦官员的贪污。在这场风暴爆发之前哈定就死了。参议院调查到的丑闻牵连到联邦油田的转让，牵连到司法部的工作，牵连到退伍军人管理局。证据是大量的而且是无可置疑的。自从格兰特时期以来，还没有这样的掠夺公共财产的事情。新总统虽踌躇不定，但做了让步。内阁三个成员辞职，后来有一个被监禁。新政府清理了内部，把弊病连同哈定的尸骨一同埋葬了。

新总统卡尔文·柯立芝是另一种类型的人，和硬塞给美国人民的那位嗜酒的演说家和小城镇的编辑大不相同。他是一个禁酒的新英格兰律师，曾任北安普敦市长和马萨诸塞州州长，有行政经验；他还有搞政党活动的经历，但他并没有上哈里·多尔蒂或艾伯特·福尔等政客的当，或者成为他们的同谋者。在一个不断丧失准则的时代，他以新英格兰人的那种节俭、谨慎和缄默，给白宫带来一种令人放心的气氛。共和党人迅速发现他们的新总统是一位可贵的人物，便利用所有的宣传手段来树立他的威信。

在民主党内，城市和农村、老派和新派之间长期存在的斗争达到了惹人注目和不顾死活的程度。争夺1924年的提名的两个主要的候选人是威尔逊的财政部长（和女婿）威廉·吉布斯·麦卡杜和大得人望而连任纽约州长的艾尔弗雷德·伊曼纽尔·史密斯。一个是该党农村的、福音派新教会的和"禁酒"各派的候选人，为威廉·詹宁斯·布赖恩所支持；另一个则是爱尔兰裔的天主教徒、"坦慕尼厅"①的成员、反禁酒者，一眼就能看出是"纽约街头"的产儿。双方的党徒破坏了民主党的大会和胜利的希望。几乎在绝望中提出的候选人是一位杰出的公司律师约翰·威廉·戴维斯。他以反对贪污的问题作为竞选纲领。在繁荣年代贪污这个问题不是很有力的竞选纲领，不仅如此，国内一大部分激进的不满者，都转而支持"进步党"的候选人，闻名的激进派参议员罗伯特·马里恩·拉福莱特。在这样的情况下，共和党人的胜利便是必然的了。

柯立芝同沃波尔一样，是个不愿招惹是非的人。商业繁荣继续着，商务部长赫伯特·胡佛既鼓励国内企业的合理化、技术工作和商业业务的标准化，又鼓励美国企业向国外寻找越来越多的市场。但也有美中不足之处。新英格兰的各纺织业城市越来越沉重地遭到南方竞争的打击。许多煤田面临着那些或者较新，或者因为工会势力不大或没有工会而较易管理的煤田的致命竞争。扩大有组织的劳工队伍，在战时曾认为大有希望，但此时看来，这种希望是没有根据的。工会只能勉强维持现状。在某些地区甚至连现状也无法维持。曾聚集在拉福莱特周围的激进派力量已瓦解并丧失了斗志。狂热的共产主义者积极地煽动罢工，建立对立的工会，从事各种类型的宣传鼓动，但在柯立芝的美国这样一个国家中有什么用呢？

---

① 坦慕尼厅（Tammany Hall）是民主党在纽约有实力的组织坦慕尼协会总部所在地，一般也作为该协会的俗称。——译者

第十八章 美利坚合众国

当1928年总统竞选运动已经接近的时候，观察家们怀疑的仅有一个问题：柯立芝总统是否将参加竞选？他在一个含糊其词的声明中表示将不参加竞选，这就注定了两个候选人将是企业家在政治上成功的化身赫伯特·胡佛和正在连任第四届纽约州州长的艾尔·史密斯。他们果然被正式提名了，而这次竞选比表面上看起来具有更大的意义。因为提名一位天主教徒，使隐藏在三K党背后的力量公开出头露面。在近代的任何竞选运动中，都没有像这次竞选运动那样，口头诬蔑起了很大的作用。除了在一点上有重要的不同之处，在近代的任何竞选运动，也都没有像这次竞选运动那样，两个候选人的竞选纲领如此接近。每一个人都要求授权给他继续照常进行美国正在进行的事业。唯一不同的是，史密斯州长对联邦政府至少在形式上推行禁酒的那种热情怀有敌意，而在胡佛部长看来，禁酒则是"伟大的社会和经济的实验"，动机高尚而意义深远。

结果如何，仍然是没有疑问的。繁荣太广泛了，对财富和一般福利更迅速增长的"美妙希望"太普遍了，以至一个反对派候选人，即使不是天主教徒，不是坦慕尼协会的成员，不是纽约人，也不可能击败干得这么出色的党。表面上看起来，民主党干得比以往更糟糕，甚至连坚定的南方的5个州也丢掉了。但某些观察家注意到，史密斯比以前的任何民主党人得的选票都多，他赢得了马萨诸塞州和罗得岛州，并在各大城市显示了民主党候选人在30多年的时间里还没有显示过的力量。然而企业界的候选人当选了，并且准备将企业文明引向新的高度。不到6个月肥皂泡就破灭了。初期的"恐慌"可能同纽约股票交易所股票价格暴跌时的恐慌一样严重。这种恐慌也有明显的政治后果。但1929年的"萧条"以这种或那种形式一直延续到1940年，虽然严重程度逐渐减弱，其影响则比早期的恐慌具有更大的革命性质。它给美国的政治和经济生活造成的变化，同内战造成的变化一样重要，而且比美国参与第一次世界大战，甚至可能比美国参与第二次世界大战造成的变化更为重要。

首先，它促进了美国政府职权方面和州与联邦之间的关系方面无疑总会出现的演变。孤立主义已采取了更多的形式，而不只是从欧洲脱身。孤立主义建立在这样的信念上，即在美国国内以及国外都存在着威胁美国方式的危险，存在着国家为劳工的利益而进行干预的危险，存在着实行初步的国家社会主义的危险，存在着根据某些社会正义的思想，而利用征税的权力重新分配收入的危险。由各大公司组成和控制的一些工会，竟被其发起人加之以"美国图样"的称号，这并非是偶然的或无意义的。正是这些力量，即导致从政治上支持禁酒，支持限制移民，导致制定反对"激进主义"的一些法令的力量，在发挥着作用，使美国不致受欧洲榜样的传染。但从更长远的角度来看，在老罗斯福和塔夫脱总统任职期间和威尔逊总统第一届任期内起作用的那些社会力量和政治力量，只不过一时受到抑制，并未被制止。这些力量之所以受到抑制是因为共和党人和他们的企业界的同盟者振振有词地声称他们是美国人民天然的、仁慈的和成功的领袖。柯立芝曾无意中说道："美国的事业就是企业。"如果不管他当时说话时上下文的内容，这句话倒真是代表了大多数美国人的思想。企业领导人声称他们制造了巨大的经济机器，也懂得如何越来越熟练地加以操纵；但以1929年至1933年，人们发现，对于这个巨大经济机器，企业领导人并不了解，也无法控制。

　　这次萧条的必然结果是削弱了，然后是丧失了对企业主阶级作为领导阶级的信任。即使萧条仅仅是清除了投机事业，那么，单就这一点来说，萧条也够严重，够让人丧失信心的了。成百万的人受到怂恿从事投机买卖，购买德国债券，拉丁美洲债券，购买许许多多大量兜售的美国债券，而这些投资如同在赛马会上赌输了的赌注一样，证明是没有永久的价值的。而且这些债券的大多数并不是由一些无信用的中间商销售的（虽然中间商是足够多的），而是由大银行和大银行家销售的。即使没有更多的投机买卖，信用结构已经是投资过多了。在经济崩溃以前的几年，长期的农业萧条不仅使地方银行难以撑持，成千成千家地倒闭，而且使保险公司、贷款公司、农场抵押的受押人也难以撑持。铁路的状况也不好，即使在经营良好的时候（当然不是全都如此），也受到汽车，不论是小汽车还是卡车的剧烈竞争。由于压力持续下去，由于银行坚持收回贷款，由于经纪行坚持要支付保证金，由于金钱在"保险的"银行和"保险的"债券中丧失，谨慎而稳当的市民们发现自己简直像赌徒一样处境糟糕。而且，当一个丑闻接着一个丑闻被揭露，当人们得知税收法如何使有钱而又主意多的人轻易地而又合法地逃避缴纳所得税，当人们得知市场是如何被人所操纵,当英萨尔公用事业"帝国"或丑闻虽较少但同样不能偿付债务的范斯威林根铁路"帝国"这样一些用纸牌垒成的骗人的金字塔倒塌的时候,不满和不信任便发展成为恐惧和愤怒。美国人民,或者说,他们之中的千百万人,被他们的天然领袖出卖了,因此,他们转向另外一些领袖。

如果说这种丧失信任的情况一定会最明显地表现在群众对新总统的态度的改变上,这也不见得是公平之论。赫伯特·胡佛精明、正直、勤勉,具有特殊能力,这些声誉并非虚传。但他不仅要对付一场世界危机,还要对付一场国内危机,而他的党——假如不是他自己——因其关税政策,因其盲目相信大企业的明智和可靠,因其幻想可以无视外部世界,对这场国内危机是要负一部分责任的。这样,共和党对美国支付平衡危机的唯一回答,就是在1930年的斯穆特—霍利法案中进一步提高关税。这是一项极不合时宜的立法。许多人虽然相信提出这个法案的两个国会议员并不知道他们这样做意味着什么,但他们不能相信总统——曾那样努力促进对外贸易的强有力的前商务部长——竟然也会不知道这一点。美国积极协助清理战争债务、赔款和在繁荣时期纠缠不清的金融往来的烂摊子,是否一定能够拯救欧洲使之免于最后崩溃,那是谁也不知道的。但总统除提出暂时延缓偿付之外,也别无他策。国会和舆论不允许他再干更多的事情。即使美国的麻烦在一定程度上确实是来自欧洲,美国人民十多年来已被告诫,不要理会外部世界制造危害的力量。现在责难欧洲已为时太晚,代之受到责难的是政府。

政府因许多事情受到责难,对其中某些事情它是没有责任的。很难相信竟会有任何政府敢于严格限制为投机性的金融活动提供货币,从而使繁荣告终,因为大多数美国人希望这个繁荣继续下去,并会把繁荣的结束归罪于政治家,而不归罪于银行家和企业家。胡佛政府起初认为市场的萧条仅仅就是市场的萧条,是清除投机家的一种健康的动荡,因而它过分地相信了保证,过分地相信了那些打包票的话,过分地相信了那些认为迅速恢复"就在眼前"的预言。在1930年曾有短时期的恢复,即短时期的小繁荣,那年的国会选举也不像料想的那样令人担心。共和党人刚好失掉了众议院,而刚好赢得了参议院。

遭受一连串的失败是胡佛任总统的后半期的事。之所以遭到这些失败是因为，当萧条继续下去并愈益严重的时候，究竟怎么办的问题，就成为政治上的主要课题，一个使各地区、政党、阶级产生分歧的课题。在十年预算盈余之后出现了一连串的赤字。应该如何弥补这些赤字呢？提高所得税，堵塞各项税收法出现的漏洞，抑或部分地征收销售税？由于民主党人和一部分起来反抗的共和党人反对，销售税在众议院遭到否决。许多铁路已破产，许多银行濒于破产，许多银行灾难性地倒闭，地方信贷枯竭，联邦政府除了为信贷机构提供担保外，别无他法。这种担保的一个办法就是成立复兴金融公司。但是，在国会中持反对意见的议员们看来，这个新公司所依据的正是曾经使国家遭难的那一套理论。这是一种从上到下一层层克扣财富和福利的理论。他们要求对失业者的救济由联邦政府提供，要求向破产的市政机构和税源正在枯竭的各州提供援助。贫穷并不分州界，大多数穷人居住在一些最穷的州。直到1932年，胡佛政府为对付"抢劫国库"而设立的屏障才开始拆除。人们气愤地注意到，这些屏障是直到萧条最后影响到有产阶级的时候才拆除的。因为削减了工资并解雇了工人的大公司还保持着红利，而这些红利不是挣来的，并且得到它也不一定非花掉不可。免税征券（连续几届财政部长都曾试图加以取消）的持有者仍提取利息。而所有公用事业却都被削减了——图书馆、学校、公路甚至监狱都受到猛烈缩减经济开支的浪潮的打击，而许多"负责任的"人则认为这乃是治疗经济病的猛烈药方。

但并不是所有的选民和政治家都是"负责任的"。有一些人听信了约翰·梅纳德·凯恩斯的异端理论；其他人则重新采用通货膨胀这个老的万应灵药；退伍军人，或者说，他们中的大多数，现在要求得到退伍津贴，成千成千的退伍军人一下子拥到华盛顿；"争取退伍津贴大军"像1894年的科克西大军①一样。最后这些退伍军人被军队使用毒气弹赶出营地。这同克利夫兰在1894年使用军队破坏普尔曼罢工②并无二致。但赞成它的人却寥寥无几，成为政府在大选年不得不背上的许多包袱之一。

不管共产主义者、社会主义者、各种类型的激进派如何活动，选

---

① 1893年经济恐慌后，由采石场场主科克西领导的失业工人向华盛顿进军，支持创造工作条件的立法，称为科克西大军。——译者

② 1894年美国全国性铁路工人罢工。——译者

民们还是转向通常的反对党。民主党提名的人一定会当选,问题只不过在于他是谁而已。候选人显然将是富兰克林·德拉诺·罗斯福。罗斯福1928年当选为纽约州州长,当时他的上司艾尔·史密斯却没有获得自己的州的支持。1930年,罗斯福又以该州历史上最大的多数再次当选州长。他是最"有希望当选的"总统候选人。因此尽管有人激烈反对,他仍获得提名,并打破一切惯例,立刻飞至大会当场接受提名。这个不顾常规的举动给人们一个良好的印象,证明这位候选人患的小儿麻痹症并没有使他丧失精力。民主党的竞选纲领,尤其是它做出的削减联邦开支和支持取消禁酒令这两项诺言,把数以百万计的选民从共和党那里争取了过来;因为,共和党错误地认为公众仍坚持总统称之为"高尚的试验"的那些事情,而对这些事情的前途,采取了模棱两可的态度,从而又给自己的沉重负担增加了另一块重石。罗斯福在42个州获胜,包括除宾夕法尼亚之外所有的大州。民主党在国会两院和所有各州的行政和立法机构中大获全胜。罗斯福虽得到委托可以大显身手,但当时在选举和新总统就职之间还有4个月的间隔。胡佛总统固执地坚持他的政策,特别是坚持旨在保持美元的金本位的措施。当选总统也同样坚定地拒绝支持已经威信扫地的政府和政党所奉行的政策。世界形势也每况愈下。希特勒在德国掌了权;在佛罗里达,罗斯福险被刺客暗杀。早就许了愿的商业复兴一再迟迟未能出现,共和党人说,这是因为人们不清楚新政府的政策而丧失了信心,但是这种信心至少在一年之前就丧失了。

  如果有什么危机可以同新政府必须应付的危机相提并论的话,那就是林肯在1861年3月和4月所面临的危机。3年不断加深的经济困难,已经使许多一度曾经是资产雄厚而且信誉卓著的机构的基础遭到削弱。有偿付能力的政府机关、城市、县、州已所剩无几。旨在为农村社会服务的社会机构,帮助人们解决经济上的一般灾难或个人不幸的慈善机构已不得不面临日益严重的拮据局面。在这种拮据的局面下,这些机构正在倒闭,不可收拾的大难,眼看就要压顶而来。促进安定和秩序的社会习俗已经遭到败坏。对那些担惊害怕的人来说,华盛顿的"争取退伍津贴进军队伍"只不过是暴风雨的前兆而已。如果满腔怒火的退伍军人、铤而走险的失业者一旦蜂拥而至,那些往往已经破产、警察力量已经减少、周围尽是愤愤不平的市民的地方当局，又能够有什么办法呢？在这种情况下，"美国精神"这个传统口号，自助、节俭、坚持独立自主这些传统的格言还有什么意义呢？的确，使人惊讶的不是这些观念正在消失，而是它们竟然坚持了这么久。新政府所面临的就是这年冬季的这种不满情绪，而由于银行系统的崩溃，形势变得更加引人注目，显然也就需要采取引人注目的解决办法。不管是农村的小银行，还是城市的大银行，倒闭的越来越多。到这时，银行和信贷机器正在陷于停顿。越来越多的银行宣布休假。到了新总统宣誓就职的前夕，47个州的银行已经关闭。新总统首先做的事情之一就是由总统宣布关闭美国的所有银行。国会急忙批准了这个行动，没有联邦政府允许，任何银行不得重新开业。联邦储备银行首先重新开业，然后是没有破产的私人银行。这次危机的第一次冲击应付过去了。

不记住新政府所面临的这场危机的性质就不可能理解"新政"。罗斯福在其就职演说中曾说道："除了惧怕本身，什么也不必惧怕。"但构成信任的原有基础，即对于办事的正常方法的信赖，对企业家作为政府机器的天然监护者的信赖，所有这些信任的支柱都已消失。它们不得不由新的信任所代替，即相信新的办事方法，相信新政府的力量和胆略。人们充分地和毫不苛求地提供了这种信任，如果苛求几乎就意味着背叛。富兰克林·德拉诺·罗斯福开始执政时比其他任何总统——也许杰克逊、格兰特和胡佛除外——都享有国人，尤其是（但又不限于）选举他的人的更大信任。

后来人们称"新政"的最初几个月为"一百天"。但它不是导致滑铁卢的一百天，而是导致美国人民自1930年以来未曾感受过的那种希望和力量的一百天。再者，事后不久人们回想起来，似乎这个时期完全决定于新总统的领导；是的，它是决定于总统，但不是完全决定于他。他是由西部和南部的联盟提名的。这个联盟也就是1912年提名威尔逊并于1916年再次选他的那个联盟。这个联盟所追求的仍然是老一套的补救办法，首先是利用白银或发行纸币来实行通货膨胀。因此，新政府所以被迫实行这项金融政策，在某种程度上是因为它知道主张通货膨胀的势力是强大的，它知道"坚实的银行活动"对很多人——在1933年也许是对大多数美国人——来说，意味着一套巧取豪夺的方法。因此，紊乱的银行系统仍然没有合理地加以调整，因为虽然数千家银行一直没有重新开业，但地方的银行系统依然原封未动。一项大的变动是推行对存款的联邦担保制度（那时最高5000美元）。这个措施使正统派大吃一惊，但要恢复对银行的信任和恢复信贷结构，这个措施就是必不可少的。同样，必须使吃了苦头的农场主们得到某些实惠。共和党人曾企图用"周转基金"即各种销售计划来防止出现使农村信用结构濒于崩溃并可能酿成像扎克雷起义①那样结局的大动荡，现在这些做法都被抛在一边。农场主可不生产过多的农作物，以避免使价钱降到破产线以下，这样就会得到补偿，为此而成立了农业调整署（A.A.A.）。在工业领域，为了制止可诅咒的"你死我活的竞争"继续为害，也做出了相应的努力。这个努力体现为第一批新政措施中争议最多的试验——国家复兴署（N.R.A.）。国家复兴署在其草率拟订的一份章程中拼凑了一堆互不相干的救世药方。像这个时候通过的其他一些法案一样，这个章程在某种程度上是为了防止更激进的措施，如建议推行30小时工作周的办法来扩大就业的布莱克—康纳里法案等。原来国家复兴署应当提供公共工程（即继续执行胡佛政府实行的一项办法），其任务也包括救济农业。但到法令通过时，这两个活动领域已经属于其他机构的职权范围了。使国家复兴署出了名的"公平竞争法规"，本来也只是为那些组织良好的大工业拟定的。但是各种类型的企业都坚持要得到避免"不公平竞争"的保证。劳工也要求得到一份好处，即工资得到保证、工时受到限制、力量薄弱的工会得到承认。甚至连消费者也要求得到利益，受到保护。国家复兴署是在休·约翰逊将军领导下像发行"胜利公债"那样大肆宣传而成立起来的。其标志"蓝鹰"曾为大小企业所炫耀。而且由于国家复兴署的一个目的是提高物价，因此人们为了防备预料中的涨价而抢购商品，致使物价长时期螺旋下降的情况开始向相反的方向发展。

这种因怕涨价而采购的现象，不过几个月就结束了；不仅如此，并非所有的公司都活跃起来了，最明显的如亨利·福特的那家直到最近还被奉为神圣的大公司便是这样。许多曾兴高采烈地炫耀"蓝鹰"的小企业，现在开始后悔了。逃避国家复兴署所规定的义务的现象越

---

① 1358年法国北部的大规模农民起义。——译者

来越普遍，该署仓促制定的法规越来越难于实行。劳动者也发现就业并没有明显的增加，即使在有些地方增加了，但也没有明显的证据说明这应归功于国家复兴署的规章。在该法案和该规章中规定的给工会的保护，到头来也成为泡影。到了最高法院在审理1935年的"谢克特家禽公司与美国双方争讼案"中一致宣布原法案不再有效时，国家复兴署已经奄奄一息了。对该机构的告终，除总统外谁也不感到惋惜，就连总统公开表示的惋惜也许并非出自真心。

在其他方面，新政府也置前届政府的政策于不顾。共和党曾愤愤地指责新政府要破坏币制，而新政府真的立刻就干出来了。美国取消了金本位制，新总统拒绝讨论稳定币值的问题，从而给伦敦经济会议"投了一颗炸弹"；这个决定给仍然实行金本位制的国家——特别是法国——造成了更严重的压力，同时等于是既对欧洲进口货筑起了关税壁垒，又对美国出口货提供了补助。如果说这个新的货币政策使正统派吃惊的话，它却使那个人数多得多的债权人集团高兴，因为1929年以来他们的实际债务在不断增加（参阅第三章）。新政府的对外经济政策，实际上它在这一时期的整个对外政策，就是后来人们所谓的"孤立主义"。新任国务卿科德尔·赫尔是个热情的威尔逊信徒，主张实行低关税和国际合作。但是这时总统还听不进他的话。

当日本不顾胡佛总统的国务卿亨利·史汀生的激烈抗议而把中国在满洲最后剩下的一点主权也践踏无遗的时候，英国外交大臣约翰·西蒙爵士对这个抗议连口头上都没有表示任何热情支持，这使美国人看到，想靠一纸空文来阻挡侵略是多么不中用。1934年的约翰逊法案禁止向那些拖欠美国战争借款的国家提供任何信用贷款，就反映了人民的这种情绪。在一些不明是非的人看来，以参议员奈为首的参议院特别委员会似乎证明了战争的主要起因之一是银行家和军火制造商，即"死亡商人"的自私自利。一系列的"中立法案"禁止军火贸易和增加对参战国的信贷。政府尽力抵制对行政权限的限制，但它不得不接受如后来所说的旨在"使美国置身于1914年的战争之外"的立法。

在拉丁美洲事务方面，从共和党人那里继承下来一项较为积极的政策。使威尔逊已经焦头烂额的那些问题，由于在墨西哥发生了一连串的革命而更加复杂了。对于没收美国人财产的回答是强烈要求予以赔偿,必要时将使用武力来索取。同墨西哥的最紧张的局面是由柯立芝任命的大使德怀特·莫罗设法消除的,虽然正式解决美国的要求直到1942年才最后完成。对加勒比地区各共和国的干涉结束了(海地除外),并于1921年付给哥伦比亚2500万美元作为对没有特别指明的损失的补偿,其实这些损失就是指在巴拿马"革命"时期由于美国的政策而造成的损失。罗斯福政府继续执行"睦邻"政策。在一次古巴革命之后,罗斯福政府同意废除1901年的普拉特修正案,这个修正案曾批准美国进行干预以保持这个新取得自由的共和国的秩序。从海地撤出了军队,赫尔国务卿还利用泛美会议来发展"西半球团结"的政策。在菲律宾,威尔逊的自治政策曾在很大程度上被哈定政府所完全改变,罗斯福政府则促使实现完全的独立(由于美国有一批人敌视菲律宾产品在美国关税壁垒内竞争,并向政府施加压力,因此推行这一方针就比较容易些)。菲律宾自治共和国建立了,并于1946年取得完全独立。

除银行家之外,公众所厌恶的就是大电力公司。为利用第一次世界大战时联邦政府在田纳西河岸的马瑟肖尔斯地方修筑的工程设施来发电,在国会很容易地就通过了一项曾被前几届共和党总统以简单方式否决了的议案。但田纳西流域管理局除改良航运,和在名义上兼营副业而生产电力之外,还经营其他业务。整个田纳西流域都将由一个政府经营的公司来加以复兴。这个公司不受政治干扰,承担着在一个一般的资本主义开发动机尚未发生影响的极为落后的地区促进社会福利的广泛使命。尽管在法庭上受到攻击而且由于内部斗争而遭到挫折,田纳西流域管理局仍然保持下来并得到了发展,成为政府夸示于人的杰作之一。

还创立了其他新的联邦组织,如用来控制股票市场的证券与汇票委员会。州际贸易委员会的权力和复兴金融公司的职能扩大了。为失业保险制度奠定了基础,这项保险制度由各州管理,但大部分由联邦政府提供资金。"补助金"制度虽非新设,但现在大大扩大了。儿童、寡妇、失业者、盲人都得到了好处。往往是无能和破产的地方机构得到了联邦政府的支持。削减联邦开支的诺言,曾在新政府最初几个月导致薪金和退伍军人津贴的实际减少,现在这些诺言已被政府忘记，但它的敌人却记着。这些敌人有创立"自由同盟"的那些人，包括像艾尔·史密斯这样的著名的民主党人。然而，潮流只对一方有利。在1934年的中期选举中，政府取得了前所未有的巨大胜利。它在两院中都增强了自己的多数地位。共和党在1936年获胜的希望已经渺茫。即使最高法院不仅判决撤销了无人惋惜的国家复兴署，而且还判决撤销农业调整署和其他社会立法，这也没有使共和党的前途光明些。最高法院中多数人的保守主义，早已成为那些想利用州或联邦的权力来减少经济不平等并缓和竞争的残酷性的人们义愤填膺的根源。最高法院似乎要坚决阻止各州或联邦在欧洲各国政府早就有权立法的那些领域内通过立法。

共和党1936年的提名是不值得去争的。提名落在了安全度过大风大浪的少数几个共和党政治家之一的堪萨斯州州长艾尔弗雷德·兰登身上。兰登是1912年的老进步党人，在地方上政绩斐然，但却是拙劣的演说家，运气也不佳。由于在1934年可怕的干旱之后跟着又来了1936年同样严重的干旱，农场主们没有心思听他那些关于政府的铺张浪费和各州的权力的喋喋不休的说教。压倒多数的新闻界、企业界领袖和稳重的、保守的舆论，都是反对罗斯福总统的，但当选举结果揭晓时，他却在除缅因和弗蒙特之外的所有各州获胜，所得公民选票的百分比仅次于哈定在1920年所得到的。共和党人在国会中的席位进一步减少，以致他们发现连在各委员会安排他们的名额都发生困难了。

美国人民比在1932年时更明确地将改革这个共和国的使命交给了富兰克林·德拉诺·罗斯福。他将如何解释这个使命呢？1937年2月4日，国会民主党领袖们得到了回答："法院改革法案"摆到了他们眼前。这个法案声称要对联邦法院系统实行普遍改革，其中许多改革是早该实行的。这个法案的要点规定，总统可以任命最多不超过6人的最高法院法官，以代替年满70岁或超过70岁，工作已满10年而未退休的法官。换句话说，就像他的敌人所说的，这个法案是要"往最高法院里安插亲信。"为通过这个法案进行了激烈的斗争。共和党人聪明地让那些民主党中的反对分子去进行斗争。结果表明，即使在1936年选举以后，美国人民对一些机构不管进行如何严厉的批评，但对它们却仍然是珍惜的。

法院受到威胁的时候,也正是"静坐罢工"浪潮引起温和的舆论界注意的时候。这次罢工浪潮标志着在大工业中建立有效力的工会的巨大努力。它是由美国劳工联合会建立的以矿工领袖约翰·刘易斯为首的产业工会委员会领导进行的。到处都是关于将发生革命和动乱的威胁和谣言。同新政府一起进入华盛顿的,不仅有通常那些拼命想捞取官职的人,还有成千上万迫切希望参与拯救美国社会的热情的青年男女。另外还出现了一些想按马克思主义路线参与改造整个美国社会的人。他们虽不宣扬自己的存在,但人们怀疑在华盛顿、底特律和匹兹堡都有他们存在。不管人们如何怀疑其领导,大罢工终归取得了胜利。1919年曾成功地抵制过成立工会的美国钢铁公司,这次则同新成立的钢铁工会妥协了。其他钢铁公司和各汽车公司也都一个接一个地承认了工会。唯独顽固的利己主义者亨利·福特坚不退让。但是,在他让步之前很久,最高法院就批准了1935年通过的"瓦格纳法"生效,从而改变了它的立场,也改变了工会的地位,因为该法案使联邦法律和政府有权力去支持工会。瓦格纳法是否符合宪法曾引起争议,但以一票的多数得到确认。这对有组织的劳工来说是一个胜利,这个胜利抵消了由于美国劳工联合会开除产业工会委员会和支持它的各个工会而造成的分裂。"产业工会委员会"变为"产业工会联合会",其简称仍为C.I.O.,保持了这3个当时具有魅力的字母。

上述决定和与此相类似的一些决定,对在法院问题上进行的斗争也产生了同样重要的影响。如果法院不再是社会立法的障碍,那么,支持"法院改革计划"的许多势力也就会消失。随着每一个得人心的决定的做出,这种势力也确实在消失。法院改革法案被否决了,政府在取得辉煌胜利的6个月之内遭到了失败。但也可以说不是遭到失败。因为按照新的养老金规定,最高法院的法官开始退休,在罗斯福结束总统任期之前,他已亲自任命了全部法官,只有一个例外,那就是哈伦·斯通,而他把斯通提升为首席法官了。法院不再是联邦立法的障碍了,原来为推行"新政"而提出的大多数立法,除那个不幸的"公平竞争法规"外又都重新生效。童工、最低工资、工作时数,这时都成了联邦立法的课题。在联邦同州的关系方面的一个无声的革命完成了。

然而,虽说"新政"在法院里取得了胜利,它却并非在所有方面都取得了胜利。灾难性的失业曾是共和党倒台的主要原因之一。虽然由于新政府或由于时间的流逝失业者的人数已经减少，数百万人仍旧依靠赈济或依靠州或联邦的救济而生活。在实行"新政"的最初几年，建立了各式各样的临时性机构来提供工作。其中之一"民间自然资源保护队"把失业青年送进由军队管理但不算军事编制的劳动营，供给伙食，发给工资并辅助他们就业。"民间自然资源保护队"很快成为唯一没有什么人反对的"新政"试验。对年龄较大的失业者采取两种方式给予救济。后来被称作"工程发展署"的机构，向他们提供了临时性的工作，有的工作真正有用，有的并没有什么用处。并且人们怀疑，工程发展署署长哈里·霍普金斯把物力和财力一方面用在了对失业者有利的事情上，一方面也用在可能在政治上带来好处的事情上。另一个开销庞大的机构是由机警而暴躁的内政部长哈罗德·伊克斯领导的"公共工程署"，它是按照完全不同的方式管理的，它负责兴建的工程都是长期而真正有价值的。开销如此浩大而在政治上或财政上的流言蜚语却很少，这在美国历史上还是从来没有过的。

然而，失业依然存在。政府开支的减少带来一次"衰退"，因而在1938年国会选举中，虽然民主党仍然保持异乎寻常的多数，但1936年奄奄一息的共和党却表现得充满活力和斗志。在新的国会中，总统已不再能够发号施令，而不得不采取诱导、说服和恳求的办法。

这时，总统的思想越来越转向国外。最初几年执行的在经济上政治上的孤立主义已被放弃。国务卿通过互惠贸易协定体制来打破高高的关税壁垒的努力，得到了其上司的支持。随着国际联盟面临意大利侵略阿比西尼亚问题而陷于瓦解，随着希特勒占领莱茵兰，随着西班牙内战预示着更大规模战争的来临，总统开始试探美国的舆论。1937年10月，他在芝加哥的一次演讲中，主张在经济上孤立侵略者（参看后文710页），但舆论界拒绝听从他的主张。慕尼黑事件虽震动了舆论界，但仍未使之改变，以致总统关于修改中立法的一切努力都告失败。但当第二次世界大战更加临近的时候，美国的政治面貌改变了。原来仅仅是一些担心主将不出马便会输掉下届选举的政客们作为一种策略的办法，这时却成为更严肃的现实可能了。一些对革新并不喜欢，对选举也不一定非操心不可的人，开始为美国的命运担忧，也开始越来越公开地谈论起一种没有先例的解决内外问题的办法,即让总统连任三届。

随着战争的来临,这种谈论日益甚嚣尘上。1939年11月,总统强行通过对中立法的修正,允许参战国在"现购自运"的基础上购买战争物资。这在1939年意味着英国和法国可以买到他们能够付得起款并能够用自己的船只运走的战争物资。这项法律的修改是对德国不利的。德国在1940年春天和夏天的巨大胜利使罗斯福重新提名成为定局。为军备开支匆忙通过了巨额拨款;两个著名的共和党人被引进内阁,担任陆军部长和海军部长;总统开始考虑如何尽最大力量帮助当时孤立无援、很快就要受到围困的英国。

争取得到提名的一些主要的共和党候选人使自己陷入不幸的地位,因为他们在希特勒使人们对同盟国取得即使缓慢但必然来临的胜利的信念完全破灭之前,就已决定实行严格的中立政策。出乎所有内行人的意料之外,参议员范登堡、参议员塔夫脱和年轻的纽约地方检察官托马斯·杜威都败给了温德尔·威尔基。威尔基也许是美国历史上最出人意料的胜利者。几年之前他还是一个民主党人,仅仅因为他大力为他所领导的各公用事业公司进行辩护,以反对田纳西流域管理局,才为公众所注意。他第一次期望担任的公职,就是以当总统为目标。威尔基开展了出色的竞选运动,要是大战在这次选举之前结束的话,他准会赢得胜利,但是大战在继续进行。英国的立场激起了人们的赞扬和焦急心情。总统通过一系列协定,以驱逐舰、武器、补给品援助英国作为交换,在西半球取得了基地。罗斯福竞选取得胜利。在新的国会中,以一项被恰当地有意编为第"1776"号①议案的形式,拟定了"租借法案"。如果说这是中立的话,那么,它是一种完全新奇的中立。当俄国遭到进攻时,"租借法案"便进而适用于它。但是,德国人仍然迟迟不向美国动手。日本人促使美国断然下定决心,从而政府摆脱了这种越来越困难的处境。日本军方没有得到美国的任何让步,深信美国的支持是中国能够坚持抗战的主要原因,它采取了同1917年德国军方采取的同样决定。1941年12月7日,停泊在瓦胡岛珍珠港的太平洋舰队主力

---

① "1776"为美国独立的年份。——译者

被从空中摧毁。几个小时以后，在马尼拉的空军主力在地面上被摧毁。美国同日本开了战；几天以后，又同支持其盟国日本的德国、意大利进入战争状态。

美国在第二次世界大战中的作用同在第一次世界大战中的作用很不相同。那时，它作为积极的参战国仅有几个月的时间。现在，它从遭到进攻的那天起就参加了战斗，并且经历了一系列在其历史上几乎无可比拟的挫折。科雷吉多尔的失守结束了在菲律宾的抵抗，直到中途岛海战（1942年6月）为止，谁也不敢说日本不会胜利地进攻夏威夷群岛，如果不是进攻美国大陆的话。

美国在这种情况下加入这次战争，就产生了比1917年远为真实得多的团结和力量。战争的规模之大，使美国不得不对经济进行更加严格得多的控制，对人力的需要也远为巨大得多。到战争结束时，武装人员达1200多万，美国成为世界上遥遥领先的最大海军强国和两个最大的陆军强国之一。和第一次大战相比，人们在这次大战中也更严肃地意识到失败的可能性，对意识形态则不那么强调了。罗斯福毕竟不像威尔逊那样是个发表伟大演说的大师，因此无论"四大自由"（1941年1月）还是"大西洋宪章"（1941年8月）都没有威尔逊演说那样的影响。并且，在美国参战之后就以苏俄为盟国，它的统治者是不想让罗斯福像威尔逊在1917—1918年那样在宣传上占上风的。

罗斯福作为一位战时领袖取得了最大的成就。同威尔逊不同，他对战争和防御问题做了深思熟虑。甚至在1939年前，他就在国会允许的范围内增强了海军。他还以巨大的勇气和巧妙的手法使得国会1940年在表面上仍是和平的时候同意征兵，同时以卓越的眼光和决心遴选和支持了他手下的战时领导人。可是参战的第一年对美国人来说仍然是受挫折的一年，民主党在1942年的国会和地方选举中几乎失败，就是这一点的反映。然而潮流已经转变。这次选举刚刚结束，盟军就在北非登陆；太平洋上的瓜达卡纳尔岛终于被攻克；不久，俄国人就在斯大林格勒俘虏了德国一个集团军。

公众舆论这时为美国参加和平谈判做了准备，每个人都渴望避免或忘却1919年的错误。"两党"外交政策是人们鼓吹的，并在某种程度上得到实现。在一系列同盟国的会议上，制定了最高战略，拟定了媾和条件。当 1944 年将要来临的时候，谁将做民主党的候选人已经不成问题了。自 1940 年以来的唯一变化，就是不用副总统亨利·华莱士为竞选伙伴，而起用密苏里州参议员哈里·杜鲁门。共和党提名当时的纽约州州长托马斯·杜威为候选人。到选举来到时，如同在 1918 年那样，胜利虽已在望，但并非已即。罗斯福再次当选，并于 1945 年 2 月同英国首相共赴雅尔塔会见苏联统治者斯大林。希特勒德国已临近末日；墨索里尼的意大利则仅存幽灵。美国海陆军力量的罗网把日本包围得越来越紧，而且美国也许很快就要掌握人类历史上威力最大的毁灭性武器——原子弹。突然，甚至连他的密友们也感到意外，罗斯福竟于 1945 年 4 月 12 日在佐治亚的沃姆斯普林斯逝世，离第三帝国的灭亡只有一个月。

几乎没有哪一个总统比他受到更多的爱戴而又遭到更多的憎恨。在他任总统几个月之后，对他的支持主要来自经济上贫困或不满的人；对于比较富裕的阶级来说，他成为憎恶的对象，比之他所崇拜的安德鲁·杰克逊有过之而无不及。在他执政时期——如果不是完全或者主要由于他的活——美国的整个经济和政治力量对比改变了，可能世界的力量对比也改变了。如果是一个勇气和智谋稍为逊色的领袖，在 1940 年那个危急的年头早就会完全不知所措。通过极广泛地使用记者招待会和无线电，特别是在"炉边谈话"中，他连续而有效地越过国会向人民发出呼吁。几乎没有哪位总统像他这样使他的同事，甚至他的敌手相形见绌。罗斯福的继承人几乎是一位不知名的人，但是落在他身上的是去柏林的废墟上同其他盟国首脑折冲樽俎，是在波茨坦接到原子弹试验成功的消息，并且授权对日本使用这种炸弹。一个新的国际组织联合国已经在旧金山创立（6 月 26 日）。8 月 15 日日本投降。

美国是世界上最强大最富有的国家，而这个世界简直已被它的陆军、海军和空军到处盘踞，世界上的一切地方也以不同形式和在不同程度上同美国经济生活联系在一起，并成为美国财富和恩惠的附庸。但回顾它的空前的成就和力量时，它也并不是一个充满自信和有保证的国家。因为美国能够依靠自己而单独在其中生活的旧世界已经一去不复返了，它之所以一去不复返，是因为在广岛和长崎扔下了原子弹，也因为大战所造成的许多其他事态发展。人们曾像在 1865 年和

1918年那样欢喜若狂,认为"可怕的旅程终于结束了"。但在胜利欢欣之余,却也知道"他们只有在昨天才能享受到的那种甜蜜的睡眠"现在再也得不到了。

(罗凤礼 译)

第 十 九 章
拉 丁 美 洲

　　拉丁美洲各国在19世纪取得的独立，仅仅是政治上的。这20多个新国家在面积、民族和资源方面大不相同，对它们以前的统治者，以及在它们彼此之间都抱有怀疑，但它们都具有一个共同的特点：在很大程度上被国外发生的事件和变动所左右。作为专门生产初级产品的国家，它们必须依赖国外市场销售其商品，依赖国外投资开发其资源。作为革命的产物和往往是政治和财政不稳定的受害者，它们之中许多国家经历了外国的积极干涉。在19世纪，这些干涉国家通常是欧洲国家；除了得克萨斯战争①这段插曲和在内战时期无力他顾而外，美国政府是支持拉丁美洲独立的。它不仅反对欧洲的干涉和影响，而且整个来说，它自己也避免进行干涉。但是，在20世纪，欧美在政治上的作用发生了引人注目的相互易位。欧洲的势力衰落；北美的势力增强；一些主要的拉丁美洲国家开始步履蹒跚地走向真正的独立。两次世界大战和空前严重的世界大萧条有时打断、有时加速了这一进程。

　　1898年，西班牙在同美国进行了短时期的战争后，丧失了大美洲帝国的最后两块土地——古巴和波多黎各。西班牙不再被看成是"帝国主义"国家而为人们所恐惧和痛恨，变成了在感情上受人尊重和爱戴的对象，泛西班牙主义情绪的中心。英国虽然仍是一个殖民大国，在拉丁美洲仍是最大的投资者，工业产品的主要来源和粮食、原料的唯一最大市场，但越来越不愿进行政治干涉。特别是自从德国的海军力量日益增长，使得英国政府不得不追求北美的友谊以来，更加

---

① 即1845年的美墨战争。美国通过这次战争占有了得克萨斯州。——译者

如此。法国尽管在 19 世纪有着长期进行干涉的记录，但这时似乎比西班牙或英国更不愿再在政治上卷入拉丁美洲事务中去。

另一方面，在美国，民族情绪日益高涨，权力感日益增强，这就促使人们要求对门罗主义做出更加咄咄逼人的解释。1897 年委内瑞拉的边界争端给美国的政治家们提供了一个机会，他们大嚷大叫地发表了一些声明。在美洲内部事务中，美国正在发挥坚定的领导作用。第一次泛美会议于 1889 年在华盛顿举行；第二次于 1901 年在墨西哥召开。泛美主义比感情上的泛西班牙主义或建立单纯的拉丁美洲联盟这种含糊的主张，似乎会带来更加切实可靠的利益。

但是，泛美主义以及作为这种主义的基础的，认为整个西半球具有共同的感情和共同的利益这种设想，在某种程度上不过是空中楼阁。大多数拉丁美洲国家同拉丁欧洲的关系，比起同信奉新教的美国的关系来要亲近得多；对许多南美人来说，欧洲实际上比美国，甚或比其他拉丁美洲国家，更容易接近一些。泛美主义在很大程度上是美国政策的产物；长期以来被人们怀疑为美国政治和经济实力的工具，因此在 20 世纪头 30 年几乎是毫无进展。

1900 年，在拉丁美洲国家中，有 4 个国家在实力、财富和政治稳定方面超越其他各国而名列前茅。在疆域和人口均占首位的巴西，1889 年的军事革命推翻了布拉干萨王朝。由此而产生的 1891 年的宪法，创立了联邦共和国，各州享有广泛的自治权，包括征收出口税和招募军队的权力，而联邦当局的权力则较小。政治领导权由巴西中部种植咖啡和经营矿业的圣保罗和米纳斯吉拉斯二州分享。政府不是建立在普选的基础上，也不是建立在政党组织的基础上，而是建立在该两州为保持均势所形成的一项惯例的基础上，从 1894 年到 1930 年，每州各出了 4 任总统。根据这一惯例，总统通常可以同各州州长和国会的多数达成谅解而指定继任人。国会最初协助进行总统选举，后来又对总统选举是否合法做出公断。一般说来，这种制度可以把那些出类拔萃的人提拔到总统位置上去。

巴西的政治惯例，直接反映了当时的经济趋势。该国的繁荣一度依靠食糖和烟草，这时则依靠大量出口咖啡，辅之以亚马孙河流域的野生橡胶和其他林产品。咖啡工业要求建设港口和铁路，为此，就需要资本。总统在访问欧洲时，同路特希尔德财团谈判借款 1000 万英镑，使该国得以度过1899年的财政危机。里约热内卢和桑托斯在20世纪初从肮脏的海滨城镇发展成为漂亮的现代海港。巴西的咖啡经济是靠英国、法国、德国的资本和葡萄牙、意大利、德国的劳力不断流入而建立起来的；而大部分咖啡却销往美国。

牛肉和小麦之于阿根廷，就像咖啡之于巴西。牛肉的大部分输往英国。为了适应英国市场的需要，牛肉的生产要求具备有围圈的牧场、良好的运输安排和精细的加工过程。刺铁丝、铁路和冷冻设备成为阿根廷繁荣的工具，而资本主要是英国的投资者提供的，机器则主要由英国和美国的制造商提供。农村社会还是宗法式的，面积广大的良好土地掌握在寥寥无几的所有者手中。正是这种以拥有优种牲畜而自矜的、经营得有条不紊的土地垄断组织，从英国输入纯种牛，从而发展起质量高、数量多的阿根廷牛肉生产。

开始大规模输出谷物要比输出牛肉晚得多，但到1904年，其价值则甚至超过牛肉。耕种业的发展需要大量劳力，因此，同巴西一样，阿根廷也吸引了主要来自西班牙和意大利的大量移民。这些移民中许多人是季节工（golondrinas），每当收获完毕即返回欧洲；但从1880年至1913年，他们之中有300余万人在阿根廷定居下来。

和巴西一样，政府虽然保持宪政的形式，但在很大程度上却依靠土地垄断寡头各成员和集团之间的协议。按照这种协议，总统不但指定其继任人，而且指定各省的省长、国会议员和大部分的重要官员。但阿根廷和巴西不同，半自治的各省之间的势力不再是平衡的。财富和政治权力越来越集中在布宜诺斯艾利斯周围湿润的草原地区和这个首都本身。阿根廷有一个激进党，它叫嚷着要求自由选举，并且为政治事务一直受到操纵所激怒，有时还发动暴乱。这些事件都局限于首都范围之内，没有一次引起人民大众的多大兴趣，也没有一次引起人们严重的慌乱。总的说来，局势是稳定的。连续数届的保守政府在繁荣不断上升的时候，把国家治理得十分妥善，井井有条；而且看起来也不大会有在选举中，或者由于财政危机，或者被控贪污腐化、铺张浪费而被赶下台的危险。

在所谓南美"A. B. C."① 三大国中居第三位的智利，是面积最

---

① 指阿根廷、巴西、智利。——译者

小、人口最少的一个。其人口的大部分在智利中部美丽而肥沃的河谷地带以耕种为生。和阿根廷一样,少数家族占有大部分耕地,但耕作方法和庄园的经营则是保守的、世袭的,在某种程度上说是没有成效的。因此,智利虽为农业国,但需要进口粮食。社会财富大部分来自科迪耶拉西部的铜矿,而最主要的是来自世界上天然硝石主要产地的北部沿海沙漠地带各省。硝石是由雇用智利工人、但主要是英国、随后是美国资本经营的各公司开采,并输出到世界上种植小麦的地区。因此政治权力和经济现实之间的分裂愈来愈严重。和大多数拉丁美洲国家一样,政治权力掌握在拥有土地的贵族手中,他们操纵着由范围限制得非常狭小的选民所选出的议会。而且由于1891年的内战,结果行政权被严重剥夺,议会竟可经常控制或破坏总统的政策。寡头统治集团不可避免地分裂成许多变换不定的派系。大多数政府是联合政府,大多数内阁则是短命的和不稳定的。与此同时,硝石贸易的稳步发展,促进了商业的和专业的中产阶级以及人数不多的产业工人的成长。硝石的出口税使社会服务和国民教育能够比其他大多数拉丁美洲国家有较快的发展。从长远来说,这些都不可避免地会有力地削弱贵族政府;但是,只要硝石市场保持稳定,这个国家的事情就可以由一个有教养的,而且整个说来非常热心公益的贵族来管理,即使并非卓有成效,至少也是温和稳健、奉公守法。

墨西哥和智利一样,大部分收入也是依靠输出矿产。主要矿产品包括金、银、铅、锌、铜、锑和20世纪发现的石油;第一口油井是于1901年开凿成功的。像智利一样,墨西哥的矿产资源的开采,铁路和港口的修筑,都是利用外国资本,由外国工程人员和管理人员以及本国的工人进行的。但是,绝大多数墨西哥人则在这样一个干旱多山的国家里面积不大的可耕地上以农业为生。土地所有权集中在少数规模很大、自给自足的庄园手中,其集中程度甚至比智利尤甚。墨西哥人不像智利那样属于同一种族;人口的多数是混血种。但是,大庄园主往往是欧洲人的后裔,而多数农业工人不是印第安人,就是主要属于印第安血统的混血儿,许多地主是在外地主。工人被束缚在庄园中,一是由于对他们的祖先曾居住生活过、但现在已不再属于他们的土地有着深厚的感情;二是由于债役制(peonage)。这是一种以实物抵债为基础的农奴制,债役农(peón)处于债务奴隶的地位,按照惯例（如果不是按照法律的话），这种地位通常是代代相传的。这些被剥夺了土地的债役农渴望获得土地，这成为墨西哥社会最显著的特点，后来在20世纪证明是一股强大的爆炸力量。

墨西哥从1876年起一直由一个有效而残暴的专制政权所统治。在波菲里奥·迪亚斯统治的整个期间，虽然保持着联邦宪法的大部分形式，但是他却是通过一个错综复杂的职业网和对他个人的忠诚，有效地统治着他那荒芜而情况千差万别的国家。法官、州长、国会议员都是他的人；"乡警"（rurales），即效率很高但横行霸道的非正规警察，也是一样。他本人是一个混血儿，对他的印第安子民并非没有直觉的恻隐之心；但他既没有打算，也不敢去触犯那些大地主们。在他当权时期，不论是通过购买或巧取豪夺而把村庄公地（ejidos）兼并入私有大庄园（haciendas）的情况，达到了登峰造极的地步。他不会蛊惑人心，也不鼓吹利用军事进行民族主义的扩张。他的正规军，至少是那些士兵，大都是徒有其名。他的对外政策是同美国友好，认真地偿还公认的债务和履行条约义务，并积极地参与各种国际合作计划。第二次泛美会议于1901—1902年在墨西哥召开；1906—1907年，墨西哥与美国合作制订了一项有雄心、有政治见地的在中美洲缔造和平的计划。在国内，迪亚斯首先设法开发墨西哥最能获利的资源和建设引人注目的公共工程，办法是向外国投资者提供最有吸引力的条件。矿场、港口、铁路、工厂、油田在外国的控制下发展起来，毗邻的农场和牧场的土地大都落入外国人——英国人、美国人和德国人——之手。波菲里奥先生使自己闻名于世，使他的国家在国外为人喜爱并受到尊重。在国内，他却让他的人民在自己的国土上变成了异乡人。

这4个大国的经济和政治上的主要特点，在这20多个共和国中的大多数国家里都不同程度地存在着。20世纪初期，拉丁美洲是一块充满希望的土地，像一块磁石吸引着工业比较发达国家的企业、资本和人民的技能。它正在成为一些必不可少的重要商品的主要来源。大多数较大国家的政府治理得有条有理，卓有成效，对投资者抱同情态度。如果从生产、出口和财政收入来看，它正在稳步地繁荣起来。但是，所有拉丁美洲国家在经济上和政治上都存在着危险的弊病，不过当时尚未暴露出来。他们的收入都依赖于一两种商品的输出，或者是食品，或者是工业原料。因此，他们极易受世界市场价格变化的打击。他们往往以重息不断向外国借来公私贷款，而且有时并非为了生产目的，因此差不多都是债台高筑。而欧洲投资者又不怕损失得更多，继续贷款，这就使财政上的挥霍浪费难以制止。大多数拉丁美洲人以农业为生，通常采用原始而浪费的方法。他们并未从外资的大量流入或专门化出口贸易的赢利中得到任何直接而明显的好处。一般说，他们耕种的土地并非己有；如果是佃农或者是分成佃农的话，其租种土地的条件往往是苛刻而没有保障的。因此，他们随时都表示不满。

那些实行宪政的拉丁美洲国家，大多数是根据一些多少带有理论性质的宪法条文来进行统治，而这些条文大都是从美国宪法上照搬过来的，不切合拉丁美洲的历史和环境的实际，也得不到普遍的尊重。在许多国家，"联邦主义"具有极端虚假的性质，便是一个明显的例证。宪法的字句往往并不指明真正的权力属于谁。在一些强有力的集团或私人利益的面前，要靠宪法纠正弊病是根本办不到的，只有革命才能实现真正的行政改革；而"革命"往往只不过意味着超越法律范围举行一次要求改革的示威而已。在大多数拉丁美洲国家的宪法中，为了照顾现实情况而做的让步，主要就是赋予总统以暂时停止宪法"保证"的紧急权力，这正好使他能够阻止这样的"革命"。在许多国家中，宪政只是一层很不牢靠的表面装饰；在一些比较小的国家中，它几乎就不存在。

像在公共事务方面一样，在个人的精神和心理领域内，拉丁美洲人民也表现出依赖那些舶来的并没有完全吸收的思想。天主教是大多数人表面上信奉的宗教；但在许多共和国中，很多印第安人和混血儿都游离于只有一知半解的基督教和已经多半遗忘了当地的异教神灵之间。在这样的人中间，譬如在墨西哥，反基督教的暴动一旦发生，很容易走向极端。即使在欧洲人的后裔中间，除少数明显的例外，拉丁美洲天主教的信条最主要的部分过去是、现在还是外国的教规和外国天主教的思潮。在很长时期内，要维持神父的数目和水平是很难的。不仅如此，作为大土地所有者和政治上的保守势力的教会，为那些在整个拉丁美洲往往是反教权而且有时是反宗教的革新派所厌恶和恐惧；不过还应当指出，革新派中的多数人大大地低估了教会赢得的人们的忠诚，而且他们所鼓吹的那些世俗的理论，从实证主义直到共产主义，其本身也大都是从欧洲输入的。公开承认信仰宗教的人们，很久以来就模糊地对民族主义感到灰心丧气；他们之中有些人对信仰一种其根基在美洲似乎浅薄得令人难堪的教会感到不安，但是又找不到令人满意的代替它的东西。梵蒂冈把拉丁美洲当成一个积极传教的区域，无疑是有道理的；但是不论从欧洲进行何种活动，其本身都不能使拉丁美洲的基督教具有它所缺少的那种乡土特色。

　　许多拉丁美洲国家的首都是蓬蓬勃勃的文化生活中心。对真正的文学，其次对音乐和视觉艺术进行很有见地的鉴赏和评论，很久以来就是受过教育的城市居民的特点。对诗的欣赏，在拉丁美洲的任何地方，从来不乏其人；但离开城市，有文化的人就寥寥无几了。在大多数情况下，文学活动限于少数人，而且模仿欧洲的方式。诚然，像《法昆多》或《马丁·菲耶罗》这样的作品，除了阿根廷，在别处是写不出来的；像《腹地》这样的作品，除了巴西，在别处也是写不出来的；但是，除了这些罕见的天才作品之外，几乎没有人打算去发展一种意味着将印第安人和伊比利亚人的思想方式和表现方式融为一体的独立文化。相反，自由豪放的拉丁传统把他们引到法国，于是法国的文化影响在19世纪末就风靡一时。对于那些不喜欢法国的自由主义和法国的反教权主义的人们来说，最吸引人的替代物就是回到西班牙的传统。

　　总之，1900年的拉丁美洲，无论在文化上、经济上和政治上都依赖外部世界。它的文化生活虽然丰富多彩而且生动活泼，但却缺乏本乡本土的自信，并且是从外国汲取灵感。它的经济和政治生活虽然在其本地区范围内偶尔动荡不安，却从其他地区接受了和平和稳定的因素。不论是国民经济或国家的政治结构，都经受不住全面的灾难。

　　的确，也没有什么明显的理由使人感到灾难临头。从进入本世纪到第一次世界大战爆发这段时间内，欧洲的繁荣继续不断地溢往拉丁美洲。阿根廷的发展特别迅速。引进苜蓿作为饲料作物，从1907年起以冷冻方法代替天然冰，对纯种牛细致地分等论价，所有这些形成了一个在世界上无与伦比的优质牛肉出口贸易。布宜诺斯艾利斯成为南半球最大的城市和在规模上几乎与英国相当的铁路系统的中心。

　　但是，在这个经济迅速发展的时期，有三方面引人注目的重大发展对未来是不祥之兆。这就是阿根廷的和平的然而是激进的宪法改革；墨西哥的极端激烈的社会和政治革命；以及美国在中美和加勒比海诸岛的势力显著增长，而且态度越来越专横。

现代阿根廷的激进党的前身激进公民联盟，是在1892年成立的，20年来从事显然是徒劳的选举改革。后来改革实现了，但并非这些激进党人直接努力的结果，而是激进党人要打倒的那个贵族阶级的一分子——1910年至1913年任总统的一位卓越的律师和非常正直忠诚的政治家罗加·萨恩斯·培尼亚的功绩。萨恩斯·培尼亚显然是纯粹出于信念，在1912年坚持通过了以他的名字命名的选举法，规定男子普遍享有选举权并采取秘密的、强制性的投票。这项革命的立法——在当时的条件下是如此——赋予布宜诺斯艾利斯的大部分是移民的工人以选举权，从而改变了阿根廷政治的整个基础。在一家以可靠和温和著称的日报的赞助下，这项立法允诺逐步扩大政府的自由化。这也在日后暴露出在一个很大程度上不具备民主条件的国家身上突然注入民主而造成的种种危险。其后果首先是1916年伊波利奥·伊里戈延当选为总统，激进党人开始统治这个国家，直到1930年发生革命才告终止。

1910年至1911年的墨西哥革命要激烈而深刻得多。这次革命的近因有：1907年财政上的不景气，1907年和1908年的粮食歉收，野蛮镇压由于以上原因而引起的罢工，以及排外情绪和政治动乱层出不穷。在仅仅几个月之内就把波菲里奥·迪亚斯赶下台并赶出国去的武装起义，是由一位自由主义的理论家弗朗西斯科·马德罗所领导的，采用的却是一般的战斗口号："不得连选连任"；但它很快就产生了另外一大批领袖人物——农民煽动家如萨帕塔等，土匪如潘乔·比利亚等，军事冒险家如谋杀马德罗并继承其位的韦尔塔等。墨西哥遭受了10年几乎是连绵不断的内战之苦，而且由于所有各方都指望从美国获得武器，因而威尔逊总统的政府很快就被拖入这场冲突中去，它向以卡兰萨为首的自封的立宪主义者提供武器，而拒绝向韦尔塔提供武器。不可避免的事件发生了——在坦皮科同美国海军陆战队发生了对抗；因此，美国于1914年进行干涉并夺取了维拉克鲁茨港。干涉虽促使韦尔塔下台，但未能使"立宪"党上台；这自然引起了普遍的不满。不过，由于"A.B.C."三国联合提出调停，才使得威尔逊得以脱身,而未过分地丧失威信。战斗在继续进行,最后卡兰萨取得了总统职位,这并非由于美国的帮助,而是由于他公开接受了一个他自己也根本不相信的纲领——萨帕塔及其印第安人的土地改革纲领。因而,在破坏声中,而且由于大战正酣,在外人几乎一无所知的情况下,1917年的宪法为一种初生的新制度绘制了一幅引人注目的蓝图。这部宪法至今仍是墨西哥的宪法。它的政治条款极少新的内容,只是重复和引申了1857年那部激进而猛烈反对教权的宪法,不过在迪亚斯的巧妙操纵下,那部宪法当时等于是一纸空文。最显著的革新是在经济条款中。在第一百二十三条中,将一个内容广泛的、在当时说来是极为宽厚的产业工人法写入了宪法。更加革命的第二十七条,声称要把墨西哥的农业历史的整个发展趋势倒转过来。它宣称,全部土地、水流和矿藏均属国家财产,私有制只是在官方含蓄地和有条件地授给的情况下才允许存在,而某些类型的蕴藏着矿藏的土地,包括油田在内,则是不准授给的。它限制了外国人可以获得土地的区域,并规定了他们拥有和利用这些土地的条件。它严格限制个人或公司所能拥有的土地面积,并且禁止教会团体拥有土地。它答应恢复自1854年以来交出的一切农村公地,并授权将土地(预计要从私有庄园没收来的土地)授予没有公地的村庄。农村的怨恨当时达到顶点,斗争到处发生,因此,要想保持任何表面的平静,这种重新分配土地的过激纲领,或许是唯一的途径。事实上,机会主义者卡兰萨既无力进行统治,也不能信守他在土地方面的诺言。他于1919年被他的副手奥夫雷贡赶下了台,不久便被谋杀。1921年,奥夫雷贡当选总统,从而达到某种和平局面;但是,为了实行这个新秩序几乎用了近20年的时间,至于要使它发挥作用,则需要无法预料的更长的时间。

  与此同时,另一种革命正在震撼着中美的几个小共和国。美西战争开始了美国进行干涉的历程,这一历程很可能变成殖民侵略的历程。波多黎各于1899年被兼并。加勒比海岛屿中最大而且最富庶的古巴,在被美国占领了一个短时期后,于1902年获得政治上的独立。但美国在关塔那摩保持了一个基地,并根据普拉特修正案保持了一旦发生严重骚乱时进行干涉的权利。由于出现了穿越中美开凿一条通航运河的前景,而且由于美国政府希望控制运河区,因此美国的注意力就被引向加勒比海各国的政治事务。美西战争结束后不久,开凿运河的两个障碍,一个是外交方面的,另一个是领土方面的,都已消除。外交方面的障碍是1850年的克莱顿—布尔沃条约。经过一番讨论,英国政府同意以1902年的海—庞斯福特条约代替该文件。新条约规定修建一条由美国控制和防守的运河。领土方面的障碍是哥伦比亚对修建一条通过哥伦比亚领土的运河的计划所持的态度。正好这时,哥伦比亚的巴拿马省于1903年爆发了叛乱。美国派出海军以防止哥伦比亚当局进行干涉。匆忙得到承认的新成立的巴拿马共和国同意签订一项把运河区的实际主权给予美国的条约。这一政策措施虽然为运河扫清了道路,但在哥伦比亚却引起了强烈而持久的不满,而且在拉丁美洲其他国家也并不是没有引起人们的注视(参见第十八章)。

正当西奥多·罗斯福"取得中美地峡"之际,海牙仲裁法庭就委内瑞拉的债务纠纷做出了裁决,这就使保卫加勒比通路的问题复杂化了。这一裁决确认英国、德国和意大利封锁委内瑞拉海岸是合法的,从而助长了利用武力索取债款的做法。这就暗示,欧洲人有可能在美国认为为了保卫其自身安全必须加以控制的地区,进一步进行为国际法所认可的武装干涉。要防止这种可能,唯一的希望看来只有指靠美国政府采取警察行动,来防止拖欠正当的债款和发生危及外国人的骚乱。为此,西奥多·罗斯福于1904年发表了所谓的对门罗主义的延伸:即警告说,美国为了消除别国进行干涉的借口,可能被迫对拉丁美洲国家的事务进行干涉。

美国政府实际上已经控制了巴拿马的事务。1905年它同多米尼加共和国谈判一项协定,根据此项协定,该国的关税将由美国的官员征收,以便消除欧洲人插手的机会。1906年,为了防止一次危险的国内危机,根据普拉特修正案和古巴宪法的有关条款,古巴被重新占领。这第二次的占领,只延续到1909年正式组成一个由选举产生的政府后即告结束;但是美国仍然不断地向古巴政府提供一些往往是不受欢迎的劝告。针对中美这个动乱地区的问题,1906年至1907年在华盛顿召开了一次有墨西哥参加的会议,以便制定缔造和平的方案。这次会议的主要任务,是防止由于某一国家发生了在别国领土上策划的革命而引起的争执。这次会议的主要结果是达成了一项巧妙的协定:对通过革命夺取权力的政府不予承认。这样,不出数年,罗斯福的政策就在巴拿马取得了以助人为怀的监督权,在古巴不时地进行干涉，在中美则产生了一项新的不承认政策，一般把这种政策看成是——或仇视为——一种间接干涉的形式。这些手段尚不足以保持美国认为满意的和平，于是继罗斯福出任总统的塔夫脱，不久便把他的中美政策从警告外交转向使用武力。1909年，尼加拉瓜的独裁者塞拉亚由于对外策划侵略阴谋，对内实行仇外政策，屡屡威胁和平，因而在一次由美国各商业公司支持的革命中被赶走。1912年，美国海军陆战队在尼加拉瓜登陆，以防止塞拉亚发动一场反革命政变。除了中间一段短暂的时期外，尼加拉瓜一直到1933年都是处在美国的监护之下。接着又在海地和多米尼加共和国进行了两次武装干涉，这两次干涉都是由于严重的国内骚乱引起的。海地从1915年至1934年被占领，圣多明各则从1916年至1924年被占领。

人们用"金元外交"这个名词来讥讽这些行动，未免失之天真。不错，塔夫脱的国务卿、厉害的诺克斯曾认为，把中美各国的公债从欧洲人的手中转到美国人的手中是符合和平的利益的；但是，他在劝说纽约的银行界贷款给像海地、尼加拉瓜和多米尼加共和国这样的国家的政府时，却遇到了很大的困难。当时，只有在古巴，美国投资才达到可观的数目。诚然，传教士式的讲求自觉效率的那种热忱，促使美国人"整顿"这些无法无天的小国；但是它主要是从战略上考虑的。为了阻止欧洲人可能对运河区构成威胁，历任的国务卿都准备即使同拉丁美洲造成不和也在所不惜。当然，美国的这一政策遭到反对。它在国内不得人心，因为它违背了根深蒂固的传统，它在中美洲自然也为人们所不齿。而且，在整个拉丁美洲也使人们在长时间内深感怀疑。特别是在阿根廷，一些野心勃勃要让阿根廷领导南美的报界人士，大肆宣传美国佬的帝国主义行径。美国所以在战略上感到忧虑，主要是由于德国海军实力的增长。1914年，当对德作战的第一次大战爆发时，美国在美洲几乎连一个朋友都没有。

1914年，拉丁美洲在世界事务中的地位已经比在1900年时重要得多。在政治上，拉丁美洲的代表参加了1907年的第二次海牙会议，他们在这次会上表现出的智慧使欧洲大开眼界。拉丁美洲的几个较大的国家为人所知，并且普遍受到重视。最主要的是，它们在经济方面的重要地位已经大大增加。欧洲离开拉丁美洲的食品和原料就难以维持下去，因此，拉丁美洲的友谊便成为交战双方外交上争夺的宝贵目标。尤其是德国，在和平时期就在同拉丁美洲通商各国中居于第三位，这时更是千方百计、不惜破费地展开宣传而大献殷勤。然而，由于德国击沉中立国的船只，因此反而造成最有害于己的议论。

美洲对交战双方没有共同的政策。墨西哥和委内瑞拉两国政府始终是亲德的。在智利，因为该国的军队是由德国人训练的，所以有许多人同情德国。这三个国家以及阿根廷、哥伦比亚、巴拉圭和萨尔瓦多在战争期间始终保持中立，与所有交战国保持着外交关系，并尽可能地保持着商业关系。1915年英国军舰在智利的一个港口击沉了"德累斯顿"号巡洋舰，直接破坏了该国的中立，英国政府曾为此道歉，这使南美洲海军实力最强的智利的忍耐程度受到一次考验。阿根廷虽坚守中立，但明显地偏袒协约国，特别是理所当然地同情意大利。1917年德国击沉三艘阿根廷轮船，德国政府为此充分表示歉意并且给予赔偿；这使阿根廷在外交上赢得一次很大的胜利。1917年下半年，群众纷纷举行集会，国会也做出决议要求与德国决裂，伊里戈延要保持同德国的关系，就遇到了某种困难。阿根廷和乌拉圭都以提供购粮贷款的方式给予协约国以物质援助。

美国的参战，不可避免地影响了拉丁美洲各国的立场。中美和加勒比海各国几乎全部同美国一起正式宣战。秘鲁、乌拉圭、玻利维亚和厄瓜多尔与德国断绝关系，并将在各该国港口中的德国船只全部交给了协约国。巴西的对外政策多年来一直以政治家的稳健和遵守国际法而著称，1917年10月也单独向德国宣战。巴西做出这一决定的直接原因是它的船只被击沉。但在整个战争期间，大多数巴西人都同情协约国，特别是法国，因为他们把法国看成是拉丁文化的楷模和指南。巴西虽未派兵前往欧洲，但其军舰在大西洋上同协约国的舰艇协同作战。战争在国内引起的一个重要结果是不断要求把在巴西南部的德国人侨居地"巴西化"。

在政治上，战争给拉丁美洲各国的主要影响是使它们更密切地参预国际事务。所有拉丁美洲国家或早或晚地都加入了国际联盟，而且大多数是发起国。参加国的数目有所变化，有几个国家由于在委员会的席位分配上发生争执而退出，但许多拉丁美洲国家始终忠诚不渝。国际联盟对拉丁美洲的理想主义具有强烈的吸引力，而且它提供了一个讲坛，使比较弱小的国家的呼声也能为人们听到。的确，为数甚多的小国出席国际联盟大会,而它们拥有的投票权同他们的实力却极不相称,这就使得往往表现了该机构特点的那种不现实的气氛更加突出。同样确实的是:某些国家把国际联盟当作与美国实力相抗衡的砝码,是美国所支持的泛美体系的替身。美国不出席日内瓦的国联会议自然要使国际联盟在美洲的政治活动极端困难。即使如此,国际联盟中的拉丁美洲会员国仍然是重要而可贵的。国际联盟各技术性机构在拉丁美洲获得了相当大的成就;而且,在那次解决1933—1934年哥伦比亚和秘鲁之间在莱蒂西亚领土问题上的严重纠纷中,国际联盟(这次是在美国的合作下)也是克尽厥职的(参见原文257—258页)。

在经济上,战争给拉丁美洲带来的打击虽然沉重,但为时短暂。欧洲资本的来源和大量移民的输入遽然中断。对欧洲的出口,由于船只调作他用而暂时下降,随后幸而由于协约国急需食品和原料,即迅告恢复。另一方面,从欧洲输入的制成品严重减少,因为欧洲工业集中力量于战争的需要。输出超过输入造成的一个结果就是A.B.C.三国的工业一时得到发展,特别是供应国内市场需要的纺织品生产和食品罐头加工工业。这种为使供应国内市场的产品多样化和自给自足而进行的努力,迄今一直在继续着,虽然并不是持续保持同样速度。另一个重要的结果是从美国的进口不论从绝对或相对来说,都大大地增加了。美国与拉丁美洲的贸易在战后仍然保持下来,并且进一步发展了战时所获得的利益,尽管法国和英国的企业在20年代竭力想恢复它们失去的地盘。整体来说,随着贸易接踵而来的是资本。1913年,英国在拉丁美洲的投资总数约达48.93亿美元;而美国投资总数为12.42亿美元,而且差不多全部在墨西哥和中美,仅有1.73亿美元在南美国家。到1929年,英国拥有的资产为58.89亿美元,而美国则拥有55.87亿美元,其中包括在南美的31.02亿美元。[①] 美国的投资方针同英国基本相同,但分布较广,不那么大量集中在铁路及其他公用事业上。直接投资占据主要地位。大部分资本投入诸如矿山一类向制造国输出原料的企业,以及附属于这些企业的交通事业,而不是投入生产成品的企业。所以,在整个拉丁美洲,战时和战后贸易和财

---

① 见 M. 温克斯《美国在拉丁美洲的投资》,(波士顿,1929年),第275—283页。《南美各国》,皇家国际事务学会,(牛津,1937年),第182页。

政方面的这种变化,并没有带来经济上的独立,只是一部分企业主易人,投入的外资全面增加,表面的繁荣继续发展。

值得注意的是,在这个总趋势下有一两个重要的例外。战争至少在两个主要国家的经济生活中造成严重混乱。智利虽远离这场冲突,但战争的间接后果使之受害匪浅。硝石不仅是肥料,而且是制造硝化甘油的原料。在战争期间,协约国购买了大量智利的硝石,但德国人由于被封锁而与智利隔绝,转而生产合成硝酸盐并且满足了他们自己的大部分需要。战后使用合成硝酸盐已成普遍现象。它比天然硝石价格高;但是,各大国政府都不愿使重要的军火依赖于遥远的来源,而宁愿让农场主为肥料多花钱,以便在本国领土范围内生产这种炸药原料。智利硝石产量在 20 世纪初占全世界产量的 70%,到 1924 年降至 35%,1931 年又降至 11%[①],到 30 年代仍继续下降。与此同时,铜的世界市场也极不可靠。智利的人口太少,无力为大规模的工业生产提供市场,而它的两种主要矿产品的价值下降,意味着它的经济将会衰退,对此尚未找到适当的补救办法。

战争给阿根廷和乌拉圭的牛肉工业带来严重的影响。在战争期间,除需要冷藏牛肉之外,对罐头牛肉和冷冻牛肉的需要大量增加。制成罐头的产品,不论使用的牛肉质量如何都同样淡而无味,而需求量很大,这就助长人们去饲养和出售次等的牛。同时,在战争的头几年里,苜蓿连年严重歉收,使优质牛肉的生产更加困难而耗资巨大。1922 年欧洲的萧条使市场突然变得不景气,除了质量最好的牛肉之外,一切牛肉都销售不出去,这时畜产业却仍处于上述紊乱的状态中。到 1925 年,障碍被清除,畜产业再度恢复,但即使在这时,它也不得不进行另一次调整,以适应欧洲大部分地区由于家庭人口减少而造成的对小牛肉的需要。冷冻公司开始需要较小的牛。在此以前一直具有最高价格的短角大公牛行情下跌,不得不代之以像阿伯丁-安格斯这类体格不高而又壮实的品种。当阿根廷和拉丁美洲其他国家受到 1930 年萧条的严重打击时,这种变化仍在进行中。

除以上这些遇到困难的工业之外,拉丁美洲在 20 年代的大部分

[①] 见 C. A. 汤姆逊《智利为民族复兴而斗争》,载《外交政策报告》第 9 卷(1934 年),第 288 页。

时期中一直是和平而繁荣的。在巴西，棉花和咖啡一样成为重要出口作物，而牛只（虽然质量不佳）的头数在南方各州中却有了相当大的增加。矿业和工业均有稳步的发展。巴西虽然缺乏合适的煤，但拥有大量的铁矿石。在干旱的北方各州，战后历届政府花费了大量资金修筑水坝蓄水。由于移民和自然增长，人口全面地稳步增长。在南方，国家发起的开拓事业，虽然缓慢却在稳步地发展。但是，在这个时期内财富增加最显著的要数安第斯山脉北部各国，特别是委内瑞拉，因为在那里发现了大片的油田。委内瑞拉在过去是个落后的畜牧和农业国，除了城市、油田和近来开发的铁矿之外，现在仍然如此。1918 年开始输出石油；到 1930 年，委内瑞拉出产的石油已占全世界供应量的 10% 以上，而且由于收取石油产地使用费，它是拉丁美洲各国中唯一不负公债的国家。生产的石油几乎全部出口；而且，几乎全部生产过去是、现在仍然是掌握在英美外国企业的手中。国民经济几乎完全依赖于外部世界的石油价格。

　　秘鲁、哥伦比亚和厄瓜多尔在 20 年代也开发了油田；为了这个目的以及为了发展公共事业，它们都向外国资本提供了特许权。不过，这些国家中没有一个国家的生产达到委内瑞拉的水平，或者那样严重地依赖于石油。特别是哥伦比亚，曾经历了一个相当繁荣和发展的时期。该国的对外贸易增加了 1 倍以上，出口货物除石油外，还增加了咖啡、可可和食糖。两个工商业城市，即远离首都的谷地卡利和麦德林，迅速发展起来。特别是麦德林，在此期间成为矿业和纺织业的重要中心。秘鲁比哥伦比亚较为集中，更多地依靠其首都利马与近郊的港口卡亚俄。而且，秘鲁社会陷入严重的分裂，一方是闭塞的高原居民，即印第安人和农民；一方是沿海居民，他们大多持有欧洲的观点，从事商业、矿业以及在某种程度上从事工业。尽管有这些不利条件，但在 20 年代中仍然取得了相当大的发展和多种经营的成果。秘鲁输出铜、棉花、食糖和其他各种农产品以及石油；并且与毗邻各国一样，其经济生活多半而且日益为外资所控制。

　　在 20 年代这个繁荣时期中，所有拉丁美洲国家都有一个共同特点，就是对产业工人的工资、劳动条件和一般福利表示关怀。各国政府由于普遍要求使缓慢的工业化进程加快起来，因而把注意力集中到劳工问题上。国际间通过国际联盟国际劳工组织对这一问题进行了讨论，这就引起了人们对此问题的兴趣；1917年的墨西哥宪法无疑也起了同样的作用。有没有一部先进的劳工法，成为一个涉及国家威望的问题，一个是否能跻身于文明国家之列的标志。而且，大部分拉丁美洲的矿山、油井和工厂都为外国人所有。为了增加工资和改善劳动条件而向外国雇主施加压力受到人们欢迎，被视为爱国行动，而且在政治上也不必担风险。根据欧洲或美国的标准来说，大力改善劳动条件，无疑是必要的。阿根廷、巴西和智利都设立了单独的劳工部或劳工局；它们和其他几个国家还实施了劳工法，其中包括八小时工作日、罢工权利、最低工资以及保护妇女儿童这样一些社会立法的原则。乌拉圭一度曾是高卓人的军队的战场，现在通过出口牛肉变得繁荣和稳定，它和智利都开始实施国民保险计划。立法篇幅和内容的浩繁，是令人难忘的，但大都是根据欧洲和北美的理想而制定的，未必符合当地的需要。在大多数国家中，它几乎不触及农村生活；在这方面，雇主（Patrón）是当地人，而且雇主与债役农之间人与人的关系是根深蒂固的。甚至在那些工业中心，大多数立法也由于缺乏应有的检查而形同虚设。拉丁美洲各国立法机构的活动往往同实施立法的能力成反比。

　　改善劳动条件的运动主要是从上面——由政府—进行，而不是从下面发起的。各国的工会组织都软弱无力；社会主义运动即使存在，也不过处在幼年时期，而且往往遭到禁止。然而，整个运动的一个明显的特点是，产业工人和学生之间保持着联系。拉丁美洲各大学提供的大都是专业和技术训练，而不是普通教育；学生人数甚多；他们的组织相当巩固，在政治上往往非常活跃。他们的活动通常表现为大吵大闹地提出某种含糊不清的改革要求，而不是支持某一政党的具体纲领；这种要求吵闹得非常厉害，有时是异常激烈的。在某些国家中，学生组织的活动，在20年代，而且从那时以来就一直在政治上造成麻烦。

　　在20年代实施所有这些社会改良计划的各个政府，其政治形式迥然不同。在某些国家，突出的如哥伦比亚，战前那种通过一套谨慎地操纵的宪法体制来进行统治的地主寡头政权，几乎原封未动地保留下来。在巴西，虽然发生了几起未遂的军事暴动，但是战前的一套成规仍然承袭下来。在少数几个国家中，立宪激进主义曾暂时居优势。

由于萨恩斯·培尼亚的选举改革,阿根廷的激进党("辉格党"这个名称也许更能说明其性质)执掌了政权。1920年,智利政府也发生了类似的变化。新任总统亚历山德里是北部的塔拉帕卡省人,自称是工人和中产阶级利益的代表。这个国家经济上的处境和国会反对进行改革的要求,迫使亚历山德里废除了1833年的旧宪法,经过公民投票批准实施了一个大大加强总统权力的新宪法。结果,发生了一系列政变,从1927年起建立了半独裁的军事统治,把亚历山德里改革计划的大部分条文付诸实施。各激进党的一个普遍的显著特点是,他们的组织具有浓厚的个人性质。阿根廷激进派领袖、曾两度担任总统的伊里戈延以作为最后的一位"考迪略"① 而闻名;他对党的组织和全国政府,事无巨细,均必躬亲;他对地方政府的干预十分严厉,使人想起老"考迪略"们的手段;不过,他的所作所为起码还不超越宪法条文许可的范围。另一方面,在20年代有几个国家则是连任何宪法形式的外衣都不顾,以毫不掩饰的独裁手段来推行许多发展和改革计划。无耻的政客们学会利用工业无产阶级来支持违反宪法的权力。1919—1930年统治秘鲁的莱古亚出身微贱,他靠维护中产阶级和劳工利益受到支持而取得权力,他的纲领包括保护劳工的立法、普及教育、重新分配土地,以及通常是精心擘划的公共工程。纲领的很大部分,特别是公共工程和教育,是靠向美国借公债来实现的。然而,集激进派独裁者之大成则是胡安·维森特·戈麦斯。这位没有受过教育的混血儿以各种官衔掌管委内瑞拉事务达26年之久。戈麦斯的武库中拥有现在人们所熟悉的一切武器,诸如检查制度、秘密警察、严刑拷问、不经审判就把政治犯投入监狱、把各种负责的职位分配给这位独裁者的亲戚之中那些表现有能力而又忠诚的人,等等。戈麦斯治理委内瑞拉严酷无情,办事认真,讲究效率。他像莱古亚一样,专门致力于教育和耗资巨大的公共工程;但是,他由于有石油工业的收入,所以不曾遇到财政困难。1935年,他在总统任内寿终正寝,遗留下万贯家财并受到人们普遍的尊敬。他指定的继承人接管了权力,没有发生什么严重的动乱;因此,戈麦斯的体制一直维持到1945年发生的一场革命把民主行动党(一个宪政主义的中产阶级组织)拥

---

① 考迪略(Caudillos),拉丁美洲国家的拥有军事实力的政治首领的称呼。——译者

上台为止。

可见，即使在和平繁荣的20年代，宪政在拉丁美洲也绝不是普遍的。另一方面，大多数国家似乎都已丢弃了革命的习惯。戈麦斯认为最值得夸耀的事，就是在委内瑞拉打破了这种习惯。在像阿根廷这样一些主要的国家，半个世纪以来，政府从没有经过暴力而更迭，人们认为稳定和秩序是理所当然的事。在各个地方，以法治来代替依靠武力、利害关系或恣意妄为进行统治的工作，取得了巨大的进展。然而，先天的弱点，即过分地依赖外部世界，未能发展当地人民的创造力等情况，仍然存在。拉丁美洲人所无法控制的世界势力，将把他们推进一个混乱和不幸的时代中去。

1929年将近年终时爆发的世界贸易的大萧条，几乎立即向拉丁美洲袭来，给它带来了灾难性的后果。拉丁美洲各国或许变得比以往更加虚弱了。它们在许多基本商品和服务事业方面依靠外力；它们靠出口少数几种基本商品来支付购入多种多样的货物的费用。在许多情况下，它们根据契约规定的义务向顾主供应货物，由于价格下跌，它们按契约承受的负担便大大增加。它们之中的大多数国家公私债务负担沉重。偿付利息和维持行政开支都靠财政收入；它们的财政收入主要来源于进出口税，而进出口税则由于贸易衰退而锐减。面对着经济危机，除委内瑞拉和阿根廷之外，所有各国政府对外都拖欠应付的利息，在国内不得不削减开支。在基本建设工程、公共卫生、教育等事业方面的开支大幅度削减。各国政府和各私营企业都裁减人员。失业——拉丁美洲新出现的一种现象——普遍发生，随之而来的是工人骚动、暴乱和政治叛乱。

在1930年和1931年，20个拉丁美洲共和国中有11个经历了革命；或者更确切地说，经历了非正常的政府更迭，因为这些更迭不仅都同样取得了成功，而且在大多数情况下，相对说来都具有不流血的性质。有些国家曾对下台的统治者提出刑事诉讼——莱古亚即死于狱中——但却很少发生暗杀或屠杀的情况。革命一般采取了游行示威——提出最后通牒——辞职这样一种文明的、但超越法律的方式。把这些骚乱完全归咎于大萧条，未免过于简单化。商业不景气促使人们对治理不善无法再容忍。在所有的情况下，对社会和政治的不满早已存在，大萧条只不过是导火线而已。人们最普遍地感到不满的是：

某些国家存在着实际的或者所谓的独裁；在另外一些国家中，存在着激进主义和对工人的姑息；对外国资本家提供的条件过于宽厚；政府部门浪费和贪污；还有永远消除不了的"在野党"对"执政党"的忌恨；等等。

在阿根廷，伊里戈延政府由于激进而为保守派所反对，由于其个人性质而几乎为人人所不满。这个政府把根本无法应付的大量行政事务，集中到一个虽然正直但却刚愎自用而且心胸狭隘的七十多岁的老人手中。它不是什么独裁，而是日渐加重的行政瘫痪；因此，人们对之日益不满。伊里戈延由于对1930年的罢工采取了不妥协的态度，因而失去了工人的支持。该年9月，在布宜诺斯艾利斯爆发了规模巨大而组织良好、秩序井然的游行示威，迫使伊里戈延去职。示威游行是由学生和军人发动的。它的直接结果是，在乌里武鲁将军领导下实行了一年的军事统治。1931年下半年终于举行了选举，胡斯托将军作为当选的民族民主——亦即保守——政府的首脑而上台。对于通常意义上的保守政策来说，这正是时乖运蹇的时代，于是，政府便从实行宪政日益趋向于实行旧式的寡头统治。最后，在第二次世界大战期间，这个寡头政权便为一个至少在表面上类似欧洲法西斯主义的政权所替代。

阿根廷革命后6个星期，紧接着在巴西普遍发生了动乱。巴西的咖啡业有一个时期通过一项稳定物价计划而受到控制；根据这项计划，政府限制产量，购买产品加以储存，并按需求情况决定销售量，以便维持咖啡的价格。1930年年初，这项计划不可避免地、而且灾难性地遭到失败，处理无法销售的大量咖啡唯一办法就是将其烧毁。在1930年的总统选举中，由于在任总统、圣保罗州的华盛顿·路易斯给一个圣保罗籍的候选人以官方支持，这就在咖啡问题引起的不满之外，又增添了政治上的不满。按照巴西的选举惯例，正式候选人当选了，而这次选举的做法就大大地触怒了米拉斯吉拉斯州，因为这个州根据长期的政治惯例，本来是要提供下届总统的。这种形势以及圣保罗人可能要长期组阁的威胁，都被第三个州即南里奥格朗德州的候选人抓住并加以利用；这个州的财富和人口均一直在增长，这时要求在中央政府中享有更多的权力。热图利奥·瓦加斯博士在米纳斯吉拉斯州和他自己所属的里奥格朗德州的支持下，发动了内战，击败了圣保罗州的军队，赶走了总统，对宪法做了两项旨在加强总统权力并削弱国会和州政府权力的重大修改，据以建立了一种变相的独裁统治。其中的第二项修改于1937年规定建立一种"合作"组织，不禁令人想到法西斯意大利的类似组织；但是，瓦加斯并非墨索里尼，他的统治虽然集中而独裁，却既不专横，又不实行镇压（只有在对付由所谓的共产党人发动的暴动时除外）。他本人和蔼可亲、温文尔雅。伟大的皇帝佩德罗二世[①]好自称为巴西最杰出的共和主义者；而瓦加斯博士如果不是不幸而成为独裁者的话，他很可能也会说他本来是会成为一个非常民主的人物的。

智利革命是一场不寻常的、成功地反对军事独裁的起义。智利大概比任何其他国家受大萧条之害更为严重。它的本已衰退的出口贸易，有一个时期几乎完全中断。然而，闭塞、贫穷、自豪、素以文明著称的智利人却选择不吉利的1932年来恢复宪政。经过两次争执不休的选举和严重的混乱之后，在这一年就职的总统仍是亚历山德里，他是一个正直而有为的自由主义者，在智利政治家中最受尊敬。他执政6年，稳步从事恢复，谨慎处理政务，一步步从以前的激进主义转而实行通常的保守政策。在他执政的后期，他采取了积极镇压社会党人和共产党人的措施，这就驱使他们弥合了他们的分歧，并同激进派联合起来进行竞选。于是，亚历山德里在1938年由"人民阵线"联盟的领袖阿吉雷·塞尔达所接替——这个联盟本身就是拉丁美洲政治中一个新的、令人不安的征兆。

在墨西哥，没有发生通常所说的那种革命。墨西哥人认为，他们的国家从1910年起就一直在进行着一种不断的革命。不过，在20年代这个过程缓慢了下来。原来的革命者变成了新的保守派，除了反对教权之外，革命的纲领大部已被遗忘。奥夫雷贡的继任者卡列斯，从1924年至1934年，不论是担任总统还是作为总统背后的实力人物，都在操纵着墨西哥的政治。1929年，他公开地申明政见说，土地改革纲领已经走得够远了。30年代初，土地分配差不多已经停止。诚然，有关产业工人的法律似乎已经超出了工业所能承受的安全限度；但是，工人运动就像政府一样，营私舞弊比比皆是，当上工会领导就

[①] 1831—1889年在位的巴西皇帝。——译者

是飞黄腾达的阶梯。与此同时，在 20 年代还发生过几起武装暴乱；而且，墨西哥政治中依靠枪杆子的传统依然存在。卡列斯的绰号最好不过地说明了这个阶段革命的一般政治气氛。人们把他叫作最高首领（Jefe Máximo）。然而，即使在这种情况下，支持革命的热情是如此之强烈，就连从国外刮来的经济暴风雪也不能使它冷却下来。大萧条所产生的不是反革命，而是对革命进程的缓慢不能再忍耐。由于 1934 年卡德纳斯将军当选总统，情况便急转直下。在他执政的 6 年期间，占有任何相当数量的肥沃耕地的土地所有者，大都被全部剥夺，只剩下一小块土地。没收土地不再限于以非法手段取得土地的地主、经营不善的地主或在政治上犯法的地主。一个庄园只要有相当数量的土地，而它又靠近一个需要土地的村庄，就足以构成被剥夺的理由，而且即使行贿，要想逃避没收也是难上加难。从 1936 年到 1940 年，有 4700 万英亩土地分给 100 多万农户，而在这以前的 20 年中，只有大约 2000 万英亩的土地分给了 75 万农户。① 卡德纳斯的政策颇受共产主义的某些方面的影响（托洛茨基即在墨西哥政治避难）；他的政策主张将公地交给村庄公用，而不主张将公地分成小块交给个人永久占有，因为这些人往往利用这些小块土地只生产糊口用的粮食，此外不作他用。这样匆忙地重新分配土地，而且显然未经过充分的丈量，这就造成了普遍的混乱，至少暂时造成生产的严重下降。发展村社共耕，也提出了资金和管理这样迫切的问题。为了向村社（ejidatarios）提供贷款而建立了一套土地银行体系，但从分散在四面八方的借款者手里收取小额利息则需要有一个花费既大而又煞费苦心建立起来的组织，而且银行的业务在很大程度上只限于向邻近地区条件优越的村庄提供贷款。管理问题解决起来甚至更加困难。债役农很少有人懂得管理问题，而且由于公地管理人是通过选举产生，因此选择这些人往往是根据他们是否孚众望而不考虑他们的业务能力。不过，在新制度下，有些村庄，特别是在现在驰名的拉古纳植棉区，曾取得相当大的成就。由于政府决心推行普及教育并开始收到效果，因而领导问题看来还比较易于解决。与此同时，革命不得不在生活费用高涨、

---

① 见 P.E. 詹姆斯《拉丁美洲》（伦敦，卡塞尔，1943 年），第 602 页。在 N.L. 惠顿《墨西哥乡村》（芝加哥，1948 年）一书中列有详表。

国家信贷浮动和社会动荡不安这些方面付出代价。

这次革命既可称为土地革命，又可称为民族革命。卡德纳斯政府最引人注目的行动之一是 1938 年没收外国石油公司；其条件是付给一点只不过是儿戏的补偿。将如此重要的一项资源收归国家掌握，这一措施是可以理解的；但是，为此又不得不付出代价，那就引起外国，尤其是英国的不满，以及石油工业的暂时衰落。不管是由于管理缺乏经验、工人们难于驾驭或缺乏勘探资金，在没收这些公司后，生产下降达 10 年之久。在第二次世界大战期间，甚至不能进口必须更换的机械，更谈不上发展用的机械了。到 50 年代初，生产才开始显著恢复。

这次革命的民族主义不仅表现在经济方面。对大庄园主（hacendados）的掠夺，给有教养的社会和文化生活（这种生活是城市的性质，法国的情调）带来了灾难，因为他们的生活是靠大庄园主的财富供给的。一种主要以印第安艺术传统为基础的、自觉形成当地风格的卓越的新文化发展起来，在某种程度上代替了前者。墨西哥现代本国艺术以绘画和雕刻这两个领域最为著称，在文学作品方面次之。这种艺术以严格的态度专心关注迫切的社会问题，这就限制了它的创作范围和感染力；但它却代表着一种真正的、有独创性的创作努力，可能预示着整个拉丁美洲迫切需要的那种精神上的独立在成长。

要完成 30 年代这些激烈的变革，需要超乎寻常的力量，因此，受到军队、产业工人和农民支持的卡德纳斯总统，实质上是一个独裁者；只有一个政党，即墨西哥革命党。但是，这种独裁却是一个具有创造热情的独裁，而不是一味只知镇压。它除了迫害教会和无情地侵犯财产之外，容许人们发表不同的意见，允许对它的政策公开进行批评。最有意义的是，当卡德纳斯的任期届满时，他既没有设法重新当选，也没有干预继任的政府来规避宪法。

大多数拉丁美洲国家在 30 年代表现出的明显趋势，是要采取权力更加集中的政体。把这样的政体称为"极权主义的"未必恰当；大多数受过教育的拉丁美洲人具有极强烈的自尊感，不会容忍极端的独裁；对受到愚弄也极敏感，不会被拙劣的种族神话所欺骗。此外，这些政府也缺少"极权"国家所需要的那一套具体的行政机构。然而，自觉的民族主义十分明显地成长起来。在国内事务方面，它采取宣传鼓动的形式，有时在财政上对外国资本采取歧视的形式——在阿根廷对英国铁路、在智利对硝石企业，当然还有在墨西哥对石油公司的歧视等。许多这类企业名声扫地，无利可图；很明显，外国人——起码是欧洲人——在拉丁美洲投资的好日子已经过去。有一些国家，旨在保护劳工的立法，成为歧视外国雇主的手段。大多数政府实施了排外的就业法，限制外国人在工商企业中的就业人数。与此同时，在大多数拉丁美洲国家一直实行的门户开放的移民政策也告结束。限制性的立法开始在巴西和太平洋沿岸地区实行，规定了旨在限制日本移民的限额条例，因为这些日本移民引起了棘手的同化问题，而且他们一般是不受欢迎的；但在失业时期，大多数政府也希望保护工农业劳工市场，以防止欧洲雇佣劳动力的大量拥入。在移民集中的主要国家阿根廷和巴西，限制性立法的严厉，在1938年达到登峰造极的程度。这两个国家仍然有着大量的荒地，因此例外地对农业移民不加限制；但在30年代，移民中几乎没有这类农业移民。拓荒定居过去由于、现在仍然由于缺少资金而受到阻碍。今天，在拉丁美洲任何地区，再出现不加区别地准许大量移民的希望是不大的。

在整个拉丁美洲，为了在经济上达到更大的独立，曾经重新不断地做出努力，尤其在发展工业方面是如此。各国政府都打算控制主要产品——巴西的咖啡、阿根廷的小麦、智利的硝石、玻利维亚的锡——的生产，以便维持价格。在对外贸易方面，政府之间的易货协定开始代替公开市场的竞争。其中著名的有1933年阿根廷和英国之间的罗加—朗西曼协定，接着又出现了其他类似的协定。这些协定不论其经济上的必要性如何，都引起了美国的严重不满。民族主义也在政治方面公开地表现出来。在一些国家之间发生了几次激烈的争执，在巴拉圭和玻利维亚之间还因大查科的领属问题发生了一场激烈的战争。玻利维亚是一个内陆国家，秩序混乱，岁入依靠由外国人占有的锡矿的产品；它在这次战争中败北，又丧失了另外的土地。玻利维亚若不是软弱无力的话，它收复领土的要求一定会严重地危及和平。后来，在50年代初期，玻利维亚发生一场墨西哥式的革命，将大庄园的土地分配给农民，武装了锡矿矿工并把锡矿国有化，为此它的资源更加紧张起来。

但是，民族主义显然并不是医治拉丁美洲各种困难的万应灵药，而且大多数政府也知道并且承认：自给自足即使是好事，但在可以预见到的将来是根本谈不到的。许多国家——虽然并非所有国家——热衷于泛美思想的趋势，在30年代明显增长，并为召开泛美会议和商讨有关问题做了精心的安排。这在一定程度上是由于国际联盟的威信下降，拉丁美洲人对国联的成就感到失望，不愿再卷入那些似乎已经超出国际讨论范围的欧洲争执中去。但在很大程度上，泛美主义的重新抬头则是由于美国对外政策的改变所促成。

美洲国家联盟在理论上说来是平等的主权国家完全自愿组成的联合组织。它没有集中的执行机构，没有宪章；它的一些机构都不是根据正式条约设立的。从1910年起它在华盛顿保持着一个常设局，作为研究和宣传的中心以及定期召开的泛美会议的秘书处。美洲国家联盟的主要职能是为公开商讨与美洲国家共同利益攸关的各种问题提供便利。美国一直是这个联盟的主要发起国，而联盟工作的主要障碍却是拉丁美洲对美国的怀疑。许多美国政治家，如著名的伍德罗·威尔逊，一直宣称美国尊重所有邻国的主权。但是看来下列行为似乎是与这些声明背道而驰的：1914年和1916—1917年它两次干涉墨西哥，其后10年，两国关系始终很坏；美国在海地、圣多明各和尼加拉瓜驻有军队（不管人数是多么少，意图是多么好）；美国通过了普拉特修正案；美国奉行不承认政策；美国的糖业公司在古巴掌握着经济实力，而在整个加勒比海地区掌握经济实力的则是联合水果公司，这个公司比它经营所在的一些小国远为有钱有势得多。

第一次世界大战后，一般认为美国干预加勒比海地区事务的战略借口已不复存在。1928年的哈瓦那会议上，对美国政治、经济政策的不满在公开发言中突然爆发出来。当时表现出来的敌对情绪，使美国的舆论大为震惊；因而，就在开会的这一年，美国开始要坚决改善同拉丁美洲的关系。"睦邻"政策是和富兰克林·罗斯福的名字紧紧相连的。他同1930年发表的明确反对"罗斯福延伸"的克拉克备忘录无关；与任命德怀特·莫罗为驻墨西哥大使（他在培育友好感情和推迟墨西哥对外国资产的打击方面做了许多工作）也无关。然而，这项新政策，在罗斯福于1933年成为总统后，最充分地表现出来。这年，在蒙得维的亚举行的第七次泛美会议上，美国接受了一项决议，不承认任何国家有权干涉任何别国的内政。在1936年由罗斯福总统本人主持开幕的布宜诺斯艾利斯会议上，用更加明确的词句重申了这一原则，并且拟订了一项公约，规定一旦出现任何威胁美洲和平的情况时进行协商。1938年在利马举行的第八次泛美会议上建立了实施这项协商公约的执行机构和协商程序。

在屡次召开泛美会议的这一时期，美国政府从尼加拉瓜和海地撤出了最后一批军队，1934年撤销了普拉特修正案，并于1936年自愿放弃了干涉巴拿马的条约权利。政策上发生急剧变化的证据，不仅表现在国务院的行动上，而且表现在国务院避免采取行动上。美国在国外的投资者要靠他们自己设法维持下去。在格劳·圣·马丁执政时古巴出现无政府状态期间，美国没有进行干涉；当墨西哥政府没收外国油井时，也只有英国外交部独自提出无效的抗议和断绝了外交关系。与此同时，由科德尔·赫尔先生根据1934年的互惠贸易协定法而开始实施的更加自由的新贸易政策，在拉丁美洲建立了一个卓有成效的活动范围。到1939年年底，已同11个拉丁美洲国家签订了协定。

"睦邻"政策并非普遍取得成功。例如，布宜诺斯艾利斯会议就坚决拒绝签署美国的中立法。在采取何种步骤结束查科战争的问题上，在阿根廷提出的关于订立互不侵犯条约（欧洲国家可能被邀请参加）的建议上，阿根廷和美国意见尖锐分歧。阿根廷历届政府不仅对美国在政治上的领导地位产生妒忌，而且由于阿根廷的经济是欧洲经济的补充，因此便直接同美国经济发生了竞争。今天，在拒绝批准国际协定方面，阿根廷在美洲国家中，无疑是保持着纪录的。

虽然如此，泛美运动还是日益强大，它的价值在1939年便明显地表现出来。战争爆发不到3个星期，美洲各国外长便举行会议商讨在美洲建立一个"中立区"，并设立一个目的在于减轻战争在拉丁美洲造成的经济后果的财政经济顾问委员会。1940年，重点从中立转为防御，他们又去哈瓦那开会，提出了一旦德国在欧洲取胜，如何接管西半球的欧洲殖民地的管理权的计划。哈瓦那会议还通过一项决议，宣布凡受到一个非美洲国家的任何进攻，都将被认为是对全体美洲国家的侵略行为。

1941年年底便发生了对美国的侵略行为，1942年年初美洲各国外长在里约热内卢再次开会。这次会议经过激烈斗争——在这场斗争中阿根廷是反对派的魁首——决定建议全体美洲国家同"轴心国"

断绝关系。拉丁美洲的合作,这时对于盟国的事业是关系重大的,因为日本人在东方已据有锡、橡胶、奎宁和一大批热带产品的主要资源。拉丁美洲国家起而对付这一局面。墨西哥和巴西于1942年夏宣布参战。两国都及时地向国外派出了军队。在会议结束前,除智利和阿根廷外,所有国家都同"轴心国"断绝了关系。智利于1943年1月也断绝了关系。阿根廷则在1944年断交,1945年1月宣战,显然是为了在联合国大会上取得一席地位。在此以前,阿根廷在政治上差不多已陷于孤立,它同美国的关系极度恶化。阿根廷没有出席1945年的第四次外长会议,但它终于还是接受了最后签订的查普尔特佩克法①。该法重申美洲国家共同抵抗侵略的原则,并明确指出这一原则也将包括某一美洲国家对另一美洲国家的侵略在内。此外,它第一次规定了侵略的实际定义,并规定各国在必要时有义务采取经济的和军事的"制裁"。于是查普尔特佩克法便以书面形式表明,门罗主义已由一种单方面宣布的政策,转变成为一种在拟议中的联合国体制之内相互保证区域安全的体系。

这一体系是否有力量和是否能长期存在,在很大程度上取决于美国的政策。"睦邻"政策之所以取得成功,是由于美国决心采取格外克制的态度,并且在眼前的利益上做了重大让步。不过,拉丁美洲仍然对美国抱有相当严重的潜在的敌意。在战时,秘鲁和厄瓜多尔因亚马孙领土问题而发生纠纷,美国对此所采取的态度,曾使这种敌意一度在这两国甚嚣尘上。第二次世界大战后,大多数拉丁美洲国家虽不愿意,却出于现实认识到,美洲对外来进攻的全面防务必须依靠美国。另一方面,美国政府极力避免公开干涉其他美洲国家的内部事务。上述态度和政策虽未能促成友好合作,却足以避免发生公开的对立。然而,从美国的观点来看,它颇为不安地感到不干涉政策的先决条件是行为端正。而如果,譬如说,亲俄的共产主义在拉丁美洲广泛地发展起来的话,美国就很难继续执行不干涉政策。

当时,这样的可能性似乎不大。虽然在许多国家存在着共产主义小组,而且往往正当地被指责为制造阴谋与混乱;但它们力量很小,

---

① 1945年2月在墨西哥城举行的美洲国家战争与和平问题会议,通常称为查普尔特佩克会议,会议通过了《查普尔特佩克决议》。这里查普尔特佩克法即指这个决议。——译者

无足轻重。诚然,墨西哥革命的思想受马克思的影响很深;但土地改革运动(agrarismo)是墨西哥所特有的现象,实际与当代俄国的极权主义极少共同之处。其实,在墨西哥掌权的革命党的理论和政策,在40年代比10年前的极端做法已大为缓和,并且变得保守得多。为了逃避针对土地集中的大庄园的立法,找出了一些办法;对利用私人资本发展工业,也没有设置任何障碍。阿普拉党(APRA)① 的情况也是如此,虽然为时较短,收效较小。这是一个很有意思的左翼(政党),在1945年的选举中在秘鲁上台。阿普拉运动在政治哲学和社会哲学上号称是马克思主义的;但它重视宗教在社会生活中的重要性,并承认在社会改革中必须取得中产阶级的支持。阿普拉运动反对外国资本的影响,支持泛拉丁美洲主义的主张,并强调印第安人在美洲事务中应起重要作用。它的纲领体现了任何一届秘鲁政府所面临的最迫切的任务——把失去土地和贫困无依的印第安农民纳入国民经济生活的主流。阿普拉党政府的成就极小;它于1948年下半年被得到雇主和土地所有者阶层广泛支持的一场军事暴动所推翻。军人和他们的同盟者认为,或假装认为,阿普拉运动与共产主义危险地相似;但实际上阿普拉党在执政期间一直向右摆,被推翻后仍是如此。它可能无所作为;但它并不是真正的革命政党。它的政治特色是把中产阶级和职业阶级同工人联合在一起,这是拉丁美洲许多温和的激进运动的共同之点。战后拉丁美洲取得成就的一些政府,都是建立在这种联合的基础上的。共产主义一般不会接受这样的联合,所以在政治上软弱无力,但是它能借以发展壮大的那种不满,却几乎在各处都广泛存在。

拉丁美洲的主要国家之一,直至1955年仍然由一个简直是极端典型的激进独裁政权所统治。阿根廷类似澳大利亚,虽然它的财富来自无限的农村资源,却有3/4的人口居住在城市。移民总是愿意在城市里或城市附近寻找工作,因此在战前和战争期间,由于工业的发展,城市化便加快起来。人口的1/5居住在首都。在战时,由于对工业生产,特别是(像在1914年一样)对罐头牛肉的需要大大增加,布宜诺斯艾利斯的工人获得很高的工资并变得非常强大起来。战后,

---

① 阿普拉党(APRA),是指一批流亡的秘鲁知识分子在1924年成立的美洲革命人民同盟(缩写为APRA,简称阿普拉)。——译者

随着暂时需要的减少和试图恢复战前正常的贸易，罐头工厂和其他企业的工人就变得极难对付。由于1943年的军事政变和1945年混乱的选举，结果使庇隆将军执掌了政权。他的力量在于得到工人和军队的支持，而且由于他具有用首都工人们听得懂的语言——简单、富于感情而又激烈——向他们讲话的天赋。他讲话的主题是极端左倾的民族主义，答应领导工人反对资本家和外国人。他在1945年取得成功，或许是由于美国驻布宜诺斯艾利斯大使斯普鲁伊尔·布雷登先生企图网罗反对派来反对他而促成的。该政府对美国会采取什么态度，也就不言而喻了。不愿意妥协，这就妨碍了同其他国家，特别是同英国的贸易谈判。国民的情绪坚持要求在1947年购买丝毫无利可图的英国铁路——在庇隆主义的报刊上称这些铁路为英国章鱼。肉类公司无法交付牛肉来偿付购买铁路的款项，其原因与其说是由于不怀好意或不守信用，不如说是由于工人制造的麻烦和贸易中的普遍混乱。的确，尽管阿根廷的经济生活具有很大的潜力，但在1949年它处于某种程度的混乱状态。

像庇隆主义式的独裁政权在拉丁美洲，起码在较大的国家中实属罕见。在墨西哥，革命已不再是那样狂暴而又具有紧迫感，立宪政治这时似乎已稳固地建立起来。在巴西，瓦加斯政府于1945年告终，杜特拉总统正确地把他自己的政府说成是一个致力于使政治体制"重新宪法化"的政府。智利和乌拉圭两国都已长期保持着传统的政治稳定局面。因此，在这一地区的绝大部分地方，过去经常提出的那种论点，说拉丁美洲的经济困难起因于拉丁美洲各国政府的不稳定，似乎已完全失去它一度曾有过的说服力。在经济领域这一范畴之内，看来正在发生重大变化。第二次世界大战中，对原料，特别是矿产品的需求暂时增加，而制成品的供应减少，这给生产代替进口物品的工业的发展带来了强大的推动力。这一进程受到高度保护，在和平时期继续得到发展。在巴西、墨西哥和秘鲁都开始建立重工业。在巴西，人们欢呼规模巨大的沃尔塔雷东达钢厂的建设是经济独立的宣言。然而，如果像某些拉丁美洲人所断言的那样，认为南美在1950年已开始进入类似美国在19世纪后半期那样的发展时期，未免过于草率。整个地区面临着可怕的困难。许多新建的生产代替进口物品的工业，在和平时期是并不经济的。它们的产品在国外没有销路，而国内市场又太小，不能消化这些产品。农业在许多地方被忽视，技术落后，并停滞不前。它缺少推动力：因为与制成品相比，和平时期世界市场对初级产品的需求是呆滞的。此外，在非洲和其他地方出现的新国家，成为生产拉丁美洲长期以来赖以出口的农作物的竞争者。整个说来，拉美地区一直没有从20年代末期的萧条中真正恢复过来。1932年，拉丁美洲向世界各地的出口额还不到1928年的一半；此后世界贸易得到恢复，而拉丁美洲的出口额，以实际价格计算，仍停滞不前。拉丁美洲在世界贸易中所占的百分比，从1935年至1940年不断下降；由于对原料的需求增加而自1940年至1945年表现出回升；但自1945年至1950年再次下降。[1] 因此，拉丁美洲自1930年至1950年的经济史，除战争年代以外，是一段长期持续萧条的历史。然而，人口却大幅度增加，实际上，比世界任何可以与之相比的地区更为迅速。许多国家里失业成为普遍现象，并且随着大量人口从贫穷不堪的农村移居到大城市的贫民窟而变得更为显著。为了对付这种情况，需要大规模、高速度的工业化，但是，没有巨额的外国投资和外国贷款，就根本不可能着手进行。但这些投资和贷款并没有到来。在拉丁美洲各国中能够获得相当数量外汇的国家只有：靠石油收入的委内瑞拉，靠旅游收入的墨西哥和靠运河收入的巴拿马。具有重要意义的是，拉丁美洲各国中只有这几个国家同时保持了——并且仍保持着——较高的人均收入（按拉丁美洲的标准）和较低的物价年上升率。其他各国或者陷于经济停滞，或者推进想入非非的工业计划和野心勃勃的公共工程，其结果带来——如在巴西——灾难性的通货膨胀，造成普遍的贫困。在世界上一切较贫穷的地区中，拉丁美洲在1950年是教育最发达，领导能力最老练，最明显地具备经济迅速发展的"成熟条件"的地区，然而在这个地区的主要国家中，大概只有墨西哥在1950年表现出开始出现这种发展的明显迹象。拉丁美洲已经成为整个世界无法忽视的一支政治和文化力量，以及一个社会和经济问题，则是不容怀疑的了。

（郭　健　译）

---

[1] 《战后时期拉丁美洲的经济发展》（联合国拉丁美洲经济委员会，纽约，1964年）。

第二十章
1895—1939 年的文学

　　1895 年，哈代最后的、也许是他最伟大的长篇小说《无名的裘德》（以下简称《裘德》）问世了。这立即遭到大西洋两岸一大群书评家的辱骂，有一位主教甚至把它付之一炬。哈代后来追怀说："他大概因为不能把我烧死而大失所望，才这样做的。"进步已经发展到竟然如此冒犯信仰的狂热。哈代也曾表露过，这件事对他只产生一个长远后果，就是"完全打消"他"再写长篇小说的兴致"。幸运的是，他的诗癖并没有戒除。在本章里，《裘德》仿佛是一个很好的起点。

　　从显然可见的几个方面来看，这部小说是非常现代的作品。它对人类性生活的描写，比起英国过去任何一部重要的长篇小说都更加露骨，纵然未必更为写实。福楼拜、左拉、易卜生和欧洲其他一些作家所提倡的自然主义终于对英国传统产生了影响。如果不是由于维多利亚时代的道学流风过重，这种影响本来早就应该产生的。但是，与英国绝大多数优秀的长篇小说一样，《裘德》根本不是自然主义的作品。全书主要以神话的力量感人。对于哈代，正如对于维多利亚时代其他许多先进作家一样，现代生活像是一出悲剧。裘德和淑一意追求浪漫主义的自我满足，然而往往事与愿违。不错，有些苦恼来自社会的原因，但这些原因是可以消除的。虽然裘德个人的求学志愿遭到挫折，可是并没有注定人人同此命运的天理。尽管牛津的大门关得很紧，"野鸡"学院却纷纷成立。"福斯特教育法案"（1870 年）已经扫除许多障碍，50 年后的一位裘德就很少有机会碰到这一类困难了。此外，裘德的性生活问题在以后的时代也不至于那么无法解决。他可能感到自己不必再在两个女人之间左右为难，其中一个完全代表生活的肉体方面，即庸俗、粗蠢、憨厚、泼辣、没法教育的艾拉白拉；另一个完全代表精神和智力方面，即文雅、善良、极度神经质和令人心醉神迷的淑。尽管这样说，哈代所写的悲剧的某些起因至今似乎仍然没有得到解决，其中也许包括裘德和淑之间的性的关系。裘德具有强烈的动物本能，使他进入艾拉白拉的趣味比较低级的世界——有些评论家认为这是合情合理的。淑则多愁善感，似乎注定要摧毁钟情于她和她所钟情的人。尤其重要的是，裘德和淑的感受性已经达到难以在一个苦难世界中浪静风平的程度。哈代几乎是在暗示：裘德和淑已经步入人类进化的绝途，像他们那样的高度感受性使生存的意志衰退下来。而艾拉白拉则是一个不论甜酸苦辣都能生存下去的人，她虽苦也不改其乐，遇事常坚韧不拔。但是，感受性和智力发展到更高的水平看来不一定是一件好事。一个为虫子和兔子感到痛苦的人或许注定要灭亡。在我们这个达尔文主义盛行的文明世界里，这真是一种奇异的想法。

在亨利·詹姆斯晚期一系列堪称杰作的长篇小说——《梅西所知道的》（1897年）、《波音敦的珍藏品》（1897年）、《未成熟的少年时代》（1899年）、《圣泉》（1901年）、《鸽翼》（1902年）、《专使》（1903年）、《金碗》（1905年）里，也都隐隐包含着这样一种观念。通过所有这些作品，我们都可以看到两种深刻的但是水火不相容的见解。头脑聪明和多愁善感的人不仅需要而且必须追求美好的命运——一种通过把人与人之间的关系加以美化而设想出来的命运。可是，人与人之间的关系，即使是而且也许特别是在培养得最为敏感的时候，都具有双重性，容易遭到背叛和消亡。詹姆斯晚期的长篇小说都是刻画入微的杰作，如此细腻以致部分读者感到厌倦。他们怀疑：这是否只是没完没了地卖弄一种技巧，用此硬给陈腐的故事增添风雅与情趣？然而，詹姆斯所取得的效果实际上与此相反。他表明，某些可能为漫不经心的旁观者轻而易举地斥为陈腐和卑污的人物，也许正经历着高度清醒而又几乎意志麻痹的紧张的戏剧冲突。如果仅取《鸽翼》的情节，把它看作两个反面人物阴谋夺取一个垂死友人的钱财的故事，那么这部作品似乎陈腐不堪。而事实上，这部作品中的主要反面人物凯特·克罗伊，甚至比她的"受害者"米丽·西尔更加令人注目地代表着"生活"；因为米丽尽管热爱生活，却只是高雅地死去，而凯特如果能得到米丽的金钱（她肯定是在设谋夺取），就可以富贵而舒适地生活下去。詹姆斯全神贯注的中心就是"生活"的本质。同时他也涉及了一个以金钱与特权为基础的社会必然发生的各种纠纷和弊端。作品中当然还有一些比较朴实的道德论断,其重要的意义在于这些论断至今仍是正确的。凯特·克罗伊本人和她那位盛气凌人的阔姨母洛德太太役使、剥削别人,这正是詹姆斯所认为的根本罪恶。米丽所代表的是高雅大方,这种品格尊重个性,看来充满自我牺牲精神,这接近詹姆斯的理想。莫尔吞·丹什尔则属于那种漂亮、善良、意志薄弱的年轻人,可以在恋情驱使下不自觉地被拉进一场卑劣的阴谋,然后却又为他图谋陷害的对象高尚宽厚的行为所感动,而无力执行这一阴谋;这就是詹姆斯常常反复描绘的现代人的形象。令人困惑的模糊之感使詹姆斯晚期小说成为他最重要的文学经历之一。但是,《鸽翼》中如果单独有一个可以为本文特别一提的方面,那就是它使我们联想到《无名的裘德》的那种洞察力。凯特和洛德太太可以活下去,在她们自以为心安理得的粗鄙庸俗中挥霍无度地生活,而米丽和莫尔吞·丹什尔则不可能。小说结尾是凯特受伤而米丽死去,莫尔吞瘫痪;即使敏感和天良是最大的生存"潜力"(詹姆斯在《波音敦的珍藏品》中也表明了这一点),但是,实际上最有可能生存下去的人,却是活得兴高采烈而良心则已丧失的人。如果我们贸然说得更简单化一点,现代世界就是以更大的痛苦来报答更为清醒的意识。

詹姆斯晚期的长篇小说因为文体凝重而受到 E. M. 福斯特的攻击。但是,这些小说许多有价值的东西却似乎被福斯特带进了自己的作品。他的第一部长篇小说《天使不敢涉足的地方》(1905 年)发表之后,紧接着就是《最长的旅行》(1907 年)、《一间可以看到风景的房间》(1908 年)、《霍华德别业》(1910 年),多年后又出版了最伟大的压卷之作《印度之行》(1924 年)。福斯特的长篇小说并不是没有那种令人无可奈何的矛盾心理,但是,他的特点是:以象征主义的手法来表达这些矛盾心理,这种象征主义也许不像詹姆斯的象征主义那样善于引起回响共鸣,却比他的更加清晰明快。福斯特是一位自由主义的人道主义者,他一直珍视自己的道德价值,同时又反过来探究在需要抉择与行动的情况下这种道德价值的局限性,他在探究中如此冷嘲热讽,以致人们怀疑他的道德准则在现代世界究竟有没有存在的价值。即使是民主,在反对暴政的战斗中也只受到两声欢呼;是的,福斯特说,这只算是坏事中的好事,但绝不是什么光辉的理想。而作者笔下的自由主义的男女主角,开始以博爱精神去"联系"他们的同胞,在艺术与友谊方面跨越阶级、肤色与信仰的卑劣的人为的障碍——由于他们的理想和善心,这一切都得到赞许,但是却由于他们的基本判断力常出差错而注定要遭到失败。

《霍华德别业》说的是德国姓施莱格尔的两姐妹玛格丽特和海伦的故事。她们体现了热烈的自由主义的人文主义,一心希望匡正时弊。她们遇到了广有钱财、崇尚物质的威尔科克斯一家,虽然海伦起初有点晕头转向,但是她们两姐妹都对这个家族傲然轻蔑;然而,对于这个由阶级区别构成并且具有企业效率的威尔科克斯世界,这个"电报与发怒"的世界,外表上奢侈、粗俗而透过表皮就是惶恐与空虚的世界,却不能简单地嘲之为反文化或"反生活"。两姐妹本人都很富有,而且在小说描写的过程中,她们开始理解她们那笔财富的含义。里昂纳德·巴斯特是一个不幸的年轻人,他力图摆脱贫困和庸俗的婚姻,而且正是由于贫困和这种婚姻,他拼命追求"文化"而不可得";两姐妹见到巴斯特的情况方才懂得:她们自己之所以能献身艺术,能保有各种人事关系,在很大程度上有赖于特权阶级的悠闲安逸。她们个人的自由是由投资保障的,支付并维持这些投资的则是世界上的那些威尔科克斯家族,而不是那些施莱格尔家族。小说甚至还提出这样一种暗示:具有自由思想和艺术气质的施莱格尔姐妹,虽然本能地嘲笑物质财富,而她们却也许正是拥有这些物质财富的人身上的寄生虫。在这部小说中,两姐妹选择的道路大相径庭,这象征着她们个人对这一新认识的反应。玛格丽特同威尔科克斯先生结了婚,想走一条中间道路;她也许能够"缓和"他的生活方式(人们不禁提出疑问:究竟能否缓和它而又并不破坏它?),而同时又中途妥协,承认它在现代世界中是切实可行的方式。然而,她的婚后生活时好时坏,平平而过;虽然双方互有让步,而且存在真正的友谊,但是,像这样的关系是不足以应付海伦后来终于造成的那种精神危机的。因为海伦拒绝任何妥协,完全否定威尔科克斯家族,而且专心致志,要使巴斯特在文化上真正提高到她的水平。在小说中,福斯特以源源不断的喜剧性的创造力展现了达到这一目的的过程中的种种实际障碍。最后，也许是由于怜悯和无可奈何，虽然书中对这点没有完全说明，海伦自己献身于巴斯特。使她实现自己社会理想的欲望终于得到满足的唯一的"联系"是两性的肉体联系。有些评论家把这看作象征主义战胜了心理上的必然性，但是，人们可以理解，像海伦这样一个具有强烈理想主义和对虚情假意怀有强烈反感的女子，是可能让自己的真诚去接受这种至高无上的考验的。然而，海伦委身巴斯特，而且怀孕，结果却产生了一个社会灾难。她姐姐的婚姻在灾难的考验中几乎达到破裂，而巴斯特则在一次真正荒谬绝伦的不幸事件中丧命。小说的结局模糊含混，尽管比詹姆斯作品的结局明确一些，但是也不是图表式地黑白分明。虽然施莱格尔一家人陷入泥潭，种种事件迫使她们的理想转化成玛格丽特的妥协和海伦的灾难，然而下一代仍有可能由她们所做的一切得到益处。巴斯特和海伦的孩子将成为霍华德别墅的继承人。这所别墅一度曾是温文尔雅、离群索居的第一个威尔科克斯太太的家，而这位太太代表着古老英格兰许多优雅和直觉的传统。

于是福斯特期望通过民主进步来清除阶级意识，他也许还企望福利国家（如果人们可以事后聪明的话）。在他后来一部长篇小说《印度之行》中，他再次描写了一种自由主义的意图，想越过社会的压力和界限，把印度人和英裔印度人"联系"起来；这种意图在第一代人中间虽然失败了，但是在将来还有一些成功的希望。由于福斯特主要采用喜剧手法而不采用悲剧手法，所以人们还可以在阴暗的背后感觉到某种乐观主义。也许，由于1945年以后上台的艾德礼工党政府实行了福利措施和印度立法，这种乐观显得还有一部分道理。然而，正如人们在读哈代和詹姆斯的作品时所常常感到的那样，在福斯特的作品中也可以感到他确信有些损伤绝不是时间所能弥补的。他同20世纪初期大多数自由主义的人道主义者一样，看到了日益加速的社会变化，这些变化一定会摧毁旧秩序中许多优美和宁静的东西，且不论它们是否也会纠正旧日的罪恶。他再也不能怀有那种十足的安诺德式①的希望，想通过玛格丽特和威尔科克斯联姻，把中产阶级从市侩提高为有文化教养的人；他更不可能设想用合理的工资和教育就能

---

① 马太·安诺德（1822—1888年）为英国维多利亚时代具有民主思想的诗人与评论家，他生活在那个生产空前扩张而缺乏任何理想的时代，对生活感到悲观、苦闷，厌恶贵族和资产阶级，称为"野蛮人"和"市侩"，希望普及知识与文化，把智慧赐给"粗鄙而愚昧的人民大众"。——译者

把安诺德所说的那些"粗鄙而愚昧的人民大众"改造得温柔而又文明。在福斯特的作品里,人们已经能够觉察到随后为布卢姆斯伯里派所具有的某些特点——在温文尔雅、文质彬彬的讽刺中表示对自己改变事物的力量不那么充满信心,更多地感到自己对历史的控制岌岌可危;暗示旧的人道主义已经不再代表历史的主流,而已变成一潭死水,成了日渐凋零的旧时名流的隐蔽所。

爱德华时代的长篇小说,即使仅有詹姆斯和福斯特两人的作品引为自豪,也堪称出类拔萃的了。但是,在从维多利亚鼎盛时代逐渐向辉煌灿烂的后期过渡的时候,这一体裁另外还出了两个重要的作家。吉卜林此时仍在写作他某些最优秀的作品:《丛林故事续篇》(1895年)、《斯托凯公司》(1899年)、《吉姆》(1901年)、《正是如此的故事》(1902年)、《他们》(1905年)、《普克山的帕克》(1906年)、《丛林少年》(1907年)、《作用与反作用》(1909年)。吉卜林的声誉在生前有所下降,这种情况一直延续到不久以前,然而现在他又被评定为一个重要的人物。在很长一段时期内,人们曾经把他仅仅当作帝国扩张赤裸裸的宣传家,由于这一点,他在公众心目中威信扫地。人们指出了他的作品中虐待狂的因素,但是认为它只起消极作用;人们不认为他具备洞察残忍与暴力的能力,而这种观察力是弗洛伊德以后即使最粗浅的作家也可以具备的。不过,即使在反吉卜林的最高潮时期,主要的评论家如托马斯·艾略特、乔治·奥维尔、埃德蒙·威尔逊、莱昂内尔·特里林和克莱夫·刘易斯,都为吉卜林而心醉神驰;他们都承认他的想象力,他的作品神奇的紧凑,尽管他们对他的思想一直不屑一顾。直到最近才有一些评论家——其中最为突出的当推诺埃尔·安楠——这样指出:吉卜林的智力远比他的那些评论家所设想的为高。① 哈代、詹姆斯、福斯特全都以各自不同的方式探讨过浪漫主义人道主义的局限性,吉卜林则根本否定这一传统。他认为这种人道主义不过是空中楼阁。如果没有传统习俗的束缚,人的本性并不生来就是善良的和仁慈的。如果没有法律,人的状况就像霍布斯②所说的那样:肮脏、贫穷、孤独、残暴、浅薄。公立学校宿舍里的学生、在印

---

① A.拉瑟福德编:《吉卜林的思想与艺术》(1964年)。
② 霍布斯(1588—1679年),英国哲学家,认为人有利己的本性,"人对人像狼一样",应当实行君主专制政体。——译者

度的士兵、街头的普通人，都有他们的礼仪，但是，礼仪永远是同必须加以约束的本能互相冲突的。吉卜林谈到"没有法律的次等族类"的时候，他并不是在讥笑，而是在叙述他所明白的真理。法律是维持文明生活的条件，超出了这个条件，谁也不可能希望在自由中生活。但是，法律无疑也是纪律的来源，尤其是在有严格的考验人的生活方式做后盾的时候，例如在公立学校或军队中，法律的性质更是如此。首先，法律具有动人的魅力。在法律化为一个阶层或一个团体、一个"内部的"社团或一群众所瞩目和忌妒的杰出人物的信念时，它就会提供刺激和人们赖以生活的自尊心。看来吉卜林也认为人必须行使他们的权威，扩展他们的疆界，否则就会开始——在开头是不知不觉地——沉沦。在个人生活中，同在帝国中一样，是没有停顿的。

具有讽刺意味的是，正是吉卜林对普通人的现实主义态度，使一些以对性的现实主义态度自诩的评论家对他视同陌路。吉卜林所赞赏的残忍、粗俗、大胆和含而不露的礼仪的混合物，对于那些认为米丽·西尔必然优于凯特·克罗依的人，的确是无法接受的。吉卜林的真正立场，虽然确实在政治上是右翼，却完全与法西斯主义无关；诺埃尔·安楠曾指出，他是受了德克海姆、韦伯、帕雷托等人直接的思想影响，这些欧洲社会学家"在本世纪初根本改变了对社会的研究"。这样一些指导思想可以有助于证实我们的感觉：吉卜林长篇小说的想象力，并不源自浮躁的爱国主义和无法觉察的虐待狂，而是源自更加有条有理的东西。回过头来看，20世纪40年代后期和50年代，曾经令人奇怪地过低估计吉卜林的长篇小说，这正如当时极度疯狂地过高估计戴维·劳伦斯的作品一样，似乎鲜明地说明了帝国后退的历史。倘若吉卜林的声望在最近的将来重新得以恢复，那么这很可能不仅是因为英帝国既然一去不返，就需要它自己的运用想象力的历史学家；而且也因为帝国的价值同经济生存的价值并不迥然不同；吉卜林说过，要么发展，要么死亡。

这个时期另一个重要的英国小说家是康拉德，继承英国小说传统的一个独往独来的人物。他是一个波兰人，用异国语言写作，过着流亡生活，然而却成了英语艺术的名家之一。他的第一部长篇小说《阿尔迈耶的愚蠢》发表于1895年，在这以后30年间问世的作品有：《逐出海岛的人》（1896年）、《"水仙"号上的黑家伙》（1897

年)、《吉姆老爷》(1900年)、《台风》(1903年)、《诺斯特罗莫》(1904年)、《特务》(1907年)、《在西方的眼睛下》(1911年)、《机遇》(1913年)、《胜利》(1915年)、《阴影线》(1917年)、《拯救》(1920年)、《悬而不决》(1925年)。康拉德与众不同的一个特点是,他很少写当时在英国小说中极其流行的家庭的场景和中产阶级的人物。对两性关系以及即使是正常的家庭关系,他都没有什么兴趣。他所主要关注的,看来是一些个人受到环境考验,并且为了求得生存而孤军奋战的断面。他小说中的那些主角的男子气概一再经受考验,或者是在海上的狂风暴雨之中,或者是在人生的狂风暴雨之中。这种挑战是要在一个漫无目的、然而却为人类传统的责任感与勇气提供了某些完美理想的宇宙中,发展勇气与毅力,尤其是发展自信力。英勇的品德既是取得胜利的手段,又是它们本身最佳的酬报。康拉德看待某些人类的风习,很像天主教徒看待教会。一个海船的船长必须经受考验,来证实他是否能担任一个需要高度勇气的角色;正如一个教士,他在他也属于其内的已确立的继承次序中,为他一生的成败而奋斗。康拉德在这种考验人的框框之外,很少有时间再去描写个人追求的业绩;他不屑于在一个虚无的世界中去寻求感情上的满足。有时他的某些批评家似乎认为他冷静到了严峻的地步;有人甚至认为:他对自己的角色的冷酷可能就是他的艺术的动力。但是,这样一种观点不是公开回避又是什么呢?——而康拉德是觉察到这种回避是出于多愁善感的第一个人。

例如,在那本《特务》中,他描写了怀抱理想的人,甚至具有非凡品德的人,以及坏人和疯人,有各种不同的通往政治混乱的道路。他在维尔洛克太太身上,写出了一个似乎在大声疾呼要求得到理解并且同时得到宽恕的女人通向谋杀的道路。但是,康拉德本人能够理解而并不宽恕;人们怎么能找到一个轻易的方案,既能够宽恕,而又不推卸对既成事实的责任呢?固然,他用了那种激起我们恐惧的、富于想象的领悟力,描写那些善良的无政府主义者和维尔洛克太太,从而使我们无法沉溺于直截了当的谴责。但是,他又把注意力非常清楚地集中于他们的行为事实上面,同样使我们无法心安理得地躺在安乐椅上面予以容忍。对问题的认识就是:他们都是生活中的牺牲品,他们只能无可逃避地忍受;而且这些牺牲品既危害他们自己,同样也危害至关重要的社会秩序。我们可以同意，这样一部小说中所作的分析的特点确是严酷得令人心神不安；但是，要把它称为"不人道"，则等于否定这位小说家丰富的艺术洞察力。令人庆幸的是，康拉德除了严峻之外，还可提供令人惊叹的丰富多彩的色调，在一个悲剧世界中可能实现的种种伟大成就和冒险事业，真是千姿百态。

对爱德华时代的长篇小说做过这些必然是简短的评论之后，我们至少可以指出一个重大的共同主题。所有这四位约略论及的小说家以及哈代，都鲜明地指出了我们在现代世界需要培植忍耐力。正如哈代在《还乡》中所暗示的，人们越来越看到，他们的苦难不是反映在远古世界人类童年时代的敏捷和好奇之中，也不是反映在中世纪青年时代欢乐的梦想和礼仪之中，而是反映在爱敦荒原阴暗、朦胧的微光之中。成熟带来真理，但是真理又带来幻灭。孔德实证论的时代并未发现什么精神上的安慰来弥补这种损失。年轻的叶芝已经在他早期的诗作中歌唱这种主题了：

> 阿卡狄森林已经死亡，
> 他们昔日的欢乐化为乌有；
> 古老的世界，依靠梦幻哺育，
> 现在苍老的真理是它那彩色的玩偶……

维多利亚晚期和爱德华时期的其他许多作家都被这种见解压抑着，他们察觉到在这得不到希望滋润的世界上，无可旁贷的责任还永远是不容推卸的。在一个悲剧的世界里，人的理想必须合乎人性；而在人类世界中，背叛理想似乎是真正的悲剧的结局。难怪小说中那么多重要的人物，在命运使他们周围逐渐变得一团漆黑、世界越来越衰老的时候，除了他们自身的正直完美和经过考验的忍耐力量之外，其他一切都荡然无存。

如今人们的确可以看到，这些作家距阳光普照、欢欣若狂、晴空万里、板球服与冬青丛的情调，犹如天悬地隔。然而，人们却一度认为，爱德华时期那些天真烂漫的人就是在这种情调中优游岁月的。自由主义者以伤心断肠的冷嘲热讽来探索自己的弱点，而那些非自由主义者则蛮横粗野地把他们的文明推向溃灭。多数次要的作家（赫·

乔·威尔斯是其中显著的,但绝不是唯一的)都看到,文明世界的上空正在聚集着变革与暴力这场风暴的乌云。在战争年代以及在随后两次大战之间的年代中势将统治欧洲文学的那些因素已经开始形成。这些因素就是:在艾略特、休姆和其他一些作家的作品中对自由主义人道主义有所保留或直截了当地否定,作家感到敏感的欧洲人可能毕竟只是一小批特殊人物,他们已为历史所遗弃,并不是大地的当然继承人;还有一种恐惧心理,讽刺性地扭转了若干世纪以来的乐观主义,唯恐人类正在丧失对他们自己的发明的控制,可能像弗兰肯斯坦①一样,注定要为他本人自作聪明地制造出来的怪物所摧毁;而最重要的则是文明终将毁灭的神话——《荒原》,艾略特给它取了这样一个名字,而且也创造了这样一部文学杰作。在所有这些趋向中,人们可以看到这个时期的政治动乱在文学作品中的反映。有大量证据可以证明这样一种观点:种种绵延不断的危机,如英国与德国关系的恶化,上议院和下议院的斗争,地方自治的危机,争取妇女选举权的斗争,工业中经理方面与工会方面的日益疏远,越来越多的关于国际颠覆活动与阴谋的谣传,以及科学新发明和变革越来越令人不安的后果——所有这些都深深地影响着人们思考和写作的方式。

维多利亚晚期和爱德华时期文学的伟大之作是长篇小说,由此开端看来是正确的。诗人仍然还不足以和欧洲大陆他们伟大的同时代人相提并论,虽然已经可以看到波德莱尔、马拉美和拉弗格有益的影响。在20世纪初期出现了一些新的、有才华的英国诗人,但是,天才却只有一个,这就是哈代。他的无与伦比的多才多艺,使他从上一个世纪的伟大小说家转变成下一个世纪的伟大诗人。哈代在那以前也写过诗,其中还有一些佳作,但是,他那些真正令人难忘的诗,则是在他的妻子爱玛1912年去世后不久写作的。爱玛去世,他就从婚姻不幸的压抑中解脱出来,沉入对初恋的最强烈的缅怀。他的一些诗,像《旅途之后》和下面所引的这首诗,表达了悼亡之情,纯洁动人,达到了诗歌所能表达的极致。

---

① 《弗兰肯斯坦》为玛丽·W. 雪莱1818年发表的一篇故事。故事主人公弗兰斯坦是日内瓦的一个自然科学家,他用骨头制成一个人形怪物,并使它能够活动,最后怪物进行反抗,终将弗兰肯斯坦本人杀害。——译者

石上的影子

我缓步在祖依德石①旁,
这白石蹲在园中孤独凄凉。
我停下注视浮动的树影,
看它们不时洒落在石上。
近旁的树木轻轻摇晃,
也在我心中勾出了一幅倩影,
那正像她种花植草的时候
映在石上的我所熟悉的头影和肩膀。

我想象我背后就有她的身影,
可我又早知道她已离我远行。
我自言自语:"我相信你就站在我后面,
可是你怎么又能走上这条熟径?"
这儿静悄悄没有一点声音,
只有一片落叶像一声悲戚的答应;
为了抑制我的悲哀,我不愿回头
去发觉我所想的只是一片空虚凄清。

然而,我还是想回头望望
看是不是没有人跟在我的身旁;
但是我又想:"不,我不愿打破
这个也许真会存在的形象。"
于是我轻轻地走出树丛,
让她在背后映出她的倩影,
因为她确实是一个魂灵——
我没有回头,以免我的梦境化为泡影。

---

① 祖依德石:英国道塞郡和维尔特郡地面散布有很多大块沙石,据说是第三纪地层遗物。英国残余的圆形石坛多由这种大石建成,人们多认为这是英国古代祭司(称为祖依德)的祭坛,故称这种石为祖依德石。——译者

在这个时期,英国艺术中唯一可以与之比美的成就,就是埃尔加的作品。哈代悼念亡妻诗中的意境,同埃尔加那些伟大的清唱剧、交响乐和大提琴协奏曲之间,存在着某些深刻的类似之处,这样一种印象或许值得一提。

大战爆发,正是文学发生酝酿变化的时刻,这时某些新的重要诗人已经崭露头角。正当鲁珀特·布鲁克歌颂爱国主义与光荣那些旧日罗曼蒂克思想的时候,20 世纪即将问世的战争诗则正在形成之中。威尔弗雷德·欧文的《无益》一诗犹如阵亡战士墓前的碑铭,是对一个牺牲了的无名青年的纪念:

把他抬到阳光下——
在故乡,太阳曾经用轻轻的抚摸唤醒过他,
那尚未播种的田野说着悄悄话。
直到今天早晨的这场雪,
就是在法国,它也常常唤醒他。
如果现在还有什么能够把他唤醒,
仁慈的太阳老人一定知情。

想想吧,太阳是怎样唤醒种子——
他曾经唤醒过寒冷星球上的那些泥土[①],
这好不容易长成的四肢,布满神经的腰身,
仍然是温暖的,怎么就这样难以掀动?
难道泥土就是为了这才长高?
——啊,是什么让这昏愦的阳光
为打破土地的长眠竟然还要操劳?

"我的主题是战争和对战争的怜悯,"欧文写道,"诗就是怜悯。"在《无益》和其他一些次要的杰作中,他探讨新的语言技巧和韵律来体现他的怜悯:采用母音和子音的谐音代替全部正规的押韵来改变悦耳的感觉,呈现死亡与暴力赤裸裸的形象,使人们无法从中寻求美

[①] 据《圣经》,上帝用泥土捏造人形,赋以生命,创造人类。泥土意指芸芸众生。——译者

学方面的安慰。到了60年代中期，欧文的诗得到广泛流传，这是由于人们恢复了对第一次世界大战的兴趣，特别是由于本杰明·布里顿的《战争哀诗》。大学生对欧文的诗比对奥登或格雷夫斯的诗更为熟悉。看来很清楚，欧文的声音在原子时代越来越铿锵有力。欧文记载了1916年或1917年的时代，而当时正是文学起源以来诗人就战争所写的几乎所有诗篇都变得与人类前途毫不相关的时代。

在欧洲，最引人瞩目的战争诗人是纪尧姆·阿波里耐（1880—1918年），他的《美好的文字》（1918年）包括了他最伟大的一些作品。他在1918年11月死于西班牙流感，离威尔福雷德·欧文去世还不到一个星期。大战时期另一个最重要的英国诗人是爱德华·托马斯。这是一个令人感到极为亲切和具有强大魅力的作家，他有时能以令人莫测高深的单纯而富有田园风味的诗篇，描绘出正在消逝的世界异常生动逼真的形象。在《阿德勒斯绰普》中，他捕捉到人们曾经十分熟悉的乘坐火车时的经历的本质。突然之间，在那个不期而遇的情绪高涨时刻，我们听见了古老英格兰最后那种令人沉醉的声音，在工业和战争咄咄逼人的音响中，我们听见了这种声音还在那儿，但是，它还能存在多久呢？

是的，我记得阿德勒斯绰普这个站名，
因为在那个6月的下旬，
正是在一个炎热的午后，
快车异乎寻常地在那儿停留。

蒸汽咻咻作响，有人在清嗓。
在那个光秃秃的月台上
没有人走，也没有人来，
我只看见阿德勒斯绰普那个站牌。

柳树，曼陀铃，草儿青青，
还有绣线菊和那一堆堆干草，
它们和高空的朵朵浮云
同样安静，同样孤寂清新。

一只乌鸦在车站的近旁
为那个时刻放声歌唱，
牛津郡和格罗斯特郡所有的小鸟
都在他的周围，雾浓浓，路遥遥。

但是，诗在这时已经走上了另外的道路。在大战以前几年，就曾经发生过一次不大重要的反叛。在1912年和1922年之间由爱德华·马什爵士编辑诗集、现在人们通常称为"乔治时期诗人"的一派人，就否定过世纪末诗体那种沉闷和说教，但仍然保留了近似维多利亚晚期传统的其他一些方面。他们继续珍视抒情、音乐、"诗情画意"的主题和想象，认为诗人的主要任务是用美的创造来安慰人类，提高人类的精神境界。爱德华·马什爵士团结了当时最优秀的诗人，其中包括瓦尔特·德·拉·马雷、爱德华·托马斯、威廉·戴维斯和戴维·劳伦斯，而且他的鉴赏力绝不是像后来非难他的那些批评家所设想的那样狭隘。他证明在普通的知识分子读者中间这种诗歌拥有相当广大的市场；他编的诗集畅销，直到最近，诗歌才又有了那样广的销路。

然而，乔治时期诗人的风味，虽然具有天主教色彩，而且是在一定范围中流行，对于另外一派年轻诗人却是一种刺激。1913年，意象派发表宣言宣告成立，并且为诗歌宣布了全新的宗旨。他们的那些宗旨中有这样一条：诗必须出而探索整个现实，囊括整个现实。在一个充满了大城市、汽车、飞机的世界，诗人绝不能再抒写赏心悦目的风光中的田园情调。意象派的思想基础是，诗人必须追求真实，甚至把美放在次要的地位。如果他把美作为自己的目标，他就可能成为一个不折不扣的逃避现实的人。诗人只有用现代人所经历的全部体验来从事创作，才能使自己的语言生动有力，创造出与生活息息相关的诗篇。意象派认为，维多利亚时代关于措词、韵律和意象的种种陈规旧约已经寿终正寝了；披荆斩棘的情感要求在形式上进行实验。因此，1913年的宣言要求得到风格和内容的自由，要求通过这种自由来承认：诗意的感受在于诗人创造的实际形象之中。正如托马斯·艾略特后来在他评《哈姆雷特》的文章中所说的，诗人要为他自己的感受寻求"客观的关联词组","换句话说,就是用以表达那种特定感情的一组对象、一种情景、一串事件;因而,外界事物(它们必须以感官的体验为限)一旦出现,就立即激起感情"。

这种"意象"的概念十分广泛,足以包括整个诗歌,甚至还可以包括整个戏剧和整个小说。着重点在于词汇的精确,在于"具体";但是,这种精确具体能完整无缺地抓住一种感受,让这种感受同在现实生活中一样,毫无限制,引起共鸣。因此,意象派诗人往往不顾语法与句法、逻辑关系,以及语言和风格的约定俗成的含义等通常的文学程式,而宁可把诗看成是通过"意象程序"而起作用的。诗人着重独创和精确,一首诗的唯一考验就是是否有人鉴赏。意象的生命力存在于各种意象的相互影响、相互关系之中,而这种相互影响和相互关系将在读者有意识的甚至无意识的心灵中激起反响。迈克尔·罗伯茨在他编的《费伯现代诗歌丛书》那篇著名的序言中说过:

> 《荒原》具有"意象程序",我用这个词的意思是说,它对某些心灵说来,甚至在还没有掌握它的叙述和议论的连贯性以前,就已经对它信服。这种"意象程序"不是什么武断的、独特的、不可思议的东西。如果用以表示复杂情景的种种意象,一旦由抽象的观念取而代之,那么诗的许多表面上的支离破碎现象就会消失。它就会变成一篇描述世界情况的散文,一个神话的转述,一篇生活悲剧观的辩护词。但是,作为一首诗,它的作用就更多一些:一首诗表达的不仅是对某一社会事实或科学事实的观念,而且还有对思想或认识的实感;它不仅阐明这种悲剧观,还要传送这种悲剧观。

人们在这样一段概述中可以很清楚地看出波德莱尔、拉法格和兰波的影响;意象派和象征派之间的密切关系在于借鉴;"意象"之所以变得有价值,和法国的"象征"一样,在于它能唤起共鸣,在于它有力量表现出有意识的感觉与思维的表层下面的种种联想、暗示和原型。

在前面提到艾略特是有必要的,他在现代诗歌这一伟大阶段的重要性是十分清楚的。有趣的是,唯有他和庞德是与意象派运动有联系的著名诗人,而且他们两人同在他们以前的詹姆斯一样,同样都既是美国人,又是欧洲人,两种成分几乎各占一半。意象派作为一个独特的运动之所以具有重要意义,几乎全部仰仗这两个人的作品——特别是仰仗庞德的《长诗》(1911年)及其随后的续集,以及艾略特的《普鲁弗洛克的情歌》(1917年)。但是,意象派的根本重要性在于它是"现代派"的一种表现;意象派的宣言毫无疑问得力于以下这两件事情:人们感觉到叶芝的主要诗篇虽然是完全独立的,却越来越属于意象派;另一件是霍普金斯的遗作身后在1918年出版。霍普金斯之成为不折不扣的现代派是生拉硬凑的,一些学者发现他的生卒年(1844—1889年)时,不禁大为惊异。

但是,与此同时,意象派的贴切中肯却由于两位重要的小说家詹姆斯·乔伊斯和弗吉尼亚·伍尔夫的作品而得到证实。他们在小说方面的实验使他们确定了同艾略特和庞德相近的各项"意象程序"原则。散文与诗的界限淡薄了,此时有创造性的作家开始认为两者都是通过语词的精确来表达想象中的真实。然而,人们一谈到小说,马上就注意到近在咫尺的欧洲所带来的种种影响。正如英国的现代诗人同马拉美、瓦勒里和里尔克有血缘关系一样,现代小说家也发现他们同托马斯·曼(《布登勃洛克一家》,1901年;《特里斯坦》,1903年;《在威尼斯之死》,1913年)和纪德(《蔑视道德的人》,1902年;《窄门》,1909年)是近亲。从这整个酝酿过程中产生了"现代派"一词,现在我们就要来对它更详细地研究一下。

这些作家所使用的"现代派"一词,到底是什么含义呢?它究竟是什么意思?大家争论如此激烈,而且又如此难以捉摸,所以最近出版的两本书做出承前启后的考察,人们就无比感激了。第一本是理查德·埃尔曼和小查尔斯·菲德尔森合编的资料汇编《现代的传统》(1965年纽约版),其中收集了一些"现代派"作家自己的论述。第二本是斯蒂芬·斯彭德所著的《现代派的斗争》(1963年),顾名思义,这本书不仅给现代派下了定义,而且也是在为现代派论战辩护。根据斯彭德的意见,"现代派"首先是一种生活方式,其次才是一项文学纲领。现代人所处的环境是前所未有的,因此他的体验就要求用前所未有的方式来加以表达。现代人作为社会存在,生活在与18世纪中叶以前的一切迥然不同的一个工业世界里，生活方式（包括其中的一切含义在内）既不相同，而且还生活在日益忧虑世界毁灭的恐惧之中。同一切传统的源泉切断了关系，人也就失去了自己的身份。人没有确定的阶级或社会地位，在社会生活中没有众所公认和实行的道德、政治或宗教主张。然而，作家的困难固然在增加，他的机会同样也在增加。或许唯有作家才能提出真知灼见，甚至拯世救人，虽然具有讽刺意味的是他的社会作用看来已经缩小。在他自己的心目中，他甚至可能成为一个阿特拉斯①式的人物，独自肩负起世界的良知、世界苦难的全部重担。但是，根据同一个象征性的说法，他的境遇也可能是非常令人沮丧的；一个敏感的人怎么能肩负这样的重担而保持自己的姿态不变呢？难怪"现代派"常以悲观的态度描述自己，惋惜以往失去的财富和宁静。许多现代派作家，包括艾略特和劳伦斯在内，都追怀历史上比较欢愉的时代。对于艾略特来说，在德莱敦和密尔顿以前曾有一个思想和感情"水乳交融"的时期，两者之间不像以后那样分歧离异。对于劳伦斯来说，则有工业化以前英格兰的那种原始纯朴的意境，那时的人生活比较接近自然，是自然的、本来的自我。

　　从某种意义来说，这种祖业失传的故事，是一种更加古老得多的传统；维护这种说法的先辈中，就有18世纪和19世纪的许多名重一时的人士。自然，这些维护者中，找不到任何两个人对发生作用的一切罪恶力量意见一致，因此对于失去天恩这件事的看法是人言人殊。自然会有不少不光彩的历史（历史学家可以明鉴），而文学传统却需要许多的黄金时代，超过了过去历史所能包括的限度。于是，这种传统就已届高龄，无法称为独树一帜的"现代派"了。但是，现代派作家还是相当广泛地接受了这种传统，同时还经常加上自己的精心发挥。饶有趣味的是现代派对于早期浪漫主义作家的态度，他们非但没有被当作有远见卓识的先驱而受到阿谀逢迎，反而一再串演了反派的角色。在休姆和托马斯·艾略特的作品中，他们差不多同自由主义的人道主义者一道，成为应对我们工业化以后时期的堕落承担责任的替罪羊。因为，如果破坏人的宁静的主要敌人出在自己城堡之内；如果"心灵感情的圣洁"变成了弗洛伊德所发现的那种沸腾的冲动，情况

---

① 阿特拉斯——希腊神话中受罚以双肩扛天的巨人。——译者

又将如何？如果脱离了任何形式的约束或纪律，难道"自然"本身不会直截了当地走向荒原？强烈激情、乐观人道主义、"真诚"等浪漫主义的价值的确要受到彰明较著的抨击，而来自艾略特本人的抨击绝不是最轻的。

在许许多多现代派作家那里，也都可以看到这种疑虑，虽然戴维·劳伦斯是一个重要的例外。奥尔德斯·赫胥黎和伊夫林·沃的讽刺，提出了类似的教诲；卡夫卡的世界体现了抱着无法解答的自身之谜生活下去的噩梦。但是，仅仅提一下所有这些作家，就可以使我们警觉到一种非常根本的危险："现代派"作家各自的特点显著，癖性迥异，如果一定要对他们进行概括，肯定要归于失败。

为了方便起见，我们可以谈谈两本主要的现代派杰作，它们都是在1922年那个文学上不平凡的一年出版的。人们常常把乔伊斯的《尤利西斯》称作那个时代的散文史诗，把艾略特的《荒原》称为韵文史诗，或者嘲讽史诗。乔伊斯的《尤利西斯》之所以是现代派的，既在于它的语言生动有力和独具一格，也在于它极富实验性的形式。作品极其深刻地探索了一个当代都柏林人布卢姆一天的生活。作品中并不存在通常所说的那种情节，仅仅累积了许多事件，其中有一些，如果不是以那么大的想象力去进行探索，就可能显得微不足道了。对细节描写的现实主义态度达到极其忠实的程度，竟至于使人感到陌生，无法辨认；关于色西的那一段插曲中，在描绘城市的贫困污秽方面别开生面；但是，作者这样做时使用叙述荒诞不经故事的凝重笔触来描绘都柏林（在这方面，狄更斯或许比左拉具有更重要的影响）。同时，乔伊斯还采用了普鲁斯特和弗吉尼亚·伍尔夫也正在以截然不同的敏感探索的技巧——"意识流"手法；这种手法非常紧密细致地追踪一个人的思想和感情，因此使我们也能通过他的意识（而且在某种程度上通过他的半意识，甚至潜意识）体验那些事件。这种技巧在突出追寻内心世界现实方面是属于现实主义的，但是，由于这种种现实都是内心世界的，所以这种手法的确又可十分鲜明地背离社会的"现实主义"。它可以同外界情况形成讽刺性的对比，有时是喜剧式的，有时是悲剧式的；它也可以突出个人在他自己的意识中的完全孤立，在这种意识中，过度的敏锐往往以幻境、衰竭或者死亡作为代价。在弗吉尼亚·伍尔夫的作品中更加花样翻新，她的许多人物都

627 具有一种反常的意识，这种意识常常同神秘主义联系在一起，但是，对这些人物来说，它似乎是要加强自我的那种无能为力的孤立。

在所有意识流作家中，普鲁斯特是最伟大的。他那部卷帙浩繁的巨著《追忆逝水年华》（1913—1928年），穷尽无遗地探索了把意识流手法同象征主义结合起来的种种可能性，以致有区别地探讨文学又行不通了。但是，谈到普鲁斯特使人又回到《尤利西斯》特有的种种优点；虽然乔伊斯仅就心理分析的见解和唤起的深度而论，绝不能与普鲁斯特比肩并立，但是有种种论证可以说明《尤利西斯》更加接近正常人类生活的中心。关于布卢姆和他的妻子莫莉的主要事实，就是他们神志正常。我们深入认识他们，能够起调谐和深化我们的社会观念的作用。如果说《尤利西斯》有弱点，那就在于它那荷马式的上层结构；把现代生活中的一天同《尤利西斯》的神话相对照，这种概念虽然无疑是富于暗示性的，但会造成难以确定的效果。有些类比过于矫揉造作，令人难以认真看待；而采用嘲弄地模仿英雄风格来贬低人物，不管是出于有心或无意，这种引喻都可能使人如堕五里雾中，而不能得到助益。但是，引喻过多大概是大部分现代派文学的一条缺点。它给读者故意设置重重障碍，几乎是存心令人无法读懂；即使《荒原》也有这种瑕疵，而庞德的《长诗》尽管有那样一些美妙动人的章节，却因此而整个地遭到了破坏。

《荒原》这部偶尔照顾音步和韵律的自由诗，是那个不平凡的一年中的另一部杰作。诗中有许多地方引喻早期的文学作品，而且同《尤利西斯》一样，效果主要是讽刺性的，虽然究竟是借古抑今还是借今抑古，常常不能一目了然。艾略特的神经过敏的现代美女（她坐的椅子，像一个擦得发亮的宝座，在大理石上闪闪发光等），究竟是由克利奥帕特拉蜕化演变而来，抑或她本身可能就是克利奥帕特拉身后的现实？艾略特把这个问题强加给我们，而没有给予解决；如果答案是"两者皆然"，那么这首诗就比我们通常所认为的更要稀奇古怪了。这首诗实质上是记述现代的伦敦，但是，这是同现在和早期的其他通都大邑血肉相连，并且也同但丁的地狱紧密相关的伦敦。下面引用的几行诗是表现艾略特多层次含义的一个有益的缩影：

>一座并非现实的城市,
>笼罩在冬日黎明的褐色烟雾里,
>人们拥上伦敦桥,那么多,
>我以前未曾想过,死亡毁掉了那么多。
>人们偶尔发出了短暂的叹息,
>每个人都把双眼盯在自己双脚前面。
>拥上桥头又拥下威廉国王大街街头,
>而在那里,圣玛丽·伍尔诺思钟楼遵照时辰,
>敲着九点钟最后那一记沉闷的响声。

这样地引出交通拥挤时刻的伦敦是非常美的,即使其暗示的意义是在精神的浓雾中迷失方向。人群在桥上流过,而河水在桥下流过;诗句把人群同但丁《神曲》中《炼狱篇》飘忽的鬼魂相提并论,他们既没有善举足以得到拯救,又没有恶行足以遭受地狱中那种真正狂暴的虐待与苦难。但是,最吸引人的则是那种不同寻常的共鸣。毫无疑问,圣玛丽·伍尔诺思的时钟,正像艾略特告许我们的那样,确实在敲响九点钟的响声,但是,它的效果则更接近于哈隆(但丁同一长诗中的人物)等待着把亡灵摆渡到地狱中去。

艾略特这首诗的主要情节是描写死亡与转生的两次轮回,月份和季节周而复始,以及异教和基督教关于垂死的神祇的经久不衰的神话。诗中叙述的尘世,毫无得救的希望;4月是最残酷无情的月份,它从忘却一切的冬季苏醒过来,踏入生活的苦难。我们的现代世界是一片不毛之地,陈腐不堪,呓语汹汹,形象凌乱;是一个映照出孤寂、枯燥、性生活卑鄙下流并且使人感到绝望的世界。

>在天空出现紫霞的时刻,人们的眼睛和背脊
>从办公桌上抬起,这时人像一部机器等待着
>像是一辆出租汽车一边震颤一边等待,
>我,提瑞西阿斯①,虽然瞎了眼睛,在两种生活之间震颤,

---

① 据希腊神话,底比斯人提瑞西阿斯因杀死神蛇被天罚失明,并由男身变为兼有女身,但作为报偿,获得预知未来的能力。——译者

我这个长着老妇干瘪乳房的老翁,可以看见
紫霞升起的时刻,黄昏时分,人们急忙回家,
而且让水手从海上返回自己的家园①,
打字员在喝午后茶的时刻回家,收拾早餐的杯盘,
点燃炉子,摆出罐头食品。
在窗外,危险地飘扬着
她那快干的内衣,上面洒着落日的余晖,
长沙发(晚上就是她的卧榻)上堆着
长袜、拖鞋、衬衣和腹带。
我,提瑞西阿斯,长着干瘪乳房的老翁,
看到了这个景象,还预见到其余情况——
我也在等待这位为人期待的客人。
他,这个脸色红润的年轻人,来了,
这个房产经纪人的小伙计,圆睁着眼睛,
这地位卑微的一员,自大的神气在他的身上,
就像一顶大礼帽戴在布拉德福一个百万富翁的头上。
正如他所猜想,此刻时机非常有利,
晚饭吃完了,她感到心烦、疲倦。
尽自己的力量去对她加以爱抚,
即使她并不喜欢,可是也没有责难。

红着脸,下决心,他立即进攻;
探索的双手没有遭到抗拒;
他很自负,不需要得到任何响应,
而且也可以把冷漠当作欢迎,
(我,提瑞西阿斯,已经预感到
在这同一个长沙发或者卧榻上演出的一切;
我曾经静坐在底比斯的城墙下,
并且行走在最卑微的死者当中。)

---

① 这是利用英国作家罗伯特·刘易斯·斯蒂芬森(1850—1894年)著名的《挽歌》一诗中的诗句略加变化而成。艾略特用原诗哀悼亡人安息的诗句来反衬现代人的熙熙攘攘。——译者

他赠给了最后恩宠的一吻，
摸索着，走到了没有灯光的楼梯……
她转过身来对着镜子照了一会儿，
几乎没有留意她那离去的情人；
她头脑中闪过一个影影绰绰的念头：
"好了，现在完事了；我真高兴已经完了。"
一个美丽的女人自甘堕落，干些蠢事①，
在自己的房间里踱来踱去，孤苦伶仃，这时候，
她不由自主地用手抚平自己的头发，
并且把一张唱片放在唱机上。

通过社会和政治结构，人类找不到任何希望。唯一的希望来自宗教；但是，宗教的希望本身却与荒原的幻想结合在一起，而立足在谵妄与欢乐之间。在埃毛斯路一章中出现的那个神秘莫测的陌生人，可能就是胜利地征服了死亡而再生的基督；也可能就是那个干渴欲死的狂人的最后幻想。后来艾略特也成了基督教徒，人们事后可以看出，这首诗就是在向宗教信仰前进的过程。但是，信仰在这首诗中只是一个神秘莫测的谜；确切的感受则是对社会的厌恶和对生活的厌倦。

这种情况提出了一个非常有趣的问题：为什么迈克尔·罗伯茨和其他一些人把这首诗看作我们现代社会的一份如实报道呢？更明显的解释则是诗人自己精神病态的想象。人们理解，世界确实可能看来像是如此，但是，一个健康正常的人却很少会感到如此。艾略特所以取得成功，部分原因在于他生动的描述唤起人们的感情；不可否认，我们之中多数人都像艾略特所描绘的那样，总有意志消沉的时刻。在重要的诗作中累积这样一些时刻，就可以使之显得比真实情况更具典型意义。在小酒店里的确有非常潦倒、淫荡的老妇，但是，诗中第二部分小酒店中的那场对话，是否可以典型地代表伦敦的下层酒吧间呢？对于任何一个欣赏伦敦小酒店的人来说，酒店打烊的时候那种"请快一点"、人声嘈杂、碎语闲谈，同文明价值无可挽回地沦丧败坏之

---

① 这一句为英国著名作家、诗人奥利弗·戈德史密斯（1730—1774年）所著长篇小说《威克菲牧师传》中的一行诗。原诗说女人失身于人，羞愧难禁，只有自杀一途。艾略特用这一行诗来暗喻对比现代女人完全不同的态度。——译者

间，并没有任何不言自明的联系。注意到艾略特的联想古怪的读者可谓寥寥无几，这大概是意象派手法的一种危险；如果是用通常的语言写出来，人们马上就可以看出这一点。当然，全诗也可能唤醒我们警惕藏在艾略特的郁悒后面的其他一些含义：他暗示"房产经纪人的小伙计"只可能是"脸色红润"的；而东欧的政治变动就等于野蛮游牧民族自天而降。

这些评论并不是要对这首诗的伟大提出怀疑，而是探讨它所取得的是什么样的声誉。《荒原》似乎是一首令人毛骨悚然而又不同凡响的诗篇，它并不是英国社会的一面明镜；确实，它不是一面明镜，而是一面哈哈镜，诗人自身就具有一些这种歪曲的成分。必然使我们感到兴趣的是，有那么多知识分子显然按照它的表面价值来接受它；为什么艾略特那种极端悲观的论调能在那么多人的心中引起共鸣？对于前途、对于国际混乱局势所怀有的恐惧必然是一种答案；对于人性——正如第一次世界大战所揭示的——所怀有的恐惧，则是另一种答案。或许新的心理学增添了人们现有的颓唐混乱之感；或许敏捷的人在本世纪20年代对加剧的变化还不如以后那么（表面上）容易适应。但是，在具有创造性的作家中间，普遍都有一种寻求解脱的愿望，而《荒原》则反映了当时广泛感觉到的一种病态精神。某些作家如艾略特本人和随后的奥登走向英国国教；有些作家如格雷厄姆·格林和埃夫林·沃则走向罗马天主教；有些作家如奥尔德斯、赫胥黎、叶芝和劳伦斯走向各式各样的神秘主义；还有些作家如30年代的诗人走向马克思主义，或者其他坚定强烈的政治信仰。

20世纪20年代在西方文学中是一个极其丰富多彩的时期，像本文这样一种概述，除了列举一些名字外，简直不敢再有所企求。在美国，斯科特·菲茨杰拉德也选用了荒原这个主题（在1925年出版的《了不起的盖茨比》中真正使用了这个词），但是，菲茨杰拉德给它加上了他自己暖人心怀的人情味。《了不起的盖茨比》是一部极有价值的、完美的长篇小说；如果说有什么作品竟然在它自己的基础上超过了它，那也只有菲茨杰拉德本人的那部最具有雄心的长篇小说《夜色融融》（1934年）。最先评论家对这部小说态度冷淡，但是，它现在已经成为我们时代一部重要的作品。《夜色融融》描写一个年轻的医生狄克·狄维尔开始走下坡路的时刻。他在扑朔迷离的情况下娶了一个患有严重神经病的妻子尼柯尔;其实尼柯尔那些有钱的亲属想的是用钱给她买一个常在身旁的医生;狄克尽管知道这一点,他却主要是为了爱情才结婚的。随着故事的发展,他终于治好了尼柯尔,但首先是由于他是丈夫而不是医生。最后,他的妻子完全康复,而他则身心交瘁。这场悲剧在于尼柯尔无论怎么说具有为生存所必须的那种铁石心肠;治疗一完成,她就得到自由,可以重新独立了。医生得到的报偿则是变成了累赘;但是,他这位医生同时也是丈夫,他的精力已经竭尽无余,这时感情的崩溃看来就成了无可避免的结局。然而,狄克接受尼柯尔,是在完全知晓大有可能发生这种后果的情况下决定的,因此他的倒霉使人想起哈代和詹姆斯作品中早已见过的那种道德教诲。在现代世界,过分的敏感可能只不过是一种障碍;然而,我们之中却很少有人不愿具有这种障碍。

在欧洲,纪德的《若是种子不死》(1926 年)树立了自传必须忠实的新标准;安德列·勃勒东的《娜佳》是 1928 年超现实主义的预兆。但是,20 年代最为出众的作家则是卡夫卡,他的两部伟大作品(《审判》在他去世后于 1925 年出版,《城堡》于 1926 年出版)反映了我们时代那些最可怕的事情。这两部作品每部都写了一个半匿名的角色陷入一种越来越复杂的环境之中,他努力想求得理解,却越来越大惑不解,他努力想求得生存,种种事件却挫败了这种努力。作品中似乎约略预感到日益迫近的法西斯恐怖;名副其实的敌人是那些置身幕后的政客和官僚。但是,这些小说之成为政治预言却是第二位的;它们作为讽喻,探索了现代人对于宗教真理的追求。显而易见的暗示是:神并不存在,或者神是敌视人类的,或者至少神是无法接近的(虽然可以认为,强调这些情况的是一种巴特派①新教,它的教义否定人的理性和道德,把上帝视为"完全另一个")。当然,卡夫卡的小说可以看作一种病态过敏的产物,至少有一位卓越的医生发现这些小说可做偏执妄想狂的病例,只不过如此而已。果真如此,那么我们就又面临一个有重大意义的问题:为什么现代人这样乐于在偏执妄想狂中去寻求他的真实的意象?对待卡夫卡,人们不能像对待艾略特那样,怀疑他

---

① 巴特派是在瑞士神学家巴特影响下所成立的教派。——译者

对性行为畏缩，或者是一味讨厌下层阶级。他的幻象是奥威尔的《一九八四年》后来体现了的更为深刻的梦魇，而随后的历史竟骇人听闻地证实了这种梦魇。在一个时代里，人们的病态心理以为自己受到迫害而在现实生活中也真正受到迫害；本来只能作为虚幻病例的事件竟然成为政治现实；我们对这样一个时代又能说些什么呢？

20世纪10年代和20年代最引人注目的英国作家是戴维·赫伯特·劳伦斯。初看之下，他可能像是对这样浓重的阴暗提出强烈的抗议。从他那部成功之作《儿子与情人》（1913年）开始，陆续发表了许多短篇和长篇小说，其中包括劳伦斯的研究者公认为是他杰作的《虹》（1915年）和《恋爱中的女人》（1920年）两部长篇小说，一直到他死后出版的最后一部引起众说纷纭的长篇小说《恰特里夫人的情人》（1928年），毫无疑问，劳伦斯是以非凡的精力和对人物与地方精妙入微、富于想象的观察来写成这些作品的。然而，这些作品存在的根本理由看来往往具有预言性；劳伦斯是一个救世主式的作家，他自己越是觉得自己遭到世界的否定，就越是心怀愤懑。

他的视野的中心是热情的浪漫主义。他相信人具有生活和幸福的巨大潜力，痛恨各种把人类精神置于桎梏之中的社会观念。他在其《民主》的文章中，识别出妨碍个人的发展的三大现代敌人：崇拜一般，千篇一律的单调沉闷；崇拜至尊，千篇一律的自我牺牲；迷信"个人"，千篇一律地信奉既定教义的社会结构。他针对这些敌人，公开赞扬"个人主义"，就是培养个人的内心丰富的世界，使个人独一的、自然的自我欣欣向荣。但是，记住这点十分重要：劳伦斯并不相信孤立的异葩独放。人要有人的相互关系，特别是家庭关系，来满足自己，劳伦斯往往就是在以超凡出众的见解和细心来研究这些问题方面发挥了自己最大的优势。他的基本信念之一是身心不可分离；他写道："人是身体与心灵结合为一的；他的各个部分绝不是相互敌对的。"旧的观念认为，心灵是我们"较高的"部分，而身体则是"较低的"部分，劳伦斯则用身体与心灵两者平等的思想，取代旧有的观念。性爱从人的角度来看是善，是人的需要，但是在这种肉体活动中必须心灵、精神和肉体完全交融。劳伦斯显然同布莱克相类似；他同布莱克一样相信，人类激情的巨人如果摆脱了桎梏，就会相互监督；人的柔情和忠诚能够保护他不进行杂交，这比消极的宗教训诫或者法律条款有效得多。

毫无疑问，劳伦斯描绘他的幻想时具有强大的力量，但是，这并不是说他那些长篇小说就没有任何云遮雾障。他也可以是具有破坏性的，带有性虐狂的；在他的作品中自始至终都存在着这种种冲动。他对性的看法往往十分奇怪地留有余地。有时他把它表现得超越人类关系而成为神秘的感受；有时他又像在《恰特里夫人的情人》中那样全神贯注于肉体活动——恰特里夫人离弃自己的丈夫以及梅勒斯同她的同居生活中复仇和暴力的潜在倾向，都引人注目地脱离了作者通常的看法。人们可以觉察出来，劳伦斯晚期越来越灰心丧气。他面对人类艰苦境遇中的悲剧因素（其中也包括丧失青春和活力），努力为人类寻求替罪羊。他的激烈论战带有歇斯底里的调子，他那具有明确自信的幻想，不再显得那样逼真了。在他生命的尾声，他迷醉于死亡与复活。他晚期的诗篇都是在为位于终极黑暗中彼岸的生活未雨绸缪，他的凤凰涅槃带有一种神秘的宗教色彩。如果他不死，他可能就变成了一个宗教作家，走上他的赞赏者，表面上同他背道而驰的奥尔德斯·赫胥黎所选择的那条神秘主义的道路。劳伦斯将永远是一个最令人着迷的现代作家，特别是在他脱离了他的那些朋友的影响的时候。

两次大战之间的岁月虽然严峻，不过也有比较轻松的时刻，这是一个属于玄思异想与奇言怪行、开路创业与未卜先知、异域奇闻与起义反抗的伟大时代。大众报刊制造出那种使它受到欣赏的情调（如艾略特的作品）；它大事渲染地报道那些耸人视听而又令人伤情的头条新闻。这就是当时使两个重要的讽刺作家得以崛起的社会背景。这两个作家一个是奥尔德斯·赫胥黎（1921年的《克罗姆·叶洛》，1923年的《滑稽的双人舞》，1928年的《旋律与对位》，1932年的《美妙的新世界》，1936年的《加沙的盲人》，1939年的《天鹅死在许多夏天之后》）；另一个是伊夫林·沃（1928年的《衰落与瓦解》，1930年的《邪恶的肉体》，1932年的《黑恶作剧》，1934年的《一抔土》，1938年的《抢新闻》）。这两个作家都写上层阶级异国情调的世界，伦敦社交界的时髦风尚，花枝招展的年轻女人，报业巨头和自以为救世主的人物，时新的贿赂者和衰老的腐化者。这两个作家都看出了尘世的欢快放浪中绝望挣扎的痕迹，像在各种无底深渊之上的荒原中寻欢作乐。在赫胥黎的作品中，讽刺常常犀利无比，带有沉重、锐利的恐惧之感。他的那些主角看来像是在打油式地模拟劳伦斯想从性生活得到解脱的希望,因而,他通过抛弃肉体而转向神秘主义的信仰,也就不足为怪了。伊夫林·沃,虽然同赫胥黎完全一样妙趣横生,有时几乎更加粗暴,但是却总是有些爱恋那个为他的讽刺所否定的世界。"青春是短暂的,爱情是有翅膀的;时间也会在我们不知不觉之间,销蚀了青春妙龄时期的聪明漂亮……"然而,沃的无情反映了他对他的人物保持一种毕竟是冷漠的态度,或者说一种随意打发掉的轻蔑态度;在他的外表后面,他似乎很少像赫胥黎那样严肃认真。

在赫胥黎和沃的作品中,意象破碎的世界,转变成闹剧和荒诞;而在其他一些作家的作品中,随着30年代渐渐展开,暴风雨的乌云越聚越浓,这个世界提出挑战,要求更严肃地对待事物。奥登在1930年出版了他的第一部诗集;在30年代,他和一批同他相仿的青年诗人名声鹊噪。下面是其中一些作者和作品的名字。威斯坦·奥登:《诗集》(1930年)、《雄辩家》(1932年)、《死亡之舞》(1933年)、《看吧,陌生人》(1936年);路易斯·麦克尼斯:《盲目的焰火》(1929年)、《诗集》(1935年)、《大地在强制》(1938年)、《秋天日记》(1939年);斯蒂芬·斯彭德:《诗集》(1933年)、《维也纳》(1934年)、《静止的中心》(1939年);塞西尔·戴·刘易斯:《山毛榉守夜》(1925年)、《乡村的彗星》(1928年)、《过渡的诗》(1929年)、《从羽毛到钢铁》(1931年)、《磁性山》(1938年)、《跳舞的时候到了》(1935年)、《死亡序曲》(1938年)。这些诗人后来被人们称为"三十年代的诗人",他们全都是朝气蓬勃的青年,奥登在《西班牙一九三七年》中称为"像炸弹一样爆炸的诗人"。他们的诗篇非常清新、充满活力,同强有力的社会信仰相得益彰;自从19世纪初叶以来,这是破天荒第一次有一群诗人,起而为政治事业斗争。他们的立场是从根本上批判资本主义社会。斯彭德在一首诗中把失业者描绘为社会的汪洋大海中漂流的破船碎板,断然拒绝用艺术去粉饰他们的困苦生活。对于欧文来说,诗存在于怜悯之中;而到现在,怜悯就是对世界提出革命的挑战。随着30年代时间的推移,法西斯主义完全被肯定为"真正的敌人"。西班牙内战强烈地吸引了这些诗人,当然,它也吸引了其他许多作家,包括像奥威尔那样对左翼并不那么热心的一些作家。奥登的《西班牙一九三七年》是描述这次战争的几首诗中最优秀的诗篇。它是一个战斗的号召，呼吁在还来得及战斗的时候为文明的生存而战斗，它提醒人们唯有人才能创造现代世界的命运：

> 星辰已经死亡；动物都不会再观看！
> 只有我们面对今天的战斗，可是时间已经不多，
> 历史可能为失败者叹息，
> 但是它不能帮助，也不能原谅。

这些 30 年代的诗人激励人心，很有影响，不过并不杰出——但是，他们的标准严格，而奥登至少是现代诗歌格律的巨匠之一。在这一方面，30 年代只有迪伦·托马斯可以与他媲美。托马斯早期的诗歌以《诗十八首》（1934 年）作为一种征兆登上文坛，然而他最优秀的作品直到 40 年代末 50 年代初他去世前不久方才问世。奥登和麦克尼斯诗意清新，常常又格律谨严，接近口语——他们把富于才智，又以才智为乐本身作为善。但是，迪伦·托马斯驾驭语言的能力还有更为深刻的独到之处，他使用最常见的思想和辞藻，经过熔炼，宛如新造。他对复杂的句法结构和复杂的诗章形式运用自如，而随着年事渐高，愈加精工出众。

在英国诗坛，至少还有另外两个引人瞩目的歌手——罗伯特·格雷夫斯和埃德温·米尔。两人固然都比较拘守传统，但都是优秀的诗人，而且后来都得到最高的声誉。在美国，现代派运动通过一大批重要的诗人继续发展。这里只列举其中几位：康拉德·艾肯、玛丽安·穆尔、华莱士·史蒂文斯、约翰·克劳·兰塞姆、艾伦·塔特、哈特·克兰、爱德华·卡明斯、里查德·埃伯哈特。

即使如此，人们可能感到在 20 年代末和 30 年代初，小说仍保持着自己的地位，没有落在诗歌之后；虽然也许没有新出现像詹姆斯、康拉德、卡夫卡和斯科特·菲茨杰拉德那样超凡出众的小说家，不过也有一批属于二流但地位很高的小说家。英国有格雷厄姆·格林和乔治·奥威尔；美国有福克纳和海明威，斯坦贝克或许是第三个。在这些作家中，格雷厄姆·格林在欧洲比他同时代的大部分英国作家得到

更广泛的承认。他在 30 年代写出了一系列冷酷的"消遣作品",这些作品成为他许多比较伟大的成就的前奏,其中值得注意的是 1938 年的《布赖顿硬糖》。这位小说家在《布赖顿硬糖》中取得的胜利,同他随后写出的几部小说一样,只是用极其自相矛盾的形式来表现他自己的信仰。小说的主角、犯罪青年平基的命运,表现得几乎和扬森派①的宿命论如出一辙,牧师在小说收尾时设法安慰平基的妻子,看来是为了表示信仰毫无力量,甚至毫不相干。然而,格林使我们相信,在艾达·阿诺德的想象之外,存在着现实的秩序,艾达是一个勇敢大胆、信奉异教的快乐的酒吧女招待,她对平基一直追踪到底。作者不去描写她不断流露在外的美丽动人的素质,而是表现了居住在一个更加可怕也更加真实的世界上的那些受难的基督徒。作者把她世俗的"是非"标准提出来与宗教的善恶观点相对照。平基是恶,但是他又是天主教徒;他的戏剧性在于罪恶行为的不可思议。

  作为一个小说家,格雷厄姆·格林具有稀有的才能,善于把符合惊险小说公式的种种情节,同探讨道德和宗教等复杂问题结合起来。小说中的同情感由于罪恶感而深化,但是作者不让我们忘记,同情本身是可能受到影响的;格林能够使他的最高价值在地狱里也行之若素。

  在气质和价值观念方面,奥威尔同格林的距离有如从南极到北极,但是,奥威尔所创造的一些罪恶的幻象,特别是在 40 年代末他去世前创造的那些幻象,使他们共同受到的某些文学影响异常明了。这两个作家都创造了举目无亲的罪犯遭到受谴责者历来所经受的各种痛苦的折磨,在这一方面他们都受到陀思妥耶夫斯基和卡夫卡的深刻影响。奥威尔和 20 世纪其他许多重要人物一样,似乎可以莫名其妙地自相矛盾——他是一个生来的反叛者,然而又是吉卜林的崇拜者;他是毕生为工人阶级的价值观念而奋斗的殉道者,然而却又是创造了《动物饲养场》中的羊和《一九八四年》中无产者的作者。理查德·里斯爵士在奥威尔的身上看出有四种显然相互冲突的成分:反叛者、家长式的人物、理性主义者和浪漫主义者。他提醒我们,奥威尔是这

---

① 扬森派为基督教派之一,信奉比利时弗兰德斯一个主教科涅利乌斯·扬森(1585—1638 年)的学说,宣扬神力不可抗拒,原罪等宿命论思想。——译者

样一个人：对正义的热爱和对失望的强烈愤懑很容易在他身上相互交织。①《让叶兰继续飞》中的主人公似乎是50年代出现"愤怒的青年"的预告，他对社会的愤怒固然出于理想主义和满腔义愤，却逐渐转变为牢骚失意和虚无否定，用奥威尔的说法就是"邪恶的反叛情绪"。然而，整个奥威尔早期作品却都是明明白白，合情合理，而且热情真诚的；同时，贯穿着一切事物的是冷静地接受每个人在悲剧世界中的困境。大概没有任何文学作品比奥威尔的这些作品更令人难忘地唤起30年代的情调了：《巴黎伦敦落魄记》（1933年）、《缅甸岁月》（1934年）、《教士的女儿》（1935年）、《让叶兰继续飞》（1936年）、《通向魏刚码头之路》（1937年）、《向加泰罗尼亚致敬》（1938年）、《上来呼吸空气》（1939年）。

如果不提对这个新的黑暗时期的某些欧洲作家的记述，这一篇简短的论文就不能完稿。安托万·德·圣·埃格絮佩里的《夜航》（1931年）、路易-菲迪南·赛林纳的《到夜的尽头去旅行》（1932年）、安德烈·马尔罗的《人类的命运》（1933年），当然还应当提到克里斯托弗·伊舍伍德的两部精心杰作：《诺里斯先生换火车》（1935年）和《再见吧，柏林》（1939年）。让-保罗·萨特的《厌恶》在1938年出现，而1939年乔伊斯的《菲内根的觉醒》经过14年之后终于完稿了。

我们直到此刻还未讨论戏剧，虽然戏剧总是与"现代派"有牵连，它有它自己的发展规律。研究戏剧甚至比研究诗歌和小说更需要自始至终纳入欧洲这个范围。映在背景上的是易卜生和斯特林堡的巨大形象；前者无论在哪个时代都是伟大的悲剧作家，后者即使伟大之处有所不及，却极有魅力，极有影响。易卜生的早期戏剧，直到《玩偶之家》为止，主要注意社会问题。他的人物发现自己局促在一个令人窒息的社会之中，这个社会不让生活中有一点点欢乐和自由。特别是妇女，都已沦为玩具和木偶。《玩偶之家》（1879年）描写一个妇女打破这个框框，力求实现自己的抱负。十分清楚，她需要勇气去冒犯社会并甘冒失掉保障的危险；她特别需要勇气去冒伤害自己亲

---

① 理查德·里斯爵士：《乔治·奥威尔：脱离胜利阵营的逃亡者》（1961年）。

人的危险，从而可能也对她自己造成损害。她还需要一种勇气来对付伦理道德方面缠结不清、难解难分的牵扯；如果有人要说娜拉是一个撒谎的、毫无心肝的母亲，那么，谁，包括她自己，又能够矢口否认呢？但是，只要有勇气，胜利并非不可能。《玩偶之家》结尾时，娜拉所做的决定，虽然代价高昂，但基本上得到肯定；她的事例证明，一个敏感的成年妇女能够鼓起勇气来自由行动，而这种程度的自由是不会使那些沉沦堕落的人感到多大为难的。《玩偶之家》使我们感到，娜拉的勇气可能终将有助于改变社会，因此，随着时间的推移，这种自由可能将会变得不是那么例外，不是那么暧昧，也不是那么带有污点的了。

然而，随着《群鬼》（1881年）的问世，易卜生的捉摸不定之感加深了，他作为一个悲剧作家的伟大阶段真正开始了。他以后的剧作发展了索福克勒斯式的嘲讽；置人于死地的过去的力量同一个不祥的社会结合起来，要摧毁那些寻求危险的自由以实现愿望与欢乐的人。理想主义模棱两可的性质变得越来越明显了；归根结底，理想主义者和解放者可能要比曼德牧师和克罗尔这类公开反对欢乐的敌人更危险、更堕落、更不现实。易卜生此后的戏剧探索了那些愿望和理想高于芸芸众生的人物的复杂的矛盾和幻想；他那些主要的剧中人由于他们自己的选择本身所造成的种种情况，变得具有破坏性。人们有可能感到，《建筑师》（1892年）中的人物，如索尔内斯和希尔达，过于沉溺在幻想之中，因而不是成为十分悲剧性的人物。但是，《约翰·加布里尔·博克曼》（1896年）则读来确实是好高骛远的现代人的普遍悲剧。

斯特林堡继续发展以神经病患者或疯人做剧中主人公传统，比易卜生走得更远。他主要的主题是人类根本的、无法逃避的冲突，即男女之间、主仆之间、强者和弱者之间的冲突。在《朱丽小姐》（1888年）中，性和阶级这两重斗争是在即将临头的革命和社会暴力这种背景下展开的。他晚期的剧本更多地具有象征性，同时也更多地带有斯特林堡个人独具的阴冷。在《朱丽小姐》的序言中，他实际上是把悲剧的怜悯说成是个人恐惧的一种不大光彩的延长。但是，他剧中的情景对于整个现代派的传统却大有益处，在这些情景中的人物，有的由于神经错乱所造成的脆弱，有的由于表现得非常残酷的那种清醒，结果必然是互相折磨和互相残害。两个较为温暖、较为人情味的悲剧作家接过了他的主题，那就是包括在本篇论述时间范围之内的尤金·奥尼尔和稍晚于这一范围的坦内西·威廉斯。他们走在精神病学这门未来的科学（或艺术）的某些令人恐惧的发现前面；他们提供的戏剧程式影响了像萨特和品特这样一些格调迥异的作家。

与此同时，另一位剧作家契诃夫在1895年到1905年之间取得了重大的成就。他的名字可与易卜生并列在真正伟大的剧作家之林。契诃夫笔下那些敏感与绝望的人物是一个日趋腐朽的社会的典型产物，他们孤立无助，内心痛苦；他们对于人们可以不像他们那样束手无策的某种未来，抱有一点淡淡的希望：如《海鸥》（1896年）、《万尼亚舅舅》（1899年）、《三姊妹》（1901年）、《樱桃园》（1904年）。契诃夫并不把他的这些戏剧称作"悲剧"，它们的结局也没有那种悲剧的感情净化；事情过于徒然无益，无法达到感情的净化，而苦难又几乎迹近荒诞。然而，这种苦难从来不是赤裸裸的，也不是完全荒谬的，剧中充满了极其哀婉的调子，因而使这些剧本发生了变化。即使在《万尼亚舅舅》里，剧中主人公企图起而采取悲剧式的行动，结果沦为笑剧，然而我们的最后印象也不是荒诞，而是强烈的抒情风味：伊琳娜的烦闷无聊，阿斯特罗夫的满腔怒火，万尼亚的自知之明，索尼娅最后那段爱恨交融的动人台词都表现了这一点。对于研究戏剧史的人来说，契诃夫的重要性主要在于他是一股有影响的力量，在于他是悲剧和笑剧的中间地带的探索者。但是，契诃夫的真正重要性远远超出了仅仅是一种影响：他是荒诞派最伟大的同时也是最早的一个戏剧家。

在英国戏剧中，肖在这个时期占据优势地位。肖是一个卓越的喜剧作家，但是还难以同易卜生和契诃夫平起平坐。肖在《易卜生主义精华》（1891年）中大力维护易卜生，反对那些贬低易卜生的人，但是，在他公正评价易卜生的许多精微巧妙之处的时候，他主要关心的则是作为社会改革剧作家的易卜生。肖所注意的易卜生是一个利用戏剧向社会进行道德挑战的剧作家，易卜生提出的问题，假以勇气和真诚，仍是可以得到解决的。肖本人是一个极其相信理智的人；他毫不停息地披荆斩棘，要求以理智处理各种各样极其广泛的社会问题，挑出他的许多剧本的剧名就可以充分说明这一点：《愉快和不愉快的戏剧》（1898年）、《为清教徒写的三个剧本集》（1900年）、《人与超人》(1903年)、《巴巴拉少校》(1905年)、《医生的困境》(1911年)、《卖花女》(1912年)、《安德罗克利斯和狮子》(1916年)、《伤心之家》(1919年)、《回到玛土撒拉①时代》(1921年)、《圣女贞德》(1924年)、《苹果车》(1930年)、《女百万富豪》(1936年)。现在人们对肖评价过低，往往出于缺乏历史见解；他所争取的许多东西现在有的早已到手，有的被当作奇谈怪论，不值得枉费时间。对肖评价过低的另一个原因可能在于目前人们不重视知识；评论家不会由衷地承认，知识本身就是一种熠熠生辉的真挚的乐趣。然而，也有这种可能：肖的戏剧具有不合时宜的论战性质；有人嘲讽他的序言比剧本更重要，说得也不无道理。肖过多地倚仗理智来支持剧情，我们见不到他作品中象征的与想象的共鸣，而这种共鸣却是伟大艺术的组成部分。肖赞赏王尔德和巴特勒，他也同这两个作家一样，喜欢令观众大吃一惊，因为他钻刁顽皮，有时为让观众吃惊而故弄玄虚，不过更重要的还是为了吃惊之后向观众传达有益的道德目的。但是，他的戏剧受到理智的硬性支配，即使令人吃惊的布局也如此，台词是长篇大论，滔滔不绝，人物似乎受到自己思想的禁锢。肖解决社会问题的方法常常是别出心裁地化大事为小事，甚至不了了之。他凭空编造——或者轻轻放过——人的错综复杂的感情；他把罪恶过分简单地归因于抽象的观念，或归因于经济趋势。随着时间的流逝，肖的戏剧仍然是妙趣横生，既好读又好看，但是却无法使人觉得像它们应有的那样意义重大。它们的意义主要限于它们当时的时代，而不是万古千秋。根据最高的检验标准，它们还是属于二流。

在20世纪初期，即使不把肖计算在内，戏剧舞台也是由爱尔兰剧作家占居优势。在爱德华时期，既有叶芝的那些极富诗意的诗剧，又有沁孤那些同样富于诗意却是用散文写出的剧作。沁孤的几个主要剧本是在非常短促的一段时期内写成的：《幽谷暗影》(1905年)、《骑马下海的人》(1905年)、《圣贤之泉》(1905年)、《西方世界的花花公子》(1907年)、《悲哀的戴尔德拉》②(1910年)。这些剧作的特点是

---

① 玛土撒拉：据《圣经·旧约》创世纪，玛土撒拉年岁最老，活到969岁。——译者
② 据爱尔兰传说，戴尔德拉为北爱尔兰康丘王的竖琴师之女。巫师预言，她的美貌将使爱恋她的人死于非命。康丘准备娶她为妻，但她爱恋纳西，纳西和弟兄一道把她带往苏格兰。康丘把纳西三兄弟骗回杀害，她因而自杀。——译者

辞藻独具风格,有意识地加上爱尔兰色彩,与生活中普遍的悲剧格调协调一致。沁孤无论是选择伟大的神话人物如戴尔德拉,或是选择他那个时代的农民或补锅匠,总是既表现生活的欢乐,又表现尘世无常和死亡的悲哀。读他的作品(就像读品特的作品一样),人们常会受到这样一种感受的捉弄:他的语言尽管抑扬顿挫和极其真实可信,然而更近似宗教仪式而不是日常生活。他的角色的活力与人性同某些几乎与它们完全相反的东西并列共存;"例如在《戴尔德拉》中,独具特色的降调使激情带上一种奇特的回溯性质,好像那对情人恋爱伊始就在仔细琢磨他们自己的那个已成过去的故事"[1]。尤其是(即使)在悲剧中,人们可以在故事的悲愁气氛中意识到美。作品中反复出现明显的抑扬顿挫的调子:"她越来越老,身心交瘁";而且更像祈祷似的:"愿万能的主怜悯薛玛斯和派奇,怜悯斯蒂芬和肖恩,愿主怜悯我的灵魂,诺拉,怜悯活在世上的每一个人的灵魂。"在戏剧进行中,沁孤对大自然的野性和普通百姓的生活所感到的欢乐,同尘世无常的必然性交融在一起。戏剧的结尾使人想起那种悲剧的传统:在尸体或坟墓旁残留的幸存者寥寥无几,一切热情消磨殆尽。

肖恩·奥卡西同样是爱尔兰人,但在其他方面和沁孤适成对照,他最著名的剧本直接取材于爱尔兰的"纠纷":如《枪手的影子》(1923年)、《朱诺与孔雀》(1925年)和《犁与星》(1926年)等。奥卡西的剧本比沁孤的剧本具有更多的现实主义;奥卡西剧本的对话,虽然同样也是别具风格,但是文绉绉的东西较少,更接近日常生活语言的节奏。严格说来,他没有受过教育,他是从其他戏剧家,特别是莎士比亚,学习这门具有创造性的艺术的。毫无疑问,他的弱点是过分渲染和感情夸张。《犁与星》中的诺拉开始时神志正常,由于极度紧张而发展到疯狂,这种发展写得并不完全成功;人们在其他角色身上感觉不到什么伟大的潜在因素,因而诺拉不足以代表她所应代表的爱尔兰的悲剧。但是,在《朱诺与孔雀》中,几个主要角色都更加精雕细刻,朱诺是完全根据悲剧的尺度塑造出来的。

奥卡西的主要灵感来自他与爱尔兰之间结成的波涛般汹涌起伏的

---

[1] 罗纳德·加斯克尔:《约·米·沁孤的现实主义》,载《评论季刊》第五卷,(1963年),第247页。

关系，由于这种关系而造成的不得人心的状况驱使他自动流亡国外，从此他再也未恢复过他原来的烈火一般的力量。作为一个具有阶级觉悟、坚持反天主教的爱尔兰爱国者，他比许多人处于更优越的地位，能甘受这种不得人心的情况，他也并未因为对于各种纠纷持有独特的两可态度而得到好处。对其他一些人来说，苦难的日子里有一种使人发生变化的魔术；叶芝在他那首伟大的诗篇《1916年复活节》中，歌颂人们从日常生活的"偶然的喜剧"，进入阵亡英雄更加宏伟、更加悠久的世界。

> 我把它写入诗行——
> 麦克多纳和麦克布里德
> 还有康诺利和皮尔斯
> 在现在和在将来，
> 在任何青春凋零的地方，
> 变了，完全变了：
> 绝伦的美于是诞生。

但是，对于奥卡西来说，偶然的喜剧同英雄主义共存；而且在偶然的喜剧之外还有辛辣的讽刺，正如这位爱尔兰的老战士所指明的那样，在那些英雄的背后就有腐化、恐惧和荒唐。毫无疑问，在20年代中期独立的爱尔兰终于诞生的时候，做这种揭露有欠策略；即使在最好的时候，奥卡西的这种直言不讳也很难受人欢迎。然而他的那些剧本却仍然葆有它们极度的清新和活力——住在都柏林分租房屋里的贫民的生活，在考验人的时代里人类的徒劳和勇气、幽默和欢愉。这些剧本虽然都是热血沸腾、满腔义愤，但是它们又都是技巧精湛之作；它们同肖的多数剧本相比，似乎更接近于富有想象力的直接感受。

在同一时期，美国的尤金·奥尼尔正在产生影响；不过从来不是很大的影响，因为他甚至直到现在都一直是我们时代最受人过低估计的剧作家。应当承认，他早期的剧本都过分简单化，场面简陋粗糙，人物只靠卖弄台词，塑造得过分简单。但是，他发展到中期以后，悲剧的想象力加深了。由于采用神话，他对家庭悲剧的体会扩展了，他对人类失败的探索越来越激动人心,他从早期的剧作如《琼斯皇帝》(1921年)和《安娜·克里斯蒂》(1922年),经过《榆树下的欲望》(1924年)和《大神布朗》(1926年),发展到《奇妙的插曲》(1928年)和《哀悼》(1931年)。他那两部最伟大的戏剧是他的晚期之作:《卖水的人来了》(1946年)和在他去世后才发现的《直到夜晚的漫长一天》。在将来撰写这段历史的时候,这些剧本肯定会同萨特、加缪、布莱希特、阿瑟·米勒、坦内西·威廉斯和杰内特的作品并列为当时的主要剧作,而英国曾以偏狭的地方观念认为那个时代正等待着贝克特的出现。

  关于30年代诗剧的复活,讲一点最后的意见。虽然也有寥寥几个使人感到兴趣的左派剧本〔奥登和伊舍伍德的《皮下之狗》(1935年)和《攀登F.6》(1936年),斯蒂芬·斯彭德的《审判官的考验》(1938年)〕,但是这一时期出现的重要诗剧只有托马斯·艾略特的《大教堂里的谋杀案》(1935年)和《破镜重圆的家庭》(1939年)。《大教堂里的谋杀案》是为了在坎特伯雷大教堂上演而写出的,这是一个早期的尝试,想把戏剧从营业性的剧场解救出来,把它重新放到更严肃的舞台上。艾略特之所以回到希腊戏剧家那里去寻求榜样,一个原因是为了提高他的宗教主题,他后来说过,还有一个原因是要逃避莎士比亚对英国戏剧韵文的无孔不入的影响。如同某些希腊戏剧一样,合唱队起着双重作用。它既表现一般谦顺的基督教徒对他们那位大主教面临的危机所抱的态度,同时也造成恐惧和厄运将临那种风雨欲来的气氛。贝克特的种种诱惑,告诉我们艾略特也从英国道德剧学习了技巧。出人意料的第四次诱惑使这次诱惑发展到了顶点,此时大主教内心的骄傲已具体表现出来,推动着他"为了错误的理由去做正当的事情"。剧情步步发展,紧紧地吸引观众,先是在观众中自由来往的合唱队,其次是作为听贝克特圣诞布道的会众;然后是作为诱惑的真正对象,此时谋杀大主教的那些凶手从戏剧的场景中逐渐出现。这时就很容易看出,艾略特如何把他写的这次历史事件同30年代的情绪联系起来,虽然也许在这些前提越来越明显的时候,他不大容易接受自己的这些前提。然而,这个戏没有降格成为对道德的一场直接的挑战。诗体结构丰富多彩、精妙绝伦,在教堂或大教堂内,它产生的效果使它成为英语文学中最优秀的基督教戏剧。

在《破镜重圆的家庭》中，艾略特采用了一个甚至更具雄心的主题，描写一个家庭处于幽闭恐怖症环境中的厄运和罪过。他在这出戏里所用的手法可以同易卜生作直接对比；然而，这一对比适足以说明，艾略特的戏剧才能毕竟非常有限。剧本的宗教性质起了使动作降慢和使人物缺乏个性的作用；人们产生这样一种古怪的感觉，好像看到的是一个刻意编造的难题，其中对道德行为的精妙讽刺和造成人的精神创伤的事件似乎都失去了应有的力量。

克里斯托弗·弗赖伊1939年写了《推小车的男孩》，但是，他此后的一些诗剧同艾略特的诗剧一样，都未能给诗剧注入真正的生命。《大教堂里的谋杀案》是一次独一无二的成功。再过20年之后，具有诗歌的丰富想象和集中凝练的戏剧才在英国真正新生。那是通过贝克特和晶特才有这样的发展的，而艾略特和弗赖伊对此都未能预见。

641　也许我们可以用这个时代最伟大的英国诗人叶芝的一首诗来结束本文。我们对叶芝还只是约略提及，但是，虽然大多数对"现代"文学的概括没有能把他包括在内，他仍然是所有现代派作家之中最伟大的作家。1937年，他发表了《蓝宝石》：

> 我听说过，歇斯底里的女人说
> 她们讨厌那些永远快乐的诗人，
> 讨厌他们的调色板和提琴弓，
> 因为谁都懂，或者应该懂：
> 如果不果断从事，
> 飞机和齐柏林飞船就要出动，
> 像比利王①一样投掷炸弹，
> 直到把城镇夷平。
>
> 大家都在演自己的悲剧，
> 哈姆雷特高视阔步，李尔王已经上场，
> 那是奥菲利娅，那是考狄利亚，

---

① 比利为威廉的昵称，此处指德皇威廉二世。——译者

然而,如果还在演最后一场,
舞台的大幕就要落下,
如果他们在剧中的重要角色值得一看,
就不要打断台词哭泣悲伤,
他们知道哈姆雷特和李尔王都心怡神畅:
欢乐使一切恐怖的东西都变得漂亮,
人们争取的、寻得的、失去的一切;
灯火管制;火光烛天;
悲剧把一切都表现得淋漓尽致。
虽然哈姆雷特漫步闲游,李尔王怒气冲冲,
在成千成万的舞台上,
凡是演到幕落,就立刻落幕,
不能增长一寸,也不能增加一两。
他们步行而来,或者乘船,
骑骆驼,骑马,骑驴,骑骡,
古老的文明都遭到刀枪之祸,
于是他们和他们的智慧都毁灭一空,
卡利马库斯①的精工制作无影无踪,
他雕刻大理石就像雕塑青铜,
他雕的帷幕仿佛徐徐升起,
若有海风吹拂它的一角。
他做的长灯罩像一棵
细弱的棕榈树干,可是只保存了一天。
一切都遭毁坏,一切又重新建造起来,
那重新建造它们的人,个个欢乐。
两个中国佬,后面还有第三个,
刻在蓝宝石上,
在他们头顶有一只仙鹤飞翔,
象征着年高寿长,
第三个无疑是个仆人,

---

① 卡利马库斯为公元前5世纪末希腊著名雕刻家。——译者

> 还有一件乐器随身。
> 宝石上每一块色瘢，
> 每一道偶然的裂纹或一块凹痕，
> 都好像一条溪流或一处雪崩，
> 或者像高耸的山坡上白雪纷纷，
> 一定还有樱桃树和梅花，
> 让旅途中的小客店变得舒适温馨；
> 这些中国佬爬坡走向客店，
> 我乐于遐想：他们坐在客店休息；
> 他们凝望高山，凝望苍天，
> 凝望整个悲剧的场面。
> 有人要求听几支悲歌：
> 娴熟的手指于是开始弹拨。
> 他们眼睛周围布满皱纹，他们的眼睛，
> 他们那年高睿智、炯炯有神的眼睛充满欢乐。

　　这首奇妙的诗关键就在一个词，它探索人和艺术复元的能力。在一个危机四伏的世界，艺术有什么用呢？"欢乐"这个字首先是给滥用了，是不负责任的标记；但是，叶芝说，这种滥用是歇斯底里的，哪怕我们就像那些女人所担心的那样要遭到毁灭。在这个艺术家的欢乐中，有超越悲剧的希望，在生活与艺术中间的腹地上的某个地方，存在着奇迹：

> 欢乐使一切恐怖的东西都变得漂亮……

　　但是这种欢乐并不是逃避现实；这是一种至高无上的征服，我们可以用这种精神来面向文明的死亡：

> 一切都遭毁灭，一切又重新建造起来，
> 那重新建造它们的人，个个欢乐。

　　这两行诗句的奇妙之处在于它们那种泼辣大胆。第一行是无法承受的负担；第二行是坚如磐石的保证。但是，这首诗所说使得万物变得漂亮的欢乐又是什么呢？如果不是指哈姆雷特的性格，又不是指哈姆雷特这个角色，那么也许是指哈姆雷特的思想——哈姆雷特移入拜占庭式艺术的永恒之中？从一种意义上说，这就是叶芝所说的：对于艺术家的创造，对于演员或观众的再创造来说，一切艺术在其形式丰富多彩方面都是"欢乐"的，而不管悲剧是多么阴惨，它同生活的关联多么凄凉。但是，欢乐、复元的力量，既不属于艺术家，也不属于艺术；它们的拯救力量存在于两者之间的某处。因此，这首诗的主要意象在于蓝宝石，刻画它那些欢乐的老人。欢乐属于他们，正如他们出现在我们眼前那样；然而，这种欢乐来自早已消亡的人物本身，因为除了人的眼睛以外，还能在何处看到光明？再者，艺术也能够死亡，正如创造艺术的人一样；艺术本身就是可能灭亡而又可能重新创建的事物。在这首诗光辉灿烂的中心部分，叶芝取得了极其非凡的胜利；他不仅叙述了他的主题，而且实现了他的主题，好像卡利马库斯的失散了的作品在他的诗篇中又复活了。叶芝是多么神奇地再现了那位一去不返的艺术家的优美和典雅！——跨过黑暗的往昔和时间的深渊予以再现。蓝宝石的裂纹变成了它那内在美的一个部分，艺术消弭了时间正常的侵蚀；这些都表现得多么中肯！艺术与生活的相互作用，使我们想起济慈——特别是他的《希腊古瓮》——但是，叶芝终究说的是不同的事。《希腊古瓮》记载了一双永不愈合、互相摩擦的裂叉——强度与持久，命中注定永远无法会合。一件艺术品（古瓮）产生了另一件艺术品（济慈的诗），但是，原来的恋人从我们面前消失了，而艺术家本人也在他们艺术的时间范围内消失了。在叶芝的《蓝宝石》里，一件艺术品死亡了，但是又为另一个艺术家召回了——艺术有赖于艺术家，正如艺术家有赖于艺术。正如欢乐既不会在一个活着的老人身上，也不会在一件蓝宝石像中永世长存，然而两者结合起来就证明了欢乐在一个悲剧世界中的力量；同样，人的精神也如叶芝所表明的那样，具有在创造中复元的力量；在创造和再创造中，就存在生命的胜利。而这就使我们回到这首诗最后的也是最令人念念不忘的形象，即在旁观者和艺术之间存在的使事物变得美好的欢乐。诗人，思考着艺术，沉浸在艺术之中，"我乐于遐想"，他写道。他的欢乐由艺术引起，然后又反过来重新创造艺术。老人想听音乐，于是音乐为他们而弹奏。在这首诗和它的听众之间产生了一个奇迹,"娴熟的指头开始弹奏"。与此同时,叶芝娴熟的手指援笔成诗。在1939年的尽头和在欧洲毁灭的边缘,诗人证明:

> 他们眼睛周围布满皱纹,他们的眼睛,
> 他们那年高睿智,炯炯有神的眼睛充满欢乐。

(张 扬 张 玲 译)

第二十一章
哲学与宗教思想

一 哲学

哲学是没完没了的对话。哲学的肌理和结构，哲学的方法和结果，都很像人们夜晚聚在挤得满满的房间内高谈阔论。如果有人事后向你说明当时讲了些什么，不管他是亲耳听到当时谈话的直接参与者，或者多少是消息并不灵通的转述者，都肯定会在某些重要方面歪曲真相。他所讲的会过于简单或者过于复杂，不是加油添醋，就是掐头去尾。因为独白从来不能完全表达出对话在音调、音高和音速上的变化。除非把哲学史本身写成对话，否则就不大可能准确地反映哲学这种对话。

虽然从苏格拉底和柏拉图到黑格尔和维特根施坦这些哲学家，都把哲学说成是辩证的，但是大多数哲学家和几乎所有非专业的哲学读者和注意哲学的人，并没有充分重视哲学辩证的对话性质。在处理哲学本身以及在编写哲学史上，他们往往过分地注意政治甚至军事上的类比：把哲学家看作在组成党派或团队，追随首领，隔着深沟、峡谷或不可逾越的激流彼此射击，或者是在有着各种根深蒂固的联合的议院中互相叫嚷，只有在极其偶然的情况下才会突然发生政权上的改变。

在描述20世纪的哲学究竟发生了什么的时候，这些形象特别吸引人，而且至少和过去一样是危险的。到处有人讲"哲学革命"，人们模糊地认为：1900年以前是绝对唯心主义者组成的保守党在执政，他们后来被经验主义者、实在论者和实用主义者结成的强大联盟所击败,他们又同极端的逻辑实证主义者结成人民阵线,而逻辑实证主义者很快就接管了党和国家,直到在职的种种乐趣使他们软化,变成了比较温和的语言哲学家。这一派已经占有不可抗拒的绝对优势,可以不去理睬那些日益增长的关于反革命的窃窃私语。

只要我们回顾一下20世纪初哲学情况的细节,特别是想一想大家常常提到的革命战争的第一声枪响,就是乔治·穆尔的《驳唯心主义》一文①上面那种干净利落令人满意的说法并不正确,这一点就变得很明显了。但是看一下这篇经典性的文献,或者它所攻击的唯心主义主要著作之一弗朗西斯·布拉德莱的《现象与现实》,我们就能明白这幅不真实的图景为什么似乎也有一些道理:

有机统一的原则,正像把分析与综合结合起来的原则一样,主要是用来维护人们在似乎方便的时候同时承认两个互相矛盾的命题的做法。在这一点上,正像在其他问题上一样,黑格尔对于哲学的主要贡献,就在于他使经验已经证明哲学家同其他人一样容易犯的一类谬误,获得一个名称并发展为一个原则。那么,有人追随他和崇拜他,就不足为奇了。

但是,过了三页以后,我们正期待听到一阵发动起义的嘹亮号角时,穆尔却写道:

在此,我无须掩盖我的想法,即哲学家没有不犯这种自相矛盾的谬误的;唯心主义和不可知论的最惊人的结果,都来自他们把蓝色等同于对蓝色的感觉;存在被认为就是被感知,完全因为人们把感受到的事物同对它的感受当成一回事。人们也许会承认贝克莱和穆勒犯过这种错误;我希望,现代唯心主义者也会犯同样错误这一点,以后会显得更加清楚。

《驳唯心主义》投入了一场不仅有黑格尔和布拉德莱,而且也有贝克莱和穆勒参加的对话。穆尔就他们共同关心的一个问题,向他们

---

① 《精神》,1903年。后收进《哲学研究》(1922年)。

以及一切其他哲学家提出了挑战。他同他的前辈进行了交锋,从而也同他们进行了接触。他证明存在不能等同于被感知。这无疑是预示20世纪英国哲学中最显著特色的最早信号之一,同时也是对于英国和欧美哲学家研究了至少几个世纪之久的问题所进行的讨论。

翻阅穆尔另外一些著作,会把图景弄得更加复杂。《伦理学原理》(1903年)表明作者立论仍然力求清楚明白和周密具体;他引用巴特勒的"每件事物只是它本身而不是其他的事物"这句警语,成了崇尚常识和分析哲学的口号;但是,这本著作在维护伦理学的独立上,却又同布拉德莱、哈罗德·阿瑟和普里查德站在一起,反对约翰·斯图尔特·穆勒的自然主义功利论。

布拉德莱的《现象与现实》(1893年)是本世纪初流行的重要哲学著作之一。他是英国化的黑格尔唯心主义者,一方面指责理智本身必然歪曲现实,一方面又要通过系统推理表明现实的性质是什么和必然是什么。穆尔通过《关于现实的概念》(1917年)[①]这类文章,分析了布拉德莱得出时间和空间都是不真实的,外在关系从逻辑上讲是不可能的,以及只有完全描述每件事物,才能大部分是真实的这些令人惊讶和带有戏剧性的结论所用的论证以及词义含糊之处。

但是,布拉德莱并不是那一代人中唯一说英语的唯心主义者,穆尔也远远不是唯一批判唯心主义的人或批判唯心主义的唯一类型。在美国,约赛亚·罗伊斯倡导一种认识论的唯心主义,这就促使查尔斯·桑德斯·皮尔斯和威廉·詹姆斯提出他们的实用主义和经验主义学说。他们同穆尔一样,强调思想及其对象的复杂性和微妙性,反对唯心主义的一元论倾向。在剑桥,穆尔和同他差不多同时代的伯特兰·罗素和艾尔弗雷德·诺斯·怀特海都受到约翰·麦克塔格特的教诲和影响。麦克塔格特用谨慎的分析方法来阐述他的多元人格唯心主义,这种分析方法在几乎没有人再相信宇宙是一系列永恒的自我之后很久,一直是剑桥哲学的显著特色。

要想得出20世纪早期哲学的清晰图像,仍然存在着许多障碍。当时赫伯特·斯宾塞仍然在世,达尔文的进化论生物学继续吸引着英美不同派别哲学家的注意。在欧洲大陆则有柏格森的生机论,这种学

[①] 《精神》,1903年。后收进《哲学研究》(1922年)。

说同实用主义的唯意志论倾向和唯心主义所强调的理智歪曲现实的看法，都有密切的关系。自然科学的发展也对恩斯特·海克尔产生了决定性影响，他的《宇宙之谜》（1899年）是当时流传最广的著作之一。

对于哲学最近发展更为重要的是胡塞尔、勃伦塔诺、迈农，特别是弗雷格所关心的问题。这些人都关心以后几十年内成了哲学的中心课题的本体论和认识论的一系列问题，尽管他们所用的术语和获得的结论各不相同。回顾过去，弗雷格在这些人当中显得更为突出。他研究的算术基础，开创了一条新路，使罗素和怀特海终于写出了《数学原理》（1910—1913年）这部在整个哲学史上具有划时代意义的著作。

想把数学还原为逻辑的努力以及罗素几部阐述性的重要著作产生的后果，远远超出了这一科学的范围而渗透到几乎全部哲学领域。F. P. 拉姆齐死后出版的论文集《数学基础》（1931年）是同类努力的成果之一。他把罗素的"摹状词理论"称作"哲学的典范"。通过形式演绎分析解决了虚构的和想象中的实体这个疑难问题，从而摧毁了迈农那种由虚幻实体构成的世界以后，罗素和他的朋友们雄心勃勃，一心想取得更大的战果。他们标榜罗素所提出的口号：只要可能就用由已知实体构成的逻辑结构来代替未知的和推论出来的实体。罗素的《心的分析》（1921年）和《物的分析》（1927年）是对这一计划的贡献。精神被看作可以还原为行为，而物体可以还原为"感觉资料"。分析成了指导性的口号；逻辑是"哲学的本质"物理学家、逻辑学家和数学家的成就，推动了哲学家，正像过去神学、伦理学和生物学推动了他们一样。

穆尔不像罗素那样富有纲领性，但是他研究了同样的题目，使用了相似的方法。1922年编成的论文集《哲学研究》特别论述了"知觉客体的性质和现实"和"内在关系和外在关系"。他使用的是日常的但严格而又合乎逻辑的语言。（后一篇文章引进了蕴含概念，这个概念后来在剑桥和其他地方一直被人讨论到今天；但在当时却是为了探讨和反驳那种主张一切关系都是内在的唯心主义学说而提出来的。）

在这里我们必须停下来看看那些跨越时间、空间和题材的环节。

罗素及其追随者的还原主义认识论,在古典的英国经验主义者以及约翰·穆勒的著作中已露端倪,19世纪末英国和其他国家某些带有科学倾向的作家又提出了更加详细的说法。恩斯特·马赫的《力学》(1883年)于1893年译成英文,比卡尔·毕尔生那本广为传阅而很有影响的《科学入门》晚一年。1899年出版了海尔茨的《力学原理》(1894年)的英译本。这些著作发表的日期及其性质,都足以驳倒那种认为"剑桥分析学派"某种空前未有的事物引进哲学的看法。

上述几部著作对于这一时期的哲学史还有另外的重要意义,即它们再一次把英国哲学和大陆哲学紧密结合起来。英国的实证经验主义思潮,只有在维也纳学派和维特根施坦的《逻辑哲学论》影响及其学说被人吸取之后,才形成一股洪流。

1908年,路德维希·维特根施坦来到曼彻斯特研究工程学。由于他对逻辑和数学基础的兴趣越来越大,就促使他到剑桥从罗素学习。罗素曾为1922年发表的《逻辑哲学论》及其英译本写了导言。这是一篇宣言,其信心和文笔的犀利足以使激进的哲学改革派感到鼓舞,其傲慢和专断又足以使许多旧传统的维护者产生畏惧并受到鞭笞:

在我看来,本书所表达的思想,其正确性是无懈可击和不可改变的。所以我以为这些问题基本上已经得到最后解决。

维护者和诽谤者都很容易忘掉下面的话:

如果我在这一点上没有弄错,那么,这本著作的价值其次就在于它表明,在这些问题已经解决之后,我们做的工作是多么微不足道。

双方都更加注意那种认为传统哲学中大多数问题和命题都没有意义的主张和《逻辑哲学论》中有名的最后一节:

6.53. 正确的哲学方法有如下述:除了可以说的话,即自然科学的命题,也就是与哲学无关的事物之外,什么也不去说;然后当某人想说些形而上学的话时，总是要向他指明，他没有赋予他的命题中的某些符号以意义。这种方法不会让别人感到满意——他不会感觉我们在教他哲学，但这却是唯一严格的正确方法。

6.54. 我的命题就这一方面说是阐明性的：凡是理解我的人，在他经过这些命题、依靠这些命题、越过这些命题攀登上来之后，终于会认识到这些命题是毫无意义的。（打个比方说，他凭借梯子攀登上来之后，必须扔掉梯子。）

他必须超越这些命题；然后他才能正确观看世界。

对于不能说的事物就一定要保持沉默。

但是《逻辑哲学论》远远不仅是宣言。人们已经公认它是一部哲学的经典著作。同许多经典一样，这部书晦涩难解、言简意赅，引起人们做出互相对立的解释，在对它做出的过于丰富的评述和注释中，至少有一部分是必要的。

这里只能提一下这部著作中的某些主题和学说。维特根施坦自己在序言中总结说：

我认为这本书处理哲学问题，表明提出这些问题的方法，来自对于我们的语言逻辑的误解。这本书的全部意义可以大致归结如下：

凡是可以说的都可以说清楚；对于不能说的（见上），就一定要保持沉默。

他对"弗雷格的伟大著作以及我的朋友伯特兰·罗素先生的著作"的感谢，使读者特别关注到数学、逻辑、意义和必然性这些问题。追随者和评论家在这本书中找到了"意义的图像说"。根据这种说法，语言反映世界，句子和事态所共有的东西乃是一种形式或结构，因而事态不能用语言加以说明或表述，而只能"显示自己"。他们在这里还找到了罗素在《逻辑原子主义的哲学》（1918年）中承认受到维特根施坦的影响而提出来的"逻辑原子主义"的理论，这种理论认为，分析要求有"不可再分的简单事物"的存在。至于是否可以认为维特根施坦提出过这类明确和正式的理论，则一直没有定论。这本书是用警句、格言体裁写成的，颇像文学作品，而不是按照罗素和弗雷格那种系统的和形式的写法。比较明显的是，这本书提供了关于逻辑必然性的说明，成为以后实证主义思想的特点。数学和逻辑的命题被说成是同义反复，由于它在任何可能的事态中都是真实的，所以对世界"什么也没有说"。在任何事态中都不真实的矛盾式，也是毫无意义的。意义只属于"自然科学命题"，这些命题是"可以说的"。

维特根施坦的逻辑主义同道和追随者，对于《逻辑哲学论》中所表现的神秘主义倾向，如对上帝、死亡和"更高者"的提法，并不感到高兴。但是他们满意地看到维特根施坦把这些题目划归"不可说的"领域。他们并不认真地探讨他是否会反对拉姆齐所说的"神学和绝对伦理学是我们知道没有真正对象的两门有名的学科"。拉姆齐还写道："不能说的事物就是不能说，吹口哨也照样不行"。

维特根施坦并不属于维也纳学派，尽管他认识学派中某些成员，但是，在《逻辑哲学论》同形成经验主义和反形而上学共同运动的哲学家施利希、卡尔纳普、牛拉特、费格尔、汉恩和其他成员的更加直截了当和正式主张实证主义的著作之间，确实存在着某些精神上的共同点。重要的是不要过分夸大这个学派的统一性；关于把形而上学打进地狱里去的证实标准或意义标准的确切性质，以及关于作为世界"逻辑结构"的基础或材料的"基本命题"或"纪录命题"的性质，学派内部一直存在着争论和分歧。但是，他们确实形成了自觉的正式学派：他们进行讨论，召开会议，并发行刊物。

奥格登和理查兹在《意义的意义》一书中，把类似的思想介绍给英国读者。1923年该书第一版就提到维特根施坦和罗素，（为了提醒我们注意到更深根源）也提到查尔斯·皮尔斯。但是由于对这些作家只是随便一提，所以并没有产生足够的印象，使人认为这部著作一定受到剑桥的哲学讨论的影响，而这类讨论本身又受到维也纳传来的消息的影响。

直到1936年艾·朱·艾尔出版了《语言、真理和逻辑》一书以后，英语国家的普通读者才第一次看到关于维也纳学派学说的系统而公开出现的介绍。艾尔的序言一开始就承认他的观点"来自罗素和维特根施坦的学说,而这种学说本身又是贝克莱和休谟的经验主义的必然结果"。他接着表示受过穆尔很大影响,尽管他承认穆尔及其追随者"不愿意像我那样主张彻底的现象主义,而且他们对哲学分析的性质也有颇为不同的看法。同我观点最接近的哲学家乃是那些组成'维也纳学派'的人。他们以莫里茨·施利希为首,通常被称为逻辑实证主义者"。

尽管书中有这类慷慨承认思想来源的说法,正文中还有更多比较具体的参照,但《语言、真理和逻辑》却很像是哲学上全新的开端,而许多不同派别的哲学家也是抱着这种看法来欢迎或反对这本书的。这本书就阐述清晰和行文有力而论,可称一部杰作;对于它是否有重要创见来讲虽有疑问,但是它通过清楚易懂因而便于讨论的表达形式,讲述一些当时多数哲学家还不熟悉的重要思想,大大促进了哲学的进步。本书说理透彻、文笔优美,拥有广大读者。正因为如此,直到近几年来专业哲学家才能让他们的非专业朋友们相信:在英国并非所有哲学家都是逻辑实证主义者,讲逻辑实证主义的也并非只有这一本书。

艾尔无疑是彻底的。第一章的标题是"消灭形而上学",其中最后一句话是:"传统哲学家的争论,很多都是既无成果可言,又无正当的存在理由。"这本书提出了"肯定的办法,解决引起过去哲学家主要争论的问题"。

形而上学要通过维也纳学派关于字面真正意义标准的修订看法来消灭:

我们用来测验事实表面陈述是否真实的标准是可证实性的标准。我们说,就任何人来讲,只有当他知道怎样证实一句话想要表达的命题时,这句话才是在表述事实上有意义的句子。也就是说,只有当他知道什么样的观察会使他在某种情况下接受命题为真实,或者拒绝命题为虚伪时才有意义。相反,如果假定的命题具有下面这种性质,即关于它是真实或虚伪的假定,同关于他未来经验的性质的任何假定都不矛盾,那么,它不是同义反复便只是假命题。表达这个命题的句子,在情感上可能对他有意义;但在表述事实上并没有意义。关于疑问句,方法也是一样。就每个疑问句来讲,我们都要研究什么样的观察会使我们肯定地或否定地回答这个问句;而如果找不到回答,我们就要认为:对我们来讲,所说的句子并不表达真正的问句,不管其语法形式多么有力地让人认为它表达了真正的问句。

艾尔承认他的偶像破坏论同休谟对于中世纪经院派形而上学的猛烈攻击是一脉相承的:

> 关于休谟,我们不仅可以说他实际上不是形而上学家,而且可以说他明白表示反对形而上学。我们认为他的《人类理智研究》的最后一段,就是这方面最强有力的证据。他说:"如果我们手里拿着任何一本书,比如说是讲神学或经院派形而上学的书,我们可以问:书中有关于量或数的抽象推理吗?没有。有关于事实和存在的经验推理吗?没有。那就把书扔进火里去烧吧!因为书中除了诡辩和幻觉以外,再也不会有什么了。"难道这不是合乎修辞地表示了我们自己关于句子既不表达形式上真实的命题又不表达经验上的假设,那就毫无真正意义的论点吗?

标题为"伦理学和神学批判"的那一章,也许是最令人热血沸腾或者冷水浇头的部分。他对基督教徒帮倒忙,肯定他们的信仰同无神论者和怀疑论者的信仰一样,"并不虚假,但无意义"。道德判断被说成是"一半表现情感,一半发号施令"。"没有命题的伦理学",成了某学派道德哲学家的口号。C. L. 斯蒂文森的《伦理学与语言》是关于这种道德的最详尽的论述。用"情感的"这个词或者"这是价值判断"这种毁灭性的反驳来压制一切关于道德、政治、宗教、文学和艺术的认真讨论,在前途光明的青年人中已经蔚然成风。(他们当中许多人仍在这样做,尽管光明已经减退,青年时期也早已过去。)

艾尔的现象主义可以代表他对全部哲学的主要问题的看法。他按照罗素的方法进行分析,提出了各种还原:精神、数目、概念、命题、物质的事物以及过去和将来,都成了逻辑构造而不是推论出来的实体,没有考虑其他可能性。

甚至在旗帜鲜明的实证主义者行列之外,许多30年代的哲学著作也带有类似的倾向。吉尔伯特·赖尔在《系统地令人误解的表达形式》（1932年）① 一文中，强调了从句子形式与句子表达事实的"逻辑形式"之间的通常区别引出来的若干教训。柏拉图的共相由于我们断定其产生根源在于语言混乱而被取消。赖尔对于他在著作中所指的方向抱有某些疑虑：

> 但是，因为忏悔对于灵魂有益，我得承认我并不喜欢这些结果所指向的结论。我愿意使哲学从事一项更为崇高的任务，而不是在语言用法中寻找反复出现的错误结构和荒谬理论的根源。但事实至少是如此，这一点我却不能真正怀疑。

在《语言、真理和逻辑》出版的同一年，即1936年，有人发表了一篇方向不同的文章，这就是约翰·威兹德姆的《哲学的困惑》②。威兹德姆的著述曾经过了几个阶段。他那本《心理与物质的问题》（1934年）属于更早一段时期的剑桥，就是沃德、斯托特和麦克塔格特的剑桥，通过穆尔和布劳德的讲授才把他跟麦克塔格特等人联系起来。在他写的关于"逻辑结构"的一系列论文（《精神》，1931—1933年）中，他参加了当时以寻找逻辑等式来解决哲学问题的时髦活动。现在，他在圣安德鲁斯度过一段时间之后，又回到了剑桥，发现维特根施坦正在全力追击，追击的目标也包括《逻辑哲学论》的作者。照这位第二个维特根施坦的说法，他和他的同道曾经正确地把"误解我们语言的逻辑"（《逻辑哲学论》序言）当作引起哲学混乱的根源，但是他们却误解了疾病的性质和适当的治疗方式。他们自己就被语言引入歧途，误认为哲学问题和命题在逻辑性质上和表达形式上，都类似科学和数学的命题。"追求普遍性的愿望"可以通过注意细节和差异加以节制。哲学家必须用描述代替分析，才能从"词意就是客体这种思想"以及其他迷惑人的错觉中解脱出来。

维特根施坦的新思想很快就广泛传播开来，一是通过口授，二是由于学生们传阅他讲课笔记的打字稿（《蓝皮书和褐皮书》，该书直

---

① 见《亚里斯多德学会学报》，1931—1932年。
② 见《亚里斯多德学会学报》，1936—1937年。

到1958年才出版），但主要还是由于威兹德姆和其他学生的功劳。威兹德姆夸大了维特根施坦对他的影响：就是他从维特根施坦那里懂得了哲学家是以诡论的方式讲话的，即把常见的表达式用于不常见的用法上，从而使自己和别人都产生误解。但是，他比维特根施坦看得更清楚的是：在这些诡论中，既有混乱，也有卓见。威兹德姆发展了维特根施坦本人在《逻辑哲学论》中所说"唯我论者的主张当然是对的"这句话。威兹德姆在哲学杂志上发表了许多文章，详细阐发了这些论点，其中特别重要的是一系列论述"他人的心"的文章（《精神》，1940—1943年）。在实证主义者那种不合历史甚至常常是违反历史的偏见流行一阵之后，毕竟还有人强调哲学的连续性，即新的语言哲学的认识论和传统哲学家形而上学的本体论之间的联系。他的哲学实践已经预示他后来写的《形而上学的演变》（不列颠学院，1961年）的倾向。

《语言、真理和逻辑》继续受到来自两个方面的批判性的注意。一方面有像A. C. 尤因那样的传统思想家，他使唯心主义在剑桥仍有市场，尽管周围的人都像C. D. 布劳德所说已经模仿起"维特根施坦先生吹笛子的变调节奏"。另一方面则有莫里斯·拉策罗威茨和C. L. 史蒂文森等人，他们同情艾尔的激进论调，但不愿意像他那样走向极端。布劳德本人继续照稍早一些时候的剑桥分析学派的风格来写哲学；他不顾新评论家的看法，认为"思辩哲学"和他自己实践的"批判哲学"都各有其地位。像《精神及其在自然中的地位》（1925年）和《麦克塔格特哲学的研究》（1933—1938年）这类书的优点是立论稳健、明察细微和不带偏见，这一点现在看来比二三十年代新运动的支持者所见到的要明显得多。

与此同时，在牛津出现了一派注重常识、实事求是的哲学家，他们不自觉地为第二次世界大战前后开始支配牛津的"语言哲学"铺平了道路。库克·威尔逊，同剑桥的W. E. 约翰逊和穆尔一样，早在"日常用语"成为时髦口号之前就强调其重要性了。约基姆、普里查德、约瑟夫、J. A. 史密斯和（年青一代的）H. H. 普赖斯在许多方面都各不相同，但是，他们为了避免19世纪形而上学家的空洞热情，彻底和逐步解决问题，在政治上都尽力做到具体、细微和明智。这些优点以及随之而来的局限性，都传给了那些把"剑桥哲学"移植到牛津土壤的年青一代哲学家。

　　罗宾·乔·科林伍德在牛津还使人对于研究自然哲学和形而上学的传统问题以及历史哲学和美学继续感觉兴趣，而比他年轻的同时代人却集中力量探讨范围较窄的逻辑和认识论问题，根本不读他所依仗的大陆作家——柯罗齐、秦梯利、狄尔泰和黑格尔。科林伍德的《自传》（1939年）展现出两次大战之间牛津的哲学图景，尽管并不全面，却起着很有价值的矫正作用。塞缪尔·亚历山大的《空间、时间和神明》（1920年）和怀特海的某些著作（如《过程与现实》，1929年）都是宏伟的形而上学著作，而比较时髦的哲学家则认为这种壮观不过徒有其表。

　　人们疏忽这些思想家及其论述主题，也伴有对于同他们比较接近的大陆作家的轻视。普通读者抱怨，学院派哲学家不重视本世纪一般理智生活中最重要和最有意义的一切。这种说法似乎也有道理。经济学家和在政治方面活动的人都在阅读马克思的著作；那些兴趣主要是文学而不是哲学的人，则阅读尼采的著作；神学家和哲学爱好者，阅读克尔恺郭尔的作品；每个人都阅读弗洛伊德的著作。但是，那个时期的许多专业哲学家，却对这些思想家甚至连想都没有想过，也许弗洛伊德算是例外。

　　在两次世界大战之间的年月里，人们相应地比较忽视哲学的历史研究，并且除了逻辑与认识论之外，几乎所有哲学研究领域都受到冷遇，例如伦理学、宗教哲学、历史哲学、美学和政治哲学。固然可以列举很多重要的例外，但这些都是对于当时流行的哲学不抱同情态度的一些人的作品。艾尔弗雷德·爱德华·泰勒、约翰·伯内特、亨利·杰克逊、弗朗西斯·康福德和戴维·罗斯爵士，对于希腊哲学的研究做出了显著贡献，但是罗斯和泰勒各自进行的哲学工作都是旧式的，而其他各人也远不是有独创见解的哲学家。研究近代哲学史的工作，大多只限于那些从他们论述的以前时期汲取哲学营养的人，或者在真正哲学研究上并不积极的人。G.R.G.穆尔论述黑格尔，A.C.尤因论述唯心主义，肯普·斯密士论述笛卡儿；科林伍德富有独创思想的著作（《自然的观念》《心镜》《新利维坦》）在方法和态度上都是系统地属于历史性质的。但是，在罗素的《莱布尼兹的哲学》（1900年）发表以后，几十年来没有一个现代运动的主要哲学家写出过关于过去大哲学家的全面论述。

宗教哲学也同样是孤立的。F. R. 坦南特的《哲学神学》（1928—1930年）带有当时剑桥分析学派那种崇尚具体和常识的倾向，但是他像查尔斯·奥曼爵士、H. H. 法默以及其他人一样，并没有受他的同时代哲学家主要思潮的影响，而是保持着独立的见解。

同样的说法也适用于这个时期的政治哲学，尽管罗素仍然积极关心政治和社会问题。但是，对于这种说法以及关于20世纪哲学许多容易得出的概括，卡尔·波佩尔爵士却成了一个重要的例外。虽然他的《科学发现的逻辑》（1935年）直到1958年才有英译本，这部书还是使他获得了与维也纳学派有关而又对其口号持批判态度和独立见解的哲学家的显著地位。他提出科学命题的标志是可证伪性而不是可证实性这个论点，甚至在该书译成英文之前，就已经在专业哲学家范围之外广为人知，并得到承认。

波佩尔更著名的《开放的社会及其敌人》（1945年），把他对柏拉图、黑格尔和马克思所做的细致而高度的批判性的研究，同他为"开放的社会"和以经验主义方法逐步解决社会和政治问题而进行哲学上的辩护结合起来。这本书几乎是当时直接有关本世纪重大历史和政治事件的唯一重要哲学著作。同这位作者写的《历史主义的贫困》一样，广泛的历史学家和社会科学家以及有教养的一般读者，都读过这本书，达到近年来哲学著作很少能够相提并论的程度。

正如莱尔德在其《当代哲学》中所说，任何叙述20世纪哲学的人，都要为提到又漏掉许多名字而进行辩解。埃丁顿和琼斯、普恩加来、杰弗里斯和凯恩斯、塔斯基和哥德尔、杜威和席勒、赖辛巴赫、亨佩尔和布里奇曼、吉尔松和马利丹、博赞克特、格林和拉什戴尔、克拉伦斯·刘易斯和魏斯曼，对这些人像现在这样只提一下就完了的做法，是很不够的。他们多半都是重要人物，其他人士至少由于许多人重视也就成了重要人物。漏掉的人同提到的人一样，也是多种多样。再增加一些名字会加深20世纪哲学派别繁多的印象。没有理由不去相应地强调那些使上述哲学派别具有由对话统一起来的相互关联。人们在战后哲学领域内已经发生和正在发生的事情中，可以看到同样的统一性和多样性，但这已不属于本章和本卷论述范围。

维特根施坦的《哲学研究》序言是在1945年写的，但是这本书却直到1953年即他死后两年才出版。这是一个界标，大多数战后最重要的哲学流派都可参照它而确定其地位，不论是通过比较还是通过对比。当代的许多作家都是维特根施坦的学生和追随者：约翰·威兹德姆、拉施·里斯、莫里斯、拉策罗威茨、诺曼·马尔科姆、伊丽莎白·安斯科姆、彼得·纪赤。另外很多人并不是他的学生，也不是他的追随者，然而却表示和承认深受他的影响：D. M. 麦金农、D. F. 皮尔斯、斯图尔特·汉普夏和彼得·弗雷德里克·斯特劳森就是突出的例证。吉尔伯特·赖尔和约·兰·奥斯汀是战后哲学界两个最有影响的人，他们所写的重要著作和文章虽然很少提到或者根本不提维特根施坦的名字，可是无须做出深奥的解说也可以看出，他们显然同他的著作有着密切关系。牛津的艾·朱·艾尔和 H. H. 普赖斯，剑桥的 R. B. 布雷思韦特和卡西米尔·卢伊，同其他地方的许多人一样，写出的著作带有罗素、穆尔和布劳德的早期剑桥哲学的精神，而不像后期的维特根施坦。坚决反对后期维特根施坦的著作和影响的有两大类活跃的哲学家：传统主义的形而上学家（尤因、布兰夏德、穆尔）和逻辑经验主义者及哲学逻辑学家（奎因、古德曼、卡尔纳普），这后一派的兴趣使他们同维也纳学派、《逻辑哲学论》或《数学原理》紧密地联系在一起。

这个概述是以反对时间上的狭隘观念的警告开始，就必须以反对空间上的狭隘观念的警告来结束。为20世纪中叶英国哲学和欧洲大陆哲学之间的分裂而感到惋惜，这已经成了老生常谈。但是，两者之间的分歧被下述两方面的人夸大了：一方面是那些以萨特和加谬、海德格尔和雅斯贝斯为学习典范而抨击当代英国哲学的人，另一方面是新实证主义者和语言哲学家，他们又拿这些大陆哲学家来警告不当心保卫从古代形而上学获得解放的人重新掉进陷阱的危险。

因为各个时代和各个地区的大多数哲学家都是不好的哲学家，而甚至最好的哲学家有时也不免陷入谬误之中，所以在这种争吵中，两方都很容易从主要对手的著作中搜集无稽之谈。但是认为任何一方可以独占那种认真研究哲学中心问题的特权的看法，是经受不住最后受到的考察的。说德语、法语和英语的哲学家们，攻读了相同的哲学经典著作，并从中继承了基本相同的思想倾向。不同地区虽然在用语上有所不同，但是这种不同并不超过不同时代在用语上的不同，也不超过生活在同一时代和地区的不同哲学家之间的不同。并非所有时代和所有地区的所有哲学家对于所有哲学问题都同样感到兴趣,目前大陆哲学家和英国哲学家之间思想重点的不同,不过是这种浅显道理的一个例证。

让-保罗·萨特是英国哲学家越来越感兴趣的大陆哲学家当中的一个。他的著作的性质具体显示出变得越来越宽阔的局面。他的《情绪理论大纲》(1939年,英译本1962年)探讨了在英美哲学中占有重要地位的一些精神哲学问题,这些问题在英美已经同威廉·詹姆斯和弗洛伊德的著作联系在一起,正如萨特本人做的那样。一般公认《存在主义是人道主义》(1946年,英译本1948年)同当代关于道德根据和道德判断的性质的讨论是紧密相关的。《存在与虚无》把这两类兴趣结合起来,另外还带有一种十分类似许多英国哲学家特别注意认识论的倾向。书中有一节标题就叫作《他人的存在》,简直是威兹德姆的《他人的心》法文版的很好书名。同时,在意大利、德国和法国也有人研究艾尔、赖尔、奥斯汀和维特根施坦的一些著作。对话仍在继续中。

二　宗教思想

"宗教思想"与世俗思想之间的界限可能并不存在,而且确实很难划分。回顾一下20世纪的宗教思想,前半个世纪可以分为两个恰成对比的时期——1914年以前和1918年以后。前一时期的特征是哲学与宗教紧密联系,而后一时期则两者逐渐分道扬镳:有影响的哲学家认为形而上学的命题毫无意义,而神学家则认为神的启示用不着人类理性的支持。本世纪开始时,赫伯特·斯宾塞仍然健在,他那种来自圣公会教长曼塞尔的不可知论神学,正受到新兴的唯心主义派的攻击。孔德一派的实证主义被广泛认为符合科学的观点,只有科学的知识才是真知识的这一命题被很多人接受。大约在这个时候,"自然主义"一词开始用作科学形而上学的通称,这种主义反对上帝这一观念,尽管强调的程度有所不同。由于关于自然主义的这场争论是围绕着真理的性质和知识的局限性,因而也牵涉到许多本来不是神学家的人。"基福德讲座"的设立,就是专门为了按照理性而不是凭借权威和所谓启示来考察对上帝的信仰,这就保证可以继续从许多观点来探讨关于上帝、自由和不朽这些伟大的主题。后一时期开始出现一种新型的自然主义,它认为凡是不能用感觉经验证实或"否认"的命题都是没有意义的。这种趋于极端的立场,后来被证明是站不住脚的,但是,在说英语的哲学家中,普遍存在的观点认为,形而上学是不可能的,因而理性的神学也是不可能的。由此产生的结果之一,就是宗教思想越来越集中到启示的观念和宗教经验的性质。我们时代标志之一是:20世纪初宗教哲学眼看就要取代讲授教义的活动,而到了后来系统神学和教义神学却又恢复了它们在神学课程中的统治地位。

在简要叙述神学发展之前,必须先提一下在这半个世纪中,对大部分宗教思想产生影响的各种力量。属于较早时期的两个作家克尔恺郭尔和尼采,激发过许多宗教思想家叫作"存在主义"的哲学,据说渊源于克尔恺郭尔,这无疑是正确的;但是它采取的形式却如此变化无常,从无神论到天主教教义应有尽有,所以仍然令人困惑难解。也许它最明显的作用就在于加强宗教中反理性的成分,鼓励在宗教经验中强调意志、决定和"介入"地位。比较一下克尔恺郭尔和布莱斯·帕斯卡是会很有启发的;两人都是由于有一种与"哲学家的上帝"毫不相干的"信仰跃进"而皈依宗教的,两人都具有非凡的智力和文学才能。另一普遍影响就是心理学的新发展。西格蒙德·弗洛伊德认为,他已经证明宗教是一种幻觉,是一种"普遍的神经官能症"。无可否认,他促使那些认真对待他的著作的神学家,好好进行内心反省和修正旧有的概念。但是,他关于无意识的学说究竟有多少经得起不断的批评却是个问题;同样的说法甚至更加有力地适用于他的学生和对手卡尔·古斯塔夫·荣格的著作。两人对于我们理解宗教无疑都做出了重大贡献;分析哲学家也许可以帮助我们评价他们使用的象征和神化的意义。某些对宗教思想一直存在的影响,来自想在历史中找寻某种"意义"的努力。贝内戴托·柯罗齐和乔瓦尼·秦梯利是把绝对价值赋予历史的唯心主义者,因为他们把历史当作神意的体现。这种观点对于基督教上帝观显然有直接的影响。奥斯瓦尔德·施本格勒和阿诺德·汤因比关于历史性质的思想也是如此。施本格勒的《西方之没落》发表于第一次世界大战结束时,由于其中表现的悲观主义和无神论而轰动一时。汤因比的大部头的《历史研究》,对于宗教思想产生了显著的影响，主要因为他比施本格勒更为博学和全面，集中阐述了宗教对于理解历史的极大重要性，并且可以说为科学的历史学家勾画出一种基督教上帝观。

当时许多最好的思想，都注意到宗教的性质，根据近代科学怎样看待上帝的观念，以及新知识对于传统基督教教义的影响等问题。普林格尔·帕特森的《上帝的观念》从唯心主义的观点重新讲述了有神论的教义，产生了重大影响，是卓越的解释论文。克莱门特·韦布用了毕生的思考来研究自然神学史以及对神的信仰所涉及的各个哲学方面。坦南特博士在其《哲学的神学》一书以及其他篇幅较短的著作中，运用敏锐眼光和分析能力探讨了宗教的中心教条。他采用的基本假定与其说是唯心主义的，不如说是属于主张实在论的剑桥学派。黑斯廷斯·拉什戴尔的《善恶论》及《神人和合说》，是两部把深刻的神学知识和哲学知识融为一体的重要著作。尽管他是唯心主义者，他却反对绝对唯心主义而赞成贝克莱的经验唯心主义。除了这些名字以外，我们还可以举出 W. G. 德·柏格。他那本论述道德与宗教的关系以及理性在宗教中的地位的著述《理性生活》，出版于这段时期的末期，其价值在于概括了有许多思想家参加的思潮。我们也不要忘记两位专门从道德方面为宗教世界观进行辩护的哲学家——威廉·索利教授和艾尔弗雷德·泰勒教授。泰勒最初是作为布拉德莱的门徒而开始哲学生涯的，他说明的宗教思想运动，其意义远远超出个人思想的发展。他放弃了绝对主义的泛神论结论，最后采取了至少接近托马斯·阿奎那的看法。

上段中提到的作家，都关心维护宗教经验的可靠性和基督教核心教义中的基本真理，但是我们不能说神学家在一切问题上都感谢这些所谓的神学捍卫者。某些宗教哲学家想引进公认教义中的修正和限制，在许多人看来都是背离启示真理的危险做法，正是由于这种感情，拉什戴尔博士和坦南特博士这两位当时最优秀的英国圣公会思想家，没有受到应得的承认和影响。事实上，时代并不适合于冷静地讨论宗教思想，因为从这个世纪开始，基督教就经历了一场严重危机，其中有许多问题看来比冷静的思想家所争辩的问题更为迫切。教会领袖们面对的是很多人不再去教堂参加教会活动，也不认真信仰"有组织的宗教"。这种事实虽然还不是影响 1900 年到 1950 年宗教思想的唯一重要因素，却是我们应当时时牢记的因素。

宗教既是主观经验，也是社会活动，因此，它同历史演变的关系也就必然会比哲学更为直接。以两次世界大战为顶点的西方文明危机，非常清楚地反映在神学思潮中比较突然发生的变化上。19世纪留给20世纪两个没有解决的神学问题。第一个问题是怎样调和自然科学的成果和基督教信仰所蕴含的世界观。第二个问题是怎样吸取对圣经的历史考证的结果以及比较宗教学者得出的结论。

20世纪开始时，在英、美、德以及大多数欧洲国家中，出现了强大而热诚的新教徒团体，他们采取了主要是批评他们的人称为自由主义新教神学。这种基督教信仰的主要特点是尽量减少基督教中超自然的和教条的说法，提出"回到《福音书》"的主张。他们认为《福音书》的主要思想就是天国的思想。因此，自由新教就把天国当作它解释基督教的中心，但它集中注意力在天国降临到现世，而尽量排除《福音书》中关于天国的"来世"方面。在某些人心目中，"社会福音"已经等同于进步这一观念，后者在本世纪最初10年中，被人看作一件即使不带必然性也是差不多完全可靠的事。哈纳克是与自由主义新教神学连在一起的最伟大人物，他写的《教条史》是当时思想动荡中最有影响的力量之一。在这本以博学见长的著作中，哈纳克提出的论点是：产生《新约》的原始基督教经验，经过希腊哲学的解释，已经由原始的简单形式变为一套神学命题和烦琐的圣事与教阶体系。哈纳克在柏林给学生们做的讲演，收进了他那本流行的《基督教的本质》，这是为简化了的基督教信仰做出的有力辩护。这种信仰只肯定了上帝为人类之父和人类皆兄弟这两点基本信仰。说哈纳克和许多同情他的"自由派"神学家完全忽视诸如罪恶、赎罪和道成肉身这些重要问题，未免不够公正；他们的目的倒是要按照他们认为是耶稣的朴素教导重新估价这些教义。特罗特·格洛弗的《历史上的耶稣》在英美广泛为人传诵，它就是这类基督教学术研究产生的著作的优秀范例。格洛弗还研究希腊时代的宗教，它又构成了问题的另外一个因素。赖岑施泰因、居蒙和其他人的研究使人们更清楚地理解"神秘崇拜"的重要性，又提出了原始基督教福音的变化有多少是由于受到神秘宗教的影响，以及这一过程是否由圣保罗开始的问题，因为有人认为，他借用了异教徒宗教仪式的思想和说法。

哈纳克的著作是罗马天主教会现代主义运动兴起的部分原因。法国、德国、英国和意大利的天主教学者都感到有必要把教会的教义与实践同现代的科学知识与历史知识结合起来，至少有些人不满意教会权威对于接受新时代思想所抱的顽固态度。他们同时坚信，教会是代表上帝安排的精神生命的承受者和保护者。卢瓦齐神父接受哈纳克和自由新教的挑战，在《福音与教会》和《一本小书》这两本简短而有说服力的书中，打算发展一种新的天主教辩护学。他一方面接受了至少像哈纳克那样提出的对基督教历史来源所做的严格考证，另一方面又试图表明福音和教会是不可分割的，而教会中一脉相承的礼仪活动是基督教的主要内容。在英国，乔治·蒂勒尔和弗里德里希·冯·许格尔男爵这两个有名的神学家同现代主义运动有关。后者就他的批判性见解而言，虽然确实是现代主义者，但在哲学上也许不是现代主义者；他幸免于他的朋友们遭到罗马教皇谴责的命运。因为罗马教会，至少是梵蒂冈，不承认这种新的教义辩护，反对宗教适应现代知识的做法。现代主义于1907年被贬为异端，接踵而来的是在神学院和教区神职人员中进行严厉的"清洗"。从表面上看来，现代主义运动在罗马教会中遭到失败，也许它的最大影响最后还是落在圣公会中英国天主教自由派身上。卢瓦齐和蒂勒尔继续从事著述。前者变得偏离信仰而接近不可知论的立场，他的《基督教的诞生》就很难同他的《福音和教会》相调和。

社会福音在圣公会这一派中显出不同的面貌。拥护它的人，即所谓基督教社会主义者如查尔斯·戈尔和亨利·斯科特·霍兰都以道成人身和天主教关于道成人身的说法作为他们的学说根据。戈尔的主要著作都是为这些说法进行辩护和说明。戈尔主教代表本世纪头30年圣公会思想的一种主要趋势，并且是当时有影响的重要人物之一。他早期为《世界之光》撰稿时表现出来的自由主义，总是极有限度的，晚年则想用正统思想压制那些超过《世界之光》的立场而进一步批评传统教义的教士。然而他总算是一半自由主义者；令人感觉兴趣的是看到他关于道成人身"屈尊到世界来"的学说，现在已经受到英国天主教神学家的驳斥，因为他们认为这位昨天的天主教派领袖的自由主义，对于今天来说还是太自由了。

第一次世界大战是对自由主义新教神学的乐观主义沉重的打击。

把基督教原则渗进社会的这一梦想,尽管还没有完全破灭,却也蒙上了阴云。国际联盟在很大程度上是基督教理想主义的产物,它失败的主要原因在于创造它的精神力量不足以维护它。20年代的希望和30年代的幻灭,在宗教思想上是有反映的,但是,在神学本身内还产生了其他一些令人不安的原因。

领导人类走进天国的"历史上的耶稣",是理想主义基督教的中心人物。他是个普世的人物,至少就他使用对我们这个时代也有重要意义的语言来讲话这一点来说,他也是现代的人。这个人物是靠从福音书中专选同我们思想方式一致的特性和言语而抛弃其他部分来构成的。解释《新约》的启示录派就反对这种看法,认为这种看法丢弃了《新约》中最重要的因素。他们指出,前三部《福音书》浸透着犹太启示录的思想和形象。阿尔伯特·施韦泽的《寻求历史上的耶稣》,引起了最大的震动,作者认为耶稣是"生活在第一世纪的犹太人"。其他著作,特别是《圣保罗的神秘主义》,都是根据《启示录》的线索写成的。施韦泽独特而富有魅力的性格,加上他作为从事医疗工作的传教士的忘我工作,使他成了我们时代中最重要的宗教思想家之一。对《福音书》做出的极端启示录式的看法受到了批评,一些著名学者仍然完全不承认它,但是总的看来,我们可以说施韦泽以及像伯基特教授这样同他基本立场相同的人的主张,在《新约》的解释以及在耶稣教义和经验中天国的概念上,都留下了不可磨灭的影响。

我们已经看到,新的心理学提出了宗教经验的性质问题,因此许多活跃的神学讨论都是为了反驳弗洛伊德派所抱的基本怀疑主义。鲁道夫·奥托的《神圣观念》对这个问题做出了积极的贡献,他在这本书中发展了关于"神圣情感"的学说,认为这是具在特殊色彩的情感,存在于从非理性并令人战栗的恐惧一直到敬畏和尊敬这一系列的方面。奥托把他的学说同施莱尔马赫的神学、弗希特的哲学和路德的宗教联系起来。他在《东西方的神秘主义》这部深入的研究著作中,进一步发挥了自己的思想过程。由于不易发现的原因,他在英、美比在德国有着更多的追随者。他是这个时代中写出也许具有永久价值的著作的作家之一,他的"非理性"神学至今仍然没有得到恰如其分的评价。

各种互相对立的学说之间的斗争，也许使系统神学家处于不利的地位，因为他感到并不是站在稳固的前提上面，但是也有人为当代人做出了卓越努力，重新解释正统教义。戈尔博士在其一生即将结束时，又回过头来维护和阐述基督教对上帝、基督和教会的信仰；阿瑟·黑德勒姆博士除了写过《耶稣的生平和训诲》和《神人和合说》这些书外，还发表了生前来不及完成的神学体系的第一卷。坎特伯雷大主教威廉·坦普尔在那些年月里，是用自由主义观点阐述正统神学最有力的人。他那惊人的记忆力和表达流畅的能力，使他在百忙的教会工作之外，还写了很多书。他写的《创造的精神》《基督即真理》和《自然、人和上帝》这三本书，包括了他的基本思想，表明他的思想从"广泛教会派"逐渐转向比较接近传统的观点。

我们早已顺便地看到，不少人开始对神秘主义感到兴趣。可以认为，加速这种兴趣的原因之一是社会生活和精神生活都不安定。人们在寻求某种生活基础，而他们在进步的观念和教会的教条中，却找不到使人安心的答案。他们转而向内心寻找基础，许多人真的找到了。研究神秘主义的有名学者很多，我们只能略举一二。威廉·拉尔夫·英博士在他的《基督教神秘主义》和讲演集《普洛提努斯的哲学》中，扩大了人们对于神秘主义的理解，使那些持怀疑态度的人也认为神秘主义值得认真研究。伊夫林·昂德希尔在她的《神秘主义》和许多其他书中，使广大读者了解伟大的神秘主义作家的话，她的精神谈话也对许多人产生了影响。弗里德里希·冯·许格尔男爵特别熟悉当代欧洲大陆的学术研究和哲学，他是一个用这方面的知识致力于自由天主教神学事业的宗教思想家。但是，他那本最值得注意的书《宗教的神秘成分》，却是研究热那亚的圣凯瑟琳的专著，他还以此为基础探讨了神秘经验的性质和意义。许格尔创立的伦敦宗教研究学会，是20年代和30年代中许多上等人士聚会之处。犹太学者及《福音书》的研究者克劳德·蒙蒂菲奥里和希腊文化专家及《象征主义》这本很有价值的书的作者埃德温·贝文，是必须提到的两位会员。

在第一次世界大战结束后一年，卡尔·巴特开始崭露头角，此后他的"辩证的"危机神学便成了新教思想的主要特征。虽然我们几乎说不出他有立场与他完全一致和门徒或同道，而且他还同原来属于他这一派的成员如葛加登和E. 布伦诺等人进行过热烈的争论，但是

1925年以来，大多数新教神学家对他的观点表示同意或提出批评，从中仍然可以看到他的影响。在我们这个时期开始时，有人特别相信宗教哲学，认为它可以取代以前教条神学在教会中所占的地位；到这个时期结束时，出现了强有力的运动，否认宗教同哲学有任何联系，提出以《圣经》为人类唯一能见到的神圣真理的教条。上帝的道这个概念是巴特的中心概念，他在上帝训言和人类全部智慧及心灵经验之间划出了明确的界限。上帝的道来到人间是上帝直接和单独的行动。它不能用人的理性来批评或证实，因为人的理性由于始祖堕落而败坏，不能对上帝的道做出判断。巴特敌视各种哲学神学，都是因为他否认"存在的类比"，即否认可以根据人心中的"上帝形象"通过类比推理得出关于上帝的知识。巴特的神学是代表反对自由主义新教神学和"合理宗教"的另一极端。正如"危机神学"一词所表明的那样，历史情况带来的威胁促成了这一运动，但是它也可能具有更永久性的意义，因为就学说中一个方面来讲，它复活了基督教中由圣保罗开创的事业。

由于篇幅有限，我们只能简单地提一下俄国和东正教作家的贡献。许多基督教学者被迫背井离乡，这就丰富了西方的宗教思想。我们只能略略提一下弗朗克斯和布尔加科夫的名字，尽管前者对不害怕教会这一观念的哲学型神秘主义做了出色的阐述。尼古拉斯·别尔嘉也夫在他写的一系列书中，提出了宗教哲学以及一部分是由于他的方法和思想根源不同于任何西方宗教思想而受到重视的神学。不管是经院派的逻辑和形而上学，还是宗教改革运动，都不是他的思想的根本来源，他的思想主要是由东正教神学、马克思主义和德国哲学塑成的。他写书像先知而不像哲学家，虽然他的著作中到处提到各个时代和各个国家的哲学；他并不是辩论，而是像说预言那样提出结论。他晚年对启示录式的历史观所包含的永久性价值和真理感到兴趣。他对这个主题的研究，体现在他写的《历史的意义》和《人的命运》这两部最重要的著作中。他真正重要的贡献很可能在于他坦率承认宗教需要"神话般的思维"以及他为了阐明基督教信仰中的神话性质所做的努力。值得注意的是：许多正统神学家把别尔嘉也夫当作朋友，尽管后者的思想明显接近同新教和旧教的传统教义都格格不入的立场。这是许多原因造成的，例如别尔嘉也夫善于启发人的思想，他的著作的晦涩难解，以及正统派感受迟钝等。

抱着预测未来发展的目的去研究 20 世纪前半个世纪宗教思想的人，可以认为这个时代的最有希望的征兆是团结基督教徒的普世教会运动，已经在两次世界大战间以前所未有的力量脱颖而出。在神学思想方面，基督教的普世教会精神已经在讨论方法的改变上表现出来。对话代替了争论，神学家不再着重反驳持不同意见人的错误，而是大力了解对方。预期的第二次梵蒂冈大公会议（1962—1964 年）鼓励重新解释天主教会对教义的立场，这就有可能对"称义"这类重大分歧，进行各种新的探索。汉斯·金博士研究卡尔·巴特神学的论文（《因信称义：卡尔·巴特的学说》是这种富于和解精神的分析的范例。站在新教的观点看，莱因霍尔德·尼布尔和保罗·蒂利克对系统神学做出了令人难忘的研究，这两个人在美国和英国都有很大影响。在学术领域中的宗教思想上的合作（例如 1960 年发现的《死海古卷》）已经成为人所公认的事实；关于上帝的存在和人类得救的教义这些神学的中心问题上的合作，也越来越得到承认。我们至少可以说，就基督教思想来讲，各派互相诅咒的日子已经一去不复返了。

（张金言　译）

第二十二章
绘画、雕塑和建筑

一　绘画

20世纪上半叶出现了现代派艺术，即一种摆脱了表现手法上的传统观念的革命艺术；而由于这时公众眼里对自然的观察，受到摄影技术的影响，因而艺术家与公众之间的鸿沟扩大了。现代派艺术产生于印象主义，因此起源于巴黎，因为印象派是在那里发展成熟的；但是当印象派的作品在1900年的巴黎世界博览会上大规模展出后，印象主义就成为国际性的，现代派运动就开始在德国、意大利和俄国发展起来，而巴黎本身的艺术就成为世界性的了。在法国，一年一度的当代画家作品展览会，继续组织展出的全是传统绘画，评奖团将一切先进的作品排斥在外，因此先锋派不得不组织自己的画展，先是举办了印象派的专门画展，后来又于1884年成立了"独立派沙龙"，1903年成立了"秋季沙龙"。于是艺术也和当代政治一样，形成了保守派和激进派。

1900年，点彩派和象征派这两个流派风靡一时。点彩派画家追随修拉，试图用把补色的色点在近距离加以视觉调和的画法，来使印象主义合乎科学性。象征派则追随高更，为了诗意而摒弃科学，他们既不模仿，也不分析，而是以用一些装饰线条隔开的大块色彩面积，追求与自然相等的绘画效果。随后的10年间，另外三位画家，梵高、塞尚和卢梭，开始为人们所理解。梵高以强烈的色彩和暴风雨般的笔触使绘画富有表现感情的色调；塞尚力图通过小块色彩色调的细微变化来体现他对主题的视觉感受，把印象主义的鲜明性与一种新古典主义结构的完整性结合起来;"海关职员"卢梭①则以他原始的写实主义赋予所画的对象以一种神奇的色彩。

回顾起来,1905年以前的年代,似乎是现代派的序曲。当年轻的毕加索用一种表现感情的现实主义风格画杂技团的人物时,维亚尔和勃纳尔则以色彩丰富的室内景和街景为印象主义写下了尾声。最早的现代派艺术是野兽派在1904年到1908年间创造的。在1905年的秋季沙龙上,他们用色之强烈,一时引起议论纷纷,使他们得到"野兽群"之称。色彩的确是他们全神贯注的中心。他们使用原色,既不加深它,使画面有立体感,也不按气氛来变换色调。在点彩派画家们使用补色的地方,他们却采用陡然变换和极不谐调的色彩,为了加强浓艳的装饰效果和不拘常规的画法,他们的绘画更有平面感,他们的形式也趋于单纯化。

野兽派有两个流派,一个以弗拉芒克为代表,一个以马蒂斯为代表。弗拉芒克运用快速的手法和炽烈的色彩,这对梵高来说,曾经是由于为热情而表现热情的那种难以忍受的精神紧张状态造成的结果。马蒂斯与高更在一起,通过几种颜色并列,追求一种具有阿拉伯式的图案所表现的那种抒情色彩的新构图。印象派画家们倡导过这些主张,但是用来描绘自然;而对于野兽派来说,大自然是一个起点,绘画本身就是目的。他们记录情感,而不是事实;但是他们所谓的情感,意思是指美的感觉,因为他们不讲什么故事情节,不存在什么社会的或道德的目标。虽然他们在实践上不像在理论上那么激进,还保留了许多描绘成分、印象派的题材和明快的基调,但是他们所关心的色彩本身应该是绘画的主要因素这一点,仍然构成当代艺术的组成部分。

立体派是和野兽派相对应的必然产物,它是继色彩革命以后出现的在形式方面的革命,以理智的艺术反对感官的艺术,以清教徒式的艺术反对享乐主义的艺术。它通常被认为经历了三个互相交迭的阶段:1907—1909年的原始立体派,1909—1912年的分析立体派,和1912—1914年的综合立体派。

---

① 亨利·卢梭曾任海关职员,因此被人们称呼为"海关职员"卢梭(Douanier Rousseau)。——译者

原始立体派开始于毕加索的《亚威农的少女》（1907年），这是一幅5个裸女的大幅画，她们棱角分明的形象好像是"用斧头砍出来的"。透视法和明暗对比法都为平面所代替，这些平面表示一种空间感和实在感，不使画布显得空虚。右边的两个人物的头部比迄今为止的任何人物形象都更加严重变形，这或许是受黑人雕塑的影响。其中一个人的鼻子在脸上折成扁平的，以此说明立体派的一个原则——同时从几个不同的视点描绘对象。

布拉克受塞尚的影响，1908年试验用浅色调的色彩平面来构成画面，从此这两个画家就肩并肩地一起发展立体派。1909年毕加索专注于着重从移动的视点观察裸体模特儿的各个表面，于是人物形象看上去像水晶一样的多面体，并且强调触觉而不是强调视觉感受。描绘的对象显然简化了，但仍能辨认出来。但是到了1910年允许把块面层次渗透进身体，使它们互相切入，并与背景的块面交错在一起，因而人物形象成了碎片，直到再也无法辨认，画家也到了抽象化的边缘。但是抽象化似乎是一种枯竭，于是毕加索立即退却了，不过只是稍微后退一步。1911—1912年毕加索创作了《吹单簧管的人》，布拉克创作了《葡萄牙人》，这类绘画使分析立体派达到了顶点，但这时仍然可以通过互相渗透的和半透明的块面的图案以及小块油彩的整个纹理，隐约看出作为画家出发点的所画对象。所以立体派仍然是一种现实主义的流派，不仅因为它的出发点（六弦琴和弹六弦琴的人、瓶子、报纸等）是取自画家眼前的环境，而且因为对它的欣赏依赖于被分解成碎片的形象中剩下的一点现实性和结构图案之间的相互作用。

1911—1912年，毕加索和布拉克在他们的绘画中采用了糊墙纸、报纸等的碎片，以此表明传统的艺术手段也并不比传统的形象更神圣不可侵犯，任何东西，甚至垃圾，也可以用来作画。人们把这叫作"拼贴"，它把立体派画家的探索进一步带进了绘画的真实性和空间。报纸的碎片本身是真实的，不是画出的想象之物；糊墙纸的碎片上绘有模仿木纹的图案，既是真实的，又是想象的，而这二者又都是绘画的一部分，这样就摒弃了透视，强调表面，它们在一幅由许多具在色调和质感的色块构成的作品中，均占有自己的地位。

当所画的对象几乎完全被分解了时，分析立体派就只能限于它原来所反对的抽象化,正是拼贴才给它打开了钻出这个死胡同的道路。彩色纸开始被用于作画,这促使迄至那时为止仅注意构图的一派人重新注意用色,但重新注意用色,是把它作为构图的一个因素,利用色块的隐显明暗来增加画面的表达力。而且,一幅用剪贴物构成的画,往往只有较少的部分,各部分也较大,轮廓较清楚,因而趋于清晰。最重要的是,这些剪贴物体现了一个新的出发点,因为艺术家不再把所画的对象分解成为近乎抽象的图案,而是安排各种形状,直到出现了一把六弦琴、一个瓶子等的形象为止。格里斯是采用这种综合方法的纯粹派。毕加索和布拉克则仍旧注重经验,他们只要感到理论是一种束缚,就毫不犹豫地把它撇在一边。然而毕加索的《三个音乐家》(1921年)可说是综合立体派的杰作。它由一些边缘挺直,又突如其来地附加上一切东西的类似剪贴物的图形构成,通过熟练地运用这些色块而得到了一切——形象、空间和层次。而且在此以前很久,至少到1914年,立体派即已确立了野兽派仅仅预示过的原则,即绘画就是绘画,它只遵从它自己的法则,而不遵从自然法则。

分析立体派是从分解所画的对象开始的,而"黄金分割社"(1912年在巴黎展出)则从绘画的各种因素开始。他们使外形服从于一种合乎数学比例的结构,并且像修拉那样,通过使色彩服从于他们的数学准则,努力使之合乎科学。他们认为色彩是主要因素,因此要是他们之中有任何伟大的画家,他们或许可能把立体派和野兽派这两个流派融为一体。但结果是在他们的影响下产生了德洛内的"奥费主义"①。德洛内的真正主题是色彩的自然的、本能的生命,因而到1913年他把一个由各种同心彩色圆盘组成的主题,发展成为大气光辉的象征,它既是动态的,同时又是抽象的。他的合作者莱热从塞尚曾在自然界中寻求的圆锥体和圆柱体开始,在形式方面也同样转变到动态的抽象。

意大利的"未来派"和法国的各流派不同,它是以一个文学上和政治上的宣言,即马里内蒂1909年在巴黎发表的宣言为开端:应

---

① 奥费主义(Orphism)或称奥费立体主义,系由法国诗人阿波里耐于1912—1923年首先提出,主要用来描述画家德洛内及其妻子的作品,以别于一般的立体主义。他解释说,奥费主义"是描绘新结构的艺术,其组成元素不仅取自视觉范畴,而且完全由艺术家自创,并将之重新组合,赋予完整的真实……这是纯粹的绘画"。——译者

该忘掉过去,应该烧掉它的那些博物馆,应该热情地接受一个机械、城市、喧嚣、速度和战争构成的未来。一年后,在米兰形成了一个团体,它的纲领就是把这个宗旨体现在绘画之中。为了表现动态本身,而不是表现某一特定的动作,采纳了点彩派的色彩和立体派的技法。巴拉同时描绘一个动作的几个阶段,博乔尼以《力的线条》描绘了"一条大街的运动";但是他们的绘画一直属于逸事奇闻,直到他们把试图表现一种运动的表象改换成试图表现抽象的运动为止[如博乔尼的《骑脚踏车的人的运动》(1913年)]。

表现派是和德国联系在一起的,在那里,挪威人蒙克(他曾以梵高的热情和高更的线条去表现中等社会人物的忧虑神情)有着深刻的影响。1905年,在德累斯顿成立了名叫"桥社"的团体(基希纳、施密特-罗特卢夫、黑克尔等人),这派人创造了一种类似于野兽派的艺术,但色彩夸张,情调苦闷。从1912年起,它的风格变得比较统一和富于民族性了,它从非洲雕塑和哥特式的木刻中吸取灵感,注重感情的强烈而牺牲结构。在这个团体的外围,诺尔德将表现主义运用于宗教艺术,科科施卡则将之运用于肖像画。但是最伟大的表现派大师也许是巴黎的鲁奥,他从1904年开始画妓女和丑角、律师和法官,粗野地、怜悯地把这一切都加以纯洁化,纳入他所画的基督的形象中。

1911年慕尼黑的艺术团体"青骑士",开创了表现主义的新阶段。它和"桥社"不同,其成员和观点均具有国际性,他们之所以志同道合,与其说是由于风格的一致,不如说是由于为了达到心理上的目标而运用野兽派—立体派在形式方面的种种发现。弗兰茨·马尔克运用德洛内的技巧来表现动物在它们的栖息地的生存;而该团体的领袖和理论家康定斯基则受到他记忆中的祖国俄国的斯拉夫民间艺术和拜占庭教堂壁画的影响。他早期的风景画有着像高更那样的宽阔的色带,但是它们那令人陶醉而又令人心绪缭乱的色彩,使它们更富于神秘性,而不是装饰性。这种诉之于内心观察的成分,在牺牲表面主题的情况下日益加强,到1910年,表面主题便消失了。此后,康定斯基运用色彩表现抽象的和非具象的形状,它们在一个与其说是绘画空间,不如说是心灵空间的种种冲突,表现出人类心灵的激烈波动。50年代的抽象表现主义就来源于这些绘画。

第二十二章　绘画、雕塑和建筑

1914年以前，抽象的风格并不是一个流派，而是野兽派和立体派专门注重形式而产生的必然结果；1910—1912年左右，它在几个国家同时出现，以证实绘画可以仅仅由形式构成。毕加索在1910年改弦易辙，但是蒙德里安把立体派的分析画法坚持到底。为了显示其风格，画一棵树，直到仅仅剩下几条垂直和水平的线条。然而即使在这早期，抽象的画法也是各种各样的。对德洛内来说，它象征着光；对莱热，象征着大小不同的体积；对博乔尼，象征着运动；而在康定斯基笔下，它不仅带有心理色彩，而且不再具有几何的以及自然的外形。因此康定斯基达到了一个极端。一些莫斯科的俄国画家则走到另一个极端。拉里奥诺夫用明暗不同的斜线构图（"辐射主义"）；马列维奇则用四方形和三角形构图（"至上主义"），1917年他画出了逻辑上最大限度精练的结晶——在白底上画了一个白方块。

除表现派外，各艺术派别的目标全都是发现表现形式的新方法。但是1913年左右，一些称为超自然派或空想派的画家们，找到梦幻的境界作为新的题材。俄国出生的巴黎人沙加尔用农民画的色彩和立体派艺术家的几何图形，创造了一个梦幻的境界，在那里，他记忆中的维切布斯克[①]犹太区紧靠着巴黎的埃菲尔铁塔。可以看见母牛腹中的小牛，身首异处却安然地活着。意大利出生的巴黎人基里科，用极其清晰的色调和夸张的透视法画传统的拱廊；画无头的雕像或一个看不见的精灵的影子，栖居于尽头是一只钟的拱顶长廊中；一个工厂的烟囱，或一堵墙后面的一列火车。像卢梭的画一样，清晰中隐藏着神秘，但基里科的魅力则令人不寒而栗，似乎大祸即将临头。至此，绘画离开了理性，而为超现实主义铺平了道路。

1905—1914年是一个发明创造的时期，这时几乎所有伟大的发现均已完成，因此两次世界大战之间的时期是一个把这些发现付诸实现的时期。然而学院派仍然居于支配地位，不论是上流社会的人们还是普通公众，对新艺术都不了解，只要这种艺术一展出，就会引起轩然大波，而人们普遍认为这正是这种艺术的目的。但是情况要比当年印象派的处境好些，因为这时先锋派已被认为是正常的。印象派和后印象派画家都是先遭谴责，后被接受：这是新的模式。先锋派这时已

[①] 维切布斯克是沙加尔的出生地。——译者

从巴黎发展到其他大城市，它已意识到自己的作用，同时对未来也满怀信心。一些大胆的画商（如康惠勒）和一些大胆的收藏家（如美国的斯坦家族和俄国人舒金）被说服接受了他们的作品，主要的艺术家们也能够维持生计。在法国和英国，各博物馆顽强地固守旧的阵地，但在德国出现了一些大胆的馆长——官方的壁垒打开了第一个缺口。这一时期的艺术与社会的联系，不仅是通过"桥社"的社会意识或未来派自觉的现代意识，更多的是通过它所显示出的那种试验的态度。艺术家在探索自然和绘画的方法时，成为研究工作者，不仅象征着当代的科学成就，更确切地说可与这种成就相提并论。

立体派的风格臻于完善后，它就不再起破坏的作用，只有马塞尔·杜尚在继续进攻。他在1911年至1914年间揭穿了许多公认为神圣的东西的"真相"：用一排唇管作为女人来表现爱情；用一些偶然的技巧来表现灵感；用他的"可可研磨机"来表现机器的效率；用"现成品"（把一些成批生产的物体堆成雕塑的样子）来表现艺术本身。在1916年的大规模屠杀中，他那种由于饱经沧桑而产生的怀疑主义变成了达达派的虚无主义，这一流派主张以一种浪漫主义的无政府状态来对待艺术和社会。战败的德国自然很容易欢迎这种哲学，于是达达派在德国和巴黎都写出了一些毫无意义的诗，画出了一些毫无意义的画来嘲笑理性，并举办挑衅性的展出和幼稚的表演以震动世界，让世界认识到它自身的疯狂。虽然如此，达达派还是产生了持久的影响。恩斯特和施韦特斯的拼贴画，是为了进行讽刺而将立体派为了追求形式的缘故而发明的东西加以发展；"现成品"则可以证明整个世界就是潜在的艺术，而阿尔普则新创了一种生物形态主义，坚持艺术家必须与自然平行存在，而不是模仿自然，这样，他的木雕是在他手中生长出来的，就像水果在树上生长出来一样。最后，对弗洛伊德学说的理解，导致了这样的认识，即达达派的胡闹并非胡闹，而是象征着下意识的欲望。从这一点，达达主义演变成为超现实主义。

超现实主义起源于文学，1924年诗人布雷顿发表了超现实主义宣言。诗人们通过不假思索的书写，去探索人的潜意识；艺术家们也寻求类似的技巧，牺牲形式上的考虑，借助一些有用的手段，甚至幻想的现实主义，去发现和表现一种心情烦乱的和失去理性的形象。于是马克斯·恩斯特除其他方法以外，采用拼贴方法去寻找和拼凑一些毫不相关的形象，并把它们从所应处的自然环境中挪开——例如一只独木舟和一个真空吸尘器在树林里谈恋爱之类的作品。其效果是使看画的人大吃一惊，使他对日常现实中照例被认为必然是正确的东西产生疑问，使他在荒谬中领会到诗意。达利的极其可怕而逼真的视觉形象，宣扬这种狂热迷信，但是这一派的真正的艺术家兼诗人是加泰罗尼亚人米罗，他拒绝用引起错觉的艺术手法，而采用抽象的形象。他很少把抽象形象作为形象图案的因素，更多的是把它作为一个神话世界的象征。米罗超越了超现实主义，在他的一些难以理解的符号中发展了从欢乐的到可怕的或猥亵的一系列表现。但是他的特殊才能是在准确、微细而有理性的艺术中，保存了原始人和儿童的洞察力和本能的反应。米罗在某些方面得益于克利。克利的艺术也是植根于潜意识，他深入探索潜意识的原始，他认为这是万物之源。克利寻找这个原始领域的各种象征，这些象征使人看到自然的形成过程，而不是自然的最后成品。他的方法是从线条、色调、色彩等形式上的因素开始，直到形成一个他有意识地使之完美的形象为止。虽然他的绘画是小的、个人的、怪诞的，而且显然微不足道，但是他纯熟地运用了从野兽派、立体派和德洛内的创新中发展而来，并在他的《教学笔记》中加以阐明的结构，在这方面是举世均难以超过的。他正是通过这种把在形式上注重结构与在心灵上注重即兴发挥这二者相结合的做法，把现代派艺术的这两大流派融为一体，并成为这一派中最重要的画家之一。

针对超现实派的这种失去理性和毫无约束的表现主义，在战后的最初年代出现了一种极端强调理性的倾向，在严格的几何图形中寻求规律。它的一个来源是格里斯的立体主义，格里斯通过与具体物品形体完全相同的画法（"我用一个圆柱体画出一个瓶子"），不断加以修正而形成一种抽象的规程，从这种规程出发，直到完成一种本身具有充分理性的结构在现实中能够站得住脚为止。奥藏方的"纯粹主义"（1918年在巴黎发表宣言）则是把这个过程颠倒过来，从许多罐子抽象出形体，就像普桑从裸体抽象出形体一样。结果就产生了一些标准图形，假如这种绘画能有足够的感染力的话，它也许会把它同工艺图案统一起来。替代他的是莱热。莱热揭示工艺社会，并将之理想化。在他的《丰盛的早餐》（1921年）中，图形是以在工业产品中具有工业色彩的各种机器形式组合在一起的，但是在它们那机械化的完美境界中仍然达到一种庄严而从容的宁静。蒙德里安走得更远。他摒弃形象和各种联想，从而把他的形式减少到只剩一个格子，色彩只剩下底色。他坚持他的"新造型主义"是在这些简单因素的相互关系中，构成一种新的人造的绝对形式。它是一种纯冥想的艺术，其目的在于显现出一种独立于自然状态之外的普遍的和谐一致。康定斯基由于受到构成派的激励，摒弃了他的把人的感情外表化的非具象的抽象画，而采用了一些随意排列的几何图形。有时这些画像蒙德里安的一样绝对，有时则在它们的宏观宇宙与微观宇宙空间的相互作用方面，似乎是与人类根本无关的自然状态内部的普遍冲突的象征。所有这些倾向都被格罗皮厄斯1919年在德国创立的"包浩斯"①作为学派的固定宗旨，在这里，艺术家们设计建筑物时包括它的全部内容（壁饰、灯插座、机械设备、家具），以便以建筑为中心把艺术与工艺重新结合起来，艺术家与社会重新连为一体。"包浩斯"建立了现代艺术训练体系，其基础训练是根据某种特定的材料来学习基本设计。它的两个最卓越的教师康定斯基和克利，则是通过研究点、线、面、色诸因素，力求系统阐述造型规律。

从1918年直到我们所论述的这一时期结束，勃纳尔、马蒂斯和布拉克继续发展他们的个人风格，不受艺术流派、经济萧条、革命或战争的影响。勃纳尔在印象派的基础上发展，马蒂斯在野兽派的基础上发展，布拉克在立体派的基础上发展。他们没有发明任何新的原则，但是每个人都全面探索了其风格的各种可能性，因而他们的绘画属于这一时期最优秀的作品之列。毕加索先后属于立体派、新古典派、超现实派和表现派，甚至同时集各派的风格于一身。他从1915年开始交替画安格尔风格的素描和立体派的作品，在20年代初期又改宗普桑而画有宏伟感的人物，从而恢复到常态。他当时的立体主义没有受表现手法的影响，只是画面单纯化了，也比较清楚了。甚至在战前，他已画了一些现在看来是超现实主义的绘画，但是从1927年起，超现实主义成为他的艺术中的一个主要因素。随着西班牙内战的

---

① 包浩斯（Bauhaus），魏玛建筑研究所的简称。这一派人后迁居美国，成立芝加哥建筑设计研究所。——译者

爆发，他在感情上陷入了这10年的悲剧之中。他的全部创作才能和技巧，现在都用于一种人物形象被极度歪曲了的艺术，这种艺术的第一幅不朽之作是大幅画《格尔尼卡》（1937年），接着他继续画了一系列的坐着的女人和静物，直到1945年。

1910年前，只有西克特的印象派现实主义打破了英国绘画毫无生气的局面，所以当1910—1912年罗杰·弗赖伊举办两次法国现代艺术展览时，公众为之惊骇不已。后来温德姆·刘易斯发起"旋涡画派"，这是在未来派启发下出现的一次反叛，但由于战争和他本人不足以称为画家，这个画派也就成为牺牲品。在20年代，除了怪僻的斯宾塞以外，自满情绪占绝对支配地位，但是1933年成立了以里德为代言人的"一体画会"，它的刊物是《轴心》，成员有尼科尔森、赫普沃思和摩尔，全都住在汉普斯特德，有几年里，一些著名的流亡者（蒙德里安、加博、格罗皮厄斯等人）加入了他们的行列，他们在欧洲造成了最激动人心的艺术气氛。1936年，由于抽象派和超现实派的国际画展的举行而达到高潮。一年以后，"尤斯顿·罗德小组"受失业和法西斯主义威胁的促使，抵制他们视为一种与现实生活不相干的艺术，从而领先回复到印象派现实主义。"一体画会"瓦解了，但尼科尔森继续画几何图形的抽象画，萨瑟兰则开始创作一种现代浪漫风格的风景画，这些，再加上雕塑家摩尔和赫普沃思，才使英国艺术保持了新的大胆探索精神及其规模。

在美国，首先冲击学院派的是"垃圾箱画派"的印象派现实主义。但是美国的艺术家们则向往着欧洲，有些人十分大胆，在1909年建立了一个小型的法国现代派作品画廊——纽约的"二九一画廊"。1913年举办了大规模的"军械库画展"①仅纽约一地就有10万多人在一片骚乱、嘲笑和一些喝彩声中参观了美国和法国现代派的作品。大量收藏现代派作品的工作从此开始，与此同时"二九一画廊"也着手赞助一些在革命的巴黎或柏林受过训练的美国人，因而到1917年现代派艺术已站稳了脚跟。

在两次世界大战之间的年代里，在公众当中和对收藏家们偏爱欧洲感到愤慨的艺术家当中，产生了一种孤立主义和沙文主义倾向，一

---

① 这次画展在纽约的第六十九团军械库举行，故名。——译者

种富于浪漫色彩和地方色彩的自然主义风行一时，经济萧条后，对社会和政治承担义务有意识地取代了"为艺术而艺术"的观点。"新政"初期用委托作画来帮助艺术家们，但是有两件依靠私人赞助的事更具有重要意义：1929年以布利斯的收藏品为基础，创立了纽约现代艺术博物馆，以及一些第二流的流亡艺术家被吸引到了美国。就像在汉普斯特德一样，在这里，杰克逊·波洛克领导的一个流亡者小团体，造成了一种令人激动的艺术风气。他们在心灵感应下进行即兴创作，以这种新技巧为基础，探索一种抽象表现主义的形式，从而产生了美国的"行动派绘画"，这种绘画很快就出现在世界各地。

二　雕塑

米开朗琪罗去世后，雕塑衰落了，因为艺术转向对绘画有利的光和空间的效果。这方面以印象派的出现而达到顶点，但随着印象派的枯竭，绘画回复到物体和画面层次，于是雕塑恢复了。它的现代史就是这种恢复的历史，而这种恢复又主要是通过画家们所开创的各个流派而实现的。

雕塑的恢复始于罗丹，他自己就集浪漫主义、现实主义和印象主义于一身，但是他把对这些风格的运用，结合于对米开朗琪罗的新了解。他从米开朗琪罗那里学习了一些纯属雕塑的东西，即通过质感的明暗配合来表现运动。他像德加一样，从未忘记肌肉的内在张力，即使当他的作品的表面是在表现光的闪动时也是如此；但是他又不像德加，他不仅保留了文艺复兴时期的技巧，也保留了它全部崇高的人道主义，而这点，既提高了他的形象，又使他成为旧传统的顶峰，而不是新传统的发韧。

马约尔领导了反对新古典主义的运动，新古典主义是罗丹唯一没有吸收过的流派。马约尔对希腊雕塑的改造，在于他是按照自然而进行塑造，因而他的《连锁动作》（1905年）既表达出概括的和静态的特征，也表达出库尔贝笔下那种动物的特性，但是由于他恢复了人道主义，这就使他仍属于19世纪的范畴。

德国的表现主义是雕塑方面一个典型的异端，因此表现派的天才代表人物莱姆布鲁克甚至通过拉长了的和突出感情的形态，保存了马约尔明晰的风格。

野兽派的雕塑只限于马蒂斯，他从用色彩构图，转为用造型构图。由于侧重的方面有所改变，这种构图便成为现代派的东西，因为现在是形式和手段先于表现。将《斜倚着的裸女》（1907年）和《珍尼德头像五号》（1911年）做一比较，就可以看出他为了质感和结构层次的缘故而越来越倾向于夸大单一的形式，从而说明了这一点。

立体派、未来派和布兰库西打破了自然形象的束缚。毕加索的《妇女头像》（1909年）则是将他1909年的绘画直接转化为三度空间。此后稍晚些时，利普契茨和洛朗斯创作了与立体派发展的每个阶段相应的雕塑。虽然雕塑仍然受绘画的启示，但它在破坏传统和创造新的形象方面只不过稍微落后一点，而到1922年就确实取得了独立地位。比如，利普契茨的《坐着的男人》（布列塔尼花岗石）不仅具有综合立体派的平面结构，而且具有石头的那种沉重的纪念碑似的效果。

未来派的雕塑属于这个流派最富有生气的创作之列。博乔尼在他的《一个瓶子在空间的显示》（1912年）中，最成功地表明了他的空间—时间概念，而杜尚·维荣的《马》（1914年）则是机械力的有力而抽象的形象。

布兰库西的机体抽象与绘画毫无关系，因为他一直在探索雕塑的本质，力求用最少和最简单的造型来表现思想。他的《吻》（1908年）以最低限度的细节和对材料的最低限度的加工来表达动作。他的《梅耶夫人像》（1910年）把肖像减少到四个弯曲的形状，而他的《空间的鸟》（1919年）几乎仅用一个卵形体来同时表现形体和飞翔。

立体派对传统观念的否定，从传统的形式发展到传统的手段，导致毕加索从拼贴画发展到空间构图。这些仍然是绘画，就是说是从正面看的，到构成派画家才把这个观念发展成为完全的三度空间。麦杜尼茨基的《雕塑品1919》是用一个圆圈、一个三角形和两条弯曲的金属做成的雕塑，从而开康定斯基几何形抽象之先声。它既不是雕刻的，也不是塑造的，而是构筑的，确实，一些构成派艺术家装配成的作品类似建筑师所设计的模型。

达达派的雕塑几乎比绘画还来得自然，像马塞尔·杜尚的"现成品"以及恩斯特和施韦特斯的讽刺雕塑品就是这样。假如说超现实派在才智方面稍现逊色的话，他们却比较富于创造性。超现实派的雕塑确实大大超过了超现实派的绘画，因为它不矫揉造作。因而贾科梅蒂的《匙形女人》（1926年）用微妙的波状形，而不是用任何双重的意象，凭幻想做出一个令人不安的人物。利普契茨的《人物1926—1930》——两把交叉的钳子，顶上是一个有着闪光的眼睛的抽象的头——真正是一个可怕的东西。如果说毕加索的半人半马的《人物1928》与他当时的绘画有关的话，那是因为他当时的绘画是雕塑风味的。现代雕塑的基本表现语言到1930年已经完成，以后虽在继续发展和挖掘，但这里只能简略地加以说明。

毕加索在他的雕塑活动的两个阶段（1928—1934年和1940—1945年）运用了许多材料和许多风格。他的作品范围包括从精巧的小塑像和可憎的超现实主义的怪物，到偶得的和接近自然主义的表现对象；他的技巧则包括从焊接的铁到卷曲的纸，不一而足。即使他没有创作出什么杰作，他的无可匹敌的创造能力也使他的作品成为表达思想的丰富源泉。相比之下，马蒂斯没有创作出什么惊人之作，但是他的《人背》组雕以两个极其宏伟壮观的大型作品而达到了顶点。

瑙姆·加博是俄国构成派的先驱，他在木头和金属之外又增加了透明塑料，这种材料再加上它的抽象的几何图形，使得他20年代的作品看上去好像科学仪器或天体物理现象的照片。而佩夫兹纳的同类雕塑品，则使人想到生物学：显微镜下的微生物，分成碎片的薄膜，或鸟翼。美国人卡尔德用金属薄片做成的雕塑品，更明显地像动物（《鲸鱼》《黑兽》等），但最著名的是他的活动雕塑——用彩色片做成的具有米罗风格的形象，在风中随意移动。对未来更有象征意义的是胡安·冈萨雷斯，他的雕塑用锻铁做成，外形棱角粗糙，可以明显地看出是属于50年代的风格。

在生物形态的创作方面，两个主要人物是让·阿尔普和亨利·摩尔。阿尔普的《人类的具体化》不如布兰库西那样精练，将无尽的含意浓缩在一个象形符号中来给人以联想，其形状像石头或筑巢的鸟，可明显地感觉到有着内在生命的气息。摩尔在题材范围和表现力方面都大得多，但在他的作品的中心也仍然有一个主导思想，斜卧着的人物形象既是女人，又是风景，它代表大地持久的、不断更生的和富有创造性的力量（如《斜卧人像，绿色霍尔顿石，1938年》）。摩尔30年代的作品不仅创立了英国的雕塑学派，而且使英国重新回到西方艺术的主流，其作用在任何英国画家之上。

三 建筑

19世纪，社会变革和工业革命需要一种新的建筑。像火车站和百货商店这些新型建筑物逐步发展起来。这些建筑物中使用了铁和玻璃等新材料，使得无支柱的跨梁成为可能，可以得到更好的采光。但是只有在临时的或实用性的建筑结构如水晶宫、帕丁顿火车站天棚，或加拉比特天桥上，这些事实才能看得出来。在其他一些建筑中，比如艾伯特大会堂，工程师所设计的结构，外面都镶贴着石头，表现出过去某一时代的风格。

威廉·莫里斯在罗斯金的鼓舞下，攻击这种虚假的做法，认为现代建筑应该仿效的是中世纪的方法，而不是中世纪的风格；应该把艺术建立在工艺的基础上，使它植根于社会之中。他设计了一种取材于植物形象的具有新颖风格的新型装饰物，以取代机器制造的缺乏美感的装饰物，因为后者使一切都受到窒息。他自己的住宅（1859年由菲利普·韦布建造）就以适合于家居的风格代替了华丽的风格，砖和结构是露在外面的，而且是按照实用而不是按照讲求对称和外表来设计的。查尔斯·沃伊齐把这种谨严的艺术风格继续到19世纪90年代。他的住宅也是具有过去时代的风格而没有过去时代的复杂装饰，但是更明亮，更具有郊区的特点。与此同时期进行的建设花园城（乡村城市）的试验，是第一次向工业住房的肮脏现象发动进攻。但是由于莫里斯抵制正在成为文明核心的机器，使整个工艺美术运动出现缺陷，因而在1900年以后就不合时宜了。

机器时代的建筑始于芝加哥，路易斯·沙利文在那里为高层办公大楼创造了一种建筑形式。他的"保证公司大楼（1895年）摆脱了历史的影响，既表现出它的功能（下层是商店，上层是办公室），又表现出它的钢筋结构。

大约同时，由于新艺术运动的兴起，在欧洲出现了一种避免历史循环主义倾向的尝试。这是一种主要来源于莫里斯的曲线流畅的装饰风格，不过更加粗犷、更具有异国情调，而且是反理性的。通过普遍应用于各种物体、家具、瓷器、首饰、书籍标签，形成一种内在的统一风格；但也确实能够用在建筑上。因此霍尔塔的"人民之家"（布鲁塞尔，1896—1899年）由于使用铁和玻璃，产生了一种明亮的空间透明效果；而那不仅遍布于其大厅，而且遍布于外墙和整个布局的波浪形风格，完全排除了实用主义的感觉。在巴塞罗那，高迪则更趋于极端，他建筑了一幢倾斜状的石头宫，好像是海水冲成的一些洞穴（卡萨米拉，1905—1910年），是一幢富于造型美和不落窠臼的建筑物，犹如一件雕塑品一般。

这些流派以在芝加哥的最有希望，沙利文在那里已为如何表现工业城市扫清了道路；但是1893年芝加哥世界博览会开创了新古典主义的新阶段，这种风格风行于整个美国和欧洲，很大程度上占主要地位，直到1945年。因此，纽约的摩天大楼的发展，也就是工程学发展的一部分。

沙利文的大弟子弗兰克·劳埃德·赖特，1914年以前在郊区别墅的建筑方面做出了主要贡献，因为他的一些摩天大楼工程尚未兴建。这是一件矛盾的事，因为社会和技术的变革，要到1920年以后才随着汽车的使用、仆人的不足和服务行业的逐渐机械化而在家庭领域里变得明显起来。赖特的"罗比住宅"（芝加哥，1909年）的特点是一条条横贯全楼的水平线条，象征着机器切割的效率和横过平面的有目的的移动，从而表现出其现代的特点。它那向外伸出的悬臂梁（阳台的顶）开始把室内和室外的空间连成一体。不对称的和不规则的总体结构，打破了像现代主体派那样的由交叉平面分割而成的传统箱式结构。内部模仿过去的乡下茅舍，光线阴暗，是一个隐蔽的处所，小小的菱形窗格，甚至使玻璃窗也成了栅栏，但是房间高度的变化，以及以壁炉前的地面为中心，通过宽阔的通道，把空间连成一片。这种布局就打破了房间的方盒子形状，就像外部一样是立体派的。不论内部还是外部，只要可能就露出砖、石、木的天然表面。赖特的一个不朽的工业工程"拉金办公大楼"（布法罗，1904年），也是砖面建筑。它完全是一个立方体，四角有光秃秃的双层塔楼，它背对城市，朝内可一直看到它本身那装配着玻璃的大厅，大厅的不受外界干扰的空间一直通到走廊中。

随着新艺术派堕落到追求商业性奢侈铺张，苏格兰人麦金托什像赖特一样，寻求一种新的具有永久价值的东西。他的格拉斯哥艺术学院（1898—1909年）预示着现代建筑发展的两条主线：主观的即表现主义的，和客观的即理性主义的。这所学校正面的窗子是格子式的，是合于理性的；但是它的入口处和从小山山腰矗立起来的高大的图书馆则是表现主义的。图书馆内部又有所不同；它的柱子和横梁在空间的相互作用，半是装饰，半是结构，实开风格派建筑之滥觞。

这两种主要倾向的明确分离开始于维也纳，麦金托什在那里备受赞扬；奥尔布里希的"婚礼塔"（达姆施塔特，1907年）是表现主义的，瓦格纳的"邮局储蓄银行"（维也纳，1905年）则是理性主义的。凡是在"婚礼塔"上才华横溢地表现出创造才能的地方——五指状的塔楼，立方几何形的屋顶，刻成圆角的窗户镶边——在邮局内部却表现出古典式的朴实无华的风格。霍尔塔曾经把铁和玻璃作为表现他的离奇想法的工具，而在瓦格纳，它们表现的则是机器的平稳的效率。最后，由于卢斯发表了《装饰与罪恶》（1908年），给维也纳的理性主义派提供了战斗信条。卢斯的"施泰纳住宅"（维也纳，1910年）实际上表明了怎样可以使建筑回复到它的基本因素，即不加装饰的立体体积。

但是现代建筑的这两个方面都是在德国发展成熟的。曾经研究过英国工艺美术运动的赫尔曼·米特希厄斯，于1907年抱着同样的目的，创立了"德国艺术与工艺同盟"，只有一点不同，那就是艺术家和工艺匠不是制造个别的、因而昂贵的物品，而是为机器再生产制造样品。工艺美术应转而面向工业和广大社会。

同年，彼得·贝伦斯被任命为电气联合企业通用电气公司的总设计师，为公司设计各种产品、宣传材料和建筑物。在他设计的"涡轮机厂"（柏林，1909年）中，他努力发现一种适合于这类建筑的形式，从而完成了一件杰作，但它同时具有古典的和表现主义的风格，即理性的和非理性的风格。为了支撑巨大的连续突腰的屋顶，支柱看上去像是在角隅用大石块加固了的圆柱子，结果成了一座转而用以表现工业威力的希腊神殿式建筑。但是这个工厂之所以合于理性，在于其支柱显示出是钢制的，而且各个支柱仅仅用玻璃连接起来；它之所以不合乎理性，在于这些支柱真正是一些拱形结构，从基础一直到拱顶弧线平滑，无一处间断，而那笨重的柱角，却是薄薄的混凝土，什么也不支撑。

当代的建筑大师们——格罗皮厄斯、米耶斯·范·德尔·罗埃和勒科尔比西埃——都在贝伦斯的工作室工作过，所以当一本有大量插图的关于弗兰克·劳埃德·赖特的书在德国出版时，最早的现代派风格（所谓"国际风格"）的主要源泉一时汇合在一起。这收到立竿见影的效果，因为格罗皮厄斯所设计的"法古斯工厂"的车间（1911—1913年）就是一幢完全现代化的建筑。它继承了贝伦斯的作品的风格，仍然是一座神殿式建筑，但它的形状是二三十年以后才出现的国际风格的典型的水晶状立方体。浪漫主义的纪念碑式的风格已成过去，代替它的是一种半透明的、线条笔直的优美的玻璃外层悬挂在那里，以它那窗户之间许许多多方柱形的墙壁而自豪，四角显然没有加固。贝伦斯是突出个人的，赞扬发电机的轰鸣声，格罗皮厄斯则是客观的，象征着平静有效和默默无闻的合作。

在艺术与工艺同盟展览会（科隆，1914年）上，格罗皮厄斯采用了贝伦斯的主题。他设计的"机器棚"是一个没有柱子的神殿式建筑，它那伸长的用线条装饰的外壳，只说明它的功用——工业场地的围墙。在这个模型工厂的办公楼里，他为这种国际风格创造了另外一个主题——一个圆柱形的玻璃塔楼，其中是从外面可以看出的一个螺旋形楼梯。然而格罗皮厄斯在布局方面并非现代派。上述这两座工厂都是由各个部分，即由一些独立的建筑物组成的。在法古斯工厂里，仅仅是根据功用来分成若干组；在"模型工厂"里（这里不存在功用问题），则是一条中轴线，两面对称，也就是说，是学院派的。

如果说格罗皮厄斯领导了德国建筑的理性——古典派，那么佩尔齐格、贝尔格和陶特就构成了所谓的表现派，它即使不十分纯正，也是比较引人注目的，而且在形式上更富于创造性。佩尔齐格的"水塔（波森，1911年）就概括地表明了这一点。它那些巨大的圆柱体，旨在造成一种气势凌人的效果，但它们是作为蓄水罐和展览室而出现的。他的"化工厂"（卢班，1911年）是按照英国方式自由地设计的，而陶特则为他的"玻璃大厅"（科隆，1914年）创造了格子结构，即经纬网络构成的穹顶。

法国对现代建筑的贡献，在于钢筋混凝土的发展。最早用这种材料建筑的大型建筑有"图尔昆纺纱厂"（1895年），在这座建筑中，弗朗索瓦·埃纳比克用一种镶有玻璃的轻型混凝土格栅代替墙壁。他的目的是实用——可以防火和增加亮度。他获得极大的成功。这种材料和方法被迅速用于以实用为目的的建筑物上。

但是把以实用为目的转变为以审美为目的的是奥古斯特·佩雷。在他设计的"富兰克林街乙二十五号大楼（巴黎，1903年）"中，他用细得难以想象的柱子，支撑着用悬臂梁支持的六层楼的高层公寓。虽然他用了带装饰的瓷砖，但可以明显地看出，框架和悬臂梁是外墙的主要成分；所以佩雷在这里是在关于横梁式结构的传统原理范围内使用了混凝土，其方法是将这些原理运用于以无重和大量空隙为基础的均衡比例。他的方法看起来完全适用于他使用的材料。但在事实上并非如此，因为钢筋混凝土当然是整块的，用在拱形结构上最为适合。埃纳比克在他为"小王宫"设计的螺旋形楼梯（巴黎，1898年）中表明了这一点。他的构思也为工程师们所采用。因此，马亚尔用弯曲的混凝土板建造桥梁（塔瓦纳萨桥，格里松斯，1905年），而弗雷西内设计的巨大的飞艇库，连同这些飞艇库所采用的抛物线形拱形结构（奥利，1916—1924年），其成就堪与巨大的维多利亚车站天棚相媲美。但是按照这些方法进行设计的唯一的建筑家是德国的个人主义者马克斯·贝尔格，他的"百年纪念会堂"（布雷斯劳，1910—1913年）是现代的万神殿，它所用的弯梁和网格穹顶后来为内尔维所仿效。

另外还有两位先知，即法国人加尼埃和意大利人圣埃利亚。加尼埃的"工业城"（1901—1904年，1907年出版）是一份详尽的蓝图，不仅画出了有白色外墙、阳台和屋顶花园的住宅大楼，而且研究了它们的周围环境和城市各部分功能——工作、居住、娱乐和交通——的划分。从未来派圣埃利亚的"设计图，1914"中，则可以富于浪漫色彩地瞥见摩天大楼林立的城市，有着多层次的交通线路，它激起人们的感情，使他们感到必须重新考虑整个生活方式。

实际的城市规划，以荷兰最为先进，在那里，伯拉格的"南阿姆斯特丹规划"（1915年开始）以宽阔的街道和住宅区为基础，如果说它虽然不如那些善于幻想的人所拟订的计划那样大胆，但它比起花园城市的计划来，基本上更具有城市特点，更能适应人口增长的事实。

战争创伤未愈的1919—1923年，是一个人心惶惶、抗议迭起和人们采取冒险行动的时期，这适合于表现主义的抬头；而且，因为后来出现的一些领袖人物几乎没有人从事建筑，而是转而致力于富于想象的计划，所以这是各种思想的全盛时期。

荷兰作为一个中立国，是最早开始建设的；但是阿姆斯特丹学院（埃伊根哈尔德区，1917—1921年）的表现主义是别出心裁的，是新艺术运动这一流派已经站稳脚跟后晚期的产物。真正的表现主义是在德国：虽然着重装饰，但也重视实用。即使是门德尔森的"爱因斯坦塔"（波茨坦，1921年），尽管惊人地令人想起潜艇，也有它奇特的逻辑。因为它是一个地下天文台的"潜望镜"；它的流线型虽不合理性，但它浇铸成的形状来自混凝土的可塑性，虽然由于缺乏必须的熟练工人，它实际上是用抹灰的砖建造的。霍格的"智利大厦"（汉堡，1922年）同样也是又着重实际，又寓有他意，利用其地点在一个拐角处，使人联想到高耸的船头和层层的甲板在波涛中起伏。但是有些曾被称为是"表现主义"的工程并不追求修饰。这些工程的建筑师们否认一定的用途意味着一定的形式。他们重新研究了建筑物的功用，从而着手创造新的形式，比如哈林的"牛舍"（加尔考，1923年）。

荷兰的"风格派（创立于1917年）重新评价了形式本身，像卢斯在1910年一样，又回到了形式的各个因素。但是卢斯把建筑物看成是一些闭合的体积（特别是箱状体）的简单的集合体，风格派则一方面受到赖特，另一方面受到立体派的启示，或者把箱子拆开，构成平面，或者使箱子互相交叉、互相连接，以便打破它们在一个新的统一连续体中各自的独立性。这样的建筑不再可能简单从一个角度去了解；必须围绕着它走一走，并穿过它走一走，从时空关系去欣赏它。范·多斯伯格在"一所私人住宅的设计图"（1923年）中，把两种方法结合了起来。

同一时期，德国艺术与工艺同盟所主张的艺术和工艺统一，并与建筑和工业重新结合的思想，由于格罗皮厄斯领导的"包浩斯"的创立（魏玛，1919年）而达到了高潮。虽然表现派和风格派都是有影响的，但居于支配地位的是机能主义的一个变种（近似于哈林的主张）。根据这一派的主张，艺术家根据材料和机器生产的情况而对功用做重新估价，从而获得灵感。因此到1930年就创造了一种当代风格的家具、设备和印刷工艺。

这一派人对建筑的态度，可以用米耶斯的一些没有兴建的工程设计来说明。1919年设计的摩天楼是古怪的堡垒样式，这并非出自表现主义，而是出自对玻璃墙的美学观点；它是为了反射而不是为了隐蔽而设计的。1923年用砖造的一所别墅探索了风格派的主张，内墙都从里面延伸出来，把内部空间与外部空间连接在一起。一年以前设计的办公楼是结构主义——机能主义的，长长的混凝土横墙与一行行的玻璃交替层叠，这在1930年以后在商业方面收到了很大的成效。

但是，在德国领导恢复常规的是格罗皮厄斯。1922年他为《芝加哥论坛报》设计的工程就已经使用了原芝加哥学派那种平庸单调的结构；但是当"包浩斯"迁到德绍后，他的机会来到了，因为"包浩斯"的新建筑（1925—1926年）是这些大型工程设计中第一个成为现实的。车间大楼发展了法古斯工厂的长方形外形和玻璃间壁，但是这时玻璃之间的方柱都是隐蔽的；底层缩了进去，所以整个楼看上去像是悬在空中。左右两翼都是一个单独的部分——车间、设计学校、宿舍、行政管理部门——每一个部分都表现出各自的功用。但是各个因素又都按照风格派的传统在造型上融为一体；各个空间体积均有自己的特点，又在一个总体结构中自由地融入其他部分，这个总体结构每改换一个角度来观察，都展现出一个新的形式。

在荷兰，奥特所设计的公寓（荷兰湾区，1924—1927年）产生了当代的理性主义，但是更重要的是勒科尔比西埃的作品。他在巴黎忙于他的"西特罗汉"计划：这是一种住宅的设想，它把圣埃利亚的想象变成精确的、具有重大的改革意义的计划，这种住宅将类似汽车，成为一部"居住机器"。它是一个由一些标准件构成的简单的立方体，这些标准件用柱子支撑，以便墙壁上可以安装玻璃，隔板可以移动，建成后易于维修，房间里装有设备，不需配备家具，甚至花园也是装配在住宅中的。这些立方体可装配成楼房，设备齐全，有自己的商店和汽车房。因为集中在一起，节省了地皮，所以有宽阔的庭园。便于通往但相隔有一定距离的多层公路，可以将其居民带到城市中心高高的楼群里，那里有工厂、办公楼和商店。他的"新精神馆"（巴黎博览会，1925年）就是这样的住宅的原型。

新思想迅速传播开来，1927年的魏森霍夫展览会上展出了米耶斯、奥特、勒科尔比西埃和其他人设计的公寓，表明一种新的风格已经出现。这就是"国际风格"，公寓是长方形的，白色的外墙，黑色的屋顶，上面有屋顶花园，正面平坦，有阳台，窗户是穿孔式的或整体构件。这种风格不讲求装饰，而是依靠简单的几何形和匀称的比例给人以美感，它宣称，这些都是天然地来自新的功用和材料。事实上，它们是为象征机器效率而随意做出的选择，因为不论是混凝土还是现代化的生活，都不一定要求采用正方形。

如果说表现主义时期的自由这时已经丧失，那么在风格方面种种新的限制却是富于创造性的。米耶斯的"巴塞罗那馆"（1929年）表明了它在利用空间方面的各种可能性。在这座建筑的柱座上面，丰富多彩的大理石与白色形成对比，玻璃与反射出来的水池和光亮的钢形成对比；而那些不透明、半透明和透明的墙壁，使得仅仅由地板和天花板隔开的空间渐趋协调，它的明朗宁静重新成为古典式的，使室内与室外融为一体。对比之下，勒科尔比西埃的"萨瓦别墅"（普瓦西，1928—1930年），下面的一层是缩进去的，保持着平衡，像是一些细细的支柱上支撑着一个密闭的立方体。内部则是另外一种几何形，因为坡道、阳台和可能是弯曲的或玻璃的隔板，都造成一种空间连续统一体，上述米耶斯的建筑同样精巧而复杂。

在设计国际联盟大厦（日内瓦，1927年）的竞争中，勒科尔比西埃大量运用了在"包浩斯"学到的东西，各自分开的侧翼表现了各自的功用，然而又把所有这些都结合在一个很自然地形成的造型整体中，而且考虑到它所在的地点。他设计的锲形礼堂，屋顶是悬吊的，以不妨碍视线，而且是抛物线形的，以达到最佳音响效果，从而创造了一种新的类型。虽然他在竞争中输给了保守派，但官员们和各国政府都不得不研究他的设计，并承认现代建筑回答了真正的问题。实际上建成的建筑物是失败的——它忽略了实用性，而且破坏了所在的地点——它成为传统主义的最后一次重大胜利。最后勒科尔比西埃得到了几项大型工程的委托。现代派建筑家们为失败所激怒，成立了"现代建筑国际代表大会"（C.I.A.M.）。这个组织做了许多工作去宣传和统一国际风格，并做了一些工作使之更加严谨。

20年代创立了一种风格，30年代得到了传播，并变得多样化。由于大萧条的到来和各国独裁政权的抬头，它们开始遭到不幸，在这个时期，独裁政权使俄国和德国的现代建筑告终。但是从纳粹政权下逃出来的人传播他们的主张，而且，虽然这一流派本身由于与敌对行动进行斗争而变得过分教条，但并没有束缚它的一些领袖人物，他们在魏森霍夫展览会以前一直在一起，但这时却渐渐地分道扬镳了。

勒科尔比西埃为苏维埃宫所做的设计（1931年）虽遭到拒绝，但证明他的创造力是丰富的。设计中要建造一个很大的礼堂，礼堂的房顶装在八字形桁梁上，这些桁梁的一端架在柱子上，另一端落在一个巨大的抛物线形圆拱上，看上去像哥特式建筑的半圆形后殿的拱壁那样稳固。他的"瑞士馆"（巴黎，1932年）则完全不同，风格上没有调和的地方。这是一个大胆地用粗大结实的悬臂梁支撑的方形板，但它的楼梯塔曲线优美，在底层有一些附属的公用房间，其尽头是一堵用参差不齐的石头砌成的墙，是对机器美的有力否定。至于使用更大得多的板块（里约热内卢的教育部大楼，1936—1945年），他仅仅是提出咨询意见，但是在这方面他为战后建造的无数摩天楼构思出了原型。他设计的遮阳板，即遮蔽大楼南侧的一种混凝土格栅，不仅对炎热国家的玻璃窗帘做了必要的改善，而且创造了一种在造型和装饰方面具有很大潜力的新的风格特点。巴西人科斯塔和涅梅耶完成了这幢建筑，从而开创了欣欣向荣的拉丁美洲现代学派。

英国自1900年以来没有什么建树，但是当欧文·威廉斯为布茨有限公司建起一座现代工厂（比斯顿，1930—1932年）后，出现了复苏的迹象。从德国逃难出来的艺术家的到来，带来了新的推动力。格罗皮厄斯和弗赖伊合作设计了英平顿学院（剑桥郡，1933年），这是一所自由地设计的学校，是英国在这个领域领先的开始，而卢别特舍则促成了另外两座现代建筑——"海波因特公寓"（海格特，1933年）和"芬斯伯里卫生中心"（伦敦，1938年）。

美国的建筑是依照历史已有的风格的或者是商业性的；即使赖特的"加利福尼亚住宅"也受了玛雅神殿的影响，它们是辉煌的，但不是现代的。"洛克菲勒中心（纽约，1931—1940年）标志着一种进步，因为虽然它是表现主义的，却是设计成一个建筑群。但是欧洲人带来了真正的变化。瑞士人莱斯卡兹设计了第一幢国际风格的摩天楼（储蓄基金会大楼，费城，1932年），有20年的时间里其在美国是独一无二的；维也纳人诺伊特拉把同样的风格用于家庭住宅（洛弗尔住宅，洛杉矶，1927—1929年）。

1932年纽约现代艺术博物馆举办的显示欧洲成就的展览，产生了很大的影响，对赖特也起了不小的作用，促使他开始了他的第二个创作时期。他的"乌索尼亚"住宅就是他早期的风格适应简单朴素、标准化和造价低廉的要求的产物；而他的"瀑布"（贝尔朗，1936年）则是将大胆的国际风格的白色混凝土悬臂梁与一座用粗糙的石头建成的塔卓越地结合在一起，与它的自然环境极为协调。

格罗皮厄斯和米耶斯的到来，巩固了这些成就。格罗皮厄斯是哈佛大学新一代的最伟大的教师；米耶斯则接受了设计伊利诺埃工艺学院的校园的任务，通过他设计的建筑物，对他们的风格产生了极大的影响。他设计的校园布局（1940年）继续使用了他在设计"巴塞罗那馆"时那种线条流畅的古典风格；而建筑物本身却是一些用砖、钢材、玻璃建造的方箱式建筑，回复到了贝伦斯实践过的将工业主义与希腊神殿出人意料地融为一体的风格，但摒弃了表现主义。

斯堪的纳维亚建筑的特点是一种颇具审美力的兼容并蓄，这种风格的杰作是"斯德哥尔摩市政厅"（1909—1923年）。但是1930年，冈纳·阿斯普伦德设计的"瑞典馆"（斯德哥尔摩博览会，1930年）以其轻快优美，一举而表现出完全的现代派风格。"贝拉·比斯塔公寓"（1933年）标志着阿恩·雅各布森在丹麦的出现，但是芬兰产生了一位新的大师阿尔瓦·阿尔托。在他的"维普里图书馆"（1927—1935年）中，他把讲演厅的天花板做成波浪形的，以满足音响效果的要求，从而比勒科尔比西埃更有力地说明了曲线形式可以是合理的；而他的"梅里亚别墅"则通过使用曲线和天然材料，使一个现代化的别墅与乡村协调一致。

墨索里尼的独裁统治虽然阻碍了意大利的现代建筑，但还不是致命的。泰拉尼的"人民宫"（科莫，1932—1936年）把国际风格的格栅结构完善地移植于文艺复兴时期的宫殿上。工程师们甚至更自由些，他们当中内尔维是一位真正的建筑家，他的"佛罗伦萨体育场"（1930—1932年）有一个用悬臂梁支撑着的房顶，看起来像是悬在空中；西班牙人托罗哈甚至超过了这一功绩，他的"马德里看台"（1935年）用像波纹铁那样的轻型弯曲板，达到了同样的目的。在1939年的苏黎世博览会上，马亚尔设计的展览馆像一张弯曲的纸，不过是按照建筑物的比例。它同样有力地证实了混凝土薄壳用于建筑上（如果不是用于艺术上）的各种可能性。这些工程师们，和弗雷西内一起，揭示出国际风格中利用柱子和桁梁的方法，是如何使建筑受到不必要的限制。

建筑家们依赖耗费昂贵的赞助，而这种赞助并不充分，也不及时，所以结尾部分需要透露一下那些全力紧张工作的当代大师们的情况。勒科尔比西埃的"统一住宅区"（马赛，1947—1952年）是一些"西特罗汉"式单元的集合体，实现了在他所设想的城市中建造设备齐全的房屋的计划之一。但是它那短粗的立柱、太平梯、各式各样的遮阳板，尤其是抽象派的屋顶花园，造型均极优美；混凝土是露在外面的，而且采用拉毛工艺。所有这一切合在一起，就完全摆脱了他早期风格中那种讲求轻巧和用机器抛光的做法。在他设计的隆香小教堂（1950—1955年）中，他甚至连正方形的结构也抛弃了。他的建筑造型变得像高迪的一样自由和不合理性。在昌迪加尔（旁遮普，1954—1965年），他设计了一座城市，但强调的已不再是社会学方面的问题，而是单独的大楼和它们之间的相互关系。同样地，米耶斯1952年在伊利诺埃工艺学院校园里建造的"王冠大厅"作为一个巨大的不分隔开的房间，把他的工业神殿发展到了尽善尽美的地步，而他的"西格拉姆大厦"（纽约，1958年）则把帕提侬神庙[①]建筑师们的精确性用到了玻璃板上。内尔维已履行了贝尔格的诺言，坎德拉履行了托罗哈的诺言，因此国际风格开始在各种传统风格中取得了地位，虽然它关于功用、材料和结构的各项基本原理仍然和以往一样有效。

（宋蜀碧　译）

[①] 帕提侬神庙（Parthenon），古希腊雅典城邦的女守护神雅典娜·帕提侬的神庙。——译者

第二十三章
1930—1939 年间的外交史

到了 1930 年年底，在凡尔赛和会上建立的不稳定的国际秩序，已经开始动摇和崩溃。在西欧，德国外交部长施特雷泽曼的继任者因受失业和纳粹党迅猛发展的压力，被迫放弃逐渐修改凡尔赛和约的政策，由于国家衰弱而采取了冒险主义的政策。在东南欧和地中海，法意两国之间的和睦关系，因为法国拒绝考虑意大利关于裁军的立场和它在巴尔干的地位而正在瓦解。在东欧，苏联积极推行集体化运动，削弱了它与德国的重要联系，却没有为苏联人带来任何其他道路，使他们摆脱孤立的地位。在太平洋地区，根据 1930 年伦敦海军条约的规定，英美两国已经迫使日本军方及其他方面的狂热的民族主义分子阴谋对外采取冒险行动，侵略中国的满洲，而对内则进行革命。为了洗刷他们认为是自己国家蒙受的耻辱，这是唯一可供选择的道路。

这些主要属于政治上的争端，与经济危机的不断蔓延相结合，变得更加严重。欧洲在战后的复苏，以及 1923 年德国发生灾难性的通货膨胀以后所以获得恢复，是因为它依靠一种不稳定的、但不大为人们理解的国际贸易体制。这种体制严格依赖黄金作为基础，它的流动储备金不足，却承担了额外的重任，要负责处理有关德国向战胜国偿付赔款、战胜国向美国偿付战时债务所涉及的庞大资金的转移。为了承担这一资金转移所必需的额外流动储备金，大部分是依靠主要来自美国的大量高利率的短期贷款来满足。这笔资金中有一部分早在 1928 年底就已经开始回流，在美国股票市场出现的巨大繁荣时期被用于投资。1929 年 9 月股票行情猛跌，使更多一部分资金流回美国。当时欧洲还剩有很大一笔"国际流动资金"，后来由于不景气在美国蔓延，这笔资金本身开始加紧在法国寻找栖身之地，使法国在储备金方面具有了信心和财政力量,而在1931—1932年间的经济危机时期,法国毫不犹豫地将这笔资金用来谋取政治利益。

德国和奥地利受金融危机的打击特别严重(见第十六章)。在德国,为解决德国赔款债务而实行的杨格计划遭到了反对,因而使工业与金融同狂热的民族主义结合起来,使纳粹党在1930年9月的国会选举中所获的议席猛增到107个,仅次于社会民主党。德国在1930年11月至12月间同英、法、美三国进行谈判,要求修订杨格计划而未成功,为了寻求外交上的胜利,转而考虑同奥地利缔结关税同盟。奥地利本身经济虚弱,在这种压力下,表示同意。1931年3月德奥在维也纳签订了初步议定书。

在世界舆论界看来,上述议定书似乎是一个初步的行动,目的在于实现凡尔赛和约所禁止的德奥合并。当唯有直接的国际援助能够防止奥地利最大银行——维也纳信贷银行倒闭的时候,两个签约国由于在财政上处于虚弱地位,因此要想实现它们的计划,那是既不可能,而且和它们的地位也是不相干的。由于大量的资金从德国和奥地利撤走,英国便来填补空缺,给予两国巨额贷款。美国总统胡佛对美国剩下的资金的命运感到忧虑,被迫在1931年6月提议对于一切战时债务和赔款,准予延期一年偿付。法国希望利用德国的虚弱地位,强迫它放弃关税同盟,终止它要求修改凡尔赛和约的压力和断绝它同苏联的联系,因此,在关键性的三周时间内拖延了胡佛提议的执行。

在这个时期,向德国银行挤兑存款,从外国信贷蔓延到国内信贷。德国政府向巴黎和伦敦求援;但对于法国的要求,德国鉴于国内的舆论,不可能予以接受。而且,从7月中旬起,英镑开始受到德国马克承受的同样的压力,而这时胡佛提出的延缓偿付期的建议使英国不能收回借给德国、奥地利和匈牙利的大量款项。8月24日,英国工党政府在为了支持英镑而必须采取的国内经济措施上发生了严重的分裂。新成立的国民内阁9月中旬完全放弃了金本位,宣布采取节约措施,结果引起了英国舰队的哗变。德国政府因被英国抛弃,便随遇而安,迁就不理想的实际情况,于1931年9月3日放弃了关税同盟,最后认为只有同法国达成广泛的政治谅解,才能对赔款条款实行修订。法国的政策暂时获得胜利,主动权完全在它手中,但一旦等到英国的财政地位得到恢复而金融危机蔓延到德国的时候,这种局面便不能幸存下去。法国的实力是虚幻的,而法国对这种实力的使用,并没有在接踵而至的衰弱时期给它赢得任何朋友。

英国的财政危机与远东国际秩序的彻底崩溃恰好同时。这个秩序主要是以日本对中国及其英美后台的友好关系作为基础。因为,虽然华盛顿九国公约曾于1922年规定签约国保证尊重中国的政治统一和领土完整,然而,在同一会议上又签署了五国海军裁军条约。这项条约规定美英两国的主力舰实力与日本的比例为五比三,并禁止在夏威夷、新加坡和日本之间兴建任何设防基地,从而剥夺了这两个盎格鲁—撒克逊国家在日本侵略时进行干预的海军力量。1931年9月18日夜晚,在南满首府沈阳发生的"事件",使表面上为保护南满铁路而驻扎在该省的日本军队占领了整个满洲,并宣布满洲为一个号称满洲国的独立国家。这个事件实际上是由一小批身居要津的日本人组织的,但这是他们对于几方面的联合压力做出的反应:中国国民党为了将日本人驱逐出满洲,曾施加了它的压力。英美两国曾施加了外交压力,它们于1930年3月在伦敦曾迫使日本接受一项第二次海军裁军条约,使日本军方感到这是他们国家的耻辱,同时日本的文官力量有所增长,使军方认为它正在取消日本宪法规定的武装部队的独立地位(见第十二章)。军方的行动,使日本内阁在无法对他们实行控制的情况下宣告辞职。在华盛顿和国际联盟所组织的对付日本的外交压力,即使没有因为缺少力量和意见分歧而变得甚至更加无效的话,大概会因为日本内阁无法控制关东军而宣告失败。

1932年1月28日,日本海军为了对付中国抵制日货,采取两栖作战行动进攻上海,上述情况便得到了充分的证明。国际联盟对于满洲事件已做出反应,派遣了一个由前印度总督李顿勋爵率领的调查团。美国对日本的行动无法忍耐,美国国务卿史汀生于1932年1月7日宣布了史汀生的不承认原则,拒绝接受以武力实现的政权更迭。但是,正当英国政府开始工作,要使国际联盟接受这一原则时,上海事件却造成了两国之间的误会,结果妨碍英美在远东实行合作达几年之久。史汀生知道美国的力量虚弱,而且胡佛总统拒绝被卷入任何纠纷,因此在写给参议院外交委员会主席、参议员博拉的信中威胁要废除四国条约与五国条约。英国感到自己没有防御力量,并且担心公开表态将会增强而不是挫败日本的极端主义,因此宁愿展开工作以便实现上海停战和日本撤军。1932年4月3日,他们达到了这个目的,却付出了代价,从此使美国对于英国的毅力和善意完全失去了信心。

美国的谴责和1932年10月的李顿报告中为实现和解而提出的审慎的调停建议都不能约束日本。1932年12月,英国在国际联盟大会上的行动,防止了一些小会员国挑起与日本的直接冲突,因为英国的武装力量由于10年的财政紧缩和1931年财政危机的影响已经大大削弱,如果一旦发生冲突,英国势必首当其冲。虽然如此,日本拒绝了国际联盟采取的一切调停措施,1933年1月24日宣布它退出国际联盟。

拟议中的德奥关税同盟宣告瓦解,使法国在中欧取得了暂时的领导地位。法国设法利用这一地位,不是为了与德国重归于好,而是想建立更进一步的障碍,防止对《凡尔赛和约》进行任何修改。对于多瑙河流域,塔迪厄先生的政府于1932年3月5日提一项关于建立自由贸易区的计划,准备将奥地利、捷克斯洛伐克、匈牙利、罗马尼亚和南斯拉夫连接起来,并以法国、英国、德国和意大利提供的建设贷款予以支持。由于法国主动提供的1000万英镑,将会形成经济支援的主要部分,其他三个国家就联合起来,于1932年4月在伦敦举行的一次会议上阻挠这个计划。但是,对意大利的影响,是它完全破坏了法国与墨索里尼的对外政策的合作,因为法国顽固地拒绝接受意大利关于在海军军备中取得平等地位的要求,本来已经使意大利感到不安。4月间,墨索里尼将其外交部长格兰迪伯爵撤职,任他为驻伦敦大使,亲自接管了外交部。在裁军问题上,意大利的政策转向德国;而在中欧,墨索里尼努力设法取得对奥地利的控制,采取的步骤是资助半军事性的民族主义组织——"保国军"和支持匈牙利反对小协约国。

法国对待苏联,也同样没有取得成功。1931年8月,在有关奥德关税同盟的危机达到高潮时,法苏两国之间的关系大大改善,以至可以着手起草一项法苏互不侵犯条约,但是,法国坚持要苏联同它的西方邻国取得和解,结果因为罗马尼亚的顽固态度,这个要求成为泡影。苏联当局当时最重要的目标就是要在它的西方边界上保持平静局面,因此对法国的压力感到不满,因为它没有提供多少好处来弥补苏联同德国关系恶化所带来的损失。同时,苏联面临的前景是在法国支配下实现一个统一的欧洲,这就引起了它在思想意识方面存在的根深蒂固的恐惧,即资本主义世界企图在反对苏联的运动中寻找一个摆脱各种矛盾的出路,而在它看来,这些矛盾造成了世界的不景气。

1932年2月5日在日内瓦举行的世界裁军会议开幕时,法国提出的裁军计划又增加了上述那些恐惧。自从20世纪20年代中期以来,会议本身一直在酝酿之中。但是,它的筹备委员会每年举行的会议只拟订了一个公约草案,却没有获得任何一个与会国的同意。法国提出的新计划要求实行强制性的仲裁作为裁军的最初步骤,并以一支国际警察部队作为后盾。按照这一情况,它否定了德国提出的对权利平等的要求,这在当时的柏林,被认为是布吕宁内阁抵制不断增长的纳粹主义浪潮,使自己得以幸存的唯一希望;它使苏联产生一种可怕的幻想,认为资本主义国家将展开一个对它讨伐的运动;同时它也面临英国不再接受任何更多承诺的决心。在美国政府看来,它似乎是一个诡计,目的要把会议垮台的责任推到美国身上,因为人所共知,美国不愿和国际联盟制裁侵略者的行动进行正式的合作。

当会议正在争辩不休时,法国的地位不断削弱,因为英国货币贬值使伦敦获得了财政稳定的局面,却使"国际流动资金"不断地从巴黎外流。英国代表团在幕后竭力想使德法两国联合起来,但结果只是这个计划被胡佛总统彻底破坏。由于总统选举即将到来,胡佛总统在这个急迫形势的压力下,于1932年6月发出呼吁,要求对条约规定的军事力量,全部削减三分之一。对于美国来说,这个要求只适用于国会本来不愿予以批准的舰船。对英国来说,这意味着对未来已经处在为保护国家安全所应有的水平之下的军事力量,需要进行削减。就整个裁军会议来说,它提供了一个值得欢迎的出路,以便摆脱法德两国之间已经形成的僵局。

这个僵局,事实上,与其说是在日内瓦会议上,不如说是在洛桑会议上被打破的。6月中旬在洛桑举行的这次会议,试图在胡佛提出的延缓偿付期届满以后,解决德国赔款的偿付问题。布吕宁政府最后在1932年5月底垮台。布吕宁的继任者弗兰茨·冯·巴本企图一举解决德国的全部困难,其具体措施是提议建立关税同盟,缔结协商性条约,以及关于军事参谋人员的安排,而作为交换条件,法国应同意取消赔款,并使德国在军备方面享有平等权利。但这一计划具有过分彻底的改革性，因此不能使法国对其提议人有过多的信托；而法国的新任总理赫里欧先生宁愿接受英国提出的一个协商性协定，其中附有秘密的限制性条款，规定保持一个反对德国的共同阵线。

冯·巴本于1932年8月进一步向法国接近，但同样未获成功。在遭受挫败后，他退而采取极端民族主义的立场，具体表现是，1932年9月德国退出裁军会议，直到德国提出的关于平等权利的要求得到承认时止。当时这种退出会议的做法只有象征性的意义，因为大会抓住胡佛总统的干预引起的混乱作为借口宣布休会，而另一方面，则进行秘密商谈，设法使人恢复一些希望，相信裁军会议的商讨会取得各方一致同意的结果。然而，冯·巴本的提议产生的影响并不仅限于此。在东欧，波兰和苏联感到法德两国重新恢复友好关系使它们受到了威胁，乃于1932年7月25日缔结了一项互不侵犯条约。波兰的榜样被法国自己所仿效，因为法国对于冯·巴本退而采取民族主义的立场和英国重新施加压力，要为德国回到裁军会议寻找一个根据这两种情况，感到吃惊。1932年11月29日，法苏互不侵犯条约在巴黎签字。这个条约缔结后，使法国增加了勇气，于1932年12月11日同意五国宣言，这个宣言阐明了德国在"一个为所有国家提供安全的体制中"享有平等权利，从而使德国能够重新回到裁军会议。然而，这种让步为时已晚，不能防止德国走向纳粹主义。1933年1月30日，纳粹党元首阿道夫·希特勒被任命为德国总理。

正当复仇主义的化身在德国爬上权力地位的时候，美国也在使自己摆脱欧洲的事务。1932年11月的总统选举，使一位民主党的总统上台执政，同时选出了民主党占多数的国会。总统与国会都强烈地仇视关于国际经济合作的观念，决心在孤立的状态下解决美国的经济与财政问题，在对待欧洲问题和国际联盟的态度上，则有一种矛盾心理。罗斯福总统在他当选后与1933年3月底就职前的5个月中，拒绝同即将下台的共和党政府进行任何合作。1932年12月15日胡佛提出的延缓偿付期限届满后，引起了关于欧洲向美国偿付战时债务的危机，结果美国政府不能采取任何主动行动。英国偿付了它应付的款项，但警告说，如果不做出某种调整，它预期将会发生普遍崩溃的情况。法国拖欠不付；美国的舆论对于欧洲更加不满。

然而，随后发生的情况更糟。虽然新总统罗斯福对访美的政治家

（英国首相麦克唐纳、法国总理赫里欧、德国帝国银行行长沙赫特）发表一些哗众取宠的空洞谈话，但他坚决反对任何稳定国际金融方案，并且对他的国务卿提出的关于减少世界贸易障碍的计划，予以漠视。1933年4月20日，他使美元放弃金本位。1933年6月世界经济会议在伦敦举行，它企图制定实现国际经济合作的某种方案，以便制止国际资本由于恐慌而造成的流动，这种流动使世界经济体系分裂成三大集团，即美元、英镑和黄金。而且不久将迫使德国在一种"长期遭受封锁"的经济中，在经济上陷于完全孤立的地位。罗斯福当时决定公开指责会议提出的唯一的积极建议，所用的措辞表明，他重视国内的经济复兴甚于重视国际的经济复兴。

　　世界经济会议垮台后，美国的其他债务人日益拖欠他们的战时债务。孤立主义者占优势的国会于1934年用约翰逊法案进行报复，这个法案禁止任何拖欠战债不还的外国政府进入美国的资金市场。同时，美国的舆论越来越反对欧洲并重新解释历史，将美国参加第一次世界大战，说成是由于英国的宣传以及美国军火商和战争贷款者因害怕协约国一方失败而损失了投资所施展的阴谋。到了1935年，参议院迫使总统勉强接受中立法，它规定在发生美国保持中立的国际冲突时，总统有责任禁止对任何交战国，不论是侵略者或被侵略者，出口军火。欧洲那些国家，曾得到国联盟约的保证：它将维护国际现状，反对侵略，而且如果必要，将施行军事制裁，但由于上述法案，这些国家一举被排斥在美国的工业以外。

　　当美国政府和美国人民从国际舞台的保留席位上退到看台上的时候，新任德国总理正在策划单方面地逐步取消和约，作为将德国推上征服世界道路的一个准备。他在9年前目睹法国侵占鲁尔区带来的后果时曾写了《我的奋斗》一书，书中主张把英国与意大利对法国的畏惧加以利用。现在他又利用这两个国家作为工具来反对和约。他下令建立一支空军，扩充德国的陆军和海军，以便使德国到1938年成为一个重要的军事强国。他开始将他的外交政策的重点放在下列两个方面：同波兰维持友好关系，以及使他的祖国奥地利与他归化的德国合并（见第十六章）。

　　希特勒的对奥政策，既低估了基督教社会党总理恩格尔贝特·陶尔斐斯的力量和决心，同时也证明无法控制奥地利纳粹党。但是各大国除了对这项政策表示震惊外,最初对于希特勒上台执政没有产生强烈的反应。它们的主要活动是试图把裁军会议向前推进一步,并限制法国在裁军前对安全提出的要求。1933年3月,波兰人对纳粹在但泽的行动做出了强烈的反应,增强了他们在韦斯特普拉特的驻军,以炫耀力量;但此后,由于德国的主动接近,情绪稳定下来。1945年后,亲波兰的历史学家们鼓励人们相信,1926年后在波兰实行独裁统治的毕苏斯基元帅,曾向法国提议,对德国施行先发制人的打击,看来这种看法是错误的。只有苏联人,由于对日本向他们在满洲和阿穆尔河[1]的权益施加压力本已感到惊恐,因而对希特勒做出了正面反应。1933年夏,苏联人中断他们与德国国防军的秘密合作。而苏联的外交开始转到强烈的亲法方向。

对于英国人来说,他们关于希特勒秘密重新武装德国的措施的情报是令人震惊的;虽然英国的舆论已经同意下列看法:德国重新武装自己的某种措施是不可避免的。希特勒于1933年5月17日发表演说,支持英国在1933年3月提交日内瓦裁军会议的裁军计划。这篇演说被认为足以证明他能控制他的一些妄动分子,另一方面,对于墨索里尼来说,希特勒最初成为一个受欢迎的同盟者,共同反对法国势力在东欧扩张,以及国际联盟中亲法国的小协约国集团。1933年3月,墨索里尼提议在英国、法国、德国和意大利之间缔结四国公约,目的在于用四大强国共管制度来代替国际联盟采用的议会制度(墨索里尼憎恶这种制度),同时想对1919年的和约在东欧实行一致同意的修改。上述公约本身以经过大量删削的形式,于1933年6月7日缔结。紧接着发生了奥地利危机,因为希特勒加紧广播宣传,对奥地利施加经济压力,在奥地利内部煽动怠工,而陶尔斐斯向英国呼吁,要求给予支援以反对德国,并准许它招募短期服役的民兵,将奥地利军队增加到3万人。1933年8月7日,英法两国在柏林联合宣布新的外交方针,墨索里尼保证向陶尔斐斯提供意大利军事援助,而陶尔斐斯则以增强其政府的反社会主义的立场作为回报。

由于共同反对希特勒对奥地利的企图,法国和意大利之间的紧张关系逐渐地缓和下来。在1933年夏天的具体情况下,更为重要的是,

---

[1] 即黑龙江。——译者

德国对奥地利施加的这种压力,同德国秘密地重新武装自己的消息结合起来,对英法两国之间的关系和裁军会议的命运所产生的影响。英国内阁认识到,在国际合作看来仍然发生作用的这个唯一领域内,他们获得任何成功的希望,都由于希特勒的行动而受到很大的影响。法国对它的安全的忧虑,第一次被人看来并不是过分夸张;因此,英国外交大臣约翰·西蒙爵士接受了法国的一项建议:应当建立一个双方同意的国际监督制度,并对它实际考验4年,然后才能对德国在军备领域中享有的平等权利加以接受。英国拟定的草案将这个经过修订的麦克唐纳草案包括在内,于1933年10月提交给裁军会议。1933年10月14日,希特勒做出的答复是,德国不但退出裁军会议,而且退出了国际联盟。

日本和德国在同一年内先后退出了国际联盟,这两个事件促使英国对其武装力量极其虚弱的状况,尤其是根据关于德国在空军方面重新武装的情报,感到十分忧虑。1933年底到1934年初的那个冬天,英国帝国防务委员会的防务需要问题小组委员会对于英国国防弱点的问题,进行了详细的研究。它在1934年2月提交内阁的最后报告,强调英国的安全受到了日本和德国的威胁。它提出的军备方案,使英国财政部感到它已超过英国经济的负担能力,因为经过1931年的压力后,英国的经济仍然虚弱。全体内阁阁员对防务需要问题小组委员会的报告考虑后,随即展开了辩论,在辩论中,有的论点认为,实行充分军备,费用浩大而财力却不足,因此要求采取一种以明智的让步来避免冲突的政策,这一政策一直坚持到1938年的冬天。

防务需要问题小组委员会判断日本对英国利益的侵犯在时间上会更早一些,但归根结底,德国对它们的威胁毕竟要更大一些。它的报告引起了认真的研究,探讨是否可能与日本取得谅解,因为日本在满洲获得成功后,看来比以前更加好战而不是有所收敛。1933年冬天,日本的侵略野心所以被刺激起来,是因为越来越多的证据表明,中国愿意向欧洲寻求支援来促使自己变为一个现代国家。中国财政部长宋子文在欧洲和华盛顿展开积极的活动。国际联盟派往中国的顾问团和援助团的数目似乎在增加。为了使它的武装部队实现现代化,中国向德国求援,邀请1919年后成为德国军队创建人的冯·泽克特陆军元帅就如何培训一支精锐军队提供意见;一个德国军事代表团和意大利

第二十三章　1930—1939年间的外交史

与美国的空军代表团都积极地培训中国的武装部队。日本当局重又感到中国一旦在军事力量方面实现了现代化，经济上取得了健康发展，政治上又取得了统一，它将对日本在远东的地位形成威胁。1934年4月17日，日本外务省发言人天羽英二发表一项声明，宣称日本在维护远东的和平中应享有特殊的地位，并宣布日本反对外国对华的一切军事援助和经济援助，不论这些援助是双边还是多边性质。

英国政府对天羽声明提出了强烈的抗议。然而，它在以后却竭力劝说美国当局在海军裁军问题上采取联合政策，以抵制日本政策中更加极端的民族主义因素。华盛顿海军条约与伦敦海军条约将在1936年底届满，而日本和法国正扬言要废除这些条约。由于看到了一个新的海军军备竞赛的前景——英国15艘主力舰中，有12艘在1936年以后需要更换——因而它们进一步加紧自己的努力；而且，因为英国内阁在1934年6月显然最后认为，为弥补英国国防缺陷所留下的有限的国家收入，应当用于补救英国几乎完全没有防御能力的空军，而海军建设至少必须延缓。然而，日法两国没有能获得美国的支持，因为美国人相信日本的财力本身就不够满足它成为一个主要海军国家的要求，或者也不能冒战争的风险。1934年12月31日，日本正式废除上述两项海军条约。它对华北地区的入侵在翌年继续进行。

对德国退出国际联盟的看法，在伦敦与在巴黎有所不同。为了试图对这种糟糕的局面进行某种补救，英国政府转而考虑同意使德国的重整军备合法化，而作为交换条件，德国应对国际安全做出某种贡献。法国的反应却被推迟，因为当时它正面临着由于斯塔维斯基财政贪污丑闻和右派的示威而引起的危机（见第十七章）。杜梅尔格内阁于1934年2月7日组成，以路易·巴尔都任外交部长。它特别倾向于使法国同意大利和苏联缔结协定来遏制德国。李维诺夫尤其主张缔结集体协定，因此他和巴尔都于1934年5月18日提议缔结一项东方安全协定，这个协定遵照洛迦诺公约的路线，以法苏互助条约作为后盾。法国内阁已经表明，它对英国的计划无法接受，因为4月17日，它利用德国国防预算增加的机会，断然拒绝经英意两国调停而由德国提出的建议，即将其新编军队即定为30万短期服役士兵，而且只配备"防御性"武器。

德国对于东方洛迦诺建议已做好充分的防御准备，因为希特勒对波兰进行劝诱已获成功，终于在1934年1月26日缔结了德波互不侵犯条约。波兰人以猜忌和敌对的眼光，观察法国努力设法通过对苏联的拉拢来调整欧洲的力量对比。而且，尽管巴尔都于1934年7月9日至11日在访问伦敦期间由于受到英国的压力，努力使上述建议在表面上看起来不是明显地为了控制德国和削弱波兰的国际地位，但德国于1934年9月10日，波兰于9月27日，却轻易地找到借口将建议否决。1934年德国国际地位的每况愈下，不是由于法国与苏联之间的友好关系，而是因为它本身的内部危机和希特勒的对奥政策的彻底失败。

自从1933年夏天以来，德国对奥地利施加的压力迫使陶尔斐斯逐渐地投入墨索里尼的怀抱，这样一个发展事实上是由于法国和英国的鼓励，虽然陶尔斐斯自己做出努力，想保持一定程度的独立。1934年1月，意大利事实上命令他用武力镇压奥地利社会民主党。结果，在2月12日至16日采取的军事行动，使陶尔斐斯失去了英法两国舆论的同情，以致他成为墨索里尼的手中物。2月17日英、法、意三国政府发表联合声明，宣称有必要维持奥地利的"独立与完整"。但是，实际的形势于3月17日显示出来，因为意大利、奥地利和匈牙利三国的代表签署了罗马议定书，规定了共同协商的办法。由于匈牙利的反对，才防止意大利加强这个议定书，使之成为关税联盟。但其结果却使意大利牢固地奠定了它在中欧的地位，而中欧的稳定局面现在依赖意大利的修订和约派伙伴和法国在小协约国中的同盟者之间建立的不稳定的力量平衡。如果法国和意大利的关系破裂，则会使所有这些国家同样落入德国的控制之中。

这时，希特勒宁愿加速步伐。6月15日至16日他在威尼斯和墨索里尼会晤，相信已取得意大利的支持来实现他想把著名的奥地利纳粹党员纳入陶尔斐斯内阁的希望。他的错误究竟有多大，关于这点，在7月25日由一群奥地利党卫队试图举行的政变所带来的后果中显示了出来。关于这次政变，他也许事先并不完全知情（第十六章）。世界舆论本来对于希特勒在1934年6月30日清洗德国纳粹党冲锋队的领导人物以及他所选定的以前的仇敌和对手，已经十分震动。这次奥地利党卫队将陶尔斐斯谋害，不仅使世界舆论感到震惊，而且促使墨索里尼调动4个师前往奥地利边境——给法国和意大利为实行反对德国的直接合作铺平了道路。

对于这种合作剩下的主要障碍,是南斯拉夫对意大利的畏惧。南斯拉夫事实上采取了同样的军事调动,以回答意大利军队向布伦内罗山口的调动。巴尔都企图消除南斯拉夫的这些忧虑,却于1934年10月9日,与南斯拉夫国王亚历山大一同被克罗地亚恐怖分子刺杀,这些恐怖分子是由意大利和匈牙利当局组织、训练和资助的。

巴尔都的继任者,前总理皮埃尔·赖伐尔继续执行巴尔都的政策,却改变了重点。就意大利和苏联而论,他宁愿要意大利的支持。对于德国,他考虑更多的是争取和解,而不是施加压力。因此,他优先选择缔结一个由四大国组成的欧洲条约而不是与苏联缔结的同盟。而且,他恢复了东方洛迦诺计划,把它作为防止上述同盟的一个手段,而不是像巴尔都曾经筹划的那样,作为缔结同盟的一种掩护。他对德国的友好态度使他在和平地解决萨尔问题中采取了合作态度。在国际联盟的监督下,1935年1月13日在萨尔地区举行了公民投票,通过正式投票表决,赞同该地重新与德国合并。赖伐尔的主要努力用于对意大利的接近。1935年1月7日,他同墨索里尼在罗马会晤,并同后者缔结了一系列协定,解决了两国之间一切悬而未决的殖民地问题,承认意大利在阿比西尼亚享有特殊的优势地位,另一方面,使两国在欧洲进行合作,赞同缔结一个多瑙河条约来抵制对奥地利独立的任何威胁,并反对德国单方面废止凡尔赛条约对它重整军备的自由所施加的限制。军事参谋协定在1935年6月实际上已在谈判中,它补充和加强了上述那些协定。

与此同时,英国内阁对英国国防缺陷仔细研究后,被德国秘密地重整军备的消息弄得深为不安,但究竟采取什么对策,却很难决定。有人竭力主张谴责德国和鼓励法意合作。但是外交大臣约翰·西蒙爵士及其支持者仍然希望以宣布德国重整军备的合法化来换取一项全面的欧洲和解方案,从而解除英国——以及法国——对安全的忧虑。德国应当重新加入国际联盟,接受东方洛迦诺条约和1934年2月关于奥地利的宣言。西蒙于1934年12月22日在巴黎竭力要赖伐尔接受这些计划。

接着,在1935年2月1日至3日,英法两国在伦敦举行了更详细的会谈。法国的部长们表明,除非他们自己针对德国而享有的安全地位有所增强，否则决心不接受英国的计划。他们提议缔结一项空中协定以保证洛迦诺公约的签字国不遭受突然的空袭，当时的舆论相信这种突然的空袭充分具有压倒一切的力量，因而使惯常的陆地入侵变得毫不必要。1935年2月3日发表的最后公报，扼要说明这样的计划将成为总的和解方案的一部分，其中亦将包含一致同意废除凡尔赛条约第五部分的规定。这个提议交给了德国政府。但是，希特勒从中觉察到英国不愿采取任何更有力的行动。而且，当英国政府在3月4日企图根据德国的状况而为自己的重整军备方案辩解，同时法国提议将征兵服役期限从一年增至两年的时候，希特勒抓住机会，片面谴责凡尔赛条约的第五部分并宣布德国重新实行征兵制。

希特勒的行动几乎使约翰·西蒙爵士和安东尼·艾登取消了他们计划对柏林进行的访问。然而，尽管法国和意大利表示疑虑，他们仍然前去，在3月25日至26日同希特勒举行了长时间的会谈。希特勒与此同时已宣布成立了一支德国空军，却对这两位大臣明确表示他对英国的友谊，因而使他们不知所措。但是，他提出的唯一积极的建议就是缔结一项英德协定，排除两国之间的海军竞赛。有一部分英国官方意见对于英国海军的弱点和日本的威胁感到忧虑，因此上述建议引起了他们的某种兴趣。然而，英国对于这次访问的主要反应是，英国更加需要在法国、意大利和德国之间进行调停。

这个需要之所以变得更加紧迫，是因为法国召集英国和意大利参加在斯特雷扎举行的一次关于德国行动的会议，而且，它还向国际联盟行政院呼吁。更为重要的是，赖伐尔在他的同僚们的压力下，已在法苏谈判中达到最后的阶段。4月11日至14日，法国和意大利的政治家们在斯特雷扎决定要缔结参谋协定（1935年5月和6月缔结），并在陆军与空军方面进行合作，以抵制德国在奥地利或莱茵河区的侵略。约翰·西蒙爵士为英国所能做出的一切努力就是防止最后的公报在谴责德国方面显得过分露骨。4月15日至17日在日内瓦举行的国联行政院会议上，上述方式又重新予以应用。1935年5月2日，在法国的东欧盟国（其中包括罗马尼亚，但没有波兰）的同意下，法苏互助条约在巴黎签字，条约的条款甚至无须国联行政院一致同意即能生效。5月16日在布拉格签署了苏联—捷克斯洛伐克条约，内容相仿，唯一差别是它只是在法苏条约实施以后才能生效。

第二十三章 1930—1939年间的外交史

法苏条约的缔结标志着法国的反德政策达到顶峰。但是，由于1935年6月18日英德两国缔结了海军协定以及意大利进攻阿比西尼亚，直接与英国和国际联盟发生冲突，因此，法苏条约的基础几乎立即遭到破坏。希特勒提议和英国商讨海军军备问题，这正符合英国正在进行的计划，即制定一个新的海军条约以代替日本曾经予以谴责的条约。但是，6月5日，一个由希特勒的私人大使乔基姆·冯·里宾特罗甫率领的德国代表团到达伦敦后，德国人拒绝参加任何有关海军问题的会谈，除非英国接受一个双边协议，确定德国的海军力量达到英联邦的海军力量的35％。英国内阁接受了协议，把它当作一种措施，至少在一个方面捆住了希特勒的手脚。但是，欧洲的舆论从这个协议中看出英国原谅了德国对凡尔赛条约所做的谴责。法国和意大利的反应特别强烈。

在达成上述协议的同时，英意两国在阿比西尼亚问题上，关系明显地变得尖锐化。意大利对阿比西尼亚所抱的不良企图可以追溯到它在1896年被阿比西尼亚在阿杜瓦击败以前。1906年，英国、法国和意大利一致同意，一旦阿比西尼亚政府垮台，则将它划分成势力范围，由意大利控制最大一部分地区。在20世纪20年代法国和意大利在阿比西尼亚进行争夺时期，法国和德国赞助阿比西尼亚参加国际联盟，尽管阿比西尼亚仍然是一个处于无政府状态的封建国家，普遍实行奴隶制，中央政府的命令只是偶尔通行全国。英国在1925年12月英意两国互换的照会中宣称，它对整个阿比西尼亚没有兴趣，仅对尼罗河在塔纳湖的源头表示关切。1928年8月2日的意大利—阿比西尼亚协定，看来已经给予意大利以必要的跳板，使它在阿比西尼亚建立经济优势。

然而，到了1934年，阿比西尼亚的新皇帝海尔·塞拉西决心抵制意大利的侵占。同一年，墨索里尼似乎已经决定使用他作为奥地利的保证人的重要地位来攫取阿比西尼亚，以完成他获取东非领地的事业。在瓦尔—瓦尔发生的一个边境事件，涉及意属索马里兰与阿比西尼亚之间未曾勘定的边境地区内的一批水井，这就给意大利提供一个借口采取行动，尤其是因为阿比西尼亚拒绝了意大利的抗议，向国际联盟提出申诉。1月3日至7日，当墨索里尼和赖伐尔在罗马会晤时，墨索里尼使赖伐尔同意意大利在阿比西尼亚建立优势地位；不过，看来赖伐尔不大可能想到墨索里尼会使用武力来向国际联盟挑战。但是，意大利做出同样的努力，企图使英国认可事实，却由于阿比西尼亚向国际联盟申诉后英国反对意大利的舆论非常激昂而告失败。英法两国企图在意大利和阿比西尼亚之间进行调停，也同样遭到了失败，因为阿比西尼亚过分相信国际联盟有能力约束意大利。

到了1935年6月中旬，英国内阁增强了它的信念，认为根据以约翰·马菲爵士为首的调查委员会的报告，没有任何直接的英国利益受到牵连，但它受到了各方面的压力：英国的舆论反映出强烈的反意大利的情绪；内阁的外交顾问们不愿采取任何足以招惹意大利对抗，并迫使它投入德国怀抱的行动；它的参谋长们提出劝告，指出英国的武器不足以应付对意战争，而且，进行这样一场战争不可避免地要造成损失，这就会大大削弱海军的力量，以致破坏在远东抵制日本侵略的机会。

6月间，艾登访问罗马，后来又在巴黎举行英、法、意三方会谈时，英国试图说服意大利在阿比西尼亚接受某种经济利益而放弃它企图进行军事占领的计划，结果没有成功。它的失败促使他们承认必须行使国际联盟盟约，尤其是第十六条及其关于实施经济制裁的规定；但是，为了奏效并避免和意大利发生纯属两国之间的冲突起见，英国所能采取的行动无论就其范围或速度来说，都不能超过法国所赞同的程度，因为法国在地中海地区在陆海军方面给予合作被认为是十分重要的。一些小国对于国际联盟成功地制裁意大利的行动不担多少风险，却可获得很大的好处，因此，鼓动这些国家的舆论证明要比推动法国容易得多。塞缪尔·霍尔爵士在9月11日向国际联盟大会发表的演说（他在6月继约翰·西蒙爵士任外交大臣）制造了一种错觉，使人认为世界各国团结起来，一致反对侵略，而由于赖伐尔不愿使法国和它一个反德的盟友疏远，因此这种团结便失去了任何反对意大利的真正力量。

意大利充分相信法国会故意阻挠国际联盟通过决议，便在10月3日正式进攻阿比西尼亚。国际联盟做出反应，谴责意大利为侵略者，并对它们使经济制裁（见第九章）。对禁止输往意大利的货物进行详细的检查，揭示出许多特殊的辩解理由。奥地利和匈牙利拒绝参加这一行动；苏联对意大利的输出品与它平时的标准相比，没有多少差别。然而,真正的症结是将禁运措施扩展到石油、煤炭和钢铁。这个建议,赖伐尔成功地予以拖延,直到新年以后很久才加以讨论。英国企图获得法国更坚决的支持,但法国的反应是它不愿采取任何行动,除非作为交换,它能得到明确的保证:如果德国在它与法国接壤的莱茵兰边境重新设防,英国将提供军事援助。这就进一步诱使英国企图依靠赖伐尔的帮助来提出一个方案,借此能在意大利和阿比西尼亚之间进行调停。这样一个方案的最后细节,于1935年12月7日至8日在巴黎由霍尔和赖伐尔确定下来。他们没想到意大利将要保持当时已在其军事占领下的大部分地区,而且还将建立一个更广泛的地区,在这个地区内,在国际联盟的支持下,意大利在经济上的优势地位将和阿比西尼亚的经济发展联系在一起。作为交换条件,意属厄立特里亚的部分地区将划给阿比西尼亚,使它获得一个直接的出海口。

这个计划泄露给巴黎新闻界后,在英国和法国掀起轩然大波,招致公众谴责,以致断送了签署人的前程。艾登继塞缪尔·霍尔爵士任英国外交大臣,看来也没有其他可供选择的政策,而只好等到阿比西尼亚的雨季使正在进行的军事战斗停止时,有可能进行一次新的调停。弗朗丹在法国接替了赖伐尔,和他的前任者一样坚决地反对实行石油制裁,而另一方面,做出甚至更多的努力,企图从英国获得关于防止德国违反洛迦诺公约的进一步保证。在这方面,弗朗丹不比赖伐尔获得更大的成功。事实上,新任英国外交大臣已经决定莱茵兰不是一个英国应当为之而战斗的争端,再一次忍不住想要利用希特勒自称希望合法地使他自己摆脱凡尔赛条约的说法,作为实现一项欧洲和解方案的手段。

这一想法既欠考虑,而且也不合时宜。在1935年年末至1936年年初那个漫长冬季中,墨索里尼逐渐向希特勒表明他将不再支持法国。1936年2月中旬,希特勒在罗马进行初步试探,作为重新武装莱茵兰的准备。1936年3月7日,他派遣小规模的和平时期驻军进入莱茵兰城镇,然而却谨慎地不太过于接近边境,在采取行动的同时,主动提出要回到国际联盟并和德国的所有邻国缔结互不侵犯条约。

对于法国政府来说,这个行动发生的时机是再糟也没有了。在它的东欧盟友中,只有捷克斯洛伐克和罗马尼亚支持它。南斯拉夫采取推诿态度。波兰表示要尊重它们之间的盟约，但这只有在德国军队越过法国边界时才能生效，而越界问题并非争端所在。比利时政府需要佛兰芒人对它自己的重整军备计划给予支持，在这一压力下，只是在上述行动的前一天才通知终止法比同盟。对意大利实行制裁宣告失败，从而排除了国际联盟采取反德行动的一切希望。而法国军队盘踞在马奇诺防线的巨大防御工事后面，只是在极其勉强的情况下才考虑突然侵入莱茵兰。

法国政府向洛迦诺公约签字国和国际联盟行政院的成员国发出呼吁。但他们的呼吁未引起任何反响。比利时是一个比法国虚弱得多的国家，其安全也同样受到德国的行动的影响。比利时政府拒绝使自己参与法国的要求，这就大大削弱了法国的地位；而另一方面，德国对国际联盟行政院中一些较好的成员国却施加外交压力。然而，主要的角色则由英国来扮演。英国的舆论由于希特勒主动声称他将重新加入国际联盟，并准备商讨缔结一个欧洲总的和解方案而受疑惑，同时英国唯一可以调用的军事支援也因反对意大利而留在地中海区，终于拔不出来。英国向法国和比利时提出保证，如果德国一旦发动进攻，英国将给予军事援助；而双方初步的参谋会谈事实上已于1936年4月15日至17日在伦敦举行。但是，英国所做的主要努力全都在于试图迫使希特勒就西欧的安全问题举行新的会谈。谈判一直拖延下去，直到1937年年底，艾登的耐心与德国人的拖延相匹敌。但在这14个月中，欧洲的整个状况已发生了变化（见原书下面740—741页）。

1936年5月6日，意大利攻入亚的斯亚贝巴，比雨季的到来早一个月。艾登曾经希望趁雨季通过谈判实现和解。此后，由于对意大利施行制裁宣告失败，德国重新武装莱茵兰获得成功而未受西方国家的干扰，国际联盟中的小国随即大批地退出以前的集体安全体系。在小协约国委员会中，罗马尼亚的领导在5月6日至7日的贝尔格莱德会议上重新获得对集体安全制度的公开支持。但是，罗马尼亚外交大臣尼古拉·蒂图列斯库于8月底在诱使下辞职，从此罗马尼亚日益靠拢德国和意大利。南斯拉夫竭力减轻它和意大利及匈牙利的关系中原有的紧张状态，并主动地和保加利亚举行会谈，最后导致在翌年1月缔结的友好条约。希腊首相梅塔克塞斯将军利用5月4日至6日在贝尔格莱德举行的巴尔干各国会议明确表示，希腊不会承担巴尔干半岛以外的任何义务。

德国在沿多瑙河地区发动的一次重大的贸易攻势，对于某些巴尔干国家也不是没有产生影响。然而，土耳其的实例表明，这次攻势并不具有当时归因于它的那种深远影响。土耳其努力想保全它的地中海边境，采取的措施是保持和英国的友好关系，同时尽其所能来改善和意大利的关系。然而，它的主要努力用于它更加直接的亚洲边境。1936年7月，它在蒙特勒召开一次会议，会议不顾苏联的激烈反对，给它以充分的自由对达达尼尔海峡重新设防。9月间，它强烈抗议法国和叙利亚民族主义者缔结的旨在实现叙利亚自治的协议，并开始引起一次危机，只是在国际联盟行政院进行干预，将哈塔伊地区，即部分由土耳其人居住的亚历山大勒省从叙利亚分离出去，将它置于特殊的统治之下，这次危机才于1937年5月结束。1937年7月，它在伊朗和伊拉克之间进行调解成功，使它们和阿富汗一同缔结所谓东方协约，并于1937年7月8日在萨达巴德的伊朗国王夏宫签字。

对意大利的制裁实际上于1936年7月15日由国际联盟撤销。7月1日，斯堪的纳维亚半岛的4个国家以及荷兰、西班牙和瑞士等国的外交部长签署了一项联合声明，表示如果将来运用任何制裁手段，他们不准备接受。这些斯堪的纳维亚国家两年以后（1938年7月23日）和荷兰、比利时、卢森堡在哥本哈根继续发表一项具有更深远影响的宣言。瑞士也明确表示它将重新奉行传统的中立原则。

然而，在比利时和美国却产生了影响最为深远的发展。比利时人同意和英国举行参谋会谈，以此作为开端。但是，当事实表明德国无意同它的西方邻国缔结一项新的集体保证条约时，比利时国王于1936年10月14日公布他向内阁发表的演说全文，宣布一项"比利时的排他性"新政策，目的在于"使我们与我们邻国的冲突隔离开来"。1937年4月24日，法国和英国的政府勉强同意让比利时不再受洛迦诺公约的约束，另一方面又重申它们保证比利时的领土完整，10月13日，德国政府也采取了同样的做法。

1935年至1936年的事变，在美国被人们用同样关切的眼光注视着。国际联盟禁止对意大利的贸易，在美国做出的反应是禁止同意大利进行军火贸易。但是，美国政府无权实施更广泛的禁运，而美国在石油、卡车、钢铁方面和意大利进行的贸易在10月几乎增长了1倍。

霍尔—赖伐尔方案破坏了实行"道德上禁运"的企图，促使主张实行孤立主义与和平主义的人物提议通过比以前要严厉得多的中立法案，使总统享有的自由处理权很少或根本没有。辩论在1936年至1937年间剧烈地进行。1937年5月1日通过的最后的中立法案，自动地禁止出售军火、贷款、乘交战国的船旅行以及武装与交战国贸易的美国船只。向交战国的其他输出品，则需经总统斟酌决定，按规定将货物的一切所有权转到给购买这些货物的交战国名下，方可运离美国。这就是所谓"现购自运"条款。它产生的后果是几乎使美国军火工业对英法两国关上了大门，使英国政府在和德国发生任何战争时面临这样的事实：它需要用现金，而不是像在1914年至1918年那样依靠信贷来筹措战费。

然而，1935年10月至1936年3月之间发生的一些事件造成的最重要的后果，被毗连德国东南边界的国家奥地利和捷克斯洛伐克感受到。意大利与阿比西尼亚的战争破坏了意大利帮助奥地利的能力和愿望。奥地利人在短暂时期内转向布拉格和贝尔格莱德。但是谈判归于失败，因为这些斯拉夫人的国家坚决认为，奥地利当局应当正式放弃有关恢复哈布斯堡王朝的任何企图——这损害了舒什尼格的拥护君主政体的计划，使他不愿接受。此后，奥地利内部的权力斗争以及墨索里尼宁愿使奥地利同德国而不是同西方民主国家结盟的打算，迫使舒什尼格同德国进行和解。根据1936年7月11日的所谓"君子协定"，德国承认奥地利的独立，并保证不干涉它的内政。作为报答，舒什尼格同意准许奥地利民族反对派（亲德但不公开其纳粹面目）的代表参加他的内阁，保证执行与德国相仿的外交政策，准许德国报刊享有在奥地利境内传播的充分自由。表面上，这是一项和解方案，事实上，这项协议只是德国给予奥地利的一项暂时的生存许可证。至于捷克斯洛伐克，它现在在中欧完全陷于孤立地位，它所获得的唯一保障，就是法国为了保护捷克斯洛伐克，愿意招致一场全面的欧洲战争。

这一重要时期的事件，实际上完全粉碎了20世纪20年代在欧洲建立的国际秩序，而且极其彻底地暴露了对上述秩序做出保证的主要欧洲国家，在军事上和心理方面没有力量保卫它免受单方面的修改。它们还暴露出尽管有国际联盟盟约建立的集体主义的假象存在，但对

第二十三章　1930—1939年间的外交史

这种集体主义的真正保卫则依靠欧洲的大国。然而，这些大国中的主要国家英国和苏联，由于1931年至1933年远东安全体制的早期失败，因而在整个这一时期受到了不断的压力。如前所述，1934年英国曾经企图试探是否可能实现一项新的太平洋和解方案，结果遭到失败——其所以失败是因为美国继续不愿接受一项有利于日本的和解方案或者联合英国一起建立一个障碍来制止日本进一步的侵犯。在同一年，苏联通过把它在中国中东铁路的权益卖给日本的谈判，取消了在它自己亚洲边境以外的任何许诺。这些权益的最后转让在1935年3月取得了协议。然而，俄国人在实现这一协议的同时，大大增强了他们在外蒙古和新疆的地位。苏联的远东军得到了大力增援，并且采取了下列政策：只要日本军队对边境进行任何侵犯，立即予以反击。在整个1935年，沿满洲和外蒙古一带的边界，它同日本军队发生了一系列军事冲突。1936年3月12日，苏联人和蒙古当局签署了一项互助议定书。

但在1935年至1936年间，日本的主要努力用于入侵中国。它采取了两种方式。日本从东京施加外交压力，企图排斥西方给予中国的援助，并迫使中国和日本缔结从属性的同盟。在东北，关东军及其附属部队企图将日本的势力扩展到华北五省。日本的主要武器是由美国真正无偿地提供给它的，在美国由于来自多山的州①的参议员们的压力，1934年8月通过法案，提高白银的美元价格。它引起的后果是支持中国货币所必需的白银不断地从中国外流。1934年10月，中国政府对白银征收巨额出口税，企图借此停止白银的输出，但是它带来的唯一后果是白银走私活动大量增加，日本人立即抓住这一机会予以鼓励，以此作为对中国政府和西方国家特别是英国在中国的经济和金融利益施加经济压力的一个武器。在它的货币面临立即崩溃的威胁下，中国向英国和美国发出呼吁，要求给予财政援助。美国既不愿进行干预，也不愿修改它的白银法案。英国人由鉴于欧洲日益增长的威胁，仍然希望维持远东的现状。然而，他们再一次无法使美国给予他们支持，因此逐渐改变态度，对日本的行动采取更露骨的批评，并以实际行动加以支持，他们派遣内阁的首席经济顾问弗雷德里克·李滋

---

① 美国蒙大拿州和西弗吉尼亚州亦称多山的州。——译者

罗斯爵士前去中国对币制改革提出建议。

与此同时，日本在这一年中同蒋介石和中国行政院长汪精卫举行了一系列的谈判，从中显示出日本的外交压力。汪精卫主张不惜以任何条件和日本达成协议，但是，1935年10月，日本首相广田宣布他为和解方案提出的"三原则"，这事与关东军在华北的活动结合起来，掀起群众反日情绪的高潮，使得与日本根据这些条件实行任何和解的打算在政治上已经不可能实现了。广田的"三原则"是：缔结反共同盟；放弃挑拨一个外国反对另一个外国的企图；按照对日本极为有利的条件，实行经济"合作"①。然而，这些条件虽早在1935年5月初第一次提出，但对于关东军来说，它们的意义却不够广泛，于是关东军在1935年5月在热河省、河北省和内蒙古开始进行一系列活动，目的是要使这些省完全脱离南京的控制而成为日本的卫星国。1935年7月6日的何梅协定确认了日本希望在热河省所要的一切。1935年11月，冀察政务委员会的成立使它在这两个省实现了它的要求。

就日本人来说，李滋罗斯代表团没有获得任何成就。但是，它却帮助中国人于1935年11月将白银收归国有，借此解决了他们的一些经济问题。美国在同一月同意收购5000万盎司白银，这就进一步帮助中国为其货币体制奠定一个新的基础。不久以后，白银在美国的价格恢复到正常的水平。由于这种鼓励，中国人在英国的建议下，调整了对英国债券持有者规定的现有条件，使之有一个更加易于履行的基础，同时开始执行一个扩建铁路和工业的颇有雄心的计划，在扩建中，英国、法国和德国的公司在双边的基础上参加；1936年4月，蒋介石和德国达成了一项广泛的军火协定，根据这个协定，以原料来换取广泛的军火。

日本对所有这些发展的反应是强烈的。一方面，日本陆军和希特勒的代表冯·里宾特罗甫开始秘密谈判，想要达成一项反对苏联的协议。另一方面，内部的斗争于1936年2月酿成陆军中一派军人的哗变，他们企图在东京发动军事政变。这次政变的失败，说来也怪，却

---

① 广田"三原则"系广田弘毅外相于1936年1月提出，其内容主要是：(1) 中国取缔一切反日言行；(2) 中国承认"满洲国"，中、日、"满"合作；(3) 中日共同防共。——译者

大大地增强了对立的一派的政治力量——结果其力量之雄厚足以完全控制日本外务省,并重新和德国举行关于缔结反共产国际条约的谈判。一个目标是使德国减少它对中国的援助。然而,更为重要的目标是要巩固日本面向苏联的北方边境,以便它有可能更有力地进行对中国和南太平洋的侵犯。日本内阁在1936年8月11日决定的"国策基准",尽管在某种程度上迁就了关于维持友好关系并以和平方式实现其目标的要求,但却明确表示日本将要遵循的"帝国道路"是"向海外扩张"并将国家建成为东亚的"稳定力量"。

反共产国际条约在1936年11月25日在柏林签字。条约的公开条款说的完全是共同协议反对国际共产主义,并邀请其他国家参加。10月24日签署的一项秘密议定书则要求签字国保证,任何一方卷入对苏联的战争,则另一方必须在外交上(尽管不是在军事上)给予支援。议定书的条款通过情报渠道,立即被苏联和英国获悉。后来日本外务省努力想在外交上加以利用,其做法是同英国商谈建立友好关系。这在莫斯科看来,令人十分担心,而伦敦则以怀疑的眼光表示欢迎。上述条约设立的各种委员会及其他等从未行使职责,条约的重要性主要是象征性的,而两个签字国主要是在宣传方面对其加以利用。在德国,这是冯·里宾特罗甫的工作,而不是外交部的工作,里宾特罗甫认为同意大利达成1936年10月21日的协议而进行的谈判具有更为重要的意义,这些协议标志着轴心国的形成。

这些谈判导致1936年10月德意两国签署协定和墨索里尼于11月2日发表演说,宣布轴心国成立,但推动这些谈判的力量则是意大利而不是德国提供的。意大利曾以很大的猜疑看待制裁的结束;墨索里尼及其党羽,往往把是否事实上承认意大利对阿比西尼亚的征服和是否承认意大利国王,作为一个真正的标准来衡量就在不久以前对他们施行制裁的那些国家对他们表示的友好。实际上,墨索里尼根据对阿比西尼亚的征服,深信英国对他满怀敌意而他需要和德国建立更密切的关系。这些信念最后可能消失——在德国和意大利之间发生摩擦的原因毕竟很多,尤其是关于德国在巴尔干诸国的贸易竞赛和德国对南斯拉夫的关系。但是,1936年6月在法国选出一个由法国社会党人勃鲁姆先生领导的中间派和左派组成的政府(即所谓"人民阵线"政府),同时1936年7月15日在西班牙爆发了内战,这就使墨索里尼有一整套新的理由依附德国。

1936年7月15日，西班牙的将军们举行叛乱，反对1936年1月当选的中间派——左派政府，这次叛乱完全由于西班牙本身的原因。几乎没有多少证据表明德国或意大利事先获悉这些将军们的计划（虽然根据1934年缔结的协定，意大利一直向西班牙的右翼集团提供军火）。但是，他们的叛乱一旦没有能够以过去的军事暴动时常推翻西班牙政府那样的方式把西班牙政府推翻，西班牙的军事领导集团就利用一切可用的渠道向意大利和德国吁请给予军火；而在内战爆发后两周以内，意大利和德国的军火和飞机源源不断地涌往马略尔卡岛和摩洛哥的西班牙军事据点。

西班牙政府方面则向法国要求军事援助。勃鲁姆政府发生了深刻的分歧，而英国在勃鲁姆于7月底访问伦敦时给他的忠告，往最好处说也只能是敌视西班牙政府的。英国保守的舆论对于在政府控制的地区反对僧侣的暴行和屠杀民族主义者的事件感到十分震惊；英国政府也十分害怕由于西班牙的原因而引起另一场欧洲战争的危险，正如它曾害怕1870年至1871年的战争那样。勃鲁姆的外交部长德尔博斯找出一条摆脱困境的道路，即建议在欧洲强国之间达成一项协议，保证不用军需供应、财政支援和志愿军在西班牙进行干预。这个建议到1936年8月底被所有的国家接受，从而又导致建议设立一个国际委员会来监督协议的执行。但是，到了1936年9月9日委员会举行第一次会议时，事实表明协议没有得到尊重。葡萄牙、德国和意大利输送大量武器到西班牙以支持西班牙的民族主义者；而在9月初第一批运来的苏联军火和顾问则开始到达西班牙政府的军队里。同时，共产国际的代理人开始控制与西班牙政府军并肩作战的一小批非西班牙籍的志愿兵从中组成国际纵队。由于西班牙民族主义派的军队第一次进攻马德里时被击退，因此，德国和意大利轮流派遣军事部队（婉转地称作"志愿军"）在民族主义派军队攻打首都和北方的巴斯克共和国时充当补充力量或担任前锋。在以后的18个月中，欧洲的外交被西班牙内战引起的争端所左右。

德国在这场内战中的目的是很明显的。起初，他们的主要目的是经济的：西班牙的铜和其他矿产资源具有吸引力。从这点出发，希特勒产生了希望法国和意大利在地中海发生战争的想法，从而使他能够同奥地利和捷克斯洛伐克算账。因此,德国在军事上卷入西班牙内战,严格地限于装甲部队和空军方面,而德国军事战略家利用这一机会来试验他们从20世纪20年代末期以来在参谋学的研究中所形成的闪电战术,却大有收获。苏联的目的比较隐晦。西班牙内战对他们十分有用,可以作为一个手段在法国建立拥护反法西斯阵线的支援力量,而在英国,他们可以从中获得某种程度的宣传价值。他们试图将"不干涉委员会"变成一个实现集体安全的工具。而且,正如希特勒希望利用战争使法国和意大利卷入纠纷那样,苏联很可能希望利用这场战争使英法两国和德国发生纠葛,而把德国的军事努力引向西方。

俄国人对于德国和日本的谈判进展,消息非常灵通。而且,正是在这一时期,对斯大林的反对者们开始进行了大规模的清洗。这次清洗翌年使苏联的军事领导人物除了占百分比极小的高级军官外,全被撤掉,总起来说,影响到苏联军官总数的30%至40%。其结果是破坏了苏联军事力量在欧洲人心目中的形象,而且,在苏联除了斯大林本人的领导以外,消除了任何可能的其他领导来源。因此,引人瞩目的是,正是在这一时期,即1936年11月至1937年2月,斯大林决定通过他的格鲁吉亚同乡、苏联驻柏林贸易代表团团长达维德·坎杰拉基接近希特勒,提出在德国和苏联之间实现谅解。这次对德国的接近遭到了拒绝,对方评论说,如果俄国发展成为一个以军事力量为基础的专制国家,那么,将来可能举行这样的谈判——这正是预示1939年8月的纳粹—苏联条约的不祥之兆。

对于英国和法国的政府来说,它们在"不干涉委员会"中奉行的政策的主要目的是要设法使德国和意大利撤出西班牙,以此作为一个开端,以便再做一次尝试来商谈欧洲的和解方案。由于战争持续下去,意大利对民族主义派领袖佛朗哥将军的支持变得较前更加肆无忌惮地露骨,因此,他们自己的意见也变得更加分歧,安东尼·艾登和连续几届法国政府被迫日益采取更加反对意大利的立场,而其他人物,尤其是1937年5月底在英国担任首相的内维尔·张伯伦,都不得不在他们为开始新谈判所做的努力中完全不考虑西班牙问题。

对比之下,意大利政权看来从未彻底考虑过它对西班牙进行干预的理由。很可能,墨索里尼真正相信他自己的宣传,认为自己是反对苏联将在西班牙实行接管的一位斗士。他的努力遭到很大的挫折,以致意大利对西班牙民族主义派的支援逐步升级，直到撤退就意味着失败，1937年3月意大利在瓜达拉哈拉遭到失败后，情况尤其如此。然而，对于意大利来说，在西班牙的冒险行动是灾难性的。它在国内不得人心，又使得意大利同英国和法国对抗，并且不论意大利是否愿意，迫使它投入德国的怀抱，而另一方面，德国不断地接管意大利在多瑙河流域的经济与政治地位。在经济领域内，这个冒险行动耗尽了意大利的武器和钱财，并使它不能从制裁造成的后果中恢复过来。西班牙内战把墨索里尼从一个与希特勒地位相等的人物，降为希特勒的仆从。

意大利与德国的关系，至少到1937年年底，由于它担心英国和德国缔结协约而不断地出现不融洽。而且，这种关系不仅支配着导致1936年10月齐亚诺伯爵对柏林进行访问的那些谈判——当时签署的议定书大体上代表着意大利所做的尝试，想在例如对国际联盟的关系之类的问题和为在西欧缔结一项安全条约而进行的谈判这些方面钳制德国，意大利担心由于德国希望同英国建立友好关系，这就可能使德国接受那些将使意大利陷于孤立的建议。甚至在这以后，意大利人也发现，他们不得不按照德国的行动来缓和他们自己的对英政策。

他们的地位由于希特勒施展的等待策略而变得更加困难。1936年夏，他开始实行一项新的重整军备计划——四年计划，目的是使德国更加自给自足，并且到了1940年能够在欧洲冒险进行一场大战。在他同英国的关系中，根据他在1936年10月向齐亚诺为他的对英政策辩护的情况来看，他似乎仍然希望通过鼓吹反对共产国际来使英国对德国在欧洲的霸权地位表示认可。但是，在1936年至1937年，他为了测验英国是否乐于赞同他的计划而选用的尺度，就是看英国是不是愿意讨论关于归还德国以前的殖民地问题。而在这个问题上，即便在英国这个想法能得到真正的支持，英国也不能满足他的要求，因为德国的西南非已在南非的控制下，而澳大利亚已经接管了德国在新几内亚的地位。在希特勒进行关于殖民地的宣传运动的时期，他对英帝国的分裂力量做了过高的估计；到了1937年年底，他显然已经得出结论，认为英国应当永远被列为他的敌人。1937年的夏天，向德国武装部队发布的新命令第一次正视对英国作战的可能性。在艾登和德尔博斯的指引下，英法两国的关系取得了明显的团结一致，这可能增

第二十三章 1930—1939年间的外交史

强了他的这种看法。而且,还有很多的证据表明他认为导致爱德华八世(后为温莎公爵)于1936年至1937年的冬天逊位的危机,是保守党领导人物有计划地撤换一位亲德国的君主。

希特勒对英国态度的改变同英国的一位人物上台执政同时发生,这位人物比他的任何前任者都更加坚决地要在可能的条件下重新建立对德国的友好关系。这种情况正是导致德国和英国之间在1939年爆发战争的许多怪事和误会之一。内维尔·张伯伦这位英国新任首相,并不是他的敌人所描述的那种天真的和平主义者。他一贯认为德国是一个扰乱性和破坏性的力量。但他相信,如果可能的话,必须设法在欧洲实现一个和解方案;他对于现存的条约结构为达成这样一个和解方案而设置的正式障碍,感到不耐烦。在1935年,他原是一个坚决支持集体行动和制裁的人,而到了1937年他变成了一个坚定地鼓吹实行双边谈判者,主张通过谈判,具体地消除大国之间的积怨。

他采取这些看法是受了四种重要考虑的支配。1937年5月召开的帝国会议表明英国的自治领普遍反对英国卷入一场欧洲战争。财政部在他还在担任财政大臣时已经开始进行的调查表明,英国没有力量达到足以使它在欧洲遏制德国、在地中海遏制意大利和在远东遏制日本所必需的军备水平,而且即便一旦达到了这种水平——至少在不是没有永远削弱英国经济的情况下——也没有力量保持足以使它遏制德国和日本所必需的军备水平。张伯伦相信日本是真正无法予以满足的;他对美国是否愿意或能够在中国遏制日本,也没有多少真正的信心。最后,他并非完全不正确地相信,一场第二次大战对于欧洲的文明将是灾难性的,而且,德国和意大利的合法的抱怨一旦得到满足,某种共存就可能实现。

他上台执政的特征表现在三个方面的发展:派遣一位新大使内维尔·亨德森爵士前往柏林,指示他要尽最大的努力以改进英德两国的关系;邀请德国外交部长冯·牛赖特男爵访问伦敦;主动地同意大利直接接触以结束英意之间的紧张关系。这些发展中的第一项造成了灾难性后果;而"不干涉委员会"中的危机使冯·牛赖特男爵推却了英方的邀请。然而,邀请的消息足以驱使意大利人暂时接受英意会谈的计划。他们的行动开始了一系列的接触,最后导致英国外交大臣艾登的辞职以及奠定张伯伦的政策及其性格在他的内阁和保守党内处于压倒一切其他思想倾向的地位。

在1936年7月放弃对意大利的制裁后,艾登做出很大努力来重建友好关系。一旦轴心国的建立消除了意大利害怕自己被孤立的忧虑,墨索里尼便欢迎这些行动,并在1937年1月2日缔结了英意两国关于维持地中海现状的所谓"君子协定"。他在签署这个协定以前和以后,曾秘密派遣大批意大利"志愿军"前往西班牙,艾登把这看作意大利施展欺骗的证据。从1937年的2月至6月,英意两国之间的关系不断恶化。墨索里尼用宣传、金钱和军火交货等手段从巴勒斯坦的阿拉伯人的叛乱中谋取好处,这就大大地加剧了这种恶化的过程。7月,意大利担心英国和德国重新恢复友好关系,结果促使张伯伦和墨索里尼交换了信件;双方并同意开始就达成一项解决方案进行会谈。但是,意大利的潜艇袭击驶往西班牙港口的船只,到8月底,它们变本加厉,击沉了一艘英国商船"伍德福德"号并袭击了一艘英国驱逐舰"哈沃克"号,从而使会谈暂时中断。

相反地,艾登在尼翁召开了一次国际会议。法国人原先曾提议召开这样一个会议,所以给他支持;这个会议建立了一个关于在地中海实行国际海军巡逻制度,指令海军对于所遭遇的一切不明国籍的潜艇予以击沉,大部分的巡逻任务由英法两国的海军舰艇承担。意大利潜艇的活动迅速地中止。然而,墨索里尼采取了报复手段,在利比亚聚集重大军事力量,在那里他的军队可以同样从容不迫地袭击埃及的英国人或突尼斯的法国人。虽然他谨慎地向英国和法国重新保证他愿意恢复会谈,但在他这方面他更加关注的却是从希特勒那里获得重新保证。1937年9月底,他访问柏林,他最初曾提议在这次访问时召开中欧会议,其中包括波兰、奥地利、匈牙利和南斯拉夫的代表。但是,希特勒利用墨索里尼的虚荣心,从而能避免承担这样一种会议可能产生的一些约束。结果,这两个独裁者的会晤几乎没有导致什么政治性会谈。墨索里尼回到了罗马,他对希特勒的个性更为倾倒,但他在中欧或地中海的地位并未得到增强。

因此,在1937年10月底,欧洲的形势如下:苏联被投入斯大林的清洗的恐怖中——它名义上和法国及捷克斯洛伐克结盟,不过没有达成军事协议使它们之间的同盟产生有效的作用,它在西班牙和国际联盟竭尽全力使英国和法国跟轴心国发生纠葛。在中欧,捷克斯洛伐克孤立地面对德国。它在小协约国中的同盟者已经和轴心国缔结和平——它的敌人波兰和匈牙利一点也没有减少对它的敌意。意大利和德国被一个轴心牢牢拴住，其中德国日益变为一个更强大的伙伴，而意大利显然在西班牙问题上走上一条与英国和法国发生冲突的道路。斯堪的纳维亚国家、瑞士和比利时退而保持中立。英国和法国密切地结合在一起；但是经济衰弱阻碍了它们重整军备的努力，而在法国，政府的敌人越来越变得亲法西斯了。在远东，日本现在正在进行对中国的全面战争。

从日本的观点来看，尽管缔结了反共产国际条约，他们在中国的形势从1936年夏季以来变得显著地恶化。最令人震惊的发展就是在1936年12月持不同政见的中国军队扣押蒋介石后中国国民党政府和共产党达成了一项停战协定。这个停战协定的基础就是将要组成一个抗日统一战线。当有关组成这样一个战线的谈判正在进行的时候，看来对于这次扣押事件和蒋介石与共产党之间的谈判并未插手的苏联当局，于1937年4月提议缔结一个苏中互助条约。他们的主要动机似乎由于对日本接近英国而感到忧虑，这一情况上文已经叙述，而且它一直持续到1937年6月。但是，另一个有关因素很可能是由于对军队进行了持续的清洗而使他们本身的军事力量变得虚弱；虽然这些清洗造成的全部影响直到1937年至1938年的冬天才在苏联远东军中感觉出来，但1937年6月，日本和苏联军队之间在阿穆尔河发生的事件已经使日本军部认为苏联远东军由于清洗而士气低落，失去了战斗力。

1937年7月7日，日本和中国的军队在华北的卢沟桥附近发生了战斗。地方谈判宣告失败，这个事件与1931年9月在沈阳发生的事件不同，看来不是任何一方策划的，但它逐渐升级，直到两国深深陷入全面战争。这场战争直到日本在美国原子弹的轰炸下于1945年8月投降才告结束。在中国，产生了过分自信和反日情绪的巨大浪潮，而日本所做的回答则是陆军的力量和极端民族主义得到了增强，已不是比较温和的政治因素的力量所能控制的。7月底，北平被日本军队占领，8月13日战争蔓延到上海。9月13日，中国政府向国际联盟发出呼吁。

中国的呼吁再一次提出了关于国际联盟施行制裁以及事先未取得

美国的同意难以组织各国对日本施加压力等问题，而对于上述后一困难，英国和法国感到特别尖锐。但是，在1931年至1932年，这种形势曾引起英法两国的分歧，并促使英国成为遏制美国的主动行动的制动器，而现在英国对于上海的忧虑以及英法两国在地中海的密切合作所产生的信念，却使英国成为采取主动者，另一方面，美国在赫尔国务卿和罗斯福本人的领导下却成为一个非常有效的制动器。

英国在最初的中日事件发生后不久，第一次同华盛顿进行接触。关于联合提供"善意的帮助"的建议遭到了拒绝，赫尔声称他宁愿各自采取相同的行动而不要联合的行动，并且认为这次战争是一个机会，可以继续对全世界进行反对使用暴力的道义教育，而不主张采取联合的行动予以防止。然而，关于国际联盟援用第十六条的前景则使英国忽视这一断然的拒绝，并援引1922年的九国公约。11月初，九国公约的签字国和其他国家正式在布鲁塞尔举行了一次会议。

但是，在这次会议能够召开以前，罗斯福总统于1937年10月5日在芝加哥发表了一篇演说，号召对侵略者国家实行"隔离"，结果使会议参与国感到完全迷惑不解。他的想法似乎脱胎于有关美洲各国共同奉行中立的计划，这是头一年12月，美国代表团在布宜诺斯艾利斯的泛美会议上提出来的；而从他后来对日本侵犯美国在华利益的行为所产生的反应来看，上述建议似乎标志着在他逐渐接受下列想法的过程中所达到的一个阶段，而这个想法就是对犯下侵略行为的国家采取一致的经济行动。作为一个想法来说，它还没有得到充分的发展，足以同它在国际上和国内所引起的强烈兴趣相称；罗斯福发表自己想法的习惯从来没有像这次显得那么不合时宜；因为它使艾登将以后的3个月完全用于幻想英美两国对日本将采取联合行动。艾登所遭到的失败大大地损害了他的政策的权威性，并肯定了张伯伦为了消除德国和意大利的"合法的"抱怨而寻求达成双边协议的做法。

美国代表团到达布鲁塞尔时，除了打算邀请日本参加会议以外，没有任何行动计划。小国立即表明它们决心避免采取对日本施行经济制裁的任何计划。当日本拒绝派遣代表团前来布鲁塞尔的情况已经变得明显的时候，美国代表团试图同英国和法国商谈合作事宜，因为这两个国家都希望对日本采取联合行动，但它的这一企图却遭到了国务院和罗斯福的愤怒斥责，因为他们担心美国会在诱使之下成为采取行

第二十三章 1930—1939年间的外交史

动的先锋，或是承担无所作为指责的替罪羊。因此，会议在11月24日发表了一项只有赫尔能够感到满意的公报后宣告休会。

与此同时，中国的军事局势已经非常显著地恶化。在9月，后来又在11月初，日本政府通过德国的斡旋向蒋介石提出了条件，进一步确认中国在华北的统治权并从华北撤出日本军队，而作为交换条件，中国则应停止中国的反日活动，建立中日共同反共阵线和重新确立中国和满洲国之间的事实上的关系。但是，正如想要先发制人地防止国联或布鲁塞尔会议采取任何积极行动的希望在一定程度上促使日本提出这些比较温和的条件一样，结果国际联盟或布鲁塞尔会议在中国人心中所燃起的虚假的希望却使条件变得不能接受。在12月的第一周内，日本军队攻入南京，到了年底，几乎整个中国沿海一带都在日本的控制之下。由于对布鲁塞尔会议所抱的希望破灭，这就驱使中国表示愿意接受日本的条件，而这时正值日本陆军所获得的军事胜利使他们中间的鲁莽分子压倒了文职人员组成的内阁对于谈判的偏爱。1938年1月14日，日本同蒋介石政府断绝了一切谈判和一切关系，宣布它有意采取步骤，要建立一个它能够与之合作的中国政府。

在他们采取这些行动的同时，英国政府暂时放弃了要求美国支持其反对日本的所有企图。11月27日，后又在12月13日，在日本空军击沉了停泊在扬子江的美国炮艇"潘南"号和袭击了伴随它的英国炮艇"瓢虫"号以后，英国人提议举行英美海军联合示威，但遭到了断然的拒绝。"潘南"号事件的全部真相只是在英国第二次进行接触遭到拒绝后才传到华盛顿，这促使罗斯福政府中的某些人士，特别是财政部长亨利·摩根索提议英国和美国采取联合的经济行动；但英国这次除了政治和军事协议外，反而拒绝接受其他提议。1938年1月，一位美国海军军官英格索尔上校访问伦敦，并达成一项"非正式的协议"，规定英国和美国卷入对日战争时将要遵循的方针。但是，这个计划极不明确而且期限太长，以致英国当局事实上不再讨论关于采取联合行动防止日本接管中国海关行政的第三个提议，而宁愿在双边基础上和日本进行直接的谈判。

在华盛顿，关于采取什么方法才能最好地反对日本的问题，继续在辩论中，从而导致罗斯福于1938年1月11日向伦敦发出信息：提议他将召开一次国际会议，以便就处理国际关系中应当遵守的主要原则达成协议,其中包括削减军备、享有取得原料的同等权利以及战争法。张伯伦这时因艾登休假正暂时兼管英国外交部,上述提议使他感到既不切合实际而又可能干预他为了抚慰德国和意大利而举行的谈判的进程。艾登的反对虽嫌稍晚,却撤回了张伯伦要求罗斯福不要插手干预的最初回信。但是,罗斯福此时由于张伯伦表明他正考虑在法律上承认意大利对阿比西尼亚的征服而产生了新的想法,也没有重提上述指责。艾登的地位更为削弱,而张伯伦的地位由于他努力寻求与独裁者们达成和解而变得更加巩固。

只是由于远东的事变和1938年年初完成的对英国重整军备工作的长期审查的结果,上述努力才得到了增强。甚至已经取得协议的那些措施所需的费用也日益增长,结果使英国内阁在1937年年底将英国的国防努力仅仅局限于保卫英国国内和海外的领土并保护它的贸易通路,而把在保卫它的盟国领土中所需的合作看作可能超出英国财政力量的事情。这个决定由于英国三军参谋长们发表了明确的声明而得到增强;上述声明在1938年2月初又予以重申,即英国的军队在1938年不能应付一场重大的战争,而且没有力量来满足它现在承担的国防任务。因此,重要的是探讨一切可能的办法以减少英国的潜在敌人的数目。

到了1937年的秋天,张伯伦本人看来对于外交部同德国和意大利进行接触的缓慢速度,变得越来越不满意,正如他对于满不在乎地听任西班牙事变或地中海事变阻挠了计划在1937年6月对德国以及7月和10月对意大利进行接触这一情况感到不满一样。艾登强调需要同法国人保持步调一致,这使张伯伦感到同样压抑。德国要求归还它的殖民地的宣传,再一次促使英国考虑使德国的要求变为合法,作为总的和解方案的部分内容,但这个想法在德国退出国际联盟以后和在德国重新占领莱茵兰以前的那几个月中,大大削弱了英国的对德政策。德国在1937年10月对张伯伦最亲密的内阁同僚哈利法克斯勋爵发出的邀请,立即被热烈地接受。1937年11月,哈利法克斯访问了柏林和贝希特斯加登,和希特勒举行了一次长时间的谈话,概述了英国愿意支持对中欧现状的改变,倘若不使用武力就能达到这个目标的话。德国对这一行动没有做出反应,这就使张伯伦更加相信需要更积极地推行这件事情。

英国的行动所以更为重要，是因为到了1937年底，法国政府除了彻底向德国投降外，只好跟随英国走上它领导的任何道路，而没有任何其他的选择。如果说就中欧的事务而言，英国大体上是奉行孤立主义的，而且迷恋于实现和解的前景，那么，法国内部是如此严重地分裂，以致一个独立的反德政策是几乎难以想象的。如果说英国的重整军备的努力逐渐减弱，而且财政部决心不让这种努力削弱英国的财政复苏，则法国所做的努力简直是可怜的，因为工会要求改善工作条件的鼓动使它深受危害，而且法国的法郎处于几乎不断贬值的状况。肖当和德尔博斯于1937年11月底到伦敦同张伯伦和艾登会谈，他们对张伯伦的政策的看法从怀疑逐渐变成根本不信任。但是，他们不能反驳他的建议。德尔博斯后来又访问法国的东欧盟国，这只显示出捷克斯洛伐克和波兰隔绝后正如它和小协约国中以前的盟国隔绝后一样，处于完全孤立的地位。这种孤立的地位由于1938年1月莫洛托夫在最高苏维埃的最后一次会议中辛辣地抨击法国，同时由于苏联决定把外国在俄国的领事馆除少数外全部予以关闭而变得突出。上述步骤强调俄国又退而奉行一种新的孤立主义。

希特勒善于观察他的敌人的弱点，这一神秘的才能已经向他指明前进的道路（见第十六章）。1937年11月5日，他召集他的高级后勤领导人举行一次会议，表面上为了解决有关德国钢铁生产中优先权问题的争执，但乘此机会大体上说明他准备在国际条件允许时攻打奥地利和捷克斯洛伐克。法国和意大利在地中海发生战争，或是西班牙内战蔓延到法国，这二者看来是最可供选择的时机。否则，他准备等待到德国的军备竞赛足以大大超过英法两国的军备竞赛，他把这两个国家的特点描写为它们是对德国怀有疯狂仇恨的敌人。哈利法克斯提议帮助希特勒，使他在中欧的要求得到满足，以此作为对他的良好行为的一种奖励，但希特勒并不认为这有什么吸引力。1937年12月，德国武装部队的作战规定作了修订，以便将主要规划的重点置于对法国和捷克斯洛伐克的战争上面，而将德国的主攻力量用来摧毁捷克的防线。1938年2月初，他重新组织了武装部队的指挥机构，以便将主要的指挥权掌握在自己手里。国防部长和参谋长都被迫离职。外交部长冯·牛赖特男爵被提升为一个永不开会的帝国委员会的主席，而他一手提拔起来的人物冯·里宾特罗甫从他驻节伦敦的使命的失败中被救出来，担任经过彻底清洗的外交部的首脑。然而，正如这些年中时常发生的情况那样，希特勒自己的行动加速了事变的发展，并给他带来了他所寻求的危机，但这些危机却与他当初所计划的形式完全不同。

正当他的清洗即将完成时，奥地利的第一次危机爆发了。它的起因最初是因为奥地利的纳粹党对于它从1936年奥地利和德国达成协议以来遭到德国漠视而产生的怨恨，因为德国赞成冯·巴本推荐的政策，即通过努力把享有更高威望的秘密纳粹"民族反对党"的代表渗入奥地利政府。这种怨恨导致一个反对奥地利政府的新的军事政变阴谋。1938年1月22日当该党的机关被搜查时，政变阴谋的计划落入奥地利的警察手中。这次捕获使舒什尼格有信心接受邀请去和希特勒会晤，这是冯·巴本长期以来一直迫使他接受的。而正是由于他接受了邀请，因此使冯·巴本得以逃避希特勒的清洗，并确定2月12日为会晤的日期。舒什尼格的希望是想在会晤日期以前也能和"民族反对党"达成和解；但是由于未能识破他们和柏林秘密勾结，因此他没有认识到他正在破坏自己事先抵制希特勒的压力的一切机会。

2月12日在贝希特斯加登会晤时，他发现自己面临的要求比他准备做出的让步要大得多，并且需要在一周以内予以满足；同时，他还面对着大肆炫耀的军事力量。回到维也纳后，他似乎已经认定，他进行抵制的唯一机会就是举行一次经过仔细准备的全国公民投票，表示赞同奥地利的独立。英国或法国看来不会给任何支持，而意大利虽然准备利用这个危机迫使英国和它就地中海的和解方案进行谈判，却不准备支持奥地利反对德国。张伯伦在和意大利驻伦敦大使格兰迪会晤后，于2月19日就与意大利开始谈判的问题，迫使艾登辞职。但是，当舒什尼格的意图于3月8日泄露出来后，墨索里尼劝他不要这样做。

舒什尼格的计划威胁到希特勒的整个对奥政策的垮台。因此，3月10日，他命令做好立即入侵奥地利的军事准备，并要求取消公民投票。这个要求得到满足后，在3月11日，他接着要求舒什尼格辞职，由"民族反对党"领袖、德国的傀儡阿图尔·赛斯-英夸特来接替。德国军队的实际入侵不受赛斯-英夸特的欢迎，正如不受奥地利纳粹分子和奥地利政府的欢迎一样。但是，奥地利总统拒绝任命赛斯－英夸特，同时希特勒发现意大利不会干预，这就为直接入侵扫清了道路。3月12日，德国军队越过边界。翌日，希特勒在他的故乡古老的林茨城宣布奥地利和德国合并。

对奥地利的兼并获得成功，标志着希特勒的外交政策中一个新的、较前更加肆无忌惮的阶段的开始，而且在这一阶段中，国际事变将完全被他的行动所左右（见第十六章）。从战略上来说，它对捷克的堡垒体系形成包抄之势，使整个波希米亚像一个半岛那样伸入德国控制的领土。欧洲各国政府几乎一致认为，希特勒的下一个目标将是把300万苏台德区的德意志人并入他的帝国。他们现在还不准备相信，对于希特勒来说，这只是摧毁和并吞捷克人的国家的一个开端，或者说，一个借口。要求实行民族自决和修改凡尔赛条约的口号，使它们看不到希特勒的真正目的，如同它们没有看出希特勒对捷克人及其国家的仇恨一样。

苏台德区的德意志人问题，其起源可以追溯到19世纪捷克人的民族主义的兴起及其在民族意识上和哈布斯堡帝国的君主领地——波希米亚和摩拉维亚融为一体的事实。1918年，苏台德区的德意志人宣布他们和德国合并，结果发现他们的运动被捷克人用军事行动所镇压，而他们自己则被凡尔赛条约纳入新兴的捷克斯洛伐克国家。在20世纪20年代，苏台德区的德意志人中间的主要政党曾和捷克人的国家实行合作，1926年加入了农民联合政府。只是极端民族主义分子反对他们，在这些人中包括了一个小小的纳粹党。由于在世界经济萧条的岁月中对经济的不满以及希特勒在德国上台执政，因此在1933年使纳粹党的力量大大的增长，以致捷克用警察行动将纳粹党解散。德国的外交部利用这一机会对于由一位年轻的领袖康拉德·汉莱因所领导的新兴的政治运动的诞生给予鼓励。他的政党——苏台德区德意志人党从德国外交部获得秘密的财政支持，在1935年4月的捷克大选中，赢得了66个德意志人议席中的44个，使他们成为捷克议会中的第二大党。此后，汉莱因集中精力在海外，特别是在英国，为他的政党以及为他对捷克政府提出的要求赢得人们的同情；在这方面，他获得显著的成功。把300万德意志人强行并入捷克斯洛伐克，另一方面又提出民族自决的口号，这二者之间的直接矛盾一直使盎格鲁—撒克逊人问心不安；而捷克斯洛伐克在20世纪20年代卑躬屈膝地跟从法国在国际联盟的路线，使它在英国政府人士中没有赢得任何好感。1937年11月，张伯伦已经明确地向肖当和德尔博斯表示，英国的舆论不会支持卷入一场由于捷克斯洛伐克而引起的对德战争。

因此，在德国并吞奥地利后，在伦敦和巴黎立即就捷克斯洛伐克问题进行了讨论。在巴黎，一个以勃鲁姆为首的新政府于3月13日就职，但仍保留德尔博斯为外交部长。3月15日，他们在国防委员会的一次会议上，听取甘末林将军的报告，指出法国的陆军对于战争尚未准备就绪，并对他是否能够帮助捷克抵抗德国的进攻这一前景，持十分悲观的看法。勃鲁姆和德尔博斯拒绝接受这个看法；但是，在东欧重新展开外交试探的结果揭示，捷克斯洛伐克仍然处于完全孤立的地位。4月8日，勃鲁姆政府倒台。爱德华·达拉第这位善于辞令却缺乏判断力和决心的人物就任总理，而乔治·博内这个狡狯、主张和平的阴谋家担任外交部长。

在伦敦，如果说情况有何不同的话，那就是三军参谋长们的看法更为悲观。他们提供的劝告是，英国无法阻止德国侵占捷克斯洛伐克。和德国开始作战，将会从事一场长期的斗争，预期意大利和日本将在他们自己选定的时间进行干预。他们不能预见英国在什么时候即便有法国和盟友的支援而能抵抗这样一种来自三方面的进攻。1938年，英国肯定没有做好战争准备，如要开始进行战争，将有遭到失败的严重危险。他们的劝告加强了首相的信念：抵制德国对捷克斯洛伐克施加的压力不是英国的责任。而且，根据这样虚弱的军事力量，他不想使用恫吓手段。1938年3月24日，他向议会发表的演说后来成为阐明英国政策的庄严文本，其中谈到苏台德区问题是一个属于捷克斯洛伐克内政的问题，应当在那个基础上予以解决。英国除了国际联盟盟约中规定的义务外，对于捷克斯洛伐克没有任何其他义务。他警告德国说，如果战争爆发，它就不大可能局限在中欧。双方私下取得协议，应当避免任何明显的反德阵线，并且应当施加压力，迫使布拉格满足关于苏台德区问题的要求，同时要求巴黎按同一意义影响布拉格。

在莫斯科，主要的焦虑似乎是要抵制英法两国的绥靖政策，并使它们陷入与德国的纠葛，同时又避免一切可能使它们卷入与德国发生直接冲突的行动。3月17日，李维诺夫通过外国报刊的记者们，竭尽全力要求一致抵抗德国。但是，苏联自己对捷克斯洛伐克的义务，只是在法国首先尊重它自己的义务的条件下，才能执行。苏联的军队只有穿过波兰或罗马尼亚的领土才能支援布拉格，而这两个国家都坚决地反对苏联军队进入它们的国境。莫斯科让巴黎去完成劝导他们改变自己立场的任务。李维诺夫进一步建议召开一次由英国、法国、捷克斯洛伐克、美国和苏联参加的会议。英国、法国和美国对他的建议的拒绝，只是突出地表明苏联在以后的12个月中被排斥在欧洲的政局之外。

伦敦、巴黎和莫斯科对于德国将采取侵犯捷克斯洛伐克的行动的前景，一致感到忧心忡忡，而希特勒本人的行动也证实这忧虑是正确的。3月28日，他对苏台德区德意志入党的领袖们说，他的意图是要在"并不遥远的未来解决捷克问题"，并且训令他们提出的要求要超过他预料布拉格政府所能让步的程度。因此，当捷克政府在英法两国的怂恿下，开始和汉莱因举行谈判时，他们面临汉莱因于4月23日在卡尔斯巴德（卡洛维发利）举行的苏台德区德意志人党的会议上所提出的八项要求。这些要求将会使苏台德地区在捷克国境以内成为几乎自治的地区。与此同时，希特勒已经指示他的武装部队重新起草1937年12月的作战规定，以便包括并吞奥地利以后战略形势的变化。5月5日至8日，他访问意大利，向墨索里尼提议缔结一项直接的军事同盟。

这个提议遭到了墨索里尼的拒绝。尽管他对奥地利被兼并表示默认，但他对于德国军队到达布伦内罗山口感到震惊。纳粹在南蒂罗尔的过激的宣传和德国在南斯拉夫的活动进一步使他恼怒。4月18日，他终于和英国就地中海和中东问题通过谈判，达成了一项协议，根据这一协议，英国最后保证承认意大利对阿比西尼亚的征服，而作为交换条件，意大利停止在利比亚和中东施加压力，并且从西班牙撤回志愿军。当希特勒到达罗马的时候，意大利和法国为达成一个相似的协议而举行的谈判正在进行中。希特勒大失所望，空手返回德国。5天以后，法意两国的谈判破裂，墨索里尼企图重新接受德国的提议，结果发现希特勒已有其他考虑。引起这些考虑的原因是所谓5月20日至22日的"周末"危机。

这次危机的产生是由于将报道大批德国军队向捷克边界移动的情

况，与关于苏台德区的德意志人在捷克地方选举的前夕和捷克政府的联系发生中断的消息凑在一起。5月20日，上述报道促使捷克政府在它的军事顾问们的压力下，下令全国总动员（这些报道和奥地利被占领以前的报道相似，乃是不祥之兆），同时下令同一等级的后备役军人和各种专家入伍，总数约为5万人。同一天，英国在柏林进行探询，却遭到愤怒的否认，指出事实上没有正在进行任何不适当的军队调动。英国武官和他的工作人员所做的调查也没有揭示出任何与所传的规模有关的调动。然而，英法两国政府在5月21日在柏林采取了警告性的措施，第二天，英国接着由哈利法克斯向里宾特罗甫提出特殊的呼吁。德国的否认在西方的报刊上引起了广泛的欢呼，认为这是希特勒的一个重大的失败。

事实上，希特勒还没有决定他对捷克斯洛伐克采取下一步行动的时机。当危机开始发生时，他正在考虑草拟中的命令，这些命令的目的是要使德国军队处于准备作战状态，在他感到政治时机适当的时候，对捷克斯洛伐克采取行动。英法两国的行动和西方报刊对此所做的评论，对他的反复无常的性格产生的影响，就像一块红布对一头公牛产生的影响一样。① 5月24日，他指令他的海军参谋部起草有关大力增强海军实力的计划，因为英法两国现在已被看作德国最大的死敌。5月30日，他宣布他打算在第一个可乘的时机征服捷克斯洛伐克。德国军队到10月1日必须做好准备，以便采取行动。至于时机，它将由德国的政治领导通过对苏台德区领袖汉莱因所做的工作设法制造。

在伦敦和巴黎，"周末"危机造成的后果似乎是使两国政府决定不再允许事件的任何重演。对捷克人施加的压力大大地增强，要求他们和苏台德区达成一项和解办法。两国政府看来都不了解汉莱因接受德国的指示；这种指示使找到妥协方案的任何想法都变得不可能实现。事实上，捷克人和苏台德区的领袖在6月的第一个星期重开谈判，而捷克人为了满足苏台德区提出的要求，做了很大的努力。然而，汉莱因忠实于他从希特勒那里接到的指示，找出理由予以拒绝；而捷克的领导在他们这一方面，也要克服联合执政的统治集团内部的

---

① 公牛看见任何红色，便拼命与之角斗。——译者

许多阻力。

这些谈判的失败使英国人转而考虑派遣一名调停者，设法促成一个双方都能接受的妥协方案。哈利法克斯和博内7月20日在巴黎讨论了这个建议，当时哈利法克斯作为外交大臣正陪同英王乔治六世访问巴黎。捷克最初抵制这个计划，但在英国和法国威胁要在德国与捷克之间发生战争时置捷克于不顾、听其由命运播弄以后，它便不再抵制。英国遴选的调停者为前内阁大臣朗西曼勋爵，他在8月3日到达捷克斯洛伐克。英国政府虽然曾表示对于中欧缺乏兴趣，但采取这一行动后，便公开承担了责任来解决苏台德区争议和保护捷克斯洛伐克，事实证明这个责任是无法推卸的。

在8月这个月中，尽管朗西曼勋爵致力于他的使命，但事实表明要想找到一个苏台德区问题的解决方案实际上是不可能的。苏台德区人正式拒绝了捷克当局在9月2日向他们提出的第三套建议。捷克总统在绝望中强迫他的内阁全部接受汉莱因的卡尔斯巴德计划。这一决定在9月6日正式向吃惊的苏台德区的谈判者宣布。但是10月1日即将到来，同时，在9月的第一星期，纳粹党在纽伦堡举行的大会开幕，这些情况使所有上述努力都已过时了。

关键性的事件是希特勒在9月12日向纳粹党的大会发表的演说。但是，8月间，德国的宣传制造舆论，以便使世界舆论界深信德国宣战的日期预料将与这次大会恰好相合。希特勒的政治与心理战术再一次比他的军事时间表提前展开。8月27日，英国财政大臣约翰·西蒙爵士重复了张伯伦3月24日的演说中含有的警告。但是张伯伦已经转而考虑采取进一步的行动了。

俄国以这种日益增加的压力为理由，重新进行了干预。自从苏台德区危机开始以来，苏联的外交一直致力于设法使捷克对德国的抵抗变得坚强，并鼓动英国和法国参加一个反侵略的"大同盟"。关于苏联如何能够帮助捷克斯洛伐克的问题，所得的回答是苏联指责波兰和罗马尼亚不愿给予苏联军队过境权或飞越领空权。关于缔结一个大同盟的建议曾提出两次，一次在3月17日至22日，另一次在5月12日苏联外交部长李维诺夫和博内在日内瓦举行会谈时，从那个日期直到8月底，苏联当局除了重复保证他们将会实践他们对捷克斯洛伐克的义务外，没有采取新的行动。

德国对捷克斯洛伐克的进攻显然迫在眉睫,这一情况现在迫使李维诺夫进行一次最后的尝试,想组成一个反希特勒的共同阵线。8月26日,苏联驻巴黎大使敦促博内在捷克问题上表现出更为坚强的态度。9月2日,李维诺夫对于法国询问苏联,鉴于波兰和罗马尼亚对过境问题所持的态度,苏联将提出什么建议来援助捷克斯洛伐克时回答说,苏联建议运用国际联盟的机构,并要求立即举行参谋会谈。9月10日至12日李维诺夫紧接着在日内瓦和罗马尼亚外交部长科姆南和博内举行会谈。科姆南仍然反对允许苏联军队通过罗马尼亚的一切会谈。博内躲避李维诺夫要求举行参谋会谈的压力,以英国进行抵制作为借口,同时漠视李维诺夫重新要求使国际联盟的机构展开活动的呼吁。博内和张伯伦都愿意将苏联排斥在他们的计划以外,怀疑苏联阴谋把他们卷进对德战争。在苏联人这一方面,他们仍然没有做好采取行动的准备,其现有的行动范围只限于他们与捷克斯洛伐克建立的同盟,也就是说,在法国先向捷克斯洛伐克提供支援的条件下,同时他们需要获得国际联盟的支持,证明他们的军队有权通过罗马尼亚。

希特勒的演说是在9月12日发表的。在这以前,苏台德区在9月7日发生了一个事件,有两名苏台德区的德意志人被一个捷克宪兵杀死。这个事件给予苏台德区的领导人以所需的借口,使他们能够逃避讨论最近提出的捷克建议。希特勒的演说内容恶毒而且杀气腾腾;紧接着爆发了苏台德区德意志人党的极端分子策划的骚乱,在某些地方,尤其是在埃格尔兰,这些骚乱达到了公开叛乱的规模。捷克人采取报复手段,宣布实行紧急法,调遣大批军警进入骚乱地区。苏台德区德意志人党的领导人和它的大部分冲锋队员在德国避难,而这个党本身遭到禁止。当时在苏台德区德意志人党的以前的温和派中甚至产生了一个运动,要求组成一个新的政党与捷克当局继续谈判。

希特勒的演说及以后在苏台德区发生的骚乱在巴黎引起了惊慌,促使张伯伦开始实行他从8月底以来就曾考虑的计划:直接和希特勒会晤。9月15日,希特勒在贝希特斯加登向张伯伦要求苏台德区脱离捷克斯洛伐克,回归德国,而且要求捷克斯洛伐克的匈牙利和波兰少数民族分离出去。然而,在张伯伦的压力下,他同意寻找方式方法来贯彻民族自决原则,如果英国接受这一原则的话。9月16日张伯伦回到伦敦,说服他的内阁接受关于苏台德区划归德国以及对捷克斯洛伐克国家的其余领土提出保证的问题。实行脱离看来比墨索里尼特别要求的公民投票更好一些,捷克人自己完全拒绝了这一要求。9月18日,在捷克将要立即实行动员的前景下举行会晤时,张伯伦劝告法国的内阁阁员达拉第和博内接受下列原则:允许所有德意志人占多数的地区实行脱离,在其他地区实行人口交换。翌日,英法两国按照这一意义提出的联合建议交给了贝奈斯总统。9月21日清晨,捷克内阁最后接受了这些建议,在这以前,他们最初对建议表示拒不接受,但英法两国驻布拉格的公使们直截了当地表示这个做法将招致德国立即入侵并且会使法国的同盟宣告废止。贝奈斯在接受英法两国的建议以前,曾询问苏联,倘若法国不实践它对捷克斯洛伐克承担的义务,苏联将持什么态度。苏联的回答将其内容与捷克向国际联盟提出呼吁联系起来,十分含糊而又模棱两可,因此不能使贝奈斯愿意和西方决裂,同时又对德国关于捷克斯洛伐克只是布尔什维主义的工具的指责提供了依据。

于是9月22日,张伯伦在戈德斯贝格会见了希特勒,告诉他捷克接受了他在贝希特斯加登提出的建议。当希特勒直截了当地表示这个建议现在已不够满足要求时,张伯伦大为震惊。第一,波兰和匈牙利提出了要求。第二,捷克的军警最迟不得超过10月1日必须从操德语居民的边境内地区撤出。张伯伦因此中断了谈判,随后和希特勒互相交换了信件,希特勒在信中重提他的要求。9月23日晚上第二次会谈时,希特勒交出一幅地图,标明捷克军队应当立即撤出的地区以及另外一些地区,在这些地区内,将根据1918年10月以前,也就是说,在捷克斯洛伐克国家成立以前当地的居民情况举行公民投票。张伯伦迫使希特勒答允对撤出的时限稍加宽延,然后回到伦敦。在和希特勒举行第二次会晤以前,他已经同意撤销英国对捷克总动员的反对(同一晚上,法国接着也实行了部分动员)。然而,他也同意将德国的这些新建议转达给捷克人;9月25日,伦敦接到了捷克的照会,全部拒绝接受上述建议,但同意和波兰人谈判。

法国和英国的内阁一致同意拒绝戈德斯贝格建议。9月25日博内和达拉第重又飞往伦敦,策划下一个步骤。会议一直延长到第二天。达拉第在不断地被严厉盘问法国作战能力的实际情况后,于9月26日接受英国的一项建议,即向希特勒发出一个新的呼吁,其中应当含有以下警告：如果法国由于德国攻打捷克斯洛伐克的结果而和德国发生战争，英国将支援法国。这个呼吁在希特勒在柏林体育宫发表一篇措词激烈的好战演说以前到达，但未能制止他发表这篇演说，他在其中要求捷克在10月1日以前全部撤出苏台德区，否则战争将要爆发。上述呼吁由张伯伦的使者霍勒斯·威尔逊爵士转达；但直到第二天早晨，他才将所附的警告交给希特勒。

正是从这一天开始，希特勒似乎失去了一些准备打仗的决心。当天（9月27日）发出了动员令，但仍保守秘密。一个产生作用的因素可能是德国广大的人民，特别是柏林人民对于当晚他在柏林发动的一次军事示威运动显著地缺乏热情。英国根据9月24日在日内瓦和李维诺夫举行的谈话而发表的声明，表示苏联也会支援法国，这不能不增加希特勒的不安。

然而，当晚英国人开始提出另一套建议，规定要举行一个由德国、捷克斯洛伐克和英国参加的三方会议，为捷克撤出苏台德区、划定新的边界和将来修订捷克斯洛伐克的条约关系进行安排。与此同时，张伯伦通过广播演说呼吁和平，其中谈到"对于在一个遥远的国家里人民之间发生的争吵，我们完全不了解"，同时说明将继续努力争取和平。9月28日，张伯伦又向希特勒发出一项新的呼吁，同时附有向墨索里尼发出的呼吁。他提议前往德国召开一次新的四大国会议，以解决德国所有的重大要求。在这一呼吁发给希特勒以前，墨索里尼也进行干预，提议德国暂缓实行动员，其措词暗示意大利以前准备支持希特勒（德国与意大利武装部队之间的参谋会谈恰好将要开始），现在将要不这么做了。他接着发出第二个信息，提议举行一次四大国会议。对此，希特勒没有真正的选择余地，只好接受。

这次会议于9月29日下午在慕尼黑举行。希特勒首先会见了墨索里尼，后者已经获悉德国的建议。在会议上，墨索里尼提出德国的建议，仿佛这是他自己的建议一样。张伯伦或达拉第都没有对他的草案提出任何有力的反对，协定的最后草案在当天午夜以后不久签字。协定规定将整个苏台德区割让给德国，捷克的军队和官员在五国（四个签字国和捷克斯洛伐克）组成的委员会监督下于10月1日开始撤出，到10月10日全部完成。某些有争议的地区，将作为举行公民投票予以解决的问题。英国和德国将保证新的边界不遭到无端的侵犯，德国和意大利在波兰和匈牙利的要求得到解决时亦将这样做。协定只是在签署以后才交给了捷克人。

捷克政府发现自己面临的选择是，单凭自己的力量与德国作战，或者投降。与德国对比，它的部队，除空军外，力量接近于相等；而且他们驻扎在长期准备好的防御工事的后面。但是，匈牙利和波兰参战的前景使情况截然不同了。他们向苏联人发出了最后呼吁；但在能够接到苏联的回答以前，不得不对建议做出决定。为了保证捷克斯洛伐克免于战祸，他们接受了建议，这个建议使他们丧失了所有的防御工事，无法保卫自己。

9月30日，张伯伦短暂地会晤了希特勒，使希特勒签署一项仓促拟就的英德两国宣言。这是在张伯伦的指示下，他的工作人员起草的，要求希特勒必须保证用协商方法来解决"任何可能与我们两国有关的其他问题"。他把实现一个新的欧洲和解方案的短暂希望建筑在这个文件上面。这是他从1937年夏天以来一直努力要实现的目标。由于这个文件，他自己的个人胜利已经圆满完成，而对于德国人和法英两国人民来说，也都同样是胜利。

然而，慕尼黑和解方案事实上意味着和解政策的彻底失败。它摧毁了凡尔赛和约造成的平衡局面的残余。它使整个东欧和东南欧易于沦为德国的殖民地。它不但交出了捷克军队的装备和消灭了对德国东南边境的威胁，而且把整个斯科达军火工业联合企业置于德国控制之下，因而使军事上的力量对比大大地有利于德国。最后，它还使匈牙利和波兰坚决地站在德国一边。

波兰政府从1919年以来一直小心操纵特欣争端，以便使他们和捷克斯洛伐克分开。从1933年起，波兰曾试图在中欧扮演一个大国的角色，这就在1937年促使贝克上校宣布海洋之间地带原则，划定一个区域，从斯堪的纳维亚延伸到意大利和巴尔干诸国，由波兰和意大利共同加以领导。对于这一计划，捷克斯洛伐克是主要的障碍，而且因为它和苏联有关系，这一障碍变得更为可厌。事实上，贝克当时的平衡政策的主要内容之一，就是对于苏联继续采取敌视态度，同时在波兰和日本之间还有某些接触，这是贝克有意以此来增强日本政策中的反苏内容。贝克在1938年2月和霍尔蒂海军上将，3月和齐亚诺伯爵举行的会谈中以及1938年夏天访问主要的波罗的海和斯堪的纳维亚各国的首都时,轮流和他们讨论建立一个共同的波兰—匈牙利边界的必要,并暗示关于海洋之间地带的设想是对德国的进一步扩张的阻碍。1938年8月,随着捷克危机的日益加深,波兰的要求,如贝克所说的那样,于9月8日按照与德国"步调一致"的方式提了出来。9月20日,关于特欣,波兰提出了正式要求,并且开始进行军事准备,只是由于苏联在9月27日提出警告和苏联军队在波兰的东面边界集结的不祥之兆才使之完全停止。9月25日,当捷克拒绝了戈德斯贝格条件,因而使战争看来不可避免时,捷克人主动提出将特欣割让给波兰,以此换取它的北翼的安全。然而,慕尼黑会议对于波兰的要求保持缄默。

与此对比,匈牙利这时遵循一条比较谨慎的道路,它对捷克斯洛伐克在小协约国中的伙伴——南斯拉夫和罗马尼亚可能采取的态度感到忧虑,因而使它受到压力。4月,它要求和德国举行参谋会谈遭到忽视,以致后来戈林在6月和7月对匈牙利驻柏林公使斯托亚伊和在8月底对前来访问柏林的霍尔蒂本人施加的压力都不再起作用。而且,匈牙利人也不能迫使罗马做出保证。德国和意大利特别重视南斯拉夫首相斯托亚季诺维奇所奉行的亲轴心国的路线。相反地,匈牙利感到不得不同小协约国通过谈判达成一项协议,于8月28日在布莱德签字。这并不阻碍匈牙利人在9月22日提出他们自己在捷克斯洛伐克的少数民族问题。但是,它并没有使在慕尼黑开会的任何一个国家对这些要求比对波兰人的要求更认真地对待。

9月30日在张伯伦和希特勒之间进行的讨论中,希特勒提到了西班牙内战和中日冲突。西班牙内战,由于德国在中欧的新的行动和1938年4月西班牙共和阵线在北部的崩溃,事实上已经在很大程度上失去了它在国际事务中的中心地位。一度看来仿佛不再需要德国和意大利的部队了;但是,此后重新开放法国边界以便将军火交给共和派,而且大量的苏联援助源源而来,结果重又确立了军事上的对峙局面。德国和意大利政府勉强地决定继续维持它们支持佛朗哥的军队,而且空军和潜艇袭击那些同共和国控制的剩余港口进行贸易的英国船只的情况重又出现,但这在捷克危机的紧张阶段大部被忽视了。国家主义派当局看到捷克危机在8月和9月初急剧恶化,非常恐慌,他们害怕如果法德两国之间发生冲突,他们将成为法国进攻的第一个目标。事实上，佛朗哥在9月危机达到高潮时宣布他无条件地保守中立，因而使轴心国的领袖们大为憎恶。然而，1938年11月，他又重新接受德国大规模的援助。与此同时，苏联当局似乎已经放弃了原来的希望，不再想扩大西班牙的冲突来使西方和佛朗哥的轴心国支持者卷入纠纷。国际纵队在同一月撤出，紧接着在1939年3月共和国军队在加泰罗尼亚和西班牙中部崩溃。1939年2月27日，英国和法国正式承认佛朗哥政权。

在远东，1938年的主要发展按照头一年同样不明确的方式进行。中国主要依赖苏联的援助；然而，这并不阻碍中国和日本在1938年夏天举行新的会谈，商讨和解方案，但会谈终因日本不肯让步而告破裂。日本军部方面念念不忘需要阻挠苏联的支援，于1938年1月通过日本驻柏林的武官大岛将军和里宾特罗甫接触，商讨将反共产国际条约改为军事同盟。1938年7月，德国对华援助最后断绝，德国的军事顾问亦被召回。同时，德国的建议草案由一名日本特使送到东京。日本当局决定予以采纳，但附有两个条件：同盟主要应当是针对苏联的，而且条约应当是防御性的。中日谈判破裂后，接着由于宇垣内阁①在9月由一个以近卫公爵领导的内阁所取代，日本的态度变得显著地强硬起来；日本的军事行动现在完全用于控制整个中国的海岸线。广州和汉口于该月在日本攻击下沦陷。8月，苏军和日军在苏联—满洲边界的张鼓峰发生剧烈的战斗，这次战斗表明尽管斯大林的清洗已扩展到苏联的远东军中（它的指挥官布留赫尔元帅在1938年11月被处决），但他们仍然能够异常英勇地作战。

慕尼黑协定使希特勒得以控制东欧；但它仍保全了他曾决心要予以征服的捷克国家的剩余部分。它为他不论是向东或是向西采取行动，不论是进攻乌克兰和苏联，或是进攻法国和英国，都打开了道路。虽然看来在他的党羽中有一些人，特别是戈林和东普鲁士省长科赫主张向东采取行动，但是，关于捷克危机的解决不是使希特勒而是使张伯伦博得了世界和德国群众的赞扬，因此，捷克危机的过程和结果看来已经使希特勒决定下一步采取行动来反对法国和英国。然而，第一，他还有一些未完成的事情：捷克斯洛伐克剩下的领土必须攻

---

① 宇垣虽被日本天皇提名组阁，但实际并未组成。——译者

陷，德国国旗必须在布拉格上空飘扬。其次是梅梅尔领地①问题。最后是但泽、波兰走廊。对于希特勒来说，这些只是枝节问题，下列的情况可以作为证明：例如他努力举行谈判，要把反共产国际条约改为反对西方的三国同盟，竭力要同波兰通过谈判达成和解，优先建立德国的海军以及他下令和意大利举行参谋会谈等。

然而，他的庞大计划过分浮夸而筹划却不够周密。第一，他必须重新建立他对波兰和匈牙利的控制，这两个国家都迫切希望建立一个通过斯洛伐克和鲁森尼亚的共同边界。这个任务由于他在一个月左右的时间里不能认识斯洛伐克的分离主义的力量，而且戈林对鲁森尼亚的乌克兰民族主义分子加以鼓励，结果变得复杂化，只是在取得意大利的援助和对布达佩斯施加最严厉的压力以后才能完成。根据1938年11月2日的维也纳裁决，匈牙利对斯洛伐克的边界要求得到了解决，而匈牙利人经过劝导后实行复员。德国对罗马尼亚增加了经济上的诱惑，同时向斯洛伐克人表示他们可以依靠德国的保护。此后对鲁森尼亚人的支持予以撤销。10月21日和12月17日的指示，使德国军队做好准备以便开进布拉格。新成立的捷克政府企图对柏林做出让步，但无效。1939年2月初，斯洛伐克人在煽动下要求布拉格给予独立。捷克人和斯洛伐克人之间的谈判于3月10日宣告破裂。斯洛伐克领袖蒂索3月13日奉召前往柏林，获准放手行动，翌日即宣布斯洛伐克独立。鲁森尼亚人也跟着仿效。同一晚上，捷克总统哈查也被召到柏林，在威胁之下被迫要求建立一个德国的保护国。3月15日早晨6时，德国军队进入波希米亚和摩拉维亚。翌日宣布保护国成立。匈牙利军队吞噬了不幸的鲁森尼亚。捷克斯洛伐克不复存在了。

这是庞大计划中的最小部分，也是唯一正确执行的部分。它的绝对成功将其他事情全都打乱了；但是这个计划的其他部分已经遇到了麻烦。一个不可缺少的部分是关于但泽和波兰走廊的和解方案（见第九、十六章）。希特勒和里宾特罗甫曾经费了5个月的时间，设法说服波兰人接受他们提出的建议，即将但泽重新归还德国，而在乌克兰给予补偿，同时把通过走廊的一条六车道高速公路的主权授予德

---

① 梅梅尔领地位于波罗的海东岸，以前属于东普鲁士。根据1919年凡尔赛条约的规定，该地区包括梅梅尔城和港口，由国际联盟授权法国管理。——译者

国。波兰人被邀请参加反共产国际条约，他们正确地看出这是邀请他们接受卫星国的地位，而没有认识到力量的对比已经发生了不可挽回的变化，使他们没有保持真正独立地位的任何机会。德国人于1938年10月24日在贝希特斯加登向波兰大使利普斯基要求接受他们的慷慨建议；后来于11月19日在柏林；12月15日在华沙；1月5日在慕尼黑，当贝克上校作为希特勒的客人的时候；1月底在华沙，当里宾特罗甫回访的时候，都曾一再提出。波兰人予以应付、规避和拖延。相反地，1938年11月19日，他们和苏联缔结一项新的协议。而贝克上校还梦想波兰获得殖民地，他认为希特勒正迫使英国人实行新的殖民地瓜分，想从中分得一杯羹。为了表示德国的友好，里宾特罗甫把对苏联的关系（预定将与苏联举行新的贸易谈判）完全停顿下来；但一切均归于无效。

同日本和意大利进行的谈判也并不更加成功。日本军部和近卫内阁要求缔结一个总的条约，将中国孤立起来，使国民党投降。但事实很明显，对于他们来说，条约的主要力量应该用于反对俄国。意大利人表示的同情更少。在慕尼黑会议期间，齐亚诺收到了最初的草约，将它列入"归档与不再考虑"一类文件。墨索里尼并不急于想使他与英国达成的复活节协议的批准遭到危害，同时他看到自己在柏林—东京关系中将成为一名局外人，因而感到震惊。里宾特罗甫在1938年10月28日突然来到罗马，想要取得对同盟的签字，却遭到无礼的断然拒绝。英意协议于11月16日得到了批准。

两周后，在11月30日，意大利的众议院发动了一次有组织的示威，要求将科西嘉、尼斯、萨瓦、突尼斯归还给意大利。法国做出了强硬的反应。墨索里尼本来一直要求德国和意大利举行参谋会谈，到了1月2日，他告诉德国人他已做好准备，愿意签署盟约。4天以后，日本内阁垮台。接替的内阁由平沼男爵任首相，它具有更加强烈的慎重行事的精神。双方陆续地交换草约和性质相反的草约，但终无结果。日本内阁的多数阁员认为，如果他们在国内和在伦敦与华盛顿都不能正确地证明一项条约是纯粹针对苏联的话，他们将不予接受。英国和美国的压力（尽管谈判保守秘密，但英美两国对于谈判的进程，消息灵通）只是增强了他们的反对。里宾特罗甫坚持缔结这样一个盟约：它将针对英国并且把英国的力量从欧洲分散和消耗掉；然而，他再一次没有获得结果。

与此同时，德国的对英作战计划正在成熟中。11月26日，德国军队的最高司令部发出希特勒的命令，与意大利举行参谋会谈。他们的目的是要同英国和法国开战，直接突破马奇诺防线而把法国打垮，最后将英国的势力从欧洲大陆赶出去。12月，海军计划让一支舰队采用水面上的运动战来击败英国的海上力量，这个Z计划最后得到了批准。为了废除英德海军协议所做的准备工作经过了讨论，不过同时对于礼节也予以遵守。在这年年底，英德海军会谈宣布德国的潜艇部队可以合法地增加到与英联邦的潜艇部队相等的规模。而在1月初，希特勒签署了一项命令，规定在拨给钢铁和其他重要原料方面，准许德国海军比德国陆军和德国空军享有优先权。

促使希特勒加紧反对英国的一个重大因素就是英国对于慕尼黑协定的反应。这个和解方案本身在伦敦得到了赞扬，它被认为是开辟了英德关系中的一个新时代。但是不久事实表明，人们并不想使它成为这样一个时代，即英国的军备再一次变得像在1938年9月时那么虚弱。新的重整军备措施已经宣布而且开始执行。并且，虽然事实很明显，英国政府准备承认德国在中欧的霸权，然而，同样明显的是，关于其他问题包括殖民地争端在内，英国的态度已经大大地强硬起来。因此，他们不反对法国按照英德宣言的同一方针路线通过谈判达成协议，而且，事实上，这样一个协议于1938年12月6日，由博内和里宾特罗甫在巴黎签署。但是，当张伯伦和哈利法克斯在11月24日访问巴黎的时候，他们敦促法国人进一步加强他们的军备计划。他们对于同德国进行的一系列经济谈判，寄以某些希望。但是，11月10日在德国发动的对犹太人的有组织的大屠杀，激怒了英国的舆论，结果。当张伯伦和哈利法克斯在1939年1月访问罗马时，他们所抱的目的之一似乎是向墨索里尼呼吁，要求他使希特勒听从道理。

与此同时，英国情报机关不断收到报告，说明德国进行新的侵略行动的计划。12月末，这些报告都报道了一个向东面的新行动。但是在1月，它们预告将对荷兰进行袭击，或者，直接对英国进行空中轰炸。1月24日，哈利法克斯提醒华盛顿和巴黎加以注意。2月初，英国人开始坚决要求法国人举行参谋会谈。法国人做出回答，强烈要求英国人实行征兵。2月中旬，内阁否决了财政大臣和首相为维护旧制度所做的努力，决定装备一支远征军去法国作战。正在这个时刻，恰好在塞缪尔·霍尔爵士在诱使之下很不明智地谈到了和平的黄金时代已经来临以后的一个周末，消息传来说德军已长驱直入布拉格。

随着德军开进布拉格，希特勒完全破坏了他可能具有的一切机会，不再能够完成他反对英国和法国的庞大计划。然而，他的计划的失败并不是由于他将大批非德意志人口并入德国的统治之下，尽管这使得进一步利用"民族自决"原则和西方对凡尔赛条约的内疚心理已变成不可能的事情，同时却又为他敌人提供了一个有用的反驳论点。正是由于他的突然行动在欧洲造成的那种气氛使人对战争神经紧张，结果导致了他的计划的失败。

最初的反应发生在3月17日，罗马尼亚驻伦敦公使蒂莱亚先生向英国请求援助，以反对据说德国要求在罗马尼亚的贸易中占有垄断地位。据他声称，这些要求带有最后通牒的性质。英国的反应是立即考虑到，只有向希特勒表明，进一步的扩张将招致一场欧洲战争，才有可能同德国达成一项和解方案。因此，在3月18日，便向所有的巴尔干国家、波兰和苏联询问，如果罗马尼亚请求给予援助以抵抗德国的侵略，他们将采取什么态度。

这一行动立即受到李维诺夫的欢迎，他在苏联，如同他在欧洲一样，是体现集体抵抗德国的思想的最后一人。自从苏联被排斥在慕尼黑会议以外，他在莫斯科的影响日益衰落，因为苏联退到了孤立状态。2月间，他曾试图组成一个黑海公约，从而加强罗马尼亚和土耳其的力量来抵制德国的压力，但未成功。苏联政策的真正趋向于3月10日在斯大林向苏联共产党第十八次代表大会所做的演说中显示出来，它祝贺苏联的武装力量，同时又谴责民主国家，指责它们错误地指望苏联"将为他们火中取栗"。自从慕尼黑协定以来，俄国唯一的在外交上具有重大意义的行动就是和波兰缔结了1938年11月的协定，并将它自己的顾问和国际纵队全部撤出西班牙共和国，而让它听任命运安排。

李维诺夫必然把英国的主动看作他的最后机会。3月18日，他做了回答，建议立即在布加勒斯特召开一次有英国、法国、罗马尼亚、波兰、土耳其和苏联等国政府参加的会议，讨论采取一致的行动。英国人感到这一建议范围太广，毫不紧凑。相反地，他们提议由英国、法国、波兰和苏联发表声明，宣布他们将立即磋商如何一致抵抗任何一个欧洲国家的政治独立所遭受的威胁。李维诺夫的建议被认为"不成熟"而不予考虑。到了3月22日，事实表明，想要波兰和苏联一起参加一项联合声明或一次会议，这一希望是要落空的。由于这个情况，李维诺夫对于集体行动所抱的希望逐渐消失，而苏联当局看来已得出结论，认为英国仍然不是认真地想要抵抗希特勒。

3月21日希特勒做了最后一次的尝试，想说服波兰参加他的阵营。次日，他的军队开进梅梅尔领地。作为回答，波兰人动员了三组年龄的兵员，关于3月23日和3月28日，全部拒绝了德国关于但泽的建议，声明想要对但泽问题采取单方面行动的任何企图将导致波兰宣战。在伦敦，关于德国对波兰采取军事行动的报告耸人听闻，结果使张伯伦按照建议单方面地发表了声明。3月31日，他向感到震惊的下院宣称，如果波兰感到自己受到威胁，被迫用武力抵制上述威胁，英国将给予支援，这一宣言使华沙正式成为决定英国是否参加战争的主宰。这项保证表示一个非常特殊的行动，虽然立即被波兰人所接受，但是，不论在柏林或在莫斯科，都没有被认真对待。这个保证本想用来阻挡希特勒，但它仍然完全不能令人置信，因为如果没有英苏同盟或者苏波军事合作，那就无法支持波兰反对德国的进攻。只有波兰人相信他们能够抵抗德国的武力。

对于苏联人来说，英国的行动代表进一步，想利用苏联作为英国政策的后盾的尝试。也许是为了考验英国的诚意，他们提议在4月6日举行参谋会谈，4月18日又提出缔结一项十年盟约。同时，苏联外交官开始在柏林暗示苏联有兴趣改善对德国的关系。然而，苏联的真正忧虑看来是对英国在巴尔干的政策所获得的进展。在巴尔干，英国由于当地国家对意大利的恐惧而得到了很大的帮助。德国在布拉格采取的行动刺激了墨索里尼，使他重又愤怒。他曾长期要求和德国举行参谋会谈，讨论对民主国家采取一致的行动，3月初，希特勒同意举行会谈，但限于纯粹的技术范围。4月5日，会谈在因斯布鲁克开始。4月9日，墨索里尼的军队入侵阿尔巴尼亚；作为对布拉格事件的报复，他给予德国的预告与他当初收到的关于布拉格行动的预告相仿。

意大利的行动依次又对英国产生了作用。这时英国的主要外交努力在于企图使土耳其成为一个巴尔干集团的基石,这个集团保证罗马尼亚不遭到侵略。英国和法国于 4 月 13 日向罗马尼亚提出了保证。他们的努力一度获得很大的成功,足以使苏联当局感到震惊。4 月 22 日,苏联外交部副部长波坦金先生奉派访问巴尔干各国首都。但是,当他到达安卡拉的时候,苏联当局似乎已得出结论,英国只是利用他们作为英国政策的最后一个后盾;而在伦敦,外交部开始忧虑,觉得英国对波兰和罗马尼亚提出的保证中虽然含有对苏联的间接保证,但苏联对此没有做出多少报答。因此,4 月 15 日,英国邀请莫斯科向这些国家提出相同的保证。李维诺夫宁愿采纳一项法国的建议;4 月 18 日,他提议缔结一项反对德国侵略的十年盟约,结果发现他的建议又遭到断然的拒绝。因此 5 月 4 日,他被免职,由莫洛托夫继任外交部长。在以后的 10 周中,莫洛托夫竭力说服伦敦和巴黎,如果没有苏联的支援,他们的保证体制将会毫无意义,而且,只有按照下列条件,苏联才乐于提供这样的援助,这些条件就是担保波兰和罗马尼亚成为苏联的缓冲地区。苏联领导集团最后发现这也不可能实现,便转向纳粹德国。[730]

因为,苏联的建议基本上不可能使英国和法国接受。事实证明当贝克在 4 月初前来伦敦的时候和以后,不可能使他信服,波兰必须接受苏联的援助,同样地,也不可能劝说罗马尼亚的领袖加芬库先生缓和一下他对苏联军队在罗马尼亚出现的问题所持的断然反对的态度。英国人专心想要找到能够阻挡希特勒并引导他到会议桌旁的某种办法,而不需要把希特勒彻底打垮的军事同盟。因此,他们并不很重视苏联的军事援助;他们的专家对于苏联经过大清洗以后的能力表示严重的怀疑,认为它只能尝试对德国的入侵进行坚决的抵抗。

在德国,人们感到了李维诺夫下台所造成的重大影响。英国向波兰提出保证的问题和英国在东欧就防范问题进行谈判所获的进展,既使希特勒震惊,也使他大为愤怒。3 月底,他指令他的参谋总长准备对波兰作战的命令,尽管这些命令最初只被解释为它们是针对与西方作战所做出的准备的"预防性的补充命令",而对西方作战则要等到波兰在外交上被孤立起来的时候才予以执行。他的军队也奉命准备单独对但泽进行一次突然的袭击,如果政治形势可能使这一行动实现的话。4 月间,尤其是当他的外交活动未能阻止英国与土耳其的合作时，他较前更加愤怒。4月28日，他对英国实行征兵的行动做出了回答，废除了1935年缔结的英德海军协定和1934年的德波互不侵犯条约。5月6日，里宾特罗甫向齐亚诺提议他们应当缔结一项双边同盟，而不必再等待日本克服它的犹豫。德意盟约，即所谓"钢铁条约"，事实上在5月22日签署。然而，希特勒充分了解，单凭这一条约不能够制止法国和英国。如果他能使苏联脱离了西方，那就完全是另一回事了。

5月20日，德国驻莫斯科大使第一次向俄国做出要与它进行接触的表示。莫洛托夫对他的接待，乍看之下令人十分沮丧，以致希特勒的顾问们几乎感到绝望。但他坚持下去，5月底开始了新的会谈。与此同时，但泽参议院对波兰施加压力的最初迹象开始出现。5月23日，希特勒向他的将军们表示，他有意抓住"第一个可乘之机进攻波兰"。他清楚地说明，他想竭尽全力先把波兰孤立起来。但是，如果英国和法国届时进行干预，他准备同英国摊牌。他可以利用日本来遏制苏联；然而，苏联可能显示自己对波兰并无兴趣，这也不是不可能的事。德国的外交活动现在努力使罗马尼亚脱离波兰，加紧对但泽问题施加压力，同时使苏联脱离西方。

直到7月底，希特勒才断定时机已告成熟。在其间的两个月中，曾发生一次重大的危机，在这次危机中，看来柏林考虑另一可供选择的计划：即对但泽发动一次突然袭击。但是，德国的主要力量用于破坏英国想在罗马尼亚周围建立一个巴尔干集团的努力，结果只获得部分的成功。土耳其在5月12日接受了英国的一项保证，而且在要挟法国把亚历山大勒达省完全转移到土耳其的主权之下以后，也接受了法国的一项保证。在对苏战线上，希特勒只需监视莫斯科并与之保持接触，另一方面，英国人在苏联的压力下不断地做出让步，结果发现他们所寻求的协议仍然不能得到。英国起草了一个与国际联盟盟约联系在一起的条约，这个草约在5月27日遭到无理的拒绝。莫洛托夫接着要求这个草约应当扩大范围，将波罗的海国家——芬兰、爱沙尼亚和拉脱维亚包括在内。英国提出一个新草约，6月22日又遭到了拒绝。7月1日，莫洛托夫要求缔结一个苏联与波兰和罗马尼亚的同盟，同时又提出，这些条约在发生"间接的侵略"的情况下，应当产生作用，他所解释的这一概念在伦敦引起了怀疑，认为这个条约的

第二十三章 1930—1939年间的外交史

目的是要把苏联对它所厌恶的或是希望予以推翻的任何政府采取的行动也包括在内。7月23日，莫洛托夫突然要求参谋会谈应该立即开始举行。

莫洛托夫采取这一行动的动机至今仍不清楚。但是，7月中旬在戈林的"四年计划"组织中任高级官员的沃尔塔特博士与英国财政部常务次官霍勒斯·威尔逊爵士和贸易大臣罗伯特·赫德森之间曾在伦敦举行会谈，这可能使莫洛托夫受到了影响。就英国这一方面来说，有一些人对于希特勒党羽中存在着温和派的迹象持有信心；这些会谈看来是他们所做的最后一次尝试，他们想在共同开发非洲与其他地方的市场和原料方面做出广泛的让步，准备用这样一个前景来诱使希特勒不要在欧洲走上暴力的道路。这些会谈在英国方面从未超过半官方的性质，但也涉及下列一些建议，如举行裁军谈判、发表不干预宣言、承认德国在东南欧经济上占首要地位以及根据某些说法，英国给予大量的贷款。对于莫洛托夫来说，这些会谈必然使他产生恐惧，害怕苏联重又陷于孤立地位，同时推动他对英国那些认为这类会谈完全没有现实意义的集团，继续予以增强。

但泽和波兰之间的关系在6—7月间有意地被弄得恶化，这就加强了这后一派人的论点。在6月最后一周的危机过去后，7月中旬，由于但泽当局给波兰海关视察员设置了种种困难而引起了新的争执。波兰人在经济上进行了报复，而在7月底，但泽参议院在希特勒的指令下，向波兰政府发出一个故意挑衅的照会，威胁要对波兰的海关视察员采取报复行动。同时，里宾特罗甫向苏联人试探是否可能达成政治上的协议。8月3日，他得到了积极的反应。希特勒看来这时已经决定，孤立和消灭波兰的条件已经变得合适了。

威尔逊—赫德森—沃尔塔特会谈确实在一定程度上使希特勒相信英国向波兰提出的保证只是虚张声势；而更为重要的是，英国财政部不愿向波兰提供贷款，让它购买武器，而且在关于英波缔结同盟的会谈和英苏谈判中都出现了拖延现象。此外，驻在中国的日本陆军分子对于东京抵制与德国进行结盟谈判的告成深感愤怒，竭尽全力想挑起一场对英国的战争，封锁了天津的英国租界。只是因为英国驻东京大使采取了非常高超的外交手腕，同时美国施加了强大的压力，才得以避免一场冲突。对于希特勒来说，英国的反德阵线出现了崩溃迹象，看来条件已经成熟,可以予以利用了。

8月4日,波兰人答复但泽参议院说,对波兰驻但泽的官员所采取的行动将被看成是对波兰国家的暴力行为。希特勒召集纳粹党的但泽省长前去贝希特斯加登,命令他加强压力以挑起波兰对但泽进攻。8月9日德国向波兰人提出了一个挑战性的照会,次日收到了一份复照,口气也同样强硬而不妥协。德国的军事准备工作奉命要在8月24日以前完成。

到了这个时刻,希特勒自己的计划开始瓦解了。同苏联的谈判进行顺利。8月14日莫洛托夫提议缔结一项互不侵犯条约,另一方面,苏联军方的领导人对于由莫洛托夫邀请到莫斯科来的英法两国的参谋代表团则予以敷衍。希特勒在一系列的文电中粉粹了苏联想要采取进一步敷衍手段的企图,8月21日,里宾特罗甫到达了莫斯科。两天后,纳粹德国与苏联的互不侵犯条约签字,附有秘密的议定书,将波兰和东欧瓜分为德国和苏联的势力范围。德国向但泽发出命令,要它进行挑衅以破坏和波兰的关系。希特勒向他的将军们重又夸夸其谈波兰的孤立地位与英国和法国的懦怯行为。德国进攻波兰的命令规定时间为8月26日清晨四点半钟。

8月25日的事件证明希特勒是错误的。当天下午四点半钟,希特勒听说英国不但没有因为纳粹德国和苏联缔结了条约而被吓住,相反地却放手行动,与波兰签订了一项正式的盟约。6点钟,他听说意大利将不给他支持。在签订"钢铁条约"时,意大利曾约定欧洲至少在两年内不发生重大战争。意大利的外交部长齐亚诺伯爵,在8月初才认清了德国政策的真正方向。8月11日,他突然访问贝希特斯加登,结果遭到了希特勒和里宾特罗甫的训斥,而他认为他们的态度是傲慢的、愚蠢的和欺骗性的。齐亚诺回国以后终于成功地说服了不乐意的墨索里尼,指出意大利参战是不可能的。希特勒颇受震动,撤销了进攻的命令,德国的军队回到了营房。同一天,日本政府中断了它和德国关于结盟的谈判,因为它对德国同它们最初以缔结反共产国际条约来反对的一个国家结为同盟极其反感。事实上,日本军队正和苏联军队在外蒙古边境的诺蒙坎进行一场重大的军事冲突。双方各自投入几个师的兵力,战争一直持续到9月中旬,日军在战斗中的伤亡极其惨重。

在一两天内，看来希特勒已经遭受决定性的失败。但是，希特勒一向做好对英国和法国开战的一半准备工作，而且他已经走得太远而无法后退。如果他和波兰的争执是真实的，那就可能有机会提出一个和解的建议。相反地，他施展了一个最后的阴谋，要在外交上孤立波兰。波兰人被邀请到柏林谈判，然后使谈判破裂以便将罪责推在波兰人身上；接着立即执行早已策划的对波兰的进攻。这个阴谋还包括要准备一个能够作为一项真正的和解方案向英国提出的建议。在戈林的帮助下，同时又利用一个中立国家的中间人瑞典商人伯格·达勒卢斯，同英国政府讨论了这些建议。与此同时，在8月28日，又确定在一个新的日期，即9月1日进攻波兰。

这个阴谋在三个方面都遭到了失败。波兰人不顾英国施加的很大压力，拒绝在这样短促的时间里派遣一个全权大使前去柏林，而且英国人感到不能强迫波兰人这样做。德国的建议草案的实际递交，由于里宾特罗甫处理不当，以至不能及时交给英国人，让英国政府予以考虑，更谈不上对英国的舆论产生任何真正的影响，因为到了这时，英国舆论界大部已认为战争是不可避免的了。而德国军队的时间表过于刻板，因而没有时间找到回旋的余地。德国对波兰的进攻在9月1日黎明正式开始。

这时，法国内阁竭力挣扎，想避免一场谁也不想进行的战争，而且法国的大部分舆论对于这样一场战争都深恶痛绝，它劝告墨索里尼提议召开一次新的四大国会议。经过36小时的延迟，英国议会和内阁产生了反抗的意见，迫使英国政府发出一个最后通牒，要求德国军队在两小时内撤出波兰领土。法国在6小时后接着宣战。第二次世界大战开始了。

（张自谋　译）

第二十四章
第二次世界大战

飞机和坦克是第一次世界大战中突出的两件新式作战手段或战争工具。在两次大战之间的间歇期，它们成了军界争论的主要原因。在此20年中，对其潜在力识之者寡，持怀疑与批评态度者多。然而，第二次世界大战爆发后，特别是在战争初期，它们却在很大程度上支配了战争的进程。

另外一件新式战争工具是海战工具，即潜艇。潜艇由来虽然较早，但直到第一次世界大战时才得到充分的机会显示其威力。当双方舰队在水面交锋到战争中期均无明显结果时，海军较弱的一方德国才给了潜艇发挥威力的机会。后来到了1917年，德国潜艇已控制了海上的战斗，并以其封锁能力使海军强国英国遭受饥饿，濒临失败。但是大战结束后，潜艇即受到忽视。海军界大多数人抱着战列舰仍是海洋主宰的幻想和信念，而不相信潜艇的威胁有重新出现的可能。因此，1939年第二次世界大战来到时，就连德国也只有寥寥可数的几艘潜艇。然而，这几艘潜艇不久便构成了一个重要因素。即使它们的作用始终未及前次大战时那样大，但随着其数量的增长，进而构成了一个至关重要的因素。

至于飞机对水面舰只的直接和间接的作用，当时同样遭到怀疑和轻视。海军为了表明战列舰仍然处于优势地位和无懈可击，专门进行了一些浮夸的试验。显然，战列舰的优势地位和无懈可击只是一种信条，而不是一个用科学试验来检验的技术问题。

这里应该注意，并着重指出：这三种新式战争工具通常虽称为武器，但更确切地讲应是武器运载工具。它们是将炮弹、炸弹或鱼雷送至接敌的战斗地区，使之发挥最大效力的手段，换句话说，就是赋予武器以机动灵活性能的手段。

认识到这一基本的共同性质甚为重要,因为它说明这类新式战争工具在战争中所引起的重大变化,即机械力已发展到超越人力的程度。

由于战斗部队减少的人数被后勤部队增加的人数所抵消,因此这一变化的重要意义便不为人所见。此外,在旧观念影响下,战争一来,动员旧式部队时,也不问需要如何以及所能获得的装备有多少,因此,为了吸收多余的人力,后勤部队往往增加到超过需要的程度。

在这种情况下,一场旷日持久的战争可能仍然取决于人力消耗的状况。

但是,这一情况不应掩盖这样一个具有更深刻意义的教训,即在现代战争中,人力与机械力相较,其价值已大为降低。一个缺乏机械装备的国家在遭受一个装备优良的国家的攻击时,是不太可能打一场长期的战争的。前者不论能在战场上投放多大的兵力,其价值将被其机械劣势所降低,从而遭到迅速的失败。在这种战例中,攻击一方也可能在人力和机械力方面均占有优势,但真正的决定性因素仍在于机械优势。这一情况在1935—1936年意大利入侵阿比西尼亚的过程中表现得十分明显。然而,大多数欧洲国家,特别是法国,对这一预兆并没有注意。

第一次世界大战后,战胜国的军队一直满足于保持1918年的技术。英军在发展坦克方面虽居于领先地位,然而犹豫不定。但是一些青年英国军官预言,在新的机械化战争时代,高速坦克或如某些人所说的,坦克与轰炸机协同作战,将打开未来的大门。

与此同时,特伦查德勋爵领导的英国空军参谋部提出了这样一种见解:轰炸机在未来的战争中将成为决定因素,由于轰炸机能摧毁敌方的工业力量,因此它本身就足以起决定性作用。这一见解后来虽然同意大利将领杜埃的著作联系在一起,但实际上,早在杜埃的理论流行之前,它便是皇家空军的一个主要信条。由于飞机具有在三度空间活动的能力,因此有人主张,空军不应去袭击阻挡道路的敌军,而应飞越敌军,集中力量摧毁过去由陆军保卫的城市和工业力量。

皇家空军独立成为单一的军种之后,自然要建立与众不同的理论,以证明其存在的必要。皇家空军另立门户,使它在战后厉行节约期间得到庇护，在节约的压力减轻后即得到发展。相形之下，隶属于陆军，地位较低的皇家坦克兵团却受到了损害。但这样一来，使得皇家空军在发展协同作战的理论方面，甚至在参加与坦克协同作战的训练方面，不愿进行合作。

737　　坦克与飞机协同作战的理论，在战败国德国比在战胜国受到更大的重视。对这一新思想接受很快的另一个国家，便是在俄国革命中新出现的苏联。这两个国家都更倾向于在作战区域使用坦克与飞机协同作战的新思想，而不是对敌国整个范围内进行单纯的轰炸。

第一次世界大战结束21年后，纳粹德国即在第二次世界大战中将坦克与飞机协同作战的理论付诸实施。这一理论在1939年取得了对波兰的迅速胜利，1940年又取得了对西欧盟国的更大的胜利。德军领导人完全承认，这一理论是从其创始国英国引进的，并承认，在他们还没有自己的装甲部队之前，就密切注意英国在这一理论方面所进行的实际试验，从中得益很大。

引进国对这一理论的威力，在认识上和发展上为什么比创始国快得多呢？

首先而又极其明显的解释是，这种机械化战争的新技术，即坦克与飞机协同作战取得多种效果，自然适用于侵略的目的，因为它在进攻上增加了速胜的前景。

对于要求和平和具有和平思想的国家而言，这一新技术似乎是一种所费不赀的多余之物，对它们的国民保险政策来说是一笔不必要的额外开支。第一次世界大战的债务已使预算捉襟见肘，因此预算制定者所希望的莫过于避免一切可能增大负担的战争方法和战争手段的改革。就眼前看，使部队维持老样子当然要便宜些。

根据历史经验，另一个解释是，军队只有从失败中才能学到东西。这一点说明了一个军队在一次战争中获得了胜利，往往在下一次战争中却遭致失败的原因。胜利使人自满，即安于现状。只有失败才会使一个军队或一个国家震惊，不再墨守成规。

协约国的军事首脑在1918年取得胜利之后，过分地满足于自己的战争工具。他们甚至想回到1914年的战争工具上去。由于他们之中有些人是骑兵出身，对骑兵怀有深厚的感情，因此不问骑兵所起的作用与其规模相比是否相称，而一味地吹嘘这一兵种的长处。

这种"陈腐思想的既得利益"所造成的心理作用，在海格勋爵1925年一次公开发表的讲话中已说得很清楚。拙著《是巴黎还是战争的前途》①中，本文作者曾阐述了未来机械化战争在地面和空中的图景。但是这位英国最有影响的将领，第一次世界大战时驻法英国总司令的意见却与之截然不同，他说：

> 今天，有些人在热烈谈论马匹可能要过时，并且预言飞机、坦克和汽车在未来的战争中将取而代之。我相信马匹的价值及其未来的用处很可能会像以往那样大……我完全赞同使用坦克和飞机，然而它们不过是人和马的附属品而已。我十分相信，随着时间的推移，你们会像以往那样发现马——良种马——大有用处。

但是，鼓吹新思想的人逐渐取得了胜利。到了1927年，世界上第一支实验性的全部机械化部队便在索尔兹伯里平原上建立了起来。由于对机械化部队的检验获得成功，帝国总参谋长甚至谈到要建立"装甲师"。但不久便出现了一种保守的反对力量，到了1928年，这支机械化部队遂被解散。当时，一位高级军官对新闻界宣称："骑兵是必不可少的。坦克已不再起一种威胁了。"

1929年，经过说服，陆军部同意颁发第一部正式机械化作战操典。这部操典给人以深刻印象，为1931年重新建立一支试验性的装甲部队铺平了道路。此事一年后便被搁置下来了。但过了一年又被重新提起。进一步，退一步，进展的过程就是这样时起时伏。

在那几年中，新技术尽管遭到不断的反对，却在实践中逐步地形成起来了。对发展这一新技术起首要作用的人当中，首先应受到特别称赞的是在理论上有远见的富勒上校，其次是对此做出了实际贡献的林赛、布罗德、派尔和霍巴特这几位上校，以及马特尔少校。促使这一新技术趋于完善的是于1934年成为英国永久性装甲部队首任司令的霍巴特。

英国在明白无误地看到纳粹德国迅速重新武装的迹象后，准备重整军备。当时，英国对保持它在机械化战争中原来的领先地位，既有

---

① 由基根·保罗在《今天与明天》丛书中出版。

此愿望，也有此能力。

不幸的是，陆军部的首脑们在一次政策声明中顽固地表明："在机械化的问题上，我们得慢慢来。"因此，德国便得到了一跃而领先的机会。与此同时，英军中的机械化专家又受到种种阻碍，或被解雇。这显然是为了防止他们坚持己见而引起麻烦。

这一做法对英国的前景尤为不幸，因为在发展新的进攻性技术的过程中所获得的知识，已经导致了新的有效的反击技术的发现。这一新的反击技术是，利用地雷和反坦克炮延缓和阻挡敌方的进攻，并协同己方隐蔽在固定阵地上的坦克进行射击，当进攻者溃乱时，己方坦克立即进行反击。但是这种进攻性技术整整费了10年的时间才被正式接受，而且即使那时也还是半心半意。因此，除非第二次世界大战推迟至1945年爆发，否则根本不可能期望会采纳什么对付的办法，并及时做好准备。

对英国面临的问题的基本因素加以考查，便可得出某些互有联系的结论。第一，由于反坦克的防御力量不断增强，使用新的进攻技术必须是一开始便利用突然进攻的有利条件，及优势的坦克和飞机，才能有最大的获胜机会。第二，英法两国寻求和平的政策必然会使它们丧失此种机会。第三，在这种情况下，它们唯一的希望在于发展防御性的进攻战略，以及为这一战略提供必要的现代化手段。人们总得面对事实，而不应一味谈论没有可能实现的空空洞洞和进攻。[1]

就法国人而言，由于经济的重压，同时由于他们一味相信征兵制度，因而夸大了胜利带来的快慰感。胜利给他们带来了大量的、很快便过时了的战争物资，但他们却不愿把它废弃掉。他们迫使德国解除武装，然而却为德国从头开始创造了条件，使德国可以不受旧战争工具以及这些战争工具所形成的思想习惯的约束。

1935年以前，德国一直被迫废除征兵制度。这就迫使德国将领们集中力量建立一支素质和机动性都很高的部队。而法国军队由于墨守征兵制的成规，却每况愈下，成为一支民兵式的部队，这种部队随

---

[1] 见 B. H. 利德尔·哈特《欧洲在武装》（第2版，1938年），特别是第七、二十三、二十四、二十五各章；《英国的防务》（1939年），特别是第一一五、二十各章；《利德尔·哈特回忆录》（1965年），第1卷，特别是第十二章和插叙部分；第2卷，第一章（第24—28页），第四章（第161—162、172页），第五章（第188—189、200—204页），第六章（第241—246、253—255页），后记（第280—281页）。

着服役期的缩短，变得更无效能。更有甚者，法国的主要将领们对他们在1918年所取得的胜利是那么满足，对自己军事学识的优越是那么自信，他们比谁都自满，因而也最不愿意看到技术上出现任何重大变革。而在法军中，坦克是步兵和骑兵的一部分，长期以来分属于这两个兵种，而不是一个新的、独特的兵种，这样，就使上述障碍更加增大了。

第二次世界大战以来，从档案记录中，从政治、军事首脑的回忆录，特别是军事首脑的回忆录中，都出现了大量的有关证据。确实，盟国军事首脑争执十分激烈，彼此的论点又截然相反，可以说，和平带来了一场新的战争，即"将军之战"。

本章着重论述论战的主要方面，自然也就是论述那些在共同作战的基础上作战的各战区的情况。在这些战区中，任何一国都没有明确规定的和公认的指挥战斗的支配权。因此，这就需要集中讨论西欧和地中海战区，而比较扼要地谈及俄国和太平洋战区。在这一范围中，也只能稍稍触及争论较少、并且只发生在级别较低的军人之间的比较单纯的海战和空战的军事行动。

这里需要确定的主要问题有两个：所进行的军事行动是否适合于达到军事目的，并最终达到政治目的？对战争的进程和结局有着重大影响的，究竟是哪些失误？

我们可以通过对战争的各阶段逐一进行考查来求得对上述两个主要问题的答案，这些阶段是指形成战争的转折点——1939年至1942年秋盟国处于不利的阶段，以及其后所处的日益有利的阶段。

丘吉尔将这场最终为俄国打开进入欧洲心脏的道路的灾难性战争称为"不必要的战争"。在竭力避免战争和遏制希特勒方面，英法政策的一个根本弱点乃是对战略要素缺乏认识。在这一方面，当时的英国政治家比法国政治家还要无知。鲍尔温对待所面临的问题麻木不仁，张伯伦则对之想入非非，他们二人均应对此负主要责任。

由于缺乏战略观念，西方盟国在最不利的时刻陷入了战争，尔后又加速了一场引起深远后果的、本可以避免的灾祸。英国奇迹般地幸免于难，但实际上这是由于希特勒犯了整个历史上侵略性的独裁者们所不断重复的错误。

由于希特勒转而进攻俄国，以及美国参战，战局终于转为不利于希特勒，这时盟国为了追求"胜利"的幻想，即只顾消灭眼前之敌，而未虑及将来，从而失去了战后的前途。

为了分析成败得失，考察一下战前阶段是十分重要的，因为只有从战前阶段中才可以找到战争初期遭受失败的原因。

回顾一下过去便可以清楚地看出，德国于1936年重新进入莱茵兰，对双方来讲都是决定命运的第一步。对希特勒来讲，这一行动含有双重战略利益：既可以保护德国在鲁尔的居于要害地位的工业区，又给希特勒提供了将来进入法国的一个跳板。

希特勒此举为什么没有受到制止呢？这主要是由于英法极力避免冒武装冲突之危险，以免演成战争。即使德国所采取的方式是错误的，但它重新进入莱茵兰似乎只是想纠正它所受到的不平等待遇。这一点就使英法更加不愿采取行动。特别是偏重政治考虑的英国，倾向于认为德国此举政治意义大于军事意义，而看不到其战略含义。

但是，另外一个决定性的因素是，法国毫无迅即作出"灭火"行动的军事准备。本章作者在其1927年出版的《重建现代化的军队》一书中及其以后，都曾强调指出，法军的模式和理论均已过时和呆板到了危险的程度。其"僵化"和"臃肿"一至于此，"在未来战争的考验中很可能全军覆没"。本文作者主张，法国首先应做的是在动员大量应征士兵之前，先建立"一支由长期服役，训练有素的志愿兵组成的机械化攻击力量，以便形成一支先头突击部队"。

夏尔·戴高乐接受了这一论点和建议，并以此作为他在1934年出版的引人注目的小册子《为建设一支职业化部队而努力》的主题。保罗·雷诺也力陈这一主张，要求建立一支机械化、职业化的突击部队。但是，法国并没有为此而进行任何工作。

这一军事因素——缺少这样一支立即可以使用的突击部队——主要涉及时间问题。英国在政治上的踌躇不定固然加强了克制态度，但在这以前，上述军事因素便已妨碍了对希特勒进入莱茵兰之举进行任何迅速的反击。雷诺和戴高乐所谈到的这一障碍，已为甘末林将军的《回忆录》第二卷中所载高级领导人讨论的详细记录，以及敦促立即采取坚决行动的内阁阁僚，特别是总理萨罗、保罗-邦库尔以及当时的外长弗朗丹的叙述所证实。

法国陆军部长莫兰将军在1936年3月8日晨召开的内阁会议上说,对莱茵兰进行任何干预都要大规模地动员后备役军人。事实上,据弗朗丹、保罗-邦库尔和芒德说,莫兰坚持认为需要进行"总动员"。这一严酷的前景就像一盆冷水似的将前一天内阁会议上占上风的要求即立即采取行动的主张泼灭了。另外两个军人部长同样令人沮丧。只是在这次内阁会议之后,关于采取行动的决定才被搁置起来,待英国政府表明态度后而定。而由于政治上的原因,英国的态度是消极的。

希特勒在1938年采取行动时,再次从以下一些政治因素中收到了战略上的好处:德国人和奥地利人要求合并;德国国内对捷克人对待苏台德区德意志人的办法强烈不满;以及在西方各国人们普遍认为德国在这两个问题上都不无道理。

但是希特勒3月进军奥地利,使捷克斯洛伐克的南翼暴露出来了。对希特勒而言,捷克斯洛伐克的南翼是他向东扩张计划的一个障碍。9月,希特勒利用战争威胁和因此而产生的慕尼黑协定,不仅收回了苏台德区,而且在战略上使捷克斯洛伐克处于瘫痪状态。

1939年3月,希特勒占领了捷克斯洛伐克的其余部分,从而包围了波兰的侧翼,完成了一系列"不流血"的行动中的最后一个行动。英国政府随即采取了致命的轻率行动,在没有首先得到唯一能对波兰和罗马尼亚给以有效援助的国家俄国的保证的情况下,突然向这两个战略上已被孤立的国家提供保证。

就时机而言,这种保证势必会起到挑衅的作用。就现在所知,希特勒在遇到这一挑战姿态之前,一直没有立即进犯波兰的意图。就地理位置而言,由于这两个国家位于英法部队无法接近的欧洲地区,这种保证就给希特勒提供了一种几乎是不可抗拒的诱惑。西方国家从而就破坏了在它们没有机动打击力量的情况下,对他们来说唯一切实可行的战略方式的根本基础。因为,他们非但没有能够在西面开辟一条抵抗任何进攻的强大的战线来制止侵略,反而给了希特勒轻易击破一条软弱战线的机会,从而使他赢得了最初的胜利(参见上文第725页以下)。

这一时期最令人惊奇的特点是,政治家们相信给予波兰的那种战略上愚蠢可笑的保证能对希特勒起威慑作用。对这种蠢事唯一提出警告的是劳合·乔治。丘吉尔虽然也能看出这种保证的弱点及其所产生的必然结果，却对它表示赞同。

有战略头脑的希特勒马上认识到，只有俄国的援助才能使这一保证产生效力。因此，希特勒便将他对"布尔什维主义"的仇恨和恐惧吞咽下去，集中力量同俄国修好，争取它不介入。这一转变比张伯伦的转变还要令人吃惊，其致命的后果也不相上下。

8月21日里宾特罗甫飞往莫斯科，23日签订了条约。条约附有秘密协定，根据此协定，波兰将由德俄共同瓜分。

在希特勒一系列迅速的侵略行动所造成的紧张气氛中，这一条约肯定要引起战争。英国由于已保证援助波兰，因此感到袖手旁观必然要丢失体面，同时也必然会给希特勒扩大侵略开辟道路。而希特勒即使看到他在波兰所追求的目的意味着一场全面战争，也不会再后退了。

这样，欧洲文明的列车便急剧地开进了一条漫长而黑暗的隧道，经过了6个耗尽人力物力的年头才重见天日。但即使到那时，胜利的灿烂阳光也只是一种错觉。

1939年9月1日，星期五，德军入侵波兰。英国为了履行早些时候给予波兰的保证，于3日，星期日，对德宣战。6小时后，法国政府继英国之后对德宣战，态度更加勉强。

波兰在一个月之内便被占领。大部分西欧国家不出9个月也都被到处漫溢的战争洪水所淹没。

波兰的位置好像是德国上下牙之间的"舌头"。这一战略地位使它的处境极为不利。而由于波兰的战略是将其大部分军队部署在靠近舌尖的地方，使形势更加糟糕。不仅如此，波兰军队在装备上和思想上均已过时，他们仍然相信规模庞大的骑兵，而事实已证明骑兵对德国的坦克毫无办法。

德国当时只有6个装甲师和4个机构化师可以投入使用。但由于古德里安将军的热心和希特勒的支持，它们在采用20年前由英国首创的高速度机械化战争的新思想方面，比其他兵种走得更快。德国人还发展了一支比其他任何国家都强大得多的空军，而不仅波兰，并且还有法国，都严重缺少空军，甚至支援和掩护陆军的空中力量都很缺乏。

因此当波兰看到德国的"闪电战"技术显示出首次胜利之时，波兰的西方盟国还在按常规进行战争准备。9月17日，红军越过了波兰的东部边界。由于波兰几乎没有军队对付这第二次的入侵，因此这背后的一击便决定了波兰的命运。

德国于9月1日晨将近6时越过波兰边界；空袭早一小时便已开始。德国空军没有采用大编队的形式作战，而是广为分散地活动，这样就在尽可能广大的地区造成瘫痪状态。另一重要因素是德国电台冒充波兰电台发动广播攻势。这大大加剧了波兰后方的混乱，并使之丧失斗志。由于波兰对其部队能战胜机械的力量过分自信，因此一旦遭受失败，便导致了幻想的破灭，从而使上述所有因素产生了多方面的影响。

在北路，入侵由包克的集团军群担任。该集团军群包括屈希勒尔指挥的第三集团军和克鲁格指挥的第四集团军。前者从东普鲁士侧翼阵地向南推进，后者则越过波兰走廊向东推进，同第三集团军会师，包围波兰右翼。主攻任务则由南路的伦斯塔德集团军群承担。该集团军群比包克集团军群的步兵力量几乎多一倍，装甲部队力量则更强。它包括由布拉斯科维兹指挥的第八集团军、赖歇瑙指挥的第十集团军和利斯特指挥的第十四集团军。但决定性的攻击由位于中央的赖歇瑙部担任，为此大部分装甲部队交他支配。

到9月3日英法参战时，克鲁格部的推进已切断波兰走廊，到达下维斯杜拉河；屈希勒尔部则自东普鲁士向纳雷夫河不断进逼。更为重要的是赖歇瑙的装甲部队已穿插至瓦尔塔河，进行强渡。4日，赖歇瑙的先头部队已到达并渡过了皮利查河，深入境内50英里。两天后，其左翼已深入罗兹的后方，右翼则插入了凯尔采。波军被分割成数股，无法协同作战，有的后撤，有的则对附近之敌进行零星的攻击。

与此同时，在喀尔巴阡山附近，利斯特的机动部队依次渡过杜纳耶茨河、比亚瓦河、维斯沃卡河和维斯沃克河后，直达著名的普热米什尔要塞两侧之桑河。在北路，屈希勒尔军的先头部队古德里安的装甲兵团，已渡过纳雷夫河，正向华沙后方的布格河一线进击。最大的一部分波军残部还没有来得及撤过维斯杜拉河便已在华沙以西的维斯杜拉河河湾陷入紧缩的钳形包围，而这样一来，在这一钳形包围之外又形成了一个更大的钳形攻势。此时，德军除由于战略突破而获得的优势之外，又获得了战术防御上的优势。面对着已同后方隔断，且战且退之敌的慌乱袭击，他们只要能坚守阵地便可夺得全胜。

当维斯杜拉河以西的大包围圈逐渐紧缩之时，德军正深入该河以东地区。此外，他们已同时包抄了北面的布格河一线和南面的桑河一线。古德里安的装甲兵团由东普鲁士向南推进，对布列斯特—立托夫斯克实行大范围的侧翼包围。在利斯特部前线，克莱斯特的装甲兵团于12日抵达利沃夫城。入侵部队虽因纵深推进而感到过度疲惫，并缺乏燃料，但波军的指挥系统已被严重打乱，以致既未能利用敌军行动暂时放慢的时机，又未能利用许多波兰部队虽已孤立但仍表现出的顽强抵抗精神。

17日，俄国人越过了波兰东部边界。德军和俄军在由东普鲁士向南、经比亚韦斯托克、布列斯特—立托夫斯克、利沃夫直至喀尔巴阡山一线会师，并相互祝贺。他们通过共同瓜分波兰结成了伙伴关系，但这一关系并不牢固。

英法在解除德国对波兰的压力方面是否可以做得更多一些呢？据现在所知，就其兵力表面数字而言，乍看起来，答案似乎是"可以"。

德军对于在1939年进行战争还远未准备好。波兰和法国共有130个师，而德国只有98个师，其中36个师尚未经过训练。德军留下保卫西部边界的43个师中，经过充分训练，装甲齐全的作战师只有11个，而法国总参谋部则准备在那里部署85个师。因此，毫不奇怪，德国将领在战后受审时，以及在其后所写的回忆录中，都一致宣称，如果法军做出认真努力攻打西线，便可将其攻破。

但是，希特勒的战略使法国处于这样一种地步：它只有迅速发动进攻，才能解除波兰所受到的压力，而法军却又无力采取这种行动。法国老一套的动员计划不能迅速获得所需要的兵力，其进攻计划依赖的是大量重炮，而这些重炮要到第十六天才能准备妥当。到那时，波军的抵抗已纷纷瓦解。

法军无力迅速出击的责任，一半应由从贝当直到甘末林等历届法军首脑负责，他们全都墨守行动缓慢的战争常规；另一半应由政治领袖们负责，他们坚信通过征兵来召集一支庞大的军队，是保卫国防最省钱而又最可靠的方式。军政领导人都对雷诺和戴高乐所提出的论点和警告置之不理或表示怀疑。

在海峡的对面,少数几位进步的军事思想家极力主张,英国对于保卫西欧所能做出的最好贡献,是用一支强有力的空军和一支由二至三个装甲师组成的、规模小而效能高的机械化部队及早进行干预,以弥补法军在这方面的不足。这一见解在 1937 年曾得到短暂的支持。但是,慕尼黑协定后,法国军政首脑极力劝说盟国采取征兵制,以便用老方法建立一支庞大的军队。墨守成规的英国总参谋部,以及越来越多的内阁成员也都同意他们的看法。

英国政府在希特勒进入布拉格之后,终于放弃了原先的军事政策,实行了征兵制。这一决定由于将工业力量转而用于装备计划筹建的庞大军队方面,从而减少了英国本来可以做出的有效贡献。战争爆发后,英国派遣了一支 4 个步兵师的部队到法国,并且打算将步兵增建至 55 个师。1940 年春,13 个英国步兵师抵达法国,但没有装甲师,而在当时的情况下,装甲师会更为有效得多。当时投入战场的一个坦克旅在阿拉斯进行了反击,德军统帅部认为,其作用甚大,致使向里尔和敦刻尔克推进的德国机械化部队停顿了下来。

在波兰被迅速征服后,接着出现了 6 个月的平静时期。被这种表面平静所蒙蔽的旁观者将之称为"假战争"。更为准确的名称应该是"幻想的冬天"。因为西方国家的领导人和公众此时都把时间耗费在制订进攻德国两侧的空想计划上,并且十分公开地谈论此种计划。

实际上,英法单独地发展战胜德国所需要的力量的前途是根本不存在的。由于德国和俄国已在同一条边界上对峙,英法最好的希望莫过于德俄这两个互不信任的盟国之间发生摩擦,从而把希特勒这股爆炸力引向东方,而不是引向西方。这一情况一年之后出现了。西方盟国如果不是那样迫不及待——西方民主国家一向如此——这种情况很可能会出现得更早一些。

他们大喊大叫扬言要对德国两侧发动进攻,使希特勒采取了先发制人的行动。他首先的一击便是占领挪威。缴获到的希特勒的会议记录表明,直到 1940 年初,他仍然认为,对德国而言,"维持挪威的中立是最好的方针"。但是,到了 2 月,他得出结论说:"英国人想在那里登陆,我必须在他们之前到达那里。"4月9日,德国一支小小的入侵部队到达挪威,打乱了英国控制这个中立地区的计划,并在挪威人的注意力集中在英国海军进入挪威领海之际,占领了挪威的主要港口。

这一惨重失败的主要责任在于丘吉尔。丘吉尔已于战争爆发时重入内阁任海军大臣,从9月以后即力促采取激烈行动阻止德国通过挪威中立海域的运输,从而切断其从瑞典获得铁矿供应。他认识到此举将激起德国人的"反击",但是他坚持说,"德国攻击挪威和瑞典,对我们来说利多害少"。他的这种不现实的主张和完全无视斯堪的纳维亚中立的做法,先后受到达拉第和雷诺,同时也受到甘末林的支持。丘吉尔等人的头脑中充满了在斯堪的纳维亚开辟新战场来攻击德国的波罗的海侧翼的梦想。其结局不久便表明了这种主张是何等不现实。盟国坐令一支小小的德国部队站稳脚跟,并把比它强大的盟国部队赶回到海里,这一处置失当的行动,主要应归咎于海军上将庞德和陆军元帅艾恩赛德领导下的计划人员和执行人员的笨拙无能。

英国的反击行动缓慢,犹豫不决而又十分拙劣。海军部尽管战前藐视空军,但等到该采取行动时,却又无比谨慎,畏缩不前,不敢将其舰只置于可以决定这一干预行动胜负的地点上去。部队的行动更是软弱无力。部队虽已在数处登陆,旨在将入侵的德军逐出,但不到半个月,除了在纳尔维克的一个据点之外,其他部队均又返回舰上。即使这个据点也于一个月后德国在西部发动主要攻势时放弃了。

丘吉尔建立的空中楼阁倒塌了。这种空中楼阁是建立在对局势,以及对现代战争的变化——特别是空军对海军的作用——这些方面的根本错误的看法上的。

德军在开始攻击时用于占领挪威首都及其主要港口的兵力小得令人吃惊。它仅有7艘巡洋舰、14艘驱逐舰、一些辅助舰艇,以及约1万名军队,即用于这次入侵的3个师的先头部队。各处首批登陆部队均不超过两千人。为了夺取奥斯陆和斯塔万格的机场,使用了一营伞兵。这是战争中首次使用伞兵部队,证明它很有价值。

但是,德军获胜的最重要的决定因素是空军;在这次战役中,实际使用的力量有作战飞机800架和运输机250架。它在初战阶段吓到了挪威人,其后又使盟国的反击陷于瘫痪。

第二十四章 第二次世界大战

4月7日傍晚,英国飞机实际上已发现了"强大的德国海军舰队正急速向北移动"越过斯卡格拉克海峡出口,向挪威海岸进发。丘吉尔说:"我们发现海军部简直不相信这支舰队是前往纳尔维克的。"——尽管"从哥本哈根来的报告说希特勒意在夺取那个港口"。英国舰队当即从斯卡帕启航,但是看来海军部和海上指挥将领都一心想虏获德国的战列巡洋舰。他们在力求与德国战列巡洋舰作战时,却没有看到敌人有企图登陆的可能性,因而丧失了堵截敌军较小的运兵舰的机会。

说来不幸而且令人啼笑皆非,在德军登陆前至关紧要的24小时中,英国的布雷行动竟吸引和分散了挪威人的注意力。由于缺乏战斗经验,富于和平思想,以及军事组织过时,挪威人受到第一次打击后重振旗鼓的机会减小了。

入侵者沿着深深的河谷,摧枯拉朽地横扫整个挪威,其速度之快完全清楚地说明了抵抗之薄弱。如果抵抗顽强一些的话,阻挡侧翼包围的山谷两旁的融雪,很可能对德军获胜的前景造成更为严重的障碍。

在开始时的一系列突然袭击中,最惊人的是对纳尔维克的攻击,因为这个远在北方的港口,离德国海军基地大约有1200英里之遥。两艘挪威海岸护卫舰英勇地迎击来犯的德国驱逐舰,但很快即被击沉。次日,一支英国驱逐舰小舰队驶进海湾与德军交战,双方互有损伤。13日,一支较强大的英国小舰队在"沃斯派特"号战列舰的支援下发动突然袭击,全歼敌舰。但此时德军已在纳尔维克内外站稳了脚跟。

再往南面,德国舰只闯过了控制海湾的交叉炮火,轻易地夺取了特隆赫姆。这一冒险行动曾使考虑过这一问题的盟国专家惊愕不已。德国人夺取特隆赫姆后,便掌握了进入挪威中部的战略咽喉,剩下的问题则是他们为数很少的部队能否得到南来的增援。

德军虽在卑尔根、斯塔万格和克里斯蒂安桑等地受到挪威战舰和炮台的轰击而遭受一些损失,但登岸后即未遇到麻烦。然而,在逼近奥斯陆时,入侵军的主力遭到严重挫折。因为载有大批军事人员的"布吕歇尔"号大型巡洋舰被奥斯卡斯堡要塞发射的鱼雷击沉。于是,放弃了强行通过的企图,直到这个要塞遭到猛烈空袭于当天下午投降为止。这样,夺取挪威首都的任务便交给了在福纳布机场着陆的部队;当天下午,这支象征性的部队炫耀式地列队进入城内,它的虚张声势的做法获得了成功。但是,德军的延误,至少使挪威国王及政府得以北逃,以便集合抵抗力量。

预定占领哥本哈根的时间恰好同预期到达奥斯陆的时间相吻合。丹麦首都容易从海上进入,凌晨5时前不久,三艘小型运兵船在飞机掩护下驶入港口。德国人登陆时没有遇到抵抗,一营人长驱直入,出其不意占领丹麦兵营。与此同时,德军侵入丹麦日德兰半岛的陆上国境线,经过短暂的交火后,丹麦放弃了抵抗。

占领丹麦进一步保证德国人从本国港口至挪威南部控制了一条有掩蔽的海上走廊,并且使他们获得了可以支援在挪威的部队的前进机场。

德军一旦在挪威建立了据点,动摇其据点的最好的办法就是切断其供应和增援。要做到这一点,只有封锁丹麦和挪威之间的斯卡格拉克海峡。但是,情况不久便表明,海军部由于害怕德国空袭,除了几艘潜艇外,不愿派任何舰只进入斯卡格拉克海峡。

如能坚守从奥斯陆通向北方的两条长长的峡谷,并迅速制服在特隆赫姆的德军小部队,则仍可有望保住挪威中部。这时,英国想集中力量达到这一目的。在德军发动突然袭击一周以后,英国在特隆赫姆的南北,分别在纳姆索斯和翁达尔斯内斯登陆,准备向特隆赫姆发动主要的直接进攻。

英军自纳姆索斯向南推进时,由于在该地唯一的一艘驱逐舰支援下的几小股德军在特隆赫姆湾口附近登陆,威胁其后路,遭到了失败。从翁达尔斯内斯推进的英军,非但不能挥师北上直指特隆赫姆,反而不久便采取守势来抵御从奥斯陆沿古德布兰德峡谷扑来并扫清挪威军的德军。

由于盟军遭到猛烈空袭,自己又无空中支援,战地指挥官建议撤离。5月1日和2日,这两路部队全部乘船撤出,从而使德军完全控制了挪威的南部和中部。

盟国于是集中力量夺取纳尔维克。此举与其说是想进抵瑞典铁矿区,不如说是想"挽回面子"。英国原已于4月14日在这一地区登陆,然而即便当他们在这一地区的部队增至两万人,即5倍于敌之时，其进展仍然缓慢不堪。直至5月27日德国人才被逐出纳尔维克城，然而此时西欧发生了富于戏剧性的事件，终于使盟国及早放弃了他们在挪威的最后据点纳尔维克。

其原因是希特勒下一步对法国和低地国家的打击，已于5月10日开始。他在前一年的秋天，即在击败波兰后盟国拒绝接受他所提出的和平建议之时，便已着手准备这次进攻。他认为打下法国才最有希望迫使英国接受和平。由于天气恶劣，以及他的将领们对此表示怀疑，进攻自11月之后一再推迟。在此期间，德国的计划也经过彻底修改，其结果，改变了战争的整个前景，对盟国甚为不幸，对希特勒则暂时非常有利。

原计划主要是通过河道纵横的比利时中部进军。这样做实际上将导致同法英精锐部队正面相遇，可能招致失败，从而动摇希特勒的威信。但是由曼施泰因建议制订的新计划，却完全出其不意地将盟国打得惊慌失措，使其遭到惨重损失。因为正当盟军进入比利时迎击在比利时和荷兰的德军第一次进攻时，大批德国坦克（共7个装甲师）却长驱直入，通过了山峦起伏、森林茂密的阿登山脉。而法军参谋部以及英军参谋部一向都认为这里是坦克"无法逾越的"。

德军没有遇到什么抵抗便渡过了马斯河，击破了盟国前线薄弱的一环，然后向西直趋位于比利时的盟军背后的海峡沿岸，切断了盟军的交通。这样，在大部分德军步兵投入战斗之前便决定了胜负。英军勉强地由敦刻尔克从海上逃走。比军和大部分法军被迫投降——其结局已无法挽回。因为敦刻尔克大撤退后一周，德军便挥师南下，此时法军残部已无力抵抗他们。

法国之战是历史上最突出的事例之一，说明一位精悍的实干家所推行的新思想能起到举足轻重的作用。古德里安曾说过，在战前，以单独的装甲部队实行战略渗入，即用远程坦克进攻，切断敌方远离前线的交通线的思想，曾大大激发了他的想象力。古德里安热心于发展坦克。他深刻地理解第一次世界大战后在英国军事思想新潮流中出现的这一新思想，将会发挥多么大的作用。

德国入侵西欧从右翼开始，攻击荷兰和比利时各防御要冲，取得了大出意外的胜利。由空降部队担任先锋的这几次打击，竟使盟国忙于应付，分散了注意力，有好几天时间看不到德军的主要进攻方向——在中央突入，穿过山峦起伏和森林茂密的阿登山区，直捣法国的心脏。

5月10日凌晨，荷兰首都海牙及其交通中心鹿特丹均遭到空降部队的袭击。与此同时，在它以东100英里之处的边防线也受到攻击。由于前方和后方遭到双重打击所产生的混乱和惊恐，又因德国空军的广泛威胁而加剧。德国装甲部队利用这种混乱状态迅速突破了南翼的一个缺口，于第三天同在鹿特丹的空降部队会师。他们从刚刚赶来援助荷兰的法国第七集团军的眼皮下面穿过，直趋他们的目标。

第五天，虽然主要防线尚未被攻破，但荷兰投降了。德国空军对人口密集的城市近距离空袭的威胁，加速了他们的投降。

对比利时的入侵也是一开始便令人吃惊。地面进攻由赖歇瑙指挥的强大的第六集团军（其中包括霍普纳的第十六装甲军）担任。德军必须克服一个极为艰险的障碍，才能有效地展开。协助这次进攻的只有500空降兵。他们被用于夺取阿尔伯特运河上的两座桥梁和这条国境河流一侧的比利时最现代化的要塞埃本埃迈尔要塞。

次日晨，足够的德国部队正越过运河，突破了运河后面的比利时薄弱防线。接着，霍普纳的两个装甲师（第三师和第四师）开过了没有被毁的桥梁，在对岸的平原上展开，横扫一切，长驱直入，迫使比军在来援的英法部队刚刚到达时开始总退却。

突破比利时的防线虽非入侵西欧的决定性打击，但对战局有着极为重大的影响。它不仅将盟军的注意力引到了错误的方向，而且把盟军大部分机动部队牵制在比利时的战斗中，因而这些机动师无法抽调出来，向南调往尚未完工的马奇诺防线西端以外法国边界最脆弱的部分，去对付5月13日突然出现的更大的威胁。因为伦斯塔德集团军群的机械化先头部队此时正越过卢森堡和比利时的卢森堡省向法国挺进。他们在穿过70英里纵深的阿登山区，扫除了一些微弱的抵抗后，跨过了法国边界，于发动进攻的第四天清晨出现在马斯河两岸。

事实证明，法国的致命弱点并不像通常所想象的那样，在于他们偏重防御的思想，即"依赖马奇诺防线的心理"，而是他们的作战方案中侧重于进攻的方面。他们从左侧推进到比利时，这反而为敌人助了一臂之力，从而自投罗网——正像1914年第十七号作战计划几乎害得他们一败涂地一样。这次所以更加危险，是因为对手更为机动，是以摩托的速度调运军队，而不是徒步行军。所遭受的损失也更重大，因为这次左侧突入的行动是由法军的三个集团军和英军进行的，而这包括了盟军中装备最现代化和最机动的部队。

德军穿越阿登山区进军是一次巧妙的军事行动，也是参谋工作的卓越表现。5月10日拂晓前，在卢森堡边界对面集结了在战争中前所未见的大量坦克。这支德军由三个装甲军组成，共分三组或三个梯队，第一、二组为装甲师，第三组为摩托化步兵师。先头部队由古德里安将军率领，全军由冯·克莱斯特将军指挥。克莱斯特集团军的右面是霍特率领的一个独立的装甲军，其任务是迅速穿过阿登山区的北部，直扑纪韦和迪南之间的马斯河。

这7个装甲师只不过是集结在法国边境沿线准备插入阿登山区的大军的一部分。大约有50个师密集在一条狭窄而纵深的战线上。但能否成功，主要取决于德军装甲部队能否迅速穿过阿登山区，渡过马斯河。

德军赢得了这场竞赛的胜利，虽然优势并不大。守军如能利用按原定计划进行破坏工作，使敌军部分受阻这一有利条件，则结局很可能有所不同。对法国的安全来讲，不幸的是进行了破坏之后，却无足够的部队进行防御。

古德里安的攻击集中在紧靠色当以西的一段长一英里半的河流上。攻击于下午4时开始，由乘坐橡皮艇和跨过浮桥的装甲步兵在前。渡船不久便将轻型车辆输送过河，沿河突出部分很快便被占领，德军步步进逼，夺取马尔费森林和南面的高地。午夜时分，德军已深入近5英里，同时在色当和圣芒热之间的格莱雷架好了一座桥梁，坦克开始源源不断地渡过了河。

盟国空军猛烈轰炸这座桥梁。由于德国空军主力已他调，盟国空军才暂时占据优势。但是，古德里安军的高炮团在这座要害桥梁上空保持了密集的防空火网，击退了盟国空军的袭击，并使其蒙受重创。

到16日夜间，西进德军已向英吉利海峡挺进50多英里，到达瓦兹河。

战局一个阶段接着一个阶段，均取决于时间因素。法军反攻之所以屡屡失灵，其原因在于择定时机太慢，赶不上不断变化的形势。而形势之变化莫测,则是由于德军先头部队行动之迅速,总是超出德国最高统帅部的预计。法军首脑们是根据这样一种设想制订他们的计划的,即德军攻出马斯河不会早于第九天。这个时间表竟与德军首脑们原先设想的时间表相同,但后来古德里安打乱了这个时间表,时间表打乱后,情况就更加糟糕。

法军司令官受到的是1918年那种行动迟缓的作战方法的训练,思想上不适于对付装甲部队的快速行动,这使他们普遍感到束手无策。

雷诺采取行动,撤换了甘末林,将福煦的老助手魏刚从叙利亚召回。魏刚直到19日才回到国内,因此最高统帅部有3天的时间处于停顿状态。

20日,古德里安进抵英吉利海峡,切断了盟军在比利时的交通线。更有甚者,魏刚比甘末林的思想还要过时,继续按照1918年的方法制订作战计划。这样,挽回大局的希望就消失了。

16日,英国远征军在布鲁塞尔前面的前哨战线上后退了一步。它还没有到达斯凯尔特河边的新阵地,古德里安就已将远远通向南面的交通线切断,从而破坏了这一阵地。19日,英国内阁获悉,戈特"正考虑,如他被迫撤退的话,是否可能向敦刻尔克撤退"。内阁虽已知道戈特只有供4天用的给养和进行一次战斗用的弹药,但仍命令他向南进军法国,强行突破德军在他后方布下的罗网。

戈特尽管争辩说内阁的指示行不通,但仍率所部12个师当中的两个师和派至法国的唯一一个坦克旅,试图从阿拉斯向南发动进攻。反击于21日开始,但最终只投入两个坦克营和两个跟随在后的步兵营。坦克虽取得了一些进展,但没有后援,因步兵受到俯冲轰炸而动摇。但出人意料的是,这次坦克部队的小规模反击竟使一些德国高级司令官大为恐慌。它曾一度迫使他们考虑让自己的先头坦克部队停止前进。盟军在阿拉斯取得了昙花一现的进展后,在北面没有做出进一步的努力去突破敌军的包围,而魏刚所计划的,由南面姗姗来迟的解围攻势,又软弱得简直荒唐到了极点。

25日傍晚,戈特决心在敦刻尔克向海上撤退。48小时前,德国装甲部队早已抵达距这一海港仅10英里的运河前线。

次日，在包克的攻击下，比利时陆军防线的中央出现了缺口，当时又无后备队前去填补。利奥波德国王早已通过凯斯海军上将向丘吉尔提出多次警告，说局势已是越来越没有希望。比利时国土早已大半沦陷，军队背临大海，困守在一条挤满了难民的狭长地带。因此，当日下午晚些时候国王决定请求停战。次日清晨宣布了"停火"。

尽管法国提出了抗议和严厉的指责，此时英军已争先恐后向海滨退却，赶在德军合围之前登上舰船。幸好英国在一个星期以前便在国内着手进行准备工作。在多佛尔任指挥的海军上将拉姆齐在前一天，即19日，已被任命负责作战指挥。大批渡船、海军扫雷舰和小型沿海航船立刻被调集起来执行这次所谓的"发电机作战计划"。

在随后的几天里，局势急剧恶化。海军部不久便清楚地认识到，敦刻尔克是唯一可能的退路。26日下午，即比利时请求停战的24小时前，亦即内阁批准撤退前，"发电机作战计划"付诸实行。起初，预料只有一小部分英国远征军能够得救。

在其后的3天中，德军空袭增加。6月2日白天，撤退不得不停止下来。从英格兰南部机场起飞的皇家空军战斗机竭力把德国空军遏制在海湾，但由于众寡悬殊，且距离较远，不能在该地区上空久留，因此根本无法维持充分的空中掩护。德军的轮番轰炸虽因柔软的沙地而减弱了威力，但使在海滩上候渡的部队极度紧张。

在海上造成的物质损失要大得多。用于这次撤退的英国和盟国的860艘各类大小舰船中，共损失驱逐舰6艘，运兵船8艘和小型船只200余艘。

十分幸运的是，德国海军没有使用潜艇或鱼雷艇来进行干扰。此外，令人欣慰的是天气极好，也帮了这次撤退的大忙。到5月30日，英国远征军已撤退了12.6万人，剩下的部队，除小部分在后退时被切断外，均已到达敦刻尔克桥头堡。

到了6月2日午夜，英国的后卫部队已经登船，英国远征军的撤退宣告完成。22.4万人安全撤离，只有约两千人在返回英国途中因船只被击沉而牺牲。此外，约有9.5万名盟军也撤出，其中主要是法军。次日夜间，尽管困难越来越大，仍然尽了一切力量撤出了剩下的法军，又有2.6万多人获救。不幸的是，有数千名后卫部队没有撤出，此事在法国留下了深深的创痛。

到 4 日晨战斗结束时，共有 33.8 万名英国和盟国部队在英格兰登陆。与先前的预期相较，其结果是惊人的，也是海军的一次宏伟战绩。

同时也清楚表明，若不是希特勒在 12 天以前，即 5 月 24 日，命令其装甲部队在敦刻尔克城外停止前进，要将英国远征军保存下来是不可能的。

自从突入法国后，希特勒一直神经高度紧张，心惊肉跳。由于他进军格外顺利，没有遇到抵抗，使得他心神不宁。从德军总参谋长哈尔德的日记中，我们可以看到这种影响。17 日，即法军在马斯河后面的防线大出意外地崩溃之后的次日，哈尔德记载道："元首极为紧张不安。他被自己的胜利吓倒，不敢再冒险，因此宁愿约束我们前进。"

当希特勒的装甲部队挥师向北，特别是英国坦克部队从阿拉斯发起反攻，尽管来势不猛，但也造成短时间的惊恐之后，希特勒的疑虑又抬头了。在紧要的时刻，即 5 月 24 日晨，他视察了伦斯塔德的指挥部，这时他的疑虑加深了。因为伦斯塔德在检讨局势时，详细谈到坦克部队在长驱疾进中力量被削弱的情况，并指出德军可能会遭到来自南北两面，特别是来自南面的攻击。

下午，希特勒回到了自己的大本营后，立即把总司令叫来，给他下达了明确的停止前进的命令，当天晚上，哈尔德在日记中沮丧地概述了这一命令的后果："由装甲部队和摩托化部队组成的左翼，其前面虽无敌军，但在元首的直接命令下，将就地停止前进。歼灭被围之敌的任务将交给空军去完成！"

如果说希特勒觉得他下达停止进军的命令是受了伦斯塔德的影响的话，那么在英军逃走之后，在他为自己的这一决定进行辩解时，十之八九会提到这一点，因为他是一个惯于把错误归咎于别人的人。看来希特勒前往伦斯塔德的司令部，很可能是想进一步寻找理由来证明自己的疑虑和强行改变计划是正确的。

同时，有证据表明，甚至德国空军可以发挥的力量也没有充分和大力利用。有些空军将领说，希特勒在这方面又刹了车。

这一切都使高级领导人猜测，希特勒的军事理由后面有着某种政治动机。伦斯塔德的作战计划人员布卢门特里特把这一点同希特勒视察他们的司令部时所作的令人惊讶的谈话联系在一起。他说:"他接着使我们大吃一惊,竟以赞许的口吻谈到英帝国,谈到英帝国有必要存在,谈到英国给世界带来的文明。他把英帝国同天主教相提并论,说它们都是世界稳定的基本因素。他说,他要求于英国的只是英国承认德国在大陆上的地位。"

希特勒的性格非常复杂,所以任何简单的解释都未必是真实的。他做出这一决定很可能交织着好几条线。三条是看得清的——他希望保存坦克力量以备下一次出击之用;他长期以来始终畏惧佛兰德沼泽地;戈林为空军争功。但是,这个生性爱好政治权术、头脑里花招很多的人,他心中很可能有一条政治线和这些军事线交织在一起。

法军沿索姆河和埃纳河一带的新防线比原来的要长,但防守力量却大大地减少了。尽管有盟军助战,法军在战役的第一阶段便损失了30个师(当时在法国的英军只有两个师,另外还有两个训练尚不充分的师在来法途中)。魏刚共调集了49个师守卫这道新防线,留下了17个师守卫马奇诺防线。

对比之下,德国的10个装甲师重新补充了坦克,兵力达到满员,而他们的130个步兵师几乎还没有动用。

德军为了发动新攻势,对兵力重新作了部署。为了增加对埃纳河地区的压力,又投入了两个集团军。已经运动至该地区潜伏待命的两个装甲兵团归古德里安指挥。克莱斯特指挥另外两个装甲军分别从位于亚眠和佩龙纳两地的索姆河上的桥头堡进击,形成钳形包围,最后在克雷附近的瓦兹河下游会合。其余装甲军则在亚眠和海滨之间推进。

新的攻势于6月5日开始,最初在拉昂与海滨之间的西段地区开始。头两天遭到顽强抵抗,但在7日,最西面的装甲军突破到了通向鲁昂的各条公路,9日,德军渡过塞纳河时,未遇到严重的抵抗。

但是克莱斯特的钳形攻势没有按计划进行。右翼虽在8日终于突破,但从佩龙纳进击的左翼却在贡比涅以北因遭到顽强抵抗而受阻。德军最高统帅部于是决定抽回克莱斯特的兵团,令其向东支援已突破香巴尼的部队。

在这一地区的进攻直至9日才开始,但以后法军溃败十分迅速。

当大批步兵强渡之后，古德里安的坦克迅即以破竹之势冲破缺口向马恩河畔沙龙挺进，随后挥师向东。到11日，克莱斯特扩大扫荡范围，在提埃里堡渡过马恩河。德军飞速前进，直抵瑞士边境，切断了马奇诺防线全部法军的后路。

早在7日，魏刚便建议法国政府请求停战，不要延误。次日，他宣布："索姆河之战已经失败。"法国政府意见不一，对投降犹豫不定，但在9日决定撤离巴黎。究竟迁至布列塔尼，还是迁往波尔多，举棋不定，最后采取折中办法，迁往图尔。

10日，意大利宣战。尽管为时已晚，还是许诺让予墨索里尼很多殖民地，但他为了改善他对希特勒的地位，轻蔑地拒绝了这些让步。不过意大利的进攻轻而易举地被法国抵挡住了。

此时，法国内阁分为两派，一派主张投降，一派主张从北非继续作战。但只决定迁往波尔多，同时指示魏刚在卢瓦尔河固守。

德军于14日进入巴黎，同时向两翼纵深进军。16日抵达罗纳河谷。

与此同时，魏刚在所有主要指挥官的支持下，继续促请停战。为了防止做出这一决定，并保持住在非洲的立足点，丘吉尔做了最后的努力，提出了具有深远意义的关于建立"法英联盟"的建议。这个建议除了引起愤怒之外，没有产生什么作用。法国内阁对这一建议进行了表决，大多数阁员反对，结果竟然做出投降的决定。雷诺辞职，从而由贝当元帅组成新内阁。16日夜，向希特勒递交了停战要求。

22日，法国接受了德国的条款，在附带安排了同意大利的停战后，停战于6月25日凌晨1时35分生效。

英国这时已是唯一剩下来同纳粹德国作战的对手了。但它的处境已经岌岌可危，军事上无力防御，处于敌军占据的长达2000英里海岸线的包围威胁之下。即使英军大多数已经脱险，但大部分武器均已丢失。如果德军在法国沦陷后一个月之内的任何时候在英国登陆，英国便无法抵挡。

用海军实行截击既困难、缓慢，又无把握。为了将舰队置于德国空军的航程以外，英国将它们远远地留在北方。当时英吉利海峡这个"防坦克壕"是一块比海军更为有效的盾牌。

敌军如果真正登陆，英国地面部队是无法加以抵挡的。虽然英军在法国设法逃脱了覆没的结局，但遗弃了大部分武器和装备。在国内可供防守海岸线的部队使用的武器，仅仅剩下各种火炮500门和200多辆坦克。工厂要用长年累月的时间才能生产出足够的武器来弥补在敦刻尔克受到的损失。国内当时只有一个接近全副装备的师，到7月中旬也还只有两个师。

英国国民警卫军能够提供大量兵员，而且士气旺盛，但直到德国入侵的威胁解除后很久才得到装备和训练。这支队伍原名"地方防卫志愿军"，成立于5月中旬，一周之内便有25万年龄在16岁至65岁的男子入伍，当月底入伍人数共达30万人。但只有10万人得到了枪支，其余的人只好用短棒、长矛等临时凑合的原始武器。7月底，这支队伍的人数已经达到近50万人，并于7月31日更名为英国国民警卫军。但是，它直到当年很晚的时候才又得到少数枪支。事实上，甚至1942年春，国民警卫军人数已超过150万时，也还有1/4的人没有枪支或其他随身武器。

幸好，由于英国战斗机司令部的50多个空军中队出色的战斗，德国以夺取制空权作为入侵英国的第一步的企图遭到了挫败。战斗机司令部是在空军中将休·道丁和指挥驻在英格兰东南部的第二空军大队的空军少将帕克的卓越指挥下进行战斗的。即使按照战后查明的修正数字，截至10月底，他们共击落德国战斗机和轰炸机1733架，英国损失战斗机915架。（德国初期的空军力量是轰炸机130多架，战斗机与轰炸机的数目相等。而英国开始时的防御力量仅有可用的战斗机600架。）

1940年8月和9月，入侵的威胁已经部分地被争夺空中优势的空战所掩盖了。这一空战被引入注目地概括为"不列颠之战"。继空战之后便是长时期对伦敦和其他主要工业中心的猛烈夜间空袭。形势十分严峻，防御又大部分不奏效。

但是，当时存在着其他拯救危亡的因素。这种因素的意义甚至更为重要。首先，希特勒及其三军首脑并没有做入侵英国的准备，甚至没有制订计划，在击败法国之后立即采取这一显然十分重要的步骤去扩大战果。希特勒指望英国会同意讲和，从而坐令这一关系重大的月份白白消逝过去。

德国就是在对英国的指望破灭之后，对英进攻的准备也是三心二意的。在"不列颠之战"中，德国空军把皇家空军赶出天空之举遭到失败后，德国陆海军将领都窃喜得到了停止入侵的借口。更奇怪的是，希特勒本人也心安理得地接受了停止入侵的种种借口。

希特勒的私人谈话记录表明，停止入侵的一部分原因是他把英国视为世界的稳定因素，并仍希望英国能成为其伙伴，因此不愿消灭英国和英帝国。

但是，希特勒除了不愿消灭英国外，尚有一种强烈的冲动。此时，他的思想又正在转向东方。事实证明，这一点是英国得以保存下来的决定性的关键因素。

如果希特勒集中力量进攻英国，英国的覆亡几乎就会肯定无疑了。因为希特勒即使失去了通过入侵征服英国的最好时机，他还可以利用飞机和潜艇钳制英国，使其逐渐挨饿，最后崩溃。

但是，希特勒认为，当驻守在东部边界上的俄国军队在陆地上对德国构成威胁之时，他不能将他的人力物力孤注一掷地用来在海上和空中与英国作战。因此，他论证说，要使德国后方稳固，唯一的办法就是进攻并击败俄国。由于他长期以来对俄国的共产主义有着刻骨的仇恨，因此他对俄国的意图产生了更深的怀疑。同时，他自认为，英国一旦不能再指望俄国介入战争，就会同意讲和。

早在7月21日，在研究匆匆忙忙草拟出来的入侵英国计划的第一次会议上，希特勒宣布他的结论说："我们必须把注意力转向解决俄国问题。"虽然他迟至1941年年初才做出明确的决定，但当时便已立即开始制订计划。

作为另外一种选择，希特勒的海军顾问、海军上将雷德尔曾一再促请他占领地中海的要冲地带，以便间接地集中力量打击英国。然而，希特勒对这类的计划和机会毫不感兴趣，他念念不忘的是俄国。

这对英国来说更是幸运的事，因为法西斯意大利在墨索里尼想利用法国的覆亡和英国的脆弱这一企图的驱策下，于1940年6月参战，而且日本对远东的威胁日益增加，所以英国在海外的地位已是危若累卵。

最初，战争扩大到地中海对英国十分有利，因为这给英国在海军能发挥作用的地区提供了一个进行反攻的机会。丘吉尔很快就抓住了这个机会——在某种程度上说抓得太快了。丘吉尔不管三军首脑的顾虑，就在英国本土仍处于德军的入侵迫在眉睫之时，便将英国为数不多的全副装备的预备队派往非洲。他的这一大胆决定后来被证明是正确的，因为韦维尔的机械化部队数量虽小，但很快就将意大利在北非的已经过时的部队击溃，此外还征服了意属东非。他们本来可以直扑的黎波里，从而将敌军全部逐出非洲，但因为要准备交通工具将一支英军运往希腊，便停止了前进。

当希特勒在西线的进攻到达了一个重要关头，即突破了脆弱的索姆河—埃纳河防线，法国的失败已成定局时，墨索里尼于1940年6月10日将意大利投入战争，企图分得一些胜利果实。在墨索里尼看来，意大利参战几乎是万无一失的决策，对英国在地中海和非洲的地位则几乎肯定是致命的打击。

当时，防守埃及和苏丹的英军人数甚少，又无法获得增援，而意大利在利比亚和意属东非的部队随时可能入侵。意军在数量上远远超过与之对阵的由陆军上将阿奇博尔德·韦维尔爵士指挥的一支小小的英军。英军仅有5万，面对的却是总数达50万人的意军和意大利殖民地部队。

在南方战线，意军在厄立特里亚和阿比西尼亚集中了20多万人，向西可以进入仅有9000英军和苏丹军防守的苏丹，向南可以进入守军不多于此数的肯尼亚。在北非战线的昔兰尼加，格拉齐亚尼元帅指挥的一支更大的部队，面对的是3.6万名守卫埃及的英国、新西兰和印度部队。在这条战线上，双方被埃及境内的西部沙漠所隔开。英军的前哨阵地位于距边界120英里，尼罗河三角洲以西约200英里的马特鲁港。

局势更加恶化了，因为意大利的参战，使得地中海的航线太危险而无法利用，派住埃及的增援部队必须经好望角绕一个大圈，沿非洲大陆西岸而下，溯东岸而上，进入红海。

但是直到9月13日，意大利在调集了6个师以上的兵力后，才开始小心翼翼地向西沙漠进军。他们在前进了50英里后，便在距马特鲁港英军阵地还有一半以上路程的西迪巴拉尼停下来，驻扎在一连串筑有防御工事的营地。这些营地相距甚远，难以相互支援。过了好几个星期都不见有前进的动向。在此期间，韦维尔获得了增援，其中包括三个装甲团。增援部队是在丘吉尔倡议下，由三艘快速商轮从英国赶运来的。

韦维尔这时决定，趁意军尚未来袭，英军应出击给他们以打击。按照计划，这次出击并非一场持续的进攻，而是一次大规模的袭击。韦维尔是想猛揍一下来犯之敌，暂时打得他们不知所措，以便分兵前往苏丹击退在那里的其他意军。遗憾的是，在取得了压倒优势的胜利后，没有做出充分准备乘胜追击。

奥康纳将军指挥的英军仅有3万人，而敌方却有8万人，但英军有坦克275辆，敌方仅有130辆。第七皇家坦克团的50辆"马蒂尔达"重装甲坦克，由于敌军大多数反坦克武器不能将其击毁，在这次以及其后的战斗中，都起了特殊的决定性作用。

12月7日夜间，英军自马特鲁港阵地出发，穿过沙漠进军70英里。次日夜间通过敌军一连串营地中间的一个空隙，又次日，先后占领了3个营地，10日，占领了西迪巴拉尼周围的营地，共俘敌军近4万名。

残余的入侵意军则逃回了自己的边界，躲入巴迪亚的海岸要塞。他们很快就被第七装甲师席卷而来的包围攻势所孤立。可惜当时手上没有支援的步兵师，未能趁敌人混乱时予以重创。因为韦维尔已拟订计划，在夺取了西迪巴拉尼之后立即将第四印度师抽出来调回埃及，以便派赴苏丹。因此，在战斗的第三天，当溃败的意军仓皇西窜时，胜利者的半数部队却向东开去，双方竟背道而驰。等到从巴勒斯坦开来增援英军继续进攻的第六澳大利亚师抵达时，3个星期已经过去了。

1941年1月3日，对巴迪亚的进攻终于开始。由第七皇家坦克团的22辆"马蒂尔达"坦克充当"开罐头刀"开路。敌军的防御迅速崩溃，第三天，守军4.5万人全部投降。1月21日，托布鲁克海岸要塞受到攻击，次日即告陷落，3万人被俘。

但是，这时丘吉尔正在想象追捕另外一只野兔。他按照他在第一次世界大战中冒风险的老路子行事，并由于希腊敢于奋起抵抗意大利而受到激励，设想着建立一个巴尔干国家的强大联合来对抗德国的可能性。这是一幅引人入胜的图景，但在实际条件下并不现实，因为巴尔干国家的原始的军队无力抗拒德国的空军和坦克部队，而英国又只能给他们很少的援助。

1月初，丘吉尔便强烈要求希腊接受一支英国坦克和炮兵组成的分遣部队，让其在萨洛尼卡登陆。但当时的希腊政府首脑梅塔克塞斯将军拒绝了这一建议。他说，所提供的这支部队很可能招致德国入侵，而其力量又不足以与之对抗。

希腊政府彬彬有礼地表示断然拒绝之时，恰好也是奥康纳攻克托布鲁克之时。因此，英国政府决定让他再推进一步，夺取班加西港。但是，2月3日，空中侦察表明，敌军准备放弃班加西，退守阿盖拉隘道，以便堵塞由昔兰尼加进入的黎波里塔尼亚的道路。奥康纳当即采取大胆截击敌军退兵的计划。他仅仅使用已经精疲力尽的第七装甲师，令其穿越沙漠直趋远离班加西的海滨公路。英军从它在梅基利的阵地出发，大约要走150英里，第一段漫长的路程还要通过极为崎岖的地带。他们只携带了两天的口粮和勉强够用的汽油就出发了。

5日傍晚，这支部队的两路，在敌军退路上建立了堵截阵地。到7日上午，意军即放弃了突围的努力，两万人投降，损失或遗弃了100多辆几乎全部是新到的巡逻坦克。而在这里断敌退路的英军仅有3000人和38辆巡逻坦克。当巴迪亚被攻陷、守军覆灭时，安东尼·艾登把丘吉尔的一句名言翻新了一下说："从来没有见过这么多的人，缴出这么多的东西，向这么少的人投降。"就贝达富姆大捷而言，这句话尤其恰当。

但是，胜利的光辉不久便暗淡下来。这应归咎于伦敦的最高决策。格拉齐亚尼部队的全军覆没，为英军扫清了越过阿盖拉隘口直达的黎波里的通道。但是，正当奥康纳及其部队准备全速向的黎波里推进，以便将敌军赶出在非洲的最后一个据点时，英国内阁却命令他们断然停止前进。怎么会有这样一个180度的大转变呢？原来是梅塔克塞斯于1月29日突然逝世，新任希腊首相的性格不像他那样难以对付。丘吉尔看到他念念不忘的巴尔干计划有了复活的机会，便立刻抓住它。他再次迫使希腊政府接受他的建议。这次希腊政府被说服，接受了该建议。3月7日，5万英军组成的第一支分遣队在希腊登陆。

丘吉尔又犯了企图在同时做许多事的老毛病。他梦想在巴尔干开辟一个新战场，集中巴尔干国家的力量共同打击德国的侧翼。英国参谋长委员会和韦维尔慑于丘吉尔的个性，同意了他这一不现实的计划。但是德军很快横扫整个南斯拉夫和希腊，迫使英军做第二次"敦刻尔克"大溃退。在他们惊魂未定之时，又被赶出了克里特岛。

威尔逊将军率领的英军（约3个师）此时正开入中央地段的阵地，其位置在与阿尔巴尼亚境内的意军相对峙的希腊主力部队（14个师）和在萨洛尼卡附近的一支较小的希腊部队（3个师）之间。其任务是掩护向希腊南部的进军和统率为同一目的派至该地的3个实力较弱的希腊师。4月6日，英军尚未进入阵地，德军即已开始进攻。南斯拉夫政府被迫同希特勒签订条约后，在10天前被以西莫维奇将军为首的一次军官政变所推翻。希特勒立即决定同时入侵南斯拉夫和希腊，并为这一扩大的军事行动对德军进行了重新部署，将18个师增加到28个师，其中包括7个装甲师（希特勒在欧洲共有17个装甲师）。这些德军由大约1000架飞机支援。

不出一周，到4月5日，在保加利亚的利斯特第十二集团军的3个军中的一个军便已越过南斯拉夫东南边界，开辟了新的供应线，而克莱斯特的装甲兵团则转向西北，直达靠近南斯拉夫首都贝尔格莱德的中部边界。与此同时，魏克斯的第二集团军已在奥地利南部集结待命，准备同匈牙利部队一道入侵南斯拉夫北半部。

进攻是以对贝尔格莱德和其他中心城市的毁灭性轰炸开始的。接着，德军在陆路上的猛烈推进打乱了南斯拉夫部队。不久便使之在强大的压力下土崩瓦解。与此同时，利斯特在西边的两个军迅速占领了位于马其顿和色雷斯的希腊的浅滩地带，另外一个军则插入南斯拉夫南部。第二天，即4月7日晚间，德军进抵斯科普里，将南斯拉夫同希腊分割开，并同在阿尔巴尼亚的意军会师，从而可以和友邻的德军（利斯特所部）一道转而向南，进入希腊。

德军除切断了在阿尔巴尼亚的希腊主力部队的退路外，同时也在威尔逊指挥的英军进入阵地之前，从侧翼对其实行了包抄。4月10日，威尔逊开始撤退。由于德军不断超越英军面向内陆的一翼，因此这次撤退便成了连续地加速后退。到21日，当威尔逊的部队还据守着原阵地130英里以南的塞莫皮莱防线时，与希腊政府达成协议，英军应撤出希腊。英军于24日夜间开始从在伯罗奔尼撒半岛上的希腊最南的港口撤退，28日前，大部分剩余的部队均已撤离，多数人撤至克里特岛。

在南斯拉夫和希腊,希特勒的新装甲部队尽管遇到山地障碍,但其不可阻挡之势犹如在波兰和法国的平原上一样。它们像旋风一般席卷了这两个国家,将抗拒之敌打得落花流水。后来的文件表明,仅利斯特陆军元帅所部便俘虏南斯拉夫军9万人、希腊军27万人、英军1.3万人,自己仅伤亡5000人。(当时英国报纸估计德军的损失超过了25万人,甚至英国的一份官方声明也说德军的损失"可能是7.5万人"。)

尽管希特勒本人是一个不愿改变计划的人,克里特还是成了德国人的下一个目标。他原想在进抵希腊南部后,便结束巴尔干战役。但是,空降部队司令施图登特将军在4月21日得到了戈林的支持后,说服了希特勒,使他相信,夺取克里特是可行和可取的。他获准为此目的使用德国唯一的一个空降师、唯一的一团滑翔部队和一个由空运送去的山地师。

5月20日上午8时,约3000名伞兵在克里特岛上降落。防守该岛的英国、澳大利亚和新西兰部队共2.86万人,以及人数几乎与此相等的两个希腊师。但是只有6辆坦克,而且缺乏空中支援。

德军在征服了巴尔干半岛之后必然夺取克里特,已是意料中事,而且英国在希腊的情报人员也已提供了关于德国为此进行准备的充分情报。但是,英军,特别是克里特岛上的英军司令弗赖伯格将军,对空降的威胁却没有给予应有的严肃对待。

第一天晚上,岛上德军已增加了一倍多,并且利用空投、滑翔,第二天晚上以后又利用运输机,不断获得增援。在已占领的马莱梅机场还在受到守岛部队的大炮和迫击炮的猛烈轰击时,这些运输机就开始在机场着陆。空运至克里特岛的德军共约2.2万人。很多人由于飞机着陆时坠毁而死伤,但活下来的人战斗十分顽强,而数量上占优势的对手却没有受过这样高度的训练,并且仍然因被逐出希腊而惊魂未定。

第七天,即26日,岛上的英军司令报告说:"在我看来,我指挥的部队已经坚持不了……我们在这里的处境已经毫无希望。"由于这一判断出自弗赖伯格这样一位曾经获得维多利亚十字勋章的勇敢军人之口,因此是毫无怀疑余地的。撤退于28日夜开始,31日夜结束。海军由于坚持不懈地撤出尽可能多的部队，受到占优势的敌方空军的袭击，损失惨重。共救出1.65万人，其中包括约2000名希腊人，其余的人员则或阵亡或沦为德军俘虏。海军死亡达2000余人，3艘巡洋舰和6艘驱逐舰被击沉。13艘其他舰只受到重创，包括两艘战列舰，以及当时地中海舰队中唯一的一艘航空母舰。

德军死亡约4000人，受伤人员约为此数的1倍。这样，德军总损失不到英军的1/3，而希腊军和克里特当地召募的人员还不计算在内。但是，由于德军死伤的主要是它当时唯一的一个伞兵师的精锐，所以这一损失对希特勒产生了意料不到的影响，结果反而对英国有利。

因为希特勒在地中海第三次获胜后，完全没有像英方所预料的那样接着便进攻塞浦路斯、叙利亚、苏伊士运河或马耳他。一个月之后，他开始入侵俄国，从此便失去了将英国逐出地中海和中东的大好时机。如果说他坐失良机主要是因为他热衷于入侵俄国的冒险行动，那也是因为他在克里特获胜后的心情造成的。征服克里特岛固然使他高兴，但为此而付出的代价却更使他沮丧。它与他先前取得的胜利以及大得多的战果形成了鲜明的对比。

英国除在这些灾难中蒙受损失外，还在非洲付出了加倍的代价。由于英国在非洲停止进攻，使希特勒获得了时间派遣由隆美尔指挥的一支装甲部队到达的黎波里，营救行将崩溃的意军。这支部队虽小，但它在3月31日那种迅雷不及掩耳的突击，已足以将英军逐出昔兰尼加，使其退回到埃及边界。丘吉尔于是强令韦维尔匆忙做出新的作战行动。当这一大事夸张的"战斧作战计划"于6月失败后，他撤换了韦维尔，代之以奥金莱克。

此时，丘吉尔的注意力完全集中于隆美尔而置其他于不顾。为了赶走隆美尔，丘吉尔将绝大部分能调动的英军投入非洲。英军这一新发动的大规模攻势，即所谓"十字军作战计划"于11月18日开始。这一次，丘吉尔给英军（此时称为第八集团军）提供了750辆坦克，比隆美尔的坦克多1倍以上，而且隆美尔的坦克中，1/3是装备低劣的意大利坦克。但是，德军坦克在战术上比英军更好地发挥了作用，而且其中相当一部分装备有重武器。此外，隆美尔还巧妙地诱使英军坦克像公牛似的向前直冲，落进德军隐蔽的反坦克炮火网之中。结果，尽管英军拥有1/4的空中优势（而且隆美尔为数甚少的飞机中，还有2/3是意大利飞机），但隆美尔却在战斗的头几天便能转守为攻。隆美尔的反击使进攻的英军陷入混乱，第八集团军司令坎宁安将军甚至考虑停止战斗。在这关键时刻，奥金莱克从开罗飞来亲自掌握战局，坚持进攻。里奇将军被任命为第八集团军新司令，并运来了大批增援坦克和部队。最后，经过两个多星期的艰苦战斗，优势的英军终于获胜，将隆美尔精疲力竭的部队赶出了昔兰尼加。

后来，在圣诞节前后的一个星期中，隆美尔终于得到了少量的增援——两个坦克连和几个炮兵连。这是自战斗于一个月前开始以来他所得到的第一次增援。他利用这支援军打退了英军于节礼日①向德军停止退却处阿杰达比亚附近的阵地发动的猛攻。然后，他于1月21日突然以猛虎下山之势扑向英军，其时英军还认为隆美尔的部队损失惨重，已无力行动。第八集团军在隆美尔的突然反扑和一系列神速打击下，陷入混乱，被迫放弃了所占领的大部分阵地，勉强在托布鲁克紧西面的加扎拉—比尔哈希姆一线停了下来。

英国击败隆美尔的企图遭到了失败，并为此付出了惨重的代价（也使它的盟国受到影响）——丢失了它在远东的阵地。帝国总参谋长约翰·迪尔爵士曾在5月着重指出："我们在战略上的一条公认的原则是，新加坡的安全最终应置于埃及之上。"他反对为了在非洲早日发动攻势而忽视远东的防御。但丘吉尔拒绝了这一警告，并满怀信心地宣称，日本即使参加战争，"无论如何也不会一开始便围困新加坡"。

丘吉尔这种盲目忽视远东防务的态度，实在是太令人莫名其妙，因为长期以来英国政策中就有一条不言而喻的原理，即日本的石油供应如因禁运而被切断，它必定会进行反击。7月，罗斯福和丘吉尔同时采取了这样的严厉措施，以加强他们要求日本撤出印度支那的态度。而当日本终于在12月7日发动进攻时，英美两国却都毫无准备，给人以可乘之机。在这5个月的时间里，竟没有做任何事情去充分地加强新加坡的防务。

迪尔的继任人阿兰布鲁克最感到愤愤不满的，莫过于这一严重错误及其更为严重的后果。（丘吉尔无法再容忍迪尔所提出的疑虑，解

---

① 节礼日（Boxing Day），即圣诞节的次日。——译者

除了后者的职务,这表现了他的性格,而一周以后,日军就在新加坡后方的马来半岛登陆,从而证实了迪尔所提出的警告。)

唯一的补偿就是日本对美国的太平洋各基地同时发动的进攻,导致美国的参战,而这一点最终证实比任何事情都重要。到头来,这不仅对日本,而且对希特勒也是致命的。

6月22日德国发动对俄国的入侵,这比拿破仑侵俄的日期早一天。装甲部队迅速击溃了仓促调集的苏军,不出一个月就向俄国境内推进450英里——这是到莫斯科3/4的路程。然而德国人始终未能到达那里。

希特勒在贝希特斯加登和他的军事首脑举行会议后,于1941年2月3日批准了巴巴罗萨计划的最终方案。在俄国西部的俄军兵力被估计为155个师,包括60个坦克旅。德国为发动进攻所能集结的兵力只有121个师,其中包括17个装甲师。而且,装甲师的数量得以增加到这一数字,只是由于各师平分了坦克的配备量。降低坦克的比例是与坦克专家的见解背道而驰的,但希特勒为了在表面上增加装甲师的数量,却下令这样做。这种数字对比并未能消除执行作战计划的将领们的疑虑。

希特勒原来的时间表被巴尔干的事态发展所打乱(见前第762页)。他深恐英国在靠近他的罗马尼亚石油产地的巴尔干进行干预,在墨索里尼未经与他商量即在10月对希腊发动进攻后,这种恐惧益发增加了。希特勒大为恼火,而且意军遭受的挫折也未能给予他多少安慰。因为在希腊出现的一小批英国援军,表明有可能随后到达更多的增援部队——而他们果然来了。希特勒通过将保加利亚和南斯拉夫相继纳入自己的卵翼之下,取得了在巴尔干的统治地位,但他并不满足于此,他决定在入侵俄国之前占领希腊,以便进一步掩护他的巴尔干侧翼。由于一场军事叛变,南斯拉夫政府被推翻,这使希特勒做出更大的努力,派出更多的军队同时征服希腊和南斯拉夫。两国迅即沦陷,英军被迫登船撤离。但是,当希特勒做出这一决定时,他感到不得不将入侵俄国的日期从5月中旬推迟到6月中旬。然而,由于春季的来迟和恶劣的天气,他至多也只能比这一日期早一周左右开始入侵。

希特勒与陆军总司令部从制订计划之初即有分歧意见——而且一

直未能取得一致。

希特勒主张把占领列宁格勒作为主要目标,以便能扫清他的波罗的海侧翼并沟通芬兰,而倾向于贬低莫斯科的重要性。但是,出自对经济因素的敏锐感觉,他也希望获得乌克兰富裕的农业地区和第聂伯河下游的工业地区。这两个目标相距甚远,因此必须在两条完全分离开的战线上作战。

勃劳希契和哈尔德主张集中力量向莫斯科进军——这不是为了夺取首都,而是因为他们认为这条进攻路线会提供最好的机会,摧毁他们"预期在进军莫斯科的途中会遇到的"大部分俄国部队。在希特勒看来,这种做法会带来风险,即迫使俄军向东总退却,撤到他们的打击范围之外。

不过,他们一致同意在进攻的第一阶段应把重点放在位于普里皮亚特沼泽地带正北的包克集团军群的地段,并沿着明斯克到莫斯科的路线推进。这里投入了装甲部队的主力——包克得到两个装甲兵团(由9个装甲师和7个摩托化师组成)作为突击部队,共拥有兵力51个师。

李勃指挥的靠近波罗的海的北翼集团军群配备一个装甲兵团(包括3个装甲师和3个摩托化师),共30个师,兵力与其对峙的俄国部队刚刚相等。位于普里皮亚特沼泽地带以南的伦斯塔德集团军群配备有一个装甲兵团(包括5个装甲师和3个摩托化师),总兵力为30个师,大大少于敌方。

古德里安和霍特的装甲部队的钳形攻势从两路迅速深入,第六天便在边境以内200英里的明斯克会师。跟随他们后面的步兵钳形攻势在斯洛尼姆合围,但他们完成包围圈不够迅速,以致被围苏军的大部分得以突围。

第二次攻势的目的是在明斯克附近包围苏军,此举取得较大成功,俘虏近30万人——虽然在合围前有大批人马设法逃脱了。战果之大引起一片乐观情绪,甚至对希特勒决定入侵苏联抱有疑虑的将领中也是如此。哈尔德在7月3日的日记中写道:"对俄战役已在14天之内获胜,我这样说大概并非夸张。"那天,古德里安的先头部队到达第聂伯河——深入俄国境内320英里,并且是距莫斯科的一半路程。

这时，德军上级指挥部认为最好等待他们的步兵大部队赶上来，但那意味着要拖延近两周的时间，于是古德里安决定单独使用他的装甲部队冲过第聂伯河。进攻获得成功，7月10日突破第聂伯纺线后，他于16日到达斯摩棱斯克市，并迅速向杰斯纳河推进。

古德里安强调不断追赶苏军迫其溃逃，不给他们集结时间的重要性。但是希特勒又回到他原来对下一阶段作战的设想。将装甲部队调离包克的中路集团军群而派往两翼——古德里安的装甲兵团南调，帮助击败在乌克兰与伦斯塔德对阵的苏军，霍特的装甲兵团则北调，帮助李勃进攻列宁格勒。

勃劳希契没有立即要求改变作战计划，而是再次设法拖延时间。他争辩说，在开始任何新的作战之前，装甲部队必须休整一番，以便检修机件和得到补充。在此期间，高级指挥官们继续就今后应采取的步骤进行讨论，甚至在装甲部队已能重新开展攻势之后，还在继续讨论。尽管如此，在基辅的另一次包围战又获得巨大胜利，引起了美妙的希望。古德里安插入苏军后方向南推进，克莱斯特装甲兵团则向北冲击。钳形攻势的两翼在基辅以东150英里会师，有60万俄军陷入包围圈中。但是，恶劣的道路和多雨的天气减慢了包围行动的速度，到9月末，战役才告结束。

10月2日重新开始向莫斯科进军。包克集团军群在维亚兹马周围进行了一场大包围战，又俘获60万俄军，因而前途似乎颇有希望。这样，德国人一时有了几乎可以长驱直入莫斯科的道路。但是，维亚兹马战役直到10月底方告结束，德军已疲备不堪，气候更加恶劣，地面变成一片泥泞，而且在德军缓慢地向前移动的路上，出现了俄方的生力军。

不论是包克还是勃劳希契和哈尔德，当然都很不愿意停止前进，因为他们先前曾力争希特勒接受他们的论点，占领莫斯科而不去追求在南方的目标。

于是，天气暂时转好后，11月15日又开始向莫斯科推进。但是，在泥泞和风雪中经过两个星期挣扎之后，德军在距莫斯科仅20英里的地方又奉命停了下来。12月2日又发动了一次攻势，几支小部队攻入莫斯科郊区，但整个攻势却在掩蔽这个首都的森林中被阻挡住了。

这正是朱可夫所计划和指挥的俄军大规模反攻的信号。这次反攻迫使精疲力竭的德军仓促溃退，两翼受到包围，造成危急局势。

放弃莫斯科的损失，并未因德军在南方的胜利而得到补偿。在基辅的大包围战之后，伦斯塔德占领了克里米亚和顿涅茨河流域，但向高加索油田推进时，遭到了挫败。于是，他企图撤到米乌斯河边，建立一条有效的防线，但希特勒禁止后撤。伦斯塔德回答说，他不能服从这样的命令，请求解除他的司令职务。这事发生在12月的第一周——正是在莫斯科遭到挫败的时候。

同一周，勃劳希契以患病为理由要求辞职，下一周包克也提出同样要求，不久以后，李勃建议从列宁格勒附近的北方前线撤退，但遭到希特勒的拒绝，于是他也辞职了。就这样，4名最高司令官全部离职。

希特勒没有派人接替勃劳希契，却乘机亲自担任陆军总司令。

红军在12月发动的冬季反攻继续了3个多月，不过它的进展逐渐缓慢下来。到3月，红军在某些地段前进了150英里以上。但是，德军守住了他们冬季战线上的主要阵地。

德军失败的主要因素是什么呢？

（1）秋季的泥泞和冬季的大雪是明显的原因。

（2）但更根本的原因是他们错误地估算了斯大林能够从苏联大后方调来的后备部队。他们估计要对付200个师，并估计到8月中旬可将之击溃。但到那时又有160个师出现在战场。到这些师又被解决之后，秋季已经到来，而当德军在泥泞中向莫斯科推进时，他们发现又有新的部队挡住他们的去路。

（3）另一个根本原因是，尽管苏维埃革命后在各方面取得技术进展，但苏联仍处于原始状态。这不仅是指苏联军民惊人的吃苦耐劳精神，而且也是指它原始的道路。假如苏联的道路系统已发展到西欧那样，它无疑会像法国一样迅速被征服。

（4）即使如此，如果在夏季，装甲部队直取莫斯科而不等待步兵部队，入侵仍有可能获胜——古德里安曾极力主张这样做，却遭到希特勒和陆军的一些老首领们的反对而作罢。

在苏联的一冬使德军元气大伤，他们一直未能完全恢复过来。然而很明显，希特勒在1942年仍颇有可能取胜，因为红军严重缺乏装备，而且由于战争初期的惨败，斯大林对军队的控制削弱了。

希特勒1942年的新攻势迅速伸展到高加索油田的边缘——依靠这个油田，苏联的军事机器才能运转。但是希特勒为了实现同时夺取高加索和斯大林格勒这一双重目标，将他的军队兵分两路。由于苦攻斯大林格勒不下，希特勒一再发动顽强的进攻以夺取这座"斯大林之城"，从而使他的部队消耗殆尽，这座象征着不屈精神的城市简直迷住了他的心窍。进入冬季后他仍禁止后撤，因此使进攻斯大林格勒的部队不可避免地被年末开到战场的俄国生力军所包围和俘获。

进攻之初，"闪电战"再次奏效——但这是最后一次。德军在库尔斯克—哈尔科夫地区迅速完成突破之后，克莱斯特的装甲兵团沿着顿河和顿涅茨河之间的走廊向南冲击。它冲过通往高加索的门户，6周之内仅推进到迈科普周围的西部油田。

这是苏联最虚弱的时刻。它新组编的部队中只有一部分能够投入战场，而即使这一部分也严重缺乏装备。对苏联来说，幸好敌方也已比1941年虚弱得多。希特勒设法以罗马尼亚、意大利和匈牙利的部队填补空隙，用他们来掩护漫长的侧翼——这一替代措施到年末却成了致命的负担。

克莱斯特从迈科普向高加索的主要油田推进时，首先由于缺乏汽油而停顿下来，然后又在山区受阻，他在那里既碰上更严峻的山地障碍，又遇到更顽强的抵抗。

与此同时，他自己的部队由于希特勒要增援分兵进攻斯大林格勒的那路部队而不断被抽走。在斯大林格勒，德军的第一次攻势勉强被阻住，但一次接一次的进攻却遇到越来越顽强的抵抗，而德军由于采用正面强攻，苏军也就比较容易对付这一威胁。希特勒无法忍受"斯大林之城"对他的挑战，在持续猛攻该城的战斗中，把他的部队弄得精疲力竭。这时，苏联新投入的部队正在两翼集结。

反攻开始于11月19日，时机选得非常之好，正是在头几次严重霜冻和几场大雪的间歇间；霜冻使地面坚硬，有利于快速行动，大雪则妨碍军队的调动。在斯大林格勒西北，苏军先头部队沿着顿河两岸猛插到卡拉契和通往顿涅茨河流域的铁路线。在斯大林格勒东南，钳形攻势的左翼向西插入南通提霍烈次克和黑海的铁路线。在切断这条铁路之后，他们逼近卡拉契，到23日完成了包围圈。在其后几天里，包围圈愈益收紧，陷入包围的敌军达20多万。进攻斯大林格勒的冯·保卢斯将军的部队完全陷入孤立。

与此同时，另一支强大的苏军冲出绥拉菲莫维奇桥头堡，在顿河河曲以西的地区展开。这一外层包围行动极为重要，因为它在可能赶来解救保卢斯的援军必经之路上设置了一道铁幕。德军于12月中旬在顿河以东从西南方进行还击。但是，这一仓促组织的进攻在离被围部队很远的地方即受阻，而且在俄军对其侧翼的压力之下，被迫逐渐撤退。这次尝试失败后，一切援救保卢斯的希望都化为乌有，因为德军统帅部已没有后备兵力再发动一次进攻。

斯大林格勒的灾难给德军留下一条漫长的战线，以他们遭到削弱的兵力是根本无法防守的。正如德军将领所极力主张的那样，撤退是唯一的出路，但希特勒顽固地拒绝予以批准。希特勒的军队越来越尝到在战略上战线拉得过长的恶果——这曾经是拿破仑遭到失败的原因。

德国已经在地中海地区付出战线过长的代价。意大利军队在北非的败北，促使希特勒向那里派遣了由隆美尔统率的德国援军。但是，由于希特勒全神贯注于苏联，他只派出仅足以支撑意军的部队，而一直没有做出重大努力去夺占地中海东部、中部和西部的门户——苏伊士、马耳他和直布罗陀。因此，实际上他不过是开辟了一个消耗德军兵力的新战场，这最终抵消了隆美尔的反攻所取得的成就，由于这些反攻，德军自北非的撤退延缓了两年多。

德军这时沿着地中海两侧和西欧的整个海岸线拉开战线，同时又竭力据守着一条深入俄国境内，极为广阔因而有致命危险的战线。

战线过长同样成为德国的新盟友的致命因素。日本用海军飞机对珍珠港发动的进攻，暂时削弱了美国太平洋舰队，其直接后果是日军得以占领盟国在西太平洋的阵地——马来亚、缅甸、菲律宾和荷属东印度群岛。然而，由于这样迅速的扩张，使他们鞭长莫及，远远超过他们据守这些占领区的基本能力。因为日本是一个小小的岛国，其工业实力有限。

最初是英国人为了战线拉得过长而付出了代价——同时他们和美

国人都不得不由于遭到突然袭击而付出代价。

1941年7月,罗斯福总统派遣他的私人顾问哈里·霍普金斯出使伦敦,转达他对丘吉尔的政策是否明智感到的担心,同时也告诫丘吉尔,由于他"企图在中东做过多的事",会给其他地方带来风险。美国陆海军专家都同意发出这样的告诫,并认为新加坡的防务应优先于埃及。这些论点没有一条能够改变丘吉尔的看法:"我决不容许放弃保卫埃及的斗争,不管在马来亚付出什么代价,我都甘心情愿。"但他并没有真正料到那里会有什么危险。他说:"我承认,在我的头脑中,日本的全部威胁与我们的其他需要相比,只不过是一种隐隐约约的凶兆而已。"因此,令人痛心的是,马来亚的防御不足,显然应由丘吉尔本人承担主要责任——其所以如此,是因为他坚持要在北非过早地发动攻势。

一系列的错误并未就此为止。在做出断绝对日本供应石油的决定之后,丘吉尔"意识到禁运的可怕后果",一个月以后,他提议派遣一支他称为"威慑力量"的海军部队前往东方。海军部正计划在那里集结"纳尔逊"号、"罗德尼"号和4艘较旧的战列舰,再加上一艘战列巡洋舰和两三艘航空母舰。丘吉尔却宁愿使用"最少数量和最好舰只",建议派遣一艘"乔治五世国王"号型新战列舰,加上一艘战列巡洋舰和一艘航空母舰,他说:"我认为日本对付不了现在形成的反对它的英美俄三国联合力量。……一旦我提到的舰队到达,尤其是开到一艘'乔治五世国王'号型战列舰,就会使它更加踌躇起来。这可能真正起到威慑作用。"

于是,"威尔士亲王"号战列舰和"反击"号战列巡洋舰开赴新加坡,但没有带航空母舰。原定一同前往的那艘航空母舰在牙买加搁浅,不得不进入船坞修理。实际上,在印度洋还有一艘航空母舰,离新加坡不远,但没有接到开往那里的命令。因此,这两艘巨舰只好依靠以海岸为基地的战斗机做空中掩护,而这些飞机数量很少。

"威尔士亲王"号和"反击"号于12月2日到达新加坡。5天以后,向美国海军下达了"战争警告"信号,说"预期在今后几天内日本将采取进攻行动"。12月6日,据报告由巡洋舰和驱逐舰护航的一支很大的日本运输船队正从印度支那朝马来亚方向驶来。

与此同时,日本的一支海军舰队(有6艘航空母舰)正接近美国在太平洋上的主要海军基地夏威夷群岛的珍珠港。12月7日晨，那里的美国人在睡梦中遭到突然袭击。这一袭击是在宣战之前进行的，承袭了日俄战争之初日本人袭击旅顺口的先例。

直到1941年年初，日本的计划一直是，一旦与美国开战，就在南太平洋使用他们的主力舰队，配合对菲律宾群岛的进攻，迎战美国为了解救其在菲律宾的驻守部队而横渡太平洋开来的舰队。美国预料日本将采取这一行动，而且由于日本最近进驻印度支那，美国更加深了这一看法。但是，山本海军大将这时却设想出一个新计划——偷袭珍珠港。突击部队绕了一个大圈子，经千岛群岛，神不知鬼不觉地从北面南下夏威夷群岛，然后，在日出之前，从离珍珠港近300英里的地方，用360架飞机发动了进攻。美国的8艘战列舰中有4艘被击沉，其余的都受重创。仅仅用了一个多小时，日本就控制了太平洋。

日本在南太平洋发动的首次进攻也同样奏效。日本的入侵运输船队未受任何阻挡便越过暹罗湾，它的部队于7日夜在马来半岛北端的三个地点开始登陆。次日晚，菲利普斯海军上将率领两艘巨舰自新加坡启航，英勇地向北驶去攻打那些运输船，虽然在这么靠北的地方已不能得到海岸基地飞机的空中掩护了。10日天明后不久，英国舰队在关丹附近遭到从印度支那西贡的基地起飞的约80架日本轰炸机和鱼雷轰炸机的袭击。日机分为9批接连向"威尔士亲王"号和"反击"号猛扑，两舰都被击沉。

通过这些袭击，日本扫清了从海上源源不断地运送部队入侵马来亚和马来群岛的道路。正当日本的主力突击部队驶向东北方的夏威夷群岛时，其他海军部队护送运兵船队开进西南太平洋。几乎与空袭珍珠港同时，日军分别在马来半岛和菲律宾开始登陆。进攻马来半岛的目标是夺取英国在新加坡的大海军基地，但并没有试图从海上攻打它——而守军原来准备应付的就是来自这方面的进攻。日本采取了迂回曲折的进军路线。

日军在马来半岛东海岸的两个地点登陆，以便占领机场和转移视线，而主力部队则在新加坡以北约500英里的马来半岛暹罗地峡登陆。日军从东北端的这些登陆点拥向半岛西岸，相继包抄了英军试图阻住他们的几条防线。

日军不仅因为出人意料地选择了这么困难的进军路线，而且由于茂密的草木往往使他们得以神不知鬼不觉地进行渗透而得到好处。英军几乎节节败退6个星期，最后于1月底被迫撤出大陆，退到新加坡岛。2月8日夜，日军跨过一英里宽的海峡发动进攻，在多处登陆，沿着一条广阔的战线又展开渗透。2月15日守军投降，从而也就失去了通往西南太平洋的要冲。

在菲律宾的主要岛屿吕宋岛上，日军首先在马尼拉以北各地登陆，随后迅速在这个首府的后方登陆。在日军打击下，美国的部署被打乱，并受到两面夹攻的威胁，于是在12月底之前放弃了这个岛屿的大部分地区，退入小小的巴丹半岛。相对说来，美军在那里只有一条缩得很窄的战线能够遭到正面进攻，所以成功地固守到4月才被击败。

远在这以前，甚至在新加坡陷落以前，日军占领的浪潮就席卷了马来群岛。1月24日，几支日军分头在婆罗洲、西里伯斯和新几内亚登陆。3个星期后，日军包抄了爪哇岛的侧翼，使之陷于孤立，然后对这个荷属东印度群岛的核心发动进攻。不出3个星期，整个爪哇岛就像一只熟透的李子落入他们的手中。然而，似乎已迫在眉睫的对澳大利亚的威胁，却没有发生。

这时，日军的主要力量指向相反方向，即向西征服缅甸。从泰国向仰光展开的正面但战线宽阔的进攻，其目的是间接促进日本在整个亚洲大陆上的主要目标，即瓦解中国的抗战力量。因为英美供应中国的物资装备都要经仰光港进入，经滇缅公路运往内地。同时，这一精心策划的行动，也是为了完成征服通往太平洋的西方门户，并在今后英美可能从陆上发动攻势时所要取的主要道路上设置一道坚固的屏障。3月8日仰光陷落，两个月后，英军被赶出缅甸，越过崇山峻岭，退回印度。

这样，日军便得到一个很坚固的天然掩护阵地，夺回缅甸的任何企图将遭到严重障碍，并且必然要经过旷日持久的战斗。盟国花费很长时间才集结了足够的兵力收复日本占领的地盘——从东端开始。在这方面，他们由于保全了澳大利亚而得到好处，因为澳大利亚靠近日本一连串前哨据点，给他们提供了一个大规模的基地。

一旦美国的力量有了发展，而俄国也生存下来发展自己的力量，德意日三国轴心就注定要遭到失败，因为三国军事力量的总和比盟国的小得多。唯一不能确定的事情是要花多少时间战胜他们，以及取得多么彻底的胜利。侵略者这时已转入守势，他们所能抱的最大希望就是拖延时间，直到"巨人们"感到厌倦或相互发生争吵，从而获得较好的媾和条件。但是，要做到这样的长期抵抗就必须缩短战线。没有一个轴心国领袖甘心"失掉面子"自动后撤，于是他们死守每一块阵地，直到它被打垮。

1942年5月的珊瑚海海战带来了不利于日本的转折，次月发生的中途岛海战更加确定了这一点。这两场海战史无前例，双方舰只根本没有相遇，也没有发射一发炮弹。这是因为两场海战都是靠远距离空中袭击进行的，日本损失了5艘航空母舰，大大削弱了它的海空力量。太平洋地区虽然出现了转折，但是过了很久这一转折才明显地表现出来。

1942年8月7日，美国一支强大的特遣舰队把一个海军陆战师送上日本在所罗门群岛新建立的基地瓜达卡纳尔岛，经过在岛上的艰苦战斗和一系列海战，6个月后才完全收复该岛。与此同时，日军在新几内亚登陆，他们企图占领南海岸的莫尔斯比港的努力虽被澳大利亚军挫败，但仍死守西部的据点直到1944年夏——尽管他们遭到已发展为10个师的盟军日益加大的压力。

然而，1943年秋季以后，战局的发展加快了。这是因为麦克阿瑟将军和尼米兹海军上将在各自沿着一连串岛屿进军的路线上，采取了越过进军途中的某些岛屿，把这些据点的守军孤立起来，越来越深地插入日本的外围防卫圈的办法。这种越岛战术，使日军的战线过长成为它致命的弱点。

不利于德国的战局变化发生得较晚，但一旦出现了这一变化，其发展则快得多。

希特勒1942年在俄国发动的攻势——他为获胜而进行的第二场赌博——的失败，本身并没有引起在冬季接踵而来的那场灾难。致命的一步是冬季来到时，希特勒顽固地拒绝让保卢斯的集团军从深入到伏尔加河畔的斯大林格勒阵地后撤。在高加索的集团军虽处境更险恶——因为他们推进得更深——却得以自拔，这足以说明在斯大林格勒的集团军本来是能够自行解脱出来的。尽管侧翼和后背不断受到威胁，但克莱斯特的集团军乘俄军受阻之机，已通过咽喉地区，撤退到安全地带。那次严冬中的长途撤退，是历史上摆脱敌人包围的最杰出的军事成就之一。此外，苏军于2月收复哈尔科夫后，推进到第聂伯河附近时，南翼的德军在曼施泰因的指挥下发动反攻，突破了苏军两个突出部分的联结部，迫使苏军慌乱后撤，并重新占领了哈尔科夫。

这一战役显示了德军仍拥有雄厚的防御能力，但对希特勒却产生了使他得意忘形的作用。他坚决不听从撤退到第聂伯河一线的主张，并决定在夏季重新发动攻势——尽管德军兵力大为减弱而俄军则日益增强。对比之下，自1942年以来，苏军在质量上和数量上都大有改进。新装备的供应和新编师的数目均大大增加，苏军在数量上的优势这时已达到约四比一。

7月5日，德军终于在库尔斯克地区发动了进攻。希特勒为这次攻势投入17个装甲师——几乎是他的全部装甲师。钳形攻势的两翼都陷入苏军设下的纵深很大的布雷区——德军长时间准备进攻，使苏军事先得到了警告——因而未能取得大量俘获，因为苏军已将他们的主力部队撤出，德军扑空。7月12日德军开始后撤，这时俄军发动了进攻，起到反弹簧般的反击作用。

8月下半月，苏军发动攻势的范围更广，虽然进展并不很快，但它的交替打击却使德军为数甚少的后备部队疲于奔命。瓦图丁、科涅夫、罗科索夫斯基等熟练的指挥官，机敏地利用了德军战线广阔兵力薄弱的弱点。9月底之前，他们已推进到第聂伯河，越河在广泛地区建立了多处桥头堡。当德军的注意力集中于瓦图丁对著名城市基辅的威胁时，科涅夫突然从他在克列缅楚格的桥头堡发起猛攻，几乎切断了第聂伯河河曲形成的大突角。苏军在这里的新攻势于11月初进展到第聂伯河河口，封住了克里米亚的出口，把那里的敌军孤立起来。

希特勒能够感到宽慰的，主要是他的北翼各集团军于9月从斯摩棱斯克撤到第聂伯河上游的防线后，在10月至12月之间成功地打退了俄军连续5次的进攻。这里的进攻主要集中于横跨莫斯科—明斯克公路的阵地。由于进攻路线颇为明确，而且战线狭窄，防守组织得很好，尽管在人数上处于约一比六的劣势，却占了上风。这说明，如果希特勒采取更为明智而减少自我消耗的战略，他原可以把战争拖延下去。

但是，苏联得以保存自己并在以后发动进攻，在很大程度上有赖于海上力量所固有的两栖作战的灵活性及其给敌人造成的广泛威胁，从而使德国的力量分散。分析表明，其影响比历来所认识到的更为重大。1940年，德国进攻西欧时投入其兵力的95%。而当1941年进攻苏联时，却只敢动用70%的兵力——因为他们感到有必要保卫他们已占领的各国的广阔海岸线，以对付英国从海上发动袭击的威胁。

美国的增援和进攻性航运规模的日益扩大，使这种威胁增加，这时力量的分散更形严重。甚至在西方盟国登上诺曼底之前，就有将近一半德军已调离苏联战线。而且，调离苏联的部队中，有将近1/4的兵力是准备应付即将来临的横渡英吉利海峡的进攻。这就是海上力量作为一种威胁——沿着欧洲长达8000英里的海岸线，任何地方入侵部队均可登陆这个普遍存在和无法估计的威胁——所造成的影响。

地中海地区的战局变化比在苏联出现得早。1942年春，丘吉尔再次催促早日行动。他指出，苏联人正在殊死战斗，近在咫尺的马耳他，由于凯塞林的连续空袭而陷于绝境。但是，奥金莱克深知英军在技术上和战术上的缺点，准备等到里奇的兵力提高到足以抵消隆美尔在质量上的优势以后再动手。丘吉尔否定了他的论点，最后决定向他发出明确的进攻命令，要他"必须服从，否则将被解职"。

但是，隆美尔先发制人。5月26日的月夜，隆美尔带领3个德国师，后面跟着意大利的一个装甲师和一个摩托化师，绕过了英军阵地的侧翼；把4个意大利非摩托化师留在防守加扎拉防线的几个英国师对面"虚张声势"。他的侧翼包抄行动使英国装甲部队陷入不利地位，只能零星投入战斗，因而受到沉重打击。

尽管隆美尔初战得胜，但他并未能实现原来的计划，冲到海边，从而切断加扎拉防线上的几个师。他的装甲师第一次遇上美国提供的装有75毫米火炮的格兰特坦克时，大为震惊——已有200辆这种坦克运抵第八集团军，而隆美尔在发动进攻时尚不知道此事。他本人写道："美国新式坦克的出现，使我们的队伍损失惨重。……德军在一天之内损失的坦克远远超过1/3。"

第二天，他再次向海边进军，但进展很小，损失却更大。第三天也无所收获，于是他下令突击部队布置防御阵地。这是一个很危险的阵地，因为它位于英军筑有坚固工事的加扎拉防线后面，使他与其余德军被英军防守部队和他们延伸很长的布雷区隔离开来。

在此后几天里，英国空军向这个很恰当地被称为"大锅"的阵地投弹如雨，同时，第八集团军在地面上向它发动进攻。然而，到6月13日夜，整个形势发生了变化。14日，里奇放弃了加扎拉防线，开始迅速向边境撤退，使托布鲁克的部队陷于孤立。到21日，隆美尔占领了这个要塞，俘获了3.3万名守军以及大量军需品。除了新加坡的陷落外，这是在第二次世界大战中英国遭受的最大一次灾难。次日，第八集团军的残部放弃了萨卢姆附近的边境阵地，慌忙穿过沙漠向东撤退，隆美尔则跟在后面紧追。

究竟是什么原因使局势出人意外地急转直下呢？这样错综复杂的战斗，实属罕见，而且始终也没有很好地理出个头绪来。在隆美尔的笔记里却能找到主要线索："里奇把他的装甲部队在不同的时间里零星地投入战斗，因此使我们有机会每一次以刚刚足够的坦克和他们交战……"

隆美尔的估计完全正确。英军坚持对他的阵地发动一系列零星袭击，付出了沉重的代价。这样的正面进攻是极为不慎重的打法。隆美尔在击退这些进攻的同时，摧毁了他背后由第一百五十步兵旅据守的在西迪穆夫塔的孤立据点，并且为了获得供应，在布雷区扫清了一条通道。他还拔除了在南翼比尔哈希姆的更加孤立的据点，该据点由柯尼格将军指挥下的自由法国第一旅防守。

在此期间，英军的坦克实力已从700辆下降到170辆，而且大部分后备坦克也已用光。隆美尔在一次突然反击中，又俘获了4个炮兵团——这是很重大的战果。6月11日，他向东发动进攻，把剩余的英国装甲部队的大部分逼进他两个装甲师的夹击之下，迫使他们在一个狭窄地区作战，任由他集中火力猛轰。到13日黄昏，英军坦克只剩下70辆。虽然隆美尔自己在三个星期的作战中损失了许多坦克，这时他在仍能作战的坦克数量上已占有二比一以上的优势——而且，由于控制了战场，他能够收回并修复许多被损坏的坦克，而英军则不能。

次日，正当英军后撤时，丘吉尔发来一封口气强硬的电报说："无论如何不放弃托布鲁克，此点想无问题。"他在15日和16日的电报中又重复这一告诫。这个千里迢迢来自伦敦的忠告,却更铸成了大错。因为英军匆匆做出决定,把第八集团军的一部分留在托布鲁克,而把其余部分撤退到边境,这就使隆美尔有机会乘托布鲁克的防御尚未组织好之前,击溃那里的孤军。这场灾难结果是,里奇的残部仓促退入埃及,而隆美尔在后紧追。在这次追击中,隆美尔在托布鲁克俘获的大量军需物资使他受益匪浅。据非洲军团参谋长拜尔莱因将军说,当时隆美尔所使用的交通工具,有80%是缴获的英军车辆!

里奇的意图是在马特鲁港站住脚跟,用他的全部剩余兵力,再加上刚从叙利亚开到的新西兰师,在那里与德军一决胜负。但是6月25日晚,奥金莱克接替里奇直接指挥部队。他研究这一问题之后,取消了原命令,决定在阿拉曼地区打一场较为机动的仗。

这是一个难以做出的决定,因为它不仅意味着在撤走军队和军需物资时会遇到种种困难,而且也必然会在国内,特别是在白厅里,引起新的恐慌。在做出这一决定时,奥金莱克表现出一位伟大军人的冷静头脑和坚强意志。幸好做出这个决定,因为隆美尔推进得非常迅速,他的先头部队于26日突破了马特鲁以南的阵地,到达它后面的滨海公路。但英军已及时下达了撤退的命令,大部分被围部队得以在德军收紧包围圈之前突围而出。

在阿拉曼,奥金莱克并不满足于阻挡住隆美尔,而是企图从根本上扭转战局。隆美尔7月18日写的信,说明了他多么接近于取得成功——"昨天是特别困难和危险的一天。我们又熬过来了。但不能老是这样继续下去,不然,前线就要垮下来。在军事上,这是我所经历的最艰苦的时期。"对隆美尔来说,幸好英军和德军一样,打得精疲力竭,不久,奥金莱克也不得不停下他的进攻。然而,隆美尔最后发出感慨说:"尽管英军的损失超过我们,但是奥金莱克不得不付出的代价并不算太大。对他来说,最重要的是阻住我们的前进,而不幸,他做到了这一点。"

现在很清楚,这场第一次阿拉曼战役是真正的转折点,尽管丘吉尔的说法和一些战争回忆录都掩盖了这一事实。此外,英国的增援部队这时正经海路源源不断地开进埃及。

虽然奥金莱克像丘吉尔所承认和所说的那样,已经"挡住了逆流",但是当时并不能像事后那么清楚地看出,战局真正发生了变化。隆美尔仍停留在距亚历山大和尼罗河三角洲仅60英里的地方——近在眉睫,令人不安。丘吉尔已经在考虑更换司令官,后来他发现奥金莱克强烈反对他要早日重新发动进攻的要求,坚持进攻必须推迟到9月,以便使新的增援部队有时间适应沙漠的气候并受到一些沙漠战的训练,这时丘吉尔更换司令官的考虑就变成了决心。于是,经过进一步讨论,丘吉尔向在伦敦的战时内阁其他成员发出电报,建议任命亚历山大为总司令,并任命戈特为第八集团军司令——鉴于戈特这位英勇军人在最近几次战役中作为军司令官表现笨拙,这是一个出人意料的选择。但是戈特于次日飞往开罗的途中,由于飞机失事身亡。于是蒙哥马利得以幸运地从英国调来,填补这个空缺。

然而,这些调动却带来一个具有讽刺意味的结果,那就是,英国重新发动攻势的日期竟被推迟到比奥金莱克原建议的日期还要晚得多。

8月中,隆美尔只得到两支新队伍的增援——一个德国伞兵旅和一个意大利伞兵师。这两支部队都"下到陆地上",作为步兵使用。到隆美尔计划于8月底发动进攻的前夕,他的两个装甲师拥有约200辆装炮坦克,意军的两个装甲师有240辆。但是,英军在前线的坦克实力已增加到总共700多辆(其中约160辆是格兰特式)。

隆美尔不得不依靠在时间上和速度上收到突然袭击的效果。他希望,如果他迅速突破南部防线,截断第八集团军的交通线,该集团军就会张皇失措,其防线也会分崩离析。但是,8月30日夜发动进攻后,发现布雷地带比预计的要纵深得多。黎明时,隆美尔的突击部队只越过布雷地带8英里。

由于隆美尔不得不比原订计划提早转而向北,德军的进攻就直接指向了第二十二装甲旅,而且是单指该旅——但进攻在这一天较晚时才开始。因为不断遭到空袭,以及燃料和军火运输队的来迟,大大推迟了前进速度,以致非洲军团北转的路程虽已缩短,但要到下午才能开始。即使到9月1日清晨,燃料依然非常缺乏,隆美尔只得放弃在当天大战一场的打算。德军装甲部队的进攻虽已减少,但仍一再受到获得增援的守军的阻击。他们这时手中只剩下一天的燃料,大约只够各部队行动60英里之用。因此,在第二夜几乎不断遭到轰炸后,隆美尔决定停止进攻,逐步后撤。

对第八集团军的各部队来说,亲眼看见敌军后退,即使只是后退几小步,这一事实也比未能切断敌军退路所带来的失望大得多。这是战局已经发生转变的明显标志。蒙哥马利已在部队中树立了新的信心,部队对他也坚信不疑了。从战术上来说,这一战役也有特殊意义。因为不仅是守方获胜,而且是纯粹靠防御决定胜负,没有发动任何反攻——甚至没有认真打算开展反攻。

7个星期以后,英军才发动攻势。迫不及待的首相因这一拖延而感到恼怒,但蒙哥马利决心等到他的准备工作全部就绪,并确有把握获得胜利才进攻,亚历山大也支持他。英国自年初以来遭到一连串的灾难后,丘吉尔的地位这时很不稳固,于是他不得不屈从他们的主张,将进攻推迟到10月末,那时发动了第二次阿拉曼战役。

到那时候,英军不论在数量上还是在质量上都占有了空前的优势。第八集团军的战斗力达到23万人,而隆美尔只有不到8万人,其中德军仅有2.7万人。坦克实力的对比则更为悬殊。战役开始时,第八集团军共拥有1440辆装炮坦克,其中1230辆已做好战斗准备——而且在一场持久战中,还可以从存在埃及的基地仓库或车间里的另外1000辆坦克中,抽调一些来补充。隆美尔只有260辆德国坦克(其中20辆正在修理,30辆是轻装甲Ⅱ型)和280辆意大利坦克(全是老式的)——因此,实际上,英军开始时在能够投入作战的坦克数量上占1/6的优势,而且还拥有大得多的潜力来补充自己的损失。在战斗力方面,就坦克打坦克而言,英军更占优势,因为他们除格兰特坦克之外,这时还得到从美国运来的大量更新式、更优良的谢尔曼坦克的增援。此外,隆美尔已经失掉他先前在反坦克炮方面的优势。在空中,英军的优势也空前之大。他们拥有1500多架第一线飞机,而德军和意军在非洲可用来支援装甲部队的飞机总共只有约350架。

但是,对决定这一战役的成败具有更重大关系的是,为了扼杀德国装甲部队的海上供应线而由英国空军和海军潜艇共同采取的间接的战略行动。最严重的损失是油船被击沉,在英军发动攻势之前的几个星期里,没有一艘油船抵达非洲,因此,战役开始时,德军装甲部队手中所有的燃料只够拨发三次,而不是据认为最起码需要的储备量30次。严重的燃料短缺在各方面限制了反击行动。

给养的损失也是使部队中疾病蔓延的一个重要因素。最重要的"病号"就是隆美尔本人。当时他正在奥地利疗养,10月25日飞回前线,负责那时已大为削弱的防线,就在这一天,德军在毫无成果的反攻中损失了将近半数能使用的坦克。

这一战役成了一场消耗战——主要靠猛攻猛打而不是靠运筹策划——有一度看来这一努力已几乎濒临失败。但是,双方的实力异常悬殊,因而即使消耗的比例相差很大,也必然有利于蒙哥马利达到目的——而蒙哥马利的特点是,不管做什么事情,一旦下定决心就不达目的决不罢休。他还在他已制订的计划范围之内,不断改变进攻方向并发展一种击溃敌人的战术手段,从而显示了无比杰出的才能。

然而,由于在追击中迂回包抄得不够,或者说范围不够广,失去了截断隆美尔退路的机会。

隆美尔一旦逃脱了追击他的英军装甲部队的虎口,就不停地撤退到位于昔兰尼加西端靠近阿盖拉的他所看中的后方屏障阵地——远离阿拉曼700英里。然而,这时形势对他极为不利,以致他不能进行任何反击,即使在阿盖拉长期防守也不可能。

战斗停止了三个星期,这时第八集团军才把部队开上来对阿盖拉阵地发动进攻。这次进攻刚刚展开,隆美尔就开始溜掉,虽然一个包抄行动成功地切断了他的后卫部队,但这支部队在"战略拦阻网"还没有封好口之前就设法突围逃脱了。隆美尔再后退200英里,到布埃拉特的阵地又停了下来。他在那里停留了三个星期,但当第八集团军逼近,并于1月中旬发动另一次进攻后,他又向后撤退。这次他几乎一口气撤退350英里,越过的黎波里,退到突尼斯境内的马雷特防线。他做出这一决定,不仅是因为他的兵力虚弱和补给船只大部分被击沉,而且也由于英美军队在艾森豪威尔统率下于11月入侵摩洛哥和阿尔及利亚所造成的新局势。那次行动紧跟在阿拉曼攻势之后,发生在相距约2500英里之远的北非另一端。

在阿尔及尔附近的登陆,把通往比塞大的路程缩短到仅有400英里。当时，只用一小股摩托化部队就能够冲到比塞大和突尼斯，除了崎岖山路之外，不会受到任何阻碍。另一种办法，从海上或空中在这两个城市附近登陆或降落，也几乎不会遇到什么抵抗。但是海军当局小心翼翼，不敢在这么远离空中掩护的地方实行即使是小规模的登陆，而陆上的进军也过于谨慎。然而，尽管盟军的登陆出乎他们的预料，德军仍然迅速做出了反应。从第三天起，他们动员一切可用的运输机以及沿海小船只向突尼斯赶运部队。盟军开始登陆后两个半星期，第一集团军的先头部队已接近突尼斯，这时德军总兵力虽然仍很小，但正好足以阻击盟军。

由于这一阻击，双方在掩护比塞大和突尼斯的山区弧形战线上相持了5个月。虽然如此，这次失败从长远来看反而对盟军有利。因为它鼓励了敌方跨海向突尼斯源源不断地增派援军，而盟军则可利用海上力量的优势，愈来愈紧地勒往敌人的咽喉，来切断他们的物资供应，然后再截断他们的退路。

但是，1943年在突尼斯的战役，则是以德军的反击开始，使盟军惊慌失措。正当盟国的两个集团军——第一集团军从西，第八集团军从东——即将用两腭咬碎轴心国部队时，他们发动了这次反击。轴心国统帅部的目的是使敌人的两腭脱臼，从而抢先排除被嚼的危险。对于达到这样的目的，当时的情况已变得比表面上看到的形势更为有利。这时，运到突尼斯的增援部队已组建成一个集团军，由冯·阿尔尼姆将军指挥，同时，由于隆美尔的残余部队向西撤退靠近了补给港口，因而得到新兵员和装备。

美国第二军（其中包括一个法国师）是这次反击的直接目标。该军的战线长达90英里，但主要集中在穿越山岭通往海边的三条通道上，先头部队部署在加夫萨、费德和丰杜克附近的山口。1月底，德军第二十一装甲师突然猛扑费德山口，在美国援军到达之前击溃了法国守备部队，从而获得一个出击口。2月14日，真正的进攻开始，首先从费德山口发动了又一次猛扑。当美国装甲部队前来迎战时，第二十一装甲师展开队伍，在正面牵制住美军，却迂回他们的左翼并包抄他们的右翼，以便从后面捕捉他们。然而，美军在通往塔拉的路线上集结了兵力，并顽强防守卡塞林山口，德军直到20日晚才在那里突破。次日他们冲入塔拉，但已精疲力竭，被当时已抵达那里的英军后备部队赶了出来。到 22 日，德军认识到他们已失去良机，于是停止进攻，开始逐步后撤。

迟至 2 月 26 日，蒙哥马利只有一个师部署在马雷特防线对面。这一次他感到担忧了，他的部下拼命设法在德军发动进攻之前恢复均势。到 3 月 6 日隆美尔出击时，蒙哥马利已把兵力增加了 4 倍——除 400 辆坦克外，他在阵地上还有 500 多门反坦克炮。这样，在此期间隆美尔丧失了以优势兵力进击的机会。进攻到下午便停止了，德军损失了 50 辆坦克，对战役的下一阶段极为不利。到这时，他们也失去了隆美尔，他病魔缠身，灰心丧气，返回欧洲去了。

第八集团军于 3 月 20 日夜发动了对马雷特防线的进攻。主要的打击方向是正面，意在靠海处突破防线，打开一个缺口，以便使装甲师通过缺口向前推进。同时，新西兰军向敌军后方的哈马发动了一次大的迂回敌人侧翼的进击，目的是牵制在那里的敌军后备部队。正面进攻未能打开足够大的缺口。因此，经过三天的战斗后，蒙哥马利改变了他的计划，向敌军内陆侧翼进攻，派遣第一装甲师去支援新西兰军对敌人后方构成的威胁。

然后，在 4 月 6 日天亮前，第八集团军趁漆黑的夜色对瓦迪阿卡里特发动了进攻。由于这一战术上的新创造，使英军得以突破敌方防线，但由于天亮后受到德军阻击，未能充分加以利用。德军迅速从瓦迪阿卡里特撤退，并逃脱了盟军截击他们的企图。这时，如果德军做出决定把他们的部队撤到西西里，他们是有机会做到这一点的。然而，德军最高统帅部却宁肯延长非洲战役，而不愿把两只犄角收回来，将欧洲防务的基础放在欧洲南部海岸。即使在突尼斯，德军为了保住突尼斯和比塞大两地而设法防守的战线也过长——100 英里的环形防线——与他们的人力物力不相适应。德国在那两个"进退维谷的犄角"之间拉得很长，给盟军提供了极好的机会来利用可以在两个目标之间任意选择的有利条件。

在发动进攻之前，亚历山大重新做了部署。4 月 20 日第八集团军发动攻势，首先打击敌军左翼。但是，在昂菲达维尔以北，海滨走廊变得非常狭窄，前进的速度不久就缓慢下来，到 23 日便完全停止。

这时亚历山大再次调整了他的进攻部署。他在中路右侧的古拜拉特附近只留下一支屏护部队，把第九军主力调到中路左侧，集结在第五军后面，并以第八集团军的两个精锐师——第七装甲师和印度第四师为后援。由于盟军掌握了制空权，阿尔尼姆几乎没有机会识破这一诡计，或在受到打击后重新调整他的部署。5月6日天亮以前，满天星斗但没有月光，当时已归霍罗克斯将军指挥的第九军发动了兵力高度集中的突击。守卫这一门户地带的敌军惊慌失措，很快便被印度第四师和英国第四师的步兵所击溃。拉得过长的防线不仅兵力薄弱，而且也没有纵深。这时，第六和第七装甲师集中的坦克开过了缺口。但是，他们为了对付德军许多小块地区的抵抗而耽搁了时间。到夜幕降临时，他们越过缺口只推进了几英里，距突尼斯城大约还有15英里。

然而，到次日晨已可清楚地看出，整个敌军在空中打击和战略打击的双重震动之下，仍处在严重的瘫痪状态，以致他们无力开展任何战术反击。当天下午，英国装甲师的先头部队已冲入突尼斯城。然后，第六装甲师转向北，第七装甲师则转向南，以便使敌军陷入更大的混乱。几乎同时，美军和法军也涌入比塞大。在战线的北半段，想不到敌军的抵抗一触即溃。敌军司令部被打得晕头转向，头上有空中压力，后有坦克紧逼，双方协同作战，于是，使它的机构完全失灵。德军崩溃的主要原因是指挥陷入混乱，而交通联络的破坏，又加剧了缺乏后备部队和供应失调所造成的士气涣散。另一个因素是德军的后方基地距离被突破的前线太近。为加剧了由于背靠大海作战而产生的沮丧情绪——因为这时海面已完全被盟军的海上力量和空中力量所控制。

这一战的结果，俘获了非洲的全部德意军队，为盟军重返欧洲扫清了道路——不然的话，盟军返欧可能受到阻挠。随后，他们于7月在西西里登陆并获得胜利，导致墨索里尼的垮台，紧接着意大利便投降。西西里战役又为盟军于9月初对意大利本土的进军扫清了道路。但是，德军为应付这个紧急状况而做出的反应，比盟军为利用这一机会所采取的行动要快。盟军沿着山路崎岖的半岛向北进军，艰难而缓慢。凯塞林指挥下的德军将领，发挥才能充分利用了这些障碍，而盟军将领在克服障碍方面所表现的能力却大为逊色——不过吉尧姆对法军的指挥，是一个光辉的例外。

值得注意的是，一旦普遍存在威胁的情况变成实际登陆的行动，盟军两栖作战的灵活性所造成分散敌人力量的作用就减小了。到1944年6月,盟军在意大利投入的兵力比凯塞林多1倍。对比之下,这样使用力量并不合算,而且证明美国的主张是合理的,那就是在南部占领战略机场之后,即停止在意大利的攻势。再者,继续进攻并没有从诺曼底引开德军后备部队,也没有像英国所希望和所声称的那样,阻止德军增援诺曼底。

作为对诺曼底登陆成功的辅攻,意大利战役所起的唯一战略作用是,假如没有这一军事压力,德军在英吉利海峡前线的兵力有可能会增加得更多。那里的进击部队和后续部队的规模,受到可供使用的登陆舰艇的限制,因此,盟军在意大利使用的部队,不可能在诺曼底登陆关键的初战阶段,调去增加那里的力量。

为了横渡英吉利海峡入侵大陆而在英国组建起来的盟军主力,于1944年6月6日在诺曼底登陆。如果他们能够在岸上牢牢地建立一个大桥头堡,足以在那里集结大量兵力并击破德军的封锁线,他们就保证会取得胜利。因为,一旦盟军突破防线,他们就可以在法国辽阔的土地上任意调动他们完全机械化的部队,而大部分德军主要还需依靠马匹的运输力。

因此,除非德军能够在最初几天把入侵者再赶下海去,否则德军的防御力量就注定要最后崩溃。但是,结果德军后备装甲部队开赴战场时,由于盟国空军的干扰而陷于瘫痪,以致被无可救药地耽误了。在这个战场上,盟国空军对德国空军拥有30∶1的优势。

即使对诺曼底的入侵在海滩上被击退,盟军这时所拥有的巨大空中优势,如果直接用于袭击德国,也肯定会把它打垮。因为,纵使在日益加剧的轰炸中仍能保持战斗意志,但由于交通的瘫痪和必要物资供应的破坏,有组织的抵抗也将会成为不可能的事。

1944年以前,盟军空中战略攻势作为除陆上入侵之外可供选择的另一手段,远远落后于对它的要求,而且对其效果也估计得太高。对城市不加区别的轰炸并没有严重减少军火的生产,也未能像预期的那样,瓦解敌国人民的斗志,迫使他们投降。因为,作为集体,这些国家的人民处在他们的独裁者十分严密的控制之下,而个人是不能够向空中的轰炸机投降的。

但是在1944—1945年,空中力量的使用情况改善了。除了对德国陆军的反攻给予阻击并常常使之陷于瘫痪之外,也用于轰炸对敌方抵抗力有决定意义的重要军事生产中心,其准确性和破坏效果日益增加。在远东,空中力量这把万能钥匙也保证了日本的垮台,没有任何必要使用原子弹。

一旦战局发生了转变,盟国前进路上的主要困难就是它们自己设置的一道障碍——它们的领导人缺乏明智和远见,要求"无条件投降"。这是对希特勒最大的帮助,使他得以保持对德国人民的控制;对日本的主战派来说,也是如此。假如盟国领导人足够明智,就他们的媾和条件给予某些保证,那么,很可能在1945年以前很久,希特勒就无法再严格控制德国人民了。

3年前,在德国广泛出现的反纳粹运动的代表们,向盟国领导人透露了有关他们推翻希特勒的计划,以及准备参加这场反叛的许多军界首脑的名字,他们的要求就是就盟国的媾和条件得到某些保证。但是,当时也是,后来也罢,一直没有对他们做出表示或给予保证,因此,他们当然也就很难得到对这样一种"贸然行动"的支持。就这样,这场"不必要的战争"不必要地打了下去,无端地多牺牲了几百万生命,而终于降临的和平,只不过带来了新的威胁和另一场战争的阴云。事实证明,为了追求敌人"无条件投降"而不必要地拖延战争,只对斯大林有利——为共产主义统治中欧开辟了道路。

在占有极大优势的空军掩护之下,盟军在诺曼底的立足点很快便扩大为80英里宽的大桥头堡。虽然德军设法将盟军拦阻在那里近两个月,但他们一直未能进行任何有威胁性的反击。

7月25日,美国第一集团军发动了代号为"眼镜蛇"的新攻势,新近登陆的巴顿第三集团军准备随后跟进。为了阻止英军在西边卡昂附近发动的突击,德军已投入了最后一批后备部队。31日,美军先头部队突破了在另一翼的阿弗朗什战线。美军坦克冲过这个缺口,迅速遍布于战线后面开阔的原野。

德军在西线的大部分兵力被投入诺曼底战役,并根据希特勒"不准撤退"的命令死守在那里,直到溃败——其中大部分陷入包围。残军在这种情况下已无法继续抵抗,他们在撤退途中——主要靠徒步——又很快被英美机械化部队追上。

8月31日,巴顿第三集团军的先头部队在南面100英里的凡尔登渡过了马斯河。次日，巡逻队未遇到任何抵抗就推进到更向东35英里的梅斯附近的摩泽尔河。到达那里，他们距德国边境的大工业区萨尔仅仅30英里，离莱茵河也不到100英里。但是，主力部队未能立即跟上这次进军，因为他们的燃油告罄。

9月3日，英国第二集团军的一支先头装甲部队攻入布鲁塞尔——他们于当天早晨从法国北部出发，越过比利时推进了75英里。翌日，另一支先头部队开进安特卫普，在惊慌失措的德军基地部队尚未来得及进行任何破坏之前，抢占了那些完好无损的大船坞。这里距从莱茵河进入德国最大的工业区鲁尔的通道，不到100英里。如果鲁尔被占领，希特勒就无法继续进行战争。同一天，美国第一集团军的先头部队占领了马斯河上的那慕尔。在这一翼上，这时在英军面前出现了一个宽达100英里的大缺口。在附近，没有任何德国部队可用以填补缺口。在任何一场战争中也难得遇上如此大好机会。

可是，正当全面胜利业已在望之时，盟军的进击却逐渐停止了。到9月中旬，德军在全线加强了防御，特别是在最北面的那一段。由于蒙哥马利当时正准备于9月17日在阿纳姆向莱茵河发动另一次大规模进攻，这一点就尤其不幸。在这次进攻中，他计划投下最近组建的盟国空降军来开辟道路。这一进击在达到目的地以前就被敌军遏止了，降落在阿纳姆的英国空降部队有一大部分被切断，最后不得不投降。

在下一个月里，美国第一集团军粉碎了亚琛的防线，而蒙哥马利则指挥加拿大第一集团军消灭了控制着从斯凯尔特河口到安特卫普的通道的两个德军小块阵地，从而封锁了该港口。消灭这两块阵地的战斗艰巨而缓慢，直到11月初才完成。在此期间，德军沿着莱茵河前线构筑工事的速度比盟军要快得多，尽管德军在物资供应方面相差很远。11月中旬，盟军在西线的所有6个集团军发动了一次总攻，其结果损失严重，收获却小得可怜。在此之后，德军甚至有力量于圣诞节之前在阿登山区用两个装甲集团军发动一次强大的反攻。这次反攻把美国第一集团军打得措手不及，突破了他们的战线，几乎推进到马斯河，在被阻止之前使盟军大为惊慌失措。后来，蒙哥马利和巴顿左右夹击，才把德军造成的突出部挤了回去。

盟军为9月初坐失良机所付出的代价是昂贵的。他们在解放西欧的过程中，伤亡人数约75万，而其中就有50万人的伤亡是在9月受阻之后。就世界范围来说，付出的代价则更为巨大——由于战争的延长，几百万男女丧失了生命。而且，在9月间，苏军大部尚未进入中欧。

在东线，1944年战役中的主导因素是，德军的战线仍然那么宽，而他们的兵力却日益减少。其必然结果是，苏军不断前进，除了受到自身补给问题的影响之外，很少遇到阻力——而由于苏联士兵的要求比较简单，补给问题所造成的障碍，比在任何其他大国的军队中要小得多。6月23日，俄军在普里皮亚特沼泽地带以北发动了夏季攻势，不久便把德军赶出白俄罗斯和波兰东北部。7月14日在普里皮亚特沼泽地带以南又展开另一场进击。到月末，苏军也开到里加湾，而在中路他们已挺进到华沙市郊，那里的波兰"地下运动"领袖们受到鼓舞，发出了起义的信号。

这正是德军经历一场总危机的时刻。在西线，他们在诺曼底的战线正在瓦解，而他们的后方受到暗杀希特勒的阴谋及随之而来的清洗的冲击，动荡不安。但是，8月份德军令人吃惊地重整旗鼓，这首先在华沙开始。三个党卫队装甲师在关键时刻开到那里发动反击，击退了苏军先头部队。这给德国人带来了喘息的时间，以便乘机镇压波兰人的起义。但是局势的变化并不局限于那个地区——因为到8月第一周的周末，苏军几乎在各地都受到阻遏。苏军在5周内前进450英里——这是他们迄今完成的距离最远、速度最快的进军。他们这时尝到了把运输线拉得过长的必然恶果，于是不得不屈从于这一条战略法则。苏军在维斯杜拉河畔停留了6个月后，才准备好发动一场新攻势。

暂时的僵持局面由于改变了进攻方向而被打破——苏军在南方的罗马尼亚战线采取了新行动。罗马尼亚很快便投降，紧接着保加利亚被占领，苏军越过特兰西瓦尼亚阿尔卑斯山脉进入匈牙利。

1945年年初，波兰的西半部仍在德军手中，但苏军统帅部已做好准备，尽量利用德军处境的基本弱点。源源运到的美国卡车使俄军能够把更大一部分步兵旅机械化，而且他们自己生产的坦克也在不断增加。这就增加了装甲军和机械化军的数量，以利于突破敌方战线。同时，新型的斯大林式坦克增强了他们的打击力量。

1月12日苏军开始进攻,科涅夫的部队向波兰南部的德军战线发动攻势。他们突破敌军防线,并对中部地区的侧翼造成威胁之后,朱可夫部队从更靠近华沙的两个桥头堡出击。同一天,即14日,罗科索夫斯基部队向北攻入东普鲁士。到第一周周末,苏军的进攻已深入100英里,而且战线这时宽达400英里——要靠姗姗来迟的很少一点援兵来填补这条战线,那是太宽阔了。1月31日,朱可夫的机械化部队到达奥得河下游,距柏林只有40英里。但是,德军由于被赶回到由奥得河下游和尼斯河所形成的一条笔直而较短的战线上,因此对防御有利。在这条防线上,他们的战线仅及原来的1/4宽——从波罗的海到波希米亚山区的边还不到200英里。由于需要防守的地域大大缩小,这就很有助于抵消他们兵力的损失。到2月的第三周,由于德军得到从西线和内地派来的援军,东线稳定下来了。

尽管苏军受阻,但正是他们即将进军柏林的威胁促使希特勒做出决定,大部分新征集的兵员必须派去增援奥得河地区,而不管莱茵河防线要担多大风险。这就为英美军队渡过莱茵河提供了方便条件。

到3月21日,巴顿已经肃清了莱茵河西岸从科布伦茨到曼海姆之间70英里长的地段之内的敌人,在这一地区的德国部队能够撤到莱茵河之前就切断了他们。第二天晚上,巴顿的部队几乎没有遇到抵抗便渡过了莱茵河。这时,蒙哥马利已完成为了在下游150英里的韦塞尔附近大举进袭莱茵河而进行的精心准备工作。他在这里集结了25个师。他计划进攻的那段30英里长的河段,只有5个力量单薄并疲备不堪的德国师防守。3月23日夜,经过3000多门大炮和一批接一批的轰炸机猛烈轰击之后,进攻开始了。先头步兵部队在水陆两用坦克的支援下,没有遇到什么抵抗就渡过了河,并建立了桥头堡。

盟军在向纵深进展中遇到的最严重的阻碍,是盟国空军的过度轰炸所造成的一堆堆瓦砾,这些瓦砾比敌军更加有效地堵住了前进的道路。因为德国人,不管是部队还是人民,这时都迫切希望英美军队在苏军攻破奥得河防线之前尽快向东推进,到达柏林,并尽可能多地占领德国国土。几乎没有人愿意帮助希特勒用自我毁灭的方法来达到阻挠敌人的目的。

随着末日的来临,希特勒的妄想有增无已,几乎到最后时刻,他还在指望出现某种奇迹来拯救他。4月12日,希特勒得到罗斯福总统突然去世的消息。戈培尔给他打电话说："我的元首，我祝贺您。命运使您最大的敌人大难临头。上帝并没有抛弃我们。"看来这就是希特勒一直在等待的"奇迹"——18世纪七年战争的危急时刻俄国女皇去世的重演。于是希特勒开始相信，东西方强国之间的同盟，由于他们相互对立的利害冲突，这时将会解体。这个希望并未实现，两周后，希特勒不得不自尽——就像腓特烈大王正好在他的"奇迹"降临，拯救了他的命运和生命之前几乎要做的那样。

3月初，朱可夫扩大了他在奥得河上的桥头堡，但还未能发动突击。苏军在远处的两翼继续前进，4月初占领了维也纳。这时，德军的西部战线已崩溃，那里的盟军从莱茵河向东挺进，很少遇到什么抵抗。4月11日，他们到达离柏林60英里的易北河。根据最高领导的决定，他们在这里停止不前了。16日，朱可夫和强渡尼斯河的科涅夫相配合，再次发动攻势。这一次苏军冲出了他们的桥头堡，不出一周就打到柏林城郊——希特勒曾决定留在那里决一死战。到25日，柏林被朱可夫和科涅夫的部队所包围，完全陷于孤立，27日，科涅夫部队在易北河与美军会师。但在柏林市区，德军展开巷战，进行殊死抵抗，直到希特勒自杀，德国无条件投降后，战争结束时，才完全被制服。

欧洲战争在1945年5月8日午夜正式结束。其实，那不过是正式承认战争的结束，因为一周以来，各地已经陆续停战。5月2日，在意大利的南线，全部战斗已经停止，实际上，那里的投降书在3天前便已签字。这是三份正式投降书中的第一份，最为重要，因为它是希特勒还在世时不顾他的权威而签订的。而且，它也是将近两个月前在这条战线上开始的"秘密"投降活动的结果。

9月2日，日本代表在停泊在东京湾的美国战列舰"密苏里"号上签了投降书。从希特勒进攻波兰开始，第二次世界大战历时六年零一天，到此结束——这时离德国投降已4个月。这是正式宣告大战结束，是一个使胜利者感到满意的仪式。因为真正的战争结束日期是8月14日，那一天天皇宣布日本接受盟国所提出的投降条件，战斗便已停止——那是在投下第一颗原子弹一星期之后。然而，即使是那次可怕的打击——它毁灭了广岛市，以显示这种新武器的巨大威力——也只不过稍稍提前了日本的投降而已。投降已成定局，实际上没有必要使用这种武器,从那以后,全世界就生活在原子弹的阴影之下。

到1945年春,日本显然已无法阻止美军在太平洋上双管齐下的反攻。1月,麦克阿瑟的部队完成了占领他们在菲律宾群岛的第一个立足点莱特岛的任务,并且再向前跃进一步,登上了主岛吕宋岛。到2月底,他们收复了这个大岛的大部分地区,包括首府马尼拉。比收复领土更为重要的是在战斗中消耗了日方空中力量——据估计日军损失飞机达9000架以上。这就严重削弱了可供防卫日本之用的战斗机力量,而这一点之所以更为重要,是因为尼米兹海军上将的部队又向前跃出一大步,于1944年夏攻占了马里亚纳群岛,从而能够在那里修建机场,以便重轰炸机向1500英里以外的日本展开轰炸。

在海军上将蒙巴顿所统率的以英军为主力的各部队的集中压力下,日军对缅甸的控制也被打破了。1944年日军入侵印度被击退后,斯利姆的第十四集团军推进到缅甸中部,1945年3月收复了曼德勒市。然后挥师向南,打开了通往仰光的道路。

在此期间,美军又来一次大跃进,越过了台湾。4月1日,他们在介于台湾地区和日本之间的琉球群岛的冲绳岛登陆。这个消息所带来的震动,再加上俄国通知日本解除他们和日本之间的互不侵犯条约这一不祥预兆,促使小矶内阁于4月5日倒台,随后,铃木接任首相。直到6月中旬,冲绳岛的日军才被彻底肃清,但他们的命运早在美军登陆后第一周便已注定,当时日本最后和最新型的现代化战列舰"大和"号从日本出击,企图解救冲绳岛,却于4月7日被美军飞机击沉。这是一次孤注一掷的行动,因为在1944年10月的菲律宾海战中损失4艘航空母舰后,再也没有航空母舰为"大和"号护航了。

很明显,美军一旦占领这个岛屿,很快就能够加强他们对日本本土的轰炸,因为这里的机场离日本不到400英里——仅仅是从马里亚纳群岛到日本的距离的1/4。以马里亚纳群岛为基地进行的空袭已造成可怕的破坏——春季以来轰炸的效果大为增加,因为美军把白天从高空投掷高爆炸弹的空袭方法大部分改为夜间从低空投掷燃烧弹。3月9日夜间对首都东京的一次空袭,就投下1600吨燃烧弹,市区约有15平方英里被烧毁,伤亡达18.5万人。到5月底,东京市民中有300万人无家可归,到8月,在被选为破坏目标的66座城市中,共有900多万人失去住所。

任何有战略头脑的人都会清楚地看出，局势已毫无希望，但铃木海军大将和他那寻求和平的内阁，陷入了一个棘手的问题。接受盟国提出的"无条件投降"，看来似乎是对作战部队的背叛，如果盟国要求废除天皇的话，他们有可能拒绝服从"停火"命令，因为在他们眼中，天皇不仅是他们的君主，而且也是神圣的。天皇本人采取行动解决了这一棘手问题。6月20日，他召集由6名核心内阁成员组成的最高战争指导会议①，在会上他说，"你们要考虑尽早结束战争的问题"。最后决定派遣近卫公爵前往莫斯科谈判媾和问题——天皇私下给他指示，要他不惜以任何代价谋求和平。

这时，美国人已独自获悉日本希望结束战争，因为他们的情报机构截获并破译了——使用被称为"魔术"的破译密码手段——日本外相发给日本驻莫斯科大使的电报。但是，杜鲁门总统和他的大多数主要顾问，这时一心要使用原子弹来加快日本的崩溃，正像斯大林一心想在战争结束前加入对日作战，以便在远东获得有利的地位一样。

有些人对使用原子弹感到怀疑，其中就有历任罗斯福总统和杜鲁门总统的参谋长的李海海军上将，他反对使用这种武器来对付平民——"我自己的感觉是，如果首先使用这种武器，那么我们就是采用了与黑暗时期野蛮人一模一样的道德标准。"但是，那些最接近政治家的科学家，有更多的机会引起注意，他们的积极主张在做出决定时占了上风——况且他们已经引起政治家对原子弹的浓厚兴趣，把它视为结束战争的捷径。于是，8月6日在广岛投下第一颗原子弹，毁坏了该市的大部分，炸死大约8万人——占该市居民的1/4。3天后，第二颗原子弹投在长崎。

在广岛投下原子弹的消息传到杜鲁门总统时，他刚参加完波茨坦会议，正在乘船回国的途中。据在场的人说，他高兴得大声说道，"这是历史上最伟大的事件"。然而，原子弹轰炸对日本政府的影响，比西方当时所设想的要小得多。俄国于8月8日对日宣战，次日立即出兵满洲，看来对提早结束战争产生了几乎同样有效的作用，而天皇

---

① 最高战争指导会议的成员并不是6名核心内阁成员，而是由首相、陆相、海相、外相、陆军参谋总长、海军军令部长组成。——译者

的作用则更大。这时，日本政府通过无线电广播宣布愿意投降，只要天皇的君主地位得到尊重——关于这一点，7月26日的盟国波茨坦公告不详地一字未提。经过讨论，杜鲁门总统同意了这一条件，这是对"无条件投降"的重要修改。

那么，究竟为什么要使用原子弹呢？斯大林在波茨坦会议上要求共同占领日本，这是很令人为难的事，美国政府急于想避免发生这样的意外事态。李海海军上将透露了第二个原因：科学家和其他一些人想要做这样的试验，因为在这个计划上已经花了庞大的费用——20亿美元。有一位曾参加这个代号称为"曼哈顿区计划"的原子弹制造工作的高级官员，把这一点说得更加清楚："原子弹非得成功不可——在这上面已经花了那么多钱……当炸弹制成并投下后，有关的每一个人都感到极大的宽慰。"

然而，20年以后，最清楚不过的是，美国投下原子弹，对人类并不是值得宽慰的事。

盟国在军事上所犯的一些最大的错误，发生在由于日本的严重错误判断而使美国加入战争之前——特别是在头9个月里所犯的那些错误。但是，"无条件投降"政策不仅导致战争的延长及由此而造成的巨大消耗，而且对建立一个美好而稳定的和平的前景极为不利。虽然看起来这似乎是一个政治错误，但实际上却是总战略上的一个根本错误。罗斯福和丘吉尔应对此负直接责任，但他们提出如此不明智和目光短浅的要求，也是受到民众情绪的影响，而他们的战略顾问们在这一要求的弊病未被经验证实之前，也未能对这个愚蠢的原则提出任何反对意见。最后，在与日本议和时，他们不声不响地放弃了这项要求。

美国参战后，1942年至1945年间，盟国方面在军事上没有犯重大的错误。将领们在他们的回忆录中记载的种种争吵，大部分是关于对结局无甚重大影响的次要问题——而且很难说某些人所赞成的另一种做法，会大大缩短战争或减轻其代价。

盟国占优势的工业实力和占优势的资源与海上力量相结合，才得以扭转战局并确定战争的结果。指挥才能对加速战局的发展没有起很大的作用，它充其量不过是有效地发展了一种克敌制胜的手段，并小心地避免了像第一次世界大战那样白白地牺牲众多生命,以致使各国军队和成年男子消耗殆尽的情况。但也决谈不上高明——如果按这个词的真正含义衡量的话。盟国方面有少数将领曾不时闪现出才华,但他们也是那些最容易犯错误的人。

同样明显的是,有些将领要求,或者让他们的拥护者为他们要求,把过多的功劳归于自己——同时又过多地抱怨他们的盟友。

由布赖恩特表达的阿兰布鲁克的说法[①]是:正是他想出了打赢这场战争的战略,并说服美国人采用这一战略。这个战略的目标是,通过"把希特勒的战略后备部队引诱到阿尔卑斯山脉以南并牵制在那里",从而使希特勒无法抵抗"跨越英吉利海峡和从俄国同时发动的进攻"。布赖恩特还强调,阿兰布鲁克于1941年12月就任英帝国总参谋长后即制定了这一战略,并"预见到"其发展过程。然而,阿兰布鲁克本人的日记并不能证实他的头脑中曾有过这样目光远大、全面而细致的计划。相反,日记表明当时他的主要目的只是重新打通地中海,作为通往远东的交通线。

仔细研究阿兰布鲁克的日记还可以发现,他对地中海地区局势的进一步发展,掌握得很慢并抱有怀疑。1942年6月,他曾反对罗斯福和丘吉尔提出的在法属北非登陆的计划,即怀疑其实际可能性,又怀疑其价值,不过他后来改变立场,接受了这一计划。登陆成功后,他在日记中一再批评对比塞大和突尼斯的进军推进得不够快,并为此指责艾森豪威尔。他对进军步伐缓慢的批评,从战术上来说,是有道理的。但是,这表明他并不像现在所说的那样,当时即已发展了那样巧妙的诱敌战略。因为进军速度的缓慢,无意中成为诱使希特勒和墨索里尼向突尼斯投入大批援军的手段——盟军的海上力量在那里孤立了轴心国部队,迫使他们于1943年5月投降。

这大量的"猎获物"使西西里失去了防御部队,而只有在这种防御空虚的状况下,阿兰布鲁克打定主意要现实的入侵西西里和意大利,才有可能获得成功。此外,在上一个冬天他曾与以马歇尔将军为首的美国参谋长联席会议发生冲突,后者要求结束在地中海地区的作战,以便于1943年发动横渡英吉利海峡对诺曼底的进攻。具有讽刺

[①] 阿瑟·布鲁恩特爵士:《西线的胜利,1943—1946年》(1959年),第197页。

意味的是，正由于盟军向突尼斯的进军进展缓慢，他们才放弃希望，同意下一个行动应是入侵意大利——如阿兰布鲁克所希望那样——因为当年发动横渡英吉利海峡的进攻已为时过晚。盟军的战略改为入侵意大利，是丧失时间所造成的事态发展的必然结果，而不是辩论所得出的必然结果。但是，尽管阿兰布鲁克的愿望得到满足，不久他的希望便由于登陆后的进展缓慢而又变成失望，于是他再次批评美国军方领导人，以此发泄他的失望情绪。

另一方面，美国将领们在回忆录中，怀疑阿兰布鲁克和丘吉尔是否真心诚意接受了已确定的计划，即继1943年入侵意大利之后，应于1944年入侵法国。阿兰布鲁克的日记中的许多条记述会使人们重新想起他们的上述怀疑，以及他们对英国当时企图延缓横渡英吉利海峡作战的猜疑。迟至1943年10月，他还在日记中记述了丘吉尔给他的一个便笺表示"希望牺牲横渡海峡的作战，而把战略重点转回地中海地区"——并评论道，"我在许多方面完全支持他"。此后一周，他记录下丘吉尔在主张地中海地区的作战时，把它和横渡海峡的进攻"对立起来"，而他自己则称后者为"非常成问题的"。他知道美国人会强烈反对再次推迟横渡海峡的进攻，也反对在巴尔干采取任何行动，他评论道，"眼看我们的战略被他们的短见所歪曲，我感到厌烦"。

然而，在11月底的德黑兰会议上，由于斯大林支持了美国的反对意见，英国的战略计划受到很大的抨击。这是个不祥的预兆，而且具有讽刺意味。因为根据哈里·霍普金斯的日记，美国人曾预料在德黑兰会议上俄国人会和英国人站在一起，主张在1944年进攻巴尔干，而不是进行诺曼底作战——这样的预料表明他们根本没有看出斯大林的战略的长远政治目标。他当然愿意看到英国所致力的目标远离东欧，从意大利转向法国。

因此，丘吉尔和阿兰布鲁克被迫承担了他们二人都不喜欢的一个明确的义务。几乎就在诺曼底登陆的前夕，阿兰布鲁克还在日记中写道，他"由于疑虑和不安而肝胆俱裂……横渡海峡作战简直使我忧心忡忡"——并担心这可能成为"这场战争中最可怕的灾难"。甚至在诺曼底完全获胜之后，他仍在连续向德国进军的各阶段抱悲观态度，对在那个战场早期获胜的前景表示怀疑。

但是从诺曼底登陆那时起，不但阿兰布鲁克，连丘吉尔都不再对战争的进程或结局发挥任何重大影响。在战略方面和政治方面，美国的影响都占有压倒优势，决定了盟国的方针。事实上，当英国首相开始认识到他和罗斯福一起那么轻率地确定的"无条件投降"政策所带来的不祥后果时，他已无力改变这一政策。正如早些时候他自己声称的那样，实际上他已降为美国总统的"副手"。

在战术领域里，蒙哥马利保持了英国的影响——先是作为在诺曼底担任实际指挥的盟军司令，接着在突破德军防线后，作为这一战场上的英军司令。盟军之间的斗争，这时主要表现为以蒙哥马利为一方，和以布雷德利以及他那不听话的下属巴顿为另一方的拔河比赛，艾森豪威尔是双方之间的绳子。

在艾森豪威尔接管战地指挥权之前的第一阶段，蒙哥马利是主要的批评对象——当时和后来在回忆录中，受到美国将领们的猛烈攻击。他的态度使他们恼火，这是不难理解的——艾森豪威尔和布雷德利两人都表现出惊人的耐心，除非是到了怒不可遏的时候。但是，对各次战役进行分析，并不能证明有许多批评是正确的。整个说来，他打乱敌人阵营的计划实施得卓有成效，在进行中受到的一些挫折，多半应归咎于英军和美军的执行人员。

关于突破德军防线后应如何利用战机的问题，艾森豪威尔成为主要批评对象——特别是受到英方，尤其是蒙哥马利的批评。他们把未能在1944年结束战争的责任归咎于艾森豪威尔相信在"宽阔的战线"上进军，而不赞成蒙哥马利所主张的集中力量沿着一条路线突击。但是分析证明，这种分歧，以及说它是盟国从诺曼底向莱茵河的追击遭到挫败的决定性因素这样的论点，都是没有多大意义的。因为，为了巴顿在右翼前进而给予他的供应份额，比他停止前进时每日只多500吨——而每日2500吨的总额，与蒙哥马利和霍奇斯共同向前推进的左翼所得的数额相比，只占一小部分。此外，对巴顿的额外供应，比在左翼由于种种错误估计而浪费的物资要少得多，特别是蒙哥马利所计划的对图尔内附近的一次不必要的空降袭击，在关键性的6天里每天损失800多吨物资供应，直到取消这次作战为止。

盟军进抵莱茵河，从而阻止溃散的敌军集结，这本是很有希望的，但致命的是，英军到达布鲁塞尔和安特卫普后，从9月4日至

7日却按兵不动。这和蒙哥马利从塞纳河进击时所宣布的目标很不一致。他的目标是"迫使敌军一直溃逃到莱茵河，在敌军重新组成一条防线抗拒我们之前，'冲出'一条路，渡过莱茵河"。在任何深入穿插或追击中，不容喘息的前进速度和压力是获得成功的关键，即使是一天停止不前，也可能使前功尽弃。在安特卫普的长时间停留，一部分是由于从塞纳河出发进行突击之后，普遍出现一种松懈的倾向，但也由于做出了德军已无力集结这样过分乐观的估计。

在追击中发生的这些错误的背后，有一个更深刻的错误。盟军在机会如此有利的时候所遇到的一切麻烦的根源，是由于最高决策者中没有一个人预见到8月里所发生的敌军的彻底崩溃。他们还没有做好必要的准备，乘机立即发动一次快速而远程的冲击。他们互相指责对方在追击中的错误和拖延，这并没有切中要害。从根本上来说，在追击开始之前，他们的认识便都有错误。

（崔思淦　李家骅　译）

第二十五章
第二次世界大战外交史

第二次世界大战期间，民主国家与国家社会主义、法西斯主义或共产主义等专制国家之间的根本区别，如同在军事战略方面一样，也可从它们的外交方面看出来。争取中立国家；保持盟国间的良好关系；民族权利的要求最终必须考虑到其他国家的利益，审慎的外交所具有的这一切特点，在民主国家一方表现得十分明显。在俾斯麦以后，德国的政策，无论是在威廉二世或魏玛共和国时期，一直以不讲分寸而著称。希特勒把以往政权的错误更加以扩大；充斥于《我的奋斗》一书中那些粗鲁的说教，实际上是集他的政治观念之大成，正如闪电战，即以优势兵力进行迅雷不及掩耳的攻击，是他最喜欢采用的方法一样。他主要靠个人会见来采取重大的外交步骤，因为在会见中他能施展他恫吓和狡诈的策略。① 他对他的职业顾问置之不理——事实上，他认为德国外交部在政治上不可信赖——很少设法取得别人爽快而出自真心的赞同，即使对盟友亦是如此。他与墨索里尼多次会晤，几乎都是他滔滔不绝地讲话。他的外交部长里宾特罗甫竭尽其平庸的才能仿效主子的特点，在会见齐亚诺时一样趾高气扬。德国的军事首领们也毫不掩盖他们对意大利人的藐视。德意之间没有相当于设在华盛顿的英美联合参谋长委员会那样高级别的联络机构。墨索里尼在把意大利拖入战争后，很快得出结论：希特勒关心与法国的和解，甚于关心满足意大利的领土要求（至少暂时如此，虽然他绝不会对维希政府信守诺言）。墨索里尼未同德国商量就向希腊发动进攻，希特勒不同

---

① 佛朗哥将军是希特勒未能动摇其不动声色的自信心的少数较小的人物之一。1940年10月在昂代举行会见前，佛朗哥坚持午饭后睡觉的习惯，让希特勒等候了一个小时。

意此举，因为他认为这可能引起英国轰炸罗马尼亚油田之类的行动。希特勒则直到开始进攻苏联之前一星期才告诉墨索里尼他的这一意图，以示回敬。毋庸置疑，在怂恿德国进行侵略上难辞其咎的墨索里尼，一定是极力希望德国不要在苏联轻易得逞，因为德国如获全胜，将意味着意大利屈居附庸。德意之间在1942年也没有详细的作战计划来对付盟国可能在北非的登陆。意大利人希望在政治上控制突尼斯，最后试图坚守该地区，而德国人实际上无视他们的存在。

希特勒同日本的关系更加疏远，自然也更加小心。他不可能威吓日本，也不可能对它的决策施加多大的影响。他对日本在战争初期取得胜利的规模感到不安，据戈培尔日记说，他担心会出现"黄祸"。在苏联人看来，希特勒是不可信任的和狡诈的，正如他们在希特勒的心目中一样。1940年2月签订的苏德经济协定，允许德国有27个月的时间完成对苏联的交货，而苏联却必须在18个月之内履行诺言。[①]因此，当希特勒在1940年12月决定进攻苏联时，他知道德国是无须再履行它的交货义务了。

希特勒甚至对设在维希的法国附庸政府也感到不放心。他夸大了这伙抱失败主义情绪的手下败将们愤而采取行动的可能，因为在一位难以揣度的老人有名无实的领导下的这伙人，在继续玩弄那在最后岁月败坏了第三共和国声誉的个人阴谋。另一方面，希特勒并无意真正安抚法国人的情绪。对阿尔萨斯—洛林事实上的吞并；驱逐法国人的做法；为德军占领而付出的极高昂的费用；拒绝遣返法国战俘；处决人质，因此，除了少数缺乏判断力的政客、工业家或军人之外，这些都断送了任何真诚合作的可能。美国参战后，那些愿意在德国占领下的欧洲——它至少不会由共产党统治——牟取利益的法国工业家，开始怀疑德国取得最后胜利的可能。

德国人除武力和剥削外，不懂得从政治角度考虑问题。1940年9月宣布的欧洲"新秩序"所遭受的命运，表明了这一点。要想在各有关民族都感到满意的情况下，组成一个由德国领导的单一的共同体，无论如何是不可能的。"新秩序"的概念是以国家社会主义者关于"生存空间"的模糊思想为基础的。不过，尽管它字义含混，但

---

① 之所以有此差别，理由是苏联提供的主要是原料，而德国交付的是必须加工制造的成品。

在一种有计划地进行生产和交换的社会制度中建立一个大规模的、有秩序的共同体这种想法，对饱尝战祸的欧洲各国人民来说，可能是有吸引力的。英国很可能因此而陷于孤立，绝望地同一个在德国领导下追求和平与繁荣，而不愿无休止地进行战争的欧洲大陆相对抗。[①]对纳粹宣传家们来说不幸的是，希特勒从未对此计划感兴趣。虽然他吹嘘什么"千年帝国"，他专心致志谋求的仍然是征服和吞并。"新秩序"在德国人不得不在实践上予以放弃之前，在理论上就已被丢弃了。回顾起来似乎很奇怪：德国人并未准备打长期战争，而且，当1943年他们发现自己在为生存而战时，他们加紧对占领国进行掠夺和剥削，并对公众和个人的自由进行压制。整个战争期间对待犹太人的态度，不仅是德国人品格上长期抹不掉的污点——就德意志人作为一个民族来说，是不可能找到任何理由加以辩解的——而且在政治和军事上都与取得胜利风马牛不相及，只不过增加了所有文明人类对德国统治的厌恶而已。

苏联在外交上不择手段，与轴心国如出一辙。俄国对波罗的海各国的态度，与德国对较小的中立国的态度几乎毫无二致。而德国和苏联在对待波兰人时的所作所为也是如此。像德国一样，苏联的外交是在一个独裁者和他的一些亲信的严密控制之下。整个大战期间，斯大林和莫洛托夫始终配合一致。由于莫洛托夫对一切采取否定态度，并且不愿考虑除苏联之外任何国家的要求，致使与德国或盟国的谈判都遇到重重障碍。苏联的大使们几乎没有谈判的自由；驻莫斯科的大使们则如使斯塔福德·克里普斯爵士（1940—1941年英国大使）感到沮丧的那样，很少能见到斯大林，或者甚至莫洛托夫。苏联领导人对他们的盟国抱怀疑态度，很容易为一些琐事所激怒，或故意装出生气的样子。他们往往为达到自己的某些目的而夸大怀疑，但抱有这些怀疑也有某种真实的根据，即使仅仅因为他们不能相信西方国家不会像他们自己那样狡猾和欺诈。在他们同德国人合作期间，他们不信任希

[①] 维希政府部长博杜安曾把丘吉尔在1940年8月关于进行长期战争直到胜利为止的一次演讲，说成是"注定要导致毁灭的论调"（P.博杜安：《在政府任职九个月》，1948年，第309页）。英国外交部认识到德国这种宣传的危险性，建议由凯恩斯通过广播给予实际的回答，说明英国能够组成一种建立在英镑基础上，并同英联邦各自由社会联系在一起的秩序，这比起德国那种建立在马克基础上，受德国经济支配的秩序来，会给欧洲带来更多的好处。

特勒的各种建议，但是在提出抗议的情况下接受了德国针对他们的每一着棋；而与此同时却在他们力所能及的范围内夺取了可以使他们处于军事优势的一切领土。因此，在把特兰西瓦尼亚的一半归还匈牙利，苏联人自己也获得比萨拉比亚和北部布科维纳以后，德国人竟于1940年8月30日对罗马尼亚领土的其余部分给予安全保证，这使俄国人感到意外。当1941年3月德军进入保加利亚后，虽然他们这时形成从南方进攻乌克兰、斯大林格勒周围的工业中心和高加索油田的威胁，但苏联人仅仅是提出抗议而已。1941年夏，他们几乎已无法再向德国让步。除非在军事上彻底投降，希特勒不给他们任何选择余地，因为他已下定决心要一劳永逸地消灭俄国的武装力量。

德国进攻后，苏联的一种政治行动方式——宣传德国的好处而反对英国——方告终止，不过苏联人继续间接地干扰英国的作战计划，其手段是要求开辟第二战场，而这项军事行动欲取得成功，为时尚早得很。苏联驻伦敦大使迈斯基公开鼓励对英国政府的批评。① 在这种情况下，不可能同英国建立像英美之间那样的密切关系。丘吉尔曾试图同斯大林私人通信，但苏联人方面对此一直不十分热情；1943年6月，由于英国无法，或如斯大林所说不愿在西欧开辟第二战场，这种通信已几乎中断。

因此，随着战争形势主要由于俄国的胜利而变得对盟国更为有利，苏联对盟国的政策也就必然变得更加疏远、诡秘和欺诈。苏联对未来的看法是，他们必须继续保卫自己，以对付资本主义的民主国家获胜所带来的后果和德国东山再起发动侵略的可能。苏联人从旧式的军事思想出发考虑问题：他们在1939年至1941年曾竭力扩展他们的边疆，形成一个对德缓冲地区；他们意欲控制西部毗邻的，以及他们的军队所能达到的所有各国的政府，以重建这个缓冲区。在他们占领了他们想要控制的领土之前，他们不得不随机应变，向英美谈论什么在从德国统治下解放的国家重建民族独立和自由选举的政府之类的含糊其词的说法。

---

① 外交部考虑最好不理睬迈斯基滥用其大使身份的过分做法，但艾登认为有必要在1942年9月向他谈及此事。

美国的外交与苏联和轴心独裁国家的外交迥然不同。美国总统较英国首相有更大的个人权力，但罗斯福的行动自由，在1941年以前一直受到高度有组织的舆论界更多的限制。罗斯福和他的大多数顾问认识到德国尤其是德日的胜利对美国所造成的危险。美国很可能得不到中东和远东的原料，德国的影响可能在拉丁美洲扩大。希特勒在摧毁欧洲的政治自由后，将要破坏西半球各个地方的民主制度。然而，尽管大多数美国人厌恶独裁，同情英法，却认为欧洲民主制度之存亡与己无关，更不要说英帝国之存亡了。他们受主张修订凡尔赛和约的历史学家（以及德国宣传）的影响，首先关心的是美国应该避免第一次世界大战期间进行干预的错误政策。迟至1939年7月，国会仍拒绝废除中立法案中防止交战双方从美国购买武器的条款。罗斯福虽在1939年11月初得以使禁运解除，但美国船只却被禁止运军火至交战国，或进入总统所规定的作战区域。1939年10月在巴拿马举行的美洲国家会议，确定了一个"安全区"，以排除在西半球周围海域发生战争行动（加拿大和"欧洲各国没有争议的殖民地和属地"除外）。这个巴拿马宣言在国际法上是无效的；英国海军在拉普拉塔河作战时即对它置之不理。要想强制实行宣言，唯有诉诸交战行动，而这正是美国所不愿采取的。避免美国卷入战争，最稳妥的办法是劝说交战国终止战争。罗斯福于1940年2、3月间派遣副国务卿萨姆纳·韦尔斯前往伦敦、巴黎、罗马和柏林试探通过谈判媾和的可能性。英法担心韦尔斯提出的解决办法将会让希特勒继续当权，因而仅仅是一种不稳定的休战。韦尔斯的商谈还没有任何结果，德国就发动了对挪威和丹麦的入侵。

法国的崩溃使美国公众感到了自身的危险。法国和荷兰在西半球的属地可能沦于德国人之手。若英国失败，其前景更为可怕。那时美国将不得不在两个大洋上保卫自己和拉丁美洲，而美国的海军力量，只足以用于一个大洋。法国战败后，美国舆论的很大一部分认为英国已凶多吉少，应让其听天由命，而美国人应集中精力加强自己的防务。幸好总统另有考虑。

为应付轴心国控制新世界领土的危机，国会做出决议，申明美国不承认西半球领土从一个欧洲国家转让给另一个欧洲国家。1940年7月在哈瓦那举行的美洲国家会议支持这一决议（阿根廷最初不同意^{93}。1940年11月,罗斯福竞选总统,并获连任,但未能赢得共和党接受"两党"外交政策,不得不宣布美国将不派兵去海外参加外国的战争。另一方面,他坚持他的计划,把未来英国的需要包括在美国防务计划之中。他获连任后,有可能在援英问题上更加坚定。1940年12月,他提出"租借法案"。较早,在9月,当德、意、日三国同盟条约[1]宣布时,总统经与英国协商后决定,如美国被迫参战,它将在大西洋采取攻势,在太平洋采取守势。这个首先对付德国的计划成为英美战略的基础。1941年1月在华盛顿开始了秘密的参谋人员会议。经一系列会议,在年底成立了英美联合参谋长委员会,成为协调和指导两国战争行动的机构。

从此,英美合作即继续不断。这种合作在军事方面较外交方面更为密切。制定一项"联合"的外交政策以应付长远的利益,较之制定一项以打败共同敌人为直接目的的军事政策更非易事;即使如此,"打败敌人"这一说法本身,对英美两国来说,其含义也并非完全相同。不过,除正常的外交联系外,还辅之以丘吉尔与罗斯福之间的个人通信。丘吉尔任海军大臣时,即已经首相批准开始这种通信往来;其本来目的仅仅是互通信息,但在他本人任首相,特别是美国参战后,这些信件对制定政策具有最为重要的作用。这种个人之间的联系之所以有价值,还因为总统与美国国务卿之间的关系不如英国首相与外交大臣之间的关系那样密切。丘吉尔更勤于写信;从1940年5月起,他发出了大约1000封信,收到约800封,多数是回信。虽然他经常将信件内容告诉外交部,但这种做法有可能造成过分强调个人观点的危险。而且,在战争后期,罗斯福对丘吉尔在决策方面居于主导地位多少感到不安,或许是有点忌妒。美国人在各个领域的联合行动中,对英国人的谈判手腕均抱有戒心。甚至在参谋人员会谈初期,美国人就受到他们上级的告诫,说英国起草的建议,一定会"主要关心对英联邦的支持。英国人念念不忘的是他们战后的商业和军事利益"[2]。他们对丘吉尔说服别人的能力是抱有警惕的。美国海军上将李海在谈到总统的另一亲信哈里·

---

[1] 三国同盟条约保证缔约国在其中任何一国受到尚未参加欧战或在中国的敌对行动的国家攻击时互相援助。可能进行这种攻击的唯一的国家是美国。

[2] M. 马特洛夫和 E. M. 斯内尔:《联合战争的战略计划工作》(第二次世界大战中的美国陆军)(1953年),第29—30页。

霍普金斯时写道："谁也愚弄不了他，即使是丘吉尔。"①

战争开始后头几个月，英国外交迫切任务之一是说服中立国，特别是美国，同意采取必要的措施，对德国实行经济封锁。之所以使用"经济战"一词而不用以往的"封锁"，是为了使之也适用于阻止德国保持其海上贸易或获得进行战争的基本商品，以打乱其经济生活的努力。英国政府在最初这个时期过分相信经济战的作用，正如德国人过分依赖闪电战一样。德国人直到为时已经太晚时才认识到动员他们的全部经济资源的必要；英国人则忽视了以下事实：德国直到以闪电战进攻俄国造成很大损失之前，并未耗尽他们的物资储备和生产力。因此，断绝海外输入，并未能使之停止前进。

英国同中立国家的协商，由附属于外交使团的经济作战部代表具体执行②，但遇有可能导致政治关系紧张的事务，大使需亲自过问。鉴于过去美国人对英国的干预很敏感，对海上权利的解释如发生纠纷，很可能会引起严重后果。1940年年初，确实就有一次这样的情况。当时战时内阁考虑到有必要（与法国一起）派遣一个特别使团，同美国讨论封锁的办法，因为这关系到美国的利益。该使团达成了圆满的协议。此外，也与斯堪的纳维亚国家和低地国家、瑞士、希腊，以及在较小范围内同西班牙、南斯拉夫、匈牙利和罗马尼亚达成了各自的战时贸易协定。法国的崩溃，轴心国对大西洋和地中海欧洲海岸的占领或控制，改变了经济战的中心问题。与这时已处在轴心国控制下的各国所签订的战时贸易协定已不复存在。英国海军在从事保卫英国和英国商船的活动，不可能抽出足够的舰艇巡弋整个大西洋和地中海的海岸地带。切断敌人补给最可靠的办法是与生产国达成协议。美国是这类国家中最重要的一个。因此，美国接受"航运证书制度"③和对德国的邻国实行进口限额是至关重要的。美国的合作虽直到珍珠港事件后才臻于完善，但在1941年夏已大大增加，不仅提供了优先购买原可能运往德国的商品的权利，"冻结"了德、意、日的财产，

---

① W. D. 李海：《我在那里》（1950年），第138页。
② 关于经济战中的外交活动，参阅 W. N. 梅德利科特《经济封锁》（第二次世界大战史，国民丛书，1952年，1959年）。
③ "航运证书"是从驻在输出国的英国代表那里领取的一种证明书，证明运往欧洲国家的货物并非供给德国。

而且撤销了禁止美国商船向英国运送货物的限制,并在大西洋西部由美国海军进行护航。从 1941 年 9 月,美国海军舰艇即被授权可向大西洋西部区域发现的轴心国军舰进攻。

当英美合作逐渐接近军事同盟之际,美国正在对维希政府施加一定压力,并且使日本比较有所收敛,不敢一意孤行。贝当及其同僚仍然坚持他们的两个根本错误,即认为英国的失败已在所难免;德国将会允许法国不再受战争的约束,甚至如赖伐尔所希望的,可以设法使法国在德国控制的欧洲处于有利地位。维希政府的部长们对英国怀恨在心。如他们所说的,是英国把法国推向法国尚未做好准备的战争之中,尔后又未给予它足够的援助。他们对英国支持戴高乐将军甚为愤懑,因为戴高乐的运动取得的每一个胜利都减少了维希政府获取德国让步的机会。1940 年晚秋,英国外交部主要通过法国驻马德里大使馆,从维希政府的成员或代理人那里得到愿意进行接触的表示,但态度暧昧。这种接触的目的显然是为了阻止英国对戴高乐的援助和防止英国对法国同北非的贸易实行封锁。1940 年 10 月,贝当、赖伐尔与希特勒在蒙托埃举行会议,提出法德实行超出停战条件之外的合作。在这件事上唯一可能采取的影响维希政府的办法,是通过美国。在丘吉尔的请求下,罗斯福警告维希,交出法国舰队将会严重影响法美关系。英国政府更多地寄希望于北非的魏刚[①]而不是维希的贝当。它建议采取一些临时措施,法国允诺不进攻站在戴高乐一方的各殖民地,也不允许法国的港口和领土用来作为进攻英国的基地。作为交换条件,英国政府愿讨论就法国通过地中海的贸易做出让步。这个建议未取得任何结果,法国在经济上的要求太高。

这些接触失败后,英国外交部对维希政府不再抱希望;海军上将达尔朗[②]如同赖伐尔一样,是一个附敌和反英分子,不过没有赖伐尔那样诡计多端。然而,美国人仍然认为让步可能对魏刚产生作用。为此,他们决定给北非送去数量有限的补给品。英国政府认为这一计划是无用的,甚至是危险的,但也愿意一试。德国进攻俄国并没有影响维希的政策。1941 年 5 月,贝当发表了一次卖国色彩很浓厚的广播

---

① 魏刚将军于 1940 年 9 月被任命为维希政府在北非的总代表。
② 达尔朗海军上将于 1941 年 2 月任副总理兼外交部长。

讲话。俄国战役开始后,他认为德国人在年底肯定会占领莫斯科和顿河流域,然后回师击败英国。

美国的参战并没有促使贝当转向同盟国,而只是对美国参战表示遗憾。他告诉美国驻维希大使,如果德国坚持要改变法美关系,法国将不得不同意;否则它将继续保持中立。然而,虽然美国人和英国人一样十分希望法德之间的合作保持在停战范围之内,但他们此时再次更多寄希望于一旦进攻北非时能得到法国的支持。他们于1942年7月恢复了4月间因赖伐尔重新掌权而中断了一个时期的对北非的供应。这个时期,丘吉尔与外交部之间在对维希的政策上看法有很大不同。丘吉尔虽不指望维希政府的部长们会采取公然行动抵制德国的要求,但同美国人一样,倾向于认为他们将会改变态度,只要这样做可以有把握的话。外交部认为贝当将始终是一个失败主义者;赖伐尔和达尔朗不仅仅是设法与德国人和解,而是把自己的一切押在德国的胜利上。因此维希政府决不会让法国或北非投入战争。到他们回心转意,想为胜利做出贡献的时候,也就为时过晚了。

与美国人对维希政府,或者说无论如何对北非抱乐观看法相对应的是他们不同情戴高乐将军。戴高乐自从被英国政府承认(1940年6月28日)以来,未能像他所希望的那样,既获得法国著名人士——法国知名人士很少有人来到英国加入他的运动——又获得法属各殖民地更多的支持。不过法属赤道非洲追随他的运动,这在经济上和战略上是有价值的。戴高乐将军是一个不容易对付的人;他关心的是法国的荣誉和地位,因此,总是忽略这样的事实,即法国的复兴有赖于英美的胜利。他正在叙利亚和黎巴嫩给英国造成困难。当这两个前法国委任统治地主要靠英国的武器从维希政府控制下收复后,戴高乐曾同意宣布给予独立。他继续拖延实现这项诺言,并寻找理由说,英国施加压力要他具体实施上述诺言,是企图消除法国在地中海东部地区的影响。1942年初,戴高乐将军更大地损害了改善与美国当局的关系的机会。英国政府曾建议,应允许戴高乐接管当时由维希政府控制的纽芬兰海岸附近的法属圣皮埃尔岛和密克隆岛。① 美国人拒绝了这一

---

① 在圣皮埃尔岛上,有一个功率强大的无线电台,可用来为德国潜艇导航。

建议。他们不愿冒犯维希政府,并曾保证凡非美洲国家在西半球领地的主权,均不得转让。① 然而,戴高乐将军派遣自由法国的军舰去占领这两个岛屿。英国政府费了很大气力才劝说美国总统接受折衷方案:维希当局撤离这两个岛屿(当地居民对此感到满意),由加拿大和美国共同监督无线电设施。

尽管发生了这些和那些麻烦,英国认为仍应支持戴高乐将军,因为舍他之外再无其他法国人可胜任法国抵抗运动的领导人。这位将军所造成的许多困难,是由于英国政府答应向他提供援助,但没有得到他同意他们自己应承担任何义务,而且他所建立的法兰西民族委员会都是由他自己提名的人所组成。因此,英美的政策应该是利用美国承认该委员会的机会,重新确定其地位。1942年7月重新确定这一点时,没有提到戴高乐将军的名字;委员会被说成是法国人与联合国合作的一个组织。② 然而,盟军在北非的登陆,进一步带来了麻烦。美国人不愿让戴高乐参加作战,因为他们考虑到他在北非只有少数追随者,所以在登陆进行后才告诉他。③ 美国支持另一位法国将领吉罗,误认为他能更多地获得当地人的支持,这样,从一开始就在政治上犯了错误。艾森豪威尔将军希望利用海军上将达尔朗至少暂时作为法国在北非的行政首脑,这种想法的后果更加糟糕。不管从军事上找出任何理由说明这样做有利,英国和自由法国的舆论都对这种简直是在政治上开玩笑的做法感到震惊。

1942年12月24日达尔朗被刺,使英美同盟的严重紧张关系得到缓和,但戴高乐与吉罗的争斗依然存在。戴高乐比较有能力,也比较机智,而且更有资格代表法国各抵抗运动组织,终于成为新成立的法兰西民族解放委员会的首领(虽然美国很久以后才承认这一事实),但罗斯福拒绝承认该委员会有能力在从法国解放到举行大选之前一段时期接管法国的民政。丘吉尔同罗斯福一样不信任戴高乐。美国提议应在法国建立一个类似在意大利行使职能的盟国军事政府那样的机构,直到有可能举行公民投票决定这个国家未来的政府为止。外交部则认识到,法国人民在从德国占领下解放后,是不会理解为什么

---

① 参见原书第802页。
② 在戴高乐将军的请求下,他领导的运动的名称由"自由法国"改为"战斗法国"。
③ 如果戴高乐得悉罗斯福曾建议称呼贝当为"我亲爱的老朋友"的话,他的敌对情绪会更加严重。

在作战区之外还要受英美的控制；因此，虽然罗斯福拒绝承认这一事实，但除戴高乐将军和法兰西民族解放委员会之外别无选择。美国总统直到诺曼底登陆后仍然坚持上述看法。戴高乐有把握相信法国人民很快就会支持他，因而接受这种多少有点不伦不类的地位的话，也许会更明智一些。而他却与此相反，最初，拒绝允许属于盟国远征军的任何法国联络军官前往法国，直到使美国人就有关这些联络军官的职责签订了协议为止。丘吉尔尽管对戴高乐很恼火，仍然再次向罗斯福提出要求，罗斯福终于让步，不过直到1944年10月中旬，他才承认法兰西民族解放委员会是一个临时政府。

从战争爆发起，英美在远东的外交目的是设法使日本不要站在德国一方作战。法国崩溃后，英国的困难给日本提供了一个在中国以及整个东亚建立牢不可破的地位的机会。即使日本人中间比较谨慎的人也几乎跃跃欲试。维希政府无力反对日本进驻印度支那；英国抵抗的可能性取决于美国的支持。美国政府认为，除使用武力外，无法阻止日本前进；而在1940年，美国海军还无力在太平洋冒战争的风险。因此，美国建议英国暂时依从日本的要求，尽可能地避免战争。英国政府同意封闭滇缅公路（通过这条公路向中国供应物资），不过规定以3个月为限，在此期间，日本人应设法同中国人达成令人满意的和平。由于日本人连西方国家认为对中国来说是合理的条件都不愿讨论，滇缅公路重新开放。日本的政策实际上是很明确的，不过从他们的角度看来，在时机上犯了致命的错误。就在德国空军为入侵英国扫清道路遭到失败的几天以前，日本签署了三国同盟条约；对珍珠港的袭击，恰恰又正是德国对苏联进行闪电战宣告失败之时。

与日本毫无结果的谈判，最后是由美国进行的。英国的政策是与美国密切保持一致。因此，在1941年7月，当美国在日本占领印度支那南部后冻结日本的资产时，英国采取了同样的步骤；虽然这样做总是带有冒险性的，因为如果日本仅仅对英国和荷兰的领地进行报复，美国很可能不加干涉。有一个时期，由于日本政府中一些不太极端的分子试图同美国达成直接谅解，曾使外交谈判复杂起来。美国政府虽然不指望这种谈判会成功，但认为这至少提供了一个推迟日本进攻的机会。11月，谈判达到紧要关头。11月18日，日本谈判代表警告美国政府,除非美国放弃对他们的经济制裁,战争将不可避免。美国要求日本从印度支那撤军,这个条件没有被接受。美国国务卿赫尔于是考虑提出一个临时解决方案——一项允许有两三个月时间求得全面解决的安排——其基础是日本从印度支那撤出大部分军队;作为交换条件,可以在相当程度上放松经济封锁。外交部认为向日本提出的让步要求是不够的,但他们却告诉赫尔,英国政府对他掌握谈判抱有信心,并让他自行决定下一步应怎么办。在中国对此临时解决方案提出强烈抗议后,赫尔未同英国商量,就决定予以放弃。外交部指示哈利法克斯勋爵重申英国赞成这样一个临时协议。赫尔的回答是:重提上述方案为时已晚。12月7日,日本对珍珠港发动了突然袭击。①

在对中国的看法上,英美有很大分歧。美国对中国未来的政治抱有更大的希望(这是总统所同意的看法)。英国则认为蒋介石将军已不可能改变其政府的无能和腐败;援助中国不是打败日本的上策;战后中国,不可能如罗斯福所期望的那样,成为远东的一个稳定力量。美国人倾向于把这种估计看作英帝国主义的观点。蒋介石将军试图干预印度内部事务,更无助于改善这一情况。1943年,英国和美国与中国签订了放弃治外法权的条约。从这时起,有关中国与盟国关系的问题,实际上由美国负责处理。英国政府不安地注视着蒋介石政权的继续崩溃和共产党势力的巩固,但英国政府无法使这一局势好转。

约在日本袭击珍珠港时,英国外交大臣艾登前往莫斯科,说明英国有关战时和战后英苏政治合作的建议。他发现,苏联要求英国立即保证承认它对波罗的海国家和直到寇松线的波兰领土的兼并。② 艾登反驳说他无权同意领土的变更,而且英国已向美国保证在战时不做出任何这样的变更。斯大林和莫洛托夫对此加以拒绝。战时内阁未立即答复苏联的要求。然而,他们又改变了看法,认为虽然这些要求与大

---

① 英国驻日本大使R.克雷吉爵士认为,如果赫尔继续就此临时解决方案进行谈判,日本很可能会推迟他们开战的决定。外交部不同意他的观点,而且看来它是正确的;不过也并不排除这样的可能,即如果日本推迟进攻哪怕是一个星期,德国在莫斯科城下的失败,也许会改变日本的政策。

② 寇松线即1919年协约国最高委员会划定的边界线,1920年当苏联与波兰发生战争期间,由寇松勋爵作为解决苏波民族疆界的实际可行办法而提出。这条线在南端有两个不同方案,一是把利沃夫划给波兰,一是不划给波兰。由于丘吉尔和艾登有一度似乎不清楚这个事实,曾引起某些混乱。

西洋宪章相抵触①，但拒绝这些要求也是极为困难的。如果西方国家对斯大林要按照德国发动进攻前的状况划定苏联边界的要求加以拒绝，他很可能与德国单独媾和。除这一危险外，如果英国在无力解救苏联军队遭受的压力之时，拒绝苏联在将来取得它认为对它的防御必不可少的边界的话，那么在战后将更加没有可能得到苏联的合作。在任何情况下，如果苏联击退德国，它将重新占领这些领土，西方国家将不可能把它赶走。因此，接受苏联人的要求，同时设法限制他们，特别是在有关波兰的问题上限制他们，一般说来是现实的。然而，这种原则上的让步是一个很重要而且很危险的步骤。英国在1939年的英、法、苏谈判中曾拒绝采取这一步骤，而且在大西洋宪章宣布以后，很难为此而辩解。英国政府这时却允许苏联统治者们"侥幸得逞"，以伪装和"欺人之谈"来掩饰他们这种与小国的独立水火不能相容的行动。一旦做出这种让步，要拒绝类似的要求就更加不容易了。

俄国人不久就设法扩大他们外交胜利的战果。莫洛托夫于1942年5月来到伦敦，带来了英俄条约的方案，其中波罗的海国家甚至连地方自治也不允许得到；苏波边界的划定也无须与英国进行磋商。英国政府拒绝了这些建议，只提出一项战后英苏同盟条约，以反对德国侵略重新发生，而未提及边界问题。苏联同意该条约，但指出他们并未放弃他们关于自行决定应获得多少波兰领土的要求。如果说人们还有所怀疑，认为他们在这件事上不至如此残酷无情的话，他们在1943年就打消了这种怀疑。当时他们不顾丘吉尔的多次呼吁，以波兰人怀疑他们应对在卡廷屠杀波兰军官和士兵一事负责为口实，断绝了同伦敦的波兰流亡政府的关系。② 苏联人已经采取种种不友好的行政手段，对付在苏联领土上避难或按照苏联的命令放逐在苏联领土上的波兰人。他们此时即将胜利进军，重新进入波兰领土；他们的态度对波兰民族的未来来说是不祥之兆。

1942年5月26日英苏条约的条款规定"具有同样想法的国家……将在战后时期为采取共同行动维护和平并抵抗侵略"而组织

---

① 参见原书第811—812页。
② 综合英国和美国正反两方面的舆论，过去和现在都认为，应对这次在斯摩棱斯克附近的卡廷发生的惨案负责的是苏联政府，而不是德国人（他们在别处对待波兰人是同样残酷的）。

起来。这句话象征着已经到了在盟国的计划中考虑战后安全问题的阶段。在战争前期,英国无法就战后计划提出任何精确的想法。谁也无法预见到战争何时会结束,或者哪些国家将会卷入战争。第一个提出肯定说法的是美国。1941年8月,丘吉尔和罗斯福在纽芬兰的普拉森夏湾的军舰上会晤。根据罗斯福的建议,他们比较仓促地起草了一个关于两国正在遵循的广泛原则的联合宣言①,即所谓大西洋宪章。宣言规定,两国不为自己"谋求领土或其他方面的任何扩张";两国不要求任何不"符合有关的民族自由表达的意愿"的领土变更。两国尊重"各民族选择其所生活的政体的权利",并希望被横遭剥夺了自治权利的民族恢复其自治。他们坚持所有国家,"不论是战胜国或战败国",均平等享有进行贸易和获得原料的自由,并将努力促成国际经济合作、社会安全和摆脱恐惧和匮乏之虞的生活条件;在"广泛而持久的普遍安全体系建立之前",两国将不允许那些以侵略威胁别国的国家获得军备,两国并将进一步采取一切措施,"以减轻爱好和平的各民族沉重的军备负担"。

英国政府认识到,这个宣言的发表意味着美国在缔结和约时将要求起领导作用。为了避免出现类似由于以威尔逊措辞含混的"十四点计划"作为停战和缔结和约的基础而造成的那种不幸结果,需要更加明确地考虑如何使宪章的条款能够具有实际的效果。然而,下一步骤又是美国采取了主动。1941年12月丘吉尔访美,美国向他提出了一份宣言草案,规定签字国必须保证打败"轴心国的征服力量",并重申大西洋宪章的"目的和原则"。这个《联合国宣言》② 又是在本不应有的仓促情况下制定的,使战时内阁感到不满。俄国人抱着不同目的,也对这个文件提出了批评。

然而,有一个时期反轴心国专心关注军事形势,无暇考虑战后的和平组织问题。外交部起草了一些备忘录,总的意见是英国应努力建立一个由四大强国③监督的世界安全组织。外交部还建议成立一个盟国停战及复兴委员会来处理战后恢复欧洲经济和政治生活的问题。这

---

① 起草文件时的仓促,可以从丝毫未直接提及宗教自由这一点看出(这在美国受到批评)。在英国档案中,没有大西洋宪章的正式签字文本。

② 罗斯福提议用"联合国"这个词。如用简单的"联盟"一词,将会在美国引起宪法上的困难。

③ 即美、英、苏、中。英国竭力争辩说,法国不应被排斥在外,或被置于低于中国的地位。国务院赞同英国的观点,但罗斯福既不同意排除中国,也不同意包括法国。

个委员会可能会发展成为一个欧洲委员会,所有欧洲国家(包括英国和苏联)和美国均将派代表参加。丘吉尔特别对欧洲委员会有可能发展成为一个"欧洲合众国"感兴趣。

1943年3月,艾登赴华盛顿就战后问题进行非正式会谈。他发现人们普遍主张四大国应该起一种联合国执行委员会的作用,但美国还未拟订出详尽的计划。仍然有一种看法,认为筹划建立世界组织的工作仍必须在幕后进行。外交部认为任何计划的先决条件是大国必须保持一致;英国政策应是集中精力保持这种一致,然后才能开始(用A.卡多根爵士①的话说)"设计未来和平大厦的全部外表"。而且首先还必须就停战条款和对敌国的占领制定出共同的政策。当时尚未就如何对待德国做出决定——究竟是应将德国分成若干单独的国家呢,还是应将其边境上的一些大片地区分割出去,或者采取某种形式的分权制即可;只是就一件事发表了声明,那就是要求"无条件投降"。罗斯福1943年1月在卡萨布兰卡与丘吉尔会谈时就已提出了这个要求。这里又一次几乎是轻率地做出了一个重大的政治决定(虽然罗斯福曾和他的军事顾问们讨论过此事)。美国要求避免发生1918年停战条款中那种含糊其词的情况。"无条件投降"也是一种含糊的说法:究竟投降包括些什么,由谁投降,代表谁投降呢?

对提出这种要求是否有利,有着不同的意见。丘吉尔同战时内阁商讨时,不主张把意大利包括在内,但艾登和艾德礼(副首相和工党领袖)则认为应将意大利包括在内。丘吉尔的观点是,这种要求可能会妨碍意大利单独媾和。事实上,在墨索里尼垮台和西西里失守后,他们"无条件投降"了。他们是不会在更早的时候投降的,而且他们的"无条件投降"是得到让步的,即答应在缔结和约时将考虑到他们后来曾与盟国合作的事实。对东南欧的轴心卫星国,"无条件投降"的要求也做了修改。在1944年强渡英吉利海峡的作战前,英美曾就是否用一些确切的条款来代替"无条件投降"进行过某些讨论。1944年2月丘吉尔在议会解释道,"无条件投降"并不意味着以野蛮方式对待德国,而是说在停战前不会进行讨价还价。事实上,丘吉尔认为,当时盟国计划迫使德国人接受的条款,比含糊地要求无

---

① 常务外交副大臣。

条件投降更会使德国人大为惊慌。德国的抵抗之所以毫无意义地拖延下来，并不是由于盟国坚持"无条件投降"，而是因为希特勒知道他自己或其同伙已无指望获得宽恕，已经疯狂至极，不愿承认失败。同时，只要国内的独裁机构还在起作用，那么，没有最高统帅部的积极支持，德国国内是不可能发生革命的。

1943年10月在莫斯科举行的三国外长会议，距离就如何对待德国和战后安全组织的问题做出决定，稍稍接近了一步。美国提出了一个关于普遍安全的四国宣言，指出"必须在实际可行的最早日期，建立一个以一切爱好和平的国家主权平等原则为基础的国际组织。一切这样的国家，不论大小，均可加入，以维护国际和平与安全"。宣言于10月30日公布，三大国同意就该组织的性质非正式交换意见。艾登说服他的同僚接受一个比较有限而立即能够实现的建议，即建立一个欧洲顾问委员会，以提出处理战后欧洲问题的办法。莫斯科会议是为召开三国政府首脑会议做准备的。丘吉尔、罗斯福和斯大林这三位首脑的第一次会议于1943年11月在德黑兰举行。会议的目的主要是讨论军事问题，但对如何对待德国也做了重要讨论，不过未得出结果。这个问题提交欧洲顾问委员会监督下的一个特别委员会研究。到1944年9月还没有取得任何一致意见——英国政府甚至连自己的政策也尚未确定。这时，罗斯福在魁北克会议上劝说丘吉尔（艾登尚未到达）接受美国财政部长摩根索提出的一个令人吃惊的计划。这个得到彻韦尔勋爵（丘吉尔的科学事务顾问）支持的计划内容是，摧毁德国的"战争工业"，使这个国家的经济主要变为农业和畜牧业。外交部强烈反对这一计划，因为它将使西方盟国承受养活一批饥饿的居民的重担。总统本人不久也放弃了这个计划。

在1945年2月雅尔塔会议上，俄国提出了一个类似摩根索计划的方案，不仅要求在政治上肢解德国，而且要求德国以实物支付赔偿，其规模将达到把德国的重工业约减少80%。与会的英国大臣们只同意对肢解德国做进一步研究；他们没有拒绝先以实物一次大规模支付赔偿，然后在10年内每年以货物交付赔偿的原则，但他们拒绝考虑俄国提出的数字——相当于200亿美元（其中苏联将得到一半）——因为它远远超过德国的支付能力。斯大林于是不得不同意任命一个三人委员会提出确切的数字。

英国大臣们从雅尔塔回国后不久,财政部即向战时内阁提出了关于德国赔偿和肢解的文件,文件最后辩称,苏联既要求最大限度的赔偿,同时又要求最大限度地肢解德国,这种企图是不可能实现的,它的建议将使整个西欧陷于贫困,从而危及其政治稳定。此外,如同摩根索计划一样,有关赔偿的建议将对西德工业区带来严重的后果,而这一地区正是在雅尔塔会议决定由英国占领的地区之内。对付这种不可避免的贫困的重担将落在英国人肩上。事实上他们将支付苏联获得的赔偿的一大部分。不久,苏联放弃了肢解德国的主张,赔偿委员会未取得一致意见,于是将问题留待波茨坦三国首脑会议(1945年7月)去解决。

在战时英、美、苏三次会议中这最后一次会议上,苏联人重新提出他们的要求;英国人再次拒绝他们所提出的数字。美国无意为自己要求赔偿,不过也未放弃它的权利。最后作为就会议中争执的主要问题取得妥协的一部分,建议三大国各在他们的占领区取得实物赔偿。苏联已从他们的占领区内运走大量机器,还应从西方国家占领区中另外再得到赔偿物资。西方大国还须提供分摊给较小的盟国的份额。作为交换条件,苏联答应从他们自己和波兰人占领的德国领土上提供煤和食品,因为战前西部德国就是从这部分领土上获得供应的。

在德黑兰会议上曾谈及未来世界组织的问题,不过也没有得出结论。1944年年初,英美政府着手拟订详细方案,以便在邀请其他国家政府代表参加大会前,与苏联先进行磋商。① 英国的一个委员会在五份备忘录中提出了建议,曾在1944年5月于伦敦召开的自治领总理会议上提出,然后提交战时内阁。建议内容是,召开一次世界大会,所有会员国均派代表出席,另建立一个世界理事会,包括四大国和其他一些国家的代表。世界理事会将在维护和平的行动上起主导作用,该组织的所有成员国均受理事会决议的约束。这些备忘录在当时还未试图制定程序方面的细则,也没有提出建立"国际警察部队"以维持和平的建议。因为建立这样一支军队,在人员选择、经费、驻地和指挥等方面的实际困难,似乎是不可克服的。

---

① 美国人继续坚持应将中国作为第四大国包括在内,并作为该组织的领导成员国。但这时他们同意,一俟这个组织建立,就给法国在世界理事会中一个常任理事国的席位。英、美、苏三国代表举行会议后,又在华盛顿附近的敦巴顿橡树园与中国人进行了商谈。

英、美、苏三国代表于1944年8月至9月在华盛顿附近的敦巴顿橡树园的一次会议上考虑了各种建议。英美大体上是一致的。同苏联的主要分歧在于,如果世界理事会的常任理事国是争执一方的话,它是否有投票权。三大国曾同意,凡涉及做出采取行动以反对侵略的决议时,必须是常任理事国全体一致同意。但是,如果允许某常任理事国在它是争执一方的问题上参加投票,它就可以阻止反对它的行动,因为,它投反对票就会破坏常任理事国一致的原则。换言之,在这种情况下,投票权就是否决权。英国的观点是:小国,特别是拉丁美洲和在理事会中没有席位的英联邦成员国,将会反对这种否决。譬如说,英国投了否决票,从而能够阻止任何对它自己不利的行动,而加拿大不可能做到这一点,这种否决就会遭到反对。美国人最初认为,参议院很可能要坚持否决权,但后来改变了看法。苏联不愿放弃否决权,因此这个问题不得不留给三国政府首脑会议去解决。

在雅尔塔举行这次会议之前,陆军元帅史末资曾向丘吉尔建议,接受苏联的观点是可取的。苏联人正在寻找理由说西方国家怀疑他们的合作愿望;他们把否决权看作一种考验,看是否对苏联真正平等相待。无论如何,拥有否决权可以使西方大国防止苏联采取他们所不赞成的行动。一部分美国人的舆论继续支持否决权,把它作为保护美国利益免受联合敌对行动侵犯的一种手段。英国代表团提出一个妥协方案,主张对理事会所议决的积极行动可允许行使否决权,但对调查某一争端或提出解决建议这样的议案,则不允许行使否决权。12月初,罗斯福也提出了与此类似的解决办法。在雅尔塔会议上,苏联接受了这一妥协方案,但又提出了他们以前曾提出过的要求,即苏联16个加盟共和国均各有其单独的代表权。但这时它只限于要求两个或三个加盟共和国享有代表权。英美的一致意见是,加盟共和国并没有独立的外交政策,因此把他们包括在内,只不过是为了增加苏联的投票权。另一方面,英国政府也要求为英联邦各大自治领取得单独的代表权,而这些国家的要求理由更加充分。最后,乌克兰和白俄罗斯两个共和国获得了单独的成员国资格。

联合国成立大会于1945年4月25日在旧金山召开。由于俄国拒绝履行雅尔塔会议上就波兰独立的临时政府的组成问题达成的协议,大会几乎延期。苏联还要求应由他们控制下的华沙傀儡政府代表波兰参加大会。西方大国拒绝了这一要求。除增加了关于托管制的一章和在否决权问题上做了妥协外,旧金山通过的联合国宪章和敦巴顿橡树园会议提出的草案没有多大差别。英国代表提议用"联合国"作为该组织的名称。① 他们本想选择欧洲一个小国作为秘书处总部所在地。②

对联合国成败所系的大国一致原则,在敦巴顿橡树园和旧金山进行的协商,未给人们带来乐观情绪。1945年7月16日至8月2日的波茨坦会议的开会情况,对未来更是不祥之兆。苏联人不许西方大国插手保加利亚、匈牙利和罗马尼亚的事务。英国外交部认为,对苏联在其军队控制下的东南欧地区的支配地位提出争论是徒劳的,但他们认为西方大国应在波兰问题上坚持立场。俄国在进入波兰领土后,已建立了一个在性质上由共产党控制的政府,并拒绝伦敦的波兰流亡政府回国。他们先前曾坚持要波兰流亡政府立即公开同意交出寇松线以东的波兰领土(并且同意关于不把利沃夫划归波兰的另一种解释),以此使该政府感到为难。他们杀害或驱逐波兰地下抵抗运动的成员。1944年初秋,地下抵抗运动的军队在苏联军队逼近华沙时开始举行反对德国人的起义,而苏联人丝毫没有援助他们。

英美在雅尔塔会议上曾设法得到苏联同意:波兰临时政府的组成,包括傀儡政府的成员以及波兰国内外的非共产党领袖人物,以维护波兰的独立。雅尔塔会议一结束,苏联就制造种种借口推迟新政府的组成。他们明确表示,既不想包括不屈从他们统治的波兰人,也不允许在波兰举行自由选举。丘吉尔要求英美对斯大林不遵守雅尔塔协议采取强硬路线;他向美国提出,这个问题远不止是波兰命运的问题。波兰问题是苏联和西方大国之间在如何理解民主、主权、独立、代议制或自由选举这些东西的意义上的一块试金石。在罗斯福去世前不久,丘吉尔写信给他说,如果三大国在波兰问题上达不成一致协议的话,世界组织就没有什么成功的可能。丘吉尔也不止一次向斯大林

---

① 外交部本想用"国家联盟"的称呼,但美国人拒绝使用这个词,因为它的含义所表现的各国关系过分紧密。
② 英国代表团认为,如果苏联反对日内瓦或西欧其他地方,则哥本哈根、布拉格或维也纳均是适合的。

呼吁，告诉他说："展望将来，如果你和你统治的国家，加上其他许多国家的共产党，均排列在一边；而那些聚集在英语国家周围的各国……站在另一边，这很难使人得到安慰。很明显，他们的争吵将使世界分崩离析。"

丘吉尔要求立即召开三大国会议，保证雅尔塔协议的执行，而在这时，他本想要求英美军队全力以赴在德国向前推进，而且除非苏联在波兰让步，否则将拒绝撤出确定由俄国占领的地区。罗斯福在雅尔塔会议上对他取得苏联合作的能力过于自信，杜鲁门总统也仍然如此。杜鲁门或许对英国的政策更加有点怀疑[1]；极力避免"伙同"（用罗斯福的话来说）英国反对苏联。因此美国不急于立即召开丘吉尔认为必要的会议。在三大国举行波茨坦会议之前，当时已不指望得到更好结果的波兰人，便同苏联就临时政府的组成达成协议。苏联在人新政府中控制了一半多席位。对他们答应举行的所谓"自由"选举的性质，已无怀疑的余地。当波茨坦会议正在举行时，英国驻华沙临时代办报告说，事态已经"向错误的方向发展"，新政府召集的议会，"并不是人民民主的议会，而是精心强加给他们的投票机器"。会议的最后阶段，工党外交大臣贝文竭尽全力争取苏联答应举行自由选举，作为对英国同意苏联关于把波德边界延伸到西尼斯河的要求的交换条件。英国原来的看法是，新边界不能越过奥得河。丘吉尔后来写道，他本想拒绝任何进一步的扩大，但值得怀疑的是，英国能否阻止斯大林获得他所要求的东西，特别是由于美国愿意接受以西尼斯河为边界，作为打破会议僵局的总的交易的一部分。这样，盟国外交的最后阶段，与其说是接近于实现杜鲁门所满怀信心期望的三个用军队打败德、意、日的国家在战后的合作，不如说是更接近于丘吉尔关于盟国将出现不团结现象的忧郁说法。

（李梅彬　译）

---

[1]　杜鲁门在他的《回忆录》（第 1 卷〔1995 年〕，第 164 页）中写到，1945 年 4 月底，他曾"试图说服丘吉尔忘记过去那一套强权政治"。

索　引

（此索引中的页码系原书页码，见本书的边码）

Aalto, Alvar, 阿尔托, 阿尔瓦, 芬兰建筑家, 683

Abdul Hamid II, 阿卜杜勒—哈米德二世, 土耳其苏丹, 270—272, 480

Abyssinia, 阿比西尼亚, 226, 390, 536, 543, 580; 意大利遭受失败（1896年）, 119, 121; 意大利的侵略, 258—260, 696—699

Acton, Sir John（baron）, 阿克顿爵士, 约翰（男爵）, 英国历史学家, 1

Adrian, Edgar Douglas（baron）, 艾德里安, 埃德加·道格拉斯（男爵）, 英国生理学家, 97

Aegean Islands, 爱琴海岛屿, 148

Aehrenthal, Count Alois von, 爱伦塔尔伯爵, 阿洛伊斯·冯, 奥地利外交大臣, 132—1325

Afghanistan, 阿富汗, 131, 700

Africa, 非洲

　新国家, 3, 402n.; 人口, 11

　东非, 德属东非, 179; 英属东非, 375, 393—394

　北非, 参见 Algeria, Egypt, Moroc-co, World War I and II

　南非: 贸易, 40; 工业, 47; 南非联邦（1909年）, 375; 不顺从分子, 377; 国民党人, 384; 白人的优越地位, 397—398; 英国南非公司, 399; 黄金, 556; 参见 Boer War

　西南非, 德属西南非, 118, 179; 委任统治地, 350—351, 399; 希特勒的意图, 707

　西非, 英属西非, 375, 394—395; 委任统治地, 226

　另见各有关国家条

Agadir（1911年）, 阿加迪尔事件, 137—138, 517

Agriculture, 农业: 科学与农业, 3, 14, 102, 106; 农业工人, 13, 16, 21; 在纳粹德国, 53; 销售, 65; 国际农业研究所, 263

Ahmad, Shah of Persia, 艾哈迈德, 波斯国王, 280

Aiken, Conrad, 艾肯, 康拉德, 美国诗人, 634

Aitken, Max（Baron Beaverbrook）, 艾

特肯，马克斯（比弗布鲁克男爵），报业主，34，207

Alamein, El, battles of, 阿拉曼战役，779—781

Alanbrooke, Alan (viscount), 阿兰布鲁克，艾伦（子爵），英国陆军元帅，765，794—795

Albania, 阿尔巴尼亚，146—148，187，254，480，482；意大利的侵略，729

Albert I of Belgium, 比利时国王阿尔伯特一世，526

Alessandri, Arturo, 亚历山德里，阿图罗，智利总统，599，602—603

Alexander, King of Serbia, 亚历山大，塞尔维亚国王，491；南斯拉夫国王，505，694

Alexander, A. V. (viscount), 亚历山大（子爵），英国国务活动家，312

Alexander, H. R. L. G. (viscount), 亚历山大，哈·鲁·利·乔（子爵），英国陆军元帅，779—784

Alexander, Samuel, 亚历山大，塞缪尔，英国哲学家，653

Algeciras Conference (1906年), 阿尔赫西拉斯会议，130—131，137，559

Algeria, 阿尔及利亚，127，285

Allenby, E. H. H. (viscount), 艾伦比，埃·亨·海（子爵），英国陆军元帅：巴勒斯坦，200，205，289；埃及，281

Alsace-Lorraine, 阿尔萨斯—洛林，119，169，215，219—220，250—251，799

Amann, Max, 阿曼，马克斯，德国报业主，496

Amau, Eiji, 天羽英二，日本政治家，692

Ambassadors' Conference, 大使会议（1912年，伦敦），146—147；（巴黎和会后在巴黎举行的），234，254

America, Latin, 拉丁美洲

泛美主义，585，606—608；泛美会议（1901年），584—585，588；（1928年），607—608；（1933年），607；（1936年），607；（1939年，1940年），802

与美国：对门罗主义的延伸，593；"金元外交"，593—594；对美国的怀疑，606；"睦邻"政策，607，609

天主教，589；学术活动，589—590

经济：外国投资，584，596；石油，597—598；大萧条，601；世界贸易，607，611

与两次世界大战，594—595，608

与国际联盟，595，598

民族主义，605—606；共产主义，609

参见有关各国条

Amery, Leopold C. M. S., 艾默里，利奥波德，英国国务活动家，385

Amir Sjariffoedin, 沙里弗丁埃米尔，苏门答腊民族主义者，324

Amritsar (April 1919年), 阿姆利则暴乱（1919年4月），301

Anderson, Carl D., 安德逊，卡尔·

戴维，美国物理学家，94

Angell, Sir Norman, 安吉尔爵士，诺曼，他的《大幻想》，171

Anglo-American Arbitration Treaty, 英美仲裁条约（1908年），379—380

Angora (Ankara), 安哥拉（安卡拉），229；安哥拉协定（1921年），291

Annam (Indo-China), 安南（印度支那），313, 323—324；参见 Vietnam

Anscombe, Elizabeth, 安斯科姆，伊丽莎白，英国哲学家，655

Anti-Comintern pact（1936年），反共产国际条约，703—704

Antonescu, Ion, 安东尼斯库，扬，罗马尼亚元帅和独裁者，509

Antonov-Ovseenko. V., 安东诺夫-奥伏森科，布尔什维克领导人，428—429

Apollinaire, Guillaume, 阿波里耐，纪尧姆，法国诗人，622

Aquinas, St Thomas, 阿奎那，圣托马斯，神学家，658

Arab world, 阿拉伯世界，228；民族主义，284, 288；与巴勒斯坦，295—296, 399；阿拉伯国家联盟，296

Argentina, 阿根廷，585—586；宪政的变革，590—591；与美国，594, 607—609；贸易，40, 597, 606；革命（1912年），601—602；限制移民，605；罗加—朗西曼协定（1933年），606；第一次世界大战，594；第二次世界大战，608；联合国，608, 610；庇隆，610；参见 America, Latin

Armenia, 亚美尼亚，1, 15, 229

Arnim, Ferdinand von, 阿尔尼姆，斐迪南·冯，德国将军，782, 784

Arp, Jean, 阿尔普，让，法国雕塑家，675

Asplund, Gunnar, 阿斯普伦德，冈纳，瑞典建筑家，683

Asquith, Herbert Henry (earl), 阿斯奎斯，赫伯特·亨利（伯爵），英国首相，183, 185—186, 193, 379, 519, 521, 523, 531

Atlantic Charter, 大西洋宪章，582, 811—812

Atomicbomb, 原子弹，792—793

Attlee, Clement R. (earl), 艾德礼，克莱门特·理查德（伯爵），英国首相，325, 813

Auchinleck, Sir Claude J. E., 奥金莱克爵士，克劳德，英国陆军元帅，764, 777—779

Auden, Wystan H., 奥登，威斯坦，英裔美国诗人，622, 630, 633, 640

Aung San, 昂山，缅甸国民军司令，324—326

Austin J. L., 奥斯汀，约·兰，英国哲学家，655—656

Australia, 澳大利亚

经济，40；大萧条，59, 378；关税，374

委任统治地，334, 343, 350, 399, 401, 707

民族主义，378

防御，379，392；美澳新安全条约（ANZUS）和东南亚条约组织（SEATO），401

与英联邦，329，371—372

威斯敏斯特法，380，385—388

世界大战：第一次，179；第二次，390

Austria，奥地利

被分裂，6，20，152，222—223

社会状况：社会保险，29，44—45；寡头政治，479；1918年后的贫困，489

政治发展：国内骚动（1905年前后），128；共和国，224；1918年后的社会民主党，17，479；陶尔斐斯任总理，495；镇压社会主义者，496；陶尔斐斯被刺，497；舒什尼格任总理，501，701

财政：1918年后的危机，240，262；金本位，57；大萧条，493；拟议中的与德国的关税联盟，240，493

与俄国：三皇同盟，132；在巴尔干问题上的分歧，132—136，171；在布赫劳的政治交易（1908年），133；吞并波斯尼亚和黑塞哥维那，133—134；泛斯拉夫情绪，144—146；两国进行动员，161—165

与德国：两国同盟，120，144；三国同盟，112，120—121，154—155，173，517；在巴尔干问题上的态度（1911—1912年），144—145；萨拉热窝事件之后，154—156；奥地利的纳粹分子，497；德国接管，501，715，741

与塞尔维亚，132—134，145—149；萨拉热窝事件及其以后，153—169

与土耳其，115，133—134

第一次世界大战，172，176，186—187，189，191—193，200，205

圣日耳曼昂莱和约（1919年），222，224

Axis（1936年），轴心国；德意协定，704，709

Ayer, A. J.，艾尔，艾·朱，英国哲学家，649—651，655—656

Badoglio, Pietro，巴多利奥，彼得罗，意大利元帅，508

Baghdad railway，巴格达铁路，137，141，149；巴格达铁路条约，151

Baldwin, Stanley (earl)，鲍尔温，斯坦利（伯爵），英国首相，231，233，249，531

Balfour, Arthur James (earl)，贝尔福，阿瑟·詹姆斯（伯爵），108，219，222—223，225—226，519；战争债务，231；贝尔福宣言（关于犹太人的），228，289；四国条约，355—356；帝国内部关系委员会，385

Balkan States，巴尔干国家，480—482；相互之间的抗衡，5；两次战争，139，144—148；巴尔干联盟，141，143；与土耳其，480—481；德国的贸易竞争，704；第二次世界大战，509—510

参见各有关国家条

Balla, Giacomo, 巴拉, 贾科莫, 意大利画家, 668

Ba Maw, 巴莫, 缅甸民族主义者, 324

Banat, the, 巴纳特, 222, 490

Banting, Sir Frederick, 班廷爵士, 弗雷德里克, 加拿大生理学家, 95

Bao Dai, 保大, 安南和越南皇帝, 325, 327—328

Barkla, Charles G., 巴克拉, 查尔斯, 英国物理学家, 93

Barrère, Camille, 巴雷尔, 卡米耶, 法国外交家, 121

Barth, Karl, 巴特, 卡尔, 瑞士神学家, 663—664

Barthou, Louis, 巴尔都, 路易, 法国总理, 693—694

Basra, 巴士拉, 283, 289

Bastianini, Giuseppe, 巴斯蒂亚尼尼, 朱塞佩, 意大利国务活动家, 507

Batavia, 巴达维亚, 219

Bauer, Gustav, 鲍尔, 古斯塔夫, 德国国务活动家, 219

Bauer, Otto, 鲍尔, 奥托, 奥地利社会党领导人, 496

Baudouin, P., 博杜安, 维希分子, 800n

Bayliss, Sir William, 贝利斯爵士, 威廉, 英国生理学家, 95

Beatty, Sir David (earl), 贝蒂爵士, 戴维（伯爵）, 英国海军上将, 192

Bechuanaland, 贝专纳, 375, 397

Beck, Freiherr von, 贝克男爵, 冯, 奥地利国务活动家, 476, 479, 489

Beck, Colonel Joseph, 贝克上校, 维瑟夫, 波兰国务活动家, 503, 723, 726, 730

Beck, Ludwig von, 贝克, 路德维希·冯, 德国将军, 509

Becquerel, Antoine, 贝克勒尔, 安托万, 法国物理学家, 5, 87

Behrens, Peter, 贝伦斯, 彼得, 德国建筑家, 677—678

Belgium, 比利时

殖民地, 3, 8, 47, 138

社会状况：都市化, 13；选举权, 22—23, 513；社会保险, 29, 31, 45

政党, 518—519, 539, 545—546

经济：金本位, 57；国际粗钢卡特尔, 234；"工作计划", 539；大萧条, 544—546；铁路, 545

对外关系：中立, 225, 698—700, 709；洛迦诺公约, 250；德国进犯（1914年）, 168；（1940年）, 552, 749—751

凡尔赛和约：获得的利益, 219

莱茵兰, 重新武装, 698—699

占领鲁尔（1923年）, 232

Beneš, Eduard, 贝奈斯, 爱德华, 捷克总统, 499, 500

Bengal, 孟加拉, 分治, 297；饥馑, 310

Berchtold, Count Leopold von, 贝希托尔德伯爵, 利奥波德·冯, 奥地利外交大臣, 145, 147—148；萨拉热窝事件之后, 153, 155—156, 162, 164, 168

Berdyaev, Nicolas, 别尔嘉也夫, 尼古

拉斯,俄国宗教哲学家,663—664
Berg, Max,贝尔格,马克斯,德国建筑家,678—679,683
Berg, Pascal,贝尔格,帕斯卡尔,挪威抵抗运动领导人,550
Bergson, Henri,柏格森,亨利,法国哲学家,646
Berkeley, Bishop George,贝克莱主教,乔治,英国哲学家,645,649,658
Berlage, H. P.,伯拉格,亨·佩,荷兰建筑家,679
Berlin, Treaty of(1878年),柏林条约,139,287
Berne,伯尔尼,议会间会议(1913年),151
Bernhardi, Friedrich von,伯恩哈迪,弗里德里希·冯,德国将军和理论家,152
Bessarabia,比萨拉比亚,173,222;被俄国征服(1944年),509
Best, Charles H.,贝斯特,查尔斯,加拿大生理学家,95
Bethlen, Count Stephen,贝特兰伯爵,伊斯特万,匈牙利国务活动家,495
Bethmann-Hollweg, Theobald von,贝特曼—霍尔威克,特奥巴尔德·冯,德国首相,137,141—142,146—147,473;萨拉热窝事件之后,154—155,163;"一张废纸"的条约,169
Bevan, Edwyn,贝文,埃德温,英国学者,663

Beveridge, Sir William,贝弗里奇爵士,威廉(男爵),英国经济学家;他的《关于社会保险及其有关福利事业的报告》,31,81,547
Bezobraroff,别佐布拉洛夫,俄国冒险家,125
Bhave, Vinoba,巴夫,维诺巴,印度领导人,311
Bichalonne, M.,比夏隆,维希分子,549
Bidault, Georges,皮杜尔,乔治,法国抵抗运动领导人和外交部长,554
Bieberstein, Baron Marshall von,比贝尔施泰因男爵,马歇尔·冯,德国外交家,115,149
Bismarck, Prince Otto von,俾斯麦亲王,奥托·冯,德国首相,5,29,45,112,129,474—475,798
Bissolati, Leonidi,比索拉蒂,莱奥尼迪,意大利社会党领导人,483
Björkö, Treaty of(1905年),毕由克条约,130—131
Blackett, P. M. S.,布莱克特,帕·梅·斯,英国物理学家,92,103
Blériot, Louis,布莱里奥,路易,法国飞行家,5,101
Bloch, Ivan S.,布洛克,伊万,波兰银行家,他的《未来的战争》,171
Blomberg, Werner von,布洛姆贝格,维尔纳·冯,德国陆军元帅,498
Blum, Léon,勃鲁姆,莱昂,法国社会党领导人和总理,34,77,

528，539，540；人民阵线，542，544，704，719；被监禁，548

Blumentritt, Günther, 布卢门特里特，京特，德国将军，755

Blyukher, Vasily K., 布留赫尔，瓦西里，苏联元帅（即加伦将军），725

Boccioni, Umberto, 博乔尼，翁贝托，意大利画家和雕塑家，688—689，674

Bock, Fedor von, 包克，费多尔·冯，德国陆军元帅，743，767—769

Boer War (1899—1902年)，布尔战争，8，28，118，122—123，373

Bohemia and Moravia, Protectorate of, 波希米亚和摩拉维亚保护国，501，参见 Czechoslovakia

Bolivia, 玻利维亚，257—258；第一次世界大战，595；查科战争，606，608

Boncourt, Paul, 邦库尔，保罗，法国国务活动家，741

Bonnard, Abel, 博纳尔，阿贝尔，维希分子，549

Bonnard, Pierre, 勃纳尔，皮埃尔，法国画家，671

Bonnet, Georges, 博内，乔治，法国外交部长，718—721，727

Bonomi, Ivanoe, 博诺米，伊瓦诺埃，意大利社会党领导人，483

Borah, William E., 博拉，威廉，美国参议员，211，686

Borden, Sir Robert, 博登爵士，罗伯特，加拿大总理，381

Borneo, North, 北婆罗洲，313，320

Bosanquet, Bernard, 博赞克特，伯纳德，英国哲学家，654

Bose, Sir Jagadis, 玻色爵士，贾加迪斯，印度科学家，308

Bose, Subhas Chandra, 鲍斯，苏巴斯·钱德拉，印度国大党领导人，303，306；印度国民军，309

Bosnia and Herzegovina, 波斯尼亚和黑塞哥维那：被兼并（1908年），133—134，480，482；第一次世界大战后，222

Botha, Louis, 波塔，路易斯，布尔人将领和南非总理，373，375

Boulanger, Georges, 布朗热，乔治，法国军人和政治家，129

Boxers, 义和团，335—336

Bozen, 博岑，236

Braden, Spruille, 布雷登，斯普鲁伊尔，美国驻阿根廷大使，610

Bradley, Francis H., 布拉德莱，弗朗西斯，赫伯特，英国哲学家，645—646，658

Bradley, Omar N., 布雷德利，奥马尔，美国将军，796

Bragg, Sir Lawrence, and Sir William, 布拉格爵士，劳伦斯和布拉格爵士，威廉，英国物理学家，97

Braithwaite, R. B., 布雷思韦特，英国哲学家，655

Brancusi, Constantin, 布兰库西，康斯坦丁，罗马尼亚雕塑家，673—675

Brandeis, Louis, 布兰戴斯，路易斯，美国最高法院法官，562

Braque, Georges, 布拉克，乔治，法

国画家, 666—667, 671

Brauchitsch, Walter von, 勃劳希契, 瓦尔特·冯, 德军总司令, 767—769

Brazil, 巴西
   经济: 咖啡工业, 58, 597, 606; 棉花, 597; 沃尔塔雷东达钢铁厂, 611; 通货膨胀, 612; 移民, 605
   政治制度, 585, 599, 602
   世界大战: 第一次, 595; 第二次, 608

Brenner frontier, 布伦内罗边境地区, 186

Brentano, Franz, 勃伦塔诺, 弗兰茨, 奥地利哲学家, 646

Brest-Litovsk, Treaty of (1918 年), 布列斯特-里托夫斯克条约, 431, 434—436, 485

Briand, Aristide, 白里安, 阿里斯蒂德, 法国总理和外交部长, 193, 195, 230, 234, 255; 欧洲联盟, 240; 铁路罢工 (1910 年), 517; 参见 Locarno Pacts

Bridgman, P. W., 布里奇曼, 英国哲学家, 654

Brinon, Fernand de, 德布里农, 费尔南, 维希分子, 549

British Broadcasting Company, 英国广播公司, 525, 553

Britten, Benjamin, 布里顿, 本杰明, 英国音乐家, 622

Brockdorff-Rantzau, Count, 布罗克多夫-兰曹伯爵, 出席巴黎和会的德国外交部长, 215—216, 236—237

Brooke, Rupert, 布鲁克, 鲁珀特, 英国诗人, 621

Brooke, Raja James, 布鲁克王公, 詹姆斯, 沙捞越王公, 313

Broukère, Charles de, 布鲁克尔, 夏尔·德, 比利时经济学家, 546

Bruce, Sir Stanley (viscount), 布鲁斯爵士, 斯坦利 (子爵), 澳大利亚国务活动家, 265

Brunei, 文莱, 313

Bruning, Heinrich, 布吕宁, 亨利希, 德国总理, 240, 492—494, 688

Bryan, William Jennings, 布赖恩, 威廉·詹宁斯, 美国国务卿, 556, 559, 561—562, 569

Buchanan, Sir George, 布坎南爵士, 乔治, 英国驻俄国大使, 158, 161

Bucharest, Treaty of (1913 年), 布加勒斯特条约, 148

Bukharin, Nikolai, 布哈林, 尼古拉, 布尔什维克领导人, 460, 466

Bulgaria, 保加利亚, 480—482; 文盲, 27; 宣布成为王国 (1908 年), 134, 481; 与塞尔维亚联盟, 143, 154; 巴尔干战争 (1912 年), 145—146, 148; 第一次世界大战, 173, 192, 204, 210; 纳伊和约 (1919 年), 222; 与希腊发生争端 (1925 年), 255; 第二次世界大战, 509—510, 762, 766, 788, 817

Bülow, Prince Bernhard von, 比洛亲王, 伯恩哈德·冯, 德国国务活

动家，129，132，137—138，473—474

Bülow, Karl von，比洛，卡尔·冯，德国将军，175—176

Bureau Central de Renseignementset d'Action（B.C.R.A.），情报与行动总局，553

Burgenland，布尔根兰，222

Burgh, W. G. de，德·伯格，英国神学家，658

Burke, Edmund，伯克，埃德蒙，英国国务活动家，373，387

Burkitt, F. C.，伯基特，弗·克，英国圣经学家，661

Burma，缅甸，被吞并，113，313—315；工业，320；民族主义，321—322；第二次世界大战，306，309，324—325；独立（1948年），2，326

Burnet, John，伯内特，约翰，苏格兰的希腊学家，653

Burns, John，伯恩斯，约翰，英国国务活动家，519

Byng, Sir Julian (viscount)，宾爵士，朱利安（子爵），英国将军，199，202；加拿大，384

Cachin, Marcel，加香，马塞尔，法国社会党领导人，524

Cadorna, Luigi，卡多尔纳，路易吉，意军总司令，194

Cagoule，卡古尔，541

Cailloux, Joseph，卡约，约瑟夫，法国总理，138—139，140，517，524

Calder, Alexander，卡尔德，亚历山大，美国雕塑家，675

California，加利福尼亚：反日本人的立法，559

Calles, plutarco，卡列斯，普卢塔科，墨西哥总统，603

Cambon, Paul，康邦，保罗，法国驻伦敦大使，30，118，126，167，229

Cambodia，柬埔寨，313，323，328

Cameroons，喀麦隆：委任统治，226，399

Campbell-Bannerman, Sir Henry，坎贝尔-班纳曼爵士，亨利，英国首相，375，519

Camus, Albert，加缪，阿尔贝，法国作家，655

Canada，加拿大
  经济，40，54，58，378
  作为英联邦成员，206，374，380，386，390；制宪危机，384；威斯敏斯特法，388；与国际联盟，246，390
  法裔加拿大人，377，390
  与美国，383，560

Canaris, Wilhelm，卡纳里斯，威廉，德国海军上将，509

Candela, Felix，坎德拉，费利克斯，墨西哥建筑家，683

Caribbean, the，加勒比海地区，8，558，562，577，592，595；加勒比委员会（1942年），401

Càrdenas, General Làzaro，卡德纳斯将军，拉萨罗，墨西哥总统，603—605

Carnap, Rudolf, 卡尔纳普, 鲁道夫, 德国哲学家, 655
Carol I of Rumania, 罗马尼亚国王卡罗尔一世, 148; 二世, 509
Carranza, Venustiano, 卡兰萨, 贝努斯蒂亚诺, 墨西哥总统, 591—592
Carson, Sir Edward (baron), 卡森爵士, 爱德华（男爵）, 英国国务活动家, 521, 523
Castelnau, Edouard de, 德卡斯特尔诺, 爱德华, 法国将军, 533
Cathala, M., 卡塔拉, M., 维希分子, 549
Cecil, Sir Robert (viscount of Chelwood), 塞西尔爵士, 罗伯特（切尔伍德子爵）, 242
Cerda, Aguirre, 塞尔达, 阿吉雷, 智利总统, 603
Ceylon, 锡兰, 375, 399; 独立, 3, 393, 401—402
Cézanne, paul, 塞尚, 保罗, 法国画家, 665, 668
Chadwick, Sir James, 查德威克爵士, 詹姆斯, 英国物理学家, 94
Chagall, Marc, 沙加尔, 马克, 俄裔法国画家, 669
Chain, E., 钱恩, 恩斯特, 英国化学家, 96
Chamberlain, Austen, 张伯伦, 奥斯汀, 英国外交大臣：国际联盟, 249—250, 225; 参见 Locarno Pacts
Chamberlain, Houston Stewart, 张伯伦, 豪斯顿·斯图尔特, 英国激进理论家, 475
Chamberlain, Joseph, 张伯伦, 约瑟夫, 英国国务活动家, 122—123, 375, 400; 关税改革, 519
Chamberlain, Neville, 张伯伦, 内维尔, 英国首相, 535, 706; 与德国, 707—708, 711—712, 720, 729
Chanak, 查纳克, 206, 229
Chang Tso-lin, 张作霖, 满洲军阀, 366, 369—370
Charles VIII, 查理八世, 哈布斯堡王朝最后的统治者, 194, 485
Charles X of Denmark, 丹麦国王查理十世, 551
Chautemps, Camille, 肖当, 卡来耶, 法国总理, 713, 716
Chekhov, Anton, 契诃夫, 安东, 俄国作家, 636
Chelmsford, Viscount (Frederick Thesiger), 切姆斯福德子爵（弗雷德里克·塞西杰）, 印度总督, 322
Chernov, Vietor, 切尔诺夫, 维克多, 俄国革命家, 415
Chiang Kai-shek, 蒋介石, 中国国务活动家, 366, 368, 702, 709—711; 被扣押, 709; 与第二次世界大战, 809—810
Chicherin, Georgy, 契切林, 格奥尔基, 苏联外交部长, 237
Chile, 智利, 586—587; 硝石贸易, 40, 596—597, 606; 改革, 599; 革命, 602—603; 世界大战：第一次, 594; 第二次, 608

China，中国
  第一次核爆炸，2
  人口，8，361
  西方列强的争夺，113，333—334
  经济和贸易，361—364；外国投资，362；"门户开放"政策，363—364
  政治制度，庞杂的政府，332；义和团（1900 年），114，316，335—336；清朝的衰亡，332；各地方政府，340；民国（1911 年），5，341；国民党，256，341，347，366，726；孙中山和袁世凯，341；共产党，366；蒋介石领导的国民政府，366；在北京，369；撤退到重庆，372；德国军事使团，692；抗日统一战线，709—711；共产党的巩固，810
  与俄国：权利要求，152；中东铁路，336；苏联关系，365—366，701—702，709，724；参见 Manchuria
  与日本：权利要求（1914 年前），152；战争和马关条约（1895 年），113，124，330，333；辽东半岛，113—114；朝鲜，113，124—125，333，336—339，360；满洲，239，256—257，339—340，364，368—372，685—687；二十一条要求（1916 年），334—336，351；关税自主，370；抵制日货（1932 年），686；广田三原则（1935 年），702—703；何梅协定，703；战争（1937 年），710—711，724—725；"新秩序"，324
  与美国，346，710；蓝辛—石井协定（1917 年），347—348，351；顾问，369；九国公约（1922 年），685—686
  与英国，113—114；威海卫，114，357；战争（1839 年），335—336；义和团，335—336；反英情绪，367；李滋—罗斯考察团，702—703
  与德国：胶州湾，114，344—345，351，356；军事使团，692；召回使团（1938 年），724
  与国际联盟，256—257
  与世界大战：第一次，346—347；第二次，774，808—810
Chirico, Giorgio de, 基里科，乔治·德，意大利画家，669
Chkheidze, Nikolai, 齐赫伊泽，尼古拉，俄国社会主义者，415
Chungking, 重庆，372
Churchill, Sir Winston, 丘吉尔爵士，温斯顿，英国首相，30，44，193
  "海军休假"，142；印度，304；金本位，532
  第一次世界大战：东方战略，181；坦克，190；达达尼尔海峡，182—183，522
  第二次世界大战：挪威，746—747；法英联盟，756；希腊，761—762；北非，764，776—780，794；远东，765，771—772；跨越英吉利海峡的入侵，745；欧洲委员会，812；波兰，817—818；与罗斯福总统，771—772，793，801，

803—804，811，813；与斯大林，801，814—816；与维希，805—806；与戴高乐，808

Ciano, Count Galeazzo, 齐亚诺伯爵，加莱亚佐，意大利外交部长，508，726；与德国，730，733，798

Cilicia, 吉里吉亚，288，290

Clark, Champ, 克拉克，钱普，美国众议院议长，561

Clark, Sir George, 克拉克爵士，乔治，英国历史学家，1

Clausewitz, karl von, 克劳塞维茨，卡尔·冯，普鲁士军事著作家，183

Clayton-Bulwer Treaty（1850 年），克莱顿—布尔沃条约，592

Clemenceau, Georges, 克列孟梭，乔治，法国总理，34，184，515；巴黎和会（1919 年），209；叙利亚，290；第一次世界大战，522—524，526

Cleveland, Grover, 克利夫兰，格罗弗，美国总统（1885—1889 年），民主党人，119

Cochin-China, 交趾支那，313；参见 Indo-China

Cockcroft, Sir John, 科克罗夫特爵士，约翰，英国物理学家，103

Coen, Jan Pieterzoon, 科恩，扬·彼得森，巴达维亚的创建者，313

Collingwood, Robin G., 科林伍德，罗宾·乔，英国哲学家，653—654

Colombia, 哥伦比亚，258，558，592，599；第一次世界大战，594；石油，598

Colonial Conference（1902 年），殖民地会议，379

Colonial Laws Validity Act（1865 年），殖民地法律有效性法，384，387—388

Combat，"战斗"，553

Combes, Emile, 孔布，埃米尔，法国总理，515

Comité secret d'action révolutionnaire（C. S. A. R.），革命行动秘密委员会，541

Committee of Imperial Defence, 帝国防务委员会，380，691

Communism, 共产主义，7，524；第三国际（1919 年），18，431，446；在东欧，21，81；在东南亚，323—324；共产国际，458；在法国，528，543—544，554；在德国，488，498；与文学，609

Comnéne, M., 科姆南，罗马尼亚外交部长，719

Conféderation française des Travailleurs chretiens（C. F. T. C.），法国天主教工人联合会，554

Conféderation cénéralc du Travail（C. G. T.），法国总工会，514，516，528，543，554

Congo, 刚果，比属刚果，8，47，138；法属刚果，138

Congress（India），国民大会党（印度），299，302—311

Conrad, Joseph, 康拉德，约瑟夫，法裔英国作家，618—619，634

Conseil National de la Résistance

(C. N. R.），全国抵抗运动委员会，554

Constantinople（Istanbul），君士坦丁堡（伊斯坦布尔），145，178，183，228—229

Coolidge, Calvin，柯立芝，卡尔文，美国总统（1923—1929 年），共和党人，564—570

Copernicus, Nicolaus，哥白尼，尼古拉，波兰天文学家，89

Cornford, Francis M.，康福德，弗朗西斯，英国哲学家，653

Coubertin, Baron Pierre de，库贝坦男爵，皮埃尔·德：奥林匹克运动会，35

Courbet, Gustave，库尔贝，古斯塔夫，法国画家，673

Crane, Hart，克兰，哈特，美国诗人，634

Crete，克里特岛，115，481

Cripps, Sir Stafford，克里普斯爵士，斯塔福德，英国国务活动家，312，800

Crna Ruke（the Black Hand, Serbia），黑手党（塞尔维亚），153，157

Croatia，克罗地亚，222，478，491，694

Croce, Benedetto，柯罗齐，贝内戴托，意大利哲学家，486，653，657

Cuba，古巴：与美国，119，556，577，584，594，607；食糖，40；独立，592；普拉特修正案，577，592—593

Cummidngs, Edward E.，卡明斯，爱德华·埃，美国诗人，634

Cumont, Franz，居蒙，弗朗兹，比利时历史学家，660

Cunliffe Committee（1918 年），坎利夫委员会，38

Cunningham, Sir Alan，坎宁安爵士，艾伦，英国将军，765

Cuno, Wilhelm，库诺，威廉，德国总理，233，236

Curie, Marie，居里，玛丽，波裔法国物理学家，87

Curzon, George（Marpuess of Kedleston），寇松，乔治（凯德勒斯顿侯爵），印度总督，297，300，314，376；外交大臣，227，229

Curzon Line，寇松线，223，443，810n.

Cyprus，塞浦路斯，228

Czechoslovakia，捷克斯洛伐克：在奥地利统治下，476—477；1918 年以后，212，214；共和国，219，222，489；小协约国，227，495，501，691，694，699，709，713；少数民族，265，488—490；在俄国的军团（1918 年），438—439；大萧条，499；与法、俄签订的条约，464，500，696，709；苏台德区德意志人，499—502，715—723；德国接管，501—502，741—742；纳粹的恐怖统治，506

D'Abemon, Vicount（Sir Edgar Vincent），达伯农子爵（埃德加·文森特爵士），英国驻德国大使，

227, 230, 235—237
Dachau, 达豪, 495
Dahlerus, Birger, 达勒卢斯, 伯格, 充当调解人的瑞典人, 733
Dairen, 大连, 345
Daladier, Edouard, 达拉第, 爱德华, 法国总理, 541, 543—544, 746; 捷克危机, 720—721; 被监禁, 548
Dale, Sir Henry, 戴尔爵士, 亨利, 英国物理学家, 97
Dali, Salvador, 达利, 萨尔瓦多, 西班牙画家, 670
Dalmatia, 达尔马提亚, 225
Dalton, John, 道尔顿, 约翰, 英国化学家, 91
D'Annunzio, Gabrielle, 邓南遮, 加布里埃莱, 意大利诗人和无端侵袭别国领土者, 225, 484—486
Danzig, 但泽, 219, 223, 237, 266, 490, 528; 德国与但泽, 725—726, 729—732
Darlan, Jean François, 达尔朗, 让·弗朗索瓦, 维希海军上将, 549, 806—807; 被刺, 808
Darnand, Joseph, 达尔南, 约瑟夫, 维希分子, 549
Darwin, Charles, 达尔文, 查尔斯, 英国博物学家, 89, 646; 《物种起源》, 87, 100
Das. C. R., 达斯, 吉·兰, 印度国大党领导人, 302
Das Gupta, S. C., 达斯·古普塔, 印度哲学家, 308
Daudet, Leon, 多代, 莱昂, 法国辩论家, 530
Davies, William Henry, 戴维斯, 威廉·亨利, 英国诗人, 623
Dewes Plan (1923年), 道威斯计划, 56, 60, 232—233, 250, 255, 457, 488, 567
Déat, Marcel, 戴阿, 马塞尔, 维希分子, 540, 549
Degas, Hilaire, 德加, 希拉埃, 法国画家, 673
Degrelle, Léon, 德格雷尔, 莱昂, 比利时法西斯分子, 545
Delaunay, Robert, 德洛内, 罗贝尔, 法国画家, 667—669, 671
Delbos, Yvon, 德尔博斯, 伊冯, 法国外交部长, 705, 713, 716
Delcassé, Théophile, 德尔卡塞, 泰奥菲尔, 法国外交部长, 118—121, 127, 129, 138, 517
Democritus, 德谟克利特, 希腊哲学家, 91
Denikin, Anton, 邓尼金, 安东, 俄国将军, 442—443
Denmark, 丹麦: 农业, 16; 教育, 27; 社会保险, 29, 45; 与英国的贸易, 43; 议会制度, 513, 518, 537; 第一次世界大战, 526; 大萧条, 536—537; 第二次世界大战, 551
Depression, the Great (1929—1932年), 大萧条, 7, 53—54, 59—62, 239, 378, 389, 491—493, 534—538, 601, 684—685; 延期付款方案, 240, 493, 572, 685, 689

Descartes, René, 笛卡儿, 勒内, 法国哲学家, 654

Deschanel, Paul, 德夏内尔, 保罗, 法国国务活动家, 517, 526

De Stijl, "风格"派, 荷兰艺术家团体, 677, 679—680

Devawongse, 德瓦旺, 逻罗亲王, 314

Deventer, Conrad van, 德文特, 康拉德·范, 荷兰作家, 314

Dewey, John, 杜威, 约翰, 美国哲学家, 654

Dewey, Thomas E., 杜威, 托马斯·埃, 美国政治家, 581—582

Diaz, Porfirio, 迪亚斯, 波菲里奥, 墨西哥独裁者, 587—588, 591

Dibelius, Otto, 迪贝利乌斯, 奥托, 德国牧师, 498

Dien Bien Phu, 奠边府, 327

Dill, Sir John, 迪尔爵士, 约翰, 英国帝国总参谋长, 765

Dimitrievic (Apis), 迪米特里耶维奇 (阿皮斯), 塞尔维亚情报机构首脑, 153

Disarmament, 裁军, 220; 凡尔赛条约规定的义务, 238; 海军裁军, 238—239; 筹备委员会, 239; 日内瓦会议 (1932年), 687—688, 691

Dobrudja, the, 多布罗加, 222

Doesburg, Theo van, 多斯伯格, 泰奥·范, 荷兰建筑家, 680

Dollfuss, Engelbert, 陶尔斐斯, 恩格尔贝特, 奥地利总理, 17, 495, 500—501, 690—691, 693—694; 被刺, 497

Domagk Gerhard, 多马克, 格哈德, 德国化学家, 96

Dominican Republic, 多米尼加共和国, 558, 593—594, 606

Dorgères, Henri, 多热尔, 亨利, 法国政治家, 540

Doriot, Jacques, 多里奥, 雅克, 法国政治家, 541, 549

Douhet, Guilio, 杜埃, 圭利奥, 意大利将军, 736

Doumergue, Gaston, 杜梅尔格, 加斯东, 法国总理, 541, 693

Dowding, Sir Hugh (baron), 道丁爵士, 休 (男爵), 英国空军中将, 757

Dreyfus affairs, 德雷福斯案件, 184, 514—515, 519, 541, 548

Drummond, Sir Eric (Earl of Perth), 德拉蒙德爵士, 埃里克 (珀思伯爵), 国际联盟第一任秘书长, 243—244

Dual Alliance, 两国同盟, 120, 144

Duchamp, Marcel, 杜尚, 马塞尔, 法国雕塑家, 674

Dulles, John Foster, 杜勒斯, 约翰·福斯特, 美国外交家, 221

Durazzo, 都拉斯, 146

Dybenko, F., 德边科, 布尔什维克党领导人, 429

Dzerzhinsky, F., 捷尔任斯基, 费, 布尔什维克党领导人, 429

East African protectorate, 东非保护国, 394; 参见 Kenya

Eberhart, Richard, 埃伯哈特, 理查

德，美国诗人，634
Ebert, Friedrich, 艾伯特，弗里德里希，德国总统, 209, 486
Eckardstein, Baron von, 埃卡德施泰因男爵，冯，德国外交家, 123
Economy, world, 世界经济：经济模式（1941年前），39；自由派理论，43—44；第一次世界大战，51—52；两次大战之间，75—78；增长速度，83；各次经济会议，62—63, 262—263, 689；民族主义政策，262；参见 Depression, the Great; Planning
Ecuador, 厄瓜多尔：第一次世界大战，595；石油，598；与秘鲁，609
Eddington, Sir Arthur, 埃丁顿爵士，阿瑟，英国天文学家, 91, 654
Eden, Sir Anthony (earl of Avon), 艾登爵士，安东尼（阿冯伯爵），英国外交大臣, 296, 695, 697, 707, 813；西班牙，706；尼翁，708；美国，710, 712, 812；俄国，801n., 810
Edward VII of Great Britain, 英国国王爱德华七世, 127, 132, 151
Edward VIII of Great Britain, 英国国王爱德华八世：退位，707
Egypt, 埃及：苏伊士运河，3；英法协定（1899年），117, 119；与土耳其，228；独立（1922年），281；华夫脱党，282—283；英国的保护国，285, 287, 375；英埃条约（1936年），283；军事政变（1952年），283

Ehrlich, Paul, 埃尔利希，保罗，德国生物学家, 6, 96
Einstein, Albert, 爱因斯坦，阿尔伯特，瑞士数学物理学家, 6, 99
Eisenhower, Dwight D., 艾森豪威尔，德怀特·戴，美国将军和总统（1953—1961年），共和党人，554, 794, 807
Eliot, Thomas Steams, 艾略特，托马斯·斯特恩斯，美裔英国诗人，617, 620, 623—626, 640；《荒地》，627—630
Ellman, Richard, 埃尔曼，理查德，美国作家, 625
El Salvador, 萨尔瓦多, 594
Engels, Friedrich, 恩格斯，弗里德里希，德国共产主义者，429
Enver Bey, 恩维尔贝伊，土耳其军人，272
Ernst, Max, 恩斯特，马克斯，德国画家，670, 674
Erzberger, Matthias, 埃尔茨伯格，马蒂亚斯，德国国务活动家，485—486
Esterhàzy, 埃斯泰尔哈吉，匈牙利地主家族，479
Estonia, 爱沙尼亚：与俄国，445；与德国，474
Ethiopia, 埃塞俄比亚，参见 Abyssinia
Eulenbezg, Prince, 奥伊伦贝格亲王，德国朝臣，474
Eupen-Malmédy, 欧本-马尔梅迪：割让给比利时（1919年），219, 233
Ewing, A. C., 尤因，英国哲学家，

652，654—655

Ewins, A. J.，尤因斯，阿瑟·詹姆斯，英国分析化学家，96

Exupéry, Antoine de Sainte，埃格絮佩里，安托万·德·圣，法国作家，635

Fabian Society，费边社，514

Faisal I, of Iraq，伊拉克国王费萨尔一世，228，284，292—293

Falkenhayn, Erich von，法金汉，埃里希·冯，德国总参谋长，176—179，187，189，193—194

Faraday, Michael，法拉第，迈克尔，英国物理学家，108

Farmer, H. H.，法默，英国哲学家，654

Faruq I of Egypt，埃及国王法鲁克一世，283

Fashoda（1896年），法绍达危机，117，120

Faulkner, William，福克纳，威廉，美国作家，634

Feidelson, Charles，菲德尔森，查尔斯，美国作家，625

Fez，非斯，137；非斯条约（1912年），285

Fichte, Immanuel，费希特，伊曼努尔，德国哲学家，662

Fiji，斐济，335，395

Finland，芬兰：选举权，22；俄国的进攻，260；阿兰德，254；布列斯特—里托夫斯克和约，436—437；与俄国，445；政党，537

Fisher, Sir John（baron），费希尔爵士，约翰（男爵），英国海军上将，182，519，522

Fiume，阜姆，225，486，490

Flandin, Pierre-Etienne，弗朗丹，皮埃尔·艾蒂安，法国总理，549，698，741

Flaubert, Gustave，福楼拜，居斯塔夫，法国作家，613

Fleming, Sir Alexander，弗莱明爵士，亚历山大，英国科学家，96

Florey, Sir Howard，弗洛里爵士，霍华德，英国病理学家，96

Foch, Ferdinand，福煦，斐迪南，法国元帅，196，202，209，215，218，220

Forces Francaises de i Intérieur（F. F. I.），法国内地军，554

Ford, Henry，福特，亨利，汽车制造厂厂主，14，107，547，579

Fordndy-McCumber tariff（1922年），福德尼—麦坎伯关税法，62

Formosa，福摩萨（台湾），113，333，360

Forster, E. M.，福斯特，爱·摩，英国作家，615—617

Four Power Treaty（1922年），四国条约，355

Four Power Pact（1933年），四国公约，691

France，法国

移民，11—12；人口统计，19

经济和工业：工业化，10，15—16，40，65，78；"经济垄断组织"，16；失业，21；劳动工时，44；托拉斯，46；1918年后状况，

52—53，212；国际粗钢卡特尔，234；法郎的稳定（1914年），57，(1926年），533；限制进口，65；工联主义，514，516，528，542—543，554

社会状况：农民，21；选举权，22—23，513；妇女地位，23；教育，27；社会保险，30—31，45

政治发展：人民阵线，77，542；1914年前的议会和政党，513—516；教会与国家，515；骚乱（1906年），516；冶金工业公会和1918年以后的其他压力集团，529；反自由思想，530；共产党人和社会党人，514，516，522，528，533，542—543，554；议会制度的危机，539—541

与英国：英法关于埃及的协定（1898—1899年），117，124，127；布尔战争，119；国事访问，127，151；英法协约（1904年），127—128，139，286，517；军事谈判（1906年），143，(1936年），699；舰队的重新部署（1912年），143；战争迫近，167—169；关于北方海岸的保证，168；捷克危机，716—722；拟议中的英法联盟，756；维希，805—806；参见 Sykes-Picot Agreement

与俄国：法俄联盟（1891—1894年），112，130，517；在俄国的投资，113；彭加勒在圣彼得堡（1914年7月），157—158；萨拉热窝事件之后，165；法苏条约

（1932年），464，467，687，689，695—696；失败的谈判（1939年），468

与德国：拒绝关于边界的建议，119；关于摩洛哥的争端，128，130，137—139，286，517；法德协定（1911年），138；紧张形势（1913年），151；德国的最后通牒（1914年7月31日），166；鲁尔区，231—233，238，250；萨尔，215，267，694；莱茵兰，214—215，698—699；重新武装，693；参见 Locarno Pacts, Reparations, the world wars 各条

与印度支那：113，313，322—323，37—38

与意大利：秘密协定（1900年），121；在20世纪30年代初期，684，687；局势的缓和，691；斯特雷扎（1935年），695；阿比西尼亚，696—698；参见 Locarno Pacts

与利凡得：巴格达铁路，116；富兰克林—布荣协定（1921年），229；安卡拉协定（1921年），290—291；查纳克事件，229；黎巴嫩和吉里吉亚，290；委任统治地，228，292；与英国的争端（1941年），296，806—807；参见 Sykes Picot Agreement

与西班牙：法西关于摩洛哥的协定（1904年），127，286；内战，543，704—706；尼翁，708；承认佛朗哥政权，724

战争：兵役法，151，172，517；军

队情况：(1914年)，172—173，(1939年)，741，745；马奇诺防线，206，751，755—756；华盛顿（海军）协定，239

与第一次世界大战：大战后果：工业，212；厌战情绪，225；劳动力的困难，524—526；生命和物质的损失，527；工联主义的发展，528；新右翼，529—530；财政问题，533—534；参见第七章（关于军事史）和第八章（关于凡尔赛条约）的目录

与国际联盟：美国拒绝参加国联的影响，226—227，248；第十六条，247；日内瓦议定书，248，530；委任统治地，228，292；裁军计划，687—688

与第二次世界大战：参见第二十四章（关于军事史）目录

维希，547—549，552—553，555，799，805—806；抵抗运动，552—554；自由法国，807

Francs Tireurs，游击队，553

Francis Ferdinand，弗兰茨·斐迪南，奥地利大公：在萨拉热窝遇刺，153，171

Francis Joseph，弗兰茨·约瑟夫，奥地利皇帝，120，154，485，476—477；逝世，194

Franco, Francisco Bahamonde，佛朗哥，弗朗西斯科·巴蒙德，西班牙考迪略，706，724，798n.

Franklin-Bouillon Agreement (1921年)，富兰克林—布荣协定，229

Franks, R. S.，弗朗克斯，俄国东正教作家，663

Frege, Gottlob，弗雷格，哥特洛布，德国数学家，646，648

Frenay, Henri，弗雷内，亨利，法国抵抗运动领导人，553

French, Sir John (Earl of Ypres)，弗伦奇爵士，约翰（伊普雷伯爵），英军总司令，176，180—181

Freud, Sigmund，弗洛伊德，西格蒙德，奥地利心理学家，653，656—657，670

Freyberg, Bernard，弗赖伯格，伯纳德，新西兰将军，763—764

Freyssinnet, Eugène，弗雷西内，欧仁，法国工程师，678，683

Friesland, East，东弗里斯兰，225

Fritsch, Freiherr Werner von，弗里奇男爵，威纳尔·冯，德军总司令，498

Fry, Christopher，弗赖伊，克里斯托弗，英国剧作家，640

Fry, Roger Eliot，弗赖伊，罗杰·埃利奥特，英国艺术评论家和画家，672

Fuad II of Egypt，埃及国王法德二世，281

Fuller, J. F. C.，富勒，约·弗·查，英国将军，738

Funk Walther，丰克，瓦尔特，德国经济学家，72，499

Gabo (Pevsner), Nahum，加博（佩夫兹纳），瑙姆，俄国雕塑家，675

Gafencu, Grigore，加芬库，格里戈雷，罗马尼亚政治家，730

Galicia（E. Europe），加里西亚（东欧），146—147，177，186，212，223，406，477
Galileo, Galilei，伽利略，加利莱伊，意大利天文学家，87
Gallieni, Joseph，加利埃尼，约瑟夫，法国将军，175，522
Gallifet, Marquis de，加利费侯爵，法国将军，515
Gallipoli，加利波利，182—183，190，287，289；参见 Dardanelles
Gambia，冈比亚，127
Gamelin, Maurice，甘末林，莫里斯，法军总司令，548，741，745，751
Gandhi, Mohandas Karamchand (Mahatma)，甘地，莫汉达斯·卡拉姆昌德（圣雄），印度国大党领导人：不合作运动，301；非暴力反抗，8，310—311；不可接触的贱民，302；国大党，302，306；影响，316
Garnier, Charles，加尼埃，夏尔，法国建筑家，679
Gaudi, Antonio，高迪，安东尼奥，西班牙建筑家，676
Gauguin, Paul，高更，保罗，法国画家，668
Gaulle, Charles de，戴高乐，夏尔，法国将军和总统，553，741，745；与美国，805—808
Geach, Peter，吉奇，彼得，英国哲学家，655
Geddes, Sir Eric，格迪斯爵士，埃里克，英国政治家，525

Gelderland，格尔德兰，225
Geneva Protocol，日内瓦议定书，233，248—249
Gentile, Giovanni，秦梯利，乔瓦尼，意大利哲学家，653，657
George V of Great Britain，英国国王乔治五世，6，164，520
George VI of Great Britain，英国国王乔治六世，718
Gerlier, Cardinal，热利埃红衣主教，维希分子，548
Germany，德国
  工业和商业：工业化，10，16，474；制造业，40；对英贸易（1914年前），43；托拉斯，46；"新计划"，74；进出口，80；国际粗钢卡特尔，234；1918年后的发展，488；国社党的经济后盾，16；克虏伯军火公司，235—236；希特勒对弱小国家的控制，502
  殖民地，6—7，141，236；在南太平洋，335，350
  人口，12，151，475；由乡村迁入城镇，12—13，16，474
  经济：货币崩溃，(1923年)，20—21，487；第一次世界大战期间，48—49；第一次世界大战后，51—53，70—75，85，706；大萧条，60—61，493，684—685；捷克资产的价值，502；第二次世界大战期间劳动力的不足，504；"新秩序"，799；希特勒统治时期的计划经济，70—75；四年计划，706

社会状况：社会革命，20—21；失业，21，43，73—74；选举权，22—23；妇女和家庭生活，24—25；社会保险，29，475；工人保险法典（1911年），45；教育，27，108，112，476；税收，30；报纸，33—34；体育，35；1945年后，81；统治阶级日益不得人心，475

政治和政府机构：1914年前，473—474；1918年前的政党，475—476；魏玛共和国，52，72，221，487，798；国社党人，7，20，24，61，239，492—495，799—800；斯巴达克同盟成员，488；共产党人，488，498；兴登堡总统（1925年），488，（1932年），493；希特勒总理（1933年），494；授权法，495

反犹太主义，9，20，497，729；"最后解决"，506

宗教：教会，498；神学，659—660，664

与奥匈帝国：支持巴尔干政策（1908年），134—135；在巴尔干危机中的暧昧立场（1912—1913年），144—145；德奥之间的冷淡关系，152；萨拉热窝事件之后，154—164；拟议中的关税联盟（1931年），493，685，687；奥地利的纳粹，497，690，694；德国接管，500—501，690—691，693

与意大利：南蒂罗尔的德意志人，487；意大利部队向布伦内罗移动，694；轴心国（1936年），704，709；双方在1937年10月底的关系，709；"钢铁盟约"（1939年），502，731；墨索里尼和希特勒会晤，498，507，717，798；第二次世界大战期间意大利工人在德国，504；营救墨索里尼，508；参见第二十四章

与土耳其：115—116，149—150；巴格达铁路，137，141，149，151；军事使团（1913年），149

与中国：114，123，333，342

与俄国：流产的毕由克条约（1905年），129—130；俄德之间的敌视（1913年），160；不同意德国军事使团访问土耳其，149；俄国革命，485；布列斯特—里托夫斯克条约（1918年），431，434—436，485；拉巴洛条约（1922年），236，454，463，488；斯大林与德国接近（1936年），705；德苏条约（1939年8月），706，733，742；参见第二十四章

与英国：布尔战争（1899年），118—119；试图建立友好关系，122—124；海军竞赛，123，128，136—137，141—142；长江协定（1900年），123；摩洛哥，128—131，137—138；英德谈判，151；萨拉热窝事件之后，158；德国拒绝参加会议，161—162；格雷的警告，163，167；"一张废纸"，169；德国重整军备（1933年），691—692；与希特勒谈判，695；海军协定（1935年），696；莱茵

兰（1936 年），699；西班牙内战，705—706；前德国殖民地，707，712；张伯伦的态度，707—708，712—713；1937 年 10 月底的态度，709；苏台德区的德意志人与捷克问题，715—722；希特勒与英国的重整军备，727；希特勒宣告废除海军协定，730；英国对波兰承担的义务，733；对德发出最后通牒（1939 年 9 月 3 日），734；参见 Locarno Pacts, Reparations 各条和第七章、第二十四章

与法国：参见 France 条下"与德国"项

与波兰：新波兰（1919 年），219；德意志少数民族，490—491；互不侵犯条约（1934 年），693；但泽和但泽走廊问题，725—726，729—733；最后时刻的谈判，733—734；参见第二十四章

与捷克斯洛伐克：苏台德的德意志人，489，499—502，715—725，741；宣布波希米亚和摩拉维亚为德国的保护国（1939 年 3 月），501—502，741—742；恐怖统治，506

与日本：辽东半岛（1895 年），114；第一次世界大战，179；太平洋岛屿，343；胶州湾和山东，344—346，349，351；反共产国际条约（1936 年），703—705；日本对德苏条约感到震惊，733；希特勒的对日政策，799

与第一次世界大战：战争起因，参见第六章；军事史，参见第七章

与凡尔赛和约：在凡尔赛和会上的全权代表，215—219；战争犯罪条款，216，221；丧失领土，219—220；裁军，220；战争的罪责，220—221；逃避军事条款，234—236；"凡尔赛的强制"，487；重新武装，693；参见 Disarmament, Reparations

与国际联盟：加入国联（1926 年），457；被选入行政院（1926 年），488；退出国联（1933 年 10 月），691

与第二次世界大战：参见第二十三和二十四章

战争：军事预算（1900 年），149；海军法案（1912 年），141—142；为备战而充分组织起来（1914 年），172；史里芬计划，173—174；海军战略，177—178，191；潜艇战，178，191—192，200—201，346；空战，179；施放毒气（1915 年），181；重新武装（1933 年），75，693；装甲部队，202；征兵制（1935 年），695；海军，695—696；空军，695，747；坦克和空军协同作战的理论，737；闪电战术，743

Ghana, 加纳，3，402；参见 Gold-Coast

Ghose, Sri Arabindo, 高士，斯里·阿拉宾多，印度神秘主义者，308

Giacometti, Alberto, 贾科梅蒂，阿尔贝托，意大利雕塑家，674

Gide, André, 纪德，安德烈，法国作家，625，630—631

Gignoux, C. J., 吉纽, 克洛德·约瑟夫, 法国雇主代理人, 543

Gilson, Étienne, 吉尔松, 艾蒂安, 法国哲学家, 654

Giollitti, Giovanni, 焦利蒂, 乔瓦尼, 意大利总理, 482—483

Giraud, Henri, 吉罗, 亨利, 法国将军, 807—808

Glover, Terrot R., 格洛弗, 特罗特, 英国学者, 660

Gödel, Kurt, 哥德尔, 库尔特, 摩拉维亚出生的美国哲学家, 654

Goebbels, Josef, 戈培尔, 约瑟夫, 德国纳粹宣传鼓动家, 207, 498, 790, 799

Goering, Hermann, 戈林, 赫尔曼, 德国纳粹领导人, 72, 494, 725, 733, 763

Gogh, Vincent Van, 梵高, 文森特, 荷兰画家, 666, 668

Gokhale, Gopal K., 戈凯尔, 戈帕尔·克利希那, 印度民族主义领袖, 299

Gold Coast, 黄金海岸, 394—395, 397; 独立后称加纳, 402

Gold Standard, 金本位, 7, 38, 42, 57, 60, 77—78, 532

Goltz, Baron von der, 戈尔茨男爵, 冯, 德国将军, 225

Goluchowski, Agenor, 戈鲁肖夫斯基, 阿格诺, 奥地利国务活动家, 132

Gömbös, G., 贡伯什, 久洛, 匈牙利首相, 495

Gómez, Juan Vicenti, 戈麦斯, 胡安·维森特, 委内瑞拉独裁者, 600

Gonzales, Juan, 冈萨雷斯, 胡安, 美国雕塑家, 675

Goodman, N., 古德曼, 英国哲学家, 655

Gordon, Sir Arthur H., 戈登爵士, 阿瑟·汉密尔顿, 英国殖民地行政官员, 395

Gore, Charles, 戈尔, 查尔斯, 英国国教主教和神学家, 661—662

Gorky, Maxim, 高尔基, 马克西姆, 俄国作家, 415, 463

Gort, Viscount, 戈特子爵, 英国陆军元帅, 753

Goschen, George (viscount), 戈申, 乔治（子爵）, 英国外交家, 167, 169

Grandi, Count Dino, 格兰迪伯爵, 迪诺, 意大利法西斯领导人, 508, 687, 714

Graves, Robert, 格雷夫斯, 罗伯特, 英国诗人, 622, 634

Graziani, Rodolfo, 格拉齐亚尼, 鲁道夫, 意大利元帅, 759

Great Britain, 英国

工业和贸易: 工业状况（1914年前）, 10, 16, 29—41; 第一次世界大战的影响, 7, 49—52; 海外投资, 42, 78—79, 85, 584; 进出口（1913—1938年）, 80; 恢复金本位（1925年）, 7, 532; 自由贸易, 43—44; 放弃自由贸易和金本位（1931年）, 57, 60—61, 65, 78, 519—521, 535; 销售计划, 65, 535; 英国工业联

合会，529；1900 年以前工会的发展，514；总罢工，457，532

社会状况：都市化，12；人口统计，19；失业，21，59，62，529；选举权，23，513，521；妇女和家庭生活，23—24；教育，27，108—109，519；社会保险，29—31，45，81，521，547；日报，34；福利国家，81；夏令时间，186，208

政治制度：自由党政府（1906 年），519—521；贵族院，519；工党政府（1924 年），531—532，（1929 年），60，534—535，685，（1945 年），547，555；国民内阁（1931 年），60；社会主义团体，514

与中国：引起争论的原因，113—114，333—334，357；长江协定（1900 年），123；战争（1839 年），533；义和团，335—336；第一次世界大战，342，346—347；反英情绪，367；前德国特权，356；"帕奈"号事件，711；第二次世界大战，774，808—810

与土耳其：20 世纪初期，115；第一次世界大战后的关系，287—291

与法国：见 France 条下"与英国"项

与德国：见 Germany 条下"与英国"项

与美国：克莱顿—布尔沃条约（1850 年），592；委内瑞拉争端（1895 年），119；改善关系（1900 年），123；战争债务，231，567；凯洛格公约，234，252；大萧条，684—685；在满洲问题上缺少合作，567；租借法案，581，803；大西洋宪章，582，810—811；丘吉尔和罗斯福，771—772，793，801—804，811，813；维希，805；对戴高乐的态度，806—808

与俄国：惧怕俄国（1914 年前），122；赫尔港渔船被袭事件（1904 年），128；英俄协定（1907 年），131—132；爱德华七世与沙皇，132；海军谈判，143，151；在波斯的冲突，273—275；协约国对苏俄的干涉，437—440；承认苏联（1924 年），457；袭击驻伦敦贸易代表团事件（1927 年），457；未取得成果的谈判（1939 年），468，728—732；第二次世界大战，810—811，813—818；英苏条约（1942 年），811

与日本：同盟条约（1912 年），124—126，138，239，336—338，353—356；太平洋岛屿，342—343；第一次世界大战中的秘密协定，350—351；四国条约（1922 年），354—356；1927 年海军会议的失败，252；第二次世界大战，765，771—774，791—795，808—809

与意大利：伦敦条约（1915 年），186，287，484；阿比西尼亚，696—699；西班牙，704—706；"君子协定"（1937 年），708；

英国承认意大利征服阿比西尼亚，717；张伯伦向墨索里尼发出呼吁，722；同盟国进攻西西里，785

战争：海军预算（1912年），144；英国远征军，173；坦克，190；四国条约，238—239，353—355，567；帝国总参谋部，379；帝国防务委员会，380，691；英德海军协定（1935年），696；重整军备，691—692，727；机械化，736；空中政策，736；缺乏战略思想，740；征兵制，745；空中和海上力量，747；国民警卫军，757

与第一次世界大战：全国登记和征兵，185；战争的耗费，186；定量配给制，186；劳合·乔治替代阿斯奎斯，193；伤亡人数，198；参见 Reparations 条，军事史参见第七章

与和约：英国的修正条款，216—217；关于赔偿的舆论，218—219；在新成立国家中的德意志少数民族，224

与国际联盟：英国参加了盟约的起草工作，242；对第十条的评论，245，247；议会与国联，246；拒绝接受互助条约，248；拒绝接受日内瓦议定书，249；裁军，238—239，353—355，687—689，691；麦克唐纳安抚德国的计划，253，691；英国在阿比西尼亚问题上耽误了时间，259；预算的份额，264；委任统治地，265，292—293，350—351，399；霍尔的演讲（1935年9月），259，697；霍尔-赖伐尔的谅解，698；为阻止德国而进行的谈判，699

在南美：在该地区的投资，594，596；与阿根廷的贸易，585—586，606，610；委内瑞拉的债务，592—593；墨西哥的石油国有化，604；铁路，605

与西班牙：内战，704—708；承认佛朗哥政权，724

与第二次世界大战，关于军事史参见第二十四章

Greece，希腊：人口，12；生活水平，19；对土耳其的战争（1897年），115；塞尔维亚与保加利亚，144；巴尔干战争（1912年），145—146；第一次世界大战后，222；士麦拿，228—229；土耳其，229，263，480—482；克里特岛，481；第二次世界大战中意大利和德国的侵略，505，507；共产党的战争，510

Green, Graham，格林，格雷厄姆，英国作家，630，634

Green, Thomas H.，格林，托马斯，英国哲学家，654

Grey, Sir Edward (viscount)，格雷爵士，爱德华（子爵），英国外交大臣：英法协约，131—132；巴尔干各国，134；德国海军，137；阿加迪尔事件，138；重新部署舰队，143；与俄国进行海军谈判，151；防止大战爆发的努力（1914年），159—169，172

Griffuelhes, Victor, 格里甫埃勒, 维克托, 法国工联主义者, 516

Gris, Juan, 格里斯, 胡安, 法国画家, 671

Groener, Wilhelm, 格罗纳·威廉, 德国将军, 49

Gropius, Walter, 格罗皮厄斯, 沃尔特, 德裔美国建筑家, 671—672, 677—678, 680, 682

Guam, 关岛, 119, 335, 355

Guchkov, A. I., 古契柯夫, 亚·伊, 俄国十月党人, 406, 410, 416—417

Guderian, Hans, 古德里安, 汉斯, 德国将军和坦克专家, 743—744, 750—752, 756, 767—769

Guesdes, Jules, 盖德, 朱尔, 法国共产主义者, 521

Haakon VII of Norway, 挪威国王哈康七世, 550

Hacha, Emil, 哈查, 埃米尔, 捷克斯洛伐克总统, 725

Haekel, Ernst, 海克尔, 恩斯特, 德国哲学家, 646

Hague Court of Arbitration, 海牙仲裁法庭, 120, 592—593

Hague Peace Conference, 海牙和平会议 (1899年), 122; (1907年), 132, 136, 243, 380, 594

Haig, Sir Douglas (earl), 海格爵士, 道格拉斯 (伯爵), 英军总司令, 181, 188—189, 191, 194—196, 200—201, 204, 209, 737

Haiti, 海地, 577, 593—594; 美国与海地, 606—607

Halder, Franz, 哈尔德, 弗兰茨, 德国将军, 754—755, 767

Halifax, earl of (Edward Wood, Lord Irwin), 哈利法克斯伯爵 (爱德华·伍德, 勋爵欧文), 印度总督, 303; 外交大臣, 713, 718, 727; 驻美大使, 809

Hamaguchi, Osaehi, 滨口雄幸, 日本首相, 370

Hamilton, Sir Ian, 汉密尔顿爵士, 伊恩, 英国将军, 182

Hampshire, Stuart, 汉普夏, 斯图尔特, 英国哲学家, 655

Hankey, Sir Maurice (baron), 汉基爵士, 莫里斯 (男爵), 内阁秘书, 182, 219

Hansen, Alvin H., 汉森, 阿尔文, 美国经济学家, 64

Harcourt, Sir William, 哈考特爵士, 威廉, 英国国务活动家, 30

Harden, Maximilian, 哈登, 马克西米连, 德籍犹太人新闻工作者, 474

Harding, Warren G., 哈定, 沃伦, 甘梅利尔, 美国总统 (1921—1923年), 共和党人, 354, 564—565, 578; 逝世, 568

Hardinge, Sir Charles (baron), 哈定爵士, 查尔斯 (男爵), 印度总督, 298

Hardy, Thomas, 哈代, 托马斯, 英国作家和诗人, 613—614, 619—621, 630

Harmsworth, Alfred (Lord Northcliffe), 哈姆斯沃思, 艾尔弗雷德 (诺思

克利夫勋爵），英国报业巨头，34，207

Harnack, Adolf von，哈纳克，阿道夫·冯，德国圣经学家，659—660

Hassell, Ulrich von，哈塞尔，乌尔里希·冯，德国外交家，499

Hatta, Mohammad，哈达，穆罕默德，印度尼西亚民族主义者，325

Hawaiian Islands，夏威夷群岛，119，335，355，581

Hawley-Smoot tariff（1930年），霍利－斯穆特税则（1930年），62，240

Hayashi, Baron，林董男爵，日本外交家，124

Hay-Pauncefote Treaty（1902年），海－庞斯福特条约（1902年），592

Headlam, Arthur C.，黑德勒姆，阿瑟，英国神学家，662

Heckel, Erich，黑克尔，埃里希，德国画家，668

Hegel G. W. Friedrich，黑格尔，格·威·弗里德里希，德国哲学家，644，653—654

Heidegger, Martin，海德格尔，马丁，德国哲学家，655

Helfferich, Karl，黑尔费里希，卡尔，德国财政金融家，49

Hemingway, Ernest，海明威，欧内斯特，美国作家，634

Henderson, Arthur，亨德森，阿瑟，英国外交大臣，521，524，528

Henderson, Sir Nevile，亨德森爵士，内维尔，英国驻柏林大使，708

Henlein, Konrad，汉莱因，康拉德，苏台德区德意志人党领导人，500—501，715—716，718—719

Hennebique, Francois，埃纳比克，弗朗索瓦，法国建筑家，678

Henriot, Philippe，昂里奥，菲利普，维希分子，549

Hepworth, Barbara，赫普沃思，巴巴拉，英国雕塑家，672

Herriot, Edouard，赫里欧，爱德华，法国总理，248，532—533，688—689

Heydrich, Reinhard，海德里希，莱因哈德，纳粹领导人，506

Himmler, Heinrich，希姆莱，亨利希，德国盖世太保头子，18，55，497，506

Hindenburg, Paul von，兴登堡，保罗·冯，德国陆军元帅，176，180，458；总统（1925年），488；（1932年），493；与希特勒，492—494

Hiranuma, Baron，平治男爵，日本首相，726

Hiroshima，广岛，104，792—793

Hirota, Baron Köki，广田弘毅男爵，日本首相，702

Hitler, Adolf，希特勒，阿道夫，德国元首，7，17，18，202，463；总理，241，492—496，689；自杀，790；参见第二十四章和Germany条下

Hoare, Sir Samuel（Viscount Templewood），霍尔爵士，塞缪尔（坦

普尔伍德子爵），英国外交大臣，697—698，728

Hobson, John A., 霍布森，约翰·阿，英国经济家家，8，47

Ho Chi-minh, 胡志明，越南领导人，325，327

Hoger, Fritz, 霍格，弗里茨，德国建筑家，679

Holland, 荷兰，参见 Netherlands

Holland, Henry Scott, 霍兰，亨利·斯科特，英国神学家，661

Holstein, Baron Friedrich von, 霍尔斯坦，弗里德里希·冯，德国外交部官员，118，128

Hong Kong, 香港，333，355，363，395

Hoover, Herbert, 胡佛，赫伯特，美国总统（1929—1933年），共和党人，52，60，569，686，688；救济总署（1919年），213；延期付款方案（1931年），240，493，572，685，689；大萧条，571—573

Hopkins, Sir Frederick, 霍普金斯爵士，弗雷德里克，英国生物化学家，95

Hopkind, Gerard Manley, 霍普金斯，杰勒德·曼利，英国诗人，624

Horrocks, Sir Brian, 霍罗克斯爵士，布赖恩，英国将军，784

Horta, Victor, 霍泰，维克托，比利时建筑家，676—677

Horthy, Admiral Nicholas, 霍尔蒂，尼古拉，海军上将，匈牙利摄政，723

Hoth, Hermann, 霍特，赫尔曼，德国将军，767—768

Hötzendorff, Conrad von, 霍曾道夫，康拉德·冯，奥地利总参谋长，132，148，153，164，177，194

House, Colonel Edward M., 豪斯上校，爱德华·曼德尔，威尔逊总统的私人顾问，152，209，242

Hoyos, Count A. von, 霍约斯伯爵，冯，奥地利外交家，154

Hudson, Robert, 赫德森，罗伯特，英国政治家，731—732

Huerta, Adolfo de la, 韦尔塔，阿道弗·德·拉，墨西哥冒险家，562，591

Hügel, Baron Friedrich von, 许格尔男爵，弗里德里希·冯，奥裔英国神学家，660，662

Hugenberg, Alfred, 胡根贝格，阿尔弗雷德，德国财政金融家，16

Hughes, Charles Evans, 休斯，查尔斯·伊万斯，美国国务卿，354，562—563

Hughes, William Morris, 休斯，威廉·莫里斯，澳大利亚总理，352，381

Hull, Cordell, 赫尔，科德尔，美国国务卿，75，78，576—577，607，710，809

Hulme, Thomas E., 休姆，托马斯，英国作家，626

Hume, David, 休谟，戴维，苏格兰哲学家，649—650

Hungary, 匈牙利：人口，12；与罗马尼亚，148；纳伊条约：（1919

年), 222; 共产党政权, 222; 与捷克斯洛伐克, 725; 参见 Austria

Hurst, Cecil, 赫斯特, 塞西尔, 国际法学家, 242

Hussein-McMahon correspondence (1915—1916年), 侯赛因-麦克马洪通信, 228

Husserl, E. G. A., 胡塞尔, 埃德蒙德, 奥地利哲学家, 646

Huxley, Aldous, 赫胥黎, 奥尔德斯, 英国作家, 626, 630, 632—633

Ibsen Henrik, 易卜生, 亨里克, 挪威剧作家, 613, 635—637

Ickes, Harold L., 伊克斯, 哈罗德·勒, 美国政治家, 580

Imperial (British) Conferences, (英国) 帝国会议: (1911年), 379; (1917年), 380; (1923年), 383; (1926年), 384—385; (1930年), 387

Imperial Defence, Committee of, 帝国防务委员会, 380, 691

Imperial General Staff, 帝国总参谋部, 379

Imperial War Cabinet (1917—1918年), 帝国战时内阁, 380

India, 印度: 人口, 8; 人口统计, 19; 工业化, 47; 与日本, 124; 与俄国, 131; 第一次世界大战的影响, 206; 共产主义, 319; 独立, 312; 参见第十一章 (原文297—312页)

Indo-China, 印度支那, 314—315, 320, 322—323; 参见 Vietnam

Indo-European Telegraph Company, 印欧电话公司, 273

Indonesia, 印度尼西亚, 47, 318, 324—325, 327

Inge, W. R., 英奇, 威廉·拉尔夫, 伦敦圣保罗教堂教长, 662

Inter-imperial Relations Committee, 帝国内部关系委员会, 385

International Institute of Agriculture, 国际农业研究所, 263

International Justice, Permanent Court of, 国际裁判常设法庭, 224, 254

International Labour Organisation, 国际劳工组织, 66, 76, 261, 268, 598

International Steel Cartel, 国际粗钢卡特尔, 234

Iqbal, Sir Muhammad, 伊格巴尔爵士, 穆罕默德, 印度诗人、哲学家, 308

Iran (Persia), 伊朗 (波斯), 272; 俄国与英国的角逐, 124, 131, 141, 143, 228, 273—275; 宗教领袖的影响, 273—275; 财政困难, 276; 骚乱, 277—278; 根本法 (1906—1907年), 278—279; 废除宪法, 279; 第一次世界大战, 280; 礼萨·汗, 280—281

Iraq, 伊拉克: 英国的委任统治地, 293, 399; 立宪政体的失败, 283—284; 费萨尔接国王位, 284; 君主政体的结束, 284; 成为国联成员国, 294

Ireland，爱尔兰：不发达状况，10；爱尔兰政府法（1920年）和内战，382；威斯敏斯特法，388；第二次世界大战中保持中立，391

Irigoyen, Hipolite，伊里戈廷，伊波利特，阿根廷总统，591，600—601

Iton and Steel Federation（1934年），英国钢铁联合会，65

Ironside, Sir Edmund (baron)，艾恩赛德爵士，埃德蒙（男爵），英国陆军元帅，746

Irwin, Lord，欧文勋爵，见 Halifax, earl of

Isherwood, Christopher，伊舍伍德，克里斯托弗，英国作家，635，640

Ishii, Kikujiro，石井菊次郎，日本政治家，347—348

Italy，意大利

概况（1900—1914年），482—484

工业、贸易和经济：不发达状况，10；贸易，15；金本位，57；社团主义，65；工业，482

社会状况：选举权，22，483；教育，27；社会保险，29，45；南方的穷困，484

政治发展：社会党和民族主义党，484—486；法西斯国家，486；参见 Mussolini

与阿比西尼亚：在阿杜瓦的失败（1896年），119，121；征服阿比西尼亚，258—260，696—699

与俄国：拉科尼吉条约（1909年），135

海军：华盛顿会议（1921—1922年），239，353—355

与土耳其：战争（1911年）和夺取的黎波里，285；查纳克（1922年），229

教会与国家，483，486

与第一次世界大战：最初的中立，160，169，484；伦敦条约（1915年），186，287，484；宣战，186，484；历次战役，186，194，200，205

与凡尔赛和约：取得的利益，222；不满情绪，225—226

与国际联盟：科孚事件，254—255；阿比西尼亚的呼吁，258；退出国联，260

与第二次世界大战：宣战（1940年6月），507，756，759；希腊，505，507，798；意大利工人在德国，504；北非，759—761；同盟国军在西西里岛，785；与德国缺乏合作，798；"无条件投降"，813

有关与法国、德国和英国关系，参见各有关国家条中"与意大利"项

Ito, Prince, of Japan，伊藤博文，日本公爵，124

Jackson, Henry，杰克逊，亨利，英国学者，653

Jacobsen, Arne，雅各布森，阿恩，丹麦建筑家，683

Jagow, Gottlieb von，雅戈，戈特利布·冯，德国国务大臣，152，156，163—164

Jamaica，牙买加，402

Jamal al-Din al-Afghani，杰马勒丁·阿富汗尼，波斯改革家，275

James, Henry，詹姆斯，亨利，美国出生的英国作家，614—615，630，634

James, William，詹姆斯，威廉，美国哲学家，646，656

Japan，日本

人口，8

贸易、工业和经济，7，331，359—360；工业，39—40，47—48，83，331，357—361；经济，357—358；工会，359；大萧条，361；满洲的重要性，364

政治：旧秩序，329；新秩序，330，338；废除治外法权，332；军人统治，371

与俄国：旅顺，113—114；战争（1904—1905 年），122，125—126，128，205—206，316，338—339，403，558—559；朴次茅斯条约（1905 年），126，339；559；俄国革命后日本的干涉，349，439，442；拟议中的苏中条约（1937 年），709；满洲，124，463—464，690；外蒙冲突，733

与第一次世界大战：海军部署，343；秘密协定（1917 年），350；获得的利益，347；在巴黎和会上，350—353

与国际联盟：满洲问题，253，256—257；退出国联，257，691

与美国：蓝辛—石井协定（1917 年），347—348，353；华盛顿会议（1921—1922 年），239，357，692—693；英美的接近，710；珍珠港事件，771

与第二次世界大战，772，774—775，790—793

有关与中国、德国和英国的关系，见各该国条目下"与日本"项

Jaspers, Karl，雅斯贝斯，卡尔，哲学家，655

Jaurès, Jean，饶勒斯，让，法国社会党领导人，34，514—515，517，521，528

Java，爪哇，40，319，325

Jeans, Sir James，琼斯爵士，詹姆斯，英国天文学家，654

Jefferson, Thomas，杰斐逊，托马斯，美国总统（1801—1809 年），共和党人，561

Jeffreys, Sir Henry，杰弗里斯爵士，亨利，英国哲学家，654

Jellicoe, Sie John (earl)，杰利科爵士，约翰（伯爵），英军总司令，主力舰队，191—192

Jesenskà, Milena，杰森斯卡，米莱纳，原捷克共产党人，500

Jews，犹太人：贝尔福宣言，228，289；德国人与犹太人，9，497，727；"最后解决"，506；意大利和东欧，502

Jinnah, Muhammad Ali，真纳，穆罕默德·阿里，印度穆斯林领导人，304，307，312

Joachim, H. H.，乔基姆，英国哲学家，653

Joffre, Joseph，霞飞，约瑟夫，法军总司令，174—175，180—181，

193, 522

Johnson Act (1934 年), 约翰逊法, 690

Johnson, Hugh A., 约翰逊, 休, 美国行政官员, 575—576

Johnston, Thomas, 约翰斯顿, 托马斯, 英国工党领导人, 534

Joseph, H. W. P., 约瑟夫, 英国哲学家, 653

Jouheaux, Léon, 儒奥, 莱昂, 法国社会党领导人, 528

Joyce, James, 乔埃斯, 詹姆斯, 爱尔兰作家, 625, 635;《尤利西斯》, 626—627

Jubaland, 朱巴兰, 226

Jung, Carl G., 荣格, 卡尔·古斯塔夫, 瑞士精神病学家, 657

Justo, General Augustin, 胡斯托将军, 奥古斯丁, 阿根廷总统, 602

Kafka, Franz, 卡夫卡, 弗兰茨, 奥地利作家, 499, 626, 631, 634

Kamenev, Lev, 加米涅夫, 列甫, 俄国革命家, 416, 423, 426, 430, 452—453, 455; 被处决, 466

Kandelaki, David, 坎杰拉基, 达维德, 苏联贸易代表, 705—706

Kandinsky, Vasily, 康定斯基, 瓦西里, 俄国画家, 668—669, 671, 674

Kartini, Raden Adjeng, 卡尔蒂妮, 拉登·阿强, 印度尼西亚民族主义领袖, 319

Katyn massacre, 卡廷惨案, 811

Kellogg, Frank B., 凯洛格, 弗兰克·比林斯, 美国国务卿: 凯洛格公约, 234, 252

Kelly, John, 凯利, 约翰, 美国百万富翁, 34

Kemal, Mustafa (Ataturk), 凯末尔, 穆斯塔法 (阿塔图克), 土耳其军人和国务活动家, 229, 290—292, 491

Kendall, Arthur I., 肯德尔, 阿瑟, 美国细菌学家, 95

Kennedy, John F., 肯尼迪, 约翰·菲茨杰拉德, 美国总统 (1961—1963 年), 民主党人, 5

Kenya, 肯尼亚, 395, 398, 400, 402

Kerensky, Alexander F., 克伦斯基, 亚历山大, 俄国社会革命党人, 409, 412—413, 415, 418, 423—429

Kesselring, Albert, 凯塞林, 阿尔伯特, 德国陆军元帅, 777, 785

Keyes, Roger (baron), 凯斯, 罗杰 (男爵), 英国海军上将, 753

Keynes, John Maynard (baron), 凯恩斯, 约翰·梅纳德 (男爵), 英国经济学家, 38, 56, 538, 573, 654, 800n.;《就业、利息和货币通论》, 64;《自由社会中的充分就业》, 81

Kiaochow, 胶州湾, 114, 344—345, 351, 356

Kiderlin-Wächter, Alfred von, 基德伦-韦希特尔, 阿尔弗雷德·冯, 德国外交家, 138

Kienthal conference (1916 年), 昆塔尔会议, 524

索　引　905

Kierkegaard, Sören, 克尔恺郭尔, 泽伦, 丹麦神学家, 653, 657
King, W. L. Mackenzie, 金, 麦肯齐, 加拿大总理, 384
Kipling, Rudyard, 吉卜林, 拉迪亚德, 英国作家和诗人, 314, 373, 617—618
Kirchner, Ernst L., 基希纳, 恩斯特·路德维希, 德国画家, 668
Kirdorf, Emil, 基尔道夫, 埃米尔, 德国煤业大王, 475
Kirov, Sergei, 基洛夫, 谢尔盖, 布尔什维克领导人, 463
Kitchener, Sir Herbert (earl), 吉钦纳爵士, 赫伯特（伯爵）, 英国陆军元帅：布尔战争, 495；法绍达危机, 117；印度, 297；第一次世界大战, 173, 181—185, 521；逝世, 193
Klagenfurt, 克拉根福, 222
Klee, Paul, 克利, 保罗, 瑞士画家, 670—671
Kleist, Ewald von, 克莱斯特, 艾瓦德·冯, 德国陆军元帅, 744, 751, 755—756, 768, 770, 775
Kluck, Alexander von, 克鲁克, 亚历山大·冯, 德国将军, 175—176
Kluge, Gunther von, 克鲁格, 京特·冯, 德国将军, 511
Knox, Frank, 诺克斯, 弗兰克, 美国国务卿, 594
Koch, Erich Gauleiter, 科赫, 埃里希, 东普鲁士省长, 725
Koenig, Marie-Pierre, 柯尼格, 玛丽-皮埃尔, 法国将军, 778

Koiso, Kuniaki, 小矶国昭, 日本首相, 791
Kokoschka, Oscar, 科科施卡, 奥斯卡, 奥地利画家, 150
Kokovtsov, Count, 科科夫佐夫伯爵, 沙俄首相, 150
Kolchak, Alexander, 高尔察克, 亚历山大, 俄国海军上将, 442
Konev, Ivan, 科涅夫, 伊凡, 俄国将军, 776, 789—790
Konoye, Prince, 近卫文麿公爵, 日本首相, 724, 792
Koo, Wellington, 顾维钧, 中国外交家, 352
Korea, 朝鲜, 113, 124—125, 327, 333, 336—339, 360
Kornilov, Lavr, 科尔尼洛夫, 拉夫尔, 俄国将军, 413, 423—424
Krestinski, N., 克列斯京斯基, 布尔什维克领导人, 466
Kruger, Paul, 克留格尔, 保罗, 德兰士瓦总统, 118, 373
Krupps of Essen, 埃森的克虏伯, 德国工业家族, 235—236, 475
Kruschev, N., 赫鲁晓夫, 尼基塔, 苏联国务活动家：论斯大林, 467
Krylenko, N., 克雷连科, 布尔什维克领导人, 429
Ku-Klux-Klan, 三K党, 566, 569
Kun, Bela, 库恩, 贝拉, 匈牙利共产党独裁者, 222
Küng, Hans, 金, 汉斯, 法国神学家, 664
Kuomintang, 国民党, 256, 341, 347, 366, 376

Kuwait，科威特，287

Kuznetsk steel works（Russia），库兹涅茨克钢铁工厂（俄国），462

Kwang Chow Wan，广州湾，114

Kwantung，广东，357

Ladurie, Le Roy，拉迪里，勒·鲁瓦，法国工联主义者，540

La Follette, Robert, M.，拉福莱特，罗伯特·马里恩，美国参议员，560，569

Lagosta，拉戈斯塔，225

Laird, John，莱尔德，约翰，苏格兰哲学家，654

Lamsdorff, Count, Vladimir，拉姆斯多尔夫伯爵，弗拉基米尔，沙俄国务活动家，130

Landon, Alfred M.，兰登，艾尔弗雷德，美国堪萨斯州州长，578

Lansbury, George，兰斯伯里，乔治，英国工党领导人，520，524

Lansdowne, Marquis of，兰斯多恩侯爵，英国国务活动家，123—124，129，131；和平建议，191

Lansing, Robert，蓝辛，罗伯特，美国国务卿，347—348；蓝辛—石井协定（1917年），347—348，351

Laos，老挝，313，323，328

Laplace, Marquis de，拉普拉斯侯爵，法国天文学家，94

Larionov, Mikhail，拉里奥诺夫，米哈伊尔，俄国画家，669

Lassalle, Ferdinand，拉萨尔，斐迪南，德国社会主义者，45

Latvia，拉脱维亚，225，445，491

Laurens, Henri，洛朗斯，亨利，法国雕塑家，674

Laurier, Sir Wilfrid，劳里埃爵士，威尔弗里德，加拿大总理，380

Laval, Pierre，赖伐尔，皮埃尔，法国国务活动家，541；与意大利，694，698；维希，548—549，553，805—806

Lavoisier, Antoine，拉瓦锡，安找万，法国化学家，87

Law, Andrew Bonar，劳，安德鲁·博纳，英国首相，229，231，523，531

Lawrence, David H.，劳伦斯，戴维·赫伯特，英国作家，618，623，625—626，630—632

Lawrence, Ernest, O.，劳伦斯，欧内斯特·奥兰多，美国物理学家，103

Lawrence, Thomas Edward，劳伦斯，托马斯·爱德华，英国军人，205

Lazerowitz, Morris，拉策罗威茨，莫里斯，英国哲学家，655

League of Nations, The，国际联盟：参见第九章

用以代替"欧洲协同体"，7；与民族主义的愿望相冲突，18；大胆的尝试，206；与各强国，701

委任统治地，292—293，350—351，399；少数民族，489

成员国：英国各自治领作为成员国，381；德国被接纳（1926年），459，488；俄国被接纳（1934年），464，500；日本

（1933 年 2 月）和德国（1933 年 10 月）退出，691；开除奥地利（1935 年）和俄国（1939 年），260

满洲，686—687，710；阿比西尼亚，697—700

Leahy, William D., 李海, 威廉·丹尼尔, 海军上将：罗斯福总统的参谋长，792—793；论原子弹，792—793

Lebanon，黎巴嫩，288，290，292

Le Corbusier（Charles-Edouarc Jeanneret），勒科尔比西埃（夏尔－爱德华·让内雷），法国建筑家，677，680—683

Lee Kuan-yew，李光耀，新加坡宪政派领导人，327

Leeb, Wilhelm Ritter von，李勃, 威廉·里特·冯, 德国陆军元帅，767—769

Léger, Fernamd，莱热, 费尔南, 法国画家，668

Legufa, Augusto，莱吉亚, 奥古斯托, 秘鲁统治者，600—601

Lehmbruck, Wilhelm，莱姆布鲁克, 威廉, 德国雕塑家，673

Leith-Rose, Sir Frederick，李滋罗斯爵士, 弗雷德里克, 英国经济专家，702—703

Lenin, Vladimir Ulyanov，列宁, 弗拉基米尔·乌里扬诺夫, 布尔什维克领导人，47，66，212，414—416，486—487；回到俄国（1917 年 4 月），419—422；隐蔽起来（7 月），423；重新返回（10 月），426；掌权，433—451；逝世，451；隐瞒他的政治遗嘱，453；参见第十四和十五章

Leopold II of Belgium，比利时国王利奥波德二世，546，552；在第二次世界大战中，753

Lescaze, William，莱斯卡兹, 威廉, 瑞士出生的美国建筑家，682

Lewis, C. Day，刘易斯, 塞西尔·戴, 英国诗人，633

Lewis, Clarence I.，刘易斯, 克拉伦斯, 英国哲学家，654

Lewis, Clivi S.，刘易斯, 克莱夫, 英国学者和作家，617

Lewis Wyndham，刘易斯, 温德姆, 英国画家和作家，672

Lewy, Casimir，卢伊, 卡西米尔, 英国哲学家，655

Leygues, Georges，莱格, 乔治, 法国总理，229—230

Liaotung Peninsula，辽东半岛，113—114

Libération Nord/Sud，"解放北方"，"解放南方"，553

Libya，利比亚，226

Lichnowsky, Prince Karl Max，利希诺夫斯基爵士, 卡尔·马克斯, 德国驻伦敦大使（1914 年），156—157，163，167

Lidice，利迪策，506

Liebknecht, Karl，李卜克内西, 卡尔, 德国共产党领袖，488

Liège，列日，174

Li Hüan-hung，黎元洪, 中国总统，346

Limburg，林堡，224—225

Lim Yew Hock，林有福，新加坡政治领袖，327

Lincoln, Abraham，林肯，亚伯拉罕，美国总统（1861—1865年），共和党人，556，563，574

Lindsay, Sir Ronald，林赛爵士，罗纳德，英国驻德大使，238

Linlithgow, Marquis of，林利思戈侯爵，印度总督，309

Lipchitz, Jacques，利普契茨，雅克，立陶宛雕塑家，674

Lipsky, Jósef，利普斯基，约瑟夫，波兰驻德大使，726

List, Wilhelm，利斯特，威廉，德国陆军元帅，743—744，762—763

Lithuania，立陶宛，223，225，254；与俄国，445；与德国，491

Little, Entents，小协约国，227，495，501，691，694，699，709，813

Litvinov, Maxim，李维诺夫，马克西姆，苏联外交部长，253，464，716，719，721，728—729，730

Lloyd, Sir George（baron），劳埃德爵士，乔治（男爵）；埃及，282；印度，305

Lloyd George, David（earl），劳合·乔治，戴维（伯爵），英国首相，30，44；社会改革，519—520；关于阿加迪尔问题的演说，138；与第一次世界大战，181—182，184，186，193—195，522—523；在巴黎和会上，见第八章；枫丹白露备忘录，224；与土耳其，229，290—291；与爱尔兰，382；与大选（1918年），525，（1922年），531；与波兰，742

Locarno Pacts（1925年），洛迦诺公约，233—234，250—251，255，457，488，532—533；与英国自治领，386；东方，694—695

Lodge, Henry Cabot，洛奇，亨利·卡伯特，美国参议员，561，564

Loisy, Abbé Alfred，卢瓦齐神父，阿尔弗雷德，法国神学家，660

London, Treaty of（1917年），伦敦条约，186，225—226，287，410，417，484；伦敦宣言（1909年），380；关于多瑙河问题的伦敦会议（1932年），687

Loos, Alfred，卢斯，阿尔弗雷德，奥地利建筑家，677

Lubetkin, Berthold，卢别特金，贝托尔德，俄国出生的英国建筑家，682

Ludendorff, Eric von，鲁登道夫，埃里克·冯，德国将军：第一次世界大战，177，180，184，189，193—194，199—204，485—486；慕尼黑暴动，488

Lugard, Frederick（baron），卢加德，弗雷德里克（男爵），英国殖民地行政官员，8，395

Luis, Washington，路易斯，华盛顿，巴西总统，602

Lunacharsky, A.，卢那察尔斯基，阿纳托利，布尔什维克领导人，429

Luther, Jans，路德，扬斯，德国银行家，232

Luther, Martin，路德，马丁，宗教改

革家，662

Luxemburg，卢森堡：第一次世界大战，168，173，175，527；中立，700；第二次世界大战，552

Luxemburg, Rosa，卢森堡，罗莎，德国共产党领导人，488

Lvov, Prince，李沃夫亲王，俄国立宪民主党，406；与革命，409—410，416，422，429—430

Lyautey, Louis，利奥泰，路易，法国元帅，517，522

Lytton, Earl of，李顿伯爵，686—687

MacArthur, Douglas，麦克阿瑟，道格拉斯，美国将军，318，775，791

MacDonald, Ramsay，麦克唐纳，拉姆齐，英国首相，248—249，457，542，547，689；第一次世界大战，521；工党政府，530—531；国民内阁，535

Macedonia，马其顿，115，143，148，271，490；"马其顿国内革命组织"，480—481

Maček, Vlarko，马切克，弗拉科，克罗地亚农民党领袖，509

McGregor, Sis William，麦格雷戈爵士，威廉，英国殖民地行政官员，395

Mackensen, August von，麦肯森，奥古斯特·冯，德国将军，186—187，193

Mackcsnen, Hans Georg von，麦肯森，汉斯·格奥尔格·冯，德国驻意大利大使，499

McKinley, William，麦金莱，威廉，美国总统（1897—1901年），共和党人，556—557，565

Mackinnon, D. M.，麦金农，英国哲学家，655

Mackintosh, Charles Rennie，麦金托什，查尔斯·伦尼，苏格兰建筑家，677

McMahon, Sir Arthur，麦克马洪爵士，阿瑟，英国政治官员，288—289

Macmillan, Harold，麦克米伦，哈罗德，英国国务活动家，64

MacNeice, Louis，麦克尼斯，路易斯，英国诗人，633

McTaggart, John，麦克塔格特，约翰，英国哲学家，646，651—652

Madero, Francisco，马德罗，弗朗西斯科，墨西哥政治家，591

Maffey, Sir John，马菲爵士，约翰，英国文官，697

Magnitogorsk steel plant, Russia，俄国马格尼托哥尔斯克钢铁厂，462

Magyars，马扎尔人，477—478，489

Mahmud II，马赫穆德二世，土耳其苏丹，269，272

Maillart, Robert，马亚尔，罗贝尔，瑞士工程师，678，683

Maillol, Aristide，马约尔，阿里斯蒂德，法国雕塑家，673

Maisky, Ivan，迈斯基，伊凡，苏联驻伦敦大使，801

Malacca，马六甲，326

Malaya，马来亚，40，58，393—394；马来联邦，313，320，326，375；马来亚联盟，326

Malcolm, Norman，马尔科姆，诺曼，

英国哲学家，655
Malkam Khan，马尔坎汗，伊朗改革家，274—275
Mallarmé, Stéphane，马拉美，斯特凡，法国诗人，625
Malraux, André，马尔罗，安德烈，法国作家，635
Man, Henri, de，德曼，亨利，比利时政治家，539，546
Manchuria，满洲：与俄国，113，124—125，336；与日本，126，239，256—257，339—340，345，357，363—364，368—372，463，692，702；与中国，348，369—370，576
Mandates，委任统治地，265，292—293，350—351，399
Mandel, Georges，芒德，乔治，法国政治家，741
Maniu, Julius，马纽，茹利乌斯，罗马尼亚农民党领袖，490，509
Mann, Thomas，曼，托马斯，德国作家，625，634
Mansel, Hebry L.，曼塞尔，亨利，伦敦圣保罗教堂教长，656
Manstein, Eric von，曼施泰因，埃利克·冯，德国陆军元帅，775
Marc, Franz，马尔克，弗兰茨，德国画家，668
Marchand, Jean B.，马尔尚，让·巴蒂斯特，法国军人，117
Marconi, Guglielmo，马可尼，古利耶尔莫，意大利无线电研究创始者，5，102
Mare, Walter de la，马雷，瓦尔特·德·拉，英国诗人，623
Marienwerder，马林韦尔德尔，220
Marinetti, Filippo，马里内蒂，菲利波，意大利作家和法西斯分子，484
Maritain, Jacques，马利丹，雅克，法国哲学家，654
Marsh, Sir Edward，马什爵士，爱德华，英国艺术赞助人，623
Marshall George C.，马歇尔，乔治·卡特利特，美国将军，794
Marshall Islands，马绍尔群岛，335
Martin, Grau Sau，圣马丁，格劳，古巴政治家，607
Marx, Karl，马克思，卡尔，现代共产主义创始人，487，520，653—654
Masaryk, Thomas，马萨里克，托马斯，捷克斯洛伐克总统，500
Massey, William F.，梅西，威廉·弗格森，新西兰总理，381
Matisse, Henri，马蒂斯，亨利，法国画家，666，671，673，675
Matteotti, Giacomo，马泰奥蒂，贾科莫，意大利社会党领导人，486
Maurin, Louis，莫兰，路易，法国将军，741
Maurras, Charles，莫拉斯，夏尔，法国作家，529—530
May, Sir George，梅爵士，乔治，英国负责保险事务的官员，535
Mehmed Reshad，穆罕默德，里夏德，土耳其苏丹，271
Meighen, Arthur，米恩，阿瑟，加拿大总理，354

Meinong, Alexius, 迈农, 阿历克修斯, 奥地利哲学家, 646
Memel, 梅梅尔, 219, 254, 491, 725, 729
Mendel, Gregor, 孟德尔, 格雷戈尔, 奥地利生物学家, 6, 99—100
Mendelsohn, Erich, 门德尔森, 埃里希, 德国建筑家, 679
Mercier, Ernest, 梅西埃, 欧内斯特, 法国工业家, 541
Mesopotamia, 美索不达米亚, 187, 228, 287; 英国委任统治地, 293
Metaxas, Ionnis, 梅塔克塞斯, 伊奥尼斯, 希腊总理, 699, 761
Metternich, Count, 梅特尼希伯爵, 德国驻伦敦大使, 136
Mexixo, 墨西哥
　经济: 六年计划, 69, 596, 604, 607, 611
　概况, 587—588, 591—592, 603—605; 与美国, 562, 577, 591, 606
　世界大战: 第一次, 594; 第二次, 608
　土地改革运动, 609
Michael, 米哈伊尔, 罗马尼亚国王, 509
Michelangelo, 米开朗琪罗, 意大利雕塑家, 673
Midhat, Pasha, 米德哈特帕夏, 土耳其政治家, 270
Mihailović, Draža, 米哈伊洛维奇, 德拉扎, 南斯拉夫塞尔维亚游击队"契特尼克"领导人, 507
Mikhail, grand duke of Russia, 俄罗斯大公米哈伊尔, 409
Miliukov, Paul N., 米留可夫, 巴维尔·尼古拉耶维奇, 俄国立宪民主党领导人, 406, 409—410, 416—417
Miliutin, D. P., 米柳亭, 俄国布尔什维克领导人, 429
Mill, John Stuart, 穆勒, 约翰·斯图尔特, 英国哲学家, 645, 647
Miller, D. Hunter, 米勒, 戴维·亨特, 美国法学家, 242
Millerand, Alexandre, 米勒兰, 亚历山大, 法国总统, 515
Milner, Sir Alfred (viscount), 米尔纳爵士, 艾尔弗雷德 (子爵), 英国国务活动家, 373
Mintó, Earl of (Elliot), 明托伯爵 (埃利奥特), 印度总督, 298
Mirb, Gabriel, 米罗, 加夫列尔, 西班牙画家, 670, 675
Mirza, Muhammad Riza, 米尔扎, 穆罕默德·里扎, 伊朗暗杀者, 275
Mitrovitza, 米特罗维察, 133
Möllendorff, Wichard, 默伦多夫, 维夏德, 德国经济学家, 52
Molotov (Scriabin), Vyacheslav, 莫洛托夫 (斯克里亚宾), 维亚切斯拉夫, 苏联外交部长, 713, 730—732, 800, 811
Moltke, Count Helmuth von, 毛奇伯爵, 黑尔姆特·冯, 德国陆军元帅, 147, 154, 164, 166, 168, 174—176
Moltke, Count Kuno von, 毛奇伯爵, 库诺·冯, 威廉二世的朋友, 474

Mondriaan, Piet, 蒙德里安, 皮特, 荷兰画家

Mongolia, 蒙古: 内蒙古, 345, 352, 357, 703; 外蒙古, 俄国和日本的权力要求, 464, 701—702, 733

Monroe Doctrine, 门罗主义, 119, 558, 562, 584, 593

Montagu, Edwin Samuel, 蒙塔古, 埃德温·塞缪尔, 英国国务活动家, 321—322

Montefiore, Claude, 蒙蒂菲奥里, 克劳德, 犹太学者, 663

Montenegro, 门的内哥罗, 134, 144—145, 147, 152, 222

Montgomery, Bernard (viscount), 蒙哥马利, 伯纳德（子爵）, 英国陆军元帅, 779—783, 787—789, 796

Montreux Conference (1936年), 蒙特勒会议, 700

Moore, George Edward, 穆尔, 乔治·爱德华, 英国哲学家, 649, 651, 653, 655

Moore, Henry, 摩尔, 亨利, 英国塑雕家, 672, 675

Moore, Marianne, 穆尔, 玛丽安, 美国诗人, 634

Morgenthau, Henry, 摩根索, 亨利, 美国财政部长, 711; 他关于战后德国的计划, 814

Morley, John (viscount), 莫利, 约翰（子爵）, 英国作家和国务活动家, 298

Morocco, 摩洛哥: 法国在该国的利益, 121, 126—128; 丹吉尔 (1905年), 128—129; 阿加迪尔事件 (1911年), 137—138, 517; 与西班牙, 127, 704; 法国的保护国 (1912年), 139, 285—286

Morris, William, 莫里斯, 威廉, 英国诗人和工艺家, 675—676

Morrow, Dwight, 莫罗, 德怀特, 美国驻墨西哥大使, 577, 607

Moseley, Henry, 莫斯莱, 亨利, 英国物理学家, 93

Mosley, Sir Oswsld, 莫斯利爵士, 奥斯瓦德, 英国政治家, 534, 英国法西斯联盟, 536

Mosul, 摩苏尔, 229, 283, 290

Moulin, Jean, 穆兰, 让, 法国抵抗运动领导人, 553—554

Mounier, Emmanuel, 穆尼埃, 埃马纽埃尔, 法国政治记者, 540

Mountbatten, Louis (earl), 蒙巴顿, 路易斯（伯爵）, 英国海军上将, 印度, 312; 缅甸, 791

Mudania, Conference (1922年), 穆达尼亚会议, 229, 291

Mudros, Armistice of (1918年), 穆德洛斯停战协定, 289, 291

Muhammad Ali Shah of Persia, 穆罕默德·阿里, 波斯国王, 279

Muhammad Mahmud, 穆罕默德·马赫穆德, 埃及首相, 282—283

Muhammad VI Wahid al-Din, 穆罕默德六世, 瓦希丁, 土耳其苏丹, 291

Muir, Edwin, 米尔, 埃德温, 英国诗人, 634

Mukden, 沈阳, 125; 被日本占领（1931年）, 371—372

Mulk Raj Anand, 穆尔克, 拉吉·阿南德, 印度作家, 308

Muller, Hermann, 弥勒, 赫尔曼, 德国总理, 492

Mun, Albert de, 德门, 阿尔贝, 法国政治家, 521

Munich Conference, 慕尼黑会议（1938年9月）, 468, 501, 503, 536, 544

Mure, G. R. G., 穆尔, 英国哲学家, 654—655

Muslim League, 穆斯林联盟, 306, 310—311

Mussert, Anton, 穆瑟特, 安东, 荷兰国家社会党人, 537, 551

Mussolini, Benito, 墨索里尼, 贝尼托, 意大利法西斯领袖, 18, 65, 227, 541;《前进报》编辑, 484; 首相, 486; 与希特勒会晤, 497, 507, 709; 逮捕, 营救和处死, 508; 参见 Italy

Muthesius, Hermann, 米特希厄斯, 赫尔曼, 德国建筑家, 677

Muzaffer al-Din Shah of Persia, 马扎法阿尔·丁, 波斯国王, 276, 279

Nagasaki, 长崎, 104

Nahas Pasha, 纳哈斯帕夏, 埃及首相, 282—283

Naidu, Sarojini, 奈杜, 萨罗吉尼, 印度诗人和政治家, 304

Nansen, Fridtjof, 南森, 弗里特约夫, 挪威探险家和国务活动家: 难民工作, 263—264

Nasir al-Din, Shah of Persia, 纳赛尔丁, 波斯国王, 273—275

Nationalism, 民族主义, 7, 8, 112, 119, 206, 316, 319, 393, 480

Naumann, Friedrich, 瑙曼, 弗里德里希, 德国牧师, 480

Nehru, Jawarharlal, 尼赫鲁, 贾瓦哈拉尔, 印度总理, 303, 306

Nehru, Motilal, 尼赫鲁, 莫蒂拉尔, 印度国大党领导人, 302, 304

Netherlands, 荷兰: 工业化, 10; 都市化, 12; 生活水平, 19; 选举权, 22—23, 513, 527; 社会保险, 45; 斯凯尔特阿, 225; 政党, 518, 537; 中立, 173—174, 700; 德国占领, 551—552

Netherlands East Indies, 荷属东印度群岛, 40, 313—315, 318—320, 324, 395; 印度尼西亚的独立, 327

Neuilly, Treaty of（1919年）, 纳伊条约, 222

Neurath, Baron Freiherr von, 牛赖特男爵, 冯, 德国外交部长, 498, 708, 714

Neutra, Richard J., 诺伊特拉, 里夏德, 奥地利建筑家, 682

New Caledonia, 新喀里多尼亚, 335

Newfoundland, 纽芬兰, 127, 374—375, 385; 放弃自治领地位, 388

New Guinea, 新几内亚, 179, 313, 319, 335, 343, 350, 394, 399, 707

New Hebrides, 新赫布里底群岛, 127

Newton, Sir Isaac, 牛顿爵士, 艾萨克, 英国物理学家, 87, 98
New Zealand, 新西兰
  贸易和工业, 40, 390; 大萧条, 59; 关税, 374; 发展, 378
  社会: 福利国家, 64; 毛利人, 378
  自治领地位, 329, 371, 375, 385—386, 388, 392
  太平洋岛屿, 178, 334, 350, 381, 399, 401; 南太平洋委员会, 392, 401; 国防, 美澳新安全条约和东南亚条约组织, 401
Nicaragua, 尼加拉瓜, 558, 593—594, 606—607
Nicholas II, 尼古拉二世, 俄国沙皇, 125, 404, 406; 退位, 409, 412; 被刺, 442
Nicholas, grand duke, 尼古拉大公爵, 俄军总司令, 176
Nicholson, Ben, 尼科尔森, 本, 英国画家, 672
Nicolson, Sir Arthur (Baron Carnock), 尼科尔森爵士, 阿瑟 (卡诺克男爵), 英国外交家, 286
Niebuhr, Reinhold, 尼布尔, 莱因霍尔德, 美国神学家, 664
Niemöller, Martin, 尼默勒, 马丁, 德国牧师, 498
Nietzsche, Friedrich, 尼采, 弗里德里希, 德国哲学家, 653, 657
Nigeria, 尼日利亚, 394—397, 399, 402
Nimitz, Chester, W., 尼米兹, 切期特, 美国海军上将, 775, 791
Nitti, Francesco, 尼蒂, 弗朗切斯科, 意大利国务活动家, 228
Norman, Montagu, (baron), 诺曼, 蒙塔古 (男爵), 英格兰银行总裁, 231
Norway, 挪威: 选举权, 22, 256; 教育, 27; 社会保险, 31, 45; 社会制度, 513, 518, 537; 世界大战: 第一次, 526; 第二次, 550—551, 746
Novibazar, 新巴扎尔区, 133, 144—16
Nyasaland, (Malawi), 尼亚萨兰 (马拉维), 375, 400, 402
Nyon Conference, 尼翁会议, 708

Oakeshott, Michael, 奥克肖特, 迈克尔, 英国哲学家, 653
Obregon Alvaro, 奥夫雷贡, 阿尔瓦罗, 墨西哥总统, 603
Obrènovich dynasty of Serbia, 塞尔维亚的奥布雷诺维奇王朝, 132
O'Casey, Sean, 奥卡西, 肖恩, 爱尔兰戏剧家, 638
O'Connor, Sir Richard, 奥康纳爵士, 理查德, 英国将军, 760—761
Oesada, Waidin Soedira, 胡索多, 哇希丁·苏迪罗, 印度尼西亚民族主义者, 319
Ogden, C. K., 奥格登, 查尔斯·凯, 基本英语的创制者, 649
Okuma, Shigenobu, 大隈重信, 日本首相, 334
Olbrich, Joseph, 奥尔布里希, 约瑟夫, 德国建筑家, 677

索　引

Oman, Sir Charles, 奥曼爵士, 查尔斯, 英国历史学家, 654
O'Neill, Eugene, 奥尼尔, 尤金, 美国剧作家, 636, 639
Oraganisation Civile et Militaire (O.C.M.), 军民组织, 553
Organisation de Rĕsistance de l'Armee, 军队抵抗组织, 554
Orlando, Vittorio, 奥兰多, 维托里奥, 意大利总理, 209
Orwell, George, 奥韦尔, 乔治, 英国作家, 617, 633—635
Osler, Sir William, 奥斯勒爵士, 威廉, 英国内科学家, 96
Oslo Convention (1931年), 奥斯陆协定, 537
Osmena, Sergio, 奥斯敏纳, 塞尔希奥, 菲律宾民族主义者, 317
Ottawa Conference (1932年), 渥太华会议, 61, 389
Otto, Rudolf, 奥托, 鲁道夫, 德国神学家, 662
Ourchy, Treaty of (1912年), 乌希条约, 285
Oud, J.J.P., 奥特, 雅可布斯·约翰内斯·彼得, 荷兰建筑家, 680
Owen, Wilfred, 欧文, 威尔弗雷德, 英国诗人, 621—622, 633
Ozenfant, Amedéc, 奥藏方, 阿梅代, 法国画家, 671

Pacific Islands, 太平洋岛屿, 334—335, 375; 委任统治地, 350
Pakistan, 巴基斯坦, 3; 与印度分治, 307, 312
Palèologue, Maurice, 帕莱奥洛克, 莫里斯, 法国外交家, 165
Palestine, 巴勒斯坦: 阿拉伯民族主义, 8; 第一次世界大战, 200—201, 203, 211; 犹太人民族家园, 228, 289—290; 英国委任统治地, 293, 399; 犹太复国主义者的殖民, 294—295; 有限制的移民, 295
Panama canal, 巴拿马运河, 123, 558—559, 577, 592—593, 607, 611, 802
Pan-Slav movement, 泛斯拉夫运动, 145—146
Papen, Franz von, 巴本, 弗兰茨·冯, 德国国务活动家: 总理, 240; 副总理, 494; 反国家社会主义的演说, 497; 奥地利, 501, 714; 与法国接近, 688
Papua, 巴布亚, 395, 399
Paraguay, 巴拉圭, 257; 第一次世界大战, 594; 与玻利维亚的战争, 606, 608,
Paris, Treaties of, 巴黎条约, 134, 139
Park, Sir K., 帕克爵士, 英国空军少将, 757
Pascal, Blaise, 帕斯卡, 布莱斯, 法国作家, 657
Pašć, Nicola, 帕西奇, 尼古拉, 塞尔维亚国务活动家, 153, 157
Patterson, Pringle, 帕特森, 普林格尔, 苏格兰哲学家, 658
Patton, George S., 巴顿, 乔治, 美国将军, 786—789, 796

Paulus, Friedrich von, 保卢斯, 弗里德里希·冯, 德国将军, 507, 770, 775

Pavelié, Auton, 帕维利奇, 安东, 克罗地亚恐怖分子, 505

Pears, D. F., 皮尔斯, 英国哲学家, 655

Pearson, Karl, 毕尔生, 卡尔, 英国生物学家, 647

Peirce, Charles S., 皮尔斯, 查尔斯·桑德斯, 美国哲学家, 646, 649

Peking, 北京, 335, 369

Peña, Roque Sàenz, 培尼亚, 罗克·萨恩斯, 阿根廷总统, 590, 599

Penang, 槟榔屿, 320, 326

Perret, Auguste, 佩雷, 奥古斯特, 法国建筑家, 678

Perry, Olkver H., 佩里, 奥里弗, 美国分遣舰队司令, 556

Perón, Juan, 庇隆, 胡安, 阿根廷独裁者, 610

Pershing, John, 潘兴, 约翰, 美国将军, 203, 209

Perserikatan Kommunist India (P. K. I.), 印度尼西亚共产党, 319

Perserikatan Nasional Indonesia, 印度尼西亚国民党, 319

Persia, 波斯: 见 Iran

Peru, 秘鲁: 与哥伦比亚的争端, 258; 第一次世界大战, 595; 石油, 598; 独裁统治, 600; 与美国, 609; 阿普拉运动, 609; 重工业, 611

Pétain, Henri, 贝当, 亨利, 法国元帅: 第一次世界大战: 凡尔登, 188; 恢复士气, 195; 谨慎的政策, 196, 202; 两次大战之间的时期, 745; 第二次世界大战: 停战协定, 756; 维希政府, 548—549, 552, 805—806

Peter, King, of Yugoslavia, 彼得, 南斯拉夫国王, 505, 509

Pethick-Lawrence, F. W. (baron), 佩西克-劳伦斯 (男爵), 312

Philippines, 菲律宾: 与美国, 47, 119, 313, 315, 317—318, 335, 355, 356, 556, 562, 577; 第二次世界大战, 581, 772—773, 791; 独立 (1946年), 327

Phillimore, Baron (Sir William Frank), 菲利莫尔男爵 (威廉·弗兰克爵士), 242

Phillips, M. A., 菲利普斯, 英国分析化学家, 96

Phillips, Sir Tom, 菲利普斯爵士, 汤姆, 英国海军上将, 773

Picasso, Pablo, 毕加索, 巴勃罗, 西班牙画家, 665—667, 669, 672—674

Pichon, Stephen, 毕勋, 斯特凡, 法国政治家, 214

Pilar, H. del, 比拉尔, 菲律宾民族主义者, 317

Pilsudski, Josef, 毕苏斯基, 约瑟夫, 波兰元帅, 443, 491, 690

Pius X, Pope, 庇护十世, 教皇, 483, 517

Pius XI, Pope, 庇护十一世, 教皇, 498

索　引　917

Planck, Max, 普朗克, 马克斯, 德国物理学家, 6, 98

Planning, economic, 计划经济, 37, 46, 48, 85—86; 第一次世界大战, 49—52; 第一次世界大战后, 52—53, 64; 俄国, 66—69; 德国, 70—75; 比利时, 539

Plato, 柏拉图, 644, 654

Plekhanov, George, 普列汉诺夫, 格奥尔基, 俄国, 革命家, 415

Plucker, Julius, 普吕克尔, 尤利乌斯, 德国数学家, 87

Podvoisky, N., 波德沃伊斯基, 尼, 布尔什维克领导人, 428

Poelzig, Hans, 佩尔齐格, 汉斯, 德国建筑家, 678

Poincaré, Jules Henri, 普恩加来, 朱尔·亨利, 法国哲学家, 654

Poincaré, Raymond, 彭加勒, 雷蒙, 法国总统和总理, 146, 151, 215, 230, 517, 527, 533; 与俄国, 140—141, 144, 155, 157—158; 占领鲁尔区, 231—232

Poland, 波兰

　第一次世界大战, 177, 212, 406

　重新建立, 219—220, 254, 490—491

　与法国, 227

　少数民族, 265, 490

　与俄国: 战争（1920年）, 222—223, 443—444; 互不侵犯条约（1932年）, 689

　第二次世界大战, 742—745

　参见 Germany 条下"与波兰"项

Pollock, Jackson, 波洛克, 杰克逊, 美国画家, 673

Popper, Karl, 波佩尔, 卡尔, 奥裔英国哲学家, 654

Port Arthur, 旅顺, 113—114, 120, 125, 338, 345

Portsmouth, Treaty of（1905年）, 朴茨茅斯条约, 126, 339, 559

Portugal, 葡萄牙: 殖民地, 10, 118, 151, 313; 教育, 27; 世界大战: 第一次, 202; 第二次, 505

Posen, 波森, 219

Pound, Sir Dudley, 庞德爵士, 达德利, 英国海军上将, 746

Pound, Ezra, 庞德, 埃兹拉, 美国诗人, 624

Pourtales, Count Friedrich von, 波尔塔莱斯伯爵, 弗里德里希·冯, 德国外交家, 160, 163

Price, H. H., 普赖斯, 英国哲学家, 653, 655

Prichard, H. A., 普里查德, 哈罗德·阿瑟, 英国哲学家, 645, 653

Princep, Gavrilo, 普林西普, 加甫利洛, 刺杀费迪南大公爵的凶手, 153

Prinetti, J., 普里内蒂, 意大利外交部长, 121

Prinkipo Proposal（1919年）, 普林基波方案, 212

privy Council, Judicial Committeeof, 枢密院司法委员会, 374n., 384, 387

Proust, Marcel, 普鲁斯特, 马塞尔, 法国作家, 627

Prout, William, 普劳特, 威廉, 英国

内科学家，93—94

Puerto Rico，波多黎各，119，556，562，584；被美国兼并，592

Quezon, Manuel L.，奎松，曼努埃尔·路易斯，菲律宾领导人，317

Quine, M. V.，奎因，英国哲学家，655

Quisling, Vidkun，吉斯林，维德库恩，挪威卖国贼，537，550

Radhakrishnan, Sir Sarvepalli，拉达克里希南爵士，萨尔维帕利，印度哲学家，308

Radić, Stiepan，拉迪奇，斯蒂芬，克罗地亚领导人，491

Raeder, Erich，雷德尔，埃里希，德国海军上将，758

Rainier, Prince of Monaco，雷尼埃，摩纳哥亲王，34

Raman, Sir C. V.，拉曼爵士，钱德拉塞哈拉·梵卡塔，印度科学家，308

Ramsay, Sir Bertram，拉姆齐爵士，伯特伦，英国海军上将，753

Ramsay, Sir, William，拉姆齐爵士，威廉，英国科学家，110

Ramsay, F. P.，拉姆齐，英国数学家，646，649

Rance, Sir Hubert，兰斯爵士，休伯特，缅甸总督，325—326

Ransom, John C.，兰赛姆，约翰·克劳，美国评论家，634

Rapallo Treaty（1922年），拉巴洛条约，236，454，463，488

Rashdall, Hastings，拉什戴尔，黑斯廷斯，英国神学家，654，658—659

Rasputin, Grigori，拉斯普廷，格里高里，俄国僧侣，404，406；被刺，407

Rathenau, Walter，拉特瑙，瓦尔特，德国工业家，46，49

Rawlinson, Sir Henry (baron)，罗林森爵士，亨利（男爵），英国将军，189，203

Read, Herbert，里德，赫伯特，英国作家，672

Reading, Marqess of (Rufus Isaacs)，里丁侯爵（鲁弗斯·艾萨克斯），印度总督，300

Reed, Walter，里德，瓦尔特，美国医生，6，101

Reichenau, Walter von，赖歇瑙，瓦尔特·冯，德国陆军元帅，743—744，750

Reichenbach, Georg von，赖辛巴赫，格奥尔格·冯，德国哲学家，654

Reitzenstein, R.，赖岑施泰因，里夏德，德国神学家，660

Reparations Commission（1921年），赔偿委员会，230；道威斯计划（1924年），232；杨格计划（1928年），240；洛桑会议（1932年），688

Reynaud, Paul，雷诺，保罗，法国总理，549，741，745—746，753，756

Rhineland，莱茵兰，475；法国的要求（1919年），215，226—227；占

领，230，233；撤离，237—238，493；德国重新占领，467，543，749；重新武装，500，698—699

Rhodesia, 罗得西亚，375，395；北罗得西亚，400，402；南罗得西亚，399

Ribbentrop, Joachim von, 里宾特罗甫，乔基姆·冯，德国外交部长，498，506，696，703—704，714，718，724，726—734，798

Richards, I. A., 理查兹，艾弗·阿姆斯特朗，英国文学评论家，649

Riga, 里加，423；里加和约（1921年），443

Rilke, Rainier, Maria, 里尔克，赖纳·玛丽亚，奥地利诗人，625

Ritchie, Sir Neil, 里奇爵士，尼尔，英国将军，765，777—778

Riza Khan Shah of Persia, 礼萨·汗，波斯国王，273，280—281

Rizal José, 黎萨尔，何塞，菲律宾民族主义领袖，317

Robeck, Sir John de, 罗贝克爵士，约翰·德，英国海军上将，182

Robertson, Sir William, 罗伯逊爵士，威廉，英国陆军元帅，181，184，196—197

Roca-Runciman trade agreement（1933年），罗卡-朗西曼贸易协定，606

Rocque, Colonel de la, 德拉罗克上校，法国"火十字"组织领导人，541

Rodin, Auguste, 罗丹，奥古斯特，法国雕塑家，673

Rodzianko, Mikhail, 罗将柯，米哈伊尔，俄国杜马主席，409

Rohe, Mies van der, 罗埃，米耶斯·范·德尔，美国建筑家，677，680，682

Röhm, Ernst, 罗姆，恩斯特，纳粹冲锋队首领，497

Rokossovsky, Konstantin, 罗科索夫斯基，康斯坦丁，苏联将军，776，789

Rolland, Romain, 罗曼·罗兰，法国作家，522

Rommel, Erwin., 隆美尔，埃尔温，德国陆军元帅，764—765，771，777—783

Roosevelt, Franklin Delano, 罗斯福，富兰克林·德拉诺，美国总统（1933—1945年），民主党人
第一届任期，573；第二届任期，578；第三届任期，581；第四届任期，582；世界经济会议（1933年），62—63，689
"睦邻"政策，607；孤立侵略国的演讲，710；建议召开会议（1938年），712
第二次世界大战，771，796，801—803，805，810—813；与丘吉尔的关系，771，803—804；与戴高乐的关系，807—808；大西洋宪章，811—812；"无条件投降"，786，813；德黑兰会议（1943年），814—815；雅尔达会议（1945年），815；逝世，583，790

Roosevelt, Theodore, 罗斯福，西奥多，

美国总统（1901—1909 年），共和党人

第一次世界大战，209，563

日俄战争，126，339，559；中美和南美，592—593

生平，556—557；"大棒政策"，558

Root, Elihu, 鲁特, 伊莱休, 美国国务卿, 559, 561

Roselli, Carlo, 罗塞利, 卡洛, 意大利政治家, 541

Ross, Sir David, 罗斯爵士, 戴维, 英国学者, 653

Ross, Sir Ronald, 罗斯爵士, 罗纳德, 英国病理学家, 6, 101

Rosyth naval base, 罗赛斯海军基地, 128

Rouault, Georges, 鲁奥, 乔治, 法国画家, 668

Rousseau, Henri (Le Douanier), 卢梭, 亨利（勒杜阿尼埃）, 法国画家, 665, 669

Rouvier, Maurice, 鲁维埃, 莫里斯, 法国政治家, 129

Roxas, Manual, 罗哈斯, 曼努埃尔, 菲律宾民族主义者, 317

Royce, Josiah, 罗伊斯, 乔赛亚, 美国哲学家, 646

Rufini, Antonio, 鲁迪尼, 安东尼奥, 意大利总理, 121

Ruhr: 鲁尔：占领的威胁, 230；占领, 231—232, 238, 690；撤离, 250, 457；希特勒与鲁尔, 740

Rumania, 罗马尼亚：人口统计, 19；经济政策, 65；沙皇的访问, 153；萨拉热窝事件, 154, 160；

第一次世界大战, 169, 173, 186, 192—193；占领布达佩斯（1919 年）, 227；小协约国, 227, 495, 691, 694, 709, 713；少数民族, 265；与苏俄, 468, 719；石油, 481, 501—502；农民党, 490；接近德国, 699；英法的保证, 729；第二次世界大战, 788

Runciman, Walter (viscount), 朗西曼, 沃尔特（子爵）, 718—719

Rundstedt, Karl von, 伦斯塔德, 卡尔·冯, 德国陆军元帅, 743, 751, 754—755, 767—768

Rupprecht, Prince of Bavaria, 鲁普雷希, 巴伐利亚亲王, 175—176

Ruskin, John, 罗斯金, 约翰, 英国作家, 675

Russell, Bertrand (earl), 罗索, 伯特兰（伯爵）, 646—649, 654—655

Russia, 俄国

发射第一颗人造卫星（1957 年），2

革命（1917 年），见第十四章目录

苏联，见第十五章目录

第二次世界大战：德国的进攻, 764, 766；德国的推进, 766—768；苏联的反攻和推进, 768—770, 775—776, 788—789；苏联人在柏林, 790；德国失败的原因, 769；斯大林的战略, 795；战时外交, 800—801, 810—811, 813—818

参见 Austria, China, France, Germany, Great Britain, Japan, Manchu-

ria, Poland 各条中"与俄国"项
Ruthenia, 罗塞尼亚, 489, 501
Rutherford, Ernest (baron), 卢瑟福, 欧内斯特 (男爵), 英国物理学家, 5, 91—92, 103
Rykov, Alexai, 李可夫, 阿列克塞, 布尔什维克领导人, 429, 452, 460, 466
Ryle, Gilbert, 赖尔, 吉尔伯特, 英国哲学家, 651, 655—656

Saar basia, 萨尔盆地: 管理委员会, 267; 在克虏伯公司势力下, 475; 公民投票 (1935 年), 694
St Germain-en-Laye, Treaty of (1919 年), 圣日耳曼昂莱条约 (1919 年), 222
Saint-Jean-de-Maurienne, Agreement of (1917 年), 圣让德莫里昂协定, 228, 287
Sakhalin Island, 萨哈林 (库页), 岛, 126, 442
Salisbury, Marquess of (Gascoyne-Cecil), 索尔兹伯里侯爵 (盖斯科因-塞西尔), 英国首相, 117—118; 与德国, 122
Salmond, Sir John, 萨蒙德爵士, 约翰, 新西兰法学家, 381
Salonika, 萨洛尼卡, 144—145, 183, 201, 203—204, 271
Salvemini, Gaetano, 萨尔韦米尼, 加埃塔诺, 意大利历史学家, 484
Samoa, 萨摩亚: 被占领, 178, 343, 350; 新西兰委任统治地, 381, 399

Samsonov, Alexander, 萨姆索诺夫, 亚历山大, 俄国将军, 176—177
Sanders, Liman von, 赞德尔斯, 利曼·冯, 德国将军, 149—150
San Remo Conference (1920 年), 圣雷莫会议, 228, 293
San Stefano, Treaty of (1878 年), 圣斯特法诺条约, 480
Sant'Elia, 圣埃利亚, 意大利建筑家, 679, 680
Sarajevo, 萨拉热窝事件, 153, 157, 171, 219; 调查, 156
Sarawak, 沙捞越, 320
Sargent, Sir J. P., 萨金特爵士, 印度教育顾问, 307
Sarkar, Sir Jadunath, 萨尔卡爵士, 贾顿纳特, 印度历史学家, 308
Sarraut, Albert, 萨罗, 阿尔贝, 法国总理, 741
Sarraut, M., 萨罗, 法国作家, 8
Sartre, Jean-Paul, 萨特, 让-保罗, 法国作家, 635, 639, 655—656
Sastri, Srinivasa, 沙斯特里, 斯里尼瓦萨, 印度民族主义者, 301
Sayyid Ahmed Khan, 赛义德·艾哈迈德汗, 印度穆斯林领导人, 306
Sazonov, Sergei D., 萨佐诺夫, 谢尔盖·季米特耶维奇, 沙俄外交大臣, 143, 145, 148—150, 152, 158, 161—163, 165, 168
Scandinavia: 斯堪的纳维亚: 工业化, 10; 第二次世界大战, 504; 政党 (1914 年前), 518; 大萧条, 536; 中立 (1936 年), 700, 709; 参见 Denmark, Norway, Sweden

各条

Schacht, Hjalmar, 沙赫特, 亚尔马尔, 德国银行家, 16, 72, 232, 234, 498, 501—502; 他的"新计划", 74; 辞职, 499

Scheer, Reinhald von, 舍尔, 赖因哈德·冯, 德国海军上将, 192

Scheidemann, Philipp, 谢德曼, 菲利普, 德国总理, 219, 486

Scheldt, the, 斯凯尔特河, 225

Schleicher, Kurt von, 施莱歇, 库特·冯, 德国从事政治活动的军人, 492—494, 497

Schleiermacher, Friedrich, 施莱尔马赫, 弗里德里希, 德国神学家, 662

Schleswig, 石勒苏益格, 220

Schlich, Moritz, 施利希, 莫里茨, 奥地利哲学家, 649

Schlieffen, Count Alfred von, 史里芬伯爵, 阿尔弗雷德·冯, 普鲁士参谋军官: 他的计划, 166, 173—174, 179, 185

Schmidt-Rottluff, Kurt, 施密特-罗特卢夫, 库特, 德国画家, 668

Schmitt, Kurt, 施密特, 库特, 德国经济学家, 72

Schoen, Baron Wilhelm von, 舍恩男爵, 威廉·冯, 巴伐利亚驻柏林代表, 156, 159

Schuschnigg, Kurt von, 舒什尼格, 库特·冯, 奥地利总理, 500—502, 701, 714—715

Schwarzenberg family of Austria, 奥地利的施瓦岑贝格家族, 479

Schweitzer, Albert, 施韦泽, 阿尔伯特, 德国神学家和医生, 661

Schwitters, Kurt, 施韦特斯, 库特, 德国画家, 670, 674

Scott, Robert, 斯科特, 罗伯特, 南极探险家, 95

Scutari, 斯库台, 147

South-East Asia Treaty Organisation (SEATO), 东南亚条约组织, 401

Seddon, Richard John, 塞登, 理查德·约翰, 新西兰总理, 373

Seeckt, Hans von, 泽克特, 汉斯·冯, 德国将军, 187, 234—236; 中国, 692

Selim III, 谢里姆三世, 土耳其苏丹, 269

Serbia, 塞尔维亚: 与奥地利, 132—135, 145—149; 与保加利亚订立条约 (1912年), 143—144; 巴尔干战争 (1912年), 145—146; 与阿尔巴尼亚, 148—149; 门的内哥罗, 152; 萨拉热窝事件及其以后, 153—169; 第一次世界大战, 177, 181, 191; 参见 Yugoslavia

Seyss-Inquart, Arthur von, 赛斯-英夸特, 阿图尔·冯: 在奥地利, 715; 在荷兰, 551

Shanghai, 上海, 363, 367, 686, 710

Shantung, 山东, 344—345, 350, 352, 356

Shaw, George Bernard, 萧伯纳, 乔治, 爱尔兰剧作家, 637

Sherrington, Sir Charles, 谢灵顿爵士,

查尔斯，英国生理学家，97

Shidehara, Kijuro, 币原喜重郎，日本外务相，367—368

Shi'ism, 什叶派，274—275，278

Shimonoseki, Treaty of (1895年)，马关条约，113，124

Shlyapnikov, G. A., 什利亚普尼科夫，加·亚，布尔什维克领导人，429

Shulgin, V. V., 叔尔根，瓦·维，俄国民族主义者，406

Shuster, Morgan, 舒斯特，摩根，美国财政家，280

Siam (Thailand), 暹罗（泰国），124，127，314，320

Siberia, 西伯利亚，349，439，442，462，464

Sickert, Walter, 西克特，沃尔特，英国画家，672

Siegfried, André, 西格夫里德，安德烈，法国经济学家，548

Sierra Leone, 塞拉利昂，402

Sikorski, Wladyslaw, 西科尔斯基，瓦迪斯瓦夫，波兰总理，503

Silesia, 西里西亚：凡尔赛和约，218—220，230，237；少数民族，476；公民投票（1921年），490；第二次世界大战，508

Simon, Sir John (viscount)，西蒙爵士，约翰（子爵），英国外交大臣，576，691；与希特勒，695，697，719

Simovitch, Tushan, 西莫维奇，杜尚，南斯拉夫将军，762

Singapore, 新加坡，313，319，375；陷落，309，392，765；独立，326—327

Sjahrir, Soetan, 沙里尔，苏丹，苏门答腊民族主义者，324—325

Slim, Sir William, 斯利姆爵士，威廉，英国陆军元帅，791

Slovakia, 斯洛伐克，222，477—478

Smith, Alfred E., 史密斯，艾尔弗雷德·伊曼纽尔，美国政治家，569—570

Smith, J. A., 史密斯，英国哲学家，653

Smith, N. Kemp, 史密斯，肯普，英国哲学家，654

Smuts, Jan Christiaan, 史末资，扬·克里斯蒂安，南非国务活动家，218，224，373，375，381—382，385；国际联盟，242，260，292；战时内阁（1917年），522

Smyrna, 士麦拿，228—229，287

Snowden, Philip (viscount)，斯诺登，菲利普（子爵），英国国务活动家，534

Socrates, 苏格拉底，644

Soekarno, Achmed, 苏加诺，艾哈迈德，印度尼西亚民族主义者，324—325

Solomon Islands, 所罗门群岛，355

Sonnino, Baron Sidney, 松尼诺男爵，西德尼，意大利外交家，209

Soong, T. V., 宋子文，中国财政部长，692

Sopron, 肖普朗，222

Sorley, William, R., 索利，威廉，英国哲学家，658

South Pacific Commission，南太平洋委员会，392，401

Spa Confrence（1920年），斯巴会议，230，234

Spaak, Paul H.，斯帕克，保罗，比利时国务活动家，546

Spain，西班牙
 殖民地，10；工业，15；人口统计，19；社会保险，31
 与美国的战争，28，119，317，556，580，584，592
 南北战争，17，467—468，536，653，704，708，724
 第二次世界大战，504—505

Special Operations, Executives（S. O. E.），特种作战执行局，553

Spencer, Herbert，斯宾塞，赫伯特，英国哲学家，646，656

Spencer, Stanley，斯宾塞，斯坦利，英国画家，672

Spender, Stephen，斯彭德，斯蒂芬，英国诗人，633

Spengler, Oswald，施本格勒，奥斯瓦尔德，德国哲学家，658

Spiridonova, Maria，斯皮里多诺娃，玛丽亚，俄国革命家，415

Spitzeimberg, Baronin von，施皮蔡姆贝格男爵夫人，475

Stack, Sir Lee，斯塔克爵士，李，英国外交家，282

Stalin, Joseph（Djugashvili），斯大林，约瑟夫（朱加施维里），苏联独裁者；流放回来（1917年3月），416；列宁死后，451—469；妻子的死亡（1932年），463；清洗，709；第二次世界大战，800—818；参见第十四章和第十五章

Stalingrad，斯大林格勒，507—508，550

Stanley, Wendell M.，斯坦利，温德尔，英国科学家，95

Starling, Ernest H.，斯塔林，欧内斯特·亨利，英国生理学家，95

Stauffenberg, Count Claus von，施陶芬贝格伯爵，克劳斯·冯，德国上校：谋杀希特勒，509

Stauning, Thorwald，斯陶宁，托瓦尔德，丹麦社会民主党人，551

Stavisky, Alexandre，斯塔维斯基，亚历山大，法国财政家，541，693

Steinbeck, John，斯坦贝克，约翰，美国作家，634

Stevens, Wallace，史蒂文斯，华莱士，美国诗人，634

Stevenson, C. L.，史蒂文森，英国哲学家，651

Stimson, Henry L.，史汀生，亨利·刘易斯，美国国务卿，576，686

Stinnes, Hugo，施廷内斯，胡戈，德国工业家，230

Stolypin, Piotr Arkadevich，斯托雷平，彼得·阿尔卡季耶维奇，沙俄国务活动家，410

Stone, Harlan F.，斯通，哈伦·菲斯克，美国最高法院法官，579

Stout, George F.，斯托特，乔治，651

Stoyadinović, M.，斯托亚季诺维奇，南斯拉夫首相，723

Straits Settlements，海峡殖民地，124，320

Strauss, Richard, 施特劳斯, 理查, 奥地利音乐家, 498

Strawson, P. F., 斯特劳森, 彼得·弗雷德里克, 英国哲学家, 655

Stresa (1935年), 斯特雷扎会议, 695

Stresemann, Gustav, 施特雷泽曼, 古斯塔夫, 德国外交大臣, 52

Strindberg, John A., 斯特林堡, 约翰·奥古斯特, 瑞典剧作家, 636

Strutt, John W. (Baron Rayleigh), 斯特拉特, 约翰·威廉（雷利男爵）, 英国科学家, 94

Stumm-Halberg, Freiherr von, 施杜姆-哈贝格男爵, 冯, 德国工业家, 475

Sudan, 苏丹, 2, 282, 375

Sudetenland Germans, 苏台德的德意志人, 224, 499—501, 715

Suez Canal, 苏伊士运河, 3, 234

Sukhomlinov, Vladimir, 苏霍姆利诺夫, 弗拉季米尔, 俄国将军, 150

Sullivan, Louis H., 沙利文, 路易斯, 美国建筑家, 676

Sumatra, 苏门答腊, 313, 319

Sun Yat-sen, 孙中山, 中华民国第一任总统, 340, 366

Suzuki, Admiral Kautaro, 铃木贯太朗海军大将, 日本首相, 791—792

Sweden, 瑞典：工业化, 15; 选举权, 22, 513, 518; 社会保险, 45; 关税, 45; 金本位, 57; 大萧条, 61—62, 536—537; "经济奇迹", 64; 博福斯军火工厂, 236; 阿兰, 254; 政党, 518; 世界大战：第一次, 526; 第二次, 550

Switzerland, 瑞士：工业化, 10; 选举权, 22—23; 社会保险, 29, 45; 关税, 45; 第一次世界大战, 173; 中立, 700

Sykes-Picot Agreement (1916年), 赛克斯-皮科协定, 211, 225, 228, 287, 289—290

Synge, John M., 沁孤, 约翰·米林顿, 爱尔兰剧作家, 638

Syria, 叙利亚, 228, 287—288, 290; 与法国, 292, 294, 296; 德鲁兹叛乱, 294; 与土耳其, 700

Szàlasi, F., 萨拉西, 匈牙利将军, 510

Szechwan, 四川, 340

Szögýeny, Count, 佐基耶尼伯爵, 奥地利外交家, 154—155, 164

Sztojay, Doeme, 斯托亚伊, 多姆, 匈牙利外交家, 723

Taft, Robert A., 塔夫脱, 罗伯特·阿方索, 美国参议员, 581

Taft, William Howard, 塔夫脱, 威廉·霍华德, 美国总统（1909—1913年）, 共和党人, 559—560, 570, 593

Tagore, Abanindranath, 泰戈尔, 阿巴宁德拉那塔, 印度画家, 308

Tagore, Rabindranath, 泰戈尔, 罗宾德拉那塔, 印度诗人, 299, 307

Tahiti, 塔希提岛, 335

Takahashi, Korekiyo, 高桥是清, 日本首相, 357

Takamine, Jokichi, 高峰让吉, 化学家, 95

Tanganyika (Tanzania), 坦噶尼喀（坦桑尼亚）, 399, 400, 402

Tangier, 丹吉尔, 129

Tardieu, André, 塔迪厄, 安德烈, 法国总理, 540—541, 687

Tarski, Alfred, 塔斯基, 阿尔弗雷德, 波裔美国哲学家, 654

Tate, Allen, 塔特, 艾伦, 美国诗人, 634

Taut, Max, 陶特, 马克斯, 德国建筑家, 678

Taylor, A. E., 泰勒, 艾尔弗雷德·爱德华, 英国哲学家, 653, 658—659

Tellini, Enrico, 泰利尼, 恩里科, 意大利将军, 254

Temple, William, 坦普尔, 威廉, 坎特伯雷大主教, 662

Tennant, F. R., 坦南特, 英国哲学家, 654, 658

Tennessee Valley Authority, 田纳西河流域管理局, 63

Terragni, Guisseppe, 泰拉尼, 圭塞佩, 意大利建筑家, 683

Thibaw, King of Burma, 锡袍, 缅甸国王, 314, 321

Thomas, Albert, 托马, 阿尔贝, 国际劳工组织理事, 50, 523

Thomas, Dylan, 托马斯, 迪伦, 威尔士诗人, 633—634

Thomas, George, 托马斯, 格奥尔·格, 德国将军, 73

Thomas, Edward, 托马斯, 爱德华, 英国诗人, 622

Thomas, James H., 托马斯, 詹姆斯·亨利, 英国工党领导人, 534

Thomson, Sir Joseph J., 汤姆生爵士, 约瑟夫·约翰, 英国物理学家, 5, 87, 91—92

Three Emperors' League, 三皇同盟, 132, 135

Thyssen, Fritz, 蒂森, 弗里茨, 德国工业家, 16

Tibet, 西藏, 131

Tientsin, 天津, 335

Tilak, Bal Gangadher, 提拉克, 巴尔·甘加达尔, 印度国大党领导人, 299, 301

Tilea, Virgil, 蒂莱亚, 维尔吉尔, 罗马尼亚外交家, 728

Tillich, Paul, 蒂利克, 保罗, 美国神学家, 664

Tirpitz, Alfred von, 提尔皮茨, 阿尔弗雷德·冯, 德国海军上将, 123, 137, 141, 154, 159, 168

Tiso, Fr., 蒂索男爵, 斯洛伐克领导人, 725

Tisza, Istvàn, 蒂萨, 伊斯特万, 匈牙利首相, 153

Tito (Josip Broz), 铁托（约瑟普·布罗兹）, 南斯拉夫总统, 507, 510

Titulescu, Nicolai, 蒂图列斯库, 尼古拉, 罗马尼亚外交大臣, 699

Togoland, 多哥, 179, 226, 399

Tomski, M., 托姆斯基, 米哈伊尔, 布尔什维克领导人, 460

Tongking, 东京（印度支那）, 313,

315

Torroja, Eduardo, 托罗哈, 爱德华, 西班牙建筑家, 683

Townshend, Sir Charles, 汤森爵士, 查尔斯, 英国将军, 187

Toynbee, Arnold, 汤因比, 阿诺德, 英国历史学家, 658

Trade Unions, 工会: 英国, 514, 520, 522, 528, 532; 法国, 514, 516, 522, 528, 543, 554; 美国, 579

Transjordan, 外约旦, 295, 399

Transvaal, 德兰士瓦, 118

Transylvania, 特兰西瓦尼亚, 148, 173, 193, 212, 222, 481

Treischke, Heinrich von, 特赖奇克, 亨利希·冯, 德国历史学家, 152

Trenchard, Sir, Hugh (viscount), 特伦查德爵士, 休, 英国空军中将, 736

Trentino, 特兰提诺, 210, 485

Trianon, Treaty of (1919年), 特里亚农条约, 222

Trieste, 的里雅斯特, 120, 186, 485

Trilling, Lionel, 特里林, 莱昂内尔, 美国文学评论家, 617

Trinidad, 特立尼达, 402

Tripartite Pact (1940年), 三国同盟条约, 504—505, 809

Triple Alliance, 三国同盟, 112, 120—121, 154—155, 173, 517

Triple Entente, 三国协约, 139, 143, 151

Tripoli, 的黎波里, 121, 135

Trotsky, Léon (Bronstein), 托洛茨基, 列甫 (布龙施泰因), 布尔什维克领导人, 18, 407, 413, 415, 422—423, 425—431; 军事人民委员, 438; 与斯大林, 452—455

Truman, Harry S., 杜鲁门, 哈里, 美国总统 (1945—1953年), 民主党人, 582; 原子弹, 792; 波茨坦会议, 818

Tschirschky, H. L. von, 契尔施基, 冯, 德国外交家, 152, 154—155, 163

Tseretelli, Irakli, 策烈铁里, 伊拉克利, 格鲁吉亚孟什维克, 415

Tsingtao, 青岛, 342, 344

Tuan Ch'i-jui, 段祺瑞, 中国国务总理, 346, 365

Tunisia, 突尼斯, 121, 286

Turati, Filippo, 屠拉梯, 菲利波, 意大利社会党人, 483

Turin, 都灵, 482

Turkey, 土耳其

人口, 12; 选举权, 22—23; 教育, 27

分裂, 20, 115, 152

青年土耳其党 (1876年), 270; 青年土耳其革命 (1908年), 133, 139, 271, 481; "行动军" (1909年), 271

第一次世界大战, 173, 183—184, 200; 投降, 205; 巴黎和会 (1919年), 210—211; 塞夫勒和约 (1920年), 228—229

穆斯塔法·凯末尔领导下民族主义的兴起, 229; 洛桑条约 (1923年), 229, 291; 宣布成立共和

国（1921年），291；蒙特勒会议（1936年），700

参见 Balkan states, Greece 和 Austria, Germany, Great Britain, Italy, 各条"与土耳其"项下

Tydings-McDuffie Commonwealth Act (1934年)，泰丁斯—麦克达菲联邦法案，327

Tyrol, South, 南蒂罗尔，222，236，504

Tyrrell, George, 蒂勒尔, 乔治, 天主教现代主义运动分子, 660

Uganda, 乌干达，375，394—395，399，400，402

Ukraine, 乌克兰，435—436，440，446，485，490，725

Ulster, 北爱尔兰，159，382，521

Umberto II of Italy, 意大利国王翁贝托二世，482

Underhill, Evelyn, 昂德希尔, 伊夫林, 英国作家, 662

United Nations, The, 联合国, 3; 成立, 583, 812, 815—817

United States of America, 美国

商业、工业和经济：经济的发展，36，39，41，54，62，562—563；托拉斯，45—46，557，566；大萧条，59—60，239，534，565，570；新政，63—64，73，574—578；欧洲贸易，78—79；关税，240，566，571

劳工：社会保险，32；失业，577，580；瓦格纳法（1935年），579

第一次世界大战：德国潜艇的威胁，191；宣战，200，563；作战行动，203—204；战后更加富裕，211

巴黎和会："十四点"，209—210，216；参议院拒绝批准，226，564

二次大战之间：孤立主义，7，211；向德国贷款，56，233；战债，231；凯洛格公约，234，252；海军协定，354—356；中立法案（现购自运），580，700—701；罗斯福关于"孤立侵略国的演说"，710；租借法案，581，803；经济战，804—805；大西洋宪章，811—812；维希，805—806

第二次世界大战：与日本的战争，772—775，808—810；北非，782—784，791—793，807—808；横渡英吉利海峡的作战，785—790；同盟国协商中的支配地位，795—797；英美合作，803；戴高乐，806—808；德黑兰会议，814—815；敦巴顿橡树园会议，815—816；雅尔塔会议，814，816，818；联合国，816—817；波茨坦会议，815，817—818

参见 Americaa, Latin; Panamacanal, 和 Canada, China, Cuba, Great Britain, Japan, Mexioo Philippines 各条"与美国"项下

Uriburu, José, 乌里武鲁, 何塞, 阿根廷将军, 601

Uruguay, 乌拉圭：第一次世界大战，595；牛肉工业，597，599

Uralsy, 乌拉尔，440—442，462

Utrecht, Treaty of (1713年), 乌得勒

支条约，127

Valèry, Paul，瓦勒里，保罗，法国诗人，625

Valois, G.，瓦卢瓦，法国法西斯分子，530

Vandenberg, Arthur H.，范登堡，阿瑟·亨德里克，美国参议员，581

Vandervelde, Emile，王德威尔得，埃米尔，比利时社会主义者，539，546

Van Zeeland, Paul，范泽兰，保罗，比利时经济学家，75，539，546

Vargas, Getulio，瓦加斯，热图利奥，巴西独裁者，602

Vatican, The，梵蒂冈，483，486，498，515

Vatutin, Nikolai，瓦图丁，尼古拉，俄国将军，776

Veblen, Thorstein，凡勃伦，索尔斯坦，美国社会学家，46

Venezuela，委内瑞拉，558；边界纠纷，584；债务争端，592—598，611；第一次世界大战，594；石油，597—598，611，独裁统治，600

Vereeniging, Peace of（1902年），费雷尼欣和约，373

Versailles, Peace Settlement，凡尔赛和平解决方案，见第八章目录

Vietnam，越南，315，325，327；分治，328

Vigerie E. Astier de la，德拉维热里，阿斯蒂埃，法国抵抗运动领导人，553

Vilna，维尔那（维尔纽斯），223，254，491

Visoonti Venosta, Marchese Emilio，维斯孔蒂·韦诺斯塔，马尔凯斯·埃米利奥，意大利外交大臣，121

Viviani, René，维维亚尼，勒内，法国总理，151，155，157，521

Vladivostok，符拉迪沃斯托克（海参崴），348—349

Vlaminck, Maurice de，弗拉芒克，莫里斯·德，法国野兽派画家，666

Voysey, Charles，沃伊齐，查尔斯，英国建筑家，675

Wagner, Otto，瓦格纳，奥托，德国建筑家，677

Waismann, Friedrich，魏斯曼，弗里德里希，哲学家，654

Waldeck-Rousseau, Pierre，瓦尔德克-卢梭，皮埃尔，法国总理，515

Wallace, Henry A.，华莱士，亨利·艾，美国副总统，582

Walther von der Vogelweide，瓦尔特·冯·德尔·福格尔维德，中世纪德意志诗人，236

Walton, Ernest，沃尔顿，欧内斯特，英国科学家，103

Wang Ching-wei，汪精卫，中国行政院院长，702

Ward, James，沃德，詹姆斯，英国哲学家，651

Ward, Sir Joseph，沃德爵士，约瑟夫，新西兰总理，379—380

Washington（naval）Conference

（1921—1922 年），华盛顿（海军）会议，357，685—686，692，710

Watt, James, 瓦特，詹姆斯，英国工程师，108

Waugh, Evelyn, 沃，伊夫林，英国作家，626，630，632—633

Wavell, Sir Archibald（earl），韦维尔爵士，阿奇博尔德（伯爵），英国陆军元帅：北非，759—760，764；印度总督，310—311

Webb, Clement C. J., 韦布，克莱门特，英国哲学家，658

Webb, Philip, 韦布，菲利普，英国建筑家，675

Webb, Sidney（Baron Passfield），维伯，西德尼（帕斯菲尔德男爵），费边社会主义者，528

Wegener, Alfred, 韦格纳，阿尔弗雷德，德国地球物理学家，98

Wei-hai-wei, 威海卫，114，357

Welles, Sumner, 韦尔斯，萨姆纳，美国副国务卿，802

Wells, Herbert G., 威尔斯，赫伯特，乔治，英国作家，620

West Indies, 西印度群岛，375，393，396，400—401

Westminster, Statute of（1931 年），威斯敏斯特法，386—388，394，402

Weygand, Maxime, 魏刚，马克西姆，法国将军，752，755，805，806

Whitehead, Alfred N., 怀特海，艾尔弗雷德·诺思，英国哲学家，646，653

Wigforss, Ernst, 韦福斯，恩斯特，瑞典财政大臣，65

Wilhelm II, 威廉二世，德国皇帝：免除俾斯麦的职务，112；访问土耳其，115；致克吕格尔的电报，118，120，122；访问丹吉尔（1905 年），129；与沙皇，129—130；"炫耀武力"，135；巴尔干，148；"黄祸"，149；萨拉热窝事件后支持奥地利，154—163；退位和流亡，220，486，497，798；逝世，485

Williams, Sir Owen, 威廉斯爵士，欧文，威尔士建筑家，682

Williams, Tennessee, 威廉斯，坦内西，美国剧作家，636，639

Willkie, Wendell, 威尔基，温德尔，美国政治家，581

Wilson, Cook, 威尔逊，库克，英国哲学家，653

Wilson, Edmund, 威尔逊，埃德蒙，美国评论家，617

Wilson, Sir Henry Maitland（baron），威尔逊爵士，亨利·梅特兰（男爵），英国陆军元帅，761

Wilson, Sir Horace, 威尔逊爵士，霍勒斯，英国财政部官员，721，731—732

Wilson, Woodrow, 威尔逊，伍德罗，美国总统（1913—1921 年），民主党人：第一次世界大战，194，563；"十四点"，209—210，299，317，563；巴黎和会，212—214，301，352—353；参议院拒绝批准凡尔赛和约，226，564；国际联

盟，212，214，242，245—246，564；"新自由"，561—562；倒台，564；与富兰克林·罗斯福比较，582；墨西哥，591；拉丁美洲，606

Wirth, Karl J., 维尔特，卡尔，约瑟夫，德国总理，230，235—236

Wisdom, John, 威兹德姆，约翰，英国哲学家，651—652，655

Witte, Count Sergei, 维特伯爵，谢尔盖，沙皇大臣，90

Wittgenstein, Ludwig, 维特根施坦，路德维希，奥地利哲学家，644，647—649，652，655—656

Wohltat, Helmuth, 沃尔塔特，赫尔穆特，德国官员，731—732

Woolf, Virginia, 伍尔夫，弗吉尼亚，英国作家，624

World War I, 第一次世界大战：重要性，7，37；耗费和人力物力的紊乱，54—55；财政影响，55—57；直接后果，521—527；参见第六和第七章

World War II, 第二次世界大战：起因，7；性质，9；参见第二十三和第二十四章

Wrangel, Count Peter V., 弗兰格尔伯爵，彼得，俄国将军，443—444

Wright, Frank Lloyd, 赖特，弗兰克·劳埃德，美国建筑家，676—677，679，682

Wright, Wilbur and Orville, 莱特，威尔伯和奥维尔，美国飞行家，5，101

Wyllie, Sir William Curzon, 怀利爵士，威廉·柯曾，印度军人，298

Yagoda, H., 亚戈达，布尔什维克领导人，466

Yamagata, Aritomo, 山县有朋，日本国务活动家，338

Yamamoto, 山本五十六，日本海军大将，772

Yeats, William Butler, 叶芝，威廉·巴特勒，爱尔兰诗人，630，641—643

Young Plan (1929年)，杨格计划，60，240，567

Yüan Shih-k'ai, 袁世凯，中国总统，335，340—341，344，346

Yudenich, G., 尤邓尼奇，俄国将军，443

Yugoslavia, 南斯拉夫：组成，222；与意大利，225，490，694；小协约国，227，495，501，691，694，698—699，709，713；议会政府的垮台，491；捷克的投降，501；三国同盟条约（1940年），504；游击战，507，510

参见 Serbia

Yussupov, Prince Felix, 尤苏波夫，费利克斯，俄国亲王，407

Zaghlul, Sa'ad, 扎格卢尔，萨阿德，埃及华夫脱党领导人，282

Zambia, 赞比亚，402

Zanardelli, Giuseppe, 扎纳德利，朱塞佩，意大利总理，482

Zanzibar, 桑给巴尔，402

Zara, 扎拉，225

Zelaya, Jose, 塞拉亚, 何塞, 尼加拉瓜独裁者, 593

Zeligowski, Luccan, 泽利戈夫斯基, 路切安, 波兰将军, 223, 254

Zhukov, Grigori, 朱可夫, 格里戈里, 苏联元帅, 768, 789—790

Zimmermann, Arthur, 齐默尔曼, 阿图尔, 德国外交副大臣, 138

Zimmerwald Conference（1915年）, 齐美尔瓦尔得会议, 524

Zinoviev, Gregory, 季诺维也夫, 格列戈里, 布尔什维克领导人, 423, 426, 430, 432, 452—453, 455, 466；他的信件, 457

Zola, Emile, 左拉, 埃米尔, 法国作家, 613